Robert Kriechbaumer / Franz Schausberger (Hg.)
Volkspartei – Anspruch und Realität

Schriftenreihe des
Forschungsinstitutes für politisch-historische Studien
der Dr.-Wilfried-Haslauer-Bibliothek, Salzburg

herausgegeben von Robert Kriechbaumer, Franz Schausberger, Hubert Weinberger gemeinsam mit dem Karl-von-Vogelsang-Institut Wien

Band 2

Robert Kriechbaumer / Franz Schausberger (Hg.)

Volkspartei – Anspruch und Realität

Zur Geschichte der ÖVP seit 1945

BÖHLAU VERLAG WIEN · KÖLN · WEIMAR

Gedruckt mit Unterstützung durch
das Bundesministerium für Wissenschaft, Forschung und Kunst

Die Deutsche Bibliothek – CIP-Einheitsaufnahme

Volkspartei – Anspruch und Realität : zur Geschichte der ÖVP
seit 1945 / Robert Kriechbaumer/Franz Schausberger (Hg.). –
Wien ; Köln ; Weimar : Böhlau, 1995
(Schriftenreihe des Forschungsinstitutes für Politisch-Historische
Studien der Dr.-Wilfried-Haslauer-Bibliothek ; Bd. 2)
ISBN 3-205-98458-7
NE: Kriechbaumer, Robert [Hrsg.]; Dr.-Wilfried-Haslauer-Bibliothek
<Salzburg>: Schriftenreihe des Forschungsinstitutes . . .

Umschlagfotos (von links nach rechts):
Leopold KUNSCHAK (Karl-von-Vogelsang-Institut), Leopold FIGL (Bildarchiv der Österreichischen Nationalbibliothek), Julius RAAB (Karl-von-Vogelsang-Institut), Dr. Alfons GORBACH (Dr.-Hans-Lechner-Forschungsgesellschaft), Dr. Josef KLAUS (Dr.-Hans-Lechner-Forschungsgesellschaft), Dr. Hermann WITHALM (Fotoarchiv der Salzburger Volkszeitung), Dipl.-Ing. Dr. Karl SCHLEINZER (Fotoarchiv der Salzburger Volkszeitung), Dr. Josef TAUS (Fotoarchiv der Salzburger Volkszeitung), Dr. Alois MOCK (Fotoarchiv der Salzburger Volkszeitung), Dipl.-Ing. Josef RIEGLER (Fotoarchiv der Salzburger Volkszeitung), Dr. Erhard BUSEK (Fotoarchiv der ÖVP-Bundesparteileitung), Dr. Wolfgang SCHÜSSEL (Fotoarchiv der ÖVP-Bundesparteileitung)

Das Werk ist urheberrechtlich geschützt. Die dadurch begründeten
Rechte, insbesondere die der Übersetzung, des Nachdruckes,
der Entnahme von Abbildungen, der Funksendung, der Wiedergabe
auf photomechanischem oder ähnlichem Wege und der Speicherung
in Datenverarbeitungsanlagen, bleiben, auch bei nur auszugsweiser
Verwertung, vorbehalten.

© 1995 by Böhlau Verlag Ges.m.b.H. und Co.KG., Wien · Köln · Weimar

Gedruckt auf umweltfreundlichem, chlor- und säurefreiem Papier.

Satz: Zehetner Ges. m. b. H., A-2105 Oberrohrbach
Druck: Berger, A-3580 Horn

Inhalt

	Vorwort	7
Robert Kriechbaumer	Geschichte der ÖVP	11
Robert Kriechbaumer	Programme und Programmdiskussionen	103
Alfred Ableitinger	Partei- und Organisationsstruktur	137
Peter Ulram/Fritz Plasser/ Wolfgang C. Müller	Mitglieder und Wählerstruktur	163
Franz Schausberger	Die Eliten der ÖVP seit 1945. Eine historisch-sozialstrukturelle Untersuchung	201
Maximilian Liebmann	Die ÖVP im Spiegel der Bischofskonferenzakten von 1945 bis zur staatlichen Anerkennung des Konkordates	253
Ernst Bruckmüller	Die ständische Tradition. ÖVP und Neokorporatismus	281
Gerhard Hartmann	Die Vorfeldorganisationen der ÖVP	317
Irene Dyk	Frauen in der ÖVP	337
Andreas Khol	Die ÖVP in internationalen Organisationen	367

Geschichte der Landesparteien

Roman Sandgruber	Die ÖVP in Oberösterreich	403
Michael Dippelreiter	Geschichte der ÖVP-Niederösterreich	435
Thomas Köhler	Von Falken und sonstigen „bunten Vögeln" Eine (etwas andere) Geschichte der Wiener ÖVP	467
Roland Widder	Volkspartei im Burgenland 1945–1995	489
Werner Drobesch	Die Geschichte der Kärntner ÖVP 1945–1994	527
Dieter A. Binder	Steirische oder Österreichische Volkspartei	559
Klaus Plitzner	„Vorarlberg muß Österreichs gute Stube bleiben". Die Vorarlberger Volkspartei von 1945 bis 1994	601
Michael Gehler	Die Volkspartei in Tirol 1945–1994	645
Friedrich Steinkellner	Die Geschichte der Salzburger ÖVP 1945–1995	701

Verzeichnis der Politiker der ÖVP 741

Personenregister 763

Verzeichnis der Autoren 777

Vorwort

Geschichte und Struktur einer politischen Partei sind wesentlich von ihren gesellschaftlichen Funktionen geprägt. Historische, vor allem gesellschaftliche Rahmenbedingungen prägen die Genesis, das Selbstverständnis, die Struktur, die gesellschaftspolitischen Zielvorstellungen sowie den sozialen Charakter einer Partei. Parteien sind somit ein wesentlicher Bestandteil der politischen Kultur eines Landes. Politische Kultur fußt immer auf historischen Traditionen, ist stets geprägt von Mentalitäten. Diese entstehen nicht plötzlich, sondern allmählich, der Internalisierungsprozeß erstreckt sich oftmals über Generationen und erfolgt stets vor einem konkreten ökonomischen, sozialen und politischen Hintergrund. Sichtbar und greifbar wird das so entstandene Weltbild in den Chiffren des Milieus wie Rhetorik, Festen, Symbolen, Kleidern, der Kultur oder den ideologischen Werthaltungen.

Parteien, politisches System sowie politische Kultur korrelieren in einem doppelten Sinn: Zum einen sind sie das Ergebnis bestimmter struktureller Rahmenbedingungen, finden sich in ihnen gesellschaftliche Konfigurationen wie spezifische Milieus und Subkulturen inklusive ihrer Werthaltungen und Entwürfen von Wirklichkeit wieder, zum anderen versuchen sie aus ihrem Anspruch auf Politikgestaltung, bestimmenden Einfluß auf das Ganze der Politik zu nehmen.

In fragmentierten und versäulten Gesellschaften können diese Korrelationen in politische Kontroversen münden, die den Charakter von Glaubenskämpfen annehmen. Auf Grund des Weltanschauungs- und Klassencharakters sowie der programmatischen Positionierungen der Parteien der Ersten Republik verfügte diese nicht über jenes Maß an notwendiger Konfliktlösungsmöglichkeit und -fähigkeit, das die Zweite Republik auszeichnete und auszeichnet und das bei einem langen Fortbestehen historischer Überhänge wie Fragmentierung, Versäulung und Rekonstruktion der politischen und sozioökonomischen Lager inklusive ihrer subkulturellen Milieus sowie auf der Basis eines bisher noch nicht gekannten Wohlstandes die Ausbildung eines allgemeinen und konsensualen Nationalgefühls ermöglichte.

Das die Zweite Republik prägende System des Neokorporatismus nahm und nimmt nach wie vor in hohem Ausmaß über Großorganisationen, die sich bewußt an gesamtgesellschaftlichen Zielen orientieren, wirtschafts-und sozialpolitische Steuerungen vor und kalmiert durch den notwendigen Kompromiß zwischen Kapital und Arbeit und letztlich zwischen divergierenden ideologischen Zielvorstellungen Verteilungskonflikte im ökonomischen und politischen Bereich.

Dieser strukturelle Wandel war das Ergebnis eines Lernprozesses der politischen Eliten zwischen 1938 und 1945, der zunächst einen Elitenkonsens bei gleichzeitigem Fortbestehen der Fragmentierung der Basis installierte, sowie der gelungenen Adaption institutioneller Bemühungen des Ständestaates etwa in Form der Gründung des ÖGB, wodurch die institutionellen Rahmenbedingungen des sozialpartnerschaftlichen Konfliktregelungssystems geschaffen wurden.

Politik, so der gemeinsame politische Nenner der ehemaligen Bürgerkriegsparteien der Ersten Republik, basiere auf der Durchsetzung – oftmals divergenter – Modernisierungsstrategien. Dieser gemeinsame Nenner etablierte in den fünfziger Jahren allmählich über Wirtschaftswunder und Wiederaufbau die Konsumgesellschaft, die in dialektischem Gegenschlag die traditionellen politischen und sozialen Milieus zunächst unscharf werden und über diese zunehmenden Unschärferelationen deren Bestimmung obsolet werden ließ. Dies implizierte auch – wenngleich verzögert – einen Wandel der Mentalitäten. Das die politische Kultur des Landes bestimmende mehrdimensionale Spannungsverhältnis von Provinz/Metropole, Stadt/Land, Modernität/Beharrung, Industrie/Landwirtschaft, Hochkultur/Volkskultur wurde allmählich reduziert und damit das Verschwinden der Milieus als Inszenierungsorte von politischer Heimat und Alltagsästhetik eingeleitet.

Erstmals in der Geschichte der Zäsuren und Brüche der politischen Kultur und des politischen Systems seit 1918 vollzieht sich seit den späten siebziger Jahren die Entwicklung neuer Existenzformen. Auf der Basis eines bis dahin nie gekannten Wohlstandes entwickeln sich neue Modi der Existenz, die Lebensentwürfe zeigen deutliche Relevanzverschiebungen gegenüber den vorhergehenden Generationen. Generationsspezifische Spannungslinien tauchten auf, die quer zum traditionellen politischen Rechts-links-Schema verlaufen, die durch die weitgehende Lösung von politischen Milieus und deren Internalisierung in Form beständiger Wahlentscheidungen die politischen Konkurrenzbedingungen grundlegend verändern und die bisherigen Akteure des politischen Geschehens verstärkt Streßbedingungen unterwerfen. Die Dramatik des Bruchs erfaßte beide traditionelle Großparteien. An die Stelle der paternalistischen Parteien mit ihrer Omnipotenz und Omnipräsenz treten in einer akzellerierenden Geschwindigkeit die Bürger, die sich zunehmend als Citoyen und damit Demokratie auch als ihre Angelegenheit begreifen.

Parteienforschung unterscheidet in ihrem jeweiligen Forschungsinteresse zwischen der Partei als Struktur und der Partei als Funktion. Die Struktur einer Partei ist wesentlich von ihren gesellschaftlichen Funktionen geprägt. Durch gesellschaftliche Veränderungen, vor allem Modernisierungsschritte, werden Parteien zu Anpassungsprozessen gezwungen, um die von ihnen intendierten Funktionserfordernisse auch unter geänderten gesellschaftlichen Verhältnissen erfüllen zu können. Der innovative strukturelle Anpassungsprozeß ist eine Voraussetzung für den funktionellen Anspruch, im Parteienwettbewerb mehrheitsfähig zu bleiben oder zu werden und damit den entscheidenden Einfluß auf die Führung der Regierungsgeschäfte ausüben zu können.

Die nunmehr vorliegende Geschichte der ÖVP ist der Versuch, die Geschichte jener Partei, die die Hälfte der nunmehr 50 Jahre der Zweiten Republik den Bundeskanzler stellte und die zwei Drittel dieser Zeit Regierungsverantwortung trug, im Rahmen der gesamtgesellschaftlichen und politischen Entwicklungslinien zu skizzieren. Neben den traditionellen strukturellen Themen wie Bundespolitik, Neokorporatismus, Programmatik und Milieus wurden dabei erstmals auch die regionalen Entwicklungen in den einzelnen Bundesländern einer eingehenden Analyse unterzogen. Vor allem bei diesen Beiträgen handelt es sich oftmals um Pionierarbeiten, da bisher kaum Geschichten der einzelnen Landesorganisationen existierten.

Der Band basiert auf einem Forschungsvorhaben, das im Rahmen des Karl-von-Vogelsang-Instituts initiiert wurde und löst die verdienstvolle Arbeit von Ludwig Reichhold ab, die vor nunmehr bereits 20 Jahren erschienen ist und die Dramatik der jüngsten gesellschaftlichen Brüche ebensowenig berücksichtigen konnte wie die in der Zwischenzeit in beachtlicher Anzahl vorliegenden neueren wissenschaftlichen Forschungsergebnisse.

Robert Kriechbaumer   Franz Schausberger

Robert Kriechbaumer **Die Geschichte der ÖVP**

Parteiengeschichte als Teil der allgemeinen Geschichte hat sich, wie diese, der Frage der Periodisierung zu stellen. Für die Periodisierung der Geschichte der Zweiten Republik liegen aus jüngster Zeit zwei neue, interessante Vorschläge vor. Alfred Ableitinger nahm eine Vierteilung der österreichischen Geschichte nach 1945 vor:[1]
1. Vom Frühjahr 1945 bis zum November 1945.
2. Vom November 1945 bis zur Mitte der sechziger Jahre.
3. Die Ära der Alleinregierungen sowie der Kleinen Koalition 1966 bis 1986.
4. Die Zeit nach 1986 als grundlegende Umgestaltung der politischen Kultur.

Der zweite Vorschlag stammt von Ernst Hanisch, der vor allem unter dem Gesichtspunkt der Gesellschaftsgeschichte ebenfalls eine vierteilige Akzentuierung zur Diskussion stellt:[2]
1. Die Nachkriegszeit bis 1948/49.
2. Die „langen" fünfziger Jahre bis in die Mitte der sechziger Jahre.
3. Modernisierung und Durchbruch der Konsumgesellschaft bis 1973 und
4. ab der Mitte der siebziger Jahre die Krise der Moderne sowie das Dämmern einer postindustriellen Gesellschaft.

Ein dritter Ansatz stammt aus der sozial- und politikwissenschaftlichen Forschung. Unter Zugrundelegung des Modells der „Politischen Kultur"[3] nennt Peter A. Ulram drei wesentliche Phasen ihrer Entwicklung nach 1945:[4]
1. Die versäulte Konkordanzdemokratie bis in die späten sechziger Jahre. Sie ist gekennzeichnet durch „beträchtliche Kontinuitäten zur politischen Kultur der Ersten Republik".[5]
2. Die begrenzte Konkurrenz- und Beteiligungsdemokratie von den späten sechziger bis in die Mitte der achtziger Jahre. Erste Erosionserscheinungen signalisieren einen beginnenden Säkularisierungsprozeß des traditionellen Parteiensystems bei noch überwiegend positiver Einschätzung der politischen Parteien sowie des politischen Systems.

---

1 Alfred ABLEITINGER: Die innenpolitische Entwicklung. – In: Wolfgang MANTL (Hg.): Politik in Österreich. Die Zweite Republik. Bestand und Wandel. – Wien – Köln – Graz 1992. S. 119–203. S. 120 f.
2 Ernst HANISCH: Überlegungen zu einer Geschichte Österreichs im 20. Jahrhundert. – In: Zeitgeschichte 1/1988. S. 1–11. S. 8.
3 Zum Begriff der „Politischen Kultur" vgl. Gabriel A. ALMOND, Sidney VERBA: The Civic Culture. – Princeton 1963. Gabriel A. ALMOND, G. BINGHAM POWELL: Comparative Politics. – Boston 1966. Gabriel A. ALMOND, James COLEMAN: The Politics of the Developing Areas. – Princeton 1960. Lucien PYE, Sidney VERBA: Political Culture and Political Development. – Princeton 1969. Gerhard LEHMBRUCH: Proporzdemokratie. – Tübingen 1967. Dirk BERG-SCHLOSSER: Politische Kultur. Eine neue Dimension politikwissenschaftlicher Analyse. – München 1972. Peter A. ULRAM: Hegemonie und Erosion. Politische Kultur und politischer Wandel in Österreich. – Wien – Köln – Graz 1990. Anton PELINKA, Fritz PLASSER (Hg.): Das österreichische Parteiensystem. – Wien – Köln – Graz 1988.
4 Peter A. ULRAM: Politische Kultur der Bevölkerung. – In: Herbert DACHS u. a. (Hg.): Handbuch des politischen Systems Österreichs. – Wien 1991. S. 466–474. S. 466 ff.
5 Ebd. S. 466.

3. Erosion und Unbehagen seit der Mitte der achtziger Jahre. Der sich akzelerierende Säkularisierungsprozeß des Parteiensystems führt zu einer schrumpfenden Lagerbindung, erhöhter politischer Mobilität, zunehmender Orientierung an Issues und deren medialer Vermittlung, starker Abnahme des Vertrauens in die Leistungsfähigkeit der traditionellen Parteien sowie des politischen Systems, zunehmender Oppositionskonjunktur und genereller Politikverdrossenheit.

Alle drei Periodisierungsvorschläge erscheinen für eine Geschichte der ÖVP fruchtbar, da deren Geschichte ein wesentlicher Bestandteil der Geschichte der Zweiten Republik ist, Kontinuitäten und Brüche der politischen Kultur und des politischen Systems gleichsam fokusierend widerspiegelt.

Unter der theoretischen Entscheidung, Parteiengeschichte – insbesondere jene von sogenannten „staatstragenden" Parteien – als Teil der Gesellschaftsgeschichte, basierend auf den Säulen Wirtschaft, Herrschaft und Kultur, sowie der politischen Kultur als Gesamtsystem internalisierter Wahrnehmungen von Politik und politischem System, als historische Sedimentierung von Mentalitäten zu betrachten, bieten sich die oben erwähnten Vorschläge als erste Krücken für einen Periodisierungsversuch an, dem sich – wenn auch mit gewissen Unschärfen – die Funktionsperioden der Parteiobmänner der ÖVP zuordnen lassen. Nur eine Verbindung der historischen und sozialwissenschaftlich-politikwissenschaftlichen Analyse vermag jenen heuristischen Ansprüchen zu genügen, die an eine moderne Parteiengeschichte erhoben werden.

Allgemeine Periodisierung	ÖVP
1. Vom März 1938 bis zum April 1945: NS-Herrschaft, Zustimmung, Widerstand und Verfolgung.	Verfolgung und Widerstand, Elitenrekonstruktion in der Illegalität. Die Ära Felix Hurdes/Lois Weinberger.
2. Vom April 1945 bis zum November 1945: Das Neue vor dem Hintergrund der historischen Überhänge in der politischen Kultur der Zweiten Republik.	Gründung und österreichweite Konstituierung der ÖVP.
3. 1945–1949: Nachkriegszeit und Rekonstruktion der politischen Normalität.	Die Ära Leopold Figl.
4. 1949–1966: Die „langen" fünfziger Jahre: vom Wirtschaftswunder zur Konsumgesellschaft.	Die Ära Julius Raab. Alfons Gorbach und die Krise der Großen Koalition.
5. 1966–1985/86: Modernisierung und Durchbruch der Konsumgesellschaft. Die Ära der Alleinregierungen.	Die Ära Josef Klaus. Die eingebundene Opposition: die ÖVP unter Hermann Withalm, Karl Schleinzer und Josef Taus. Die Krise des Sozialismus oder vor einer neuen Mehrheit? Die Ära Alois Mock.

6. Ab 1985/86: Die Krise der Moderne, Erosion und Unbehagen. Das Ende der Lager und die Krise der Volksparteien.

Das Ende der Ära Mock. Die ÖVP unter Josef Riegler und Erhard Busek.

1. Verfolgung und Widerstand.
Die Elitenrekonstruktion in der Illegalität 1938–1945

Unmittelbar nach dem Anschluß wurden von der Gestapo in einer ersten Verhaftungswelle rund 6.000 Österreicher verhaftet. Unter diesen ersten Inhaftierten befand sich auch die gesamte politische Elite des Ständestaates. Sie wurde zu einem erheblichen Teil ab dem 1. April 1938 mit den sogenannten „Österreicher-Transporten" nach Dachau gebracht. Von den späteren Spitzenpolitikern der ÖVP wurden im Frühjahr 1938 Leopold Figl, Alfons Gorbach, Felix Hurdes, Ferdinand Graf und Fritz Bock in Dachau interniert. Auf der Lagerstraße von Dachau sowie in den Baracken des „Österreicher-Blocks" entwickelte sich jene politische Öffentlichkeit, die den Elitenkonsens der Zweiten Republik sowie das Konzept einer neuen Partei als Nachfolgerin der Christlichsozialen entstehen ließ.[6]

Der Elitenkonsens basierte auf den Gesprächen der sogenannten „Vaterländischen" mit den – zahlenmäßig erheblich geringeren – inhaftierten Sozialdemokraten und Kommunisten, die sich sehr rasch auf die Frage des Scheiterns der Ersten Republik konzentrierten. Das gemeinsame Schicksal der Lagerhaft führte zu einer konsensualen Analyse: mangelnde Konsensbereitschaft, mangelndes Österreichbewußtsein und mangelnde Identifikation mit dem Staatsganzen hatten die Katastrophe des Februar 1934 und in weiterer Folge jene des März 1938 herbeigeführt. In der Analyse und Bereitschaft zur Revision der Fehler der Vergangenheit im Falle einer Chance eines politischen Neubeginns, woran damals allerdings kaum einer der Gesprächsteilnehmer glaubte, erfolgte die entscheidende Weichenstellung für die politische Kultur der Zweiten Republik.

Neben dem Gespräch und den sich daraus oftmals entwickelnden persönlichen Freundschaften über die Parteigrenzen hinweg wurde von den ehemaligen Christlichsozialen und Vaterländischen eine weitere – unter den damaligen Bedingungen rein akademisch erscheinende – Frage diskutiert: Sollte im Falle des Endes der nationalsozialistischen Herrschaft die Christlichsoziale Partei wiederum entstehen oder eine völlige Neukonstruktion an ihre Stelle treten? Man entschloß sich für die Option einer völligen Neugründung. Auf einer christlich-abendländischen Basis sollte eine soziale Integrationspartei geschaffen werden, die enge konfessionelle Bindung der Vergangenheit durch eine bewußte Öffnung zu liberalem Gedankengut ersetzte.

Im April 1939 wurde eines der führenden Mitglieder dieser Dachauer Gesprächsgruppe, der ehemalige Kärntner Landesrat Felix Hurdes, aus dem Konzentrationslager entlassen. Da er in Kärnten „Gauverbot" hatte, übersiedelte er nach Wien und

---

6 Alfred MALETA: Bewältigte Vergangenheit. Österreich 1932–1945. – Graz – Wien – Köln 1981. S. 212.

traf hier zufällig den ihm aus gemeinsamen Jugendtagen bekannten ehemaligen christlichen Gewerkschaftssekretär Lois Weinberger.

Weinberger berichtete Hurdes, daß eine Reihe von entlassenen ehemaligen christlichsozialen Post-Gewerkschaftern, die in der Zwischenzeit zum Großteil in der Ostmark-Versicherung angestellt worden waren, eine Hilfsorganisation gebildet hatten. Viele Freunde waren in Konzentrationslagern, Gefängnissen oder arbeitslos, die Familien litten Not und bedurften der moralischen Unterstützung. Zum anderen versuchte man Nachrichten zu sammeln, um sie den Familien zukommen zu lassen und selber ein besseres Bild über die Situation der verhafteten Freunde zu bekommen. Von einer Widerstandsgruppe konnte im Frühjahr 1939 nicht gesprochen werden, wenngleich der Rahmen einer reinen Hilfsorganisation durch sporadische politische Diskussionen überschritten wurde. Bei diesen Gesprächen stieg Lois Weinberger mit der Zustimmung des unter ständiger Gestapo-Aufsicht stehenden Leopold Kunschak bald zur bestimmenden Persönlichkeit auf.

Im Unterschied zu den gleichzeitig stattfindenden Gesprächen in Dachau zielten diese jedoch zunächst noch nicht auf die Schaffung einer sozialen Integrationspartei, sondern auf die einer christlichen Arbeitnehmerpartei. Dies änderte sich erst Mitte 1939, als Hurdes über Vermittlung Weinbergers zu dieser Gruppe stieß und sie über die Gespräche in Dachau informierte. Die Gruppe um Weinberger akzeptierte nach eingehender Diskussion den Gedanken einer sozialen Integrationspartei, wobei Leopold Kunschak mit seinem Hinweis den Ausschlag gab, daß ohne Gewerbetreibende und Bauern eine politische Mehrheitsfähigkeit nicht zu erreichen wäre. Ebenso entschied man sich, Kontakte zu den sich in der Illegalität formierenden Sozialdemokraten herzustellen. Beide Schritte erfolgten jedoch behutsam und erst zu einem späteren Zeitpunkt. Bis 1941 beschränkte man sich weitgehend darauf, die ehemaligen christlichen Gewerkschafter in Ostösterreich zu organisieren. Erst 1942/43 wurden die Kontakte zu Handel und Gewerbe sowie zur niederösterreichischen Bauernschaft intensiviert.

Die Kontakte zu den Mitgliedern des ehemaligen niederösterreichischen Bauernbundes gestalteten sich besonders schwierig. Zum einen konnte der Nationalsozialismus auf Grund der Agrarkrise der dreißiger Jahre bei der bäuerlichen Bevölkerung auf erhebliche Sympathien zählen, da die NS-Agrarpolitik durch Entschuldung, Abnahmegarantie und Modernisierung zahlreiche bäuerliche Anwesen von den drückenden ökonomischen Sorgen befreite. Erst die zunehmend kirchenfeindliche und kulturkämpferische Politik sowie die militärische Wende zu Jahresbeginn 1943 formierte in ländlichen Gebieten einen zunehmenden Widerstand, der sich um den Ortspfarrer und die ehemaligen katholischen Bauernbündler organisierte und durch eine demonstrativ zur Schau getragene Frömmigkeit zum Ausdruck gebracht wurde.[7]

---

7 Vgl. Michael MOOSLECHNER, Robert STADLER: Landwirtschaft und Agrarpolitik. – In: Emmerich TÁLOS, Ernst HANISCH, Wolfgang NEUGEBAUER (Hg.): NS-Herrschaft in Österreich 1938–1945. – Wien 1988. S. 69–94.
Zur Frage der Modernisierung im Dritten Reich vgl. Klaus-Dieter MULLEY: Modernität oder Traditionalität? Überlegungen zum sozialstrukturellen Wandel in Österreich 1938 bis 1945. – In: NS-Herrschaft in Österreich. S. 25–48. Rainer ZITELMANN: Die totalitäre Seite der Moderne. – In: Michael PRINZ, Rainer ZITELMANN (Hg.): Nationalsozialismus und Modernisierung. – Darmstadt 1991. S. 1–20.

Die Bedingungen für eine wirkungsvolle Organisation der Bauernschaft waren somit erst 1943 gegeben. Das Problem lag allerdings in dem Umstand, daß die führenden Persönlichkeiten des ehemaligen Bauernbundes entweder im Konzentrationslager waren oder unter dauernder Observanz der Gestapo standen – wie der ehemalige niederösterreichische Landeshauptmann Josef Reither – und daher diese Aufgabe nicht übernehmen konnten.

Erst mit der Entlassung des ehemaligen Direktors des niederösterreichischen Bauernbundes, Leopold Figl, aus dem Konzentrationslager Dachau am 10. Mai 1943 sollte eine entscheidende Wende eintreten.[8] Über Vermittlung seines engen Freundes Julius Raab erhielt der Agraringenieur Figl einen Posten in der Straßenbaugesellschaft Hans Kohlmayer KG, die Raab 1940 mit dem Fuhrwerksunternehmer Hans Kohlmayer gegründet hatte. Raab war vom ehemaligen Hausarzt seiner Familie, Hugo Jury, vor einer Verhaftung und Deportation nach Dachau bewahrt worden. Jury, inzwischen zum Gauleiter von Niederdonau avanciert, hielt seine schützende Hand über das Mitglied der letzten Regierung Schuschnigg, so daß Raab lediglich Gauverbot bekam und auch aus der elterlichen Firma ausscheiden mußte. Er übersiedelte nach Wien und gründete mit dem ihm bereits seit den zwanziger Jahren bekannten Hans Kohlmayer eine Straßenbaugesellschaft, die zum Zeitpunkt der Entlassung Figls aus dem Konzentrationslager im niederösterreichischen Ölgebiet mit Straßenbauarbeiten beschäftigt war.[9] Figl wurde auf dieser Baustelle beschäftigt, avancierte zum Bauleiter und bekam als solcher einen Dienstwagen der Firma Kohlmayer zur Verfügung gestellt. Mit diesem besuchte er 1943/44 nicht nur die zahlreichen Baustellen der Firma, sondern die nach wie vor unumstrittene Führungsfigur der niederösterreichischen Bauernschaft, Josef Reither, sowie zahlreiche ehemalige Funktionäre des Bauernbundes. Am Florianitag des Jahres 1944 wurde auf Grund dieser intensiven Vorbereitungen im Weinkeller Reithers der Bauernbund neu gegründet und seine Integration in die „Österreichische Volkspartei" beschlossen.

Der Name „Österreichische Volkspartei" war zu diesem Zeitpunkt bereits bekannt. Er fiel zum ersten Mal Ende 1939/Anfang 1940 bei einer Diskussion der Gruppe um Weinberger und Hurdes. Damals war er allerdings nur einer unter vielen vorgeschlagenen Namen für die neue Partei. Die Skala der Vorschläge reichte von den Christlichen Sozialisten bis zur Wiederbegründung der Christlichsozialen Partei. Da in Salzburg im Mai 1945 die „Christlichsoziale Volkspartei" gegründet wurde, liegt die Vermutung nahe, daß in den verschiedenen christlichsozialen Widerstandszirkeln der Gedanke einer sozialen Integrationspartei, einer „Volkspartei", diskutiert wurde. Der Name „Volkspartei" galt in der Gruppe Weinberger/Hurdes seit 1940/41 als allgemein akzeptierter Arbeitstitel, keineswegs jedoch als definitiver Parteiname.

Raab intensivierte 1944 seine Kontakte zu Handel und Gewerbe äußerst vorsichtig, ohne sich an der Parteigründung direkt zu beteiligen, wenngleich er über die

---

Zur öffentlich zur Schau getragenen Frömmigkeit als Zeichen der Opposition vgl. Karl STADLER: Österreich 1938–1945 im Spiegel der NS-Akten. – Wien – München 1966.

8 Zu Leopold Figl nach wie vor unverzichtbar Ernst TROST: Figl von Österreich. – Wien – München – Zürich 1972. S. 114 ff.

9 Zur Rolle Raabs vgl. Rainer STEPAN: Julius Raab und das Dritte Reich. – In: Alois BRUSATTI, Gottfried Heindl (Hg.): Julius Raab. Eine Biographie in Einzeldarstellungen. – Wien – Linz o. J. S. 113–118.

Vorgänge genau informiert war. Raab lehnte auch eine Involvierung in die Pläne des deutschen Widerstandes ab, die von Jakob Kaiser und Wilhelm Leuschner Hurdes und Weinberger eröffnet worden waren. Er genieße die Protektion von Gauleiter Jury, die ihm die allmähliche Organisation von Handel und Gewerbe erleichtere und den er durch diese Kontakte nicht desavouieren wolle.

Im Zuge der Verhaftungswelle nach dem Attentat vom 20. Juli 1944 wurden alle führenden Persönlichkeiten der sich soeben formierenden illegalen Partei verhaftet. Dabei traf zwar der Vorwurf der illegalen politischen Wiederbetätigung tatsächlich alle Verhafteten zu Recht, nicht jedoch jener der Involvierung in das Attentat. Von den Inhaftierten waren lediglich Hurdes und Weinberger in die Pläne des deutschen Widerstandes involviert, während z. B. Figl oder Reither davon keine Ahnung hatten. Im Zuge der konspirativen Besprechungen mit den Abgesandten des deutschen Widerstandes hatten Hurdes und Weinberger auch den vor allem von Leuschner gewünschten Kontakt mit der illegalen österreichischen Sozialdemokratie um Adolf Schärf hergestellt. Hurdes hatte im Auftrag des christlichsozialen Widerstandes 1942 unter dem Vorwand einer notwendigen Klärung eines juristischen Problems mit der Rechtsanwaltskanzlei Schärfs Kontakt aufgenommen. Diese Kontakte wurden in der Folgezeit intensiviert und von Hurdes auch trotz seiner Folterung in Mauthausen 1944 nicht preisgegeben. Das Schweigen Hurdes' bewahrte Schärf vor einer Verhaftung und einem Volksgerichtshofprozeß.[10]

Die Verhafteten des 20. Juli wurden nach Mauthausen verbracht, von wo sie allerdings Anfang 1945 mit dem Vermerk „Volksgerichtshof" wiederum in das Wiener Gefangenenhaus überstellt wurden. Glücklicherweise wurde durch das rasche Vordringen der Roten Armee in den Raum westlich von Wien die Vollstreckung des mit dem Vermerk „Volksgerichtshof" sicheren Todesurteils verhindert. Am 6. April 1945 öffneten sich durch die Flucht der Wachmannschaft die Tore des Wiener „Grauen Hauses" für einen Großteil der politischen Elite der Gründungsphase der Zweiten Republik. Leopold Figl stattete sämtliche Häftlinge mit offiziellen Entlassungspapieren aus, die samt Stempeln in den verlassenen Büroräumen zurückgeblieben waren. Noch immer wurde in Wien gekämpft, und es war ratsam, nicht ohne offizielle Papiere das Gefängnis zu verlassen. Man werde, so verabredeten Figl und Hurdes beim gemeinsamen Verlassen des „Grauen Hauses", in den nächsten Tagen die Errichtung einer Parteiorganisation in Angriff nehmen. Dies war keineswegs einfach, da in Wien noch heftige Kämpfe tobten und an diesem Tag der Befreiung für die politischen Häftlinge im Gefangenenhaus der Aufstand des militärischen Zweigs der Widerstandsbewegung 05 scheiterte.[11]

---

10 Zur Geschichte der ÖVP in der Illegalität vgl. Robert KRIECHBAUMER: Von der Illegalität zur Legalität. Die ÖVP im Jahr 1945. Politische und geistesgeschichtliche Aspekte des Entstehens der Zweiten Republik. – Wien 1985. Lois Weinberger: Tatsachen, Begegnungen und Gespräche. Ein Buch um Österreich. – Wien 1948. Felix HURDES: Vater unser. Gedanken aus dem Konzentrationslager. – Wien 1950. Karl R. STADLER: Adolf Schärf. Mensch, Politiker, Staatsmann. – Wien – München – Zürich 1982. S. 175 ff.
11 Vgl. Otto MOLDEN: Der Ruf des Gewissens. Der österreichische Freiheitskampf 1938–1945. – Wien 1958. S. 220 ff. Carl SZOKOLL: Der gebrochene Eid. – Wien – München – Zürich 1985. S. 223 ff.

Die Geschichte der ÖVP

Es gehört zu den Spezifika des österreichischen Widerstandes, daß der sich formierende parteipolitische Widerstand nichts von dem sich gegen Kriegsende neuerlich formierenden überparteilich-individuellen Widerstand wußte.

Bis zum Sommer 1940 hatte die Gestapo zahlreiche Gruppen des österreichischen Widerstandes ausgehoben und diesen weitgehend marginalisiert. Dennoch begann der ehemalige Leiter des Informationsbüros der Vaterländischen Front, Hans Becker, unmittelbar nach seiner Entlassung aus dem Konzentrationslager Dachau im Mai 1941 mit dem Wiederaufbau einer Widerstandsbewegung, die schließlich 1944 den Namen 05 annahm und unter maßgeblicher Beteiligung des jungen Fritz Molden am 18. Dezember 1944 das „Provisorische Österreichische Nationalkomitee" (POEN) bildete, das sich als *die* österreichische Widerstandsorganisation verstand und auch die Absicht hegte, nach einer Befreiung des Landes als erste Nachkriegsregierung zu fungieren.

Die 05 hatte auch enge Kontakte zum militärischen Widerstand um Hauptmann Carl Szokoll. Nach dem Scheitern des in Wien wenigstens teilweise erfolgreichen Unternehmens „Walküre" am 20. Juli 1944 versuchte der inzwischen zum Major avancierte Szokoll nochmals im April 1945 die Zerstörung Wiens durch eine Zusammenarbeit mit der vor den Toren der Stadt stehenden Roten Armee zu verhindern. Der für den 6. April geplante Aufstand scheiterte jedoch durch Verrat, so daß der mit der 05 verbundene militärische Widerstand keinen aktiven Beitrag zur Befreiung Wiens leisten konnte. Dieser Umstand sollte den politischen Alleinvertretungsanspruch der 05 im April erheblich erschüttern. Zum anderen verfügte die 05 im April 1945 nicht über jene politischen Persönlichkeiten, die den erhobenen Führungsanspruch gerechtfertigt hätten. Nach der Verhaftung Beckers im März 1945 hatte Raoul Bumballa die politische Führung der 05 übernommen, die noch während der Kampfhandlungen in das Palais Auersperg übersiedelte und hier, in deutlichem Gegensatz zu ihrem politischen Führungsanspruch, auf alle Besucher einen chaotischen Eindruck machte.

Zu diesen Besuchern gehörten am 10. April 1945 auch Weinberger und Hurdes. Weinberger war nach seiner Haftentlassung von engen Freunden informiert worden, daß Vertreter des christlichsozialen Widerstandes das ehemalige Haus der christlichen Gewerkschaftsbewegung in der Laudongasse 16 wiederum in Besitz genommen hatten. Weinberger begab sich am 9. April in die Laudongasse, wo er Leopold Kunschak traf und diesem den neuerlichen Vorsitz der christlichen Arbeiterbewegung anbot. Kunschak lehnte jedoch ab und betraute Weinberger mit dieser Funktion. Bei dieser Zusammenkunft erfuhr Weinberger erstmals von der sich im Palais Auersperg etablierenden 05 und deren Anspruch auf die politische Führung. Er wurde zusammen mit Hurdes beauftragt, sich umgehend über die Zusammensetzung sowie die Politik der 05 zu informieren.

Hurdes und Weinberger waren die ersten Parteienvertreter, die mit der 05 Kontakt aufnahmen. In seinen Erinnerungen berichtete Weinberger von dem verheerenden Eindruck, den er von den Vorgängen im Palais Auersperg erhielt. Es sei „wahrhaft wüst" zugegangen. Neben „sehr gut wirkenden und sicher auch sehr anständigen Menschen sah man auch eine Reihe sehr zweifelhafter Gestalten, etliche ‚Bobby' und auch sonst noch allerlei, das gar nicht nach unserem Geschmack war ... gefallen konnte uns das, was wir dort gesehen und zum Teil auch erlebt haben,

wirklich nicht".[12] Das Ergebnis des Besuchs im Palais Auersperg hatte drei Folgen:
1. Die illegale Partei mußte so rasch als möglich ins Leben gerufen werden. Dies war jedoch nur mit einem Namen möglich. Weinberger und Hurdes einigten sich spontan auf den ohnedies bereits diskutierten bisherigen Arbeitstitel „Österreichische Volkspartei".
2. Kontakte zur Sozialdemokratie und den Kommunisten mußten so rasch als möglich hergestellt und Konsens über eine gemeinsame Regierung gefunden werden. Das politische Geschehen konnte keinesfalls der 05 überlassen werden.
3. Diejenigen Mitglieder der 05, die dem Programm der ÖVP nahestanden und nicht den Eindruck von politischen Glücksrittern erweckten, sollten für die ÖVP gewonnen werden. Raoul Bumballa, Johann Eidlitz und Herbert Braunsteiner wechselten sehr rasch zur ÖVP und spielten in den unmittelbar folgenden Ereignissen eine zum Teil erhebliche Rolle.

Es ist bemerkenswert, daß die oben erwähnten Punkte 2 und 3 vor der eigentlichen Parteigründung realisiert wurden. Sowohl die Abgesandten der Sozialdemokraten, Adolf Schärf und Oskar Helmer, wie auch der Kommunist Ernst Fischer bestätigten den Eindruck Weinbergers und Hurdes' von den Vorgängen im Palais Auersperg.[13] Die SPÖ wurde bereits am 14. April im „Roten Salon" des Wiener Rathauses gegründet, während die KPÖ auf Grund ihrer Kontinuität in der Illegalität keiner Neugründung bedurfte.

Der Gründung der ÖVP am 17. April im Schottenstift ging die De-facto-Installierung der Bünde voraus. Der ÖAAB hatte bereits am 9. April die Laudongasse wiederum in Besitz genommen, und Figl war am 12. April von Marschall Tolbuchin mit der Sicherung der Ernährung der Bevölkerung beauftragt worden. Zu diesem Zweck verlangte Figl russische Dokumente, die es ihm gestatteten, ihm wichtige Gebäude wiederum in Besitz nehmen zu dürfen. Mit diesen Dokumenten besetzte er im Namen des Bauernbundes den ehemaligen Sitz der niederösterreichischen Landes-Landwirtschaftskammer in der Löwelstraße sowie das Niederösterreichische Landhaus und das ehemalige Gebäude des Bauernbundes in der Schenkenstraße. Diese Gebäude wurden auch zum vorläufigen organisatorischen Mittelpunkt der noch immer nicht offiziell gegründeten ÖVP. Wenngleich der Wirtschaftsbund erst am 8. Mai offiziell von Julius Raab gegründet wurde, so ist seine eigentliche Geburtsstunde der 13. April, als das Handelskammergebäude auf dem Stubenring wieder in Besitz genommen wurde.

Organisatorisch waren somit die Bünde bereits vor der Gesamtpartei gegründet. Hurdes und Weinberger drängten unmittelbar nach dem 10. April vor allem aus zwei Gründen auf eine rasche Parteigründung: man wollte eine mögliche Desintegration der Bünde verhindern und bedurfte eines gesamtpolitischen Gegengewichts zu den bereits erfolgten Gründungen von SPÖ und KPÖ. Vor allem drängten Hurdes und Weinberger auf die Besetzung zentraler Positionen in der Gesamtpartei mit Arbeit-

---

12 WEINBERGER: Tatsachen, Begegnungen und Gespräche. S. 245 f.
13 Oskar HELMER: 50 Jahre erlebte Geschichte. – Wien o. J. S. 200. Zu besonders drastischen Ansichten gelangte Ernst FISCHER. In einer Tagebuchnotiz vom 12. April 1945 nannte er die Vertreter der 05 eine „Bande von Gaunern, Schwindlern und naiven Leuten". Zit. bei Wilfried AICHINGER: Sowjetische Österreichpolitik 1943–1945. – Wien 1977. S. 163.

nehmervertretern, um das in der Illegalität entwickelte Konzept einer sozialen Integrationspartei mit starkem sozialpolitischen Reformanspruch zu realisieren. Tatsächlich schien dieses Konzept bei der Gründung der Gesamtpartei am 17. April im Schottenstift in Erfüllung zu gehen. Hurdes wurde Generalsekretär, Kunschak offiziell Parteiobmann, diente jedoch – so seine eigenen Worte – nur noch als Fahne. Auf Grund seines fortgeschrittenen Alters erhielt er mit dem ehemaligen Unterrichtsminister Hans Pernter, der sich an den Programmdiskussionen in der Illegalität engagiert beteiligt hatte, einen geschäftsführenden Obmann zur Seite gestellt. Damit stellte der ÖAAB sämtliche drei Spitzendispositionen. In den Parteivorstand zogen als Bündevertreter Weinberger, Figl und Raab ein, während ihm Bumballa als Vertreter der Liberalen und in seiner Eigenschaft als ehemals führendes Mitglied der 05 angehörte. Mit der offiziellen Parteigründung trat die ÖVP aus dem Schatten der Illegalität.[14] Die nunmehr gewonnene Legalität war jedoch nur eine ostösterreichische, da der Westen und Süden des Landes nach wie vor unter nationalsozialistischer Herrschaft stand, die ihre Dauer mit Durchhalteparolen zu verlängern strebte. Und an diesem 17. April 1945 war weder über die Position der Partei in einer künftigen provisorischen Regierung noch deren gesamtösterreichische Akzeptanz eine Entscheidung gefallen.

2. 17. April bis 25. November: Gründung und österreichweite Konstituierung der ÖVP

Das politische Spezifikum äußerte sich vor allem in der Bildung der Regierung Renner sowie der Situation der sie tragenden politischen Parteien.

Renner war bei einer Besprechung im obersten sowjetischen Kommando Ende März 1945 von Stalin als Kandidat für die Leitung einer ersten österreichischen Regierung genannt worden.[15] Die 3. Ukrainische Front erhielt Befehl, Renners Aufenthalt zu eruieren und diesem diese politische Aufgabe zu offerieren. Am 4. April meldete sich Renner persönlich und aus eigenem Antrieb im Stab der 103. Garde-Schützen-Division, wurde schließlich nach Hochwolkersdorf zum Hauptquartier der 3. Ukrainischen Front weitergereicht und dort mit der Bildung einer Regierung sowie dem Aufbau einer österreichischen Verwaltung beauftragt.[16] Renner akzeptierte, ohne von den Vorgängen der illegalen Parteibildungen Kenntnis zu haben. Dies wird auch aus einem Brief an den ehemaligen Finanzminister und Bürgermeister von Baden, Josef Kollmann, vom 17. April deutlich, in dem er diesen als führende Persönlichkeit des nichtsozialistischen Lagers betrachtete, obwohl er in der Entstehungsgeschichte der am selben Tag offiziell gegründeten ÖVP keine Rolle gespielt hatte.[17]

---

14 Zu den Vorgängen am 17. April vgl. Johannes EIDLITZ: Der 17. April im Schottenstift. – In: Christliche Demokratie 2/1986. S. 85–89.
15 Manfred RAUCHENSTEINER: Die Zwei. Die Große Koalition in Österreich 1945–1966. – Wien 1987. S. 27 f.
16 Karl RENNER: Denkschrift über die Geschichte der Unabhängigkeitserklärung Österreichs und die Einsetzung der provisorischen Regierung der Republik. – Wien 1945. Siegfried NASKO (Hg.): Karl Renner in Dokumenten und Erinnerungen. – Wien 1982. S. 148 ff.
17 NASKO: Karl Renner in Dokumenten und Erinnerungen. S. 150 f.

Renner plante in seinen schriftlichen Äußerungen die Schaffung einer „Zweiten Republik", die durch ihre rechtliche, politische und verwaltungsmäßige Ordnung der endlichen Verwirklichung des Sozialismus dienen sollte. Sie sollte ein Staat der Linken werden. Verfassungsrechtliche Fragen wurden unter Hinweis auf die zentralistische Verfassung des Jahres 1920 gelöst, die Novelle 1929 negiert. Heimwehrangehörige sollten für die nächsten zehn Jahre ebenso von der Wahl ausgeschlossen werden wie Kleriko- und nationale Faschisten.[18] Renner vertrat in jenen schriftlichen Überlegungen jenen Standpunkt, der auch von der sozialdemokratischen Emigration in den USA vertreten wurde und auf die Haltung der amerikanischen Besatzungsmacht 1945 gegenüber zahlreichen Funktionären der ÖVP einen erheblichen Einfluß ausübte.[19]

Renner sollte jedoch sehr rasch nach seiner Übersiedlung nach Wien am 20. April über die tatsächliche politische Situation in der Bundeshauptstadt informiert werden und diese auch akzeptieren. Vor allem mußte er die Gründung der ÖVP zur Kenntnis nehmen. In seinen ersten Überlegungen zu einer provisorischen Regierung war Renner noch von der Wiederbegründung des Landesbundes ausgegangen und hatte für dessen Vertreter Posten reserviert. Nunmehr wurde er von Schärf und anschließend von Kunschak informiert, daß Vinzenz Schumy bereits von Figl für eine Mitarbeit in der ÖVP gewonnen worden war, der Landbund somit nicht wiedererstehen würde, sondern der ÖVP-Bauernbund als einzige Organisation der österreichischen Bauern auftrat. Die Integration des Landbundes in den Bauernbund war nicht nur eine taktische Meisterleistung Figls, sondern sollte auch dem Bauernbund größeres Gewicht in den folgenden politischen Auseinandersetzungen sowie innerhalb der ÖVP verschaffen.

Renner, der ursprünglich von einer Zusammenarbeit der sozialdemokratischen und kommunistischen Arbeiterschaft, den Bauern und den – wie er im Brief an Kollmann bemerkte – „demokratisch gebliebenen" ehemaligen Christlichsozialen ausging,[20] revidierte auf Grund der Gespräche mit Schärf und Kunschak sein Konzept und strebte nur mehr eine symbolische Beteiligung der Kommunisten in der Regierung an. Dabei stieß er jedoch auf deren heftigen Widerstand. Die KPÖ vermochte schließlich in zähen Verhandlungen ihre ressortmäßigen Forderungen durchzusetzen, doch wurden ihre Staatssekretäre durch die Schaffung von jeweils proporzmäßig besetzten Unterstaatssekretariaten als Ausdruck des ersten politischen Mißtrauens politisch eingerahmt. Kunschak, der bereits Vizebürgermeister von Wien war, nahm an den Verhandlungen über die Regierungsbildung nur mehr sporadisch teil und signalisierte, daß er den Kompromiß der Verhandlungshärte vorzog. Der so gebildeten provisorischen Regierung gehörten insgesamt 34 Personen an, wobei sich die ÖVP einer Zweidrittelmehrheit der Linken gegenüber sah. Ob dieses Verhältnis allerdings auf die große Kompromißbereitschaft Kunschaks zurückzuführen ist, ist zumindest zweifelhaft. Wenige Tage zuvor war bereits die Wiener Landesregierung im Verhält-

---

18 RAUCHENSTEINER: Die Zwei. S. 32.
19 Karl GRUBER: Zwischen Befreiung und Freiheit. Der Sonderfall Österreich. – Wien 1953. S. 46. Vgl. dazu vor allem auch Josef LEIDENFROST: Die amerikanische Besatzungsmacht und der Wiederbeginn des politischen Lebens in Österreich 1944–1947. Phil. Diss. – Wien 1986. S. 411 ff.
20 NASKO: Karl Renner in Dokumenten und Erinnerungen. S. 151.

Die Geschichte der ÖVP

nis 1 : 1 : 1 gebildet worden, und dieses dürfte auch bei der Bildung der provisorischen Regierung Pate gestanden haben.

Besondere Bedeutung sollte der personellen Besetzung des Kabinettsrats zukommen, in den jede Partei je einen Vertreter entsandte und dessen Mitglieder die Funktion von stellvertretenden Regierungschefs ausübten. SPÖ und KPÖ entsandten mit Schärf und Koplenig ihre Vorsitzenden, während die ÖVP Figl nominierte. Ursprünglich war für diese Funktion Kunschak vorgesehen gewesen, der jedoch deren Annahme mit dem Hinweis auf seine angegriffene Gesundheit sowie das ihn voll beanspruchende Amt des Wiener Vizebürgermeisters ablehnte. Daraufhin bot man Hurdes die Nominierung an. Dieser lehnte mit der Begründung ab, daß sich sein Bruder in russischer Kriegsgefangenschaft befinde und er daher leicht erpreßbar wäre. Nun schlug Kunschak Figl vor, über dessen Nominierung schließlich innerhalb kürzester Zeit Einigung erzielt wurde. Dabei dürfte auch der Umstand eine Rolle gespielt haben, daß der Bauernbund über die beste Organisation aller Bünde verfügte.

Figls Aufstieg zur Parteispitze begann mit seiner Nominierung in den Kabinettsrat. Kunschak fungierte im April 1945 lediglich als „Ehrenobmann" der Partei, und auch der geschäftsführende Obmann Johannes Pernter[21] war zu diesem Zeitpunkt gesundheitlich angeschlagen und verfügte zudem – wie Felix Hurdes – über keine Hausmacht. Die Unterstützung durch einen Bund wurde bereits 1945 zu einem konstitutiven Merkmal der internen Machtverhältnisse. Hurdes hatte in seinen organisatorischen Überlegungen stets betont, daß die Gesamtpartei vor den Bünden rangiere und ihr als zentraler Institution die Bünde als Suborganisationen unterstellt sein sollten. Der Parteiapparat sollte „in Form zentraler, nicht bündisch strukturierter Organe konstituiert werden . . ., innerhalb dessen die Bünde lediglich als Suborganisationen, die Sonderinteressen ihrer Mitglieder vertretend, vorgesehen waren".[22] Wenngleich dieses Konzept in den ersten Monaten der Zweiten Republik in der ÖVP dominierte, so entsprach es dennoch nicht der Struktur der Partei und dem sich bildenden politischen System der Verbindung von politischer und innerparteilicher Macht mit der Dominanz in Interessenvertretungen. Die Annahme, daß sich die in den jeweiligen Kammern dominierenden Bünde innerparteilich mit der zweiten Rolle begnügen würden, war sowohl personell wie institutionell irreal.

Am 27. April unterschrieb Kunschak für die ÖVP die Unabhängigkeitserklärung, die maßgeblich von Renner verfaßte Regierungserklärung vom folgenden Tag trug die Unterschrift sämtlicher Regierungsmitglieder.

Die Unabhängigkeitserklärung vom 27. April sprach in Artikel III von einer provisorischen Staatsregierung unter Teilnahme aller antifaschistischen Parteirichtungen, die mit der vollen Gesetzgebungs- und Vollzugsgewalt betraut werde.

Die Regierungserklärung sprach von der Zusammenarbeit aller „antifaschistischen Parteirichtungen". Mit Ausnahme der KPÖ wurden weder SPÖ noch ÖVP genannt. Beide Parteien waren als Integrationsparteien geschaffen worden, die ein

---

21 Zu Pernter vgl. Ingeborg M. Strobl: Dr. Johannes Pernter (1887–1951). Phil. Diss. – Wien 1966.
22 Herbert Gottweis: Zur Entwicklung der ÖVP: Zwischen Interessenpolitik und Massenintegration. – In: Peter Gerlich, Wolfgang C. Müller (Hg.): Zwischen Koalition und Konkurrenz. Österreichs Parteien seit 1945. – Wien 1983. S. 53–68. S. 56.

jeweils bestimmtes politisches Spektrum abdeckten. Diesem Umstand entsprach die Regierungserklärung im Falle der SPÖ mit der Formel „Sozialdemokraten" und „Revolutionäre Sozialisten", in jenem der ÖVP mit jener der „Christlichsozialen" und dem „antifaschistischen Teil des Landbundes".[23] Somit konnte selbst in dem unwahrscheinlichen Fall des Bekanntwerdens der Regierungserklärung im noch immer umkämpften Westösterreich nicht auf die Existenz der beiden Parteien geschlossen werden. Dies traf auch auf die ersten Tage nach Kriegsende zu.

Daraus ergaben sich vor allem für die ÖVP zwei Probleme:
1. Die provisorische Regierung mußte eine Reihe von Entscheidungen treffen, die ganz Österreich betrafen, jedoch ausschließlich auf der Willensbildung der ostösterreichischen politischen Elite basierten. Man werde sich bemühen, so die Regierungserklärung, das Land „im Inneren in geordnete Verhältnisse zurückzuführen und wirtschaftlich wieder aufzurichten..."[24]

Vor allem drei Maßnahmen zwischen April und September 1945, also vor der Erweiterung durch die Aufnahme von Vertretern der westlichen Bundesländer, sollten die politische Kultur und das politische System der Zweiten Republik maßgeblich beeinflussen: die Wiedereinführung der Verfassung von 1920 in der Fassung von 1929, die Schaffung des ÖGB sowie der Entschluß zur Verstaatlichung der Schlüsselindustrie.

   a) Renner hatte in der Verfassungsfrage ursprünglich die Restitution der Verfassung von 1920 angestrebt, stieß jedoch wegen deren zentralistischer Grundtendenz bei der ÖVP auf massiven Widerstand. Erhebliche Teile der ÖVP plädierten für eine generelle Verfassungsdiskussion, die jedoch auf Grund der realpolitischen Gegebenheiten illusorisch war, weshalb sich SPÖ und ÖVP auf die Fassung des Jahres 1929 einigten.[25]

   b) Eine wesentliche strukturelle Vorentscheidung für das System der Sozialpartnerschaft fiel mit der Errichtung des Österreichischen Gewerkschaftsbundes am 15. April 1945, die zwar von den führenden Vertretern der ehemaligen Richtungsgewerkschaften herbeigeführt, jedoch von der Regierung befürwortet wurde. Die christlichen Gewerkschafter um Weinberger waren bereits in der Illegalität von Jakob Kaiser in ihren Überlegungen über die Errichtung einer Einheitsgewerkschaft bestärkt worden.[26]

   Bereits am 14. Mai hatte sich der ÖAAB als Vertretung der christlichen Arbeitnehmer in der (noch nicht offiziell gegründeten) ÖVP konstituiert, weshalb dessen Obmann Weinberger auch gleichzeitig ÖGB-Vizepräsident wurde.[27] Erst 1951 kam es vor allem auf Initiative von Erwin Altenburger zur Gründung der FCG. Die Argumentation für die Gründung des FCG basierte vor allem auf dem Hinweis, der ÖAAB sei eine Teilorganisation der ÖVP und

---

23 Josef KOCENSKY (Hg.): Dokumentation zur österreichischen Zeitgeschichte 1945–1955. 2. Aufl. – Wien/München 1975. S. 30.
24 Ebd. S. 33.
25 Ludwig REICHHOLD: Die ÖVP vom 17. April bis 25. November 1945. – In: Christliche Demokratie 2/1986. S. 95–103. S. 99.
26 Werner CONZE: Jakob Kaiser. Der Widerstandskämpfer. – Stuttgart 1967. S. 144.
27 Vgl. Ludwig REICHHOLD: Geschichte der christlichen Gewerkschaften Österreichs. – Wien 1987. S. 580.

somit vor allem eine politische, nicht jedoch eine gewerkschaftliche Fraktion. Da der ÖGB überparteilich konstituiert worden sei, sollte in Anknüpfung an die Tradition der christlichen Gewerkschaftsbewegung eine von der ÖVP völlig unabhängige gewerkschaftliche Organisation gegründet werden, die ausschließlich den Interessen der Arbeitnehmer verpflichtet sei. Der ÖAAB als Teilorganisation der Gesamtpartei müsse stets auch auf die Interessen der anderen Gruppierungen Rücksicht nehmen.[28]

c) Die dritte wesentliche Entscheidung fiel mit dem Entschluß zur Verstaatlichung von Energie, Bergbau, Erdöl und Schwerindustrie sowie der Lokomotiv- und Waggonwerke, den Handelsminister Eduard Heinl am 5. September im Kabinettsrat einbrachte. Für diese rasche Entscheidung waren neben ideologischen, demokratiepolitischen und ökonomischen Gründen vor allem die konkreten politischen Rahmenbedingungen maßgebend.[29] Die Verstaatlichung sollte vor allem der Sicherung des „Deutschen Eigentums" dienen, dessen Übereignung die Konferenz von Potsdam der jeweiligen Besatzungsmacht zugestanden hatte, ohne jedoch genaue Definitionen des Begriffs vorzunehmen.[30]

Als die Sowjets der Regierung Renner die Schaffung einer gemischten Gesellschaft nach dem Muster des sowjetisch-rumänischen Wirtschaftsabkommens vom 8. Mai 1945 zur Ausbeutung der Zistersdorfer Erdölquellen vorschlugen, entschloß man sich nach heftiger Diskussion im Kabinettsrat zu diesem Schritt in der Hoffnung, damit den Zugriff Moskaus verhindern zu können.[31]

2. Die provisorische Regierung Renner wies eine überproportionale Repräsentanz der Linken auf. Vor allem die KPÖ war übermäßig stark vertreten, so daß das in der Regierungserklärung vom 28. April intendierte „Vertrauen der drei Weltmächte" vor dem Hintergrund des beginnenden kalten Krieges zunächst nicht errungen werden konnte. Lediglich die Sowjetunion anerkannte die Regierung Renner, während die Westmächte eine Anerkennung mit dem Hinweis auf den überproportionalen Einfluß der Kommunisten sowie die Nichtberücksichtigung der westlichen und südlichen Bundesländer ablehnten.

Die Zweidritteldominanz der Linken wurde auch von der ÖVP-Führung mit Unbehagen betrachtet, zumal vor allem der linke Flügel der SPÖ eine enge Zusammenarbeit mit der KPÖ anstrebte.[32] Im Mai wurde daher der Entschluß gefaßt, die noch nicht nach Wien eingerückten Westmächte, vor allem die USA, über die Verhältnisse in der Bundeshauptstadt zu informieren und die ehemali-

---

28 Ebd. S. 587 f.
29 Renate DEUTSCH: Chronologie eines Kampfes. Geschichte der Verstaatlichung in Österreich, 2 Bde. – Wien 1978/79. (In Sachen 1/2/78 und 1/2/79.)
30 Zum Begriff des Deutschen Eigentums vgl. vor allem Waltraud BRUNNER: Das Deutsche Eigentum und das Ringen um den österreichischen Staatsvertrag 1945–1955. Phil. Diss. – Wien 1976.
31 Adolf SCHÄRF: Österreichs Erneuerung 1945–1955. Das erste Jahrzehnt der Zweiten Republik. – Wien 1955. S. 64 ff.
32 Vgl. dazu vor allem Fritz WEBER: Die linken Sozialisten 1945–1948. Parteiopposition im beginnenden kalten Krieg. Phil. Diss. – Salzburg 1977.

gen christlichsozialen Politiker in den westlichen und südlichen Bundesländern zum Parteibeitritt aufzufordern.

Am 15. Mai versuchte Julius Raab über die Demarkationslinie nach dem Westen zu gelangen. Die Sowjets gestatteten ihm jedoch nicht das Passieren der Zonengrenze, so daß er ergebnislos nach Wien zurückkehren mußte. In der ÖVP stieg die Befürchtung einer drohenden Teilung des Landes, einer Beschränkung der Partei auf den Osten des Landes und einer steigenden kommunistischen Einflußnahme auf die Regierung Renner, zumal sich die KPÖ auf die sowjetische Besatzungsmacht stützen konnte. In einer eilig einberufenen Sitzung der Parteiführung plädierte Generalsekretär Hurdes für einen neuerlichen Versuch einer Kontaktaufnahme mit dem Westen. Da dies offensichtlich auf normalem Weg nicht möglich war, entschloß man sich für eine unkonventionelle Methode des Zonenübergangs. Herbert Braunsteiner, ehemaliges Mitglied der 05 und einer der jungen Mitarbeiter von Hurdes, sollte auf Grund seiner physischen Belastbarkeit einen neuerlichen Versuch unternehmen und auch vor wahrscheinlichen körperlichen Strapazen nicht zurückschrecken. Braunsteiner erhielt während einer gemeinsamen Vorsprache des Parteivorstandes bei Innitzer ein Schreiben des Kardinals, das dessen Überbringer der Fürsorge des jeweiligen Bischofs empfahl sowie die Bitte einschloß, den Kontakt zu den christlichsozialen Politikern herzustellen.[33] In den Abendstunden des 17. Mai durchschwamm Braunsteiner die Enns und gelangte über Linz und Salzburg nach Innsbruck. Eine Kontaktaufnahme mit Kärnten scheiterte vorerst. Am 4. Juni konnte er dem Parteivorstand seinen ersten Bericht vorlegen.

Die Frühgeschichte der einzelnen Landesparteien und deren Integration in die Bundespartei wird in den einzelnen Länderbeiträgen behandelt und ist daher nicht Gegenstand dieser Untersuchung. Die Bedeutung des Unternehmens Braunsteiners liegt in einem ersten Schritt zur Konstituierung der ÖVP als Bundespartei, wenngleich dieser Weg erst am 23. September abgeschlossen sein sollte. Zwischen dem 23. Juni und dem 23. September fanden in Salzburg, das auf Grund seiner günstigen geographischen Lage im Sommer 1945 zum „Angelpunkt der Bemühungen um die Wiedervereinigung der westlichen und östlichen Bundesländer"[34] wurde, insgesamt vier Länderkonferenzen statt, die erst allmählich das Mißtrauen der westlichen Landesorganisationen gegenüber der Wiener Parteispitze beseitigten und denen auf Grund ihres Stellenwertes für die gesamtösterreichischen Länderkonferenzen im September und Oktober eine entscheidende Rolle in der Überwindung der durchaus realen Gefahr einer Teilung Österreichs zukommt.[35]

---

33 Herbert BRAUNSTEINER: Ich durchschwamm die Enns. – In: ÖM 5/1960. S. 10 f. Ders.: Der Aufbau der Österreichischen Volkspartei bundesweit. – In: Christliche Demokratie 2/1986. S. 91–94.
34 Ludwig REICHHOLD: Geschichte der ÖVP. – Graz – Wien – Köln 1975. S. 112.
35 Zu den österreichischen Länderkonferenzen vgl. Josef FEICHTENBERGER: Die Länderkonferenzen 1945 – Die Wiedererrichtung der Republik Österreich. Phil. Diss. – Wien 1975. Zu den ÖVP-Länderkonferenzen in Salzburg vgl. vor allem Robert KRIECHBAUMER: Die ÖVP in Salzburg im Jahr 1945. Versuch einer Rekonstruktion. – In: Franz SCHAUSBERGER (Hg.): Im Dienste Salzburgs. Zur Geschichte der Salzburger ÖVP. – Salzburg 1985. S. 13–100.

Figl, Raab und Weinberger trafen erstmals am 23. Juni mit Vertretern der westlichen Bundesländer in Salzburg zusammen. Es gelang ihnen dabei nicht, die Bedenken gegen die Regierung Renner sowie die Politik der Wiener Parteiführung völlig zu zerstreuen. Man einigte sich lediglich auf die Errichtung eines „Generalsekretariats West" in Salzburg, das die Zusammenarbeit der westlichen und südlichen Landesorganisationen vorantreiben sollte. Die westlichen und südlichen Landesorganisationen trafen sich zu einer gesonderten Beratung wiederum am 29. Juli, wobei die dominante Stellung der Tiroler und Salzburger Landesorganisation sichtbar wurde. Der Tiroler Landeshauptmann Karl Gruber avancierte zum Sprecher der westlichen Landesorganisationen, und Salzburg unterbreitete den Vorschlag, in die ÖVP als bürgerlicher Sammelbewegung sämtliche rechtsstehenden Gruppierungen zu integrieren, um so die Gefahr einer Zersplitterung des bürgerlichen Lagers in mehrere Parteien zu vermeiden und der politischen Linken bei der angestrebten Nationalratswahl eine Mehrheit zu verwehren. Ferner wurde bereits am 29. Juli die Aufnahme von Vertretern der westlichen Bundesländer in die Regierung Renner gefordert.[36]

Die dritte Länderkonferenz am 20. August stand im Zeichen einer sich verschärfenden innenpolitischen Spannung, die das Land zu teilen drohte. Die westlichen Alliierten hatten noch immer nicht die ihnen zukommenden Besatzungszonen in Wien übernommen, die Regierung Renner von ihnen nicht anerkannt und von den westlichen und südlichen Bundesländern nicht akzeptiert. In diesen existierten zwei gegensätzliche Tendenzen: die eine, schwächere, aber gefährlichere, beabsichtigte die Bildung einer antikommunistischen Gegenregierung in Salzburg um das bereits existierende „Generalsekretariat West", die andere beharrte nach wie vor auf der Einheit des Landes und bestätigte nochmals ein Forderungsprogramm nach Umbildung der Regierung und baldiger Ausschreibung von Neuwahlen im gesamten Bundesgebiet. Das Forderungsprogramm diente als Rute im Fenster, die sowohl die ÖVP-Parteispitze wie auch Karl Renner durchaus ernst nahmen. Renner bemühte sich bei den Alliierten um Zustimmung zu einer gesamtösterreichischen Länderkonferenz, während die ÖVP-Führung die Einheit der Partei nicht gefährden wollte.

Figl, Raab, Weinberger, Graf, Weber, Schumy und Buchinger reisten nach Salzburg, um die Parteieinheit zu retten. Mit dieser Reise traf die Einwilligung des Alliierten Rates vom 20. September zusammen, eine gesamtösterreichische Länderkonferenz für den 24. September nach Wien einzuberufen. Die nach Salzburg gereiste ÖVP-Spitze erreichte angesichts der bevorstehenden gesamtösterreichischen Länderkonferenz die Einberufung einer vierten Länderkonferenz am 23. September, die die Forderungen der westlichen und südlichen Landesorganisationen koordinieren und der Parteiführung in den bevorstehenden Verhandlungen den Rücken stärken sollte. Die Forderungen lauteten: 1. Errichtung eines Staatssekretariats für Äußeres und dessen Besetzung mit einer der ÖVP angehörenden Persönlichkeit; 2. Ausschaltung des kommunistischen Einflusses im Innenministerium durch die Ablöse von

---

36 Zur Rolle Grubers vgl. vor allem Michael GEHLER: Dr. Ing. Karl Gruber – Erster Landeshauptmann von Tirol nach dem Zweiten Weltkrieg. – In: Lothar HÖBELT, Othmar HUBER (Hg.): Für Österreichs Freiheit. Karl Gruber – Landeshauptmann und Außenminister 1945–1953. – Innsbruck 1991. S. 11–70. S. 54 ff.

Innenminister Franz Honner; 3. Schaffung eines Ministeriums für Vermögenssicherung, das ebenfalls von der ÖVP zu besetzen war; 4. Abhaltung freier Wahlen zu einem möglichst nahen Zeitpunkt und demokratische Kontrolle einer zu bildenden Wahlkommission im Innenministerium.

Bei der gesamtösterreichischen Länderkonferenz am 24. September trat der Tiroler Landeshauptmann Gruber als Sprecher der westlichen Bundesländer auf und konnte – wenn auch mit einigen Abstrichen – den Großteil der Forderungen durchsetzen. Die ÖVP avancierte durch die Erweiterung der Regierung Renner zur stärksten Regierungspartei, wenngleich sie sich gegenüber SPÖ und KPÖ noch immer in der Minderheit befand. Das staatspolitisch vielleicht wichtigste Ergebnis war jedoch die Einigung auf den 25. November 1945 als Wahltag. Neben der Erweiterung der Regierung Renner bedeutete dieser Beschluß die Verhinderung der Teilung des Landes.

Mit diesen Beschlüssen der ersten gesamtösterreichischen Länderkonferenz war aber auch die Einheit der ÖVP endgültig gesichert.

Eine weitere wichtige Entscheidung über die Organisation und Machtverteilung innerhalb der ÖVP war bereits bei der vierten Länderkonferenz am 23. September in Salzburg gefallen. Sie brachte die endgültige Entscheidung zugunsten des Primats der Bünde, die sich als konstitutive Elemente der Partei verstanden. Ihre Machtergreifung dokumentiert sich in der Zusammensetzung des neuen Parteipräsidiums: Leopold Figl wurde nach dem gesundheitlich bedingten Rückzug Pernters neuer Parteiobmann, Lois Weinberger erster, Raoul Bumballa zweiter und Julius Raab dritter Stellvertreter. Wenngleich Hurdes als Generalsekretär nach wie vor der Parteispitze angehörte, so wurde dies nunmehr ausdrücklich betont, der Generalsekretär war neben den Bündevertretern zu einer politischen „Randfigur" herabgesunken. Das Generalsekretariat, personell und finanziell ungenügend ausgestattet, hatte jene Position bereits zu Beginn der Zweiten Republik verloren, die Hurdes als Voraussetzung für ein starkes und funktionstüchtiges Parteimanagement betrachtet hatte.

Die Einigung auf Wahlen am 25. November änderte die politische Lage, indem die ideologischen Gegensätze zwischen den drei Parteien hervorgehoben, der ideologische Fundus nach Brauchbarem durchsucht wurde. Zu diesem gehörte die Frage der „Austrofaschisten", die gezielt von der SPÖ den Nationalsozialisten gleichgestellt wurden, um ihnen das Wahlrecht vorzuenthalten. Der Elitenkonsens wurde während des Wahlkampfes brüchig, die historischen Überhänge der sich erst allmählich etablierenden politischen Kultur der Zweiten Republik traten deutlich zum Vorschein. Für die ÖVP sollte es sich dabei als erschwerend erweisen, daß sie von den Amerikanern mit erheblichem Mißtrauen betrachtet wurde, da sich vor allem für die Roosevelt-Administration „das Dollfuß-Schuschnigg-Regime ... als eine austrofizierte Prägung des Faschismus in Europa" darstellte.[37] Beeinflußt von der sozialdemokratischen Emigration sowie linksliberalen Auslandskorrespondenten der Zwischenkriegszeit wurde die ÖVP mit erheblichem Mißtrauen betrachtet.[38] Erst der

---

37 Oliver Rathkolb: US-Entnazifizierung in Österreich zwischen kontrollierter Revolution und Elitenrestauration (1945 bis 1949). – In: Zeitgeschichte 9/10/1984. S. 302–325. S. 303.
38 Zu dieser Problematik vgl. vor allem Oliver Rathkolb (Hg.): Gesellschaft und Politik am Beginn der Zweiten Republik. Vertrauliche Berichte der US-Militäradministration aus Öster-

sich verschärfende kalte Krieg brachte eine Änderung der Haltung der US-Administration.

Zur allgemeinen Überraschung vermochte die ÖVP bei der Wahl vom 25. November die absolute Mehrheit der Mandate zu erringen. Der Grund dafür ist in einer Reihe von Ursachen zu suchen: 1. Der Ausschluß der ehemaligen Nationalsozialisten vom Wahlrecht sowie die Abwesenheit Hunderttausender Kriegsgefangener hatte eine atypische politische Konstellation entstehen lassen. So betrug der Frauenanteil an den Wahlberechtigten 64 Prozent. 2. Die ÖVP hatte 1945 das Monopol der einzigen antisozialistischen Gruppierung. 3. Das Konzept der sozialen Integrationspartei übte offensichtlich erhebliche Anziehungskraft aus, und 4. entsprach das stark in der Vordergrund gestellte Österreich-Bewußtsein der Partei dem Bedürfnis vieler Österreicher, die deutsche Nabelschnur zur Niederlage zu durchtrennen.

Das Jahr 1945 bedeutete für die ÖVP nicht nur den Weg in die Legalität, die Konstituierung als bundesweite Partei und den innerparteilichen Sieg der Bünde, sondern auch die weitgehende Entprovinzialisierung. Die Geschichte der Salzburger Länderkonferenzen sowie der ersten gesamtösterreichischen Länderkonferenz in Wien zeigt deutlich das geänderte Selbstbewußtsein der westlichen Bundesländer. Die Industrialisierung der Provinz in der Ära des Nationalsozialismus und in deren Folge die geänderte sozioökonomische Struktur mit ihren mentalitätsmäßigen Implikationen, die Ost-West-Wanderung infolge der Kriegsereignisse, die Teilung des Landes in einen „Goldenen Westen" und in einen sowjetisch besetzten Osten, der durch die Frage des Deutschen Eigentums und die 1945 in großem Stil erfolgenden Demontagen eines erheblichen Teils seines ökonomischen Potentials beraubt wurde, all diese Faktoren bewirkten 1945 auch eine geänderte Beziehung von Provinz und Metropole. Die Metropole hatte für die Provinz an Glanz und Faszination verloren, im Gegenteil, deren Verhältnis hatte sich weitgehend verkehrt.

3. 1945–1949: Nachkriegszeit und Rekonstruktion der politischen Normalität. Die Ära Leopold Figl

Die Neuauflage der Konzentrationsregierung, wenngleich mit geänderten Kräfteverhältnissen, entsprach nicht nur der gebotenen politischen Vernunft und dem Willen zur Zusammenarbeit, sondern auch den Intentionen der Alliierten. Vor allem die USA drängten bereits im Vorfeld der Nationalratswahl vom 25. November auf die Fortsetzung der Konzentrationsregierung, um die Beziehungen der Alliierten im Land nicht zu gefährden und den demokratischen Wiederaufbau des Landes zu gewährleisten.[39] Das Wahlergebnis vom 25. November 1945 offenbart aber auch die historischen Überhänge in der politischen Kultur der ersten Jahrzehnte der Zweiten Republik. Die historische Forschung hat Klassenzugehörigkeit, Religion und Region (Provinz/Metropole, Stadt/Land) als jene gesellschaftlichen Konfliktlinien definiert, die für die

---

reich 1945 in englischer Originalfassung. – Wien – Köln – Graz 1985. Reinhold WAGNLEITNER (Hg.): Understanding Austria. The Political Reports and Analyses of Martin F. Herz, Political Officer of the US Legation in Vienna 1945–1948. – Salzburg 1984.
39 Manfried RAUCHENSTEINER: Der Sonderfall. Die Besatzungszeit in Österreich 1945 bis 1955. – Graz – Wien – Köln 1979. S. 135.

Ausbildung des österreichischen Parteiensystems und seiner spezifischen politischen Kultur im ausgehenden 19. und beginnenden 20. Jahrhundert prägend wirkten und in der Ersten Republik noch akzentuierend wirkten.[40]

Die so entstehende politische Kultur war geprägt durch „an sozioökonomische und religiös-kulturelle Cleavages angelagerte Subkulturen", die „ihren Mitgliedern ... durch soziale und organisatorische Netzwerke integrierte politische Heimaten" boten.[41] Politische Parteien erwiesen sich „ebenso als politisch-organisatorische Ausdrucksformen wie als ... verstärkende Elemente der Lagerkulturen", schufen als Heimat immer auch Feindbilder, die selbst bei den Repräsentanten des Elitenkonsenses nachwirkten.[42]

Von besonderem Interesse sind die von den OSS-Mitgliedern Paul R. Sweet und Edgar N. Johnson sowie vom dritten Sekretär der amerikanischen Gesandtschaft, Martin F. Herz, durchgeführten Interviews mit führenden ÖVP-Politikern.[43] Vor allem Figl startete in den Gesprächen zahlreiche Angriffe auf die Sozialdemokratie der Zwischenkriegszeit. Die Konflikte der Ersten Republik waren keineswegs vergessen. Auch die autobiographischen Notizen der Gründergeneration der ÖVP offenbaren die beiden dominierenden Brüche in der eigenen Lebenswelt: den Zusammenbruch der Habsburgermonarchie mit seinen ökonomischen, politischen und gesellschaftlichen Folgen sowie den Austromarxismus als existentielle Bedrohung der eigenen Lebenswelt und ihrer Normen. Der dritte Bruch, die nationalsozialistische Herrschaft, sollte als existentielles Trauma beider Bürgerkriegsparteien die ersten Brücken schlagen. Wenngleich die spezifischen Sozialisationsbedingungen nach wie vor mentalitätsprägend wirkten, so erfolgten dennoch zwischen 1938 und 1945 jene Modifizierungen, die die politische Kultur der Zweiten Republik erst ermöglichten.

Die traditionellen gesellschaftlichen Konfliktlinien bestimmten hingegen ungebrochen die Parteienstruktur der ersten Jahrzehnte der Zweiten Republik. „Der weitaus größte Teil der Bauern, der Gewerbetreibenden, der Angehörigen freier Berufe, der Bewohner ländlicher Gemeinden und der aktiven Katholiken organisierte sich in der ÖVP oder wählte sie zumindest. Der weitaus größte Teil der Arbeiter, der Bewohner von Wien und anderen größeren Städten sowie der religiös Nichtaktiven gehörte dagegen dem SPÖ-Lager an. Beamte und Angestellte verteilten sich etwa in gleichem Maße auf diese beiden Parteien."[44]

In den der Nationalratswahl folgenden vier Wochen kam es zu einer folgenschweren Veränderung der Machtverteilung und Meinungsbildung innerhalb der ÖVP. Da sie bei den gleichzeitig stattfindenden Landtagswahlen in sieben Bundesländern zur stärksten Partei avanciert war und den jeweiligen Landeshauptmann stellte, erlangten die Landesparteien im internen Kräftefeld eine bestimmende Position, da die Landeshauptleute meistens auch gleichzeitig die Funktion des Landesparteiobmanns ausübten.

---

40 Wolfgang C. Müller: Das Parteiensystem. – In: Herbert Dachs u. a. (Hg.): Handbuch des politischen Systems Österreichs. S. 181–196. S. 191.
41 Ebd.
42 Ulram: Politische Kultur der Bevölkerung. – In: Handbuch des politischen Systems Österreichs. S. 466.
43 Vgl. Rathkolb: Gesellschaft und Politik am Beginn der Zweiten Republik. Wagnleitner: Understanding Austria.
44 Müller: Das Parteiensystem. – In: Handbuch des politischen Systems Österreichs. S. 191.

Eine weitere Weichenstellung ergab sich mit der Etablierung des ÖGB und der Kammern 1945/46. Der Bauernbund dominierte die Landwirtschaftskammern und der Wirtschaftsbund die Bundeswirtschaftskammer, die allerdings erst im Juli 1946 als Preis für die Zustimmung der ÖVP zum 1. Verstaatlichungsgesetz errichtet wurde. Der ÖAAB bildete hingegen sowohl im ÖGB wie in der Arbeiterkammer eine Minderheit und wurde in der sich seit 1947 entwickelnden sozialpartnerschaftlichen Entscheidungsfindung weitgehend übergangen. Der ÖAAB verlor daher in der föderativen und bündischen Struktur der ÖVP zunehmend an Gewicht. Ebenso mußte auf Grund der realpolitischen Gegebenheiten das von Generalsekretär Hurdes nach wie vor vertretene Konzept des Primats der Gesamtpartei und des Parteiobmanns scheitern.

Als Generalsekretär der Partei verfügte Hurdes de facto über keinen Apparat. Lediglich Fritz Bock als Büroleiter und Alfred Kasamas als freier Mitarbeiter standen ihm für die Parteiarbeit zur Verfügung. Zudem verfügte er über keine Hausmacht und konnte sich durch seinen Eintritt in die Bundesregierung als Unterrichtsminister der eigentlichen Parteiarbeit nicht in dem wünschenswerten Ausmaß widmen. „Als Generalsekretär repräsentierte er zwar die Parteiorganisation, deren politische Entscheidungen waren jedoch von den bündischen und föderalistischen Faktoren abhängig, auf die Hurdes, außer als Koordinator ihrer Interessen, keinen Einfluß ausüben konnte."[45]

Doch auch die gesamte Bundesparteileitung in der Kärntner Straße konnte nur auf eine spartanische personelle und ressourcenmäßige Ausstattung verweisen. Neben einem bescheidenen Büro des Bundesparteiobmanns existierten nur die Referate für Organisation und Propaganda sowie für Wirtschafts- und Sozialpolitik.

Die eigentliche politische Arbeit wurde durch die Regierungsmitglieder, die Bünde- und Landesorganisationen wahrgenommen, ein zentrales Führungsinstrument war auf Grund der strukturellen Gegebenheiten nicht existent. In der Partei stieg Julius Raab 1946 neben Leopold Figl zur dominierenden Persönlichkeit auf. Da seine Nominierung zum Handelsminister am Einspruch der Sowjets gescheitert war, konzentrierte er sich auf seine Funktion als Klubobmann und Landesparteiobmann der mächtigen niederösterreichischen ÖVP. 1946 wurde er zudem Präsident der Bundeswirtschaftskammer und zu einem Eckpfeiler der Sozialpartnerschaft. Raab agierte auf Grund der zunächst gegebenen sowjetischen Bedenken gegen seine Person im Hintergrund, galt jedoch in informierten Kreisen bereits in der ersten Legislaturperiode als *die* Persönlichkeit in der ÖVP. Erst zu Beginn der fünfziger Jahre sollte er allmählich aus diesem Hintergrund treten, 1952 Figl als Parteiobmann ablösen und auch 1953 die Leitung der Bundesregierung übernehmen.

Trotz des Weiterbestandes der Konzentrationsregierung war die tägliche Politik keineswegs frei von grundsatzpolitischen Kontroversen, die vor allem zwischen ÖVP und SPÖ mit Vehemenz geführt wurden und die Regierung Figl erheblichen Belastungsproben aussetzten.

Die Verstaatlichungsdebatte 1946 offenbarte in aller Schärfe die grundsatzpolitischen Divergenzen der beiden großen Regierungsparteien. Wenngleich die ÖVP durch Eduard Heinl am 5. September 1945 den Entwurf eines Verstaatlichungsgeset-

---

45 REICHHOLD: Geschichte der ÖVP. S. 140.

zes für die Schlüsselindustrien eingebracht hatte, so ist dieser Schritt unter einer Reihe von Prämissen zu betrachten. Vordringlich sollte damit ein drohender sowjetischer Zugriff auf das sogenannte „Deutsche Eigentum" verhindert werden. Zum anderen waren sich ÖVP und SPÖ über die Notwendigkeit eines gewissen Ausmaßes an Wirtschaftslenkung einig. *Wie* und *in welchem Ausmaß* dies erfolgen sollte, darüber gingen allerdings die Meinungen diametral auseinander. Die SPÖ hoffte mit einer umfassenden *Verstaatlichung* die von ihr intendierte sozialistische Gesellschafts- und Wirtschaftsordnung zu erreichen, während die ÖVP der Verstaatlichung prinzipiell reserviert gegenüberstand und eine *Vergesellschaftung* genau zu prüfender Unternehmen forderte. Die eigentlichen Beweggründe der ÖVP zu ihrer Initiative vom 5. September 1945 werden aus einer Tagebucheintragung des Diplomaten Josef Schöner ersichtlich. „Auf Grund des starken Drucks der Gewerkschaften, der SP und KP mußte Heinl, sehr gegen seine Überzeugung, in der Mittwochsitzung des Kabinetts den Entwurf eines Verstaatlichungsgesetzes für einige unserer Schlüsselindustrien einbringen, der auch angenommen wurde. Es handelt sich nur um ein ganz allgemeines Rahmengesetz, bestimmt, die Meinung der Arbeiterschaft zu befriedigen; die notwendigen Durchführungsverordnungen werden wohl lange auf sich warten lassen. Es ist nun interessant zu sehen, daß nicht nur die Westmächte, sondern überraschenderweise auch die Russen inoffiziell dagegen Stellung nehmen. Die Russen aus ganz anderen Gründen. Sie befürchten nämlich, daß Industrien verstaatlicht werden sollen, auf die sie selbst Anspruch erheben nach den Beschlüssen von Potsdam."[46]

Die reservierte Haltung der ÖVP veranlaßte die SPÖ Anfang 1946 zu einem neuerlichen Initiativantrag für insgesamt 125 Unternehmen. In den Verhandlungen entwickelte die ÖVP die Gegenkonzeption des Werksgenossenschaftsgesetzes, das zwar auf einer ÖAAB-Initiative basierte, jedoch parteiintern von Minister Krauland und Josef Schöner für die parlamentarischen Verhandlungen sowie eine beabsichtigte politische Außenwirkung umgearbeitet wurde. Die Verhandlungen wurden äußerst zäh geführt und waren durch die Regierungserklärung des Kabinetts Figl I präjudiziert. Am 9. Juni 1946 notierte Eugen Margaretha in sein Tagebuch: „Ich kämpfe im Ausschuß wie ein Löwe mit dem Ziel, wirklich nur die Schlüsselindustrien erfassen zu lassen und jene, die aufgrund der Potsdamer Beschlüsse von den Russen beschlagnahmt sind und die wir anscheinend nur über die Verstaatlichung aus deren Händen zurückbekommen können . . . Die Verhandlungen . . . werden voraussichtlich, wenn nicht am Umfang, so daran scheitern, daß die SPÖ und KPÖ den Gedanken der ‚Betriebsvergenossenschaftlichung' ablehnen . . . Nach Weisung der Parteileitung der ÖVP bestehen wir auf der Sozialisierung aller verstaatlichter Betriebe und sind gewillt, bei deren Ablehnung es zum Bruch kommen zu lassen, allenfalls zum Zerfall der Konzentrationsregierung und zu Neuwahlen. Die ÖVP glaubt, unter der Devise ‚Keine Verstaatlichung', aber ‚Sozialisierung zwecks Entproletarisierung' mit Erfolg in die Wahlen eintreten zu können."[47]

---

46 Josef Schöner: Wiener Tagebuch 1944/45. Bearbeitet von Eva-Marie Csaky. Hg. v. Eva-Marie Csaky, Franz Matscher, Gerald Stourzh. – Wien/Köln/Weimar 1992. S. 371.
47 Alois Brusatti (Hg.): Zeuge der Stunde Null. Das Tagebuch Eugen Margarethas 1945–1947. – Wien 1990. S. 195.

Die ÖVP hatte auf Grund ihres deutlichen Wahlsieges das Ministerium für Vermögenssicherung und Wirtschaftsplanung mit Peter Krauland besetzt und sich damit, wie Adolf Schärf auf dem 1. Parteitag der SPÖ 1945 bemerkte, „sozusagen die Kommandohöhe in Industrie, Handel und Gewerbe" gesichert, die SPÖ besitze in diesen zentralen wirtschafts- und gesellschaftspolitischen Bereichen hingegen nur ein „Dreinrederecht, ein Mitspracherecht".[48]

Vor dem Hintergrund der schwierigen gesamtpolitischen Rahmenbedingungen war aber die ÖVP auf ein mit der SPÖ akkordiertes Vorgehen in der Verstaatlichungsfrage angewiesen. Die SPÖ präsentierte in den Verhandlungen ein Maximalprogramm, das insgesamt 125 Betriebe für die Verstaatlichung vorsah. Auf Grund der gegensätzlichen Standpunkte waren die Verhandlungen bald festgefahren. Bewegung kam erst, als die Sowjets mit dem von Generaloberst Vladimir V. Kurasov unterzeichneten Befehl Nr. 17 am 5. Juli 1946 (zurückdatiert auf den 27. Juni, um nicht mit dem 2. Kontrollabkommen zu kollidieren) die Intentionen der Regierung in ihrer Besatzungszone unwirksam machten und über 300 Industriebetriebe sowie 140 land- und forstwirtschaftliche Betriebe der beabsichtigten Wirkung des Verstaatlichungsgesetzes entzogen. Die auf diesen Befehl hin ausbrechende „Katastrophenstimmung" führte zum raschen, von staatspolitischen Überlegungen getragenen Kompromiß zwischen ÖVP und SPÖ. Am 26. Juli 1946 beschloß der Nationalrat das 1. Verstaatlichungsgesetz.[49]

Die ÖVP vermochte dabei einen erheblichen Teil ihrer Vorstellungen durchzusetzen: Die Anzahl der verstaatlichten Betriebe betrug nur mehr 75, die jedoch die Rechtsform einer Aktiengesellschaft erhielten. Die verstaatlichten Banken wurden dem Finanzministerium unterstellt und die verstaatlichten Betriebe dem Ministerium für Vermögenssicherung und Wirtschaftsplanung. Und schließlich wurde die Beschlußfassung des Verstaatlichungsgesetzes mit jener über das Werksgenossenschaftsgesetz sowie die Errichtung der Bundeswirtschaftskammer junktimiert.

Die Diskussion über das 1. Verstaatlichungsgesetz zeigt deutlich, daß die „Koalition zwischen den beiden Großparteien nicht auf den einfachen Nenner der KZ-Philosophie" zu bringen war.[50] Andererseits bewirkte das sowjetische Vorgehen sowie das Verhalten der KPÖ, die in der öffentlichen Meinung als „Russenpartei" galt, in der Folgezeit einen weitgehenden sozialpartnerschaftlichen Elitenkonsens, der in den ab 1947 erfolgenden Lohn-Preis-Abkommen sowie in der Annahme des Marshallplans strukturprägende Kraft für das politische System der Zweiten Republik erhalten sollte.[51]

Dieser sozialpartnerschaftliche Elitenkonsens zwischen ÖVP und SPÖ implizierte auch einen ausgeprägten Antikommunismus. Die KPÖ, die am 25. November 1945 eine unerwartete Niederlage erlitten hatte, bekannte sich bereits ein halbes Jahr

---

48 Protokoll des 1. Parteitags der SPÖ vom 14. und 15. Dezember 1945. S. 88.
49 RAUCHENSTEINER: Die Zwei. S. 85.
50 REICHHOLD: Geschichte der ÖVP. S. 149.
51 Vgl. dazu Wilfried MÄHR: Der Marshallplan in Österreich. – Graz – Wien – Köln 1989. Arno EINWITSCHLÄGER: Amerikanische Wirtschaftspolitik in Österreich 1945–1949. – Wien – Köln – Graz 1986. S. 110 ff. Rudolf G. ARDELT, Hanns HAAS: Die Westintegration Österreichs nach 1945. – In: ÖZP 4/1975. S. 379–399. Hannes HOFBAUER: Westwärts. Österreichs Wirtschaft im Wiederaufbau. – Wien 1992. S. 145 ff.

später auf ihrem XIII. Parteitag im April 1946 zum Kampf „um die Errichtung einer echten Volksdemokratie".[52] Angesichts der angespannten Ernährungslage propagierte die KPÖ ebenfalls im April 1946 ein „10-Punkte-Programm", in dem sie zu einer „Volksinitiative von unten" aufforderte.[53]

Mit beiden Erklärungen signalisierte die KPÖ eine geänderte Taktik. Der antikommunistische Elitenkonsens wurde in einer Resolution des Zentralkomitees der KPÖ am 17. Jänner 1947 als „zielbewußte Verschwörung gegen die Interessen des Volkes" gebrandmarkt, bei der sich „die führende Gruppe im Parteivorstand der SPÖ . . . auf die Packelei mit der reaktionären Clique der Volkspartei orientiert".[54] Unter dem Schlagwort der seit 1946 verstärkt propagierten „Arbeitereinheit von unten" konzentrierte sich die KPÖ verstärkt auf den Ausbau ihrer Position unter den Betriebsräten und konnte 1947 – wenn auch in deutlicher Konzentration auf die USIA-Betriebe sowie Betriebe in der Obersteiermark – teilweise beachtliche Erfolge bei Betriebsratswahlen erringen. Einen Verbündeten fand sie in Erwin Scharf, den Zentralsekretär der SPÖ, der sich bemühte, die SPÖ aus der Koalition mit der ÖVP zu brechen und eine Linkskoalition mit der KPÖ zu schmieden. Scharf scheiterte in seinem Bemühen und wurde aus der SPÖ 1948 ausgeschlossen.[55]

Die Erfolge bei Betriebsratswahlen sowie die anhaltenden wirtschaftlichen Schwierigkeiten, vor allem die schlechte Ernährungslage, ermunterten die KPÖ zur Forderung nach Neuwahlen. In einem Artikel zum 1. Mai 1947 erklärte das Parteiorgan „Volksstimme", daß alles, „was diese Staatsmänner, die seit dem November 1945 das Schicksal Österreichs verantworten, in die Hand nehmen, mißrät", in „Staub und Moder zerfällt. Alle wichtigen Fragen sind ungelöst und bleiben ungelöst, solange nicht ein politischer Frühlingssturm Österreich aufrüttelt."[56]

Der beschworene „politische Frühlingssturm" sollte mit einer von der KPÖ inszenierten Hungerdemonstration die Regierung Figl und die ÖGB-Führung unter Druck setzen. Die von Ausschreitungen begleitete Demonstration fand erst auf Grund einer Intervention von Außenminister Gruber bei den US-Streitkräften ein rasches Ende.[57]

Gleichzeitig scheiterten die Staatsvertragsverhandlungen in Moskau in einer Atmosphäre des sich verschärfenden kalten Krieges, wobei die Sowjets Außenminister Gruber warnend andeuteten, daß Österreich sich mit seiner Politik zunehmend in den Westen integriere.

Vor diesem skizzierten Szenario ist die sogenannte „Figl-Fischerei" vom 5. Juni 1947 zu beurteilen. Ihr unmittelbarer Anlaß ist umstritten. Ernst Fischer, einer ihrer Hauptakteure, behauptet in seinen Erinnerungen, daß die Initiative zu einem Ge-

---

52 Zit. bei Anton PELINKA: Auseinandersetzung mit dem Kommunismus. – In: Erika WEINZIERL, Kurt SKALNIK (Hg.): Österreich. Die Zweite Republik. 2 Bde. – Graz – Wien – Köln 1972. Bd. 1. S. 169–201. S. 182.
53 Josef EHMER, Rupert HERZOG: Von der Befreiung bis zum Staatsvertrag. – In: Die Kommunistische Partei Österreichs. Beiträge zu ihrer Geschichte und Politik. – Wien 1987. S. 328–404. S. 357.
54 Zit. bei PELINKA: Auseinandersetzung mit dem Kommunismus. S. 182.
55 Vgl. WEBER: Die linken Sozialisten 1945–1948. Erwin SCHARF: Ich darf nicht schweigen. Drei Jahre Politik des Parteivorstandes der SPÖ – von innen gesehen. – Wien 1948.
56 Österreichische Volksstimme 1. 5. 1947. S. 1.
57 Karl GRUBER: Zwischen Befreiung und Freiheit. Der Sonderfall Österreich. – Wien 1953. S. 162 ff.

Die Geschichte der ÖVP

spräch zwischen führenden Vertretern der ÖVP von Julius Raab während einer Parlamentsdebatte über die gescheiterten Staatsvertragsverhandlungen am 7. Mai 1947 ausgegangen sei. Vermittler des Gesprächs sei der an Ostgeschäften interessierte Wirtschaftsbundabgeordnete Rudolf Kristofics-Binder gewesen, in dessen Wohnung eine Woche später tatsächlich ein Gespräch zwischen Raab, Heinl und Fischer stattfand. Bei diesem Gespräch habe er, so Fischer, mit Raab die schwierige Lage erörtert und darauf hingewiesen, daß man mit der bestehenden personellen Zusammensetzung der Bundesregierung den ersehnten Staatsvertrag nicht erlangen werde. Man sollte die radikalen Antikommunisten Gruber und Helmer austauschen. In eine neue Regierung Raab sei auch Fischer bereit einzutreten. Raab habe daraufhin erklärt, er werde seine Parteiführung von diesem Gespräch informieren und Fischer eventuell zu einem zweiten Gespräch bitten.[58]

Eine völlig andere Erklärung der Ereignisse ergibt sich allerdings aus den Darstellungen des Bundesparteivorstandes der ÖVP sowie der offiziellen Erklärungen von Raab und Figl. Fischer habe Kristofics-Binder gebeten, eine Aussprache mit führenden Vertretern der ÖVP in privatem Rahmen zu ermöglichen. Diese rein private Aussprache wurde von Kristofics-Binder am 7. Mai ermöglicht. Raab habe die Äußerungen Fischers am nächsten Tag Figl übermittelt. Vor dem Nationalrat erklärte Raab am 11. Juni 1947, Fischer habe „eine Unterredung mit dem Bundeskanzler gewünscht ... Ich habe nichts anderes getan, als diesen Wunsch dem Herrn Bundeskanzler zu übermitteln. Nach mehreren Wochen ist, ebenfalls auf eine Reihe von Interventionen von dieser Seite, die Zusage des Bundeskanzlers erfolgt."[59] Bei dieser zweiten Besprechung, so Figl in seiner Erklärung vor dem Nationalrat, wurde von Fischer „zu meiner Überraschung eine Gesamtänderung der Regierungspolitik als notwendig hingestellt, um gewisse Fortschritte [in den Staatsvertragsverhandlungen, Anm. d. Verf.] zu erreichen ... Es ist selbstverständlich, daß solche Vorschläge über den Rahmen einer informativen Aussprache hinausgingen und von mir abgelehnt wurden."[60]

Figl informierte seinerseits am folgenden Tag Außenminister Gruber bei einem Empfang im Haus des französischen Generals Cherriere, wobei er seine Sorge um eine mögliche verschärfte Gangart der Sowjets gegenüber Österreich zum Ausdruck brachte. Raab und Figl mußten aus ihren Unterredungen mit Fischer den Eindruck gewinnen, daß dieser, trotz gegenteiliger Beteuerungen, mit Rückendeckung der Sowjets agiere. Man müsse einem solchen Ansinnen, so der Kanzler im Vertrauen gegenüber Gruber, geschickt Widerstand entgegensetzen, ohne sofort des Antisowjetismus bezichtigt zu werden. Gruber griff daraufhin zum Telefon und erreichte schließlich den Wiener Korrespondenten der Associated Press. Die gewünschte Wirkung des Gesprächs trat bereits am 8. Juni ein, als die „New York Times" auf der Titelseite den Inhalt des Gesprächs brachte. Einen Tag später erschien der „Wiener Kurier" mit einer ähnlichen Schlagzeile, die politische Sensation war perfekt.[61]

---

58 Ernst FISCHER: Das Ende einer Illusion. Erinnerungen 1945–1955. – Wien – München – Zürich 1973. S. 213 ff.
59 Das Kleine Volksblatt, 12. 6. 1947. S. 1.
60 Ebd.
61 Josef LEIDENFROST: Karl Gruber und die Westorientierung Österreichs nach 1945. – In: HÖBELT, HUBER (Hg.): Für Österreichs Freiheit. S. 101–120. S. 112 f.

Fischer leugnete den Tenor der Darstellung, und die SPÖ beschuldigte die ÖVP des Bruchs des antikommunistischen Konsenses. Dennoch war sich die SPÖ über den tatsächlichen Ablauf des Gespräches ziemlich sicher. Am 16. Juni 1947 schrieb Schärf an den österreichischen Botschafter in London, Walter Wodak, daß Raab und Figl Fischer lediglich angehört hätten, „um ihm zu sagen, daß man nichts mit ihm zu tun haben wolle".[62]

Die „Figl-Fischerei" festigte schließlich den proamerikanischen Kurs von ÖVP und SPÖ, während die KPÖ in immer stärkeren Gegensatz zur Regierungspolitik trat und noch im selben Jahr ihr einziges Regierungsmitglied, den Energieminister Karl Altmann, aus der Regierung abzog. Die Gespräche hatten aber auch parteiinterne Folgen für die ÖVP. Wenngleich die offizielle Erklärung des Bundesparteivorstandes vom 10. Juni Einmütigkeit signalisierte, so kam es während der Sitzung zu erheblichen Turbulenzen, als Gruber, unterstützt von den meisten ÖVP-Ministern, forderte, daß in Zukunft keinerlei Alleingänge des Parteiobmanns mehr stattfinden dürften. Wichtige Aktionen des Bundeskanzlers und Parteiobmanns bedurften in Zukunft der Zustimmung des Parteivorstandes. In Zukunft, so der Beschluß, sollten sämtliche ÖVP-Minister sowie Bündeobmänner im Bundeskanzleramt zu einer Koordinationsbesprechung zusammenkommen. Dieses Gremium löste in Zukunft die Zusammenkunft der ÖVP-Minister bei Unterrichtsminister Hurdes ab und wurde das Führungsgremium der Gesamtpartei.

Wenngleich am 6. Februar 1947 nach monatelangen Verhandlungen auf Grund der alliierten Abänderungsanträge das sogenannte „Nationalsozialistengesetz" vom Nationalrat verabschiedet wurde, das eine Verschärfung der ursprünglichen österreichischen Intentionen vorsah, so erwies sich angesichts der Notwendigkeit der ökonomischen und administrativen Rekonstruktion des Landes sehr rasch die Undurchführbarkeit der strikten Entnazifizierungspolitik.[63] Vor allem die amerikanische Konzeption einer antifaschistischen Gegenelite sollte sich sowohl in Deutschland wie in Österreich als illusorisch erweisen.[64]

Neben der Notwendigkeit der ökonomisch-administrativen Rekonstruktion sahen ÖVP und SPÖ das Entnazifizierungsgesetz, von dem insgesamt 537.000 Personen erfaßt wurden, als ein von den Alliierten oktroyiertes Gesetz. Die massiven Interventionen der beiden große Regierungsparteien veranlaßten die Westalliierten bereits 1947 zu der Auffassung, daß eine strikte Beibehaltung der Bestimmungen die Gruppe der ehemaligen Nationalsozialisten und ihrer Familienangehörigen, immerhin rund 1,8 Millionen Menschen, zu einer potentiell antidemokratischen „kritischen Masse" zu formen drohte, die als „Schicksalsgemeinschaft" der „zu Unrecht Verfolgten" die

---

62 Reinhold WAGNLEITNER (Hg.): Diplomatie zwischen Parteiproporz und Weltkonflikt. Briefe, Dokumente und Memoranden aus dem Nachlaß Walter Wodaks 1945–1950. – Salzburg 1980. S. 440.
63 Zur Entnazifizierung vgl. Dieter STIEFEL: Entnazifizierung in Österreich. – Wien – München – Zürich 1981. Sebastian MEISSL, Klaus-Dieter MULLEY, Oliver RATHKOLB (Hg.): Verdrängte Schuld, verfehlte Sühne. Entnazifizierung in Österreich 1945–1955. – Wien – München 1986. Oliver RATHKOLB: U.S.-Entnazifizierung in Österreich zwischen kontrollierter Revolution und Elitenrestauration (1945–1949). – In: Zeitgeschichte 9/10/1984. S. 302–325.
64 Lutz NIETHAMMER: Entnazifizierung in Bayern. Säuberung und Rehabilitierung unter amerikanischer Besatzung. – Frankfurt am Main 1972. Dietrich HERZOG: Politische Führungsgruppen. – Darmstadt 1982.

demokratische Rekonstruktion gefährden konnte. Darüber hinaus gehörten jener Gruppe auch ein erheblicher Teil der für die ökonomisch-administrative Rekonstruktion benötigten Funktionseliten an.

Nach einer überraschenden Revision der sowjetischen Haltung, die kurz zuvor noch die österreichischen Bemühungen um eine Revision des Entnazifizierungsgesetzes mit ihrem Veto blockiert hatte, genehmigte der Alliierte Rat am 28. Mai 1948 die vom Nationalrat am 21. April beschlossene Minderbelastetenamnestie, mit der für 487.067 Personen die politische Säuberung sowie deren Sühnefolgen beendet wurden. Der damit vergrößerte Wählermarkt löste in den bisher offiziell zugelassenen Parteien zahlreiche politische Planspiele aus. Welche Teile der neuen Wählerschaft waren für die jeweils eigene Partei zu gewinnen, oder war ein Großteil des neuen Elektorats auf Grund der traditionellen Fragmentierung und Lagerbildung für keine Partei zu gewinnen, sondern nur für eine neue (alte) liberal-deutschnationale Gruppierung? Traf dies zu, so mußte eine neue „Vierte" Partei die politische Landschaft nachhaltig verändern und neue Optionen in der politischen Machtverteilung und Entscheidungsfindung eröffnen.

Julius Deutsch erklärte am 1. Juli 1948 bei einem Essen mit seinem amerikanischen Gesprächspartner Martin Herz, die Größe der ÖVP sei unnatürlich, neue zugelassene Parteien könnten ihr 20 Mandate nehmen. Am selben Tag erklärte Außenminister Gruber einem anderen Angehörigen der amerikanischen Gesandtschaft, Charles Yost, neue politische Gruppierungen würden die Stabilität des Landes gefährden, weshalb deren Zulassung im Alliierten Rat so lange wie möglich hinausgezögert werden sollte.[65] Damit waren die innenpolitischen Fronten in dieser Frage klar abgesteckt. Die SPÖ, vor allem Vizekanzler Adolf Schärf und Innenminister Oskar Helmer, forcierte die Kandidatur einer neuen bürgerlichen Partei, von der man sich eine erhebliche Schwächung der ÖVP erwartete, während sich die ÖVP als Sammelbecken für alle Liberalen und ehemaligen Nationalsozialisten offerierte, die sich vorbehaltlos zur Zweiten Republik bekannten. Dieses vor allem von Alfred Maleta, Julius Raab und Alfons Gorbach formulierte Angebot stieß allerdings auf den erbitterten Widerstand des traditionell christlichsozialen Flügels um Friedrich Funder und Lois Weinberger, der eine folgenschwere ideologische Neupositionierung der Partei fürchtete.

Die ÖVP argumentierte gegen eine neue Vierte Partei vor allem aber auch mit dem Hinweis, daß diese eine Schwächung der antikommunistischen Kräfte des Landes bedeuten würde. Dabei hatte die ÖVP bereits 1947 Bemühungen um die Gründung einer linksliberalen Partei um den früheren Bundesminister für soziale Verwaltung und nunmehrigen Grazer Universitätsprofessor Josef Dobretsberger, den ehemaligen steirischen Landeshauptmann Karl Maria Stepan und den ehemaligen Landwirtschaftsminister Ludwig Strobl unterstützt. Im Falle einer Etablierung dieser neuen Partei existierten Pläne, sie als möglichen Koalitionspartner oder aber zumindest als politisches Druckmittel gegenüber der SPÖ zu benützen. Die ÖVP-intern diskutierten Exponenten einer solchen Partei waren jedoch auf Grund ihrer ständestaatlichen

---

65 Josef LEIDENFROST: Die Nationalratswahlen 1945 und 1949: Innenpolitik zwischen den Besatzungsmächten. – In: Günter BISCHOF, Josef LEIDENFROST (Hg.): Die bevormundete Nation. Österreich und die Alliierten 1945–1949. – Innsbruck 1988. S. 127–154. S. 142.

Vergangenheit nicht jene Persönlichkeiten, die ein traditionell deutschnationales Wählerpotential anzusprechen in der Lage gewesen wären.[66]

Dies gelang hingegen den beiden Salzburger Journalisten Viktor Reimann und Herbert Kraus, die am 4. Februar 1949 in Salzburg den WdU (später VdU) mit massiver Hilfe der SPÖ aus der Taufe hoben.[67]

Kraus, der noch im Frühherbst 1948 mit Ferdinand Graf in Wien Gespräche über eine mögliche Integration der ehemaligen Nationalsozialisten in die ÖVP in Form einer „Wahlgemeinschaft" geführt hatte, die als „unabhängige" Kandidaten auf den ÖVP-Listen nominiert werden sollten und für die Kraus eine Tageszeitung in Salzburg mit ÖVP-Mitteln gestalten wollte, änderte jedoch auf Grund der offensichtlich starken Opposition innerhalb der ÖVP gegen diese Pläne Ende 1948 seine Haltung. Gustav Canaval, Chefredakteur der „Salzburger Nachrichten", der ebenfalls lange Zeit als möglicher Gründer einer Vierten Partei galt und erheblich Divergenzen mit der ÖVP-Führung, vor allem dem Salzburger Landeshauptmann Josef Rehrl, hatte, blieb dem VdU allerdings fern und führte nach seiner Versöhnung mit der ÖVP gegen ihn einen Pressefeldzug.

Wenngleich die Akzeptanz des VdU durch den Alliierten Rat noch nicht erfolgt war, so war dessen Gründung sowie das neue Wahlgesetz vom 18. Mai 1949, das die Möglichkeit der Kandidatur weiterer Parteien vorsah, ein Faktum, als Alfred Maleta und Julius Raab am 28. Mai 1949 in das Haus Maletas in Oberweis am Attersee die ehemaligen Nationalsozialisten Manfred Jasser, Friedrich Heiß, Hermann Raschhofer und Taras Borodajkewycz zu einem vertraulichen Gespräch einluden. Wahrscheinlich formulierte Raab im Vorfeld der Oberweiser Gespräche erstmals die später berühmt gewordene „Inhalationstheorie", konnte jedoch die Forderungen der Gesprächspartner im Interesse der Einheit der ÖVP nicht akzeptieren. Seine Gesprächspartner bezeichneten die Zulassung des VdU durch den Alliierten Rat als eher unwahrscheinlich und forderten für den Fall einer Wahlempfehlung zugunsten der ÖVP 25 Nationalratsmandate, die von einem „Führerrat des nationalen Lagers" geleitet werden sollten, die Ablöse von Justizminister Josef Gerö sowie in der Nachfolge von Bundespräsident Renner einen Kandidaten, der auch den Nationalen genehm sein sollte.

Wenngleich die Gespräche ergebnislos verliefen, so waren sie im Auftrag des Innenministeriums von der Staatspolizei observiert worden. Ihr Publikwerden löste ein erhebliches mediales Echo aus und veranlaßte Raab zu der Feststellung, es handle sich dabei offensichtlich „um ein sozialistisches Wahlmanöver". Da die nationalen Teilnehmer an diesem Gespräch von der Staatspolizei vorgeladen und über dessen Inhalt befragt worden seien, sich erhebliche Teile ihrer Aussagen in den publizierten Pressemeldungen wiederfänden, betreibe Innenminister Helmer, so Raab, ein doppeltes Spiel. Er wolle die ehemaligen Nationalsozialisten auf alle Fälle von der ÖVP

---

66 Dieter A. BINDER: Karl Maria Stepan/Josef Dobretsberger. Verlorene Positionen des christlichen Lagers. – Wien 1992. S. 44 (Reihe Kurzbiographien des Karl von Vogelsang-Instituts).
67 Viktor REIMANN: Die Dritte Kraft in Österreich. – Wien – München – Zürich – New York 1980. Herbert KRAUS: „Untragbare Objektivität". Politische Erinnerungen 1919 bis 1987. – Wien/München 1988. S. 156 ff. Oliver RATHKOLB: NS-Problem und politische Restauration: Vorgeschichte und Etablierung des VdU. – In: Verdrängte Schuld, verfehlte Sühne. S. 73–99.

fernhalten, während sich die SPÖ selber massiv um diese Wählergruppe bemühe oder sie aber der neuen Vierten Partei „zutreibe".[68]

Das Wahlergebnis vom Oktober 1949 brachte für ÖVP und SPÖ eine unliebsame Überraschung. Wenngleich die ÖVP bei einer um eine Million größeren Zahl von Wahlberechtigten als 1945 acht Mandate und die absolute Mehrheit verlor, so betrug der Verlust der SPÖ 9 Mandate, während der VdU bei seinem erstmaligen Antreten 16 Mandate erreichte. Die KPÖ errang im Bündnis mit den von der SPÖ ausgeschlossenen Linkssozialisten um Erwin Scharf 5 Mandate. Mit der Etablierung des dritten Lagers war Österreich zur politischen Normalität zurückgekehrt. Die historischen Überhänge in der politischen Kultur der Zweiten Republik hatten sich eindrucksvoll zu Wort gemeldet.

4. Die „langen" fünfziger Jahre: vom Wirtschaftswunder zur Konsumgesellschaft. Höhepunkt und Krise der Großen Koalition. Die Ära Julius Raab

Kurt Skalnik charakterisierte die ersten Jahre der ÖVP als deren „französische Periode", da sie in ihr erheblich von der Ideologie und Politik der katholischen MRP der vierten französischen Republik geprägt worden sei. Ein Sozialkatholizismus à la Ernst Karl Winter habe die Politik der Partei bestimmend geprägt. Diese Periode endete 1949. Mit der Etablierung des traditionellen dritten Lagers in Form des VdU mutierte die Volkspartei zu einer Sammelbewegung der Katholiken, Liberalen und Nationalen mit einem dominanten Antimarxismus als verbindender Klammer.[69]

Innerparteilich ergriff allmählich der Wirtschaftsbund die Macht und bestimmte auch zunehmend das Erscheinungsbild der Partei. Symbol dieses Wandels wurde Julius Raab, Obmann des Wirtschaftsbundes, Obmann der mächtigen niederösterreichischen Landesorganisation und Präsident der Bundeswirtschaftskammer. Der Einspruch der Sowjets hatte seinen Einzug in die Regierung Figl verhindert, jedoch seine machtpolitische Verankerung im inneren Machtgefüge der ÖVP sowie im sich etablierenden neokorporativen politischen System der Zweiten Republik gefördert.

Die Ära Figl endete zu Beginn der fünfziger Jahre, wenngleich dieser noch bis 1953 die Funktion des Bundeskanzlers innehaben sollte. Bereits die Regierungsbildung 1949 hatte mit der Besetzung des Justizministeriums sowie des Staatssekretariats für Verkehr und verstaatlichte Betriebe durch die SPÖ massive innerparteiliche Kritik an der Verhandlungsführung von Figl und Hurdes hervorgerufen. Angesichts des durch den Tod von Bundespräsident Renner bevorstehenden Bundespräsidentenwahlkampfes wurde diese vor allem in den westlichen Bundesländern artikulierte Kritik auf dem 3. Bundesparteitag in Salzburg im März 1951 nicht vorgetragen. Demonstrative Geschlossenheit war angesagt, der oberösterreichische Landeshauptmann Hein-

---

68 ÖVP-Pressedienst, 10. 6. 1949.
69 Kurt SKALNIK: Parteien. – In: Erika WEINZIERL, Kurt SKALNIK (Hg.): Die Zweite Republik. 2 Bde. – Graz – Wien – Köln 1972. Bd. 2. S. 197–228. S. 208 f.

rich Gleißner sollte mit seiner Wahl zum Nachfolger Renners die Scharte bei den Regierungsverhandlungen 1949 beseitigen. Wenngleich Gleißner im ersten Wahlgang am 6. Mai 1951 die Mehrheit der Stimmen erhielt, so unterlag er in der notwendig gewordenen Stichwahl seinem Gegenkandidaten Theodor Körner um rund 168.000 Stimmen. Den Ausschlag zugunsten des sozialistischen Kandidaten hatten die Stimmen des VdU-Kandidaten Burghard Breitner gegeben, die nunmehr zu rund 60 Prozent zu Körner gewandert waren.

Die ÖVP hatte innerhalb kurzer Zeit eine zweite empfindliche Niederlage erlitten, die innerparteiliche Kritik begann sich vor allem in den westlichen und südlichen Landesorganisationen neuerlich zu artikulieren. Figls strikter Koalitionskurs, so deren Grundtenor, habe der SPÖ ein politisches Gewicht gegeben, das ihrer tatsächlichen Stärke nicht entspreche. Zum anderen spiele der Koalitionspartner in der Regierung ständig Opposition und erschwere deren Arbeit. Besondere Irritation und Verärgerung löste jedoch eine von der „Arbeiter-Zeitung" gestartete Kampagne aus, die zahlreiche ÖVP-Funktionäre als Korruptionisten bezeichnete und damit den Schluß suggerierte, die größere Regierungspartei sei ein Wahlverein zu persönlicher und kollektiver Bereicherung. Die Parteiführung mußte auf die wachsende innerparteiliche Kritik reagieren und nominierte in der Sitzung vom 14. Juni 1951, 18 Tage nach der verlorenen Bundespräsidentenwahl, Julius Raab und Alfred Maleta zu geschäftsführenden Vertretern des Bundesparteiobmanns und des Generalsekretärs. Das sich damit ankündigende endgültige personelle Revirement an der Parteispitze signalisierte eine stärkere konfliktbereite Positionierung innerhalb der Koalition sowie eine allmähliche Öffnung nach rechts in Richtung liberales Wählerreservoir, für dessen Integration Alfred Maleta bereits im Vorfeld der Nationalratswahl 1949 eingetreten war. Neben Maleta war bereits seit dem 3. Parteitag der Raab-Vertraute Josef Scheidl als Hauptgeschäftsführer in das Generalsekretariat eingezogen, um die von Hurdes vernachlässigte Parteiarbeit zu intensivieren.

Mit Raab übernahm die dominante Person innerhalb der ÖVP die Parteispitze, die ihre Intentionen bewußt zu realisieren verstand, wobei die Realisierungsstrategien später durchaus autoritäre Züge annahmen. Unter ihm wurde die ÖVP zur Obmann-Partei.

Im Herbst 1951 fanden in den einzelnen Bundesländern Landesparteitage statt, in denen wiederholt eine grundlegende Regierungsumbildung gefordert wurde. Diese setzte Raab im Jänner 1952, unterstützt von den Landesparteiobmännern der westlichen Bundesländer, durch und stellte gleichzeitig die entscheidenden personalpolitischen Weichen: Finanzminister Eugen Margaretha wurde durch den Leiter der wirtschaftspolitischen Abteilung der Bundeswirtschaftskammer und liberalen Nationalökonomen, Reinhard Kamitz, abgelöst. Kamitz galt als führender Vertreter des von Wilhelm Röpke und Alfred Müller-Armack entwickelten Konzepts der „Sozialen Marktwirtschaft", einer Symbiose von Katholischer Soziallehre und Liberalismus. Bereits 1947/48 hatte sie die CDU zum programmatischen Leitbild erhoben. Mit der Nominierung von Kamitz an die strategische Position des Finanzministers positionierte Raab die ÖVP auf eine stärkere marktpolitische Position und signalisierte auch seine Bereitschaft, einen Konflikt mit der nach wie vor strikt staatswirtschaftlich und dirigistisch orientierten SPÖ nicht zu scheuen. Der von Kamitz verfolgte neue Kurs sollte bereits im Oktober 1952 zum Scheitern der Budgetverhandlungen und zu vorzeitigen Neuwahlen führen.[70]

An die Stelle von Josef Kraus trat Franz Thoma als Landwirtschaftsminister, Ernst Kolb wurde durch den liberalen Josef C. Böck-Greissau als Handelsminister ersetzt und wechselte in das Unterrichtsressort, da Felix Hurdes durch den Tod Leopold Kunschaks zum Ersten Nationalratspräsidenten avanciert war. Lediglich Karl Gruber als Außenminister und Ferdinand Graf als Staatssekretär im Innenministerium verblieben neben Figl in der ÖVP-Regierungsmannschaft. Die umfangreichste Regierungsumbildung in der Geschichte der Zweiten Republik bedeutete nicht nur ein weitgehend neues personelles Angebot, sondern auch eine Neuorientierung der zunehmend von Raab geprägten Regierungspolitik der ÖVP.

Der Regierungsumbildung folgte fünf Tage später der 4. a. o. Bundesparteitag, bei dem sich die ÖVP nicht nur stärker marktwirtschaftlich positionierte, sondern Raab und Maleta durch eine Trennung von Regierungs- und Parteifunktionen Figl und Hurdes in ihren Parteifunktionen auch definitiv beerbten. Die unter ungünstigen wirtschaftlichen Rahmenbedingungen stattfindende vorgezogene Nationalratswahl vom 22. Februar 1953 bescherte der ÖVP die dritte schwere bundespolitische Niederlage en suite. Erstmals hatte die SPÖ die ÖVP um 36.740 Stimmen überholt, war jedoch bei der Mandatsverteilung gegenüber dem Koalitionspartner mit einem im Nachteil geblieben. In dieser schwierigen Situation sollte Raab seine bisher geübte regierungspolitische Zurückhaltung aufgeben und durch verhandlungstaktische Finessen schließlich die Funktion des Bundeskanzlers selber übernehmen.

Bei den Regierungsverhandlungen Anfang März präsentierte Raab der SPÖ die Option einer Dreiparteienregierung unter Einschluß des VdU. Eine Regierungsbeteiligung der größeren Oppositionspartei wurde vor allem von Herbert Kraus forciert, der ein weiteres Verharren in der Opposition als tödliche Gefahr für seine Partei betrachtete. In geheimen Vorverhandlungen hatte Raab einen wirtschaftspolitischen Konsens mit dem VdU erreicht und diesem für seinen Regierungseintritt die Position des Handelsministers sowie des Dritten Nationalratspräsidenten offeriert.[71]

Die SPÖ lehnte eine Dreiparteienregierung kategorisch ab und forderte die Aufnahme von Verhandlungen über die Fortführung der Großen Koalition. In dieser verhandlungspolitischen Pattstellung setzte Raab zum entscheidenden Schritt in Richtung Übernahme der Kanzlerschaft an, indem er in Zusammenarbeit mit Generalsekretär Maleta in der Sitzung der Bundesparteileitung Figl, der von Bundespräsident Körner mit der Regierungsbildung beauftragt worden war, zur neuerlichen Präsentation der Option einer Dreiparteienregierung verpflichtete. Raab wußte zu diesem Zeitpunkt, daß die Realisierung dieses Konzepts am Widerstand der SPÖ scheitern würde. Warum er dennoch so beharrlich auf dieser Möglichkeit bestand, ist vor allem aus zwei taktischen Zielen zu erklären: er benutzte das Abkommen mit

---

70 Zu Kamitz vgl. Hildegard KOLLER: Finanzminister Kamitz – Die österreichische Finanz- und Wirtschaftspolitik von 1952 bis 1960. Phil. Diss. – Wien 1975. Fritz DIWOK, Hildegard KOLLER: Reinhard Kamitz. Wegbereiter des Wohlstandes. – Wien – München – Zürich – Innsbruck 1977. Wolfgang SCHMITZ: Die österreichische Wirtschafts- und Sozialpolitik. – Wien 1961. Alois BRUSATTI: Entwicklung der Wirtschaft und Wirtschaftspolitik. – In: Weinzierl, Skalnik (Hg.): Die Zweite Republik. Bd. 1. S. 417–494. S. 443 ff.
71 KRAUS: Untragbare Objektivität. S. 247 f.

dem VdU als Druckmittel gegenüber der SPÖ und kalkulierte das Scheitern der Koalitionsverhandlungen ein. Figl mußte in der Folge den ihm erteilten Auftrag zurücklegen, und der Bundespräsident würde ihn mit der Regierungsbildung beauftragen. Tatsächlich demissionierte Figl am 23. März. Am Tag zuvor waren Raab, Maleta und der steirische ÖVP-Obmann Alfons Gorbach bei Figl im Bundeskanzleramt erschienen und hatten ihm mitgeteilt, daß er das Vertrauen der Partei verloren habe und seinen Auftrag zur Regierungsbildung zurücklegen solle.[72]

Figl kämpfte nicht. Er war zu sehr persönlich von dieser Aufforderung getroffen und durchblickte wohl erst in diesem Augenblick das Spiel Raabs. Er war ein einkalkuliertes „Bauernopfer" in einem virtuos geführten Schachspiel der Macht. Raab hatte vom Widerstand des Bundespräsidenten gegen eine Regierungsbeteiligung des VdU gewußt und den massiven Widerstand der SPÖ in seinem taktischen Kalkül berücksichtigt. An beiden mußte der an die Beschlüsse der Bundesparteileitung gebundene Figl scheitern. Am 23. März wurde Raab mit der Regierungsbildung beauftragt und schloß sie bereits eine Woche später erfolgreich ab. Die von Raab von Anfang an als wahrscheinlichste Variante erwogene Neuauflage der Großen Koalition erfolgte nicht nur unter seiner Führung, sondern hatte die ÖVP kaum Opfer gekostet.

Allerdings konnte die SPÖ die Etablierung von „kontrollierenden" Staatssekretären in den von der ÖVP geleiteten Ministerien durchsetzen. Wenngleich sich die Zahl der Staatssekretäre in der Summe nicht erhöhte, so stellte die SPÖ in den Ministerien für Handel- und Wiederaufbau sowie im Außenministerium nunmehr je einen Staatssekretär. Die Staatssekretariate in den von der SPÖ verwalteten Ministerien für Inneres und Verkehr und verstaatlichte Betriebe wurden dafür im Gegenzug aufgelassen.

Die Regierungsbildung sowie das Koalitionsabkommen des Jahres 1953 legten den Grundstein für die Erstarrung des politischen Systems, die jedoch vorläufig durch eine erhebliche Dynamik in der Wirtschafts- und Außenpolitik überdeckt wurde und durch die Begriffe „Raab-Kamitz-Kurs" sowie Erlangung des Staatsvertrages charakterisiert ist. Österreich trat, begünstigt durch die internationale Konstellation, in die Phase des „Wirtschaftswunders" ein, die von der wiedergewonnenen Freiheit begleitet wurde.

Raab hatte unmittelbar nach seinem Amtsantritt eine vorsichtige Wende der österreichischen Außenpolitik durch eine Intensivierung bilateraler Gespräche mit Moskau eingeleitet, da seiner Meinung nach der Schlüssel zum Staatsvertrag in Moskau lag. Sowohl die neue Politik „bilateraler Kontaktaufnahme mit den Sowjets" sowie „die Auslotung der Option einer österreichischen Neutralität sind untrennbar mit dem Namen Julius Raab verbunden".[73]

---

72 RAUCHENSTEINER: Die Zwei. S. 188.
73 Günter BISCHOF: Karl Gruber und die Anfänge des „Neuen Kurses" in der österreichischen Außenpolitik 1952/53. – In: HÖBELT, HUBER (Hg.): Für Österreichs Freiheit. S. 143–184. S. 164. Vgl. dazu vor allem auch Ludwig STEINER: Die Außenpolitik Julius Raabs als Bundeskanzler. – In: BRUSATTI, HEINDL (Hg.): Julius Raab. S. 212–241. Ludwig STEINER: Erlebnisbericht über die Moskauer Verhandlungen vom April 1955. – In: Alois MOCK, Ludwig STEINER, Anreas KHOL (Hg.): Neue Fakten zu Staatsvertrag und Neutralität. – Wien o. J. S. 15–46. Gottfried HEINDL: Die Entwicklung der außenpolitischen Vorstellungen Julius Raabs. – In: Neue Fakten zu Staatsvertrag und Neutralität. S. 51–52. Tagebücher von Julius Raab und Robert Prantner:

Die Staatsvertragsverhandlungen und deren erfolgreicher Abschluß bescherten Raab nicht nur den Höhepunkt seiner Popularität, sondern eröffnete ihm auch im Herbst 1953 die Möglichkeit zu einem personellen Revirement im Außenministerium. Karl Gruber hatte loyal die Wende der österreichischen Außenpolitik mitgetragen, unterließ jedoch bei seinen Sondierungsbemühungen in Richtung Moskau eine Information der Westmächte, die zunehmend verärgert bei Raab reagierten. Als im Herbst 1953 der Außenminister sein Buch „Zwischen Befreiung und Freiheit" publizierte, in dem er seine Rolle in der österreichischen Politik besonders hervorhob und mehrere Indiskretionen über die „Figl-Fischerei" des Jahres 1947 beging, sah Raab den ihm keineswegs unliebsamen Anlaß gegeben, den auch von den westlichen Alliierten zunehmend mit Mißtrauen betrachteten Außenminister durch Leopold Figl zu ersetzen. Die Ernennung Figls erfolgte jedoch auch aus anderen Gründen: der ehemalige Bundeskanzler genoß bei allen Alliierten hohes Ansehen, war mit der Problematik vertraut und verzichtete in der Verfolgung der Außenpolitik auf persönliche Profilierung. Und seine Ernennung beschwichtigte sicherlich auch das zweifellos vorhandene schlechte Gewissen Raabs über die Ablöse seines Freundes als Bundeskanzler im Frühjahr 1953.

Die mit dem Staatsvertrag verbundenen Probleme führten zu massiven ordnungspolitischen Differenzen zwischen den Koalitionspartnern. In der ÖVP drängte man deshalb unter dem Hinweis auf die Gunst der Stunde auf vorgezogene Neuwahlen im Herbst 1955. Durch die Popularität des Bundeskanzlers und Parteivorsitzenden schien das neuerliche Erreichen der absoluten Mehrheit wahrscheinlich. Raab lehnte zunächst vorgezogene Neuwahlen mit dem Hinweis ab, daß die wiedergewonnene Freiheit sowie die eingegangenen Verpflichtungen Stabilität erforderten und man die SPÖ mit der Drohung vorgezogener Neuwahlen jederzeit unter Druck setzen könne. Die Fortführung der Großen Koalition war für beide Großparteien eine Selbstverständlichkeit, die konkrete ordnungspolitische Gestaltung des nunmehr freien Staates warf jedoch erhebliche Differenzen auf. Vor allem die wirtschaftspolitischen Divergenzen – Marktwirtschaft gegen Ausdehnung der staatlichen Industriepolitik – führten im Mai 1956 doch zu vorgezogenen Neuwahlen, die der ÖVP einen eindrucksvollen Erfolg bescherten. In Österreich etablierte sich 1956 ein Zweieinhalb-Parteien-System. Während die Nachfolgerin des VdU, die FPÖ, rund 190.000 Stimmen verlor und auf 4,4 Prozent der Stimmen sank – ein Anteil, der mit geringen Varianten bis 1986 relativ konstant bleiben sollte –, gewann die ÖVP rund 218.000 Stimmen und erreichte mit 82 Mandaten beinahe die absolute Mehrheit. Raabs oft geäußerte „Inhalationstheorie" gegenüber dem VdU schien sich zu bestätigen.

Dem Koalitionspartner war als bemerkenswertestes Ergebnis der Koalitionsverhandlungen die weitgehende Verfügungsgewalt über die verstaatlichte Industrie durch deren entscheidungspolitische Auslagerung in die Bundesregierung entzogen worden. Da jedoch die SPÖ durch expansive Junktimierungen in dem vorherrschenden Konsens- und Proporzmodell die Intentionen der ÖVP weitgehend zu bremsen

---

Einstellungs- und Verhaltensweisen des Alt-Bundeskanzlers – Frühjahr 1961 bis zu seinem Tode am 8. Jänner 1964. – In: Neue Fakten zu Staatsvertrag und Neutralität. S. 89–94. Gerald STOURZH: Geschichte des Staatsvertrages 1945–1955. Österreichs Weg zur Neutralität. 2. Aufl. – Graz – Wien – Köln 1980. S. 131 ff.

vermochte, akzeptierte Raab einen Vorschlag Fritz Moldens, einen parteiunabhängigen Kandidaten für die durch den Tod Theodor Körners notwendig gewordene Neuwahl des Bundespräsidenten zu nominieren. Zu diesem Zweck nahm Raab Kontakt mit führenden Vertretern der FPÖ wie Anton Reinthaller, Emil van Tongel und Friedrich Peter auf. Für die FPÖ bot sich durch das Angebot der ÖVP die Möglichkeit, aus ihrem innenpolitischen Schattendasein zu treten. Vor allem aber pochte sie auf politischen Zusagen Raabs, bis spätestens 31. Oktober 1957 eine Änderung der Nationalratswahlordnung im Parlament einzubringen, da die geltende die FPÖ benachteiligte. Während die FPÖ für den Arzt Univ.-Prof. Dr. Lorenz Böhler plädierte, präsentierte Raab den Chirurgen Univ.-Prof. Dr. Wolfgang Denk.[74]

Molden berichtet im zweiten Teil seiner Memoiren, er habe Raab in einem persönlichen Gespräch auf die politische Unerfahrenheit Denks aufmerksam gemacht, weshalb eine Kandidatur des Bundeskanzlers für das Amt des Bundespräsidenten notwendig sei, um die intendierte bürgerliche Mehrheit zu erreichen. Raab habe aber entrüstet mit der Bemerkung abgelehnt, man wolle ihn offensichtlich auf sein politisches Altenteil abschieben.[75]

Raab war, obwohl er große Aussichten auf einen Wahlerfolg hatte, nicht bereit, auf die politische Macht zu verzichten. Auch die völlig auf ihren erfolgreichen Parteiobmann und Bundeskanzler fixierte ÖVP vermochte nicht dem Willen ihres politischen Über-Vaters zu widersprechen. Ein auf der Semmeringtagung im Jänner 1957 unterbreiteter Vorschlag auf seine Kandidatur wurde mit einer mürrischen Bemerkung vom Tisch gefegt.[76] Raab entschied in dieser Frage, wie in allen die Partei betreffenden, als „Führergestalt".[77]

Denk unterlag am 5. Mai 1957 Adolf Schärf mit rund 98.000 Stimmen. Am 31. August erlitt Raab einen Schlaganfall, von dem er sich nie mehr ganz erholen sollte. Das Jahr 1957 wurde zu einer Wendemarke in der Ära Raab.

Wenngleich er noch im März in Absprache mit ÖGB-Präsident Johann Böhm die Paritätische Kommission für Lohn- und Preisfragen installiert und damit eine entscheidende Weichenstellung im politischen System der Zweiten Republik vorgenommen hatte, so markierten die folgenden Monate die Wende. Die Niederlage Denks hatte ihn schwer getroffen. Und „solange Raab noch der ‚gesunde Alte' war, zwar schon im rentenpflichtigen Alter, aber mit 66 Jahren (1957) immer noch ‚der Julius', da eilte er nicht nur von Erfolg zu Erfolg, und alles schien ihm zu gelingen. Das Land hatte das sprichwörtliche ‚Mirakel des Hauses Österreich' und auf wirtschaftlichem Gebiet das kleine Wirtschaftswunder. Doch dann war ‚der Alte' nicht mehr ganz der alte, es wollte ihm Politik nicht mehr so recht gelingen, wie er es sich wohl selbst gewünscht hätte, und schon machten sich generell Verfallserscheinungen bemerkbar."[78] Raab verlor 1957 mit Adolf Schärf sein gewohntes Gegenüber in der Koalition.

---

74 Kurt PIRINGER: Die Geschichte der Freiheitlichen. Beitrag der Dritten Kraft zur österreichischen Politik. – Wien 1982. S. 50 ff.
75 Fritz MOLDEN: Besetzer, Toren, Biedermänner. Ein Bericht aus Österreich 1945–1962. – Wien – München – New York o. J. S. 253 f.
76 Zit. bei Hermann WITHALM: Aufzeichnungen. – Graz – Wien – Köln 1974. S. 69.
77 Alfred MALETA: Julius Raab als Bundesparteiobmann (I). Ein Gespräch mit Ludwig Reichhold. – In: BRUSATTI, HEINDL (Hg.): Julius Raab. S. 196–200. S. 197.
78 RAUCHENSTEINER: Die Zwei. S. 390.

An seine Stelle trat Bruno Pittermann, der mit dem neuen Parteiprogramm der SPÖ 1958 die Partei allmählich der politischen Mitte öffnete und gleichzeitig im Koalitionsalltag schärfere Kontroversen keineswegs scheute.

Als die ÖVP eine weitgehende Entstaatlichung der verstaatlichten Industrie durch die Ausgabe von Volksaktien forcierte, stieß sie auf den entschiedenen Widerstand der SPÖ, die darin einen Angriff auf eine ihrer wichtigsten Positionen erblickte. Zudem hatte sie unter der Führung Pittermanns durch zahlreiche Junktimierungen und Zuweisungen an Unterausschüsse die Erfüllung des Regierungsprogramms massiv verzögert, so daß sich die ÖVP zu vorzeitigen Neuwahlen entschloß. Pittermann hatte diese vorgezogenen Neuwahlen in sein politisches Kalkül einbezogen, wahrscheinlich sogar bewußt auf sie hingearbeitet, um mit Hilfe der Gleichgewichtsparole eine Revision des Wahlergebnisses von 1956 zu erreichen.[79]

Tatsächlich hatte die ÖVP zu Jahresbeginn 1959 ihren innovativen Vorsprung weitgehend verloren und wurde von der SPÖ neuerlich um rund 25.000 Stimmen überholt, konnte jedoch neuerlich auf Grund der Wahlarithmetik ein Mandat mehr als der Koalitionspartner verbuchen.

Die Wahlniederlage 1959 löste eine Parteikrise aus. Das Führungsduo Raab/Maleta wurde zunehmend angezweifelt, die programmatische Reduktion auf den Raab-Kamitz-Kurs kritisiert, der bereits bei der dritten Nationalratswahl als zentrale programmatische Aussage fungierte, und auf die weitgehende Vernachlässigung des Parteiapparates und die notwendig gewordene Professionalisierung von Politik hingewiesen. Eine parteiinterne Arbeitsgruppe, bestehend aus Gottfried Heindl, Karl Pisa und Matthias Glatzl, kam zu dem Ergebnis, daß sich die Sozialstruktur der Partei nicht mehr mit jener der Wählerschaft deckte. Die ÖVP verlor ihre strukturelle Mehrheitsfähigkeit. Die von der Partei praktizierte soziale Marktwirtschaft mutierte die österreichische Gesellschaft in den fünfziger Jahren, ähnlich wie in der Bundesrepublik, wenngleich mit etwas geringerer Geschwindigkeit, in einen klassenübergreifenden und -auflösenden Konsumverein, ebnete den Weg zur Mittelstandsgesellschaft. In der Bundesrepublik stellten Soziologen erstaunt fest, daß die traditionelle klassenspezifische Identität allmählich verlorenging, ein Begriff wie „Proletarier" weitgehend aus dem öffentlichen Bewußtsein zu verschwinden schien. Ein steigender Lebensstandard ließ klassische Verhaltensmuster und Zuordnungen verblassen, klassenbewußte Arbeiter wurden auf Grund des steigenden Massenwohlstands zu Kleinbürgern, näherten sich dem Mittelstand, dessen Charakteristikum Eigentum ist, „das Konsum ermöglicht".[80] Die Permeabilität der Klassengrenzen begann diese von den Rändern her aufzulösen. Die neue Warenästhetik hob Klassengrenzen ebenso auf wie eine sich an amerikanischen Vorbildern orientierende Jugendkultur.

---

79 Alois PIPERGER: Zu meiner Zeit. Ein Leben im Spiegel eines Jahrhunderts. – Wien – Köln – Graz 1988. S. 392 ff.

80 Hermann GLASER: Die Kulturgeschichte der Bundesrepublik Deutschland. Zwischen Grundgesetz und Großer Koalition 1949–1967. – Frankfurt am Main 1990. S. 80. Für Österreich vgl. Gerhard JAGSCHITZ, Klaus Dieter MULLEY (Hg.): Die „wilden" fünfziger Jahre. Gesellschaft, Formen und Gefühle eines Jahrzehnts in Österreich. – St. Pölten – Wien 1985.
Kurt LUGER: Die konsumierte Rebellion. Geschichte der Jugendkultur 1945–1990. – Wien – St. Johann – Pongau 1991.

Konsum sowie Freizeitverhalten bewirkten jenen ökonomischen Zwang, der zur zunächst noch schüchternen Emanzipation der Frau durch ihre Teilnahme am Arbeitsprozeß und schließlich zur sexuellen Revolution der sechziger Jahre führen sollte, die bereits jetzt in den intellektuellen Ghettos sowie in Teilen der Jugendkultur vollzogen wurde. Dies alles war sicherlich nicht mehr die Welt des Julius Raab. Eine personelle, organisatorische und programmatische Reform war gefordert, um die Mehrheitsfähigkeit der Partei zu erhalten.

Die Reformkräfte begannen sich nunmehr zu formieren und traten auch publizistisch an die Öffentlichkeit. Das Ende der Ära Raab wurde eingeleitet. Die Landeshauptleute der Steiermark und Salzburgs, Josef Krainer sen. und Josef Klaus, der steirische ÖVP-Obmann Alfons Gorbach, Staatssekretär Hermann Withalm und der Akademikerbund forderten immer vehementer eine grundlegende Reform der Partei.

Wie sehr sich die innerparteiliche Situation verändert hatte, wurde bei den Koalitionsverhandlungen 1959 deutlich. Als Raab auf Grund der massiven finanzpolitischen Differenzen innerhalb der letzten Koalitionsregierung der SPÖ das Finanzministerium anbot, stieß er auf den entschiedenen Widerstand der Bundesparteileitung und mußte sein Angebot zurückziehen. Statt dessen erhielt die SPÖ das Außenministerium, aus dem Figl ausschied, sowie die weitgehende Kontrolle über die verstaatlichte Industrie.

Da Reformen mit Führungseliten verbunden sind, sollte ein Wechsel an der Parteispitze die Innovationsfähigkeit der ÖVP demonstrieren. Am 11./12. Februar 1960 ging der erste Akt des Revirements über die Bühne. Unter Berufung auf eine von ihm am 17. September 1959 abgegebene Erklärung bemerkte der aus der Funktion des Parteiobmanns scheidende Raab vor dem 8. a. o. Bundesparteitag: „Wenn ich mit gutem Gewissen sagen kann, daß ich dem Land und der Partei gegeben habe, was ich nach bestem Wissen und Gewissen geben konnte, so werde ich nicht zögern, vor das zuständige Gremium der Österreichischen Volkspartei zu treten und es zu ersuchen, zumindest einen Teil meiner Arbeitslast in jüngere Hände zu legen."[81] Diese jüngeren Hände gehörten Alfons Gorbach, der Raab als Bundesparteiobmann nachfolgte, während Hermann Withalm Alfred Maleta beerbte, der in die Funktion des ÖAAB-Obmanns wechselte und damit nach wie vor den Führungsgremien der Partei angehörte.[82]

Auf der traditionellen Semmeringtagung am 16. Februar 1961 wurde der Nationalratsfraktion ein Brief Raabs zur Kenntnis gebracht, in dem er aus gesundheitlichen Gründen seinen Rücktritt als Bundeskanzler mit 11. April erklärte und Gorbach auch in dieser Funktion als seinen Nachfolger vorschlug.[83] Raab zog sich am 11. April 1961 nach acht Jahren Kanzlerschaft zwar vom Ballhausplatz zurück, nicht jedoch von den Schalthebeln der Macht. Als Präsident der Bundeswirtschaftskammer vereinbarte er mit ÖGB-Präsident Franz Olah ohne vorherige Kontaktaufnahme mit der völlig

---

81 Protokoll des 8. a. o. Bundesparteitages der ÖVP am 11./12. Februar 1960. S. 8.
82 Zu Alfons Gorbach vgl. Robert KRIECHBAUMER: Alfons Gorbach. Ein Mann des Ausgleichs. – Wien 1987 (Reihe Kurzbiographien des Karl von Vogelsang-Instituts). Hanna BLEIER-BISSINGER: Bundeskanzler Dr. Alfons Gorbach und seine Zeit. Leben und Sterben der Nachkriegskoalition. – Graz 1988. Alexander VODOPIVEC: Wer regiert in Österreich? Die Ära Gorbach/Pittermann. – Wien 1962. Alfons Gorbach: Gedanken zur Politik. 2. Aufl. – Wien – Stuttgart – Zürich 1962.
83 Zit. bei WITHALM: Aufzeichnungen. S. 69 ff.

überraschten Parteispitze gegen Jahresende 1961 das sogenannte „Raab-Olah-Abkommen", mit dem die Errichtung eines Beirats für Wirtschafts- und Sozialfragen im Rahmen der Paritätischen Kommission vereinbart wurde.

Die beginnenden sechziger Jahre waren durch eine sich verschärfende Koalitionskrise sowie durch Wachstumsprobleme gekennzeichnet, die das stürmische Wirtschaftswachstum der zweiten Hälfte der fünfziger Jahre zu gefährden schienen. Raab und Olah reagierten angesichts der koalitionären Blockierungen bewußt an der Regierung Gorbach/Pittermann vorbei auf die sichtbar werdenden Modernisierungsdefizite und den sich immer deutlicher abzeichnenden „Aufstand einer neuen technokratischen Intelligenz gegen die traditionalistischen politischen Eliten der Koalitionsära".[84] Die Verlagerung wesentlicher innovativer Adaptionen an den sich seit den fünfziger Jahren beschleunigenden Strukturwandel auf die außerparlamentarische Ebene der Sozialpartnerschaft spiegelte eine doppelte Entwicklung: Da die Erstarrung und Blockierung der Großen Koalition Modernisierungsdefizite vor dem Hintergrund der europäischen Modernisierung und Einigung zu perpetuieren schien und dadurch der Anschluß an die westeuropäische Wachstumsdynamik verlorenzugehen drohte, erfolgte die Bildung einer parteiübergreifenden Koalition der jüngeren technokratischen Intelligenz gegen die traditionellen Parteieliten. Diese klassenübergreifende Interessenkoalition orientierte sich am Wirtschaftswachstum als zentraler gemeinsamer politischer Zielsetzung. Dies bedeutete nicht nur eine Stärkung der Kompetenz der Verbände der Wirtschafts- und Sozialpartnerschaft gegenüber Regierung und Parlament, sondern auch eine allmähliche Transformation der Politik in den sechziger Jahren. Sie wurden zur „Kulturrevolution", die durch ihren umfassenden Anspruch traditionelle Verhaltensmuster und Wertvorstellungen in Frage stellte. Mit zeitlichen Verzögerungen erfaßte dieser universelle Vorgang beide Großparteien. Zu Beginn der sechziger Jahre die ÖVP, 1966/67 die SPÖ.

Die Bildung der Regierung Gorbach machte den allmählichen Elitenaustausch durch den Einzug einer jüngeren Generation von Politikern vor allem aus den westlichen und südlichen Bundesländern deutlich. Erstmals dominierten im Kabinett Gorbach nicht mehr die Wiener und Niederösterreichische Landesorganisation, sondern jene der westlichen und südlichen Bundesländer. Gleich drei Landesparteiobmänner dieser Regionen nahmen Schlüsselpositionen in der neuen Regierung ein: der Steirer Gorbach als Bundeskanzler, der Salzburger Josef Klaus als Finanzminister und der Kärntner Karl Schleinzer als Verteidigungsminister. Niederösterreich und Wien waren durch Landwirtschaftsminister Eduard Hartmann, Unterrichtsminister Heinrich Drimmel und Handelsminister Fritz Bock vertreten.[85] Als stärkste Persön-

---

84 Bernd MARIN: Die Paritätische Kommission. Aufgeklärter Technokorporatismus in Österreich. – Wien 1982. S. 265.
85 Zu Eduard Hartmann vgl. Therese KRAUS: Eduard Hartmann. Porträt eines großen Österreichers. – St. Pölten 1977. Zu Heinrich Drimmel ders.: Die Häuser meines Lebens. Erinnerungen eines Engagierten. – Wien – München 1975. Zu Fritz Bock vgl. Maria SPORRER, Herbert STEINER (Hg.): Fritz Bock. Zeitzeuge. – Wien – München – Zürich 1984. Zu Klaus als Landeshauptmann von Salzburg vgl. Wolfgang HUBER (Hg.): Landeshauptmann Klaus und der Wiederaufbau Salzburgs. – Salzburg 1980. Zu Karl Schleinzer als Kärntner Landespolitiker vgl. Herbert BACHER: Der Kärntner Landespolitiker. – In: Karl Schleinzer. Der Mann und das Werk. – Wien – Köln – Graz 1983. S. 35–45 (Schriften des Karl von Vogelsang-Instituts Band 1).

lichkeit des Kabinetts sollte sich der neue Finanzminister Josef Klaus erweisen, der bereits kurz nach seinem Amtsantritt durch massive Forderungen nach Ausgabenkürzungen eine Regierungskrise auslöste, die nur mühsam überwunden werden konnte. Bei den 1962 vorgezogenen Neuwahlen reklamierte die ÖVP vor allem wegen der von ihr intendierten Teilnahme an der europäischen Integration[86] das 1959 an die SPÖ verlorene Außenministerium für sich. Am 18. November 1962 gewann die ÖVP zwei Mandate von der SPÖ und forderte bei den nunmehr beginnenden Koalitionsverhandlungen das Außenministerium. Das aus acht Personen bestehende Verhandlungsteam der ÖVP war jedoch bezüglich der zu verfolgenden Linie gespalten. Raab, Figl, Hurdes und Gorbach bestanden nicht unbedingt auf einer Ablöse von Außenminister Bruno Kreisky, wollten sich jedoch dessen Verbleib mit einem hohen Preis abkaufen lassen. Maleta, Withalm, Krainer sen. und der Salzburger Landeshauptmann Hans Lechner hingegen bestanden auf einem Ausscheiden Kreiskys, wobei vor allem Withalm die Meinung vertrat, daß eine Neuauflage der Großen Koalition keineswegs eine politische Notwendigkeit sei, während Gorbach von deren Fortführung im Interesse der Stabilität überzeugt war. Diese Unstimmigkeiten innerhalb der ÖVP blieben der SPÖ, vor allem ÖGB-Präsident Franz Olah, nicht verborgen, der in den sich bis zum Frühjahr 1963 hinziehenden Verhandlungen Kreisky das Außenministerium rettete.

Die Regierungsverhandlungen 1962/63 leiteten das Ende der Regierung Gorbach ein. Sie hatten neuerlich die Erstarrung der Koalition eindrucksvoll demonstriert und wurden vor allem von den parteiinternen Reformern um Generalsekretär Withalm und Finanzminister Klaus vehement kritisiert. Withalm schützte schließlich eine Erkrankung vor, um an der Unterzeichnung des Koalitionsabkommens nicht teilnehmen zu müssen und brüskierte damit Gorbach in aller Öffentlichkeit. Die innerparteilichen Spannungen erreichten einen Höhepunkt, als sich Klaus demonstrativ aus dem Kabinett zurückzog und nach Salzburg zurückkehrte, wo er mit einem Kreis von Wissenschaftern und politischen Freunden sein Konzept der „Sachlichkeit" in der Politik entwickelte und damit den Brückenschlag von Wissenschaft und Politik, Theorie und Praxis, als neuen zukunftsweisenden Stil der Politik propagierte.[87]

Die ÖVP war in das Lager der Koalitionsverfechter und jenes der Reformer gespalten. Ersteres wurde durch Gorbach, ursprünglich von den Reformern als Raab-Nachfolger begrüßt, Drimmel, Raab, Figl und Hartmann präsentiert, letzteres von Withalm, Klaus und Josef Krainer sen. sowie großen Teilen des Akademikerbundes und der jüngeren Generation des CV. Sowohl Klaus wie Withalm waren keine prinzipiellen Gegner der Koalition, betrachteten sie jedoch nicht als Conditio sine qua non der österreichischen Innenpolitik. Entweder gelang eine weitgehende Auflockerung der starren Koalition durch die Ermöglichung von freien Mehrheitsfindungen im Parlament, oder man entschloß sich zum demokratischen Wechselspiel von Regierung und Opposition, was die Einbindung der FPÖ in Form einer Kleinen Koalition als taktische Variante mit einschloß.

---

86 Zur Europapolitik der ÖVP in dieser Zeit vgl. Fritz BOCK: Der Anschluß an Europa. Gedanken, Versuche, Ergebnisse. – St. Pölten 1978.
87 Josef KLAUS: Macht und Ohnmacht in Österreich. Konfrontationen und Versuche. – Wien – München – Zürich 1971. S. 107 ff.

Diese Option wurde 1963 auch vom Koalitionspartner, vor allem von Bruno Pittermann und Franz Olah, in der Frage der Einreise von Otto Habsburg erwogen und auch durch einen von SPÖ und FPÖ getragenen Entschließungsantrag gegen die ÖVP unter Verletzung des Koalitionsabkommens erstmals praktiziert. Die Koalition geriet im Juni 1963 in die größte Krise seit ihrem Bestehen.[88]

Das Jahr 1963 markiert die Abenddämmerung der „langen" fünfziger Jahre. Raab hatte mit Hilfe seines Freundes Figl in der widerstrebenden Bundesparteileitung seine Nominierung für die Bundespräsidentenwahl am 28. April durchgesetzt. An diesem Tag erlebte der von seiner schweren Krankheit Gezeichnete die bitterste Niederlage seines politischen Lebens. Er blieb mit rund 600.000 Stimmen gegenüber dem amtierenden Bundespräsidenten Schärf in der Minderheit und bescherte der ÖVP ihre bisher schwerste politische Niederlage.

Wenngleich Raabs Wunschnachfolger auf dem Ballhausplatz, Gorbach, in der Habsburg-Krise Standfestigkeit bewiesen hatte, so waren auch seine Tage als Parteiobmann und Bundeskanzler gezählt. Der Versuch Olahs in der Habsburg-Krise, die FPÖ als möglichen Koalitionspartner für die SPÖ ins Spiel zu bringen, sollte den Sturz seines KZ-Kameraden Gorbach beschleunigen. Denn durch das bewußte Lancieren dieser Option verstärkte Olah in der ÖVP jene Stimmen, die ein härteres Auftreten gegenüber der SPÖ forderten. Als ihre Exponenten traten Klaus und Withalm auf, die die Regierungsmitglieder als Versöhnler um jeden Preis angriffen und sich dabei zunehmend der unabhängigen Presse bedienten. Die Habsburg-Krise im Frühjahr 1963 hatte die latent vorhandenen innerparteilichen Spannungen vorübergehend überdeckt, die jedoch in der zweiten Jahreshälfte 1963 mit unverminderter Härte wieder aufbrachen.

Um die innerparteilichen Differenzen zu beseitigen, hatte Gorbach bereits zu Jahresbeginn 1963 einen Bundesparteitag für September nach Klagenfurt einberufen, bei dem sich in einer Kampfabstimmung die von den westlichen und südlichen Landesorganisationen nominierten Klaus/Withalm gegen die von den östlichen Landesorganisationen sowie von Gorbach selber forcierten Drimmel/Hetzenauer durchsetzten. Im Herbst 1963 war es nur mehr eine Frage der Zeit, wann Klaus Gorbach auch in der Funktion des Bundeskanzlers beerben würde und damit die Ära Raab endgültig zu Ende ging.

Die Verschiedenartigkeit der Charaktere sowie der Auffassung von Politik führte innerhalb kürzester Zeit zu erheblichen Spannungen zwischen Regierungsfraktion und Bundesparteileitung. Gorbach geriet immer mehr unter Druck von Klaus und Withalm, die sich gezielt der unabhängigen Presse bedienten, um eine baldige Ablöse Gorbachs zu lancieren. Diese permanenten Spannungen veranlaßten Gorbach auf Anraten Drimmels, am 24. Februar 1964 die Bundesparteileitung mit der Forderung zu konfrontieren, der Regierungsfraktion bis zum Ende der Legislaturperiode das uneingeschränkte Vertrauen auszusprechen. Dies hätte die weitgehende Entmachtung der Bundesparteileitung bedeutet und stieß daher auf massive Ablehnung,

---

88 Zum Fall Habsburg vgl. Margarete MOMMSEN-REINDL: Die österreichische Proporzdemokratie und der Fall Habsburg. – Wien/Köln/Graz 1976. Hellmut ANDICS: Der Fall Otto Habsburg. Ein Bericht. – Wien – München 1965. Emilio VASARI: Dr. Otto Habsburg oder die Leidenschaft für Politik. – Wien – München 1972. S. 325 ff.

weshalb Gorbach die Konsequenzen zog und zurücktrat. Als Klaus als sein Nachfolger als Bundeskanzler am 2. April 1964 die Regierungserklärung des von ihm gebildeten Koalitionskabinetts abgab, vermied er den Terminus „Große Koalition".[89]

Mit der Übernahme der Kanzlerschaft durch Klaus sowie einer weitgehend neuen Regierungsmannschaft (Finanzminister Franz Korinek wurde durch Wolfgang Schmitz, Unterrichtsminister Heinrich Drimmel durch Theodor Piffl-Perčević, Eduard Hartmann als Landwirtschaftsminister durch Karl Schleinzer ersetzt, der das Verteidigungsministerium an Georg Prader abgab, und an die Stelle von Gorbachs Vertrautem Staatssekretär Ludwig Steiner trat Carl Bobleter) beendete die ÖVP nicht nur ihre innerparteiliche Krise, sondern signalisierte auch durch die von Klaus vertretene Politik der neuen Sachlichkeit ein modernes und innovatives Angebot an die Wählerschaft, während gleichzeitig die SPÖ durch den „Fall Olah", die „Kronen-Zeitung"-Affäre, ihre starre Haltung in der Frage der Rundfunkreform sowie die „Fussach"-Affäre das Bild dogmatischer Erstarrung bot.[90]

Die offensichtliche Transformation der österreichischen Gesellschaft wurde von der SPÖ nicht zur Kenntnis genommen, als sie im Herbst 1965 anläßlich der Tiroler Landtagswahl eine Wahlempfehlung der KPÖ nicht zurückwies und eine weitgehende für die Nationalratswahl 1966 – die KPÖ kandidierte nur im Wahlkreis Wien-Nordost – sogar ausdrücklich begrüßte.

In deutlichem Kontrast dazu präsentierte Klaus die „Aktion 20" als ersten Versuch einer Zusammenarbeit von Wissenschaft und Politik und sprach damit vor allem jüngere und gebildetere Wähler an.[91]

Die von der ÖVP in ihrer Wahlwerbung angestrebte „klare Mehrheit" wurde am 6. März 1966 tatsächlich erreicht. Zum zweiten Mal in ihrer Geschichte errang sie die absolute Mehrheit. Der überraschend hohe Sieg basierte nicht nur auf der Krise der SPÖ sowie der Kandidatur von Olahs DFP, die rund 150.000 SPÖ-Wähler zu gewinnen vermochte[92], sondern vor allem auch auf der gelungenen Adaption der ÖVP an die gesellschaftliche Entwicklung. Damit präsentierte sie jenen Typus einer „modernen Partei", den Ralf Dahrendorf 1966 mit dem Hinweis auf fünf Erfordernisse definiert hatte. Eine moderne Partei müsse die Modernität wollen, d. h. aus der Tendenz ein

---

89 Erika WEINZIERL: Josef Klaus. – In: Friedrich WEISSENSTEINER, Erika WEINZIERL (Hg.): Die österreichischen Bundeskanzler. Leben und Werk. – Wien 1983. S. 348–379. S. 361.
90 Zum „Fall Olah" vgl. Helmut KONRAD: Zur politischen Kultur der Zweiten Republik am Beispiel des „Falles Olah". – In: Geschichte und Gegenwart 1/1986. S. 31–53. Ders.: Die Olah-Krise. Eine Krise der Sozialdemokratie? – In: Peter PELINKA, Gerhard STEGER (Hg.): Auf dem Weg zur Staatspartei. Zu Geschichte und Politik der SPÖ seit 1945. – Wien 1988. S. 47–56. Ders., Manfred LECHNER: „Millionenverwechslung". Franz Olah, die Kronen Zeitung, Geheimdienste. – Wien – Köln – Weimar 1992. Wilhelm SVOBODA: Franz Olah. Eine Spurensicherung. – Wien 1990.
Zur Kronen-Zeitung-Affäre vgl. Hans DICHAND: Kronen Zeitung. Die Geschichte eines Erfolgs. – Wien 1977.
Zur Diskussion um die Rundfunkreform vgl. Hans HAGENSCHAB: Demokratie und Rundfunk. Hörfunk und Fernsehen im politischen Prozeß Österreichs. – Wien/München 1973. Viktor ERGERT: 50 Jahre Rundfunk in Österreich. Band III: 1955–1967. – Salzburg 1977. S. 174 ff.
91 Alfred STOCKINGER: Parteien und Sachverstand. Wissenschaftliche Politikberatungsaktionen als Strategie der image politics am Beispiel der „Aktion 20". Phil. Diss. – Wien 1982.
92 Michael KONVICKA: „Olahs" Partei: Die Demokratische Fortschrittliche Partei (DFP). Ein Beitrag zur österreichischen Zeitgeschichte der 60er und 70er Jahre. – Hamburg 1994.

Faktum machen, auf einer sozial sicheren Basis die individuelle Entfaltung ermöglichen, politische Entscheidungen auf wissenschaftliche Informationen stützen, eine lediglich begrenzte Loyalität ihrer Mitglieder einfordern und eine Professionalisierung der Politik praktizieren und damit neue politische Eliten kreieren.[93]

Auf Grund der strukturellen und gesellschaftlichen Rahmenbedingungen wäre eher die SPÖ für die Rolle der politischen Innovation prädestiniert gewesen. Im Gegensatz zu einer immer mehr erstarrenden SPÖ signalisierte die Politik der Reformer um Klaus und Withalm in der ÖVP jene Aufbruchstimmung, die sie aus dem bäuerlichen und kleinbürgerlichen Milieu in jene aufstrebenden neuen urbanen und suburbanen Mittelschichten einbrechen ließ, die in Zukunft für die Bildung neuer Mehrheiten entscheidend werden sollten.

5. 1966–1986: Modernisierung und Etablierung der Konsumgesellschaft. Alleinregierung und Opposition. Die ÖVP unter Josef Klaus, Hermann Withalm, Karl Schleinzer, Josef Taus und Alois Mock

Klaus war, wie die gesamte ÖVP, auch nach der Erringung der absoluten Mehrheit von der Fortsetzung der Großen Koalition – wenn auch unter geänderten Bedingungen – überzeugt. So plädierte er dafür, den „Christbaum" der SPÖ bei den bevorstehenden Koalitionsverhandlungen nicht vollkommen abzuräumen, da es sonst beim Regierungspartner „zu Kurzschlußhandlungen kommen könnte".[94]

Bei den Regierungsverhandlungen betonte die ÖVP vor allem drei Themenbereiche, die man vorrangig behandeln wollte: die Erfüllung des Rundfunkvolksbegehrens, die Neuregelung der verstaatlichten Industrie und das Wohnungs- und Mietenproblem. Vor allem im Bereich der verstaatlichten Industrie sollte das Aktienrecht voll zum Tragen kommen, die einzelnen Vorstandsmitglieder nicht mehr von den Parteien, sondern vom Aufsichtsrat nominiert werden.

Obwohl Bruno Kreisky auf einem außerordentlichen Parteitag die Delegierten beschwor, sich das „Experiment" eines Ganges in die Opposition genau zu überlegen[95], entschied sich der SPÖ-Parteivorstand schließlich doch mit 30 : 10 Stimmen für den Gang in die Opposition. Am Abend des 18. April 1966 präsentierte Klaus die erste monokolore Regierung der Republik. Die Erstellung der Ministerliste sowie des Regierungsprogramms kontrastierte mit dem Modernisierungsanspruch der unmittelbaren Vorwahlzeit. Das Regierungsprogramm war während der Koalitionsverhandlungen entstanden, als die ÖVP „auf das Ziel einer weiteren ‚reformierten' Koalitionsregierung hin" verhandelte. Die Absage der SPÖ überraschte die Parteiführung, so daß Klaus binnen „dreißig Stunden nicht nur eine ÖVP-Regierungsmannschaft, sondern auch eine Regierungserklärung in einem Zug zusammenstellen

---

93 Ralf DAHRENDORF: Parteien in Wandlung. – In: Aktion 20. Symbiose von Politik und Wissenschaft. Hg. v. d. Österreichischen Gesellschaft für Politik. – Wien – München 1967. S. 68 ff.
94 Wochenpresse, 9. 3. 1966, S. 5.
95 Protokoll des außerordentlichen Parteitages der SPÖ am 15. April 1966 in der Wiener Stadthalle. S. 48.

mußte".⁹⁶ Die Erstellung der Ministerliste versuchte einen Ausgleich zwischen den bündischen Interessen und Begehren und jenen der Bundesländer zu erreichen. Wenngleich mit Grete Rehor erstmals eine Frau ein Ministeramt bekleidete (Sozialministerium), so entsprach die Regierung Klaus weniger dem stets postulierten politischen Aufbruch, trug somit weniger die Handschrift eines bestimmten politischen Wollens, sondern spiegelte vielmehr die verschiedenen parteiinternen Strömungen und Interessen wider. Dies wurde schließlich in dem Umstand deutlich, daß die einzelnen Interessenvertreter vor dem Ministerrat zu getrennten Beratungen zusammentraten. Im Ministerrat wurden bald die bündischen- und Länderinteressen sowie Antagonismen durch gegenseitige Blockierungen sichtbar. „Die ersten Spatenstiche, mit denen die ÖVP ihrer absoluten Mehrheit vier Jahre später das eigene Grab schaufeln sollte, wurden damit bereits am 18. April 1966 . . . getan."⁹⁷

Diese wären durch einen rechtzeitigen Ausgleich auf der politischen Ebene zu beheben gewesen. Klaus, der sich mit einer Reihe von jüngeren Beratern umgeben hatte, vermeinte diese Antagonismen durch an Raab erinnernde Direktiven beseitigen zu können, stieß jedoch in diesem Bemühen auf den erbitterten Widerstand der Bünde, die bei der Formulierung der Politik ein entsprechendes Mitspracherecht einforderten. Die Folge war ein bald sichtbar werdendes Koordinations- und Disziplindefizit, das im Herbst 1967 anläßlich der Budgetverhandlungen eskalierte. Um sich gegen die Begehrlichkeit der Ministerkollegen zur Wehr zu setzen, griff Finanzminister Wolfgang Schmitz zu jener Taktik, die bereits Klaus in der Endphase der Großen Koalition erfolgreich angewendet hatte: er wandte sich an die Öffentlichkeit und mahnte allgemeine Sparsamkeit ein. Als die betroffenen Minister denselben Weg wählten, um die Berechtigung ihrer Forderungen zu begründen, bot die Regierung das Bild heillosen Durcheinanders. Verstärkt wurde dieser Eindruck durch die schwierige budgetpolitische Situation infolge einer Abschwächung der internationalen Konjunktur, die ein Budgetdefizit in nicht vertretbarem Ausmaß befürchten ließ und die bereits 1967 eingeleiteten Maßnahmen zur Verbesserung der Wirtschaftsstruktur gefährdete. Finanzminister Schmitz hatte im Frühjahr 1967 eine Steuerreform mit Wirksamkeit zum 1. Jänner 1968 angekündigt, die nunmehr angesichts der schwierigen budgetpolitischen Situation teilweise zurückgenommen werden mußte. Schmitz geriet unter heftige – auch parteiinterne – Kritik und wurde für das ungünstige Erscheinungsbild der Regierung hauptverantwortlich gemacht. Otto Schulmeister stellte zu Jahresbeginn 1968 in einem Kommentar fest: „In der Tat, macht die Volkspartei so weiter, brauchen sich die Sozialisten in keine großen geistigen und personellen Unkosten mehr zu stürzen."⁹⁸

Klaus mußte reagieren. Um das ungünstige Erscheinungsbild in der Öffentlichkeit sowie umstrittene Personalentscheidungen vom April 1966 zu korrigieren, nahm er im Jänner 1968 eine umfangreiche Regierungsumbildung vor. Staatssekretär Stefan Koren folgte Wolfgang Schmitz als Finanzminister, Otto Mitterer Fritz Bock als Handelsminister, Kurt Waldheim Lujo Tončić-Sorinj als Außenminister, Franz Soro-

---

96 KLAUS: Macht und Ohnmacht in Österreich. S. 423.
97 Alexander VODOPIVEC: Der verspielte Ballhausplatz. Vom schwarzen zum roten Österreich. – Wien – München – Zürich 1970. S. 55.
98 Otto SCHULMEISTER: Nichts mehr zu verheizen. – In: Die Presse. 20./21. 1. 1968. S. 1.

nics löste Franz Hetzenauer als Innenminister ab, Hermann Withalm übernahm zu seinen Funktionen des Klubobmanns und Generalsekretärs noch jene des Vizekanzlers, während Karl Gruber als Staatssekretär im Bundeskanzleramt auf den Ballhausplatz zurückkehrte.

Der Regierungsumbildung folgte am 2. Februar der sogenannte „Koren-Plan" als „Paukenschlag zur Wirtschaftspolitik", den der neue Finanzminister „im vollen Bewußtsein" seiner „politischen Verantwortung" setzte.[99] Die stagnierenden Investitionsausgaben des Bundes wurden von einem deutlich verflachten Wirtschaftswachstum, hohen Preissteigerungen und einem wachsenden Budgetdefizit begleitet. Der Koren-Plan sah „Maßnahmen zur Eindämmung des Budgetdefizits durch Steuererhöhungen und Ausgabenkürzungen" vor, um einen restriktiven Effekt auf den Konsum und damit die Preissteigerungen zu erzielen.

Gleichzeitig wurden „Maßnahmen zur Belebung der Investitionstätigkeit ... wie Instrumente der Investitionsfinanzierung, Förderung der Forschung, mehrjähriges Investitionsprogramm zur Verbesserung der Infrastruktur, ergriffen. Diese Maßnahmen schufen die Voraussetzung dafür, daß die Budgetdefizite gegen Ende der sechziger Jahre und Anfang der siebziger Jahre annähernd stabil gehalten werden konnten: das Nettodefizit verringerte sich, die inlandswirksamen Transaktionen ergaben sogar Überschüsse. Das Wachstum der heimischen Wirtschaft lag in dieser Zeit weit über dem Durchschnitt anderer Länder; das Einkommensgefälle zwischen Österreich und den meisten entwickelten Industriestaaten verringerte sich."[100]

Die positiven Effekte sollten jedoch nicht mehr der ÖVP zugute kommen, sondern der Regierung Kreisky. Zu Jahresbeginn 1968 verstärkte der Koren-Plan den Eindruck politischer Unentschlossenheit, wobei vor allem die zurückgenommene Steuerreform sowie die zeitlich befristete 10prozentige Erhöhung der Alkohol- und Pkw-Steuer im öffentlichen Bewußtsein haften blieben. Der positive Eindruck der Regierungsumbildung verschwand. Zum Imageverlust des Herbstes 1967 traten nunmehr noch die unpopulären Maßnahmen von Einsparungen und gleichzeitigen Steuererhöhungen. Das Argument, die Sicherung der Vollbeschäftigung und die Geldwertstabilität sei nur durch gesunde Staatsfinanzen zu erreichen, fand nicht die gewünschte Resonanz.

Hinzu trat die durch Klaus ebenfalls zu Jahresbeginn 1968 angekündigte Möglichkeit einer vorzeitigen Nachfolge Withalms als Bundeskanzler. Das Image von Klaus war auf Grund des Erscheinungsbildes der Regierung und der in der Zwischenzeit verlorenen Landtags- und Gemeinderatswahlen angeschlagen. Trotz aller Reformschritte ließ Klaus eine klare Schwerpunktbildung in seiner Regierungspolitik vermissen. Selbstkritisch bemerkte er rückblickend, er habe „Expreßzug und Personenzug in einem" sein wollen. „Es geht leider nicht, im Hunderkilometertempo dahinzurasen und bei jeder kleinen Haltestelle stehenzubleiben und dennoch eine große Strecke zurücklegen zu wollen. Der gute Rat, mir mehr Zeit für weniger, dafür aber

---

99 SN, 3./4. 1968. S. 4.
100 Stephan KOREN: Wirtschafts- und Währungspolitik als gestaltende Kraft in Österreich. – In: Alois MOCK (Hg.): Durchbruch in die Moderne. Von der industriellen zur nachindustriellen Gesellschaft. – Graz/Wien/Köln 1981. S. 241–260. S. 240. Vgl. dazu auch Gabriele PFEIFER: Stephan Koren. Wirtschaft im Spannungsfeld von Wissenschaft und Politik 1967–1970. – Salzburg 1993. S. 100 ff.

um so wichtigere Dinge zu nehmen, konnte bei einem Menschen mit meinem Temperament, in das ein Übermaß an Verantwortungsbereitschaft und Ehrgeiz von Jahr zu Jahr zunehmend eingeflossen war, einfach nicht ankommen."[101]

Hermann Withalm war im April 1966 Felix Hurdes als Klubobmann gefolgt und drängte in seiner nunmehrigen Doppelfunktion als Generalsekretär und Klubobmann auf eine klar erkennbare Schwerpunktbildung in der Regierungsarbeit, um damit auch die ÖVP als Regierungspartei in der Öffentlichkeit klar zu profilieren. Tatsächlich aber überforderte Klaus mit seinen zahlreichen Ambitionen nicht nur die Arbeitsfähigkeit des Parlaments, sondern ließ auch – trotz zahlreicher Reformgesetze – die von Withalm geforderte Schwerpunktbildung vermissen. Die 1967 erfolgte schmerzliche Niederlage bei der oberösterreichischen Landtagswahl verstärkte die parteiinterne Kritik an Klaus. Die Bündeobmänner Alfred Maleta, Rudolf Sallinger und Josef Wallner ventilierten im internen Kreis einen möglichen Wechsel von Klaus zu Withalm. Klaus reagierte auf die wachsende parteiinterne Kritik auf zweifache Weise: er schwenkte zu Jahresbeginn 1968 auf die von Withalm vertretene Linie einer Konzentration der Regierungsarbeit auf bestimmte Sachbereiche ein und nahm den Klubobmann und Generalsekretär als Vizekanzler in sein Kabinett auf. Diese Dreifachfunktion Withalms entsprach dem Wunsch der Parteileitung, die dadurch eine bessere Koordination von Regierung und Partei erhoffte. Wenig später erklärte Klaus vor dem Parlamentsklub unter Hinweis auf zahlreiche Pressemeldungen, er sei kein Sesselkleber und durchaus bereit, in absehbarer Zeit zugunsten Withalms zurückzutreten. Das Thema der sogenannten „Hofübergabe" füllte die Schlagzeilen der innenpolitischen Berichterstattung und ließ Klaus, trotz später erfolgender Dementi, als „Kanzler auf Zeit" erscheinen.

Während die SPÖ auf ihrem 18. Parteitag Anfang 1967 mit der Wahl Bruno Kreiskys zum neuen Parteivorsitzenden ihre Krise beendete[102] und mit einer sich an der „Aktion 20" orientierenden programmatischen Wende dem Zeitgeist öffnete, vermochte sich die ÖVP aus dem öffentlichen Stimmungstief nicht zu befreien. 1968 erlitt sie bei der Landtagswahl im Burgenland eine deutliche Niederlage und verlor die Position des Landeshauptmanns. 1969 folgten bei den Landtagswahlen in Salzburg, Wien, Niederösterreich und Vorarlberg neuerlich schmerzliche Niederlagen. Bei den zwischen 1967 und 1969 durchgeführten Landtags- und Gemeinderatswahlen verlor die ÖVP gegenüber den vergleichbaren Vorwahlen 3,1 Prozent, gegenüber der Nationalratswahl 1966 hingegen 6,4 Prozent, während die SPÖ im Vergleichszeitraum 1,9 bzw. 4,6 Prozent zu gewinnen vermochte. Mit einer neuerlichen Regierungsumbildung und gleichzeitigen Stärkung des Generalsekretariats in Richtung Öffentlichkeitsarbeit versuchte Klaus 1969 verlorenes Terrain wiedergutzumachen. Als Unterrichtsminister Theodor Piffl-Perčević auf Grund des auch parteiinternen Widerstandes gegen die Einführung des 13. Schuljahres zurücktrat[103], nahm dies Klaus zum Anlaß für eine neuerliche Regierungsumbildung. Piffl-Perčević folgte der erst 35jährige Kabinettschef des Bundeskanzlers, Alois Mock. Gleichzeitig wechselte Karl Pisa

---

101 KLAUS: Macht und Ohnmacht in Österreich. S. 127.
102 Vgl. Robert KRIECHBAUMER: Der 18. Parteitag der SPÖ vom 30. Jänner bis 1. Februar 1967. – In: Zeitgeschichte 4/1979. S. 129–147.
103 Vgl. Theodor PIFFL-PERCEVIC: Zuspruch und Widerspruch. – Graz – Wien – Köln 1977. S. 197 ff.

Die Geschichte der ÖVP

von der Bundesregierung in das Generalsekretariat, wo er zusammen mit Heribert Steinbauer als stellvertretender Generalsekretär die Planung und Durchführung des bevorstehenden Wahlkampfes übernahm. Neben Pisa schied auch Karl Gruber aus dem Staatssekretariat im Bundeskanzleramt und wechselte neuerlich auf den Botschafterposten in Washington. Er wurde durch den erst 32jährigen Heinrich Neisser ersetzt. Mit Mock und Neisser wollte Klaus ein deutliches Zeichen an die Jugend setzen, die sich immer mehr vor dem Hintergrund einer linken und linksliberalen Wende des Zeitgeistes der SPÖ zuwandte, die zudem mit ihrer Forderung nach einer Verkürzung der Wehrdienstzeit auf sechs Monate auf breite Resonanz bei Jungwählern stieß.

Im Vorfeld der Nationalratswahl veröffentlichte die Regierung Klaus einen umfangreichen Rechenschaftsbericht über ihre Aktivitäten.[104] Erst der historische Blickwinkel vermag die innovative Dynamik der Ära Klaus zu ermessen. So wurden z. B. 1966 das Rundfunkgesetz, das Allgemeine Hochschulstudiengesetz, das ÖIAG-Gesetz und die Wachstumsgesetze, 1967 das Wohnbauförderungsgesetz und das Forschungsförderungsgesetz, 1968 das Arbeitsmarktförderungsgesetz, das Strukturverbesserungsgesetz und die freie Berichterstattung des ORF aus dem Parlament, 1969 das Bundesbahngesetz, das Wohnungsverbesserungsgesetz, das Bauern-Pensionsversicherungsgesetz und die inhaltliche Fixierung des Südtirol-Pakets verabschiedet.

Die Nationalratswahl 1970 brachte der Zweiten Republik nicht nur den ersten Mandatssieg der SPÖ auf Bundesebene, sondern über die Zwischenstufe einer sozialistischen monokoloren Minderheitsregierung den Beginn einer Ära des sozialliberalen Konsenses, der, vom Zeitgeist getragen, das sozialdemokratische Jahrzehnt der siebziger Jahre bestimmen sollte.

Die Frage nach den Gründen für die Wahlniederlage der ÖVP muß über die Analyse eines nicht glücklich geführten Wahlkampfes sowie das von Klaus aus der Defensive heraus formulierten Wahlziel der Wiedererringung der absoluten Mehrheit hinausgehen. Sie hat den mißglückten Umgang mit der massenmedialen Präsentation in einer sich durch den neuen ORF entwickelten Medien- und Informationsgesellschaft ebenso zu berücksichtigen wie die Folie des Zeitgeistes und die Transformation der Gesellschaft, wobei vor allem letzteres ein Produkt der Politik jener marktwirtschaftlich und freiheitlich orientierten Parteien war, die nunmehr plötzlich als restaurativ, antiliberal, muffig und eng galten. Der neue Jakobinismus der 68er Bewegung bewirkte jene Kulturrevolution als universelles Phänomen der westlichen Zivilisation, die eine neue Jugendbewegung sowie den sie begleitenden Tugendterror schuf, der nur im verklärenden Rückblick seiner Akteure jenen demokratischen und emanzipatorischen Grundduktus behält, den sie sich selber zugewiesen hatten.[105] Willy

---

104 Erfolg für Österreich. Durchführung der Regierungserklärung 1966. – Wien o. J.
105 Franz SCHNEIDER (Hg.): Dienstjubiläum einer Revolte. „1968" und 25 Jahre. – München 1993. Hermann GLASER: Die Kulturgeschichte der Bundesrepublik Deutschland. Zwischen Protest und Anpassung 1968–1989. – Frankfurt am Main 1990. S. 85 ff. Für Österreich vgl. Fritz KELLER: Wien, Mai 68. Eine heiße Viertelstunde. – Wien 1983. Karl BEDNARIK: Die unheimliche Jugend. – Wien – München 1969. Dorit KRAMER, Helmut KRAMER: Jugend und Gesellschaft in Österreich. – In: Heinz FISCHER (Hg.): Das politische System Österreichs. 3. Aufl. – Wien – München – Zürich 1982. S. 537–570. S. 561 ff. Marina FISCHER-KOWALSKI: Universität und Gesellschaft in Österreich. – In: ebd. S. 571–624. S. 597 ff.

Brandt, Olof Palme und Bruno Kreisky avancierten zu Idolen einer sozialliberalen Öffentlichkeit, die sich anschickte, die Gesellschaft nachhaltig zu transformieren. Der Zeitgeist und seine wirksame massenmediale Inszenierung sowie die Selbstdarstellung seiner Hauptakteure schufen jene linke Hegemonie, die konservative und christlichsoziale Parteien ihrer strukturellen Mehrheitsfähigkeit beraubte.

Das Wahlergebnis vom 1. März 1970 stürzte die ÖVP in die größte Krise ihrer bisherigen Geschichte. Die Partei hatte die Wiedererringung der absoluten Mehrheit als Wahlziel propagiert und eine Koalition mit der FPÖ ausgeschlossen. Nach dem Verlust auch der relativen Mehrheit zog Klaus die Konsequenzen und erklärte seinen Rückzug von sämtlichen politischen Funktionen. Damit drängte sich die rasche Wahl eines Nachfolgers auf, für den nur Hermann Withalm in Frage kam.

Vor seiner definitiven Bestellung zum neuen Bundesparteiobmann war jedoch noch die Frage einer eventuellen Regierungsbeteiligung in Form einer Neuauflage der Großen Koalition unter Führung der SPÖ zu klären. Bei den im März/April 1970 erfolgten Regierungsverhandlungen können drei unterschiedliche Ebenen analysiert werden:

* Die Meinungsbildung innerhalb der ÖVP: Hier hielten sich Koalitionsbefürworter wie -gegner die Waage, wobei vor allem der Wirtschaftsbund für eine Große Koalition plädierte.
* Die Meinungsbildung innerhalb der SPÖ: Hier dominierten die Koalitionsbefürworter, die vor allem in der Fraktion der sozialistischen Gewerkschafter ihren mächtigsten Fürsprecher hatten.
* Die Politik Bruno Kreiskys: Sie zielte von Anfang an bewußt auf das Scheitern der Koalitionsverhandlungen und die Bildung einer Minderheitsregierung. Zu diesem Zweck hatte sich der SPÖ-Vorsitzende bereits in der Wahlnacht die Unterstützung von FPÖ-Obmann Friedrich Peter gegen die Zusicherung einer Wahlrechtsreform gesichert. Es lag nun am Verhandlungsgeschick des SPÖ-Vorsitzenden, durch das Scheitern der Koalitionsverhandlungen auch die parteiinternen Gegner einer sozialistischen Minderheitsregierung von deren Notwendigkeit zu überzeugen.

Kreisky führte die Koalitionsverhandlungen zielbewußt und virtuos.[106] Im April konfrontierte er die ÖVP-Verhandler unter Withalm mit einer Ressortliste, die die ÖVP zum Statisten in einer künftigen Koalition degradiert hätte. Die Ablehnung der ÖVP bot Kreisky die von Anfang an angestrebte Möglichkeit der Bildung einer Minderheitsregierung, während die ÖVP nach 25 Jahren Regierungsfunktion erstmals Erfahrung mit der Rolle der Opposition machte. Die Hoffnung auf ein kurzes Transitorium auf dem Weg zu neuerlicher Regierungsverantwortung sollte sich allerdings nicht erfüllen.

Am 22. Mai 1970 wählte der 13. a. o. Parteitag Hermann Withalm zum Nachfolger von Klaus als Bundesparteiobmann und Karl Schleinzer zum neuen Generalsekretär. Withalm, der die Funktion des Klubobmanns behielt, hatte mit der Wahl zum neuen Bundesparteiobmann den Höhepunkt seiner politischen Karriere erreicht. Doch er war sich dabei auch der Tatsache bewußt, daß er eine Übergangslösung war und sich seine so erfolgreiche politische Karriere ihrem Ende entgegenneigte. Die jüngere

---

106 Zu den Regierungsverhandlungen vgl. Robert KRIECHBAUMER: Österreichs Innenpolitik 1970–1975. – München – Wien 1981. S. 25 ff.

Generation wie Josef Taus, Alois Mock, Heinrich Neisser oder Josef Krainer jun., die der scheidende Josef Klaus forciert hatte, forderte eine grundlegende Reform der Partei, um eine sozialdemokratische Dominanz in den siebziger Jahren zu verhindern.

Die ungewohnte Oppositionsrolle erforderte eine organisatorische und programmatische Neupositionierung. Beiden Erfordernissen widmete sich vor allem der neue Generalsekretär Karl Schleinzer. Da sich die Partei nicht mehr auf die verschiedenen ministeriellen Apparate stützen konnte, gewannen „die von ihr geführten Landesregierungen und Interessenvertretungen an Gewicht".[107]

Zur Stärkung der Bundespartei wurden zehn Arbeitsausschüsse etabliert, die den einzelnen Ministerien entsprachen und deren Vorsitzende zusammen mit dem Bundesparteiobmann das Schattenkabinett der ÖVP bilden sollten. Die Vorbereitung der parlamentarischen Initiativen sollte nunmehr in den einzelnen Parteiausschüssen erfolgen. Gleichzeitig war eine grundlegende Reform des Generalsekretariats in Richtung Professionalisierung dringend geboten. Die Grobgliederung in Politisches Büro, Parteiarbeit und Öffentlichkeitsarbeit wurde unter dem neuen Generalsekretär durch eine professionellere Abteilungsstruktur ersetzt. Die neuen Abteilungen für Politik, Grundlagenforschung, Information, Organisation und Bildung sollten einem personell aufgestockten Generalsekretariat größere Kompetenz und Effektivität verleihen. Hinzu trat noch ein persönlicher Beraterstab des Generalsekretärs unter Ferdinand Manndorff.

Während Schleinzer seine parteiinterne Position zielstrebig auf- und ausbaute und durch Karl Pisa die Erarbeitung eines neuen Parteiprogramms zielstrebig vorantrieb, wurde parteiintern immer häufiger die Frage nach einer möglichen Ablöse Withalms und damit ein personeller Neubeginn an der Parteispitze diskutiert. Um seinen Kritikern Wind aus den Segeln zu nehmen, erklärte der Parteiobmann im Spätsommer 1970 in seinem Urlaubsort Gösing, er werde im Herbst die Funktion des Klubobmanns zurücklegen und sich voll auf die Führung der Partei konzentrieren. Damit hatte er nicht nur den schrittweisen Abschied von allen Spitzenpositionen angekündigt, sondern die Partei auch völlig überrascht. Im Falle einer Ablöse Withalms als Parteiobmann hatten ÖAAB-Obmann Maleta und Wirtschaftsbundobmann Sallinger den ehemaligen Finanzminister Koren als dessen Nachfolger paktiert. Im Gegenzug zu dem dem Wirtschaftsbund angehörenden Koren sollte die Funktion des Klubobmanns an einen ÖAAB-Kandidaten fallen. Die überraschende Ankündigung Withalms machte diese Absprache hinfällig und löste ein Ringen um die Position des Klubobmanns zwischen ÖAAB und Wirtschaftsbund aus, das in einer Kampfabstimmung der Wirtschaftsbund für seinen Kandidaten Koren zu entscheiden vermochte. Mit der Wahl Korens zum Klubobmann trat neben Schleinzer ein zweiter ernsthafter Kandidat für die Nachfolge Withalms als Parteiobmann auf.

Withalm, der intern nur mehr als Parteiobmann auf Zeit gehandelt wurde, zog aus seiner immer schwächer werdenden Position die Konsequenzen und erklärte während einer Tagung des Parteivorstandes am 21. Jänner 1971 in Gösing seinen Rücktritt auch von der Funktion des Parteiobmanns auf dem kommenden Parteitag im

---

107 Karl Pisa: Generalsekretär und Bundesparteiobmann. – In: Karl Schleinzer. Der Mann und das Werk. S. 80–100. S. 82.

Juni. Da sowohl Generalsekretär Schleinzer wie Klubobmann Koren ihre Kandidatur für diese Funktion bekanntgaben, war eine Kampfabstimmung unvermeidlich. Um eine solche zu verhindern und ein völlig neues personelles Angebot an den Wähler zu signalisieren, schlug die steirische Landesorganisation Josef Taus als neuen Parteiobmann und Josef Krainer jun. als neuen Generalsekretär vor. Von Teilen der niederösterreichischen Landesorganisation wurde auch der neue ÖAAB-Obmann Alois Mock ins Spiel gebracht, so daß die ÖVP am Vorabend ihres 14. a. o. Parteitages das Bild personalpolitischer Verwirrung bot. Durch den Rückzug von Taus blieben nur mehr Schleinzer und Koren als Kandidaten für die Withalm-Nachfolge übrig. Die Kampfabstimmung auf dem Parteitag vermochte Schleinzer durch zwei Umstände für sich zu entscheiden: Er hatte mit der Nominierung Herbert Kohlmaiers den ÖAAB für sich gewonnen, und Bauernbundobmann Roland Minkowitsch bewog den Kandidaten Korens für die Position des Generalsekretärs, Sixtus Lanner, zum Rückzug seiner Kandidatur mit dem Hinweis, der Bauernbündler Lanner könne nicht gegen den ebenfalls dem Bauernbund angehörenden Schleinzer kandidieren.

Schleinzer wurde mit 67 Prozent der Stimmen zum neuen Parteiobmann gewählt, Kohlmaier mit 71 Prozent zum neuen Generalsekretär. Schleinzer, Kohlmaier und Koren präsentierten nunmehr die ÖVP, die sich bereits im Herbst 1971 neuerlich einer Nationalratswahl stellen mußte. Kreisky hatte nach der Verabschiedung der „kleinen" Wahlrechtsreform mit den Stimmen der FPÖ sowie der populären Verkürzung der Wehrdienstzeit auf 6 Monate vorzeitige Neuwahlen herbeigeführt, die ihm die Chance bieten sollten, gegenüber einer verunsicherten ÖVP, die sich auf Grund der personellen Querelen in einem anhaltenden Meinungstief befand, neuerlich zu punkten und eventuell die absolute Mehrheit zu erringen.

Nachdem sich im April 1971 Bundespräsident Franz Jonas gegenüber dem ÖVP-Kandidaten Kurt Waldheim bei der Bundespräsidentenwahl klar hatte durchsetzen können, schien Schleinzer die Wiedergewinnung der relativen Mehrheit nur durch eine gezielte Öffnung nach rechts in Richtung FPÖ möglich. Bereits auf der Semmering-Tagung des ÖVP Klubs im Herbst 1970 hatte er gegen den Widerstand Korens die Rückgewinnung der politischen Bewegungsfreiheit durch die bewußte Einbeziehung der FPÖ in eigene Koalitionsüberlegungen gefordert. Man dürfe die Zusammenarbeit der FPÖ mit der SPÖ nicht als etwas Selbstverständliches hinnehmen, da man dadurch vom politischen Entscheidungsprozeß ausgeschlossen zu werden drohe. Schleinzers Ziel war die Umwandlung der ÖVP in eine bis in die rechte Mitte reichende bürgerliche Sammelpartei, letztlich eine Variable der Raabschen Inhalationstheorie. Mit der Kandidatur von Ernst Strachwitz, Robert Fischer und Felix Ermacora sowie der Einbindung ehemaliger freiheitlicher Mandatare in die Wahlwerbung hoffte Schleinzer, rund 30 Prozent der FPÖ-Stimmen gewinnen zu können.

Die Wahl vom 10. Oktober 1971 zerstörte die Hoffnungen des neuen Parteiobmanns. Die SPÖ errang unter Bruno Kreisky erstmals die absolute Mehrheit der Mandate. Die Zukunft der ÖVP lag in ihrer Reform, die nunmehr in den Mittelpunkt des Interesses rückte.

Parteiintern wurde das Jahr 1972 als „Jahr der Parteiarbeit" bezeichnet, dem nach einer organisatorischen und programmatischen Reform ein „Jahr der Konfrontation" folgen sollte. Die folgenden beiden Jahre bis zum Ende der Legislaturperiode wurden als „Jahr der Alternative" und „Jahr der Ablöse" geplant.

Tatsächlich erlebte die ÖVP 1971/72 nach dem Jahr 1945 ihre stärkste Ideologisierungsphase, die mit der Beschlußfassung über das „Salzburger Programm" am 30. November 1972 abgeschlossen wurde.[108] Parallel versuchte Schleinzer die konzeptionelle Kompetenz der Partei durch die Vergrößerung der Zahl der Arbeitsausschüsse auf 15 zu erhöhen und durch eine Statutenreform den Primat der Gesamtpartei, wenn auch letztlich vergeblich, vor den Bünden und Landesorganisationen einzumahnen.[109]

Wenngleich die von Schleinzer gewünschte konzeptionelle Kompetenz durch die ab 1973 entwickelten „Pläne zur Lebensqualität"[110] realisiert werden konnte, wurde das Erscheinungsbild der Gesamtpartei von der gleichzeitig ausbrechenden neuerlichen Führungsdiskussion bestimmt.

Demoskopische Erhebungen signalisierten auf Bundesebene einen sich ständig vergrößernden Abstand zur SPÖ, die Rückgewinnung der relativen Mehrheit und damit des bundespolitischen Führungsanspruchs schien in weite Ferne gerückt. Die Attraktivität und Durchsetzungsfähigkeit des Führungsduos Schleinzer/Kohlmaier wurde vor allem von der steirischen Landesorganisation sowie dem Wirtschaftsbund in Frage gestellt. Hinzu trat die in internen Kreisen vom Klubobmann wiederholt geäußerte Kritik an der Schwerfälligkeit der Parteiarbeit sowie die unterschiedlichen Charaktere der beiden Führungspersönlichkeiten. Da eine Ablöse Schleinzers auf Grund der parteiinternen Machtverhältnisse und in Ermangelung eines geeigneten Gegenkandidaten nicht in Frage kam, konzentrierte sich die Kritik auf Generalsekretär Kohlmaier, den vor allem der steirische Landeshauptmann Niederl sowie Wirtschaftsbundobmann Sallinger durch den Generalsekretär des Wirtschaftsbundes, Erhard Busek, ersetzt wissen wollten. Dennoch wurden Schleinzer und Kohlmaier auf dem 16. Bundesparteitag am 28. Februar 1974 mit großer Mehrheit in ihren Funktionen bestätigt, wobei vor allem der Wunsch nach Geschlossenheit das eigentliche Motiv zahlreicher Delegierter für ihre Entscheidung war.[111]

Die Ende Februar nach außen demonstrierte Geschlossenheit erhielt jedoch bereits zwei Monate später wiederum erhebliche Risse. Durch den Tod von Bundespräsident Jonas war eine Neuwahl des Bundespräsidenten notwendig geworden. Schleinzer hatte sich für die Nominierung Withalms entschieden, scheiterte jedoch am Bundesparteivorstand, der sich mehrheitlich für den Innsbrucker Bürgermeister Alois Lugger als offiziellen Kandidaten der Partei aussprach. Withalm befreite die Partei aus der peinlichen Situation durch seinen freiwilligen Verzicht auf die Nomi-

---

108 Vgl. Robert KRIECHBAUMER: Die Reformdiskussion der ÖVP 1971–1975. – In: Erika WEINZIERL (Hg.): Kirche und Gesellschaft. Theologische und gesellschaftswissenschaftliche Aspekte. – Wien – Salzburg 1979. S. 43–74.
109 Die 15 Arbeitsausschüsse, deren Leiter wöchentlich mit dem Parteiobmann zusammentrafen, umfaßten die Bereiche Gesundheit und Umwelt, Familienpolitik, Soziales, Bauten, Wirtschaft, Finanzen, verstaatlichte Betriebe, Verkehr, Außenpolitik, Landesverteidigung, Unterricht, Forschung und Kunst, Raumordnung und Länderangelegenheiten, Inneres und Kommunalpolitik, Land- und Forstwirtschaft sowie Rechtswesen.
110 1973 und 1975 entwickelten die 15 Arbeitskreise in Zusammenarbeit mit zahlreichen Wissenschaftern sowie der 1973 eröffneten Politischen Akademie insgesamt 4 Pläne: 1. Gesundheit, Umwelt und Wohnen; 2. Sozialpolitik; 3. Qualitative soziale Marktwirtschaft und 4. Bildungspolitik.
111 KRIECHBAUMER: Österreichs Innenpolitik 1970–1975. S. 297 ff.

nierung. Die Begleitumstände seiner Nominierung bescherten Lugger einen schlechten Start gegen den von der SPÖ nominierten Außenminister des Kabinetts Kreisky, Rudolf Kirchschläger. Der Innsbrucker Bürgermeister konnte dennoch mit 48,3 Prozent der abgegebenen Stimmen ein respektables Ergebnis erzielen.

Die Vorgänge um die Nominierung des ÖVP-Präsidentschaftskandidaten hatten jedoch die innerparteiliche Kritik am Führungsstil Schleinzers und Kohlmaiers wiederbelebt. Schleinzer war sich dabei des Umstandes durchaus bewußt, daß zahlreiche Angriffe auf seinen Generalsekretär eigentlich ihm galten. Um seine Position zu stärken und angesichts der bevorstehenden Nationalratswahl das Bild der Geschlossenheit zu vermitteln, präsentierte er auf dem Jubiläumsparteitag am 17. April 1975 sein Wahlkampfteam der „Jungen Löwen". Alois Mock, Erhard Busek, Sixtus Lanner, Bertram Jäger, Josef Taus, Josef Krainer jun. und Josef Ratzenböck sollten zusammen mit ihm, Klubobmann Koren und Generalsekretär Kohlmaier die kollektive personelle Alternative zu Bruno Kreisky bieten.

In seiner Grundsatzrede vor dem Jubiläumsparteitag markierte er die Schwerpunkte der Auseinandersetzung mit der SPÖ. Man werde „aufhören müssen, Staatsbürger wie Kleinkinder zu behandeln, die man ablenkt, um sie bei guter Laune zu halten". Man werde „die Natur nicht weiter ausbeuten können", sondern müsse lernen, „mit ihr in größerer Harmonie zu leben". Dies erfordere auch eine „neue Konsumethik". Wenn die „Gesellschaft nicht aus den Fugen gehen soll, müssen wir die Erwartungen und die Leistungsbereitschaft der Bürger mit dem Leistungsvermögen und den Aufgaben des Staates in Einklang bringen. Wenn der Sozialstaat funktionsfähig bleiben soll, dann darf er nicht mehr Leistungen anbieten, als er bezahlen kann."[112]

Doch weder die personelle Alternative zu Kreisky noch die liberal-konservativen Gegenpositionen der ÖVP waren 1975 mehrheitsfähig. Alfred Ableitinger hat darauf hingewiesen, daß das Jahr 1975 die Ära Kreisky in zwei Abschnitte teilt. Sie begann 1970 auf Grund der „struktur- und budgetpolitischen Wirkungen des Koren-Plans" sowie einer weltweiten Hochkonjunktur unter idealen Bedingungen und „erlaubte großzügige Verteilungsmaßnahmen". Hohe Wachstumsraten und Vollbeschäftigung erzeugten ein „optimistisches Klima", das erst durch den ersten Ölpreis-Schock sowie den in dessen Folge eintretenden Wachstumsknick 1974/75 deutlich gebremst und durch eine stärkere Hinwendung zu sozialem Garantismus abgelöst wurde.[113] Die Person Kreisky avancierte zum politischen Über-Vater der Nation, die den Bogen vom sozialliberalen Nachziehverfahren bis zum strukturkonservativen sozialen Garantismus spannte.

Angesichts dieser gesamtpolitischen Rahmenbedingungen wurde die von der ÖVP intendierte Wiedererringung der relativen Mehrheit unwahrscheinlich. Hinzu trat der tödliche Autounfall Schleinzers am 19. Juli, der mitten im bereits ausgebrochenen Wahlkampf die Neuwahl eines Bundesparteiobmanns erforderlich machte. Schleinzer folgte nach kurzen Sondierungsgesprächen der Parteispitze Josef Taus.

Taus hatte in den Vorgesprächen zu seiner Nominierung allerdings die Bedingung größtmöglicher Handlungsfreiheit gestellt und damit indirekt die Neubesetzung des

---

112 Protokoll des 17. Bundesparteitages der ÖVP am 17. April 1975. S. 44 f.
113 ABLEITINGER: Die innenpolitische Entwicklung. S. 190 f.

Generalsekretariats angedeutet. Kohlmaier trat freiwillig zurück, um dem Wunschkandidaten des neuen Parteiobmanns, Erhard Busek, Platz zu machen. Die österreichische Tagespresse bezeichnete das neue Führungsteam als „Hoffnungszeichen" für die ÖVP.[114] Tatsächlich war auf dem a. o. Bundesparteitag am 31. Juli, bei dem die offizielle Wahl von Taus und Busek in ihre neuen Funktionen erfolgte, erstmals seit mehr als fünf Jahren wiederum Optimismus zu spüren. Mit dem neuen Führungsduo schien endlich jene seit 1970 schwelende permanente Führungsdiskussion beendet, die Partei das probate Gegenmittel zu Bruno Kreisky gefunden zu haben.[115]

Doch auch unter dem neuen Parteiobmann, der bei seinen ersten Fernsehauftritten die Spielregeln massenmedialer Politikvermittlung weitgehend mißachtete und damit einen Prestigeverlust hinnehmen mußte, konnte die ÖVP die absolute Mehrheit der SPÖ nicht brechen. Bei gleichbleibendem Mandatsstand vermochte die SPÖ sogar 0,37 Prozent zu gewinnen, während die große Oppositionspartei 0,16 Prozent verlor, der Abstand zwischen beiden Großparteien war auf 7,46 gestiegen.[116]

Angesichts der international anhaltenden deutlichen Verflachung der Wachstumsdynamik sowie den daraus resultierenden Adaptierungsschwierigkeiten für Industrie und öffentliche Haushalte rückte die Frage von Krisenbewältigungsstrategien ab der Mitte der siebziger Jahre zunehmend in den Mittelpunkt des öffentlichen Interesses. Im Gegensatz zu Westeuropa und den USA entschloß sich die SPÖ unter Kreisky zu einer „policy-mix", die in der Folgezeit als „Austro-Keynsianismus" in die Literatur einging. Die Theoretiker des Austro-Keynsianismus gingen von der Annahme aus, daß angesichts exogener Faktoren eine stabilitätsorientierte Wirtschaftspolitik mit einer expansiven Beschäftigungspolitik vereinbar sei.[117] Das zentrale Anliegen der Beschäftigungspolitik wurde mit einer bewußten Hartwährungspolitik verbunden und bescherte Österreich in der zweiten Hälfte der siebziger Jahre einen hohen Beschäftigtenstand bei gleichzeitiger sozialpolitischer Weiterentwicklung.[118]

Die oppositionelle Argumentation der drohenden überproportional anwachsenden Budgetdefizite zur Finanzierung strukturkonservierender Maßnahmen, zunehmender und die Manövriermasse des Budgets einengender Staatsaufgaben, des drohenden Bruchs des Generationenvertrags durch expansive Sozialleistungen stieß angesichts des offensichtlich so erfolgreichen „österreichischen Wegs" auf keine mehrheitsfähige Akzeptanz. Zudem erschwerten die neokorporativen Rahmenbedingungen des österreichischen Regierungssystems die Oppositionsrolle der ÖVP, da Wirtschafts- und Bauernbund in das sozialpartnerschaftliche Krisenmanagement eingebunden sind. Bruno Kreisky bemerkte 1979 in einem Interview zur Situation der ÖVP als Oppositionspartei, daß die Integration der verschiedenen bündischen Inter-

---

114 Kurt VORHOFER: T & B – ein Hoffnungszeichen. – In: Kleine Zeitung 26. 7. 1975. S. 3 f.
115 Vgl. Alexander VODOPIVEC: Taus & Busek. Persönlichkeit, Konzept und Stil des neuen Führungsteams der ÖVP. – Wien – München – Zürich 1975.
116 Erhard ANGERMANN, Fritz PLASSER: Wahlen und Wähler in Österreich 1972–1975. – In: ÖJP 1977. – München – Wien 1978. S. 1–20. S. 9 ff.
117 Ewald NOWOTNY: Die Wirtschaftspolitik in Österreich seit 1970. – In: Erich FRÖSCHL, Helga ZOITL (Hg.): Der österreichische Weg 1970–1985. Fünfzehn Jahre, die Österreich verändert haben. – Wien 1986. S. 37–60.
118 Hans SEIDEL: Das Ergebnis eigener Leistung? Die Charakteristika der österreichischen Wirtschaftsentwicklung. – In: Helmut KRAMER, Felix BUTSCHEK (Hg.): Vom Nachzügler zum Vorbild (?). Österreichs Wirtschaft 1945 bis 1985. – Stuttgart – Wien 1985. S. 25–38. S. 32 f.

essen wohl nur in der Regierungsfunktion möglich sei. Daher müsse die ÖVP in der Opposition „immer wieder scheitern ... In der Regierung kann man die Interessen dieser Gruppen jeweils versuchen wahrzunehmen und aufeinander abzustimmen ... Die ÖVP hat drei Bünde, das sind in Wirklichkeit die Machtpositionen ... die Bünde verfügen über organisatorische und ökonomische Macht. Der Angestelltenbund ist der einzige, der keine solche ökonomische Machtposition hat. Jetzt müssen die beiden anderen Bünde dort, wo sie direkt die Mehrheit haben, also in den Kammern, immer wieder mit der Regierung verhandeln. Und in diesen Verhandlungen kommt unausbleiblich ein Kompromiß heraus. Und immer wieder müssen die Führer dieser Bünde zurückkehren und von den Kompromissen berichten. Und der dritte, der Arbeiter- und Angestelltenbund, sagt dann: Ja, wie wollts ihr denn Opposition machen, wenn ihr dauernd mit der Regierung packelts".[119]

Hinzu trat der die traditionellen Wählerschichten der ÖVP besonders treffende gesellschaftliche Strukturwandel, der eine gesellschaftspolitische Neuorientierung vor allem in Richtung der neuen urbanen Mittelschichten erforderlich machte. Besondere Bedeutung kam in diesem Zusammenhang der Wiener Landesorganisation zu, da die Bundeshauptstadt mit ihrer gesellschaftlichen Wandlungsdynamik nach wie vor seismographische Funktionen für gesamtgesellschaftliche Trends ausübt. Die Wiener Landesorganisation war durch eine über Jahrzehnte dominante SPÖ in ein politisches Ghetto einer 30-Prozent-Partei ohne maßgeblichen Einfluß auf die Stadtpolitik abgedrängt worden und schien angesichts sich deutlich abzeichnender Erstarrungstendenzen die Chancen des gesellschaftlichen Wandels zu versäumen. Als infolge des Einsturzes der Reichsbrücke am 1. August 1976 die kommunalpolitische Auseinandersetzung mit einer aus der Defensive aggressiv agierenden SPÖ eskalierte, bot sich Taus die Möglichkeit, einen Signale setzenden Wechsel an der Spitze der Wiener Landespartei durchzusetzen. Er setzte die Wahl von Generalsekretär Erhard Busek, des nach Eigendefinition „wahrscheinlich ... urbansten aller ÖVP-Politiker", zum neuen Landesparteiobmann am 15. Oktober 1976 durch.[120]

Indem Busek die geistige Dimension der Stadt betonte und sie mit den bürgerlichen Freiheiten verband, formulierte er sein politisches Credo, Bürgersein sei „eine hochpolitische Aufgabe. Hier kann die Demokratie in hohem Maß Verwirklichung finden, denn in der Stadt kann man ... das Ergebnis der Entscheidungen noch überblicken."[121] Unter Buseks neuer bürgerlicher Politik und Themenvorgabe gewann die Wiener ÖVP rasch an politischer Attraktivität. Allmählich zogen die „bunten Vögel" in zahlreiche Funktionen der Wiener Partei und wandelten deren Erscheinungsbild in Richtung liberaler Urbanität. Hinzu traten glückliche personalpolitische Entscheidungen wie die Nominierung Jörg Mauthes zum Kultursprecher der Partei. Die Wiener ÖVP gewann die Themenführerschaft und konnte bei der Gemeinderats-

---

119 Kurier, 30. 12. 1979. S. 5.
120 Wir befinden uns in einem ungeheuren Übergangsstadium. Interview mit Erhard BUSEK. – In: Schwarz bunter Vogel. Studien zu Programm, Politik und Struktur der ÖVP. – Wien 1985. S. 223–240. S. 224.
121 Erhard BUSEK: Wien – ein bürgerliches Credo. – Wien – München – Zürich – Innsbruck 1978. S. 13.

wahl am 8. Oktober 1978 ihren Stimmenanteil um 4,5 Prozent auf 33,8 Prozent erhöhen, während die SPÖ 3 Prozent verlor und auf 57,2 Prozent sank.[122]

Der Wechsel Buseks an die Spitze der Wiener ÖVP machte eine Neubesetzung der Position des Generalsekretärs notwendig. Da der oberösterreichische Landesparteisekretär Ratzenböck und der steirische Landesrat Krainer jun. wenig Lust zur Übersiedlung nach Wien zeigten, folgte Busek im Sinne eines parteiinternen Bündeproporzes der 42jährige Bauernbunddirektor Sixtus Lanner als neuer Generalsekretär.

Eine weitere wichtige personalpolitische Weichenstellung fiel mit dem Wechsel von Klubobmann Koren auf den Sessel des Präsidenten der Nationalbank. Taus hatte bei seiner Nominierung zum Parteiobmann die Position des Klubobmanns ursprünglich für sich reklamiert, sich jedoch schließlich dem Argument gebeugt, daß die Arbeitsüberlastung eines Parteiobmanns unbedingt die Funktion eines geschäftsführenden Klubobmanns erfordere. Zudem verwies man auf das Beispiel der SPÖ, wo Heinz Fischer den offiziellen Klubobmann Kreisky durch die De-facto-Führung des Parlamentsklubs entlastete. Koren blieb somit geschäftsführender Klubobmann. Durch sein Ausscheiden aus dieser Funktion zu Jahresbeginn 1978 schien sich Taus die Möglichkeit zu bieten, seinen Plan aus dem Jahr 1975 doch noch zu realisieren und im Sinne einer Stärkung der Position des Bundesparteiobmanns beide Funktionen doch noch in seiner Hand zu vereinen. Diesen Ambitionen des Parteiobmanns standen jedoch die bündischen Interessen gegenüber, personalisiert in den drei Obmännern Mock, Minkowitsch und Sallinger. In Vorgesprächen mit Taus hatte Wirtschaftsbundobmann Sallinger auf die Nominierung des burgenländischen Handelskammerpräsidenten Robert Graf zum Nachfolger Korens gedrängt und auch die Zustimmung von Taus erreicht. Gegen diese Lösung opponierte der ÖAAB mit dem Argument, er sei durch das System der Sozialpartnerschaft ins Abseits gedrängt und benötige als größter Bund unbedingt eine wichtige Position im öffentlichen Leben. Gegen Graf wurde Mock auf den Schild gehoben und am 17. Jänner 1978 in einer klubinternen Kampfabstimmung zum neuen geschäftsführenden Klubobmann gewählt.

1978 wurden hinter dem nach wir vor dominierenden sozialen Garantismus bereits jene Elemente einer neuen „Beteiligungsdemokratie" sichtbar, die durch die Akzeptanz „unkonventioneller Beteiligungsaktivitäten" im Rahmen rechtsstaatlicher Normen jenen Wertwandel andeuteten, der sich ab der Mitte der achtziger Jahre in einer zunehmenden Protesthaltung und einer Erosion der traditionellen Lagerkulturen manifestieren wird.[123]

Der sozialpartnerschaftliche und politische Konsens der späten sechziger Jahre hatte die Notwendigkeit von Atomkraftwerken betont und deren Errichtung bis 1976 beschlossen. Das erste Kraftwerk sollte in Zwentendorf, das zweite an der Ennsmündung bei St. Pantaleon errichtet werden. Die Planungsarbeiten für Zwentendorf wurden noch unter der Regierung Klaus in Angriff genommen, der einstimmige

---

122 Erhard ANGERMANN, Fritz PLASSER: Wahlen und Wähler in Österreich 1977–1978. – In: ÖJP 1978. – München – Wien 1979. S. 1–23. S. 16 ff.
123 ULRAM: Politische Kultur der Bevölkerung. S. 467. Vgl. dazu auch Roland DEISER, Norbert WINKLER: Das politische Handeln der Österreicher. – Wien 1982. Leopold ROSENMAYR (Hg.): Politische Beteiligung und Wertewandel in Österreich: Einstellungen zu Politik und Wertewandel im internationalen Vergleich. – München 1980.

Beschluß über den Baubeginn 1971 unter der Regierung Kreisky gefaßt. Die Bauarbeiten wurden bis 1975 zielstrebig vorangetrieben, doch ab diesem Jahr – vor allem auf Grund der international ausbrechenden Diskussion über die Sicherheit von Atomkraftwerken – zunehmend Skepsis gegenüber dem atomaren Ausbauprogramm laut. Vor allem sicherheitspolitische Argumente wurden ins Treffen geführt und allmählich von Teilen der ÖVP und FPÖ aufgenommen. Auf breiter Ebene und quer durch alle Parteien begann sich Widerstand gegen die Inbetriebnahme von Zwentendorf zu regen, zumal der Kernenergiebericht der Bundesregierung Ende 1977 zahlreiche sicherheitspolitische Fragen, vor allem jene der Endlagerung des Atommülls, offenließ. Trotz dieses Mankos in den Vorbereitungen genehmigte das Gesundheitsministerium am 23. Dezember 1977 die Einfuhr der radioaktiven Brennstäbe und verstärkte damit den Widerstand immer größerer Teile der Öffentlichkeit.

Während sich die SPÖ immer mehr auf eine Pro-Atom-Linie bei gleichzeitiger Zurückhaltung sicherheitspolitischer Fragen versteifte, griff die ÖVP – grundsätzlich positiver Atomhaltung – die Argumentation des Sicherheitsbedenkens auf und machte ihre Zustimmung von deren befriedigender Lösung abhängig. Am 9. Februar 1978 verabschiedete der Parteivorstand eine Resolution, in der er erklärte, die ÖVP stehe „der Nutzung der Kernenergie grundsätzlich positiv gegenüber", räume jedoch „den Sicherheitsfragen ... absoluten Vorrang ein". Die Risken der Nutzung der Atomenergie seien lange Zeit unterschätzt worden. „Im Bewußtsein ihrer Verantwortung für die Sicherheit und Gesundheit der österreichischen Bevölkerung verlangt die ÖVP von der Bundesregierung: Die Zeit, in der der Energiebedarf Österreichs noch mit herkömmlichen Energiequellen gedeckt werden kann, ist zu einer Klärung aller Sicherheitsfragen im Zusammenhang mit dem Kernkraftwerk Zwentendorf und zu einer endgültigen Lösung des Problems der Atomlagerung zu nützen."[124]

Die Annahme der SPÖ, in der ÖVP würden sich trotz aller Bedenken schließlich doch die Atombefürworter durchsetzen, hatte sich als folgenschwerer Irrtum erwiesen. In einer weiteren taktischen Variante versuchte nun die Regierung die Entscheidung über die Inbetriebnahme Zwentendorfs in das Parlament zu verlagern, um so vor allem die Wirtschaftsbundabgeordneten doch noch auf ihre Seite zu ziehen und die Opposition zu spalten. Taus gelang in dieser schwierigen Situation die Wahrung einer einheitlichen Parteilinie nach außen. Da die Kompetenz für die Inbetriebnahme von Zwentendorf bei der Regierung lag und die Parteiengespräche zwischen SPÖ und ÖVP auf Grund der mangelnden Sicherheitsgarantien unbefriedigend verliefen, erklärte Vizekanzler Hannes Androsch am 13. Juni, die SPÖ sei nicht bereit, allein die Verantwortung für die Inbetriebnahme von Zwentendorf zu übernehmen. Neun Tage später beschloß die SPÖ eine Volksabstimmung über die Inbetriebnahme Zwentendorfs.

Im propagandistischen Vorfeld der Volksabstimmung deutete Bundeskanzler Kreisky an, im Falle einer Niederlage einen Rücktritt nicht auszuschließen und löste damit vor allem bei ÖVP-Wählern maßgeblich jenes Wahlverhalten aus, das am 5. November 1978 ein überraschendes und denkbar knappes „Nein" mit 50,5 Prozent der abgegebenen Stimmen brachte.

---

124 Zit. bei Ernst STREERUWITZ: Energiepolitik in Österreich. – In: ÖJP 1979. – München – Wien 1980. S. 235–268. S. 263.

Die politische Niederlage Kreiskys und der SPÖ bei der Volksabstimmung änderte jedoch nichts am anhaltenden Umfragehoch des Kanzlers, der sich 1978/79 auf dem Zenit seines politischen Ansehens befand. Kreisky symbolisierte für eine nach wie vor wachsende Zahl der Österreicher Stabilität und Sicherheit. Die deutliche Linkspositionierung der SPÖ in ihrem 1978 beschlossenen Parteiprogramm sowie die von Taus initiierte Ideologiedebatte über grundsätzliche Wertedifferenzen zwischen beiden Großparteien stießen kaum auf öffentliches Interesse, blieben quasi arbeitspolitische Maßnahmen für intellektuelle Ghettos. Im Herbst 1978 distanzierte Kreisky in der Kanzlerpräferenz seinen Herausforderer Taus um 32 Prozent, sogar jeder sechste ÖVP- und FPÖ-Wähler zog Kreisky dem jeweils eigenen Parteichef als Kanzler vor. Der Kanzler wurde „gewissermaßen isoliert von den sonstigen innenpolitischen Vorgängen betrachtet"[125] und konnte seine hohe Popularität bei der Nationalratswahl 1979 auch in einen neuerlichen Stimmen- und Mandatsgewinn verwandeln. Die ÖVP verlor drei Mandate, von denen zwei zur SPÖ und eines zur FPÖ unter deren neuem Obmann Alexander Götz wanderten. Peter Michael Lingens kommentierte das Wahlergebnis mit dem Hinweis, Kreisky befinde sich offensichtlich „jenseits der Rationalität. Österreich will ihn."[126] Tatsächlich rangierte Kreisky als Wunschkanzler bei den Wahlmotiven pro SPÖ mit 85 Prozent einsam an der Spitze, gefolgt von der erhofften Sicherheit der Arbeitsplätze mit 78 Prozent.[127]

Die Wahlentscheidung war auch eine Imagefrage. Während der SPÖ-Spitzenkandidat von jedem zweiten FPÖ- und jedem dritten ÖVP-Wähler eine positive Wahlkampfbeurteilung erhielt und bei den SPÖ-Sympathisanten sogar eine 95prozentige Zustimmung zu erzielen vermochte, fand Taus nur bei 72 Prozent der ÖVP-Wähler ungeteilte Zustimmung. In der Reihe der Wahlkämpfer der eigenen Partei rangierte der Parteiobmann hinter Busek, Mock und Lanner erst an vierter Stelle. Im „profil" bemerkte Peter Michael Lingens zum offensichtlichen Imageproblem von Taus, er sei einfach nicht beliebt und werde auch in der Nach-Kreisky-Ära kein „erfolgreicher Spitzenpolitiker des bürgerlichen Lagers sein".[128]

Die Bundesparteileitung, die am 8. Mai 1979 zu einer Analyse der schmerzlichen Wahlniederlage zusammentrat, wollte vor allem eine Personaldiskussion vermeiden und sprach Taus und Lanner das Vertrauen aus. Es seien nicht die Personen, die versagt hätten, so der steirische Landeshauptmann Friedrich Niederl, sondern die Strukturen der Partei.[129] Wenngleich Taus nicht in Frage gestellt wurde, so erklärte der oberösterreichische Landeshauptmann Josef Ratzenböck, der Parteiobmann habe sein Verbleiben in dieser Funktion „mit Bedingungen" verknüpft.[130]

Mit beiden Erklärungen wurde auf den Inhalt der stürmischen Sitzung der Parteileitung indirekt eingegangen. Taus hatte über die mangelhafte Unterstützung maßgeblicher Teile der Partei im Wahlkampf Klage geführt und eine grundlegende

---

125 Kurier, 21. 10. 1978. S. 5.
126 Peter Michael LINGENS: Absolute Mehrheit, relative Angst. – In: Profil Nr. 19, 8. 5. 1979. S. 13–15. S. 13.
127 Kurier, 26. 5. 1979. S. 3.
128 Peter Michael LINGENS: Können Sie sich vorstellen, daß Josef Taus Gedichte schreibt? – In: Profil Nr. 20, 15. 5. 1979. S. 11.
129 Kurier, 9. 5. 1979. S. 3.
130 Ebd.

Strukturreform gefordert, mit der der Primat der Parteiführung gegenüber den Landesorganisationen sowie den Bünden festgelegt werden sollte. Er griff damit auf das Konzept von Hurdes aus dem Jahr 1945 zurück. Ebenso müßten die bisher weitgehend praktizierte Konsensstrategie gegenüber der SPÖ zugunsten einer klareren Oppositionshaltung neu überdacht werden. Gegenüber dem „Kurier" bemerkte er, eine tiefgreifende Parteireform hätte auch dann in Angriff genommen werden müssen, „wenn wir eine absolute Mehrheit gemacht hätten ... Vielleicht war es ein taktischer Fehler, daß ich das nicht schon nach 1975 gemacht habe."[131] Sollte er mit seinen Reformvorstellungen nicht durchdringen, werde er zurücktreten. Er habe zwar „eine emotionale Beziehung zur Partei, aber nicht zu diesem Posten".[132]

Wenig später legte Taus ein Papier zur Parteireform vor, das eine grundlegende Neustrukturierung der ÖVP vorsah.[133] Die Bünde sollten in Arbeitsgemeinschaften umgewandelt werden, deren Hauptaufgabe in der Auswahl der Kandidaten für die Interessenvertretungen und in der Beratung der entsprechenden Zielgruppen bestehen sollte. Sie sollten unter der Bezeichnung „ÖVP" in den entsprechenden Interessenvertretungen kandidieren und dem Bundesparteivorstand direkt verantwortlich sein. Der Bundesparteivorstand sollte die ausschließliche bundespolitische Kompetenz erhalten und die finanzielle Abhängigkeit der Parteileitung von den Bünden und Landesorganisationen weitgehend aufgehoben werden. Die Entmachtung der Bünde kam vor allem in der Forderung nach einer ausschließlich direkten Parteimitgliedschaft zum Ausdruck.

Mit diesen weitgehenden Reformvorschlägen stieß Taus auf den Widerstand des Parteivorstandes, der eine De-facto-Abschaffung der Bünde mit dem Hinweis ablehnte, es gehe weniger um Strukturen und Statuten, als vielmehr darum, sich dieser auch entsprechend zu bedienen.[134]

Nicht nur der Parteivorstand, sondern auch die zur Parteireform ins Leben gerufene „17er-Kommission" und der Reformarbeitskreis „Organisation", bestehend aus Lanner, Sallinger und Kohlmaier, wandte sich gegen die Vorstellungen von Taus. Bernd Schilcher, Mitglied der 17er-Kommission, brachte die vorgebrachten Einwände auf den Punkt, als er erklärte, ohne Bünde wäre die ÖVP „eine Partei ohne Volk".[135]

Angesichts des massiven parteiinternen Widerstandes resignierte Taus und erklärte vor dem Parteivorstand am 13. Juni, beim bevorstehenden Bundesparteitag nicht mehr für die Funktion des Bundesparteiobmanns kandidieren zu wollen. Bereits im Vorfeld der Sitzung des Parteivorstandes vom 13. Juni waren angesichts des zu erwartenden Rücktritts von Taus Sondierungsgespräche über dessen Nachfolger erfolgt. Dabei war rasch Einigung erzielt worden. Im Falle eines Rücktritts von Taus sollte ihm ÖAAB-Obmann Alois Mock folgen. Mock hatte allerdings bereits vor seiner Wahl bemerkt, daß er im Fall seiner Wahl eine große Parteireform durchführen werde. Allerdings deutete er einen reformatorischen Mittelweg an, als er darauf

---

131 Kurier, 23. 5. 1979. S. 2.
132 Ebd.
133 Vgl. Andreas Khol: Zwischen Technokratie und Demokratie: Die Parteireform der ÖVP 1979/80. – In: ÖJP 1979. – München – Wien 1980. S. 435–468. S. 440 f.
134 OÖN, 15. 6. 1979. S. 1.
135 Profil Nr. 25/19. 6. 1979. S. 14.

hinwies, daß „jede Volkspartei eine stärkere pluralistische Gliederung" habe. „Wichtig ist es, die Raschheit der Entscheidungen sicherzustellen."[136]

Hatte Taus eine Stärkung der Entscheidungsmöglichkeit des Parteiobmanns gefordert, so setzte sein designierter Nachfolger auf eine der kollegialen Führungsorgane, die es allerdings zu stärken und zu straffen galt. Als neues Entscheidungsgremium an der Parteispitze wurde das Parteipräsidium geschaffen, dem der Bundesparteiobmann, der Generalsekretär, der Klubobmann sowie die drei Obmannstellvertreter angehörten. Entscheidende Reformschritte wurden mit der Postulierung des Primats der Gesamtpartei vor den Teilorganisationen, der Möglichkeit der Direktmitgliedschaft ohne Bündezugehörigkeit, des Vorschlagsrechts des Bundesparteiobmanns für 20 Prozent der Nationalratsmandate, der Stärkung der Finanzhoheit der Parteizentrale sowie der künftigen Wahl der Parteiobmann-Stellvertreter durch den Parteitag gesetzt. Unter Vermeidung einer Kastration der Bünde hatte der designierte Parteiobmann eine Parteireform erreicht, die eine erhebliche Stärkung der Gesamtpartei bewirkte.[137]

Seine Rede an die Delegierten des Parteitages am 7. Juli 1979 in der Wiener Stadthalle stellte Mock unter das Motto Macchiavellis „ritorno al segno" (Zurück zu den Feldzeichen) und deutete eine stärkere ideologische Positionierung in der innenpolitischen Konfrontation mit der SPÖ an.

Mock setzte als Parteiobmann konsequent jene Ideologisierung der Politik fort, die er bereits erfolgreich als ÖAAB-Obmann forciert hatte. Dabei sollte er erfolgreicher sein als sein Vorgänger Taus, da sich vor allem auf Grund der geänderten bundespolitischen Rahmenbedingungen günstigere Voraussetzungen für dieses Vorhaben ergaben.

In der Gesamtbeurteilung der Parteiobmannschaft Mocks kommt dem 22. ordentlichen Bundesparteitag in Salzburg am 29. Februar/1. März 1980 zentrale Bedeutung zu. Die ÖVP hatte eine Mitgliederbefragung über die Parteireform durchgeführt und beendete mit dem Parteitag die Reformdiskussion. Neben der Beendigung der Reformdiskussion und Konsolidierung der Partei gelang Mock durch seine stark programmatisch geprägten Reden die Wende der ÖVP zur konzeptionellen und propagandistischen Oppositionspartei. Bereits als geschäftsführender Klubobmann hatte er anläßlich der traditionellen Herbstklausur des Parlamentsklubs im Warmbad Villach am 30. Oktober 1978 den Begriff des „Kurswechsels" propagiert. Als Parteiobmann rekurrierte er auf Helmut Schelsky, der 1973 vor dem Parteitag der CSU die Frage aufgeworfen hatte, ob angesichts des zunehmenden Etatismus sozialdemokratischer Prägung der selbständige oder der betreute Mensch zum Leitbild der Politik der siebziger Jahre werde.

Auf dem Parteitag 1980 proklamierte Mock das „selbständige moderne Menschenbild" zur „zentralen Leitlinie" der Politik der ÖVP.[138] Zu diesem Zweck gelte es, die „Wertvorstellungen des Salzburger Programms in die Zukunft gestaltend hineinzutragen".[139]

136 Profil Nr. 26/25. 6. 1979. S. 16.
137 Zur gesamten Parteireform vgl. KHOL: Zwischen Technokratie und Demokratie: Die Parteireform der ÖVP 1979/80.
138 Protokoll des 22. ordentlichen Parteitages der ÖVP am 29. 2./1. 3. 1980. S. 47.
139 Ebd. S. 157.

In der Folgezeit gelang der ÖVP die Formulierung einer konzeptiven Alternative zur sozialistischen Regierungspolitik. Erstmals konnte sie die Reduktion des Politikverständnisses auf bloß mediale Repräsentation sprengen und mit der von ihr propagierten „qualitativen Wende" die Themenführerschaft in der innenpolitischen Diskussion erringen. Entscheidenden Anteil an dieser Wende hatte die Krise des „Austro-Keynsianismus" ab 1981, die auch die Person Kreiskys nicht mehr zu überdecken vermochte. Steigende Arbeitslosigkeit, stagnierende Realeinkommen, expandierende Defizite der öffentlichen Haushalte sowie Verschwendung öffentlicher Gelder wurden zunehmend mit der Regierungspolitik der SPÖ assoziiert. Im Vorfeld der Nationalratswahl 1983 gelang es der ÖVP, „die beiden Themenkomplexe – nämlich Arbeitsplatzsicherung und Verschwendungs- bzw. Belastungspolitik – miteinander zu verknüpfen und der Wirtschaftspolitik der Regierung eine Alternative entgegenzustellen, die in ihren Grundzügen von der Mehrheit der Bevölkerung geteilt" wurde.[140]

Bei der Nationalratswahl am 24. April 1983 gewann die ÖVP als einzige Partei Stimmen und Mandate und beendete die 13jährige Alleinregierung der SPÖ. Im Finale des Wahlkampfes hatte Mock in der direkten TV-Konfrontation mit Kreisky dominiert und „einen meßbaren Akzent gesetzt, der zum Wahlerfolg seiner Partei" erheblich beitrug.[141] Neben überdurchschnittlichen Gewinnen in Industriegemeinden vermochte die ÖVP erhebliche Gewinne bei den neuen, angestellten Mittelschichten sowie bei Erst- und Jungwählern zu erzielen. Die sozialliberale Kreisky-Wählerkoalition zerbrach 1983.

Der aus dem Amt scheidende Bruno Kreisky stellte noch die Weichen in Richtung Kleine Koalition für seinen Nachfolger Fred Sinowatz. Für Kreisky bildete die Kleine Koalition das Instrument, „den ‚eigentlichen', den primären Gegner, eben die Christlichsozialen und die ÖVP, von der Macht ferne zu halten".[142]

Zum anderen ist eine Kleine Koalition stets das Ergebnis eines machtpolitischen Verteilungsproblems und in westeuropäischen politischen Systemen mit Verhältniswahlrecht eher die Regel als die Ausnahme. Für Mehrheitsparteien liegt einer der Hauptgründe zur Bildung einer Kleinen Koalition in der „Verteilung von Regierungsämtern und von Regierungseinfluß. Je breiter die Mehrheit, die hinter einer parlamentarischen Regierung steht, desto geringer die Anteile an Positionen und Einfluß, die die einzelnen Koalitionspartner besitzen."[143]

Die ÖVP-Führung betrachtete daher die Verhandlungen mit der SPÖ und der FPÖ über eine mögliche Regierungsbeteiligung als aussichtslos, das Verbleiben in der Opposition bildete das einzig realistische politische Kalkül.

Durch das Ausscheiden Kreiskys aus allen politischen Funktionen hatte die SPÖ erheblich an Attraktivität verloren. Zum anderen hatte Kreisky seinem Nachfolger Sinowatz nicht nur die Regierungsform präjudiziert, sondern auch die personelle Konstellation der SPÖ-Regierungsmannschaft. Der scheidende Kanzler und SPÖ-Vorsitzende meinte damit, die politischen Weichen in die von ihm gewünschte Richtung gestellt zu haben. Bald sollten sich jedoch auf Grund der erheblichen wirtschaftlichen

---

140 Fritz PLASSER, Peter A. ULRAM: Wahlkampf und Wählerverhalten – Analyse der Nationalratswahl 1983. – In: ÖJP 1983. – Wien – München 1984. S. 19–43. S. 22.
141 Ebd. S. 30.
142 Anton PELINKA: Die Kleine Koalition. SPÖ-FPÖ 1983–1986. – Wien – Köln – Graz 1993. S. 19.
143 Ebd. S. 9.

Probleme sachliche Differenzen zwischen Sinowatz und Kreisky erheben, die durch personelle Revirements in der SPÖ-Regierungsmannschaft noch verstärkt wurden. Während Sinowatz mit diesen personellen Revirements – so etwa der Ersetzung von Finanzminister Herbert Salcher durch Franz Vranitzky – aus dem Schatten seines Vorgängers zu treten versuchte, wurde dies von Kreisky als persönlicher Affront empfunden und entsprechend in aller Öffentlichkeit kommentiert. Das Bild der geschlossenen SPÖ erhielt erhebliche Sprünge.

Begleitet wurden diese Differenzen durch die Krise der verstaatlichten Industrie Ende 1985, die das Vertrauen in die Lösungskompetenz der SPÖ, vor allem aber deren wirtschaftspolitisches Credo, schwer erschütterte. Das endgültige Scheitern des Austro-Keynsianismus wurde deutlich, die ÖVP erlangte „die sach- und personalpolitische Kompetenz in Fragen der Wirtschaftspolitik".[144]

Die stark grundsatzorientierte Politik der ÖVP in der ersten Hälfte der achtziger Jahre reflektierte den Wertewandel sowie den Erosionsprozeß der traditionellen politischen Lager ebenso wie die internationale Diskussion der nationalökonomischen und philosophischen Schulen. Dabei wurde versucht, die beiden dominierenden ideologischen Strömungen der frühen achtziger Jahre zu einer mehrheitsfähigen Synthese zu vereinen: den Neokonservativismus/Neoliberalismus und den Postmaterialismus. Die ÖVP signalisierte Kompetenz in beiden Politikbereichen und erlangte Mitte der achtziger Jahre erstmals nach mehr als 15 Jahren eine allgemeine politische Führungskompetenz.

Parallel zur forcierten ideologischen Konfrontation versuchte die ÖVP jede Gelegenheit zu nutzen, um der Regierung eine politische Niederlage zu bereiten und die intendierte Wende zu erreichen. So ließ sie bei der Auseinandersetzung um den Bau des Kraftwerkes Hainburg die Regierung allein, obwohl in maßgeblichen Kreisen der Parteiführung eine Stimmung zugunsten des Baus vorherrschte.[145]

Als historische Chance in Richtung des angestrebten Macht- und Kurswechsels betrachtete Parteiobmann Mock die 1986 notwendig gewordene Wahl des Bundespräsidenten. Bereits im Spätherbst 1983 begannen in beiden Großparteien die Diskussionen über einen möglichen Nachfolger Rudolf Kirchschlägers. Wenngleich es in der ÖVP Stimmen gab, die für eine Nominierung Mocks eintraten, so hatte dieser bereits entscheidende Vorgespräche mit dem ehemaligen UNO-Generalsekretär Kurt Waldheim geführt, der seine Bereitschaft für eine eventuelle neuerliche Kandidatur für das Präsidentenamt bekundete. Allerdings hatte er Interesse, als möglicher gemeinsamer Kandidat von ÖVP und SPÖ zur Wahl anzutreten.

Waldheim hatte daher im Vorfeld der Präsidentschaftsnominierung Sondierungsgespräche mit führenden SPÖ-Politikern begonnen. Da es auch in der SPÖ Überlegungen gab, den ehemaligen Bundeskanzler und Parteivorsitzenden Kreisky zu nominieren, besuchte Waldheim Kreisky, um sich über dessen Meinung zu einer eventuellen Präsidentschaftskandidatur zu erkundigen. Kreisky lehnte mit dem Hinweis auf sein fortgeschrittenes Alter und seinen Gesundheitszustand eine Kandidatur

---

144 Fritz PLASSER, Peter A. ULRAM: Das Jahr der Wechselwähler. Wahlen und Neustrukturierung des österreichischen Parteiensystems 1986. – In: ÖJP 1986. – München – Wien 1987. S. 31–80. S. 51.
145 Anton PELINKA: Hainburg – mehr als nur ein Kraftwerk. – In: ÖJP 1985. – München – Wien 1986. S. 93–108.

ab und empfahl der SPÖ, Waldheim als gemeinsamen Präsidentschaftskandidaten der beiden Großparteien zu unterstützen. Wenn der ehemalige UNO-Generalsekretär kandidiere, so Kreisky, sei er „unschlagbar". Sollte die SPÖ einen eigenen Kandidaten gegen Waldheim ins Rennen schicken, werde dieser „sinnlos verheizt".[146]

Nach dem Gespräch mit Kreisky entschloß sich Waldheim zu einer neuerlichen Kandidatur für das Präsidentenamt, hoffte aber nach wie vor auf eine gemeinsame Nominierung von ÖVP und SPÖ. Die von Waldheim angestrebte gemeinsame Nominierung war jedoch nicht im Interesse der ÖVP, die gerade in der Kandidatur des populären ehemaligen UNO-Generalsekretärs die Chance sah, die ununterbrochene Reihe von SPÖ-Präsidentschaftskandidaten in der Hofburg seit 1945 beenden zu können und dadurch den bevorstehenden Regierungswechsel auf Bundesebene zu signalisieren. Zur Überraschung Waldheims erfolgte bereits im Februar 1985 die offizielle Erklärung der ÖVP, sie werde Waldheim als parteiunabhängigen Kandidaten für das Amt des Bundespräsidenten unterstützen. Die SPÖ wurde durch dieses Vorpreschen der ÖVP unter Zugzwang gesetzt und entschloß sich – entgegen dem Rat Kreiskys – zur Nominierung eines eigenen Kandidaten in der Person von Gesundheitsminister Kurt Steyrer.

Der eher konservative und langweilige Wahlkampf wurde Anfang März 1986 hochgradig emotionalisiert, als eine Diskussion über die Kriegsvergangenheit Waldheims losbrach, die auf Grund ausländischer Involvierung zu einer Welle nationaler Solidarisierung mit dem ÖVP-Präsidentschaftskandidaten führte.[147] Das Votum der Wähler war eindeutig. Waldheim verfehlte im ersten Wahlgang am 4. Mai 1986 nur knapp die absolute Mehrheit und konnte beim zweiten Wahlgang am 8. Juni beinahe 54 Prozent auf sich vereinen. Er erreichte um 366.979 Stimmen mehr, als die ÖVP bei der Nationalratswahl 1983 erreicht hatte.

Die Diskussion über die Kriegsvergangenheit Waldheims führte auch zu einer erheblichen Verschärfung des innenpolitischen Klimas, als der ÖVP-Parteivorstand erklärte, es gebe „erdrückende Beweise, daß die Fäden [der Kampagne gegen Waldheim, Anm. d. Verf.] in Sinowatz' Büro zusammenlaufen".[148] Gemeint war damit der Kabinettschef des Kanzlers, Hans Pusch, der auch später von Bruno Kreisky in zahlreichen Interviews als der eigentliche Drahtzieher der Diskussion beschuldigt wurde.[149] Die SPÖ habe, so der Grundtenor der ÖVP-Vermutungen, angesichts der aussichtslosen Lage ihres Präsidentschaftskandidaten mit allen Mitteln versucht, eine Wahl Waldheims zu verhindern und zu diesem Zweck ausländischen Medien angeblich Waldheim belastendes Material angeboten.[150]

---

146 KREISKY in einem „Profil"-Interview. – In: Profil Nr. 19/11. 5. 1987. S. 32 f.
147 Zur Diskussion um Kurt Waldheim während des Präsidentschaftswahlkampfes vgl. Andreas KHOL: Die Kampagne gegen Kurt Waldheim – Internationale und nationale Hintergründe. – In: ÖJP 1986. – München – Wien 1987. S. 97–116. Andreas KHOL, Theodor FAULHABER, Günther OFNER (Hg.): Die Kampagne. Kurt Waldheim – Opfer oder Täter? – München – Berlin 1987.
148 Zit. bei Kurier, 12. 8. 1987. S. 5.
149 Vgl. Interview mit der „Schweizerischen-Handels-Zeitung", zit. bei Kurier, 8. 7. 1987. S. 2.
150 Der Profil-Journalist Alfred Worm erklärte, er habe Beweise, daß Sinowatz im Herbst 1985 im Landesparteivorstand der burgenländischen SPÖ die Bemerkung gemacht habe, man werde die Österreicher über die „braune Vergangenheit" Kurt Waldheims aufklären. Worm wurde daraufhin von Sinowatz geklagt und führte den Wahrheitsbeweis, indem er seinen

Die Wahl Waldheims am 8. Juni 1986 schien die Götterdämmerung der Kleinen Koalition sowie der SPÖ unter Sinowatz einzuleiten. Der Kanzler und SPÖ-Vorsitzende zog aus der schweren Niederlage die politischen Konsequenzen und trat bereits am folgenden Tag vom Amt des Bundeskanzlers zurück. Sein Nachfolger wurde der bisherige Finanzminister Franz Vranitzky. Wenngleich die ÖVP sofortige Neuwahlen forderte, so sollte dieser Wunsch erst am 15. September in Erfüllung gehen.

Am 21. Juni 1986 war im Innsbrucker Kongreßhaus der 26. Bundesparteitag der ÖVP im Zeichen einer allgemeinen Aufbruchsstimmung über die Bühne gegangen. Erheblich dramatischer verlief der Parteitag der FPÖ am 13. September im selben Gebäude. In einer Kampfabstimmung wurde Jörg Haider gegen den bisherigen Parteiobmann Norbert Steger zum neuen Bundesparteiobmann der kleineren Regierungspartei gewählt. Die Modalitäten der Wahl sowie die dabei zutage tretenden Mentalitäten zahlreicher Parteitagsdelegierter veranlaßte Bundeskanzler Vranitzky, die Koalition mit der FPÖ vorzeitig für beendet zu erklären und Neuwahlen für den 23. November auszuschreiben.

Zum Zeitpunkt dieser Ereignisse war das Meinungsklima für die ÖVP noch günstig, die Erlangung der relativen Mehrheit in greifbarer Nähe. Seit dem Winter 1985/86 hatte die ÖVP einen „konstanten Vorsprung in den Wahlabsichten wie in den Einschätzungen des künftigen Wahlergebnisses" erreicht. „Eine Entwicklung, die durch den Sieg Kurt Waldheims bei den Bundespräsidentschaftswahlen im Frühjahr 1986 verstärkt und auch durch die Übernahme der Kanzlerschaft durch Dr. Vranitzky nicht ernsthaft in Frage gestellt wurde."[151] Die ÖVP vermochte zwar in allen demoskopischen Erhebungen einen sachlichen Kompetenzvorsprung zu erreichen, doch bestand für die SPÖ in der Person des amtierenden Bundeskanzlers „mehr als bloß ein Hoffnungsschimmer ... Mit einem durchschnittlichen Sympathiewert von +2,4 ... rangierte er weit vor dem Spitzenkandidaten der ÖVP, Dr. Mock (+0,7), dem es nicht gelang, den für die ÖVP positiven Trend der ersten Monate im Sommer 1986 auch in verstärkte persönliche Anziehung und Reputation umzuwandeln."[152] Die SPÖ konnte daher nur durch eine außerordentliche Personalisierung des Wahlkampfes sowie eine weitgehende Ausklammerung traditioneller sozialistischer Positionen reüssieren. Vranitzky verstärkte dies noch durch die demonstrative Aufgabe sozialistischer Positionen und die Übernahme von jenen der ÖVP. Diese wiederum versuchte in einer thematischen Offensivstrategie unter dem Motto „Wir führen Österreich aus den roten Zahlen" ihre wirtschaftspolitische Kompetenz zu offerieren und traf mit den Themen Steuerreform, Deregulierung und Sanierung der verstaatlichten Industrie weitgehend die Erwartungshaltung der Bevölkerung.

Als verheerend sollte sich jedoch der plötzliche Wechsel der Wahlkampfführung in der Endphase des Wahlkampfes erweisen. An die Stelle einer konsequenten

---

Informanten preisgab: die ehemalige Klubobfrau der SPÖ im burgenländischen Landtag Ottilie Matysek. Sie legte ein handschriftliches Protokoll der Sitzung vor, das in einem Gutachten des Bundeskriminalamtes Wiesbaden als authentisch und in einem Zug geschrieben bestätigt wurde.
151 PLASSER, ULRAM: Das Jahr der Wechselwähler. S. 53.
152 Franz BIRK, Kurt TRAAR: Der durchleuchtete Wähler – in den achtziger Jahren. – In: Journal für Sozialforschung 1/1987. Sonderheft Wahlforschung. S. 7–74. S. 17.

Verfolgung einer aggressiven Wahlkampflinie sowie einer thematischen Alternative zur sozialistischen Regierungspolitik trat eine weitgehende Endthematisierung und Personalisierung des Wahlkampfes. Teile des ÖAAB fürchteten durch die konsequente Thematisierung neokonservativer und neoliberaler Positionen negative Rückwirkungen auf das eigene Klientel, während der Wirtschaftsbund das sozialpartnerschaftliche Klima nicht gefährdet sehen wollte und bereits auf eine Neuauflage der Großen Koalition hinarbeitete. Durch das Einschwenken auf das von Vranitzky immer deutlicher unterbreitete Koalitionsangebot und die Reduktion des Wahlkampfes auf „Mock gegen Vranitzky", d. h. die Verlagerung von den Issues zu den Images, verlor die ÖVP allmählich die Themenführerschaft und damit an Wählerattraktivität. Die Personalisierung verschaffte der SPÖ in der Endphase des Wahlkampfes wiederum Vorteile, die durch die Fernsehdiskussion der beiden Spitzenkandidaten verstärkt wurden. Und die FPÖ besetzte unter ihrem neuen Parteiobmann Jörg Haider jene Positionen und jene Wahlkampflinie, die die ÖVP zumindest teilweise geräumt hatte. Damit gelang dem die Regeln der massenmedialen Präsentation beherrschenden jugendlichen FPÖ-Obmann ein Einbruch vor allem in den westlichen Bundesländern in ein breites ÖVP-Wählerpotential, das sich vom Wechsel der Wahlkampflinie der ÖVP irritiert und verärgert zeigte.

Am 23. November 1986 konnte die ÖVP den Abstand zur SPÖ von bisher neun auf drei Mandate reduzieren, der Stimmenvorsprung der SPÖ betrug nur mehr 88.000, das angestrebte Ziel einer relativen Mehrheit wurde jedoch nicht erreicht. Die Nationalratswahl 1986 signalisierte jedoch auch eine Neustrukturierung des österreichischen Parteiensystems durch eine fortschreitende und irreversible Erosion der politisch-soziokulturellen Lagerstrukturen. Wenngleich die sozialdemokratische Dominanz der siebziger Jahre beendet wurde, war es der ÖVP nicht gelungen, sich „als politischer Kristallisationspunkt neuer Strömungen zu profilieren bzw. das ihr kurzfristig zugeflossene Stimmenpotential auch nur ansatzweise zu halten".[153]

6. Die Krise der Moderne. Erosion und Unbehagen oder das Ende der Lager. Das Ende der Ära Mock. Die ÖVP unter Josef Riegler und Erhard Busek 1986–1994

Die Mitte der achtziger Jahre können auf Grund von Parametern des Wandels wie Wertewandel, fortschreitende Erosion der politisch-soziokulturellen Lagerstrukturen, begleitet vom Aufkommen einer neuen Protestkultur (Hainburg) mit zunehmend populistischer Komponente, der Krise der verstaatlichten Industrie 1985, die die SPÖ zu einem radikalen Wechsel ihres bisherigen Kurses veranlaßte, sowie erhöhter Akzeptanz von weitgehend themenbezogenen partiellen Partizipationsformen als Zäsur in der Geschichte der Zweiten Republik definiert werden. Die zunehmende Entkoppelung von Sozialstruktur und Wählerverhalten[154] führte zu einem „grundle-

---

153 PLASSER, ULRAM: Das Jahr der Wechselwähler. S. 70.
154 Vgl. Christian HAERPFER: Abschied vom Loyalitätsritual? Langfristige Veränderungen im Wählerverhalten. – In: Fritz PLASSER, Peter A. ULRAM, Manfried WELAN (Hg.): Demokratieri-

genden Wandel der Wählerschaft", der „in den siebziger Jahren noch durch ein verhältnismäßig stabiles faktisches Wählerverhalten gleichsam verdeckt" wurde.[155] Das lange als hyperstabil geltende Parteiensystem und die politische Kultur der Zweiten Republik wurden von einem generellen Wandel erfaßt.

Wenngleich beide Großparteien von dieser Entwicklung betroffen wurden, so konnte die SPÖ zumindest auf Bundesebene durch die hohe mediale Präsenz, Selbstinszenierung und Akzeptanz ihres Vorsitzenden und Bundeskanzlers Vranitzky ihre Stellung als Großpartei behaupten, während sie auf Länderebene einem massiven Erosionsprozeß unterworfen war. Dieses „Dealignment" wirkte sich für die ÖVP – in deutlichem Gegensatz zur SPÖ – ab Mitte der achtziger Jahre auch auf Bundesebene aus. Das Anwachsen der Wechselwählerbereitschaft traf sie bereits 1986 voll. Die demoskopisch ständig dokumentierte „Schwächung der Integrations- und Mobilisierungsfähigkeit" führte zur „Verschärfung innerparteilicher Konflikte", begleitet von „zunehmender Hektik und Nervosität der Parteieliten und tiefgreifenden Auffassungsunterschieden".[156]

Für die ÖVP ergaben sich auf Grund des Wahlergebnisses vom 23. November 1986 zwei Optionen: die Bildung einer Kleinen Koalition unter einem Bundeskanzler Alois Mock oder der Eintritt in eine Große Koalition unter Bundeskanzler Vranitzky. Mock plädierte, unterstützt vom Salzburger Landeshauptmann Wilfried Haslauer, für die Bildung einer Kleinen Koalition. Für diese Option konnten vor allem zwei Argumente ins Feld geführt werden: Sogar bei einer Parität in der Bundesregierung ergaben sich in einer Großen Koalition für den kleineren Regierungspartner erheblich geringere Profilierungsmöglichkeiten, da der Bundeskanzler die Regierung nach außen präsentierte und in den wöchentlichen Pressekonferenzen nach dem Ministerrat das massenmediale Präsentationsmonopol besaß. Positive Ergebnisse der Regierungsarbeit mußten daher vor allem mit der Person des Bundeskanzlers, nicht jedoch mit dem kleineren Koalitionspartner, assoziiert werden. Zum anderen bot die Kleine Koalition die Möglichkeit, den Einfluß der SPÖ auf ein machtpolitisches Minimum zu reduzieren und die Ergebnisse der Regierungsarbeit als Produkt eigenen Handelns zu präsentieren.

Mock scheiterte mit seinen Intentionen an den sozialpartnerschaftlichen Strukturen des österreichischen Regierungssystems und den eindeutigen Präferenzen des Wirtschaftsbundes sowie der östlichen Landesorganisationen für die Große Koalition. Die Befürworter dieser Variante argumentierten mit dem Hinweis auf die Schwere der zu lösenden Aufgaben, weshalb eine „Sanierungspartnerschaft" auf breiter Basis im Interesse des Landes unbedingt nötig sei. Außerdem sei die SPÖ bereit, der ÖVP in der Regierung die personelle Parität anzubieten.

Mock wurde sein Einschwenken auf die Linie der Großkoalitionäre durch die Übertragung des Außenministeriums und die Funktion des Vizekanzlers an seine Person erleichtert. Am 16. Jänner 1987 unterzeichneten SPÖ und ÖVP ein Arbeits-

---

tuale. Zur politischen Kultur der Informationsgesellschaft. – Wien – Köln – Graz 1985. S. 239–262.
155 Peter A. ULRAM: Hegemonie und Erosion. Politische Kultur und politischer Wandel in Österreich. – Wien – Köln – Graz 1990. S. 75.
156 Fritz PLASSER: Parteien unter Streß. Zur Dynamik der Parteiensysteme in Österreich, der Bundesrepublik Deutschland und den Vereinigten Staaten. – Wien – Köln – Graz 1987. S. 23.

übereinkommen, das in den zentralen Bereichen der Wirtschafts- und Budgetpolitik die Handschrift der ÖVP trug. Dennoch konnte die Partei aus diesem Umstand keinen Nutzen ziehen. Ihr Erscheinungsbild wurde in den folgenden zwei Jahren vor allem von drei Themen bestimmt: der Diskussion über die Kriegsvergangenheit Bundespräsident Waldheims[157], der Kontroverse mit der steirischen Landespartei um die Stationierung der „Draken"-Kampfflugzeuge in der Steiermark[158] und der Diskussion über ein neues Konzept von Politik und des Erscheinungsbildes der Partei, wobei letzteres vor allem als personelles Problem der Parteispitze bezeichnet wurde. Die Personaldiskussion entzündete sich zunächst an der Zusammensetzung der Parteispitze und des Regierungsteams, um sich schließlich auf die Person des Parteiobmanns zu konzentrieren.

Durch die Übersiedlung Mocks in das Außenministerium wurde die Position des Klubobmanns vakant, für die der ÖAAB-Abgeordnete Fritz König und der Generalsekretär des Wirtschaftsbundes Wolfgang Schüssel kandidierten. Am 28. Jänner 1987 setzte sich König in einer Kampfabstimmung mit 54 : 52 Stimmen gegen Schüssel durch. Peter Michael Lingens sprach von einem „Todestrieb" der ÖVP, die zwar die besseren Programme habe, aber die Wahlen seit Beginn der Ära Kreisky deshalb verliere, weil sie die weniger attraktiven Kandidaten präsentiere.[159] Und der steirische Landesparteisekretär Gerhard Hirschmann bemerkte über die personelle Zusammensetzung der Parteispitze: „Keiner glaubt daran, daß dies die Mannschaft ist, mit der wir wieder erste werden – dafür aber sind wir angetreten."[160] Als am 4. April 1987 Robert Lichal Herbert Kohlmaier als ÖAAB-Obmann ablöste, sprachen Bernd Schilcher und Gerhard Hirschmann offen von einer „Vernieder-Österreichung" der ÖVP.

In der ÖVP formierten sich zwei Gruppen, die für die folgenden zwei Jahre die innerparteilichen Bruchlinien symbolisierten: die niederösterreichische Landesorganisation um Siegfried Ludwig sowie der ÖAAB um Robert Lichal und Alois Mock und die „Reformer" um den steirischen Landeshauptmann Josef Krainer und den

---

157 Vgl. dazu vor allem Andreas KHOL: Die Kampagne gegen Kurt Waldheim – Internationale und nationale Hintergründe. – In: ÖJP 1986. – Wien/München 1987. S. 97–116. Andreas KHOL, Theodor FAULHABER, Günther OFNER (Hg.): Die Kampagne. Kurt Waldheim – Opfer oder Täter? – München – Berlin 1987. Felix ERMACORA: Die Watch-List-Entscheidung der USA gegen Kurt Waldheim im Lichte des Völkerrechts und allgemeiner Rechtsgrundsätze. – In: ÖJP 1987. – Wien/München 1988. S. 213–220. Kurt Waldheims Kriegsjahre. Eine Dokumentation. – Wien 1987.
Zur internationalen Diskussion vgl. Luc ROSENZWEIG, Bernhard COHEN: Der Waldheim Komplex. – Wien 1987. Hans-Peter BORN: Für die Richtigkeit Kurt Waldheim. – München 1987. Robert Edwin HERZSTEIN: Waldheim. The missing Years. – New York 1988.
Zum Bericht der internationalen Historikerkommission vgl. Profil Nr. 7/15. 2. 1988, DOKUMENTE. Die umfassendste und beste Analyse der Arbeit der Historikerkommission stammt von Manfried RAUCHENSTEINER: Die Historikerkommission. – In: ÖJP 1988. – Wien/München 1989. S. 335–367. Eine umfassende Kritik stammt auch von Joseph H. KAISER: Im Streit um ein Staatsoberhaupt. Zur Causa Bundespräsident Waldheim. Gravierende Grenzüberschreitungen und Fehler der Historikerkommission. – Berlin 1988.
158 Walter TANCSITS: Die Auseinandersetzung um Abfangjäger und die Stationierung des SAAB-Draken in Österreich. – In: ÖJP 1987. – Wien – München 1988. S. 583–600.
159 Peter Michael LINGENS: Vom Todestrieb der ÖVP. – In: Profil Nr. 5/2. 2. 1987. S. 10.
160 Wochenpresse Nr. 9/27. 1. 1987. S. 15 f.

Wiener Landesparteiobmann Erhard Busek, die auf eine programmatische Erneuerung, eine Vergrößerung des potentiellen Wählerspektrums und eine umfassende personelle Erneuerung drängten. Geschehe dies nicht, so die steirische Landesorganisation, sei man nicht bereit, den offensichtlichen Todestrieb der Bundespartei nachzuvollziehen. Das Gespenst einer steirischen Sonderentwicklung nach dem Muster der CSU tauchte auf.[161] Zwischen den beiden Lagern befanden sich die Landesorganisationen von Oberösterreich, Salzburg, Tirol und Vorarlberg, die zwar Parteiobmann Mock ihre Loyalität versicherten, jedoch angesichts der herannahenden Landtagswahlen sowie ständig schlechterer Umfrageergebnisse ebenfalls auf eine Lösung der Führungsfrage drängten.

Am 19. November 1987 löste der Oberösterreicher Helmut Kukacka Michael Graff als Generalsekretär ab, nachdem dieser in einem Interview über die Frage der strafrechtlichen Schuld Waldheims einen drastischen und unpassenden Vergleich gebraucht hatte. Doch auch der neue Generalsekretär vermochte die innerparteilichen Gräben nicht zu schließen. Die Diskussion über den personellen Wechsel an der Parteispitze wurde zu Jahresbeginn 1989 neuerlich von dem zum geschäftsführenden steirischen Landesparteiobmann avancierten Gerhard Hirschmann eröffnet. Beim kommenden Bundesparteitag müsse es eine „Reihe von Neubesetzungen an der Parteispitze" geben, räsonierte er öffentlich. Für das Amt des Parteiobmanns fielen ihm auf Anhieb zehn mögliche Kandidaten ein.[162] Wenige Tage später präzisierte er seinen Kandidaten für den Parteiobmann: Landwirtschaftsminister Josef Riegler. „Er ist das Beste, was wir überhaupt nach Wien entsenden konnten – und natürlich ein Supermann."[163]

Einen Monat später erlitt die ÖVP bei den Landtagswahlen in Kärnten, Salzburg und Tirol massive Stimmen- und Mandatsverluste. Die Kombination von oppositionellem Reflex, Wählerprotest und Populismus führte zu einer „Neustrukturierung regionaler Parteiensysteme" und intensivierte die Diskussion um eine Ablöse Mocks als Parteiobmann.[164] Sichtlich resignativ erklärte der Parteiobmann in einem Interview mit den „Salzburger Nachrichten": „Mein wichtigstes Anliegen ist, meine Politik zu verwirklichen, mein zweitwichtigstes, Wahlen zu gewinnen. Jetzt muß ich aber auch zur Kenntnis nehmen, daß das Zweitwichtigste sehr oft entscheidet, wie eine Partei ihren Obmann einschätzt, beziehungsweise wie langfristig eine Partei gestalten kann. Sie muß ja auch Wahlen gewinnen, damit sie gestalten kann. Und daher ist das eine Wechselwirkung. Also: Das Zweitwichtigste ist für mich, Wahlen zu gewinnen. Nur wenn ich das eine ohne das andere nicht schaffe, dann kommt eben der Punkt, daß jeder nur auf Zeit gewählt ist."[165]

Um noch größeren Schaden von der Partei abzuwenden, entschloß sich Mock, dem Parteivorstand eine Vorverlegung des Bundesparteitages auf 19./20. Mai vorzuschla-

---

161 Die Position der „Reformer" wurde vor allem im „Salzburg/Wiener-Journal" dargelegt. Vgl. Jörg MAUTHE: Mehr Hirn. – In: Salzburg-Journal Nr. 53/Februar 1987. S. 1. Erhard BUSEK: Parteiakrobat – schööööön! – In: Salzburg-Journal Nr. 54/März 1987. S. 3.
162 SN, 7. 2. 1989. S. 5.
163 Wochenpresse Nr. 6/10. 2. 1989. S. 15.
164 Vgl. Fritz PLASSER, Franz SOMMER: Die Landtagswahlen 1989 und die Neustrukturierung regionaler Parteiensysteme. – In: ÖJP 1989. – Wien – München 1990. S. 37–66.
165 SN, 24. 3. 1989. S. 1.

gen. Der Parteivorstand akzeptierte diesen Vorschlag und setzte gleichzeitig eine Wahlkommission unter Leitung des oberösterreichischen Landeshauptmanns Josef Ratzenböck ein, die bis Mitte April einen Vorschlag über die personelle Zusammensetzung der neuen Parteiführung unterbreiten sollte, um eine eventuell drohende Kampfabstimmung auf dem Parteitag zu vermeiden. Zur allgemeinen Überraschung erklärte Mock, beim bevorstehenden Bundesparteitag neuerlich für die Funktion des Parteiobmanns kandidieren zu wollen. Dieser überraschende Schritt ging auf den Umstand zurück, daß ihm das personalpolitische Maximalprogramm der Reformgruppe um Krainer und Busek bekanntgeworden war, das einen Kahlschlag unter den Mock-Getreuen zur Folge gehabt hätte. Heinrich Neisser, Hans Tuppy und Robert Graf sollten in ihren Ministerien durch Josef Riegler, Erhard Busek und Wolfgang Schüssel abgelöst werden. Franz Fischler sollte Josef Riegler als Landwirtschaftsminister folgen und Helmut Kukacka, der in das Lager der Reformer gewechselt war, Robert Lichal als Verteidigungsminister beerben. Neisser war als neuer Klubobmann vorgesehen, und Lichal sollte an Stelle von Marga Hubinek auf den Sessel des Zweiten Nationalratspräsidenten wechseln. Diesem umfangreichen personellen Revirement war Mock nicht bereit zuzustimmen. Um Druck auf die Reformer auszuüben, entschloß er sich daher zu einer neuerlichen Kandidatur.

In einem Vier-Augen-Gespräch versuchte Ratzenböck Mock am 10. Mai zur Rücknahme dieser Kandidatur zu bewegen und damit den Weg für Riegler freizumachen. Das Gespräch brachte jedoch nicht das erhoffte Ergebnis, da Mock nach wie vor auf seiner Kandidatur beharrte. In dieser schwierigen Situation startete der niederösterreichische Landeshauptmann Ludwig eine Vermittlungsaktion und offerierte eine Paketlösung: Mock sollte Außenminister bleiben und ÖVP-Ehrenobmann werden, Riegler ihn als Parteivorsitzender und Vizekanzler beerben, ein personalpolitischer Kahlschlag vermieden werden. Neisser, Tuppy und Graf wurden durch Riegler, Busek und Schüssel ersetzt, Fischler beerbte Riegler als Landwirtschaftsminister, Lichal blieb Verteidigungsminister und König Klubobmann.

Am 17. April gab Mock dem Parteivorstand offiziell seinen Verzicht auf eine Kandidatur zum Parteiobmann bekannt, die Wahl Rieglers war damit gesichert.

Der bisherige Landwirtschaftsminister hatte sich nicht um die Nachfolge Mocks gedrängt. Noch im Sommer 1988 hatte er mögliche Spekulationen um seine Person mit dem Hinweis zurückgewiesen, die Führung des Landwirtschaftsministeriums sei seine „persönliche Berufung".[166] Warum er sich schließlich doch für die Annahme dieser schwierigen Funktion bereit erklärte, begründete er im April 1989 mit dem Hinweis, daß die Desintegration innerhalb der ÖVP bereits die „Konsequenz einer möglichen Spaltung" inkludiert habe. „Ich habe mir in diesen entscheidenden Stunden gesagt: Sich hier zu verweigern, heißt eine für diese Republik wichtige politische Gruppierung in Frage zu stellen. Das wollte ich vermeiden."[167]

Am 20. Mai 1989 wurde Josef Riegler mit 90,54 Prozent der Delegiertenstimmen zum neuen Bundesparteiobmann der ÖVP gewählt. Die Spannungen, die auf dem Parteitag keineswegs überwunden waren, kamen in den verschiedenen Wahlergebnissen deutlich zum Ausdruck, bei denen noch offene Rechnungen beglichen wurden.

---

166 SN, 11. 8. 1988. S. 5.
167 Profil Nr. 17/24. 4. 1989. S. 24 f.

So erhielt der Salzburger Landeshauptmann Hans Katschthaler als stellvertretender Bundesparteiobmann 98,2 Prozent, während Erhard Busek nur 75,6 Prozent erreichte. Generalsekretär Kukacka, der in das Lager der Reformer gewechselt war, wurde nur mit 73 Prozent in seiner Funktion bestätigt. Wenngleich Mock unter großem Applaus Ehrenobmann der Partei wurde, richtete der Vorarlberger Arbeiterkammer-Präsident Bertram Jäger unter Anspielung auf die zurückliegenden jüngsten Ereignisse warnende Worte an die Delegierten. „Die Art, wie wir unsere Obmänner behandeln, ist ein Kapitel für sich ... Ich habe ... schon viele Parteivorsitzende erlebt. Da hat man einem Parteivorsitzenden und -obmann zugejubelt, und es hat nicht lange gedauert, bis die Kritik wieder eingesetzt hat. Und nicht selten, das sage ich auch etwas überspitzt, waren die Königsmacher dann auch die Königsmörder, also die, die ihn auf den Schild gehoben haben, sind als erste über den neuen Obmann hergefallen." Für die Zukunft sollte die Partei einen Spruch Mark Twains berücksichtigen: „Ehe man anfängt, seine Feinde zu lieben, sollte man seine Freunde besser behandeln."[168] Und der burgenländische Parteisekretär Kaplan bemerkte prophetisch: „Wenn beim nächsten Wahltag irgend etwas passiert, beginnt das Spiel wieder von vorn. Das ist eine alte Tradition."[169]

Zunächst jedoch passierte nichts, im Gegenteil, Josef Riegler schien die in ihn gesetzten Erwartungen zu erfüllen. Mit dem Obmannwechsel stieg die ÖVP in der Wählergunst von 33,5 auf 38 Prozent[170], die innerparteilichen Differenzen in der Draken-Frage kalmierten deutlich, die Partei vermochte sich in der Frage des EU-Beitritts als treibende Kraft gegenüber einer zögernden SPÖ zu profilieren[171] und offerierte mit der von Riegler konzipierten „ökosozialen Marktwirtschaft" ein neues programmatisches Angebot. Gleichzeitig war sie gewillt, durch selektiv stärkere Akzentuierung politischer Optionen die Koalition stärkeren Belastungen auszusetzen und dadurch mehr eigenständiges Profil zu gewinnen. So etwa in der Ablehnung einer neuerlichen Reduktion der Wehrdienstzeit, der Forderung nach Einsetzung eines Noricum-Untersuchungsausschusses sowie der Wahl des freiheitlichen Parteiobmanns Jörg Haider zum Kärntner Landeshauptmann am 30. Mai 1989, mit der die rund 40jährige Alleinherrschaft der SPÖ in Kärnten beendet wurde. Während die SPÖ im Falle der Wahl Haiders vor einer Koalitionskrise warnte, betonte Riegler die verschiedenen Ebenen der Politik. „Ich biete dem Koalitionspartner auf Bundesebene

---

168 Protokoll des 27. Bundesparteitages der ÖVP, Wien 19./20. 5. 1989. S. 60 f.
169 Wochenpresse Nr. 20/19. 5. 1989. S. 21.
170 Der Standard, 3./4. 6. 1989. S. 4.
171 Zur Integrationspolitik der späten achtziger und frühen neunziger Jahre vgl. vor allem Andreas KHOL: Österreich und Europa im Annus mirabilis 1989. – In: ÖJP 1989. – Wien/München 1990. S. 813–841. Ders.: Warum Österreich EG-Mitglied werden wird. – In: ÖJP 1988. – Wien – München 1989. S. 779–810. Manfred ROTTER: Mitgliedschaft, Assoziation, EFTA-Verbund. Die Optionen der österreichischen EG-Politik. – In: ÖZP 3/1989. S. 197–208. Heinrich SCHNEIDER: Alleingang nach Brüssel. Österreichs EG-Politik. – Bonn 1990. Thomas Schwendimann: Wien drängt, Bern wartet ab. – Unterschiedliche Integrationskonzepte Österreichs und der Schweiz zwischen 1985 und 1989. – In: Michael GEHLER, Rolf STEININGER (Hg.): Österreich und die europäische Integration 1945–1993. – Wien/Köln/Weimar 1993. S. 267–288. Anton PELINKA, Christian SCHALLER, Paul LUIF: Ausweg EG? Innenpolitische Motive einer außenpolitischen Umorientierung. – Wien – Köln – Graz 1994.

an, die gemeinsame Arbeit ohne Irritationen und Spekulationen weiterzuführen, ich bin aber nicht der Oberbefehlshaber der Kärntner ÖVP."[172]

Die Landtagswahl vom 12. März 1989 hatte in Kärnten ein politisches Erdbeben ausgelöst. Die SPÖ verlor nach Jahrzehnten erstmals ihre absolute Mehrheit und die FPÖ verdrängte die ÖVP auf den dritten Platz.[173] Diese bisher markanteste Neustrukturierung eines regionalen Parteiensystems in der Geschichte der Zweiten Republik änderte nicht nur die politische Landschaft Kärntens grundlegend, sondern hatte auch für die Kärntner ÖVP nachhaltige Folgen. Trotz ihrer schweren Niederlage ergab sich für die durch Jahrzehnte von einer die absolute Mehrheit besitzenden SPÖ gedemütigte ÖVP die Möglichkeit, deren Herrschaft zu beenden. Auf Grund der Stimmung in der Parteibasis war 1989 die Wahl eines sozialistischen Landeshauptmanns unmöglich. Gleichzeitig kam es auf Grund der schweren Niederlage bei der Landtagswahl zu erheblichen innerparteilichen Turbulenzen, die zu einem Wechsel an der Spitze der Landespartei führten: Am 21. Mai löste der bisherige Gesundheitssprecher der ÖVP, Christof Zernatto, Harald Scheucher als Landesparteiobmann und Landesrat ab. Neun Tage später wählten FPÖ und ÖVP Jörg Haider zum Kärntner Landeshauptmann.

Zernatto vermochte die schwer geschlagene und in sich gespaltene Kärntner Landespartei zu stabilisieren und 1991 die Position des Landeshauptmanns erringen. Als Haider in einer Landtagsdebatte die Beschäftigungspolitik des Dritten Reiches als „gesund" bezeichnete, bot die SPÖ der ÖVP einen Koalitionswechsel auf Landesebene mit einem Landeshauptmann Zernatto an.[174] Zernatto akzeptierte dieses Angebot und konnte als Landeshauptmann am 13. März 1994 rund drei Prozent der Stimmen sowie ein Mandat gewinnen, während die SPÖ ein Debakel erlitt und neuerlich 8,5 Prozent der Stimmen verlor. Nach verhandlungspolitischen Turbulenzen vermochte Zernatto eine neuerliche ÖVP/SPÖ-Koalition unter seiner Führung zu installieren.

Bei beiden Kärntner Entscheidungen spielten bundespolitische Aspekte eine erhebliche Rolle. 1989 versuchte Haider eine FPÖ/ÖVP-Koalition in Klagenfurt als Hebel für die Sprengung der Großen Koalition auf Bundesebene zu benutzen. Er sei, so erklärte er, bereit, im Falle seiner Wahl zum Kärntner Landeshauptmann, den amtierenden ÖVP-Obmann auf Bundesebene zum Bundeskanzler zu wählen.[175] Der soeben in diese Funktion gewählte Riegler begegnete diesem Angebot mit der oben erwähnten Differenzierung zwischen den verschiedenen politischen Ebenen und signalisierte der SPÖ die Bereitschaft zur Fortführung der Großen Koalition auf Bundesebene. 1994 galt es, trotz beachtlicher Stimmengewinne der FPÖ, aus bundespolitischen Gründen einen neuerlichen Landeshauptmann Haider zu verhindern. Wenngleich die Landeshauptmannkandidaten von ÖVP und SPÖ bereit waren, sich mit Hilfe der FPÖ zum Landeshauptmann wählen zu lassen, führten bundespolitische Interventionen schließlich zu einer Neuauflage der ÖVP/SPÖ-Koalition in Klagenfurt

---

172 SN, 20. 4. 1989. S. 1.
173 Vgl. dazu Franz SOMMER, Fritz PLASSER: Die Landtagswahlen 1989 und die Neustrukturierung regionaler Parteiensysteme. – In: ÖJP 1989. – München – Wien 1990. S. 37–66. S. 46 ff.
174 Christian SCHALLER: Parteien und Wahlen in Kärnten. – In: Herbert DACHS (Hg.): Parteien und Wahlen in Österreichs Bundesländern 1945–1991. – Wien – München 1992. S. 83–159. S. 140 ff.
175 Kurier, 22. 3. 1989. S. 2.

Die Geschichte der ÖVP

unter einem Landeshauptmann Zernatto. Während Christof Zernatto die 1989 schwer angeschlagene Kärntner ÖVP allmählich zu konsolidieren und auf Grund seines seit 1991 stetig steigenden positiven Images aus ihrer Defensivposition zu befreien vermochte, schlitterte die Wiener ÖVP in die schwerste Krise ihrer Geschichte.

Im Sommer 1989 wurde die Wiederwahl Erhard Buseks zum Wiener Parteiobmann immer unwahrscheinlicher. Für seine Wiederwahl benötigte er eine Zweidrittelmehrheit. Unmittelbar nach seiner Wahl zum Landesparteiobmann 1976 hatte Busek eine umfassende organisatorische und programmatische Reform der Wiener Landesorganisation eingeleitet. Vor allem schuf er „politische Beteiligungsinstrumente außerhalb der traditionellen Parteiorganisation" wie etwa „Pro Wien", das „Büro für Bürgerinitiativen" oder den „Club Pro Wien".[176] Diese Maßnahmen korrespondierten weitgehend mit den Veränderungen der politischen Kultur und profitierten zudem „von den Abnützungserscheinungen der Wiener SPÖ, deren Regierungsführung in den siebziger und achtziger Jahren durch eine Reihe von Fehlschlägen und Skandalen (u. a. Bauring, AKH, Rinter-Müllverwertung) gekennzeichnet war . . .".[177]

Buseks Parallelorganisationen zur Wiener Landespartei sowie die Forcierung der „bunten Vögel" stießen jedoch zunehmend an der Parteibasis auf Widerstand, der zunächst angesichts der politischen Erfolge kaum artikuliert wurde. Erst die Nominierung des Medienstars Helmut Zilk zum Wiener Bürgermeister sowie dessen Übernahme zahlreicher ÖVP-Konzepte konterkarierte die bisher so erfolgreiche Politik Buseks. 1987 verlor die ÖVP bei der Gemeinderatswahl 6,4 Prozent der Stimmen und sieben Mandate, während die SPÖ trotz des Verlustes von 0,6 Prozentpunkten auf Grund der Wahlarithmetik ein Mandat zu gewinnen vermochte. Eindeutiger Gewinner der Wahl war die FPÖ, die ihre Mandatszahl vervierfachen konnte. Busek hatte sich in der Diskussion um die Person von Bundesparteiobmann Mock als möglicher Nachfolgekandidat offeriert, mußte jedoch seine bundespolitischen Ambitionen auf Grund der Wahlniederlage zunächst zurückstellen.

Die Wahlniederlage 1987 verstärkte die innerparteiliche Opposition gegen die Politik Buseks und führte zur schwersten Krise der Wiener ÖVP in ihrer Geschichte. Busek wurde in seiner Funktion als Landesparteiobmann mit der erforderlichen Zweidrittelmehrheit nicht mehr bestätigt. Die innerparteilichen Gegensätze wurden in aller Öffentlichkeit artikuliert, so daß die Busek folgenden Wolfgang Petrik und Sepp Wille die Risse in der Partei nicht zu kitten vermochten. Der öffentliche Imageverlust sowie das von der FPÖ für die Emotionalisierung des Wahlkampfes instrumentalisierte Ausländerthema führten neben dem anhaltenden bundespolitischen Gegenwind bei der Gemeinderatswahl am 10. November 1991 zur Marginalisierung der ÖVP im politischen Wettbewerb in der Bundeshauptstadt. Mit dem Verlust von 10,3 Prozent und dem Absinken auf 18,1 Prozent wurde die ÖVP auch in Wien von der FPÖ auf die dritte Position verwiesen. Das Absinken der ÖVP auf den Status einer kleineren Mittelpartei sowie der Verlust der absoluten Stimmenmehrheit der SPÖ, die nur auf Grund der Wahlarithmetik die absolute Mandatsmehrheit behaupten konnte,

---

176 Wolfgang C. MÜLLER, Josef MELCHIOR: Parteien und Parteiensystem in Wien. – In: Parteien und Wahlen in Österreichs Bundesländern 1945–1991. S. 533–604. S. 587.
177 Ebd. S. 586.

signalisierten „erdrutschartige Verwerfungen . . . der wahlpolitischen Kräfteverhältnisse in der Bundeshauptstadt", die die „traditionelle Symmetrie des Parteienwettbewerbs" aufbrachen und die „vertraute Konkurrenzlogik außer Kraft" setzten.[178]

Die teilweise massiven Verluste bei den Landtagswahlen zwischen 1987 und 1991 signalisierten, daß die kleinere Regierungspartei trotz ihrer beachtlichen bundespolitischen Erfolge (Privatisierung, Sanierung der verstaatlichten Industrie, Steuerreform, Neukonzeption der Außenpolitik in Richtung Nachbarschaftspolitik und EU-Beitritt) zur bevorzugten Zielscheibe des zunehmenden politischen Protestes wurde. Die Enthomogenisierung traditioneller sozialer Milieus „wirkte auf deren Pluralisierung hin, erzeugte neuartiges politisches Verhalten, auch desorientiert unpolitisches. Vieldeutige Wahlabstinenz nahm ebenso zu . . . wie aktiver Protestgestus bei den Nach- und bei den Vorhuten des gesellschaftlichen Wandels. Zu beiden, namentlich zum zweiten, trugen anlaßreiche Diskussionen über Privilegien der politischen Klasse, über deren, wie es schien, generelle Korruption, über deren Machtmißbrauch bei."[179] Während jedoch die SPÖ als Hauptakteur in der Chronique scandaleuse durch die Person ihres Parteivorsitzenden und Bundeskanzlers kaum bundespolitischen Schaden nahm, da Vranitzky scheinbar losgelöst von seiner Partei agierte, erlitt das Image von ÖVP-Obmann Riegler bereits im Herbst 1989 schweren Schaden, als er den Bericht des Nachrichtenmagazins „profil" bestätigte, nach dem er bei seinem Wechsel vom Nationalrat in die steirische Landesregierung im Dezember 1983 eine Abfertigung bezogen habe. Diese Abfertigung war jedoch zu Unrecht erfolgt, da wenige Monate zuvor ein Gesetz (mit der Stimme Rieglers) verabschiedet worden war, nach dem Abgeordneten, die in eine Regierungsfunktion wechselten, keine Abfertigung zustand. Wenngleich Nationalratspräsident Rudolf Pöder bestätigte, daß die Verantwortung für die widerrechtliche Überweisung beim zuständigen Beamten der Parlamentsdirektion liege und Riegler den erhaltenen Betrag umgehend retouniert habe, signalisierten Umfragen einen massiven Imageverlust des ÖVP-Obmanns, die positiven Ergebnisse der Regierungsumbildung waren zur meinungspolitischen Makulatur geworden.[180]

Die Debatte über die von Riegler zu Unrecht bezogene Abfertigung überschattete auch den Zukunftsparteitag Ende November 1989 in Graz, mit dem die ÖVP klare ideologische und politische Positionierungen angesichts der bevorstehenden Nationalratswahl offerieren wollte. Riegler versuchte durch eine Betonung der Inhalte der von ihm vertretenen Politik – vor allem des Konzepts der ökosozialen Marktwirtschaft – persönliche Ausstrahlungsdefizite auszugleichen. Man möge sich, so der Parteiobmann in seiner Grundsatzrede, mehr „mit dem Kern der Politik und weniger mit ihrer Verpackung" beschäftigen und „auf Qualität" setzen, die „schlußendlich wichtiger" sei „als Telegenität".[181]

---

178 Fritz PLASSER, Peter A. ULRAM: Analyse der Wiener Gemeinderatswahlen 1991. – In: ÖJP 1991. – Wien – München 1992. S. 97–120. S. 105.
179 ABLEITINGER: Die innenpolitische Entwicklung. S. 198.
180 In einer OGM-Umfrage erklärten 77% der Befragten die Handlungsweise sowie die Erklärungen Rieglers für „nicht glaubwürdig", nur 9% für „glaubwürdig". Selbst ÖVP-Anhänger konnten ihrem Parteiobmann zu 68% in dieser Frage nicht folgen (Profil Nr. 46/13. 11. 1989. S. 22).
181 SN, 27. 11. 1989. S. 2.

Wenngleich Riegler sich seit der Diskussion über die zu Unrecht bezogene Abfertigung in der bundespolitischen Defensive befand und auch parteiintern keineswegs unumstritten war, versuchte er zum Abschluß des traditionellen Dreikönigstreffens in Maria Plain am 8. Jänner 1990 mit der Formulierung des Führungsanspruchs für die ÖVP nach der nächsten Nationalratswahl die politische Offensive zurückzugewinnen und Zuversicht auszustrahlen. Die Partei habe seit 1986 die Regierungspolitik maßgeblich bestimmt und die Reformführerschaft übernommen. Die SPÖ sei in der Koalition „das beharrende Element, die Volkspartei" hingegen dränge „auf Veränderung".[182] Mit diesem Anspruch kontrastierte jedoch die demoskopische Realität. Die ÖVP rangierte zu Jahresbeginn 1990 bei rund 34 Prozent und erreichte bei den entschlossenen Wählern nur mehr knapp das doppelte Stimmenpotential der FPÖ, während sie vor der Nationalratswahl 1986 noch das Sechsfache des FPÖ-Stimmenanteils in diesem Wählersektor erreicht hatte. In der direkten Kanzlerpräferenz votierten nur 40 Prozent der ÖVP-Wähler für Riegler, 37 Prozent hingegen bereits für Vranitzky.[183] Im Februar 1990 rutschte die ÖVP auf 33 Prozent ab, während die SPÖ auf 40 Prozent anstieg. Trotz zahlreicher Skandale hatte, so das Wochenmagazin „profil", „das große Glück der Sozialisten ... einen Namen ... Vraaanz! Die größere Regierungspartei fährt im Schlepptau von des Kanzlers Sympathiewerten."[184]

Am 5. März erfolgte durch Riegler die definitive Festlegung in der Frage der politischen Optionen für die folgende Legislaturperiode: Eine Koalition mit der FPÖ unter einem Spitzenkandidaten Jörg Haider komme für die ÖVP nicht in Frage. Angesichts der bevorstehenden großen Probleme, vor allem der Integrationsverhandlungen mit Brüssel, sei ein Konsens auf breiter Basis im Interesse des Landes notwendig und nicht ständiger populistischer Aktionismus, verbunden mit problematischen Aussagen über die österreichische Identität.[185] Damit waren, trotz vereinzelter parteiinterner Widersprüche (so vom steirischen Landeshauptmann Josef Krainer, vom steirischen Landesrat Gerhard Hirschmann sowie von Außenminister Mock), die Weichen für den Fortbestand der Großen Koalition gestellt.

Im Zuge eines weitgehend entthematisierten Wahlkampfes fungierten Vranitzky und Haider als Stimmenstaubsauger für ihre Parteien, die völlig hinter ihre Spitzenkandidaten zurücktraten, während Riegler ständig an Terrain gegenüber seinen direkten Gegenspielern verlor.[186] Dennoch schwenkte die ÖVP, entgegen dem Rat von Generalsekretär Kukacka, ebenfalls auf einen Persönlichkeitswahlkampf ein, anstatt in einem themenzentrierten Wahlkampf eine klare Profilierung zu gewinnen und Repräsentationsdefizite ihres Spitzenkandidaten auszugleichen. Im Wahlkampf 1990 wurde das „medial vermittelte politische Meinungsklima" weitgehend „von der

---

182 SN, 9. 1. 1990. S. 1.
183 OGM-Umfrage in Profil Nr. 51/18. 12. 1989. S. 19 f.
184 Profil Nr. 9/26. 2. 1990. S. 16.
185 SN, 7. 3. 1990. S. 1.
186 Eine OGM-Umfrage vom März 1990 ergab, daß jeder vierte FPÖ-Wähler die Partei ausschließlich auf Grund ihres Spitzenkandidaten wählte, während Vranitzky für jeden fünften SPÖ-Wähler das Hauptmotiv der Wahlentscheidung bildete. Riegler war hingegen nur für jeden hundertsten ÖVP-Wähler Anlaß zu seiner Wahlentscheidung (Profil Nr. 14/2. 4. 1990. S. 19).

persönlichen ‚Darstellungs-Kompetenz' einzelner Spitzenpolitiker sowie von deren Fähigkeit, Kompetenz und ‚Leadership' auszustrahlen, beeinflußt".[187]

Die ÖVP erreichte bei der Nationalratswahl vom 7. Oktober 1990 mit dem Verlust von 9,2 Prozent der Stimmen und 17 Mandaten ein desaströses Ergebnis, das sie auf den Status einer größeren Mittelpartei reduzierte. Sie wurde das Opfer eines grundlegenden Wandels im österreichischen Parteiensystem. Die seit ihren Regierungsantritt verbesserte Wirtschaftslage, die sich in einer positiven Grundstimmung der Bevölkerung niederschlug, konnte wahlpolitisch nicht lukriert werden. Die Lösungskompetenz wurde weitgehend dem Bundeskanzler zugeschrieben. Durch die Bildung der Großen Koalition sowie das aggressive und populistische Auftreten der FPÖ unter Haider verlor die ÖVP das „nichtsozialistische Monopol"[188] und wurde von zahlreichen Protestwählern als koalitionäre Einheitspartei klassifiziert, der ein massiver Denkzettel gegeben wurde. Die Skandale und Affären der SPÖ bewirkten eine starke Protesthaltung in der ÖVP-Wählerschaft, die noch durch „eklatante Defizite des . . . Spitzenkandidaten" in den „zwei wahlentscheidenden Imagebereichen" Durchschlagskraft und Erfolgserwartung verstärkt wurde.[189]

Angesichts dieser massiven Verluste stellte sich die Frage nach der Sinnhaftigkeit des Verbleibens in der Großen Koalition. In einem SN-Interview erklärte Erhard Busek, daß der Hinweis auf die notwendige staatstragende Rolle der ÖVP „gut und schön" sei, „aber eine Partei kann nicht mehr staatstragend sein, wenn sie nicht mehr existiert".[190] Vor dieser allgemeinen Stimmungslage vor allem in der Parteibasis kam den Regierungsverhandlungen im Herbst 1990 besondere Bedeutung zu. Die Fortsetzung der Großen Koalition war keineswegs sicher, da sich innerhalb der ÖVP die Stimmen mehrten, die entweder für die Bildung einer Kleinen Koalition mit der FPÖ plädierten, um auch die Früchte der Sanierungsarbeit wenigstens in der folgenden Legislaturperiode ernten zu können, oder aber für den Gang in die Opposition votierten. Sollte es somit zur Fortsetzung der Großen Koalition kommen, so waren aus der Sicht der ÖVP zwei Ergebnisse unverzichtbar: die personelle Parität in der Regierung mußte erhalten bleiben, und die Partei mußte in den wesentlichen Bereichen der Wirtschafts-, Budget-, Außen- und Sozialpolitik ihre Positionen in einem künftigen Arbeitsübereinkommen wiederfinden. Die für die ÖVP gegebene Option einer Koalition mit der FPÖ, der sich die SPÖ durch wiederholte Erklärungen verschlossen hatte, veranlaßte das SPÖ-Verhandlungsteam in der Schlußphase der Koalitionsverhandlungen zu einer konzilianteren Haltung gegenüber dem gewünschten Regierungspartner.

---

187 Fritz PLASSER, Franz SOMMER, Peter ULRAM: Eine Kanzler- und Protestwahl. Wählerverhalten und Wahlmotive bei der Nationalratswahl 1990. – In: ÖJP 1990. – Wien/München 1991. S. 95–150. S. 121. Günther OGRIS: Ebenbild oder Kontrastprogramm – Eine Analyse des Wahlkampfes und des Wahlverhaltens bei der Nationalratswahl im Oktober 1990. – In: ÖJP 1990. – Wien/München 1991. S. 151–170. Ernst GEHMACHER: Welche Partei vertritt die dynamische Schicht? Unkonventionelle Daten und Ideen zur Österreichischen Nationalratswahl 1990. – In: SWS-Rundschau 4/1990. S. 553–561.
188 Ebd. S. 140.
189 Ebd. S. 142.
190 SN, 11. 10. 1990. S. 3.

Die Geschichte der ÖVP

Das am 17. Dezember 1990 unterzeichnete Arbeitsübereinkommen für die zweite Legislaturperiode der Großen Koalition sah die Realisierung der Wahlrechtsreform mit einer stärkeren Berücksichtigung des Persönlichkeitswahlrechtes[191], eine Kammerreform, die Fortsetzung der Budgetkonsolidierung bei gleichzeitigen weiteren erheblichen Privatisierungsschritten im Bereich der Austrian Industries über die 50-Prozent-Marke hinaus, eine zweite Etappe der Steuerreform, die Reform der Arbeitsmarktverwaltung, die Einführung von Fachhochschulen sowie die Schaffung einer Pflegeversicherung vor.[192]

Die personelle Zusammensetzung der neuen Koalitionsregierung brachte in der ÖVP ein bedeutendes personelles Revirement zur Beruhigung der innerparteilichen Fronten. Verteidigungsminister Robert Lichal wechselte auf den Posten des zweiten Nationalratspräsidenten. Als Verteidigungsminister folgte ihm der niederösterreichische Nationalratsabgeordnete und Verkaufsmanager Werner Fasslabend. Im Wirtschaftsministerium vermochte die ÖVP ein Staatssekretariat zu installieren, das mit der oberösterreichischen Unternehmerin Maria Fekter besetzt wurde. Als im März 1991 Umweltministerin Marilies Flemming zurücktrat, da sie dem Unvereinbarkeitsausschuß eine Beteiligung an der Filmfirma ihres Gatten nicht gemeldet hatte, wurde sie durch die Grazer Stadträtin Ruth Feldgrill-Zankl ersetzt.

Besonders heftig umstritten war die Besetzung des Justizministeriums. Der parteilose Justizminister Egmont Foregger war der SPÖ ein Dorn im Auge, hatte er doch zahlreiche anhängige Verfahren gegen ehemalige Spitzenpolitiker der SPÖ eröffnet. Die SPÖ, die in der Ära Broda massiven Einfluß auf die Justiz genommen und diesen auch in der Kleinen Koalition unter dem freiheitlichen Justizminister Harald Ofner ausgeübt hatte, bestand auf der Entfernung Foreggers und schlug den ehemaligen ORF-Generalintendanten und nunmehrigen Sektionschef im Justizministerium, Otto Oberhammer, vor. Vranitzky und Riegler hatten sich bereits auf Oberhammer als neuen parteiunabhängigen Justizminister geeinigt, als massive Opposition gegen diese Entscheidung von den Landeshauptleuten Krainer, Katschthaler und Purtscher kam. Oberhammer, der von der ÖVP in der Ära Kreisky als Generalintendant heftig bekämpfte Sektionschef des Justizministeriums, sei, so Katschthaler, für seine Landespartei „untragbar".[193] In einer gemeinsamen Erklärung erklärten Katschthaler und Purtscher Oberhammer als „verlängerten Arm Bruno Kreiskys".[194]

Trotz dieser deutlichen Opposition der westlichen Landesorganisationen der ÖVP meldeten Vranitzky und Riegler am Abend des 12. Dezember Bundespräsident Waldheim den Abschluß der Regierungsverhandlungen. Die personelle Zusammensetzung müsse nur mehr von den jeweiligen Parteigremien abgesegnet werden.

Am 14. Dezember opponierte jedoch der Parteivorstand der ÖVP massiv gegen die bereits paktierte Ernennung Oberhammers zum neuen Justizminister. Riegler mußte

---

191 Gerhart BRUCKMANN: Neues Wahlrecht, alter Hut. – In: Die Furche Nr. 50/13. 12. 1990. S. 5. Andreas KHOL: Zur Wahlrechtsreform des Bundes. – In: ÖJP 1990. – Wien/München 1991. S. 359–390. Heinz FISCHER: Immerhin besser als das bisherige Wahlrecht. – In: Die Presse 15. 2. 1992. Perspektiven III.
192 Günther OFNER: Analyse des Koalitionsabkommens 1990. – In: ÖJP 1990. – Wien–München 1991. S. 185–260.
193 Die Presse, 13. 12. 1990. S. 1.
194 Ebd.

schließlich Vranitzky mitteilen, daß seine Partei nicht bereit sei, Oberhammer als Justizminister zu akzeptieren. Im Ausgleich für eine Rücknahme der Kandidatur Oberhammers forderte nunmehr Vranitzky die Rücknahme der vom ÖVP-Parteivorstand bereits gebilligten Kandidatur des ehemaligen Generalsekretärs Kukacka für das Staatssekretariat im Wirtschaftsministerium. Die Optik sollte gewahrt bleiben. Die Koalitionsparteien handelten nach dem Motto „Haust du mir meinen Oberhammer, hau ich dir deinen Kukacka". Die festgefahrenen Fronten wurden schließlich in einem Vier-Augen-Gespräch zwischen Vranitzky und Riegler gelockert. Kukacka wurde durch Maria Fekter, Oberhammer durch den parteilosen Präsidenten der Notariatskammer, Nikolaus Michalek, ersetzt. Damit war aber auch ein in der Geschichte der Zweiten Republik einmaliger Vorgang abgeschlossen: eine Regierungsumbildung vor deren Vereidigung.[195]

Die ÖVP war durch ihre schwere Niederlage vom 7. Oktober 1990, so Klubobmann Heinrich Neisser, „existentiell bedroht" und bedurfte einer grundlegenden Reform, um sich den geänderten Rahmenbedingungen der politischen Kultur anzupassen.[196] Die grundlegende Reform im strukturellen Bereich sollte der Helmut Kukacka als Generalsekretär ablösende Raimund Solonar realisieren, die Position des Parteiobmanns durch Stärkung seiner Richtlinienkompetenz sowie die Verkleinerung der Spitzengremien gefestigt werden. Unter deutlichem Rückgriff auf das in den frühen siebziger Jahren von Schleinzer entwickelte Konzept sollten Fachausschüsse geschaffen werden, um die Themenführerschaft im öffentlichen Diskurs und der öffentlichen Meinung zu erlangen.

Obwohl eine Personaldiskussion vermieden werden sollte, war eine Erneuerung des personellen Angebots an den Wähler unumgänglich. Den ersten Schritt in Richtung Personalrevirements unternahm ÖAAB-Obmann Lichal, der im März 1991 auf eine Kandidatur für eine neuerliche Funktionsperiode zugunsten des 44jährigen Nationalratsabgeordneten Josef Höchtl verzichtete. Am 23. Mai folgte Parteiobmann Riegler mit einer Erklärung vor dem Parteivorstand, beim bevorstehenden Bundesparteitag am 28./29. Juni nicht mehr für die Funktion des Parteiobmanns kandidieren zu wollen. Mit dem Parteiobmann legte auch Generalsekretär Solonar nach nur fünfmonatiger Amtszeit seine Funktion zurück.

Rieglers Stern war endgültig am Wahlabend des 7. Oktober 1990 erloschen. In den Abendstunden dieses dramatischen Tages fiel in ÖVP-Funktionärskreisen der Spruch: „Das hätt' der Alois auch zustande gebracht."[197] Im Rückblick bemerkte Riegler, ihm sei nach dem Wahldebakel „rasch klar gewesen, daß ein Spitzenkandidat, der ein solches Ergebnis erzielt, nicht noch einmal Spitzenkandidat sein kann".[198] Und vor dem Parteivorstand am 23. Mai begründete er seinen Entschluß unter deutlicher Anspielung auf seinen Vorgänger Alois Mock mit dem Hinweis, er wolle sich zu einem Zeitpunkt zurückziehen, an dem er noch über die innerparteiliche Stärke verfüge. Es sei außerdem fraglich, „ob jemand wie ich in einer Zeit wie heute der ideale

---

195 Neue Zürcher Zeitung, 20. 12. 1990. S. 3.
196 SN, 11. 3. 1991. S. 2.
197 SN, 24. 5. 1991. S. 3.
198 Die Presse, 19./20. 10. 1991. S. 3.

Spitzenkandidat ist". Denn er sei „ein Mann der konzeptiven Arbeit, nicht der Showeffekte".[199]

Riegler hatte sich um die Position des Parteiobmanns nicht beworben, sondern war von der steirischen Landesorganisation – gegen die Bedenken vieler – in diese gedrängt worden. Wenngleich er die massenmediale Erwartungshaltung nicht erfüllen konnte, so offerierte er mit dem Konzept der ökosozialen Marktwirtschaft ein zukunftsträchtiges Angebot und agierte auch in personalpolitischen Fragen konzeptiv, indem er auf Länder- und Bündeinteressen weniger Rücksicht nahm, sondern eigene Vorstellungen zu realisieren suchte. Die Nominierung Heinrich Neissers zum Klubobmann erfolgte auf ausdrücklichen Wunsch des Parteiobmanns. Bei der Nachfolge des scheidenden ÖAAB-Obmanns Lichal vermochte er allerdings seine personellen Wünsche nicht durchzusetzen und scheiterte an den innerparteilichen Machtstrukturen.

Mit Rieglers angekündigtem Rücktritt war das Ringen um seinen Nachfolger eröffnet. Um Flügelkämpfe und eine drohende Kampfabstimmung auf dem Bundesparteitag zu vermeiden, installierte der Parteivorstand eine aus den neun Landesparteiobmännern sowie den Bündeobmännern bestehende Wahlkommission unter dem Vorsitz des Salzburger Landeshauptmanns Katschthaler. Die in der auslaufenden Ära Mock ausgehobenen innerparteilichen Gräben, die unter Riegler nur mühsam eingeebnet worden waren, brachen nunmehr wieder auf. Während die niederösterreichische Landesorganisation um Landeshauptmann Siegfried Ludwig und Nationalratspräsident Robert Lichal einen „Quereinsteiger, den Manager Bernhard Görg, favorisierte, setzte die steirische Landespartei auf Wissenschaftsminister Erhard Busek, der jedoch zunächst am 27. Mai wissen ließ, er werde sich nicht einer Kampfabstimmung stellen, da dies „die ÖVP derzeit nicht aushalten würde".[200] Gleichzeitig wurden immer neue Namen ins Spiel gebracht, so der Generalsekretär im Außenministerium, Thomas Klestil, und der Generaldirektor der Giro-Zentrale, Hans Haumer. Die ÖVP bot ein Bild der Verwirrung. Ein allgemein konsensfähiger Kandidat war nach den Absagen von Klubobmann Neisser, des niederösterreichischen Landeshauptmann-Stellvertreters Erwin Pröll und der Salzburger Handelskammer-Präsidentin Helga Rabl-Stadler nicht in Sicht. Da nur mehr Görg als Kandidat übrigblieb, wurde der Druck auf Busek immer größer, doch noch für die Funktion des Parteiobmanns zu kandidieren, selbst auf die Gefahr einer neuerlichen Polarisierung der Partei durch eine Kampfabstimmung.[201]

Die nunmehr heftig entbrannte Personaldiskussion stand stellvertretend für zwei grundlegend verschiedene Konzepte künftiger Politik der ÖVP: stärkere Berücksichtigung des traditionellen Wählerkerns oder weitgehende Öffnung mit der Gefahr der zunehmenden Konturenlosigkeit und des Verlustes der Kernschichten. Der liberalurbane Kurs war unter Busek in Wien partiell erfolgreich gewesen, letztlich jedoch am Widerstand der Parteibasis sowie an der mangelnden Wählerakzeptanz gescheitert. Die niederösterreichische Landesorganisation und der ÖAAB, massenmedial rasch mit der Punzierung „Stahlhelmfraktion" versehen, plädierte hingegen für eine

---

199 SN, 24. 5. 1991. S. 1.
200 Kronen Zeitung, 28. 5. 1991. S. 10.
201 Der Standard, 4. 6. 1991. S. 7.

stärkere Berücksichtigung des Wählerkerns der Partei, um diesen nicht zunehmend an die FPÖ zu verlieren. Die zu weite Öffnung der Partei drohe diese in Beliebigkeit aufzulösen.

Katschthaler versuchte eine Kampfabstimmung durch einen Kompromiß in letzter Minute zu verhindern. Am 5. Juni unterbreitete er in einer Sitzung des Wahlvorschlagskomitees den Plan, Busek zum Parteiobmann und Vizekanzler zu küren und Görg in die Ministerriege der ÖVP aufzunehmen. Busek hatte sich mit dieser Lösung einverstanden erklärt, zumal ihm zugesichert worden war, daß die von ihm gewünschten Helga Rabl-Stadler und Erwin Pröll als Parteiobmann-Stellvertreter nominiert werden würden. Dieser Kompromiß scheiterte jedoch am Widerstand der niederösterreichischen Landespartei und am ÖAAB, die nach wie vor auf einer Nominierung Görgs zum Parteiobmann bestanden. Busek entschloß sich nach einem neuerlichen Telephonat mit Katschthaler, in dem der Salzburger Landeshauptmann dem Wissenschaftsminister versicherte, seine Person sei im Wahlvorschlagskomitee sehr gefragt gewesen, zur Kandidatur. Damit war eine Kampfabstimmung unvermeidlich. Am 6. Juni nominierte der Parteivorstand einstimmig Bernhard Görg und Erhard Busek als Kandidaten für die Obmannschaft beim bevorstehenden Bundesparteitag. Jeder der Kandidaten sollte dem Parteitag nicht nur seine Person, sondern sein Team, bestehend aus den beiden Stellvertretern und den beiden Generalsekretären, präsentieren.

Görg präsentierte dem 29. Bundesparteitag in der Wiener Hofburg die ÖVP-Frauenchefin Rosemarie Bauer und den Tiroler Ludwig Steiner als seine Stellvertreter, Busek, Erwin Pröll und Helga Rabl-Stadler. Der Parteitag wurde von den kriegerischen Ereignissen in Slowenien überschattet, bei denen es zu Übergriffen der jugoslawischen Bundesarmee auf österreichisches Territorium kam. Die Parteitagsregie entschloß sich daher zu einer Verkürzung des Parteitages. Nur der neue Parteiobmann sollte nach einer kurzen Debatte von jeweils fünf Rednern pro Kandidat gewählt werden. In ihren jeweiligen Reden an die Delegierten vermochte sich Busek besser zu profilieren. Seine Rede war voll von Sarkasmen gegenüber dem politischen Gegner und mündete schließlich in einem Appell zum Vertrauen und zur Zusammenarbeit: „Liebe Freunde, diese Entscheidung nimmt euch niemand ab, dafür tragt ihr die Verantwortung. Ich fordere euch auf, an den Erfolg der gesamten Partei zu denken ... Ihr wißt, daß ich es kann. Ich weiß, daß ich euch zur Seite habe, ich bitte euch um eure Stimme und euer Vertrauen."[202]

Busek konnte 56,4 Prozent der Delegierten für sich gewinnen. Die Partei hatte nicht nur einen neuen Obmann, sondern auch zwei neue Generalsekretäre: Ferdinand Maier und Ingrid Korosec, die erste Frau auf diesem Posten.

Der oppositionelle Reflex setzte sich im Herbst 1991 bei den Landtagswahlen in der Steiermark und in Oberösterreich ungebrochen fort. Trotz der populären Landeshauptleute Krainer und Ratzenböck verlor die ÖVP in beiden Bundesländern 7,5 bzw. 7,2 Prozent der Stimmen und damit ihre absolute Stimmen- und Mandatsmehrheit. Der Erosionsprozeß erfaßte jedoch auch die SPÖ, die in beiden Bundesländern einen historischen Tiefstand erreichte. Eindeutiger Wahlsieger war die FPÖ, die nicht nur Stimmen und Mandate gewann, sondern auch in die jeweiligen Landesregierungen

---

202 Die Presse, 29./30. 6. 1991. S. 5.

einzuziehen vermochte.²⁰³ Jörg Haider konstatierte nicht zu Unrecht, ab sofort gebe es in Österreich drei Lager, „das sozialistische und zwei bürgerliche . . ., wobei wir immer stärker werden und die ÖVP immer schwächer wird".²⁰⁴ Die Prophezeiung Haiders wurde bereits am 10. November 1991 bei der Wiener Gemeinderatswahl eindrucksvoll bestätigt. Die FPÖ vermochte die ÖVP auf die dritte Stelle zu verweisen, und der Einsturz der Bastionen des „Roten Wien" bildete den vorläufigen Höhepunkt der Erschütterung und Umwandlung des traditionellen Parteiensystems und der politischen Kultur der Zweiten Republik.²⁰⁵

Erhard Busek reagierte mit dem Hinweis, man werde sich „damit abfinden müssen, daß die Zeit der beiden Großparteien vorüber ist . . . Meine Aufgabe kann nur sein, die ÖVP so groß wie möglich zu erhalten."²⁰⁶ Ein Mittel zur Erreichung dieses Ziels sie der konkrete politische Erfolg der Koalition, der jedoch durch den Strukturkonservativismus der SPÖ behindert werde. Im Herbst 1991 prallten, durch die zahlreichen Niederlagen bei Landtagswahlen akzeleriert, die grundsatzpolitischen Differenzen der Koalitionsparteien bei der Erstellung des Budgets 1992 heftig aufeinander, als die ÖVP die Einhaltung des Arbeitsübereinkommens einforderte und die SPÖ offen des Strukturkonservativismus beschuldigte. Begleitet wurde das sichtlich frostiger werdende Koalitionsklima von Spannungen in der Sozialpartnerschaft, als ÖGB-Präsident Fritz Verzetnitsch auf dem ÖGB-Kongreß die Einführung der 35-Stunden-Woche per Kollektivvertrag noch 1991 forderte und im Falle der Ablehnung das Ende der Sozialpartnerschaft androhte. Wirtschaftsbundobmann Leopold Maderthaner erwiderte umgehend, daß er, bei allem grundsätzlichen Bekenntnis zur Sozialpartnerschaft, angesichts dieser Forderungen sehr gut auch ohne sie leben könne. In der ÖVP mehrten sich die Stimmen der Befürworter einer Kleinen Koalition, und Parteiobmann Busek drohte der SPÖ im Falle eines weiteren Stagnierens der Reformvorhaben mit einem Koalitionswechsel. Die SPÖ zeigte Wirkung, und die Koalition erzielte die Einigung über eine Reform der Arbeitsmarktverwaltung.²⁰⁷

Die koalitionsinternen Spannungen wurden durch die Erklärung von Bundespräsident Waldheim, auf eine Wiederkandidatur 1992 zu verzichten, perpetuiert. Nach der Weigerung des populären Journalisten Hugo Portisch, sich als Kandidat der Koalitionsparteien um das höchste Amt im Staate zu bewerben, begaben sich ÖVP und SPÖ auf jeweils getrennte Suche nach einem geeigneten Bewerber. Diese Suche wurde für die ÖVP zur Chance, aus der Rolle des ewigen bundespolitischen Verlierers und Zweiten in der Koalition auszubrechen. Die geeignete Person für dieses Vorhaben mußte allerdings erst gefunden werden.

Zur allgemeinen Überraschung nominierte Erhard Busek am 15. November 1991 den Generalsekretär im Außenministerium, Thomas Klestil, zum Präsidentschafts-

---

203 Peter BERMANN: Die Steirischen Landtagswahlen vom 22. September 1991. – In: ÖJP 1991. – Wien/München 1992. S. 63–81. Franz HIESL, Rudolf TRAUNER: Analyse der Landtagswahlen in Oberösterreich. – In: ÖJP 1991. – Wien – München 1992. S. 83–96.
204 FAZ, 8. 10. 1991. S. 3.
205 Fritz PLASSER, Peter A. ULRAM: Analyse der Wiener Gemeinderatswahlen 1991. – In: ÖJP 1991. – Wien – München 1992. S. 97–120.
206 SN, 5. 12. 1991. S. 3.
207 Ab 1. Juli 1993 wurden auch private Arbeitsvermittler zugelassen, wobei jedoch dem Sozialminister ein Vetorecht gegen als unseriös erachtete Anbieter eingeräumt wurde.

kandidaten der ÖVP. Klestil erregte bei seiner offiziellen Präsentation anläßlich des traditionellen Dreikönigstreffens in Salzburg im Jänner 1992 erhebliches Aufsehen, als er laut über die Zukunft des Staatsvertrages und der Neutralität nachdachte. Die mediale Aufmerksamkeit war ihm sicher, sein Bekanntheitsgrad steigerte sich enorm. Gleichzeitig führte er einen betont eigenen Wahlkampf. „Ich habe von Anfang an Wert darauf gelegt, bei allem Bekenntnis zur Volkspartei, ein eigenes Wahlkampfprofil zu haben. Ich habe meine Mitarbeiter selbst ausgesucht, ohne Rücksicht darauf, ob sie Parteimitglieder sind oder nicht . . . Mir liegt die Zukunft Österreichs mehr am Herzen als die Parteiorganisation."[208]

Mit seiner bewußt von der ÖVP abgesetzten Wahlkampagne erreichte Klestil beim ersten Wahlgang am 26. April 1992 überraschende 37,19 Prozent, während der SPÖ-Kandidat Verkehrsminister Rudolf Streicher lediglich 40,68 Prozent erreichte. Die FPÖ-Kandidatin Heide Schmidt erzielte mit 16,41 Prozent ein respektables Ergebnis, während Robert Jungk mit 5,72 Prozent über das klassische Grünwählerpotential nicht hinauskam.

Durch das gute Ergebnis Klestils beim ersten Wahlgang waren die ÖVP-Funktionäre für die Stichwahl erheblich motiviert, denn Klestil hatte demonstriert, daß es so etwas wie ein „bürgerliches Lager" mit Mehrheitsfähigkeit gab. Und er bot die Möglichkeit, nach einer Reihe demütigender Wahlniederlagen endlich einen bundespolitischen Wahlerfolg zu erzielen. Dieser trat auch am 24. Mai ein. Nachdem FPÖ-Obmann Haider eine indirekte Wahlempfehlung für Klestil abgegeben hatte, erreichte dieser mit 56,85 Prozent das beste Ergebnis, das je ein Bundespräsidentschaftskandidat erreicht hatte. Erstmals in der Geschichte der Republik errang ein Kandidat in allen neun Bundesländern die absolute Mehrheit. Sogar im „Roten Wien" hatte Klestil seinen Gegenspieler Streicher mit rund 6.000 Stimmen überflügelt.[209]

Doch aus dem Sieg Klestils konnte kein Trend zugunsten der ÖVP abgelesen werden. Kritische Kommentatoren bemerkten, Klestil habe „jedenfalls nicht wegen, sondern eigentlich trotz der ÖVP gewonnen. Zu Übermut ist kein Anlaß."[210] Klestil war ein „Sieger gegen die Parteien"[211] und in den „Augen vieler Österreicher der Mann, der ein von seinem Vorgänger Waldheim einst gegebenes Versprechen jetzt endlich, mit sechsjähriger Verspätung, einlösen wird".[212]

Der Sieg Klestils konnte tatsächlich über die anhaltenden Erosionserscheinungen im Wählersegment der ÖVP nicht hinwegtäuschen. Der zweite strukturelle Wandel der österreichischen Gesellschaft nach 1945 schwächte die Integrationskraft der traditionellen Volksparteien zugunsten von Politikerverdrossenheit, Protesthaltung, Ohnmachtsgefühlen, Issue- und Image-Voting. Im Falle der SPÖ wurden ihre struk-

---

208 SN, 13. 1. 1992. S. 2.
209 Fritz PLASSER, Peter A. ULRAM, Franz SOMMER: Analyse der Präsidentschaftswahl 1992: Kandidaten und Wählerverhalten. – In: ÖJP 1992. – Wien – München 1993. S. 247–280. Markus SCHINDLER, Franz SCHIFFLHUBER: Inhaltsanalyse der Print-Medienberichterstattung über Thomas Klestil. – In: ebd. S. 281–286. Gerhard FELTL, Eugen SEMRAU: Persönlichkeit und Image. Gründe und Hintergründe der Wahl von Thomas Klestil zum österreichischen Bundespräsidenten. – In: ebd. S. 287–302.
210 NZZ, 27. 5. 1992. S. 3.
211 Werner A. PERGER: Sieger gegen die Parteien. – In: DIE ZEIT Nr. 23/29. 5. 1992. S. 2.
212 Andreas RAZUMOVSKY: Befreiungsschlag in Österreich. – In: FAZ 26. 5. 1992. S. 1.

turellen Defizite von der Person des Bundeskanzlers auf Bundesebene (noch) zugedeckt, auf Länderebene jedoch teilweise dramatisch sichtbar. Die ÖVP symbolisiert seit den siebziger Jahren – von einer kurzen Ausnahme Mitte der achtziger Jahre abgesehen – den entgegengesetzten politischen Konjunkturzyklus: starke Landeshauptleute überdeckten – bis 1986 unterstützt vom bundespolitischen Rückenwind – die strukturellen Defizite der jeweiligen Landesparteien, während auf Bundesebene – unterbrochen von einem kurzen Zwischenhoch 1983 bis 1985 – der permanente Abstieg zu einer größeren Mittelpartei erfolgte. Angesichts der weitgehenden politischen Desintegration der neuen aufsteigenden Mittelschichten erhob im März 1992 der Generalsekretär der Industriellenvereinigung, Herbert Krejci, die besorgte Frage, wer denn das „bürgerliche" Lager in Österreich repräsentiere. Die „ÖVP gewiß nicht [mehr] . . ." Sie müsse sich zu einer weltoffenen, liberalen Partei „im guten Sinne" wandeln und ihre „christlich-sozialen Eierschalen" ablegen.[213]

Krejci spielte mit seiner Wortmeldung auf die – wenn auch bundespolitisch letztlich bedeutungslose, als Symptom jedoch bemerkenswerte – Gründung einer „Wirtschaftspartei" durch den Vorarlberger Industriellen Martin Zumtobel im Jänner 1992 an, die mit einem Teil jener verärgerten Wirtschaftsbundmitglieder als neues Klientel rechnete, das sich mit den sozialpolitischen Vorhaben der Großen Koalition (Familienpaket, zweites Karenzjahr) nicht identifizieren konnte. Dies führte auch zu erheblichen innerparteilichen Spannungen zwischen Wirtschaftsbund und ÖAAB, die nur mühsam beseitigt werden konnten und die Integrationsfähigkeit der Partei auf die Probe stellten, zumal Teile des Wirtschaftsbundes offen ihre Sympathie für eine im Entstehen begriffene „Wirtschaftspartei" bekundeten. Die ÖVP geriet damit zu Jahresbeginn 1992 in eine existentielle Krise, da im Falle des Ausscheidens eines Teiles des Wirtschaftsbundes in Richtung einer neuen Wirtschaftspartei das traditionelle Stärkeverhältnis in der Sozialpartnerschaft ebenso gefährdet schien wie die Finanzierung der Partei. Beschwörend bemerkte Parteiobmann Busek beim Dreikönigstreffen in Salzburg: „Die ÖVP wird beieinanderbleiben und hat beieinander zu bleiben. Sie ist ein unteilbares Ganzes."[214]

Dieses „unteilbare Ganze" sollte 1992/93 der strategischen Herausforderung der Neustrukturierung der Wählerlandschaft mit dem Modell einer „offenen Volkspartei" sowie der thematischen Fixierung auf die Themen „Heimat", „Wirtschaft" und „Sicherheit" begegnen.

Das Modell der „offenen Volkspartei" orientierte sich an der von der Großen Koalition verabschiedeten Wahlrechtsreform. Die durch diese geschaffenen 43 Regionalwahlkreise wurden auch für die Vorwahlen für die zu vergebenden Direktmandate verbindlich. An den Vorwahlen, die 1994 bundesweit unter der Leitung eines jeweiligen Wahlkreismanagers und einer Wahlkreisleitung stattfanden und deren Ergebnisse als bindend galten, konnten sich auch Nichtparteimitglieder aktiv und passiv beteiligen, d. h. sich auch um ein Mandat bewerben. Damit sollte langfristig eine Änderung der Parteistruktur und der Umbau von einer bloßen Mitglieder- zu einer Mitarbeiterpartei als Antwort auf den gesellschaftlichen Strukturwandel erreicht werden.

---

213 Herbert Krejci: Arroganz des Führungsklüngels. – In: Profil Nr. 11/9. 3. 1992. S. 24 f.
214 SN, 8. 1. 1992. S. 2.

Auch das personelle Angebot der Partei sollte zunehmend dem gesellschaftlichen Strukturwandel entsprechen. Zwei personellen Revirements an der Spitze der bedeutenden Landesorganisationen von Niederösterreich und Tirol kam in diesem Zusammenhang Signalcharakter zu: In Niederösterreich löste Erwin Pröll Siegfried Ludwig, in Tirol Wendelin Weingartner Alois Partl als Landesparteiobmann und Landeshauptmann ab.

Und auch auf Bundesebene wurde ein bedeutungsschwerer und mehr als symbolischer Akt gesetzt. Am 7. September 1993 übersiedelte die Bundespartei aus dem traditionellen Palais Todesco in der Kärntner Straße in das neue Hauptquartier in der Lichtenfelsgasse 7. Generalsekretär Ferdinand Maier hatte mit der Überlassung des Palais Todesco an die Bundesländer-Versicherung die überschuldete Partei von einem Großteil ihres Schuldenberges befreit. Der analysierende Historiker vermag jedoch in dieser Übersiedlung mehr zu sehen als eine bloße Entschuldungsaktion oder organisatorische Zweckmäßigkeit: es war der endgültige Abschied von der Partei eines Leopold Figl, Julius Raab oder Josef Klaus.

Die thematische Schwerpunktsetzung für die neunziger Jahre nahm Parteiobmann Busek zum Abschluß der Klubklausur in Telfs am 28. Oktober 1993 vor, als er den Heimatbegriff zum Leitbild nicht nur für den Wahlkampf 1994, sondern bis zur Jahrtausendwende erklärte. Aus dieser ersten Fixierung folgte beim Dreikönigstreffen 1994 in Salzburg die Verabschiedung der sogenannten „Busek-Programme" zu den Schwerpunkten Heimat, Wirtschaft und Sicherheit. Sie seien „die entscheidenden Fragen der Zukunft" und müßten „vernetzt" gesehen werden.[215] So sehr diese Diagnose vor dem Hintergrund der anhaltenden Wirtschaftskrise der Verschiebung der gesellschaftlichen Werteskala in Richtung „Sicherheit" entsprach – der Umweltschutz rangierte 1994 nach Jahren erstmals erst an vierter Stelle –, so ergaben sämtliche demoskopischen Erhebungen einen massiven Kompetenzvorsprung der SPÖ in Fragen der sozialen und wirtschaftlichen Sicherheit.[216]

Am Vorabend der Nationalratswahl 1994 stand die ÖVP vor einem kaum zu bewältigenden politischen Spagat in einem Wechselbad der Erwartungshaltungen. Die „Europapartei", die sich 1988 als „Motor der österreichischen Europapolitik" definiert hatte[217], erhielt durch die von Außenminister Mock mit ungeheurem persönlichen Einsatz geführten und erfolgreich abgeschlossenen EU-Beitrittsverhandlungen in Brüssel Ende Februar 1994 eine eindrucksvolle Bestätigung ihrer

---

215 Die Presse, 8./9. 1. 1994. S. 7.
216 Laut SWS-Umfrage rangierte das Thema „Umweltschutz" Anfang 1994 erstmals nach Jahren hinter der Sicherung der Pensionen, der Wiederherstellung der Vollbeschäftigung und dem Kampf gegen die Kriminalität erst an vierter Stelle (SN 25. 2. 1994. S. 2). Eine im Sommer 1993 durchgeführte IFES-Umfrage sah die ÖVP in allen drei Sicherheitsbereichen deutlich hinter der SPÖ:
Kompetenz von SPÖ und ÖVP bei wichtigen Sachthemen:

Themen, geordnet nach Wichtigkeit in der Gesamtbevölkerung	SPÖ	ÖVP
Sicherung der bestehenden Arbeitsplätze	50%	14%
Schutz vor Kriminalität	34%	17%
Schaffung neuer Arbeitsplätze	40%	19%

(Profil Nr. 35/30. 8. 1993. S. 16.)
217 Zit. bei Heinrich SCHNEIDER: Alleingang nach Brüssel. Österreichs EG-Politik. – Bonn 1990. S. 200.

außenpolitischen Konzeption. Obwohl ihr Ansehen als Regierungspartei stieg – so wünschten sie 68 Prozent der Österreicher in der Regierung[218] –, signalisierten Umfrageergebnisse ein weiteres Absinken in der Wählergunst unter die 30-Prozent-Marke. Durch die Erklärung, er wolle die Große Koalition auch nach der Nationalratswahl 1994 fortsetzen, versuchte sie Bundeskanzler Vranitzky taktisch zu vereinnahmen und verstärkte damit die Meinung von einer SPÖ/ÖVP-Einheitspartei.

Angesichts der offensichtlich unbedankten zweiten Regierungsrolle, die jedoch de facto in der tatsächlichen Positionierung der Politik nach 1986 eine dominierende und prägende Rolle spielte, begann Parteiobmann Busek bereits 1993 über den 1994 möglichen neuerlichen Gang in die Opposition zu räsonieren. Im Falle entsprechender Verluste sei für die ÖVP der neuerliche Gang in die Opposition zu überlegen, da es nicht der Sinn der Regierungsbildung sein könne, die Existenz der Partei zu gefährden.[219]

Die Option einer Kleinen Koalition hatte Busek auf Grund der Vorgänge um die Wahl von Christof Zernatto zum Kärntner Landeshauptmann sowie die Haltung der FPÖ in der Frage des EU-Beitritts ausgeschlossen. Damit war jedoch vorzeitig die Regierungsoption auf eine Große Koalition und das Beibehalten der Position des unbedankten Zweiten eingeengt. Gegen diese taktische Selbstbeschränkung opponierten im Frühjahr 1994 maßgebliche Teile der Partei, so ÖAAB-Obmann Höchtl, der geschäftsführende steirische Landesparteiobmann Hirschmann, Industriesprecher Martin Bartenstein und Exgeneralsekretär Kukacka. Auch Außenminister und Ehrenobmann Mock goutierte diese Festlegung Buseks nicht. Hirschmann formulierte den zentralen Einwand mit dem Hinweis, daß im Falle einer rechnerischen Möglichkeit die Bundespartei eine Kleine Koalition bilden müsse, „weil sie damit den Kanzler stellen würde". Und Kukacka ergänzte, daß die Partei in Wahrheit „die Einengung auf eine Große Koalition" nicht wünsche.[220]

Als Busek angesichts der Absage von FPÖ-Obmann Haider an das politische System der Zweiten Republik vor dem Wahlkongreß der ÖVP in Linz seine Festlegung auf eine Fortsetzung der Großen Koalition „ohne Wenn und Aber" vom 12. Juni 1994[221] mit der Bemerkung wiederholte, „mit einer solchen Partei oder besser gesagt mit einem solchen Hauptverantwortlichen läßt sich keine tragfähige und vernünftige Regierung machen"[222], erntete er zwar den Applaus der Delegierten, konnte jedoch vor dem Hintergrund sich verschlechternder Umfrageergebnisse die prinzipielle Skepsis gegenüber dieser taktischen Fixierung nicht beseitigen. So erklärten der geschäftsführende steirische Landesparteiobmann Hirschmann und der steirische Landeshauptmann Josef Krainer in einem Zeitungsinterview unisono, die ÖVP müsse „bis zum Jahr 2000 Optionen zurückerobern ... Auf eine Kurzformel gebracht: Die VP kann sich nicht dem Schicksal ergeben, auf Bundesebene ewig Zweiter zu sein."[223]

Angesichts der bevorstehenden Nationalratswahl war jedoch – trotz aller innerparteilicher taktischer Differenzen, bei denen auch zunehmend Zweifel an der

---

218 Der Standard, 10. 2. 1994. S. 5.
219 Die Presse, 12. 6. 1993. S. 5.
220 SN, 13. 5. 1994. S. 2.
221 SN, 14. 6. 1994. S. 2.
222 SVZ, 12. 9. 1994. S. 4.
223 Kronen Zeitung, 30. 8. 1994. S. 4.

Führungsqualität des Bundesparteiobmanns laut wurden – Einigkeit angesagt. Ehrenobmann Mock, seit seinen eindeutigen Positionierungen in der Dauerkrise im ehemaligen Jugoslawien sowie der erfolgreich abgeschlossenen EU-Verhandlungen der größte Sympathieträger der Partei, stellte sich demonstrativ hinter Busek mit der Bemerkung, wenn die Partei Busek nicht hätte, müßte sie ihn erfinden.[224]

Die Nationalratswahl vom 9. Oktober 1994 brachte einen „Stabilitäts- und Traditionsbruch mit nicht absehbaren Folgen" für die politische Kultur und das politische System des Landes.[225] Beide Koalitionsparteien verloren massiv, allerdings ereilte diesmal die SPÖ das Schicksal der ÖVP des Jahres 1990. Sie erlitt einen Stimmeneinbruch von 7,4 Prozent und rutschte auf 65 Mandate ab, während die ÖVP mit dem Verlust von 4,3 Prozent und dem Absacken auf 52 Mandate zwar ebenfalls empfindliche Verluste hinnehmen mußte, den Abstand zur SPÖ jedoch deutlich zu verringern vermochte. Eindeutiger Sieger waren die Oppositionsparteien FPÖ, Grüne und Liberales Forum (Mandatsstand 65 : 53 : 42 : 13 : 11). Die Ursache für diese „gigantische Verwerfung" der politischen Landschaft[226], die das generelle Ende der Großparteien manifestierte, ist in längerfristigen strukturellen Veränderungen zu suchen, zu denen im Vorfeld der Wahl akzelerierende Ereignisse wie die Diskussion um das Monatseinkommen des Kammeramtsdirektors der steirischen Arbeiterkammer hinzutraten.

Die langfristigen strukturellen Veränderungen kündigten sich seit den siebziger Jahren seismographisch über die Gemeinderats- und Landtagswahlen an und schlugen 1994 endgültig und umfassend auf die bundespolitische Ebene durch. Zur Auflösung der traditionellen Lagerbindungen und Milieus, der Individualisierung der Lebensentwürfe, rapide sinkender parteipolitischer Bindung, steigender Parteien- und Politikverdrossenheit, gepaart mit zunehmenden Ohnmachtsgefühlen und Neigungen zur Privatheit, die sich in sinkender Wahlbeteiligung und steigender Bereitschaft für alternative Optionen im Politikangebot niederschlagen, traten die Modernisierungsverlierer sowie die Furchtsamen angesichts des EU-Beitritts Österreichs und wachsender Migrationsströme. Diese wachsende diffuse Mißstimmung über das politische System erhielt durch eine im Wahlkampf geschickt inszenierte Diskussion über Privilegien im Bereich der steirischen Arbeiterkammer neue Nahrung und traf die beiden Regierungsparteien voll. Sie mußten nunmehr nicht nur an ihren Rändern, sondern vor allem in ihren ehemaligen Kernwählerschichten massive Verluste hinnehmen. Zur weitgehenden Auflösung der spezifischen traditionellen Sozialstruktur der beiden Regierungsparteien trat noch ein tiefgreifender Wandel bei den Jungwählern, unter denen SPÖ und ÖVP zusammen nur mehr 47 Prozent erreichten.

Die ÖVP mußte am Wahlabend drei Fakten zur Kenntnis nehmen:
* 188.000 ihrer Wähler/innen des Jahres 1990 waren zur FPÖ abgewandert, die die Ängste der Modernisierungsverlierer sowie der Verunsicherten und Verärgerten ansprach, während die Integrationsfähigkeit der ÖVP zunehmend abnahm.
* Sie wurde jedoch auch – wie in den späten achtziger Jahren – Leidtragende der die SPÖ betreffenden Privilegiendiskussion.

---

224 Kurier, 14. 9. 1994. S. 3.
225 So Fritz PLASSER in einer ersten Analyse. – In: Profil Nr. 41/11. 10. 1994. S. 20.
226 Peter A. ULRAM in einer ersten Analyse. – In: Profil Nr. 41/11. 10. 1994. S. 20. Zur Detailanalyse vgl. News extra 10. 10. 1994.

* Sie verlor in den letzten Tagen vor der Wahl 74.000 Wähler an Grüne und Liberales Forum. Dieses Wählersegment wollte vor allem eine unmittelbar vor der Nationalratswahl neuerlich diskutierte Möglichkeit einer ÖVP-FPÖ-Koalition verhindern. Die politische Vernunft gebot, trotz des Liebäugelns eines Teils der Partei, mit der FPÖ die Fortsetzung der Großen Koalition. Am 25. November 1994 einigten sich SPÖ und ÖVP auf ein neues Regierungsprogramm, in dessen Mittelpunkt die Sanierung der Staatsfinanzen, die durch den Konjunktureinbruch in den frühen neunziger Jahren in Unordnung geraten waren, sowie die Positionierung des Landes in der EU standen.

Als politisch brisant und mit erheblichen innenpolitischen Folgen sollte sich die Verabschiedung des sogenannten „Sparpakets" erweisen, mit dem die neue Koalitionsregierung vor allem durch ausgabenseitige Maßnahmen eine Explosion des Budgetdefizits und damit eine Gefährdung der Stabilität des Schillings verhindern wollte. Der massive Widerstand von erheblichen Teilen der jeweiligen Parteibasis veranlaßte bereits zu Jahresbeginn 1995 Spitzenrepräsentanten der Großen Koalition zu divergierenden Enunziationen über die Notwendigkeit von Korrekturen am Sparbudget. Das Sanierungsmanagement der Koalition schien angesichts des sich massierenden Widerstands der verschiedenen Interessengruppen sowie der konträren öffentlichen Modifizierungsvorschläge völlig zu versagen.

Parallel zu diesem denkbar schlechten Start der Regierung entbrannte gegen Jahresende 1994 innerhalb der ÖVP eine Führungsdiskussion, die mit einem „Kurier"-Interview des niederösterreichischen Landeshauptmanns Erwin Pröll eröffnet wurde, in dem er Richtung Parteiobmann Busek drohte, man werde „den Herrschaften in der Bundespartei ... ins Ruder" greifen.[227]

7. 1995: Das mißglückte Jubiläum oder wie man das Desaster inszeniert

Den Hintergrund der überraschenden Aussage des niederösterreichischen Landeshauptmanns und stellvertretenden Bundesparteiobmanns bildeten vor allem drei Aspekte: Die durch den EU-Beitritt anfallenden Kosten drohten die Länder und Gemeinden zu überfordern, weshalb man vor allem in den Landeshauptstädten sowie den größeren urbanen Ballungszentren den Verdacht hegte, von der Bundesregierung über die tatsächlichen Kosten des Beitritts nicht vollständig informiert worden zu sein. Zum anderen stießen die geplanten Einsparungen im Bereich der Familienpolitik sowie des Unterrichtsressorts auf den massiven Widerstand großer Teile des eigenen Klientel. In der beabsichtigten Kürzung der Mehrkinderstaffelung schien ein Kernpunkt der ÖVP-Programmatik verletzt, und bei der beabsichtigten Erhöhung der Lehrverpflichtung stieß Busek als neuer Unterrichtsminister – er hatte bei den Koalitionsverhandlungen den Tausch des Wissenschafts- gegen das Unterrichtsressort durchgesetzt – auf den entschiedenen Widerstand der vom ÖAAB dominierten Lehrergewerkschaft. Da die Große Koalition bei der Nationalratswahl 1994 die Zweidrittelmehrheit verloren hatte, konnte Busek seine Sparpläne gegen den Widerstand der Gewerkschaft sowie der Opposition nicht realisieren. Das Image des neuen

---

227 Kurier, 31. 12. 1994. S. 2.

Unterrichtsministers hatte vor allem auch in erheblichen Teilen der eigenen Basis Schaden erlitten.

Und schließlich artikulierte sich wiederum das Unbehagen von Teilen der ÖVP an der Großen Koalition, in der man sich in der Rolle des stets unbedankten Zweiten an die SPÖ gekettet empfand. Die ÖVP war und ist in ihrem Selbstverständnis vor allem Regierungspartei. Das Wagnis einer Teilnahme an einer Koalition als kleinere Regierungspartei war 1986 vor allem auf Grund des Drucks großer Teile des Parteivorstandes und gegen den Willen des damaligen Parteiobmanns Mock sowie des Salzburger Landeshauptmann Wilfried Haslauer, die für eine Kleine Koalition mit der FPÖ plädiert hatten, sowie jener des damaligen Wiener Landesparteiobmanns Busek, der für ein Verbleiben in der Opposition votierte, um spätestens 1990 als stärkste Fraktion auch die Regierungsgeschäfte hauptverantwortlich zu übernehmen, erfolgt. Seither hatte die Partei – trotz ihres bestimmenden Einflusses auf zahlreiche Parameter der Regierungspolitik – an Wählerzustimmung massiv verloren und war auf den Status einer Mittelpartei gesunken. Durch die bedingungslose Kettung an eine als strukturkonservativ empfundene SPÖ für die folgende Legislaturperiode unter einem das Verlustimage tragenden Parteiobmann Busek schien die weitere bundespolitische Talfahrt vorprogrammiert. Von einer bundespolitischen Talfahrt wurden jedoch auch die noch starken Landesparteien zunehmend in Mitleidenschaft gezogen, da das Durchschlagen bundespolitischer Trends und Stimmungslagen bei zahlreichen regionalpolitischen Urnengängen immer signifikanter wurde.

Im Vorfeld des traditionellen Dreikönigstreffens der Partei in Leopoldskron in Salzburg wurden daher zunehmend Abspaltungsgerüchte der einzelnen Landesorganisationen kolportiert. Wenngleich das Dreikönigstreffen 1995 scheinbare Einigkeit demonstrierte, erklärte Parteiobmann Busek einschränkend, er werde bei dem bevorstehenden Jubiläumsparteitag nur dann für die Funktion des Parteiobmanns neuerlich kandidieren, „wenn es einen Sinn macht".[228]

Zur Vorbereitung des Parteitages im April suchte Busek seine parteiinternen Kritiker in die bundespolitische Verantwortung einzubinden, indem die Installierung einer Konzeptkommission unter der Leitung seines stärksten Widersachers, Pröll, beschlossen wurde.[229]

Das Dreikönigstreffen hatte jedoch lediglich die Ruhe vor dem Sturm bewirkt. Das Drama des traditionellen „Obmann-Mordes" begann wenig später, als anläßlich des Rückzugs des oberösterreichischen Landeshauptmanns Josef Ratzenböck aus allen politischen Funktionen sowie dessen „Hofübergabe" an Josef Pühringer Ende Jänner 1995 ein vom designierten oberösterreichischen Landeshauptmann-Stellvertreter Christoph Leitl verantwortetes internes Strategiepapier bekannt wurde, in dem für die Zukunft der ÖVP zwei Optionen aufgezeigt wurden:

„,ÖVP ohne Zukunft' – die Koalition mit der SPÖ bleibt ebenso unangetastet wie die Zusammensetzung der Bundesparteispitze: für diesen Fall wird ein . . . Absturz der ÖVP zur dritten Kraft prognostiziert.

---

[228] SVZ, 9. 1. 1995. S. 2.
[229] Der Konzeptkommission gehörten ferner der steirische geschäftsführende Landesparteiobmann Gerhard Hirschmann, der burgenländische Landesparteiobmann Gerhard Jellasitz, der Vorarlberger Landesstatthalter Herbert Sausgruber, Wirtschaftsminister Wolfgang Schüssel, Generalsekretärin Ingrid Korosec und Parteiobmann Erhard Busek an.

‚ÖVP mit Zukunft' – es kommt zu einem personellen Wechsel in der Partei und zu einer anderen Regierungskonstellation; unter dieser Annahme wäre . . . sogar das Erringen der relativen Mehrheit bundesweit für das Jahr 1998 denkbar."[230]

Damit begann die Diskussion über einen neuen Obmann – trotz aller Treue- und Einigkeitsbeteuerungen von Leopoldskron – zu eskalieren. Die Partei bot zunehmend ein chaotisches Erscheinungsbild, für das seitens der westlichen Landesorganisation vor allem die niederösterreichische ÖVP und deren Obmann Erwin Pröll, der sich zusammen mit dem neuen oberösterreichischen Landeshauptmann Josef Pühringer als der eigentliche Widersacher Buseks profilierte, verantwortlich gemacht wurden.

Angesichts zunehmender Irritation und Kritik der Parteibasis sowie sinkender Umfragewerte beschloß der Bundesparteivorstand am 22. März die Einsetzung einer 15köpfigen Wahlvorschlagskommission unter dem Vorsitz Prölls, der neben den neun Landesparteiobmännern auch die sechs Bündeobmänner/frauen angehörten. Zu diesem Zeitpunkt war nach persönlichen Sondierungen Buseks vor allem mit dem steirischen Landeshauptmann Josef Krainer dem noch amtierenden Bundesparteiobmann klargeworden, daß seine Wiederwahl auf dem bevorstehenden Bundesparteitag so gut wie ausgeschlossen war. Stellvertretend für viele Busek-Kritiker erklärte der oberösterreichische Landeshauptmann Pühringer nach seiner Berufung in die Wahlvorschlagskommission, daß ein Anti-Busek-Kurs „die Meinung vieler Funktionäre wiedergeben könnte".[231]

In dieser Situation entschloß sich Busek zu einem geschickten taktischen Vorgehen. Obwohl er wußte, daß seine Wiederwahl am Parteitag unmöglich geworden war, erklärte er demonstrativ, sich auch einer Kampfabstimmung stellen zu wollen. Das eigentliche Ziel dieses Vorgehens war die Sicherung der Fortsetzung seiner politischen Konzeption, d. h. einer bürgerlich-liberal-konservativen und urbanen Politik und einer Positionierung der ÖVP in der Mitte des politischen Spektrums. Unterstützt wurde er mit diesem Vorhaben von demoskopischen Erhebungen, die der ÖVP nur in diesem Fall die Rückeroberung der Mehrheitsfähigkeit bescheinigten.

Der Garant einer solchen Politik schien Busek Wirtschaftsminister Wolfgang Schüssel, der geschickt aus der folgenden Diskussion weitgehend ausgeblendet wurde, während der oberösterreichische Landeshauptmann-Stellvertreter Christoph Leitl, Klubobmann Andreas Khol und Verteidigungsminister Wolfgang Fasslabend als mögliche Kandidaten von den jeweiligen Gruppen medienwirksam in Position gebracht wurden.

Die in aller Öffentlichkeit geführte Diskussion ließ die ÖVP in Umfrageergebnissen erstmals hinter die FPÖ an die dritte Stelle absacken. Dies veranlaßte den ebenfalls kurz in die Diskussion gebrachten EU-Kommissar und ehemaligen Landwirtschaftsminister Franz Fischler zu der Bemerkung, daß man in der ÖVP damit anfangen müsse, „ein Minimum an Kultur" zu schaffen, „daß die Leute wieder miteinander umgehen können".[232]

---

230 Kurier, 27. 1. 1995. S. 2.
231 Der Standard, 23. 3. 1995. S. 6.
232 Profil Nr. 12/20. 3. 1995. S. 26.

Am Vorabend des Parteitages wurde klar, daß als ernsthafte Kandidaten nur mehr Leitl, Khol und Schüssel zur Disposition standen. Während die ostösterreichischen Landesorganisationen inklusive Oberösterreichs sowie der ÖAAB in den Abendstunden des 17. April, dem Gründungstag der Partei, in einer Probeabstimmung der Wahlvorschlagskommission paritätisch für Leitl und Khol votierten (je drei Stimmen, eine Stimme entfiel auf den in letzter Minute von Pröll in die Diskussion gebrachten Vorsitzenden der österreichischen Rektorenkonferenz, Johannes Hengstschläger), entfielen acht Stimmen auf Schüssel. Für ihn hatten sich zur Überraschung Prölls die westlichen und südlichen Landesorganisationen sowie der Wirtschafts- und Bauernbund ausgesprochen. Die Rechnung der ostösterreichischen Vertreter in Richtung einer Erneuerung der Bundespartei aus den Ländern heraus war nicht aufgegangen. Zudem signalisierten die Umfrageergebnisse für Schüssel die weitaus höchste Akzeptanz unter allen Kandidaten, so daß sich die Kommission am Ostermontag um 23 Uhr zur einstimmigen Nominierung Schüssels entschloß.

Der 30. Parteitag am 21. April 1995 in der Wiener Hofburg wählte nach den vorhergegangenen Turbulenzen mit sichtlicher Erleichterung Wolfgang Schüssel mit 95,5 Prozent zum neuen Parteiobmann.[233] Nach dem desaströsen Erscheinungsbild der ÖVP im Vorfeld der Obmannsuche konnte man sich mit der historischen Analogie trösten. Am 17. April 1945 hatten im Schottenstift 15 Männer die ÖVP gegründet, 50 Jahre später wählten 14 Männer und eine Frau einen neuen Obmann, der 1945 geboren wurde und acht Jahre lang die Schulbänke des Schottengymnasiums gedrückt hatte. Historische Analogien besitzen allerdings nur sehr bedingt Aussagekraft, ihre Realisierung ist stets das Ergebnis des Handelns der Akteure. Sie sind für die Zukunft der ÖVP unter den geänderten und streßhafteren Rahmenbedingungen der politischen Kultur der Zweiten Republik im ausgehenden 20. Jahrhundert gefordert, um auch nach der Jahrtausendwende Politik für dieses Land mit verantwortlich gestalten zu können.

---

233 Ebenso wählte der Bundesparteitag mit mehr als 90prozentiger Zustimmung die neuen Stellvertreter/innen Schüssels, den Vorsitzenden der Präsidentenkonferenz der Landwirtschaftskammern Rudolf Schwarzböck sowie die Landesrätinnen Waltraud Klasnic (Steiermark) und Dr. Elisabeth Zanon (Tirol).
Bereits zuvor hatte der Bundesparteivorstand die neuen Generalsekretäre Maria Rauch-Kallat und Othmar Karas bestätigt. Wenig später nahm Schüssel als designierter Vizekanzler eine umfangreiche Umbildung des ÖVP-Regierungsteams vor. Alois Mock schied als Außenminister aus. Ihm folgte Schüssel als neuer Außenminister. Zu seiner Unterstützung wurde Benita Ferrero-Waldner, Protokolleiterin der UNO, als Staatssekretärin ins Außenamt berufen. Erhard Busek schied auch aus dem Unterrichtsressort aus und wurde durch die Vorarlberger Landesrätin Elisabeth Gehrer ersetzt. Im Wirtschaftsministerium folgte Schüssel der bisherige Staatssekretär im Finanzministerium, Johannes Ditz, während der bisherige Staatssekretär im Verkehrsministerium Martin Bartenstein Maria Rauch-Kallat als Umweltminister folgte. Gerhard Schäffer blieb Staatssekretär für Sportangelegenheiten. Wilhelm Molterer Landwirtschafts- und Werner Fasslabend Verteidigungsminister.

7. Resümee

Die politikwissenschaftliche Analyse entwickelte drei mögliche Szenarien für die Zukunft der Volkspartei. Die negativen Szenarien sehen die Möglichkeit einer Dismembration in einzelnen Interessengruppen, d. h. das Auseinanderbrechen entlang der jeweiligen bündischen Klientel, oder das Schrumpfen auf abnehmende Bevölkerungsgruppen wie Bauern, Gewerbetreibende, regelmäßige Kirchgänger und damit ein Absinken auf eine permanente 20- bis 25-Prozent-Marke. Das positive Szenario sieht in den massiven Stimmenverlusten seit 1986 ein temporäres Tief auf Grund einer Pendelbewegung einer mobiler gewordenen Wählerschaft, die die Positiva der Großen Koalition der größeren Regierungspartei bzw. deren Spitzenkandidaten, die Negativa hingegen dem kleineren Koalitionspartner zuschreibt. Im Sinne der Pendelbewegung ist, bei entsprechend günstiger Selbstdarstellung und Beseitigung von Schwachstellen, ein Ausschlagen in die andere Richtung sowie die Wiedererringung des Status einer Großpartei sowie der Kanzlerschaft möglich.[234] Die Zukunft der ÖVP liegt im Status der „Volkspartei". Volksparteien sind Mischtypen, die im Unterschied zu reinen Interessenparteien „weder strukturell-funktional einheitlich noch nach bestimmten Merkmalen ‚durchorganisiert'" sind. Sie vereinen Elemente der „(älteren) demokratischen Massenintegrationsparteien, der hochtechnisierten Apparatpartei und einer Milieupartei" und repräsentieren somit „ein lose verbundenes System im Sinne eines Neben- und Miteinanders typologisch verschiedener Strukturelemente..." Auf Grund dieser Strukturelemente sind sie „im Innern vielfach segmentiert, fragmentiert und parzelliert... Und das gilt auch für die Führungsstäbe dieser Großparteien, trotz der hierarchischen Stellung, die sie in der Gesamtpartei haben. Die innere typologische Vielfältigkeit und strukturelle Fragmentierung und Parzellierung... wird durch die föderative Struktur... und durch unterschiedliche sozioökonomische, politisch-kulturelle Gegebenheiten in den Bundesländern zumindest abgestützt".[235] Diese strukturellen Bedingungen prädestinieren Volksparteien zu Regierungsparteien und lassen sie nur sehr bedingt als Oppositionsparteien geeignet erscheinen. Längere Oppositionsphasen beinhalten die Gefahr der Desintegration und stellen hohe Anforderungen an die Integrationsfähigkeit der Parteiführung. Die verschiedenen Strukturelemente des Typus „Volkspartei" erklären auch die Schwierigkeiten und Widersprüchlichkeiten konzeptioneller Antworten auf politische Problemstellungen. In ihnen spiegelt sich, im Unterschied zu reiner Interessenpartei, die Vielfalt gesellschaftlicher Realität wider. Ihr Verschwinden durch Auflösung in segmentierte reine (partielle) Interessenparteien würde Politik ihrer Kontinuität durch Konsens und damit ihrer Berechenbarkeit berauben. Dieses Szenario impliziert eine grundlegende Transformation des Parteiensystems sowie eine Änderung der politischen Kultur und damit auch die Verabschiedung von der konsensualen Verpflichtung auf das Gemeinwohl. Diese Systemtransformation widerspricht den empirischen Befunden der politischen Demoskopie, die trotz steigender Politikverdrossenheit hohe Systemzufriedenheit signalisiert.

---

234 Wolfgang C. MÜLLER: Die Österreichische Volkspartei. – In: Handbuch des politischen Systems Österreichs. S. 227–246. S. 244 f.
235 Rudolf WILDMANN: Volksparteien. Ratlose Riesen? – Baden-Baden 1989. S. 36 f.

Das historische Verdienst, dieses freiheitlich-demokratisch-wohlfahrtsstaatliche System, das dem Land einen in seiner Geschichte noch nie gekannten Wohlstand sowie sozialen und politischen Frieden brachte, in den letzten 50 Jahren maßgeblich mitgestaltet zu haben, ist kein Wechsel auf die (partei-)politische Zukunft. Dankbarkeit und – wenn auch in etwas abgeschwächterer Form – historische Reflexionen sind keine politischen Kategorien. „Politik ist kein Ort der Geborgenheit."[236]

Der Blick in die Geschichte lehrt allerdings, daß Parteien nur dann erfolgreich Politik zu gestalten vermögen, wenn sie dem gesellschaftlichen Wandel mit konzeptioneller und praktischer Effizienz zu begegnen wissen. Daß dies für die Volksparteien auf Grund ihrer strukturellen Vielfalt schwieriger ist, steht außer Zweifel. Zum anderen aber haben nur sie auf Grund eben dieser Vielfalt sowie ihrer Verpflichtung auf das Gemeinwohl die historische Chance, den für Politik notwendigen Ordnungsrahmen zu schaffen und Politik jene Kontinuität und Berechenbarkeit zu verleihen, die für ihr Funktionieren unerläßlich ist. Erst im Falle ihres Abhandenseins rücken diese Faktoren schmerzlich ins allgemeine Bewußtsein.

Anhang: Kurzbiographien

Bei den Kurzbiographien sind nur die wichtigsten Funktionen nach 1945 berücksichtigt.

BARTENSTEIN, Dr. Martin (geb. 1953)
    1994–1995 Staatssekretär im Verkehrsministerium, seit 1995 Umweltminister.
BOBLETER, Dr. Carl (1912–1984)
    1964–1968 Staatssekretär im Außenministerium.
BOCK, Dr. Fritz (1911–1994)
    1947–1953 Generalsekretär des ÖAAB, 1952–1955 Staatssekretär im Bundesministerium für Handel und Wiederaufbau, 1955–1956 Staatssekretär im Finanzministerium, 1956–1968 Bundesminister für Handel und Wiederaufbau, 1966–1968 Vizekanzler.
BUMBALLA, Raoul (1895–1947)
    1945 Unterstaatssekretär für Inneres in der provisorischen Regierung Renner und stellvertretender Bundesparteiobmann der ÖVP.
BUSEK, Dr. Erhard (geb. 1941)
    1972–1976 Generalsekretär des Österreichischen Wirtschaftsbundes, 1975–1976 Generalsekretär der ÖVP, 1976–1989 Landesparteiobmann der Wiener ÖVP, 1978–1987 Wiener Vizebürgermeister, seit 1989 Bundesminister für Wissenschaft und Forschung, 1991-1995 Vizekanzler und Bundesparteiobmann der ÖVP.
DENK, Univ.-Prof. Dr. Wolfgang (1882–1970)
    1957 Kandidat von ÖVP und FPÖ für die Bundespräsidentenwahl.
DITZ, Johannes Dr. rer. soc. oec. (geb. 1951)
    Seit 1995 Wirtschaftsminister

---

236 Heinrich OBERREUTER: Parteien – zwischen Nestwärme und Funktionskälte. – Zürich 1983. S. 123.

DRIMMEL, Heinrich Dr. (1912–1991)
    1954–1964 Unterrichtsminister, 1964–1969 Vizebürgermeister von Wien.
FASSLABEND, Dr. Werner (geb. 1944)
    Seit 1990 Verteidigungsminister.
FERRERO-WALDNER, Benita Dr. jur. (geb. 1948)
    Seit 1995 Staatssekretärin im Außenministerium
FIGL, Dipl.-Ing. Leopold (1902–1965)
    1945–1952 Bundesparteiobmann der ÖVP, 1945 Staatssekretär ohne Portefeuille in der provisorischen Regierung Renner, 1945–1953 Bundeskanzler, 1953–1959 Außenminister, 1945 und 1959–1965 Landeshauptmann von Niederösterreich.
FLEMMING, Dr. Marilies (geb. 1933)
    1977–1984 Generalsekretärin der Österreichischen Frauenbewegung, 1987–1991 Bundesministerin für Familie und Umwelt.
GEHRER, Elisabeth (geb. 1942)
    1989–1990 stellvertretende Vorarlberger Landtagspräsidentin. 1990–1995 Vorarlberger Landesrätin für Schulwesen. Seit 1995 Unterrichtsministerin.
GLEISSNER, Dr. Heinrich (1893–1984)
    1945–1971 Landeshauptmann von Oberösterreich, 1951 Kandidat der ÖVP zur Bundespräsidentenwahl.
GORBACH, Dr. Alfons (1898–1972)
    1945–1964 Landesparteiobmann der steirischen ÖVP, 1945–1953 und 1956–1961 Dritter Präsident des Nationalrats, 1960–1963 Bundesparteiobmann der ÖVP, 1961–1964 Bundeskanzler. 1965 Kandidat der ÖVP zur Bundespräsidentenwahl. 1965–1972 Ehrenobmann der ÖVP.
GRAF, Robert (geb. 1929)
    1987–1989 Bundesminister für Handel, Gewerbe und Energie.
GRAFF, Dr. Michael (geb. 1937)
    1982–1987 Generalsekretär der ÖVP.
GRUBER, Dr. Karl (geb. 1909)
    1945 Landeshauptmann von Tirol, 1945 Unterstaatssekretär für Äußeres in der provisorischen Regierung Renner, 1945–1953 Außenminister, 1966–1969 Staatssekretär im Bundeskanzleramt.
HARTMANN, Dipl.-Ing. Eduard (1904–1966)
    1946–1966 Direktor des niederösterreichischen Bauernbundes. 1959–1964 Landwirtschaftsminister, 1965–1966 Landeshauptmann von Niederösterreich.
HETZENAUER, Dr. Franz (geb. 1911)
    1963–1966 Staatssekretär für Justiz, 1966–1968 Innenminister.
HÖCHTL, Mag. Dr. Josef (geb. 1947)
    1972–1981 Bundesobmann der Jungen ÖVP, seit 1991 Obmann des ÖAAB.
HUBINEK, Dr. Marga (geb. 1926)
    1986–1990 Zweite Nationalratspräsidentin.
HURDES, Dr. Felix (1901–1974)
    1945–1952 Generalsekretär der ÖVP, 1945–1952 Unterrichtsminister, 1953–1959 Erster Präsident des Nationalrats, 1962–1966 Klubobmann der ÖVP.

KAMITZ, Dr. Reinhard (1907–1993)
    1952–1960 Finanzminister, 1953–1969 Präsident des Österreichischen Akademikerbundes, 1960–1968 Präsident der Oesterreichischen Nationalbank.
KARAS, Othmar (geb. 1958)
    1981–1990 Bundesobmann der Jungen ÖVP. Seit 1995 Generalsekretär der ÖVP.
KLASNIC, Waltraud (geb. 1945)
    Seit 1993 Landeshauptmann-Stellvertreterin der Steiermark. Seit 1995 stellvertretende Bundesobfrau der ÖVP.
KLAUS, Dr. Josef (geb. 1910)
    1949–1961 Landeshauptmann von Salzburg, 1961–1963 Finanzminister, 1963–1970 Bundesparteiobmann der ÖVP, 1964–1970 Bundeskanzler.
KLESTIL, Dr. Thomas (geb. 1932)
    1978–1982 österreichischer Botschafter bei den Vereinten Nationen, 1982–1987 österreichischer Botschafter in Washington, 1987–1992 Generalsekretär des Außenministeriums, seit 1992 Bundespräsident.
KOHLMAIER, Dr. Herbert (geb. 1934)
    1971–1976 Generalsekretär der ÖVP, 1979–1987 Obmann des ÖAAB.
KORINEK, Dr. Franz (1907–1985)
    1950–1966 Generalsekretär der Bundeswirtschaftskammer, 1963–1964 Finanzminister.
KOREN, Univ.-Prof. Dr. Stephan (1919–1988)
    1967–1968 Staatssekretär im Bundeskanzleramt, 1968–1970 Finanzminister, 1970–1978 Klubobmann der ÖVP, 1978–1988 Präsident der Oesterreichischen Nationalbank.
KOROSEC, Ingrid (geb. 1940)
    1991–1995 Generalsekretärin der ÖVP.
KÖNIG, DDr. Fritz (geb. 1933)
    1987–1990 Klubobmann der ÖVP.
KUKACKA, Mag. Helmut (geb. 1946)
    1977–1986 Landesparteisekretär der oberösterreichischen ÖVP, 1986–1987 Landesrat für Bauten und Umweltschutz, 1987–1990 Generalsekretär der ÖVP.
KUNSCHAK, Leopold (1871–1953)
    1945–1953 Erster Präsident des Nationalrates, 1945 Vizebürgermeister von Wien.
LANNER, Dipl.-Ing. Dr. Sixtus (geb. 1934)
    1969–1976 Direktor des Österreichischen Bauernbundes, 1976–1982 Generalsekretär der ÖVP, seit 1982 Vizepräsident der UECD.
LICHAL, Dr. Robert (geb. 1932)
    1987–1990 Verteidigungsminister, 1990–1994 Zweiter Präsident des Nationalrates, 1987–1991 Obmann des ÖAAB.
LUGGER, Dr. Alois (geb. 1912)
    1947–1949 und 1953–1954 Tiroler Landesrat, 1956–1983 Bürgermeister von Innsbruck, 1974 Kandidat der ÖVP zur Bundespräsidentenwahl.
MADERTHANER, Ing. Leopold (geb. 1935)
    Seit 1990 Präsident der Bundeswirtschaftskammer, seit 1989 Obmann des Österreichischen Wirtschaftsbundes.

MAIER, Dr. Ferdinand (geb. 1951)
1983–1989 Landesparteisekretär der Wiener ÖVP, 1991–1993 Generalsekretär der ÖVP.

MALETA, Dr. Alfred (1906–1990)
1945–1955 Landesobmann des oberösterreichischen ÖAAB, 1952–1960 Generalsekretär der ÖVP, 1953–1962 Klubobmann der ÖVP, 1960–1971 Bundesobmann des ÖAAB, 1961–1962 Dritter Präsident des Nationalrats, 1962–1970 Erster Präsident des Nationalrats, 1970–1975 Zweiter Präsident des Nationalrats, 1972–1989 Präsident der Politischen Akademie der ÖVP.

MARGARETHA, Dr. Eugen (1885–1963)
1949–1952 Finanzminister, 1952–1960 Präsident der Oesterreichischen Nationalbank.

MINKOWITSCH, Dr. Roland (1920–1986)
1968–1970 Staatssekretär im Innenministerium, 1970–1980 Präsident des Österreichischen Bauernbundes, 1975–1986 Zweiter Präsident des Nationalrates.

MITTERER, Otto (geb. 1911)
1968–1970 Handelsminister, 1970–1975 Präsident der Wiener Handelskammer.

MOCK, Dr. Alois (geb. 1934)
1969–1970 Unterrichtsminister, 1971–1979 Obmann des ÖAAB, 1978–1986 Klubobmann der ÖVP, 1979–1989 Bundesparteiobmann der ÖVP, 1986–1989 Vizekanzler, seit 1989 Ehrenobmann der ÖVP, 1986–1995 Außenminister, seit 1979 EDU-Vorsitzender, seit 1983 IDU-Vorsitzender.

MOLTERER, Mag. Wilhelm (geb. 1955)
1989–1994 Direktor des Österreichischen Bauernbundes, 1994 Generalsekretär der ÖVP. Seit 1994 Landwirtschaftsminister.

NEISSER, Hon.-Prof. Dr. Heinrich (geb. 1936)
1969–1970 Staatssekretär im Bundeskanzleramt, 1987–1989 Bundesminister für Föderalismus und Verwaltungsreform, seit 1990 Klubobmann der ÖVP.

PERNTER, Dr. Hans (1887–1951)
1945 geschäftsführender Obmann der ÖVP.

PISA, Karl (geb. 1924)
1968–1969 Staatssekretär im Bundeskanzleramt, 1969–1972 stellvertretender Generalsekretär der ÖVP.

PIFFL-PERCEVIC, Dr. Theodor (geb. 1911)
1964–1969 Unterrichtsminister.

PRADER, Dr. Georg (1917–1985)
1966–1975 Landesparteiobmann des niederösterreichischen AAB, 1964–1970 Verteidigungsminister.

RAAB, Ing. Julius (1891–1964)
1945–1963 Obmann des Österreichischen Wirtschaftsbundes, 1945–1959 Landesparteiobmann der niederösterreichischen ÖVP, 1946–1964 Präsident der Bundeswirtschaftskammer, 1953–1961 Bundeskanzler, 1952–1960 Bundesparteiobmann der ÖVP, 1945–1953 Klubobmann der ÖVP, 1963 Kandidat der ÖVP zur Bundespräsidentenwahl.

RAUCH-KALLAT, Maria (geb. 1949)
1992–1995 Umweltministerin. Seit 1995 Generalsekretärin der ÖVP.

REHOR, Grete (1910–1987)
  1966–1970 Sozialministerin.
REITHER, Josef (1880–1950)
  1945–1949 Landeshauptmann von Niederösterreich.
RIEGLER, Dipl.-Ing. Josef (geb. 1938)
  1980–1983 Direktor des Österreichischen Bauernbundes, 1983–1987 steirischer Landesrat für Land- und Forstwirtschaft, 1987–1989 Landwirtschaftsminister, 1989–1991 Bundesminister für Föderalismus und Verwaltungsreform sowie Vizekanzler, 1989–1991 Bundesparteiobmann der ÖVP.
SALLINGER, Rudolf (1916–1992)
  1964–1990 Präsident der Bundeswirtschaftskammer und des Österreichischen Wirtschaftsbundes.
SCHÄFFER, Mag. phil. Gerhard (geb. 1942)
  Seit 1994 Staatssekretär für Sportangelegenheiten.
SCHLEINZER, Dr. Karl (1924–1975)
  1959–1970 Landesparteiobmann der Kärntner ÖVP, 1961 Kärntner Landesrat für Land- und Forstwirtschaft, 1961–1964 Verteidigungsminister, 1964–1970 Landwirtschaftsminister, 1970–1971 Generalsekretär der ÖVP, 1971–1975 Bundesparteiobmann der ÖVP.
SCHMITZ, Dr. Wolfgang (geb. 1923)
  1964–1968 Finanzminister, 1968–1973 Präsident der Oesterreichischen Nationalbank.
SCHÜSSEL, Dr. Wolfgang (geb. 1945)
  1975–1989 Generalsekretär des Österreichischen Wirtschaftsbundes, 1979–1995 Bundesminister für wirtschaftliche Angelegenheiten. Seit 1995 Vizekanzler, Außenminister und Bundesparteiobmann der ÖVP.
SCHWARZBÖCK, Rudolf (geb. 1948)
  1989–1991 und seit 1995 stellvertretender Bundesobmann der ÖVP. Seit 1990 Vorsitzender der Präsidentenkonferenz der Landwirtschaftskammern.
SOLONAR, Dr. Raimund (geb. 1948)
  1990–1991 Generalsekretär der ÖVP.
SORONICS, Dr. Franz (geb. 1920)
  1963–1966 Staatssekretär im Innenministerium, 1966–1968 Staatssekretär im Sozialministerium, 1968–1970 Innenminister.
STEINBAUER, Heribert (geb. 1935)
  1967–1970 stellvertretender Generalsekretär der ÖVP.
STEINER, Dr. Ludwig (geb. 1922)
  1961–1964 Staatssekretär im Außenministerium, seit 1989 Präsident der Politischen Akademie der ÖVP.
TAUS, Dr. Josef (geb. 1933)
  1966–1967 Staatssekretär im Bundesministerium für Verkehr und verstaatlichte Unternehmungen, 1967–1975 Vorsitzender des Aufsichtsrats der ÖIAG, 1975–1979 Bundesparteiobmann der ÖVP.
TUPPY, Univ.-Prof. Dr. Hans (geb. 1924)
  1987–1989 Wissenschaftsminister.

WALDHEIM, Dr. Kurt (geb. 1918)
1962–1968 und 1970–1971 österreichischer Botschafter bei den Vereinten Nationen, 1968–1970 Außenminister, 1971 Kandidat der ÖVP zur Bundespräsidentenwahl, 1971–1981 Generalsekretär der Vereinten Nationen, 1986–1992 Bundespräsident.

WALLNER, Josef (1902–1974)
1960–1970 Präsident des Österreichischen Bauernbundes.

WEINBERGER, Lois (1902–1961)
1945 Unterstaatssekretär für soziale Verwaltung in der provisorischen Staatsregierung Renner, 1945–1947 Minister ohne Portefeuille, 1945–1958 Landesparteiobmann der Wiener ÖVP, 1945–1960 Obmann des ÖAAB, 1946–1959 Vizebürgermeister von Wien und amtsführender Stadtrat für Gesundheitswesen.

WITHALM, Dr. Hermann (geb. 1912)
1956–1959 Staatssekretär im Finanzministerium, 1960–1970 Generalsekretär der ÖVP, 1966–1970 Klubobmann der ÖVP, 1968–1970 Vizekanzler, 1970–1971 Bundesparteiobmann der ÖVP, 1972–1988 Obmann des ÖVP-Seniorenbundes.

ZANON, Elisabeth Dr. med. (geb. 1956)
Seit 1994 Tiroler Landesrätin für Gesundheit, Familie, Frauen, Jugend und Senioren. Seit 1995 stellvertretende Bundesobfrau der ÖVP.

Robert Kriechbaumer **Programme und Programmdiskussionen**

Die politikwissenschaftliche Diskussion unterscheidet zwischen Grundsatz-, Aktions- und Wahlprogrammen politischer Parteien. Grundsatzprogramme zielen auf eine mittlere und längere Perspektive gesellschaftspolitischen Handelns, „werden nur nach jahrelangen intensiven theoretischen Debatten auf speziellen Programmparteitagen beschlossen und bleiben für Jahrzehnte unverändert in Kraft".[1] Aktionsprogramme basieren auf grundsatzpolitischen Positionen und präzisieren diese in bestimmten Politikfeldern (z. B. die vier Aktionsprogramme der ÖVP zur „Lebensqualität", die zwischen 1973 und 1975 auf Basis des „Salzburger Programms" von Expertenteams erstellt wurden). Sie wenden sich sowohl an Parteifunktionäre wie an die interessierte Öffentlichkeit. Wahlprogramme werden für eine Gesetzgebungsperiode erstellt und wenden sich in knappen, schlagwortartigen Formulierungen direkt an den Wähler. Alle drei Programmtypen verzeichnen eine jeweils eigene typische Genesis. Grundsatzprogramme basieren auf einem breiten innerparteilichen Diskussionsprozeß, zu dem möglichst viele Parteimitglieder sowie parteinahe Experten eingeladen werden. Sie werden nach den Zwischenstadien eines Entwurfes und einer ersten revidierten Fassung auf einem Programmparteitag beschlossen. Aktionsprogramme werden hingegen von Expertenteams erarbeitet und vom Parteivorstand verabschiedet, während Wahlprogramme in der Regel vom jeweiligen Parteivorstand bzw. dem Parteiobmann und dessen engsten Mitarbeitern erarbeitet und – meistens nach Konsultation einer Werbeagentur – beschlossen werden.

Die hier vorliegende Untersuchung widmet sich hauptsächlich den Grundsatzprogrammen der ÖVP.[2]

Die Kontinuität der klassischen Lager inklusive ihrer spezifischen Milieus und Mentalitäten prägte die politische Kultur der Zweiten Republik bis in die siebziger Jahre. Versäulung und Fragmentierung[3] prägten die Determinanten des Wahlverhaltens und der Werthaltungen und verliehen dem österreichischen Parteiensystem außerordentliche Stabilität. Die historischen Überhänge in der politischen Kultur der Zweiten Republik restituierten nicht nur die klassischen politischen Lager, sondern auch deren politische Organisationsformen, die Weltanschauungsparteien. Sie prägen stabile, weitgehend vormoderne Gesellschaften und offerieren geschlossene und umfassende Erklärungsmuster gesellschaftlicher Verhältnisse und historischer Ab-

---

1 Franz HORNER: Programme – Ideologien: Dissens oder Konsens. – In: Herbert DACHS u. a. (Hg.): Handbuch des politischen Systems Österreichs. – Wien 1991. S. 197–209. S. 199.
2 Die Wahlprogramme von ÖVP, SPÖ und FPÖ hat Franz Horner mit Hilfe der Faktorenanalyse über den Zeitraum von 1949 bis 1979 analysiert. Vgl. HORNER: Programme – Ideologien. – In: Handbuch des politischen Systems Österreichs. S. 197–209. S. 201 ff.
3 Rudolf STEININGER: Polarisierung und Integration. Eine vergleichende Untersuchung der strukturellen Versäulung der Gesellschaft in den Niederlanden und in Österreich. – Meisenheim am Glan 1975.

läufe, gerieren sich als Sinnstiftungsagenturen. Ideologische Erklärungsmuster dienen vor allem der Integration und Identifikation, bilden somit den wesentlichen Bestandteil der Innenfunktion von Parteiprogrammen. Heino Kaack hat in seiner Studie über das deutsche Parteiensystem zwischen der Außen- und Innenfunktion von Parteiprogrammen unterschieden. Sie hätten die Aufgabe, „nach außen zu wirken und . . . das innere Gefüge der Parteien zu gestalten".[4]

Die wichtigste Außenfunktion besteht in der Stabilisierung des eigenen Klientels (Stamm- oder Kernwähler) sowie der Gewinnung neuer Wähler. Der ökonomische Modernisierungsschub nach 1945 lockerte die vormodernen traditionellen Rahmenbedingungen der österreichischen Gesellschaft und initiierte eine sich akzellerierende gesellschaftliche Wandlungsdynamik, die Österreich allmählich mit dem industrialisierten Westen sowie dessen demokratischen Systemen akkordierte. Dieser zunehmende soziökonomische und mentale Gleichklang zwang die klassischen Weltanschauungsparteien zur Reaktion. Sie mutierten infolge einer Modernisierungsstrategie zu Volksparteien, adaptierten andere ideologische Traditionen, öffneten sich dem Wählermarkt, ohne allerdings die eigenen Traditionen völlig über Bord zu werfen.

Für beide österreichische Großparteien gilt eine additive Adaption im Bereich programmatischer Aussagen, die zu markanten Veränderungen auf der politischen Rechts-links-Achse führte. Trotz aller Einwände[5] ist sie nach wie vor ein dominierendes „politisches Wahrnehmungs- und Interpretationsmuster".[6] Demoskopische Befunde diagnostizieren vor dem Hintergrund des gesellschaftlichen Wandels nicht nur eine Dekonzentration des Parteiensystems sowie eine generelle Abnahme der Parteibindungen inklusive zunehmender Wechselwählerbereitschaft, sondern auch eine „grundlegende Veränderung . . . in der Perzeption der ideologischen Positionen der einzelnen Akteure im österreichischen Parteiensystem. SPÖ und ÖVP, die . . . noch Mitte der achtziger Jahre ein erkennbares Profil als linker oder rechter Flügel im Parteienspektrum aufwiesen, rücken in der Sichtweite der Bevölkerung immer enger in die Mitte zusammen. Dem entspricht auch eine gleichlaufende Tendenz in der Mehrheit der Bevölkerung (wie der Wählerschaft der Traditionsparteien): Eine rechte und linke Selbstverortung wird 1992 nur mehr von einem Viertel vorgenommen (1976 noch von 40 Prozent); umgekehrt verstärkt sich der Zug zur Mitte . . ."[7]

Gleichzeitig rückten die Oppositionsparteien FPÖ und GAL an die Ränder des ideologischen Spektrums, verliehen diesen an Schärfe.

---

4 Heino KAACK: Geschichte und Struktur des deutschen Parteiensystems. – Opladen 1971. S. 402.
5 Klaus VON BEYME: Ein Paradigmawechsel aus dem Geist der Naturwissenschaften: Die Theorien der Selbststeuerung von Systemen (Autopoisis). – In: Journal für Sozialforschung 1/1991. S. 3–24. Bereits Mitte der achtziger Jahre diagnostizierte John Naisbitt den Megatrend des Verschwindens des politischen Rechts-links-Schemas. Vgl. John NAIBITT: Megatrends. Ten New Directions Transforming Our Lives. – New York 1984.
6 David F. J. CAMPBELL: Die Dynamik der politischen Links-rechts-Schwingungen in Österreich. – In: ÖZP 2/1992. S. 165–179. S. 168.
7 Fritz PLASSER, Peter A. ULRAM: Überdehnung, Erosion und rechtspopulistische Reaktion. Wandlungsfaktoren des österreichischen Parteiensystems im Vergleich. – In: ÖZP 2/1992. S. 147–164. S. 154:

Der soziokulturelle Wandel führte seit den siebziger Jahren zur Erosion der traditionellen politischen Subkulturen und Milieus, von der zunächst die christlich-sozial-konservative und seit den späten achtziger Jahren auch die sozialdemokratische betroffen wurde. Der Wandel der Mentalitäten durch die Homogenisierung der Lebensstile, das Verblassen der Milieus[8] und die geänderte Perzeption des politischen Kommunikationsprozesses durch die Massenmedien[9] führten zum Schwinden traditioneller ideologischer Deutungsmuster. Die geänderten Wettbewerbsbedingungen werfen die Frage nach dem Stellenwert von Programmen auf. Plasser/Ulram diagnostizierten 1992 am Beispiel der Wähler der FPÖ, daß die Perzeption der ideologischen Position der zu wählenden Partei „ohne große Bedeutung für die wahlpolitische Entscheidungsfindung relevanter Teile der Wählerschaft" sei.[10] Erfolg verspreche vielmehr „die Politisierung von politischer Entfremdung und Parteienverdrossen-

Selbsteinschätzung der österreichischen Wählerschaft auf der Rechts-links-Achse (1976–1992)

Gesamt-bevölke-rung in %	sehr links	eher links	links (1 + 2)	Mitte (3)	rechts (4 + 5)	eher rechts	sehr rechts	weiß nicht keine Ang.	Mittel-wert ($\bar{x}$ 1–5)
1976	3	16	19	40	26	21	5	15	3,09
1985	1	10	11	49	20	17	3	21	3,13
1992	2	12	14	50	15	13	2	22	3,01

Quelle: Fessel + GfK. Politische Indikatoren.

Perzipierte Position der Parteien auf der Rechts-links-Achse (1976–1992)

Mittelwerte ($\bar{x}$ 1–5)	GRÜNE	SPÖ	ÖVP	FPÖ
1976	*	2,31	3,86	3,22
1985	*	2,34	3,82	3,37
1992	2,40	2,52	3,51	3,80

Quelle: Fessel + GfK. Politische Indikatoren.
CAMPBELL kam bei einer Expertenbefragung zu folgenden Ergebnissen: (CAMPBELL: Die Dynamik der politischen Links-rechts-Schwingungen in Österreich. S. 169.)

Die Position der österreichischen politischen Parteien auf einer Links-rechts-Skala (0–10 mit 0 als „ultra-links", 10 „ultra-rechts" und mit 5 als „neutrales Zentrum" in der Mitte) 1975, 1985, 1991 und eine Prognose für 1995

	1975	1985	1991	1995
KPÖ	2,29	2,41	2,08	–
ALÖ/GA	–	2,27	3,12	3,21
SPÖ	3,15	4,13	4,31	4,67
ÖVP	6,08	6,25	6,15	6,00
VGÖ	–	6,63	6,68	–
FPÖ	7,00	7,25	8,27	7,92

8 Gerhard SCHULZE: Die Erlebnisgesellschaft. Kultursoziologie der Gegenwart. – Frankfurt am Main/New York 1993.
9 Fritz PLASSER: Massenmedien. – In: Handbuch des politischen Systems Österreichs. S. 419–432. Hans Heinz FABRIS: Zwischen Politik und Politikinszenierung: Mediendiskurse der achtziger Jahre. – In: ÖZP 2/1989. S. 119–128.
10 PLASSER, ULRAM: Überdehnung, Erosion und rechtspopulistische Reaktion. S. 156. Vgl. ebda. S. 155:

heit".[11] Hinzu tritt die zunehmende Personalisierung von Politik. Das massenmedial vermittelte Image des jeweiligen Spitzenkandidaten beeinflußt in erheblichem Maße Wahlentscheidungen und dient als wesentlicher Integrationsfaktor. Es erhebt sich aber trotz dieses Befundes die Frage, ob Politik, zumal Staatspolitik, auf Dauer auf Images und die Politisierung des Protests reduziert werden kann, ohne ihres Bestimmungsgrundes verlustig zu gehen. Wenngleich Max Weber die Erringung von Macht als Wesen der Politik definierte, so wies er mit Nachdruck darauf hin, daß Politik nur im Dienste an einer Sache wertvoll sei. „*Wie* die Sache auszusehen hat, in deren Dienst der Politiker Macht erstrebt und Macht verwendet, ist Glaubenssache. Er kann nationalen oder menschheitlichen, sozialen oder ethischen oder kulturlichen, innerweltlichen oder religiösen Zielen dienen, . . . immer muß irgendein Grund da sein. Sonst lastet . . . der Fluch kreatürlicher Nichtigkeit auch auf den äußerlich stärksten politischen Erfolgen."[12]

Politik bedarf der Perspektive. „Wo ,Politik' Handeln oder Handlungskomplexe bezeichnen soll, bedeutet sie bis heute überwiegend nicht die Betriebsamkeit als solche, sondern meint immer zugleich die Ratio der Handlungen, die zugrundeliegende Konzeption."[13] In diesem Sinne ist die Beschäftigung mit politischen Programmen nicht obsolet, sondern ein unverzichtbarer Bestandteil der historischen und politikwissenschaftlichen Analyse. Staatstragende Parteien müssen zwischen der Skylla ideologisch-programmatischer Orthodoxie und der Charybdis des Eintritts in den freien Wählermarkt, des Werbens um die beweglichen und ungebundenen Wähler, zu steuern suchen. Sie sind dabei auch gezwungen, trotz zahlreicher pro-

Perzipierte Position der FPÖ auf der Rechts-links-Achse (1976–1992)

in %	sehr links	eher links	links (1 + 2)	Mitte (3)	rechts (4 + 5)	eher rechts	sehr rechts	weiß nicht keine Ang.	Mittelwert ($\bar{x}$ 1–5)
1976	2	9	11	39	23	16	7	27	3,22
1983	3	10	13	32	33	21	11	23	3,36
1985	2	14	16	19	30	18	12	35	3,37
1989	3	8	11	14	35	17	18	40	3,63
1992	4	6	10	11	43	22	21	36	3,80

Quelle: Fessel + GfK, Politische Indikatoren.

Positionierungsdifferenzen auf der Rechts-links-Achse (1976–1992)

Mittelwerte ($\bar{x}$ 1–5)	Differenz EGO-Position der Bevölkerung und der von ihr perzipierten Position der jeweiligen Partei				Differenz EGO-Position der jeweiligen Parteianhängerschaft und der von ihr perzipierten Position ihrer Partei			
	GRÜNE	SPÖ	ÖVP	FPÖ	GRÜNE	SPÖ	ÖVP	FPÖ
1976	*	–0,78	+0,77	+0,13	*	–0,08	+0,30	+0,19
1985	*	–0,79	+0,69	+0,24	*	–0,17	+0,32	+0,09
1992	–0,61	–0,47	+0,50	+0,79	–0,54	–0,07	–0,17	+0,43

Quelle: Fessel + GfK, Politische Indikatoren.

11 Ebd. S. 157.
12 Max WEBER: Politik als Beruf. – In: ders.: Gesammelte politische Schriften. Hg. v. Johannes WINCKELMANN. 5. Aufl. – Tübingen 1988. S. 505–560. S. 547 f.
13 Volker SELLIN: Politik. – In: Geschichtliche Grundbegriffe. Historisches Lexikon zur politisch-sozialen Sprache in Deutschland. 7 Bde. – Stuttgart 1972 ff. Bd. IV. S. 789–874. S. 873.

grammatischer Annäherungen, im politischen Wettbewerb programmatische Differenzierungen zu markieren, ihre ideologische Spannbreite anzugeben. Volksparteien unterlagen und unterliegen auf Grund ihrer strukturellen Differenziertheit, ihrer inneren Segmentierung, ihrer unterschiedlichen sozioökonomischen und politisch-kulturellen Gegebenheiten erheblichen „Streßfaktoren".[14] Dies impliziert auch Konflikte um die ideologische Position innerhalb der Parteien selber sowie des Parteienspektrums insgesamt. Die Spurensuche dieser komplexen Vorgänge kann nicht auf quantifizierende Aspekte[15] als „gleichsam zur Formel geronnene ideologische Programmpunkte" beschränkt werden, sondern muß vor allem auch „die Intensität, mit der in Parteien um die Ideologie gerungen wird", berücksichtigen, „um nicht zu schiefen Urteilen zu gelangen".[16]

Die vorliegende Analyse beschränkt sich vorwiegend auf die Grundsatzprogramme der ÖVP und weicht in ihrem Schlußteil von dieser Beschränkung insofern ab, als sie auch wesentliche Modifikationen und Fortschreibungen des 1972 beschlossenen „Salzburger Programms" berücksichtigt. Als Teil der Parteien- und Ideengeschichte ist sie eingebettet in gesamtgesellschaftliche Entwicklungslinien und wird damit auch zur Gesellschaftsgeschichte. Grundsatzprogramme reflektieren gesellschaftliche Entwicklungslinien, die mit traditionellen politischen Periodisierungen keineswegs deckungsgleich sind. Diese Disparitäten erfordern eine innere gesellschaftsgeschichtliche Periodisierung der Zweiten Republik, die auch eine Periodisierung der Programme und Programmdiskussionen ermöglicht.[17]

Gesellschaftsgeschichtliche Periodisierung	Grundsatzprogramme der ÖVP
Die Nachkriegszeit 1945–1948/49	Programmatische Leitsätze der Oesterreichischen Volkspartei (1945)
Die „langen" fünfziger Jahre bis in die Mitte der sechziger Jahre	„Alles für Österreich", programmatische Grundsätze der Österreichischen Volkspartei (1952)
	„Was wir wollen", das Grundsatzprogramm der Österreichischen Volkspartei (1958)
Modernisierung und Etablierung der Konsumgesellschaft bis zur Mitte der achtziger Jahre	Das „Klagenfurter Manifest" (1965)
	Das „Salzburger Programm" (1972)

---

14 Fritz PLASSER: Parteien unter Streß. Zur Dynamik der Parteiensysteme in Österreich, der Bundesrepublik Deutschland und den Vereinigten Staaten. – Wien/Köln/Graz 1987.
15 Albert KADAN, Anton PELINKA: Die Grundsatzprogramme der österreichischen Parteien. Dokumentation und Analyse. – St. Pölten 1979.
16 Klaus VON BEYME: Parteien in westlichen Demokratien. 2. Aufl. – München/Zürich 1984. S. 198.
17 Ernst HANISCH: Überlegungen zu einer Geschichte Österreichs im 20. Jahrhundert. – In: Zeitgeschichte 1/1988. S. 1–11. S. 8. RIESS/WINKLER kamen von einem marxistischen Ansatz aus zu dem Ergebnis, daß sich die Entwicklung der Grundsatzprogramme der österreichischen Parteien in drei Abschnitte einteilen ließen: in die Jahre „der Rekonstruktion der Produktionsverhältnisse nach der Befreiung vom Faschismus", in die „Jahre der endgültig

Die Krise der Moderne und das Dämmern einer postindustriellen Gesellschaft ab der Mitte der achtziger Jahre

„Österreich hat Zukunft." Das Zukunftsmanifest der ÖVP (1985)
Das Konzept der „Ökosozialen Marktwirtschaft" (1989)
Die „Erhard-Busek-Programme" (1994)
Das „Wiener Programm" (1995)

1. Die Nachkriegszeit 1945–1948/49. Die programmatischen Leitsätze der Oesterreichischen Volkspartei (1945)

Im Unterschied zu SPÖ und KPÖ verstand sich die ÖVP 1945 als neue antimarxistische Integrationspartei. Als „Volkspartei" definierte sie sich als Pendant zu den beiden Klassenparteien und offerierte mit ihren „Programmatischen Leitsätzen" das Konzept einer Überwindung der Klassenkampfideologie. Als einzige der drei Parteien der Gründungsphase der Zweiten Republik hatte sie bereits in der Illegalität eine Programmdiskussion geführt, die vor allem von den ehemaligen Mitgliedern der christlichen Arbeitnehmerschaft dominiert wurde und auch in den Formulierungen des ersten Grundsatzprogramms der jungen Partei ihren Niederschlag fand. 1970 definierte Felix Hurdes rückblickend die ÖVP der unmittelbaren Nachkriegszeit als Partei der „linken Mitte".[18]

Die im Juni 1945 erstellten „Leitsätze" bildeten einen „Kompromiß zwischen den verschiedenen gesellschaftlichen Gruppen, die sich 1945 in der ÖVP zusammengefunden hatten"[19], trugen jedoch über weite Strecken unverkennbar die Handschrift der aus dem ÖAAB kommenden Karl Lugmayr, Karl Kummer, Alfred Missong, Felix Hurdes und Lois Weinberger. Wenngleich auch Julius Raab und Leopold Figl dem Programmbeirat im Frühjahr 1945 angehörten, so zeigten sie doch keine ausgeprägte Neigung zu programmatischer Arbeit, sondern wirkten lediglich modifizierend und mäßigend auf die teilweise stark sozialromantischen Vorstellungen von Lugmayr und Kummer. Dies wird vor allem in den Teilen III und IV (Wirtschaftspolitik/Sozialpolitik) deutlich, die sich zwar zum „Gemeinwohl als oberster Richtschnur der Wirtschaftsführung" bekannten, staatliche Wirtschaftslenkungsmaßnahmen sowie die Verstaatlichung bestimmter Schlüsselindustrien befürworteten, gegenüber dem vor allem von Lugmayr verfaßten „Linzer Programm" des ÖAAB aus dem Jahr 1946

---

erfolgten kapitalistischen Restaurierung unter den Bedingungen der nationalen Eigenständigkeit" und in jene „des Endes des ungewöhnlich langen Aufschwungzyklus und auftretender allgemeiner und Strukturkrise bei sich verminderndem Systemspielraum".
(Erwin RIESS, Norbert WINKLER: Die österreichischen Parteiprogramme seit 1945. – In: Peter GERLICH, Wolfrang C. MÜLLER [Hg.]: Zwischen Koalition und Konkurrenz. Österreichs Parteien seit 1945. – Wien 1983. S. 201–221. S. 203 f.)

18 Kurt SKALNIK: Parteien. – In: Erika WEINZIERL, Kurt SKALNIK (Hg.): Die Zweite Republik. 2 Bde. – Graz/Wien/Köln 1972. Bd. II. S. 197–230. S. 202. Vgl. dazu auch Rainer NICK: Schwesterparteien. CDU, CSU und Österreichische Volkspartei – Ein Vergleich. – Innsbruck 1984. S. 67. ff.
19 Ludwig REICHHOLD: Geschichte der ÖVP. – Graz/Wien/Köln 1975. S. 104.

jedoch erheblich stärkere marktwirtschaftliche Elemente enthielten.[20] Es ist erstaunlich, daß die ÖVP in ihren „Programmatischen Leitsätzen" nur indirekt auf ihr Menschenbild Bezug nimmt. Sie enthalten – in deutlichem Gegensatz zum „Wiener Programm" des ÖAAB 1946 – kein einziges Kapitel, in dem das dem Programm zugrundeliegende Menschenbild expliziert wird. Die zentralen Begriffe „Personalismus" und „Solidarismus" kommen nicht vor und werden in Teil IV (Sozialpolitik) nur indirekt und in äußerst geraffter Form angesprochen. Der Grund für diese lediglich fragmentarische Behandlung liegt nicht im Bereich innerparteilicher Fraktionsbildungen und den darin inkludierten Widerstandspotentialen gegenüber weitgehenden gesellschaftspolitischen Festlegungen, sondern in der nur begrenzt zur Verfügung stehenden Zeit und der Notwendigkeit der Knappheit der programmatischen Formulierungen, die gleichzeitig als Wahlprogramm fungierten.

Analysiert man die „Programmatischen Leitsätze", das „Wiener Programm" des ÖAAB sowie die vor allem in den „Österreichischen Monatsheften" publizierten grundsatzpolitischen Beiträge, so wird die starke Handschrift der Tradition der Katholischen Soziallehre sichtbar.[21]

In dieser tobte in der zweiten Hälfte des 19. und in der ersten Hälfte des 20. Jahrhunderts der Kampf zweier gegensätzlicher Denkschulen: jener zwischen Sozialreform/Solidarismus gegen Sozialpolitik/Sozialromantik.[22] August Maria Knoll hat den Gegensatz beider Denkschulen als „liberal" versus „konservativ" charakterisiert. Während der Liberal-Katholizismus das kapitalistische System grundsätzlich bejahte und lediglich dessen Auswüchse beseitigen wollte, kritisierte der Konservativ-Katholizismus das kapitalistische System als solches und versuchte es durch einen umfassenden gesellschaftlichen Gegenentwurf in Form historisierender Sozialideale zu ersetzen.[23]

Beide Denkschulen stießen in der Programm- und Ideologiediskussion der ÖVP sowie bei den Formulierungen sozial- und wirtschaftspolitischer Positionen aufeinander. Dennoch fühlten sich in den späten vierziger Jahren alle Programmdenker der ÖVP der Tradition der Katholischen Soziallehre, vor allem den beiden Sozialenzykliken „Rerum novarum" und „Quadragesimo anno", verpflichtet. Von zentraler Bedeutung wurde dabei das in beiden Enzykliken unter Einbeziehung der augustinischen und thomistischen Philosophie formulierte christliche Menschenbild, das zum festen Bestandteil sämtlicher Grundsatzprogramme der ÖVP wurde und nur durch additive Formulierungen Modifikationen erfuhr. Oswald von Nell-Breuning hat in seinen Erläuterungen zu den lehramtlichen Dokumenten der Kirche darauf hingewiesen, daß für die Katholische Soziallehre die axiomatische Aussage gelte, der Mensch sei „Ursprung, Träger und Ziel aller Sozialgebilde und allen sozialen Gesche-

---

20 Zum Wiener Programm vgl. Barbara HOLZER, Susanna HAUSER, Renate MAY: Ein Verein macht Geschichte. 100 Jahre christlichsozialer Arbeiterverein. – Wien 1994. S. 183 ff.
21 Vgl. dazu ausführlich Robert KRIECHBAUMER: Parteiprogramme im Widerstreit der Interessen. Die Programmdiskussionen von ÖVP und SPÖ 1945–1986. – Wien/München 1990. S. 63 ff. Alfred KASAMAS: Die Grundsätze und Ziele der Österreichischen Volkspartei. – Wien 1949.
22 Eine ausführliche Darstellung sowie entsprechende Literaturhinweise bei Robert KRIECHBAUMER: Von der Illegalität zur Legalität. Die ÖVP im Jahr 1945. Politische und geistesgeschichtliche Aspekte des Entstehens der Zweiten Republik. – Wien 1985. S. 167 ff.
23 August Maria KNOLL: Der soziale Gedanke im modernen Katholizismus. – Wien 1932. S. 70.

hens ... Letzten Endes läßt sich die ganze Katholische Soziallehre in diesem einen Satz zusammenfassen."[24] Unter den „Standardthemen der Katholischen Soziallehre nimmt die Menschenwürde, ... den ersten Platz ein", gefolgt von „Ehe, Familie, Eigentum und Arbeit".[25]

Personalismus und Solidarismus bilden bis in die Gegenwart die programmatischen Axiome der ÖVP. Sie stehen als semantische Markierungen für das von der Katholischen Soziallehre definierte christliche Menschenbild und dessen gesellschafts-, sozial- und wirtschaftspolitische Implikationen.

Für den Personalismus wurde nicht nur die augustinische und thomistische Philosophie von Bedeutung, sondern auch jene Martin Bubers, Ferdinand Ebners, Romano Guardinis und Gabriel Marcels. Auf Grund seiner Gottesebenbildlichkeit ist der Mensch *Person,* auf Grund seines metaphysischen Bezugs mit unaufkündbaren Rechten ausgestattet und Ursprung der Gesellschaft, die keine Existenz unabhängig von der Person besitzt. Die Einmaligkeit und Individualität der Person kann in einer Gesellschaft nur dann gewahrt bleiben, wenn deren personaler Ursprung stets berücksichtigt und zur Maxime gesellschaftlichen Handelns wird.

Aus dem Personalismus folgt der Solidarismus als sozialer Aspekt allen personalen Seins, das wesensmäßig aufeinander zugeordnet ist und damit Gesellschaft konstituiert.[26] Gesellschaft ist somit die Bedingung der Möglichkeit der freien Entfaltung der Person, die jedoch der individuellen Entfaltung in der notfalls auch erzwingbaren Achtung der natürlichen Rechte der anderen Grenzen setzt. Durch die Sozialnatur der Person wird das Spannungsverhältnis von Freiheit, Gleichheit, Gerechtigkeit und Ordnung zum archimedischen Prinzip des Solidarismus, aus dem dessen subsidiäres Politikverständnis sowie die sozialpartnerschaftliche Konfliktregelung folgert.

Gesellschaftspolitik hat – im Sinne Karl von Vogelsangs – dem arbeitenden Menschen „den Zugang zu persönlichem Eigentum" zu eröffnen. „Dabei darf es sich aber nicht nur um kurzfristige Verbrauchsgüter handeln, sondern um festgeschriebene Eigentumsrechte auf Dauergüter, insbesondere auf jene, mit denen Gebrauchsgüter erzeugt werden, auf die Produktionsmittel und auf Grund und Boden."[27] Der Privatbesitz an Dauergütern sichert die Freiheit und Menschenwürde und muß als Ziel jeglicher Sozialpolitik gelten.[28]

Zahlreiche sozialpolitische Initiativen der Regierung Figl dienten der Realisierung dieses in beiden Sozialenzykliken grundgelegten Eigentumsbegriffs, so vor allem das Werksgenossenschafts- und das Wohnungseigentumsgesetz.

Von den drei Parteien des Jahres 1945 repräsentierte die ÖVP am stärksten das neue Österreich-Bewußtsein. Sie verstand sich als *die* nationale Integrationspartei neuen Stils, die die politische Fehlentwicklung der Vergangenheit überwinden und durch eine breite Zusammenarbeit aller politisch relevanten Kräfte die Zweite Republik neu gestalten wollte. In diesem Österreich-Bewußtsein hatten die ehemaligen

---

24 Oswald VON NELL-BREUNING: Soziallehre der Kirche. Erläuterungen der lehramtlichen Dokumente. – Wien 1977. S. 20.
25 Ebd. S. 25.
26 Vgl. dazu vor allem Karl LUGMAYER: Sein und Erscheinung. – Wien 1945. Zu Lugmayers Person vgl. Franz LUGMAYER: Karl Lugmayer. Sein Weg zu einer neuen Ordnung. – Wien 1990.
27 Karl KUMMER: Grundsätzliches über Sozialpolitik. – In: ÖM 6/1949. S. 248–251. S. 249.
28 Karl KUMMER: Grundsätze unserer Sozialpolitik. – In: ÖM 3/1946. S. 113–117.

christlichsozialen Eliten eine grundlegende Modifikation gegenüber der Zwischenkriegszeit vorgenommen. Man bekannte sich vorbehaltlos zu Österreich und nahm Abschied von Schuschniggs Definition des „zweiten deutschen Staates" sowie Seipels Idee von „Österreichs Sendung im Donauraum", mit der dieser die kleinstaatliche Realität nach 1918 zu überwinden gehofft hatte. Dieses Bekenntnis zur historischen, politischen und kulturellen Eigenheit und Eigenständigkeit Österreichs begründete das neue Nationalbewußtsein, das seine Wurzeln nicht nur in dem Erlebnis der Parteieliten in den Konzentrationslagern und Gefängnissen des Dritten Reiches hatte, sondern auch auf der von Dollfuß propagierten Österreich-Ideologie beruhte, die – trotz aller Mängel – als eine der Hauptwurzeln der neuen österreichischen Identität bezeichnet werden kann.

Ein Ergebnis der Diskussion in der Illegalität war der Abschied vom Integralismus der christlichsozialen Partei und der Entschluß, diesen Abschied auch durch die Gründung einer neuen Partei zu dokumentieren. Die ÖVP verstand sich, trotz aller programmatischer und personeller Kontinuitäten, nicht mehr als politische Organisation des Kirchenvolkes, sondern als antimarxistische Sammelbewegung, die über die konfessionellen Grenzen der Zwischenkriegszeit hinaus ihr Elektorat sah. Wenngleich auch die katholische Kirche ihre parteipolitische Abstinenz deklarierte, so sah sie dennoch in der ÖVP auf Grund zahlreicher programmatischer Parallelitäten ihre wichtigste Stütze zur Durchsetzung ihrer Interessen. Kardinal Innitzer veröffentlichte im Vorfeld der Nationalratswahl 1949 einen Fastenhirtenbrief, in dem er die Katholiken aufforderte, sich bei der bevorstehenden Nationalratswahl von der Überlegung leiten zu lassen, ob die zu wählenden Persönlichkeiten in ihrer Grundhaltung auch eine christliche Überzeugung zum Ausdruck brächten.[29]

Und Julius Raab bemerkte in Richtung Katholischer Aktion, die sich als rein innerkirchliche Organisation verstand und jedes parteipolitische Engagement ablehnte, sie möge sich auch dessen bewußt werden, wer die Interessen der Christen in der österreichischen Politik vertrete.

Trotz periodisch wiederkehrender Spannungen vermochte die ÖVP das katholische Milieu wiederum weitgehend an sich zu binden und als natürliche Heimat der Katholiken zu fungieren. Dies wurde auch durch den Umstand erleichtert, daß durch die Rekonstruktion der Lager klassische kulturelle Bruchlinien wiederum auftraten und in den kulturpolitischen Fragen wie Schule oder fakultative Zivilehe ein neuerlicher Kulturkampf drohte.

2. Die „langen" fünfziger Jahre. Die Grundsatzprogramme „Alles für Österreich" (1952) und „Was wir wollen" (1958)

Anton Pelinka diagnostizierte eine „deutsche" Phase der programmatischen Entwicklung der ÖVP in den fünfziger Jahren. Dies sei „insofern als Rechtsruck zu verstehen, als – ermöglicht durch das Ende der unmittelbaren Nachkriegszeit, durch die Anfänge

---

[29] Otto SCHULMEISTER: Kirche, Ideologien und Parteien. – In: Ferdinand KLOSTERMANN, Hans KRIEGL, Otto MAUER, Erika WEINZIERL (Hg.): Kirche in Österreich 1918–1965. 2 Bde. – Wien/München 1966. Bd. I. S. 218–240. S. 232.

einer längeren expansiven Phase der österreichischen Wirtschaft – Elemente des marktwirtschaftlichen Denkens das Selbstverständnis der ÖVP stärker zu bestimmen begannen. Die Orientierung am deutschen Modell der ‚sozialen Marktwirtschaft' und die Hervorkehrung des österreichischen Finanzministers Reinhard Kamitz als österreichisches Pendant zum deutschen Wirtschaftsminister Ludwig Erhard waren Ausdruck dieser Entwicklung."[30]

Von einem Rechtsruck kann insofern gesprochen werden, als sich die Partei in ihrem Programm „Alles für Österreich" 1952 und in erheblich größerem Ausmaß im 1958 verabschiedeten Grundsatzprogramm „Was wir wollen" stärker zur rechten Mitte des Neoliberalismus hin öffnete und ihre programmatische Spannweite vergrößerte, ihre deutlichen christlichsozialen Eierschalen der Gründungsphase ablegte.

Dieser Prozeß der Öffnung nach rechts war nicht nur das Ergebnis des allmählich einsetzenden Wirtschaftswunders und seiner gesellschaftlichen Implikationen[31], sondern auch von taktischen Überlegungen sowie neuen innerparteilichen Gewichtverteilungen geprägt. Die Gründung des VdU sowie die allmähliche Dominanz des Wirtschaftsbundes in der ÖVP bewirkten zu einem erheblichen Teil jene „apertura a destra", die die ÖVP zu einer „Sammelpartei bürgerlicher Prägung" machen sollte mit dem Ziel der Verhinderung einer nennenswerten Konkurrenzpartei auf der Rechten.[32] Wenngleich die Bemerkung des steirischen Landesparteisekretärs Alfred Rainer Mitte der fünfziger Jahre – „Rechts ist kein Feind mehr" – sich nicht bewahrheiten sollte, so zeigt sie doch eine intendierte Öffnung der eher „linken" bürgerlichen Integrationspartei der unmittelbaren Nachkriegszeit zur rechten Mitte hin.[33]

Dieses Bemühen führte in den fünfziger Jahren nicht nur zu zwei neuen Parteiprogrammen, die die ideologisch-programmatische Verlagerung der Akzentuierung von Solidarismus und Personalismus zu den neoliberalen Prinzipien der sozialen Marktwirtschaft deutlich machten, sondern auch – als Konsequenz dieser Entwicklung – zu erheblichen innerparteilichen Spannungen, die sich an drei miteinander eng verwobenen Themenkomplexen entzündeten: dem Stellenwert des Liberalismus in der Programmatik, dem zunehmend säkularisierten und konfessionell indifferenten Charakter der Partei, die sich als „Partei der Mitte" positionierte und der Aktualität der Katholischen Soziallehre inklusive des Verhältnisses von katholischer Kirche und ÖVP.

Vor allem die Theorien des Neoliberalismus stießen in katholischen Kreisen auf entschiedene Ablehnung. Die Schriften Wilhelm Röpkes und Alfred Müller-Armacks wurden weitgehend ebenso ignoriert wie jene Friedrich von Hayeks. Noch 1947 sah Josef Dobretsberger in Christentum und Sozialismus jene beiden geschichtlichen Ideen, „die den Bombenhagel des Krieges überlebt haben".[34] Daher sei das Gespräch zwischen

---

30 Anton PELINKA: Die programmatische Entwicklung der ÖVP. – In: Schwarz bunter Vogel. Studien zu Programm, Politik und Struktur der ÖVP. – Wien 1985. S. 10–20. S. 11.
31 Zur Gesellschaft der fünfziger Jahre in Österreich vgl. vor allem Gerhard JAGSCHITZ, Klaus Dieter MULLEY (Hg.): Die „wilden" fünfziger Jahre. – St. Pölten/Wien 1985.
32 SKALNIK: Parteien. S. 210.
33 Ebd. S. 210.
34 Josef DOBRETSBERGER: Katholische Sozialpolitik am Scheideweg. – Graz/Wien 1947. S. 8. Zu DOBRETSBERGER vgl. Dieter A. BINDER: Karl Maria STEPAN, Josef DOBRETSBERGER. Verlorene Positionen des christlichen Lagers. – Wien 1992. (Reihe Kurzbiographien des Karl von Vogelsang-Instituts.)

beiden geistigen Strömungen von entscheidender Bedeutung. Zahlreiche engagierte Katholiken stellten zunehmend Gemeinsamkeiten zwischen Christentum und Sozialismus fest. So bemerkte Ernst Karl Winter noch 1955, der konkrete Sozialismus, somit auch die Verstaatlichung und „planwirtschaftliche Organisation der Großindustrie", sei „durchaus mit dem Christentum in Theorie und Praxis vereinbar".[35]

Gegen diese ideologische Symbiose wandte Wolfgang Schmitz ein, daß die Entwicklung des Neoliberalismus von katholischer Seite weitgehend ignoriert werde. „Wo finden sich heute in der katholischen Publizistik Stimmen, die nicht nur bereit sind, die Leistungen des Sozialismus für die soziale Gerechtigkeit, sondern auch die Leistungen des Liberalismus für ein anderes, ebenso christliches Gut, die persönliche Freiheit, gebührend anzuerkennen? Dieses Manko ist um so unverständlicher, als sich die Anhänger der katholischen Soziallehre in Österreich, Deutschland, Italien und anderen europäischen Staaten mit den Liberalen zu gemeinsamen Volksparteien oder wenigstens Regierungskoalitionen – nicht zuletzt gerade der Freiheit in Politik und Wirtschaft wegen – zusammengefunden haben."[36] Wilhelm Röpke, Alfred Müller-Armack oder Alexander Rüstow seien für den Freiheitsbegriff und das Selbstverständnis der christlichen Volksparteien von entscheidender Bedeutung. Man müsse sich daher stärker mit dem Neoliberalismus beschäftigen, zumal dieser in vielen Bereichen mit der katholischen Soziallehre konform gehe. Gerade für den österreichischen Katholizismus gelte die Katholikentagsparole „Für die Freiheit und Würde des Menschen" nicht nur „für den politischen und kulturellen Bereich, sondern auch für den der Wirtschaft".[37]

Wilhelm Röpke und Alfred Müller-Armack[38] waren in ihrer übereinstimmenden Kritik am kollektivistischen Zug der Nachkriegszeit von Friedrich von Hayeks 1944 erschienener klassischen Schrift „Der Weg zur Knechtschaft" beeinflußt worden. Wenngleich sich Geschichte nicht simpel wiederhole, so Hayek, könne man aus ihrem Ablauf dennoch Erkenntnisse und Einsichten gewinnen, die es einem ermöglichen, bei analogen Entwicklungen bereits einmal begangene Fehler zu vermeiden. Das freie Europa diskutiere über die Genesis des Nationalsozialismus und betrachte diesen fälschlicherweise als Reaktion auf die sozialistischen Tendenzen der Zwischenkriegszeit, anstatt im Faschismus „die zwangsläufige Folge jener Bestrebungen" zu sehen. Dies sollte man auch nicht erkennen, als sich längst die Einsicht in die Verwandtschaft des kommunistischen und faschistischen Herrschaftssystems durchgesetzt hatte. „So kommt es, daß nicht wenige, die sich über die Verirrungen des Nationalsozialismus unendlich erhaben dünken und alle seine Äußerungen ehrlich hassen, sich doch für Ideale einsetzen, deren Verwirklichung auf geradem Wege die verabscheute Tyrannei herbeiführen würde."[39]

---

35 Ernst Karl Winter: Die österreichische Wirtschaft und die Atomzivilisation. Teil 2. – In: Die Furche Nr. 38, 17. 9. 1955. S. 3 f. S. 4.
36 Wolfgang Schmitz: Neoliberalismus und katholische Soziallehre. – In: Die Furche Nr. 49 3. 12. 1955. S. 4 f. S. 4.
37 Ebd. S. 4.
38 Zur Genesis der sozialen Marktwirtschaft vgl. Kriechbaumer: Parteiprogramme im Widerstreit der Interessen. S. 243 ff.
39 Friedrich von Hayek: Der Weg zur Knechtschaft. Den Sozialisten in allen Parteien. 5. Aufl. – Landsberg am Lech 1982. S. 21.

Hayek vertrat keineswegs ein parteipolitisches Anliegen, sondern wandte sich an die „Sozialisten in allen Parteien" mit dem warnenden Hinweis, daß sie, die sie – wenn auch in verschiedenem Ausmaß – so entschieden für sozialistische Ziele einträten, „sich schaudernd von einem Ziel abwenden würden, dem sich seit einem halben Jahrhundert so viele Menschen guten Willens gewidmet haben, wenn sie gewahr würden, was heute erst wenige erkennen . . .

„Kann man sich eine größere Tragödie vorstellen als die, daß wir in dem Bestreben, unsere Zukunft bewußt nach hohen Idealen zu gestalten, in Wirklichkeit und ahnungslos das genaue Gegenteil dessen erreichen sollten, wofür wir gekämpft haben?"[40] Sozialismus, in welcher Form auch immer, sei eine Form des Kollektivismus, der Planwirtschaft und der Unfreiheit. Er zerstört daher automatisch die Ideale des Liberalismus, nämlich persönliche und politische Freiheit. Durch die allgemeine Begeisterung für kollektivistische und planwirtschaftliche Maßnahmen in allen europäischen Parteien drohe eine neue Art von Sklaverei, ohne daß dies von den davon Betroffenen zunächst erkannt werde.

Ähnlich argumentierte Wilhelm Röpke, wenn er davor warnte, den Zusammenhang zwischen Staats- und Wirtschaftsstruktur zu ignorieren. Zwischen beiden Bereichen bestehe ein „festes Zuordnungsverhältnis, das es verbietet, ein beliebiges politisches System mit einem beliebigen wirtschaftlichen zu kombinieren und umgekehrt". Die Tragödie des Sozialismus bestehe darin, daß er die durch den Liberalismus eingeleitete Befreiung des Menschen vollenden wolle, mit seinen Methoden aber „den Staat zum Leviathan machen muß. Der Sozialismus kann nicht anders als freiheitsvernichtend im weitesten Sinne des Wortes sein. Er will das Werk der Emanzipation krönen und kann nicht anders, als die schärfste Unterwerfung des Individuums bringen."[41] Es sei eine „kaum entschuldbare Naivität zu glauben, daß ein Staat im Bereich der Wirtschaft total sein kann, ohne es zugleich im politischen und geistigen Bereich zu sein und umgekehrt".[42]

Die Marktwirtschaft biete hingegen mit der vielgescholtenen Rentabilität den einzig brauchbaren Maßstab für den wirtschaftlichen Erfolg, für den der sozialistische Staat kein Äquivalent anzubieten vermag. Der Markt regelt durch Erfolg oder Konkurs auch die Auslese der Wirtschaftsführer, wobei allein die wirtschaftliche Leistung als Gradmesser und nicht politischer Einfluß dient. In der Marktwirtschaft ist die Wirtschaft kein Politik-, sondern ein Produktionsprozeß, der von den Konsumenten bestimmt wird. Die auch in christlichsozialen Parteien weitverbreitete Kritik an der Marktwirtschaft übersieht zudem die enormen immateriellen Leistungen wie die Sicherung der Freiheit.

Dennoch kann der historische Liberalismus – trotz seiner Verdienste – nicht einfach reaktiviert werden, da dies auch die historischen Defizite des klassischen Kapitalismus beinhalten würde. Vielmehr muß das liberale Prinzip dadurch gerettet werden, indem man die Fehlentwicklungen des historischen Liberalismus vermei-

---

40 Ebd. S. 22 f.
41 Wilhelm Röpke: Die Gesellschaftskrise der Gegenwart. 6. Aufl. – Erlenbach-Zürich/Stuttgart 1979. S. 142 f.
42 Ebd. S. 147.

det, ohne damit gleichzeitig die innere Struktur des marktwirtschaftlichen Systems und damit dessen Funktionsfähigkeit zu zerstören.

Röpke plädierte daher für einen dritten Weg zwischen den Fehlern des historischen Liberalismus und Kapitalismus und dem totalitären Kollektivismus, in den der Sozialismus jeglicher Spielart führen muß. Dieser dritte Weg sei die Verbindung des Liberalismus mit der Katholischen Soziallehre. Bereits 1944 hatte er die Katholische Soziallehre als zweites Standbein seiner Theorie bezeichnet, indem er die Enzyklika „Quadragesimo anno" als jenes Dokument nannte, das im engeren Bereich der Wirtschaft die Marktwirtschaft bejahe „unter gleichzeitiger Ablehnung eines entarteten Liberalismus und des bereits in seiner Grundkonzeption unannehmbaren Kollektivismus".[43] Die entscheidende Frage aller Sozial- und Wirtschaftspolitik liege in der Wahl zwischen zwei Wegen: „1. entweder lassen wir es geschehen, daß alle zu Proletariern werden, sei es revolutionär von heute auf morgen (wie in Rußland), sei es schrittweise (wie in den meisten übrigen Ländern), oder aber 2. wir machen die Proletarier zu Eigentümern und bewirken das, was die päpstliche Enzyklika ‚Quadragesimo anno' treffend als ‚redemptio proletariiorum' bezeichnet."[44]

Zu ähnlichen Ergebnissen gelangte auch Müller-Armack, dessen gesellschafts- und wirtschaftspolitische Schriften auf ausgedehnten religionssoziologischen Untersuchungen basierten. Müller-Armack sah in den geistigen Strömungen des 19. und 20. Jahrhunderts säkularisierte Glaubensbewegungen, die auf Grund des Verlustes der Transzendenz in ihrer politischen Konsequenz zu totalitären Weltanschauungsparteien führten.[45] Dies führte zu den Katastrophen des 20. Jahrhunderts. Die notwendige Neuorientierung verlange daher die Wiedergewinnung der Transzendenz. In diesem Bemühen sah er angesichts der Katastrophe des Nationalsozialismus und des Anschauungsunterrichts des Bolschewismus den entscheidenden Punkt der gesellschaftspolitischen Weichenstellungen in der Gegenwart. Die Wiedergewinnung der Transzendenz sei unbedingt erforderlich, könne jedoch nur auf dem „festen Fundament" der Katholischen Soziallehre erfolgen.[46] Die Verbindung von Liberalismus und Katholischer Soziallehre sei die einzige reelle Chance, die Fehler des historischen Liberalismus zu vermeiden und den Gefahren einer kollektivistischen Versklavung zu entgehen. Im sozial- und wirtschaftspolitischen Bereich erfordere dies die Aufgabe, „die Marktwirtschaft in die Richtung einer sozialen Marktwirtschaft umzugestalten".[47]

Der Konkretisierung des Konzepts der sozialen Marktwirtschaft widmete Müller-Armack zwischen 1945 und 1950 zahlreiche Studien. In ihnen vertrat er die Auffassung, daß eine auf dem Wettbewerb aufbauende Organisation der Wirtschaft auch in der Lage sei, den sozialen und gesellschaftlichen Bedürfnissen gerecht zu werden.

---

43 Wilhelm RÖPKE: Civitas humana. Grundfragen der Gesellschafts- und Wirtschaftsreform. 4. Aufl. – Bern/Stuttgart 1979. S. 18.
44 Ebd. S. 264 f.
45 Alfred MÜLLER-ARMACK: Das Jahrhundert ohne Gott. – In: ders.: Religion und Wirtschaft. Geistesgeschichtliche Hintergründe unserer europäischen Lebensform. 3. Aufl. – Bern/Stuttgart 1981. S. 371–512.
46 Ders.: Soziale Irenik. – In: ders.: Religion und Wirtschaft. S. 559–578. S. 564.
47 Alfred MÜLLER-ARMACK: Diagnose unserer Gegenwart. Zur Bestimmung unseres geistesgeschichtlichen Standorts. 2. Aufl. – Bern/Stuttgart 1981. S. 278.

Bereits in den späten vierziger Jahren trat die Theorie der sozialen Marktwirtschaft in der Bundesrepublik ihren Siegeszug an und fand Eingang in die Grundsatzprogrammatik von CDU und CSU. In Österreich sollte sie erstmals 1952 in das neue Grundsatzprogramm der ÖVP „Alles für Österreich" Eingang finden. Sowohl in der Einleitung wie im ersten Großkapitel (Staatspolitik) definierte sich die ÖVP als Vertreterin des Personalismus und Solidarismus und positionierte sich damit klar auf der Grundlage der Katholischen Soziallehre. Im wirtschaftspolitischen Teil hingegen bekannte sie sich klar zu den Prinzipien der sozialen Marktwirtschaft, ohne diese selber allerdings als ideologischen Bezugsrahmen zu erwähnen. 1958 wurde das Programm des Jahres 1952 in überarbeiteter Form vom 7. Bundesparteitag in Innsbruck unter dem Titel „Was wir wollen" neuerlich verabschiedet. Die Umarbeitung war aus mehreren Gründen notwendig geworden. Das Land hatte 1955 seine Unabhängigkeit erlangt, die Wirtschafts- und Finanzpolitik von Finanzminister Reinhard Kamitz, dem wohl prononciertesten Vertreter der sozialen Marktwirtschaft in Österreich, führte zu permanenten Spannungen mit der nach wie vor stark planwirtschaftlich orientierten SPÖ, die sich ebenfalls 1958 ein „Neues Parteiprogramm" gegeben hatte, mit dem sie sich nach heftigen innerparteilichen Kontroversen als partiell linke Volkspartei zu etablieren suchte. Die ÖVP war daher gezwungen, ideologische Differenzierungsmerkmale deutlicher zu artikulieren. Das Programm des Jahres 1958 ist nicht nur erheblich umfangreicher als jenes des Jahres 1952, sondern berücksichtigt auch erheblich stärker die Positionen der sozialen Marktwirtschaft. Wenngleich die „bewährten Grundsätze" der Gründerzeit betont wurden, so erfolgte durchgehend eine deutliche Positionierung in Richtung soziale Marktwirtschaft, manche Formulierungen wurden direkt von Röpke oder Müller-Armack übernommen. So hatte Röpke formuliert: „Die Misere des ‚Kaptialismus'... besteht nicht darin, daß die einen Kapital haben, sondern darin, daß die anderen es nicht haben und daher Proletarier sind."[48]

Und das Programm „Was wir wollen": „Falsch an unserer Gesellschaftsordnung ist nicht, daß ein Teil des Volkes kein Eigentum hat, sondern daß der andere Teil des Volkes kein Eigentum hat."[49]

Der programmatische Siegeszug des sozialen Marktwirtschaft in den fünfziger Jahren erfolgte jedoch keineswegs problemlos. Es ist erstaunlich, daß trotz der zahlreichen Belege der engen Verbindung von sozialer Marktwirtschaft und Katholischer Soziallehre, auf die Röpke in einem Beitrag für die katholische Zeitschrift „Wort und Wahrheit" 1947 eindringlich hingewiesen hatte[50], dieses Konzept von zahlreichen Vertretern der Katholischen Soziallehre, vor allem innerhalb des ÖAAB, mit Mißtrauen und Ablehnung betrachtet wurde. Genereller Tenor der Skeptiker und Gegner der sozialen Marktwirtschaft war die Befürchtung, daß mit dem neuen Konzept die soziale Komponente zugunsten des Marktes in den Hintergrund treten würde.

---

48 RÖPKE: Die Gesellschaftskrise der Gegenwart. S. 48.
49 Klaus BERCHTOLD (Hg.): Österreichische Parteiprogramme 1868–1966. – Wien 1967. S. 392.
50 Wilhelm RÖPKE: „Quadragesimo Anno" und die Forderung des Tages. – In: Wort und Wahrheit 6/1947. S. 321–329.

Wenngleich die Exponenten der Katholischen Soziallehre versuchten, sich durch das 1953 geschaffene Institut für Sozialpolitik eine wissenschaftliche Institution für die Aktualisierung ihrer Positionen zu schaffen, so gerieten sie mangels ausreichender finanzieller Mittel, ungenügender machtpolitischer Verankerung im ÖGB und in der Arbeiterkammer und auch auf Grund des sich wandelnden Zeitgeistes in eine Minderheitenposition. Immer deutlicher wurden sie von den Vertretern der sozialen Marktwirtschaft der Sozialromantik geziehen. Vor allem die von Karl Lugmayr und Karl Kummer immer wieder erhobene Forderung nach dem vollen Arbeitsertrag sowie die Umwandlung der Betriebsstruktur in eine völlige Partnerschaft stieß auf den erbitterten Widerstand vor allem des Wirtschaftsbundes, der in diesen Forderungen das Trojanische Pferd des Kollektivismus erblickte.

Gleichzeitig forcierte die Parteiführung unter Raab angesichts der Auflösung des VdU ihre Bemühungen um liberale Wähler. Auch diese Öffnung der Partei zur rechten Mitte hin stieß auf den erbitterten Widerstand der Exponenten der christlichsozialen Tradition der Gründergeneration. Vor allem Friedrich Funder forderte in zahlreichen Artikeln in der katholischen Wochenzeitung „Die Furche" die Bewahrung und das deutliche Bekenntnis zu den christlichen Grundsätzen der Partei.[51] Doch es war ein Festhalten an letztlich obsoleten Positionen. Die Zukunft des sozialen Katholizismus, so Johannes Messner, lag in seiner Verbindung mit der sozialen Marktwirtschaft.[52]

3. Modernisierung und die Etablierung der Konsumgesellschaft bis zur Mitte der achtziger Jahre. Das „Klagenfurter Manifest" (1965) und das „Salzburger Programm" (1972)

Noch im April 1957 charakterisierte die Monatsschrift „Forum" die innenpolitische Szene der Zweiten Republik mit der Bemerkung, „Erdrutsche" fänden „im Hochgebirge" statt, „nicht in der Politik".[53] Und ein Jahr später stellte Gottfried Heindl besorgt fest, die Erste Republik sei „an einem Übermaß falsch verstandener Gegensätze zerbrochen, die Zweite Republik leidet an einem Übermaß falsch angewandter Gemeinsamkeit".[54]

Diese von zahlreichen Beobachtern und Kommentatoren der innenpolitischen Szene konstatierte Windstille sollte wenig später bewegteren klimatischen Verhältnissen weichen. 1959 überholte die SPÖ zum zweiten Mal die ÖVP an Stimmen und blieb nur dank der Wahlarithmetik ein Mandat hinter dem Koalitionspartner. Die Ära Raab neigte sich ihrem Ende entgegen, und die Große Koalition geriet in erhebliche Turbulenzen, denen schließlich auch der Nachfolger Raabs, Alfons Gorbach, zum Opfer fallen sollte. Wenngleich der „Gewöhnungseffekt" an diese Regierungsform so

---

51 Vgl. Friedrich FUNDER: Die Chance. Ein Wort an die Volkspartei. – In: Die Furche Nr. 30/21. 7. 1956. S. 1 f. N. N.: Die letzte Runde. Die ÖVP zwischen Partei- und Wahltag. – In: Die Furche Nr. 51/20. 12. 1958. S. 1.
52 Johannes MESSNER: Die Stunde des sozialen Katholizismus. – In: Die Furche Nr. 39/27. 9. 1952. S. 1 f.
53 Forum 41/1957. S. 163.
54 Gottfried HEINDL: Flucht nach vorne. – In: Forum 51/1958. S. 88 f. S. 89.

stark war, „daß anderes undenkbar schien"⁵⁵, so ergaben sich unter der Oberfläche der nach wie vor gegebenen Stabilität durch sich generativ akzelerierende Modernisierungstendenzen tektonische Verschiebungen, die das Ende der Ära der Großen Koalition einleiten sollten. Die gesellschaftliche und gesamtpolitische Wandlungsdynamik der sechziger Jahre stellte die ÖVP vor eine Reihe von Herausforderungen:

* Wenngleich Julius Raab das „Neue Parteiprogramm" der SPÖ 1958 mit der Bemerkung abgetan hatte, es handle sich dabei um „alten Wein in neuen Schläuchen"⁵⁶ und Generalsekretär Maleta auf dem Innsbrucker Parteitag 1958 den Delegierten versichert hatte, daß die programmatischen Positionen der ÖVP „von der geschichtlichen Entwicklung der letzten Jahre ... bestätigt" worden seien⁵⁷, eine Revision oder Neufassung der Grundsatzprogrammatik somit nicht angebracht sei, so ließ die Wahlniederlage 1959 die Frage nach einer programmatischen Neuorientierung für die sechziger Jahre neuerlich in den Vordergrund treten.
* Die Änderungen in der Kirche infolge des II. Vatikanums sowie in den Beziehungen zwischen SPÖ und Kirche konfrontierten die ÖVP mit geänderten Rahmenbedingungen, die die Frage nach einer grundsätzlichen Neuorientierung und der Legitimität einer „christlichen Politik" aufwarfen. Hinzu traten die beachtlichen Weiterschreibungen der Katholischen Soziallehre durch die päpstlichen Enzykliken „Mater et magistra" und „Populorum progressio".
* Die Änderung der Sozialstruktur in Richtung Angestellten- bzw. Mittelstandsgesellschaft sowie die darin inkludierten mentalen Veränderungen stellten die beiden Koalitionsparteien vor neue Herausforderungen.
* Die Politik der SPÖ in der Causa Habsburg sowie deren partielle Kooperation mit der FPÖ ließ den Ruf nach einer härteren und grundsatzorientierten Politik gegenüber dem Koalitionspartner laut werden. Im Zweifelsfall sollte auch der Bruch der Koalition in Kauf genommen werden.

1963 löste die Gruppe der Reformer um Josef Klaus und Hermann Withalm Alfons Gorbach als Repräsentanten der Gründergeneration der Zweiten Republik und deren Politikverständnis an der Parteispitze ab. Vor allem Klaus repräsentierte einen neuen Stil der Politik, indem er demonstrativ für ein Bündnis von Wissenschaft und Politik plädierte und damit politische Entscheidungsfindungen in Form einer neuen Sachlichkeit zu rationalisieren hoffte. Parallel dazu sollten verstärkte programmatische Anstrengungen als Antworten auf die gesellschaftlichen Herausforderungen unternommen werden.

Bereits im Juni 1961 hatten Alfons Gorbach und Heinrich Drimmel in einer Pressekonferenz in der Bundesparteileitung eine erste programmatische Antwort in Form des vor allem aus der Feder Drimmels stammenden Lebensplans „Jedem Leben Sinn und Ziel" unterbreitet. Dies sei, so Drimmel, ein „Querschnitt der ersten Etappe der Arbeit der ÖVP zu einem neuen Parteiprogramm".⁵⁸ In einem Referat vor dem 16. Landesparteitag der Salzburger ÖVP am 7. Oktober 1961 diagnostizierte er eine tiefgrei-

---

55 Manfried RAUCHENSTEINER: Die Zwei. Die Große Koalition in Österreich 1945–1966. – Wien 1987. S. 396.
56 Ebd. S. 376.
57 Alfred MALETA: Ideologie und Gegenwartsauftrag. – In: ÖM 1/1959. S. 1–9. S. 2. Vgl. dazu auch ders.: Verlangt das neue SPÖ-Programm ein neues ÖVP-Programm? – In: ÖM 6/1958. S. 1–3.
58 SVZ, 7. 6. 1961. S. 1.

fende Krise der Gegenwart, die auf der Eliminierung Gottes aus dem Mittelpunkt der Weltanschauungen resultiere. Eine Partei wie die ÖVP müsse dafür sorgen, „daß eine Ordnung im Staate geschaffen wird, in der Glaube und Religion wesentliche Kriterien für die Bildung der öffentlichen Meinung und die Formung des politischen Willens sind". Dies bedeute keine Konfessionalisierung des öffentlichen Lebens, sondern „die geistige Durchdringung aller Gliederungen der Partei mit unverrückbaren Grundsätzen".[59] Teile dieses Lebensprogramms flossen in den Diskussionsentwurf für ein neues Grundsatzprogramm ein, das auf dem Klagenfurter Parteitag am 19./20. September 1963 in Klagenfurt vorgestellt und einer parteiinternen Diskussion unterworfen wurde. Auch hier hielt Heinrich Drimmel das Grundsatzreferat, in dem er neuerlich darauf hinwies, daß es notwendig sei, „die Grundanliegen, die unveränderlichen Anliegen einer Partei christlicher Demokraten zu formulieren" und mit der Realität des „Übergangszeitalters der zweiten Hälfte des 20. Jahrhunderts" zu konfrontieren.[60]

Die von Drimmel apostrophierte Realität des Übergangszeitalters der zweiten Hälfte des 20. Jahrhunderts bewirkte in der folgenden parteiinternen Diskussion eine Reihe von entscheidenden Modifikationen des Entwurfs, die die von Drimmel intendierte einengende Positionierung der ÖVP als dezidert „christliche Partei" unter Hinweis auf die Änderungen in der katholischen Kirche, die geänderte Positionierung der SPÖ in ihrem Neuen Parteiprogramm 1958 sowie den gesellschaftlichen Wandel nicht mehr enthielt.

Das auf einem außerordentlichen Bundesparteitag am 8. April 1965 in Klagenfurt beschlossene „Klagenfurter Manifest" bekannte sich zu einem „christlichen, familienhaften Menschen- und Gesellschaftsbild" sowie zur „katholischen Soziallehre", aus der „die Idee der sozialen Partnerschaft" abgeleitet wurde. Neben dem Bekenntnis zum Subsidiaritätsbegriff und zum Solidarismus trat jenes zur „auf dem Wettbewerb der wirtschaftlichen Kräfte fußenden Marktwirtschaft" als unerläßlicher „Voraussetzung eines hohen Produktivitätsniveaus, das die entscheidende Grundlage eines hohen Lebensstandards der Bevölkerung ist". Gegenüber einem „alles könnenden und alles tuenden Staat" wurden persönliches Eigentum als Voraussetzung für die Freiheit der Persönlichkeit sowie die Bereitschaft zu persönlicher Verantwortung betont. Als „Partei aus dem Volk und für das Volk", die „durch ihren bündischen Aufbau ... ein getreues Abbild der Gesellschaft" sei, definierte sich die ÖVP unter indirekter Bezugnahme auf den gesellschaftlichen Wandel als Partei der „neuen Mitte".[61]

Es ist erstaunlich, daß sich im Klagenfurter Manifest kein Hinweis auf die von der Gruppe der Reformer um Josef Klaus und Hermann Withalm vertretene „Politik der Sachlichkeit", auf die Notwendigkeit der Zusammenarbeit von Politik und Wissenschaft befindet, die in der im selben Jahr ins Leben gerufenen „Aktion 20" erstmals ein Gremium wissenschaftlicher Politikberatung schuf und damit einen möglichen und vielbeachteten Paradigmawechsel im Bereich der traditionellen Politik andeutete.[62]

---

59 SVZ, 9. 10. 1961. S. 3.
60 Stenographisches Protokoll des 9. Bundesparteitages der Österreichischen Volkspartei am 19./20. September 1963 in Klagenfurt. S. 323.
61 BERCHTHOLD: Österreichische Parteiprogramme. S. 397 ff.
62 Zur „Aktion 20" vgl. Alfred STOCKINGER: Parteien und Sachverstand. Wissenschaftliche Politikberatung als Strategie der image politics am Beispiel der „Aktion 20". Phil. Diss. – Wien 1982.

Im Sommer 1970 bemerkte Ludwig Reichhold, daß „bis jetzt noch alle politischen Ideen mit einer bestimmten Gesellschaft in einem korrespondierenden Verhältnis gestanden" seien. „Alle diese Ideen sind mit dem Wandel ihres gesellschaftlichen Unterbaues in eine Krise geraten."[63] Der Wandel des gesellschaftlichen Unterbaues kulminierte in der weitgehend intellektuellen 68er Bewegung und der durch sie etablierten „linken Hegemonie", im Sieg der Theorie über die Praxis als späten Triumph der Ideologie, die den Zeitgeist prägen sollte und in der Etablierung eines „sozialdemokratischen Konsensus".[64]

Gesellschaftlicher Wandel, die Richtungsänderung des Zeitgeistes und die Etablierung sozialdemokratischer Hegemonie als „Ideologie der Mehrheitsklasse"[65] führte seit den späten sechziger Jahren in Österreich zum Entstehen jener Kreisky-Wählerkoalition, die bereit war, „ein Stück des Weges" mit einer mutierten SPÖ zu gehen und die dadurch der Partei auch eine dreizehnjährige Alleinregierung sicherte. Die SPÖ wurde im sozialdemokratischen Jahrzehnt der siebziger Jahre zur erfolgreichsten Partei der europäischen Sozialdemokratie. Der Gang in die Opposition 1970 bedeutete für die ÖVP nicht nur die Übernahme einer bisher nicht gekannten Rolle, sondern auch die Notwendigkeit einer neuen und klaren programmatischen Positionierung, die auf den gesellschaftlichen und mentalen Wandel reagierte und der Partei ein neues mehrheitsfähiges Profil gab. Karl Pisa, von der Parteiführung mit der Koordinierung der Programmarbeiten beauftragt, wies zu Jahresbeginn 1971 darauf hin, daß die „sozialistischen Parteien der Bundesrepublik und Österreichs mit dem Godesberger Programm und dem Wiener Programm den Kampf um die gesellschaftliche Mitte eröffnet" hätten. Die christlich-demokratischen Parteien in beiden Ländern seien deshalb vor eine entscheidende Alternative gestellt: „Sie können in der Opposition zu bürgerlichen Kontrollparteien schrumpfen oder zu neu profilierten Volksparteien einer fortschrittlichen Mitte wachsen."[66]

Die Notwendigkeit eines neuen Parteiprogramms resultierte auch aus dem Wunsch nach einer möglichst raschen Rückkehr in die Regierungsverantwortung. Damit war eine doppelte Zielrichtung verbunden: nach innen eine Neuorientierung einer teilweise verstörten und desorientierten Parteibasis und damit die Wiederherstellung der Geschlossenheit und Schlagkraft der Partei, nach außen eine deutliche Profilierung gegenüber der SPÖ im Sinne einer Verdeutlichung der eigenen Grund-

---

63 Ludwig REICHHOLD: Reform der ÖVP – was ist das? – In: ÖM 7/8/1970. S. 12–16. S. 15.
64 Ralf DAHRENDORF: Der moderne soziale Konflikt. Essay zur Politik der Freiheit. – Stuttgart 1992. S. 174. Dahrendorf definierte den sozialdemokratischen Konsensus als die „Ideologie der Mehrheitsklasse". Ihn „zu schaffen, dauerte, wie die Schaffung dieser Klasse selbst, ein Jahrhundert. Alle Ingredienzien des sozialdemokratischen Konsensus beziehen sich auf die sozialen Bürgerrechte in einer Welt des Wohlstandes. Zu ihnen gehört vor allem ein starker, aber wohlwollender Staat in einem korporatistisch gedämpften demokratischen System, eine politisch beeinflußte, aber marktorientierte Wirtschaft, die mit einigen Nachhilfen und Schutzkissen den Spielregeln des Welthandels und des Währungssystems ausgesetzt ist, und eine Gesellschaft weitreichender Solidarität durch Anrechte und progressive Besteuerung als Teil, einer allgemeinen Neigung zur Gleichheit und generell liberalen Verhältnissen" (ebd. S. 174).
65 Ebd. S. 174.
66 Karl PISA: Zurück zur Weltanschauungspolitik? Um ein neues Grundsatzprogramm der Volkspartei. – In: Die Furche Nr. 14/3. 4. 1971. S. 3.

sätze sowie eines geänderten Images. Generalsekretär Herbert Kohlmaier erklärte daher im April 1972 vor einem Mitarbeiterkongreß in Graz, die Diskussion über ein neues Grundsatzprogramm diene dazu, „die Geschlossenheit und die Schlagkraft ... durch ein stärkeres gemeinsames Zielbewußtsein zu erhöhen, und der Bevölkerung ... Klarheit über unsere Ziele zu geben".[67]

Der Lösung dieser Aufgabe unterzogen sich unter der Leitung Pisas eine Reihe von vor allem jüngeren Autoren, die aus dem linken Flügel des CV (Redaktion der Zeitschrift „Akademia" sowie Teile der Verbindung „Norica") und der katholischen Hochschulgemeinden kamen. Erstmals in der Geschichte der ÖVP wurde damit die Programmarbeit nicht von bündischen Repräsentanten oder dominierenden Einzelpersonen getragen, sondern von einer Gruppe jüngerer „Vor- und Mitdenker" der Partei, die in dem studentischen Aufbruch der sechziger Jahre besonders kraß die Ideologielosigkeit der nicht-sozialistischen Seite empfunden hatte ..."[68]

In einem ersten Entwurf wurde von dieser Gruppe in vielen Bereichen eine Neupositionierung durch die Übernahme zahlreicher „linker" Formulierungen vorgenommen. Eine stärkere Linkspositionierung wurde vor allem mit dem Hinweis auf eine notwendige allgemeine evolutionäre gesellschaftliche Veränderungsbereitschaft und dem Eintreten für untere Gesellschaftsschichten begründet. In diesem Sinne sei „links" synonym „mit ‚fortschrittlich' und ‚progressiv' ... Nur in diesem zweiten Sinn kann eine Linksöffnung der ÖVP und ihrer Programmatik verstanden werden."[69] Die ÖVP müsse sich vom Konservativismus abwenden, da dieser nicht theoriefähig und daher letztlich unbrauchbar sei. Auch die sogenannte bürgerliche Welt kann sich letztlich der Kritik an der Gesellschaft nicht entziehen, weshalb auch sie den Gang der Theorie zu gehen haben werde.[70] Rede die ÖVP weiterhin einer Renaissance konservativer Werte das Wort, verliere sie den Anschluß an die gesellschaftliche Entwicklung.[71] Durch eine durchgehend reformistische Haltung habe sich die ÖVP in dem geänderten Parteienwettbewerb als Partei der „progressiven Mitte" zu positionieren.[72]

Die ÖVP trat mit der Programmdebatte in eine Konservativismusdebatte ein, wobei sich bei dessen Verteidigern verschiedene Gruppierungen – ähnlich der internationalen Diskussion über die Rekonstruktion des Konservativismus – zusammenfanden: Verteidiger der als gefährdet erachteten Werte des Liberalismus, der sozialen Marktwirtschaft sowie Wert- und Strukturkonservative. Für diese Gruppen erklärte Generalsekretär Kohlmaier, man werde „die ÖVP zwar nicht als konservative Partei erklären können, aber sie wird immer ein Bekenntnis zu bestimmten Prinzipien des

---

67 ÖM 5/1972. S. 26.
68 Karl AIGINGER: Die wirtschaftsprogrammatischen Vorstellungen der ÖVP 1945–1985. – In: Schwarz bunter Vogel. S. 95–124. S. 104.
69 Peter DIEM: Progressiver Realismus. Gedanken zur Grundsatzprogrammatik der ÖVP. – In: ÖM 11/1970. S. 11 f. S. 12.
70 Heribert STEINBAUER: Theorie und Grundsatzprogramm. – In: ÖM 5/1972. S. 8–10. S. 9.
71 Peter DIEM: Hypothesen über „progressiv". – In: Neues Forum 179/180/1968. S. 740. Vgl. dazu auch ders.: Die Weiterentwicklung der ideologischen Grundlagen der ÖVP. – In: Alois MOCK (Hg.): Die Zukunft der Volkspartei. Eine kritische Selbstdarstellung. – Wien/München/Zürich 1971. S. 13–33.
72 Alfred STIRNEMANN: Zum Begriff der „politischen Mitte". – In: ÖM 1/1971. S. 21 f. S. 22. Vgl. dazu auch Manfried WELAN: Politik der „progressiven Mitte". – In: ÖM 1/1971. S. 19–21.

Konservativismus nicht verschämt, sondern bewußt zum Ausdruck bringen müssen".[73] Heinrich Drimmel, Christof Günzl, Herbert Krecji sowie erhebliche Teile der Parteiführung wandten sich vehement gegen den einsetzenden „Sinistrismo", der die politische Rechte zu „so etwas wie zum Abort im Politischen" zu machen drohte.[74]

Die ersten programmatischen Vorschläge wurden einer parteiinternen Diskussion unterzogen und zahlreiche „linke" Formulierungen eliminiert. Aus dieser ersten Diskussionsphase resultierte der am 14. Mai 1971 von der Bundesparteileitung verabschiedete Diskussionsentwurf „Das Österreich von morgen – Modell für eine bessere Welt". Dieser erheblich modifizierte Entwurf wurde anschließend einer umfassenden Diskussion unterworfen, um in einer neuerlich veränderten Version auf dem Programmparteitag Ende 1972 in Salzburg verabschiedet zu werden.[75]

Die Diskussion erbrachte eine Positionsverschiebung zur moderaten rechten Mitte hin. Sie brachte die intensivste Beschäftigung mit programmatischen Positionen und bildete den „Höhepunkt des innerparteilichen Interesses an der Grundsatzprogrammatik".[76] Der Begriff der „progressiven Mitte" mutierte zu jenem der „fortschrittlichen Mitte", wobei vor allem die jüngeren Parteifunktionäre wie Alois Mock, Josef Krainer jun., Josef Taus und Erhard Busek die gesellschaftliche Entwicklung als Trend zur Mitte verstanden, weshalb die ÖVP die Fähigkeit besitzen müsse, „alle Vorgänge von sozialer Relevanz wie ein Seismograph zu registrieren".[77] Dies vor allem deshalb, weil sie sich, so das Salzburger Programm, als „soziale Integrationspartei" an „alle Menschen und Bevölkerungsgruppen" wandte.[78] Als gesellschaftliches Leitbild wurde die „partnerschaftliche Gesellschaft" definiert, die über das Zusammenwirken von Kapital und Arbeit hinaus als Sozialtechnik verstanden wurde, d. h. als „Zusammenwirken von Personen, die in ihrer Würde und Freiheit gleich geachtet, in ihren Eigenarten und Funktionen aber als verschieden erkannt werden".[79] In grundsätzlichen Positionen bekannte sich die ÖVP zur Tradition eines im Christentum begründeten Verständnisses von Mensch und Gesellschaft sowie zu den Prinzipien der Katholischen Soziallehre und der sozialen Marktwirtschaft, die hier erstmals expressis verbis als wirtschaftspolitische Leitlinie genannt wurde.[80] Das Programm folgte jedoch auch den gesellschaftlichen Säkularisierungstendenzen mit der Feststellung, sie sei „offen für Christen und für alle, die sich aus anderen Beweggründen zu einem humanistischen Menschenbild bekennen".[81]

Mit dem „Salzburger Programm" nahm die ÖVP den Kampf um die gesellschaftliche Mitte auf. Durch die stärkere Betonung des Freiheitsbegriffs sowie die Betonung

---

73 Herbert KOHLMAIER: Vom Sinn der Programmdebatte der ÖVP. – In: ÖM 12/1971. S. 5–8. S. 6 f.
74 Heinrich DRIMMEL: Rechts – wo das Vakuum ist. – In: Die Furche, 24. 3. 1973. S. 3.
75 Zur Diskussion über das „Salzburger Programm" vgl. Robert KRIECHBAUMER: Parteiprogramme im Widerstreit der Interessen. S. 489 ff. Ders.: Die Reformdiskussion der ÖVP 1971–1975. – In: Erika WEINZIERL (Hg.): Kirche und Gesellschaft. Theologische und gesellschaftswissenschaftliche Aspekte. – Wien/Salzburg 1979. S. 43–74.
76 PELINKA: Die programmatische Entwicklung der ÖVP. S. 11.
77 Alois MOCK: Die Zukunft der Volkspartei. – In: ders. (Hg.): Die Zukunft der Volkspartei. S. 11–12. S. 12.
78 Salzburger Programm 2,7.
79 Salzburger Programm 3,5,1.
80 Salzburger Porgramm 4,4,1 und 4,4,2.
81 Salzburger Programm 2,5.

ihres christlichen und liberalen Erbes positionierte sie sich als Alternative zu einer die siebziger Jahre bestimmenden SPÖ, die sich durch die stärkere Betonung klassischer marxistischer Positionen in ihrem 1978 verabschiedeten Parteiprogramm im mitteleuropäischen Vergleich wiederum an den linken Rand der sozialdemokratischen Parteien setzte.[82]

Durch die Akzentuierung der ideologischen Differenzen in den siebziger Jahren erfolgte nicht nur eine stärkere Profilierung beider Großparteien, die in den achtziger Jahren angesichts des Scheiterns des Jahres 1968 politische Optionen erleichtern sollte. Ralf Dahrendorf hat in seiner Charakterisierung des sozialdemokratischen Konsensus darauf hingewiesen, daß in den siebziger Jahren „die Sozialpolitik einen weiteren Schritt vorangetrieben" wurde „zur Gemeinschaftsverpflichtung an Stelle der Einzelinitiative". Dieser Schritt wurde oftmals „zu einer Zeit getan, als manche Länder ihn sich nicht mehr leisten konnten. Vieles von dem, was wir ... unter dem Datum 1968 subsumiert haben, geschah nicht notwendig in jenem Jahr. Es hatte Jahre früher begonnen und setzte sich bis tief in die siebziger Jahre fort. So erhielt das stolze Gebäude des Sozialstaates seinen letzten Putz, als die Stürme einer zunehmend unbeständigen Weltwirtschaft schon seine Grundstrukturen bedrohten. Die Jahre der Erfüllung waren zugleich Jahre der wachsenden Gefährdung." Nur wenigen Ländern gelang es, „die ‚1968' eingeführten Maßnahmen der staatlichen Regelung und systematischen Umverteilung durch den Rest der siebziger Jahre hindurch zu retten".[83]

Zu diesen Ländern gehörte Österreich, wo erst die achtziger Jahre die Götterdämmerung der Ideologie des Jahres 1968 brachten.

4. Die Krise der Moderne. „Österreich hat Zukunft", das Zukunftsmanifest der ÖVP (1985), das Konzept der „Ökosozialen Marktwirtschaft" (1989), die „Erhard-Busek-Programme" (1994) und das „Wiener Programm" (1995)

Auf der Basis des Salzburger Programms entwickelte die ÖVP unter Parteiobmann Karl Schleinzer zwischen 1973 und 1975 vier Pläne zur Lebensqualität, die der Konkretisierung der programmatischen Aussagen des Jahres 1972 dienen sollten. Die ÖVP setzte damit in der politischen Konfrontation auf „einen vorwiegend programmatischen Stil, der sich in einem weit höheren Maß, als es in der Vergangenheit der Fall war, an grundsätzlichen Einsichten und Haltungen" orientierte.[84] Trotz dieser Bemühungen verlor sie die Nationalratswahl 1975, weshalb Josef Taus, der nach dem überraschenden Tod Schleinzers diesem als Parteiobmann nachgefolgt war, eine neuerlich stärkere Betonung der Grundsatzdebatte forderte. Die ÖVP müsse versu-

---

82 Peter Diem: Freiheit, Gleichheit, Solidarität. Zur Interpretation der Grundwerte durch die Großparteien Österreichs und der Bundesrepublik Deutschland. – In: ÖM 2/1978. S. 8–14.
83 Dahrendorf: Der moderne soziale Konflikt. S. 173 f.
84 ÖM 2/1974. S. 2.

chen, die grundsätzlichen ideologisch-programmatischen Positionen der beiden Großparteien stärker in das Bewußtsein der Öffentlichkeit zu bringen. „Es ist die Spannung zwischen dem Wollen der Christdemokraten, die maximale Freiheit für die Einzelperson zu verwirklichen, und dem sozialistischen Fernziel einer nivellierten Gesellschaft."[85]

Die Partei müsse, so der damalige oberösterreichische Landesparteisekretär Helmut Kukacka, „den langfristigen programmatischen Kurs . . . neu . . . bestimmen".[86] Sie dürfe dabei nicht hinter der gesellschaftlichen Entwicklung nachhinken, sondern vielmehr auf diese offensiv reagieren und deren Tendenzen – wenn möglich – antizipieren.

Ab Mitte der siebziger Jahre kann eine deutliche ideologische Differenzierung zwischen ÖVP und SPÖ diagnostiziert werden. Diese ist aus einer Reihe von Umständen erklärbar:

* Das Verhältnis von Regierung und Opposition tendiert von sich aus – trotz andauernder sozialpartnerschaftlicher Konfliktregelungsmechanismen – zu einer Akzentuierung und dadurch Verschärfung der ideologischen Gegensätze.
* Die SPÖ konnte durch ihre anhaltende absolute Mehrheit in den siebziger Jahren erstmals sozialistische Grundsätze in zentralen gesellschafts- und wirtschaftspolitischen Bereichen verwirklichen. Angesichts der sozialdemokratischen Dominanz in West- und Mitteleuropa sowie einer sich etablierenden linken Hegemonie in den meisten Sinnvermittlungsagenturen[87] stellte sich die Frage nach der Zukunft der marktwirtschaftlichen Ordnung, zumal die Kultfiguren der europäischen Sozialdemokratie Bruno Kreisky, Olof Palme und Willy Brandt die Überwindung des kapitalistisch-marktwirtschaftlichen Ordnungsrahmens zu einer Maxime sozialdemokratischer Politik postulierten.[88]

Im Zuge dieser gesamteuropäischen Entwicklung erfolgte auch in Österreich eine Renaissance des Austromarxismus vor allem bei jüngeren Intellektuellen in der SPÖ sowie eine stärkere linke programmatische Positionierung durch das 1978 verabschiedete neue Parteiprogramm.

* In Westeuropa und den USA erfolgte als Gegenbewegung gegen Ende der siebziger Jahre eine Renaisance des Konservativismus und Neoliberalismus. Die Wahlerfolge der Republikaner in den USA, der Konservativen in England und von CDU/CSU in der Bundesrepublik signalisierten eine Trendwende, die zunehmend auch das Selbstverständnis der ÖVP prägte und die Konfrontation mit der nach wie vor mit absoluter Mehrheit regierenden SPÖ verstärkte. Die programmatischen Profile der beiden Großparteien wurden markanter.

---

85 Josef Taus: Aufbruch 1975. – In: ÖM 10/11/1975. S. 6.
86 Helmut Kukacka: Niederlage ohne Konsequenzen? Anmerkungen zur politischen Strategie der ÖVP. – In: ÖM 11/1976. S. 19–25. S. 19.
87 Vgl. Helmut Schelsky: Die Arbeit tun die anderen. Klassenkampf und Priesterherrschaft der Intellektuellen. – Opladen 1975. Ders.: Systemüberwindung, Demokratisierung, Gewaltenteilung. Grundsatzkonflikte in der Bundesrepublik. – München 1973. Kurt Sontheimer: Das Elend der Intellektuellen. Linke Theorie in der Bundesrepublik Deutschland. – Hamburg 1976.
88 Willy Brandt, Bruno Kreisky, Olof Palme: Briefe und Gespräche 1972 bis 1975. – Frankfurt am Main/Köln 1975.

Dennoch dominierte in Österreich zunächst nach wie vor der von Kreisky geprägte Austro-Keynsianismus. Er schien Sicherheit und Wohlstand zu garantieren im Gegensatz zu einem offensichtlich krisenanfälligeren kapitalistisch-marktwirtschaftlichen System. Der bereits zur politischen Ikone avancierte Kreisky sicherte der sozialistischen Politik eine anhaltende hohe Akzeptanz, so daß sich die in Westeuropa und den USA in den siebziger Jahren entwickelnde Diskussion über die Folgen eines freiheitsbedrohenden Sozialismus in Österreich in die achtziger Jahre verschob. Angesichts eines scheinbaren Horts der Stabilität verhallten die neokonservativen und neoliberalen Argumente der ÖVP. Trotz dieser zunächst anhaltenden geringen bundespolitischen Akzeptanz der von der ÖVP artikulierten Positionen erreichte die von ihr geführte Ideologiedebatte zweierlei: Sie verhinderte das von Kreisky geförderte und erhoffte Zerfallen der Partei in Interessenparteien, wie dies nach anhaltender sozialdemokratischer Herrschaft in Schweden der Fall gewesen war, und sie ermöglichte die Besetzung von Positionen, die ab den beginnenden achtziger Jahren angesichts des Scheiterns des Austro-Keynsianismus in immer breiteren Bevölkerungsgruppen auf Akzeptanz stießen.

Die ÖVP hatte die von Schelsky in den siebziger Jahren eröffnete Wertediskussion über das Ziel gesellschafts- und wirtschaftspolitischen Handelns aufgegriffen und die These von der Wahl zwischen einem betreuten und einem selbständigen Menschen politisch thematisiert. Gleichzeitig wurden mit der Renaissance des neokonservativismus und Neoliberalismus die Thesen Friedrich Hayeks aktualisiert, womit neuerlich, gleichsam in Wiederholung der Diskussion der späten vierziger und frühen fünfziger Jahre, die Fragen der Rolle des Marktes und der Freiheit des Menschen in den Mittelpunkt der ordnungspolitischen Diskussion rückten. Während die SPÖ die Rolle des Marktes durch zunehmend staatsinterventionistische Maßnahmen zu ersetzen suchte und damit eine krisenfreie Ordnung zu installieren hoffte, positionierte sich die ÖVP als Verteidigerin der Tradition der sozialen Marktwirtschaft, die sie durch die von Erhard Busek geprägte Formel von der „Qualitativen Marktwirtschaft" ergänzte.[89] Sie sei, so Busek unter Hinweis auf Müller-Armack, „die zweite Phase der sozialen Marktwirtschaft".[90] Qualität wurde als „Lebensqualität" definiert, als Fortschritt von einem bloß quantitativen zu einem qualitativen Wachstum, bei dem auch die Frage nach einer weitgehenden Deregulierung der überbordenden staatlichen Tätigkeit gestellt werden müsse, die den Bürger in eine immer größere und teurere Abhängigkeit verstricke und ihn seiner Selbständigkeit völlig zu berauben drohe. Im Sinne des Subsidiaritätsprinzips seien staatliche Interventionen nur dann berechtigt, wenn gesamtgesellschaftlich wünschenswerte Ziele auf andere Weise nicht erreicht werden können. Der Zusammenhang zwischen marktwirtschaftlichem System und persönlicher Freiheit fordere daher eine weitgehende Deregulierung und Privatisierung öffentlicher Leistungen. Die permanente Ausdehnung staatlicher Tätigkeit unter dem Titel des notwendigen Ausbaus des Wohlfahrtsstaates gefährdete nicht nur die Freiheit des Bürgers durch die darin implizierten politisch-mentalen Hospitali-

---

[89] Erhard Busek, Christian Festa, Inge Görner: Auf dem Weg zur qualitativen Marktwirtschaft. Versuch einer Neuorientierung. – Wien 1975.
[90] Erhard Busek: Auf dem Weg zur qualitativen Marktwirtschaft. – In: ÖM 7/1974. S. 25–28. S. 28.

sierungstendenzen, sondern stieß auch zunehmend an die Grenzen der Finanzierbarkeit.[91]

Dabei wandte sich die ÖVP nicht prinzipiell gegen staatliche Interventionen, sondern nur gegen jene, die durch ihre permanente Expansion den verwalteten und bevormundeten Bürger unter ständig steigenden Umverteilungs- und Verwaltungskosten erzeugten und eine „aufwendige Konservierung veralteter Produktionsstrukturen" (z. B. in der verstaatlichten Industrie) inkludierten.[92]

Bis zur Nationalratswahl 1983 vermochte die ÖVP die Trivialisierung der Politik in Form der Reduktion ideologischer und daraus resultierender sachpolitischer Differenzen auf personalisierte Stilfragen, die auf die Kategorien Sympathie versus Antipathie reduziert wurden, erstmals wirkungsvoll zu durchbrechen. Zu Beginn der achtziger Jahre setzte eine stärkere Ideologisierung der österreichischen Innen- und Wirtschaftspolitik ein, da auf Grund der nunmehr auch in Österreich wirksam werdenden krisenhaften wirtschaftlichen und arbeitsmarktpolitischen Rahmenbedingungen sowie des Aufkommens neuer sozialer Bewegungen „die Grundlagen des sozialdemokratischen Konsenses unterminiert" wurden.[93]

Die ÖVP vermochte als einzige Partei bei der Nationalratswahl 1983 an Stimmen und Mandaten zu gewinnen, blieb jedoch auf Grund der von Bruno Kreisky vorgenommenen Weichenstellung in Richtung Kleine Koalition weiterhin in der Opposition. Sie war, so Parteiobmann Alois Mock, durch das Wahlergebnis ermutigt, auf ihrem Weg einer grundsatzorientierten Politik fortzufahren. Man werde in Zukunft verstärkt „eine klare, von anderen Wertvorstellungen getragene Politik" anbieten.[94]

Bereits im Juni 1983 beauftragte Mock eine Expertenkommission unter der Leitung des Philosophen Peter Kampits mit der Ausarbeitung eines Zukunftsmanifests. Der erste Entwurf wurde auf dem 24. Bundesparteitag am 13./14. Oktober 1983 in Baden bei Wien kontroversiell diskutiert. Als Diskussionsleiter bemerkte der oberösterreichische Landeshauptmann Josef Ratzenböck, die ÖVP signalisiere mit diesem Entwurf ihre „Öffnung für neue Themen und neue Problemstellungen, ... für die Zukunftshoffnungen und die Zukunftserwartungen der Bevölkerung", und wende sich „den politisch interessierten und engagierten Bürgern" zu, „die sich nicht an eine bestimmte Partei binden wollen, aber an der politischen Gestaltung ihrer Zukunft mitarbeiten möchten".[95]

Der Programmentwurf trug deutlich die Handschrift der Denkschule um Erhard Busek. Die Politik, so die einleitende Feststellung des Entwurfes, habe in den letzten Jahren nicht mit dem sich entwickelnden Lebensgefühl, vor allem dem neuen

---

91 Johannes Hawlik, Wolfgang Schüssel: Mehr privat, weniger Staat. Anregungen zur Begrenzung öffentlicher Aufgaben. – Wien 1983. Dies.: Staat laß nach. Vorschläge zur Begrenzung und Privatisierung öffentlicher Aufgaben. – Wien/München 1985.
92 Peter A. Ulram: Öffentliche Hand oder offene Hand? Bemerkungen zu Ewald Nowotny, „Die öffentlichen Finanzen – Symptom einer Gesellschaftskrise?" – In: Zukunft. Jänner 1979. – In: ÖM 2/1979. S. 16–18, S. 17.
93 Fritz Plasser, Peter A. Ulram: Wahlkampf und Wählerverhalten. Analyse der Nationalratswahl 1983. – In: ÖJP 1983. – Wien/München 1984. S. 19–43. S. 20.
94 Zit. bei Andreas Khol, Günther Ofner, Bernhard Moser, Franz Sommer (Hg.): Materialien zum Zukunftskongreß der ÖVP. – Wien o. J. (Reihe Arbeitsbücher Band 14). S. V.
95 Protokoll des 24. Bundesparteitages der ÖVP in Baden bei Wien am 13./14. Oktober 1983. S. 101.

Problembewußtsein, Schritt gehalten. Daher drohe eine „Entfremdung zwischen dem Lebensgefühl der Menschen und einer zum Ritual gewordenen Politik . . ."[96] Um diese Entfremdung zu vermeiden, müsse wiederum Politik mit dem Bürger gemacht werden. Sie müsse den Bürger ernst nehmen und erkennen, daß „in kleinen und überschaubaren Einheiten . . . Betroffenheit, Lebenswissen und Initiative der Bürger nicht nur rascher zu lebensnahen Problemlösungen, sondern auch zur Einübung von Eigenverantwortlichkeit und demokratischer Mitbestimmung" führen.[97]

Dies bedeute jedoch den Abschied von linearen fortschrittsgläubigen und rein quantitativen Konzepten der Wiederaufbauzeit, die durch qualitative zu ersetzen seien, die dem geänderten Lebensgefühl der Menschen entsprechen. Der Wandel vom quantitativen zum qualitativen Fortschritt inkludiere ein geändertes Verhältnis zur Natur, eine Verantwortung für die Biosphäre durch präventiven Umweltschutz und die Ergänzung der sozialen durch die qualitative Marktwirtschaft. Dem Scheitern der paternalistischen Umweltphilosophie der siebziger Jahre setzte der Entwurf den Optimismus einer neuen Freiheit entgegen, die durch die zunehmende Bereitschaft zu partizipatorischen Handlungen, vor allem in Form von Bürgerinitiativen und anderen Formen der direkten Demokratie, deutlich als genereller Mentalitätswandel diagnostiziert wurde. Dies impliziere nicht nur den Abschied von Großorganisationen und deren umfassender Lebensgestaltungskompetenz, sondern auch ein zunehmendes „Unbehagen im Parteienstaat",[98] dem rechtzeitig gegengesteuert werden müsse. Eine erfolgreiche Gegenstrategie bedürfe jedoch offener Parteien, „die nicht nur traditionelles Funktionärs- und Mitarbeitertum kennen, sondern auch jene politische Teilnahme und Mitarbeit ermöglichen, die sich für das Erreichen eines konkreten Zieles auch ohne Parteibuch engagieren wollen". Dies bedeute „mehr Möglichkeiten zur Einbindung der Bürger in politische Entscheidungsprozesse".[99]

Der in Baden bei Wien vorgestellte und kontroversiell diskutierte Entwurf wurde anschließend einem breiten Diskussionsprozeß an der Parteibasis und den Teilorganisationen unterworfen. Für diesen zweiten Diskussionsprozeß wurde von der Expertengruppe unter Kampits ein zweiter Entwurf bis zum April 1984 erarbeitet, der die am 24. Bundesparteitag geäußerte Kritik berücksichtigte. Die zweite Diskussionsphase dauerte bis Februar 1985 und wurde zum Teil mit erheblichem Engagement geführt. Die im theoretischen Organ „Österreichische Monatshefte" publizierten Diskussionsbeiträge kritisierten vor allem die vermutete pessimistische Grundstimmung und Zivilisationskritik als Übernahme eines kulturpessimistischen Zeitgeistes sowie den geforderten Umbau in eine offene Partei, die einen endgültigen Abschied von ideologischen Grundsatzpositionen bedeute und zu einem nicht mehr identifizierbaren politischen Amalgam führe, das eine Politik für alles und jedes anbiete. Im März 1985 erfolgte eine neuerliche Fassung des Zukunftsmanifests, die nunmehr von Hubert Feichtbauer erarbeitet und bei einem Zukunftskongreß in Linz am 5. Juni

---

[96] Erster Diskussionsentwurf zum Zukunftsmanifest, vorgelegt von der Expertenkommission „Politik und Lebensgefühl" dem 24. Bundesparteitag in Baden bei Wien, 13.–14. 10. 1983. – In: Materialien zum Zukunftsmanifest der ÖVP. S. XII–XXXI. S. XIII.
[97] Ebd. S. XIII.
[98] Ebd. S. XXVIII.
[99] Ebd. S. XXIX.

1985 mit nur mehr geringfügigen Modifikationen unter dem Titel „Die neue Freiheit" verabschiedet wurde.

Vergleicht man den ersten Entwurf mit der Endfassung, so ist ein erheblicher Wandel festzustellen. Dabei handelt es sich jedoch keineswegs um eine inhaltliche und intentionale Neufassung, sondern vor allem um Ergänzungen und Akzentverschiebungen. So berücksichtigte der erste Entwurf kaum christdemokratische Wertvorstellungen, vor allem nicht das christliche Menschenbild. Im Gegensatz dazu enthält die Endfassung ausführliche Passagen über das christdemokratische Menschenbild und die naturrechtliche Verankerung von Politik. Der Mensch ist „Höhepunkt und Ziel der Schöpfung. Seine Einzigartigkeit und Würde ... verlange klare Konsequenzen in der Politik".[100]

Eine weitere Akzentverschiebung erfolgte in dem wiederholten Hinweis, daß eine humane Politik keine Absage an die Technik bedeutet, deren Aufgaben vor allem in der Humanisierung der Arbeitswelt, der Bewältigung der Umweltproblematik und der Erhaltung und Stärkung der Konkurrenzfähigkeit des Landes gesehen wurden. Lediglich dem Glauben an die unbegrenzte Machbarkeit wurde eine Absage erteilt.

Mit der Forderung nach einer anderen Gesellschaftspolitik für freie Individuen wurde im Zukunftsmanifest die Verbindung zu neokonservativen und neoliberalen Positionen hergestellt, die erheblich stärker als im Erstentwurf Berücksichtigung fanden.

Andreas Khol charakterisierte das Zukunftsmanifest als „Fortschreibung des Salzburger Programms auf die Probleme des Jahrtausendwende", während es für Oswald Panagl eine „weitgehend geglückte Mischung aus Bestandsaufnahme und Realutopie" war, „ein Balanceakt zwischen Diagnose und Prophylaxe und Therapie".[101]

Wenngleich die ÖVP neokonservative und neoliberale Positionen rezipierte, so verzichtete sie nicht auf die tragenden und traditionellen Elemente der Katholischen Soziallehre (Wertebewußtsein, Menschenbild, Subsidiarität, Vermögensbildung in Arbeitnehmerhand). Allerdings erblickten Neokonservative in der Entwicklung der katholischen Kirche eine Tendenz zur Abkehr von klassischen Positionen und eine Marxismusrezeption zu einem Zeitpunkt, da sich weltweit die planwirtschaftlich-marxistisch regierten Länder zunehmend von dieser Theorie abzuwenden begannen. Die ÖVP der späten siebziger und der frühen achtziger Jahre repräsentierte somit drei geistige Traditionen: Neoliberalismus, Neokonservativismus und Katholische Soziallehre. Anton Pelinka führte die Stärke der Partei Mitte der achtziger Jahre auf die Fähigkeit der Integration verschiedener Traditionen zurück. Das Erfolgskonzept der ÖVP bestehe darin, daß sie „konservativ und christlich-demokratisch" sei.[102]

Die radikale Revision sozialistischer Positionen angesichts des Scheiterns des Austro-Keynsianismus Mitte der achtziger Jahre durch die weitgehende Übernahme programmatischer Positionen der ÖVP in die Politik der SPÖ nivellierte die seit den siebziger Jahren geprägte ideologische Differenzierung der beiden Großparteien. Waren SPÖ und ÖVP auf dem Links-rechts-Schema seit der Mitte der siebziger Jahre

---

100 Ebd. S. 253.
101 Andreas KHOL: Die Wende kann beginnen – kann die Wende beginnen? – In: ÖM 1/1987. S. 7–12. S. 12. Oswald PANAGL: Spannung von Prognose und Therapie. – In: SN, 2. 8. 1985. S. 3.
102 Anton PELINKA: Die ÖVP als Typus. – In: Schwarz bunter Vogel. S. 219–222. S. 220.

zunehmend deutlicher positioniert und damit der politische Raum auch semantisch klarer markiert, so wurden sie durch den Rechtsruck der SPÖ unter Vranitzky wiederum kompatibler, schien die ideologische Polarisierung gemildert, wodurch die ÖVP – verstärkt durch ihren Eintritt in die Große Koalition 1986 – in der öffentlichen Perzeption ideologischer Positionen an programmatischem Profil verlor. Darüber hinaus büßte die ÖVP durch das medial vermittelte Image des neuen Bundeskanzlers sowie dessen scheinbar problemlose Übernahme programmatischer Positionen der ÖVP die in den frühen achtziger Jahren errungene Themenführerschaft sowie bundespolitische Lösungskompetenz ein.

1989 versuchte Parteiobmann Riegler vor dem Hintergrund des Zusammenbruchs der kommunistischen Systeme in Osteuropa sowie des bevorstehenden Nationalratswahlkampfes die Rückgewinnung der Themenführerschaft mit dem Konzept der „Ökosozialen Marktwirtschaft". Dabei bezog er sich bewußt auf die programmatische Tradition der ÖVP. Anläßlich seiner Wahl zum Parteiobmann erklärte er am 20. Mai 1989: „Wenn wir den Umweltschutz zur entscheidenden politischen Herausforderung der neunziger Jahre erklären, zum Generalthema des nächsten Jahrzehnts, dann folgen wir der programmatischen Tradition der Österreichischen Volkspartei. Sie hat in den fünfziger Jahren angesichts eines vergleichbaren Wendepunktes der Politik mit der Konzeption der sozialen Marktwirtschaft die Basis für eine völlige Neuorientierung des wirtschaftlichen und sozialen Systems geschaffen. Sie hat mit ihren ordnungspolitischen Vorstellungen den Gegensatz zwischen Kapital und Arbeit aufgehoben und beide Faktoren zu einer neuen, tragfähigen und bis heute funktionierenden Partnerschaft zusammengeführt.

Mit dem Ausbau und der Weiterentwicklung der sozialen Marktwirtschaft zur ökosozialen Marktwirtschaft legt die Volkspartei das ordnungspolitische Modell für die neunziger Jahre vor.

Die ökosoziale Marktwirtschaft ist unsere Konzeption eines Wirtschaftssystems, in dem der Staat seine sozialen und ökologischen Aufgaben gleich ernst nimmt."[103]

Das Jahr 1989 bedeutete den Triumph der Marktwirtschaft und des mit ihr untrennbar verbundenen demokratisch-freiheitlichen Systems. Trotz dieses Triumphes stand „das marktwirtschaftliche System . . . vor einer neuen Herausforderung. Der Einbau ökologischer Elemente in unser Wirtschaftssystem ist wahrscheinlich die größte Herausforderung, der es sich in den nächsten Jahrzehnten stellen muß. Gelingt es nicht, diese Herausforderung zu bewältigen, dann verliert das marktwirtschaftliche System die Akzeptanz bei den nächsten Generationen."[104] Man kann nur dann von einer ökosozialen Marktwirtschaft sprechen, „wenn ökologische Kriterien den gleichen Rang einnehmen wie marktwirtschaftliche und soziale".[105]

Um dieses Ziel zu erreichen, müsse – wie bei der sozialen Marktwirtschaft – „das *richtige* Verhältnis zwischen den dynamischen Kräften des freien Marktes und den notwendigen ordnungspolitischen Rahmenbedingungen" erreicht werden. Dies bedeute „soviel Markt wie möglich und soviel Staat wie notwendig". Der Staat habe,

---

103 Protokoll des 27. Bundesparteitages der ÖVP in Wien am 19./20. Mai 1989. S. 74 f.
104 Karl AIGINGER: Am Weg zu einer ökosozialen Marktwirtschaft. – In: ÖJP 1989. – Wien/München 1990. S. 495–511. S. 495.
105 Walter HEINZINGER: Konturen einer ökosozialen Marktwirtschaft. – In: ÖJP 1989. – Wien/München 1990. S. 513–529. S. 522.

unter Beachtung der marktwirtschaftlichen Rahmenbedingungen, „durch Gesetze, Gebote, Verbote und Kontrollen für die Durchsetzung der sozialen und ökologischen Ziele zu sorgen. Wichtigste Instrumente der ökosozialen Marktwirtschaft sind demnach wirtschaftliche Anreize für umweltgerechtes Verhalten in Produktion, Handel, Freizeit, Konsum und Verkehr; Kostenwahrheit bezüglich der Preisgestaltung; Produktklarheit, d. h. präzise Deklaration sowie ein ökologisch ausgerichtetes Steuersystem."[106]

Kritisch bemerkte die Neue Zürcher Zeitung in einem Bericht über den Zukunftsparteitag der ÖVP in Graz am 25. November 1989, bei dem das Konzept der ökosozialen Marktwirtschaft mit lediglich einer Gegenstimme zum Leitbild für die neunziger Jahre und als Gegenpol zum Modell „Sozialdemokratie 2000" angenommen wurde, daß sich dieses Konzept als „sperrig" erweise. Man habe zwar das Modell als Richtlinie für die neunziger Jahre beschlossen, es blieben jedoch „weiterhin verbreitete Zweifel in die Eignung des Modells als Wählermagnet... [...] Es ist offenkundig, daß der Wirtschaftsflügel und die Unternehmerverbände ... dieses Unterfangen mit großer Skepsis verfolgen."[107] Tatsächlich blieb das interessante und zukunftsweisende Modell der ökosozialen Marktwirtschaft ohne wahlwirksame Resonanz und stieß auch in großen Teilen der ÖVP, vor allem beim Wirtschaftsbund, auf beträchtliche Skepsis. Weder innerparteilich noch nach außen hin als wahlwirksames Angebot vermochte die Konzeption Rieglers deutliche Spuren zu hinterlassen. Der öffentliche Diskurs rezipierte die Konzeption kaum, die mit dem Rücktritt Rieglers vom Parteivorsitz in esoterische Diskussionszirkel abgedrängt wurde und damit (vorläufig) dem öffentlichen Bewußtsein entschwand.

Selbstkritisch bemerkte Karl Aiginger, der „wissenschaftliche Vater" der ökosozialen Marktwirtschaft, im Herbst 1993, man habe „viel Akribie und guten Willen" in die Entwicklung und Propagierung des Konzepts aufgewendet, das Ergebnis sei jedoch nicht überwältigend.[108]

Ideen haben, wie vieles, Konjunkturen. Die Welle des Zeitgeistes oder strukturelle Rahmenbedingungen vermögen sie zu tragen und zu popularisieren, aber auch zuzudecken und dem öffentlichen Bewußtsein zu entziehen. Der Historiker vermag diesem Befund lediglich hinzuzufügen, daß Konjunkturen nicht die Richtigkeit, sondern lediglich die öffentliche Akzeptanz signalisieren und daß im Zuge der Wellenbewegungen des Zeitgeistes Ideen – wenn auch mit zeitlicher Verzögerung – dem öffentlichen Vergessen wiederum entrissen und zu wirksamen Faktoren des politisch-ökonomischen Prozesses zu werden vermögen. Die Requisitenkammer der Weltentwürfe enthält eine Reihe solcher Beispiele.

Die anhaltenden tektonischen Verschiebungen in der österreichischen Wählerlandschaft, begleitet vom Wandel der Mentalitäten und Werte, die daraus resultierende veränderte politische Kultur des Landes mit einer zunehmenden Skepsis gegenüber handlungsorientierten rationalen Politikmustern, der offensichtliche Struktur-

---

106 Josef RIEGLER: Vorwort. – In: ders. (Hg.): Antworten für die Zukunft. Ökosoziale Marktwirtschaft. – Wien 1990. S. 7–9. S. 8 f. Vgl. dazu auch ders.: Ökosoziale Marktwirtschaft. Antworten auf die Zukunft. Programme, Texte, Reden zur Vision einer neuen Politik. – Wien 1990.
107 NZZ, 9. 12. 1989. S. 5.
108 ÖM 8/1993. S. 26.

bruch in der Moderne, charakterisiert durch das zunehmende Divergieren der realen Lebenswelten und der (politischen) Denkstrukturen[109] signalisieren in den neunziger Jahren das Dämmern einer neuen Moderne, der sich Politik zu stellen hat. Umfassende politische Orientierungsangebote korrelieren immer weniger mit der gesellschaftlichen Wirklichkeit, der ideologisch abgesicherte politische Glaubenskrieg scheint in der postmodernen Gesellschaft ebenso das Opfer des gesellschaftlichen Wandels geworden zu sein wie eine sich in bloßer Pragmatik erschöpfende Politik. Tatsächlich kann in einer sich beschleunigenden Moderne eine Rollenverteilung von Politik und gesellschaftlicher Entwicklung zu Lasten der ersteren festgestellt werden. Politik, so Erhard Busek in einem Kommentar über die von ihm initiierte „September-Akademie" 1993, erschöpfe sich „allzu oft in täglicher Pragmatik und in atemlosem Nacheilen hinter Entwicklungen, die sich längst verselbständigt haben". Eine zukunftsorientierte Politik müsse jedoch diese Rollenverteilung umdrehen. „Politik muß auf der Höhe der Zeit sein, um sie nicht nur recht und schlecht nachzuvollziehen, sondern wirksam gestalten zu können."[110]

Bereits im Sommer 1992 hatte Busek die von ihm wiederholt geforderte „Neugründung" der ÖVP in Form eines Bausteinprinzips konstatiert. Die Partei werde von einer Mitglieder- zu einer Mitarbeiterpartei umgebaut, wobei das offene Vorwahlmodell als zweiter Baustein eine wichtige Rolle spiele. Der dritte Baustein sei die notwendige „Adaptierung des Programms, denn es bedarf eines Handlungskatalogs für die ausgehenden 90er Jahre".[111]

Im Herbst 1992 wurde das Salzburger Programm 20 Jahre alt. Es hatte damit die durchschnittliche Gültigkeitsdauer aller bisheriger Grundsatzprogramme bereits um das Dreifache übertroffen. Eine Neufassung war aus einer Reihe von Gründen notwendig geworden. Zum einen hatte die ÖVP mit dem Zukunftsmanifest sowie dem Konzept der ökosozialen Marktwirtschaft grundsätzliche programmatische Enunziationen verabschiedet, die einer gesamtprogrammatischen Integration harrten. Zum anderen hatte die gesellschaftliche Wandlungsdynamik einen erheblichen Wertewandel sowie eine Veränderung der Mentalitäten bewirkt, die sich in grundlegend geänderten politischen Wettbewerbsverhältnissen niederschlagen. Und schließlich hatten durch den Zusammenbruch der kommunistischen Systeme in Osteuropa die internationalen Rahmenbedingungen einen grundlegenden Wandel erfahren.

Bundesparteiobmann Busek initiierte daher den „Zukunftsdialog Österreich", der unter der Leitung von Verteidigungsminister Fasslabend – in deutlicher Kontinuität zu den programmatischen Positionslichtern des Salzburger Programms, des Zukunftsmanifests sowie der ökosozialen Marktwirtschaft – die notwendigen Adaptie-

---

109 Ulrich BECK: Die Erfindung des Politischen. – Frankfurt am Main 1993.
110 Erhard BUSEK: „Geglückter Versuch". – In: ÖM 8/1993. S. 7.
111 SN, 24. 8. 1992. S. 2. Bereits 1992 hatte der Klubobmann der Salzburger ÖVP, Franz Schausberger, angesichts des gesellschaftlichen Wandels sowie der Änderung der weltpolitischen Lage eine neue Grundsatzdebatte der ÖVP mit dem Ziel einer Neufassung des Salzburger Programms gefordert. Dabei sollte auf den in der Zwischenzeit von immerhin zwanzig Jahren eingetretenen Wandlungsprozeß Rücksicht genommen und durch Neupositionierungen „Trittsicherheit auf allen Ebenen" des politischen Diskurses wiederhergestellt werden. (Franz SCHAUSBERGER: Für eine neue Grundsatzdebatte. – In: Salzburg Journal, Mai 1992. S. 4 f.)

rungen und Neubestimmungen in Form eines neuen Parteiprogramms erarbeiten sollte.

Die Diskussion um eine Neufassung des Salzburger Programms sollte auf drei Ebenen stattfinden:

* In einem Dialog mit der Jugend (etwa 200 Personen in 16 Arbeitskreisen) wurden erste neue thematische Schwerpunktsetzungen vorgenommen, die in weiteren Diskussionsrunden mit Jugendlichen in ganz Österreich erörtert und modifiziert wurden.
* 1993 setzte parallel zu diesem Dialog mit der Jugend ein Dialog mit führenden Vertretern des europäischen und österreichischen Geisteslebens ein, um so zusätzliche seismographische Befunde des gesellschaftlichen Wandels für die weitere Programmarbeit zu erhalten.
* Die ersten Ergebnisse wurden anschließend einer ausführlichen Diskussion in der Gesamtpartei und den Teilorganisationen unterworfen, so daß bereits am 19. November 1993 ein erster Entwurf eines neuen Grundwertekatalogs vorlag, der die Grundlage des neuen Parteiprogramms bilden sollte.

Parallel zu dieser Diskussion legte Parteiobmann Busek anläßlich des traditionellen Dreikönigstreffens in Salzburg zu Jahresbeginn 1994 die sogenannten „Erhard-Busek-Pläne" vor, die die Themen Sicherheit, Wirtschaft und Heimat als die „entscheidenden Fragen der Zukunft" definierten, die „vernetzt gesehen" werden müßten. Diese Pläne wurden bis zur Nationalratswahl im Oktober 1994 durch Positionspapiere präzisiert, mit denen sich die ÖVP nach dem Willen ihres Obmanns nicht nur „einen Arbeitsauftrag für die nächste Legislaturperiode", sondern bis zur Jahrtausendwende geben sollte.[112]

Vor allem mit den Themen „Heimat" und „Sicherheit" unternahm die ÖVP 1994 eine moderate Emotionalisierung der Politik bei gleichzeitiger Abgrenzung gegenüber der FPÖ. So erklärte Busek zum Abschluß der zweitägigen Klubklausur in Telfs am 28. Oktober 1993, der Heimatbegriff der ÖVP unterscheide sich grundlegend von jenem der FPÖ. Mit Heimat sei eine „legitime Sehnsucht nach Geborgenheit" verbunden, was nichts mit einer „Blut-und-Boden-Romantik" zu tun habe.[113] Im 1994 vorgelegten Positionspapier „Heimat" wurde ausdrücklich darauf hingewiesen, daß diese nicht das „oberflächlich Folkloristische" oder die „Verherrlichung des Vergangenen" sei, sondern einer „ständigen Anpassung und Bewegung" unterliege. „Unser Begriff von Heimat ist zeitgemäß, emanzipiert, mündig und aufgeklärt. Eine Heimat, in der Fortschritt, Dynamik, Europa, unsere Nachbarn, die ausländischen Mitbürger und die Menschen auf Flucht nicht mitgedacht werden, verwerfen wir. Wir wollen den Heimatlosen unter uns wieder Heimat geben. Heimat ist für uns Lebensmöglichkeit."[114]

Die programmatischen Bemühungen standen in ihrer Endphase völlig im Schatten der Parteikrise im Vorfeld des Jubiläumsparteitages 1995. Im Gegensatz zum Salzburger Programm, dessen Verabschiedung ein eigener Parteitag 1972 gewidmet war,

---

112 Die Presse, 8. 1. 1994. S. 7.
113 Kurier, 29. 10. 1993. S. 3.
114 Heimat. Raum für eine neue Politik. Verantwortung für das eigene Land. Positionspapier zum Erhard-Busek-Zukunfstplan S. 6 f.

spielte dessen Nachfolgeprogramm in der Diskussion und öffentlichen Aufmerksamkeit beim 30. Parteitag am 21./22. April 1995 lediglich die Rolle des (zu Unrecht) unbedankten Darstellers einer Nebenrolle. Zu sehr hatten die macht- und richtungspolitischen Auseinandersetzungen der letzten Monate die Partei und die interessierte Öffentlichkeit in Anspruch genommen. Die Diskussion auf dem Parteitag konzentrierte sich auf die Bewertung der großteils unerfreulichen Vorgänge um die Ablöse von Parteiobmann Busek. Eine intellektuelle Auseinandersetzung mit den bemerkenswerten Neupositionierungen des „Wiener Programms" fand nicht statt.

Mit dem neuen Programm unternahm die ÖVP eine stärkere wertkonservative Positionierung in Form der Verbindung von christdemokratischen und liberalen Werten. Die dem Zeitgeist der frühen siebziger Jahre verpflichtete Formulierung einer „Partei der progressiven Mitte" wich wertkonservativen Positionen und klaren strategischen Akzentuierungen, mit denen sich die ÖVP deutlich gegenüber den politischen Mitbewerbern abgrenzt.[115] Erstmals in ihrer Geschichte definierte sich die ÖVP als „christdemokratische Partei" mit starker liberaler Komponente.[116] Basierend auf traditionellen programmatischen Positionen wie dem Bekenntnis zu einem christlichen Menschenbild, zu den Prinzipien der Subsidiarität, des Föderalismus und des Solidarismus, der Sozialpartnerschaft, zum Privateigentum als Bedingung der Freiheit, zur sozialen Marktwirtschaft sowie einer partnerschaftlichen Gesellschaft und einem ausgeprägten Österreich-Bewußtsein wurden markante Positionsverschiebungen und Neupositionierungen vorgenommen.

Neben dem erstmaligen Bekenntnis, eine christdemokratische Partei zu sein, definierte sich die ÖVP als Partei der ökosozialen Marktwirtschaft. Die ökosoziale Marktwirtschaft als das „von uns entwickelte wirtschaftspolitische Ordnungsmodell für die wirtschaftlichen, sozialen und ökologischen Herausforderungen an der Schwelle ins nächste Jahrtausend . . . basiert auf den Gesetzen des Marktes und des Wettbewerbs" und dem ökologischen Prinzip „der Nachhaltigkeit, das besagt, daß wirtschaftliches Handeln die Zukunftschancen der nächsten Generationen und die Regenerationskraft der Natur nicht schmälern darf".[117] Die ÖVP definiert sich im Wiener Programm 1995 angesichts des zunehmenden politischen Wettbewerbs als der eigentliche Erbe des Liberalismus und offeriert deutlicher als bisher eine Verbindung von Elementen der Katholischen Soziallehre mit jenen des Liberalismus. So werden im Teil 2 in den Kapiteln Freiheit, Verantwortung, Gerechtigkeit, Leistung und Toleranz klassische liberale Positionen bezogen.[118]

Die Verbindung von klassischen Positionen der Katholischen Soziallehre und jenen des Liberalismus wird besonders in den Kapiteln „Familie" und „Männer und Frauen" deutlich. Ehe und Familie werden als die schützens- und förderungswerten „Grundlagen einer freien Gesellschaft" definiert, die „unersetzliche Aufgaben für den einzelnen und auch für den modernen demokratischen Staat" übernehmen. Leitbild ist „die Familie mit zwei Elternteilen und Kindern", wenngleich die Politik auch der Tatsache Rechnung tragen müsse, „daß veränderte Lebensperspektiven und Anfor-

---

115 Vgl. Stellungnahme von Fritz PLASSER in: „Die Presse", 18. 2. 1995. S. 7.
116 FAZ, 24. 4. 1995. S. 6.
117 Das neue Parteiprogramm der ÖVP. – In: Österreichische Monatshefte 8/94. 1.2.1./1.2.2.
118 Vgl. 3.2./3.3./3.5./3.6./3.11.

derungen in der modernen Gesellschaft zu neuen und vielschichtigen Familiensituationen geführt haben, wie Alleinerziehende, Wiederverheiratete, Familien mit Kindern aus verschiedenen Ehen und Kinder aus nichtehelichen Gemeinschaften. Wir berücksichtigen in unserer Politik diese Lebensformen und wollen die notwendigen Maßnahmen zur Unterstützung der Betroffenen setzen."[119]

Angesichts der immer stärkeren Involvierung von Frauen in die Arbeitswelt fordert das Programm eine „weitreichende Änderung in der Organisation der Arbeitswelt", um das „notwendige Gleichgewicht zwischen Familie und Beruf" herstellen zu können sowie einen „neuen gesellschaftlichen Vertrag zwischen den Geschlechtern", um die Gleichberechtigung der Frau auf allen Ebenen zu realisieren.[120]

Ebenfalls stärkere Akzentuierung erhielten die Kapitel „Heimat", „Europa" und „Ausländer". Politik, so die Einleitung zum Programm, müsse „dem Bedürfnis nach Sicherheit und Überschaubarkeit – nach Heimat – gerecht werden ... Die Heimat als Ort von Identität und Kultur erhält ihre wachsende Bedeutung, wenn es darum geht, aus einer gesicherten Position heraus den anstehenden Herausforderungen zukunftsoffen entgegenzutreten."[121] Heimat bedeute aber auch „Verständnis, Respekt und Mitmenschlichkeit gegenüber Ausländern", wobei jedoch der Forderung nach einer unbeschränkten Einwanderung sowie der Etablierung einer multikulturellen Gesellschaft eine deutliche Absage erteilt wird.[122]

Angesichts des mit Jahresbeginn 1995 erfolgten EU-Beitritts Österreichs sowie der bestimmenden Rolle der Partei in den Integrationsbemühungen definiert sich die ÖVP als *die* Europa-Partei, die unter Berücksichtigung des europäischen Erbes und Auftrages jedoch auch stets die Interessen Österreichs im europäischen Integrationsprozeß vertreten werde, um eine Union zu schaffen, „in welcher sich die Menschen als Bürger ihrer jeweiligen Heimatregion, ihres Vaterlandes und als Europäer verstehen".[123]

Und schließlich definiert sich die ÖVP – entgegen dem politologisch und publizistisch diagnostizierten Ende der Volksparteien – als Volkspartei mit dem Hinweis, daß das „ausschließliche Verfolgen von partikularen Interessen in der Politik" die notwendige Beachtung des Gemeinwohls ausblende.[124]

Das in sich konsistente neue Parteiprogramm setzt in eine Vielzahl von Bereichen durchaus neue strategische Akzentuierungen mit dem Anspruch, die „politische Führungsrolle in Österreich" noch vor der Jahrtausendwende wiederum übernehmen zu können.[125] Ob dies gelingt, ist allerdings weniger eine Frage der Originalität des intellektuellen Diskurses, sondern praktischer Politik, die jedoch vielfach von Faktoren beeinflußt wird, die jenseits programmatischer Enunziationen liegen.

---

119 6.3.1./6.3.2./6.3.3./6.3.4.
120 6.3.5./6.2.1.
121 Einleitung zum Parteiprogramm. S. 4.
122 6.7.1.
123 9.1.10.
124 1.4.2.
125 1.4.5.

5. Schlußbetrachtung

Die empirischen Befunde zeigen eine deutliche Anhäufung der Wähler in der Mitte der traditionellen politischen Rechts-links-Skala. Dies bedeutet auch eine Änderung der Parteienkonkurrenz. Volksparteien müssen, um mehrheitsfähig zu werden, sich immer stärker auf diese Mitte hin ausrichten. Dies bedeutet, daß klar positionierte alternative Ideologieangebote an Attraktivität verlieren, ihren über Jahrzehnte dominanten politischen Heimatcharakter verlieren und einer ideologisch-programmatischen Konvergenzbewegung weichen müssen.[126]

Die Notwendigkeit der Massenintegration führt zu einer zunehmenden Abnahme der Bedeutung der Ideologie, zu vage formulierten Parteiprogrammen, die Wähler nur mehr lose, wenn überhaupt, an die Partei zu binden vermögen. Die Mutation der politischen Landschaft zum Markt erfordert „das Verhalten von ‚Volksparteien' . . . nach dem Modell des rationalen Marktverhaltens. Volksparteien versuchen diesem Modell zufolge grundsätzlich nicht mehr, ihre Wähler in einen Weltanschauungsverband zu integrieren, sondern nähern sich ihnen so, wie sich ein Warenanbieter seinen Kunden nähert . . . Zwischen der Volkspartei und ihren Wählern besteht also eine Tauschbeziehung, nicht mehr ein Verhältnis der beiderseitigen Ideen- und Interessenidentität und der gegenseitigen Identifikation."[127]

Im Gegensatz zum rationalen Wähler als Marktteilnehmer, dessen Entscheidung für eine der konkurrierenden Parteien aus individueller Nutzenanalyse erfolgt und jederzeit widerrufbar ist, existiert ein zweites, wenngleich ständig kleiner werdendes, Wählersegment, dessen politische Entscheidung von gefühlsmäßigen Bindungen, Werthaltungen und ideologischen Positionierungen bestimmt ist und sich nicht an den Gesetzen des Marktes orientiert. Die moderne Demokratie beinhaltet beide Segmente und zwingt Volksparteien zum politischen Spagat. Dieser wird angesichts des Wertewandels erschwert, der die erhoffte Honorierung dieser Bemühungen oftmals verweigert. Wenngleich die Bereitschaft des kritischen Bürgers zum Engagement zunimmt, so befriedigt er „sein Bedürfnis nach Handlungsspielraum nicht, indem er in die Parteien geht, um dort – in politisch integrierter Weise – tätig zu werden, sondern indem er Spielraum für spontanes Verhalten in Anspruch nimmt", d. h. die Form des Protestes wählt.[128] Zudem eröffnet sich ein weiteres Problemfeld. Helmut Klages hat am Beispiel der Bundesrepublik darauf hingewiesen, daß die Parteimitglieder der beiden Großparteien mehrheitlich rechts bzw. links von der zunehmenden politischen Mitte stehen. „Sie sind also . . . im Unterschied zu der Gesamtmasse der Wähler immer noch verhältnismäßig gut ideologisch zu orten."[129] Für Parteimitglieder, zumal engagierte, sind Volksparteien keineswegs ideologisch neutral, sondern „stehen vielmehr immer noch in den Schuhen der Weltanschauungsparteien der ersten Jahrhunderthälfte, deren Haut sie – jedenfalls was ihre Strukturen betrifft – noch keineswegs voll abgestreift haben. Das, was aus der Selbstdarstellungsperspektive der ‚Volksparteien' als ferne Vergangenheit er-

---

126 Vgl. Alf MINTZEL: Die Volkspartei. Typus und Wirklichkeit. – Opladen 1984.
127 Helmut KLAGES: Häutungen der Demokratie. – Zürich 1993. S. 60.
128 Ebd. S. 72.
129 Ebd. S. 87.

scheinen mag, lebt in Wirklichkeit nach wie vor unmittelbar hinter der Haustür weiter."[130]

Stammwähler und aktive Parteimitglieder rekurrieren, im Unterschied zum rationalen Wähler (Wechselwähler), in hohem Maße auf ideologische Positionen und betrachten die Wendungen des Zeitgeistes, das Alltagsgeschehen der Trends, mit Mißtrauen. Dennoch: Zeitgeist, Wertewandel und Trends sind Tatsachen. Wer sie ignoriert, ist zum Scheitern verurteilt. Bedeutet dies das Ende der Ideologie, den endgültigen Abschied von den Weltanschauungsparteien und ihrer programmatischen Partituren der Welterklärung? Ja und nein.

Ja insofern, als ein Verharren in historisch obsolet gewordenen Positionen um der reinen Lehre willen die Abschottung vom Gros der Wähler und damit die unvermeidliche Ghettoisierung im politischen Spektrum bedeuten würde. Nein insofern, als auch der notwendige Dialog mit dem zweifellos schwieriger gewordenen Bürger der Position bedarf. Sie muß jedoch derart gestaltet sein, daß sie Bedingungen schafft und akzeptiert, die dem Bürger angemessen sind. Dies bedeutet ein dialogisches Verhältnis zum Bürger vor allem auch in den programmatischen Positionen, um durch Offenheit jene Trends zu antizipieren, die Politik aus der Position der bloßen Reaktion auf gesellschaftliche Entwicklungen in jene der gestalterischen Aktion versetzt. „Die Zukunft ist . . . offen, und das heißt gestaltungsbedürftig."[131]

Die Zukunft jeder Partei hängt entscheidend davon ab, ob die in ihr Verantwortlichen in der Gestaltungsbedürftigkeit von Gegenwart und Zukunft das Richtige tun.

---

130 Ebd. S. 88 f.
131 Helmut KLAGES: Wertedynamik. Über die Wandelbarkeit des Selbstverständlichen. – Zürich 1988. S. 168.

Alfred Ableitinger **Partei- und Organisationsstruktur**

I. Einleitung: Die „bündische" und die „föderalistische" ÖVP. Relativierungen

Es gibt herkömmlich im Wesen zwei Grundauffassungen über die Struktur und damit auch den Organisationscharakter der ÖVP: Erstens die Partei selbst sei ein Dachverband dreier auf berufliche Interessenvertretung hin orientierter Bünde, des Österreichischen Bauern-, des Wirtschafts- und des Arbeiter- und Angestelltenbundes (ÖBB, ÖWB, ÖAAB); zweitens sie sei, was in der politischen Umgangssprache Österreichs „föderalistisch" heißt.

1. Die erste Auffassung will primär besagen, daß die ÖVP als Parteigebilde nur die Funktion einer Art Holdinggesellschaft erfüllt, die ihren (vermeintlichen) Töchtern gegenüber nur bescheidene Weisungskompetenz hat und noch weniger Kontrolle über sie ausübt. In Wahrheit komme den Bünden überhaupt Priorität zu, d. h. ihre Qualifikation als Töchter eines Mutterorgans beruhe auf einem Fehlverständnis. Vielmehr hätten *sie* sich, zwecks Optimierung und Organisierung der ihnen gemeinsamen Synergiepotentiale das gemeinsame Dach geschaffen. Dieses sei ihnen im großen und ganzen bei der Geltendmachung ihrer je spezifischen Anliegen nützlich, mehr noch bei der Rekrutierung, Mobilisierung und Bindung von Wählern als in der politischen Alltagspraxis zwischen Wahlgängen, in der es zu vielfältigen Kooperationsproblemen komme und mitunter geradezu zu wechselseitigen Blockaden. Im Grunde nur im Hinblick auf bestmögliche gemeinsame Resultate bei allgemeinen Wahlen in Bund, Ländern und Gemeinden hätten die drei Bünde zusätzlich zur Parteiorganisation die Ausbildung von Institutionen im gemeinsamen Organisationsgebäude ermöglicht, die die Bündemilieus transzendierten: die Österreichische Frauenbewegung (ÖFB), die Österreichische Jugendbewegung (ÖJB), aus der erst spät, nach einigen Zwischenstadien, die Junge Volkspartei (JVP) hervorgegangen ist, den Österreichischen Rentner- und Pensionistenbund (sehr viel später umbenannt in Österreichischen Seniorenbund). Darüber hinaus seien zu demselben Zweck eine Vielzahl von Organisationen unter die Patronanz des gemeinsamen Daches gebracht worden, teils in organisatorisch-institutioneller Verbindung (etwa die Kameradschaft der Exekutive, die Kameradschaft der Politisch Verfolgten, später auch der Österreichische Akademikerbund), teils in nur faktischer Anbindung (z. B. Berufsvereine wie der Österreichische Lehrerbund, die „Union" als Dachverband von Sportvereinen, zahlreiche Wohnbaugenossenschaften usw.). Der Primat der drei eigentlichen Bünde, bzw. der Bünde i. e. S., manifestiere sich aber insbesondere auch darin, daß sie bei Wahlen in die so besonders österreichspezifischen öffentlich-rechtlichen, durch Pflichtmitgliedschaft der ihr Angehörigen charakterisierten Kammern selbst als Wahlwerber aufträten, mithin nicht als Österreichische Volkspartei. Sie beurteilten bei diesen Anlässen ihre Wahlchancen dergestalt günstiger; sie sähen diese, anders gewendet, geschmälert, wenn sie sich dort, wo es direkt um den Anspruch gehe, autoritativ, d. h. durch

Gesetz legitimiert, für beruflich-ökonomische Interessen sprechen zu dürfen, in einer Gestalt präsentierten, die bereits den Interessenausgleich bzw. -kompromiß verkörpere, nämlich in der Gestalt der Volkspartei. Schließlich bringe den Primat der Bünde auch ans Licht, daß zwei von ihnen, wenigstens im Laufe der Jahre und nicht überall österreichweit, de facto je eigene Nachwuchsorganisationen ausgebildet hätten: der ÖWB die „Junge Wirtschaft", der ÖBB den „Bund der Landjugend".

2. Die zweite Grundauffassung sieht die Volkspartei als wesentlich „föderalistisch" bestimmt. Diese Kennzeichnung meint, daß ihre Länderorganisationen gegenüber der Bundespartei hochgradig selbständig seien, sich von dieser nur nach Maßgabe eigener Einschätzung steuern ließen, ihr oft nicht nur den Rücken zukehrten, sondern vielfach Profilierungsvorteile gegen die Bundespartei bzw. in kritischer Auseinandersetzung mit ihr suchten. („Föderalistisch" bezeichnet hier somit nicht eine organisatorische Struktur und/oder ein praktisches Verhalten, in welchen der gemeinsame Wille erst institutionell oder faktisch aus der Kooperation weithin autonomer Glieder hervorgeht; das Vokabel setzt hier vielmehr die Existenz des den Gliedern übergeordneten Gemeinsamen voraus, so daß dieses als gewissermaßen „fremde" Reibefläche erlebt wird und sich auch als Profilierungsfolie eignet.) Auf organisatorischer Ebene findet diese Grundauffassung ihren zentralen Anhaltspunkt darin, daß die Landesorganisationen der Volkspartei vollkommen selbständig über die Auswahl des Personals entscheiden, das sie dem Wähler für die Organe der jeweiligen Landespolitik präsentieren (Landtagskandidaten, Landesregierungsmitglieder), und, noch kennzeichnender, weitestgehend selbständig auch über die VP-Nationalratskandidaten des Landes. Hierher gehört ferner, daß zuerst einzelne Landesorganisationen anfingen, Vorwahlen zur Kandidatenermittlung bzw. -beurteilung abzuhalten und damit *sie* u. a. das Gewohnheitsrecht der Bündeorganisationen des Landes relativierten, der Partei jeweils ihre Kandidaten zur bloßen Approbation zu präsentieren. Als später beschlossen wurde, vor Nationalratswahlen bundesweit Vorwahlen zu veranstalten, beharrten die Landesparteiorganisationen darauf, über die Modalitäten der Durchführung zu befinden (1975, 1994). Es ließen sich unschwer noch andere Manifestationen organisatorischer Autonomie der Länderparteien benennen, um diese zweite Grundauffassung zu stützen. Erst recht fehlt es im politischen Alltag nicht an Indizien für sie. Das sinnfälligste von ihnen ist, daß sich die ÖVP in den Bundesländern oft nicht als „Österreichische" präsentiert, sondern z. B. als „Steirische" oder als „Tiroler Volkspartei", und daß die Bundespartei dies zuläßt.

3. Wer immer eine dieser beiden Grundauffassungen mit dem Anspruch auf Seriosität vertritt, weiß freilich um ihre Relativität, um ihre Ausblendungen von Voraussetzungen und Hintergründen, um ihre Kontextabhängigkeit. Sie verhalten sich mit Sicherheit nicht simpel alternativ zueinander, aber auch nicht einfach komplementär.

Hypothetisch ist zu erwägen, ob die erste eher für die erste Hälfte der bisherigen ÖVP-Geschichte aussagekräftig ist, die zweite etwa für die Jahre 1970–1987, während derer die ÖVP in der Bundespolitik zur Oppositionsrolle verurteilt war. (Seitdem, könnte man weiter überlegen, sei ein entsprechend deutlicher Befund nicht mehr auszumachen.) Diese Hypothese regt dazu an, die Relevanz der skizzierten Grundauffassungen für die Charakterisierung der Volkspartei auf einen ihnen gemeinsamen Hintergrund zu beziehen. Demnach ist die Partei zufolge des Selbstverständnisses der Masse ihrer Funktionäre, Mitglieder und Wähler in erster Linie *Regierungspartei*, ja sie wird von ihnen oft geradezu als *die* Staatspartei Österreichs aufgefaßt. Dieser mentalen Befindlichkeit ihrer Klientel entsprechen deren übereinstimmende interessenpolitische Kalküle, insofern die Vielfalt dieser Interessen ihren gemeinsamen Fluchtpunkt in dem Potential haben, zusammen zu regieren, zusammen über einen großen Teil der Chancen und Ressourcen zu entscheiden, die der Staat mittels Gesetzgebung und Finanzen zuzuteilen vermag. Das impliziert, daß die Partei um so mehr der Regierungsrollen bedurfte, je mehr sie ihrer Gründungsphilosophie real entsprach, nämlich als das Netz zu fungieren, in welchem sich alle nichtsozialistischen Kräfte und Milieus des Landes nach seinem Wiederentstehen sammeln können sollten. Regierungstätigkeit war demgemäß ein erstrangiges Integrationsinstrument für die Volkspartei: Solange sie sie im Bund ausüben konnte – oder wenigstens lange Zeit, während derer sie dies konnte, war die Dominanz der Bünde für ihren Zusammenhalt nicht kontraproduktiv. Als sie auf der Wiener Ebene zur Rolle der großen Oppositionspartei verurteilt war, resultierte daraus innerparteilich um so mehr eine Gewichtsverlagerung zu den Landesorganisationen jener Länder, in denen die Volkspartei die absolute Landtagsmehrheit innehatte, als im österreichischen Regierungssystem des kooperativen und Verwaltungsföderalismus den Landesregierungen weitaus mehr Bedeutung zukommt, als die legislativen Kompetenzen der Länder vermuten lassen. In einem Wort: die skizzierte Hypothese erscheint somit zumindest heuristisch nützlich.

Daß ihr Nutzen mehr in Anregungen zu Fragen liegt als in einem plausiblen Befund, ergibt sich schon daraus, daß bereits während der 1950er Jahre die Skepsis gegenüber der bündebestimmten Struktur der Volkspartei immer vernehmlicher geäußert wurde. Sie decke die erforderlichen Politikangebote der ÖVP, wenn diese erste Regierungskraft bleiben wolle, nicht nur nicht ab, sie stehe deren Wahrnehmung und Durchsetzung in der Partei geradezu im Wege. So hieß es in den vermutlich gründlichsten Analysen. Diese versuchten für die Volkspartei politische Antworten auf die spürbar in Gang gekommenen gesamtgesellschaftlichen Wandlungen zu geben. Die Kontexte, in welchen sich Politik in Österreich seit 1945 zugetragen hatte, veränderten sich, und sie veränderten sich seitdem immer mehr und immer rascher. Neue Anforderungen stellten sich an die Parteien und destabilisierten deren jeweiligen programmatischen und organisatorischen Status quo. Veränderungen in der Berufsstruktur tangierten die Gewichtsverteilung zwischen den Bünden der Volkspartei. Die Revolutionierung der Medienlandschaft, voran die Dominanz des Fernsehens, verschob die Relation zwischen Organisationen und Personen in der Politik, Trendwenden des nationalen und internationalen „Zeitgeists" und seiner jeweiligen Moden wurden zunehmend unterschiedlich rezipiert und zogen, neben anderem, mehr und mehr eine Pluralisierung der Lebensstile und Politikerwartungen nach sich, auf die seitens der politischen Elite aller Parteien zusehends schwerer zu reagieren war. Eine inzwischen nicht mehr ganz „neue Unübersichtlichkeit" griff immer mehr Platz, Parteien stehen seitdem permanent „unter Streß". Für Beobachter, ob sie Zeitzeugen waren oder Historiker bzw. Politologen sind, brachte dies mit sich, daß ihnen überzeugende inhaltliche Kennzeichnungen der sachlich-ideologischen wie der organisatorisch-strukturellen Profile der Parteien kaum mehr möglich waren. Abstrakt-formale Kategorien und Begriffe schienen noch am besten geeignet, jene zu ersetzen. So wurde z. B. das Vokabel „Polykratie" als Sigle für die Struktur schon der frühen ÖVP adoptiert.[1] Ob es bereits für die Anfänge und ersten Phasen der Partei die optimale Charakterisierung leistet, steht vielleicht dahin. Aber jenseits der skizzierten beiden Grundauffassungen erscheint es für die Parteigeschichte seit 1960 ein zusehends tauglicher Begriff.

4. Solche Versuche, mit neuen Termini zu fassen, was die Struktur der Volkspartei substantiell ausmacht, kommen mit Erwägungen über ihren heimlichen Charakter als Regierungspartei u. a. m. in einem überein: Sie können sich weder auf explizite Selbstbeschreibungen der ÖVP berufen – z. B. in Gestalt klassischer Texte oder in ihren Statuten –, noch auf wissenschaftliche Darstellungen, die ein Maximum an verfügbaren Quellen geschichtlich, politologisch, soziologisch usw. verwerten und zu schlüssigen Befunden integrieren. Freilich fehlt es nicht an vielerlei einschlägigen Anläufen: Ludwig Reichholds „Geschichte der ÖVP" gibt ein Gesamtbild, innerhalb dessen die Partei als von den drei Bünden beherrscht erscheint[2] – zunehmend abträglich für ihren Erfolg im politischen Wettbewerb, weil dadurch klassische Anliegen von Arbeitnehmerpolitik zu wenig zur Geltung gebracht wurden. Neuere Annäherungen wiederum wenden Modelle u. a. auch auf die Volkspartei an, die in der Politologie als erklärungsfähig verwendet werden, machen aber nicht recht deutlich, was sich aus ihnen erklären soll; sie bleiben darum bedauerlich unplastisch usw.[3] Was wir damit als defizitär am Informationsstand nicht allein, aber auch über die ÖVP kennzeichnen, kann hier in der Folge allerdings nicht behoben werden. Die erforderlichen historischen Einzeluntersuchungen, die erst die Kenntnisse zutage förderten, aus denen empirisch fundierte Urteile u. a. über die tatsächliche Binnenstruktur und die Dynamik ihres Wandels für das komplexe System „ÖVP" gewonnen werden können, vermögen wir nicht zu leisten. Zu wenig ist bekannt über die Entwicklung von Vereinen, Verbänden und Kammern mitsamt ihren Verflechtungen; zu wenig über personelle Netze und ihre Relevanz; nur manchmal etwas über informelle, in gewisser Weise zufällige Beziehungen zwischen einzelnen oder wenigen Personen (z. B. Raab und Figl). Ob und welche in Statuten nicht normierte Personalunionen zwischen Funktionen in Genossenschaften, Vereinen, Verbänden, den Bünden und der Partei da oder dort die Regel waren, temporär oder regional nur häufig vorkamen oder selten, was sie funktional bedeuteten, wieweit sich mit ihnen Mandatarfunktionen verknüpften, ist weithin unbekannt. Dasselbe gilt von Entscheidungsvorgängen in personellen und inhaltlichen Fragen und von der jeweiligen Beteiligung an ihnen (Befassung nur der statutengemäß zuständigen Gremien; Übertragung von Entscheidungen auf größere, informell zusammengesetzte Personengruppen oder, umgekehrt, Konzentration der Entscheidung auf sehr wenige, quasi „extrakonstitutionell" agierende Personen mit nachträglicher formeller Ratifikation; Gewichtung zwischen verschiedenen Institutionen, z. B. Parteivorständen oder -lei-

---

1 Robert KRIECHBAUMER: Die ÖVP in Salzburg im Jahr 1945. Versuch einer Rekonstruktion. – In: Franz SCHAUSBERGER (Hg.): Im Dienste Salzburgs. Zur Geschichte der Salzburger ÖVP. – Salzburg 1985, S. 71.
2 Ludwig REICHHOLD: Geschichte der ÖVP. – Graz – Wien – Köln 1975.
3 Vgl. die auf die Parteien der Bundesländer bezogenen Abschnitte der einzelnen Beiträge in dem Sammelband: Herbert DACHS (Hg.): Parteien und Wahlen in Österreichs Bundesländern 1945–1991 (= Österr. Jahrbuch für Politik. Sonderband 4), Wien 1992.

tungen hier, parlamentarischen Klubs dort usw.). So gut wie vollständig mangelt es an Daten über die Finanzierungspraxis der Parteiinstitutionen, die daraus resultierenden Beeinflussungspotentiale – namentlich für die Phasen vor dem Einsetzen öffentlicher Parteienfinanzierung.[4] Auch das Nachwirken von älteren lagerspezifischen Traditionen und Mentalitäten in allen diesen Dimensionen ist nicht hinreichend bekannt.

Nur da und dort sind Informationen zu allen diesen Fragen verfügbar, die als konkrete Hinweise auf den einen oder anderen Befund bzw. die eine oder andere Tendenz dienen können. Somit muß der folgende Beitrag sich im Wesen damit bescheiden, dort mittels essayhafter Skizzen Angebote bzw. Hypothesen zur Organisationsgeschichte der Österreichischen Volkspartei vorzulegen, wo er über gesicherte, zumeist aber eher simple Befunde hinauszukommen trachtet. Das Schwergewicht wird dabei auf die Formierungsphase der ÖVP, ihr Nachwirken und die späteren Auseinandersetzungen mit ihr gelegt werden.

II. Genese der „bündischen" ÖVP. Auseinandersetzungen um die Dominanz der Bünde 1945, Ursachen ihrer Durchsetzung

Über das Gewicht der Bünde in der ÖVP gab es 1945 Dissens, zuweilen sogar über deren Existenz. Wenigstens bei *einem* der damaligen Akteure begegnet eine gegenüber dem, was schließlich realisiert wurde, radikal alternative Konzeption von der anzustrebenden Struktur der Volkspartei; sie ist sogar weitgehend ausformuliert überliefert. Sonst finden sich im Wesen nur Spurenelemente der damals ausgetragenen Diskussionen, so daß deren Exponenten, Argumente, Motive und taktische Manöver nur unzureichend – und unsicher – aufzuhellen sind.

Daß zwischen April/Mai und September 1945 ein Ringen um den faktischen Primat der Gesamtpartei einerseits und den ihrer Bünde andererseits ausgetragen wurde, ist spätestens seit L. Reichholds „Geschichte der ÖVP" bekannt. Reichhold zufolge fiel die Entscheidung für die Dominanz der Bünde am 23. September gelegentlich einer der Länderkonferenzen der Partei in Salzburg; er spricht von nicht weniger als der „Machtergreifung" der Bünde.[5] (Demgegenüber nahm Reichhold für diese Phase keine auf die zukünftigen Binnenstrukturen der Partei zielenden Auseinandersetzungen entlang der „föderalistischen" Konfliktlinie wahr; Differenzen zwischen Sprechern aus Westösterreich hier und aus Wien/Niederösterreich dort kreisten damals um anderes als diese Thematik, namentlich um die Einschätzung der provisorischen Staatsregierung Karl Renners und ihrer Politik.)

1. Reichhold setzte die Existenz der beiden Ebenen von Partei bzw. Bünden als von Anfang an selbstverständlich voraus. Damit kennzeichnete er zwar die Ausgangslage im großen und ganzen richtig, die im Frühjahr und Sommer 1945 bestand; ganz traf er sie jedoch nicht. Denn seine Darstellung gab vor allem das Ergebnis von Gesprächen und Entwicklungen wieder, die sich bis dahin in Wien und Niederöster-

---

4 Hubert Sickinger – Rainer Nick: Politisches Geld. Parteienfinanzierung in Österreich. – Thaur/Tirol 1990.
5 L. Reichhold: Geschichte (Anm. 2), S. 108–111.

reich zugetragen hatten. Robert Kriechbaumer hat seither einiges Licht in diese Dispute und Vorgänge gebracht.[6] Aus seinen Forschungen wird deutlich, daß bereits in den frühen Erörterungen, die Lois Weinberger, Leopold Kunschak und Felix Hurdes in Wien etwa 1942/43 miteinander hatten, eine „bündische Struktur" für das in Aussicht genommen wurde, was sie schon damals als „Österreichische Volkspartei" anvisierten: Erstens waren sie übereingekommen, daß die christlichen Arbeitnehmer als solche auch in der Zukunft nicht mit den sozialistischen organisatorisch zusammengehen könnten – außer auf gewerkschaftlicher Ebene. Daraus folgerten sie, zweitens, daß ihnen nichts erübrigen werde, als sich wieder mit Bauern und „Geschäftsleuten" in einer großen Partei zu vereinigen. Das erforderte nach ihrem Urteil, drittens, dann aber eine politische *Organisation* der christlichen Arbeitnehmer; nur sie, an der es früher gefehlt habe, könne verhindern, daß die Arbeitnehmer in der „Volkspartei" ähnlich an den Rand gedrängt werden würden, wie das, so meinten sie, in der Zeit vor 1933/34 in der Christlichsozialen Partei geschehen war. Kurz: Sie setzten die Existenz zumindest je einer großen Bauern- bzw. Gewerbeorganisation voraus; ohne mit diesen als Gegebenheiten zu rechnen, vermochten sie sich die „Volkspartei" gar nicht zu denken; ihnen aber galt es ein organisiertes Gegengewicht für die christlichen Arbeitnehmer hinzuzufügen. *Nach*dem sie sich darüber schlüssig geworden waren, hielten sie es – viertens – für erforderlich, mit den Bauern und Wirtschaftstreibenden Kontakt herzustellen, und sie verstanden darunter Kontakt mit den prominentesten damals erreichbaren Vertretern der seinerzeitigen Bauern- bzw. Wirtschafts*organisationen*, nämlich mit Josef Reither bzw. Julius Raab oder Eugen Margaretha. – Dieser Urgeschichte der Volkspartei entsprach, was sich für deren Struktur im Frühjahr 1944 aus einem Gespräch zwischen Leopold Figl, Hurdes, Hans Pernter und Weinberger einerseits, den ihm folgenden Kontakten zu Reither und Raab andererseits ergab: Die vier beschlossen die organisatorische Zusammenfassung von vormals christlichen Gewerkschaftern, von Bauern- und Gewerbebünden in *einer* Partei, informierten davon Reither und holten dann Raabs Zustimmung dazu ein. Demgemäß war die Partei, deren „eigentliche Geburtsstunde" Reichhold auf diese Vorgänge datiert, der Zusammenschluß der drei Bünde.[7]

Dergestalt die künftigen Bünde als wesentliche Elemente ins Kalkül zu ziehen, entschied indessen noch ebensowenig über den ihnen gemeinsamen Status in der geplanten Partei wie über ihr jeweiliges Gewicht in ihr. Dazu fehlt es leider gänzlich an expliziten Erwägungen der Gründungsväter der ÖVP in Wien. Allerdings spricht deren Handeln im April 1945 zum guten Teil für sich: Mit Ausnahme von Hurdes vor 1938 nüchterne Praktiker der Alltagspolitik, orientierten sie sich daran, woran sie durch ihr politisches Herkommen gewohnt waren. Sie begannen damit, die Voraussetzungen für politisches Handeln, wie sie es praktiziert hatten, wiederherzustellen, d. h. die seinerzeitigen Vereins-, Bünde- bzw. Kammerbüros wieder in Besitz zu nehmen (und ihnen von früher als loyal und tauglich bekanntes Personal zu sammeln). Am 10. April ist Weinberger im Vereinshaus der christlichen Arbeiter in Wien, Laudongasse, am 14. sind Leopold Figl, Ferdinand Graf und Eduard Hartmann in der

---

6   Robert KRIECHBAUMER: Von der Illegalität zur Legalität. Die ÖVP im Jahre 1945. Politische und geistesgeschichtliche Aspekte des Entstehens der Zweiten Republik. – Wien 1985, S. 42–62.
7   L. REICHHOLD: Geschichte (Anm. 2), S. 89.

Schenkenstraße (Bauernbund) und in der Löwelstraße (Niederösterreichische Landwirtschaftskammer), vermutlich am 13. April ist Eduard Heinl wieder am Stubenring (Handelskammer). Die gemeinsame Partei ins Leben zu rufen, bedeutet ihnen keine Priorität. Auf Beschleunigung der formellen Konstituierung der Volkspartei drängte hingegen Hurdes, unterstützt von Weinberger; es galt, hinter der bereits erfolgten Gründung von SPÖ und KPÖ nicht weiter zurückzustehen und wohl auch der Bildung einer (oder mehrerer?) anderen nichtsozialistischen Partei zuvorzukommen, die jedenfalls der von der sowjetischen Besatzungsmacht schon mit der Regierungsbildung beauftragte Renner gerne gesehen hätte. Jedoch, als es um kirchliche Hilfe bei der Erkundung nach geeigneten Räumen für die Volkspartei ging und vermutlich um Bekanntmachung der Kirche mit dem Parteiprojekt überhaupt, setzte sich die Delegation, die am 14. April bei Kardinal Innitzer vorsprach, schon durchaus „bündisch" zusammen: Figl, Graf (ÖBB); Raab, Heinl (ÖWB), Weinberger, Karl Kummer (ÖAAB), dazu Robert Krasser als Sprecher des ÖCV bzw. der katholischen Akademiker, schließlich Hurdes. Offenbar war schon entschieden, daß er Generalsekretär der Partei sein sollte.[8] Daß weder der in Aussicht genommene Ehrenpräsident (Kunschak) noch der designierte geschäftsführende Parteiobmann (Hans Pernter) anwesend waren, spricht Bände: Diesen Parteiämtern war anfangs nur dekorative, vielleicht einige propagandistische Funktion zugedacht – ähnlich wie vormals den Parteivorsitzenden der Christlichsozialen –, sie konnten deshalb auch mit alten, in der Bündepolitik nicht mehr aktiven Personen besetzt werden. Es paßt ins Bild, daß – anders als bezüglich Hurdes' Designierung zum Generalsekretär – nichts darüber bekannt ist, wann, warum und von wem für Kunschak und Pernter entschieden wurde; beim Parteigründungsakt, am 17. April, wurde über sie wie über alles andere diskussionslos befunden.[9]

2. Hurdes allerdings scheint anspruchsvoller von der Rolle der Partei gegenüber den drei (und eventuell weiteren?) Bünden gedacht zu haben. Reichhold zufolge verstand er seine Aufgabe dahin, der Partei zentrale Organe zu verschaffen: das Präsidium bzw. den Vorstand als politische Sachfragen entscheidendes Gremium, das Generalsekretariat als sie vorklärendes und entscheidungsreif machendes Institut, ferner als i. e. S. administrativ-organisatorisches Zentrum. Reichhold macht leider nicht ganz klar, ob und wie ein solcher Vorstand anfangs tatsächlich fungierte und was der Modus seiner personellen Zusammensetzung besagte. Er nennt einerseits eine Parteispitze – Kunschak, Pernter, Raoul Bumballa, als Vizeobmann zur Vertretung der „liberalen Kräfte" bestellt, und Hurdes –, andererseits je zwei Bündevertreter, in den Vorstand bloß „delegiert".[10] Daß die deshalb nicht stimmberechtigt gewesen sein sollten, ist schwer vorstellbar; stimmführend aber hatten sie zusammen die Mehrheit. (Wahrscheinlich wurden zuerst Mehrheitsentscheidungen überhaupt vermieden.) – Dem Generalsekretariat, anfangs personell nur sehr bescheiden ausgestattet, waren von Hurdes pro futuro vermutlich neben je einem Organisations- und Pressereferat Abteilungen für politische Sachgebiete zugedacht, die wohl bewirken sollten, daß die inhaltlich politischen Entscheidungsvorbereitungen nicht in die

---

8 Das Vorstehende nach R. KRIECHBAUMER: Illegalität (Anm. 6), S. 136 f., 140.
9 R. KRIECHBAUMER: Illegalität (Anm. 6), S. 143.
10 L. REICHHOLD: Geschichte (Anm. 2), S. 76–78; R. KRIECHBAUMER: Illegalität (Anm. 6), S. 146 f.

Apparate der Bünde bzw. Kammern ausgelagert wurden; die laut Statut in den späten vierziger Jahren vom Parteitag zu wählenden Referenten des Generalsekretariats lassen ex post auf solche Pläne rückschließen. – Ferner darf vermutet werden, daß Hurdes der Bundesparteiebene analoge Strukturen auch für die unteren territorialen Ebenen der Partei anpeilte – welche er im einzelnen vorsah, muß wieder offenbleiben.

Ob dieses Organisationsmodell von Hurdes damit in Zusammenhang gebracht wurde, daß er schon in den frühen 1940er Jahren eine neue Partei „auf breitester Basis" anvisierte[11], d. h. eine auf breiterer, als sie die Christlichsozialen je erreicht hatten, steht dahin. Ein Konnex zwischen umfassender nichtsozialistischer Sammlung und damit vielfältigerer organisatorischer Binnenstruktur einerseits und gerade deshalb erforderlicher starker Steuerungskapazität des Apparates der Partei selbst andererseits, ist immerhin denkbar. Bumballas Etablierung in der Parteispitze scheint dafür zu sprechen; sie kann freilich auch ein ganz pragmatisch gemeintes, personelles Signal für die „liberalen Kräfte" gewesen sein. Von anderer Seite vorgebracht, wird uns der erwähnte Konnex gleich begegnen.

3. Hurdes' Vorstellungen waren im engsten Führungskreis des ÖVP-Milieus in Wien/Niederösterreich minoritär, wenn nicht singulär. Anders verhielt es sich mit ihnen in den westlichen und südlichen Bundesländern. Als sich am 19. August ÖVP-Vertreter aus ihnen mit solchen aus Ostösterreich zum zweiten Mal in Salzburg trafen, ergab sich ein differenziertes Bild.[12] Hermann Gruber berichtete aus Kärnten, daß die Volkspartei dort „einheitlich aufgebaut" und statt der Bünde die ständische Gliederung in Fachverbänden innerhalb der Partei „gewählt" worden sei. Im Wesen Analoges hatte ein Papier der Salzburger VP schon Ende Juli wenigstens behauptet. Hans Gamper stellte zwar fest, in Tirol sei die Partei „in drei Bünde gegliedert", aber es müsse „alles" dazu getan werden, „daß diese Bünde absolut der Parteiverwaltung und -disziplin unterstellt werden". Für die Steiermark sagte namens ihres nicht anwesenden Parteiobmannes der Salzburger Landessekretär Trummer: Die ÖVP sei nach Bünden aufgebaut, es habe sich aber „erwiesen, daß dieser Aufbau sich sehr ungünstig auswirkt". Deshalb hätte eine „Gruppe jugendlicher, sehr agiler Kräfte eine neue Landesleitung" der ÖVP „zusammengestellt, der die Bünde unterstellt werden sollen". Schließlich teilte Pernter, noch geschäftsführender Obmann der Partei und zugleich Vertreter Wiens, mit, die Erfahrungen mit den Bünden in der Steiermark hätten in Wien „zum Nachdenken gebracht"; man werde sich mit den in der Hauptstadt bestehenden Bünden nochmals „eingehend beschäftigen".

Das „Protokoll" der Konferenz, dem wir diese Informationen verdanken, verzeichnet keine Debatte über diese Fragen. Die Teilnehmer konzentrierten sich auf Probleme der Wirtschaft in ihren Ländern, auf die Voraussetzungen, sie zu lindern, nämlich verbesserte Beziehungen zu den Besatzungsmächten, endliche Etablierung des Alliierten Rates usw. Sie verhielten sich im Wesen, nicht untypisch, als regionale Regie-

---

11 R. Kriechbaumer: Illegalität (Anm. 6), S. 48 f.
12 Eine Niederschrift über die Konferenz unter dem Titel „Protokoll über die zweite Bundesländerkonferenz der ÖVP in Salzburg" liegt vor in: Michael Gehler (Hg.): Karl Gruber. Reden und Dokumente 1945–1953. Eine Auswahl. – Wien – Köln – Weimar 1994, S. 68–75; das folgende dort S. 69–71.

rungspolitiker. Dennoch sind ihre kurzen Äußerungen zu den Parteiverhältnissen wohl mehr als nur voneinander isolierte Berichte gewesen; sie sind vielmehr zugleich als Reaktionen auf eine Konzeption von strategischer Positionierung und Organisationsstruktur der Volkspartei zu verstehen, die ihnen drei Wochen zuvor präsentiert worden war.

4. Bereits bei dem Treffen westösterreichischer ÖVP-Politiker in Salzburg am 29. Juli 1945 hatte nämlich der Parteisekretär August Trummer namens der Landes-ÖVP Salzburg u. a. einen „Antrag" vorgelegt, auf dessen Prinzipien die gesamte Partei gegründet werden sollte.[13] Er basierte auf der strategischen Erwägung, die Volkspartei als Sammlung aller nichtsozialistischen Strömungen anzulegen, und ordnete dem ein distinktes Organisationskonzept der Partei zu. In dem „Antrag" hieß es, es sollten alle „rechtsstehenden Parteien", die in den Ländern neben der ÖVP existierten, ihr als gleichberechtigte Faktoren beitreten, weil nur dies eine Mehrheit der „linksgerichteten Parteien" verläßlich verhindern könne. (Das zielte offensichtlich auf K. Grubers Tiroler „Staatspartei" und die Kärntner „Demokraten.") Auch alle „rechtsstehenden Kreise und Mitglieder" sollte die ÖVP „einbauen", wenn sie „einwandfrei und unbelastet" waren, inklusive „unbescholtene Mitglieder der NSDAP". Sofern „unverschuldet vom Strom der Vergangenheit mitgerissen" und „ehrlichen Willens", wollte die ÖVP sie „zu brauchbaren Österreichern" erziehen, besonders die verführte Jugend; das sollte vom „Standpunkt des christlichen demokratischen Staatsgedankens" aus erfolgen, demgemäß mittels christlicher Erziehung in den Schulen, freilich ohne Zwang. – Was die Funktionäre der Partei betraf, sollten sie „unbedingt" von ihrem Lebensalter unabhängig ausgewählt werden; „unbedingte Verjüngung" durch fähige agile Kräfte wurde gefordert und „ganz besonders" Rücksicht auf die „Frontsoldaten". – Dieser Vision von der neuen Partei entsprach der „Aufbau" der ÖVP des Landes Salzburg, der in dem „Antrag" als „vollzogen" und Faktum dargestellt wurde und verpflichtend für alle Länder sein sollte. Er gliederte die Partei strikt territorial in Orts-, Bezirks- und Landesebene. Die Ortsgruppen – nicht die Bezirke! – entsandten die Delegierten zum Landesparteitag, je einen für 500 Mitglieder. Ausdrücklich wurde gesagt, daß die Salzburger Landes-ÖVP „keine eigenen Bünde, wie Bauernbund und ähnliche, mit selbständigem Rechtstitel zugelassen hat" (!). Diese Stände und Gruppen seien vielmehr als die „Fachgruppen" Landwirtschaft, Wirtschaft, Arbeiter und Angestellte „in den großen Rahmen der ÖVP" eingegliedert, jeweils mit Fachsekretariaten. Den anderen Länderorganisationen wurde nahegelegt, besonders Frauen, der Jugend und den Gewerkschaften „einen entsprechenden, gleichberechtigten Platz" in allen „Leitungen" der Partei einzuräumen. „Jede Zersplitterung in Dutzend Organisationen und selbständige Königreiche" wird „grundsätzlich und eindeutig" abgelehnt, „Konzentration aller Kräfte unter einer einheitlichen Führung" abschließend nochmals gefordert.

Was Trummer vorschlug und forderte – wohl wenigstens im Einverständnis mit seinem Parteiobmann Hermann Rainer –, war eine in sich konsequente Konzeption von Aufgabe und Rolle der Partei überhaupt und eine gegenüber den dominanten Wiener Vorstellungen und Realitäten alternative bezüglich ihrer organisatorischen Struktur. Mehr oder weniger bewußt setzte Trummer bei der Diagnose oder Vermu-

---

13 Der Text bei R. KRIECHBAUMER: ÖVP Salzburg (Anm. 1), S. 85–87.

tung eines Kontinuitätsbruches in der (west-?)österreichischen Bevölkerung seit 1933/38 an. Namentlich die seitdem herangewachsenen Jahrgänge sah er in einer Weise sozialisiert, die, wie er ausdrücklich sagte, „Umerziehung" erforderlich machte; diese zu leisten, traute er indessen den älteren nichtsozialistischen Politikangeboten, ihren Verbänden und Personen nicht zu. So erklärt sich, daß er die „Volkspartei" – optimal benannt für sein Anliegen[14] – nicht nur für Wähler und Mitglieder weit zu öffnen verlangte, so erklärt sich besonders der Nachdruck, mit dem er junge Funktionäre und Mandatare begehrte, d. h. von traditionellen Einstellungsmustern und organisatorischen Loyalitäten unabhängige. (Etwas von der Devise „Jugend führt Jugend" schwingt da mit und wird später in der „Jungen Front" ein Stück realisiert werden.)

5. Die Resonanz auf diesen erstaunlich rigorosen Vorstoß war naturgemäß reserviert. Das Sitzungsprotokoll sprach nur von einem „Referat" Trummers, das „zur Kenntnis genommen" wurde.[15] Der Verbindlichkeitsanspruch, der im Titel „Antrag" und mehrfach im Text enthalten war, wurde weder diskutiert noch gebilligt. Drei Wochen später, am 19. August, waren die vernehmbaren (und protokollierten) Reaktionen, wie gezeigt, eher günstiger; anscheinend hatte Trummers Konzept Interessen und Interessenten angesprochen, denen es nützlich vorkam. Freilich muß man sehen, daß die ostösterreichischen Protagonisten der auf die Bünde gegründeten ÖVP auf dieser Tagung nicht anwesend waren.[16] Was sie von ihr hörten, beunruhigte sie jedenfalls: Der steirische Bauernbunddirektor Leopold Babitsch, ein enger Vertrauter Figls, notierte sich am 21. August, daß Parteiobmann Dienstleder „sich der Linie der westlichen Bundesländer anschließen will, also den Bünden die Selbständigkeit entziehen möchte, Wien als Zentrale ablehnt."[17]

Der erste bekannte Gegenzug zur Entscheidung des Konzeptionenkonflikts erfolgte am 11. September, gewiß nicht zufällig an dem Tag, an dem der Allied Council seine erste Sitzung hielt und mit seiner Konstituierung ein Signal dafür gab, daß *ein* Österreich Realität werden sollte. In Wien formierten die Wiener und niederösterreichischen Repräsentanten das Parteipräsidium neu: Kunschak und Pernter wurden durch Figl als nun alleinigen Obmann ersetzt, Weinberger und Raab zu seinen Stellvertretern bestimmt, Bumballa (noch) im Amt belassen. Die tatsächlichen Chefs der drei Bünde okkupierten die Spitzenfunktionen der Partei. Hurdes wurde – von ihnen – neuerlich als Generalsekretär berufen und als solcher ausdrücklich in das Parteipräsidium aufgenommen; selbstverständlich war somit beides nicht mehr.[18] Wir wissen nichts über die Vorbereitung dieser Entscheidungen, nicht, in welchem Rahmen sie stattfanden, nicht, wer an ihnen mitwirkte. Vertreter aus dem Westen und Süden waren jedenfalls nicht beteiligt. Die Wiener Gruppe reklamierte, für die Partei ganz Österreichs die elementaren organisatorischen Entscheidungen treffen zu dürfen. Und sie tat es kaum zufällig in dem Moment, in dem Österreich nicht mehr nur

---

14 R. KRIECHBAUMER: ÖVP Salzburg (Anm. 1), S. 26.
15 M. GEHLER (Hg.): Gruber (Anm. 12), S. 65.
16 Teilnehmer bei M. GEHLER (Hg.): Gruber (Anm. 12), 75. – Vgl. R. KRIECHBAUMER: ÖVP Salzburg (Anm. 1), S. 48.
17 Das Tagebuch von L. Babitsch wurde dem Vf. von Frau Annemarie MAITZ, Graz, in großzügiger Weise zur historischen Verwertung zur Verfügung gestellt.
18 L. REICHHOLD: Geschichte (Anm. 2), S. 108 f.

in alliierten Absichtserklärungen, nicht mehr nur als „Wille und Vorstellung" der Masse seiner Bewohner und nicht mehr nur im Anspruch der Regierung Renner bestand, seine provisorische Staatsregierung zu sein, sondern indem es durch den Alliierten Rat mehr reale Gestalt annahm. Denn es begünstigte die Wiener Gruppe auch innerhalb des Parteibereiches, daß namentlich Figl, Raab und Weinberger der Regierung angehörten und der Alliierte Rat, einmal ins Leben getreten, *eines* österreichischen Gegenübers bedurfte und die ÖVP-Vertreter in ihm einerseits das kommunistische Potential auszugleichen geeignet waren, wie andererseits durch ihren Einfluß auf den Agrar-, Industrie- und Gewerbesektor zur wirtschaftlichen Stabilisierung beitragen konnten. Umgekehrt: Die mittels Etablierung des *Vier*-Mächte-Regiments in Gang gesetzte, man darf vielleicht sagen: Materialisierung Österreichs und die damit funktional bewirkte Gewichtszunahme *seiner* Zentralinstanzen degradierte tendenziell die Länderpolitiker um so mehr, als die aus patriotischer Gesinnung wie auf Grund ihrer Interessen bzw. Verantwortungen als regionale Regierungsfunktionäre wiederholt dringend begehrt hatten, was nun – endlich – auf Wiener Ebene begann. In bezug auf die Entscheidungen über die Parteistrukturen gerieten sie damit in die Rolle von Informationsempfängern, allenfalls von Statisten.

Dementsprechend genügte es zur Durchsetzung der Beschlüsse vom 11. September, daß Figl, Raab und Weinberger, begleitet von den Bauernpolitikern Buchinger, Graf und Schumy, vom 20. bis 22. September 1945, unmittelbar vor der letzten ÖVP-internen Länderkonferenz, die westlichen Länder bereisten; bezeichnend, daß Bumballa nicht dabei war.[19] Daß Vinzenz Schumy, vormals als Landbund-Politiker Rivale des katholischen Bauernbundes und jetzt Befürworter der politischen Bauern-Einheit, und Buchinger, der Spitzenfunktionär des agrarischen Genossenschaftswesen, mitwirkten, dürfte es erleichtert haben, Personen zu überzeugen, die den bündischen ÖVP-Strukturen vielleicht noch opponierten. Die Salzburger Konferenz vom 23. September selbst, anscheinend von Befürwortern dieser Parteistruktur auch bewußt stärker besucht als die ihr vorangegangenen, ratifizierte nur noch, was in Wien beschlossen worden war. Ihre Diskussionen kreisten nicht mehr um den Parteiaufbau, sondern konzentrierten sich darauf, was anschließend in Wien von SPÖ und KPÖ bezüglich Umbildung der Staatsregierung und Revision der „Vorläufigen Verfassung" in Richtung auf Bundesstaatlichkeit gefordert werden sollte und wie diesem Begehren Geltung verschafft werden konnte.

6. Diese Auseinandersetzungen, zwischen April/Mai und September 1945, wurden ausgetragen einerseits um die Hegemonie der herkömmlichen Lagerstrukturen samt Bereitschaft, sie personell pragmatisch (und programmatisch) für seinerzeit nicht Lager-Angehörige zu öffnen, andererseits um ein Organisationskonzept, das *sehr* viel stärker auf neue/junge Funktionäre und vermeintlich agilere Mitglieder setzte und das in Anbetracht der absehbaren Pluralität der gesamten Zielgruppe einer Volkspartei Koordination und Entscheidung ebenso bei den Parteiinstanzen ansiedelte wie die Betreuung der Anhänger, die Kommunikation mit ihnen. Nur die zweite dieser Konzeptionen war einigermaßen ausformuliert worden; die erste bedurfte dessen nicht, sie wurde sozusagen instinkthaft vertreten, war spontane Wiederaufnahme der Tradition. Den beiden Richtungen entsprachen unterschiedlich geprägte Personen-

---

19 R. Kriechbaumer: ÖVP Salzburg (Anm. 1), S. 48.

gruppen, die hinter der jeweiligen Richtung standen: die mittlere und untere Funktionärselite des Ständestaates hinter der ersten, die Jungen, aber auch z. T. die Alten aus der Zeit vor 1934 hinter der zweiten (z. B. Dienstleder). Als Personen- und Gruppenkonflikte wurden die Auseinandersetzungen auch zu Konflikten um künftige Macht- und Einflußpotentiale.

Einige Leitvokabel, die diese Dimensionen erschließen, sind schon begegnet. Die schon wieder bestehenden Bünde der Partei „unterstellen", wollen die jungen Kräfte der Steiermark, läßt Dienstleder berichten; ihnen das Maß bereits errungener „Selbständigkeit entziehen" zu wollen, erkennt Babitsch als dessen Absicht. Worum es aus seiner Sicht konkret geht, bezeichnet Gamper: „diese Bünde absolut der Parteiverwaltung und -disziplin" zu unterwerfen. Erforderliche Parteidisziplin kann nach seinem Urteil somit nicht gewonnen werden aus freiwillig geübtem Verhalten der Vielzahl von mehr oder weniger autonomen Organisationen („Königreichen", sagt Trummer), er kann sie sich „absolut" nur als Produkt administrativer Subordination denken. Wie die im einzelnen beschaffen sein soll, führt Gamper nicht aus, und nur etwas deutlicher werden Trummer und H. Gruber, wenn sie anstelle der Bünde ständische Fachverbände bzw. -gruppen „innerhalb der Parteileitung" vorsehen. Praktisch ging es darum, wie Mitglieder und Funktionäre rekrutiert würden, wo die Mitgliederverwaltung und -evidenz angesiedelt wurde, wohin Mitglieder ihre Beiträge entrichteten, an wen sie ihre Anliegen richteten, von wem bzw. welchen Organisationselementen sie dabei betreut wurden, mit wem sie bzw. wer mit ihnen primär kommunizierte, wer das (besoldete) Personal bestimmte, das die administrativen Aufgaben besorgte und über die Büros verfügte, in denen sie erledigt wurden. Wir wissen wenig davon, wie es sich mit diesen Dingen im Frühjahr und Sommer 1945 verhielt. Ein paar Indizien sind aus der Steiermark bekannt: Es gibt in Graz eine Mehrzahl von Büros, die eingerichtet sind für unterschiedliche Berufsgruppen, es gibt Bezirksbüros in- und außerhalb der Stadt, auch solche für die großen Bünde, und eine Mehrzahl von Referenten am Sitz der Parteileitung. Immer wieder läßt diese via Zeitung verkünden, „Mitgliedsbeiträge sind nur (!) bei den zuständigen Bezirksleitungen zu zahlen". Lehrern wird eingeschärft: „Mitglieder wenden sich in allen (!) Angelegenheiten an die Bezirksleitungen" der Partei.[20] Umgekehrt sieht man aus seinem Tagebuch, wie Bauernbunddirektor Babitsch die Bezirke bereist, Bezirksbauernkammern konstituiert und dabei das einschlägige Personal der dreißiger Jahre aktiviert, wie er sich um die Agrargenossenschaften kümmert und das agrarische Verlagswesen, wie er einheimische und vom Krieg versprengte Leute anstellt, wie er fast täglich „Parteienverkehr" hält und über dessen Ausmaß klagt, wie er fast ausschließlich mit Bauernfunktionären Kontakt hält. Er wäre mit diesen Organisationsaufgaben schon weiter, notiert er am 12. Juli, „wenn ich nicht mit der ÖVP organisatorische Schwierigkeiten hätte. Die Leute dort haben sture Ansichten." Tags darauf hat er sich mit Josef Krainer sen., der mittlerweile neben Dienstleder als geschäftsführender Parteiobmann installiert ist, abgesprochen: „... alle meine organisatori-

---

20 Belege bei Alfred ABLEITINGER: Die Anfänge der Österreichischen Volkspartei in der Steiermark (Mai bis Juli 1945). – In: Graz 1945. Histor. Jahrbuch der Stadt Graz, Bd. 25, 1994, S. 93–108.

schen Wünsche erfüllt, nur die Beitragsleistung noch offen."[21] Meint er Höhe und Einzahlungsweise der individuellen Beiträge der Mitglieder oder nur mehr das Ausmaß der Beiträge, die der Bauernbund korporativ der Partei zu leisten hat? Ist über die indirekte Finanzierung der Partei durch die Bünde im Grundsatz schon entschieden?

7. Zuletzt war es nicht wirklich erstaunlich, daß die „bündische" Konzeption von der Struktur der Volkspartei siegte. Nur wenige Faktoren, die dahin wirkten, können hier genannt werden, und nur andeutungsweise:

a) In der Illegalität konnten sich im Wiener Raum nur einigermaßen Prominente aus Politik und Verwaltung der Jahre vor 1938 sinnvoll mit Idee, Strategie und Gestalt einer christlich-konservativ-liberalen Nachkriegspartei befassen; Hurdes stellte unter ihnen die Ausnahme von der Regel dar, die „Karriere" der Männer aus der 05 bestätigten sie. Als es dann 1945 an die Formierung provisorischer Regierungen, an die Wiederbelebung bzw. Übernahme der halbstaatlichen Apparate (Kammern) ging, kamen anfangs allenthalben nur Funktionäre der Vorkriegszeit personell dafür in Betracht, selbstverständlich keine „Nobodies". Wieder sehen wir nur eine Ausnahme, Karl Gruber als den Chef der einzigen, tatsächlich Selbstbefreiung leistenden Widerstandsbewegung. Eben wegen seiner Rollen vor 1933/34 bzw. 1938 war dieses Personal in der Regel von Involvierung in den Nationalsozialismus unbelastet, mithin zumeist geeignet, von den Besatzungsmächten akzeptiert zu werden. (Daß in der sofort einsetzenden Rivalität der Lager namentlich von SPÖ-Seite versucht wurde, Funktionäre des Ständestaates als „faschistisch" zu disqualifizieren, als für die Parteien-Kooperation und/oder für die Maximen der Besatzungsmächte unzumutbar, kann hier außer Betracht bleiben.) Soweit es sich um das künftige ÖVP-Segment handelte, war die große Mehrzahl dieses Personals seinerzeit bündisch-ständisch sozialisiert worden, besonders das seiner mittleren, unteren und regionalen Ebenen; Babitschs Diktum von den Leuten in der ÖVP „dort" belegt das gut. Seine Angehörigen hatten vor 1938 aktiv nicht an „großer Politik" partizipiert – die hatte sich die autoritäre Regierung vorbehalten –, sie hatten in je spezifischen Organisationen Interessenvertretung betrieben, die der Ständestaat „von unten" in Grenzen zuließ, ja förderte. Zwar mit erheblichen Modifikationen – nicht zuletzt personell, inhaltlich und organisatorisch – war derart damals fortgesetzt worden, was zuvor im christlichsozialen Milieu seit jeher Praxis gewesen war: Auch die Christlichsozialen als Partei waren ein Dach gewesen, unter dem ursprünglich regional, d. h. nach Ländern, und ständisch-beruflich autonome Organisationsgebilde sich zusammengefunden hatten, in ihrer weitgehenden Selbständigkeit im 19. Jahrhundert nicht zuletzt durch das Stadt- bzw. Landgemeinden voneinander separierende Kurienwahlrecht bestimmt; zumal das Eigenleben der bäuerlichen Organisationen hatte darin seine Wurzeln.

b) Die Angehörigen dieses dergestalt „bündisch" geprägten Personals von Funktionären hatten demgemäß Netze von wechselseitigen Loyalitäten gebildet, die 1945 fast mühelos aktiviert werden konnten. Babitschs Tagebuch zeigt plastisch deren Existenz – innerhalb der Steiermark, wie innerhalb des Bauernbundes nach Wien/Niederösterreich ausgreifend. Den Vorsprung an Zeit und Zusammenhang,

---

21 Babitsch-Tagebuch (Anm. 12).

den diese Netzwerke für sich hatten, konnten die Exponenten der nichtbündischen ÖVP-Konzeption 1945 nicht kompensieren; ihre Netze waren teils kleiner, teils noch inexistent; sie waren erst aus „Jungen" und „Frontsoldaten" zu knüpfen, aus Männern, die herkömmlich wenig Kontakt miteinander gehabt hatten. Zudem eignete den „Älteren" einige politische Praxiserfahrung, den „Jungen", zumeist in der NS-Zeit groß gewordenen vielfach ein Überdruß an „Politik" überhaupt.

c) Ihrer politischen Sozialisation und ihren seinerzeitigen Tätigkeiten zufolge waren die Angehörigen der Netzwerke nicht nur Praktiker bündischen Organisationslebens, sondern vielfach Fachleute der Wirtschaft und Wirtschaftsverwaltung in Verbänden, Genossenschaften, Kammern, staatlichen Apparaten. Das Gewicht solcher Institutionen war in den Jahren der Kriegswirtschaft noch angewachsen und nahm 1945 bei der Verwaltung der Mangelwirtschaft bzw. Initiierung möglichster Produktionsbelebung einmal mehr zu. Im Zuge des Personenaustausches, der nach dem Zusammenbruch der NS-Herrschaft zumindest die Leitungsebenen dieser Apparate erfassen mußte, war es auch fachlich geradezu selbstverständlich, daß auf die älteren Funktionseliten zurückgegriffen wurde. Teils nahmen ihre Spitzen deren Leitungen selbst wieder in Besitz – nicht selten handelte es sich auch um Wiederbeanspruchung 1938 beschlagnahmten Verbandseigentums –, teils wurden sie von provisorischen Regierungen noch im April/Mai 1945 zur Leitung berufen; die Spitzen wieder reaktivierten ihre seinerzeitigen Mitarbeiter bzw. rekrutierten neue, sie trafen auch die ersten Entscheidungen, wer aus dem Personalstand der Jahre 1938/45 weiter verwendet wurde. In einem Satz: Die Zeitverhältnisse verlangten nach Fachkompetenz, die zunächst nur sie anzubieten vermochten. Und dies trug um so mehr dazu bei, daß sie schon im Frühjahr 1945 Steuerungs- und damit potentielle Machtpositionen einnahmen, als die von ihnen so besetzten bürokratischen Apparate miteinander sozialpartnerschaftlich kooperierten, ihre Leitungen einander wechselseitig stützten; von den Erfordernissen und der Praxis der Wirtschaftsverwaltung her wuchs dergestalt den „älteren" Funktionärseliten ein zusätzlicher Vorsprung vor „Newcomern" zu.

d) Wenigstens was den Bauern- und vermutlich auch den Wirtschaftsbund anlangte, kam ihnen ein weiterer zugute, der gerade in der als nichtsozialistisches Sammelbecken gedachten ÖVP auf ihrer Haben-Seite zu Buche schlug. Ihre führenden Funktionäre beanspruchten nicht nur, die Öffnung zum (deutsch-)national-liberalen Milieu, den Brückenschlag über die traditionellen Gräben zwischen konservativ-katholischem und liberalem Lager selbst leisten zu können und nicht etwa dieser Zielsetzung wegen ihre Selbständigkeit nicht opfern zu müssen zugunsten der neuen Partei. Sie konnten auch darauf verweisen, daß gerade auf der Ebene ökonomisch-sozialer Interessenorganisation solche Sammlung und Integration seit Mitte der dreißiger Jahre in erheblichem Maße erfolgt war, ja gerade ausschließlich auf dieser Ebene. Vom Österreichischen Bauernbund, der 1935 per Bundesgesetz als politische Vertretung der selbständig oder unselbständig in der Land- und Forstwirtschaft Tätigen etabliert worden war, ist belegt, daß zu seinen freiwilligen Mitgliedern, regional unterschiedlich stark, viele vormalige Landbundangehörige zählten, z. T. schon seit Sommer 1934. Für die Steiermark wird berichtet, daß etwa 20% der zahlreich zuströmenden Neumitglieder des Bauernbundes zuvor beim Landbund gewesen waren, daß dem auch ungefähr die Verteilung der Funktionen im Bund und in der Bauernkammer entsprochen habe. Auch für Kärnten wird Ähnliches reklamiert; V. Schumy habe dort 1934 viele Landbündler dem Bauernbund zugeführt und von der illegalen NS-Bauernschaft ferngehalten.[22] Wenn wir auch vom analog per Gesetz eingerichteten Österreichischen Gewerbebund (Präsident: Raab) keine entsprechenden Nachrichten haben, darf doch Korrespondierendes vermutet werden. Jedenfalls lassen die kooperativen Verhaltensweisen ihrer politisch-ideologischen Herkunft nach unterschiedlicher Funktionäre in den Bauern- und Handelskammern nach 1945 darauf schließen, daß in beiden Sektoren nicht erst in der Zeit nach der NS-Herrschaft Vernetzungen über die traditionellen Lagergrenzen hinweg in Gang gekommen waren.

I. a. W.: Die Sprecher weitgehend autonomer Bünde innerhalb der Volkspartei konnten mit Fug argumentieren, ihre Interessenorganisationen stünden der Sammlungsstrategie als *der* Strategie der ÖVP nicht nur nicht im Wege; sie versprächen vielmehr nach aller Erfahrung, gerade weil sie weniger „politisch"-ideologisch profiliert wären als die Partei, bessere Resultate bei der „Sammlung" als das noch unbekannte Wesen „ÖVP", das als solches diesbezüglich nur Erwartungen und Hoffnungen machen durfte.

III. Erscheinungsbild und Funktionsweise der „bündischen" ÖVP. Relativierungen

1. Seine Außenansicht zeigt den Gebäudekomplex der ÖVP nach zwei Prinzipien aufgebaut: territorial und bündisch.[23] Die Parteiorganisation selbst existiert auf Orts-, (Haupt-)Bezirks-, Landes- und Bundesebene: Der Terminus „Hauptbezirke" meint die politischen Bezirke; manchmal kommen in sehr großen „Bezirksorganisationen" vor. Gewöhnlich ist die Ortspartei mit der einer Gemeinde identisch; in den Landeshauptstädten, deren Parteiorganisationen grundsätzlich den Status von Hauptbezirken haben, erfolgt Untergliederung nach den Stadtbezirken, in Wien werden diese weiter in Sektionen differenziert. Im Wesen orientiert sich die territoriale Parteiorganisation somit an der politisch-administrativen Gliederung des Staates. Insofern dessen Wahlrechte in Bund und Ländern zwischen diesen Ebenen Wahlkreise kennen, die mehrere Bezirke, jedoch nicht das ganze Bundesland umfassen, kennt auch

---

22 Franz THALLER: Fünfzig Jahre Bauernbund. Steirischer Bauernkalender 1949. – Graz 1949, S. 82–86.
23 Das Nachstehende kompiliert und konzentriert die Texte zahlreicher Parteistatuten von den späten 1940er bis in die späten 1960er Jahre und gründet sich zudem auf mehrere Gespräche mit sachlich kompetenten ÖVP- bzw. Bündefunktionären. Auf Einzelnachweise wird gemäß dem Charakter des Textes und aus Raumgründen verzichtet. – Aus der Literatur vgl. z. B.: Alfred STIRNEMANN: Die innerparteiliche Demokratie in der ÖVP. – In: Österr. Jahrbuch für Politik '79. – Wien 1980, S. 391–433 (mit z. T. anderen Einschätzungen als den in diesem Beitrag vorgebrachten); – Andreas KHOL: Zwischen Technokratie und Demokratie: Die Parteireform der ÖVP 1979/80. – In: Ebenda, S. 435–468; – Wolfgang C. MÜLLER – Barbara STEININGER: Party organisation and party competitiveness: The case of the Austrian People's Party, 1945–1992. – In: European Journal for Political Research, Vol. 26 (1994), No. 1, p. 1–29.

die ÖVP zeitweise ihnen entsprechende Organisationselemente, jedoch nur rudimentäre: Wahlkreisdelegiertenversammlungen; bisweilen haben die Parteiobleute der Hauptbezirke der Wahlkreisvororte gegenüber ihren an sich gleichrangigen Kollegen einen Vorzug dadurch, daß sie per Statut Mitglieder des jeweiligen Landesparteipräsidiums bzw. -vorstandes sind.

Die „Hauptbezirksorganisationen" als obligatorische Einrichtungen scheinen im Formierungsprozeß der ÖVP ein Novum gewesen zu sein, denn analoge Gebilde existierten in der Christlichsozialen Partei (bzw. der VF?) nur ausnahmsweise; die diversen Verbände, Vereine und Bünde, deren gemeinsames gesamtpolitisches Dach die Christlichsoziale Partei abgegeben hatte, waren territorial ganz unterschiedlich aufgebaut, die größten von ihnen, die Bauernvereine bzw. -bünde, nach Gerichtsbezirken und Pfarren. In diesen Hauptbezirken wird ein Stück Ausdifferenzierung von *Partei*organisation „nach unten" hin faßbar, das anders als auf dem lokalen Niveau der Gemeinden nicht durch die Erfordernisse wenigstens einiger regional gemeinsamer, d. h. bündetranszendierender Willensbildung gewissermaßen erzwungen wird. Diese Parteiebene, wenn man will eine innerhalb der bündischen ÖVP geradezu systemwidrige, stellt somit ein Element von organisatorisch-institutioneller Integration der bündischen (oder sonstwie definierten) Segmente des ÖVP-Konglomerates dar, dessen Existenz sich nicht von selbst versteht. Sie dürfte als eine der nicht eben zahlreichen Errungenschaften jener anzusehen sein, die sich ab ovo um die starke, selbständige Parteiorganisation quasi „über" den Bünden bemüht hatten. Dieser Genese entspricht dann, daß den Hauptbezirken im tatsächlichen Parteileben nur spezifisch begrenzte Relevanz zukam und zukommt.[24] Eine Ausnahme machen in diesem Belang die den Hauptbezirken an sich analogen Stadtparteiorganisationen der Landeshauptstädte und der Städte mit eigenem autonomen Statut; wohl nicht zufällig waren für sie aber Teile der sonst den Hauptbezirken zukommenden personellen Entscheidungsautonomie oft durch Zustimmungskompetenz der Landesparteien eingeschränkt.

2. Auch in den Bünden herrscht grundsätzlich das territoriale Gliederungsprinzip, orientiert an den staatlichen Gebietsstrukturen. Namentlich Bauern- und Wirtschaftsbund benötigen geradezu Organisationseinheiten für die politischen Bezirke, weil in diesen – mit ganz wenigen Ausnahmen – Bezirksbauern- bzw. Bezirkswirtschaftskammern eingerichtet sind, für deren Organe die beiden Bünde bei den entsprechenden Kammerwahlen kandidieren. Immer haben die Bünde auch den Gemeinden entsprechende Ortsgruppen. Jedoch finden sich im Bauernbund mancher Bundesländer, z. B. der Steiermark, auch noch kleinere Ortsgruppen, die auf Gebietseinheiten vor der Welle von Gemeindezusammenlegungen zurückgehen; leben derart ältere, traditionelle Organisationseinheiten fort, so gilt – seit dem Übergang von den seinerzeitigen Katholischen Bauernvereinen zum Bauernbund – Analoges nicht mehr für die Pfarrebene. Wohl aber kennt mancher Landesbauernbund noch unterhalb der Hauptbezirksgruppen Organisationen für die Gerichtsbezirke.

Territoriale Binnengliederung ist freilich in den Bünden nicht das einzige Strukturierungsprinzip. Jeder von ihnen hat – nach Bundesland und Beobachtungszeit-

---

24 Vgl. unten.

punkt verschieden – in seinen Organen zudem Elemente fachlich-„ständischen" Charakters, sei es kraft Statuts, sei es faktisch infolge von Wahlpraxis; dazu kommen allemal Vorkehrungen zur organisatorischen – mindestens aber zur personellen – Verklammerung der Bündegremien mit den Kammerinstitutionen der jeweiligen Gebietsebene. Die diesbezüglichen Befunde sind in summa äußerst bunt und unübersichtlich. Sie orientieren sich im je konkreten Fall teils am älteren Herkommen und seinen organisatorischen Verhältnissen im Land, teils an sich je neu einstellenden Erfordernissen, auf die manchmal pragmatisch reagiert wird (z. B. durch Kooptation), manchmal durch Nutzung der Möglichkeiten, Statuten autonom zu verändern; letzteres praktizieren nicht nur die Bundes-, sondern auch die Landesorganisationen der Bünde und bisweilen unabhängig davon, ob ihre Qualität als Rechtspersönlichkeit immer geklärt ist; die Aufsichts- und Zustimmungskompetenz der ÖVP als Partei, die in deren Statuten verankert ist, kommt dabei faktisch nie zum Tragen.[25]

Nur einige Beispiele sollen hier solche fachlich-„ständische" Durchsetzung grundsätzlich territorial verfaßter Bündeorganisation veranschaulichen: In die Organe des Wirtschaftsbundes sind die Handelskammervorsitzenden (und oft auch die Kammeramtsdirektoren) der jeweiligen Ebene allemal einbezogen, in den Bezirksgremien gelegentlich auch die „Vorsteher" der Kammersektionen des Bezirks; dazu kommen häufig auf Landesebene die Mandatare des Wirtschaftsbundes im jeweiligen Landtag und die Abgeordneten des National- und Bundesrates des Landes, die Mitglieder des ÖWB sind; stets auch die seiner Mitglieder, die gerade der Landes- bzw. Bundesregierung angehören. – Im ÖAAB sind die „schwarzen" Spitzenfunktionäre der Arbeiterkammern des Landes sowie der FCG-Vorsitzende immer Mitglieder des Landesvorstandes[26], und analog verhält es sich auf der ÖAAB-Bundesebene. In den Ländern existieren im ÖAAB zumeist Landesberufssektionen der Arbeiter, der Angestellten, des öffentlichen Dienstes, manchmal mit weiteren Untergliederungen. Im Laufe der Zeit sind die „Frauen im ÖAAB" als solche in die Leitungsorgane einbezogen worden. Eine entsprechende Jugendorganisation gibt es hingegen nicht. Neben Ortsgruppen existieren Betriebs- bzw. für den öffentlichen Sektor Dienststellengruppen, die teils als Kollektivgebilde, teils über ihre einzelnen Mitglieder in die Orts- bzw. Bezirksorgane eingegliedert werden. – Selbstverständlich bezieht man auch in den Bauernbünden, die rechtlich als Landesbauernbünde und zudem als Österreichischer Bauernbund bestehen, die Spitzenfunktionäre der jeweiligen Landwirtschaftskammerebene (Bezirks- und Landeskammern, Präsidentenkonferenz der Landwirtschaftskammern) in die Vorstandsorgane ein. Dazu treten mindestens in Bund und Ländern, per Statut oder Wahlpraxis, Repräsentanten der agrarischen Genossenschaften; ferner Regierungsfunktionäre, die Mitglieder des Bauernbundes sind. Schließlich sind für manchen Landesvorstand mit den Jahren besondere Sprecher der Frauen und Jugend, der Nebenerwerbs- und der Altbauern vorgesehen worden.

3. Es ist, genau besehen, der Grundriß des Aufbaus der Bünde, was bei der Inspektion der Zusammensetzung ihrer Leitungsorgane sichtbar wird, mit ihm die

---

25 Wolfgang C. Müller – Barbara Steininger: Party organisation (Anm. 23), S. 12.
26 Wo in Bundesländern eigene Landarbeiterkammern existieren, gilt für ihre dem ÖAAB bzw. der FCG angehörenden führenden Funktionäre Analoges.

jeweilige Innenstruktur der einzelnen Gebäude mitsamt ihrem Wandel. Diese Strukturen spiegeln den pluralistischen Charakter, der auch die Bünde selbst kennzeichnet – bedingt durch ihre je eigentümliche Entstehungsgeschichte vor 1938, bedingt noch mehr durch die differenzierten Interessen der den Bünden Angehörigen. Sie verweisen auf Integrationsbedarf und Integrationsbemühungen innerhalb der Bünde, auf ihr auch in organisatorischen Maßnahmen manifest werdendes Engagement um die Betreuung ihres Anhanges, um dessen möglichst feste Anbindung nicht zuletzt im Wege eines ebenso flexiblen wie in summa konsistenten innerbündischen Organisationsangebotes. Wirtschafts- bzw. Bauernbund kommt bei der Erfüllung solcher Integrationsaufgaben zugute, daß ihre Dominanz in den Handels- bzw. Bauernkammern gleichzeitig geballte Interessenvertretung nach außen, erhebliche Selbstverwaltung des „Standes" und Disziplinierung der Klientel mittels der hoheitlich-regierungsähnlichen Funktionen der Kammern ermöglicht. Dem ÖAAB stehen analoge Instrumente nicht zu Gebote.

Wendet man nun auch bezüglich der Partei die Betrachtung von der Außenansicht ihrem Grundriß zu, so zeigen alle ihre Organe jahrzehntelang bereits auf den ersten Blick ein erhebliches Maß an bündischer Präsenz, und zwar konstitutionell qua Parteistatuten. (Prinzipiell ändert auch die große Statutenrevision von 1972 daran nichts; sie erweitert das Recht auf Präsenz auf die nun sechs „Teilorganisationen", deren reales Gewicht freilich sehr verschieden bleibt.) Primären Ausdruck findet diese Präsenz darin, daß die Obleute der Bünde (später „Teilorganisationen") kraft dieser ihrer bündischen Funktion sie bis 1979/80 automatisch Stellvertreter des Parteivorsitzenden der jeweiligen Territorialorganisation sind. Die Rolle der Stellvertretung ist dabei de facto ohne Belang, weshalb zwischen den Vizeobleuten auch keine Reihung stattzufinden braucht. Von Gewicht ist, daß sie stets dem jeweils formell engsten beschlußfassenden Parteiorgan des Gebietes angehören; das räumt ihnen in der Praxis oft eine Vetoposition ein, veranlaßt das Parteigremium zur Konsens- und Kompromißsuche und bringt als deren Resultate sehr häufig gerade bezüglich der wichtigsten Enscheidungsgegenstände, die das jeweilige Gremium zu treffen hat, langlebige, quasi gewohnheitsrechtliche Lösungen mit sich, Verfahrensregeln zumeist, die die konkreten Konfliktfälle eingrenzen bzw. ihren Ausgang vorprogrammieren; derartige Lösungen beziehen sich insbesondere auf den personellen Proporz zwischen den Bünden und die Reihenfolge der von den einzelnen Bünden Präsentierten auf Kandidatenlisten der Partei. – Allerdings setzen sich Parteivorstands- oder -leitungsorgane niemals nur aus dem jeweiligen Vorsitzenden und den Stellvertretern zusammen; immer findet sich in ihnen ein Finanzreferent, manchmal ein Organisationsverantwortlicher und/oder ein Schriftführer, stets begegnen Repräsentanten von Regionen des „Parteiterritoriums". Diese Ausweitung der Parteigremien relativiert jedoch den bestimmenden Einfluß der Bünde nicht. Zum einen werden die erwähnten Funktionsträger selbst von den sie wählenden Organen nach bündischen Proporzkriterien entsandt – sofern sie nicht von vornherein bloß „von oben" bestellt sind –, zum anderen ist Auslagerung der tatsächlichen Entscheidungsmacht auf informelle, engere Kreise zu beobachten, die dann gewöhnlich aus dem Parteivorsitzenden (nicht selten identisch mit einem der Bündeobmänner) und den Spitzen der Bünde bestehen. Zumeist existieren beide dieser Modalitäten zur Behauptung des bündischen Einflußvorranges nebeneinander.

4. Die wählenden Organe sind die Parteitage aller Ebenen. Ihre Wahlakte beschränken sich auf den Parteiobmann ihres Zuständigkeitsbereiches und den einen oder anderen seiner Referenten, auf die Benennung der Delegierten zum Parteitag des nächsthöheren Niveaus und, im Falle der Hauptbezirksparteitage, auf die Nominierung der Landtags- und Nationalratskandidaten des Bezirkes in alphabetischer Folge.[27] Für den Obmann finden sie fast stets nur *einen* Wahlvorschlag vor, auf den sich der im Amt befindliche Parteivorstand verständigt hat, für die Delegierten und Kandidaten Namenslisten, die die Summe der von den bündischen Wahlgremien akzeptierten Personen bezeichnen. Diese Listen resultieren primär aus der Anwendung informeller Proporzregeln zwischen den Bünden des Bezirks und berücksichtigen zumeist überdies regionale Gesichtspunkte in ihm. Allemal spiegeln sie somit eine komplexe Balance vielfältiger Interessen, voran bündischer, dann regionaler, nicht selten bei den Kandidaturen zu legislativen Körpern auch überregionaler. Es versteht sich, daß die Parteitage sie nahezu immer unverändert beschließen und, im Fall der Kandidaturen, zur Reihung an die Landesparteivorstände einfach weiterreichen. Verweigerung der von ihnen erwarteten, wenn auch durch geheime Stimmabgabe erfolgenden Approbationsakte durch die Parteitage bedeutete nämlich mehr als nur Rebellion gegen die Personen und Gremien, auf die die Vorschläge zurückgehen, Verweigerung wäre der Tendenz nach in doppelter Hinsicht geradezu revolutionär. (Was den Parteitagen somit normalerweise an Entscheidungsspielraum bleibt, ist differenzierte Zustimmung zu den Wahlvorschlägen bzw. den auf ihnen aufscheinenden Personen; Gegenstimmen und Enthaltungen in erheblicher Zahl können für die von ihnen Betroffenen pro futuro durchaus bedeutsam werden.)

Revolutionären Charakter hätte die Ablehnung einer Delegierten- oder Kandidatenliste durch einen Parteitag einmal darum, weil sich in ihr – wenn sie sich nicht bloß auf die eine oder andere Einzelperson erstreckt – eine Wendung gegen die teils geschriebene, teils ungeschriebene Parteiverfassung selbst manifestierte, wie sie sich nun einmal seit 1945 ausgebildet hat. Denn die ist ja zuallererst darauf angelegt, die organisierten Interessen und differenzierten Traditionen zu integrieren, die sich in dem Konglomerat „ÖVP" zusammenfinden und denen stets auch das Potential zur förmlichen Separation von ihm oder zur lautlosen Absage an es eignet. Die Realverfassung der Volkspartei leistet solche Integration durch umwegige, den formellen Beschlußorganen der Parteitage vorarbeitende Entscheidungsprozesse und viele ihnen vorgelagerte, oft informelle Gremien, zumeist hierarchisch hochrangige, mit allerlei Macht- und darum Disziplinierungsinstrumenten ausgestattete. Was derart an Kompromissen vorweg ermittelt wird, bezeichnet somit gewöhnlich die Resultierende aus komplexen Kräftefeldern, die mit dem Zusammenhalt des Gesamtgebildes ÖVP auf der jeweiligen Ebene und im jeweiligen Moment vermutlich am besten bzw. gerade noch verträglich ist. (Das bedeutet naturgemäß nicht, daß diese Resultierende eo ipso auch die für die ÖVP insgesamt im Wettbewerb mit anderen Parteien effizienteste sei, oder bei Sachfragen deren optimale Lösung.) Kurz: So erforderliche und

---

27 Wo Wahlkreisdelegiertenversammlungen bestehen, approbieren diese die Summe der Bezirkskandidaten des Wahlkreises. – Stadtparteitage von Städten mit eigenem Statut beschließen auch – wieder ohne Reihung – über die Gemeinderatskandidaten; existieren Stadtbezirke, so sind ihnen Bezirksparteitage vorgelagert.

erarbeitete Kompromisse eignen sich nicht zu vergleichsweise simplen, bezüglich ihres Ausgangs tatsächlich offenen demokratischen Abstimmungen auf Parteitagen; oder anders gewendet: Die komplexen Binnenverhältnisse des ÖVP-Konglomerates als Sammelbecken signalisieren so viel Inhomogenität in ihm, daß Mehrheitsentscheidungen relativ enge Grenzen gezogen sind. (Kampfabstimmungen auf Parteitagen haben demgemäß Sensationscharakter und sind vermutlich noch eher zu ertragen, wenn sie wie 1963 und 1991 über die Person des Parteiobmannes sowie 1963 und 1975 über die des Generalsekretärs stattfinden als über ganze Personenlisten.)

Funktional entspricht diesen Erfordernissen, die Parteieinheit nicht zu gefährden, die Zusammensetzung der Parteitage. Die rekrutieren sich auf allen Niveaus in der Hauptsache aus Delegierten, die die territorialen Bündeorganisationen nach Maßgabe ihrer jeweiligen Mitgliederzahlen entsenden bzw. zur Wahl für die nächsthöheren Parteitage vorschlagen. Auf den einzelnen Ebenen von Parteitagen bzw. in deren unterschiedlichen Gebietssprengeln ergibt sich derart jeweils ein Delegiertenproporz zwischen den Bünden. In einem Wort: Alle Parteitage sind im Wesen Konvente von je regionalen Bündevertretern, im Verhältnis zu denen die Delegationsrechte von anderen, in die Partei inkorporierten oder ihr angeschlossenen Organisationen quantitativ nicht ins Gewicht fallen. In ihrer Masse verstehen sich die Delegierten demgemäß als Repräsentanten ihrer Bünde sowohl wie des Primats der Bünde in der Parteiverfassung insgesamt. Zumeist verhalten sie sich dadurch dementsprechend, daß sie die den Parteitagen zukommenden Entscheidungen ohne weiteres treffen, die ihnen vorgelegten Kompromisse quasi lautlos legitimieren; daß *sie* die Kandidaten für gesetzgebende Organe nicht zu reihen haben, entlastet sie gewissermaßen, macht die Einhaltung der Realverfassung der Partei wahrscheinlicher. Wenn gelegentlich Entscheidungen, die sie zu treffen haben, noch nicht hinreichend vorweg geklärt sind, treten die Parteitagsdelegierten wohl auch nach Bünden getrennt zu Beratungen zusammen, um anschließend (nahezu einstimmig) zu beschließen, was sich aus solchen informellen Konsultationen als Konsens ergeben hat. In einem Satz: Verweigerung der Konsensfindung bzw. Kompromißlegitimierung durch Parteitage wäre auch darum revolutionär, weil in solchen Fällen die Mehrheit der Delegierten gegenüber den Erwartungen der sie entsendenden Bündemitglieder bzw. Bündeorgane illoyal handeln und sie sich außerdem ihrem eigenen bündischen Selbstverständnis zuwider verhalten würde.

5. Die Zusammensetzung der Parteitage und die Weise, in der sie fungieren, hat in letzter Instanz zur Voraussetzung, was für Struktur und Organisation der Volkspartei überhaupt *das* elementare Faktum ausmacht: Parteimitglieder sind primär Mitglieder eines der drei klassischen Bünde. (Direktmitgliedschaft zur Partei gibt es gemäß Statut zwar, sie fällt aber quantitativ überhaupt nicht ins Gewicht und kommt außer auf der jeweils untersten Organisationsebene nicht zur Geltung, weil solche Mitglieder keine Delegierten in übergeordnete Parteitage entsenden dürfen.) Dieser schlechthin grundlegende Sachverhalt resultiert aus der durch Pluralitäten bestimmten Organisationsgeschichte im Lager, aus dem Umstand, daß die genuinsten Zugehörigkeitsgefühle seiner Angehörigen den partikulären Organisationen gelten, voran jenen, die die ökonomisch-sozialen Hauptinteressen zu aggregieren verstanden, schließlich, wie oben angedeutet, aus den Auseinandersetzungen während der Formierungsphase der Volkspartei 1945, wie zuletzt die Dominanz der Kontinuitäten

bestätigten. Die Positionierung der Volkspartei als Sammelbecken vereinigte damals und später gut die ihrer aktuellen und potentiellen Anhängerschaft gemeinsamen „negativen" Bedürfnisse nach Abgrenzung gegen die politisch-ideologische Linke[28] mit den sozusagen „positiven" Loyalitäten, die in der Parteiklientel zu den Organisationselementen des Lagers bzw. der „Bürgerlichen" überhaupt lebendig waren. Daß ihre Parteimitgliedschaft eine sekundäre, vermittelte ist, wurde der Masse der Mitglieder somit nicht einfach aufgezwungen, es entsprach deren Selbsteinschätzung. Nicht selten soll es vorkommen, daß Menschen von ihrer Mitgliedschaft in einem der Bünde wissen, jedoch nicht davon, daß sie dadurch zugleich auch ÖVP-Mitglieder sind.[29] Der Grad der Erfolge, die Bauern- bzw. Wirtschaftsbund bei den Kammerwahlen verzeichnen, bei denen *sie* kandidieren, dürfte, neben vielem anderen, auch darin begründet sein. Die indirekte Parteimitgliedschaft ist bekanntlich unerhört folgenreich. *Sie* macht die Partei zum gemeinsamen Dach der Bünde, das so nur Bestand hat, solange diese unter ihm verweilen. *Sie* und die geschichtlichen Prozesse, aus denen sie herrührt, bewirken, daß die Bünde eigene Rechtspersonen sind, eigenes Eigentum haben und aus den Mitgliedsbeiträgen, laufend eigene Einkünfte, was ihnen erst ermöglichen würde, die Partei zu verlassen und selbständig weiter zu bestehen. *Sie* hat zur Folge, daß die Parteiorgane lange Zeit finanziell überwiegend von der Alimentation durch die Bünde und von Spenden abhingen; erst die staatliche Parteienfinanzierung, die in den 1960er Jahren einsetzte und seit den 1970ern ausgebaut wurde, änderte daran Erhebliches.[30] *Sie* ist der Ausgangspunkt für die bündische Zusammensetzung der Parteitage – auf Ortsebene durch die Mitglieder selbst, auf allen höheren durch Delegation nach Maßgabe der Bündemitglieder im jeweiligen Parteigebiet. Es nimmt daher nicht Wunder, daß die Bünde trachten, ihre Mitgliedszahlen zu steigern (z. B. der Bauernbund mit Hilfe des Instituts der Familienmitgliedschaft zu vermindertem Mitgliedsbeitrag), daß sie dazu tendieren, mehr Mitglieder für sich zu reklamieren, als ihnen wirklich angehören, und daß sie dafür auch bereit sind, überhöhte Beitragsanteile an die Parteiorgane zu leisten, schließlich, daß sie sich lange mit Erfolg weigerten, ihre Mitgliederevidenzen den Parteiinstanzen zugänglich zu machen.[31] Ebensowenig kann erstaunen, daß alle Initiativen, z. B. 1979/80 das Mitgliedswesen grundlegend dahin zu revidieren, daß neu Beitretende zuerst der Partei anzugehören hätten und danach nur fakultativ auch der Eintritt in eine Teilorganisation erklärt werden könnte, bzw. 1991 dahin, daß durch Neugründung der Partei alle bisherigen Mitgliedschaften zunächst ungültig würden,

---

28 Eine Befragung von ÖVP-Mitgliedern nach ihren Beitrittsmotiven in einer Wiener Sektion ergab 1967 als weitaus häufigste Nennung „Abneigung gegenüber anderen Parteien"; vgl. Gerhard SILBERBAUER: Probleme der Parteimitgliedschaft in der ÖVP. Ergebnisse einer empirischen Untersuchung in einer Wiener Organisation. – Wien: o. J. (1969?), S. 26–28.
29 G. SILBERBAUER: Probleme (Anm. 28), S. 49.
30 Für die älteren Verhältnisse vgl. Barbara WICHA: Notwendigkeit und Grenzen einer Parteienfinanzierung. – In: Um Parlament und Partei. Alfred Maleta zum siebzigsten Geburtstag. Graz – Wien – Köln 1976, S. 221–235, bes. S. 238. – Anton KOFLER: Parteienfinanzierung am Beispiel der ÖVP. – In: Österreich. Jahrbuch für Politik '80. – Wien 1981, S. 361–389. – Für öffentliche Parteienfinanzierung in den Bundesländern zuletzt, nach einer ersten Studie von 1986 wieder: Herbert DACHS: Vom öffentlichen Geld in Österreichs Bundesländern. – In: Österreich. Jahrbuch für Politik '92. – Wien 1993, S. 695–723.
31 W. C. MÜLLER – B. STEININGER: Party organisation (Anm. 23), S. 12–14.

versandeten.[32] Das Um und Auf der Parteistruktur, die indirekte Mitgliedschaft, ließen die Teilorganisationen, voran die drei Bünde, nicht ernstlich zur Disposition stellen.

6. Trotz des bisher Angesprochenen wäre die Vermutung irrig, daß der Parteiorganisation i. e. S. kein erwähnenswerter Stellenwert zukomme. Zwar entscheiden Parteigremien nur selten über politische Positionen der Volkspartei in Sachfragen. Das geschieht in den jeweiligen Fraktionen der ÖVP-Abgeordneten, zwischen den Regierungsmitgliedern der Partei in Land, Stadt (und Gemeinde), in Konsultationen zwischen diesen und Repräsentanten je berührter Sachbereiche/Organisationen (Kammern, Berufsverbänden usw.); einmal mehr zeigt sich die Volkspartei, um ihre Binnen-Integration zu leisten, in solchen Entscheidungsmechanismen deutlich regierungslastig, vergleichsweise wenig durch Partizipation bestimmt. Die Ausnahme bilden in diesen Belangen die Kollektivorgane der Bundespartei, Bundesparteivorstand bzw. -leitung. Sie fassen immer wieder Beschlüsse, die die ÖVP in Sachfragen positionieren; ob dies freilich durchgängig oder hauptsächlich zu der Zeit der Fall war, als die Partei sich in der Bundespolitik bescheiden mußte, bedarf erst der Untersuchung.

Die Organisation der Partei, meinen wir, bezieht ihre primäre Bedeutung daraus, daß sie existiert, daß die Volkspartei in ihr als eine Wirklichkeit leicht und glaubwürdig wahrnehmbar ist, mehr und besser als die Organisation der Bünde etc. Nicht zuletzt dieser Sichtbarkeit der Partei wegen werden die führenden Akteure der ÖVP als Repräsentanten der Partei identifiziert, nicht als Personen, die neben anderem auch eine Parteipräsenz oder -funktion haben. (Die Bestrebungen, solche Parteiherkunft von Personen z. B. in Wahlkämpfen zurückzudrängen, das quasi Staatsmännische an ihnen zu unterstreichen oder sie nur ihrem persönlichen Image gemäß darzustellen, belegen, indem sie auffallen und kommentiert werden, gerade diesen primären Sachverhalt; sie belegen freilich auch den politischen Klimawandel in der Gesellschaft und als einen seiner Aspekte die nachlassende Akzeptanz der Parteistaatlichkeit.)

Mehr noch daß die Parteiorganisation auch die Gestalt eigener administrativer Apparate hat, verschafft ihr in gewissem Maße ein selbständiges, d. h. von den Bünden/Teilorganisationen nicht abgeleitetes Gewicht. Die Sekretariate und ihr besoldetes Personal, die damit angesprochen sind, fungieren naturgemäß zuerst als Wahlkampfmaschinen. Die davon herrührenden Aufgaben erfolgreich zu erfüllen, erforderte zunehmend sachkundige Kompetenz, besonders der Landesparteisekretäre; was sie anrieten, meist von Sozialforschungsinstituten und Werbeagenturen professionell unterstützt, konnte von den entscheidungszuständigen gewählten Bünde- und Parteifunktionären immer weniger beiseite geschoben werden. Ein gutes Beispiel dafür ist bereits der steirische Landtagswahlkampf von 1957, dessen personalisierende, Landeshauptmann Krainer herausstellende Anlage auf Landesparteisekretär Wegart zurückging.[33] So gewannen die Parteiapparate in Bund und Ländern

---

32 Alfred STIRNEMANN: Zwischen Zielgruppen- und Kommunikationsproblemen: Die Parteireform der ÖVP 1991. – In: Österr. Jahrbuch für Politik '92. – Wien 1993, S. 669–693.
33 Franz WEGART: Neue Methoden der Arbeit. – In: 40 Jahre Steirische Volkspartei (= politicum 23a). – Graz 1985, S. 43–45.

und die den letzteren direkt unterstellten in den Bezirken selbständiges Profil und, freilich in Grenzen, autonomes Gewicht. Und dies um so mehr, als es mit dem Management von Wahlkampagnen nicht getan war. In dem Maß, in dem sich die Erkenntnis von der Erforderlichkeit permanenter Wählerbetreuung durchsetzte, trat die Volkspartei zunehmend gerade durch Spezialreferate, die sie bei den Landesparteisekretariaten einrichtete, und durch die Hauptbezirkssekretariate mit jenen Bevölkerungssegmenten in Kontakt, die an sich nicht stark politisiert sind und darum a priori wenig willig, Parteimitgliedschaft zu erwerben und sich damit den Bünden zuzuwenden. Durch Betreuung auf diesen Wegen erlebten Teile der Bevölkerung zuerst die Partei als Partei, besonders auf der mittleren Ebene der Bezirke. Auf ihr, wo die Partei mangels entsprechender staatlicher Organe nicht direkt als Bezirkspolitik gestaltender Faktor auftritt, sie weder durch Bezirksregierungs- noch als Bezirksfraktion wahrgenommen werden kann – ausgenommen in den Städten mit eigenem Statut –, vermitteln diese Sekretariate *die* Bevölkerung, die es will und braucht, mit den Landes- und Bundesmandataren des Bezirks, vermitteln sie sie namentlich mit Landes- und Bezirksverwaltungsstellen, wohl auch mit Bundesdienststellen im Bezirk (Finanzämtern, Bundesheer). In nicht geringem Umfang, wenn nicht vorrangig, sind sie die Drehscheiben des Interventionswesens in Alltagsanliegen der Bürger, zumal der „kleinen Leute", die sich anders den bürokratischen Großinstitutionen gegenüber nicht glauben artikulieren zu können. Indem diese Sekretariate Bürger dem Staat gegenüber quasi vertreten, erfüllen sie eine klassische Rolle der (Massen-)Parteien, die in Österreich erwartet wird: Schutz, Patronanz und Patronage. Die auf spezialisierte Interessenvertretung angelegten Bünde vermögen diese Funktionen nicht zureichend zu leisten, bzw. sie zu erbringen wird ihnen nicht genug zugetraut. Die ÖVP als solche tritt durch ihren Parteiapparat zwischen sie, wenn man will als quasi vierter Bund. Sie profitiert davon, denn sie wird dadurch als Partei im Alltag wahrgenommen, *sie* wird gewählt, *ihr* wird auch deshalb beigetreten – (und *sie* wird dafür kritisiert und verachtet, wie diesfalls Parteien überhaupt). In einem Wort: Ihre Parteiorganisation ist für die ÖVP mehr als nur Dekor und unmittelbarer Wahlkampfapparat, sie gehört substantiell zur Wirklichkeit der Volkspartei, so bündisch ihre Struktur auch ist.

IV. Epilog: Strukturwandel der ÖVP seit den 1970er Jahren

Die Beobachtung, wonach „Bürgerservice" (später „Wählerservice") ein bis dahin von der ÖVP vernachlässigtes Terrain gewesen sei, und der Gedanke, es nun bei der Parteiorganisation selbst anzusiedeln, begegnete 1959/60 erstmals in Analysen und Vorschlägen zur Parteireform überhaupt. Diese thematisierten die berufs- und religionssoziologischen Wandlungen der österreichischen Gesellschaft überhaupt, konstatierten, daß von ihnen her der Volkspartei der Wind ins Gesicht blies, und folgerten daraus, daß die ÖVP programmatisch, organisatorisch und bezüglich ihrer internen inhaltlichen Entscheidungsprozesse einer Erneuerung bedürfe. Die wichtigste dieser Stellungnahmen stammte von Matthias Glatzl, Gottfried Heindl und Karl Pisa: Es war das „rosa Papier" mit dem Titel „Die Zukunft der

Volkspartei".³⁴ Nicht überhaupt zum ersten Mal, aber hier erstmals wieder besonders nachdrücklich und nicht nur akademisch wurde in ihm die Dominanz der Bünde in Frage gestellt, auch weil sie die Wahrnehmung neuer politischer Themen schier verhinderte.

Seitdem begleitete der Streit um die bündische Struktur schlechthin die Geschichte der ÖVP. Er kann in seinem Verlauf hier nicht mehr dargestellt werden, im einzelnen ist auch vieles von ihm noch nicht bekannt. Auf dem Feld, auf dem sich seine Ergebnisse primär niederschlagen sollten, in den Parteistatuten, hatte er zwar 1972 scheinbar entscheidende Wirkungen. Der damalige Bundesparteitag der ÖVP beschloß ein neues Statut, das aus den Bünden „Teilorganisationen" machte und, wie bereits erwähnt, sechs zu solchen erklärte. Formell wurden sie auf den gleichen Rang dadurch erhoben, daß ihre Vorsitzenden auf dem jeweiligen Parteiorganisationsniveau automatisch als Parteiobmann-Stellvertreter definiert wurden. In Wirklichkeit änderte dies wenig, wie die Reformdebatte von 1979/80 erwies. Nach der Niederlage in den Nationalratswahlen von 1979 versuchte Bundesparteiobmann Josef Taus erstmals seit 1945 die Axt an die Wurzeln des bündischen Aufbaus zu legen, die drei Bünde wie alle Teilorganisationen tatsächlich dem Primat der Partei zu unterwerfen. Taus scheiterte, und sein Nachfolger, Alois Mock, mußte es bei weniger einschneidenden Revisionen belassen. Freilich zeitigte auch die unter ihnen, die für die bedeutungsvollste gehalten wurde, geringere Wirkungen, als von ihr erwartet wurde: Daß die Zahl der Stellvertreter des Parteivorsitzenden auf Bundesebene begrenzt wurde und die Inhaber dieser Ämter seitdem vom Parteitag gewählt wurden, daß somit nicht alle Teilorganisationen auch auf dieser Ebene repräsentiert sein mußten und erst recht nicht automatisch durch ihre personellen Spitzen, blieb de facto bedeutungslos; wir haben es schon angesprochen.

Die wirklichen Änderungen in den Strukturen der ÖVP resultierten somit nicht aus i. e. S. organisationsrechtlichen Reformen, sondern aus gewissen Funktionswandlungen, denen statutarisch-organisatorische Elemente des ÖVP-Komplexes unterlagen. Einige Hinweise darauf müssen hier genügen: Die Entdeckung, daß die Wettbewerbschancen der Volkspartei bei Landtagswahlen zumeist gesteigert wurden, wenn diese Wahlgänge von Wahlen zum Nationalrat abgekoppelt wurden – das geschah seit Mitte der fünfziger Jahre –, bewirkte, daß die Landesparteiorganisationen mehr ihre eigenen Wege gingen und sich von der Bundespartei stärker als bislang zu emanzipieren begannen. Die Personalisierung der Wahlkämpfe zu „Landeshauptmannwahlen", der Umstand, daß es ihnen auch zwischen 1970 und 1986/87 allemal um Regierungspositionen ging – auf die die Bundespartei in diesem Zeitraum wenig hoffen durfte –, förderte diese Tendenzen. In unauffälliger, auch nicht immer linear fortschreitender Weise ging mit ihnen einher, daß die drei Bünde im Rahmen der jeweiligen Landespolitik und Landespartei an Gewicht verloren zugunsten des Landeshauptmannes, der zumeist zugleich Parteiobmann war. Bezeichnend dafür war, daß um 1990 da und dort per Beschluß des Landesparteivorstandes durchgesetzt wurde, daß Spitzenfunktionäre der Kammern auf deren Landes- und Bezirksebene nicht mehr zugleich Inhaber politischer Mandate in Legislativkörpern und Regierun-

---

34 L. REICHHOLD: Geschichte (Anm. 2), S. 311–314. – W. C. MÜLLER – B. STEININGER: Party organisation (Anm. 23), S. 13–23.

gen sein können. Die Bundespartei hat nichts Analoges verfügt, auch ihr gegenüber beanspruchten die Landesparteien damit also ein Stück mehr an Selbständigkeit.

Von den Vorwahlen zur Kandidatenermittlung geht ein anderer Trend zur Aushöhlung der traditionellen Parteistruktur aus. In Salzburg waren sie 1972 im Bundesparteistatut verankert worden, nachdem man auf Gemeinde-, Landes- und in Kärnten auf Nationalratsebene mit ihnen schon experimentiert hatte; möglicherweise war Karl Schleinzer, bis 1970 Kärntner und seit 1971 Bundesparteiobmann ihr Spiritus rector. Ihre Anwendung während der Mitte der 1970er Jahre tangierte den bündischen Einfluß auf die Kandidatenlisten noch nicht wesentlich; die Organisationsmacht der Bünde, ihre Fähigkeit, ihre Mitglieder zu der den Bündeführungen erwünschten Stimmabgabe bei Vorwahlen zu veranlassen, reichten noch hin, ihn zu behaupten. Anders und nach Bundesländern sowie Bünden unterschiedlich lautet der Befund bezüglich der Vorwahlen, die 1994 überall durchgeführt wurden.[35]

Schließlich scheint es, daß auch tiefgreifende Veränderungen in den politischen Meinungsbildungs- und Entscheidungsvorgängen zu Sachfragen auf die traditionellen Parteistrukturen erodierend wirken. Insbesondere dazu bedarf es erst eingehender Nachschau. Der Eindruck drängt sich jedoch auf, daß die Erfordernisse der Mediengesellschaft, das sich zurückbildende Gewicht der Sozialpartnerschaft u. a. m. die Vetokapazität der Bünde vermindert haben.

**

Eine neue Parteistruktur der ÖVP ist wohl im Entstehen begriffen, mit ihr vielleicht auch ein verwandelter organisatorischer Aufbau. Einstweilen freilich verharrt beides im Stadium von Unübersichtlichkeit.

---

35 Karl KOHLBACHER: Vorwahlen in der Steiermark. – Wien o. J. (1975 oder 1976). – Lukas LEITNER – Christian MERTENS: Die Vorwahlen der österreichischen Volkspartei zur Nationalratswahl 1994: Analyse und Reformvorschläge. – In: Österr Jahrbuch für Politik '94. – Wien 1995, S. 199–218.

Wolfgang C. Müller **Wähler und Mitglieder der ÖVP,**
Fritz Plasser **1945-1994**
Peter A. Ulram

Einleitung

Der vorliegende Beitrag skizziert einige relevante Entwicklungen im Bereich der Wähler und Mitglieder der Österreichischen Volkspartei seit 1945. Der Schwerpunkt liegt in dieser Arbeit auf einer empirischen Dokumentation dieser Entwicklungen. Für stärker theoretisch-erklärend angelegte Arbeiten sei auf die zitierte Literatur, nicht zuletzt von den Autoren des vorliegenden Beitrags verwiesen.

Der erste Abschnitt skizziert die Auflösung der Lagerkultur, welche die ersten beiden Nachkriegsdekaden prägte, ihre allmähliche Erosion und den damit zusammenhängenden Anstieg der politischen Mobilität in Österreich. Der zweite Abschnitt gilt der Zusammensetzung der ÖVP-Wählerschaft und ihrer Entwicklung. Im dritten Abschnitt wird das Abschneiden der ÖVP bei den Nationalratswahlen im Zeitraum 1945 bis 1994 dokumentiert. Der vierte Abschnitt gilt den ÖVP-Mitgliedern. Umfang und Zusammensetzung der ÖVP-Mitgliedschaft werden dokumentiert, ebenso die Aktivität und Motivationslage der Mitglieder. Schließlich wird diskutiert, welcher Nutzen der ÖVP aus einer Massenmitgliedschaft erwächst.

1. Erosion der Lagerkultur und Anstieg der politischen Mobilität

Noch bis in die sechziger Jahre konnte die österreichische Wählerlandschaft mit den Konzepten „Lagerkultur" und „Lagerbindung" beschrieben werden. Eingebunden in spezifische subkulturelle Sozialmilieus, die durch eine relative Konstanz trennscharfer Strukturmerkmale wie soziokultureller Orientierungen gekennzeichnet waren, prägten emotionale Verbundenheit und disziplinierte Folgebereitschaft das politische Verhalten der Stamm- und Kernschichtenwähler. Die außerordentliche Stabilität tief verankerter Parteibindungen stützte sich dabei auf ein die österreichische Gesellschaft strukturierendes Konfliktmuster, das sich in den fünfziger und sechziger Jahren aus drei Hauptspannungslinien (Cleavages) zusammensetzte: Es waren dies die konfessionelle Konfliktachse (aktives katholisches bzw. konfessionell gebundenes Milieu versus laizistisches, kirchenfernes Milieu), die wohlfahrtsstaatliche Konfliktlinie (sozialstaatliche Sicherheits- und Regelungserwartungen versus stärker marktwirtschaftliche, auf individuelle Initiativen und Risken abgestellte Orientierungen) sowie eine – wenn auch deutlich abgeschwächte – deutschnationale versus österreichnationale Spannungslinie (Schaubild 1).[1] Diese drei Hauptspannungslinien – ergänzt durch traditionelle Spannungen zwischen Stadt und Land wie Zentralräu-

---

[1] Zur Geschichte der politischen Lager siehe den informativen Überblick bei Hanisch (1994). Zur definitiven Erosion der österreichischen „Lagermentalität" siehe u. a. Plasser/Ulram/Grausgruber (1992).

men und peripheren Randlagen – definierten die Konfliktlogik der österreichischen Nachkriegsdemokratie wie die Grenzen der dominanten Lager.

In dieser – was den sozialen und politischen Alltag betrifft, nur wenig durchlässigen, auf homogene Sozialbeziehungen, spezifische Sozialisationsrituale und trennscharfe politische Identitäten aufgebauten – Lager-Demokratie besetzte die ÖVP einen deutlich abgegrenzten Sektor, der durch verzweigte Organisationsstrukturen, ein dichtes Netz von Vorfeldorganisationen sowie publizistische Agitationskanäle weitgehend lückenlos kontrolliert und integriert wurde. Das Segment der kirchennahen (vorwiegend katholischen) Wähler, weite Teile der ländlich-agrarischen Bevölkerung, Unternehmer aus Handel, Gewerbe und Industrie, Teile der katholischen (christlich-sozial geprägten) Arbeiterschaft wie die überwiegende Mehrheit der oberen Bildungsschichten konnten von der ÖVP integriert und mobilisiert werden.

Schaubild 1: Die ÖVP im traditionellen österreichischen Parteienraum

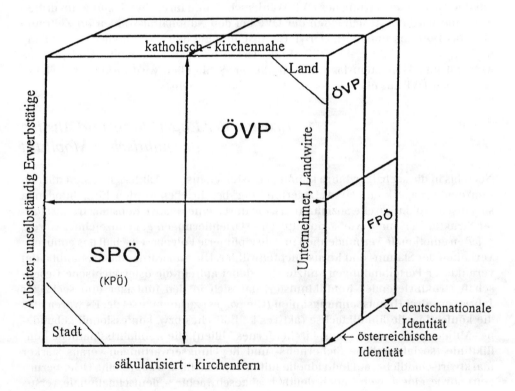

Die ÖVP-Wählerschaft der fünfziger und sechziger Jahre war eine subkulturell verankerte, an ihre Partei durch emotionale Loyalitäten, prägende Sozialisationserfahrungen, kulturelle Werthaltungen und berufsspezifische Interessenlagen gebundene Wählerschaft. Mitte der fünfziger Jahre – dem Zeitpunkt, ab dem erste sozialwissenschaftliche Datenreihen zur Verfügung stehen – wiesen 85 Prozent der ÖVP-

Anhänger eine gefühlsmäßig verankerte, langfristige Parteibindung auf. Damals konnten bei 73 Prozent der österreichischen Wahlberechtigten solche affektiven Parteiverbindungen nachgewiesen werden (Plasser 1987).

Tab. 1: Parteiidentifikation in Österreich nach demographischen Subgruppen (1954–1994)

Frageversion	I	II	III	IV	Phase I: Veränderung 54/76	Phase II: Veränderung 76/84	Phase III: Veränderung 84/94	De-Identifikation 1954/94
	1954[a]	1976[b]	1984[c]	1994[d]				
Männer	78	66	67	50	–12	+1	–17	–28
Frauen	67	61	57	38	– 6	–4	–19	–29
unter 30jährige	73	60	57	37	–13	–3	–20	–36
Selbständige freie Berufe	63	60	48	45	– 3	–12	– 3	–18
Angest./Beamte	69	60	57	38	– 9	– 3	–19	–31
Arbeiter	78	65	65	41	–13	0	–23	–37
Landwirte	81	67	75	40	–14	+ 8	–35	–41
ÖVP-Präferenten	85	71	69	56	–14	– 2	–13	–29
SPÖ-Präferenten	89	74	74	61	–15	0	–13	–28
Wahlberechtigte (insgesamt)	73	63	61	43	–10	– 2	–18	–30

Quelle:
a) Österreichisches Institut für Markt- und Meinungsforschung (Dr. Fessel-Institut), Untersuchung über die politische Einstellung der österreichischen Bevölkerung (1954, 11).
b) Fessel + GfK-Institut, Staat und Bürokratie (1976).
c) Fessel + GfK-Institut, Politische Umfrage (1984).
d) Fessel + GfK-Institut, Bundesweite Repräsentativumfrage (1994).

Die aus Tabelle 1 ablesbare Abnahme affektiver Parteibindungen bei Landwirten und Arbeitern in den späten sechziger und frühen siebziger Jahren korreliert mit der beginnenden Auflösung dieser für die politische Kultur Österreichs über Jahrzehnte charakteristischen Lager bzw. subkulturellen Sozialmilieus. Konzentrierte sich der Auflösungsprozeß in den fünfziger und sechziger Jahren auf den ländlichen Raum, der vom sozialen Strukturwandel besonders betroffen wurde, zeichnete sich seit Mitte der siebziger Jahre ein zweiter Wandlungsschub ab, der vor allem die städtisch-industriellen Ballungszentren erfaßte. Der sozioökonomische Wandel (Rückgang der Agrarquote, erhöhte regionale und berufliche Mobilität, Industrialisierung und Urbanisierung ehemals ländlicher Regionen) sowie die Modernisierung der Produktionsstrukturen (Rückgang der traditionellen Industriearbeiterschaft, Rückgang der Einzelhandels- bzw. Kleingewerbebetriebe, Anwachsen des Dienstleistungssektors, des öffentlichen Sektors wie der neuen Mittelschicht aus der Angestelltenschaft) haben nicht nur die soziale Wählerbasis der großen Parteien nachdrücklich verändert, sondern auch die Beziehungen zwischen Wähler und Parteien flexibler und pragmatischer gestaltet.[2] Hatten Mitte der siebziger Jahre noch 63 Prozent der ÖVP-Wähler eine affektive, durch Loyalität und Folgebereitschaft abgestützte Parteibindung und waren es Mitte der achtziger Jahre noch immer 61 Prozent, sank der Prozentsatz loyaler, langfristig an ihre Partei gebundener ÖVP-Wähler 1994 auf 56 Prozent.

Parallel zum Rückgang affektiver Parteibindungen, der eine zunehmende emotionale Distanz zu den Sinn- und Deutungsangeboten wie der kollektiven Parteiidentität zum Ausdruck bringt, verringerte sich der Anteil subjektiver Stammwähler, d. h. der Anteil jener Wähler, die ihrer Partei – unabhängig von politischen Konjunkturzyklen – die Treue halten: Konnten 1954 noch 82 Prozent der ÖVP-Wähler als „treue" Stammwähler klassifiziert werden, sank dieser Anteil Anfang der siebziger Jahre auf nur mehr 59 Prozent und fiel 1994 auf 40 Prozent. Innerhalb von vierzig Jahren (1954 bis 1994) verringerte sich der loyale Kern der ÖVP-Wählerschaft um 42 Prozent. Der Traditions- und Stammwähleranteil der ÖVP – ihr struktureller Kern – beträgt 1994 nur mehr 40 Prozent ihrer Wählerschaft. 60 Prozent der ÖVP-Wähler zählen im weitesten Sinn zu mobilen, grundsätzlich wechselbereiten Wählern, deren Loyalität keineswegs gesichert ist (Tab. 2).

Tab. 2: Rückgang der Stammwähleranteile der österreichischen Großparteien (1954–1994)

Anteil der (subjektiv gebundenen) Stammwähler an den Parteiwählerschaften	1954[a]	1970[b]	1973[c]	1983[d]	1985[e]	1986[f]	1994[g]	Veränderung
ÖVP-Wähler	82	62	59	52	48	43	40	–42
SPÖ-Wähler	81	71	62	62	51	46	37	–44

Quelle:
a) Österreichisches Institut für Markt- und Meinungsforschung (Dr. Fessel-Institut), Untersuchung über die politische Einstellung der österreichischen Bevölkerung (1954, 6 bzw. 11).
b) Institut für Marktforschung (Dr. Fessel-Institut), Politische Befragung (1970).
c) Fessel + GfK-Institut, Politische Umfrage (1973).
d) Fessel + GfK-Institut, Kumulierte Jahreszählung der Parteipräferenzen 1983.
(N = 14.000 Fälle).
e) Fessel + GfK-Institut, Innen- und Außenperspektive des österreichischen Parteiensystems (1985).
f) Fessel + GfK-Institut, Kumulierte Quartalszählung der Parteipräferenzen 1986/I.
(N = 6.000 Fälle).
g) Fessel + GfK-Institut, Bundesweite Repräsentativumfragen (1994).

Der Rückgang des subjektiven Stammwähleranteils ist dabei im Zeitverlauf ausgeprägter als der Rückgang affektiver Parteibindungen. Reste vergangener Sozialisationserfahrungen, traditionelle Loyalitäten und berufsspezifische Interessenlagen in Verbindung mit konfessionellen Bindungen führen dazu, daß zwar 1994 56 Prozent der ÖVP-Wähler zu ihrer Partei ein gefühlsmäßiges Naheverhältnis aufweisen, gleichzeitig aber nur mehr 40 Prozent einen Parteiwechsel grundsätzlich ausschließen. Der im westeuropäischen Trend liegende Übergang von „expressiven" zu „instrumentellen" Parteibindungen schwächt konsequenterweise die strukturelle Integrationsfähigkeit traditioneller Großparteien (Plasser/Ulram 1992).

---

2 Empirische Längsschnittdaten finden sich bei PLASSER (1988).

Tab. 3: *Dekomposition der Wählerschaften der österreichischen Großparteien (1954–1994)*

In Prozent der Anhänger der jeweiligen Partei	affektive Parteibindung mit „Parteiidentifikation"				konative Parteibindung Gebundene „Stammwähler"			
	1954	1986	1994	Veränderung	1954	1986	1994	Veränderung
ÖVP-Anhänger	85	69	56	–29	82	53	40	–42
SPÖ-Anhänger	89	69	61	–28	81	46	37	–44

Quelle: Österreichisches Institut für Markt- und Meinungsforschung (Dr. Fessel-Institut), Untersuchung über die politische Einstellung der österreichischen Bevölkerung (1954, 6 bzw. 11) bzw. Fessel + GfK-Institut, Politische Befragung (1986) und Fessel + GfK-Institut, Kumulierte Quartalszählung der Parteipräferenzen 1986/I (N = 6.000 Fälle). Daten für 1994: Fessel + GfK-Institut, bundesweite Repräsentativumfragen (1994).

Anmerkung: Konative Parteibindung = Anteil von Wählern, die sich in Umfragen als Stammwähler deklarieren.

Der gesellschaftliche Modernisierungsprozeß hat nicht nur die soziale und subkulturelle Bindungskraft der ÖVP – wie spiegelgleich der Sozialdemokratischen Partei – unterminiert, sondern durch die zunehmende Pluralisierung und Individualisierung einstmals verbindlicher Wert- und Deutungsmuster auch die konfessionelle Spannungslinie abgeschwächt. Im Verlauf der vergangenen vier Dekaden haben sich innerhalb der ÖVP-Wählerschaft kirchliche Bindungen gelockert, ist die Kirchgangsfrequenz rückläufig, löst sich die ÖVP von Wählergeneration zu Wählergeneration aus ihrem traditionellen konfessionellen Milieu (Tab. 3). In ländlich-dörflichen Regionen noch ansatzweise intakt, verliert das katholische Milieu in den urbanisierten Zentralräumen seine Konturen, werden die Netzwerke brüchig und schwindet seine gesellschaftspolitische Relevanz (Plasser 1988).

Tab. 4: *Säkularisierung der Wählerschaft der österreichischen Großparteien (1955–1994)*

In Prozent der deklarierten Parteiwähler, die jeden Sonntag den Gottesdienst besuchen bzw. dies am vergangenen Sonntag getan haben	1955	1972	1985	1990	1994	Veränderung 1955 – 94
ÖVP-Wähler	67	55	45	47	50	–17
SPÖ-Wähler	15	14	14	12	13	– 2

Quelle: Fessel + GfK-Institut, Politische Indikatoren 1955–1990.
Fessel + GfK-Institut, Repräsentative Wahltagsbefragung (exit poll), 1994.

Zwischen 1955 und 1985 verringerte sich der Anteil regelmäßiger Kirchgänger an der ÖVP-Wählerschaft von 67 Prozent auf 45 Prozent. In den Folgejahren erhöhte er sich von 47 Prozent (1990) auf 50 Prozent (1994), was mit dem drastischen Schrumpfen des ÖVP-Wähleranteils von 1986 noch 41,3 Prozent auf 1994 nur mehr 27,7 Prozent zusammenhängt (Tab. 4). Die ÖVP ist zwar seit 1986 zunehmend auf ihren Traditionskern geschrumpft, selbst dieser ist jedoch nicht so homogen wie noch in den fünfziger und sechziger Jahren. Trotz massiver Verluste im Bereich mobiler, städtischer Wählerschichten repräsentiert die ÖVP eine heterogene Wählerkoalition, deren konfessionelle Einbindung zwar unverkennbar, aber keineswegs dominant ist.

Die Abschwächung sozialer und konfessioneller Spannungslinien, die Erosion subkultureller Milieus und daraus abgeleiteter kollektiv verbindlicher Deutungsmuster haben auch zur Schwächung der parteipolitischen Konsonanz sozialer Netzwerke geführt (Tab. 5). Agierten 1972 noch 78 Prozent der ÖVP-Wähler in einem parteipolitisch mehr oder weniger konsonanten Netzwerk persönlicher Sozialkontakte, waren es 1990 nur mehr 48 Prozent, die in ihrer engeren Umgebung konsonante – vorhandene Einstellungen und Orientierungen bestätigende – Signale empfingen. Jeder sechste ÖVP-Wähler agierte 1990 in einem parteipolitisch dissonanten, der ÖVP nicht nahestehenden oder verbundenen Netzwerk. Rund ein Drittel der ÖVP-Wähler bewegten sich in parteipolitisch undifferenzierten, auf das massenmedial vermittelte Stimmungs- und Meinungsklima punktuell reagierenden Netzwerken (Plasser/Ulram/Grausgruber 1992).

Tab. 5: *Parteipolitische Konsonanz der sozialen Netzwerke (1972–1990)*

	1972	1984	1990	Veränderung 1972–1990
In Prozent der ÖVP-Anhänger				
– in einem vorwiegend konsonanten Netzwerk	78	60	48	–30
– in einem vorwiegend dissonanten Netzwerk	10	10	17	
– in einem neutralen oder unspezifischen Netzwerk	12	30	34	
	100	100	100	
In Prozent der SPÖ-Anhänger				
– in einem vorwiegend konsonanten Netzwerk	86	60	57	–29
– in einem vorwiegend dissonanten Netzwerk	4	7	17	
– in einem neutralen oder unspezifischen Netzwerk	10	33	23	
	100	100	100	

Quelle: Fessel + GfK-Institut, Politische Indikatoren (1972–90).

Im Verlauf der achtziger Jahre wurden beide Großparteien zu unterschiedlichen Zeitpunkten mit tiefreichenden Erosionsschüben konfrontiert (Tab. 6). Betrug der Anteil jener Wahlberechtigten, die sich mit der ÖVP auch gefühlsmäßig verbunden fühlten, zwischen 1976 und 1986 konstant 28 Prozent, bewirkt die Ausweitung des parlamentarischen Parteienspektrums wie der Eintritt der ÖVP in eine großkoalitionäre Regierung einen nachhaltigen Rückgang der Bereitschaft zur affektiven Identifikation mit der ÖVP. Seit 1988 identifiziert sich durchschnittlich nur mehr jeder sechste Wahlberechtigte mit der ÖVP. Bei der Sozialdemokratischen Partei erfolgte der Einbruch etwas zeitverzögert – aber mit vergleichbarer Wucht und Intensität. Identifizierten sich 1988 noch 30 Prozent der Wahlberechtigten auch gefühlsmäßig mit der SPÖ, sank dieser Anteil bis 1994 auf nur mehr 19 Prozent. Die Konsequenzen dieses – in der politikwissenschaftlichen Literatur als „Dealignment" bezeichneten – Erosionsprozesses sind tiefreichend und für die traditionelle Stabilität des österreichischen Parteiensystems folgenreich. Identifizierten sich 1976 noch 61 Prozent der Wahlberechtigten mit einer der beiden Großparteien, beträgt der einschlägige Prozentanteil 1994 nur mehr 36 Prozent. Erodierte in den sechziger und siebziger Jahren die soziostrukturelle Integrationsbasis der österreichischen Großparteien, verflüchtigte sich in den achtziger und neunziger Jahren ihre affektive Integrationsbasis. Gegenwärtig wird die ÖVP – spiegelgleich die SPÖ – mit einer „doppelten" Erosion konfrontiert, die ihre gesellschaftliche Verankerung unterminiert und in hochmobilen, insbesondere jüngeren Wählersegmenten bereits ansatzweise in Frage stellt (Plasser/Ulram/Neuwirth/Sommer 1994).

Tab. 6: Parteiidentifikation in Österreich (1976–1994)

In Prozent	1976	1984	1986	1988	1990	1994	Veränderung
Parteiidentifikation (insgesamt)	63	61	58	53	49	43	–20
mit SPÖ	33	27	28	30	26	19	–14
mit ÖVP	28	28	28	17	17	17	–11
mit FPÖ	2	2	1	3	3	4	+ 2
mit GRÜNen	0	1	1	3	3	3	+ 3
mit SPÖ oder ÖVP	61	55	56	47	43	36	–25
mit FPÖ oder GAL	2	3	2	6	6	7	+ 5

Quelle: Fessel + GfK-Institut, Bundesweite Repräsentativumfragen (1976–1994).

Die Tiefe des anhaltenden Erosionsprozesses läßt sich an der stetig rückläufigen Bereitschaft ablesen, sich als ÖVP-Wähler bzw. Anhänger zu deklarieren (Rückgang der deklarierten Wahlabsichten), wie am Einbruch der affektiven Verbundenheit mit der ÖVP als Partei und kollektive Bezugsgruppe (Rückgang der Parteiidentifikation). Beides ist in Tabelle 7 dokumentiert.

Tab. 7: ÖVP-Präferenz und ÖVP-Identifikation (1986–1994)

In Prozent	Wahlabsicht für ÖVP	Identifikation mit ÖVP
1986	35	28
1987	26	20
1988	26	17
1989	25	18
1990	24	17
1991	22	19
1994	20	17
1986–1994	–15	–11

Quelle: Fessel + GfK-Institut, Bundesweite Repräsentativumfragen (1976–1994).

Unmittelbare Konsequenz dieses – auch im westeuropäischen Vergleich bemerkenswert ausgeprägten – Dealignment ist der Anstieg politischer Mobilität, die Erhöhung des Wechselwähleranteils wie – spiegelverkehrt – der Rückgang traditioneller Kern- und Stammwählerschichten (Tab. 8).

Tab. 8: Anstieg der politischen Mobilität (1972–1993)

In Prozent haben nach eigenen Angaben bei Wahlen ...	1972	1979	1989	1993	Veränderung
immer dieselbe Partei gewählt	76	65	58	48	–28
gelegentlich eine andere Partei gewählt	8	16	26	38	+30
haben erst einmal gewählt bzw. nie gewählt	15	18	16	14	– 1

Quelle: PLASSER/ULRAM/GRAUSGRUBER (1992, 32) bzw. Fessel + GfK-Institut, Bundesweite Repräsentativumfrage (1993).

Betrug der Wechselwähleranteil an den österreichischen Wahlberechtigten 1972 nur acht Prozent – demoskopisch gestützte Schätzungen sprechen für die fünfziger und sechziger Jahre von einem Wechselwähleranteil von zwischen drei und fünf Prozent –, deklarierten sich 1993 bereits 38 Prozent der Befragten als Wechselwähler. Die steigende Mobilität und zunehmend pragmatische distante Einstellungen zu den politischen Parteien tragen konsequenterweise zur Schwächung der elektoralen Verankerung der ÖVP bei.

Tab. 9: Elektorale Verankerung der ÖVP (1986–1994)

In Prozent	1986	1994	Veränderung
haben 1990 wie 1994 ihre Partei gewählt (bzw. 1990 wie 1986)	88	77	–11
neigen ihrer Partei auch gefühlsmäßig zu	69	56	–13
neigen ihrer Partei eher stark zu	56	48	– 8
bezeichnen sich als Traditions- bzw. Stammwähler ihrer Partei	46	40	– 6
sind eingetragene Mitglieder ihrer Partei	30	30	0

Quellen: Dr. Fessel + GfK-Institut, Repräsentative Wahltagsbefragung (Exit Poll) Nationalratswahl 1986 (1986).
Dr. Fessel + GfK-Institut, Repräsentative Wahltagsbefragung (Exit Poll) Nationalratswahl 1994 (1994).

Wie Tabelle 9 zeigt, betrug die „Haltequote" der ÖVP im Jahre 1994 (Anteil der Wähler, die 1990 und 1994 diese Partei wählten) nur mehr 77 Prozent. 1986 machte die „Haltequote" noch 88 Prozent aus. Nur mehr 56 Prozent der ÖVP-Wähler haben 1994 zu ihrer Partei auch ein emotionales Naheverhältnis. 1986 waren es noch 69 Prozent. Die elektorale Verankerung der ÖVP ist seit 1994 überaus brüchig und auf eine überschaubare Zahl struktureller Kernwählerschichten beschränkt. Aus einer in der Gesellschaft via intakter subkultureller und soziokultureller Integrationsmechanismen verankerten Großpartei ist spätestens 1994 eine nur mehr noch sektoral in der gesellschaftlichen Struktur abgestützte Mittelpartei geworden. Rund ein Drittel der ÖVP-Wähler kommt aus dem traditionellen Selbständigen- bzw. Landwirtemilieu, jeder zweite rekrutiert sich aus dem konfessionell gebundenen Wählerspektrum, rund 30 Prozent der ÖVP-Wähler des Jahres 1994 sind eingetragene Mitglieder der Partei. Aus einer die siebziger und frühen achtziger Jahre bestimmenden „Öffnung" des Wählerpotentials ist in den neunziger Jahren eine defensive „Schließung" geworden. Die ÖVP-Wählerschaft nähert sich ihrem strukturellen Kern, der aber angesichts des fortschreitenden gesellschaftlichen Strukturwandels selbst einem stetigen Erosionsprozeß ausgesetzt ist (Tab. 10).

Tab. 10: Rückgang der traditionellen sozialen Kernschichten der österreichischen Großparteien (1961–1994)

In Prozent der deklarierten Anhänger der jeweiligen Partei	SPÖ-Kernschicht*)	ÖVP-Kernschicht**)
1961[a]	75	57
1970[b]	63	43
1978[c]	60	36
1986[d]	49	30
1994[e]	49	33
Veränderung 1961–1994	–26	–24

*) SPÖ-Kernschicht = SPÖ-Anhänger, die in Arbeiterhaushalten leben.
**) ÖVP-Kernschicht = ÖVP-Anhänger, die in Selbständigen- bzw. Landwirtehaushalten leben.
Quelle: a) Institut für Marktforschung (Dr. Fessel-Institut), Wähleranalyse 1961 (1961).
  b) Institut für Marktforschung (Dr. Fessel-Institut), Politische Befragung (1970).
  c) Fessel + GfK-Institut, Kumulierte Jahreszählung der Parteipräferenzen 1978. (N = 17.000 Fälle).
  d) Fessel + GfK-Institut, Repräsentative Wahltagsbefragung (exit poll), 1986 (N = 2.149 Fälle).
  e) Fessel + GfK-Institut, Repräsentative Wahltagsbefragung (exit poll), 1994 (N = 2.200 Fälle).

2. Die Wähler der ÖVP

Tabelle 11 dokumentiert die Entwicklung der Berufsstruktur der ÖVP-Wähler. In den fünfziger und frühen sechziger Jahren[3] reflektierte die Sozialstruktur der Wähler von SPÖ und ÖVP im wesentlichen die traditionelle Cleavage-Struktur des österreichischen Parteiensystems. Das Gros der ÖVP-Wählerschaft kam aus bäuerlichem Milieu bzw. von den alten, selbständigen Mittelschichten; über 40 Prozent waren als Land-

---

3 Aus früheren Jahren stehen keine verläßlichen Daten über die Soziodemographie der Parteiwählerschaften zur Verfügung. Die Darstellung stützt sich hier ausschließlich auf Datenbestände des Österreichischen Instituts für Markt- und Meinungsforschung (Dr. Fessel-Institut) bzw. des Fessel + GfK-Instituts, da nur hier langfristig vergleichbare Daten vorliegen. Für andere Quellen, die jedoch grosso modo eine analoge Entwicklung dokumentierten, siehe KIENZL (1964), GEHMACHER (1982), HAERPFER (1983), GEHMACHER/HAERPFER (1988).

wirte oder Selbständige und Freiberufler berufstätig.[4] Dementsprechend waren Angestellte und Beamte, vor allem aber Arbeiter deutlich unterrepräsentiert: Der Anteil beider an der ÖVP-Wählerschaft ist mit 26 Prozent genauso hoch wie jener der Landwirte. Zum Vergleich: Laut Volkszählung von 1951 waren nur 35 Prozent aller berufstätigen Österreicher Landwirte oder Selbständige (aber beinahe zwei Drittel der berufstätigen ÖVP-Wähler); beinahe 45 Prozent waren Arbeiter (nur 19 Prozent der berufstätigen ÖVP-Wähler) und 20 Prozent Angestellte/Beamte (19 Prozent der berufstätigen ÖVP-Wähler).

Zwei Jahrzehnte später – 1978 – lag der Anteil an Landwirten mit 20 Prozent und jener an Selbständigen/Freiberuflern mit 7 Prozent an der ÖVP-Wählerschaft noch immer über dem Anteil dieser Gruppen in der Gesamtbevölkerung; Angestellte und Beamte stellten aber nunmehr etwas mehr ÖVP-Wähler als die Beamten; auch der Arbeiteranteil war auf 17 Prozent gestiegen. In den achtziger und neunziger Jahren setzte sich dieser Trend fort: etwa ein Viertel der ÖVP-Wähler gehören neuen Mittelschichten aus der Angestelltenschaft an; ein Sechstel sind Landwirte oder Selbständige/Freiberufler; der Arbeiteranteil ist allerdings rückläufig.

Tab. 11: *Berufsstruktur der ÖVP-Wähler (1955–1994)*

In Prozent der ÖVP-Wähler (sind)	1955		1978	1986	1990	1994
Landwirte	26		20	9	11	10
Selbständige und Freiberufler	17		7	7	7	6
Arbeiter (blue collar)	13		17	14	15	12
Angestellte und Beamte (white collar)	13		21	22	22	25
Hausfrauen	20		13	18	13	13
Pensionisten und andere Nichtberufstätige	11		21	30	31	33
Berufstätigkeit*)	100%		100%	100%	100%	100%
in Prozent der ÖVP-Wähler (leben in ...)	1961	1969	1978	1985	1990	1994
Landwirte- und Selbständigenhaushalte	57	48	36	30	35	33
Angestellten- und Beamtenhaushalte	43	52	29	42	40	48
Arbeiterhaushalte			35	27	23	18
	100%	100%	100%	100%	100%	100%

Quelle: 1955: Österreichisches Institut für Markt- und Meinungsforschung (Dr. Fessel-Institut), Kumulierte Daten aus mehreren Repräsentativumfragen 1955, zit. nach: Querschnitte der Öffentlichen Meinung, März 1956.
1961: Österreichisches Institut für Markt- und Meinungsforschung (Dr. Fessel-Institut), Kumulierte Daten aus mehreren Repräsentativumfragen 1955, zit. nach: Querschnitte der Öffentlichen Meinung März, 1956. Wähleranalyse 1961.
1969: zit. nach Pelinka (1982).
1978, 1985: Fessel + GfK-Institut, Kumulierte Jahreszählung der Parteipräferenzen 1978 und 1985.
1986, 1990, 1994: Dr. Fessel + GfK-Institut, Exit Polls zu den Nationalratswahlen 1986, 1990 und 1994.
*) Durch Rundungsfehler ergibt die vertikale Addition der Prozentwerte in einzelnen Jahren etwas mehr oder weniger als 100%.

---

4 In den fünfziger Jahren sind 30 Prozent der SPÖ-Wähler Arbeiter, 16 Prozent Angestellte und Beamte, nur 9 Prozent Landwirte und Selbständige/Freiberufler; drei Viertel der SPÖ-Wähler von 1961 kommen aus Arbeiterhaushalten (MÜLLER/ULRAM 1995, PLASSER 1987).

Die Zeitreihe 1955 bis 1994 weist gleichzeitig einen steigenden Pensionistenanteil an der ÖVP-Wählerschaft auf. Dem entspricht eine Veränderung in der Altersstruktur der ÖVP-Wählerschaft: der Anteil an Über-60jährigen steigt von 1978 bis 1994 von einem Viertel auf ein Drittel; zugleich fiel der Prozentsatz der Unter-30jährigen von 22 Prozent (1978) auf 16 Prozent (1994). Dies bedeutet eine zunehmende (Über-)Alterung der ÖVP-Wählerschaft: in den siebziger Jahren entsprach die Altersstruktur der ÖVP-Wähler grosso modo jener der Gesamtbevölkerung; in den neunziger Jahren sind die älteren Jahrgänge vergleichsweise über- und die jüngeren Jahrgänge vergleichsweise unterrepräsentiert.[5]

Relativ stabil und in etwa dem Bevölkerungsdurchschnitt entsprechend bleibt hingegen die geschlechtsspezifische Zusammensetzung und damit die Frauendominanz in der ÖVP-Wählerschaft; wobei aber berufstätige Frauen deutlich schwächer vertreten sind. Im Hinblick auf die Bildungsstruktur zeigt sich ein zunehmender Rückgang bei den untersten Bildungsgruppen, während der Anteil an Maturanten und Akademikern unter den ÖVP-Wählern von 12 Prozent 1978 auf über ein Drittel (35%) 1994 ansteigt (Tab. 12).

Tab. 12: Soziodemographische Struktur der ÖVP-Wähler (1978–1994)

In Prozent der ÖVP-Wähler	1978	1986	1990	1994
Männer	46	44	44	44
Frauen	54	56	56	56
Geschlecht	100%	100%	100%	100%
Unter 30 Jahren	22	20	19	16
30–44 Jahre	30	25	27	26
45–59 Jahre	23	27	25	26
60 Jahre und älter	26	28	30	32
Alter	100%	100%	100%	100%
nur Pflichtschulbildung	47	30	31	25
Berufsschule/Fachschule	40	44	38	41
Matura	9	18	23	27
Hochschule	3	7	6	8
Bildung	100%	100%	100%	100%

Quelle: siehe Tabelle 11.

Die Veränderung der Wählerschaft der ÖVP spiegelt zum einen Wandlungsprozesse in der österreichischen Sozialstruktur wider, zum anderen verweist sie auf die unterschiedliche – und im Zeitverlauf wechselhafte – Attraktivität der Volkspartei für verschiedene soziale Gruppen (und in letzter Instanz natürlich auf wahlpolitische Erfolge und Mißerfolge überhaupt) (Tab. 13):

In den sechziger und siebziger Jahren vollzog die ÖVP den Wandel von der klassen- und milieugebundenen „Lagerpartei" zur modernen Volkspartei oder „catch-all-party": Die für die ÖVP negativen Folgen des soziostrukturellen und soziokulturellen

---

5 MÜLLER/ULRAM 1995.

Wandels (vor allem die zahlenmäßige Abnahme der Bauernschaft, der alten Mittelschichten der Selbständigen und des katholischen Milieus) wurden durch ein Vordringen in die Arbeiterschaft, insbesondere aber in die neuen Mittelschichten aus der Angestelltenschaft kompensiert. Sowohl Mitte der sechziger Jahre als auch Mitte der achtziger Jahre präsentierte sich die Volkspartei im Hinblick auf die altersmäßige wie die soziale Zusammensetzung der Wählerschaft als im Vergleich zur SPÖ „moderne" und „zukunftsorientierte" Partei (Ulram 1985). Im Hinblick auf die Altersstruktur gelang es ihr, die SPÖ bei den Nationalratswahlen 1966 durch ein Ansprechen jüngerer Wähler deutlich zu „überholen", im zweiten Fall glich sie ihr Wählerpotential dem der – zuvor eineinhalb Jahrzehnte in einer besseren Position befindlichen – SPÖ an (Ulram 1990).

Spätestens mit dem Eintritt in die neue große Koalition 1987 – eigentlich aber schon während des Nationalratswahlkampfes 1986 (Plasser/Ulram 1987) – beginnt freilich eine Phase der wahlpolitischen Erosion, die sich durch alle sozialen Gruppen – wenngleich mit unterschiedlicher Intensität – zieht. Gegenüber 1986 verlor die Volkspartei 1990 9,2 Prozent der abgegebenen, gültigen Stimmen; 1994 mußte sie einen weiteren Verlust von 4,4 Prozent hinnehmen.

Tab. 13: Wähleranteil der ÖVP an soziodemographischen Gruppen (1986–1994)

ÖVP-Wähler in Prozent*) der jeweiligen Gruppe	NRW 1986	NRW 1990	NRW 1994	NRW 1986–94
Männer	38	29	25	–13
berufstätige Männer	38	29	24	–14
Pensionisten	37	29	28	– 9
Frauen	43	33	30	–13
berufstätige Frauen	37	34	27	–10
Hausfrauen	52	31	33	–19
Pensionistinnen	44	34	33	–11
Unter 30 Jahre	33	24	19	–14
30–44 Jahre	37	32	26	–11
45–59 Jahre	48	34	30	–18
60 Jahre und älter	44	34	33	–11
Pflichtschulbildung	42	33	28	–14
Fachschule/Berufsschule	38	27	24	–14
Matura/Akademiker	46	38	32	–14
Landwirte	93	85	73	–20
Selbständige/Freiberufler	60	51	40	–20
Beamte	33	30	23	–10
Angestellte	36	27	25	–11
Arbeiter	27	19	15	–12
Pensionisten/innen	41	32	31	–10
in Ausbildung	38	29	18	–20

Quelle: Dr. Fessel + GfK-Institut, Exit Polls zu den NRW 1986, 1990 und 1994.
*) Tendenzwerte: bei kleinen Gruppen (z. B. Landwirte, Selbständige, in Ausbildung) Schwankungsbreiten von über plus/minus 3%.

Die schwersten Wählerverluste der ÖVP, auch bei einzelnen sozialen Untergruppen, ereigneten sich im Jahr 1990; 1994 konnte bei einzelnen Bevölkerungssegmenten (Hausfrauen, Pensionisten, Angestellten) ansatzweise sogar eine Stablisierung erreicht werden. Dennoch liegt die Volkspartei 1994 in fast allen Landeshauptstädten auf Platz 3 hinter der FPÖ; gleiches gilt für ihre Position in der männlichen Wählerschaft, bei den Unter-30jährigen, den Arbeitern und den in der Privatwirtschaft beschäftigten Unselbständigen. Stark überdurchschnittliche Ergebnisse kann die ÖVP nach wie vor bei ihren Kerngruppen Landwirte und Selbständige und in der religiös gebundenen Wählerschaft erzielen; überdurchschnittliche Resultate in der älteren Wählergeneration, in der oberen Bildungsschicht und bei Frauen (Hausfrauen und weibliche Pensionisten).

Die Erosion des wahlpolitischen Konsenses, der sich auch in einem Rückgang der Wahlbeteiligung manifestiert, trifft freilich nicht nur die Volkspartei – auch die Sozialdemokratie bleibt davon nicht verschont (Tab. 14). Wie bei fast allen Landtagswahlen der letzten Jahre erlitt die SPÖ auch bei den Nationalratswahlen vom Oktober 1994 schwere Stimmeneinbußen.

Tab. 14: Trends im österreichischen Wahlverhalten (1979–1994)

In Prozent der Wahlberechtigten	1979	1983	1986	1990	1994	1979–94
Wahlbeteiligung	92	93	91	86	79	–13
SPÖ + ÖVP-Anteil	85	83	75	63	48	–37

Die Verluste der Traditionsparteien gehen dabei in mehrere Richtungen, wobei sich gravierende Unterschiede nach sozialen Gruppen zeigen (Tab. 15): Die FPÖ verzeichnet ihre stärksten Stimmenzuwächse bei Arbeitern, Pensionisten und Pensionistinnen, Selbständigen, in der älteren Wählergeneration, bei Männern und in den unteren Bildungsschichten. Umgekehrt erzielen die Grünen und das Liberale Forum die stärksten Zuwächse bzw. (LF) die besten Ergebnisse bei Angestellten und Beamten, in der jüngeren Wählergeneration, bei (speziell berufstätigen) Frauen, in der oberen Bildungsschicht (Maturanten und Akademiker) und im urbanen Raum.

Tab. 15: Veränderungen im Wahlverhalten bei ausgewählten Gruppen (1986–1994)

Veränderungen 1986–1994 in Prozent*)	ÖVP	SPÖ	FPÖ	GA + LF**)
Männer	–13	– 8	+16	+ 6
berufstätige Männer	–14	– 7	+15	+ 7
Frauen	–13	– 7	+10	+10
berufstätige Frauen	–10	–14	+10	+14
Unter 45 Jahren	–12	–10	+12	+13
45 Jahre und älter	–15	– 5	+15	+ 5
Untere Bildungsschichten	–14	–15	+15	+ 5
Obere Bildungsschicht	–14	–10	+ 7	+18
Unselbständige (blue collar)	–12	–10	+19	+ 3
PensionistenInnen	–10	– 9	+17	+ 3
Selbständige und Landwirte	–20	– 1	+13	+ 7
Hausfrauen	–19	+ 3	+ 9	+ 8
Unselbständige (white collar)	–10	–11	+ 8	+17
in (Schul-)Ausbildung	–20	– 3	+ 9	+25
Gemeinden unter 50.000 Einwohner	–13	– 6	+14	+ 6
Gemeinden über 50.000 Einwohner	–15	– 8	+ 9	+14

Quelle: Fessel + GfK-Institut, Exit Polls zu den NRW 1986, 1990 und 1994.
*) Tendenzwerte.
**) Veränderung der Grünen Alternative und Erstkandidaturwerte für das Liberale Forum.

3. Die Nationalratswahlen 1945–1994

Bei den ersten Nationalratswahlen 1945 errang die neugegründete Österreichische Volkspartei einen Stimmenanteil von 49,8 Prozent der abgegebenen, gültigen Stimmen und die absolute Mandatsmehrheit. Aufgrund der Einschränkungen beim aktiven und passiven Wahlrecht sowie der Zulassungsbedingungen für wahlwerbende Parteien ist diese Wahl für Vergleichszwecke jedoch nur bedingt geeignet. Aufgrund der Erstkandidatur der Wahlpartei der Unabhängigen (WdU) – der Vorläuferpartei der FPÖ – sank der Anteil beider Großparteien ÖVP und SPÖ bei den folgenden Nationalratswahlen ab. 1953 konnte die SPÖ die ÖVP an Stimmen leicht überflügeln. Bei den Wahlgängen 1956, 1959 und 1962 kann man von einer annäherungsweisen Patt-Situation zwischen ÖVP und SPÖ mit leichter Dominaz der ÖVP sprechen (Haerpfer 1988).

1966 gelang es der ÖVP, vor dem Hintergrund der Abspaltung der DFP von der SPÖ und eines Rückganges der FPÖ, einen Stimmenanteil von 48,3 Prozent und die absolute Mandatsmehrheit zu erreichen. Dieser Erfolg war jedoch nur von kurzer Dauer: Bei den Nationalratswahlen 1970 erlitt die Volkspartei mit einem Verlust von 3,6 Prozent einen starken Einbruch, während die SPÖ ihren Stimmenanteil um 5,8 Prozent auf 48,4 Prozent steigern konnte.

Tab. 16: *Ergebnis der Nationalratswahlen 1945–1966*

In Prozent der abgegebenen, gültigen Stimmen	SPÖ	ÖVP	WdU/ FPÖ	KPÖ/ KLS	andere*)
1945	44,6	49,8	n.k.	5,4	0,2
1949	38,7	44,0	11,7	5,1	0,5
1953	42,1	41,3	10,9	5,3	0,4
1956	43,0	46,0	6,5	4,4	0,1
1959	44,8	44,2	7,7	3,3	0,1
1962	44,0	45,4	7,0	3,0	0,5
1966	42,6	48,3	5,4	0,4	3,4

*) 1966: DFP mit Franz Olah 3,3%

1970–1983 nahm die SPÖ eine prädominante Position im österreichischen Parteiensystem ein. Es gelang ihr, eine die Lagergrenzen überschreitende Wählerkoalition zu schließen.[6]

Der primäre soziale Strukturwandel (von der Landwirtschaft in die Industrie) führte der „Arbeiterpartei" SPÖ potentielle Wähler zu; ihr ohnehin zahlenmäßig umfangreicherer Kern schmolz zudem nur langsam ab. Demgegenüber wurde die ÖVP von den Auswirkungen des Rückganges ihrer Kerngruppen Bauern und Kleingewerbetreibende besonders negativ betroffen. Am stärksten wuchsen die neuen Mittelschichten aus der Angestelltenschaft, ein in den alten Lagerkulturen wie -strukturen verhältnismäßig schwach verankerter und politisch überdurchschnittlich mobil(itätsbereit)er Schichtenverband; sowie die Bildungsschicht, die sich gleichzeitig beträchtlich verjüngte und bei der sich das berufliche Tätigkeitsfeld von den klassischen freiberuflichen Tätigkeiten weg und hin zu abhängigen Beschäftigungsverhältnissen in den öffentlichen wie privaten Bürokratien verlagerte.

Gerade in den neuen Mittelschichten aus der Angestelltenschaft wurden die Folgen des gestiegenen Lebensstandards wie die Auswirkungen des Wertewandels (Bindungsverlust, Säkularisierung, Pluralisierung und Liberalisierung) besonders deutlich, war die Distanzierung von den traditionell-bürgerlich-religiösen Wert- und Moralvorstellungen offensichtlich. Diese Gruppen verbinden Einstellungen wie materielle Sicherheits- und Aufstiegsorientierungen, Konsumorientierung und Fortschrittsgläubigkeit mit dem Wertesystem der Industriearbeiterschaft. Dem alten, sozialdemokratischen Kern geht es vor allem um materielle Sicherheit, materielles Wachstum, bessere Sozialleistungen und Aufstiegsmöglichkeiten für die eigenen Kinder; dem neuen, mobilen Rand darüber hinaus auch um mehr Freiheit im Bereich der persönlichen Lebensgestaltung wie der kulturellen Sphäre, um die Ausweitung der Mitsprachemöglichkeiten, insbesondere in den großen bürokratischen Apparaten, und – im Falle der Frauen – um die Anerkennung wie Absicherung der Veränderungen in den Beziehungen zwischen den Geschlechtern. Die Interessenlagen wie Wertvorstellungen beider Gruppen sind zwar nicht in jeder Hinsicht deckungsgleich, aber doch weitgehend kompatibel und koalitionsfähig.

---

[6] Die folgenden Ausführungen folgen der Darstellung bei ULRAM (1990).

Veränderungen in der Struktur, der Mobilität, den soziokulturellen Orientierungen und politikrelevanten Zielen der Wählerschaft konstituierten somit neue Rahmenbedingungen für den Parteienwettbewerb, der zudem nach dem Ende der Großen Koalition und vor dem Hintergrund geänderter politischer Kommunikationsstrukturen eine nicht unbeträchtliche Akzentuierung wie Umstrukturierung erfuhr.

Die Österreichische Volkspartei vermochte dieser neuen Situation nur in Grenzen Rechnung zu tragen. Sie übernahm – bzw. stimulierte sogar – die Wachstums- und (technisch-wissenschaftliche) Fortschrittsorientierung, ihrem technokratisch-wirtschaftsfreundlichen Profil fehlte es aber an einer gleichgewichtigen sozialen Komponente. Dem soziokulturellen Wandel stand sie eher ambivalent gegenüber. Mit Ausnahme des Demokratiebereiches blieben diesbezügliche Erneuerungsimpulse vielfach in ersten Ansätzen stecken oder beschränkten sich auf programmatische Äußerungen – getragen in erster Linie von den Stabstellen der Partei und deren intellektuellem Umfeld (insbesondere der „links"-katholischen Reformbewegung). Auf die Regierungstätigkeit der ÖVP (1966–1970) übten diese Bestrebungen kaum Einfluß aus (Wilflinger 1979), wie sie auch zusehends auf innerparteiliche Widerstände und – in speziellen Problemfeldern – auf solche der Amtskirche und der Interessenvertretung des alten Mittelstandes wie der Beamtenschaft stießen.[7]

Besonders augenscheinlich wurde diese ambivalente Haltung in der Familien- und Frauenpolitik und im oft distanzierten bis geradezu feindseligen Verhältnis zur künstlerischen Avantgarde und den urbanen Intellektuellen.[8] Der kulturelle wie ideologische Säkularisierungsprozeß erschien weiten Teilen des Apparates und auch manchen Kreisen der Parteiführung als bedrohliches Phänomen; ähnliches galt für die Veränderung der Kommunikationsstrukturen, insbesondere für den massiven Bedeutungsaufschwung des „neuen Mediums" Fernsehen – wenn man diese Entwicklungen nicht überhaupt als „nur vorübergehende Ereignisse" unterschätzte.

Umgekehrt kamen der SPÖ die veränderten Rahmenbedingungen nicht nur entgegen, sie verstand sie auch aktiv zu nutzen. Als traditionelle „Arbeiterpartei" und Befürworterin von mehr sozialer Gleichheit wie eines extensiven Ausbaues des Sozialstaates konnte sie sich als glaubwürdige Vertreterin der materiellen Interessen auch der neuen Arbeitnehmerschichten präsentieren. Der sozialkulturelle Säkularisierungs-, Pluralisierungs- und Liberalisierungsprozeß war mit der eigenen Weltanschauung weitgehend vereinbar; im wirtschaftspolitischen Bereich entledigte man sich darüber hinaus zu einem gut Teil des eigenen (marxistischen) „ideologischen Ballasts". Die SPÖ profilierte sich so als die – im Vergleich zur ÖVP – weit konsequen-

---

7   Vgl. dazu aus der Sicht der „Reformer" u. a. Mock (1971), Busek/Peterlik (1968), Busek/Wilflinger (1969); Diem/Neisser (1969), überblicksweise Wilflinger (1979), Ulram (1985b) und Bauer (1980); zur Politik der ÖVP siehe Reichhold (1972; 1975), Gottweis (1983) und Müller (1988a).

8   Die vorliegende Darstellung konzentriert sich auf die Situation der Bundespartei; in den Ländern – insbesondere in Wien und der Steiermark – verlief die Entwicklung mitunter anders (vgl. dazu die Beiträge in Busek 1983 sowie Mantl 1988). Einzelne Gruppen in der ÖVP vertraten zudem weitgehende Reformperspektiven (Wilflinger 1979), die auch im Salzburger Programm und den folgenden „Plänen zur Lebensqualität" ihren programmatischen Niederschlag fanden. Im öffentlichen Erscheinungsbild – wie in weiten Bereichen der konkreten Politikformulierung – der ÖVP waren sie aber nicht die dominierende Kraft bzw. verloren in den Folgejahren sogar mitunter an Einfluß.

tere politische Vertretung einer sozialstaatlich abgefederten, säkularisierten modernen Industriegesellschaft. Ihr politisches Angebot umfaßte

* in materieller Hinsicht die Förderung wirtschaftlichen Wachstums, Einkommenssteigerung und Arbeitsplatzsicherung sowie den Ausbau sozialstaatlicher Leistungen; darüber hinaus die weitere Öffnung der „höheren" Bildungseinrichtungen für sozial aufsteigende Gruppen und Individuen;
* in immaterieller Hinsicht eine Anpassung der rechtlichen Normen an den Wertewandel (Reformen im Straf- und Familienrecht), eine „Demokratisierung" bürokratischer Institutionen (insbesondere solcher im früher bürgerlich-konservativen Einflußbereich, wie der Universitäten), eine ansatzweise Verbindung von Avantgarde- und „Hoch"kultur sowie eine – wenn auch größtenteils nur symbolische – Akzeptanz der Frauenemanzipation.

Dieses politische Angebot entspricht somit den domianten gesellschaftspolitischen Orientierungen des sozialliberalen Konsenses – bzw. den Hauptinteressen der ihn tragenden sozialen Gruppen, nämlich der traditionell sozialdemokratisch gebundenen Industriearbeiterschaft und den neuen Mittelschichten aus der Angestelltenschaft.

Die Nationalratswahlen 1970 bzw. ihre Fortsetzung 1971 stellten eine „kritische Wahl" (nach der Definition von Key, 1955) dar. Es kam zu einer fundamentalen Umgruppierung des Parteiensystems, einem „Realigment" der Wählerschaft, eine neue Interessen-, Werte- und Wählerkoalition entstand und veränderte die Wettbewerbsbedingungen im Parteiensystem; gleichzeitig vollzog sich ein qualitativer Wandel in zentralen Politikbereichen.[9]

Nicht nur, daß das Ausmaß an Stimmenverschiebungen für österreichische (Wahl-)Verhältnisse hoch war,[10] die Verschiebungen erfolgten auch lagerübergreifend.[11] „Der Einbruch der Sozialistischen Partei erfolgt in neue Wählerschichten. Die Lagerbindungen beginnen sich immer mehr abzuschwächen. Die Sozialistische Partei hat einen durchgehenden und fast gleichmäßig starken Einbruch in die bisher traditionell der ÖVP zugerechneten Stimmenreservate erzielt" (ORF 1970). In erster Linie erfolgte die Umschichtung in – vom primären Strukturwandel besonders betroffenen – ÖVP-dominierten Kleingemeinden sowie in der gehobenen Mittelschicht; auch Frauen, Angestellte und Jungwähler (mit absoluter Mehrheit) votierten verstärkt für die SPÖ und gegen die ÖVP. Insgesamt verlor die Volkspartei 158.000 Stimmen direkt an die SPÖ, gewann aber nur 40.000 Wähler von ihr (Blecha 1970).

Die Reaktion der Volkspartei auf diese Niederlage wies deutliche Züge von Konfusion auf. Das innerparteiliche Konfliktniveau stieg stark an, die Oppostionsstrategie

---

9 Zur Konzeption der *realignment election* siehe auch BRADY (1985), BRADY/HURLY (1985) und DALTON/FLANGAN/BECK (1984b).
10 Der Swing-Wert (eine Maßzahl für die Stimmenverschiebung zwischen den beiden größten Parteien) beträgt (–) 4,8 gegenüber einem Durchschnitt von 1,8 der Wahljahre 1945–1979 (HAERPFER 1983; 1985).
11 Sieht man von der „abweichenden Wahl" des Jahres 1966 (GERLICH et al. 1966) ab – die ihrerseits schon eine zunehmende Mobilität des Elektorats signalisiert –, so waren frühere Verschiebungen größtenteils durch das Wahlverhalten der noch nicht so stark lagergebundenen Erstwähler (HAERPFER 1983) bzw. durch eine relativ kleine Gruppe unentschlossener Wähler (KIENZL 1964) verursacht worden.

schwankt zwischen Ansätzen zur Konfrontation und einer elastischeren, taktischen Linie, um Neuwahlen zu vermeiden, für die sich die Partei schlecht gerüstet sah (Müller 1988a; Kriechbaumer 1981). Anstatt den Kampf um die politische Mitte aufzunehmen, wurde im Vorfeld der vorverlegten Nationalratswahlen 1971 eher versucht, der FPÖ am rechten Rand des politischen Spektrums Stimmen abzujagen.

Bei den Nationalratswahlen 1971 errang die SPÖ mit einem absoluten Stimmenzuwachs von ca. 58.000 Wählern und einem Anteil von 50,0 Prozent der abgegebenen, gültigen Stimmen die absolute Mehrheit an Stimmen und Mandaten; die ÖVP sank mit einem Verlust von ca. 86.000 Stimmen auf 43,1 Prozent ab. Die Stimmenverschiebungen waren deutlich geringer als 1970 und fanden in relevantem Ausmaß nur zwischen den Großparteien statt (direkte ÖVP-Verluste an die SPÖ im Umfang von ca. 80.000 Stimmen). Soziostrukturell gesehen wuchs die SPÖ wiederum bei den Angestellten überdurchschnittlich und konnte ihren hohen Erstwähleranteil in etwa halten; die Zugewinne aus dem primären Strukturwandel fielen schwächer aus.

Das Parteiensystem war damit neuerlich in eine stabile Phase eingetreten; das „Realignment" der Jahre 1970/71 erwies sich als dauerhaft. Bei den folgenden Wahlgängen 1975 und 1979 konnte die SPÖ ihre Position sogar noch etwas ausbauen, insgesamt brachten diese Wahlen aber nur relativ geringfügige Stimmenverschiebungen.[12]

Tab. 17: Ergebnis der Nationalratswahlen 1970–1979

In Prozent der abgegebenen, gültigen Stimmen	SPÖ	ÖVP	FPÖ	KPÖ	andere
1970	48,4	44,7	5,5	1,0	0,4
1971	50,0	43,1	5,5	1,4	0,0
1975	50,4	42,9	5,4	1,2	0,0
1979	51,0	41,9	6,1	1,0	0,1
1966–1970	+4,8	–3,7	–1,6	+0,5	–3,0
1970–1971	+1,6	–1,6	+0,4	–0,1	–0,4
1971–1975	+0,4	–0,2	–0,2	–0,1	0
1975–1979	+0,6	–1,0	–1,2	+0,7	0

Etwa ab Mitte der siebziger Jahre bewirkte der soziale Strukturwandel auch eine spürbare und sich beschleunigende Reduktion der traditionellen sozialdemokratischen Kernschicht, während gleichzeitig eine Verlangsamung im Abschmelzprozeß der ÖVP-Kernschichten (wenngleich auf sehr niedrigem Niveau) eintrat. Das „sichere" Wählerpotential der SPÖ war damit in Abnahme begriffen; im Bereich der neuen Mittelschichten aus der Angestelltenschaft ist aber die SPÖ-Dominanz nicht so stark ausgeprägt wie in der „alten" Industriearbeiterschaft (Traar/Birk 1987a, S. 31). Der unmittelbare Effekt des sozialen Strukturwandels kann aus den wahlstatistischen Querschnittanalysen der Nationalratswahlgänge 1966–1983 abgelesen werden (ORF 1970; Ulram 1985): Die SPÖ gewinnt zwar immer noch in den landwirtschaftlich

---

12 BLECHA 1970; 1971; 1979; BRETSCHNEIDER 1980; DIEM 1975; GEHMACHER/BIRK/BERGER 1979; MAURER 1979; PLASSER/ULRAM 1984a und b.

geprägten Gemeinden, diese Gewinne betrugen jedoch 1983 nur mehr ein Viertel jener von 1970; umgekehrt genügte der ÖVP ein bloßes Halten ihres Anteils bei den Angestellten bzw. Beamten, um reale Zuwächse zu erzielen. Tatsächlich konnte die Volkspartei ihren Anteil dort sogar überdurchschnittlich ausbauen.

Unabhängig davon ging auch die Lagerbindung der Arbeiterschaft generell zurück; selbst der „harte Kern" war nunmehr so „sicher" nicht mehr. Dies kann zum Teil durch konkrete politische Ereignisse erklärt werden, insbesondere im großstädtischen Raum waren aber die Auflösungserscheinungen der sozialistischen Lager- und Organisationskultur unübersehbar.

Damit verschärfte sich die Konkurrenz um die mobilen Gruppen der Wählerschaft, wurde die Qualität des politischen Angebotes und seiner Darstellung noch wichtiger als schon bisher. Auch in dieser Hinsicht verschlechterten sich die Rahmenbedingungen für die Aufrechterhaltung der sozialliberalen Wählerkoalition (Ulram 1990).

Auf der materiellen Seite gingen zum einen die wirtschaftlichen Wachstumsraten deutlich zurück, zum anderen wurden auch die finanziellen Folgekosten „sozialgarantistischer Politik" für große Bevölkerungsgruppen unmittelbar spürbar: Die gestiegene Staatsverschuldung schränkte den finanziellen Spielraum der öffentlichen Hand ein; die gestiegene Steuer- und Abgabenlast belastete die privaten Haushalte. Die Folgen schlugen als wachsende Arbeitslosigkeit und nur mehr geringfügig steigende, zweitweilig sogar schrumpfende Einkommen negativ zu Buche. Eine Situation, die durch das Aufbrechen der Strukturkrise des industriellen Sektors, vor allem der überwiegend im öffentlichen Eigentum befindlichen „sunset-industries", verschärft wurde (Müller 1988b).

Vor dem Hintergrund einer verschlechterten wirtschaftlichen und Arbeitsmarktlage zeichneten sich zunehmende Verteilungskonflikte – auch zwischen und innerhalb der Trägergruppen des sozialliberalen Konsenses – ab, wobei es zunehmend auch um die Verteilung von Verlusten ging.

Die Verteilungsproblematik erhält zudem eine weitere Dimension, da individuelle wie gruppenspezifische Lebenschancen immer mehr von staatlicher Mittelzuwendung bzw. staatlichem Mitteleinsatz abhängig geworden sind, ein gut Teil der Krise sich im unmittelbaren staatlichen Einflußbereich abspielt und die „sozialgarantistische" Grundhaltung wie ihre politische Umsetzung und Akzeptanz die öffentliche Hand (und damit vor allem die Regierungspartei) zum direkten Adressaten von Forderungen bzw. zum Verantwortlichen für die Zuweisung von Vorteilen wie Nachteilen gemacht haben. Abnehmende Wirksamkeit, bereichsspezifisches Versagen und unmittelbare Konfliktgerierung „sozialgarantistischer" Intervention trafen auf veränderte (gesellschafts-)politische Grundorientierungen. Dazu gehörte die wachsende Skepsis gegenüber ebendieser Interventionspolitik bzw. manchen ihrer Erscheinungsformen ebenso wie die Intensivierung des soziokulturellen Säkularisierungsprozesses und das wachsende Unbehagen gegenüber einer eindimensionalen Wachstums-, Technik- und Fortschrittsorientierung. Zunehmend bildet sich auch eine skeptische bis ablehnende Grundhaltung, ein Unbehagen am und im Parteienstaat (Plasser/Ulram 1982) heraus, das im Hinblick auf die traditionelle, somit auch sozialdemokratische Politik mitunter aggressive Züge annahm.

Fazit ist eine Erosion der materiellen wie immateriellen Grundlagen des sozialliberalen Konsenses, eine Auseinanderentwicklung seiner früheren Trägergruppen, eine Ausdifferenzierung des Parteienspektrums und ein Verlust der SPÖ an wahlpolitischem Konsens.

Insgesamt verlor die SPÖ bei den Wahlgängen 1983 und 1986 8 Prozent der abgegebenen, gültigen Stimmen oder fast ein Drittel ihrer Wählerschaft von 1979; sie fiel damit auf ihren Wählerstand der früheren fünfziger Jahre zurück. 1983 erfolgt die Abwanderungsbewegung hin zur ÖVP; 1986 zu etwa gleichen Teilen zur ÖVP und FPÖ; bei beiden Wahlen waren auch die Abflüsse an die Grün-Alternativen beträchtlich (und lagen über den entsprechenden Einbußen der Volkspartei).

Die ÖVP konnte 1983 ihren Stimmanteil auf 43,2 Prozent steigern und kam 1986 – trotz leichter Verluste – relativ knapp an das Ergebnis der SPÖ heran. Damit war aber auch schon der vorläufig letzte Höhepunkt des wahlpolitischen Erfolges der Volkspartei erreicht: 1990 erlitt die ÖVP einen dramatischen Einbruch auf ein Drittel der (abgegebenen, gültigen) Wählerstimmen; 1994 erfolgten weitere, wenn auch geringere Verluste. Die Sozialdemokraten konnten 1990 ihren Stimmenanteil in etwa halten; 1994 fielen – mit nicht einmal 35 Prozent der Stimmen und dem bislang schlechtesten Ergebnis der Partei in der Ersten wie in der Zweiten Republik – auch sie auf den Status einer Mittelpartei zurück.

Tab. 18: Ergebnis der Nationalratswahlen 1983–1994

In Prozent der abgegebenen, gültigen Stimmen	SPÖ	ÖVP	FPÖ	GRÜNE*)	andere**)
1983	47,6	43,2	5,0	3,3	0,9
1986	43,1	41,3	9,7	5,0	0,9
1990	42,8	32,1	16,6	6,8	1,7
1994	34,9	27,7	22,5	7,3	7,6
1979–1983	–3,4	+1,3	–1,1	+3,3	0
1983–1986	–4,5	–1,9	+4,7	+1,7	0
1986–1990	–0,3	–9,2	+6,9	+1,8	+0,8
1990–1994	–7,9	–4,4	+5,9	+0,5	+5,9

*) GRÜNE: 1983–1990 Summe der Grünparteien, 1994: nur die im Parlament vertretenen Grünen.
**) Darunter: Liberales Forum mit 6,0 Prozent (1994).

Das österreichische Parteiensystem – und die Wettbewerbsbedingungen für die politischen Parteien – haben sich grundlegend verändert. An die Stelle eines „hinkenden" Zweiparteiensystems ist ein echtes Mehrparteiensystem mit (derzeit) drei Mittelparteien und zwei im Parlament vertretenen Kleinparteien getreten. Die traditionellen Lager haben sich weitgehend aufgelöst; zu den alten Konfliktfigurationen sind neue Spannungslinien hinzugekommen – etwa zwischen den Berufstätigen im geschützten (SPÖ, ÖVP, Grüne) und ungeschützten (FPÖ) Sektor der Wirtschaft oder zwischen unterschiedlichen Wertorientierungen (beispielsweise zwischen libertärpostmaterialistischen Orientierungen bei einem gut Teil der Wähler der Grünen und des Liberalen Forums und der antimodernistischen Reaktion eines Teils der neuen FPÖ-Klientel, Betz 1994; Plasser/Ulram 1994). Unabhängig von der Frage nach der endogenen Stabilität der politischen Akteure[13] erscheint jedoch sicher, daß das österreichische Parteiensystem insgesamt nicht nur pluralistischer, sondern auch instabiler geworden ist – und damit wohl auch die parlamentarischen Mehrheiten und die davon abhängigen Regierungen.

4. Die Mitglieder der ÖVP

Umfang und bündische Zusammensetzung

Von allen österreichischen Parteien verfügt die ÖVP über das dichteste Netz an Lokalorganisationen. Sie ist praktisch flächendeckend in ganz Österreich mit Orts- und Gemeindeorganisationen bzw. Sektionen und Stadtorganisationen vertreten (2.314 Gemeinde- und 4.500 Ortsparteileitungen im November 1990). Diese organisatorische Reichweite basiert vor allem darauf, daß die ÖVP in der Bauernschaft die dominierende Partei ist und gerade die kleinsten Gemeinden eine überwiegend agrarische Struktur aufweisen.

De facto ist die ÖVP eine „mittelbare" (indirekte) Partei (vgl. Duverger 1959, 24–35), d. h., eine Mitgliedschaft wird i. d. R. nicht durch Beitritt direkt bei ihr, sondern durch Mitgliedschaft bei einer der Teilorganisationen erworben. Die bedeutendsten sind die drei „klassischen" Bünde: ÖAAB, ÖBB und ÖWB. Im Rahmen der Partei sind sie weitgehend autonom; dies ist dadurch abgesichert, daß sie auch als selbständige Vereine registriert sind. Zwar wurde im Zuge der Parteireform 1980 festgelegt, daß nunmehr der Beitrittsakt de jure ein Parteibeitritt mit gleichzeitiger Aufnahme in eine Teilorganisation ist, faktisch hat sich aber insofern nichts verändert, als dies fast ausschließlich bei den Teilorganisationen, insbesondere den Bünden, erfolgt. Bei mehr als einer halben Million Parteimitglieder fallen die rund 4.000 Direktmitglieder (Stand 1989) nicht ins Gewicht. Auch das innerparteiliche Leben spielt sich zum Großteil in den Bünden ab. Dort, wo nicht bündische Delegation, sondern ein Wahlakt über die Zusammensetzung von Parteigremien entscheidet, gibt es einen impliziten Bündeproporz. Die Rolle der Bünde und ihr Verhältnis zur Gesamtpartei beschäftigen die ÖVP seit 1945. Unzählige Reformvorschläge, zahlreiche Reformversuche und einige tatsächliche Reformen hatten das Ziel, die Gesamtpartei zu stärken und den Einfluß der Bünde zurückzudrängen – freilich mit geringem Erfolg (Müller/Steininger 1994a).

In den Berichten an den Bundesparteitag der ÖVP sind nur Mitgliederzahlen der Teilorganisationen bzw. der Landesorganisationen angeführt, ein Gesamtmitgliedsstand wird nicht ausgewiesen. Versucht man ihn aus den vorhandenen Aggregatdaten zu errechnen, so ist man mit zwei Problemen konfrontiert, den Doppel- und Mehrfachmitgliedschaften und dem unterschiedlichen Mitgliederbegriff in den verschie-

---

13 Dies betrifft nicht nur extrem personen- bzw. führer(innen)bezogene Parteien wie die rechtspopulistisch neuformierte FPÖ, sondern auch ÖVP und SPÖ, deren interne Kohäsion zuletzt deutlich abgenommen hat. Eine weitere Aufsplitterung – auf lokaler Ebene mitunter schon vorexerziert – auch durch zentrifugale Tendenzen bei den Traditionsparteien erscheint durchaus im Bereich des Möglichen. Vgl. dazu auch die Ausführungen bei ULRAM 1990, S. 303 ff.

denen Teilorganisationen. Doppel- und Mehrfachmitgliedschaften sind vor allem zwischen den drei „klassischen" Bünden einerseits und den Teilorganisationen für Frauen, die Jugend und die Alten andererseits gegeben. Aber auch die Mitgliederstöcke von ÖAAB, ÖBB und ÖWB überschneiden sich aufgrund von Neben- und Doppelberufen sowie Grenzfällen (Managementfunktionen) vielfach. Der Mitgliederbegriff der JVP entspricht faktisch oft dem eines – zum Teil unwissentlich – registrierten Interessenten (vgl. Kofler 1988, S. 388) und ist zumeist mit keiner Beitragsleistung verbunden. Der ÖBB praktiziert ein System der Familienmitgliedschaft, das mit nur sehr geringen zusätzlichen Beitragsleistungen auch Familienangehörigen der – den vollen Beitrag leistenden – Stammitglieder als Bauernbundmitglieder erfaßt. (Während die Beiträge von Stammitgliedern im Niederösterreichischen Bauernbund z. B. 1994 – je nach Einheitswert des bäuerlichen Besitzes – zwischen 210,- und 940,- Schilling pro Jahr lagen, zahlte ein Bauernpensionist nur 50,- und ein Familienmitglied nur 20,- Schilling.) Auch der Wirtschaftsbund kennt die Einrichtung der kostengünstigen Familienmitgliedschaft.

Die Addition der Mitgliederzahlen der Teilorganisationen, wie sie in den gedruckten Berichten an den Bundesparteitag angeführt sind, würde eine völlig unrealistische Mitgliederzahl von mehr als 1,2 Millionen ergeben. Auch die Meldungen aller sechs Teilorganisationen für die Zuteilung von Delegierten für den Parteitag 1995 machen zusammen mehr als 1,1 Millionen Mitglieder aus.

Um zu realistischen Mitgliederzahlen zu kommen, vor allem aber zu Zahlen, die mit denen der anderen Parteien vergleichbar sind, muß eine Bereinigung sowohl um die Mehrfachmitgliedschaften als auch um diejenigen Mitgliedschaften, die mit stark reduzierten Beitragsleistungen erworben werden, erfolgen. Allgemein wird davon ausgegangen, daß aus den genannten Gründen die Mitgliederzahlen von ÖFB, JVP und ÖSB nicht zu berücksichtigen sind, wenn man sich an die ÖVP-Gesamtmitgliederzahl annähern will. Der Umfang der Familienmitgliedschaften muß dabei auf der Basis zeitlich und regional beschränkter offizieller Angaben geschätzt werden. Bis in die achtziger Jahre verfügten nämlich nur die Landesorganisationen der Bünde und der anderen Teilorganisationen über Mitgliederkarteien. Obwohl die Mitgliedschaftszahlen regelmäßig an die Landesparteiorganisationen und die Bundesorganisationen der Bünde und anderen Teilorganisationen gemeldet wurden, wurden nur wenige Anstrengungen unternommen, diese Informationen dort zu archivieren. Die ab 1980 in der Bundesparteizentrale aufgebaute Mitgliederdatei, deren Wartung regelmäßiger Informationen durch die Teilorganisationen auf Landesebene bedürfte, erfaßt zwar mittlerweile den Großteil der Mitglieder, läßt aber auch keine einigermaßen genaue Rückschlüsse auf deren Gesamtzahl und vor allem die Dynamik der Entwicklung des ÖVP-Mitgliederstocks zu. Die 27 Landesorganisationen der Bünde und die 27 Landesorganisationen der anderen Teilorganisationen unterscheiden sich wieder sehr stark in den Bemühungen, exakte Mitgliedschaftszahlen zu sammeln und zu dokumentieren.

Die Probleme mit der Datenlage lassen sich unter vier Punkten zusammenfassen: Erstens ist die Verfügbarkeit von Mitgliedschaftsdaten in dreierlei Hinsicht beschränkt: räumlich, funktional und zeitlich. Zweitens ist die Datenlage zum Teil widersprüchlich, was u. a. wieder auf unterschiedliche Definitionen der Mitgliedschaft (Stammitglieder vs. Familienmitglieder) zurückzuführen ist. Drittens sind die

Mitgliederdaten inkonsistent, d. h., die Unterschiede zwischen verschiedenen Quellen bleiben über die Zeit nicht konstant. Viertens stellt sich die Frage, wie die Mitgliedschaftszahlen der Bünde und Teilorganisationen zu aggregieren sind, um auf eine realistische Zahl an ÖVP-Mitgliedern zu kommen. Daraus ergibt sich, daß die Mitgliedschaftszahlen der ÖVP nur Annäherungswerte sein können. In die hier präsentierten Zahlen sind sehr viel mehr Informationen eingegangen als in alle früheren diesbezüglichen Versuche, sie bleiben aber Annäherungswerte.

Für den ÖAAB wurden die offiziellen Mitgliederzahlen dieser Teilorganisation verwendet, wobei bei der Maximumversion die Familienmitglieder mitgerechnet werden, bei der Minimumversion nicht. Die Mitgliederzahlen für den Bauernbund sind berechnet auf der Basis der Mitgliederzahl von 1969 (Diem/Neisser 1969; Stirnemann 1969) und einer vollständigen Zeitreihe der Mitgliederzahlen des Niederösterreichischen Bauernbundes, der etwas 50% aller Bauernbundmitglieder organisiert. Die Mitgliederzahlen für den Wirtschaftsbund sind in erster Linie die dem Bundesparteitag berichteten bzw. die von der Bundespartei anläßlich der Delegiertenzuteilung anerkannten Zahlen, wobei Inkonsistenzen, Widersprüche und Hinweise auf Familienmitglieder für die Unterscheidung in eine Minimum- und eine Maximumversion herangezogen wurden.

Schaubild 2: ÖVP-Mitglieder (Maximum)

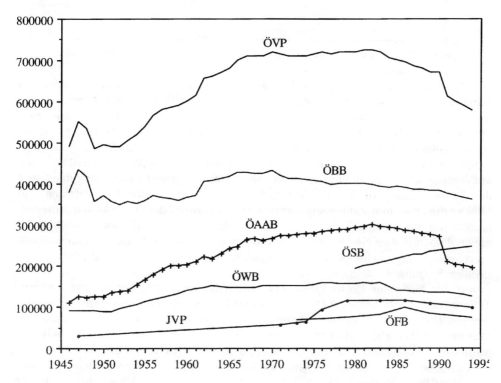

Schaubild 3: ÖVP-Mitglieder (Minimum)

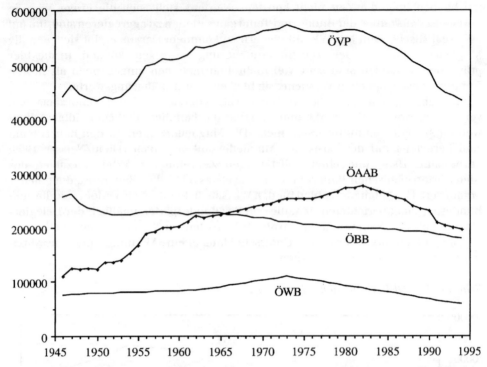

Die Schaubilder 2 und 3 zeigen die Entwicklung der Mitgliedschaft in den drei Bünden, den drei anderen Teilorganisationen und der ÖVP, sowohl in einer Maximum- als auch einer Minimumversion. Beide Versionen zeigen, daß die Veränderungen in der Sozialstruktur der Bevölkerung die Zusammensetzung der ÖVP-Mitgliedschaft beeinflußt haben. Während aber der Anteil der in der Landwirtschaft Beschäftigten von etwa einem Drittel der Bevölkerung in der unmittelbaren Nachkriegszeit auf weniger als ein Zehntel in den achtziger Jahren reduziert wurde, ging der Anteil des Bauernbundes an der ÖVP-Mitgliedschaft nicht im selben Maße zurück und blieben die absoluten Zahlen sogar relativ stabil. Obwohl der ÖAAB zum mitgliederstärksten Bund aufstieg (wenn die Familienmitglieder nicht mitgezählt werden), ist die ÖVP noch immer eine Partei, die von ihren traditionellen Klientelgruppen dominiert wird, lange nachdem deren wahlpolitische Bedeutung stark reduziert wurde (Müller/Steininger 1994a).

Auf der Basis der Entwicklung der Mitgliederstöcke der Bünde und anderen Teilorganisationen, kann die Dynamik der ÖVP-Mitgliedschaft insgesamt betrachtet werden. Dabei kamen folgende Aggregationsregeln zur Anwendung: Die Maximumversion der ÖVP-Mitgliedschaft basiert auf der Formel: ÖAAB + ÖBB + ÖWB, die Minimumversion basiert auf der Formel (ÖAAB + ÖBB + ÖWB) × 0,85.

Nach einer beeindruckenden Aufbauleistung in der unmittelbaren Nachkriegszeit, die nur auf Basis der berufsständischen Organisation in den Bünden so erfolgreich sein konnte, wuchs der ÖVP-Mitgliederstock bis Ende der sechziger Jahre auf rund 720.000

Mitglieder (Maximum) bzw. 560.00 Mitglieder (Minimum). In den siebziger Jahren stagnierte die Mitgliedschaft auf diesem hohem Niveau. Ab den achtziger Jahren ist die Mitgliederanzahl im Fallen begriffen, 1994 ist der Mitgliederstand mit knapp 580.000 (Maximum) bzw. rund 430.000 (Minimum) anzusetzen. Das Übergewicht der älteren Parteimitglieder (siehe unten) läßt erwarten, daß diese Entwicklung sich in den nächsten Jahren schon allein aus biologischen Gründen eher beschleunigen wird.

Organisationsgrad

Tabelle 19 enthält drei Maße der Organisationsdichte. Organisationsgrad I ist der Anteil der Parteimitglieder an den Wählern der jeweiligen Partei. Dieses Maß ist sehr gebräuchlich, aber problematisch, weil es sowohl mit der Organisationsleistung als auch mit dem Wahlerfolg variiert. Organisationsgrad II ist die Relation der Parteimitglieder zu den Wählern. Da die Teilnahme an Wahlen als Minimaldefinition politischer Aktivität verstanden werden kann, drückt dieses Maß das Ausmaß parteipolitischer Organisation der politisch aktiven Bevölkerung aus. Auch dieses Maß stützt sich auf zwei Variablen *politischer Aktivität*, die Organisierung und die Wahlbeteiligung. Das ist so lange unproblematisch, als die Wahlbeteiligung stabil bleibt. Organisationsgrad III erfaßt schließlich den Anteil der Parteimitglieder an den Wahlberechtigten. Damit wird – sieht man von mehrmaligen Erweiterungen des Kreises der Wahlberechtigten durch Herabsetzung des Wahlalters und dem Ausschluß ehemaliger Nationalsozialisten vom Wahlrecht im Jahre 1945 ab – die Organisationsleistung der politischen Parteien nur an der demographischen Entwicklung gemessen. Wegen der hohen Wahlbeteiligung, die lange Zeit für Österreich typisch war, sind die Differenzen zwischen den Maßen II und III für die meisten in Tabelle 19 ausgewiesenen Jahre gering.

Tab. 19: ÖVP-Mitgliederstand und Organisationsgrad 1945–1994 (in Prozent)

Jahr	ÖVP-Mitglieder (Max.)	ÖVP-Mitglieder (Min.)	Organisationsgrad I (Max.)	Organisationsgrad I (Min.)	Organisationsgrad II (Max.)	Organisationsgrad II (Min.)	Organisationsgrad III (Max.)	Organisationsgrad III (Min.)
1945	490.000	441.000	31	28	15	14	14,2	12,8
1949	485.000	439.000	26	24	12	10	11,0	10,0
1953	505.000	441.000	28	25	12	10	11,0	9,6
1956	565.000	498.000	28	25	13	11	12,2	10,8
1959	590.000	509.000	31	26	14	12	12,6	10,8
1962	655.000	532.000	32	26	15	12	13,6	11,1
1966	700.000	543.000	32	25	15	12	14,3	11,1
1970	720.000	561.000	35	27	16	12	14,3	11,1
1971	715.000	564.000	36	29	16	12	14,3	11,3
1975	715.000	562.000	36	28	15	12	14,2	11,2
1979	720.000	560.000	36	28	15	12	13,9	10,8
1983	720.000	552.000	34	26	15	11	13,5	10,4
1986	695.000	528.000	35	26	14	11	12,7	9,7
1990	670.000	488.000	44	32	14	10	11,9	8,7
1994	579.000	433.000	45	34	12	9	10,0	7,5

Je nachdem, von welchen Mitgliederzahlen man ausgeht, lag der Organisationsgrad I (Verhältnis von Mitgliedern zu ÖVP-Wählern) der ÖVP bis 1990 zwischen 25 und 35 Prozent. Die enorme Einbuße an Wählern, die die ÖVP bei den Nationalratswahlen 1990 und 1994 hinnehmen mußte, hat den Organisationsgrad – bei sinkenden Mitgliederzahlen – auf einen neuen Rekord von 34 bzw. 45 Prozent getrieben. Der Organisationsgrad II, der erfaßt, welcher Anteil der Wähler die Partei auch als Mitglieder organisieren kann, schwankt zwischen 12 und 16 Prozent (Maximumversion) bzw. 9 und 14 Prozent (Minimumversion). Dieser Organisationsgrad ist seit den achtziger Jahren im Rückgang und ist 1994 auf dem bisherigen Tiefstpunkt angelangt. Organisationsgrad III, der erfaßt, welcher Anteil der Wahlberechtigten als Mitglieder organisiert wird, schwankt zwischen 10 und 14,3 Prozent (Maximum-Version) und 7,5 und 12,8 Prozent. Auch dieser Organisationsgrad ist seit den achtziger Jahren rückläufig und ist 1994 auf seinem bisherigen Tiefststand angelangt. – Von welchen Zahlen man aber immer ausgeht: der Organisationsgrad der ÖVP, aber auch die absolute Mitgliederzahl ist im internationalen Vergleich bürgerlicher Parteien außerordentlich hoch (vgl. Katz/Mair 1992; Katz/Mair et al. 1992).

Das soziodemographische Profil der ÖVP-Mitgliedschaft

Die bündische Zusammensetzung der Mitgliedschaft (Schaubilder 2 und 3) ergibt bereits ein grobes Bild der Berufsstruktur der ÖVP. Für die Phase seit Mitte der siebziger Jahre liegen auch demoskopische Daten vor, die ein detaillierteres Bild ergeben (Tab. 20). Es muß allerdings einschränkend darauf hingewiesen werden, daß die Anzahl der Befragten sehr klein war und daß hinsichtlich der Berufsstruktur bei den einzelnen Erhebungen auch nicht jeweils dasselbe Instrumentarium zur Anwendung gelangte. Sowohl die beiden Schaubilder als auch Tabelle 20 zeigen, daß Bauern bzw. das bäuerliche Milieu (definiert nach dem Beruf des „Haushaltsvorstandes") von großer und – gemessen an dem Anteil dieser Gruppe an der Bevölkerung – weit überproportionaler Bedeutung für die ÖVP sind. Eindeutig unterrepräsentiert sind Arbeiter und Angestellte.

Anders als in der Wählerschaft, wo die ÖVP einen Überhang an Frauen hat, ist ihre Mitgliedschaft klar durch Männer dominiert. Mitte der achtziger Jahre wurde der bisher größte Frauenanteil verzeichnet, 1993 ist er aber auf den niedersten Stand seit Mitte der siebziger Jahre gefallen. Die Altersstruktur der ÖVP-Mitgliedschaft hat sich seit Mitte der siebziger Jahre substantiell verändert: Während der Anteil der Jungen stark zurückging, stieg der der Über-60jährigen geradezu dramatisch an. Die allgemeine Hebung des formalen Bildungsniveaus in Österreich hat dazu geführt, daß der Anteil jener, die über keine abgeschlossene Schulbildung verfügen, an der ÖVP-Mitgliedschaft stark zurückgegangen ist. Im Hinblick auf die Organisierung der höheren Bildungsschichten – mit Matura oder Universitätsabschluß – haben sich keine relevanten Veränderungen ergeben.

Tab. 20: *Die Sozialstruktur der ÖVP-Mitglieder (1976–1993)*

In % der ÖVP-Mitglieder	1976 n = 187	1985 n = 150	1993 n = 125
Geschlecht			
männlich	66	57	69
weiblich	34	43	31
Alter			
<30	28	21	18
30–44	29	29	30
45–59	26	29	20
≥60	17	23	32
Bildung			
ohne abgeschl. Schulbildung	46	40	30
Pflichtschule, Lehre	41	43	56
Matura	10	15	11
Universität	3	3	3
Beruf			
Bauern		17	20
Selbständige, freie Berufe		8	5
Arbeiter		9	7
Angestellte, Beamte		27	22
Hausfrauen		16	17
Pensionisten, nicht beschäftigt		24	28
Berufsmilieu			
Bauern	41		
Selbständige, freie Berufe	11		
Arbeiter	19		
Angestellte, Beamte	29		

Quelle: Repräsentative Umfragen des Fessel + GfK-Instituts.

Aktivität und Motivation der ÖVP-Mitglieder

Rund ein Drittel der ÖVP-Mitglieder gibt an, zumindest gelegentlich für ihre Partei aktiv zu sein (Tab. 21). Seit Mitte der siebziger Jahre – aus denen die ersten diesbezüglichen Daten stammen – ist nicht nur die Anzahl der Parteimitglieder, sondern auch der Aktivismus der verbleibenden Parteimitglieder zurückgegangen. Die ÖVP-Parteimitglieder dürften sich hinsichtlich des absoluten Niveaus ihrer parteipolitischen Aktivität nicht wesentlich von den Mitgliedern anderer bürgerlichen Parteien mit Massenmitgliedschaft unterscheiden (vgl. Whiteley et al. 1994, S. 74).

Tab. 21: Parteipolitische Aktivität von ÖVP-Mitgliedern (1976–1993)
(*„Arbeiten Sie manchmal – z. B. im Wahlkampf – für Ihre Partei, oder sind Sie eigentlich nie aktiv?"*)

	1976 (N = 187)	1978 (N = 127)	1985 (N = 150)	1993 (N = 113)
Arbeitet für die Partei	33	35	36	27
Ist nie aktiv	48	64	63	62
Keine Angabe	20	1	0	11

Quelle: Repräsentative Umfragen des Fessel + GfK-Instituts.

Wenn es aber nicht das Verlangen nach politischer Partizipation ist, der die Massenmitgliedschaft in der ÖVP – aber auch in der SPÖ – verursacht, welche Beweggründe führen zum Beitritt zur ÖVP (bzw. zu einem ihrer Bünde)? Tabelle 22 gibt darüber Aufschluß. Mit Ausnahme einer Spalte enthält sie die Selbsteinschätzung der Beitrittsmotive zur ÖVP. Leider wurden die Daten mit unterschiedlichen Fragen bzw. Antwortvorgaben erhoben, so daß keine Aussagen über die Dynamik der relativen Bedeutung der verschiedenen Motive gemacht werden können. Jedenfalls können aber die Weltanschauung (Ideologie), die Erwartung von persönlichen Vorteilen (Patronage) und die in der Familie tradierte Zugehörigkeit zum christlich-konservativen Lager sowie – mit etwas weniger Bedeutung – das Gesellschaftsleben innerhalb der Partei (soziale Kontakte) als relevante Beitrittsmotive genannt werden.

Für einen Zeitpunkt wurde – von Deiser und Winkler – auch eine projektive Einschätzung erhoben, also wie ÖVP-Parteimitglieder die Beitrittsmotive anderer ÖVP-Mitglieder einschätzen. Die Differenz zwischen Selbst- und Fremdeinschätzung ist bemerkenswert: das Motiv der Patronage tritt nun stärker hervor. Das wurde von den Autoren der zitierten Studie so interpretiert, daß eigene sozial nicht gebilligte Denk- und Verhaltensweisen – gemeint ist das Verlangen nach Patronage – den anderen Parteimitgliedern zugeschrieben wird. Sie „zweifeln nicht daran", daß „die projektiven Aussagen die Realität zutreffend beschreiben" (Deiser/Winkler 1982, S. 96). Demnach wären 86 Prozent der ÖVP-Mitglieder auch deshalb beigetreten, weil sie sich aus der Mitgliedschaft persönliche Vorteile versprachen.

Tab. 22: *Motive für die Mitgliedschaft in der ÖVP (1969–1985)*
(Grundsätzlich waren Mehrfachantworten zugelassen. Der Wortlaut der Fragen und die vorgegebenen Antwortkategorien variierten von Untersuchung zu Untersuchung. Die Tabelle kann daher nicht als Zeitreihe gelesen werden.)

Motive für ÖVP-Mitgliedschaft	Parteimitglieder 1969/70[1]	Parteimitglieder 1980[2]	Parteimitglieder (projektiv) 1980[3]	Parteimitglieder 1985[4]
Ideologie	50	65	60	54 / 85
Patronage	40	42	86	22 / 48
Familientradition	–	59	61	48 / 76
Soziale Kontakte	–	31	34	14 / 48

Anmerkungen
1. N = 185. Es sind nur jene ÖVP-Mitglieder erfaßt, die sich mit der ÖVP auch identifizierten (85% der SPÖ- und ÖVP-Mitglieder fielen in diese Kategorie). Vier Antwortkategorien standen zur Verfügung. In der Tabelle sind jene Respondenten erfaßt, die ausschließlich wegen Patronage, ausschließlich wegen der Ziele der ÖVP oder wegen beider Mitglied der ÖVP waren. Letztere Gruppe umfaßte 26% und ist hier sowohl in der Kategorie „Ideologie" als auch in der Kategorie „Patronage" erfaßt.
2. N = 233. 9 Antwortmöglichkeiten wurden vorgegeben; um das Ausmaß des Zutreffens dieser Antworten anzugeben, stand eine fünfstufige Skala (von „sehr wichtiger Grund" bis „unwichtiger Grund") zur Verfügung. In der Tabelle sind jeweils die Höchstwerte der einer bestimmten Kategorie zurechenbaren Antworten erfaßt (also z. B. in der Kategorie „Patronage" die Antwort „berufliche Vorteile", wenn sie von mehr Respondenten gegeben wurde als die Antwort „Wohnung bekommen"). Die Zahlen erfassen die beiden höchsten Zustimmungskategorien der fünfstufigen Skala.
3. Wie Anmerkung 2. Hier wurden allerdings die Parteimitglieder nicht nach den eigenen Beitrittsmotiven, sondern nach den vermuteten Motiven anderer Parteimitglieder befragt. Zweck dieses Vorgehens ist es, sozial nicht gebilligte eigene Denk- und Verhaltensweisen, die bei direkter Befragung beschönigt werden, zu erfassen. Die Autoren dieser Studie (Deiser/Winkler 1982, 95 f.) „zweifeln nicht daran", daß die projektiven Aussagen „die Realität zutreffend bezweifeln".
4. N = 150. 7 Antwortmöglichkeiten wurden vorgegeben; um das Ausmaß des Zutreffens dieser Antworten anzugeben, stand eine dreistufige Skala („sehr wichtig", „eher wichtig", „unwichtig") zur Verfügung. Die Zahlen erfassen die beiden Zustimmungskategorien („sehr wichtig" / „sehr wichtig" + „eher wichtig").

Quellen: 1969/70: Powell 1972, 15; 1980: Deiser/Winkler 1980, 162–163; 1985: Müller 1988c (unveröffentlichtes Datenmaterial).

Die Einsicht, daß die Ursache der hohen in Österreich verzeichneten Mitgliederzahlen in Patronageaktivitäten bzw. im Proporz, „der zur weitgehenden Verpolitisierung des Alltags führte",[14] liegt, ist nicht neu (Silberbauer 1968, S. 23–30). Differenzen gibt es allerdings hinsichtlich der Beurteilung dieses Zusammenhangs und des Wertes eines möglichst großen Mitgliederstocks. Aus der Perspektive von Parteisekretären wurde zum Beispiel Ende der sechziger Jahre der Ansicht widersprochen, daß die

---
14 Dr. Kronhuber, in: Die Partei der Zukunft, Kremser Gespräche des Österreichischen Akademikerbundes 1969. – Wien 1969, S. 14.

ÖVP zu viele Mitglieder habe: „Das Ideal jeder Partei wäre noch immer 100 Prozent",[15] in einer Instruktionsschrift für ÖVP-Funktionäre hieß es etwa zur selben Zeit: „Mit besonderem Ehrgeiz müssen wir die Mitgliederwerbung forcieren."[16] Dagegen vertrat Erhard Busek, damals Wiener ÖVP-Obmann, 1983 die Meinung, daß eine solche Parteibuchwirtschaft „politisch mehr schadet als nützt"[17] und schlug einige Jahre später eine Neugründung der ÖVP vor, bei der die Mitglieder neu beitreten müßten, was mit Sicherheit eine beachtliche Reduktion des Mitgliederstockes bedeutet hätte. – Zum Abschluß des vorliegenden Beitrages sollen im folgenden diese politischen Perspektiven mit einer analytischen Diskussion des Nutzens der Mitgliedschaft für die Partei selbst konfrontiert werden.

Vom Nutzen der Mitgliedschaft für die Partei

Nachdem vom (erwarteten) Nutzen der Mitgliedschaft für die Mitglieder die Rede war, was kann die Partei von ihren Mitgliedern erwarten, und was läßt sich über die tatsächlichen Nutzenfunktionen einer Massenmitgliedschaft aussagen? Scarrow (1994; vgl. auch Kofler 1985, S. 59–63) hat den umfassendsten Katalog jener Argumente zusammengestellt, die den Nutzen einer Massenmitgliedschaft für die Partei behaupten. Parteien bemühen sich demnach aus einem oder mehreren der im folgenden diskutierten sieben Gründe um den Aufbau und Erhalt eines großen Mitgliederstocks. Im Falle der ÖVP ist aufgrund ihrer indirekten Mitgliedschaft in diesem Zusammenhang auch auf die Bünde einzugehen.

(1) Verbesserung der Statistik

Wenn die Zahl der Parteimitglieder und insbesondere ihre Veränderung als Zeichen des Ausmaßes der Zustimmung zur Partei verstanden wird, dann wird eine Partei schon aus diesem Grund bestrebt sein, Mitglieder zu organisieren.

Bei der ÖVP trifft dieses Argument vor allem auf die Bünde zu – schon allein deshalb, weil die Partei selbst kaum über die relevanten Zahlen verfügt. Silberbauer (1968, S. 4, 49) z. B. fand die von ihm überprüften Mitgliederzahlen um 15 Prozent überhöht und führte dies auf das Bestreben der Bünde zurück, möglichst hohe Mitgliederzahlen geltend zu machen, um auf dieser Basis innerparteilich einen möglichst hohen Anteil öffentlicher Wahlämter beanspruchen zu können. Tatsächlich werden ja Parteitagsdelegierte, Sitze in den Spitzengremien der Partei und die Listenplätze bei Wahlen weitgehend unter den Bünden verteilt, wobei deren Mitgliederstärke – ausgesprochen oder unausgesprochen – eine wesentliche Determinante der Verteilung ist.[18] Im persönlichen Gespräch unterscheiden Bündefunktionäre oft

---

15 Dr. RATZENBÖCK, in: Die Partei der Zukunft, Kremser Gespräche des Österreichischen Akademikerbundes 1969. – Wien 1969, S. 15.
16 Auftrag, Arbeit u. Organisation einer Sektion in der ÖVP. Ein Arbeitsbehelf, herausgegeben von der ÖVP, Landesparteileitung Wien, Wien 1964, S. 9.
17 Interview, in: Schwarz-bunter Vogel. – Wien 1983, S. 230.
18 Siehe u. a. STIRNEMANN 1969; 1981; URBAN/ZEIDNER 1983; MÜLLER 1991 und 1992; MÜLLER/STEININGER 1994a und 1994b.

zwischen „echten" und „offiziellen" Mitgliederzahlen, wobei letztere überhöht sind und den eigenen Anspruch auf die erwähnten Positionen untermauern sollen. Freilich wird immer angemerkt, daß dieses Spiel von allen Teilorganisationen – aber auch innerhalb dieser – betrieben wird.

(2) Loyale Wähler

Parteimitglieder gelten als loyale Wähler, zumindest wird die Mitgliedschaft als eine Hürde angesehen, die der Wahl einer anderen Partei im Wege steht. Traditionell wurde auch in der ÖVP davon ausgegangen, daß es ein erstrebenswertes Ziel sei, „die von Wahl zu Wahl neu hinzustoßenden Wähler" auch als Mitglieder zu gewinnen, denn erst wenn das gelungen sei, könne die Partei „einen neuen Besitzstand an Wählern für die Zukunft als gesichert ansehen".[19]

Demoskopische Untersuchungen haben gezeigt, daß Parteimitglieder tatsächlich treue Wähler sind, die zum Großteil ihrer Partei auch dann die Treue halten, „wenn sie mit dem, was die Partei tut und plant, nicht völlig einverstanden sind". Allerdings geht die Parteitreue seit (spätestens) den siebziger Jahren deutlich zurück: Während noch 1978 78 Prozent der ÖVP-Mitglieder dem eben zitierten Statement zustimmten, waren es 1985 nur mehr 66 Prozent (Plasser 1987, S. 124).

(3) Werbeträger

Mitglieder gelten als Multiplikatoren, die in ihren täglichen Kontakten die Botschaft der Partei verbreiten.

Die tatsächliche Bedeutung der Mitglieder als Werbeträger ist mangels empirischer Daten schwer einzuschätzen. Nimmt man die Bereitschaft der ÖVP-Mitglieder, sich aktiv um die *Aufnahme* der Botschaften der Partei zu bemühen, als Anhaltspunkt, kommt man zu keinem sehr positiven Ergebnis. Die ÖVP-Veranstaltungen im Nationalratswahlkampf 1994 etwa, zu denen die in der Region lebenden Parteimitglieder eingeladen wurden, waren großteils außerordentlich schlecht besucht (wobei die Besucher hauptsächlich tatsächliche oder potentielle Mitglieder des Seniorenbundes waren). Ähnliche Berichte liegen schon für die sechziger Jahre vor – vom Wahlkampf vor der Salzburger Landtagswahl 1969 wird z. B. von Wahlveranstaltungen mit 500 Einladungen und 15 Anwesenden berichtet.[20] Freilich galt schon damals, daß die Wähler nicht mehr durch die Wahlversammlungen im Bezirk, sondern vielmehr „durch das Plakat, durch das Auftreten der Spitzenfunktionäre in Rundfunk und Fernsehen, durch die Enunziationen einiger weniger Spitzenfunktionäre der Partei" beeinflußt würden, nicht aber von „Versammlungen mit 40 bis 50, aber manchmal auch nur acht bis zehn Besuchern".[21] Von Parteimitgliedern, die hauptsächlich nur massenmedial vermittelte Botschaften aufnehmen, ist aber nicht zu erwarten, daß sie

---

19 Die Anderen sind unsere Chance! Arbeitsunterlage für die Ortsparteiorganisationen der ÖVP, o. O. o. J. (Wien 1960), S. 23.
20 Dr. ZILLER, in: Die Partei der Zukunft, Kremser Gespräche des Österreichischen Akademikerbundes 1969. – Wien 1969, S. 21.
21 Dr. KARASEK, in: Die Partei der Zukunft, Kremser Gespräche des Österreichischen Akademikerbundes 1969. – Wien 1969, S. 16.

als Agitatoren für ihre Partei auftreten. Allerdings können sie, wenn sie zahlreich genug sind, das Meinungsklima beeinflussen. In diesem Sinne kann die Massenmitgliedschaft der ÖVP als effektiver Werbeträger der Partei angesehen werden, vor allem in bestimmten lokalen und sozialen Milieus.

(4) Finanzierung

Mitglieder gelten wegen ihrer Beiträge zur Finanzierung der Parteiaktivitäten als notwendig. In dieser Perspektive stehen alternative Finanzquellen entweder nicht zur Verfügung oder werden abgelehnt, um Abhängigkeiten zu vermeiden.

Die Landesparteiorganisationen der ÖVP finanzieren sich – wie alle in den Landtagen vertretenen Parteien – zum Großteil aus der sehr reichhaltigen öffentlichen Parteienfinanzierung aus Landesmitteln (Dachs 1993), die Bundesparteiorganisation lebt vor allem aus den öffentlichen Mitteln, die unter verschiedenen Titeln auf Bundesebene ausgeschüttet werden (Müller 1992a; 1994; Sickinger 1995). Die Mitgliedsbeiträge verbleiben zum allergrößten Teil bei den Bünden. Dort sind sie wichtig, ihre Bedeutung geht aber gegenüber Beiträgen aus den öffentlich-rechtlichen Interessenorganisationen relativ zurück.

(5) Parteiarbeit

Im Unterschied zur Rolle der Mitglieder als Werbeträger [siehe (3)] ist hier die planmäßige Einbindung in die Parteiarbeit (unter der Steuerung der Parteiführung) gemeint. Die Mitglieder stellen ihre Arbeitskraft zur Verfügung, z. B. für das Anbringen von Plakaten und andere Wahlkampfaktivitäten, für die Aufrechterhaltung der Organisation etc.

Auch innerhalb der ÖVP wurde den Mitgliedern diese Rolle zuerkannt: „man braucht ... die Mitglieder, um daraus einen Kader zu bilden"; vom organisatorischen Standpunkt her wurde das Ideal von einem leitenden Parteiangestellten 1969 bei etwa einem Prozent der Bevölkerung als Kader und bei einer Mitgliederzahl von vielleicht fünf oder sechs Prozent der Gesamtbevölkerung gesehen.[22] In einer etwas älteren Instruktionsschrift für Ortsparteiorganisationen hieß es: „Die Zahl der Mitglieder ist vielleicht für die Qualität einer Ortsgruppe nicht so entscheidend wie der *Grad der Aktivität*, den diese Mitglieder entfalten. Gute Mitarbeiter wird man aber nur gewinnen, wenn man eine möglichst *große Auswahl* von Personen hat, aus der man aktive Mitarbeiter berufen kann."[23] Die Zahlen in Tabelle 19 zeigen, daß die ÖVP in der Zweiten Republik immer deutlich über dem hier angegebenen „Ideal" an Mitgliedern lag. Tabelle 21 zeigt, daß die inaktiven Mitglieder bei weitem überwiegen. Die ÖVP hat also – wie auch die österreichische Sozialdemokratie – im Hinblick auf die Notwendigkeit, einen Mitgliederstock zu haben, um daraus Parteiaktivisten zu rekrutieren, deutlich über das Ziel hinausgeschossen.

---

22 Dr. Kronhuber, in: Die Partei der Zukunft, Kremser Gespräche des Österreichischen Akademikerbundes 1969. – Wien 1969, S. 14.
23 Die Anderen sind unsere Chance! Arbeitsunterlage für die Ortsparteiorganisationen der ÖVP, o. O.; o. J. (Wien 1960), S. 23.

Parteiaktivisten sind politische Amateure, und sie haben wahrscheinlich auch im Hinblick auf die technischen Fähigkeiten, die der moderne Parteienwettbewerb erfordert, Amateurstatus. Der Parteienwettbewerb erfordert aber ein immer größeres Ausmaß an spezialisiertem Wissen, über welches wieder nur „Professionals" verfügen. Parteiorganisation und Wahlkämpfe werden daher „kapitalintensiver", d. h., die billige Arbeitszeit von Aktivisten wird durch teure Leistungen von „Professionals" ersetzt. Diese sind entweder Parteiangestellte oder ihre Leistungen werden „zugekauft". Das heißt, daß der Bedarf an Parteimitarbeitern, die aus den Rängen der Mitglieder gewonnen werden, tendenziell zurückgeht.

(6) Ideenbringer

Hier ist die Kommunikation von „unten" nach „oben" bzw. von „außen" nach „innen" angesprochen. Parteimitglieder holen die Stimmungen, Bedürfnisse und Forderungen der Bevölkerung ein und machen diese Informationen der Partei zugänglich.

Diese Funktion der Parteimitglieder wurde seit den sechziger Jahren zunehmend durch die Meinungsforschung ersetzt. Wenn Entscheidungsträger sich durch Kontakte mit Parteimitgliedern – vor allem aber den Parteiaktivisten – beeinflussen lassen, heißt das, daß sie ihre Strategien an den Überzeugungen der bereits „Bekehrten" ausrichten. Das kann zwar zu großer Harmonie innerhalb der aktiven Segmente der Partei führen, kann aber gleichzeitig dazu führen, daß die Partei den – immer größer werdenden – Sektor der parteiungebundenen Wähler nicht mehr anspricht (vgl. Müller 1992b).

(7) Potentielle Kandidaten

Parteimitglieder stellen das hauptsächliche Reservoir für Kandidaten für lokale, regionale und nationale Wahlen dar. Je weniger professionell die Politik auf der jeweiligen Ebene ist und je mehr Kandidaten erforderlich sind, desto geringer ist in der Regel die Nachfrage nach diesen politischen Ämtern. Eine Partei, die „flächendeckend" Politik betreiben will, benötigt viele Kandidaten, und zwar solche Kandidaten, die – einmal gewählt – den Zielen der Partei nützen oder zumindest nicht schaden.[24]

Die Massenorganisation der ÖVP, mit ihrem großem internen – durch die bündische Parteistruktur beförderten – Wettbewerb, ist insofern eine gute Voraussetzung für die Kandidatenauswahl, als die Bewerber für öffentliche Ämter oft einer jahrelangen Beobachtung unterliegen: Charakterschwächen und tatsächliche Verfehlungen sind unter diesen Bedingungen schwer zu verbergen. Genau diese Rahmenbedingungen führen allerdings auch dazu, daß vor allem solche Kandidaten aufgestellt werden, die den innerparteilichen Anforderungen entsprechen – selbst wenn sie nur auf geringen Wählerzuspruch rechnen können. Offene Vorwahlen, wie sie in den neunziger Jahren in der ÖVP allgemein eingeführt wurden (Nick 1995, Leitner/Mertens 1995), sind ein Versuch, dieser Gefahr entgegenzutreten.

---

24 Ein Problem von „flash parties", also Parteien, die plötzlich den Durchbruch zum politischen Erfolg schaffen, ist oft, daß sie auf ungeeignete Kandidaten („Glücksritter", problematische Persönlichkeiten) zurückgreifen müssen.

Schluß

Wie läßt sich diese Diskussion des Nutzens, den die Massenmitgliedschaft für die ÖVP hat, zusammenfassen? Zumindest eine der hier angesprochenen Funktionen – die Verbesserung der Statistik – ist für die ÖVP selbst irrelevant, und daß ihr von den Bünden eine gewisse Bedeutung zugemessen wird, wirkt eher kontraproduktiv für die Partei. Hinsichtlich der Aufrechterhaltung von Wählerloyalitäten und der Verbreitung der Botschaft der Partei stünde die ÖVP ohne eine Massenmitgliedschaft bzw. mit einem deutlich kleineren Mitgliederstock wahrscheinlich schlechter da. Auch für die Rekrutierung von Parteiaktivisten und Kandidaten ist die Massenmitgliedschaft nützlich; diesbezüglich hat die ÖVP aber mehr Mitglieder als benötigt würden. Im Hinblick auf die Finanzierung der Partei und die Kommunikation von „unten" nach „oben" muß der Nutzen ihrer Massenmitgliedschaft für die ÖVP als gering angesehen werden. Diesbezüglich hat sie auch potentielle oder manifeste Nachteile, wie die finanzielle „Aufrüstung" innerparteilicher Gruppierungen oder die einseitige Beeinflussung der Partei durch Meinungen, die nicht repräsentativ für ihre potentielle Wählerschaft sind. – Verschiedene Funktionen der Massenmitgliedschaft führen also zu gegensätzlichen Evaluierungen. Eindeutig fällt hingegen die Einschätzung der Entwicklung aus: Im Hinblick auf alle Funktionen, die eine Massenmitgliedschaft für eine Partei haben kann, ist ein Rückgang ihrer Bedeutung zu konstatieren.

LITERATUR

BARTOLINI, Stefano / MAIR, Peter (1994): Identity, Competition, and Electoral Availability. – Cambridge 1994.
BETZ, Hans-Georg (1994): Radical Right-Wing Populism in Western Europe. – New York 1994.
BLECHA, Karl (1970): Analyse einer Wahl, I und II, in: Die Zukunft 1970/5, 6.
BLECHA, Karl / GMOSER, Rupert / KIENZL, Heinz (1964): Der durchleuchtete Wähler: Beiträge zur politischen Soziologie in Österreich. – Wien 1964.
BLECHA, Karl (1971): Das Röntgenbild eines Sieges, I, II und III. – In: Die Zukunft 1971/18–20, 21, 22.
BLECHA, Karl (1975): Die großen Trends, Analyse der Nationalratswahl 1975. – In: Die Zukunft 1975/22.
BLECHA, Karl (1979): Die Nationalratswahl 1979: Strategie und Analyse (Zeitdokumente Nr.19, hg. vom Dr.-Karl-Renner-Institut). – Wien 1979.
BRADY, David W. / HURLEY, Patricia A. (1985): The Prospects for Contemporary Partisan Realignments. – In: PS 1985/1 (Winter).
BRADY, David W. (1985): A Re-evaluation of Realignments in American Politics. Evidence from the House of Representatives. – In: American Political Science Review 79 (1985): 28–49.
BRETSCHNEIDER, Rudolf (1980): Wahlen und Wähler in Österreich 1978/79. – In: Österreichisches Jahrbuch für Politik 1979. – Wien 1980.
BUSEK, Erhard (1992): Die Österreichische Volkspartei. – In: MANTL, Wolfgang (Hg.): Politik in Österreich. – Wien 1992.
BUSEK, Erhard (Hg.) (1983): Mut zum aufrechten Gang: Beiträge zu einer anderen Art von Politik. – Wien 1983.
BUSEK, Erhard / PETERLIK, Manfried (Hg.) (1968): Die unvollendete Republik. – Wien 1968.
BUSEK, Erhard / WILFLINGER, Gerhard (1969): Demokratiekritik – Demokratiereform. – Wien 1969.
DACHS, Herbert (1993): Vom öffentlichen Parteiengeld in Österreichs Bundesländern. – In: Österreichisches Jahrbuch für Politik 1992. – Wien 1993.

DALTON, Russel J. / FLANAGAN, Scott C. / BECK, Paul Allen (1984): Electoral Change in Advanced Industrial Democracies. – In: DALTON, RUSSEL J. / FLANAGAN, SCOTT C. / BECK, Paul Allen (Hg.): Electoral Change in Advanced Industrial Democracies. – Princeton N. J. 1984.
DEISER, Roland / WINKLER, Norbert (1980): Politische Partizipation in Österreich. Projektbericht. – Wien 1980.
DEISER, Roland / WINKLER, Norbert (1982): Das politische Handeln der Österreicher. – Wien 1982.
DIEM, Peter / NEISSER, Heinrich (1969): Zeit zur Reform: Parteireform – Demokratiereform – Parlamentsreform. – Wien 1969.
DIEM, Peter (1975): Analyse der Nationalratswahl vom 5. Oktober 1975. – In: Österreichische Monatshefte 1975/10–11.
DUDLEY, Louise Powelson (1953): The Political Parties of Austria 1945–1951, Dissertation: Yale University 1953.
DUVERGER, Maurice (1959): Die politischen Parteien. – Tübingen 1959.
ENGELMANN, Frederik C. / SCHWARTZ, Mildred A. (1974a): Partisan Stability and the Continuity of a Segmented Society: The Case of Austria. – In: American Journal of Sociology 79 (1974): 948–966.
ENGELMANN, Frederick C. / SCHWARTZ, Mildred A. (1974b): Austria's Consistent Voters. – In: American Behavioral Scientist 18 (1974): 97–110.
GEHMACHER, Ernst (1982): Faktoren des Wählerverhaltens. – In: FISCHER, Heinz (Hg.): Das politische System Österreichs. – Wien 1982.
GEHMACHER, Ernst / BIRK, Franz / BERGER, Herbert (1979): Nationalratswahl-Analyse. – In: Die Zukunft 1979/6.
GEHMACHER, Ernst / HAERPFER, Christian (1988): Wahlverhalten und Parteiensystem: Die Binnenstruktur der Wählerschaft von SPÖ, ÖVP und FPÖ. – In: PELINKA, Anton / PLASSER, Fritz (Hg.): Das österreichische Parteiensystem. – Wien 1988.
GERLICH, Peter (1987): Consocialism to Competition: The Austrian Party System since 1945. – In: DAALDER, Hans (Hg.): Party System in Denmark, Austria, Switzerland, the Netherlands and Belgium. – London 1987.
GERLICH, Peter et al. (Hg.) (1966): Nationalratswahl 1966 (Österreichisches Wahlhandbuch, Bd. IV), Wien 1966.
GERLICH, Peter / MÜLLER, Wolfgang C. (Hg.) (1983): Zwischen Koalition und Konkurrenz: Österreichs Parteien seit 1945. – Wien 1983.
GOTTWEIS, Herbert (1983): Zur Entwicklung der ÖVP: Zwischen Interessenpolitik und Massenintegration. – In: GERLICH, Peter / MÜLLER, Wolfgang C. (Hg.): Zwischen Koalition und Konkurrenz. – Wien 1983.
HAERPFER, Christian (1983): Nationalratswahlen und Wahlverhalten seit 1945. – In: GERLICH, Peter / MÜLLER, Wolfgang C. (Hg.): Zwischen Koalition und Konkurrenz. – Wien 1983.
HAERPFER, Christian (1985a): Abschied vom Loyalitätsritual: Langfristige Veränderungen im Wählerverhalten. – In: PLASSER, Fritz / ULRAM, Peter A. / WELAN, Manfried (Hg.): Demokratierituale. – Wien 1985.
HAERPFER, Christian (1985b): Austria. – In: CREWE, Ivor / DENVER, David (Hg.): Electoral Change in Western Democracies. – London 1985.
HAERPFER, Christian (1987): Lineare Modellierung von Wähler-Partei-Beziehungen in Österreich. – In: Österreichische Zeitschrift für Politikwissenschaft 16 (1987): S. 259–275.
HAERPFER, Christian (1991): Wahlverhalten. – In: DACHS, Herbert, et al. (Hg.): Handbuch des politischen Systems Österreichs. – Wien 1991.
HANISCH, Ernst (1994): Der lange Schatten des Staates. Österreichische Gesellschaftsgeschichte im 20. Jahrhundert. – Wien 1994.
HOUSKA, Joseph J. (1985): Influencing Mass Political Behavior. Elites and Political Subcultures in the Netherlands and Austria. – Berkeley 1985.
KATZ, Richard S. / MAIR, Peter (Hg.) (1992): Party Organizations. A Data Handbook on Party Organizations in Western Democracies, 1960–90. – London 1992.
KATZ, Richard S. (1990). Party as Linkage: A Vestigial Function. – In: European Journal of Political Research 18 (1990): 143–161.
KATZ, Richard S. / MAIR, Peter / BARDI, Luciano / BILLE, Lars / DESCHOUWER, Kris / FARRELL, David / KOOLE, Ruud / MORLINO, Leonardo / MÜLLER, Wolfgang / PIERRE, Jon / POGUNTKE, Thomas /

SUNDBERG, Jan / SVASAND, Lårs / VAN DE VELDE, Hella / WEBB, Paul / WIDFELDT, Anders (1992): The Membership of Political Parties in European Democracies, 1960–1990. – In: European Journal of Political Research 22 (1992): p. 329–345.
KEY, V. O. (1955): A Theory of Critical Elections. – In: Journal of Politics 17 (1955): p. 3–18.
KIENZL, Heinz (1964): Die Struktur der österreichischen Wählerschaft. – In: BLECHA, Karl / GMOSER, Rupert / KIENZL, Heinz: Der durchleuchtete Wähler. – Wien 1964.
KOFLER, Anton (1985): Parteiengesellschaft im Umbruch. – Wien 1985.
KOFLER, Anton (1988): Produkt Alt – Marketing Neu, in: PELINKA, Anton / PLASSER, Fritz (Hg.): Das österreichische Parteiensystem. – Wien 1988.
KRIECHBAUMER, Robert (1981): Österreichische Innenpolitik 1970–1975 (Sonderband 1 des Österreichischen Jahrbuchs für Politik), Wien 1981.
LEITNER, Lukas/MERTENS, Christian (1995). Die Vorwahlen der Österreichischen Volkspartei zur Nationalratswahl 1994: Analyse und Reformvorschläge. – In: Österreichisches Jahrbuch für Politik 1994, Wien 1995.
LIPSET, Seymour Martin / ROKKAN, Stein (1967): Cleavage Structures, Party Systems, and Voter Alignments: An Introduction, in: LIPSET, Seymour Martin / ROKKAN, Stein (Hg.): Party Systems and Voter Alignments. – New York 1967.
LUTHER, Kurt Richard (1992): Consociationalism, Parties and the Party System. – In: LUTHER, Kurt Richard / MÜLLER, Wolfgang C. (Hg.): Politics in Austria: Still a Case of Consociationalism? – London 1992.
LUTHER, Kurt Richard / MÜLLER, Wolfgang C. (Hg.) (1992): Politics in Austria. Still a Case of Consociationalism? – London 1992.
MANTL, Wolfgang (1988): Reformtendenzen im österreichischen Parteiensystem. – In: Anton PELINKA / PLASSER Fritz (Hg.): Das österreichische Parteiensystem. – Wien 1988.
MAURER, Herbert (1979): Die Nationalratswahl vom 6. Mai 1979 in regionaler Sicht. – In: Österreichische Monatshefte 1979/7–8.
MOCK, Alois (Hg.) (1971): Die Zukunft der Volkspartei. – Wien 1971.
MÜLLER, Wolfgang C. (1988a): Conservatism and the Transformation of the Austrian People's Party. – In: GIRVIN, Brian (Hg.): The Transformation of Contemporary Conservatism. – London 1988.
MÜLLER, Wolfgang C. (1988b): Privatising in a Corporatist Economy: The Politics of Privatisation in Austria. – In: West European Politics 11 (1988), No. 4, 101–116.
MÜLLER, Wolfgang C. (1988c): Patronage im österreichischen Parteiensystem. – In: PELINKA, Anton / PLASSER, Fritz (Hg.): Das österreichische Parteiensystem. – Wien 1988.
MÜLLER, Wolfgang C. (1991): Die Österreichische Volkspartei. – In: DACHS, Herbert et al. (Hg.): Handbuch des politischen Systems Österreichs. – Wien 1991.
MÜLLER, Wolfgang C. (1992a): Austria (1945–1990). – In: KATZ, Richard S. / MAIR, Peter (Hg.): Party Organizations. – London 1992.
MÜLLER, Wolfgang C. (1992b): Politische Konsequenzen von innerparteilichen Vorwahlen: Theoretische Modelle und Überlegungen zur österreichischen Praxis. – In: Heinrich NEISSER / Fritz PLASSER (Hg.): Vorwahlen und Kandidatennominierung im internationalen Vergleich. – Wien 1992.
MÜLLER, Wolfgang C. (1993): After the „Golden Age": Research into Austrian Political Parties since the 1980s. – In: European Journal of Political Research 23 (1993): p. 439-463.
MÜLLER, Wolfgang C. (1994): The Development of Austrian Party Organizations in the Post-War Period. – In: KATZ, Richard S. / MAIR, Peter (Hg.): How Parties Organzie: Change and Adaptation in Party Organizations in Western Democracies. – London 1994.
MÜLLER, Wolfgang C. / PLASSER, Fritz / ULRAM, Peter A. (Hg.) (1995): Wählerverhalten und Parteienwettbewerb. Analysen zur Nationalraswahl 1994. – Wien 1995.
MÜLLER, Wolfgang C. / STEININGER, Barbara (1994a): Party Organisation and Party Competitiveness: the Case of the Austrian People's Party. – In: European Journal of Political Research 26 (1994): 1–29.
MÜLLER, Wolfgang C. / STEININGER, Barbara (1994b): Christian Democracy in Austria: the Austrian People's Party. – In: HANLEY, David (Hg.): Christian Democracy in Europe. – London 1994.
MÜLLER, Wolfgang C. / ULRAM, Peter A.(1995): The Social and Demographic Structure of Austrian Parties 1945–1994, in: Party Politics 1 (1995): 145–160.

NICK, Rainer (1995): Die Wahl vor der Wahl: Kandidatennominierung und Vorwahlen. – In: MÜLLER, Wolfgang C. / PLASSER, Fritz / ULRAM, Peter A. (Hg.) (1995): Wählerverhalten und Parteienwettbewerb. Analysen zur Nationalratswahl 1994. – Wien 1995.
ORF (1970): Wahlanalysen 1970. – Wien 1970.
PELINKA, Anton (1974): Struktur und Funktion der politischen Parteien. – In: FISCHER, Heinz (Hg.): Das politische System Österreichs. – Wien 1974.
PELINKA, Anton (1982): Struktur und Funktion der politischen Parteien. – In: FISCHER, Heinz (Hg.): Das politische System Österreichs. – Wien 1982.
PELINKA, Anton (1983): Die Österreichische Volkspartei. – In: VEEN, Hans-Joachim (Hg.): Christlich-demokratische und konservative Parteien in Westeuropa, 1. – Paderborn 1983.
PELINKA, Anton / PLASSER, Fritz (Hg.) (1989): The Austrian Party System. – Boulder 1989.
PLASSER, Fritz (1987): Parteien unter Streß. Zur Dynamik der Parteiensysteme in Österreich, der Bundesrepublik Deutschland und den Vereinigten Staaten. – Wien 1987.
PLASSER, Fritz (1988): Das österreichische Parteiensystem zwischen Erosion und Innovation. Eine empirische Langzeitanalyse. – In: Anton PELINKA / Fritz PLASSER (Hg.): Das österreichische Parteiensystem. – Wien 1988.
PLASSER, Fritz (1989): The Austrian Party System between Erosion and Innovation: An Empirical Long-term Analysis. – In: PELINKA, Anton / PLASSER, Fritz (Hg.): The Austrian Party System. – Boulder 1989.
PLASSER, Fritz / ULRAM Peter A. (1987): Das Jahr der Wechselwähler. Wahlen und Neustrukturierung des österreichischen Parteiensystems 1986. – In: Österreichisches Jahrbuch für Politik 1986. – Wien 1987.
PLASSER, Fritz / ULRAM Peter A. / SOMMER, Franz (1991): Eine Kanzler- und Protestwahl. Analyse der Nationalratswahl 1990. – In: Österreichisches Jahrbuch für Politik 1990. – Wien 1991.
PLASSER, Fritz / ULRAM, P. A. / GRAUSGRUBER, A. (1987): Vom Ende der Lagerparteien. Perspektivenwechsel in der österreichischen Parteien- und Wahlforschung. – In: Österreichische Zeitschrift für Politikwissenschaft 16 (1987): S. 241-258,
PLASSER, Fritz / ULRAM, Peter A. (1982): Unbehagen im Parteienstaat: Jugend und Politik in Österreich. – Wien 1982.
PLASSER, Fritz / ULRAM, Peter A. (1984): Der langsame Abschied von der Macht: eine demoskopische Zwischenbilanz der Koalition. – In: Österreichische Monatshefte 1984/5.
PLASSER, Fritz / ULRAM, Peter A. (1984): Themenwechsel – Machtwechsel? Konturen einer neuen Mehrheit in Österreich. – In: KOREN, Stephan / PISA, Karl / WALDHEIM, Kurt (Hg.): Politik für die Zukunft. Festschrift für Alois Mock. – Wien 1984.
PLASSER, Fritz / ULRAM, Peter A. (1985): From Stability to Diffusion: Dealignment in the Austrian Party System, paper delivered at the Annual Meeting of the American Political Science Association. – New Orleans 1985.
PLASSER, Fritz / ULRAM, Peter A. (Hg.) (1991): Staatsbürger oder Untertanen? Politische Kultur Deutschlands, Österreichs und der Schweiz, Frankfurt 1991.
PLASSER, Fritz / ULRAM, Peter A. (1992): Überdehnung, Erosion und rechtspopulistische Reaktion. – In: Österreichische Zeitschrift für Politikwissenschaft 2 (1992): 147–167.
PLASSER, Fritz / ULRAM, Peter A. (1994): Radikaler Rechtspopulismus in Österreich. Die FPÖ unter Jörg Haider, Forschungsbericht des Zentrums für angewandte Politikforschung und des Fessel + GfK-Instituts. – Wien 1994.
PLASSER, Fritz / ULRAM, Peter A. / GRAUSGRUBER, Alfred (1992): The Decline of „Lager Mentality" and the New Model of Electoral Competition in Austria. – In: LUTHER, Kurt Richard / MÜLLER, Wolfgang C. (Hg.): Politics in Austria: Still a Case of Consociationalism? – London 1992.
PLASSER, Fritz / ULRAM, Peter A. / NEUWIRTH, Erich / SOMMER, Franz (1994): Analyse der Nationalratswahl 1994, Forschungsbericht des Zentrums für angewandte Politikforschung und des Fessel + GfK-Instituts, Wien 1994.
POWELL, G. Bingham (1970): Social Fragmentation and Political Hostility. An Austrian Case Study. – Stanford 1970.
POWELL, G. Bingham (1972): Incentives Structures and Campaign Participation: Citizenship, Partisanship, Policy, and Patronage in Austria, Paper for the Conference on Political Participation. – Leiden, March 17-22, 1972.

PULZER, Peter (1969): Austria. – In: HENIG, Stanley (Hg.): European Political Parties. – New York 1969.
REICHHOLD, Ludwig (1972): Die Chance der ÖVP. Anatomie und Zukunft einer Partei. – Wien 1972.
REICHHOLD, Ludwig (1975): Geschichte der ÖVP. – Wien 1975.
SCARROW, Susan E. (1994): The ‚Paradox of Enrollment': Assessing the Costs and Benefits of Party Membership. – In: European Journal of Political Research 25 (1994): 41–60.
SICKINGER, Hubert (1995): Partei- und Wahlkampffinanzierung in Österreich. – In: MÜLLER, Wolfgang C. / PLASSER, Fritz / ULRAM, Peter A. (Hg.) (1995): Wählerverhalten und Parteienwettbewerb. Analysen zur Nationalraswahl 1994. – Wien 1995.
SILBERBAUER, Gerhard (1968): Probleme der Parteimitgliedschaft in der ÖVP. – Wien 1968.
STEINER, Kurt (1972): Politics in Austria. – Boston 1972.
STIRNEMANN, Alfred (1969): Interessengegensätze und Gruppenbildungen innerhalb der Österreichischen Volkspartei. Forschungsbericht, Wien, Institut für Höhere Studien.
STIRNEMANN, Alfred (1981): Innerparteiliche Gruppenbildung am Beispiel der ÖVP. – In: Österreichisches Jahrbuch für Politik 1980. – Wien 1981.
TRAAR, Kurt / BIRK, Franz (1987): Der durchleuchtete Wähler – in den achtziger Jahren. – In: Journal für Sozialforschung 2 (1987): S. 3–74.
ULRAM, Peter A. (1985a): Um die Mehrheit der Mehrheit. Die neuen, angestellten Mittelschichten 1975–1984. – In: PLASSER, Fritz / ULRAM, Peter A. / WELAN, Manfried (Hg.): Demokratierituale. Zur politischen Kultur der Informationsgesellschaft. – Wien 1985.
ULRAM, Peter A. (1985b): Umwelt- und Demokratiepolitik in der ÖVP. – In: Schwarz-bunter Vogel: Studien zu Programm, Politik und Struktur der ÖVP. – Wien 1985.
ULRAM, Peter A. (1990): Hegemonie und Erosion. Politische Kultur und politischer Wandel in Österreich. – Wien 1990.
URBAN, Walter / ZEIDNER, Eva (1983): Vom Umfang und Nutzen der Parteimitgliedschaft. – In: GERLICH, Peter / MÜLLER, Wolfgang C. (Hg.): Zwischen Koalition und Konkurrenz. Österreichs Parteien seit 1945. – Wien 1983.
VERBA, Sidney / NIE, Norman H. / KIM, Jae-On (1978): Participation and Political Equality. – Cambridge 1978.
WANDRUSZKA, Adam (1954): Österreichs politische Struktur. Die Entwicklung der Parteien und politischen Bewegungen. – In: BENEDIKT, Heinrich (Hg.): Geschichte der Republik Österreich. – Wien 1954.
WHITELEY, Paul / SEYD, Patrick / RICHARDSON, Jeremy (1994): True Blues. The Politics of Conservative Party Membership. – Oxford.
WILFLINGER, Gerhard (1979): Die Ideologiediskussion in der ÖVP 1970–1978. – In: Österreichisches Jahrbuch für Politik 1978. – Wien 1979.
ZULEHNER, Paul Michael / DENZ, Hermann / BEHAM, Martina / FRIESL, Christian (1991): Vom Untertan zum Freiheitskünstler. – Wien 1991.

Franz Schausberger **Die Eliten der ÖVP seit 1945
Eine historisch-sozialstrukturelle
Untersuchung**

1. Einleitung

Die Frauen und Männer, die im Nationalrat oder in den Landtagen als vom Volk gewählte Mandatare sitzen oder die in Regierungsämter berufen oder gewählt wurden, gehören der „politischen Klasse" ihres Landes an, sie sind Mitglieder der „politischen Elite". Nach einer inzwischen weithin akzeptierten Definition von Otto Stammer sind Eliten, im soziologischen Sinn, frei von jedem Ideologieverdacht, „die mehr oder weniger geschlossenen sozialen und politischen Einflußgruppen, welche sich aus den breiten Schichten der Gesellschaft und ihren größeren und kleineren Gruppen auf dem Wege der Delegation oder der Konkurrenz herauslösen, um in der sozialen oder der politischen Organisation des Systems eine bestimmte Funktion zu übernehmen".[1]

Die Untersuchung wichtiger soziographischer Daten der „politischen Eliten" berührt „eine der Grundfragen politischer Reflexion und Forschung. Welche Personen üben politische Funktionen und hiemit politische Macht aus", fragt Helmut Kramer in einer Untersuchung über die Struktur des Wiener Gemeinderates.[2]

Der vorliegende Beitrag soll vor allem die Sozial- und Altersstruktur der wichtigsten ÖVP-Eliten auf Bundes- und Landesebene seit 1945 aufzeigen. Mit dieser Untersuchung wurde ein Schritt zur Elitenforschung der ÖVP gesetzt, viele weitere Untersuchungen werden notwendig sein, um ein Gesamtbild der politischen Eliten der ÖVP zeichnen zu können.

Leider ist – von wenigen Ausnahmen abgesehen[3] – die politische Elitenforschung in Österreich bisher ziemlich vernachlässigt worden. Die vorliegende Arbeit, die als ein Beginn anzusehen ist, bezieht sich auf die Bundesparteiobmänner und Generalsekretäre der ÖVP, auf die ÖVP-Mitglieder der Bundesregierung und auf die ÖVP-Abgeordneten zum Nationalrat sowie auf die ÖVP-Mitglieder der Landesregierungen und die ÖVP-Landtagsabgeordneten. Die ÖVP-Mitglieder des Bundesrates wurden in die Untersuchung ebensowenig einbezogen wie die Mitglieder der Führungsgremien der Partei auf Bundes- und Landesebene. Die Führungspersönlichkeiten der Bünde bzw. Teilorganisationen wurden nicht ausgewertet, da sie überwiegend unter den

---

1 Otto STAMMER: Das Elitenproblem in der Demokratie. – In: Schmollers Jahrbuch 71. 1951. S. 1.
2 Helmut KRAMER: Die Struktur des Gemeinderates. – In: Peter GERLICH, Helmut KRAMER: Abgeordnete in der Parteiendemokratie. Eine empirische Untersuchung des Wiener Gemeinderates und Landtages. – Wien 1969. S. 45.
3 Vgl. etwa die Untersuchung von Herbert MATIS, Dieter STIEFEL: Der österreichische Abgeordnete. Der österreichische Nationalrat 1919–1979. Versuch einer historischen Kollektivbiographie. – Wien o. J. Vgl. dazu das nach der Fertigstellung dieses Beitrages erschienene Buch von Herbert DACHS, Peter GERLICH, Wolfgang C. MÜLLER (Hg.): Die Politiker. Karrieren und Wirken bedeutender Repräsentanten der Zweiten Republik. – Wien, 1995.

Regierungsmitgliedern oder Abgeordneten aufscheinen. Auch die Spitzenpositionen in den Parlamenten und Fraktionen wurden nicht gesondert ausgewertet. Alle diese Bereiche müssen künftigen Untersuchungen vorbehalten bleiben.

„Elitestudien bearbeiten einen historischen Gegenstand mit soziologischen Methoden und Kategorien", meint Wolfgang Zapf.[4] Wo es daher zum Verständnis notwendig ist, wird auch kurz auf die Ereignisse der sozialen und politischen Geschichte einzugehen sein.

Anhand der Untersuchung von politischen „Funktionseliten" (Mitglieder von Bundes- und Landesregierungen und von Parlament und Landtagen) soll u. a. versucht werden, die Elitentransformation innerhalb der ÖVP seit 1945 aufzuzeigen. Für den Rekrutierungsprozeß der ÖVP-Eliten lassen sich aus der sozialen Herkunft alleine nur ansatzweise Erkenntnisse gewinnen, es fehlt dazu die Untersuchung der innerparteilichen Führungsauswahl, der „Karrierisierung", der vertikalen und horizontalen Ämterkumulierung etc.[5] Schließlich ist die Rekrutierung politischer Eliten als dynamischer Interaktionsprozeß zwischen Individuen und soziopolitischen Kontextbedingungen anzusehen.[6] Diesen Kriterien kann die vorliegende Untersuchung nicht entsprechen.

Bei den einzelnen sozialen Herkunftsgruppen wurde folgende Einteilung vorgenommen:

a) Selbständig Erwerbstätige:
    a.a. Bauern
    a.b. Gewerbetreibende, Unternehmer, Industrielle etc.
    a.c. Vertreter freier Berufe (Ärzte, Rechtsanwälte, Steuerberater, Architekten, Künstler etc.)

b) Unselbständig Erwerbstätige:
    b.a. Arbeiter
    b.b. Privatangestellte
    b.c. Öffentlich Bedienstete (Bundes-, Landes-, Gemeindebeamte, Lehrer etc.)
    b.d. Angestellte von Verbänden (Kammern, ÖGB, Industriellenvereinigung etc.)
    b.e. Angestellte von Partei und Parteiorganisationen (Generalsekretär, Landespartei- und Bezirksparteisekretäre, Angestellte der Teilorganisationen wie Bauernbund- und Wirtschaftsbunddirektoren, Landessekretäre etc.)

c) Hausfrauen

d) Sonstige, vor allem Pensionisten, Studenten etc.

Ausgewertet wurden das berufliche Herkommen aller ÖVP-Abgeordneten einer Legislaturperiode, d. h. auch solcher, die während einer Legislaturperiode ausschieden oder eintraten. Deshalb scheinen oftmals mehr ausgewertete Abgeordnete auf, als der ÖVP jeweils Mandate zustanden. Diese Vorgangsweise wurde gewählt, weil nicht immer innerhalb derselben Berufsgruppe nachbesetzt wurde, also etwa nicht immer ein vorzeitig ausscheidender Bauer wieder durch einen Bauern oder ein öffentlich

---

4 Wolfgang Zapf: Wandlungen der deutschen Elite. – München 1965. S. 11.
5 Vgl. dazu Dietrich Herzog: Politische Führungsgruppen. Probleme und Ergebnisse der modernen Elitenforschung. Darmstadt 1982. S. 94 ff.
6 Vgl. Dietrich Herzog, Politische Karrieren-Selektion und Professionalisierung politischer Führungsgruppen. – Opladen 1975. Ebenso Christian Fenner: Eliten. – In: Axel Görlitz, Rainer Prätorius (Hg.): Handbuch Politikwissenschaft. Grundlagen – Forschungsstand – Perspektiven. – Reinbek bei Hamburg 1987. S. 67–74.

Die Eliten der ÖVP seit 1945

Bediensteter nicht immer durch einen solchen ersetzt wurde. Daß dadurch die (prozentuellen) Ergebnisse etwas verzerrt werden, wird bewußt in Kauf genommen.

Ähnliches gilt natürlich auch für die durchschnittlichen Alterswerte. Hier wurde grundsätzlich das Alter jedes Abgeordneten zu Beginn der Legislaturperiode als Basis genommen, bei später eintretenden Abgeordneten das Alter zum Zeitpunkt des Eintrittes in das Bundes- bzw. Landesparlament.

Aus den Sozialdaten wird sich zeigen, inwieweit sich die ÖVP mit ihrer funktionellen Gliederung in die drei „klassischen" Bünde, die den großen Kammerorganisationen entsprechen (Wirtschaftsbund/Handelskammer, Bauernbund/Landwirtschaftskammer, ÖAAB/Arbeiterkammer) mit ihrem „impliziten Bündeproporz", der starken Veränderung der zahlenmäßigen Bedeutung der einzelnen gesellschaftlichen Gruppen in den letzten Jahrzehnten angepaßt hat, bzw. wie weit sich diese Entwicklung innerhalb der ÖVP nur teilweise oder zeitverzögert vollzogen hat.[7] Es wird daraus hervorgehen, inwieweit die ÖVP im Hinblick auf ihre Eliten noch als eine „soziale Integrationspartei" bezeichnet werden kann.

Die notwendigen Daten, vor allem über die Landtagsabgeordneten, konnten oftmals nur mühsam zusammengetragen werden, da – was einigermaßen überrascht – bei weitem nicht in allen Bundesländern genaue Aufzeichnungen über die Landtagsabgeordneten seit 1945 geführt werden. Tatsächlich war es in einigen Bundesländern nicht möglich, trotz intensiver Bemühungen, für alle Abgeordneten das Geburtsjahr und den Beruf festzustellen. Die Zahl der nicht festzustellenden Daten ist aber zu gering, um das Gesamtergebnis der Untersuchung zu beeinträchtigen.

2. Die Bundes-ÖVP

Die Bundesparteiobmänner, Bundeskanzler bzw. Vizekanzler der ÖVP

Dipl.-Ing. Leopold Figl	Bauernbunddirektor	Bauernbund
Ing. Julius Raab	Unternehmer	Wirtschaftsbund
Dr. Alfons Gorbach	Beamter	ÖAAB
Dr. Josef Klaus	Rechtsanwalt	Wirtschaftsbund
Dr. Hermann Withalm	Rechtsanwalt	Wirtschaftsbund
Dr. Karl Schleinzer	Bauernbunddirektor	Bauernbund
Dr. Josef Taus	Wirtschaftsjurist	ÖAAB
Dr. Alois Mock	Bundesbeamter	ÖAAB
Dipl.-Ing. Josef Riegler	Bauernbunddirektor	Bauernbund
Dr. Erhard Busek	Wirtschaftsjurist	Wirtschaftsbund
Dr. Wolfgang Schüssel	Wirtschaftsbund-GS	Wirtschaftsbund

Von den elf Bundesparteiobmännern der ÖVP kamen fünf aus dem Bereich des Wirtschaftsbundes (zwei Rechtsanwälte, ein Wirtschaftreibender, zwei Wirtschaftsbund-Generalsekretäre), drei aus dem Bauernbund (wobei alle drei früher die Funktion eines Bauernbunddirektors innehatten) und drei aus dem ÖAAB.

---

7 Vgl. Wolfgang C. MÜLLER: Die Österreichische Volkspartei. – In: Herbert DACHS et al. (Hg.), Handbuch des politischen Systems Österreichs. – Wien 1991. S. 228 und S. 234 ff.

Erster Bundesparteiobmann wurde Leopold Figl, in der Ersten Republik Reichsbauernbunddirektor, während der NS-Herrschaft mehrfach im KZ und Widerstandskämpfer, nach Ende des Krieges Gründungsmitglied der ÖVP.[8] 1952 folgte ihm Julius Raab als Bundesparteiobmann, 1953 als Bundeskanzler nach.[9] Raab, Nationalratsabgeordneter und Handelsminister in der Ersten Republik, übte die Funktion des Bundesparteiobmannes bis 1960 aus und war bis 1961 Bundeskanzler. Beide Funktionen übernahm der steirische ÖVP-Landesparteiobmann und 3. Nationalratspräsident Dr. Alfons Gorbach, von Beruf Beamter.[10] Als Bundesparteiobmann mußte er bereits 1963 dem Reformer und früheren Salzburger Landeshauptmann und Finanzminister Dr. Josef Klaus weichen, der ihm 1964 auch als Bundeskanzler nachfolgte.[11] Klaus, der einzige Bundeskanzler einer ÖVP-Alleinregierung, trat 1970 nach der Wahlniederlage der ÖVP zurück, zum Bundesparteiobmann wurde der bisherige Generalsekretär und Vizekanzler Dr. Hermann Withalm gewählt. Er machte jedoch schon ein Jahr später Dr. Karl Schleinzer Platz.[12] Schleinzer war vorher Landesparteiobmann der Kärntner ÖVP und Mitglied der Kärntner Landesregierung, Verteidigungsminister und Landwirtschaftsminister und von Beruf Bauer, Landesbeamter und Geschäftsführer des Kärntner Bauernbundes. Als er 1975 bei einem Verkehrsunfall tödlich verunglückte, vollzog die ÖVP einen Generationenwechsel und wählte den 42jährigen Wirtschaftsjuristen Dr. Josef Taus zum Bundesparteiobmann.[13] Taus war 1966/67 Staatssekretär für die Verstaatlichten Unternehmungen gewesen, wurde Generaldirektor der Girozentrale und Aufsichtsratspräsident der ÖIG. Daneben war er Finanzreferent und stellvertretender Bundesobmann des ÖAAB. Nach der Nationalratswahl 1979 trat er als Bundesparteiobmann der ÖVP zurück und blieb bis 1991 Nationalratsabgeordneter. Zum neuen Bundesparteiobmann wurde Dr. Alois Mock, ÖVP-Klubobmann und ÖAAB-Bundesobmann, gewählt.[14] Mock, bereits unter Bundeskanzler Klaus Unterrichtsminister 1969/70, wurde 1987 nach der Bildung der Großen Koalition Vizekanzler und Außenminister. 1989 trat er als Bundesparteiobmann zurück und legte auch die Funktion des Vizekanzlers zurück, blieb aber weiter Außenminister. Als Vizekanzler und Bundesparteiobmann folgte ihm der bisherige Landwirtschaftsminister Dipl.-Ing. Josef Riegler nach, der vom Landwirtschaftsmi-

---

8 Zu Leopold Figl vgl. etwa Ernst TROST: Figl von Österreich. Wien, München, Zürich 1972. Vgl. ebenso Robert KRIECHBAUMER: Von der Illegalität zur Legalität. Gründungsgeschichte der ÖVP. – Wien 1985.
9 Zu Julius Raab vgl. etwa Alois BRUSATTI, Gottfried HEINDL (Hg.): Julius Raab. Eine Biographie in Einzeldarstellungen. – Linz o. J., ebenso Karl Heinz RITSCHEL: Julius Raab. Der Staatsvertragskanzler. – Salzburg 1975.
10 Zu Alfons Gorbach vgl. etwa Hanna BLEIER-BISSINGER: Bundeskanzler Dr. Alfons Gorbach und seine Zeit. Leben und Sterben der Nachkriegskoalition. – Graz 1988.
11 Vgl. Josef KLAUS: Macht und Ohnmacht in Österreich. Konfrontationen und Versuche. – Wien, München, Zürich 1971.
12 Zu Karl Schleinzer vgl. Herbert BACHER, Peter BOCHSKANL et al. (Hg.): Karl Schleinzer. Der Mann und das Werk. – Wien, Köln, Graz 1983.
13 Vgl. Alexander VODOPIVEC: Taus & Busek. Persönlichkeit, Konzept und Stil des neuen Führungsteams der ÖVP. – Wien, München, Zürich 1975.
14 Zu Alois Mock vgl. etwa Robert KRIECHBAUMER: Prolegomena zu einer politischen Biographie. – In: Erhard BUSEK, Andreas KHOL, Heinrich NEISSER (Hg.): Politik für das dritte Jahrtausend. Festschrift für Alois Mock zum 60. Geburtstag. – Graz 1994. Vgl. ebenso Hubert WACHTER, Alois MOCK: Ein Leben für Österreich. – St. Pölten, Wien 1994.

nisterium ins Ministerium für Föderalismus und Verwaltungsreform wechselte. 1991 legte Riegler seine Partei- und Regierungsfunktionen zurück und wurde vom bisherigen Wissenschaftsminister Dr. Erhard Busek sowohl als Bundesparteiobmann als auch als Vizekanzler beerbt.[15] Nach dem für die ÖVP äußerst enttäuschenden Wahlergebnis der Nationalratswahl 1994 wechselte Busek vom Wissenschafts- ins Unterrichtsministerium. Nach heftigen innerparteilichen Auseinandersetzungen in den ersten Monaten des Jahres 1995 verzichtete Busek schließlich auf eine neuerliche Kandidatur als Bundesparteiobmann. Beim Bundesparteitag am 22. April 1995 wurde Dr. Wolfgang Schüssel zum neuen Bundesparteiobmann gewählt. Busek und Mock schieden in der Folge aus der Bundesregierung, Schüssel übernahm das Außenministerium und wurde Vizekanzler.

Die Generalsekretäre der ÖVP

Dr. Felix Hurdes	Rechtsanwalt	Wirtschaftsbund
Dr. Alfred Maleta	Bundesbeamter	ÖAAB
Dr. Hermann Withalm	Rechtsanwalt	Wirtschaftsbund
Dr. Karl Schleinzer	Bauernbunddirektor	Bauernbund
Dr. Herbert Kohlmaier	Angestellter	ÖAAB
Dr. Erhard Busek	WB-Generalsekretär	Wirtschaftsbund
Dr. Sixtus Lanner	Bauernbunddirektor	Bauernbund
Dr. Michael Graff	Rechtsanwalt	Wirtschaftsbund
Mag. Helmut Kukacka	Angestellter	ÖAAB
Dr. Ferdinand Maier	Geschäftsführer	Wirtschaftsbund
Ingrid Korosec	Angestellte	ÖAAB
Mag. Wilhelm Molterer	Bauernbunddirektor	Bauernbund
Maria Rauch-Kallat	Lehrerin	Frauenbewegung
Othmar Karas	Angestellter	ÖAAB

Von den 14 Generalsekretären der ÖVP kamen fünf aus dem Bereich der Wirtschaft (darunter drei Rechtsanwälte), fünf aus dem ÖAAB und drei aus dem Bauernbund (alle drei hatten vorher die Funktion eines Bauernbunddirektors inne) und eine Generalsekretärin aus der Frauenbewegung.

Der erste Generalsekretär der ÖVP, Dr. Felix Hurdes, kämpfte im Widerstand und war Mitbegründer der Österreichischen Volkspartei. Gleichzeitig mit der Funktion des Generalsekretärs war er auch Unterrichtsminister. Er wurde als Generalsekretär 1951 vom Landesobmann des oberösterreichischen ÖAAB und Nationalratsabgeordneten Dr. Alfred Maleta abgelöst, der diese Funktion bis 1960 innehatte. Neben seiner Funktion als Generalsekretär übte Dr. Maleta mehrere Jahre auch die Funktion des ÖVP-Klubobmannes im Parlament aus. 1960 wurde er zum ÖAAB-Bundesobmann gewählt. Generalsekretär wurde der niederösterreichische Nationalratsabgeordnete Dr. Hermann Withalm, der nach Maleta auch Klubobmann wurde und beide Funktionen bis 1970 ausübte. Nach der Wahlniederlage der ÖVP im Jahr 1970 wurde Withalm zum Bundesparteiobmann gewählt, als Generalsekretär folgte der Kärntner

---

15 Zu Erhard Busek vgl. etwa Elisabeth WELZIG (Hg.): Erhard Busek. Ein Porträt. – Wien – Köln – Weimar 1992.

Bauernbunddirektor und ÖVP-Landesparteiobmann Dr. Karl Schleinzer. Nach dem Rücktritt Withalms als Bundesparteiobmann im Jahr 1971 wurde Schleinzer zum ÖVP-Bundesparteiobmann gewählt. Somit war für Withalm und Schleinzer die Funktion des Generalsekretärs das Sprungbrett an die Spitze der Partei. 1971 bis 1975 übte Dr. Herbert Kohlmaier die Funktion des ÖVP-Generalsekretärs aus, anschließend wurde er – im gleichen Karrieremuster wie Alfred Maleta – zum ÖAAB-Bundesobmann gewählt. Nach dem Unfalltod von Karl Schleinzer 1975 holte sich der neue Parteiobmann Dr. Josef Taus auch einen neuen Generalsekretär, nämlich den Wirtschaftsbund-Generalsekretär Dr. Erhard Busek, der jedoch schon ein Jahr später als Landesparteiobmann die Führung der Wiener ÖVP übernahm. Auf Erhard Busek folgte der Bauernbunddirektor Dr. Sixtus Lanner als Generalsekretär. Ihm folgte 1982 der Rechtsanwalt Dr. Michael Graff (früher Sekretär bei Bundeskanzler Dr. Josef Klaus). Nach seinem Rücktritt im Jahr 1986 wurde der oberösterreichische Landesparteisekretär und Landesrat Mag. Helmut Kukacka zum Generalsekretär berufen, nach der Wahlniederlage der ÖVP 1990 und dem Obmannwechsel wurde der Wiener ÖVP-Landesparteisekretär Dr. Ferdinand Maier gemeinsam mit der Nationalratsabgeordneten Ingrid Korosec zum Generalsekretär berufen. Nachdem Maier 1993 in die Privatwirtschaft wechselte, folgte ihm der Bauernbunddirektor Mag. Wilhelm Molterer als Generalsekretär der ÖVP, der 1994 zum Landwirtschaftsminister berufen wurde. Bis zum 22. April 1995 übte Ingrid Korosec allein die Generalsekretärs-Funktion aus. Der neue Bundesparteiobmann Schüssel berief die bisherige Umweltministerin Maria Rauch-Kallat und den langjährigen Bundesobmann der Jungen ÖVP, Othmar Karas, zu Generalsekretären der ÖVP.

Es läßt sich erkennen, daß es vor allem dem Bauernbund mehrmals gelungen war, mit seinen Bauernbunddirektoren die wichtige Funktion des ÖVP-Generalsekretärs zu besetzen.

Die ÖVP-Mitglieder der Bundesregierungen seit 1945
(Bundeskanzler, Vizekanzler, Minister, Staatssekretäre)

Rudolf Buchinger	1945	Land- und Gastwirt
Dr. Raoul Bumballa	1945	Journalist
Dr. Ernst Hefel	1945	Bibliothekar
Dr. Heinrich Herglotz	1945	Bankdirektor
Dr. Karl Lugmayer	1945	Ministerialbeamter
Dr. Ferdinand Nagl	1945	Staatsanwalt
DI. Vinzenz Schumy	1945	Tierzuchtinspektor
Dr. Josef Sommer	1945	Beamter
Ing. Ernst Winsauer	1945	Landesbeamter
Dr. Eugen Fleischacker	1945–1946	Rechtsanwalt
Dr. Eduard Heinl	1945–1947	Handelskammerdirektor
Lois Weinberger	1945–1947	Gewerkschaftssekretär
Dr. Peter Krauland	1945–1949	Rechtsanwalt
Dr. Felix Hurdes	1945–1952	Rechtsanwalt
Josef Kraus	1945–1952	Bauer
DI. Leopold Figl	1945–1959	Bauernbunddirektor
Ferdinand Graf	1945–1961	Bauernbunddirektor

Die Eliten der ÖVP seit 1945

Dr. Karl Gruber	1945–1953	Diplomat
	1966–1969	
Ing. Julius Raab	1945	Baumeister
	1953–1961	
Erwin Altenburger	1947–1949	Gewerkschaftssekretär
Dr. Ernst Kolb	1948–1954	Univ.-Prof.
Dr. Eugen Margaretha	1949–1952	Syndikus
Josef Böck-Greissau	1952–1953	Industrieller
Franz Thoma	1952–1959	Bauer
Dr. Reinhard Kamitz	1952–1960	Univ.-Prof.
Dr. Fritz Bock	1952–1968	Steuerberater
DDr. Udo Illig	1953–1956	Kammeramtsdirektor
Dr. Heinrich Drimmel	1954–1964	Ministerialrat
Franz Grubhofer	1956–1961	Privatangestellter
Dr. Franz Gschnitzer	1956–1961	Univ.-Prof.
Dr. Hermann Withalm	1956–1959	Rechtsanwalt
	1968–1970	
DI. Eduard Hartmann	1959–1964	Bauernbunddirektor
Dr. Eduard Heilingsetzer	1960–1961	Sektionschef
Dr. Otto Kranzlmayr	1961–1963	Staatsanwalt
Dr. Alfons Gorbach	1961–1964	Beamter
Dr. Ludwig Steiner	1961–1964	Diplomat
Dr. Karl Schleinzer	1961–1970	Bauernbunddirektor
Dr. Josef Klaus	1961–1963	Rechtsanwalt
	1964–1970	
Dr. Franz Korinek	1963–1964	Gen.-Sekr. d. Haka
Dr. Franz Hetzenauer	1963–1968	Staatsanwalt
Dr. Vinzenz Kotzina	1963–1970	Kammeramtsdirektor
Franz Soronics	1963–1970	Landesbeamter
Dr. Carl H. Bobleter	1964–1968	Diplomat
Dr. Wolfgang Schmitz	1964–1968	Handelskammerangest.
Dr. Th. Piffl-Perčević	1964–1969	Landw.kammerangest.
Dr. Georg Prader	1964–1970	Landesbeamter
Dr. Josef Taus	1966–1967	Bankangestellter
Dr. Johann Haider	1966–1968	Stv. Bauernbunddir.
Dr. Lujo Tončić-Sorinj	1966–1968	Gutsbesitzer
Dr. Hans Klecatsky	1966–1970	Univ.-Prof.
Grete Rehor	1966–1970	Angestellte
Dr. Ludwig Weiß	1966–1970	ÖBB-Präsident
Dr. Stephan Koren	1967–1970	Univ.-Prof.
Karl Pisa	1968–1969	Journalist
Johann Bürkle	1968–1970	Landesbeamter
Mag. Roland Minkowitsch	1968–1970	Bauer
Otto Mitterer	1968–1970	Kaufmann
Dr. Alois Mock	1969–1970	Bundesbeamter
	1987–1995	

Dr. Heinrich Neisser	1969–1970 1987–1989	Bundesbeamter
Robert Graf	1987–1989	Kaufmann
Dr. Hans Tuppy	1987–1989	Univ.-Prof.
Dr. Robert Lichal	1987–1990	Landesbeamter
Dr. Marilies Flemming	1987–1991	Angestellte
Dipl.-Ing. Josef Riegler	1987–1991	Bauernbunddirektor
Dr. Johannes Ditz	1987–1988 1991–	Wirtschaftsbund-GS
Dr. Günter Stummvoll	1988–1991	VÖI-Angestellter
Dr. Franz Fischler	1989–1994	Ldw. Kammerdirektor
Dr. Erhard Busek	1989–1995	Jurist
Dr. Wolfgang Schüssel	1989–	Wirtschaftsbund-GS
Mag. Dr. Maria Fekter	1990–1994	Unternehmerin
Dr. Werner Fasslabend	1990–	Verkaufsleiter
Jürgen Weiss	1991–1994	Landesparteisekretär
Dkfm. Ruth Feldgrill-Zankel	1991–1992	Angestellte
Maria Rauch-Kallat	1992–1995	Lehrerin
Dr. Martin Bartenstein	1994–	Unternehmer
Mag. Wilhelm Molterer	1994–	ÖVP-Generalsekretär
Dr. Sonja Moser	1994–	Lehrerin
Mag. Gerhard Schäffer	1994–	Gymnasialprofessor
Elisabeth Gehrer	1995–	Lehrerin
Dr. Benita Ferrero-Wallner	1995–	Diplomatin

Ein wesentlich anderes Bild als bei den Nationalratsabgeordneten ergibt sich, wenn man die Anteile der einzelnen Berufsgruppen unter den bisher 80 ÖVP-Mitgliedern der verschiedenen Bundesregierungen seit 1945 betrachtet. Hier dominiert mit 32 (40,0 Prozent) eindeutig die Gruppe der öffentlich Bediensteten (von diesen kommen wiederum neun aus den verschiedenen Lehrberufen). Die zweitstärkste Gruppe sind die hauptamtlichen Mitarbeiter aus den Interessenvertretungen und aus den Parteiorganisationen. Auffallend dabei ist die hohe Anzahl von Angestellten der Handelskammerorganisationen und die große Zahl von Bauernbunddirektoren, die ein Regierungsamt innehatten. Sehr gering dagegen ist die Zahl der Parteiangestellten. Hier zeigt sich eine sehr starke Machtkonzentration bei den bündischen Geschäftsführern gegenüber dem eigentlichen Parteiapparat. Sowohl die hauptamtlichen Mitarbeiter der Interessenvertretungen als auch der Parteiorganisationen stellten bisher jeweils elf (14,1 Prozent) der 78 Regierungsmitglieder der ÖVP. Aus dem Bereich der Privatangestellten kamen neun (11,5 Prozent), aus den freien Berufen sechs (7,7 Prozent, vor allem Rechtsanwälte). Die Gewerbetreibenden stellten aus ihrer Mitte nur sechs (7,7 Prozent), die Bauern gar nur vier (5,1 Prozent) der Regierungsmitglieder. Es läßt sich also ganz klar erkennen, daß innerhalb der ÖVP die Unternehmer und Bauern sich in den einzelnen Regierungen durch Spitzenangestellte ihrer Interessenvertretungen oder ihrer Bünde vertreten ließen.[16]

---

[16] Für die Beschaffung der Unterlagen über die ÖVP-Nationalratsabgeordneten danke ich Herrn Dr. Helmut WOHNOUT vom ÖVP-Parlamentsklub.

Die Berufszugehörigkeit der ÖVP-Abgeordneten im Nationalrat

Berufsgruppe	Legislaturperiode		
	1945–1949	1949–1953	1953–1956
Landwirte	30 (34,1)	21 (25,9)	22 (26,5)
Arbeiter	1 (1,1)	1 (1,2)	1 (1,2)
Gewerbetreibende	18 (20,5)	15 (18,5)	16 (19,3)
Freie Berufe	7 (8,0)	6 (7,4)	3 (3,6)
Privatangestellte	12 (13,6)	16 (19,8)	13 (15,7)
Öffentlich Bedienstete	15 (17,0)	15 (18,5)	15 (18,1)
Verbände	2 (2,3)	2 (2,5)	6 (7,2)
Partei	3 (3,4)	5 (6,2)	7 (8,4)
Hausfrauen	–	–	–
Sonstige	–	–	–

	1956–1959	1959–1962	1962–1966
Landwirte	20 (22,2)	20 (23,8)	22 (25,6)
Arbeiter	1 (1,1)	1 (1,9)	–
Gewerbetreibende	16 (17,8)	14 (16,7)	17 (19,8)
Freie Berufe	5 (5,6)	5 (6,0)	6 (7,0)
Privatangestellte	10 (11,1)	10 (11,9)	9 (10,5)
Öffentlich Bedienstete	20 (22,2)	19 (22,6)	18 (20,9)
Verbände	10 (11,1)	8 (9,5)	8 (9,3)
Partei	8 (8,9)	7 (8,3)	6 (7,0)
Hausfrauen	–	–	–
Sonstige	–	–	–

	1966–1970	1970–1971	1971–1975
Landwirte	22 (23,2)	18 (22,0)	19 (21,6)
Arbeiter	–	1 (1,2)	1 (1,1)
Gewerbetreibende	20 (21,0)	16 (19,5)	15 (17,0)
Freie Berufe	4 (4,2)	4 (4,9)	5 (5,7)
Privatangestellte	10 (10,5)	8 (9,8)	9 (10,2)
Öffentlich Bedienstete	25 (26,3)	24 (29,3)	25 (28,4)
Verbände	11 (11,6)	8 (9,8)	7 (8,0)
Partei	3 (3,2)	3 (3,7)	6 (6,8)
Hausfrauen	–	–	1 (1,1)
Sonstige			

Berufsgruppe	Legislaturperiode		
	1975–1979	1979–1983	1983–1986
Landwirte	18 (20,9)	19 (21,1)	20 (22,2)
Arbeiter	1 (1,2)	1 (1,1)	–
Gewerbetreibende	14 (16,3)	13 (14,4)	14 (15,6)
Freie Berufe	2 (2,3)	3 (3,3)	3 (3,3)
Privatangestellte	11 (12,8)	14 (15,6)	15 (16,7)
Öffentlich Bedienstete	23 (26,7)	22 (24,4)	22 (24,4)
Verbände	10 (11,6)	9 (10,0)	8 (8,9)
Partei	5 (5,8)	7 (7,8)	6 (6,7)
Hausfrauen	2 (2,3)	2 (2,2)	2 (2,2)
Sonstige	–	–	–
	1986–1990	1990–1994	1994–
Landwirte	18 (20,0)	12 (16,2)	12 (22,2)
Arbeiter	–	–	–
Gewerbetreibende	10 (11,1)	10 (13,5)	6 (11,1)
Freie Berufe	3 (3,3)	4 (5,4)	2 (3,7)
Privatangestellte	18 (20,0)	14 (18,9)	12 (22,2)
Öffentlich Bedienstete	26 (28,9)	20 (27,0)	16 (29,6)
Verbände	8 (8,9)	6 (8,1)	3 (5,6)
Partei	7 (7,8)	6 (8,1)	–
Hausfrauen	–	2 (2,7)	3 (5,6)
Sonstige	–	–	–

Bis zum Jahr 1966 waren die Bauern die stärkste Gruppe unter den ÖVP-Nationalratsabgeordneten. Ihr Anteil betrug bis dahin ca. ein Viertel der ÖVP-Abgeordneten und schrumpfte dann auf etwa ein Fünftel. Diesen Anteil halten sie bis heute. Mitte der sechziger Jahre überholen die öffentlich Bediensteten die Vertreter der Landwirtschaft. Ihr Anteil stieg im Zeitraum von 1945–1956 von ca. 13 auf rund 22 Prozent, 1966 kamen sie auf über 25 Prozent und wurden damit stärkste Gruppe unter den ÖVP-Abgeordneten. Sie stiegen bis zur letzten Wahl auf knapp unter 30 Prozent an und behaupten daher seit Mitte der sechziger Jahre ihre dominierende Position. Der Anteil der Privatangestellten unter den ÖVP-Nationalratsabgeordneten lag im ersten Jahrzehnt der Zweiten Republik um 15 Prozent, sank bis zur Mitte der siebziger Jahre auf rund 10 Prozent und stieg seither kontinuierlich auf über 20 Prozent. Die Privatangestellten wurden damit zur zweitstärksten Gruppe. Die Privatangestellten überholten Mitte der achtziger Jahre die bäuerlichen Abgeordneten. Der Anteil der Wirtschaftstreibenden lag bis 1970 um 20 Prozent, sank bis Mitte der achtziger Jahre auf rund 15 Prozent und liegt seither bei knapp über zehn Prozent.

Eindeutig unterrepräsentiert unter den ÖVP-Abgeordneten sind die Arbeiter, von denen in den 15 Legislaturperioden seit 1945 nur in neun jeweils ein Vertreter zu finden ist. Überhaupt keinen Vertreter unter den ÖVP-Abgeordneten hatten bisher die Pensionisten.

Die Eliten der ÖVP seit 1945

Die Anzahl der Vertreter der Angestellten aus den Interessenvertretungen und aus der Partei hält sich in Grenzen. Es handelt sich dabei vorwiegend um Kammeramtsdirektoren von Handels- und Landwirtschaftskammer, um Generalsekretäre der Bundeswirtschaftskammer, um Generalsekretäre der ÖVP, um Bauernbunddirektoren, Wirtschaftsbundgeneralsekretäre, Generalsekretäre des ÖAAB und vereinzelt Gewerkschaftssekretäre. Jedenfalls fällt auf, daß die Position eines Direktors oder Generalsekretärs der Partei oder einer Teilorganisation sehr häufig verbunden ist mit einem Mandat im Nationalrat. Diese Mandate von hauptamtlichen Mitarbeitern von Interessenorganisationen oder Bünden müssen in der politischen Praxis natürlich den einzelnen Berufsgruppen (Bauern, Gewerbetreibenden etc.) zugerechnet werden.

Altersstruktur der ÖVP-Abgeordneten im Nationalrat

Legislaturperiode	Jüngster Abg.	Ältester Abg.	Durchschnitt
1945–1949	31	74	48,9
1949–1953	30	78	50,3
1953–1956	32	67	50,7
1956–1959	35	70	51,5
1959–1962	37	73	53,3
1962–1966	36	71	50,5
1966–1970	34	68	51,2
1970–1971	36	67	49,5
1971–1975	31	65	48,1
1975–1979	28	63	48,6
1979–1983	32	63	49,9
1983–1986	28	67	50,2
1986–1990	26	70	48,8
1990–1994	30	64	49,0
1994–	25	62	48,5

Aus dieser Aufstellung läßt sich erkennen, daß 1945, Anfang der sechziger Jahre, Anfang der siebziger Jahre und Mitte der neunziger Jahre jeweils eine signifikante Verjüngung der Nationalratsmannschaft vorgenommen wurde. Die ÖVP lag mit Ausnahme von drei Legislaturperioden immer unter dem Altersdurchschnitt des gesamten Nationalrates. 1959, 1966 und 1990 lag die ÖVP über dem Gesamtaltersdurchschnitt.[17]

---

17 Vgl. Biographisches Handbuch der österreichischen Parlamentarier 1918–1993. Wien 1993. S. 684.

3. Die ÖVP in den Bundesländern

3.1 Wien

Innerhalb der ÖVP nimmt die Wiener Landespartei als einzige Landesparteiorganisation, die seit 1945 ununterbrochen in einer Minderheitsposition gegenüber der SPÖ war, naturgemäß eine gesonderte Position ein. Die Tatsache, daß seit 1945 zahlreiche Spitzenpositionen der Bundespartei, der Teilorganisationen und der Großteil der ÖVP-Fraktion der Bundesregierung mit Wienern besetzt wurde, ist nicht auf die Stärke der Wiener Landesorganisation zurückzuführen.

Bis in die sechziger Jahre fiel die Wiener ÖVP bestenfalls durch ihre Verwicklung in Skandale auf (zwei Wiener Parteiobmänner verloren aus diesem Grund ihre Funktion), ab Mitte der siebziger Jahre schlug die Wiener ÖVP unter ihrem Parteiobmann Dr. Erhard Busek einen prononcierten „Grün-Kurs" ein, was zu einer bis 1989 andauernden Strategiediskussion in und mit der Bundespartei führte. Diese Auseinandersetzung wurde nach der Übernahme der Funktion des Bundesparteiobmannes durch Dr. Busek im wesentlichen im umgekehrten Sinne bis heute fortgesetzt.[18]

Der provisorischen Wiener Landesregierung vom 17. April 1945 bis 14. Februar 1946 gehörten Leopold Kunschak als Vizebürgermeister sowie Ludwig Herberth, Anton Rohrhofer und Wilhelm Kerl als Stadträte der ÖVP an. 1946–1949 wurde Lois Weinberger Vizebürgermeister. Er war von 1945 bis 1960 auch Bundesobmann des ÖAAB und von 1945 bis 1950 und 1958 bis 1960 Landesparteiobmann der Wiener ÖVP. Von 1950 bis 1958 war Fritz Polcar Obmann der Wiener ÖVP. Spitzenmandatar der ÖVP in der Wiener Landesregierung wurde Dr. Heinrich Drimmel, der nach der Wahlniederlage 1969 ausschied. Landesparteiobmann war von 1960 bis 1969 Leopold Hartl, dem bis 1976 Dr. Franz Bauer folgte. Nach Dr. Maria Schaumayer übernahm 1976 Dr. Erhard Busek die Spitzenposition der ÖVP in der Wiener Landesregierung, er wurde im gleichen Jahr auch zum Landesparteiobmann gewählt. Nach seinem Ausscheiden im Jahr 1989 folgte ein rascher Wechsel: Dr. Wolfgang Petrik (1990), Dr. Heinrich Wille (1990–1992) und Dr. Bernhard Görg (seit 1992).

Die ÖVP-Mitglieder der Wiener Landesregierung

Dr. Wilhelm Kerl	1945	Univ.-Prof.
Dr. Ludwig Herberth	1945–1946	Großkaufmann
Leopold Kunschak	1945–1946	Redakteur
Dr. Friedrich Renter	1945–1946	Univ.-Prof.
Anton Rohrhofer	1945–1950	Fuhrwerksunternehmer
Karl Flödl	1946–1949	Verlagsdirektor
Dr. Erich Exel	1946–1950	Gebäudeverwalter
Lois Weinberger	1946–1959	Privatangestellter
Dkfm. Richard Nathschläger	1949–1959	Angestellter
Dr. Ernst Robetschek	1950–1953	Steuerberater

---

18 Vgl. Wolfgang C. MÜLLER, Josef MELCHIOR: Parteien und Parteiensystem in Wien. – In: Herbert DACHS et al. (Hg.): Parteien und Wahlen in Österreichs Bundesländern 1945–1991. – Wien – München 1992. S. 594 f.

Die Eliten der ÖVP seit 1945

Franz Bauer	1950–1964	Gastwirt
Karl Lakowitsch	1953–1964	Schuhmachermeister
Anton Schwaiger	1959–1964	Amtsrat
Dr. Hans Wollinger	1964–1965	Kammerangestellter
Dr. Heinrich Drimmel	1964–1969	Ministerialbeamter
DDr. Pius Prutscher	1964–1970	Tischlermeister
Dr. Otto Glück	1965–1973	Arzt
Dr. Maria Schaumayer	1965–1973	Angestellte
Dr. Hannes Krasser	1969–1973	Rechtsanwalt
Otto Pelzelmayer	1970–1973	Wirtschaftsbunddir.
Walter Lehner	1973–1978	Kaufmann
Dr. Günther Goller	1973–1983	Beamter
Wilhelm Neusser	1973–1991	Unternehmer
Dr. Erhard Busek	1976–1989	Wirtschaftsbund-GS
Dr. Gertrud Kubiena	1978–1983	Ärztin
Dr. Jörg Mauthe	1978–1983	Journalist
Anton Fürst	1983–1986	Angestellter
Maria Hampel-Fuchs	1983–	Angestellte
Dr. Manfried Welan	1986–1987	Univ.-Prof.
Walter Nettig	1989–1991	Kaufmann
Dr. Wolfgang Petrik	1990	Lehrer
Dr. Heinrich Wille	1990–1992	Rechtsanwalt
Dr. Bernhard Görg	1992–	Unternehmensberater

Diese Aufstellung zeigt, daß von den 33 ÖVP-Mitgliedern der Wiener Landesregierung seit 1945 nach ihrer Berufsstruktur neun (27,3%) aus dem Bereich der Angestellten kamen. Jeweils acht (24,2%) kamen aus der Gruppe der Gewerbetreibenden und der öffentlich Bediensteten. Fünf (15,2%) waren Freiberufler, zwei (6,1%) kamen aus dem Bereich der Parteiangestellten und einer (3,0%) war Angestellter einer Interessenvertretung.

Die Berufszugehörigkeit der ÖVP-Abgeordneten des Wiener Landtages

Berufsgruppe	Legislaturperioden		
	1945–1949	1949–1954	1954–1959
Landwirte	–	–	–
Arbeiter	–	–	–
Gewerbetreibende	10 (27,8)	9 (25,7)	13 (36,1)
Freie Berufe	3 (8,3)	3 (8,6)	2 (5,6)
Privatangestellte	12 (33,3)	12 (34,3)	7 (19,4)
Öffentlich Bedienstete	10 (27,8)	11 (31,4)	13 (36,1)
Verbände	–	–	1 (2,8)
Partei	–	–	–
Hausfrauen	–	–	–
Sonstige	1 (2,8)	–	–

Berufsgruppe	Legislaturperioden		
	1959–1964	1964–1969	1969–1973
Landwirte	–	–	–
Arbeiter	–	–	–
Gewerbetreibende	10 (31,3)	8 (23,5)	9 (28,1)
Freie Berufe	3 (9,4)	3 (8,8)	3 (9,4)
Privatangestellte	6 (18,8)	5 (14,7)	4 (12,5)
Öffentlich Bedienstete	9 (28,1)	9 (26,5)	9 (28,1)
Verbände	2 (6,3)	2 (5,9)	3 (9,4)
Partei	1 (3,1)	1 (2,9)	1 (3,1)
Hausfrauen	–	–	1 (3,1)
Sonstige	1 (3,1)	6 (17,6)	2 (6,3)
	1973–1978	1978–1983	1983–1987
Landwirte	–	–	–
Arbeiter	–	–	–
Gewerbetreibende	6 (22,2)	6 (19,4)	10 (28,6)
Freie Berufe	3 (11,1)	3 (9,7)	2 (5,7)
Privatangestellte	6 (22,2)	8 (25,8)	7 (20,0)
Öffentlich Bedienstete	8 (29,6)	9 (29,0)	10 (28,6)
Verbände	1 (3,7)	2 (6,5)	2 (5,7)
Partei	–	2 (6,5)	2 (5,7)
Hausfrauen	1 (3,7)	1 (3,2)	1 (2,9)
Sonstige	2 (7,4)	–	1 (2,9)
	1987–1991	1991–	
Landwirte	–	–	
Arbeiter	–	–	
Gewerbetreibende	4 (13,3)	5 (23,8)	
Freie Berufe	3 (10,0)	1 (4,8)	
Privatangestellte	7 (23,3)	5 (23,8)	
Öffentlich Bedienstete	7 (23,3)	7 (33,3)	
Verbände	4 (13,3)	3 (14,3)	
Partei	1 (3,3)	–	
Hausfrauen	1 (3,3)	–	
Sonstige	3 (10,0)	–	

Die meisten der Wiener ÖVP-Landtagsabgeordneten waren öffentlich Bedienstete. Ihr Anteil schwankte zwischen einem Viertel und einem Drittel. Bis Mitte der siebziger Jahre war die Gruppe der Gewerbetreibenden immer ziemlich gleich stark wie die der öffentlich Bediensteten. Erst ab diesem Zeitpunkt lag sie knapp darunter. Die Gruppe der Privatangestellten war bis Mitte der fünfziger Jahre die stärkste, nahm aber dann etwas ab, um schließlich nur unwesentlich kleiner zu sein als die der

Die Eliten der ÖVP seit 1945

öffentlich Bediensteten und der Gewerbetreibenden. Man kann also davon sprechen, daß im Wiener Landtag innerhalb der ÖVP-Fraktion die Gruppen der öffentlich Bediensteten, der Gewerbetreibenden und der Privatangestellten die größten Anteile (in der genannten Reihenfolge) stellten. Die Vertreter der freien Berufe brachten es in den meisten Legislaturperioden auf knapp unter zehn Prozent. Die Vertreter der Verbände und der Partei stellten eher bescheidene Kontingente. Daß die selbständigen Bauern in Wien gar nicht vertreten sind, überrascht nicht, sie ließen sich etwa durch Gärtnereibesitzer u. ä. vertreten. Gerade in Wien aber überrascht es, daß die ÖVP seit 1945 nie einen Arbeiter in den Wiener Landtag entsandte.[19]

Die Altersstruktur der ÖVP-Abgeordneten im Wiener Landtag

Legislaturperiode	Jüngster Abg.	Ältester Abg.	Durchschnitt
1945–1949	31	63	47,2
1949–1954	27	65	48,1
1954–1959	31	61	49,3
1959–1964	33	65	49,2
1964–1969	28	64	47,5
1969–1973	28	60	48,3
1973–1978	30	61	47,0
1978–1983	34	64	47,9
1983–1987	32	64	46,6
1987–1991	27	61	44,6
1991–	30	55	45,5

Das Durchschnittsalter stieg von 47,2 im Jahr 1945 auf über 49 bis Mitte der sechziger Jahre. Dann kam ein Generationensprung, das Durchschnittsalter sank auf 47,5. Die nächste bedeutsame Verjüngung der ÖVP-Fraktion fand Mitte der siebziger Jahre und schließlich 1987 statt. Überraschend ist das generell niedrige Durchschnittsalter der ÖVP-Fraktion im Wiener Landtag, das nie über 50 betrug. Gerade im städtischen Bereich würde bei Minderheitsfraktionen eine Überalterung der politischen Eliten nicht überraschen.

3.2 Burgenland

Im Burgenland stellte die ÖVP bis 1964 den Landeshauptmann. Nachdem die ÖVP 1964 die relative Mehrheit verloren hatte, wurde ein Mandatar der SPÖ zum Landeshauptmann gewählt. Das Burgenland war damit in der Zweiten Republik das erste und lange Zeit einzige Bundesland, in dem das Amt des Landeshauptmannes zu einer anderen Partei wechselte. Erst 1991 folgte in Kärnten ein zweiter „Machtwechsel".[20]

---

19 Für die mühsamen Recherchen über die Wiener ÖVP-Landtagsabgeordneten danke ich Frau Margarete ZEGERER vom ÖVP-Klub der Bundeshauptstadt Wien.
20 Zum folgenden vgl. Gerald SCHLAG et al.: Burgenland. Geschichte, Kultur und Wirtschaft in Biographien. XX. Jahrhundert. – Eisenstadt 1991. Für die mühsame Recherche fehlender Daten bedanke ich mich bei Herrn Johann EISELE von der Landtagskanzlei Burgenland.

Die provisorische Landesregierung vom 1. Oktober 1945 bis 4. Januar 1946 führte ein Sozialist, Ludwig Leser. Als die ÖVP bei den ersten Landtagswahlen die absolute Mehrheit erreichte, wurde das langjährige Mitglied der burgenländischen Landesregierung der Ersten Republik, Dr. Lorenz Karall, Mitinhaber einer Ziegelei, am 4. 1. 1946 zum Landeshauptmann gewählt. Er übte dieses Amt bis zum 22. 6. 1956 aus. Er trat auf Grund innerparteilicher Differenzen und vor allem aus Gesundheitsgründen zurück und übernahm bis 1960 die Funktion des Landtagspräsidenten. Sein Nachfolger wurde der Gastwirt Johann Wagner, ebenfalls bereits in der Ersten Republik Landesrat. Er war Landeshauptmann des Burgenlandes bis zum 8. August 1961. Es folgte ihm der Lehrer Josef Lentsch. Nach 1945 Landesparteisekretär der Burgenländischen ÖVP, seit 1949 – mit einer kurzen Unterbrechung als Landtagspräsident – Landesrat, war Lentsch von 1961 bis 1964 Landeshauptmann. Mitten im Wahlkampf 1964 erkrankte Lentsch schwer, die ÖVP verlor ihre Mehrheit und damit den Landeshauptmann. Neuer Spitzenmann der ÖVP in der Landesregierung als Landeshauptmann-Stellvertreter wurde der bisherige Landesrat und Landwirt Reinhold Polster. Er blieb Landeshauptmann-Stellvertreter bis 1972 und wurde vom Landesbeamten Franz Soronics abgelöst. Dieser war von 1963 bis 1968 als Staatssekretär und von 1968 bis 1970 als Minister für Inneres Mitglied der Bundesregierung. Landeshauptmann-Stellvertreter des Burgenlandes blieb er bis 1978.

Am 26. Juli 1978 übergab er die Funktion des Landeshauptmann-Stellvertreters an den Richter Dr. Franz Sauerzopf. Sauerzopf blieb bis 1982 Landeshauptmann-Stellvertreter, mußte dann wegen angeblicher Verwicklungen in einen Wohnbauskandal zurücktreten, konnte aber 1986 nach seiner völligen Rehabilitierung wieder Landeshauptmann-Stellvertreter werden und übte dieses Amt bis 1993 aus. In der Zwischenzeit, von 1982 bis 1986, war der Landesbeamte Dr. Rudolf Grohotolsky der von der ÖVP nominierte Landeshauptmann-Stellvertreter. Sauerzopf übergab 1993 an den langjährigen Landesparteisekretär und Bauernbunddirektor Ing. Gerhard Jellasitz.

Von den genannten Spitzenpolitikern der ÖVP in der burgenländischen Landesregierung hatten jeweils alle – mit Ausnahme von Johann Wagner und Reinhold Polster – auch die Funktion des Landesparteiobmannes inne. In der Zeit der Landeshauptmänner Wagner und Polster war Josef Lentsch Parteiobmann.

Die Spitzenmandatare der ÖVP in der burgenländischen Landesregierung seit 1945

Dr. Lorenz Karall	1946–1956	Ziegeleibesitzer
Johann Wagner	1956–1961	Gastwirt
Josef Lentsch	1961–1964	Lehrer
Reinhold Polster	1964–1972	Bauer
Franz Soronics	1972–1978	Landesbeamter
Dr. Franz Sauerzopf	1978–1982	Richter
Dr. Rudolf Grohotolsky	1982–1986	Landesbeamter
Dr. Franz Sauerzopf	1986–1993	Richter
Ing. Gerhard Jellasitz	1993–	Bauernbunddirektor

Die Eliten der ÖVP seit 1945

Vier der ÖVP-Spitzenmandatare kamen aus dem Bereich des öffentlichen Dienstes, zwei waren Unternehmer, einer Bauer, und einer kam aus dem Bereich der Parteiorganisation. Bei der Übernahme des Spitzenamtes waren Karall, Lentsch und Soronics 52 Jahre alt, Wagner zählte 59 und Grohotolsky 60 Jahre, Sauerzopf war 46, Jellasitz 44 und Polster 42 Jahre alt.

Die ÖVP-Mitglieder der burgenländischen Landesregierung seit 1945

Anton Frisch	1945–1946	Lehrer
Johann Bauer	1945–1956	Bauer
Dr. Lorenz Karall	1945–1956	Ziegeleibesitzer
Johann Wagner	1945–1961	Gastwirt
Josef Lentsch	1949–1953	Lehrer
	1956–1964	
Reinhold Polster	1956–1972	Bauer
Dr. Rudolf Grohotolsky	1961–1986	Landesbeamter
Hans Tinhof	1964–1971	Lehrer
Franz Soronics	1971–1978	Landesbeamter
Josef Wiesler	1972–1987	Bauer
Dr. Franz Sauerzopf	1978–1982	Richter
	1986–1993	
DI. Johann Karall	1982–1987	Landesbeamter
Paul Rittsteuer	1987–	Angestellter
Eduard Ehrenhöfler	1987–	Tischlermeister
Ing. Gerhard Jellasitz	1993–	Bauernbunddirektor

Von den 15 Regierungsmitgliedern kamen sieben aus dem öffentlichen Dienst (davon drei Lehrer), drei waren Unternehmer und drei Bauern. Ein Regierungsmitglied war Angestellter, und eines kam aus der Parteiorganisation.

Die Berufszugehörigkeit der ÖVP-Abgeordneten des Burgenländischen Landtages

Berufsgruppe	*Legislaturperioden*		
	1945–1949	1949–1953	1953–1956
Landwirte	8 (47,1)	10 (55,6)	9 (56,3)
Arbeiter	2 (11,8)	2 (11,1)	1 (6,3)
Gewerbetreibende	4 (23,5)	4 (22,2)	2 (12,5)
Freie Berufe	–	–	1 (6,3)
Privatangestellte	–	–	–
Öffentlich Bedienstete	3 (17,6)	2 (11,1)	3 (18,8)
Verbände	–	–	–
Partei	–	–	–
Hausfrauen	–	–	–
Sonstige	–	–	–

Berufsgruppe	Legislaturperioden		
	1956–1960	1960–1964	1964–1968
Landwirte	8 (47,1)	10 (47,6)	10 (47,6)
Arbeiter	1 (5,9)	–	
Gewerbetreibende	3 (17,6)	4 (19,0)	3 (14,3)
Freie Berufe	1 (5,9)	–	
Privatangestellte	1 (5,9)	1 (4,8)	2 (9,5)
Öffentlich Bedienstete	3 (17,6)	6 (28,6)	6 (28,6)
Verbände	–	–	– ( )
Partei	–	–	– ( )
Hausfrauen	–	–	– ( )
Sonstige	–	–	– ( )
	1968–1972	1972–1977	1977–1982
Landwirte	9 (42,8)	7 (33,3)	5 (25,0)
Arbeiter	–	–	–
Gewerbetreibende	2 (9,5)	2 (9,5)	1 (5,0)
Freie Berufe		1 (4,8)	1 (5,0)
Privatangestellte	3 (14,3)	1 (4,8)	2 (10,0)
Öffentlich Bedienstete	6 (28,6)	9 (42,9)	9 (45,0)
Verbände	1 (4,8)	–	–
Partei	–	1 (4,8)	1 (5,0)
Hausfrauen	–	–	1 (5,0)
Sonstige	–	–	–
	1982–1987	1987–1991	1991–
Landwirte	3 (15,8)	3 (17,6)	3 (18,8)
Arbeiter	–	–	–
Gewerbetreibende	1 (5,3)	–	1 (6,2)
Freie Berufe	1 (5,3)	1 (5,9)	1 (6,2)
Privatangestellte	4 (21,0)	2 (11,8)	1 (6,2)
Öffentlich Bedienstete	9 (47,4)	8 (47,0)	8 (50,0)
Verbände	–	–	–
Partei	–	2 (11,8)	2 (12,5)
Hausfrauen	1 (5,3)	1 (5,9)	–
Sonstige	–	–	–

Unter den ÖVP-Abgeordneten des Burgenländischen Landtages dominierten bis Anfang der siebziger Jahre eindeutig die Bauern mit über 40 Prozent, z. T. klar über 50 Prozent. 1972 sank ihr Anteil auf ein Drittel, 1977 auf ein Viertel, um sich schließlich ab 1982 auf 16 bis 19 Prozent einzupendeln. 1972 wurden die Bauern klar von den öffentlich Bediensteten überholt, deren Anteil bis 1960 knapp über einem Fünftel, dann bis 1972 bei rund 28 Prozent lag und schließlich 1972 die 40-Prozent-Marke überschritt und 1991 genau 50 Prozent erreichte. Der Anteil der Gewerbetreibenden lag bis Anfang der fünfziger Jahre knapp über 20 Prozent, blieb von Mitte der fünfziger Jahre bis Ende der sechziger Jahre zwischen 12 und 19 Prozent, fiel 1968 unter 10 Prozent und liegt seit 1977 knapp über fünf Prozent. Auffallend ist, daß mit Ausnahme einer Legislaturperiode nie ein Vertreter einer Interessenvertretung für die ÖVP im Burgenländischen Landtag saß, auch die Zahl der hauptberuflichen Vertreter aus der Parteiorganisation war sehr gering. Erst seit 1972 sitzen ein bzw. zwei hauptamtliche Mitarbeiter von Parteiorganisationen im Landtag.

Altersstruktur der ÖVP-Abgeordneten im Burgenländischen Landtag

Legislaturperiode	Jüngster Abg.	Ältester Abg.	Durchschnitt
1945–1949	36	62	49,4
1949–1953	29	61	47,1
1953–1956	29	65	44,9
1956–1960	29	62	44,7
1960–1964	30	63	42,3
1964–1968	34	61	43,5
1968–1972	28	54	43,1
1972–1977	32	54	47,6
1977–1982	37	59	47,2
1982–1987	32	60	44,8
1987–1991	33	60	46,9
1991–	30	56	44,6

Es fällt auf, daß die burgenländischen ÖVP-Fraktionen einen ziemlich niedrigen Altersdurchschnitt aufweisen, der nie über 50 Jahre stieg. Ein „Generationensprung" wurde 1960, 1982 und 1991 vorgenommen.

3.3 Niederösterreich

Die ÖVP in Niederösterreich wurde sehr wesentlich vom starken Bauernbund geprägt. Von den sieben Landeshauptmännern seit 1945 stellte sechs der Bauernbund. Einzig Siegfried Ludwig kam aus dem ÖAAB.[21]

Die niederösterreichischen Landeshauptmänner seit 1945

Dipl.-Ing. Leopold Figl	1945	Bauernbunddirektor
Josef Reither	1945–1949	Bauer
Johann Steinböck	1949–1962	Bauer
Dipl.-Ing. Leopold Figl	1962–1965	Bauernbunddirektor
Dipl.-Ing. Eduard Hartmann	1965–1966	Bauernbunddirektor

---

21 Ein großer Teil der Daten für Niederösterreich stammt vom nö. Landtagsdirektor Dr. KRAUSE und vom ÖVP-Landtagsklub Niederösterreich.

Andreas Maurer	1966–1981	Bauer
Mag. Siegfried Ludwig	1981–1992	Landesbeamter
Dr. Erwin Pröll	1992–	Bauernbundangestellter

Mit Wirkung vom 1. Mai 1945 ernannte die provisorische Staatsregierung Dipl.-Ing. Leopold Figl von der ÖVP zum Landeshauptmann von Niederösterreich. Am 17. Juli 1945 wurde der provisorische Landesausschuß berufen, dem neben dem Landeshauptmann von seiten der ÖVP die Landwirte Johann Steinböck und Elias Wimmer sowie der Baumeister August Kargl, also drei Vertreter der Bauernschaft und ein Vertreter der Wirtschaft, angehörten.[22] Am 15. Oktober kam es zu einer Umbildung der provisorischen Landesregierung: Leopold Figl, der der provisorischen Bundesregierung angehörte, trat als Landeshauptmann zurück. Ihm folgte eine der markantesten Persönlichkeiten der österreichischen Bauernschaft, Josef Reither, der schon in der Ersten Republik Landeshauptmann von Niederösterreich gewesen war (1931/32, 1933–1938). An die Stelle des Bauern Elias Wimmer trat der Bauer Johann Haller (bereits Landesrat von 1933–1938).[23] Als Josef Reither am 2. Mai 1949 zurücktrat, wurde der Bauernbund-Landesrat Johann Steinböck zu seinem Nachfolger gewählt. Landeshauptmann-Stellvertreter war August Kargl (Wirtschaftsbund). Nach dem Tod von Landesrat Johann Haller am 9. Mai 1949 folgte der Bauer Johann Waltner. Nach der Wahl des neuen Landeshauptmannes Steinböck folgte der ÖAAB-Obmann Viktor Müllner in die Landesregierung als Landesrat.[24] Nach der Landtagswahl vom 9. Oktober 1949 blieb die ÖVP-Mannschaft in der niederösterreichischen Landesregierung unverändert, ebenso in der Legislaturperiode 1954–1959. Erst in der Legislaturperiode 1959–1964 ergaben sich beträchtliche Veränderungen. Am 6. Jänner 1960 starb Landeshauptmann-Stellvertreter Ing. August Kargl, ihm folgte Landesrat Viktor Müllner, der aber bereits am 24. Jänner 1963 seine politischen Funktionen zurücklegte. Ihm folgte der Landesinnungsmeister der Schuhmacher, Rudolf Hirsch (Wirtschaftsbund). Für den ÖAAB kam der Lehrer Josef Hilgarth als Landesrat in die Landesregierung. Nach dem Tod von Johann Steinböck am 14. Jänner 1962 wurde Leopold Figl neuerlich Landeshauptmann von Niederösterreich. Für den Bauernbund blieb Johann Waltner bis zum Ende der Legislaturperiode Landesrat.[25] Nach der Landtagswahl 1964 war die ÖVP in der niederösterreichischen Landesregierung durch LH Figl (Bauernbund), LHStv. Hirsch (Wirtschaftsbund) und die Landesräte Roman Resch (ÖAAB) und Andreas Maurer (Bauernbund) vertreten. Nach dem Tod von Leopold Figl am 9. Mai 1965 wurde Landwirtschaftsminister a. D. Dipl.-Ing. Eduard Hartmann[26] (Bauernbund) zum Landeshauptmann gewählt. Hartmann starb überraschend bereits am 14. Oktober 1966. Zu seinem Nachfolger wurde

---

22 Vgl. Hermann RIEPL: Fünfzig Jahre Landtag von Niederösterreich. 2. Der Landtag in der Zweiten Republik 1945 bis 1970. – Wien 1973. S. 3 f.
23 Vgl. Hermann RIEPL: Fünfzig Jahre Landtag. S. 15 f.
24 Vgl. Hermann RIEPL: Fünfzig Jahre Landtag. S. 95 f.
25 Vgl. Hermann RIEPL: Fünfzig Jahre Landtag. S. 277 f.
26 Zu Eduard Hartmann vgl. etwa Therese KRAUS: Eduard Hartmann. Porträt eines großen Österreichers. – St. Pölten 1977.

Die Eliten der ÖVP seit 1945

Landesrat Andreas Maurer[27] (Bauernbund) gewählt. Als Nachfolger von Landesrat Resch, der am 20. Dezember 1967 zurücktrat, zog der Landesbedienstete Siegfried Ludwig (ÖAAB) in die Landesregierung ein. Der Bauer Matthias Bierbaum wiederum folgte LH Maurer als Landesrat.[28]

Nach der Landtagswahl 1969 setzte sich die Regierungsmannschaft der ÖVP aus Landeshauptmann Maurer (Bauernbund), Landeshauptmann-Stellvertreter Siegfried Ludwig (ÖAAB), Landesrat Bierbaum (Bauernbund) und Landesrat Karl Schneider (Wirtschaftsbund) zusammen.[29]

Landeshauptmann Maurer übte seine Funktion fast 15 Jahre aus, am 22. Januar 1981 folgte ihm Siegfried Ludwig (ÖAAB). Erstmals hatte sich ein Kandidat des ÖAAB gegen den Bauernbund durchgesetzt. Anstelle von Matthias Bierbaum war bereits im April 1980 der Bauernbundangestellte Dr. Erwin Pröll als Agrarlandesrat in die niederösterreichische Landesregierung eingezogen, er stieg nach dem Abgang von LH Maurer zum Landeshauptmann-Stellvertreter auf. Den frei gewordenen Regierungssitz übernahm nun ebenfalls ein Bauernbundkandidat, nämlich Franz Blochberger als Landesrat. Wirtschaftsbund-Landesrat Karl Schneider trat am 2. Oktober 1980 zurück und wurde vom Dachdeckermeister Erwin Schauer beerbt, der wiederum das Amt am 15. Mai 1986 an den Kaufmann Dkfm. Vinzenz Höfinger abgab. Am 9. April 1981 zog die frühere Spitzensportlerin Liese Prokop als erste Frau in die Landesregierung ein.[30]

1992 kam es zur großen Wachablöse. Landeshauptmann Ludwig trat zurück, ihm folgte sein bisheriger Stellvertreter Dr. Erwin Pröll. In die Landesregierung zog als Landesrat Mag. Edmund Freibauer ein.

Die ÖVP-Mitglieder der niederösterreichischen Landesregierung seit 1945

Elias Wimmer	1945	Bauer
Johann Haller	1945–1949	Bauer
Josef Reither	1945–1949	Bauer
Ing. August Kargl	1945–1960	Baumeister
Johann Steinböck	1945–1962	Bauer
Ing. Leopold Figl	1945 1962–1965	Bauernbunddirektor
Viktor Müllner	1949–1963	Angestellter
Johann Waltner	1949–1964	Bauer
Rudolf Hirsch	1960–1969	Schuhmachermeister
Josef Hilgarth	1963–1964	Bez.-Schulinspektor
Andreas Maurer	1964–1981	Bauer
Ing. Eduard Hartmann	1965–1966	Bauernbunddirektor
Matthias Bierbaum	1966–1980	Bauer

---

27 Zu Landeshauptmann Maurer vgl. Hans STRÖBITZER: Landeshauptmann Andreas Maurer und seine Zeit. St. Pölten – Wien 1994.
28 Vgl. Hermann RIEPL: Fünfzig Jahre Landtag. S. 360 f.
29 Vgl. Hermann RIEPL: Fünfzig Jahre Landtag. S. 460.
30 Vgl. Heribert HUSINSKY: Auf dem richtigen Weg ins dritte Jahrtausend. 45 Jahre ÖVP-Niederösterreich. – St. Pölten – Wien 1990. S. 181.

Mag. Siegfried Ludwig	1968–1992	Landesbeamter
Karl Schneider	1969–1980	Kaufmann
Erwin Schauer	1980–1986	Dachdeckermeister
Dr. Erwin Pröll	1980–	Bauernbundangestellter
Franz Blochberger	1981–	Bauer
Liese Prokop	1981–	Hausfrau
Dkfm. Vinzenz Höfinger	1986–1993	Kaufmann
Mag. Edmund Freibauer	1992–	AHS-Direktor
Ernest Gabmann	1993–	Geschäftsführer

Unter den 22 ÖVP-Regierungsmitgliedern der niederösterreichischen Landesregierung seit 1945 dominieren eindeutig die Bauern mit acht Vertretern. Dazu kommen noch drei Angestellte des Bauernbundes, die in die Landesregierung entsandt wurden. D. h., daß die Hälfte aller Regierungsmitglieder seit 1945 vom Bauernbund gestellt wurden. Die zweitstärkste Gruppe bildeten die Gewerbetreibenden mit fünf Vertretern. Drei öffentlich Bedienstete, zwei Privatangestellte und eine Hausfrau bilden den Rest.

Die Berufszugehörigkeit der ÖVP-Abgeordneten des Niederösterreichischen Landtages

Berufsgruppe	Legislaturperioden		
	1945–1949	1949–1954	1954–1959
Landwirte	20 (58,8)	18 (56,3)	16 (53,3)
Arbeiter	1 (2,9)	–	1 (3,3)
Gewerbetreibende	6 (17,6)	6 (18,8)	6 (20,0)
Freie Berufe	1 (2,9)	1 (3,1)	1 (3,3)
Privatangestellte	3 (8,8)	3 (9,4)	2 (6,7)
Öffentlich Bedienstete	3 (8,8)	4 (12,5)	5 (12,2)
Verbände	–	– ( )	–
Partei	–	– ( )	–
Hausfrauen	–	– ( )	–
Sonstige	–	– ( )	–
	1959–1964	1964–1969	1969–1974
Landwirte	17 (41,5)	16 (45,7)	14 (42,4)
Arbeiter	3 (7,3)	2 (5,7)	–
Gewerbetreibende	9 (22,0)	7 (20,0)	6 (18,2)
Freie Berufe	–	– ( )	–
Privatangestellte	4 (9,8)	1 (2,9)	1 (3,0)
Öffentlich Bedienstete	5 (12,2)	6 (17,1)	6 (18,2)
Verbände	–	1 (2,9)	3 (9,1)
Partei	1 (2,4)	1 (2,9)	2 (6,1)
Hausfrauen	1 (2,4)	–	1 (3,0)
Sonstige	1 (2,4)	1 (2,9)	–

Berufsgruppe	Legislaturperioden		
	1974–1979	1979–1983	1983–1988
Landwirte	11 (34,4)	12 (35,5)	14 (40,0)
Arbeiter	1 (3,1)	1 (2,9)	1 (2,9)
Gewerbetreibende	6 (18,8)	6 (17,7)	5 (14,3)
Freie Berufe	–	–	–
Privatangestellte	5 (15,6)	4 (11,8)	2 (5,7)
Öffentlich Bedienst.	6 (18,8)	8 (23,5)	11 (31,4)
Verbände	–	–	1 (2,9)
Partei	2 (6,3)	2 (5,9)	1 (2,9)
Hausfrauen	1 (3,1)	1 (2,9)	–
Sonstige	–	–	–
	1988–1993	1993–	
Landwirte	10 (34,5)	9 (34,6)	
Arbeiter	1 (3,5)	–	
Gewerbetreibende	4 (13,8)	3 (11,5)	
Freie Berufe	–	1 (3,8)	
Privatangestellte	2 (6,9)	4 (15,4)	
Öffentlich Bedienst.	11 (37,9)	7 (26,9)	
Verbände	–	– ( )	
Partei	1 (3,5)	2 (7,7)	
Hausfrauen	–	– ( )	
Sonstige	–	– ( )	

Aus dieser Aufstellung ergibt sich klar die Dominanz des Bauernbundes innerhalb der ÖVP im Niederösterreichischen Landtag bis in die Gegenwart. Ebenso deutlich aber ist auch der Rückgang des Anteiles der Bauernbundabgeordneten von mehr als der Hälfte nach dem Krieg bis Ende der fünfziger Jahre auf etwas mehr als 40 Prozent bis Mitte der siebziger Jahre und schließlich auf rund ein Drittel Mitte der achtziger Jahre. Daneben darf nicht übersehen werden, daß der Bauernbund mit Ausnahme der etwas mehr als zehnjährigen Amtsperiode von Siegfried Ludwig immer den Landeshauptmann stellte, dazu jeweils noch einen Bauernbund-Landesrat, und daß von den sechs Landtagspräsidenten auch vier dem Bauernbund angehörten.

Die Zahl der Vertreter aus der Wirtschaft blieb seit 1945 immer konstant zwischen 15 und 20 Prozent. Völlig unterrepräsentiert sind auch in der ÖVP-Niederösterreich die Vertreter der freien Berufe.

Während die Zahl der Privatangestellten unter den ÖVP-Abgeordneten nur leicht zunahm, stieg der Anteil der öffentlich Bediensteten signifikant an und lag in der Legislaturperiode 1988–1993 mit rund 38 Prozent bereits über dem Anteil der Bauern. Unter den öffentlich Bediensteten dominierten klar die Lehrberufe: von den 64 öffentlich Bediensteten seit 1945 waren 36 (= 56,3%) Lehrer.

Aus den Kammern waren zeitweise ein bis maximal drei Vertreter im Landtag, wobei Angestellte der Handelskammer den größten Anteil stellten. Bei den Parteiangestellten handelte es sich entweder um den Landesparteisekretär oder den Bauernbunddirektor.

Im Jahr 1959 zog die erste Frau von seiten der ÖVP in den Niederösterreichischen Landtag ein. Bis 1993 waren es insgesamt sechs, davon zwei aus dem Bauernbund, zwei Hausfrauen, eine Angestellte und eine Fremdenführerin. Ihr Anteil unter den 335 ÖVP-Abgeordneten im Niederösterreichischen Landtag von 1945 bis 1993 beträgt daher 1,8 Prozent.

Die Altersstruktur der ÖVP-Abgeordneten im Niederösterreichischen Landtag

Legislaturperiode	Jüngster Abg.	Ältester Abg.	Durchschnitt
1945–1949	36	65	51,6
1949–1954	32	69	51,6
1954–1959	34	64	52,3
1959–1964	37	70	53,7
1964–1969	36	61	47,4
1969–1974	27	61	45,4
1974–1979	32	60	46,6
1979–1983	33	65	48,6
1983–1988	32	60	48,1
1988–1993	37	65	50,2
1993–	32	58	46,6

Das Durchschnittsalter der niederösterreichischen ÖVP-Landtagsabgeordneten lag von 1945 bis Mitte der sechziger Jahre deutlich über 50 und damit im Vergleich zu anderen Bundesländern ziemlich hoch. Ein Generationensprung wurde 1969 vollzogen, der Altersdurchschnitt sank auf knapp über 45 Jahre. Er stieg bis 1993 konsequent an, erst 1993 fand wieder eine beträchtliche Verjüngung der ÖVP-Landtagsfraktion statt.

3.4 Steiermark

Die steirische ÖVP weist in bezug auf ihre Spitzenpersönlichkeiten in der Landesregierung eine hohe Kontinuität auf. Seit 1945 ist erst der vierte Landeshauptmann im Amt.[31]

Die steirischen Landeshauptmänner seit 1945

Anton Pirchegger	1945–1948	Bauer
Josef Krainer	1948–1971	Bauer
Dr. Friedrich Niederl	1971–1980	Landesbeamter
Dr. Josef Krainer	1980–	Bauernbunddirektor

---

31 Die Daten für die Steiermark stammen vom Leiter der Steiermärkischen Landtagspräsidialkanzlei Dr. Heinz ANDERWALD und von Dr. Hellmut STRAKA vom Landtagsklub der Steirischen Volkspartei.

Die Eliten der ÖVP seit 1945

In der Steiermark wurde nach dem Zusammenbruch der NS-Herrschaft die provisorische Landesregierung unter der Führung des sozialistischen Politikers Reinhard Machold gebildet. Der Provisorischen Landesregierung gehörten seitens der ÖVP die Landesräte Dr. Alois Dienstleder, Josef Schneeberger und Anton Pirchegger an. Nachdem die ÖVP bei der ersten Landtagswahl im November 1945 die absolute Mehrheit errungen hatte, wurde der Bauer Anton Pirchegger, Landesobmann des Steirischen Bauernbundes, zum Landeshauptmann gewählt. Pirchegger, bei seinem Amtsantritt bereits 60 Jahre alt, hatte von 1920 bis 1931 die Christlichsozialen der Steiermark im Nationalrat vertreten.

Der neuen Landesregierung gehörte bereits der Bauer Josef Krainer als Landesrat an. Pirchegger hatte nicht die Funktion des ÖVP-Landesparteiobmannes inne, sondern der frühere steirische Landeshauptmann (1933–1935) und Universitätsprofessor Dr. Alois Dienstleder, der jedoch schon am 31. Januar 1946 starb. Nach ihm übernahm Dr. Alfons Gorbach die Führung der steirischen Landespartei.

Am 6. Juli 1948 trat Anton Pirchegger als Landeshauptmann zurück, ihm folgte der 45jährige Landwirt Josef Krainer sen.[32] Er übernahm 1965 auch die Funktion des ÖVP-Landesparteiobmannes. Krainer übte das Amt des Landeshauptmannes bis zu seinem Tod im Jahr 1971, also 23 Jahre lang, aus. Seine Nachfolge als Landeshauptmann trat der Landesbeamte Dr. Friedrich Niederl an und übernahm kurze Zeit darauf auch die Führung der Steirischen ÖVP.

Nach dem Rücktritt Niederls im Jahr 1980 folgte der Sohn des legendären Landeshauptmannes Krainer, Dr. Josef Krainer, Direktor des steirischen Bauernbundes, der bereits seit 1971 der steirischen Landesregierung als Landesrat angehört hatte, sowohl in der Funktion des Landeshauptmannes als auch jener des Landesparteiobmannes.

Die Mitglieder der ÖVP in der steirischen Landesregierung seit 1945

Dr. Alois Dienstleder	1945	Univ.-Prof.
Josef Schneeberger	1945	
Josef Hollersbacher	1945–1948	Bauer
Anton Pirchegger	1945–1948	Bauer
DDDr. Udo Illig	1945–1953	Handeskammerangestellter
Dr. Ing. Tobias Udier	1945–1963	Angestellter
Josef Krainer	1945–1971	Bauer
Franz Thoma	1948–1949	Bauer
Ferdinand Prirsch	1948–1965	Bauer
Karl Brunner	1953–1961	Kaufmann
Dr. Hanns Koren	1957–1970	Univ.-Prof.
Franz Wegart	1961–1985	Beamter
Anton Pelzmann	1963–1980	Unternehmer
Dr. Friedrich Niederl	1965–1980	Landesbeamter
Kurt Jungwirth	1970–1991	Professor
Dr. Josef Krainer	1971–	Bauernbunddirektor

---

32 Zu Josef Krainer sen. vgl. etwa Johannes KUNZ (Hg.): Josef Krainer. Ansichten des steirischen Landesvaters. – Wien 1993.

DI. Hans-Georg Fuchs	1980–1983	Industrieller
Simon Koiner	1980–1983	Bauer
DI. Josef Riegler	1983–1987	Bauernbunddirektor
Dr. Helmut Heidinger	1983–1988	Präs. d. Sparkassen
DI. Franz Hasiba	1985–1993	Landesbeamter
Waltraud Klasnic	1988–1993	Unternehmerin
Erich Pöltl	1991–	Bauer
Dr. Gerhard Hirschmann	1993–	Landesparteisekretär

Unter den Regierungsmitgliedern rangieren die Landwirte mit sieben Vertretern an erster Stelle. Sechs Regierungsmitglieder kamen aus dem Bereich der öffentlich Bediensteten. Die Unternehmerseite stellte vier Regierungsmitglieder, drei kamen aus dem Bereich der hauptamtlichen Parteimitarbeiter, davon zwei Bauernbunddirektoren, ein Regierungsmitglied war Angestellter der Hochofenbetriebe in Eisenerz.

Die Berufszugehörigkeit der ÖVP-Abgeordneten des Steirischen Landtages

Berufsgruppe	Legislaturperioden		
	1945–1949	1949–1953	1953–1957
Landwirte	14 (50,0)	14 (58,3)	8 (36,4)
Arbeiter	–	–	–
Gewerbetreibende	6 (21,4)	2 (8,3)	4 (18,2)
Freie Berufe	1 (3,6)	1 (4,2)	2 (9,1)
Privatangestellte	1 (3,6)	2 (8,3)	3 (13,6)
Öffentlich Bedienstete	6 (21,4)	4 (16,7)	3 (13,6)
Verbände	–	–	1 (4,5)
Partei	–	1 (4,2)	1 (4,5)
Hausfrauen	–	–	–
Sonstige	–	–	–
	1957–1961	1961–1965	1965–1970
Landwirte	10 (41,7)	10 (37,0)	14 (40,0)
Arbeiter	–	– ( )	–
Gewerbetreibende	4 (16,7)	4 (14,8)	5 (14,3)
Freie Berufe	2 (8,3)	2 (7,4)	2 (5,7)
Privatangestellte	3 (12,5)	3 (11,1)	5 (14,3)
Öffentlich Bedienstete	4 (16,7)	7 (25,9)	8 (22,9)
Verbände	–	– ( )	1 (2,9)
Partei	1 (4,2)	–	– ( )
Hausfrauen	–	– ( )	–
Sonstige	–	1 (3,7)	– ( )

Die Eliten der ÖVP seit 1945

Berufsgruppe	Legislaturperioden		
	1970–1974	1974–1978	1978–1981
Landwirte	13 (40,6)	11 (34,4)	12 (38,7)
Arbeiter	–	–	–
Gewerbetreibende	4 (12,5)	4 (12,5)	3 (9,7)
Freie Berufe	1 (3,1)	2 (6,3)	2 (6,5)
Privatangestellte	5 (15,6)	4 (12,5)	6 (19,4)
Öffentlich Bedienstete	6 (18,8)	8 (25,0)	6 (19,4)
Verbände	1 (3,1)	1 (3,1)	1 (3,2)
Partei	1 (3,1)	2 (6,3)	1 (3,2)
Hausfrauen	–	–	–
Sonstige	1 (3,1)	–	–
	1981–1986	1986–1991	1991–
Landwirte	8 (22,9)	8 (21,1)	5 (17,9)
Arbeiter	–	–	–
Gewerbetreibende	5 (14,3)	7 (18,4)	5 (17,9)
Freie Berufe	1 (2,9)	2 (5,3)	2 (7,1)
Privatangestellte	9 (25,7)	7 (18,4)	5 (17,9)
Öffentlich Bedienstete	7 (20,0)	8 (21,1)	7 (25,0)
Verbände	1 (2,9)	1 (2,6)	–
Partei	2 (5,7)	3 (7,9)	3 (10,7)
Hausfrauen	1 (2,9)	1 (2,6)	–
Sonstige	1 (2,9)	1 (2,6)	1 (3,6)

Bis 1981 stellten die Bauern die eindeutig stärkste Gruppe unter den ÖVP-Abgeordneten im Steirischen Landtag. Ihr Anteil lag in den beiden ersten Legislaturperioden über 50 Prozent, pendelte sich bis 1981 bei rund 40 Prozent ein, um dann auf rund 20 Prozent zu sinken.

Gewerbetreibende und öffentlich Bedienstete wechselten sich in der Rolle der zweitstärksten Gruppe bis 1961 ab, dann blieben die öffentlich Bediensteten stärker vertreten als die Wirtschaftstreibenden. Ab 1965 holten auch die Privatangestellten stark auf und überholten zeitweilig die öffentlich Bediensteten. Seit 1986 herrscht ein ziemlich ausgewogenes Verhältnis zwischen Bauern, Gewerbetreibenden, Privatangestellten und öffentlich Bediensteten. Auffällig ist der hohe Anteil der Lehrberufe (61 Prozent) unter den öffentlich Bediensteten.

Ziemlich schwach vertreten sind Angestellte aus Interessenvertretungen, aus der Partei wurden schon sehr bald die Landesparteisekretäre sowie Bauernbunddirektoren in den Landtag entsandt. Die steirische ÖVP entsandte, trotz starker industrieller Prägung des Landes, keinen einzigen Arbeiter seit 1945 in den Landtag.

Die Altersstruktur der ÖVP-Abgeordneten im Steirischen Landtag

Legislaturperiode	Jüngster Abg.	Ältester Abg.	Durchschnitt
1945–1949	33	58	50,1
1949–1953	29	61	48,6
1953–1957	32	62	47,7
1957–1961	31	67	47,4
1961–1965	28	72	47,1
1965–1970	28	68	46,1
1970–1974	33	64	44,9
1974–1978	32	68	46,6
1978–1981	29	72	50,4
1981–1986	29	75	50,7
1986–1991	26	67	49,2
1991–	31	73	47,7

Die steirischen ÖVP-Landtagsabgeordneten wiesen im Jahr 1945 ein relativ hohes Durchschnittsalter mit knapp über 50 Jahren auf. In den folgenden Legislaturperioden sank das Durchschnittsalter stetig bis auf 44,9 im Jahr 1970. In dieser Legislaturperiode hatte die Landtagsfraktion das niedrigste Durchschnittsalter in der Zweiten Republik mit 44,9 Jahren. Von dort an stieg das Durchschnittsalter wieder kräftig an, ein Generationensprung fand erst wieder 1991 statt, als die Fraktion auf ein Durchschnittsalter von 47,7 Jahren sank.

3.5 Kärnten

Im Bundesland Kärnten war die ÖVP nie stärkste Partei und stellte daher auch mehr als 45 Jahre lang nicht den Landeshauptmann. Erst 1991 wurde der Kandidat der ÖVP, nunmehr nur drittstärkste Partei, auf Grund der besonderen politischen Umstände zum Landeshauptmann von Kärnten gewählt.[33]

Der provisorischen Kärntner Landesregierung gehörte vom 8. Mai 1945 bis 6. Juni 1945 für die ÖVP der frühere Gesandte und bev. Minister, Nationalratsabgeordnete und Staatssekretär Dipl.-Ing. Stephan Tauschitz als Landeshauptmann-Stellvertreter an. Er war in der Ersten Republik Politiker des Landbundes. Ihm folgte Hans Amschl, der dieses Amt bis 26. Juli 1945 ausübte. Ebenfalls als Landeshauptmann-Stellvertreter fungierte der ÖVP-Politiker Hans Ferlitsch bis 6. Juni 1945. Als Landesräte gehörten seitens der ÖVP außerdem Sylvester Leer, Franz Sagaischek, Josef Ritscher, Josef Glantschnig und Hans Grossauer jeweils kurzfristig der provisorischen Landesregierung an.[34]

---

33 Die Daten für Kärnten wurden von Herrn Dr. Viktor PUTZ, Kärntner Landtagsamt, und von Herrn Dr. Werner DROBESCH, Institut für Geschichte an der Universität Klagenfurt, nach teilweise mühsamer Recherche, zur Verfügung gestellt.
34 Vgl. Wolfgang E. OBERLEITNER: Politisches Handbuch Österreichs 1945–1980. – Wien 1981. S. 146.

Nach der Landtagswahl im Dezember 1945 war die ÖVP durch Landeshauptmann-Stellvertreter Hans Ferlitsch (Bauer) sowie durch die Landesräte Franz Sagaischek (Kaufmann) und Dr. Alois Karisch (Landesbeamter) in der Kärntner Landesregierung vertreten. Damit fand jeder der drei ÖVP-Bünde seine Vertretung in der Landesregierung. Der Bauernbund aber hatte ein deutliches Übergewicht. Er stellte nicht nur den ÖVP-Landeshauptmann-Stellvertreter, sondern mit Hermann Gruber auch den ÖVP-Landesparteiobmann (bis 1959). Hermann Gruber war gleichzeitig auch Bauernbundobmann und Präsident der Kärntner Landwirtschaftskammer. Landesrat - Sagaischek war gleichzeitig auch Landesobmann des Wirtschaftsbundes.

Hans Ferlitsch folgte in der Funktion des Landeshauptmann-Stellvertreters am 30. März 1960 der Industrielle und Wirtschaftsbundobmann Ing. Thomas Truppe. Für den Bauernbund kam der Landesbeamte Dipl.-Ing. Karl Schleinzer als Landesrat in die Kärntner Landesregierung. Er hatte 1959 auch die Funktion des ÖVP-Landesparteiobmannes übernommen (bis 1970). Nach seiner Berufung zum Bundesminister für Landesverteidigung folgte ihm am 13. April 1961 der Bauer Herbert Bacher als Landesrat.

Nach dem Ausscheiden von Ing. Thomas Truppe am 30. November 1966 folgte mit dem Geschäftsführer der Kärntner Industriellenvereinigung Dr. Walther Weißmann wieder ein Vertreter des Wirtschaftsbundes als Landeshauptmann-Stellvertreter. Nach ihm aber übernahm wieder der Bauernbund die Spitzenfunktion der ÖVP in der Kärntner Landesregierung: am 15. Dezember 1972 wurde der Bauer Herbert Bacher zum Landeshauptmann-Stellvertreter gewählt. Er hatte 1970 von Karl Schleinzer auch die Funktion des ÖVP-Landesparteiobmannes übernommen. In die Landesregierung folgte ihm als Landesrat der Lehrer Stefan Knafl (ÖAAB), der Bacher am 29. Oktober 1979 schließlich auch als Landeshauptmann-Stellvertreter beerbte. Bacher blieb bis 1. Juli 1983 Agrarlandesrat und wurde von Hans Schumi (Bauer) abgelöst. Stefan Knafl, der 1978 zum ÖVP-Landesparteiobmann gewählt worden war, blieb bis zum 4. Juli 1986 Landeshauptmann-Stellvertreter, ihm folgte der Handelskammer-Angestellte Dkfm. Harald Scheucher. Von Seiten des Bauernbundes folgte auf Hans Schumi am 1. Juli 1988 der Bauer Johann Ramsbacher (bis 25. 6. 1991) als Landesrat.

Harald Scheucher wurde am 30. Mai 1989 vom Unternehmer und Nationalratsabgeordneten Dr. Christof Zernatto als ÖVP-Landeshauptmann-Stellvertreter abgelöst. Zernatto wurde schließlich am 25. Juni 1991 zum ersten ÖVP-Landeshauptmann von Kärnten gewählt.

Die Mitglieder der ÖVP in der Kärntner Landesregierung seit 1945

Hans Amschl	1945	
Josef Glantschnigg	1945	Bauer
Hans Grossauer	1945	Landesbeamter
Sylvester Leer	1945	Angestellter
Josef Ritscher	1945	Bauer
DI. Stephan Tauschitz	1945	Diplomat
Franz Sagaischek	1945–1953	Kaufmann
Dr. Alois Karisch	1945–1956	Landesbeamter
Hans Ferlitsch	1945–1960	Bauer

Ing. Thomas Truppe	1956–1966	Industrieller
Dr. Karl Schleinzer	1960–1961	Landesbeamter, Bauer
Herbert Bacher	1961–1983	Bauer
Dr. Walther Weißmann	1966–1972	Geschf. der VÖI
Stefan Knafl	1972–1986	Lehrer
Hans Schumi	1983–1988	Bauer
Dkfm. Harald Scheucher	1986–1989	Handelskammerangestellter
Johann Ramsbacher	1988–1991	Bauer
Dr. Christof Zernatto	1989–	Unternehmer
Robert Lutschounig	1994–	Bauer

Von den insgesamt 18 ÖVP-Mitgliedern in der Kärntner Landesregierung seit 1945 konnte der Beruf von einem Regierungsmitglied nicht eruiert werden. Unter den 16 ÖVP-Regierungsmitgliedern dominierten die Bauern mit acht (50 Prozent) eindeutig, vier kamen aus den Bereich der öffentlich Bediensteten, drei aus der Unternehmerschaft, drei waren Angestellte, davon einer der Handelskammer und einer der Industriellenvereinigung.

Die ÖVP-Spitzenfunktionäre in der Kärntner Landesregierung

Stephan Tauschitz	1945	LHStv.	Diplomat
Hans Amschl	1945	LHStv.	
Hans Ferlitsch	1945–1960	LHStv.	Bauer
Thomas Truppe	1960–1966	LHStv.	Industrieller
Walther Weißmann	1966–1972	LHStv.	GF. der VÖI
Herbert Bacher	1972–1979	LHStv.	Bauer
Stefan Knafl	1979–1986	LHStv.	Lehrer
Harald Scheucher	1986–1989	LHStv.	Haka-Angestellter
Christof Zernatto	1989–1991	LHStv.	Unternehmer
Christof Zernatto	1991–	LH	Unternehmer

Bei den jeweils höchsten Landespolitikern der Kärntner ÖVP läßt sich kein klares Übergewicht einer Berufsgruppe erkennen. Es fällt jedoch auf, daß die meisten der Spitzenpolitiker aus den Bereichen der Wirtschaft bzw. der Landwirtschaft kamen. Ing. Thomas Truppe war mit 39 Jahren der jüngste Spitzenpolitiker der Kärntner ÖVP, Dr. Zernatto kam mit 40 Jahren, Dkfm. Scheucher mit 46, Dr. Weißmann mit 48 Jahren, Bacher und Knafl kamen mit 52 Jahren, Ferlitsch mit 55 und Tauschitz mit 56 Jahren in die Spitzenposition der ÖVP in der Kärntner Landesregierung.

Die Berufszugehörigkeit der ÖVP-Abgeordneten des Kärntner Landtages

Berufsgruppe	Legislaturperioden		
	1945–1949	1949–1953	1953–1956
Landwirte	4 (28,6)	3 (25,0)	4 (36,4)
Arbeiter	–	–	–
Gewerbetreibende	2 (14,3)	2 (16,7)	2 (18,2)
Freie Berufe	–	–	–
Privatangestellte	1 (7,1)	1 (8,3)	–
Öffentlich Bedienstete	1 (7,1)	2 (16,7)	2 (18,2)
Verbände	1 (7,1)	1 (8,3)	1 (9,1)
Partei	–	–	–
Hausfrauen	–	–	–
Sonstige	5 (35,7)[35]	3 (25,0)[36]	2 (18,2)[37]

	1956–1960	1960–1965	1965–1970
Landwirte	5 (33,3)	4 (30,8)	4 (30,8)
Arbeiter	–	–	–
Gewerbetreibende	2 (13,3)	1 (7,7)	2 (15,4)
Freie Berufe	1 (6,7)	1 (7,7)	–
Privatangestellte	1 (6,7)	2 (15,4)	1 (7,7)
Öffentlich Bedienstete	6 (40,0)	5 (38,5)	6 (46,1)
Verbände	–	–	–
Partei	–	–	–
Hausfrauen	–	–	–
Sonstige	–	–	–

	1970–1975	1975–1979	1979–1984
Landwirte	5 (35,7)	3 (23,1)	2 (14,3)
Arbeiter	–	–	–
Gewerbetreibende	1 (7,1)	3 (23,1)	2 (14,3)
Freie Berufe	–	–	–
Privatangestellte	1 (7,1)	1 (7,7)	1 (7,1)
Öffentlich Bedienstete	7 (50,0)	5 (38,5)	5 (35,7)
Verbände	–	–	1 (7,1)
Partei	–	1 (7,7)	2 (14,3)
Hausfrauen	–	–	1 (7,1)
Sonstige	–	–	–

---

35 Für die Legislaturperiode 1945–1949 konnte nur für 9 von 14 Abgeordneten der Beruf eruiert werden. Fünf Abgeordnete wurden daher unter der Rubrik „Sonstige" angeführt.

36 Für die Legislaturperiode 1949–1953 konnte bei drei von 12 Abgeordneten der Beruf nicht mehr festgestellt werden, sie fallen daher in die Rubrik „Sonstige".

37 Von zwei der elf Abgeordneten der Legislaturperiode 1953–1956 konnte der Beruf nicht mehr ermittelt werden, sie fallen unter die Rubik „Sonstige".

Berufsgruppe	Legislaturperioden		
	1984–1989	1989–1994	1994–
Landwirte	1 (8,3)	–	1 (11,1)
Arbeiter	–	–	–
Gewerbetreibende	2 (16,7)	2 (22,2)	2 (22,2)
Freie Berufe	1 (8,3)	–	1 (11,1)
Privatangestellte	1 (8,3)	2 (22,2)	2 (22,2)
Öffentlich Bedienstete	3 (25,0)	2 (22,2)	1 (11,1)
Verbände	1 (8,3)	1 (11,1)	1 (11,1)
Partei	2 (16,7)	1 (11,1)	1 (11,1)
Hausfrauen	1 (8,3)	1 (11,1)	–
Sonstige	–	–	–

In den Jahren von 1945 bis 1965 dominierten die Bauern eindeutig unter den ÖVP-Landtagsabgeordneten, auch wenn sich in den ersten drei Perioden nicht alle Berufe feststellen ließen. Bis Mitte der achtziger Jahre nahmen die Vertreter der Landwirtschaft den zweiten Platz ein. Seit 1984 wurde die Zahl der Bauern in der Kärntner ÖVP-Landtagsfraktion drastisch reduziert, bestenfalls war ein Bauer vertreten. Die Vertreter der Wirtschaft bildeten fast durchgehend die zweitstärkste Gruppe. Seit 1945 war kein einziger Arbeiter von der ÖVP in den Kärntner Landtag entsendet worden. Seit 1989 sind die übrigen Berufsgruppen ziemlich gleich stark vertreten, was auch auf die geringe Zahl von ÖVP-Abgeordneten zurückzuführen ist.

Die Altersstruktur der ÖVP-Abgeordneten im Kärntner Landtag

Legislaturperiode	Jüngster Abg.	Ältester Abg.	Durchschnitt
1945–1949	33	56	44,8
1949–1953	28	59	44,1
1953–1956	32	63	50,1
1956–1960	32	66	49,3
1960–1965	30	69	46,8
1965–1970	32	66	46,8
1970–1975	27	63	48,1
1975–1979	30	57	44,6
1979–1984	34	57	43,9
1984–1989	29	52	44,5
1989–1994	42	57	50,0
1994–	35	54	46,7

Der Altersdurchschnitt der Kärntner ÖVP-Landtagsabgeordneten ist insgesamt recht niedrig. Er lag nach dem Krieg bei etwas über 44 Jahren, stieg 1953 auf rund 50 Jahre an, lag dann bis Mitte der siebziger Jahre bei 47–48 Jahren und machte dann einen starken Sprung auf rund 44 Jahre. Seit Ende der achtziger Jahre ist der Altersdurchschnitt wieder gestiegen.

3.6 Oberösterreich

Die oberösterreichische ÖVP kann, was ihre politische Elite betrifft, auf eine große Kontinuität verweisen. Seit 1945 ist erst der vierte ÖVP-Landeshauptmann im Amt.[38]

Die oberösterreichischen Landeshauptmänner seit 1945

Dr. Heinrich Gleißner	Kammeramtsdirektor	1945–1971
Dr. Erwin Wenzl	Landesparteisekretär	1971–1977
Dr. Josef Ratzenböck	Landesparteisekretär	1977–1995
Dr. Josef Pühringer	Landesbeamter, LPS	1995–

Nach 1945 war es klar, daß der in den Jahren 1934 bis 1938 amtierende Landeshauptmann Dr. Heinrich Gleißner[39] wieder Landeshauptmann werden würde. Gleißner, von Beruf Kammeramtsdirektor der oberösterreichischen Landwirtschaftskammer, war 1934 einige Monate Staatssekretär im Landwirtschaftsministerium gewesen. Am 16. Mai 1945 wurde auf Grund eines Vollzugsbefehles der amerikanischen Besatzungsmacht Hofrat Dr. Adolf Eigl zum Landeshauptmann von Oberösterreich ernannt. Ihm wurden eine Reihe von Persönlichkeiten, vor allem Beamte, als „Regierungsmitglieder" (Beamtenregierung) beigegeben. Zu ihnen zählte bereits auch Dr. Heinrich Gleißner. Diese Beamtenregierung blieb bis 26. Oktober 1945 im Amt. Mit Vollmachtsbefehl vom 26. Oktober 1945 wurde auf Vorschlag von ÖVP, SPÖ und KPÖ eine Landesregierung ernannt, die aus einem Landeshauptmann, drei Landeshauptmann-Stellvertretern und fünf Landesräten bestand. Die ÖVP stellte fünf Regierungsmitglieder. Landeshauptmann wurde Dr. Heinrich Gleißner, sein Landeshauptmann-Stellvertreter von der ÖVP der Beamte Dr. Franz Lorenzoni. Die ÖVP-Landesräte waren der Bauer Johann Blöchl, der Gewerbetreibende (Fleischhauermeister) Dr. Franz Schütz sowie der Lehrer Jakob Mayr. Damit waren alle wichtigen Gruppen der ÖVP in der Landesregierung vertreten.

Nach der ersten Landtagswahl vom 25. November 1945 verblieben die genannten Persönlichkeiten für die ÖVP in der oberösterreichischen Landesregierung, dazu kam noch Felix Kern, Genossenschaftsanwalt, also dem landwirtschaftlichen Verbändewesen zuzurechnen. Er wurde nach dem Tode von Dr. Lorenzoni Landeshauptmann-Stellvertreter. In die Regierung rückte der Rechtsanwalt Dr. Franz Breitwieser nach.

Aufgrund des Ergebnisses der Landtagswahl 1949 verlor die ÖVP zwei Regierungssitze, die Landesräte Dr. Schütz und Mayr schieden aus. Es verblieben Landeshauptmann Gleißner, LHStv. Kern und die Landesräte Blöchl und Breitwieser. Nach dem Tode von LR Breitwieser im Jahr 1954 folgte der Krankenkassendirektor Hermann Kletzmayr.

1955 hatte die ÖVP wieder einen Regierungssitz mehr zu besetzen. LHStv. Kern schied aus, neben LH Gleißner, Johann Blöchl, der nun Landeshauptmann-Stellver-

---

38 Das Datenmaterial für den Abschnitt „Oberösterreich" stammt von der Oberösterreichischen Landtagsdirektion. Schreiben vom 10. März 1994. L-20015/20-XXIV-Ra.
39 Zu Heinrich Gleißner vgl. etwa Harry SLAPNICKA: Heinrich Gleißner. Vom Arbeitersohn zum ersten Mann Oberösterreichs. Reihe Kurzbiographien. Karl von Vogelsang-Institut. – Wien 1987.

treter wurde, und LR Kletzmayr zogen der Beamte Theodor Pritsch und der ÖVP-Landesparteisekretär Dr. Erwin Wenzl in die Landesregierung ein.

Mit der Landtagswahl 1961 schied LR Kletzmayr aus der Landesregierung aus, Gleißner, Blöchl, Pritsch und Wenzl blieben, der Rechtsanwalt Dr. Heinrich Wildfellner kam neu hinzu. Johann Blöchl wurde 1966 durch den Bauern Johann Diwold ersetzt, Theodor Pritsch durch den Landesbeamten Gerhard Possart.

1967, nach der Landtagswahl, die einen Mandatsgleichstand von ÖVP und SPÖ brachte, verblieb die ÖVP-Regierungsmannschaft vorerst unverändert. 1971 kam es schließlich zu einer größeren Rochade. Erwin Wenzl folgte Heinrich Gleißner als Landeshauptmann, den Regierungssitz übernahm Dr. Lelio Spannocchi. Heinrich Wildfellner wurde durch den Gewerbetreibenden Rudolf Trauner ersetzt.

Mit der Landtagswahl 1973 wurde Landesrat Dr. Spannocchi durch den ÖVP-Landesparteisekretär Dr. Josef Ratzenböck ersetzt. 1977 legte schließlich Landeshauptmann Dr. Wenzl überraschend sein Amt zurück, ihm folgte Dr. Josef Ratzenböck als Landeshauptmann. Den frei werdenden Regierungssitz nahm der Landesbeamte Johann Winetzhammer ein. Nach dem Tode des Agrarlandesrates Diwold folgte der Bauer Leopold Hofinger.

Nach der Landtagswahl 1979 blieb die ÖVP-Regierungsmannschaft vorerst unverändert. Im Jahr 1980 trat Landesrat Trauner zurück und wurde durch den Handelskammerbeamten Dr. Albert Leibenfrost ersetzt.

Auch nach der Landtagswahl 1985 vertraten die bisherigen Persönlichkeiten die ÖVP in der oberösterreichischen Landesregierung. 1986 verunglückte Landesrat Winetzhammer tödlich, ihm folgte der ÖVP-Landesparteisekretär Mag. Helmut Kukacka in die Regierung nach. Er schied nach eineinhalb Jahren im Dezember 1987 aus der Landesregierung aus, um die Funktion des ÖVP-Generalsekretärs zu übernehmen. Sein Nachfolger in der Landesregierung wurde der ÖVP-Landesparteisekretär Dr. Josef Pühringer. 1989 schied Landeshauptmann-Stellvertreter Possart aus der Landesregierung aus, es folgte ihm der Amtsführende Präsident des OÖ. Landesschulrates, Dr. Karl Eckmayr. Schließlich wurde 1990 Landesrat Dr. Leibenfrost durch den Unternehmer Dr. Christoph Leitl ersetzt.

Schließlich blieb nach der Landtagswahl 1991 die ÖVP-Regierungsmannschaft mit LH Dr. Ratzenböck, LHStv. Dr. Eckmayr und den Landesräten Hofinger, Dr. Pühringer und Dr. Leitl unverändert. Im März 1995 kam es schließlich zum großen Generationenwechsel. Landesrat Dr. Josef Pühringer wurde zum Landeshauptmann, Landesrat Dr. Christoph Leitl zum Landeshauptmann-Stellvertreter gewählt. Dr. Karl Eckmayr wurde als Landesrat durch den Landesgeschäftsführer der ÖVP, Franz Hiesl, ersetzt.

In der oberösterreichischen ÖVP fallen besonders die guten Karrierechancen der Landesparteisekretäre auf. Dr. Erwin Wenzl, Dr. Josef Ratzenböck und Dr. Josef Pühringer wurden Landeshauptmänner, Dr. Josef Ratzenböck, Mag. Helmut Kukakka, Dr. Josef Pühringer und Franz Hiesl wurden Landesräte. Alle haben praktisch „lupenreine" Parteikarrieren hinter sich, außer vielleicht Dr. Pühringer, der seine eigentliche berufliche Karriere als Landesbeamter gemacht hatte.

Auch bei den Landtagsabgeordneten zeigt sich, daß Angestellte von Kammern und Partei- und Bündeangestellte in der ÖVP-Oberösterreich gute Chancen auf ein Landtagsmandat haben.

Die ÖVP-Mitglieder der oberösterreichischen Landesregierung seit 1945

Dr. Franz Lorenzoni	1945–1948	Beamter
Jakob Mayr	1945–1949	Hauptschuldirektor
Dr. Franz Schütz	1945–1949	Fleischhauermeister
Felix Kern	1945–1955	Genossenschaftsanwalt
Johann Blöchl	1945–1966	Bauer
Dr. Heinrich Gleißner	1945–1971	Bauernbunddirektor
Dr. Franz Breitwieser	1948–1954	Rechtsanwalt
Hermann Kletzmayr	1954–1961	Krankenkassendirektor
Theodor Pritsch	1955–1966	Beamter
Dr. Erwin Wenzl	1955–1977	Landesparteisekretär
Dr. Heinrich Wildfellner	1961–1971	Rechtsanwalt
Johann Diwold	1966–1978	Bauer
Gerhard Possart	1966–1989	Landesbeamter
Dr. Lelio Spannocchi	1971–1973	Landesbeamter
Rudolf Trauner	1971–1980	Verleger
Dr. Josef Ratzenböck	1973–1995	Landesparteisekretär
Johann Winetzhammer	1977–1986	Landesbeamter
Leopold Hofinger	1978–	Bauer
Dr. Albert Leibenfrost	1980–1990	Handelskammerang.
Mag. Helmut Kukacka	1986–1987	Landesparteisekretär
Dr. Josef Pühringer	1987–	Landesbeamter, LPS
Dr. Karl A. Eckmayr	1989–1995	Professor
Dr. Christoph Leitl	1990–	Unternehmer
Dr. Walter Aichinger	1995–	Arzt
Franz Hiesl	1995–	Landesparteisekretär

Unter den 25 ÖVP-Regierungsmitgliedern der oberösterreichischen Landesregierung stellen die öffentlich Bediensteten mit sieben die stärkste Gruppe. Einmalig unter allen Bundesländern aber ist, daß sechs Regierungsmitglieder aus dem Bereich der Parteiangestellten, konkret der Landesparteisekretäre, kamen. Landwirte, Gewerbetreibende und freie Berufe entsandten je drei, die Privatangestellten zwei Regierungsmitglieder. Aus der Handelskammerorganisation kam ein Regierungsmitglied der oberösterreichischen ÖVP.

Die Berufszugehörigkeit der ÖVP-Abgeordneten des Oberösterreichischen Landtages

Berufsgruppe	Legislaturperioden		
	1945–1949	1949–1955	1955–1961
Landwirte	17 (51,5)	12 (44,4)	11 (42,3)
Arbeiter	1 (3,0)	1 (3,7)	2 (7,7)
Gewerbetreibende	5 (15,2)	4 (14,8)	3 (11,5)
Freie Berufe	1 (3,0)	2 (7,4)	2 (7,7)
Privatangestellte	2 (6,1)	1 (3,7)	2 (7,7)
Öffentlich Bedienstete	5 (15,2)	5 (18,5)	5 (19,2)
Verbände	2 (6,1)	2 (7,4)	–
Partei	–	–	–
Hausfrauen	–	–	–
Sonstige	–	–	1 (3,9)
	1961–1967	1967–1973	1973–1979
Landwirte	10 (34,5)	7 (26,9)	9 (29,0)
Arbeiter	2 (6,9)		
Gewerbetreibende	4 (13,8)	3 (11,5)	3 (9,7)
Freie Berufe	1 (3,4)	1 (3,8)	
Privatangestellte	2 (6,9)	4 (15,4)	3 (9,7)
Öffentlich Bedienstete	7 (24,1)	7 (26,9)	10 (32,3)
Verbände	2 (6,9)	2 (7,7)	2 (6,5)
Partei	–	1 (3,8)	4 (12,9)
Hausfrauen	–	–	–
Sonstige	1 (3,4)	1 (3,8)	–
	1979–1985	1985–1991	1991–
Landwirte	9 (30,0)	10 (25,0)	9 (34,6)
Arbeiter	2 (6,7)	2 (5,0)	–
Gewerbetreibende	3 (10,0)	6 (15,0)	5 (19,2)
Freie Berufe	–		1 (3,9)
Privatangestellte	2 (6,7)	5 (12,5)	3 (11,5)
Öffentlich Bedienstete	9 (30,0)	10 (25,0)	5 (19,2)
Verbände	2 (6,7)	2 (5,0)	–
Partei	3 (10,0)	5 (12,5)	3 (11,5)
Hausfrauen	–	–	–
Sonstige	–	–	–

Unter den Landtagsabgeordneten dominieren in der ÖVP-Oberösterreich seit 1945 eindeutig die Bauern. Sie wurden nur einmal von einer anderen Berufsgruppe – nämlich den öffentlich Bediensteten – im Anteil an den ÖVP-Mandaten überholt und mehrfach eingeholt. Mit 51,5 Prozent hatten die Bauern im Jahr 1945 den höchsten Anteil an Mandaten, mit 26,9 Prozent den niedrigsten im Jahr 1967. Der Anteil der

Gewerbetreibenden schwankt zwischen 9,7 und 19,2 Prozent. Der Anteil der öffentlich Bediensteten nahm seit 1945 (15 Prozent) ständig zu, erreichte 1973 mit 32 Prozent die Spitze und sank bis 1991 wieder kontinuierlich auf 19 Prozent ab. Bemerkenswert dabei ist die ständig steigende Abgeordnetenzahl aus dem Bereich der Lehrer. Verhältnismäßig hoch ist seit 1973 der Anteil der Parteiangestellten an den Mandaten.

Altersstruktur der oberösterreichischen Landtagsabgeordneten

Legislaturperiode	Jüngster Abg.	Ältester Abg.	Durchschnitt
1945–1949	34	63	50,8
1949–1955	35	60	50,0
1955–1961	30	62	47,9
1961–1967	33	68	47,5
1967–1973	39	74	48,8
1973–1979	36	62	48,9
1979–1985	30	61	48,1
1985–1991	29	67	49,7
1991–	32	59	44,2

Die Frauen waren unter den ÖVP-Landtagsabgeordneten in Oberösterreich bis 1967 überhaupt nicht vertreten. Von 1967 bis 1985 saß eine ÖVP-Frau im Oberösterreichischen Landtag, zu Ende der Legislaturperiode 1985–1991 waren es bereits vier. Seit 1991 sitzen fünf Frauen der ÖVP im Landtag.

3.7 Salzburg

Am 23. Mai 1945 wurde die provisorische Landesregierung unter Landeshauptmann Dr. Adolf Schemel (der bereits Landesrat von 1932 bis 1934 und Landeshauptmann-Stellvertreter von 1934 bis 1938 war) eingesetzt. Ihr gehörte seitens der ÖVP als Landesrat noch der Bauer Bartholomäus Hasenauer an (er war in der Ersten Republik Nationalratsabgeordneter und Staatssekretär gewesen).[40]

Nach der Landtagswahl am 25. November 1945 wurde Dipl.-Ing. Albert Hochleitner, Beamter im Bundesministerium für Land- und Forstwirtschaft, zum Landeshauptmann gewählt. Landeshauptmann-Stellvertreter wurde Dr. Adolf Schemel, das Agrarressort übernahm Bartholomäus Hasenauer. Bereits 1947 demissionierte (auf Grund eines Kraftaktes von Bundeskanzler Figl) Landeshauptmann Hochleitner, es folgte ihm Josef Rehrl, der Bruder des langjährigen Salzburger Landeshauptmannes der Ersten Republik, Dr. Franz Rehrl. Josef Rehrl übte das Amt des Landeshauptman-

---

40 Vgl. dazu etwa Robert KRIECHBAUMER: Die ÖVP in Salzburg im Jahr 1945. Versuch einer Rekonstruktion. – In: Franz SCHAUSBERGER (Hg.): Im Dienste Salzburgs. Zur Geschichte der Salzburger ÖVP. Salzburg 1985. S. 13–100. Zu Hasenauer vgl. Franz SCHAUSBERGER: Vom Stoffenbauern zum Staatssekretär. Zum politischen Werdegang Bartlmä Hasenauers bis 1938. – In: Salzburg. Geschichte & Politik. Jg. 1993. Nr. 3. S. 127–173.

nes nur bis 1949 aus. Nach der Landtagswahl 1949 wurde der Halleiner Rechtsanwalt Dr. Josef Klaus nach heftigen innerparteilichen Auseinandersetzungen zum neuen Landeshauptmann gewählt.[41]

1961 trat Josef Klaus[42] als Finanzminister in die Bundesregierung ein, sein Nachfolger wurde Dr. Hans Lechner.[43] Er blieb bis 1977, also 16 Jahre lang und war damit der längstdienende Landeshauptmann von Salzburg. 1977 folgte ihm Dr. Wilfried Haslauer[44] nach. Dieser trat nach der Landtagswahl 1989 zurück, zu seinem Nachfolger wurde der langjährige Landeshauptmann-Stellvertreter Dr. Hans Katschthaler[45] gewählt.

Die Salzburger Landeshauptmänner seit 1945

Dr. Adolf Schemel	1945	Landesbeamter
Dipl.-Ing. Albert Hochleitner	1945–1947	Bundesbeamter
Josef Rehrl	1947–1949	Landesbeamter
Dr. Josef Klaus	1949–1961	Rechtsanwalt
Dipl.-Ing. DDr. Hans Lechner	1961–1977	Landesbeamter
Dr. Wilfried Haslauer	1977–1989	Kammeramtsdirektor
Mag. Dr. Hans Katschthaler	1989–	Gymnasialdirektor

Dr. Adolf Schemel war bei seinem Amtsantritt als Landeshauptmann 65 Jahre alt, Dipl.-Ing. Hochleitner und Josef Rehrl waren 52 Jahre alt, Dr. Josef Klaus kam bereits mit 39 Jahren in diese hohe Funktion, Dr. Hans Lechner war 48 Jahre, Dr. Wilfried Haslauer 51 Jahre und Dr. Hans Katschthaler 56 Jahre alt.

Von den Salzburger Landeshauptmännern hatten nur Dr. Josef Klaus (1952–1964), Dr. Wilfried Haslauer (1976–1989) und Dr. Hans Katschthaler (seit 1989) auch die Funktion des Landesparteiobmannes der ÖVP inne. Die übrigen Landesparteiobmänner waren: Hermann Rainer (1945, Direktor der Landwirtschaftskrankenkasse), Bartholomäus Hasenauer (1945–1946, Bauer), Martin Gassner (1946–1947, Bauer), Dipl.-Ing. Richard Hildmann (1948–1949, Landesbeamter), Isidor Griessner (1949–1952, Bauer), Karl Glaser (1964–1976, Postbeamter).

---

41 Vgl. dazu Franz SCHAUSBERGER: Von Hochleitner zu Klaus. Die Salzburger ÖVP von 1945 bis 1949. – In: Franz SCHAUSBERGER (Hg.): Im Dienste Salzburgs. S. 101–184.
42 Zu Josef KLAUS als Landeshauptmann vgl. Wolfgang HUBER (Hg.): Landeshauptmann Klaus und der Wiederaufbau Salzburgs. – Salzburg 1980.
43 Zu Hans LECHNER vgl. Herbert DACHS et al. (Hg.): Die Ära Lechner. Das Land Salzburg in den sechziger und siebziger Jahren. Schriftenreihe des Landespressebüros. Sonderpublikationen Nr. 71. Hg. von Eberhard ZWINK. – Salzburg 1988.
44 Zu Wilfried HASLAUER vgl. etwa Michael SCHMOLKE: Für Wilfried Haslauer – mit Respekt. – In: Michael W. FISCHER: Salzburger Photographien. Stadt und Land nach 1920. – Salzburg 1986.
45 Zu Hans KATSCHTHALER vgl. etwa Herbert DACHS: Hans Katschthaler als Politiker: Staatsmann, Demagoge, Amtsinhaber? – In: Roland FLOIMAIR (Hg.): Von der Monarchie bis zum Anschluß. Ein Lesebuch zur Geschichte Salzburgs. Sonderausgabe. – Salzburg 1993.

Die von der ÖVP gestellten Mitglieder der Salzburger Landesregierung[46]

Dr. Adolf Schemel	1945–1949	Landesbeamter
Dipl.-Ing. Albert Hochleitner	1945–1947	Bundesbeamter
Bartholomäus Hasenauer	1945–1963	Bauer
Josef Rehrl	1947–1949	Landesbeamter
Dr. Josef Klaus	1949–1961	Rechtsanwalt
Hermann Rainer	1954–1959	Direktor
Dr. Hans Lechner	1959–1977	Landesbeamter
Michael Haslinger	1961–1973	Steuerberater
Rupert Wolfgruber	1963–1977	Bauer
Dr. Wilfried Haslauer	1973–1989	Kammeramtsdirektor
Dr. Hans Katschthaler	1974–	Gymnasialdirektor
Dipl.-Ing. Anton Bonimaier	1977–1983	Direktor Ldw. Schule
Dr. Albert Steidl	1977–1979	Steuerberater
Dipl.-Ing. Friedr. Mayr Melnhof	1983–1986	Land- und Forstwirt
Dr. Arno Gasteiger	1984–	Journalist
Ing. Bertl Göttl	1986–1991	Landw. Lehrer
Dr. Gerheid Widrich	1989–1994	Prakt. Ärztin
Rupert Wolfgruber jun.	1991–	Bauer

Sieben (38,9%) der insgesamt 18 ÖVP-Regierungsmitglieder kamen aus dem öffentlichen Dienst (davon drei Lehrer), vier waren Bauern (22,2%), vier kamen aus den freien Berufen (22,2%), und ein Regierungsmitglied kam aus einer Interessenvertretung (Handelskammer).

Die Berufszugehörigkeit der ÖVP-Abgeordneten des Salzburger Landtages

Berufsgruppe	*Legislaturperiode*		
	1945–1949	1949–1954	1954–1959
Landwirte	8 (50,0)	6 (46,2)	5 (25,0)
Arbeiter	2 (12,5)	–	1 (5,0)
Gewerbetreibende	2 (12,5)	1 (7,7)	3 (15,0)
Freie Berufe	1 (6,3)	2 (15,4)	2 (10,0)
Privatangestellte	–	–	1 (5,0)
Öffentlich Bedienstete	2 (12,5)	3 (23,1)	6 (30,0)
Verbände	1 (6,3)	1 (7,7)	2 (10,0)
Partei	–	–	–
Hausfrauen	–	–	–
Sonstige	–	–	–

---

46 Vgl. Roland FLOIMAIR (Hg.): Daten + Fakten. Bundesland Salzburg. Salzburg Informationen Nr. 84. Salzburg 1992. S. 215 ff.

Berufsgruppe	Legislaturperiode		
	1959–1964	1964–1969	1969–1974
Landwirte	4 (28,6)	5 (29,4)	2 (14,3)
Arbeiter	–	–	–
Gewerbetreibende	2 (14,3)	2 (11,8)	2 (14,3)
Freie Berufe	1 (7,1)	–	1 (7,1)
Privatangestellte	2 (14,3)	4 (23,5)	3 (21,4)
Öffentlich Bedienstete	3 (21,4)	5 (29,4)	4 (28,6)
Verbände	2 (14,3)	1 (5,9)	1 (7,1)
Partei	–	–	–
Hausfrauen	–	–	–
Sonstige	–	–	–

	1974–1979	1979–1984	1984–1989
Landwirte	4 (21,0)	2 (11,8)	2 (10,5)
Arbeiter	–	–	–
Gewerbetreibende	2 (10,5)	2 (11,8)	2 (10,5)
Freie Berufe	1 (5,3)	1 (5,9)	1 (5,3)
Privatangestellte	5 (26,3)	3 (17,6)	3 (15,8)
Öffentlich Bedienstete	3 (15,8)	3 (17,6)	5 (26,3)
Verbände	1 (5,3)	2 (11,8)	1 (5,3)
Partei	1 (5,3)	2 (11,8)	3 (15,8)
Hausfrauen	2 (10,5)	2 (11,8)	2 (10,5)
Sonstige	–	–	–

	1989–1994	1994–
Landwirte	3 (15,8)	3 (21,4)
Arbeiter	–	–
Gewerbetreibende	3 (15,8)	2 (14,3)
Freie Berufe	–	–
Privatangestellte	2 (10,5)	4 (28,6)
Öffentlich Bedienstete	5 (26,3)	3 (21,4)
Verbände	1 (5,3)	–
Partei	2 (10,5)	1 (7,1)
Hausfrauen	2 (10,5)	–
Sonstige	1 (5,3)	1 (5,3)

Die Zahl der Landwirte unter den ÖVP-Abgeordneten im Salzburger Landtag war gleich nach dem Krieg ziemlich hoch und lag etwa bei der Hälfte der ÖVP-Abgeordneten. Ihr Anteil sank Mitte der fünfziger Jahre auf etwas mehr als ein Viertel und pendelte sich schließlich auf 10 bis 20 Prozent ein. Zu den Bauernvertretern müssen auch die in den Landtag entsendeten Angestellten der Bezirksbauernkammern, die dem Bauernbund zugehörigen Direktoren von Landwirtschaftsschulen und der

Die Eliten der ÖVP seit 1945 241

Bauernbunddirektor gezählt werden, so daß der Anteil der „bäuerlichen" Vertreter eigentlich wesentlich höher war. Ähnliches gilt für die Vertreter der Wirtschaft, die ihren Anteil immer ziemlich konstant zwischen 10 und 15 Prozent hielten, zu denen aber auch die Vertreter der freien Berufe und der Wirtschaftsbunddirektor bzw. der Kammeramtsdirektor der Handelskammer zählten. Zum Teil stark gewechselt hat der Anteil der öffentlich Bediensteten, überwiegend aber lagen sie zwischen 20 und 30 Prozent. Innerhalb der öffentlich Bediensteten hatten die diversen Lehrberufe einen dominierenden Anteil. Der Anteil der Abgeordneten aus den Interessenvertretungen war eher gering, Parteiangestellte wurden erst seit 1974 in den Landtag entsendet. Es handelte sich dabei um den Landesparteisekretär, den Wirtschaftsbund- und den Bauernbunddirektor sowie die Landessekretärin der Frauenbewegung. Die erste Frau unter den ÖVP-Abgeordneten zog 1959 in den Landtag ein, die größte Zahl von weiblichen Abgeordneten hatte die ÖVP in der Legislaturperiode 1984–1989 mit drei Frauen zu verzeichnen.[47]

Die Altersstruktur der ÖVP-Abgeordneten im Salzburger Landtag

Legislaturperiode	Jüngster Abg.	Ältester Abg.	Durchschnitt
1945–1949	35	57	44,7
1949–1954	28	61	44,2
1954–1959	31	62	44,4
1959–1964	33	62	46,5
1964–1969	36	61	44,8
1969–1974	27	50	44,4
1974–1979	31	55	45,1
1979–1984	29	59	45,8
1984–1989	34	59	45,6
1989–1994	28	57	46,1
1994–	30	60	46,4

Das Durchschnittsalter der ÖVP-Mandatare im Salzburger Landtag seit 1945 ist das niedrigste unter allen Bundesländern. Nur in drei Legislaturperioden stieg der Altersdurchschnitt auf über 46, in drei Legislaturperioden über 45, in fünf Legislaturperioden lag er knapp über 44. Auffallend ist auch, daß es nur sehr geringe Unterschiede im Durchschnittsalter der einzelnen Legislaturperioden gibt. Das bedeutet, daß die ÖVP im Salzburger Landtag seit 1945 sehr kontinuierlich ein niedriges Durchschnittsalter aufweist.

3.8 Tirol

Von der Militärregierung wurde der ÖVP-Politiker Dr. Karl Gruber am 22. Mai 1945 zum provisorischen Landeshauptmann bestellt. Bereits im September 1945 wurde

---

47 Die Daten über die Salzburger ÖVP-Landtagsabgeordneten stammen von Herrn Dr. Karl W. EDTSTADLER und Frau Dr. Andrea DOCK von der Landtagskanzlei Salzburg.

aber Dr. Gruber ins Außenministerium berufen, zuerst als Unterstaatssekretär, dann als Außenminister.[48] Als Landeshauptmann folgte ihm der Tierarzt und Direktor einer landwirtschaftlichen Lehranstalt, Dr. Ing. Alfons Weißgatterer. Als dieser am 31. Jänner 1951 plötzlich und unerwartet starb, folgte ihm der Landwirt Alois Grauß als Landeshauptmann. Nach dessen Tod im Jahr 1957 übernahm Dr. Hans Tschiggfrey, der 1946 zum Leiter des Landwirtschaftsamtes bestellt und 1949 als Finanzreferent in die Landesregierung berufen worden war, das Amt des Landeshauptmannes. 1962 übernahm er auch die Funktion des ÖVP-Landesparteiobmannes. Diese Funktion hatten die Tiroler Landeshauptmänner bis dahin nicht inne. Die Landesparteiobmänner waren Adolf Platzgummer (1945–1946), Otto Steinegger (1946–1950), Dr. Alois Lugger (1950–1954) und Dr. Aloys Oberhammer (1954–1962).

Völlig unerwartet starb Dr. Hans Tschiggfrey am 30. Juni 1963 im Alter von 53 Jahren. Sein Nachfolger wurde der Landwirt Eduard Wallnöfer.[49] 1949 wurde er bereits als Agrarlandesrat in die Tiroler Landesregierung berufen. Er übte das Amt des Landeshauptmannes 24 Jahre lang aus. Nach Wallnöfers Rücktritt im Jahr 1987 übernahm Dr. Alois Partl, seit 1970 Landesrat, die Position des Landeshauptmannes. Er schied 1993 aus und übergab das Amt an Dr. Wendelin Weingartner, der seit 1989 der Tiroler Landesregierung als Landesrat angehörte.

Die Tiroler Landeshauptmänner seit 1945

Dr. Karl Gruber	1945	Beamter
Dr. Alfons Weißgatterer	1945–1951	Dir. Landw. Schule
Alois Grauß	1951–1957	Landwirt
Dr. Hans Tschiggfrey	1957–1963	Handelskammerangest.
Eduard Wallnöfer	1963–1987	Landwirt
Dr. Alois Partl	1987–1993	Dir. Landw.kammer
Dr. Wendelin Weingartner	1993–	Bankdirektor

Vier der sieben Landeshauptmänner Tirols kamen aus dem landwirtschaftlichen Bereich, wobei jedoch nur zwei, nämlich Grauß und Wallnöfer praktizierende Bauern waren. Wallnöfer allerdings prägte rund die Hälfte der Tiroler Landesgeschichte der Zweiten Republik. Mit Dr. Tschiggfrey und Dr. Weingartner stand bzw. steht ein Vertreter der Wirtschaft an der Spitze des Landes Tirol. Die Funktion des ÖVP-Landesparteiobmannes hatten bzw. hat Wallnöfer, Dr. Partl und Dr. Weingartner inne. Karl Gruber erhielt das hohe Amt des Landeshauptmannes mit 36 Jahren übertragen und war damit der eindeutig jüngste Tiroler Landeshauptmann. Weißgatterer war 47 Jahre alt, Wallnöfer 50, Tschiggfrey 53, Weingartner 56, Partl 58 und Grauß 61 Jahre.

---

48 Zu den Tiroler Landeshauptmännern bis Eduard Wallnöfer vgl. Richard SCHOBER: Geschichte des Tiroler Landtages im 19. und 20. Jahrhundert. – Innsbruck 1984. S. 538–545.
49 Zu Eduard Wallnöfer vgl. Klaus HORST, Martin MARBERGER, Markus HATZER (Hg.): Wallnöfer. Bauer und Landesfürst. – Innsbruck 1993.

Die Eliten der ÖVP seit 1945

Die Mitglieder der ÖVP in der Tiroler Landesregierung seit 1945

Dr. Karl Gruber	1945	Beamter
DI. Anton Hradetzky	1945–1946	Wirtschaftstreibender
Dr. Albin Oberhofer	1945–1947	Dir. d. Handelskammer
Josef Muigg	1945–1949	Land- und Gastwirt
Ing. Josef Ortner	1945–1949	Unternehmer
Dr. Alfons Weißgatterer	1945–1951	Dir. Landw. Schule
Dr. Hans Gamper	1945–1965	Lehrer
Johann Obermoser	1947–1948	Holzkaufmann
Dr. Alois Lugger	1947–1949, 1953–1954	Magistratsbeamter
Josef Anton Mayr	1949–1961	Ziegeleibesitzer
Dr. Hans Tschiggfrey	1949–1963	Handelskammerangest.
Eduard Wallnöfer	1949–1987	Landwirt
Alois Grauß	1951–1957	Landwirt
Dr. Aloys Oberhammer	1957–1961	Landesbeamter
Adolf Troppmair	1957–1970	Landw.kammerangest.
Hermann Scheidle	1961–1965	
Robert Lackner	1961–1970	Bäckermeister
Reinhold Unterweger	1965–1970	Kaufmann
Dr. Karl Erlacher	1965–1975	Stadtamtsdirektor
Dr. Fritz Prior	1965–1989	Professor
Dr. Luis Bassetti	1970–1987	Unternehmer
Dr. Alois Partl	1970–1993	Dir. Landw.kammer
Christian Huber	1975–1989	Landw.kammerangest.
Friedolin Zanon	1975–1989	Stadtamtsleiter
DI. Franz Kranebitter	1986–1989	Bauingenieur
Ing. Hermann Ennemoser	1987–1989	Landw.kammerangest.
Ing. Helmut Mader	1989–1994	Angestellter
Fritz Astl	1989–	Hauptschuldirektor
Ferdinand Eberle	1989–	Landwirt
Dr. Wendelin Weingartner	1989–	Bankdirektor
Konrad Streiter	1993–	Angestellter
Dr. Elisabeth Zanon	1994–	Ärztin

Aus dieser Aufstellung läßt sich erkennen, daß bei der Gesamtzahl der Tiroler ÖVP-Landesregierungsmitglieder der Bauernbund bei weitem nicht die stärkste Position einnimmt. Hier dominieren eindeutig die öffentlich Bediensteten, die neun der 31 Regierungsmitglieder (29 Prozent) stellten. Jeweils sechs kamen von den Gewerbetreibenden und aus den Interessenvertretungen. Nur vier Regierungsmitglieder waren Bauern, zwei Freiberufler und drei Privatangestellte.

Die Berufszugehörigkeit der ÖVP-Abgeordneten des Tiroler Landtages

Berufsgruppe	Legislaturperioden		
	1945–1949	1949–1953	1953–1957
Landwirte	9 (33,3)	11 (44,0)	8 (33,3)
Arbeiter	–	–	–
Gewerbetreibende	6 (22,2)	5 (20,0)	7 (29,2)
Freie Berufe	–	–	1 (4,2)
Privatangestellte	2 (7,4)	2 (8,0)	–
Öffentlich Bedienstete	5 (18,5)	3 (12,0)	6 (25,0)
Verbände	2 (7,4)	2 (8,0)	1 (4,2)
Partei	–	–	–
Hausfrauen	–	1 (4,0)	–
Sonstige	3 (11,1)	1 (4,0)	1 (4,2)

	1957–1961	1961–1965	1965–1970
Landwirte	7 (30,4)	7 (28,0)	6 (24,0)
Arbeiter	–	–	–
Gewerbetreibende	5 (21,7)	8 (32,0)	7 (28,0)
Freie Berufe	–	–	1 (4,0)
Privatangestellte	2 (8,7)	1 (4,0)	1 (4,0)
Öffentlich Bedienstete	7 (30,4)	7 (28,0)	7 (28,0)
Verbände	2 (8,7)	2 (8,0)	3 (12,0)
Partei	–	–	–
Hausfrauen	–	–	–
Sonstige	–	–	–

	1970–1975	1975–1979	1979–1984
Landwirte	6 (25,0)	7 (28,0)	10 (35,7)
Arbeiter	–	–	–
Gewerbetreibende	7 (29,2)	5 (20,0)	3 (10,7)
Freie Berufe	–	–	–
Privatangestellte	2 (8,3)	4 (16,0)	5 (17,9)
Öffentlich Bedienstete	6 (25,0)	6 (24,0)	7 (25,0)
Verbände	3 (12,5)	3 (12,0)	3 (10,7)
Partei	–	–	–
Hausfrauen	–	–	–
Sonstige	–	–	–

Die Eliten der ÖVP seit 1945

Berufsgruppe			
	Legislaturperioden		
	1984–1989	1989–1994	1994–
Landwirte	10 (32,3)	4 (18,2)	6 (31,6)
Arbeiter	–	–	–
Gewerbetreibende	4 (12,9)	3 (13,6)	1 (5,3)
Freie Berufe	–	2 (9,1)	1 (5,3)
Privatangestellte	6 (19,4)	3 (13,6)	4 (21,1)
Öffentlich Bedienstete	8 (25,8)	5 (22,7)	3 (15,8)
Verbände	3 (9,7)	4 (18,2)	2 (10,5)
Partei	–	–	1 (5,3)
Hausfrauen	–	1 (4,5)	1 (5,3)
Sonstige	–	–	–

In den Jahren von 1945 bis 1957 waren die Bauern unter den ÖVP-Abgeordneten eindeutig am stärksten vertreten. Ihr Anteil betrug z. T. klar über ein Drittel. Von 1957 bis 1965 stellten Bauern und öffentlich Bedienstete gleich starke Gruppen. 1965 wurden die Bauern von den Gewerbetreibenden und den öffentlich Bediensteten überholt. Von 1975 bis 1989 und seit 1994 sind die Bauern wieder die stärkste Gruppe unter den ÖVP-Landtagsabgeordneten.

Der Anteil der Vertreter aus der Wirtschaft lag bis 1979 zwischen 20 und 30 Prozent, halbierte sich ab dort auf etwa 10 bis 14 Prozent, um sich schließlich 1994 nochmals zu halbieren auf fünf Prozent.

Die öffentlich Bediensteten lagen von 1953 bis 1994 bei rund einem Viertel, seit 1994 liegt ihr Anteil bei rund 15 Prozent. Der Anteil der Privatangestellten betrug 1945 etwas mehr als sieben Prozent und stieg ständig an bis auf rund 21 Prozent im Jahr 1994.

Die Vertreter der freien Berufe spielten zahlenmäßig eine sehr untergeordnete Rolle, die Interessenvertretungen hatten immer einen, zwei oder drei Vertreter in der ÖVP-Landtagsmannschaft. Ein hauptamtlicher Mitarbeiter der Parteiorganisation sitzt erst seit 1994 im Landtag.[50]

Die Altersstruktur der ÖVP-Abgeordneten im Tiroler Landtag

Legislaturperiode	*Jüngster Abg.*	*Ältester Abg.*	*Durchschnitt*
1945–1949	38	68	51,0
1949–1953	29	69	49,8
1953–1957	35	68	50,4
1957–1961	34	63	50,6
1961–1965	36	67	49,4
1965–1970	31	63	47,3
1970–1975	36	59	49,6
1975–1979	34	63	51,1
1979–1984	38	66	50,2
1984–1989	29	73	51,5
1989–1994	32	64	51,3
1994–	28	63	47,8

50 Die Informationen über die Tiroler ÖVP-Landtagsabgeordneten stammen von Herrn Josef SIEGELE, ÖVP-Landtagsklub Tirol.

Das Durchschnittsalter der ÖVP-Landtagsfraktionen in Tirol ist im Vergleich zu anderen Bundesländern hoch. In sieben von zwölf Legislaturperioden lag das Durchschnittsalter über 50, in drei nur knapp darunter. Eine deutliche Verjüngung ist 1965 und 1994 festzustellen.

3.9 Vorarlberg

Das Bundesland Vorarlberg weist bei den Spitzenpersönlichkeiten in der Landesregierung eine besonders hohe Kontinuität auf. Seit 1945 ist erst der dritte Landeshauptmann im Amt.

Die Landeshauptmänner Vorarlbergs seit 1945

Ulrich Ilg	1945–1964	Landwirt
Dr. Herbert Keßler	1964–1987	Landesbeamter
Dr. Martin Purtscher	1987–	Geschäftsführer

Schon als Chef der provisorischen Landesregierung wurde der Bauer Ulrich Ilg eingesetzt. Er war zugleich auch Landesparteiobmann der Vorarlberger ÖVP. Beide Funktionen übte er bis 1964, also 19 Jahre aus. Nach seinem Rücktritt als Landeshauptmann war er noch fünf Jahre Landesrat. Als Landeshauptmann und Landesparteiobmann folgte ihm 1964 der Landesbeamte Dr. Herbert Keßler, der 23 Jahre im Amt war. Nach seinem Rücktritt im Jahr 1987 wurden beide Funktionen vom Prokuristen und Geschäftsführer eines großen Vorarlberger Unternehmens, Dr. Martin Purtscher, übernommen.

Ulrich Ilg war bei seinem Amtsantritt erst 40 Jahre alt, Dr. Keßler zählte gar erst 39 Jahre, Dr. Purtscher war 59 Jahre alt.

Die ÖVP-Mitglieder in der Vorarlberger Landesregierung

Eugen Leissing	1945	Kaufmann
Karl Zerlauth	1945	Bauer
Dr. Martin Schreiber	1945–1954	Beamter
Andreas Sprenger	1945–1954	Angestellter
Eduard Ullmer	1945–1963	Kaufmann
Adolf Vögel	1945–1964	Bauer
Ulrich Ilg	1945–1969	Bauer
Dr. Ernst Kolb	1954–1959	Univ.-Prof.
Oswald Schobel	1954–1964	Lehrer
Dr. Gerold Ratz	1959–1973	Landesbeamter
Martin Müller	1964–1974	Lehrer
Dr. Herbert Keßler	1964–1987	Landesbeamter
Konrad Blank	1964–1988	Bauer
Dr. Rudolf Mandl	1969–1984	Rechtsanwalt
Dipl.-Vw. Siegfried Gasser	1973–1990	Angestellter
Dr. Elmar Rümmele	1974–1984	Steuerberater

Die Eliten der ÖVP seit 1945

Günter Vetter	1984–1989	Unternehmer
Dr. Guntram Lins	1984–1994	Rechtsanwalt
Dr. Martin Purtscher	1987–	Geschäftsführer
Anton Türtscher	1988–1993	Bauer
Dr. Herbert Sausgruber	1989–	Landesbeamter
Elisabeth Gehrer	1990–1995	Hausfrau
Dr. Hans-Peter Bischof	1991–	Oberarzt
Ing. Erich Schwärzler	1993–	Bauer
Manfred Rein	1994–	Unternehmer

Unter den Regierungsmitgliedern der Vorarlberger ÖVP dominieren eindeutig die öffentlich Bediensteten. Sie stellten sieben (28 Prozent) der 25 Regierungsmitglieder seit 1945. Sechs Regierungsmitglieder waren Bauern (24 Prozent), jeweils vier waren Gewerbetreibende bzw. Freiberufler (je 18 Prozent). Drei kamen aus dem Bereich der Privatangestellten, ein Regierungsmitglied ist Hausfrau.

Die Berufszugehörigkeit der ÖVP-Abgeordneten des Vorarlberger Landtages

Berufsgruppe	Legislaturperioden		
	1945–1949	1949–1954	1954–1959
Landwirte	6 (31,6)	5 (31,3)	5 (29,4)
Arbeiter	2 (10,5)	1 (6,3)	1 (5,9)
Gewerbetreibende	7 (36,8)	5 (31,3)	4 (23,5)
Freie Berufe	1 (5,3)	1 (6,3)	1 (5,9)
Privatangestellte	2 (10,5)	3 (18,8)	2 (11,8)
Öffentlich Bedienstete	1 (5,3)	1 (6,3)	3 (17,6)
Verbände	–	–	–
Partei	–	–	–
Hausfrauen	–	–	–
Sonstige	–	–	1 (5,9)
	1959–1964	1964–1969	1969–1974
Landwirte	6 (27,3)	5 (25,0)	5 (23,8)
Arbeiter	1 (4,5)	2 (10,0)	1 (4,8)
Gewerbetreibende	5 (22,7)	4 (20,0)	4 (19,0)
Freie Berufe	1 (4,5)	–	–
Privatangestellte	3 (13,6)	3 (15,0)	5 (23,8)
Öffentlich Bedienstete	4 (18,2)	4 (20,0)	5 (23,8)
Verbände	–	1 (5,0)	–
Partei	1 (4,5)	–	–
Hausfrauen	1 (4,5)	1 (5,0)	1 (4,8)
Sonstige	–	–	–

Berufsgruppe	Legislaturperioden		
	1974–1979	1979–1984	1984–1989
Landwirte	4 (18,2)	5 (20,8)	2 (9,5)
Arbeiter	1 (4,5)	1 (4,2)	–
Gewerbetreibende	5 (22,7)	3 (12,5)	3 (14,3)
Freie Berufe	–	1 (4,2)	2 (9,5)
Privatangestellte	5 (22,7)	5 (20,8)	6 (28,6)
Öffentlich Bedienstete	6 (27,3)	8 (33,3)	6 (28,6)
Verbände	–	–	–
Partei	–	–	–
Hausfrauen	1 (4,5)	1 (4,2)	2 (9,5)
Sonstige	–	–	–
	1989–1994	1994–	
Landwirte	2 (9,1)	2 (10,0)	
Arbeiter	–	–	
Gewerbetreibende	2 (9,1)	2 (10,0)	
Freie Berufe	1 (4,5)	1 (5,0)	
Privatangestellte	7 (31,8)	7 (35,0)	
Öffentlich Bedienstete	7 (31,8)	6 (30,0)	
Verbände	1 (4,5)	1 (5,0)	
Partei	–	–	
Hausfrauen	2 (9,1)	1 (5,0)	
Sonstige	–	–	

Die bäuerlichen Vertreter unter den ÖVP-Abgeordneten machten von 1945 bis 1959 rund 30 Prozent aus, ihr Anteil sank im Zeitraum von 1959 bis 1974 auf rund ein Viertel, im Zeitraum von 1974 bis 1984 auf etwa ein Fünftel und landete 1984 bei rund 10 Prozent. Sie zählten bis 1984 zu den stärksten Gruppen unter den ÖVP-Abgeordneten.

Der Anteil der gewerblichen Vertreter ist von fast 37 Prozent im Jahr 1945 ständig gesunken und liegt seit 1994 bei rund 10 Prozent.

Die genau entgegengesetzte Entwicklung nahmen die Privatangestellten und die öffentlich Bediensteten. Der Anteil der Privatangestellten stieg von rund 10 Prozent im Jahr 1945 kontinuierlich auf 35 Prozent im Jahr 1994, womit die Privatangestellten die stärkste Gruppe innerhalb der ÖVP-Fraktion wurden. Ein ebenso beständiges Ansteigen ist bei den öffentlich Bediensteten festzustellen: von rund 5 Prozent im Jahr 1945 auf etwa 30 Prozent im Jahr 1994.

Als Ausnahmeerscheinung kann festgehalten werden, daß die ÖVP von 1945 bis 1984 stets ein bis zwei Arbeiter in den Vorarlberger Landtag entsandte. Die freien Berufe waren überwiegend durch einen Vertreter im Landtag repräsentiert, während die Interessenvertretungen kaum vertreten waren.[51]

---

51 Die Daten über die Vorarlberger ÖVP-Landtagsabgeordneten stammen vom Leiter der Landtagskanzlei Vorarlberger, Dr. SCHWARZ, und aus: 75 Jahre selbständiges Land Vorarlberg (1918–1993). Herausgegeben vom Vorarlberger Landtag und der Vorarlberger Landesregierung. – Bregenz 1993. S. 137–169.

Die Eliten der ÖVP seit 1945

Die Altersstruktur der ÖVP-Abgeordneten im Vorarlberger Landtag:

Legislaturperiode	Jüngster Abg.	Ältester Abg.	Durchschnitt
1945–1949	32	65	48,5
1949–1954	34	69	48,8
1954–1959	29	74	51,2
1959–1964	29	68	49,8
1964–1969	33	60	44,3
1969–1974	31	65	45,8
1974–1979	41	68	47,6
1979–1984	30	58	47,8
1984–1989	26	63	47,0
1989–1994	31	62	48,3
1994–	36	66	52,6

Insgesamt weisen die ÖVP-Abgeordneten im Vorarlberger Landtag einen eher niedrigen Altersdurchschnitt auf. Im Jahr 1964 wurde eine signifikante Verjüngung vorgenommen, seither allerdings steigt der Altersdurchschnitt beständig an und erreichte im Jahr 1994 mit 52,6 einen Spitzenwert.

4. Zusammenfassung

Betrachtet man zusammenfassend alle Nationalratsabgeordneten und alle Landtagsabgeordneten der ÖVP gemeinsam als die von der Volkspartei in die Parlamente entsandten Volksvertreter unter dem Aspekt der Alters- und der Berufsstruktur, zeigt sich folgendes Ergebnis:
* Die ÖVP im Bundesland Salzburg hat mit einem Gesamtaltersdurchschnitt seit 1945 von 45,3 Jahren den niedrigsten Altersdurchschnitt. Gleich darauf folgt die ÖVP-Burgenland mit 45,5 Jahren. Kärnten (46,6) und Wien (47,4) liegen noch unter dem Gesamtaltersdurchschnitt aller ÖVP-Mandatare seit 1945, der bei 47,9 Jahren liegt. Über diesem Durchschnitt liegen Steiermark (48,0), Vorarlberg (48,3), Oberösterreich (48,4), Niederösterreich (49,3), die Nationalratsabgeordneten (49,9) und Tirol (50,0).
* Vergleicht man die Durchschnittsalter in den einzelnen Legislaturperioden, so kann man erkennen, daß die ÖVP – gesamtösterreichisch betrachtet – durchgehend Mitte der sechziger Jahre, teilweise Mitte der siebziger und der achtziger Jahre und wieder durchgehend zu Beginn der neunziger Jahre eine starke Verjüngung ihrer Fraktionen in Parlament und Landtagen vorgenommen hat.
* Was die Berufsstruktur der Mandatare betrifft, sollen nun die Anteile der einzelnen Berufsgruppen unter allen Nationalrats- und Landtagsabgeordneten der ÖVP seit 1945 verglichen werden mit den zeitlich ungefähr vergleichbaren Anteilen der einzelnen Berufsgruppen in der gesamten österreichischen Bevölkerung. Die ÖVP trägt nicht nur den Namen „Volkspartei", sondern sie zählt als „soziale Integra-

tionspartei"[52] zum Typus der „Volksparteien".[53] Diese soziale Integration spiegelt sich nicht nur in ihrem Aufbau wider, sondern sollte auch in der sozialstrukturellen Zusammensetzung ihrer Eliten widerspiegeln.

In der folgenden Tabelle wird die Berufszugehörigkeit aller Mandatare in einem Zehnjahresabstand dargestellt. Diese Ergebnisse werden im Anschluß daran in Vergleich gesetzt zu den annähernd vorliegenden Zahlen zur Berufsstruktur der österreichischen Bevölkerung in den Jahren 1951, 1961, 1971, 1984 und 1991.[54] Diesen werden die Zahlen über die Berufsstruktur der Abgeordneten in den Jahren 1955, 1965, 1975, 1985 und 1995 gegenübergestellt.

Berufszugehörigkeit aller ÖVP-Nationalrats- und Landtagsabgeordneten

Berufsgruppe	1945	1955	1965
Landwirte	116 (37,3)	88 (30,8)	92 (28,3)
Arbeiter	9 (2,9)	7 (2,4)	6 (1,8)
Gewerbetreibende	66 (21,2)	60 (21,0)	59 (18,2)
Freie Berufe	15 (4,8)	15 (5,2)	13 (4,0)
Privatangestellte	35 (11,3)	30 (10,5)	43 (13,2)
Öffentlich Bedienstete	51 (16,4)	61 (21,3)	76 (23,4)
Verbände	8 (2,6)	12 (4,2)	19 (5,8)
Partei	3 (1,0)	8 (2,8)	8 (2,5)
Hausfrauen	–	–	1 (0,3)
Sonstige	8 (2,6)	5 (1,7)	8 (2,5)

---

52 Vgl. Salzburger Programm der ÖVP (1972): „2.7. Als Volkspartei wendet sich die ÖVP an alle Menschen und Bevölkerungsgruppen. Als soziale Integrationspartei sucht sie die Interessen der verschiedenen Gruppen aufeinander abzustimmen und mit dem Gemeinwohl in Einklang zu bringen. Diesem Ziel entspricht der Aufbau der ÖVP." – In: Robert KRIECHBAUMER: Parteiprogramme im Widerstreit der Interessen. Die Programmdiskussion und die Programme von ÖVP und SPÖ 1945–1986. Österreichisches Jahrbuch für Politik. Sonderband. Wien, München 1990. S. 760.
53 Zum Typus der Volkspartei vgl. etwa Alf MINTZEL: Die Volkspartei. Typus und Wirklichkeit. – Opladen 1983. Ebenso Elmar WIESENDAHL: Volkspartei. – In: Dieter NOHLEN, Rainer-Olaf SCHULTZE: Politikwissenschaft. Theorien, Methoden, Begriffe. Pipers Wörterbuch zur Politik. 1. München – Zürich 1989. S. 1104 ff.
54 Die Daten für die Jahre 1951, 1961, 1971 und 1984 stammen aus Max HALLER: Die Sozialstruktur Österreichs – Entwicklungstendenzen und Charakteristika im internationalen Vergleich. – In: Herbert DACHS et al. (Hg.): Handbuch des politischen Systems Österreichs. – Wien 1991. S. 40 f. Zu den Daten für 1991 vgl. Statistisches Jahrbuch für die Republik Österreich. XLIII. Jahrgang. – Wien 1992. S. 117.

Die Eliten der ÖVP seit 1945

	1975	1985	1995
Landwirte	74 (24,0)	70 (20,8)	50 (21,4)
Arbeiter	3 (1,0)	3 (0,9)	–
Gewerbetreibende	50 (16,2)	51 (15,2)	32 (13,7)
Freie Berufe	9 (2,9)	11 (3,3)	11 (4,7)
Privatangestellte	45 (14,6)	58 (17,3)	48 (20,5)
Öffentlich Bedienstete	84 (27,3)	91 (27,1)	63 (26,9)
Verbände	18 (5,8)	19 (5,7)	10 (4,3)
Partei	16 (5,2)	21 (6,3)	13 (5,6)
Hausfrauen	7 (2,3)	10 (3,0)	5 (2,1)
Sonstige	2 (0,6)	2 (0,6)	2 (0,9)

Um die Berufsstruktur in der Gesamtbevölkerung Österreichs mit der der ÖVP-Abgeordneten vergleichbar zu machen, wurde in Selbständige und Unselbständige unterteilt. Zu den Selbständigen zählen die im Bereich der Landwirtschaft selbständig Tätigen und die Mithelfenden sowie die im Bereich Gewerbe, Industrie und Dienstleistungsbereich selbständig Tätigen und die Mithelfenden. Letzteres entspricht bei den Abgeordneten der Kategorie „Gewerbetreibende" und „freie Berufe", die zusammengezählt wurden. Bei den Unselbständigen wurden Arbeiter einerseits und Angestellte und Beamte andererseits unterschieden. Zur letzteren Gruppe wurden bei den Abgeordneten die Kategorien „Privatangestellte", „öffentlich Bedienstete", „Angestellte von Verbänden" (die natürlich überwiegend die Interessen der Selbständigen zu vertreten haben) und „Parteiangestellte" gezählt. „Hausfrauen" und „Sonstige" wurden nicht zugeordnet, so daß die Prozentsätze bei den Abgeordnetenanteilen nicht auf 100 Prozent ausgehen. Bei allen Prozentangaben kann es sich nur um Annäherungswerte handeln.

Die erste Zahl gibt jeweils den Anteil (in Prozenten) der Berufsgruppe in der Gesamtbevölkerung wieder, in Klammer scheint der korrespondierende Prozentsatz der Abgeordneten auf, daneben die Differenz zwischen beiden Werten. Daraus kann entnommen werden, wie die einzelnen Berufsgruppen durch ÖVP-Abgeordnete über- oder unterrepräsentiert sind. Insgesamt läßt sich erkennen, wie weit die Österreichische Volkspartei tatsächlich als „Volkspartei", deren Abgeordnetenstruktur der Bevölkerungsstruktur annähernd entsprechen sollte, bezeichnet werden kann.

Berufsgruppe	*Jahr*		
	1951 (1955)	1961 (1965)	1971 (1975)
I. Selbständige und Mithelfende			
Land- und Forstwirtschaft	25 (31) + 6	18 (28) + 10	14 (24) + 10
Gewerbe etc.	10 (26) + 16	11 (22) + 11	9 (19) + 10
	35 (57) + 22	29 (50) + 31	23 (43) + 20
II. Unselbständige			
Arbeiter	45 (2) – 43	44 (2) – 42	42 (1) – 41
Angestellte + Beamte	20 (39) + 19	27 (45) + 18	35 (53) + 18
	65 (41) – 24	71 (47) – 24	77 (54) – 23

Berufsgruppe	Jahr	
	1984 (1985)	1991 (1995)
I. Selbständige und Mithelfende		
Land- und Forstwirtschaft	8 (21) + 13	7 (21) + 14
Gewerbe etc.	7 (19) + 12	6 (18) + 12
	15 (40) + 25	13 (39) + 26
II. Unselbständige		
Arbeiter	41 (1) – 40	40 (–) – 40
Angestellte + Beamte	44 (56) + 12	47 (57) + 10
	85 (57) – 28	87 (57) – 30

Aus dieser Gegenüberstellung zeigt sich ganz klar, daß innerhalb der Österreichischen Volkspartei seit ihrem Bestehen immer der Bereich der Selbständigen (aus Wirtschaft und Landwirtschaft) gegenüber den Unselbständigen in den gesetzgebenden Körperschaften klar überrepräsentiert war. Unter diesem Aspekt kann sie daher auch nicht als eine typische „Volkspartei" bezeichnet werden, die auch bei der Zusammensetzung ihrer Mandatare nach einer Annäherung an die gesamtgesellschaftlichen Strukturen trachten sollte. Wenn auch bei einer bürgerlichen Integrationspartei nicht zu erwarten ist, daß der Anteil der Arbeiter unter ihren Abgeordneten dem Anteil der Arbeiter in der Gesamtbevölkerung entspricht, so ist diese Berufsgruppe doch eindeutig unterrepräsentiert. Dies trifft im übrigen auch für die anderen österreichischen Parteien zu. In der Kategorie Angestellte und öffentlicher Dienst sind unter den ÖVP-Mandataren eindeutig die Vertreter des öffentlichen Dienstes überrepräsentiert. Betrug etwa im Jahr 1951 der Anteil der öffentlich Bediensteten an allen Berufstätigen rund 5 Prozent[55], so betrug ihr Anteil unter den ÖVP-Abgeordneten rund 21 Prozent. Im Jahr 1961 nahmen die Öffentlich Bediensteten einen Anteil von rund 5,5 Prozent aller Berufstätigen ein[56], stellten jedoch rund 23 Prozent aller ÖVP-Abgeordneten.

Nachdem insgesamt die festgestellte Diskrepanz in den letzten Jahren eher noch zunimmt, kann man begründet feststellen, daß die ÖVP den gesellschaftlichen Wandel nicht nur nicht mitvollzogen, sondern sich von diesem deutlich wegentwickelt hat. Sie ist tendenziell zu einer Bauern-, Wirtschafts- und Beamtenpartei geworden. Damit droht, wie Peter Radunksi warnt, die Gefahr der „Verkrustung und Verengung auf wenige Bereiche der Gesellschaft", es entstehe das Problem der Volksparteien, daß sie die Fähigkeit verlieren, „unsere Gesellschaft in all ihren Schichten und Bereichen noch ausreichend anzusprechen und zu repräsentieren". Damit stellt sich für die Zukunft der Volksparteien die Frage nach der Personalauslese existentiell: „Wollen sie immer mehr Staatsparteien werden, oder können sie sich als Bürgerparteien behaupten?"[57]

---

55 Vgl. Statistische Nachrichten. VII. Jahrgang. – Wien 1952. S. 9 f.
56 Vgl. Statistische Nachrichten. XXII. Jahrgang. – Wien 1967. S. 586.
57 Peter RADUNSKI: Die Volksparteien und die Notwendigkeit ihrer Neuorientierung. – In: Erhard BUSEK, Andreas KHOL, Heinrich NEISSER (Hg.): Politik für das dritte Jahrtausend. Festschrift für Alois Mock zum 60. Geburtstag. – Graz 1994. S. 142 f.

Maximilian Liebmann   **Die ÖVP im Spiegel der Bischofskonferenzakten von 1945 bis zur staatlichen Anerkennung des Konkordates**

Die ÖVP ist die wiedererstandene Christlichsoziale Partei

Auf der ersten österreichischen Bischofskonferenz nach Österreichs Wiedererstehen, die eine außerordentliche war und am 20. und 21. September 1945 in Salzburg tagte[1], war die Österreichische Volkspartei der Tagesordnungspunkt acht. Hierbei wurde der Antrag auf Mitgliedsverbot für Priester bei der ÖVP zwar gestellt, aber nicht beschlossen. Das Protokoll hielt fest: „Gegen ein beantragtes Verbot, demgemäß allen *Geistlichen* auch die einfache Mitgliedschaft bei der Oe.V.P. untersagt wäre, sprechen sich Salzburg und Linz aus. Ein striktes Verbot wird daher nicht ausgesprochen. Wenn nicht nötig, möge die Oe.V.P. keine *Jugendorganisation* errichten. Vielleicht wird dies aber notwendig sein, um im Rahmen der allgemeinen österreichischen Jugend neben der sozialdemokratischen und kommunistischen Parteijugend der katholischen Jugend eine adäquate Vertretungsmöglichkeit zu schaffen. In diesem Falle wäre zu fordern, daß nicht schon die Kinder, sondern erst die reifere Jugend parteimäßig erfaßt wird." Zugleich wird bereits bei dieser ersten Bischofskonferenz eine enge Zusammenarbeit mit der ÖVP, jedoch eingeschränkt auf Kirchenpolitik, was soviel wie Konkordatsmaterien hieß, angeregt, wenn nicht förmlich beschlossen:

„Die Oe.V.P. soll in Wien eine zentrale *Sektion für kirchenpolitische Fragen*, bestehend aus Laien und Geistlichen, bilden, die die Aufgabe hat, sich mit allen religiösen, kirchlichen und sittlichen Angelegenheiten zu befassen und diesbezüglich die Parteivorstände, Mandatare und Presseleute laufend zu beraten. Ähnliches ist für die einzelnen Länder wünschenswert."[2]

Während also der Salzburger Fürsterzbischof Rohracher[3] und der Linzer Weihbischof Fließer[4] sich gegen das Verbot auf einfache Mitgliedschaft der Priester bei der

---

1 Erika WEINZIERL: Der Episkopat. – In: Ferdinand KLOSTERMANN, Hans KRIEGL, Otto MAUER, Erika WEINZIERL (Hg.): Kirche in Österreich 1918–1965. – Wien – München 1966. 1. Bd., S. 21–77, insbesondere S. 40.
2 Protokolle und Niederschriften der österreichischen Bischofskonferenz (BIKO). Diözesanarchiv Graz (DAG). Die Kursivschrift entspricht den Unterstreichungen im Original bzw. in der Vorlage. Zur Jugendfrage, insbesondere im „Christlichen Ständestaat", siehe Maximilian LIEBMANN: Jugend – Kirche – Ständestaat. – In: Maximilian LIEBMANN, Dieter A. BINDER u. a. (Hg.): Festgabe des Hauses Styria. Hanns Sassmann zum 60. Geburtstag. – Graz – Wien – Köln 1984, S. 187–204.
3 Hans SPATZENEGGER: Rohracher Andreas (1892–1976). – In: Erwin GATZ: Die Bischöfe der deutschsprachigen Länder 1785/1803 bis 1945. – Berlin 1983. S. 625–628.
4 Rudolf ZINNHOBLER: Fließer Joseph Calasanz (1896–1960). – In: GATZ: Die Bischöfe (Anm. 3). S. 197f.

ÖVP aussprachen, hat der Grazer Fürstbischof Ferdinand Stanislaus Pawlikowski[5] die Zugehörigkeit zur ÖVP durch bloße Zahlung von Mitgliedsbeiträgen strikte untersagt, die indirekte Mitarbeit aber für erwünscht erklärt.[6] Wieweit diese indirekte Unterstützung gehen konnte, hat Pawlikowskis Ordinariatskanzler Josef Steiner[7] auf der Herbstpastoralkonferenz 1945 im Dekanat Rein bei Graz exemplifiziert, indem er darauf hinwies, daß der pfarrliche Jugendseelsorger der ÖVP geeignete Burschen für die ÖVP nennen könne.[8] Gewissermaßen als kurios erscheinen in diesem Konnex die Unterhandlungen der sowjetischen Besatzungsmacht mit dem Grazer Fürstbischof über ein geeignetes Parteihaus für die ÖVP, wobei die Sowjets dem Fürstbischof das Angebot unterbreiten: „Die Besatzungsarmee ist bereit, welches Haus immer, im Zentrum der Stadt, das einem Nationalsozialisten gehörte, mit einem Federstrich in Beschlag zu nehmen und der österreichischen Volkspartei zu überlassen."[9]

Auf der ordentlichen Herbstkonferenz der Bischöfe, die Ende November in der Wohnung des Fürsterzbischofs in Salzburg tagte, konnte der Wiener Kardinal Erzbischof Theodor Innitzer[10] von seiner Audienz bei Papst Pius XII. berichten, wovon das Protokoll festhielt: „Betreffs Stellung der Kirche zur Politik stand der Heilige Vater auf dem Standpunkt: Keine Parteipolitik, wenn aber die Politik an den Altären rühre, *müßte* die Kirche Politik betreiben."[11]

In diesem Sinne beschloß die Bischofskonferenz, „daß von der momentanen Einstellung der Kirche in Österreich nicht abzugehen ist, wohl aber wird die Bildung eines kirchenpolitischen Ausschusses dringend empfohlen, welcher die Gewissen der Politiker formieren soll". Dieses auf den kurzen Nenner gebrachte Prinzip: keine direkte Politik, sondern nur indirekte über die Gewissensbildung der Politiker, wurde bereits organisatorisch weiterentwickelt: „Es möge jede Diözese diese Bildungsarbeit selbst in die Hand nehmen. Die Zentrale könne in Wien sein."[12]

Im Herbst 1946 war die Schule, d. h. der schulische Religionsunterricht und das Schulsystem, „Bekenntnisschule" nach holländischem Muster oder die überkommene österreichische „Simultanschule", ein Hauptberatungspunkt. Der Forderung des damaligen Unterrichtsministers Felix Hurdes[13] auf Einführung der „Bekenntnis-

---

5 Maximilian LIEBMANN: Pawlikowski Ferdinand Stanislaus (1877–1956). – In: GATZ: Die Bischöfe (Anm. 3). S. 554–556.
6 Protokolle und Niederschriften (Anm. 2), 29. 9. 1945.
7 Maximilian LIEBMANN: Die Domherren von Graz-Seckau 1886 bis 1986. – Graz – Wien – Köln 1987. S. 99–101.
8 DAG, Pastoralkonferenzen 1943–1945; Maximilian LIEBMANN: Die katholische Kirche in der Steiermark und besonders in Graz im Jahre 1945. – In: Historisches Jahrbuch der Stadt Graz. 25. Bd. – Graz 1994. S. 475–526, insbesondere S. 518.
9 Vierseitig maschingeschriebenes Gedächtnisprotokoll vom 18. Mai 1945. DAG, Nachlaß Pawlikowski, Politica; LIEBMANN: Die katholische Kirche (Anm. 8). S. 487.
10 Maximilian LIEBMANN: Innitzer Theodor (1875–1955). – In: GATZ: Die Bischöfe (Anm. 3). S. 339–343; ders.: Theodor Innitzer und der Anschluß. Österreichs Kirche 1938. – Graz – Wien – Köln 1988.
11 Protokolle und Niederschriften (Anm. 2), 28. 11. 1945.
12 Ebd.
13 Franz M. KAPFHAMMER: Neuland. Erlebnis einer Jugendbewegung. – Graz-Wien-Köln 1987. S. 201f.; Michael DIPPELREITER: Hurdes Dr. Felix. – In: Gelitten für Österreich. Christen und Patrioten in Verfolgung und Widerstand. Hg. vom Karl-von-Vogelsang-Institut. – Wien 1988. S. 54; Maria HORVATH: Die Bildungspolitik des Unterrichtsministers Dr. Felix Hurdes unter

schule" standen die Bischöfe sowohl aus grundsätzlichen als auch aus realpolitischen Erwägungen negativ gegenüber. Letzteres deshalb, weil diese im Parlament nicht durchzubringen sei, „da die absolute Mehrheit der ÖVP viel zu gering sei und überdies manche Abgeordnete dieser Partei gegen die konfessionelle Schule sind".[14] Damit war klar, daß man die ÖVP als treuen Verbündeten, wenn nicht überhaupt als ausführendes Organ episkopaler Bestrebungen im politisch-staatskirchenrechtlichen Bereich ansah, aber anderseits sich auch bewußt war, sie nicht überfordern zu dürfen, zumal in ihr keine volle Geschlossenheit gegeben war. Für die Bischöfe und wohl auch für die katholische Kirche in Österreich insgesamt scheint es somit keinen Zweifel gegeben zu haben, daß die ÖVP so etwas wie die wiedererstandene Christlichsoziale Partei im neuen Österreich, d. h. der Zweiten Republik, sei.

Über die Österreichische Jugendbewegung (Ö. J. B.) war man sich nicht im klaren, ob sie ein der ÖVP assoziierter Verband sei oder nicht. Bischof Fließer wußte von Linz zu berichten: „Sie ist dort weder ein kirchlicher noch ein politischer Verband."[15]

Ein Jahr später, d. h. im Herbst 1947, war die Konkordats- und Feiertagsfrage der wohl gewichtigste Beratungspunkt, wobei Kardinal Innitzer seine bischöflichen Amtsbrüder eingangs in Kenntnis setzte, daß „der Heilige Stuhl das Österreichische Konkordat von 1934 als bestehend erklärt". Bei den Schulangelegenheiten übermittelte Innitzer der Konferenz die Bitte des niederösterreichischen Landesschulrates, „es möchten sich die Bischöfe dafür einsetzen, daß die katholischen Lehrer nicht gegen die ÖVP-Lehrer-Organisation Stellung nehmen". Diese Bitte nahmen die Bischöfe zur Kenntnis und entsprachen ihr insofern auch, daß dem zuständigen Publikationsorgan „Pädagogische Warte"[16] geraten wurde, „öffentliche Angriffe gegen ÖVP-Männer zu vermeiden".[17]

Bei der überaus diffizilen Konkordatsmaterie kam es zu einer eingehenden, informativen und spießigen Aussprache mit Sektionschef Ernst Hefel[18], den der Vorsitzende Innitzer zur Bischofskonferenz geladen hatte und als „Staatssekretär" begrüßte. Zunächst ließ Hefel mit der Feststellung aufhorchen, „daß auch das Ministerium das Konkordat als geltend anerkenne", dem aber sofort die Einschränkung hinzufügte, die zu heftiger Kontroverse führte, „daß dieses aber bereits durch die Gesetzgebung des Dritten Reiches de facto modifiziert worden sei". Beim Eherecht ließ Hefel kompromißlos wissen: „Es wird der Staat unmöglich mehr das Eherecht des Konkordates anerkennen können." Mit dem Hinweis: „Selbst von seiten der ÖVP strebt man nun eine staatliche Anerkennung der Konsenserklärung an", informierte Hefel die Bischöfe über die diesbezügliche Haltung der ÖVP, die praktisch auf die Beibehaltung der obligatorischen Zivilehe hinauslief. Heftig war die Aussprache auch über das

---

besonderer Betonung der Schulpolitik und Berücksichtigung der Kulturpolitik. – Wien 1985. Dissertation.
14 Protokolle und Niederschriften (Anm. 2), 2. 10. 1946.
15 Ebd.
16 „Die österreichische pädagogische Warte. Fachorgan der katholischen Lehrervereinigungen Österreichs", erschien in Wien ab 1905 und wurde 1976 in „Pädagogische Impulse" umbenannt.
17 Protokolle und Niederschriften (Anm. 2), 16. 10. 1947.
18 Vgl. hierzu das Gespräch Hefels mit Fürstbischof Pawlikowski in Graz am 19. Juli 1945. Liebmann: Die katholische Kirche (Anm. 8). S. 499 f.

staatliche Aufsichtsrecht beim Kirchenbeitragsgesetz[19], wobei die Bischöfe dem Staatsvertreter vorwarfen, daß Österreichs Regierung bis jetzt „mehr an Auskünften verlangt habe als das nationalsozialistische Regime".

Als Hefel diesen Vorwurf mit dem Bemerken, es handle sich offenbar um eine Prestigefrage, abtun wollte, heizte er die ohnehin schon emotionsgeladene Aussprache nur noch an. So entspann sich zwischen Innsbruck (Bischof Rusch[20]), der heftig dagegen protestierte, daß die penible Staatsaufsicht als bloße Prestigefrage qualifiziert werde, und Hefel folgender Disput:

„Hefel: Es muß doch eine staatliche Aufsicht geben. Innsbruck: Die ist auch vorhanden, wenn wir am Schlusse des Rechnungsjahres eine Abrechnung vorlegen. Dann hat der Staat genügend Gelegenheit, Einsicht zu nehmen, was wir mit den Volksgeldern tun, ob wir sie vielleicht ‚horten', welcher Ausdruck ja auch schon auf Regierungsseite gefallen ist. Hefel: Warum ist man gegen die Vorlage des Haushaltsplanes? Man braucht einen solchen ja, um geordnet zu wirtschaften. Innsbruck: Die Kirche läßt sich nicht bevormunden. Hefel: Das ist die kanonische Auffassung, welche aber der heutige Staat nicht teilt. Innsbruck: Wenn der Staat diese Auffassung hat, dann müssen wir sagen, daß wir sehr enttäuscht sind. Hefel: Die Sozialisten sind eben gegen die kirchliche Auffassung."

Bischof Fließer von Linz wagte in diesem hitzigen Schlagabtausch eine kurze Zwischenfrage: „Wurden die Sozialisten in dieser Angelegenheit schon einmal gefragt? Hefel: Nein. Die ÖVP ist zwar in der Mehrheit, aber sie ist durch ein Gentleman's Agreement gebunden. Innsbruck: Die vorliegende Frage ist doch kein Anlaß, das Parlament zu beschäftigen. Hefel: Wir können nicht durch eine Verordnung ein Gesetz beseitigen. Innsbruck: Man könnte doch sagen: die deutlich aus kirchenfeindlicher Absicht gegebenen Gesetze so und so werden nicht urgiert. Hefel: Das ist gegen das Gesetz. Innsbruck: Das Gesetz hat eine kirchenfeindliche Basis. Es läßt sich doch vieles praeter legem durchführen. Hefel verspricht, diese Auffassung dem Minister vorzulegen."[21]

Am Schluß dieser spannungsgeladenen Aussprache prallten die verschiedenen Standpunkte in der Grundsatzfrage der Gültigkeit des „Dollfuß-Konkordates"[22] noch einmal heftig aufeinander: „Hefel: Die frühere österreichische Regierung hat das Konkordat geschlossen, aber der jetzige Staat kann sagen: Mir paßt es nicht." Darauf erwiderte der Salzburger Fürsterzbischof Rohracher und machte den Standpunkt der Kirche klar: „Das jetzige Österreich ist das Erbe des früheren und hat den Rechtsbruch gutzumachen."

---

19 Maximilian LIEBMANN: Von der „Kirchensteuer" zum Kulturbeitrag. Zur Geschichte des Kirchenbeitrages in Österreich. – In: Hans PAARHAMMER, Franz POTOTSCHNIG und Alfred RINNERTHALER (Hg.): 60 Jahre Österreichisches Konkordat. (Veröffentlichungen des Internationalen Forschungszentrums für Grundfragen der Wissenschaften Salzburg. Neue Folge Band 56). – München 1994. S. 529–543.
20 Josef GELMI: Rusch Paul (1903–1986). – In: GATZ: Die Bischöfe (Anm. 3). S. 637 f.
21 Protokolle und Niederschriften (Anm. 2), 16. 10. 1947.
22 Josef KREMSMAIR: Der Weg zum österreichischen Konkordat von 1933/34 (Dissertationen der Universität Salzburg, 12. Bd.). – Wien 1980.

Noch ehe die Aussprache weiter eskalierte, endete sie durch das erstmalige Erscheinen des Apostolischen Nuntius[23] auf einer österreichischen Bischofskonferenz.

Im Herbst 1948 war der Vorabend zur eigentlichen Bischofskonferenz der Aussprache über den Schulkomplex gewidmet. Diesmal erschien als bischöflicher Gesprächspartner der vom „Bund Neuland" geprägte Unterrichtsminister Felix Hurdes persönlich, ein Mann des Österreichischen Widerstandes, der Gestapo-Haft und KZ Dachau erlebt hatte. Der ÖVP-Minister Hurdes unterrichtete die Bischöfe über die Haltung des sozialistischen Koalitionspartners: „Die Sozialisten sind eben gegen die Privatschulen und wollen eine möglichst indifferente Schulerziehung. Dies müsse absolut vermieden werden, denn daher stamme vielfach die religiöse Lauheit in Österreich." Dann ließ Hurdes die Bischöfe wissen, daß er sowohl „aus persönlicher Überzeugung wie aus praktischen Gründen ein Maximalprogramm, das der katholischen Staatsschule", aufgestellt habe. Damit sei er aber selbst in seiner Partei, der ÖVP, nicht durchgedrungen. „Inzwischen habe das Ministerium einen eigenen Schulgesetzentwurf eingebracht, der sozusagen die Mitte zwischen den Forderungen der Kirche und der Volkspartei sein sollte." Nun stoße aber selbst dieser Entwurf „auch im Lager der ÖVP auf Widerstand, so vor allem die Forderung auf das neunte Schuljahr bei den Bauern, die Herabsetzung der Schülerzahl in den einzelnen Klassen bei den Finanzexperten". In der Angelegenheit Hinaufsetzung der Altersgrenze (14 Jahre), mit der man das volle persönliche Recht der Abmeldung vom Religionsunterricht habe, meinte Hurdes: „Hier wäre ein Punkt, wo die ÖVP-Abgeordneten im Parlamente die Forderungen der Kirche vertreten könnten."[24]

Die ÖVP ist keine katholische, sondern eine bürgerliche Partei

In Rom bzw. bei Papst Pius XII. war mit dem Ende der Legislaturperiode 1949 die österreichische Bischofskonferenz förmlich in Ungnade gefallen. Die Schuld daran, daß die Gültigkeit des Konkordates von Österreich nicht anerkannt wurde, schob man den Bischöfen zu. In einer ungewohnt groben Demarche des Apostolischen Internuntius Johannes Dellepiane[25] vom 29. Jänner 1950 hieß es wörtlich:

„Der Heilige Stuhl hat seinerzeit, wie ich im früheren Brief sagte, das Konkordat in vollkommen rechtlicher Form abgeschlossen, und dieses steht bis zur Stunde in voller Kraft als ein Vertrag zwischen zwei souveränen Partnern ...

Es ist wahr, daß es während der letzten Jahre in Österreich sich nicht so wie in Deutschland darum gehandelt hat, eine neue Verfassung zu schaffen.

Aber es ist ebenso wahr, daß die Führer der sozialistischen Partei sich offen als Feinde des bestehenden Konkordates und eines jedweden Konkordates mit dem Heiligen Stuhl erklärt haben, mit der Absicht, die Religion zu einer Privatangelegen-

---

23 Erzbischof Maurillo SILVANI war 1946 zum Apostolischen Nuntius in Österreich ernannt worden. Das Protokoll (Anm. 21) hielt fest: „Eminenz begrüßt mit herzlichen Worten den Vertreter des Heiligen Stuhles, welcher zum erstenmal in einer österreichischen Bischofskonferenz erscheint."
24 Protokolle und Niederschriften (Anm. 2), 7. 9. 1948.
25 Erzbischof Johannes DELLEPIANE war 1949 zum Apostolischen Internuntius in Österreich ernannt worden.

heit herabzudrücken, der katholischen Kirche jede Selbständigkeit und jedes Recht zu rauben, sie einfachhin in allem dem Staat zu unterwerfen, dem Heiligen Stuhl die Eigenschaft eines souveränen Staates abzuerkennen und offizielle Beziehungen mit der österreichischen Regierung zu verhindern ...

Die Hierarchie hat nicht Einspruch erhoben, hat keinerlei öffentliche Erklärung abgegeben, hat nichts unternommen, ließ die Katholiken ununterrichtet und ohne Schutz, ließ die Männer der Politik fortfahren ... in ihrem Vernachlässigen und Verschweigen der Gegenstände des Konkordates."

Daß Rom die ÖVP als katholische Partei bzw. als wiedererstandene Christlichsoziale Partei wertete, scheint aus den folgenden Sätzen hervorzugehen:

„Der Heilige Stuhl hat ... sein lebhaftes Bedauern ausgedrückt, daß von 1945 bis 1949, als die Katholiken die absolute Mehrheit im Parlament hatten, nichts getan wurde, um die Rechte der Kirche wirksam zu schützen.

Er wünscht, daß sie wenigstens jetzt, obwohl sie bloß über eine verhältnismäßige parlamentarische Mehrheit verfügen, sich aufraffen, um die wesentlichen Punkte für die Kirche zu wahren und zu fordern: die Anerkennung ... und die Einhaltung des Konkordates, das, wohl verstanden, wenn es der Fall wäre, durch Verhandlungen zwischen den beiden Vertragspartnern Abänderungen unterzogen werden könnte."[26]

Die Bischöfe waren hierüber zutiefst betroffen und sandten im Februar 1950 den Grazer Fürstbischof Ferdinand Stanislaus Pawlikowski nach Rom, um die Kurie entsprechend zu informieren und damit zu beschwichtigen.

Daß dem steirischen Oberhirten diese Aufgabe zukam, mag mehrere Gründe gehabt haben, wobei die Drangsal, die er wie kein anderer österreichischer Bischof während der NS-Zeit zu erdulden hatte, für das Gesprächsklima im Vatikan sicher für förderlich angesehen wurde. Dem Papst Pius XII. ließ der Grazer Fürstbischof über Giovanni Battista Montini, den späteren Papst Paul VI., vor seiner Papstaudienz ein Rechtfertigungsschreiben zukommen.

Wie tief getroffen, um nicht zu sagen beleidigt, die Bischöfe vom Schreiben des Apostolischen Internuntius waren, läßt sich aus nachstehender Passage im Schreiben an den Papst ersehen: „Diese Worte", damit waren die entsprechenden Ausführungen im Brief Dellepianes gemeint, „fassen wir Bischöfe 1.) als Mißtrauensvotum auf, wie es deutlicher nicht ausgesprochen werden könnte. Wir sollten eigentlich daraus die Konsequenz ziehen und resignieren. Wenn wir nicht mehr das Vertrauen des Apostolischen Stuhles besitzen, bleibt uns nichts anderes übrig als abzutreten.

Das Rundschreiben zeugt 2.) von Unkenntnis der österreichischen Verhältnisse. Wenn die österreichische Volkspartei als katholische Partei bezeichnet wird, so entspricht das keineswegs den tatsächlichen Verhältnissen.

Das Rundschreiben nimmt uns, wenn der Inhalt durchsickert, 3.) unsere Reputation vor der Öffentlichkeit und untergräbt unsere Autorität beim Klerus.

---

26 DAG, Akten von Bischof SCHOISWOHL (in der Urk.-Box). Der seinerzeitige Referent der Österreichischen Bischofskonferenz für Vermögensfragen, Bischof Dr. Josef SCHOISWOHL, hat, datiert mit 14. 2. 1961, eine penible Sammlung von Aktenstücken zu den Konkordats- und vermögensrechtlichen Fragen angelegt und vermerkt: „Die in diesem Konvolut enthaltenen Akten sind für das Archiv bestimmt. Sie dürfen vor 1980 weder veröffentlicht noch zu Studienzwecken benützt werden." Herrn Dr. Norbert MÜLLER, dem Leiter des DAG, sei für die Zurverfügungstellung gedankt. Vgl. LIEBMANN: Von der „Kirchensteuer" (Anm. 19).

Das Rundschreiben ist 4.), vorausgesetzt, daß die erhobenen Vorwürfe berechtigt wären, in einem Ton gehalten, der verletzend ist und den wir residierenden Bischöfe bisher nicht gewohnt waren."[27]

So interessant, aussagekräftig und informativ dieses Schreiben über die Haltung des österreichischen Episkopates zur Konkordatsmaterie und zu staatskirchenrechtlichen Belangen überhaupt ist, seien aus thematischen Gründen nur die Charakterisierungen der politischen Parteien, insbesondere der ÖVP, herausgegriffen.

Daß die ÖVP nicht einfach als katholische Partei im Sinne der politischen Vollstreckerin kirchlich-episkopaler Interessen und Bestrebungen anzusehen ist, wurde mit der eben zitierten Textstelle (keineswegs katholische Partei) grundsätzlich richtiggestellt. Dann wird die ÖVP charakterisiert, gewürdigt und mit anderen politischen Kräften verglichen. Das Verhalten von stürmischen Geistlichen – womit primär Otto Mauer gemeint war[28] – oder kirchlich engagierten Laien wird mit dem von Männern der ÖVP in Parallele gesetzt: „Es gibt Stürmer im jungen Klerus, unter den katholischen Laien, unter den katholischen Hochschülern und nicht zuletzt auch in den politischen Parteien. Es sind dies meist solche Männer, die gerne eine politische Rolle spielen, oder eine politische Stellung erlangen wollen, oder die bei der jüngsten Wahl aus der Politik ausgeschaltet worden sind. Auch die Österreichische Volkspartei klagt über solche Stürmer, die selbst mit Hintansetzung der Parteidisziplin und aller Bedachtnahme auf religiöse Forderungen fortwährend Kritik üben und mit ihrer Meinung durchdringen wollen."

Um klar und deutlich herauszukehren, daß die ÖVP wirklich keine katholische Partei ist, wird in den beiden Eingaben (Papst und Internuntius) immer wieder das Epitheton „bürgerlich" davorgesetzt.

Die Bischöfe ließen den Papst mit dem Ausdruck des Bedauerns auch wissen, daß die britische Besatzungsmacht bei den Wahlen im November 1945 die Sozialdemokratie mehr als notwendig gefördert hat. Da bei diesen Nationalratswahlen die ÖVP mit 85 Mandaten bei 76 für die SPÖ und 4 KPÖ die absolute Mehrheit erlangte, erscheint die folgende Bemerkung im Bischofsschreiben nicht recht verständlich: „Freilich hat die bürgerliche Volkspartei bei dieser ersten Wahl nicht jene Mehrheit erlangt, um allein regieren zu können und war daher gezwungen, mit der sozialdemokratischen Partei eine Koalition einzugehen."

---

27 Schreiben der österreichischen Bischöfe an Papst PIUS XII. Der Grazer Fürstbischof scheint bei der Briefkonzeption federführend gewesen sein, wie seine diversen handschriftlichen Korrekturen der Vorlage, aus der hier zitiert wird, es nahelegen. Außerdem heißt es in der Briefeingangspassage: „Wir drei ältesten Bischöfe, Herr Kardinal Innitzer, Herr Bischof Memelauer von St. Pölten und ich als Bischof von Seckau-Graz, haben nach gepflogener Beratung beschlossen." Inhaltlich weitgehend gleichlautend wurde von den Bischöfen auch dem Internuntius ein Schreiben geschickt. Hierin fehlt diese eben zitierte Autorenangabe. Beide Schriftstücke in DAG, das an den Papst in: Protokolle und Niederschriften (Anm. 2), März 1950; das an DELLEPIANE in Akten SCHOISWOHL (Anm. 26).

28 Dem Papst hat PAWLIKOWSKI bei seiner Audienz am 26. Februar 1950 auch zwei Geistliche genannt, die beim Nuntius das große Sagen hatten: „Ich bemerkte weiter... daß der Nuntius sich von jüngeren Stürmern, so von P. Frodl und Dr. Mauer beraten lasse." DAG, Nachlaß Pawlikowski BIKO. Vgl. LIEBMANN: Von der „Kirchensteuer" (Anm. 19); Tagebuch Pawlikowski, DAG.

Darauf folgte ein an Schwarzweißmalerei gemahnender Vergleich zwischen ÖVP und SPÖ mit Schutzbehauptungstendenz. Wobei die Bischöfe kein Hehl daraus machten, daß ihr Herz mehr für die Beamten als für die Arbeiter schlug: „Heute muß man sich wundern, daß die Österreichische Volkspartei innerhalb weniger Jahre das Volk beruhigt, größere Ausschreitungen verhindert, viel Not überwunden, das wirtschaftliche Leben wieder gehoben und trotz der Bevormundung durch die Besatzungsmächte, die jede gesetzgeberische Verordnung ihrer Zustimmung oder Ablehnung vorbehalten haben, die Ordnung wieder hergestellt hat. Dazu kommt die Sorge für die Hunderttausenden von Flüchtlingen, die aus aller Herren Länder nach Österreich übersiedelt sind.

Die sozialdemokratische Partei hat zur Neuordnung wenig beigetragen. Sie war nur immer darauf bedacht, die für die Arbeiter errungenen Vorteile zu erhalten und neue Vorteile hinzu zu gewinnen. Die österreichische Volkspartei hatte mit den materialistisch eingestellten Sozialdemokraten immer harte Kämpfe zu bestehen, um die kulturellen Belange zu retten, zu schützen und zu fördern. Daß diese Festellung nicht übertrieben ist, läßt sich wohl durch die Tatsache bekräftigen, daß alle Wünsche der Arbeiter nach Lohnerhöhungen erfüllt werden, während Beamte, Richter und Hochschullehrer bei ihren niedrigen Bezügen belassen werden, die manchesmal nicht an das heranreichen, was gewöhnlich Arbeiter verdienen."

Zum Ausgang der Nationalratswahl vom Oktober 1949, bei der die ÖVP acht und die SPÖ neun Mandate verlor und der VdU (Vorläufer der FPÖ) auf Anhieb 16 Mandate gewann, bemerkten die Bischöfe, daß die „Sozialdemokraten einen größeren Verlust an Mandaten" hätten hinnehmen müssen als die ÖVP. Daran schließt sich eine soziologische und weltanschauliche Analyse der ÖVP-Wähler an: „Auch die Volkspartei hat bei der letzten Wahl eine scharfe Dreiteilung erfahren: ein Drittel sind Bauern, ein Drittel Arbeiter und ein Drittel Beamte, Angestellte und dergleichen. Ein Drittel ist christlich eingestellt, ein Drittel religiös neutral und ein Drittel aus opportunistischen Gründen mitlaufend. Namentlich die ehemaligen Nationalsozialisten, die zur Volkspartei gestoßen sind, halten mit der Volkpartei nur deshalb mit, weil sie den Block gegen den Bolschewismus und Kommunismus stärken wollen. Dieser Zuwachs war bisher für religiöse Forderungen ganz und gar nicht interessiert. Es besteht aber Aussicht, die zur Volkspartei gestoßenen Nationalsozialisten auch für religiöse Belange zu gewinnen."

Weshalb setzten sich die Bischöfe mit den politischen Parteien so intensiv auseinander, weshalb mischten sie sich überhaupt in parteipolitische Belange ein, muß hier gefragt werden. Die Antwort ist einfach: Es geht einzig und allein um die Klarstellung, warum die Bereinigung der Konkordatsmaterien im Sinne der Kirche so schwierig war bzw. erschien. Wobei den Bischöfen die Anerkennung des „Dollfuß-Konkordates" als völkerrechtlich gültiger Vertrag eher zweitrangig erschien, zumal sie ohnehin nicht Vertragspartner waren. Den Bischöfen scheint ein Modus vivendi, den sie mit der Regierung aushandeln wollten, und nicht die völkerrechtliche bzw. staatskirchenrechtliche Gültigkeit des Konkordates das primäre Anliegen gewesen zu sein. So führten sie den Kampf für die Gültigkeit des Konkordates einerseits nur mit halbem Herzen und anderseits nur auf massives Drängen durch die römische Kurie. Die Auseinandersetzung in der Öffentlichkeit scheuten sie überhaupt und wollten ihr aus dem Weg gehen. Wenn man diese mehr auf Pastoral als auf Kirchenpolitik orientierte

Haltung vor Augen hat, wird die Schlußbitte im besagten Schreiben an den Papst nicht nur verständlich, sondern auch plausibel: „Wir Bischöfe Österreichs bitten Eure Heiligkeit um direkte Weisungen, ob wir bei der österreichischen Regierung trotz der jetzt obwaltenden schwierigen politischen Verhältnisse auf die Vollanerkennung des Konkordates drängen oder eine günstige Gelegenheit hiezu abwarten sollen. Von einer Diskussion dieser Frage in der Öffentlichkeit möchten wir mit Hinweis auf die obangeführten Gefahren entbunden werden."

Um die ÖVP besorgt

Im April 1950 wandte sich der Amnestie-Aktionsausschuß der ÖVP-Landesleitung Steiermark an die österreichischen Bischöfe, „um diese fürchterlichen und unsere Heimat so sehr schädigenden Rache- und Ausnahmsgesetze aus der Welt schaffen zu helfen".[29] Um den Fürstbischof zur Mithilfe zu motivieren, wird eine kurze historische Reminiszenz vorausgeschickt: „Wir erlauben uns daran zu erinnern, daß es die österreichischen Bischöfe waren, die als erste Rufer auftraten, im Sinne einer Befriedung unserer Heimat. Kurz hernach sprach Herr Staatspräsident Dr. Karl Renner von den ehemaligen Nationalsozialisten als dem ‚Abschaum der Menschheit', worauf Herr Fürsterzbischof Dr. Rohracher diesen Abschaum der Menschheit im Lager Glasenbach aufsuchte und den Inhaftierten Mut zusprach, welchen Besuch er dadurch unterstrich, daß er ihn nicht als Privatmann, sondern als Kirchenfürst im vollen Ornate vornahm." Darauf wird das einschlägige Bemühen des dritten Nationalratspräsidenten, Dr. Alfons Gorbach, als Tat-Christentum gewürdigt. Gorbach sei es auch bereits gelungen, „einige Mandatare der ÖVP, die nicht vom Haß verblendet waren, auf seine Linie zu bringen...".

Das Motiv der christlichen Nächstenliebe, um die NS-Belasteten zu amnestieren, wird durch das Angstmotiv, die „Ehemaligen" könnten in den Kommunismus – Bolschewismus abgleiten, ergänzt, wobei die „Ehemaligen" sogar zu den christlich-abendländischen Kulturkämpfern gezählt werden, wenn es weiter heißt: „Dieser Gefahr gilt es mit allen Mitteln entgegenzutreten, wenn der Kommunismus mit seinen Auswirkungen nicht auch in jenen Menschen Platz greifen soll, die bisher nicht nur ideologisch, sondern auch tatsächlich die aktivsten Kämpfer für die christlich-abendländische Kultur waren."

Dieser Brief, den Gorbach selbst inspiriert und konzipiert hatte[30], endete mit der pathetischen Hervorkehrung der schweren Verantwortung der Interventionisten: „Aus tiefstem Verantwortungsbewußtsein für Volk und Heimat, die im Schatten des

---

29 Der Brief ist von Herrn HAINZL aus Kurzheim bei Pöls unterschrieben und mit 20. 4. 1950 datiert. Protokolle und Niederschriften (Anm. 2).

30 GORBACH schrieb an Kanzler STEINER ins Grazer fb. Ordinariat am 3. VIII. 1950, bezugnehmend auf diesen Brief des Amnestie-Aktionsausschusses: „Dieser Brief wurde im Einvernehmen von mir verfaßt und abgesendet und richtet sich an alle Bischöfe Österreichs." Ebd. Im Dezember 1950 bedankte sich der Amnestie-Ausschuß bei Fürstbischof PAWLIKOWSKI: „Mit besonderem Dankgefühl haben die durch das NS-Gesetz Betroffenen und die um Recht und Freiheit Ringenden die Stellungnahme der Bischofskonferenz bzw. des Bischofs an den Herrn Bundeskanzler zur Kenntnis genommen". Ebd.

bolschewistischen Kolosses stehen, durchdrungen vom Glauben an den Sieg von Recht und Gerechtigkeit, sind die Unterzeichneten an die schwere Aufgabe der Befriedigung herangegangen."

Der Vorschlag von Vertretern des ÖAAB und der Führung der Katholischen Arbeiterjugend Wiens, namentlich von Präsident Ignaz Köck[31] und Minister a. D. Altenburger[32], auf Errichtung einer „Christlichen Gewerkschaftsjugend" innerhalb des ÖGB, rief eine rege Diskussion hervor. Die Skepsis diesem Projekt gegenüber war durchgehend. So wurde argumentiert, daß die „Christliche Gewerkschaftsjugend" ohne Einverständnis der ÖVP christliche Forderungen erheben" und damit den Arbeiter- und Angestelltenbund in immer schärferen Gegensatz zu den übrigen Verbänden der ÖVP bringen und dadurch eine politische Aufspaltung der Partei herbeiführen könnte, was sich bei kommenden Wahlen vermutlich dahin auswirken würde, daß durch einen Stimmenverlust die Mehrheit der ÖVP und die Regierungsbildung für diese in Frage gestellt werden könnte". Dieses förmliche Nein zur Errichtung einer eigenen Gewerkschaftsfraktion der Christlichen Jugend aus Rücksicht auf die ÖVP wird ergänzt um die Sorge, die KA könnte dadurch an Einfluß verlieren, und außerdem könnte dies für sie zu weiteren Spannungen mit der SPÖ führen: „Durch die christliche Gewerkschaftsjugend als Vorfeldorganisation der Katholischen Aktion könnte diese auf das rein religiöse Gebiet beschränkt werden und damit zur Einflußlosigkeit im öffentlichen Raum verurteilt werden. Andererseits könnte die christliche Gewerkschaftsjugend von sozialistischer Seite als ein unmittelbarer Exponent der Katholischen Aktion aufgefaßt werden, was wieder zu einer Verschärfung des ohnehin schon angespannten Verhältnisses zwischen Katholischer Aktion und SPÖ führen würde."[33]

Die Bischofskonferenz schloß sich offensichtlich diesen Bedenken an und beschloß lapidar und distanziert: „Die Gründung einer christlichen Gewerkschaftsjugend, die Minister Altenburger unlängst verkündet hat, kann die Bischofskonferenz keineswegs veranlassen, ihren seinerzeitigen Beschluß zu ändern, nach dem die Katholische Arbeiterjugend (KAJ) ihre ausschließliche Förderung hat."[34]

Bei der Bundespräsidentenwahl 1951 gibt die KA eine eindeutige Wahlempfehlung für den ÖVP-Kandidaten Heinrich Gleißner ab, ohne ihn namentlich zu nennen: „Katholiken ... entscheidet euch für einen Mann, der
1. Aussicht auf Wahlerfolg hat,
2. bereits über staatsmännische Erfahrung verfügt und
3. sich nicht nur vor der Wahl Katholik nennt, sondern schon aufgrund seines bisherigen Lebens als Tatchrist bekannt ist."[35]

---

31 Biographisches Handbuch der österreichischen Parlamentarier 1918–1993. Hg. von der Parlamentsdirektion. Wien 1993. S. 284.
32 Ebd., S. 15.
33 Memorandum über „Christliche Gewerkschaftsjugend". Protokolle und Niederschriften (Anm. 2), Frühjahr 1951.
34 Protokolle und Niederschriften (Anm. 2), 24. und 25. 10. 1951.
35 Ebd. Vgl. Markus LEHNER: Vom Bollwerk zur Brücke. Katholische Aktion in Österreich. – Thaur – Wien – München 1992. S. 118. Punkt eins und zwei dieser Wahlempfehlung waren klar gegen den Priester und Lebensreformer DDDDr. Johannes UDE gerichtet, drei gegen den späteren Wahlsieger Theodor KÖRNER. Da die KA die offizielle Laienorganisation der Kirche darstellte (bzw. darstellt), mußten (bzw. müssen) ihre Beschlüsse, auch die internen, der BIKO (Bischofskonferenz) vorgelegt werden.

Der Ausgang der Bundespräsidentenwahl, der nicht im Sinne dieser klaren Wahlempfehlung war, hatte gravierende Auswirkungen auf die Konkordatsunterhandlungen zwischen der Bischofskonferenz, die eine Konkordatskommission eingesetzt hatte, und diversen staatlichen Stellen. Die ÖVP, bis dahin eine mächtige Befürworterin konkordatär-kirchlicher Bestrebungen, speziell bei Schul- und Ehefragen, agierte zurückhaltender, distanzierter: „Ebenso geht auf einmal in ÖVP-Kreisen offenbar ohne jede Fühlungnahme mit kirchlichen Stellen das merkwürdige Gerede von einer Volksabstimmung in Ehe- und Schulfragen los: wiederholt Min. Raab[36], ebenso Hurdes", berichtete Innitzer[37] enttäuscht der Bischofskonferenz im Herbst 1951.

Die episkopale Konkordatskommission empfahl der Bischofskonferenz, Dr. Otto Schulmeister eine Anerkennung für seinen Artikel in „Wort und Wahrheit" auszusprechen, in dem zwingend ausgeführt werde, „daß das Konkordat von 1934 völkerrechtlich gültig ist".[38]

Betreffend die Schulfrage listete die Bischofskonferenz 1953 präzise die Unterschiede zwischen SPÖ und ÖVP auf:

Strittige Punkte im Schul- und Erziehungsgesetz

SPÖ	ÖVP
1. Privatschulen	
Lebende Subventionen im gleichen Ausmaß wie 1933 bleibend und valorisiert und Öffentlichkeitsrecht für gleich viele Schulen (ohne Erweiterung) wie 1933. Sonderregelung für das Burgenland.	Subventionen für so viele Lehrkräfte an privaten Schulen, als es auf ihre Schüler nach dem Schlüssel an öffentlichen Schulen trifft. Öffentlichkeitsrecht für alle Privatschulen, die dem Gesetze entsprechen. (sic!)
2. Neuntes Schuljahr	
Verlängerung der Schulpflicht um ein Jahr als Notwendigkeit im Gesetz festzulegen, praktische Durchführung später; Einreihung als letztes Schuljahr.	Schulische Notwendigkeit anerkannt, Zustimmung bäuerlicher Kreise ungewiß; Einreihung als 5. Klasse.
3. Allgemeine Mittelschule	
Einheitsschule für alle gleich bis zum 15. Lebensjahr. Ablehnung der achtklassigen Mittelschulen. Allgemeinbildende Obermittelschulen.	Weiterbestand der Hauptschule, Weiterbestand der achtklassigen Mittelschulen.

---

36 Biographisches Handbuch (Anm. 31). S. 458 f.; Ludwig JEDLICKA: Julius RAAB (1891–1964). – In: Neue österreichische Biographie. Bd. 16. – Wien 1965. S. 9–24; RAAB Julius: Selbstporträt eines Politikers. – Wien – Köln – Stuttgart – Zürich 1964.
37 Maschinschriftlicher Bericht Kardinal INNITZERS. Protokolle und Niederschriften (Anm. 2), Herbst 1951.
38 Ebd., vgl. Wort und Wahrheit, 5. Jg., 1950. S. 641–646.

4. Lehrerbildung

Nach der allgemeinen Mittelschule (acht Jahre) vierklassiges Sozialgymnasium mit Matura, dann vier Semester praktisch-pädagogische Ausbildung an besonderen Instituten (nicht an der Hochschule). Möglichst späte Berufswahl. Aufnahmen auch von anderen Maturanten.

Möglichst frühe Erfassung und musischpädagogische Ausbildung in sechsklassiger Akademie mit vier Jahren Unter- und zwei Jahren Oberstufe, die nicht an jeder dieser Anstalten sein müßten.[39] (sic!)

Statt Gründung einer zweiten, für Katholiken wählbaren Partei: Unterstützung der ÖVP

Die Nationalratswahl (Landtagswahl) 1953 gab zu grundsätzlichen parteipolitischen Überlegungen Anlaß. In einem vertraulichen 16seitigen Elaborat mit dem Titel „Politik aus christlicher Verantwortung hier und jetzt"[40] werden drei Möglichkeiten der politischen Entscheidung ventiliert:
„I. Völliger Verzicht der Kirche auf politisches Engagement;
II. Gründung einer zweiten, für Katholiken wählbaren Partei;
III. Das kalkulierte Risiko einer Unterstützung der ÖVP."
Alle drei Möglichkeiten werden mit Für und Wider durchreflektiert und analysiert. Bei der zweiten Option, der Gründung einer zweiten, für Katholiken wählbaren Partei, lauten positive Argumente: „Umgekehrt, wenn es eine zweite, für Katholiken wählbare Partei gäbe, die sich der Nöte aller in den letzten 20 Jahren hinuntergetretenen Schichten annähme, dann würden sich um einen solchen katholisch beladenen Links-Pol Wähler sammeln, die für die ÖVP ohnehin verloren wären. Auch für eine reduzierte ÖVP wäre diese Entwicklung nur von Vorteil; denn sie hätte damit einen Partner, der in religiösen Fragen dieselbe Sprache spräche ... Diese Konstellation böte auch noch einen sehr wünschenswerten Nebeneffekt. Wenn es zwei, für Katholiken gleicherweise wählbare Parteien gäbe, könnte sich der Episkopat und durch ihn die Katholische Aktion darauf beschränken, für die Anerkennung und Durchsetzung eines gemeinsamen kulturpolitischen Programms und für die Einhaltung eines Burgfriedens besorgt zu sein. Da dann beide politischen Gruppen um die Stimmen der Katholiken werben müßten, würde sich gerade in kulturpolitischer Hinsicht eine gesunde Konkurrenz ergeben. Die Kirche könnte dadurch wirksamer als bisher für alle Parteien im Staate der Anwalt des öffentlichen Gewissens sein."

Wie deutlich ablesbar, hat das parteipolitische Engagement der Kirche bzw. der Katholischen Aktion als Motivation die Bereinigung der kulturpolitischen Belange. Es geht ihr mehr oder minder ausschließlich um die Lösung der umstrittenen Konkordatsmaterien und damit um die staatskirchenrechtliche Absicherung, um den Anspruch der Kirche auf öffentlich-rechtliche Körperschaft. Die staatliche Anerken-

---

39 Protokolle und Niederschriften (Anm. 2), Frühjahr 1953.
40 Ebd., Herbst 1952. Vgl. hierzu: Positionsbestimmungen. Die Katholiken in der Zweiten Republik Österreich. – In: Wort und Wahrheit, 4. Jg., 1949. S. 641–663.

nung des Konkordates, wie sie der Hl. Stuhl so kompromißlos betrieb, wird jedoch nicht direkt genannt.

Gegen eine zweite für Katholiken wählbare Partei wird ins Treffen geführt: „Die derzeitige österreichische Wahlgesetzgebung bevorzugt einseitig die großen, schon bestehenden Parteien und benachteiligt die Bildung neuer Parteien. Eine von Katholiken gegen die ÖVP gegründete Splitterpartei würde nicht nur für deren Niederlage verantwortlich gemacht werden, sondern sie besorgte auch, ohne es zu wollen, die Geschäfte der Kommunisten; waren doch katholische Splitterparteien eines der Mittel gewesen, mit deren Hilfe in Ungarn die Kleinlandwirtepartei geschwächt wurde."

Der Vorzug wird schließlich der dritten Option mit dem erklärten Ziel, sie zu unterwandern, gegeben: Von der ÖVP „kann man in vertraulichen Verhandlungen fordern, daß aktive Katholiken innerhalb dieser Partei eine echte Einflußchance erhalten; sind es doch die Gesinnungswähler – die naiven, die ihre Anhänglichkeit an die alte christlichsoziale Partei unbesehen auf die ÖVP übertragen, und die reflektierten, die erst nach reichlicher Gewissensprüfung zu dem Schluß kommen, daß diese Partei trotz allem Enttäuschenden noch immer das kleinere Übel sei –, diese Wähler aus Weltanschauung und Gewissen sind es, denen bisher die ÖVP faktisch ihr leichtes Übergewicht gegenüber der SPÖ verdankte".

Mit diesem Vorhaben, die ÖVP durch Einschleusen von profilierten katholischen Persönlichkeiten zu unterstützen, korrespondieren sofort taktische Überlegungen: „Es wäre für die ÖVP im Augenblick geradezu gefährlich, von ihr öffentlich besondere kulturpolitische Garantien für die Kirche zu fordern, da nur ein überwältigender Sieg diese Partei in die Lage versetzen würde, ihre Versprechungen einzulösen. Dieser ist aber sehr unwahrscheinlich. Vielmehr böte ein solcher Versuch der Festlegung gerade der SPÖ den willkommenen Vorwand, die antiklerikalen Affekte jener Schichten, die noch immer in einer Absetzbewegung von der Kirche begriffen sind – und dazu gehören auch viele ÖVP-Wähler, erneut anzufachen."

Dem folgt ein Satz, der einerseits den politischen Katholizismus der KA, anderseits ihr Selbstbewußtsein zum Ausdruck bringt: „Bei diesen Nationalratswahlen steht nämlich mehr auf dem Spiel, als auf den ersten Blick scheinen mag. Es geht nicht bloß wieder um den ersten Einsatz aktiver Katholiken in der Politik 196 gewiß im Auftrag der Kirche, aber auf eigene Gefahr –, sondern um den ernsten Versuch einer echten Reform der ÖVP aus christlicher Verantwortung."

Für den Fall, daß diese aktiven Katholiken aus der KA sich nicht durchsetzen und die Reform der ÖVP aus christlicher Verantwortung nicht gelingt, wird der Realisierung der zweiten Option, d. h. der Gründung einer katholischen Partei, das Wort geredet: „Würde es dieser neuen Gruppe innerhalb einer bestimmten Frist nicht gelingen, sich innerhalb der Partei durchzusetzen, weil diese allzuviel Rücksicht auf weltanschauliche Neutralisten und Konformisten übte, dann wäre das Wagnis des zweiten Weges auch dann nicht mehr länger aufzuschieben, wenn die ÖVP diese Nationalrats- und Landtagswahlen gewänne, d. h. sich ihren Besitzstand erhielte. *Beide, die ÖVP und die Katholiken sind heute an eine Wegkreuzung* gelangt. Daß diese Partei im Ausland und gegenüber den Katholiken als eine christlich-demokratische gelten will, ohne die daraus sich ergebenden Verpflichtungen zu übernehmen, wird auf die Dauer von dem dynamischen, sozial progressiven, intellektuellen Teil der katholischen Wähler nicht mehr länger hingenommen werden."

Dann wird die Bischofskonferenzstudie ganz konkret, um diese strategischen Überlegungen der politischen Umsetzung zuzuführen: „Zentral für ganz Österreich und für jede Diözese ist die längst geplante ‚Arbeitsgemeinschaft für öffentliches Leben' zu errichten. Aus ihrem Schoß muß sich die Einsatzgruppe jener Katholiken entwickeln, die sich für das indirekte Apostolat im Bereich der Politik entschlossen haben, und ein eigenes Kontaktkomitee mit der ÖVP. Bei völliger Wahrung der Unabhängigkeit der Partner kann es auf dieser Plattform z. B. zu einer Abstimmung der beiderseitigen Versammlungstätigkeit, der sich speziell an die Katholiken wendenden Propaganda kommen... Da mit der Möglichkeit gerechnet werden muß, daß es ohne unser Zutun zu einer kulturkämpferischen Akzentuierung des Wahlkampfes durch die SPÖ kommt, muß von der Arbeitsgemeinschaft für öffentliches Leben ein eigenes Propaganda-Team bereitgehalten werden, um in eigener Sache sofort und massiv eingreifen zu können. (Als Arbeitstitel sei vorgeschlagen: ‚Christliches Informationszentrum'.) Allenthalben sind die Grenzen der Beeinflussung der öffentlichen Meinung durch das suggestive Plakat erkennbar; daher ist einer gutgeleiteten Flüsterpropaganda stärkstes Augenmerk zuzuwenden."

Auch über jene Katholiken, die jetzt schon „in der Politik" arbeiten, wurde in dieser Studie nachgedacht. Da diese offensichtlich noch nicht das richtige Kirchenbild und das entsprechende christliche Ethos hatten, wird deren Gewissensbildung angepeilt: „Für jene Katholiken, die jetzt schon in der Politik arbeiten, sind eigene Einkehrtage und Exerzitien zu veranstalten. Darüber hinaus wäre ein Treffpunkt zu schaffen, wo es ihnen möglich wäre, durch einen speziell beauftragten Seelsorger jederzeit die nötige Gewissensformierung zu erhalten."

Da die neuen, aus der KA kommenden Politiker diese Gewissensformung augenscheinlich nicht mehr nötig haben, ist für sie anderweitig Vorsorge zu treffen. Sie sollten nach dem Vorbild des Opus Dei fraktioniert werden: „Der neueintretende Nachwuchs an katholischen Politikern wäre, um seine geistliche Erneuerung und sittliche Sauberkeit zu sichern, nach Art des spanischen Opus Dei zusammenzuschließen. Das Ziel all dieser Maßnahmen wäre, durch einen relativen Überfluß an missionarisch geschulten Menschen die wichtigste Voraussetzung für eine Reform der ÖVP oder der Errichtung einer zweiten für Katholiken wählbaren Partei zu schaffen. *Wir brauchen in Österreich einen neuen Typ des christlichen Politikers.*"

Dieses namentlich nicht gezeichnete, höchst interessante und aufschlußreiche Elaborat, das im Herbst desselben Jahres 1952 der Bischofskonferenz vorlag, in dem im Mai das sogenannte „Mariazeller Manifest" verfaßt wurde, wirft Fragen nach seiner damaligen Bewertung auf, die der näheren Erforschung harren. Die Studie endet mit einem typischen theologischen Gedankengut aus dem „Bund Neuland" bzw. der damaligen KA-Führung, weshalb ihr Verfasserkreis[41] sehr eng zu ziehen sein dürfte: „Laßt uns das Äußerste tun, um unser Vaterland zur Anerkennung der Königsherrschaft Christi zu bringen und dadurch die letzte Prüfung unserer Versuch-

---

41 Da Msgr. Otto MAUER, „Kopf und Faust der ‚Katholischen Aktion' in Österreich (nach 1945)" sich so vehement für das (partei)politische Engagement von Persönlichkeiten aus der KA eingesetzt hat, wie noch zu zeigen sein wird, dürfte dieses Elaborat, das klar ein wohldurchdachtes Strategiepapier ist, ihm selber oder einem aus seiner nächsten Umgebung zuzurechnen zu sein. Das Zitat vorhin („Kopf und Faust") stammt von August Maria KNOLL: Katholische Aktion und Aktion der Katholiken. – In: Wilfried DAIM/Friedrich HEER/August

lichkeit durch den Antichrist – er wird im caesarischen Purpur politischer Macht auftreten – so lange als möglich hinausschieben!"

Die ÖVP spart Listenplätze für die KA aus

Im Sinne dieses klar durchdachten, politisch grundlegenden Elaborates formierten sich Kontaktgruppen, was die KA im übrigen schon im Mai 1949 beschlossen hatte: „Kontakt-Komitees führen in den einzelnen Diözesen Recherchen bezüglich der Nennung jener katholischen Männer, die das Vertrauen der KA besitzen, auf den Wahllisten der Parteien durch."[42]

Ebenso 1949 schon konnte Otto Mauer[43], der Kopf und die Faust der KA, über erste Gespräche berichten, „daß die uns nahestehenden Politiker unseren Forderungen gegenüber aufgeschlossen sind und der Einflußnahme auf die Aufstellung der Kandidaten sowohl für die Nationalrats- als auch für die Landtags- (bzw. Gemeinderats-) Wahlen 1949 durchaus Verständnis entgegenbringen."[44]

Knapp vier Jahre später, beim Jahreswechsel 1952/53, wird zur Tat geschritten. Für den 22. Februar 1953 waren Nationalratswahlen angesetzt, zudem gab es mit gleichem Datum Landtagswahlen im Burgenland, in der Steiermark und in Kärnten sowie Gemeinderatswahlen in Graz und Klagenfurt. Damit wurden die entsprechenden Kontaktkomitees der KA zur ÖVP aktiv, um über Kandidatennominierungen zu verhandeln.

Maria KNOLL (Hg.): Kirche und Zukunft. – Wien 1963. S. 71–110, zitierte Stelle S. 78. Im offiziellen Bericht der Pressestelle des österreichischen Katholikentages, der von Richard BARTA verfaßt wurde und der später – erst nach 1962 – den heute allgemein üblichen Titel „Mariazeller Manifest" erhielt und der weder eine Beratungs- noch eine Beschlußmaterie einer österreichischen Bischofskonferenz war, stehen Sätze, die schwer nachvollziehbar, vor allem mit dem hier ausführlich zitierten Strategiepapier kaum in Einklang zu bringen sind. Das „Mariazeller Manifest" läßt sich sogar unschwer dahingehend interpretieren, daß es der Annexionstheorie anhängt, was die Negation der Gültigkeit des Konkordates bedeuten würde: „*Eine freie Kirche*, das heißt die Kirche ist auf sich selbst gestellt und nur auf sich selbst. Jede geschichtliche Epoche hat ihre eigenen Notwendigkeiten und ihre eigenen Möglichkeiten. Heute aber hat die Kirche keinen Kaiser und keine Regierung, keine Partei und keine Klasse, keine Kanonen, aber auch kein Kapital hinter sich. *Die Zeit von 1938–1945 bildet hier eine unüberschreitbare Zäsur; die Brücken in die Vergangenheit sind abgebrochen, die Fundamente für die Brücke in die Zukunft werden heute gelegt.* So geht die Kirche aus einem versinkenden Zeitalter einer Epoche neuer sozialer Entwicklung entgegen ...
Keine Rückkehr zum Protektorat einer Partei über die Kirche, das vielleicht zeitbedingt notwendig war, aber Zehntausende der Kirche entfremdete." Aus: Kirche in neuer Zeit. Reden und Erklärungen des Österreichischen Katholikentages 1952. – Innsbruck – Wien – München 1952. S. 45 (Kursiv von mir).

42 Protokoll der Tagung „Katholische Aktion Österreichs" vom 12./13. Mai 1949. Zitiert nach LEHNER: Vom Bollwerk zur Brücke (Anm. 35). S. 115.

43 Zu Otto MAUER (1907–1973) siehe Werner REISS (Hg.): Otto Mauer. Das geschundene Reich Gottes. – Wien 1993; Karl STROBL: Erfahrungen und Versuche. Hg. von Alois KRAXNER, Agnes NIEGL und Friedrich WOLFRAM. – Wien – München 1985. S. 225–230; KAPFHAMMER: Neuland (Anm. 13). S. 209 f. Zu „Kopf und Faust" siehe Anm. 41.

44 Protokoll des 2. Zentralrates der KAÖ am 15./16. Juli 1949. Zitiert nach LEHNER: Vom Bollwerk zur Brücke (Anm. 35). S. 115.

„Etwa 10 Wochen vor der Wahl erwartete die Partei, die als die einzige für die Katholiken wählbar erschien", liest man im Protokoll der Frühjahrstagung 1953 der KA, „von seiten der Kirche bzw. der Katholischen Aktion die Nominierung von Kandidaten." Für uns heute schwer denkbar, heißt es des weiteren: „In einzelnen Bundesländern sind sogar die Stellen für diese Kandidaten ausgespart worden." Überraschend für die KA-Funktionäre damals und für den Historiker heute ist, was im Protokoll folgend zum Ausdruck gebracht wird: „Das Überraschende war, daß diese Nominierungen von seiten der Kirche nicht erfolgt sind. Es wurden zwar Namen genannt, doch ohne daß man sich hinter diese Personen gestellt hätte."[45] Nur in Tirol und in der Steiermark scheint entsprechend agiert worden zu sein: „Die Katholische Aktion hat einen Nationalrat in Tirol und einen in der Steiermark gestellt."[46]

In der Steiermark war die KA in einem Brief vom 8. Jänner 1953 beim Landesparteiobmann der ÖVP, Alfons Gorbach, vorstellig geworden:

„Die von der Katholischen Aktion aufgestellte Arbeitsgemeinschaft für öffentliche Angelegenheiten, welche auf Grund erfolgter Absprachen im Rahmen der Bundesparteileitung und in gleicher Weise in den Landesparteileitungen der ÖVP die Aufgabe hat, die Wünsche der Katholischen Aktion wegen der Kandidaten-Aufstellung für die kommenden Wahlen in die gesetzgebenden Körperschaften darzulegen und zu vertreten, hat ihre Mitglieder ... beauftragt, Ihnen diese Wünsche für das Land Steiermark vorzutragen. Sie hatten die Freundlichkeit, den genannten Herren am 29. Dezember 1952 eine solche Unterredung zu ermöglichen und wir gestatten uns, Ihnen als Landesparteiobmann die dargelegten Wünsche hiermit auch schriftlich bekanntzugeben."

Dem folgt im parteipolitischen Interventionsbrief der KA ein Satz mit dem höchst interessanten Aussagewert, daß die KA die zum Katholikentag 1952 gehaltenen Reden und Erklärungen sowie die „Charta des österreichischen Katholizismus der Nachkriegszeit"[47], das „sogenannte Mariazeller Manifest"[48], als Ermunterung zu ihrer Repolitisierung bzw. zum parteipolitischen Engagement verstanden hat: „Die Katholische Aktion ist sich vollkommen im klaren, daß sie bei den bevorstehenden Wahlen in der ÖVP eine weitestmöglich gesicherte Vertretung der katholischen Interessen finden kann, jener Interessen, die anläßlich des Österreichischen Katholikentages 1952 präzisiert worden sind."

Darauf wird der ÖVP expressis verbis attestiert, daß sie keine katholische Partei ist und sein kann, allerdings fänden in ihr Mandatare Platz, die kompromißlos die katholischen Interessen vertreten und der Beurteilung durch die KA standhalten: „Die ÖVP kann keine ausgesprochene weltanschauliche Partei sein, sie hat aber in ihren Reihen eine entsprechende Anzahl von Mandataren, welche die Gewähr für die Vertretung der oben genannten Forderungen bieten. Die Arbeitsgemeinschaft der

---

45 Protokolle und Niederschriften (Anm. 2), 28. 2.–1. 3. 1953. Vgl. LEHNER: ebd.
46 Protokoll der Herbsttagung 1953 der KA. Zitiert nach LEHNER: ebd.
47 Richard BARTA: Freie Kirche in freier Gesellschaft. – In: Ludwig REICHHOLD (Hg.): Zwanzig Jahre Zweite Republik. Österreich findet zu sich selbst. – Wien 1965. S. 92–101.
48 Ebd. Hierbei erscheint nicht uninteressant, daß Richard BARTA als Autor des Mariazeller Manifestes vom „sogenannten Mariazeller Manifest" spricht. Nach einer schriftlichen Mitteilung am 10. 1. 1994 an mich kann sich Franz HUMMER an Äußerungen BARTAS erinnern, daß dieser das Mariazeller Manifest im Auftrag von Otto MAUER verfaßt hat.

Steiermark wird demnach die von der ÖVP endgültig aufgestellten Kandidaten nach den für die katholischen Interessen maßgeblichen Grundsätzen beurteilen und ist überzeugt, daß diese als Mandatare auch gegenüber der Katholischen Aktion gerne die moralische Verpflichtung übernehmen werden, auf alle Fälle und bei jeder Gelegenheit diese katholischen Interessen kompromißlos zu vertreten."

Darauf werden in diesem aufschlußreichen Zeitdokument konkrete Namen, im bescheidenen Ausmaß, wie die KA meint, genannt: „Die Katholische Aktion hat daher bei der Nennung der Kandidaten an sich nur geringe Wünsche zu äußern und glaubt auch deshalb damit rechnen zu dürfen, daß diese erfüllt werden. Sie rechnet vor allem damit, daß Univ.-Prof. Dr. Hanns K o r e n[49] an aussichtsreichster Stelle für den Nationalrat kandidieren wird können. Weiters wird erwartet, daß als sicherer Kandidat für den Steiermärkischen Landtag sowie ... Chefredakteur Dr. Helmuth S c h u s t e r[50] für den Gemeinderat der Landeshauptstadt Graz ebenfalls an sicherer Stelle aufgestellt werden."

Es folgt die Verpflichtung zur Wahlunterstützung und der Wink mit dem Zaunpfahl einer zweiten für Katholiken wählbaren Partei, nämlich der Christlichsozialen Partei: „Die Arbeitsgemeinschaft verpflichtet sich, in geeigneter Weise die Wahl der hier genannten Kandidaten zu unterstützen. Dies gilt selbstverständlich auch für jene bewährten katholischen Mandatare, deren Kandidatur im Rahmen der Bünde zu erwarten ist. Sie ist überzeugt, damit auch am wirksamsten der Verwirrung begegnen zu können, die durch die Gründung einer sogenannten Christlichsozialen Partei und die Propaganda der anderen Parteien entstanden ist."[51]

Nach der Wahl, aus der die ÖVP geschwächt, die SPÖ gestärkt hervorgegangen war, faßte die KA auf österreichischer Ebene die Beschlüsse:

„a) Die unabdingbare Voraussetzung für jedes Einwirken der KA auf den politischen Raum ist der volle Ausbau der organisierten Katholischen Aktion, insbesondere der Männerbewegung und in ihrem Rahmen der Arbeiterbewegung.

b) Die Katholische Aktion Österreichs beschließt die Ausbildung von Aktivisten und spezialisierten Mitarbeitern für den politischen Sektor.

c) Das Präsidium wird beauftragt, die hochwürdigsten Bischöfe zu ersuchen, darauf zu dringen, daß das Unterrichtsministerium ungeteilt in den Händen der Österr. Volkspartei bleibt und als Minister ein Mann betraut wird, der das Vertrauen der Katholiken besitzt."[52]

In der Steiermark war die KA mit der ÖVP höchst unzufrieden, obwohl ihr Präsident Hanns Koren einen sicheren Listenplatz erhalten hatte und in den Nationalrat gewählt worden war. Diese Unzufriedenheit resultierte aus dem Faktum, daß die noch nominierten Herren nicht jene ÖVP-Listenplätze erhalten hatten, daß sie in den Landtag bzw. Grazer Gemeinderat gewählt wurden. Darauf beschloß die steirische KA: „Der Wahlausschuß wird die Parteileitung nun offiziell aufmerksam machen, daß

---

49 Fritz Posch: Nachruf auf Hanns Koren. Leben und Werk. – In: Zeitschrift des Historischen Vereines für Steiermark, 77. Jg., 1986. S. 5–30. Das große Hanns Koren Buch zusammengestellt von Johannes Koren. – Graz – Wien – Köln 1991.

50 Helmuth Schuster war Chefredakteur der steirischen ÖVP-Tageszeitung Tagespost; zwei weitere, namentlich genannte Herren sind noch am Leben.

51 DAG, Nachlaß Pawlikowski, Politica.

52 Beschlußprotokoll der KA, Frühjahr 1953. Protokolle und Niederschriften (Anm. 2).

sie ihr Versprechen, die jungen Kandidaten an aussichtsreicher Stelle in die Liste aufzunehmen, nicht eingehalten hat ... Für die Weiterarbeit hat der Ausschuß vor, energisch Einfluß zu nehmen, damit die katholischen Belange von der Partei nachdrücklich vertreten werden und daß für eine künftige Wahl schon jetzt jüngere, fähige Kandidaten in Aussicht genommen werden."[53]

Die AKV bringt der ÖVP nichts, verquickt sie aber mit der Kirche

Große Erregung rief die Gründung der Arbeitsgemeinschaft der katholischen Verbände (AKV) hervor.[54] „Kopf und Faust" der KA, Otto Mauer, prognostizierte „eine undurchsichtige Verquickung der Kirche mit der ÖVP". Den wahren Grund seiner tiefen Besorgnis dürfte er mit nachstehenden Worten zum Ausdruck gebracht haben: Die AKV, die sich als „actio catholicorum" definierte[55], „ist heute nicht nur überflüssig, sondern auch unheilvoll, da dadurch ... die Katholische Aktion ‚zu einer Mesnerorganisation degradiert' wird".[56] Franz Karasek[57], der damalige Sekretär des Bundeskanzlers und Bundesparteiobmannes der ÖVP, Julius Raab, hatte die Initiative ergriffen, so wurde im April 1954 „im Rahmen einer Delegiertentagung im großen Sitzungssaal des niederösterreichischen Landhauses die ‚Arbeitsgemeinschaft Katholischer Verbände' – kurz AKV – gegründet".[58] Weil der Initiator Karasek bei Raab Sekretär war, lag für Otto Mauer „die Vermutung einer getarnten Hilfsorganisation der ÖVP nahe", wodurch „eine solche Bewegung leicht zu einer scharfen Frontstellung der österreichischen Katholiken gegen die SPÖ führen könnte".

Die Wortmeldung des geistlichen Assistenten der KA in Vorarlberg, Edwin Fasching, läßt bemerkenswerte Selbstkritik aufkommen: Zunächst warnte er davor, „in der geschilderten ‚actio catholicorum' nur einen Fall aus der Tagespolitik oder eine Methodenfrage zu sehen; tatsächlich gehe es nämlich um Grundsätzliches, um die ‚Rechtgläubigkeit', die ‚Ecclesiologie' selbst".

Darauf berichtete er ungeschminkt aus seinem Bundesland: „In unseren Reihen herrscht ‚eine gewisse Unlust zu arbeiten', da viele, gerade unserer besten Laien in der Katholischen Aktion in Österreich ein ‚Monopol', ja einen ‚Klerikofaschismus' sehen, ‚neben dem nichts anderes bestehen dürfte'."

Da wußte sich Otto Mauer in die Verteidigungsposition gedrängt und suchte zu retten, was zu retten war: „Es sei klar, daß die Katholische Aktion sich nicht in tagespolitische Kleinkämpfe einmischen könne, wohl aber stehe ihr das Recht zu, in

---
53 Protokolle und Niederschriften (Anm. 2), 4. 3. 1953.
54 LEHNER: Vom Bollwerk zur Brücke (Anm. 35). S. 79: „Im Herbst versetzte der ÖVP-Politiker Franz Karasek, CV-Mitglied und Sekretär von Bundeskanzler Raab, die Führung der KA in helle Aufregung."
55 Siehe die Diskussion in: Der Große Entschluß, 9./10. Jg., 1954/55; KNOLL: Katholische Aktion und Aktion der Katholiken (Anm. 41).
56 Protokoll der Frühjahrstagung der KA 1954. Protokolle und Niederschriften (Anm. 2).
57 Biographisches Handbuch (Anm. 31). S. 262; Franz KARASEK: Um eine Orientierung des katholischen Lebens. – In: Der Große Entschluß, 10. Jg., 1954. S. 3–7.
58 Erich Raphael MÜLLER: Die Geschichte der AKV – 1954/1989. – In: AKV-Information. – Wien 1989. Nr. 3, S. 13–25.

sozialethischen und sozialpolitischen Fragen die Rechte der Katholiken zu wahren."[59]

Die Frühjahrstagung mit dieser analytischen Diskussion hatte vom 5. bis zum 7. März 1954 im oberösterreichischen Puchberg stattgefunden, einen Monat, bevor die katholischen Verbände wie CV, KV, Landsmannschaften, Reichsbund etc. auf Karaseks Initiative sich im niederösterreichischen Landhaus zur Gründungsversammlung ihrer Arbeitsgemeinschaft, die damals noch unter den vagen Bezeichnungen wie „Aktion Karasek" bzw. „Volksbund katholisches Österreich" firmierte[60], trafen. Der Linzer KA-Assistent Ferdinand Klostermann[61], den der Geschichtsschreiber der KA, Markus Lehner, unter deren Chefideologen an erster Stelle nennt[62], hatte ein Exposé zum „Karasek-Plan" ausgearbeitet und seinem Bischof Franz Zauner übermittelt.[63] Klostermann unterzieht in einem sechsseitigen, engzeilig geschriebenen Exposé die AKV, die er kurz mit „Volksbund" etikettierte, fußend auf seiner KA-Ideologie, einer leidenschaftlichen Kritik, mit dem Grundtenor: Die AKV ist ein gefährlicher Konkurrent für die KA und muß deshalb verhindert und verboten werden, noch ehe sie gegründet ist. Hartmann dürfte mit seiner These recht haben: „In den Diözesen Linz (treibende Kraft Bischof Zauner, im Hintergrund Ferdinand Klostermann) und in Innsbruck (Bischof Rusch, treibende Kraft sicherlich Ignaz Zangerle[64]) wurde im Frühjahr 1955 über Karasek das Redeverbot (ius vigilantiae) erteilt. Ein in der jüngeren Kirchengeschichte einmaliger Vorgang . . ."[65] Die ÖVP betreffend stellte Klostermann in seiner Intervention für den Bischof bzw. die Bischofskonferenz Überlegungen an, die ein Parteisekretär kaum tiefschürfender vermocht hätte. Auf die inkriminierte, im Entstehen begriffene AKV gemünzt, heißt es höchst kritisch der anderen, aber unkritisch seiner eigenen Position gegenüber: „Eine katholische Organisation, die zugleich politische Ziele verfolgt, bringt unheilvolle Vermengung von Religion und Politik mit sich, ähnlich der, die in der christlich-sozialen Ära bestand." Entweder werde diese dann selber zu einer neuen Partei, oder sie werde „die Gründung einer solchen vorbereiten oder sich als Hilfsorganisation der ÖVP ausbauen". Die Neugründung einer „katholischen Partei" sei zum gegenwärtigen Zeitpunkt aber besonders problematisch. Sie würde nämlich „trotz der Unzufriedenheit weiter katholischer Kreise mit der ÖVP die SPÖ zur stärksten und

---

59 Protokoll der Frühjahrstagung der KA 1954 (Anm. 56).
60 Gerhard HARTMANN: Im Gestern bewährt, im Heute bereit. (Grazer Beiträge zur Theologiegeschichte und kirchlichen Zeitgeschichte. Hg. von Maximilian LIEBMANN. Bd. 2). – Graz – Wien – Köln 1988. S. 462.
61 Ferdinand KLOSTERMANN: Ich weiß, wem ich geglaubt habe. Erinnerungen und Briefe aus der NS-Zeit. Hg. von Rudolf ZINNHOBLER. – Wien – Freiburg – Basel 1987.
62 LEHNER: Vom Bollwerk zur Brücke (Anm. 35). S. 162: „. . . denn niemals sonst waren sich die drei ‚Chefideologen' Klostermann, Mauer und Strobl so einig wie in der Propagierung der Gemeinde als neuer pastoraler Leitidee nach dem Ende des Konzils."
63 Bischof Franz ZAUNER sandte mit Datum 29. 3. 1954 dieses Exposé seinem bischöflichen Amtsbruder Josef SCHOISWOHL nach Graz mit dem lapidaren Bemerken: „Ich bin nicht Referent für diese Angelegenheit." ZAUNER wollte damit SCHOISWOHL als Referatsbischof für die KA im Bereich der österreichischen Bischofskonferenz die Zuständigkeit zuspielen. Protokolle und Niederschriften (Anm. 2).
64 Walter METHLAGL, Eberhard SAUERMANN und Sigurd Paul SCHEICHL (Hg.): Untersuchungen zum „Brenner". Festschrift für Ignaz Zangerle zum 75. Geburtstag. – Salzburg 1981.
65 HARTMANN: Im Gestern bewährt, im Heute bereit (Anm. 60). S. 463.

regierungsbildenden Partei in Österreich machen, nur einen kleinen Kreis von Anhängern gewinnen und müßte sich als ‚katholische' Partei etablieren". Dann schreibt Klostermann einen Satz, bei dem man sich fragen muß, hat er denn für die Kirche keine Gefahr gesehen, wenn die KA Listenplätze bei der ÖVP beanspruchte, wie auch in Oberösterreich geschehen.66 „Es ist absolut nicht wünschenswert, daß die Kirche durch die Gründung dieses ‚Volksbundes' in die tages- und parteipolitischen Auseinandersetzungen hineingezogen wird." Darauf wird die präsumtive AKV als „militant katholisch" apostrophiert, die der „ÖVP schon deshalb nichts bringen könne, weil die kirchengläubigen und praktizierenden Katholiken auf die Propaganda des ‚Volksbundes' negativ reagieren" würden. Außerdem werden diese in der „ÖVP noch mehr als bisher eine klerikale Partei sehen und, nach dem Grundsatz ‚lieber rot als schwarz', sich von ihr absetzen". Klostermann steigert sich in seiner Sorge um die ÖVP ob der Karasek-Initiative bis zu taktischen Überlegungen: Sollte der „Volksbund", womit, wie gesagt, die im Entstehen begriffene AKV gemeint war, ein „charakteristisches Sozialprogramm" haben, „müßten Verhandlungen mit der ÖVP aufgenommen werden, um es zu keinem Gegensatz zur Partei oder zum Wirtschaftsbund der ÖVP kommen zu lassen, was die ganze Aktion wahrscheinlich im vorhinein in Frage stellen würde". Der Höhepunkt seiner um die ÖVP zutiefst besorgten Überlegungen gipfelt in der apodiktischen Personalforderung: „7. Dr. K." (gemeint Karasek), „kann nicht zu gleicher Zeit Sekretär des Bundeskanzlers und Leiter eines so geplanten ‚Volksbundes' sein."

Klostermanns weitere Einwände haben mehr die Angst um die dominierende Bedeutung der KA bzw. ihrer in Österreich auf die Spitze getriebenen Monopol-Ideologie und weniger die ÖVP zum Leitmotiv, weshalb von seinen weiteren Überlegungen nur seine erste diesbezügliche Prämisse wiedergegeben sei. Diese bringt seine Idee einer KA als katholische Massenorganisation, die alle anderen überflüssig mache, unverhohlen zum Ausdruck: „8. Im innerkirchlichen Bereich würde der ‚Volksbund' eine überflüssige und sinnlose Verdoppelung einer Organisationsform darstellen. Die Katholische Aktion ist a priori als Großorganisation des katholischen Volkes gedacht. Auch wenn sie vorerst nur ihre Aktivisten als Mitglieder erfaßt (welches Stadium übrigens in der Diözese Linz längst überwunden ist) und wenn sie ihren Charakter als Organisierung aller aktiven Katholiken beibehält, stellt sie doch durch ihre Veranstaltungen, die sich an alle wenden, ein Organisationsvorhaben dar, das alle Katholiken zu erfassen imstande ist."

Für die Herbstkonferenz der Bischöfe verfaßte die KA ein Memorandum zur „Aktion Dr. Karasek".67 Das Memorandum steht weitgehend mit den gleichen Argumenten, wie sie Klostermann zu Papier gebracht hatte, der AKV ablehnend gegenüber, auch was die parteipolitischen Überlegungen betrifft: „Sozialistisch wählende und sozialistisch organisierte Katholiken würden durch eine solche Organisation weder für die Kirche noch für die ÖVP gewonnen werden ... Für die ÖVP deshalb nicht, weil die bekannten katholischen Forderungen (Ehe, Schule, Konkordat, § 144

---

66 LEHNER: Vom Bollwerk zur Brücke (Anm. 35). S. 115.
67 Der genaue Titel des von Präsident Dr. Rudolf HENZ gezeichneten Elaborats: „Memorandum der Arbeitsgemeinschaft der Katholischen Aktion Österreichs zur ‚Aktion Dr. Karasek'." Protokolle und Niederschriften (Anm. 2).

etc.) für liberale Katholiken als Parolen eher abstoßend als attraktiv wirken." Auch hier finden sich strategisch-taktische Überlegungen zu Gewinnchancen bei der nächsten Wahl: „Der ÖVP ist bei den kommenden Wahlen nur mit Hilfe eines schlagkräftigen sozialen Programms die Gewinnung neuer Wähler möglich, sicher aber nicht mit einer Hilfsorganisation, die die ‚konfessionellen' Gesichtspunkte der Katholiken scharf in den Vordergrund stellt." Selbstredend könne eine politisch orientierte katholische Organisation „nur der ÖVP in die Hände arbeiten ... wenn sie politisch wirksam werden soll", das wiederum müßte „mit Notwendigkeit weite Kreise sozialistisch wählender Katholiken aus dem Kirchenraum hinausdrängen".

Auch für das politische Wirken der Katholiken ist nur die KA zuständig, könnte die Schlußpassage dieses Memorandums zusammengefaßt werden: „Die Frage der Wirksamkeit der Katholiken im politischen Leben und der Ausschöpfung des politischen Potentials der österreichischen Katholiken wird am besten gelöst werden, wenn innerhalb der Gliederungen der Katholischen Aktion eine staatsbürgerliche und kirchenpolitische Grundsatzschulung vorgenommen wird und die so Ausgebildeten im Einvernehmen mit den staatlichen Stellen, der Fraktion christlicher Gewerkschafter und den zuständigen Stellen der ÖVP an die entsprechenden Plätze im öffentlichen und politischen Leben gelenkt werden."

Auf der Bischofskonferenz am 5. und 6. Oktober 1954 spielten all diese parteipolitischen Überlegungen keine Rolle. Bischof Schoiswohl[68] berichtete unter dem Tagesordnungspunkt 15 „Karasek-Plan" über Karaseks Vorsprache bei ihm in Graz, ebenso Erzbischof Jachym[69] über eine solche bei ihm in Wien. Dessen Wortmeldung legt die Interpretation nahe, daß letztlich die Jesuiten, insbesondere der berühmte Dogmatiker Karl Rahner, den „Karasek-Plan" bzw. die AKV vor jedweder bischöflichen Verurteilung bewahrt und die KA-Ideologen in die Schranken gewiesen haben: Jachym zufolge geht es nämlich nicht an, „sofort gegen Dr. Karasek Stellung zu beziehen, während Theologen und Schriftsteller vor allem aus der Gesellschaft Jesu und in der Zeitschrift der Gesellschaft ‚Der Große Entschluß' in ihren Abhandlungen über die K.A. und das Laienapostolat in ausführlicher und öffentlicher Weise die ‚Theorie' und Rechtfertigung zu solchen Versuchen liefern". Entgegen der von der KA so engagiert betriebenen Untersagung der AKV, beschließt die Bischofskonferenz konditional verpackt sogar deren Genehmigung, sofern ihre Dominanz nicht gefährdet wird: „Die von Dr. Karasek ins Leben gerufene Arbeitsgemeinschaft Katholischer Verbände kann nur dann vom Bischof genehmigt werden, wenn sie ausdrücklich und konkret das Hirtenamt des Bischofs anerkennt und eine klare Grenzziehung zur Katholischen Aktion hin ausgemacht und eingehalten wird." Von irgendeiner (partei)politischen Grenzziehung oder einem Betätigungsverbot ist im Protokoll der Bischofskonferenz keine Rede. Wohl beauftragt diese den geistlichen Assistenten der Katholischen Jugend Österreichs, Kanonikus Rektor Franz Steiner, gegen die Thesen und Schreibweisen der berühmten Jesuiten wie Karl Rahner und Alois Schrott im

---

68 Maximilian LIEBMANN: Josef Schoiswohl. – In: Karl AMON und Maximilian LIEBMANN (Hg.): Kirchengeschichte der Steiermark. – Graz – Wien – Köln 1993. S. 417–434.
69 Annemarie FENZL (Hg.): Franz Jachym. Eine Biographie in Wortmeldungen. – Wien – München 1985.

„Großen Entschluß" einen Artikel zu verfassen „und nötigenfalls unter Berufung auf die Bischöfe um sein baldiges Erscheinen im Großen Entschluß zu ersuchen".[70]

Daß bei derselben Bischofskonferenz der Tagesordnungspunkt „Stellung der Katholiken zum Sozialismus" die dritte Stelle einnahm und er im Protokoll doppelt so viele Seiten ausmacht wie der „Karasek-Plan", beweist, wo die Bischöfe der Schuh drückte, zumal es im Protokoll heißt:

„An und für sich müßte der Episkopat Österreichs die Parteizugehörigkeit zur SPÖ, das Lesen der sozialistischen Zeitungen und Zeitschriften, das Wählen sozialistischer Mandatare strikte ‚verbieten'." Da die Bischöfe einhellig überzeugt waren, daß ein direkter Hirtenbrief gegen die Sozialisten nicht möglich sei, kamen sie überein: „Die katholische Presse soll angewiesen werden, noch viel achtsamer die Sozialisten zu verfolgen und zu widerlegen."[71]

Im Jänner 1955 bedankte sich die Apostolische Nuntiatur für die Übersendung des Protokolls mit der Belobigung: „Das Staatssekretariat hat mit Freude die von den Bischöfen den Katholiken vorgezeichnete Richtlinie bezüglich des Sozialismus vermerkt, welche klug, opportun und erfolgversprechend zu sein scheint."[72]

Der Schlüssel für diese aggressive antisozialistische Haltung Roms und des österreichischen Episkopates lag nach wie vor bei der noch immer negierten Gültigkeit des Konkordates und den damit im inneren Zusammenhang stehenden ungeregelten Konkordatsmaterien wie Ehe, Schule, Vermögensfrage etc.

So belobigend der Hl. Stuhl den österreichischen Bischöfen auf die Schultern klopfte, vergaß er im selben Brief aber auch nicht, seine Unzufriedenheit darüber zu äußern, daß die Bischofskonferenz keine Forderung auf staatliche Anerkennung des Konkordates erhob. Zum Unterschied von der bedrohlichen Kritik vor fünf Jahren geschah sie jetzt nicht mehr so direkt und tadelnd, sondern diplomatisch, aber für jedermann, der römische Dokumente zu lesen versteht, klar und unüberhörbar: „Das Staatssekretariat hat zwar bemerkt, daß das Schlußkommuniqué der Herbstkonferenz der österreichischen Bischöfe keinen Hinweis auf die konkordatarischen Fragen, wie Ehe und Schule, enthält; es sieht dies aber in der beschlossenen Veröffentlichung des Weißbuches[73] wohl begründet."

Die Nationalratswahl 1956 leitet die Wende ein

Papst Pius XII., der 1933 als Kardinalstaatssekretär das österreichische Konkordat für den Hl. Stuhl unterschrieben hatte[74], ließ einfach nicht locker und stand tatsächlich, wie sich alsbald zeigen sollte, knapp vor seinem Ziel bzw. Erfolg.

---

70 Protokolle und Niederschriften (Anm. 2). Steiners Artikel erschien unter dem Titel: „Das Laienapostolat in der Katholischen Aktion". In: Der Große Entschluß, 10. Jg., 1955. S. 150–153. Darauf replizierte Karl RAHNER unter dem Titel: „Nochmals: Das eigentliche Apostolat der Laien". In: Ebd. S. 217–221.
71 Protokolle und Niederschriften, ebd.
72 Protokolle und Niederschriften (Anm. 2).
73 Kirche und Staat in Österreich. – Hg. von Franz JACHYM im Auftrag der österreichischen Bischofskonferenz. – Wien 1955.
74 KREMSMAIR: Der Weg zum österreichischen Konkordat (Anm. 22).

Nach außen hielt die Kirche, d. h. die Bischofskonferenz, allen engagierten und massiven Unterstützungen der ÖVP zum Trotz Distanz zu ihr und lehnte selbst die Segnung ihrer Fahnen weiter ab; nur beim Bauernbund wurde eine Ausnahme gemacht. So legte sich die Bischofskonferenz im Juli 1955 in Linz erneut fest: „Die Konferenz will weiter zum Beschluß stehen, daß die Fahnen der Bünde der ÖVP (auch ÖJB) nicht geweiht werden sollen. Ausgenommen sollen die Fahnen des Bauernbundes sein, der doch eher ein Standesbündnis ist, zumal die Fahnen gewöhnlich mit einem Heiligenbild geziert sind."[75] Aber intern rüstete sich die Kirche für die wahlpolitischen Auseinandersetzungen, und die KA stellte wieder ihre Analysen an und unterbreitete ihre strategisch-taktischen Vorschläge.

Ein Jahr nach Unterzeichnung des Staatsvertrages, der die Frage Annexion oder Okkupation Österreichs im März 1938 eindeutig für letztere Position entschied, gab es nämlich mit 13. Mai 1956 wieder Nationalratswahlen.

Da bei der Nationalratswahl drei Jahre zuvor die SPÖ schon stimmenstärkste Partei war, aber ob der Wahlarithmetik weniger Mandate erhielt, werden diesmal Überlegungen auf Gründung einer zweiten, für Katholiken wählbaren Partei von vornherein abgelehnt: Der Präsident der österreichischen KA, Rudolf Henz, gibt ohne Wenn und Aber die Linie vor: „Die Gründung einer katholischen Partei, die nicht einmal die weltanschaulich eindeutig ausgerichteten praktizierenden Katholiken umfassen würde und eine hoffnungslose Minderheit bleiben müßte, ist unbedingt zu unterlassen. Auch dann, wenn sie koaliert mit der ÖVP auftreten wollte. Die Reformtendenzen der Katholiken müssen in der ÖVP selbst verwirklicht werden." Um der ÖVP aus kirchenpolitischen Gründen zum Wahlsieg zu verhelfen, empfiehlt die KA bzw. ihr Präsident Henz den Bischöfen eine wohldurchdachte Strategie, die ihr angepeiltes Ziel voll und ungeahnt rasch erreichen sollte:

„1. Eine intensiv politische und kirchenpolitische Aufklärung zugunsten der ÖVP auf Grund katholischer Prinzipien im innerkatholischen Organisationsbereich (nicht bei den Gottesdiensten).
2. Aufforderung aller Bischöfe in Form von Hirtenschreiben und durch den Klerus in den Kirchen, der Wahlpflicht nachzukommen (was sich bekannterweise immer zugunsten der ÖVP auswirkt).
3. Aufklärung über die sozialen und kirchenpolitischen Prinzipien der Kirche und über die kirchenfeindliche Einstellung der SPÖ bei jenen Katholiken, die noch von katholischen Grundsätzen aus zu einer geänderten politischen Stellungnahme zu bewegen sind (z. B. im Burgenland).
4. Herausholen aller Vorteile, die kirchenpolitisch möglich sind vor dem eigentlichen Wahlkampf durch das Erheben der für Außenstehende psychologisch richtig formulierten kirchenpolitischen Forderungen der Katholiken, unter besonderer Berücksichtigung des demokratischen und freiheitlichen Charakters unserer Wünsche. Die Parteien müßten genötigt werden, zu diesen Forderungen in ihren Wahlprogrammen und Wahlreden Stellung zu nehmen und sich eindeutig wenigstens in Form der Übergehung unserer Forderungen zu deklarieren. Nur eine baldige zusammengefaßte Aktion der Kirche, der Katholischen Aktion und der katholischen Publizistik werden den politischen Parteien, vor allem der SPÖ,

---

75 Protokolle und Niederschriften (Anm. 2), 1. 7. 1955.

Konzessionen abringen können und verhindern, daß unsere Anliegen mit den Affekten und Interessenkämpfen des Wahlkampfes in Zusammenhang gebracht werden können."

Um die eigentliche kirchenpolitische Zielsetzung, d. h. die Lösung der Konkordatsfrage, nicht zu gefährden, war die KA selbst zum Verzicht auf sichere Listenplätze bereit:

„6. Eine Art von Verhandlung mit der ÖVP über die Hinzuziehung von uns nominierter Katholiken in das politische Leben, sowie ein Abhängigmachen unserer Maßnahmen von dem günstigen Ausgang solcher Verhandlungen ist inopportun, da auf diesem Weg der Eindruck erweckt wird, daß Kirche und Katholische Aktion machtpolitisch interessiert sind und nicht aus Gewissensgründen ihre Entscheidungen fällen. Auch bestimmte Forderungen nach Reorganisation und Reformation der ÖVP können keine ‚condicio sine qua non' für unsere Stellungnahme bei den Wahlen darstellen . . .

7. Selbstverständlich sind die kirchenpolitischen und sozialpolitischen Forderungen der Katholiken der ÖVP rechtzeitig und in unmißverständlicher Weise vor dem Wahlkampf nochmals bekanntzugeben."[76]

Ein weiteres, namentlich aber nicht gezeichnetes Strategiepapier der KA zur Nationalratswahl 1956 in den Akten der Bischofskonferenzen gibt offen ihr Dilemma zwischen Pastoral und Politik zu, weiß ebenso um die kirchenpolitische Bedeutung dieser Nationalratswahl, will aber direkter auf das Wahlgeschehen einwirken, um der ÖVP zum Sieg und der Kirche zum Erfolg zu verhelfen, ist sich aber auch um ihren sinkenden Einfluß im (partei)politischen Bereich voll bewußt: „Die Katholische Aktion hat auch schon vor den Wahlen 1949 und 1953 ähnliche Erwägungen angestellt und stand dabei wie auch heute vor dem gleichen Dilemma: pastorale Rücksicht üben auf die katholischen SPÖ-Wähler und politische Rücksicht üben auf den nichtkatholischen ÖVP-Wähler und trotzdem politisch wirksam sein . . . Überblickt man die politische Aktivität der Katholischen Aktion seit 1946, so kann man einen nachlassenden Einsatz und einen sinkenden Einfluß der KA im politischen Raum feststellen."

Die ÖVP soll im Wahlkampf mit kirchenpolitischen Wünschen nicht überfordert, wohl die SPÖ ob ihrer ablehnenden bzw. kirchenfeindlichen Haltung angeprangert werden, lautet eine wahltaktische Überlegung: „Damit mindestens ein Teil dieser Wählerschicht Anschluß bei der ÖVP finden kann, dürfte die ÖVP im Wahlkampf nicht zu sehr kirchenpolitische und weltanschauliche Forderungen in den Vordergrund stellen . . .

Es ist eine erhärtete Tatsache, daß die Durchsetzung der kirchen- und kulturpolitischen Forderungen der Katholiken durch die SPÖ verhindert worden ist. Es ist eine entscheidende Frage, ob es richtig ist, daß Kirche und Katholiken aus dieser Tatsache vor der Wahl nicht die Konsequenz ziehen und in aller Öffentlichkeit erklären, daß aus diesen Gründen die sozialistische Partei für Katholiken nicht wählbar ist."

---

[76] Schreiben des Präsidenten der Arbeitsgemeinschaft der Katholischen Aktion, Prof. Dr. Rudolf HENZ, an den Apostolischen Administrator des Burgenlandes, DDr. Stephan LÁSZLÓ, datiert mit Wien, am 16. 1. 1956. Protokolle und Niederschriften (Anm. 2).

Ein so großer, um nicht zu sagen fundamentaler Unterschied im (partei)politischen Verhalten der Kirche zwischen der Ersten und der Zweiten Republik war trotz „Mariazeller Manifest" bis zur Konkordatsanerkennung, wie dies bisweilen behauptet wird, augenscheinlich nicht gegeben. So wurde noch 1956 von der KA ihr organisatorischer Wahleinsatz für die ÖVP im Detail geplant, wie es der politische Katholizismus bei den Wahlen der Ersten Republik kaum präziser realisiert hat. Der Hauptunterschied liegt im Wegfallen der Priester als öffentliche Agitatoren und Mandatsträger: „Systematisch dafür sorgen, daß alle uns Nahestehenden auf der Wählerliste eingetragen sind und auch wählen gehen. Angefangen von der kranken Großmutter bis zum Urlaubsreisenden (Schleppdienst kann von uns organisiert werden, wo er von der ÖVP ohnehin nicht eingerichtet ist).

Der hochwürdigste Klerus müßte auf seine politische Verantwortung hingewiesen werden, die er in doppeltem Maße zu tragen hat, seit Priester nicht mehr im Parlament als Mandatare die kirchlichen Interessen vertreten. Dabei müßten dem Priester Argumentation und Methoden gezeigt werden, wie er dieser politischen Verpflichtung nachkommen kann, ohne seelsorglichen Schaden anzurichten. Auf keinen Fall dürften Priester öffentlich erklären, daß es gleich sei, welche Partei man wähle, oder daß Katholiken die ÖVP nicht wählen sollten, weil sie unsoziale Vertreter habe. Dieser Einfluß auf den Klerus könnte durch eine Pastoralkonferenz (die am besten nach Ostern und noch vor den Maipredigten stattfinden sollte) oder durch ein Bischofswort oder durch ein ausführliches Schreiben der Leitung der Katholischen Aktion ausgeübt werden."

Auch über das Verhalten des richtigen Gewissens meinte das offizielle Laienapostolat genau Bescheid zu wissen: „Die praktizierenden Katholiken, die SPÖ wählen, müssen aufgeklärt werden, daß eine solche Wahl mit einem richtigen Gewissen nicht vereinbar ist. Diese Aufklärung könnte am besten individuell im persönlichen Gespräch von Seelsorger und Laien erfolgen.

Kritik an der ÖVP müßte in Presse, Rede und Gespräch allmählich zurückgestellt werden und ein kluges Einlenken eine wohlwollende Neutralität vorbereiten."[77]

Natürlich wurde im Februar 1956 auf der Frühjahrstagung der KA die Unterstützung der ÖVP bei der bevorstehenden Nationalratswahl intensiv beraten, wobei wie immer die geistlichen Herren und nicht die Laien das große Sagen hatten.[78] Otto Mauer: „Der ÖVP müssen wir vorschlagen:
1. sie soll sich nicht als katholische Partei vorstellen,
2. sie müßte deutliche Stellungnahme gegen die totalitaristische etatistische Planwirtschaft der Sozialisten einnehmen,
3. sie müßte etwas über freie Kirche im freien Staat sagen,
4. ein Bekenntnis zur freien Welt, zu Europa, abzulegen,
5. die Öffentlichkeit auf die Möglichkeit einer Volksfront zwischen VDU, SPÖ und KPÖ aufmerksam machen,

---

[77] Fünfseitiges Elaborat mit der unterstrichenen Überschrift: „Überlegungen und Vorschläge zur Nationalratswahl 1956". Protokolle und Niederschriften (Anm. 2).
[78] Die Klerikalisierung der Laien war durch die KA weitgehend gelungen, wie es Karl RAHNER wie kaum ein anderer erkannt und ausgesprochen hatte. In: Der Große Entschluß, 9./10. Jg., 1954/55. Vgl. auch Erwin GATZ: Katholische Aktion. – In: Staatslexikon. – Hg. von der Görres-Gesellschaft. – Freiburg – Basel – Wien [7]1987, 3. Bd., Sp. 320–323.

6. eine soziale Idee zu finden, z. B. Volksaktie, Wohnungseigentum, ‚Eigentum für alle'."[79]

Der geistliche Assistent der Vorarlberger KA, Edwin Fasching, war einer der wenigen, dem der politische Katholizismus der KA, gepaart mit Parteipolitik, bedenklich erschien. Offensichtlich wollte er von der Tagespolitik mit ihren wahltaktischen Überlegungen wegkommen; so wagte er Otto Mauer zu widersprechen: *„Dr. Fasching*: Unsere dringende Aufgabe ist nicht, Politik zu machen, sondern die Verchristlichung aller Räume. Wir müssen einmal Betrachtungen über christliche Politik und die soziale Bewegung anstellen."

Der Referatsbischof der KA, Schoiswohl, griff Faschings Intervention auf und vertiefte sie kirchlich-pastoraltheologisch: *„Exzellenz Schoiswohl*: Die Katholische Aktion hat einen weiteren Aufgabenkreis. Die politische Aufgabe ist nicht die erste. In Industrieorten haben wir junge Arbeiter aus sozialistischen Kreisen für das Christentum gewonnen. Es ist uns nicht gelungen, sie politisch zu gewinnen. Es besteht die Gefahr, daß wir sie abstoßen, wenn wir sie für die ÖVP zu gewinnen suchen. Man muß feststellen, daß es für diese jungen Leute aus sozialistischen Kreisen momentan kein entsprechendes Forum der politischen Vertretung gibt."

Otto Mauer war nicht bischofshörig genug, um lockerzulassen: *„ Msgr. Mauer*: Der Klerus müßte beeinflußt und gewonnen werden
1. für das Interesse an der Politik überhaupt,
2. daß er keine neutralistische Haltung einnähme,
3. müßte der Klerus grundsätzlich über das Verhältnis von Kirche und Staat informiert werden, worüber auch zu predigen wäre."

Klostermann rückte vorsichtig von seinem großen Mentor Otto Mauer ab: *„Dr. Klostermann* weist auf die Schwierigkeit hin, in die ein katholischer Arbeitnehmer gerate, der gezwungen ist, eine Partei zu wählen, die seine Interessen nicht vertritt. Dazu kommt noch, daß die ÖVP immer mehr durch die Liberalen nach rechts abgedrängt wird."

Otto Mauer konterte mit einer kritischen Analyse der SPÖ: *„Msgr. Mauer*: Auch in der SPÖ ist ein großes Unbehagen gegen Genossen Generaldirektor. Eine neue Schichtung der Bevölkerung ist eingetreten. Die SPÖ ist zu einer Zweiklassenpartei geworden und hat einen Klassenkampf in sich selbst. Im übrigen hat die SPÖ nicht viel mehr begeisterte Anhänger als die ÖVP. Die ÖVP muß versuchen, das Abschwimmen der Selbständigen zu verhindern."[80]

Bei den Wahlen konnte die ÖVP acht Mandate und die SPÖ nur ein Mandat dazugewinnen, was sich auf die Bereinigung der kirchenpolitischen Fragen bis zur staatlichen Anerkennung des Konkordates alsbald als äußerst günstig herausstellen sollte.[81] Dieser erdrutschartige Wahlsieg der ÖVP scheint der SPÖ bewußtgemacht zu haben, wenn sie die Mehrheit erringen wolle, ist der schleichende, bisweilen penetrante Kirchenkampf aufzugeben. Der erstmals in den Nationalrat gewählte Ludwig Weiß[82], Präsident der Kärntner KA, wußte auf deren Herbsttagung 1956 in

---
79 Protokolle und Niederschriften (Anm. 2).
80 Ebd.
81 Alfred KOSTELECKY: Kirche und Staat. – In: Kirche in Österreich (Anm. 1). S. 201–217, insbesondere S. 213.
82 Biographisches Handbuch (Anm. 31). S. 640.

Eisenstadt bereits zu berichten: „Der Abschluß eines Konkordates mit dem Vatikan scheint von sozialistischer Seite nicht mehr so boykottiert zu werden wie früher ... Es hat den Anschein, als ob die Sozialisten ihre Taktik umgestellt hätten. Sie wollen anscheinend als Initiatoren einer Regelung des Verhältnisses von römisch-katholischer Kirche und Staat aufscheinen. Der Frontwechsel scheint ihnen aus folgenden Gründen nahezuliegen:
1. Mit ihrer Wahlpropaganda konnten sie bei den Liberalen nicht Fuß fassen. Diese Gruppe habe weitgehendst ÖVP gewählt.
2. Die starke Verankerung der SPÖ in katholischen Wählerschichten scheint ein neues Aktions- und Aufgabenfeld zu werden. Die Sozialisten streben offensichtlich einen vollen Frieden mit der Kirche an."

Die Exponenten des offiziellen Laienapostolates, d. h. der KA, trauten diesem plötzlichen Kurswechsel der SPÖ nicht ganz und waren sich unschlüssig, obwohl sie allen Grund zur Freude gehabt hätten. Ihre Strategie war voll aufgegangen. Offensichtlich merkten aber die klügeren Köpfe sofort, daß mit diesem Erfolg ihr weiteres parteipolitisches Agieren obsolet zu werden drohte. Der Referent Weiß scheint die Kehrseite dieses „Sieges" in seiner Tragweite als erster erkannt zu haben und beginnt sogleich gegenzusteuern. Er warnt vor zu großem Optimismus und sieht die weitere politische Aufgabe der KA in der Stärkung der katholischen Grundlagen der ÖVP: „Die Katholiken haben keinen Grund, einen zu großen Optimismus bezüglich der Durchsetzung ihrer Forderungen zu hegen. Trotzdem können wir der ÖVP vertrauen, doch muß uns klar sein, daß sie auf ihre Wähler aus dem liberalen Lager Rücksicht nehmen muß. Schließlich dürfen wir die Versuche der Sozialisten, mit den Katholiken in Frieden zu leben, nicht sabotieren, sondern müssen ihnen sogar entgegenkommen.

Eine besondere Aufgabe wird es sein, die katholischen Grundlagen der ÖVP zu stärken. Man sollte zu einer besonderen Fühlungnahme mit den Funktionären und Mandataren der ÖVP gelangen."[83]

Otto Mauer war viel zu intelligent, um nicht zu erkennen, daß damit der ÖVP die kulturpolitische Trumpfkarte entwunden wird und die parteipolitische Betätigungsebene der KA zutiefst in Frage gestellt wird; er klammerte sich zunächst noch an die Möglichkeit, daß die SPÖ doch nur ein Täuschungsmanöver vorexerziert und verweist aber anderseits schon für den Fall, daß die SPÖ es ernst meine, auf ein weiteres Kampffeld, und das sei das wirtschaftliche: „Vorläufig ist nicht ersichtlich, ob ein aufrichtiger Gesinnungswandel oder nur ein Tarnungsmanöver von seiten der SPÖ vorgeführt wird. Sollten die Sozialisten bereit sein, in religiösen Belangen einen Kompromiß zu schließen, so bliebe noch immer der wirtschaftliche Etatismus zu bekämpfen."

Der neue Generalsekretär der steirischen KA, Dr. Josef Krainer, der Sohn des Landeshauptmannes, dachte für deren (partei)politisches Wirken ebenfalls schon weiter: „Es läßt sich eben nicht leugnen, daß Österreich im wesentlichen von den Kammern regiert wird, und daß im Parlament in der Praxis eben am wenigsten geleistet wird... Zum Kammernstaat wäre zu sagen, daß wir auf jeden Fall versu-

---

83 Protokoll der Herbsttagung der KA in Eisenstadt, 14.–16. 9. 1956. Protokolle und Niederschriften (Anm. 2).

chen müssen, unsere Leute auch dort hineinzubringen, wie es eben Aufgabe der katholischen Männer ist, überall in den politischen Raum hineinzuwirken."

Die (partei)politische Konsequenz des Kurswechsels der SPÖ in Richtung staatlicher Anerkennung des Konkordates hat Hans Kriegl konsequent zu Ende gedacht. Kriegl vertrat bei dieser denkwürdigen KA-Tagung die Arbeitsgemeinschaft für Rundfunk und Fernsehen und prognostizierte bereits die absolute Mehrheit der SPÖ im Parlament, meint aber zugleich, deren Schwenk als taktisches Manöver abqualifizieren zu können: „Die SPÖ versucht mit taktischen Manövern, die Katholiken zu gewinnen, um so die absolute Mehrheit im Parlament zu bekommen. Hier ist äußerste Vorsicht am Platz."[84]

Ob taktisches Manöver der SPÖ oder nicht: Der Ministerrat der ÖVP-SPÖ-Koalitionsregierung beschloß im Mai 1957 einstimmig, die Lösung der Konkordatsfrage in Angriff zu nehmen; ein halbes Jahr später, am 21. Dezember, wurde dem Hl. Stuhl eine Note der Bundesregierung überreicht, in der die Gültigkeit des Konkordates 1933 ausdrücklich anerkannt wurde.[85]

---

84 Ebd.
85 Hans R. KLECATSKY: Alfred Kostelecky auf dem Weg der Kirche aus den staatskirchenrechtlichen Verstrickungen der Zweiten Republik. – In: Pax et Iustitia. Festschrift für Alfred Kostelecky zum 70. Geburtstag. Hg. von Hans Walther KALUZA, Hans R. KLECATSKY, Heribert Franz KÖCK und Johannes PAARHAMMER. – Berlin 1990. S. 115–122.

Ernst Bruckmüller **Die ständische Tradition –
ÖVP und Neokorporatismus**

Fragestellung

Der Erfolg der ÖVP bei der Durchsetzung korporatistischer Strukturen auf der Ebene des Staates bzw. der politischen Entscheidungsfindung scheint mit dem Mißerfolg zu korrespondieren, den dieselbe Partei seit einiger Zeit bei nationalen Wahlen erleidet. – Die folgende Untersuchung will im Prinzip eine – wenngleich sicher nur partielle – Antwort auf diese Fragen geben.

Methodisch sollte das durch eine parallele Untersuchung der Strukturen der Partei und der Etablierung korporatistischer Strukturen in der Gesellschaft der Zweiten Republik erfolgen. Zentrale Annahme dieses Beitrages ist die Vermutung, daß

a) die Etablierung korporatistischer Strukturen innerhalb der Partei eine frühe Konzentration und Festlegung auf bestimmte soziale Gruppierungen bedeutete (Bauern, Kleinunternehmer, öffentlich Bedienstete). Das war Ausdruck einer bestimmten Gesellschaftsvorstellung, und die Folge war die Konservierung solcher Vorstellungen, da ja die Bünde in ihrer Existenz an das Vorhandensein entsprechender gesellschaftlicher Gruppen gebunden sind. Die Volkspartei ist daher nicht unbedingt eine Partei, die gesellschaftlichen Wandel vorwegnimmt, oder auch nur ausreichend reflektiert;

b) die korporatistischen Strukturen in der Partei und auf der Ebene der politischen Entscheidungen langfristig die Konflikt-, ja die Konturierungsbereitschaft der ÖVP eingedämmt haben. Wer ein so hohes Maß an innerer Ausgleichsarbeit zu bewältigen hat und in die Sozialpartnerschaft voll einbezogen ist, wird selbst in der Oppositionsrolle nur schwer grundlegend oppositionelle Standpunkte vortragen können;

c) auf beiden Ebenen ununterbrochen erhebliche Frustrationspotentiale erzeugt werden, die aus ständigen frühzeitigen Kompromißzwängen resultieren. Diese Frustrationspotentiale konnten wohl solange verkraftet werden, als zu ihrer symbolischen Sublimierung die Funktion des Bundeskanzlers zur Verfügung stand. Seit das nicht mehr der Fall ist, sind diese Potentiale offenbar nicht mehr voll zu verarbeiten – was sich darin äußert, daß nicht einmal eine für ihre „Klientel" wenigstens teil-erfolgreiche Politik (wie seit 1986) der Volkspartei in Form von Wahlerfolgen zugute kommt.

Begrifflich sind folgende Ebenen auseinanderzuhalten:

1. Das *altständische* Erbe, das freilich kaum mehr direkt für die Geschichte der ÖVP bedeutsam wurde und bei den Träger- und Wählerschichten der Partei wohl auch kaum besonders positive Assoziationen ausgelöst hätte;
2. das *neuständische* Prinzip, wie es insbesondere in der Vogelsang-Tradition der christlichen Soziallehre entfaltet und in verschiedenen Varianten innerhalb der christlichsozialen Partei weiterentwickelt worden war;
3. der *autoritäre Korporatismus* des sog. „Ständestaates";
4. das Modell einer entwickelten *Struktur von Interessen- und politischen Standesvertretungen,* wie es in der ÖVP als verändertes Erbe des neuständischen Prinzips nach

1945 mehr oder weniger ausgesprochen als Ordnungsprinzip für die Partei (aber auch für die gesamte Gesellschaft) vorwaltete und
5. das Modell der *Sozialpartnerschaft* („Neokorporatismus"), das in vieler Hinsicht auf dem Vorhandensein einer entwickelten Struktur von Interessenvertretungen aufbaut, auch zum ÖVP-Prinzip des Solidarismus nicht wenige Affinitäten aufweist, aber nur verwirklichbar ist, wenn auch andere gesellschaftlich-politische Kräfte (in erster Linie also ÖGB und SPÖ) dieses Modell irgendwie akzeptieren.

1. Die altständische Tradition

Die altständische Tradition kommt hier eigentlich nur vollständigkeitshalber vor. Für die politische Ideologie der heutigen ÖVP ist sie ohne Belang. Für die Entfaltung der neuständischen Auffassungen schon seit *Adam Müller* waren sie vielleicht deshalb wichtig, weil allein das Vorhandensein von Landtagen und Landständen einen möglichen staatsfreien Bereich signalisierte, in dem sich (bei allfälliger Weiterentwicklung) gesellschaftliche Selbstverwaltung, aber vielleicht auch Mitbestimmung in Gesetzgebung und Verwaltung, entfalten konnte. Da die vormärzlichen Landtage zu Foren der (mehr oder weniger vorsichtigen) Artikulation frühnationaler und frühliberaler Anschauungen wurden, ist ihre Bedeutung für die Vorgeschichte der Revolution von 1848 nicht zu überschätzen.[1] Diese Beobachtung führt aber weg von der Entwicklung des christlich fundierten Konservatismus. Ein Modell im „neuständischen", gesellschaftlich und politisch eher konservativen Sinne konnte sich aus diesen Voraussetzungen kaum entfalten. Anders verhielt es sich mit der katholischen „Ständelehre" der Scholastik, die für die katholische Soziallehre des 19. und frühen 20. Jahrhunderts erste Anhaltspunkte, aber auch normative Ausstrahlung entfaltete. Die Diskussion des 20. Jahrhunderts (*Nell-Breunning, Schwer*) arbeitete allerdings die wesentlichen Unterschiede zwischen modernen „Berufsständen" und den „Ständen" (status) der altständischen Gesellschaft heraus.[2]

Noch in den Diskussionen des verstärkten Reichsrates von 1860 wurde das altständische Modell seitens der konservativen Mehrheit bemüht und sollte in den Landesordnungen von 1860 eine etwas veränderte Neuauflage erleben. Selbst in den „liberalen" Landesordnungen des Februarpatentes haben sich noch unverkennbar „ständische" Züge erhalten: die Landtagskurien sind nichts anderes als modernisierte, säkularisierte und ausschließlich auf die Basis der Interessenvertretung von „Besitz und Bildung" aufbauende Kurien der alten Landtage.[3] Dabei etablierte sich bereits

---

1 Viktor BIBL, Die niederösterreichischen Stände im Vormärz. Ein Beitrag zur Vorgeschichte der Revolution des Jahres 1848, Wien 1911; Jerome BLUM, Noble Landowners and Agriculture in Austria, 1815–1848, Baltimore 1948; Hanns SCHLITTER, Aus Österreichs Vormärz, IV, Niederösterreich, Zürich – Leipzig – Wien 1920.
2 Otto BRUNNER, Land und Herrschaft. Grundfragen der territorialen Verfassungsgeschichte Österreichs im Mittelalter, 6. = 5. Aufl Darmstadt 1970, S. 397 f.
3 Georg SCHMITZ, Die Anfänge des Parlamentarismus in Niederösterreich. Landesordnung und Selbstregierung 1861–1873, Wien 1985, S. 32 f., verweist auf Kontinuitäten von „Ständen" zu den „Wählerklassen", freilich auch auf die Neuinterpretation Lassers, daß nicht eine Gemeinde an sich, sondern „die Steuerträger zur Repräsentation im Landtag" berufen seien.

das Mißverständnis, die alten Landstände seien ebenfalls Vertretungskörperschaften gewisser sozialer Gruppierungen gewesen – ein für die neuständische Vorstellungswelt typisches und durchaus fruchtbares Mißverständnis. Eine an der Vorstellung einer Trennung von „Staat" und „Gesellschaft" orientierte Gesellschaftsinterpretation konnte in einer Phase, da die adeligen Stände tatsächlich weithin mit „Großgrundbesitz", die Städte mit „Bürgertum" als identisch gesehen wurden, über ebendiese Interpretation Kontinuität ebenso herstellen wie Reformvorstellungen.[4] Neuständische Vorstellungen konnten präzis hier anknüpfen.

2. Neuständische Vorstellungen und Modelle

Eine Vorwegnahme späterer neuständischer Vorstellungen findet man schon bei *Adam Müller*. Die Originalität der Müller'schen Gedanken liegt nicht so sehr im Aufweis der überzeitlichen Bedeutung von „Ständen" (das haben auch andere Theoretiker und Staatsdenker des Vormärz versucht), sondern vor allem in dem Versuch, das Phänomen der von ihm ganz ähnlich wie von *Karl Marx* konstatierten Entfremdung von Arbeit und Kapital durch die Einbindung der beiden Produktionsfaktoren in eine ständische Organisation zu bewältigen, ja zu beseitigen. Schon 1820 formulierte er, lange vor *Marx*: „Kapital und Arbeit, die sich überall wie Material und Werkzeug wechselseitig unterstützen und tragen sollen, zeigen sich in große und deshalb natürlicherweise feindselige Massen getrennt ..." Als Ausweg empfahl Müller die Wiedervereinigung von Kapital und Arbeit durch den Aufstieg der Proletarier zu Eigentümern. Der unscharfe und in sehr verschiedener Absicht gebrauchte Begriff der „Stände" hat in der Folgezeit im katholischen Bereich (aber nicht nur dort) eine der Kürzeln geboten, auf die man sowohl beim Entwurf einer gerechteren Gesellschaft als auch in der Diskussion um Alternativen zum liberalen Parlamentarismus zurückgriff. *Otto Brunner* hat darauf hingewiesen, daß allein die Verwendung des Ständebegriffes das Bestehen einer gesellschaftlichen Ordnung und deren grundsätzliche Akzeptanz signalisierte, das Verwenden des Klassenbegriffes letztlich unüberbrückbare gesellschaftliche Zerklüftung und Klassenkampf.[5] *Bernhard Meyer* und *Alois Prinz Liechtenstein* sind zwei der prominenteren Autoren, die sich verhältnismäßig früh dieser Kürzel bedienten.[6]

---

4 Otto BRUNNER, Land und Herrschaft, S. 395 ff. Gentz hat 1819 die „landständischen Verfassungen" des Art. 13 der Wiener Bundesakte in seiner Abhandlung über den Unterschied zwischen den landständischen und Repräsentativ-Verfassungen schon dahingehend interpretiert, daß solche Verfassungen „... aus der eigentümlichen Stellung der Klassen und Korporationen, auf denen sie haften, hervorgegangen und im Laufe der Zeiten gesetzlich modifiziert ohne Verkürzung der wesentlichen landesherrlichen Rechte bestehen ...", zit. nach SCHMITZ, Die Anfänge des Parlamentarismus in Niederösterrreich, S. 19. Die Vorstellungen des Oktoberdiploms schlossen durchaus an diese Vorstellungen an (SCHMITZ, ebd.).
5 BRUNNER, Land und Herrschaft, 398.
6 Reinhold KNOLL, Zur Tradition der christlichsozialen Partei. ihre Früh- und Entwicklungsgeschichte bis zu den Reichsratswahlen 1907, Wien 1973, S. 100.

„Ständische" oder, in der Begrifflichkeit des späten 20. Jahrhunderts, „korporatistische" Gedanken waren also in der Habsburgermonarchie im 19. Jahrhundert durchaus gang und gäbe. Sie mündeten in die Vision einer Gesellschaft, die als stabil, gerecht und durch die Einbindung aller Einzelnen in die (Berufs-)„Stände" auch irgendwie „organisch" erscheinen mußte, gegenüber der Vereinzelung, Vereinsamung und Verelendung der isolierten Individuen in der modernen liberal-kapitalistischen Gesellschaft.

Neuständische Vorstellungen sind insgesamt eine Reaktionsweise auf raschen sozialen Wandel, auf Industrialisierung, Urbanisierung und Entstehen neuer sozialer Typen und Klassen, vor allem auf das Entstehen eines neuen Bürgertums und einer neuen Arbeiterschaft. Sie versuchen, diesen Wandel abzubremsen und seine Folgen (Reduktion von landwirtschaftlicher Bevölkerung, Kleinhandwerk, Kleingewerbe) hintanzuhalten oder wenigstens abzumildern. Da man den raschen gesellschaftlichen Wandel als Folge von Liberalismus, Emanzipation des Judentums und Industrialisierung (wobei alle drei Faktoren in einem engen Zusammenhang gesehen wurden) interpretierte, waren die neuständischen Gedanken in der Regel antiliberal und antiindustriell, antimarxistisch und antisemitisch orientiert. Ihr Ziel hieß Erhaltung der noch bestehenden vorindustriellen Klassen und deren tunlichste Wiederausbreitung sowie Aufsaugung des Proletariats. Mittel einer solchen Politik konnten die Begünstigung von Handwerk, Kleingewerbe und Bauernschaft in der Konkurrenz mit der Großindustrie und dem Gutsbetrieb, direkte Förderung zwecks Ermöglichung von Konkurrenzfähigkeit oder aber auch die Reduktion von Konkurrenz ganz allgemein (etwa durch Drosselung von Importen) und besonders innerhalb der bedrohten Sektoren und Bevölkerungsschichten sein – dazu erschien die Organisation in umfassende Zwangskörperschaften („Kammern", „Innungen", „Berufsgenossenschaften") eine unumgängliche Voraussetzung. Das Proletariat sollte durch Eigentumsbeteiligung stabilisiert und tendenziell entproletarisiert werden.

Intensiviert wurde die Verbreitung solcher Vorstellungen in Österreich zweifellos durch den Vogelsang-Kreis. *Karl von Vogelsang* sah in einer ständisch gegliederten Gesellschaft mit stark herabgesetzter sozialer Dynamik und monarchischer Spitze die einzige Alternative zur liberal-individualistischen Gesellschaft, die früher oder später zur Revolution und zum totalen Chaos führen mußte. *Vogelsang*, der bekanntlich kein „System" entwickelte, hat sich an verschiedenen Orten über die korporative Organisation von Bauern, Handwerkern oder aber auch Fabriksarbeitern geäußert. Offenkundig waren den „berufsständischen" Körperschaften („Berufsgenossenschaften") mehrere Funktionen zugedacht: Erstens Einbindung des im Konkurrenzkampf ohnmächtigen Individuums in ein System auch ökonomischer Sicherheit (insbesondere der Industriearbeiter in ein doppeltes genossenschaftliches System, inner- und auch außerhalb des Betriebes, mit aufsteigender Bewegung innerhalb derselben); zweitens die Besorgung von Verwaltung und Rechtsprechung im Rahmen des jeweiligen Berufsstandes (also gesellschaftliche Selbstverwaltung als Übernahme von staatlichen Funktionen); und drittens die Teilhabe der einzelnen Berufsstände an der Gesetzgebung – dabei kam es Vogelsang sehr darauf an, daß politische Vertreter nicht eigens gewählt, sondern aus der Pyramide der (fachlichen) Genossenschaftsvorstände delegiert würden. Genaueres sagt *Vogelsang* nicht, der sich verächtlich über die fertigen Programme verschiedener Theoretiker geäußert hat – die neuen gesellschaftlichen Verhältnisse würden von unten wachsen, nicht von oben verordnet werden können.[7]

Nach *Vogelsangs* Tod (1890) wurde *Franz M. Schindler* der führende Kopf des österreichischen Sozialkatholizismus. *Schindler* berief sich zwar immer wieder auf *Vogelsang*, vertrat aber in der Tat andere, „liberalere" Konzepte. Er wiederholte weder die Vogelsang'sche Forderung nach einem absoluten Zinsverbot, noch forderte er die Ersetzung des Lohnvertrages durch einen Gesellschaftsvertrag (eine zentrale Idee *Vogelsangs* zur Entproletarisierung des Proletariats). Das sogenannte „erste Parteiprogramm der Christlichsozialen" von 1891 enthielt kein Wort über das Miteigentum der Arbeiter an den Unternehmungen. In seinem zusammenfassenden Lehrbuch „Die soziale Frage der Gegenwart, vom Standpunkte des Christentums beleuchtet" hat er die „Organisation der Volksstände" (in „Berufsgenossenschaften") zwar ausführlich behandelt, sie aber nicht als Organe gesehen, die künftighin die bestehenden gesetzgebenden Organe ersetzen würden, sondern diesen „eine wohltätige Stütze und Entlastung" bieten sollten.[8] So ist eigentlich *Schindler* viel mehr als *Vogelsang* der geistige Vater des österreichischen „Kammerstaates".

a) Erste Umsetzungsversuche neuständischer Vorstellungen
Das Einfließen neuständischer Vorstellungen in die praktische Politik wurde zweifellos durch die Existenz der Handelskammern (seit 1848) begünstigt, die nicht nur als wichtiges Modell für alle weiteren korporatistischen Formen, sondern späterhin auch als einer der Eckpfeiler sozialpartnerschaftlicher Politik fungieren sollten.[9] Mit diesen Pflichtvereinigungen des größeren Unternehmertums wurde jenes Modell geschaffen, an dem sich später alle anderen Kammern und kammerähnlichen Vertretungen orientieren sollten. Diskutiert wurden schon in der Monarchie Gewerbekammern, Agrarkammern und Arbeiterkammern.

An die praktische Umsetzung von Gedankengängen der christlichen Sozialreform ging man erstmals während der Regierung *Taaffe*, als im Zuge der Novellierung der Gewerbeordnung die zunächst freiwilligen gewerblichen Genossenschaften (die Nachfolger der alten Zünfte, in Österreich „Zechen" oder „Innungen" genannt) zu verpflichtenden Organisationen der Kleingewerbetreibenden umgebildet wurden.[10] Dafür wurden sie aus der Kammerorganisation ausgenommen (und umgekehrt die Großunternehmer aus den Genossenschaften). Eigene Handwerkskammern – wie in

---

7 KNOLL, Tradition, S. 105–110; Wiard KLOPP, Die socialen Lehren des Freiherrn von Vogelsang, passim; Anton OREL, Vogelsangs Leben und Lehren. Seine Gesellschafts- und Wirtschaftslehre im Auszug dargestellt von seinem Schüler und Fortsetzer, Wien 3 1957, passim.
8 Franz M. SCHINDLER, Die soziale Frage der Gegenwart vom Standpunkte des Christentums beleuchtet, Wien, ^{2}1906, S. 54–58. Über SCHINDLER ausführlich (neben KNOLL, Tradition, passim) Friedrich FUNDER, Aufbruch zur christlichen Sozialreform, Wien – München 1953.
9 Franz GEISSLER, Die Entstehung und der Entwicklungsgang der Handelskammern in Österreich, in: H. MAYER, Hg., Hundert Jahre österreichischer Wirtschaftsentwicklung 1848–1948, Wien 1949, S. 21–126.
10 Heinrich WAENTIG, Gewerbliche Mittelstandspolitik. Eine rechtshistorisch-wirtschaftspolitische Studie auf Grund österreichischer Quellen, Leipzig 1898; Emmerich TÁLOS, Staatliche Sozialpolitik in Österreich. Rekonstruktion und Analyse, Wien 1981.

Preußen seit 1897 – wurden in Österreich aber nicht eingerichtet.[11] Auch für die Landwirtschaft wurden Berufsgenossenschaften mit Pflichtmitgliedschaft geplant – ein Plan, der erst 1902 mit einem Reichsrahmengesetz gewisse Möglichkeiten zur Verwirklichung vorzeichnete, doch wurde davon von den Landtagen nicht Gebrauch gemacht.[12] Arbeiterkammern wurden zwar verschiedentlich diskutiert, auch als Möglichkeit, über diese Organisation den Arbeitern (analog zu den Unternehmern) eine Vertretung im Kurienparlament zu verschaffen, es kam jedoch in der Monarchie zu keiner Umsetzung dieser Pläne.[13]

Auch die ersten Pflichtversicherungen in der Sozialversicherung (1887/1888) sollten teilweise mit den Berufsgenossenschaften kombiniert werden. So entstanden (oder wurden begünstigt) im Zusammenhang mit dem Krankenversicherungsgesetz 1888 genossenschaftliche Krankenkassen, die freilich zumeist mit der Gegnerschaft der Sozialdemokraten rechnen mußten.[14] Die Herausnahme von Kleingewerbe und Landwirtschaft aus der neuen Sozialversicherung hatte ausdrücklich den Zweck, diese Zweige durch alleinige Belastung der Industrie zu stärken.[15]

Erscheinen diese Entwicklungen als teilweise Rekonstruktionen älterer Sozialformen – unter freilich geänderten Voraussetzungen, ohne daß dadurch das politische System eine grundlegende Änderung erfahren hätte – wird man von vollen Durchbruch der neuständischen Gedanken (älterer Korporatismus) nur dann sprechen können, wenn entweder

– ein Modell der staatlich-öffentlichen Willensbildung unter Mitwirkung der neuerrichteten Zwangskorporationen und gleichzeitiger Zurückdrängung oder Ausschaltung von Parlamenten entwickelt, oder
– eine Kooperation von hochorganisierten Interessenverbänden untereinander und mit dem Staat zum Zweck der Sicherung von Absatzmärkten, Gewinnen und allgemein gesellschaftlichem Einfluß organisiert wird.

Anfänge von „Korporatismus" als regelmäßige Koordination von beruflichen Interessenvertretern mit dem Staat finden sich in der Spätphase der Monarchie etwa im „Industrie- und Landwirtschaftsrat", der faktisch in zwei Gremien zerfiel und die Aufgabe hatte, die Regierung bei Wirtschaftsgesetzen zu beraten.[16] Freilich sollte man darauf hinweisen, daß Österreich diesbezüglich eine lange Tradition hat: Schon der bürokratische Absolutismus des Vormärz liebte es, zahlreiche Gutachten einzu-

---

11 Heinrich August WINKLER, Der rückversicherte Mittelstand: Die Interessenverbände von Handwerk und Kleinhandel im deutschen Kaiserreich, in: WINKLER, Liberalismus und Antiliberalismus (Kritische Studien zur Geschichtswissenschaft 38), Göttingen 1979, S. 83–98.
12 Der Plan für dieses Gesetz, das schon in den frühen 1890er Jahren erstmals eingebracht worden war, stammte von dem Sektionsrat Ertl, der Mitglied des Vogelsang-Kreises gewesen war, vgl. Ernst BRUCKMÜLLER, Die Entwicklung der Christlichsozialen Partei bis zum Ersten Weltkrieg, in: Christliche Demokratie 4/91–92, S. 343–368, hier S. 350, Anm. 21.
13 1874 diskutierte man im Reichsrat im Anschluß an die Wahlrechts-Petition des Vereins „Volksstimme" die Einrichtung von Arbeiterkammern, vgl. Ernst VON PLENER, Reden 1893–1911, Leipzig 1911, S. 11–19. Freilich ging man nicht soweit, analog wie bei den Handelskammern den Arbeiterkammern auch die Entsendung von Abgeordneten zuzugestehen. Die Sozialdemokratie lehnte diese Pläne ab.
14 WAENTIG, Mittelstandpolitik, S. 445 ff.
15 TÁLOS, Sozialpolitik, S. 62 f.
16 Zum Industrie- und Landwirtschaftsrat vgl. die ms. Diss. von Elisabeth PULTAR, Die Tätigkeit des österreichischen Industrierats (1898–1914), phil. Diss. (Ms.) Wien 1973.

Die ständische Tradition – ÖVP und Neokorporatismus 287

holen, bevor er sich zu einem Entschluß durchringen konnte.[17] Vorformen der Kooperation von „Kapital", „Arbeit" und „Staat" entwickelten sich erstmals im Arbeitsstatistischen Beirat, der beim Handelsministerium errichtet wurde.[18]

Mit der quantitativen Zunahme industrieller Arbeitsbeziehungen wurde deren Regelung zum zentralen gesellschaftlichen und politischen Problem. Zwei große Schwellen kennzeichnen (nach *Gerald Stourzh*) die Ausgestaltung der Arbeitsbeziehungen in der liberal-kapitalistischen Gesellschaft: Einmal die Durchsetzung der Koalitionsfreiheit (1860/70) und zweitens jene Phase, in der – von den Sozialversicherungen bis zur Regelung des Kollektivvertragswesens, also von etwa 1890–1920 – das Instrumentarium für die Gestaltung der Beziehungen von Kapital und Arbeit im 20. Jahrhundert geschaffen worden sei.[19] Diese Beobachtungen sollten uns davor warnen, den österreichischen Verhältnissen eine allzugroße Besonderheit zuzuschreiben – zweifellos waren gewisse Tendenzen, ob man sie nun als „organisierten Kapitalismus", „Neokorporatismus", „Kollektivliberalismus" oder „Sozialliberalismus" bezeichnet, allgemein wirksam – nicht als von vornherein angelegte Entwicklungsmuster, sondern als Resultante gesellschaftlicher Auseinandersetzungen, in denen neue Organisations- und Bewußtseinsformen entstanden.[20]

b) Ständische Vorstellungen bei den Christlichsozialen der Ersten Republik.

Man kann die Spätphase des ersten Weltkrieges und die Frühphase der Ersten Republik zweifellos als wichtige Periode in der Ausbildung „sozialpartnerschaftlicher" Organisationsformen der gesellschaftlichen Beziehungen ansehen, auch wenn einige der damals – als Folge der Kriegswirtschaft und der Stärke der organisierten Arbeiterschaft – eingerichteten Organisationen später wieder ihre Bedeutung verloren.[21] Nun entstanden die Arbeiterkammern[22] und die (meisten) Landwirtschafts-

---

17 Andreas BARYLI, Konzessionssystem contra Gewerbefreiheit. Zur Diskussion der österreichischen Gewerberechtsreform 1835 bis 1860 (Rechtshistorische Reihe 32), Frankfurt/M., Bern, New York 1984, bes. 11 ff: Bei der Vorbereitung eines neuen Gewerberechtes wurden auch im Vormärz neben den verschiedenen Stellen der politischen Verwaltung die Meinungen betroffener Korporationen (Innungen) eingeholt.
18 Brigitte PELLAR, „Arbeitsstatistik", soziale Verwaltung und Sozialpolitik in den letzten zwei Jahrzehnten der Habsburgermonarchie. Das arbeitsstatistische Amt im k.k. Handelsministerium und sein „ständiger Arbeitsbeirat", in: G. STOURZH/M. GRANDNER (Hg.), Historische Wurzeln der Sozialpartnerschaft (Wiener Beiträge zur Geschichte der Neuzeit Bd. 12/13), Wien 1986, S. 153–190.
19 Gerald STOURZH, Zur Institutionengeschichte der Arbeitsbeziehungen und der sozialen Sicherung – eine Einführung, in: G. STOURZH/ M. GRANDNER (Hg.), Historische Wurzeln der Sozialpartnerschaft (Wiener Beiträge zur Geschichte der Neuzeit Bd. 12/13), Wien 1986, S. 13–37, hier insbes. S. 20–24.
20 STOURZH, Zur Institutionengeschichte, in: STOURZH/GRANDNER, Historische Wurzeln, S. 32 ff.
21 Margarete GRANDNER, Die Beschwerdekommissionen für die Rüstungsindustrie Österreichs während des ersten Weltkrieges – der Versuch einer „sozialpartnerschaftlichen" Institution in der Kriegswirtschaft?, in: G. STOURZH/M. GRANDNER (Hg.), Historische Wurzeln der Sozialpartnerschaft (Wiener Beiträge zur Geschichte der Neuzeit Bd. 12/13), Wien 1986, S. 191–224. Margarete GRANDNER, Kooperative Gewerkschaftspolitik in der Kriegswirtschaft. Die freien Gewerkschaften Österreichs im ersten Weltkrieg (Veröff. d. Komm. f. Neuere Geschichte Österreichs Bd. 82), Wien – Köln – Weimar 1992.
22 75 Jahre Arbeiterkammer, hg. v. d. Bundeswirtschaftskammer, Wien 1995. Ferner vgl. den Beitrag von Erwin Weissel über die Arbeiterkammern in DACHS/GERLICH/GOTTWIES/

kammern.[23] In diesem Zusammenhang wurde auf christlichsozialer Seite die Ansicht geäußert, die Einrichtung von Landwirtschaftskammern bedeute den verstärkten Ausbau „ständischer" Institutionen, so sprach der Abgeordnete *Josef Zwetzbacher* im niederösterreichischen Landtag von einem „starken Ständevorrecht", das sich hier ausbilde und drückte die Hoffnung aus, es komme nun zur „Erringung des Selbstverwaltungsrechtes für alle Stände".[24] Interessanterweise wurde vom Gesetzgeber den Arbeiterkammern die Herstellung der Zusammenarbeit mit den Handelskammern als einer ihrer Aufgabenbereiche zugeschrieben – eine geradezu „sozialpartnerschaftliche" Konzeption.[25]

Im Prinzip war damit bereits jenes Gerüst von Korporationen mit Pflichtmitgliedschaft entstanden, das in der Zweiten Republik das Grundgerüst der Sozialpartnerschaft bildete. Der Ausbau dieser Organisationen zeigt auch, daß trotz der oft höhnischen Kontra-Argumentation der Sozialdemokratie gewisse „ständische" („korporative") Vorstellungen in der politischen Vorstellungswelt bereits auch bei diesen Fuß gefaßt hatten. Ähnliche Modelle existierten auch bei den Großdeutschen.[26]

Freilich sind die Anfänge eines „Korporatismus" als regelmäßige Koordination von Kapital, Arbeit und Staat im Dienste übergeordneter gemeinsamer Zielsetzungen nicht sehr weit gekommen. Ob die Gründe für die fehlende Weiterentwicklung erster Instrumentarien im Unwillen der Unternehmerseite, in der allgemeinen „bürgerlichen" Furcht vor der Macht der Sozialdemokratie oder schlicht in der Fragmentierung einer Gesellschaft zu suchen ist, die keine übergeordnete Gemeinsamkeit zu erkennen vermochte, ist hier nicht zu erörtern.

Die Christlichsoziale Partei hat auf der ideellen Basis eines allgemeinen christlichen Solidarismus, den in der Ersten Republik vor allem *Johannes Messner* (ein Schüler *Schindlers*) vertreten hat, bereits 1919 im Wahlprogramm eine Ausgestaltung der Interessenvertretungen gefordert. *Richard Schmitz* erläuterte diese Forderung dahingehend, daß man alle Stände von den Berufsgenossenschaften an bis hinauf zu den Ständekammern durchorganisieren müßte.[27]

Auch die Organisation der Christlichsozialen Partei verwirklichte ansatzweise ein korporatives, ständisches Modell. Sie verstand sich bereits als „Volkspartei" mit dem

---

HORNER/KRAMER/LAUBER/MÜLLER/TÁLOS, Handbuch des politischen Systems Österreichs, Wien ²1992, S. 353–364.

23 Noch immer grundlegend: Hans Karl ZESSNER-SPITZENBERG, Die Berufsvertretungen auf dem Gebiete der Land- und Forstwirtschaft in Österreich, in: Agrarische Rundschau 1, 1931, S. 99–115. Vgl. ferner Leopold GREIL, die Entwicklung der landwirtschaftlichen Berufsvertretung, in: 40 Jahre Landwirtschaftsförderung in Österreich, Festschrift Rudolf Leopold, Wien 1963.
24 Hermann RIEPL, Der Landtag in der Ersten Republik (Fünfzig Jahre Landtag von Niederösterreich, Bd. 1), Wien 1972, S. 93 f.
25 Alfred KLOSE, Geistige Grundlagen der Sozialpartnerschaft im katholischen Sozialdenken, in: G. STOURZH/M. GRANDNER (Hg.), Historische Wurzeln der Sozialpartnerschaft (Wiener Beiträge zur Geschichte der Neuzeit Bd. 12/13), Wien 1986, S. 53–68, hier S. 54.
26 Klaus BERCHTOLD, Österreichische Parteiprogramme 1866–1966, Wien 1967, S. 448 (im Salzburger Programm 1920 fordern die Großdeutschen, ergänzend zum Parlament, die „... Schaffung wirtschaftlicher Vertretungskörper, ... nach Berufsständen gegliedert ..."
27 Zit. nach Alfred KLOSE, Geistige Grundlagen der Sozialpartnerschaft im katholischen Sozialdenken, in: G. STOURZH/M. GRANDNER (Hg.), Historische Wurzeln der Sozialpartnerschaft (Wiener Beiträge zur Geschichte der Neuzeit Bd. 12/13), Wien 1986, S. 53–68, hier S. 56.

Anspruch, alle „Stände" der Gesellschaft zu vertreten. Die mächtigste Organisation, die selbst teils innerhalb der Partei stand, teils selbständig handelte, war der Reichsbauernbund.[28] Ebenfalls fest organisiert war die christliche Arbeiterbewegung. Auch sie hatte ein „ständisches" Gesellschaftbild, das *Karl Lugmayer* folgendermaßen formuliert hat: „Die Gleichheit des Berufes verbindet die Menschen zu Standesgruppen. Die Berufsstände bilden die nächst höhere Gemeinschaft (über der Familie, Erg. d. V.). Für ihren Kreis kommt ihnen entsprechende gesetzgebende, verwaltende und rechtsprechende Hoheit zu . . ."[29] Eine dem späteren Wirtschaftsbund entsprechende Organisation fehlte allerdings. Erst 1932 hat *Julius Raab* die Umwandlung des „Deutsch-österreichischen Gewerbebundes" in eine „selbständige Standesorganisation im Rahmen der Christlich-Sozialen Partei" erreicht: „Der Gewerbestand soll als selbständige Gruppe in die Christlich-Soziale Partei eingebaut werden, so wie es der Bauernbund, der Arbeitsbund schon sind . . ."[30] Als direktes Vorbild scheint *Raab* vor allem der Bauernbund mit seiner eindrucksvollen Organisation gedient zu haben. Im März 1933 wurde durch Zusammenschlüsse mit oberösterreichischen und tirolischen Organisationen der Reichsgewerbebund geschaffen, dessen Chef Raab im September 1933 wurde. Das bedeutet einen bemerkenswerten Unterschied zu Deutschland, wo die (klein-)gewerbliche Wirtschaft viel stärker parteipolitisch oszillierte und zugleich in eine gewisse politische Isolierung geriet.[31] Für Zwecke der beruflichen bzw. allgemeiner gesellschaftlichen Interessenartikulation erschien es also notwendig, innerhalb einer großen Partei Einfluß zu gewinnen und an deren Willensbildung über das Argument großer Mitgliedszahlen bzw. praktisch geschlossener Standesvertretung mitzuwirken. Umgekehrt versuchte eine Partei mit einem ständischen Gesellschaftsbild Legitimität bei den angesprochenen Schichten durch starke, hochorganisierte Standesorganisationen zu gewinnen. Im übrigen ersetzten zahlreiche und höchst verschiedenartige katholische Vereine einen selbständigen organisatorischen Unterbau der Partei.[32]

---

28 Bedauerlicherweise fehlt eine zeitgemäße Monographie über den Reichsbauernbund. Einiges Material in: Felix KERN, Oberösterreichischer Bauern- und Kleinhäuslerbund, 2. Bd., Ried 1956.
29 Ludwig REICHHOLD, Geschichte der christlichen Gewerkschaften Österreichs, Wien 1987, S. 312 (aus dem Linzer Programm 1923 der christlichen Arbeiterschaft Österreichs). Anton PELINKA, Stand oder Klasse? Die Christliche Arbeiterbewegung Österreichs 1933 bis 1938, Wien – München – Zürich 1972, S. 241.
30 Michael DIPPELREITER, Julius Raab und der Gewerbebund, in: Alois BRUSATTI/Gottfried HEINDL (Hg.), Julius Raab. Eine Biographie in Einzeldarstellungen, Linz o. J., S. 98.
31 Heinrich August WINKLER, Vom Protest zur Panik: Der gewerbliche Mittelstand in der Weimarer Republik. In: WINKLER, Liberalismus und Antiliberalismus, Göttingen 1979, S. 99–109. – Parallelen und Unterschiede zwischen Deutschland und Österreich zeigt Heinrich BUSSHOFF, Berufsständisches Gedankengut zu Beginn der dreißiger Jahre in Österreich und Deutschland, in: Zs. f. Politik 13, 1966, 451–463.
32 Eine zusammenfassende Darstellung der Binnenstruktur des „katholischen" Lagers existiert nicht. Zur Ideologie vgl. Ernst HANISCH, Die Ideologie des Politischen Katholizismus in Österreich 1918–1938, Salzburg 1977. Für Wien vgl. Walter SAUER, Katholisches Vereinswesen in Wien. Zur Geschichte des christlichsozial-konservativen Lagers vor 1914 (Geschichte und Sozialkunde 5), Salzburg 1980; für die Erste Republik Gerhard MELINZ, Die Christlichsoziale Partei Wiens. Von der Majorität zur Minorität und „Kerntruppe" der Vaterländischen Front, in: Wiener Geschichtsblätter 49, 1994, 1–14; für Niederösterreich fehlt eine Monographie, freilich enthält das Buch von Leopold KAMMERHOFER, Niederösterreich zwischen den

3. Der autoritäre Korporatismus des „Ständestaates" und sein Erbe

Über die Entwicklung der „ständischen" Vorstellungen im Vorfeld der Maiverfassung 1934 ebenso wie ihre Umsetzung informiert vorzüglich die sehr materialreiche Arbeit von *Helmut Wohnout*.[33] Wir können uns daher hier mit einer knappen Zusammenfassung begnügen. Für die christlichsoziale Interpretation von „Quadragesimo anno" wurden die Deutungen von *Ignaz Seipel* maßgeblich.[34] Danach hätte die Enzyklika durch ihre Aufforderung zur Einrichtung von Ständen ein neues Modell politischer Repräsentation nahegelegt. Tatsächlich war das aber nicht der Fall, wie *Oswald von Nell-Breuning* eindeutig festgehalten hat. Verstärkte diese durchaus eigenwillige Enzyklika-Interpretation *Seipels* und der Christlichsozialen gewisse ältere Tendenzen, so wurde für die faktische Umsetzung in gesetzgebende (bzw. beratende) Körperschaften gar nicht so sehr die Enzyklika-Rezeption, sondern die von *Othmar Spann* beeinflußte Vorstellungswelt der Heimwehren entscheidend. In Umsetzung *Spann*'scher Ideen hat *Odo Neustädter-Stürmer* ein Konzept ständischer Vertretung entwickelt, das sehr stark auf die Maiverfassung 1934 eingewirkt hat. *Wohnout* hob ferner hervor, daß entgegen den Prinzipien einer Volks- oder auch nur Berufsvertretung die Mitglieder der vier beratenden Körperschaften schließlich nicht gewählt, sondern ernannt wurden und daß die Regierung nicht nur die Gesetzgebungsinitiative behielt, sondern auch ein eigenes, von den Ständen ganz unabhängiges Gesetzgebungsrecht in Anspruch nehmen konnte, sodaß der ganze „ständische" Aufwand nicht viel mehr als Fassadencharakter hatte.

Ebensowenig darf man übersehen, daß gerade die Phase der beginnenden Umsetzung „berufsständischer" Ideen die Schwächen dieser Ideen und ihre Problematik insbesondere im Hinblick auf die unzureichende Vertretung von Interessen der Arbeitnehmer auch und gerade für die engagierten Vertreter des „ständischen" Gesellschaftsentwurfes im Bereich der christlichen Gewerkschaften sehr deutlich machte. *Ludwig Reichhold* definierte daher den „Sozialstand" (z. B. „Arbeiter") in

---

Kriegen. Wirtschaftliche, politische, soziale und kulturelle Entwicklung von 1918 bis 1938, Baden 1987, einige Informationen. Für Oberösterreich Harry SLAPNICKA, Christlichsoziale in Oberösterreich. Vom Katholikenverein 1848 bis zum Ende der Christlichsozialen 1934 (Beiträge zur Zeitgeschichte Oberösterreichs 10), Linz 1984; breit ausgemalt ist der vor allem in den öffentlichen Auftritten der einzelnen Organisationen immer wieder betonte Zusammenhang aller katholischer Vereine in Felix KERN, Oberösterreichischer Bauern- und Kleinhäuslerbund, 2 Bd., Ried i. I 1956 passim, in der farbenfrohen Schilderung großer „Bauerntage". Für Salzburg: Ernst HANISCH, Die Christlich-soziale Partei für das Land Salzburg 1918–1934, in: Mitt. d. Ges. f. Salzburger Landeskunde 124/1985, S. 477–496; für Tirol Benedikt ERHARD, Bauernstand und Politik. Zur Geschichte des Tiroler Bauernbundes. Wien – München 1981; für Kärnten vgl. Werner DROBESCH, Vereine und Verbände in Kärnten (1848–1938). Vom Gemeinnützig-Geselligen zur Ideologisierung der Massen (Das Kärntner Landesarchiv 18), Klagenfurt 1991, S. 142 ff. und 182 ff.

33 Helmut WOHNOUT, Regierungsdiktatur oder Ständeparlament? Gesetzgebung im autoritären Österreich (Studien zu Politik und Verwaltung, hg. v. Chr. BRÜNNER, W. MANTL, M. WELAN Bd. 43), Wien – Köln – Graz 1993. Das Buch enthält tatsächlich mehr, als der Titel ankündigt, insbesondere wird die Entwicklung hin zur Verfassung von 1934 sehr genau nachgezeichnet.

34 Vgl. dazu auch Franz Joseph DESPUT, Quadragesimo anno und die katholische Soziallehre, in: Geschichte und Gegenwart 3, 1984, 124–143.

Ergänzung zum Berufsstand (z. B. „Landwirtschaft"), wies auf die gemeinschaftsbildenden situativen und rechtlichen Gemeinsamkeiten aller Arbeiter hin und forderte ihre „Standwerdung".[35] Mit dem Begriff des „Sozialstandes" überwand die Einheitsgewerkschaft des Ständestaates die traditionelle berufsständische Begrenzung der christlichen Arbeiterbewegung und begründete zugleich das Fortbestehen dieses Gewerkschaftsbundes selbst bei fortschreitendem „berufsständischen" Aufbau auch theoretisch. Er existierte trotz aller Angriffe insbesondere von Heimwehrseite als ein eigenständiger, von Vertretern der christlichen Gewerkschaften dominierter Gewerkschaftsbund bis 1938 weiter.[36] Auch die Arbeiterkammern blieben von 1933 bis 1938 bestehen (bei Annullierung der sozialdemokratischen Mandate). Damit erhielt sich ein weiteres Element älterer Klassenvertretung, das an sich in einem „reinen" ständischen System, das ja letztlich die Einbeziehung der Tarif- oder Sozialpartner in eine einzige Organisation plante, nicht unbedingt etwas zu suchen hatte.

Die Vertretungsorganisationen der gewerblichen und industriellen Wirtschaft waren traditionell uneinheitlich. Die Handelskammern vertraten in der Monarchie im wesentlichen nur die Interessen der Großindustrie. Daneben waren auf der Grundlage der Gewerbeordnungen 1859 bzw. 1882/85 Gewerbegenossenschaften (Innungen, in Fortführung der älteren Zechen bzw. Zünfte) eingerichtet worden, die ihrerseits wieder Dachorganisationen (Genossenschaftstage) gefunden hatten. Davon abgesehen existierten freie Vereinigungen, wie Gewerbebünde. Im „Ständestaat" wurden nun der „Österreichische Gewerbebund" *Raabs* durch das Gewerbebundgesetz 1935 in eine offizielle Vertretung der Gewerbetreibenden umgestaltet (ähnlich wie der neue Bund der Industriellen).[37] Die Landwirtschaft konnte hingegen im Berufsstand Land- und Forstwirtschaft ihre bisherige Organisation (Reichsbauernbund und Landwirtschaftskammern) im wesentlichen beibehalten.[38] Auch von hier lassen sich (über die Unterbrechung durch die Phase des „Reichsnährstandes" hinweg) eindeutig Kontinuitäten feststellen, auch hier nach 1945 entstand die Dualität von Kammer und politischer Organisation wieder. Auch hier erhob der Bauernbund nach 1945 (analog zum Wirtschaftsbund) einen Anspruch auf politische Vollvertretung der Bauernschaft, was im übrigen durch die Einbeziehung des Landbundes auch zunächst einmal weithin legitim war.

Hinsichtlich der häufig diskutierten Frage, was denn allenfalls als Erbe für die Zweite Republik (also für die ÖVP und für die „Sozialpartnerschaft") aus den „ständischen", proto-sozialpartnerschaftlichen und solidaristischen Ansätzen der Ersten Republik und des sog. „Ständestaates" zu werten sei, hat *Emmerich Tálos* folgende Formulierungen gefunden:

„... zum Ideologiebestand bürgerlicher Parteien wie auch der christlichen Arbeiterbewegung zählt das Plädoyer für soziale Harmonie, Konsens, Abstimmung von Sonder- und Allgemeininteressen und die Zusammenarbeit zwischen gegensätzlichen gesellschaftlichen Interessen ebenso wie die eindeutige Ablehnung des Klas-

---

35 Ludwig REICHHOLD, Geschichte der christlichen Gewerkschaften Österreichs, Wien 1987, S. 532.
36 PELINKA, Stand oder Klasse, S. 95 ff., REICHHOLD, Geschichte der christlichen Gewerkschaften, S. 461–468.
37 WOHNOUT, Regierungsdiktatur S. 250 ff.
38 WOHNOUT, Regierungsdiktatur S. 266.

senkampfes. Die sozialpartnerschaftliche Ideologie weist dazu eindeutig Berührungspunkte auf – wie die im Wiederaufbau propagierte Idee der Zusammenarbeit, das vom Gewerkschaftspräsidenten Böhm verwendete „Bild von der Astgemeinschaft" oder die Abgrenzung von den in der Ersten Republik verfolgten Konfliktgemeinschaften illustrieren. Anders verhält es sich hinsichtlich der Tradition berufsständischer Ideen. Das Fiasko der zwischen 1934 und 1938 realisierten politisch pragmatischen Version einer berufsständischen Konzeption blockierte deren Tradierung nach 1945. Dies schließt jedoch nicht aus, daß spezifische Ideologieelemente, die sowohl im Rahmen der christlichen Arbeiterbewegung (Zusammenarbeit, Berücksichtigung der Allgemeininteressen) als auch im Austrofaschismus („Politik der Sachlichkeit", Abstimmung der Interessen) vertreten und teilweise realisiert wurden, nach 1945 unter veränderten Rahmenbedingungen fortlebten..."[39] *Tálos* konzediert also eine gewisse ideologische Konstanz, verneint jedoch die Wiederaufnahme institutioneller Vorgaben aus der Zeit der Ständestaatsdiktatur.

Dennoch scheint ein Fortwirken von solchen institutionellen Vorgaben insbesondere in der Vereinheitlichung der Kammerorganisation, die ja schon mit dem Handelskammergesetz 1937 durchgezogen wurde, vorzuliegen. Vergleicht man die Konstruktion von 1938 mit jener von 1946, so lassen sich doch bemerkenswerte Parallelen beobachten. Der wichtigste Unterschied liegt zweifellos darin, daß die „politische" Vertretung der Unternehmerseite, die 1937 ebenfalls als „Bund" (man beachte wieder die begrifflichen Kontinuitäten!) mit obligatorischer Mitgliedschaft konzipiert war, 1945 als freie Vereinigung innerhalb der ÖVP wiedergegründet wurde. Allerdings hat die ÖVP 1945 kein „berufsständisches", sondern eher ein „sozialständisches" Gliederungsprinzip verwirklicht, wofür wir gedankliche, aber auch organisatorische Anknüpfungspunkte ebenfalls in der autoritär-ständischen Periode auffinden konnten.

Vielleicht hat auch die 1934–38 bestandene Dualität von Arbeiterkammern und Einheitsgewerkschaft, die ja 1945 wieder installiert wurde, in gewisser Weise manche Entscheidungen der Zweiten Republik vorbereitet – zumindest ist die begriffliche Konstanz vom „Gewerkschaftsbund der österreichischen Arbeiter und Angestellten" (so der offizielle Titel 1934–38) zum „Österreichischen Gewerkschaftsbund" (seit 1945) verblüffend. Immerhin scheint eine Präfiguration des späteren Gewerkschaftsbundes mit den von *Johann Staud* am 10. März 1938 angekündigten Wahlen im Gewerkschaftsbund – mit der vorhersehbaren Folge einer anschließenden sozialdemokratischen Dominanz – vorformuliert worden zu sein.[40]

---

39 Emmerich TÁLOS, Voraussetzungen und Traditionen kooperativer Politik in Österreich, in: G. STOURZH/M. GRANDNER (Hg.), Historische Wurzeln der Sozialpartnerschaft (Wiener Beiträge zur Geschichte der Neuzeit Bd. 12/13), Wien 1986, S. 243–264, hier 259 f.
40 REICHHOLD, Geschichte der christlichen Gewerkschaften, S. 562 ff.

4. Ständische Traditionen im Konzept und in der Organisation der Volkspartei – Standesvertretungen und politische Interessengruppen

a) Die Vorstellungen von 1945

Als Folge der Erfahrungen von 1918 bis 1945 revidierten die auf der politischen Szene agierenden bewußten Katholiken ihre Vorstellungen, obgleich einiges aus der Zwischenkriegszeit wieder aufgegriffen werden konnte. Bei deutschen, französischen und italienischen Christdemokraten entwickelten sich teilweise parallele Ideen. Mehr oder weniger umfangreiche Verstaatlichungen sowie eine bedeutende Rolle der Planung im Wirtschaftsablauf waren in den Vorstellungen der meisten neuen Bewegungen präsent. Kapital und Arbeit sollten in gemeinsamen Organisationen in Fragen der Wirtschaftspolitik mitwirken, wobei die Deutschen den „Reichswirtschaftsrat" der Weimarer Verfassung wiederbeleben wollten, die Franzosen eine dritte Kammer als Vertreter der sozialen Klassen planten und den Italienern eine ähnliche Organisation wie der deutsche Wirtschaftsrat vorschwebte.[41] Gleichzeitig trat bei diesen Gruppen der von *Ludwig Reichhold* so genannte „Labour-Party-Effekt" auf – die Vorstellung einer Überwindung des Parteienschemas der Zwischenkriegszeit mit seinen starken ideologischen Prägungen, bei deutlicher Vertretung von Arbeitnehmerinteressen.

Bei der ÖVP läßt sich zunächst ein kräftiges „österreichisches" Bekenntnis konstatieren. Stark wurde die nunmehr unumstrittene demokratische Haltung betont. „Ständische" Ideen versuchen jetzt nicht mehr, über „ständische" Repräsentationsformen Parlamentarismus zu ersetzen oder zu ergänzen. Sie leben aber weiter in den Organisationsformen der Partei. Deutlich wird auch das (vor-sozialpartnerschaftliche) Bestreben, offizielle (öffentlich-rechtliche) Vertretungskörperschaften für möglichst viele Berufsgruppen, bei möglichst hochgradiger Zentralisation (wieder-)einzuführen.[42] Gleichzeitig soll über hochorganisierte berufsständisch orientierte Teilorganisationen der Partei Vertretungskompetenz für große Bevölkerungsgruppen signalisiert werden. Die Teilorganisationen sollen in den öffentlich-rechtlichen Körperschaften (Kammern) über Wahlen ein möglichst hohes Maß demokratisch legitimierter Einflußmöglichkeiten erhalten.

b) Die bündische Organisation der Partei als Reflex ständischer Vorstellungen

In der bündischen Konzeption der ÖVP, einer Partei, die im wesentlichen durch wirtschaftliche Interessenverbände („Sozial-" oder „Berufsstände" repräsentierend), die zugleich politische Interessenverbände sind, ergänzt durch „naturständische" Organisationen (Frauen, Junge, Alte), konstituiert wird, wurde schon in der Forschung der 1960er Jahre ein auffälliger Unterschied zu analogen Parteien im Westen

---

41 Ludwig REICHHOLD, Geschichte der ÖVP, Graz – Wien – Köln 1975, S. 21 f.
42 Das führt zu einer „... praktisch vollständigen Organisation der Wirtschaftsgesellschaft in Wirtschaftsverbänden...", vgl. Theodor PÜTZ, Die Bedeutung der Wirtschaftsverbände für die Gestaltung der österreichischen Wirtschaftspolitik, in: Th. PÜTZ, Hg., Verbände und Wirtschaftspolitik in Österreich (Schriften des Vereins für Sozialpolitik, NF 39), Berlin 1966, S. 135–236, hier 163.

Europas gesehen. Diese Eingliederung wirtschaftlich-politischer Interessenverbände ist analog nirgends zu beobachten, schon gar nicht das Organisationsprinzip, daß die Partei aus solchen Vereinigungen besteht.[43]

Ludwig Reichhold hat die „bündische Komponente" der ÖVP auf die personelle Konstellation zurückgeführt, die die Vorgespräche zur Gründung der ÖVP prägte. Da *Leopold Figl* den Bauernbund unbedingt wiederbegründen wollte und der bei den Arbeitnehmervertretern (*Lois Weinberger*) zuerst vorwaltende Gedanke einer einheitlichen Arbeiterpartei gemeinsam mit den Sozialisten sich als undurchführbar erwies, wünschten auch diese, eine eigene Organisation für das politische Feld zu gründen (gewerkschaftlich bevorzugte man das Modell der Einheitsgewerkschaft). Damit blieb für den dritten prominenten Gesprächspartner (*Raab*) selbstverständlich auch keine andere Lösung, als an eine eigene Organisation der Wirtschaftstreibenden zu denken. Sie sollte freilich breiter sein als *Raabs* „Österreichischer Gewerbebund" der Vorkriegszeit.[44]

Aber es waren wohl nicht nur personelle Konstellationen, die zu den neuen Bünden führen sollten. Vermutlich reflektieren diese Konstellationen gewisse Grundbefindlichkeiten der entstehenden „christlichen Demokratie". Zu diesen Grundbefindlichkeiten gehört aber

– die Basis einer ideellen Gemeinsamkeit, unbeschadet unterschiedlicher Klassenlagen,
– die Basis einer Organisationstradition (Bauernbund, christliche Gewerkschaften bzw. Arbeitsbünde, Gewerbebund) aus der Ersten Republik,
– die Basis einer Vorstellung von „Gesellschaft", die in ständischen Kategorien gedacht wurde („Bauernstand" usw.), samt dem Bemühen, allen „Ständen" Vertretungsmöglichkeiten im politischen System und insbesondere in der (zunächst einzigen) nichtmarxistischen Partei zu schaffen.

Als der spätere Finanzminister *Dr. Eugen Margarétha* am 16. April 1945 in der Laudongasse 16 mit *Lois Weinberger* sprach und erstmals von der „Österreichischen Volkspartei" erfuhr, teilte dieser jenem bereits mit, daß die neue Partei in drei Bünde zerfallen werde, und zwar in den

„a) Arbeiter- und Angestelltenbund mit dem Sitz in der Laudongasse 16 im ehemaligen Haus der christlichen Gewerkschaften unter Führung von Kunschak und Weinberger;
b) Bauernbund, der bereits in der Schenkenstraße 2 im alten Heim des Bauernbundes amtiert. Figl ist bereits dort. Reither wird gesucht, und Schumy hat sich angeschlossen;
c) Mittelstandsbund, für dessen Führung Raab, Scheichelbauer (Kärnten) und Pernter in Aussicht genommen sind. Dieser wird voraussichtlich seinen Sitz in der Zentrale der Österreichischen Volkspartei haben, die jetzt noch im Auerspergpalais untergebracht ist, aber auf den Hof 4 übersiedelt. Die Geschäfte der Partei wird als Generalsekretär Dr. Felix Hurdes führen.

---

43 PÜTZ, Bedeutung der Wirtschaftsverbände (in: PÜTZ, Verbände), S. 142 f.
44 REICHHOLD, Geschichte der ÖVP, S. 61.

Es ist eine Einheitsgewerkschaft beabsichtigt mit Johann Böhm ... als Präsident und Weinberger als einen der Vizepräsidenten ..."[45]

Mitte April 1945 standen also wichtige Organisationsprinzipien der politischen Struktur Österreichs bereits fest: Einheitsgewerkschaft und bündische Struktur der ÖVP. *Felix Hurdes* schrieb in der ersten Nummer der „Österreichischen Monatshefte", daß schon das Jahr 1943 entscheidend für die spätere bündische Gliederung der Partei gewesen sei.[46] Im selben Heft der „Monatshefte" stellte sich die Partei mit ihren Bünden vor. Dabei wird übrigens auch der Namenswechsel von „Mittelstands-" zu „Wirtschaftsbund" begründet.[47] Neben diesen drei Bünden wurde auch der „Österreichische Frauenbund" präsentiert, der als vierte Parteiorganisation auch in der Folgezeit regelmäßig in den „Monatsheften" berichtete. Seine Leiterin, *Nadine Paunovic*, definierte den Frauenbund als „... auf der Basis des Naturstandes gegründet", was keineswegs eine Mitarbeit in den anderen drei (berufsständischen) Bünden ausschließe.[48] Das ist deshalb interessant, weil es bereits auf die dritte Konzeption von „Stand" hinweist (Berufsstand, Sozialstand, Naturstand), die innerhalb des Einzugsbereiches der ÖVP existierte, ohne daß man sich im allgemeinen besondere Gedanken über die Abgrenzung der drei Begriffe machte. Im Einzelfall sollte aber der Zusammenprall berufs- und sozialständischer Denkmodelle durchaus zu Problemen führen.

Die Volkspartei organisierte sich aber nicht nur selbst nach diesen „ständischen" Kriterien, sie versuchte auch, in die Gesetzgebung ihre Ideen einzubringen. Ein für die Entproletarisierungspläne wichtiges (aber faktisch kaum wirksam gewordenes) Gesetz war das Werkgenossenschaftsgesetz, das gemeinsam mit dem 1. Verstaatlichungsgesetz 1946 verabschiedet wurde.[49] Es reflektiert stark die Vorstellungen der christlichen Arbeiterbewegung von Entproletarisierung durch Beteiligung, Mitentscheidung und Mitverantwortung der Arbeitnehmer auf betrieblicher Ebene. Da bald darauf (1949) der verstaatlichte Sektor, für den das Gesetz primär gedacht war, unter sozialistische Führung kam, konnte es keine nachhaltige Bedeutung erlangen.

Für die Organisation der beruflichen Vertretungen wichtig wurde das neue Handelskammergesetz. Die neuen Kammern der gewerblichen Wirtschaft umfaßten

---

45 Alois BRUSATTI, Hg., Hilde HEMETSBERGER-KOLLER, Bearb., Zeuge der Stunde Null. Das Tagebuch Eugen Margaréthas 1945–1947. Linz 1990, S. 44.
46 Felix HURDES, Wie die Oesterreichische Volkspartei entstand, in: ÖMH 1 (1945/46) Nr. 1, S. 12. Dazu KRIECHBAUMER, von der Illegalität zur Legalität, S. 49; Reichhold, Geschichte, S. 61.
47 „Als es zur Gründung der Österreichischen Volkspartei kam, hatte man neben dem Arbeiter- und Angestelltenbund und dem Bauernbund einen eigenen Mittelstandsbund vorgesehen. Minister Ing. Raab vertrat jedoch die Auffassung, daß der dritte große Bund ebenso wie die zwei anderen mehr die berufliche Zugehörigkeit zu einem bestimmten Wirtschaftssektor zum Ausdruck bringen solle, und schlug vor, zu diesem Zweck den Österreichischen Wirtschaftsbund ins Leben zu rufen. Da er ein Instrument von großer politischer Durchschlagskraft werden sollte, faßte man unter bewußter Ausschaltung der früheren Zersplitterung die selbständig Erwerbstätigen und auch die leitenden Angestellten von Industrie, Handel, Gewerbe, Geld- und Kreditwesen und die freien Berufe zusammen. Damit hatte man eine politische Standesvertretung ins Leben gerufen von einem Umfang, wie das in früheren Jahren noch nie der Fall war." ÖMH 1 (1945/46), Nr. 1, S. 44.
48 ÖMH 1 (1945/46), Nr. 1, S. 45.
49 vgl. dazu Eugen MARGARÉTHA, Die Verstaatlichung und Sozialisierung in Österreich, in: ÖMH 1 (1945/46), Nr. 11, S. 464 ff., hier 469 f.

sämtliche fachlichen und territorialen Organisationen der gewerblichen Wirtschaft. „Die Vertretung wirtschaftlicher Interessen hat in der Vergangenheit an einer gewissen Zweigeleisigkeit gekrankt, da neben den Gewerbegenossenschaften (Innungen und Gilden) und den Fachverbänden der Industrie, denen die Betreuung und Vertretung der verschiedenen Wirtschaftsgruppen oblag, die Handelskammer mit ähnlichen Aufgaben stand . . .“; ein „. . . äußerst schädliches Neben- und Gegeneinander der vielfach parallel laufenden Organisationen . . .“ sei die Folge gewesen. Das neue Gesetz sicherte die Einheitlichkeit der Wirtschaftsvertretung, unter deren gemeinsamen Dach (Kammer) jedoch vier Sektionen sowie Fachgruppen und Fachverbände für die Vertretung der unterschiedlichsten Wünsche Sorge tragen sollten. Neu (sieht man vom Spitzenorgan der 1937 reformierten Kammern ab) war die Bundeswirtschaftskammer als bundesweite oberste Wirtschaftsvertretung.[50]

Im neuen Aktionsprogramm der ÖVP vom 5. 10. 1946 gab die Partei die Parole des Solidarismus aus, der „. . . Absage an den Klassenkampf bedeutet und die Zusammenordnung und den harmonischen Ausgleich der verschiedenen Interessen aller Volksgruppen propagiert."[51] Konkret umgesetzt sollte dieser Solidarismus in der Sozialpolitik werden, in der neben Verstaatlichung und Werkgenossenschaftsgesetz die Idee des Wohnungs-(Stockwerk-)Eigentums forciert wurde, ferner der Gedanke der Familienförderung und eines neuen Landarbeiterrrechtes. Wirklich revolutionär war die Idee der Gemeinschaftsrente (entwickelt von *Pius Fink*), die sich freilich nicht durchsetzen konnte.

Wie stark das Vokabel „Solidarismus" damals die innerparteiliche Programmdiskussion prägte (oder prägen sollte), zeigt u. a. ein Artikel von *Felix Hurdes*, in dem die Weltsicht des Solidarismus erläutert wurde.[52]

Während in der Gründungsphase der Partei die Arbeitnehmervertretung dominierte, traten bald auch die beiden anderen Bünde stärker hervor. *Franz Gschnitzer* interpretierte 1946 den „Bauernstand" als Grundlage Österreichs: „Er ist auch die Grundlage der Volkspartei", und das hieß auch: „Alle Versuche gegen die Einheit des Bauernstandes richten sich gegen den Kern der Volkspartei und müssen darum von ihr bekämpft werden. Daher muß sie z. B. die Landarbeiter dem Bauernstande zurechnen, darf sie nicht aus der bäuerlichen Einheit herauslösen und anderen Arbeitnehmern gleichsetzen lassen . . ."[53] *Gschnitzer* kennzeichnete in der Folge die ÖVP als Partei mit dem Bauernbund als Kern und ÖAAB bzw. Wirtschaftsbund als Flügel – wobei er originellerweise den ÖAAB in sozialpolitischer Hinsicht als „links", in konfessioneller aber als „rechts" bezeichnete, den Wirtschaftsbund entsprechend umgekehrt.

Die einleitenden Wendungen des Beitrages von *Felix Hurdes* über das Ergebnis des ersten Bundesparteitages der ÖVP im Frühjahr 1947 illustrieren – wohl unfreiwillig – das bereits Problematische des Verhältnisses von Bünden und Partei: „Trotz der selbstverständlichen, in einer weitgespannten Volkspartei vorhandenen Spannungen, die sich schon aus den natürlichen Interessengegensätzen ergeben müssen,

---

50 Julius Raab, Das neue Handelskammergesetz, in: ÖMH 1 (1945/46), Nr. 11, S. 476 f.
51 Ernst Friedl, Das neue Aktionsprogramm der ÖVP, in: ÖMH 2 (1946/47), Nr. 1, S. 3 ff.
52 Felix Hurdes, So sieht Solidarismus die Welt, in: ÖMH 2 (1946/47), Nr. 1, S. 5 ff.
53 Franz Gschnitzer, Das Gesicht der Volkspartei, in. ÖMH 2 (1946/47), Nr. 3, S. 104–106, hier 104.

Die ständische Tradition – ÖVP und Neokorporatismus

wurden bei den Beratungen immer wieder Lösungen gefunden, die die Zustimmung aller fanden. In ernsten Beratungen wurde das in einer Partei, die als Volkspartei sich nicht nur auf eine Klasse stützt, immer wieder aktuelle Problem der Spannungen zwischen den einzelnen Bünden einem vernünftigen Ausgleich nähergebracht und der Beschluß gefaßt, innerhalb einer befristeten Zeit durch maßgebliche Persönlichkeiten unserer Partei genaue Grundsätze für das Verhältnis der Bünde untereinander und vor allem auch für das Verhältnis der Bünde zur Partei festzulegen. In einem Punkt bestand einhellige Auffassung: In allen politischen Fragen steht der unbedingte Primat der Österreichischen Volkspartei zu . . ."[54] Weniger offiziell sah ein Beurteilung des Parteitages so aus: „Auf dem Parteitag[55] gab es verschiedene Spannungen, die aber zumeist in den Ausschüssen ausgetragen worden sind. Offen blieb die Differenz zwischen dem Streben der Bünde, ihre Selbständigkeit zu wahren, und dem der Partei, die Bünde straffer unterzuordnen. Die Partei hat diesmal den kürzeren gezogen und mußte auf die beabsichtigte Änderung des Statutes verzichten. Offen ist auch eine Spannung zwischen Arbeiter- und Angestelltenbund und Wirtschaftsbund geblieben, wobei der letztere die Oberhand behielt . . ."[56] In der praktischen parlamentarischen Arbeit der unmittelbaren Nachkriegszeit traten solche Spannungen immer wieder auf, so etwa in der Beratung des Betriebsratsgesetzes im Spätwinter 1947: „Wir hatten vielleicht zehn Verhandlungen und dazwischen immer wieder Besprechungen zwischen Arbeiter- und Angestelltenbund und Wirtschaftsbund. Die letzteren waren noch erbitterter als die mit den Fraktionen der SPÖ und KPÖ . . ."[57] Aber auch mit den Bauernvertretern gab es Schwierigkeiten, als sie sich der Novelle des Bedarfsdeckungstrafgesetzes zunächst widersetzten: „. . . Palastrevolution der Agrarier gegen den Kanzler und Kraus, die sehr mutig gegen den Bauernbund aufgetreten sind . . . Kraus sagte es seinen Agrariern gehörig, wie sie die Ablieferung sabotieren. Man einigte sich dann im Klub darauf, daß das Gesetz nicht, wie die Agrarier verlangt hatten, von der Tagesordnung abgesetzt werden soll, sondern am Freitag im Haus in der Fassung des Justizausschusses nur mit der Änderung einer Befristung des Gesetzes beschlossen werden soll . . ."[58] Als dann im Klub abgestimmt wurde, blieben die Bauernvertreter in der Minderheit. – Diese Episoden zeigen mit aller wünschenswerten Deutlichkeit, daß es bereits früh starke innerparteiliche Auseinandersetzungen gab, daß sie auch sehr offen ausgetragen wurden (freilich innerhalb der entsprechenden Gremien), daß aber doch Lösungen gefunden wurden, die schon auf Grund des innerparteilichen Kompromißcharakters den Charakter gesamtgesellschaftlicher Kompromisse wenigstens zum Teil vorwegnahmen.[59]

---

54 Felix HURDES, Das Ergebnis des I. Bundesparteitages, in: ÖMH 2 (1946/47), Nr. 8, S. 289.
55 1. Bundesparteitag der ÖVP vom 18. bis 21. April 1947, vgl. Reichhold, Geschichte, S. 171 f.
56 MARGARÉTHA, Tagebuch S. 262.
57 MARGARÉTHA, Tagebuch, S. 252.
58 MARGARÉTHA, Tagebuch, S. 250.
59 Auf den ausgeprägten Kompromißcharakter der politischen Willensbildung der Parteien, ganz besonders der ÖVP, verwies Pütz schon 1966, vgl. Theodor PÜTZ, Die Bedeutung der Wirtschaftsverbände für die Gestaltung der österreichischen Wirtschaftspolitik, in: Th. PÜTZ, Hg., Verbände und Wirtschaftspolitik in Österreich (Schriften des Vereins für Sozialpolitik, NF 39), Berlin 1966, S. 135–236, hier 176.

Als *Alfred Kasamas* 1949 sein Buch „Programm Österreich. Die Grundsätze und Ziele der Österreichischen Volkspartei" veröffentliche, wurde der Solidarismus als tragendes Prinzip der ÖVP herausgestellt: „Die Österreichische Volkspartei vertritt die Idee des *ausgleichenden Solidarismus*. Dieser Grundgedanke durchzieht wie ein roter Faden unser Parteiprogramm; er ist auch maßgebend für den organisatorischen Aufbau unserer Partei ... Die bündische Gliederung der Partei ist die Bürgschaft dafür, daß die natürlichen Interessengegensätze zwischen den drei Hauptberufsgruppen – den Arbeitnehmern, den Bauern und den wirtschaftlich Selbständigen – innerhalb der Partei im Geiste eines höheren Zusammengehörigkeitsgefühles und damit auf friedlichem Weg überbrückt werden..."[60]

Dagegen stellte sich im praktischen politischen Leben sehr bald eine Tendenz zum Vorrang der einzelnen Bünde vor der Gesamtpartei heraus. Ein äußerst reges organisatorisches Leben der bündischen Gliederungen bei einem Zurücktreten der Partei dokumentieren die regelmäßigen Berichte aus der Partei in den Österreichischen Monatsheften schon der unmittelbaren Nachkriegszeit. Auch im Parlament organisierten sich die den einzelnen Bünden zuzuordnenden Abgeordneten als eigene „Arbeitsgemeinschaften".

Als sich daher erste Krisenerscheinungen regten, wurde das Thema „Bünde-Partei" zu einem ständigen Hauptthema der parteiinternen Diskussion. Im Februar 1950 eröffneten die Österreichischen Monatshefte eine Reihe von mehreren Diskussionbeiträgen zum Thema, wobei *Otto Dobrowolny* – durchaus in Fortsetzung von *Hurdes* oder *Kasamas* – die Bündegliederung als notwendigen Ausfluß der solidaristischen Position der Partei darstellte.[61] Es folgte ein Beitrag „von besonderer Seite", in dem der Primat der Partei stärker betont wurde, wobei der Unterschied zwischen beruflicher Interessenvertretung (in den Bünden) und weltanschaulich fundierter Politik (der Partei) hervorgehoben wurde.[62] *Alfred Maleta* setzte die Diskussion mit der Forderung nach „Freiheit in der Disziplin" fort, wobei der Vorrang der Partei vor den Bünden stark unterstrichen wurde, „... die zwar als Zweckorganisationen notwendig und nützlich sind, niemals aber programmatisches Eigenleben führen können und dürfen ..." *Maleta* schließt mit der großzügigen Funktionszuweisung: „Die Volkspartei ist das Instrument der abendländischen und österreichischen Idee. Die Bünde hingegen sind notwendige Zweckgemeinschaften zur Erfüllung arteigener Aufgaben, die sich aus der berufsmäßigen Zusammenfassung und Interessenvertretung ihrer Mitglieder zwangläufig ergeben ..."[63] Freilich änderte das nichts an internen Querelen, die sich besonders dramatisch im freiwilligen Verzicht des ÖAAB an der Teilnahme der 1949 nach den Wahlen neugebildeten Regierung äußerten.[64]

---

60 Alfred KASAMAS, Programm Österreich. Die Grundsätze und Ziele der Österreichischen Volkspartei, Wien 1949, S. 16.
61 „Denn wie sollen innerhalb der Partei die verschiedenen Interessen zur Geltung gelangen, und einer ausgleichenden Behandlung ... unterzogen werden, wenn die qualifizierten Instanzen fehlen, welche die besonderen Angelegenheiten der einzelnen Gruppen vertreten ...?" ÖMH 6 (1950), S. 80 f.
62 ÖMH 6 (1950), S. 129–132.
63 ÖMH 6 (1950), S. 299–303.
64 REICHHOLD, Geschichte, S. 195.

Die ständische Tradition – ÖVP und Neokorporatismus

Bekanntlich haben sich die innerparteilichen Gewichte zugunsten des Wirtschaftsbundes verschoben – freilich nicht erst seit 1949, sondern wohl schon (zunächst noch wenig sichtbar) seit der Übernahme der Klubobmannschaft durch *Julius Raab* und jedenfalls seit dem 1. Lohn-Preis-Abkommen, das zwischen *Raab* und der ÖGB-Führung ohne Einbindung von Partei oder Regierung ausgehandelt wurde.[65]

Als 1951 die neue Parteiführung installiert wurde, sah sie sich unverändert denselben Problemen des Verhältnisses von Partei und Bänden gegenüber. Das neue Führungsteam *Raab-Maleta* legte im Juli 1951 Grundsätze für das Herbstprogramm dieses Jahres vor, die in kräftigen Worten die Partei in den Vordergrund schoben:

„1. Die Partei ist eine *geschlossene Einheit*, die naturgemäß im Volk vorfindlichen Spannungen werden *innerhalb* der Partei ausgetragen. Die Partei ist kein Instrument des Stände- oder Klassenkampfes. Jeder Mandatar der ÖVP vertritt daher das Programm der Gesamtpartei, wie er verfassungsgemäß das Volksganze Repräsentiert.

2. Die *Bünde* sind geschichtlich gewordene Faktoren, mit denen man rechnen muß. Keiner von ihnen darf glauben, daß er als Einzelgänger die Partei ersetzen oder mehr für seine Angehörigen herausholen könnte, als er im Rahmen der Partei für sie erreicht. Innerhalb der Partei muß der Gedanke des Solidarismus lebendig sein. Denn nur die soziale Gerechtigkeit kann den Staat gesund erhalten. Jeder der Bünde muß bei der Aufstellung und Verwirklichung von Forderungen auf das Mit-Interesse der beiden anderen Bünde rechnen können, aber auch darauf Rücksicht nehmen.

3. Die Auseinandersetzungen über Ziele und Wege muß innerhalb der Bünde und auf bündische Ziele beschränkt bleiben, Parteiziele und die Beratung der Taktik der Partei gehören ausschließlich vor die Foren der Partei . . ."[66]

Raab hat immer wieder den Primat der Bünde vor der Partei bekämpft, aber auch den Zwang, den die bündische Organisationsstruktur der Partei bereitet hat: „Man sage mir, durch welchen der bündischen Kanäle der größte Staatsmann der ersten Republik, Dr. Seipel, überhaupt in das Parlament hätte gelangen können . . ." und weiter: „. . . gewisse Widersinnigkeiten des bündischen Systems müssen aus der Welt geschaffen werden: Es ist unmöglich, daß Sie, Herr Prof. Gschnitzer ewig als Bauernvertreter, der Beamte Dr. Kolb als Wirtschaftsvertreter und gar erst der Wirtschaftstreuhänder Dr. Bock als Vertreter des AAB ins Parlament gehen . . ."[67]

Dazu kam das bereits oben angedeutete Problem, daß sich innerhalb der ÖVP zwei „korporatistische" Vorstellungen überschnitten: Eine „berufsständische", die eine

---

65 MARGARÉTHA, passim; REICHHOLD, Geschichte, S. 182 f. Mit dieser Meinung von der viel früher anzusetzenden Dominanz des Wirtschaftsbundes innerhalb der ÖVP befinde ich mich nicht im Gleichklang mit dem wissenschaftlichen common-sense, der die „Machtübernahme" des Wirtschaftsbundes mit der Obmannschaft Raabs 1951/52 ansetzt, vgl. Wolfgang C. MÜLLER, Die Rolle der Parteien bei Entstehung und Entwicklung der Sozialpartnerschaft, in: P. GERLICH, Edgar GRANDE, W. C. MÜLLER, Hgg., Sozialpartnerschaft in der Krise, Leistungen und Grenzen des Neokorporatismus in Österreich, Wien – Köln – Graz 1985. 109–134, hier 174 f.
66 Karl v. Vogelsang-Institut, Archiv der ÖVP, Bundesparteileitungsprotokolle 1. 5. 51–1952, Prot. BPLtg. 17. Juli 1951, S. 3.
67 Karl v. Vogelsang-Institut, Archiv der ÖVP-Bundesparteileitung, Bundesparteileitungsprotokolle 1. 6. 1951–1952, Gedächtnisstütze über den Verlauf der Sitzung des Polit. Ausschusses des Bundesparteitages 1952 am Dienstag, den 29. Jänner 1952, S. 12.

Vertretung von Arbeitgebern und Arbeitnehmern innerhalb einer einzigen Standesvertretung (oder, um genauer zu sein, einer einzigen zusammengehörenden Gruppe von Organisationen) vorsah, und eine „sozialständische" (*Reichhold*), die alle Arbeitnehmer innerhalb der ÖVP im ÖAAB zusammenfassen wollte. Die erste Vorstellung hatte vor allem innerhalb der Landwirtschaft ihre Heimat und schlug sich schon in der Ersten Republik im Bestreben nieder, die Landarbeiter zusammen mit den Bauern in den Landwirtschaftskammern zu organisieren (was in Kärnten, Tirol und Vorarlberg umgesetzt wurde), sowie im Nebeneinander von Landarbeitergewerkschaft (mit einer starken christlichen Fraktion) und Landarbeiterbünden, die als Ableger des Bauernbundes galten.[68] Die Abgeordneten des ÖAAB brachten 1946 ein neues Landarbeiterrecht ein, in dem Alters- und Unfallversicherung, Gleichstellung mit der übrigen Arbeiterschaft und Koalitionsfreiheit vorgesehen war. Eine selbständige Organisation der Landarbeiter (unabhängig vom Bauernbund!) und eigene Landarbeiterkammern mit den Arbeiterkammern analogen Rechten gehörten zu den Forderungen an die Gesetzgebung.[69] Das Arbeitsprogramm des ÖAAB vom Oktober 1947 betonte die alleinige Zuständigkeit des ÖAAB für die politische Interessenvertretung der Land- und Forstarbeiter, des Österreichischen Gewerkschaftsbundes für die wirtschaftliche; offizielle Standesvertretungen sollten eigene Landarbeiterkammern sein, nicht hingegen Sektionen innerhalb der Landwirtschaftskammern.[70] Das war ganz offenkundig gegen die Landarbeiterbünde gerichtet, die in einigen westlichen Bundesländern das Vertretungsmonopol für die Landarbeiterschaft beanspruchten. Spannungen zwischen Bauern (Landarbeitern) und ÖAAB brachen mehrmals aus, unter anderem bei der Frage der Arbeitslosenversicherung. Als man im Nationalratsklub das Problem der Arbeitslosenunterstützung für Landarbeiter diskutierte, berichtete *Raab*, daß der Entwurf von Sozialminister *Karl Maisel* nur die Arbeiter in Gutsbetrieben zur Versicherung vorsah. *Hans Sebinger* (Bauernbund) lehnte die Versicherung einzelner Gruppen ab, worauf *Erwin Altenburger* vom ÖAAB konterte: „In der Frage der Arbeitslosenversicherung in der Landwirtschaft hat der Land- und Forstarbeiterbund stets die größten Schwierigkeiten bereitet. Meiner Meinung nach müßte man die Gutsbetriebe sofort einbeziehen und für die übrigen Landarbeiter möglichst rasch eine Lösung finden..."[71] Erst mit der Verordnung vom 22. 5. 1953 wurde die Arbeitslosenversicherungspflicht auf Guts- und Saisonarbeiter, sowie auf jene Arbeitskräfte ausgedehnt, die mindestens je drei Tage bei einem Arbeitgeber beschäftigt waren, ausgespart blieben nur mehr die eigentlichen Gesindearbeitskräfte. Endgültig wurden 1957 alle Landarbeiter in die Arbeitslosenversicherung einbezogen.[72]

---

68 Dazu gibt es m. E. keine zusammenfassende Arbeit. Die sozialistischen Gewerkschafter haben die Landarbeiterbündler immer als „gelbe" beschimpft.
69 Hermann RAINER, Um die arbeits- und sozialrechtliche Stellung der Landarbeiter, in: ÖMH 2 (1946/47) Nr. 2, S. 66 f.
70 Fritz BOCK, Das Arbeitsprogramm des Österreichischen Arbeiter- und Angestelltenbundes, in: ÖMH 3 (1947/48), Nr. 2, Nov. 1947, S. 53 f. Eigene Arbeitnehmersektionen in den Landwirtschaftskammern gab und gibt es in Tirol und Vorarlberg.
71 Karl v. Vogelsang-Institut, Archiv der ÖVP-Bundesparteileitung, Protokolle des ÖVP-Parlamentsklubs 1951–1955, Sitzung vom 6. Mai 1951.
72 Ernst BRUCKMÜLLER, Soziale Sicherheit für Bauern und Landarbeiter, in: E. BRUCKMÜLLER/R. SANDGRUBER/H. STEKL, Soziale Sicherheit im Nachziehverfahren, Salzburg 1978, S. 95.

Die ständische Tradition – ÖVP und Neokorporatismus

Lautstarke Kontroversen löste 1952 der Vorschlag *Raabs* aus, den Vorsitzenden des Landarbeiterkammertages *Franz Nimmervoll* in die Bundesparteileitung zu kooptieren. *Fritz Bock, Alfred Maleta* und *Erwin Altenburger* sprachen sich dagegen aus, *Figl* dafür. *Raab* betonte, der Land- und Forstarbeiterbund sei „... eine Institution, ... die tausende Stimmen für uns vereinigt ... Wir können es uns nicht leisten, ganze Wählergruppen vor den Kopf zu stoßen, weil diese nicht ganz in unser bündisches System hineinpassen." Das Protokoll fährt fort: „In diesem Augenblick kommt es zu einem scharfen Wortwechsel zwischen Landeshauptmann Krainer und Minister Altenburger, in dem Landeshauptmann Krainer Letzterem zuruft, er bedaure, nicht mehr Landarbeiter zu sein, sonst würde er dem Bundesobmann des ÖAAB die gebührende Antwort geben. Die gegenseitigen Zurufe sind so lebhaft, daß sie nicht verstanden werden können." Staatssekretär *Bock* unterstrich sodann, daß der Landarbeiterbund keine Parteiorganisation sei, ausdrücklich seinen unpolitischen Charakter betone und stets den Standpunkt vertrete, daß er mit der Partei nicht in Verbindung zu bringen sei. Bei der Abstimmung über die Kooptierung *Nimmervolls* unterlagen *Altenburger* und *Bock*, woraufhin *Altenburger* feststellte, daß er als Bundesobmann gesprochen habe und seine Ausführungen nicht als persönliche Stellungnahme angesehen werden könne. *Raab* verwies darauf, daß die Bundesparteileitung Mehrheitsbeschlüsse gefaßt habe und es ein bündisches Veto nicht gebe. *Altenburger* und *Bock* verließen daraufhin aus Protest die Sitzung.[73]

Ein heikles Feld betrat man auch bei der Frage der Organisierung der Akademiker. Als *Raab* im Mai 1953 den positiven Abschluß der Gehaltsverhandlungen mit der Beamtengewerkschaft im Klub verkündete, meinte *Franz Gschnitzer*, die Regelung sei für Akademiker unbefriedigend, sie wollten daher aus der Gewerkschaft austreten. *Altenburger* warnte vor einem Massenaustritt, der nur zur Radikalisierung führen könne, woraufhin *Gschnitzer* mit dem Hinweis, der Gewerkschaftsbund arbeite politisch „nur für die Sozialisten", dazu aufforderte, zu „... prüfen, ob man nicht zumindest bei der jetzigen Gelegenheit im Gewerkschaftsbund eine Widerstandsgruppe gegen die rote Machtpolitik aufziehen könnte". Maleta gab bei derselben Sitzung an, man wolle eine „einheitliche Organisation" zur Vereinigung aller nichtsozialistischen Akademiker schaffen. *Altenburger* wiederum betonte, daß die „organisierten Marxisten" im ÖGB knapp über 50% der Mitglieder ausmachten, weshalb es notwendig wäre, die Nichtmarxisten im Gewerkschaftsbund zu einigen, „... dann würden die Roten viel von ihrer Machtpolitik aufgeben müssen." *Maleta* verwies auf die straffe Organisation der sozialistischen Akademiker im BSA und wiederholte, man sei dabei, auch auf bürgerlicher Seite eine große, einheitliche Akademikerorganisation zu schaffen. *Lujo Toncic* rundete die Debatte mit dem Bemerken ab, die Akademiker seien allgemein gegen die Gewerkschaften; und man sehe in den christlichen Gewerkschaften immer nur die „ewigen Nachgeber".[74]

Damit ist ein zentrales Problem der ÖVP angesprochen. Jener ihrer Teil-Bünde, der quantitativ an zweiter Stelle (hinter dem Bauernbund) rangierte, hatte sowohl inner-

---

73 Karl v. Vogelsang-Institut, Archiv der ÖVP-Bundesparteileitung, Bundesparteileitungsprotokolle 1. 6. 1951–1952, Sitzung vom 27. März 1952, S. 15 f.
74 Karl v. Vogelsang-Institut, Archiv der ÖVP-Bundesparteileitung, Protokolle des ÖVP-Parlamentsklubs 1951–1955, 8. Sitzung des Nationalratsklubs vom 27. Mai 1953, S. 1 und 2.

wie außerparteilich einen schweren Stand. Der ÖAAB hatte sich gegen die Bauern – und Unternehmerpositionen in der Partei, und gegen die sozialistische bzw. kommunistische Gewerkschaftsfraktion im ÖGB (als Fraktion christlicher Gewerkschafter) zu profilieren. Natürlich bedeutete das eine ununterbrochene Konfrontation, da die Positionen der christlichen Arbeitervertreter weder hier noch dort auf besondere Gegenliebe stießen. Ideologisch liefen sie Gefahr, entweder als „Linke" innerparteilich isoliert zu werden, oder gewerkschaftlich in die Nähe „gelber" Positionen gerückt zu werden. Wenn sie ihre Vorstellungen ausnahmsweise in Gesetzesform brachten (wie beim Werkgenossenschaftsgesetz im Zusammenhang mit der Verstaatlichung), dann gegen den Widerstand der Sozialisten, bei nur lauer Unterstützung durch die beiden anderen ÖVP-Bünde.[75] Im politischen Alltag drohten sie stets zwischen den beiden Mühlsteinen der sozialistischen Gewerkschaftsmehrheit und der innerparteilichen Unternehmerstärke zerrieben zu werden. Dazu nur ein kleines Beispiel: Im Jänner 1955 forderte *Raab* im Klub die Zurückstellung des Bäckereiarbeiterschutzgesetzes. Dahinter standen rein taktische Überlegungen: *Raab* wollte die Sozialisten zwingen, alle Sozialgesetze auf den Tisch zu legen und das Einvernehmen darüber mit allen ÖVP-Stellen herzustellen. Außerdem befürchtete er, daß über den Umweg des Bäckereiarbeiterschutzgesetzes die „geschlossene Werkstatt" (closed shop) eingeführt werden könnte. *Altenburger* ersuchte dennoch, das Bäckereiarbeitergesetz durchzulassen, „... weil wir es kaum durchhalten könnten, wenn die Bäckereiarbeiter in den Streik treten..."[76] Außerdem wurde ihnen (siehe oben, Landarbeiter) auch in der Partei des Vertretungsmonopol für Arbeitnehmerinteressen streitig gemacht. Man wird in dieser schwierigen Konstellation auch eine Erklärung für die Konzentration des ÖAAB auf den öffentlichen Dienst finden können, denn hier hatte man nicht nur eine solide Mehrheit, man konnte auch auf die „Staatsnähe" der Partei rechnen. Dafür dürften vom ÖAAB insbesondere die „neuen" Angestelltengruppen etwas vernachlässigt worden sein – dies trotz der Tatsache, daß in den Arbeiterkammerwahlen bis Mitte der 1980er Jahre eine stete Zunahme der ÖAAB-Stimmen zu verzeichnen war.[77]

5. *Der Kampf der ÖVP mit der Realität der modernen Gesellschaft*

a) ÖVP und Sozialpartnerschaft

Über die österreichische Sozialpartnerschaft als Sonderform (neo-) korporatistischer Wirtschafts- und Gesellschaftsordnung existiert eine außerordentlich reichhaltige Literatur.[78] Wenn in dieser Literatur auch die Frage kontroversiell diskutiert wird,

---

75 Zum Werkgenossenschaftsgesetz vgl. REICHHOLD, Geschichte, S. 147 ff.
76 Karl v. Vogelsang-Institut, Archiv der ÖVP-Bundesparteileitung, Protokolle des ÖVP-Parlamentsklubs 1951–1955, 37. Sitzung des Nationalratsklubs gem. m. f. Bundesparteileitung, 18. 1. 1955, S. 4 ff.
77 Erwin WEISSEL, Die Arbeiterkammer, in: DACHS/GERLICH/GOTTWEIS/HORNER/KRAMER/LAUBER/MÜLLER/TÁLOS, Hg., Handbuch des politischen Systems Österreichs, Wien ²1992, 353–364, Tabelle 4, S. 361 (ÖAAB Anteile steigen von 1949 – 14,2 bis 1984 – 36,5 %, um seither wieder zu fallen).
78 Vgl. die entsprechenden Verzeichnisse in den Beiträgen zu: Emmerich TÁLOS, Hg., Sozialpartnerschaft. Kontinuität und Wandel eines Modells, Wien 1993.

ob und inwiefern in die Entstehung und Gestaltung dieser eigentümlichen Struktur „ständische" Vorstellungen eingeflossen sind, so wird sich doch kaum bestreiten lassen, daß gewisse Besonderheiten des österreichischen Korporatismus schwerlich ohne die Tradition „ständischer" Vorstellungen erklärbar sind.[79] Ich sehe das „Ständische" des österreichischen Korporatismus in folgenden Bereichen:

1. In der Konstruktion der Kammern als Organisationen mit Pflichtmitgliedschaft, denen sich daher das Problem der Legitimität ihres Vertretungsanspruches a priori nicht stellt. Solche Organisationen mit Pflichtmitgliedschaft standen in den älteren „ständischen" Vorstellungen immer im Mittelpunkt der diversen Reform-Überlegungen.

2. Im Bestreben der auf Vereinsbasis aufgebauten politischen und gewerkschaftlichen Vertretungen nach sehr hohen Mitgliederzahlen.

Gerade in der Volkspartei hatte die Magie der hohen Zahl bis in die jüngste Vergangenheit eine außerordentlich hohe Bedeutung.[80] Wie eine Durchsicht der ersten Jahrgänge der Österreichischen Monatshefte zeigt, haben die Teilorganisationen sofort nach 1945 mit dem Aufbau eines engmaschigen Organisationsnetzes begonnen und berichteten jeweils voll Stolz über das Erreichen möglichst hoher Organisationsgrade.[81] Darin äußert sich ein Selbstbild, das politische Legitimation nicht nur über Wahlen, sondern auch über Mitgliederzahlen zu gewinnen trachtet. Letztlich ist diese Vorstellung nicht unähnlich jener, die für Korporationen mit Pflichtmitgliedschaft gilt.

3. Die hohen Mitgliederzahlen sowie die Pflichtmitgliedschaft in Kammern führen aber auch zu Vertretungsformen, die eher „ständisch" wirken als „parlamentarisch". „Ständische" Vertretung fand in nichtöffentlichen Beratungen ihren Niederschlag. „Ständisch" ist auch die Teilung der Population in getrennte „Kurien". Freilich hat in der „klassischen" Klassengesellschaft des Hochkapitalismus die klare Klassentrennung innerhalb der Gesellschaft auch quasi-kuriale Gliederungen im politischen Bereich durchaus begünstigt. „Ständisch" ist ferner die besondere Eigentümlichkeit der österreichischen Sozialpartnerschaft, daß Lösungen nur einvernehmlich auf dem Verhandlungsweg, nicht aber durch Abstimmung getroffen werden können.

4. „Ständisch" ist nicht zuletzt die Mischung aus Interessenvertretung und Patronage, die das politische System Österreichs bis in die Gegenwart nachhaltig prägt. Es geht um Klientelen, um Quasi-Lehensverhältnisse, jedenfalls um Pfründe – alles typisch vormoderne Strukturen, die ein gewisses Maß an ökonomischer Sicherheit mit gewissen Loyalitätsanforderungen verbindet. *Friedrich Fürstenberg* spricht von

---

79 Vgl. dazu die Einschätzung von Emmerich TÁLOS, Entwicklung, Kontinuität und Wandel der Sozialpartnerschaft, in: TÁLOS, Hg., Sozialpartnerschaft (1993), S. 11–34, ferner Emmerich TÁLOS, Sozialpartnerschaft: Zur Entwicklung und Entwicklungsdynamik kooperativ-konzertierter Politik in Österreich, in: GERLICH/GRANDE/MÜLLER, Hgg., Sozialpartnerschaft in der Krise. Leistungen und Grenzen des Neokorporatismus in Österreich, Wien – Köln – Graz 1985, S. 41–84, insbes. 45 ff.
80 Toni KOFLER, Produkt Alt – Marketing Neu. Die Parteien auf dem Weg von den alten Symbolwelten zu Werbeagenturen für das Bestehende, in: Anton Pelinka/Fritz Plasser (Hg.), Das österreichische Parteiensystem (Studien zu Politik und Verwaltung hg. v. Chr. BRÜNNER/W. MANTL/M. WELAN, Bd. 22), Wien – Köln – Graz 1988, S. 385–400, hier S. 387 f.
81 Die Beispiele sind zahlreich. Nur eines: Schon im September 1946 meldete der ÖAAB, daß seine Landesgruppe Niederösterreich bereits 30.000 Mitglieder umfasse (ÖMH 1, 1945/46, Nr. 12, S. 544.).

„Sozialkartellen", von „Stellungskämpfen zwischen vermachteten Sektoren", vom „vorindustriellen Muster der Familien- und Nachbarschaftsbindung", die man auf „moderne Organisationsformen übertragen" und „Sicherheit in überschaubaren Verhältnissen" vermittelt habe. Damit gehe ein „Familialismus" zusammen, der zugleich das „Prinzip Hierarchie" stütze: „Weit über den Kreis der Familie und Nachbarschaft hinaus ist das österreichische Sozialleben durch die verschiedensten Arten von Klientelbindungen und Betreuungsverhältnissen gekennzeichnet, in denen Protektion durch Autoritätsbindung gewährleistet wird."[82]

Für diese Einschätzungen ist der konkrete Nachweis, daß irgendein Detail der Sozialpartnerschaft im „ständischen" Denken vor 1938 vorhanden war oder nicht, wenig erheblich. Ob der Einheitsgewerkschaftsbund von 1934 im ÖGB von 1945 wiedererstanden ist, erscheint als Fragestellung wenig sinnvoll. Aber die rasche Wiedererrichtung der diversen Kammern, teilweise sehr stark in Anlehnung an die gesetzlichen Bestimmungen von 1937, spricht doch für recht direkte Kontinuitäten, obgleich das eigentlich Typische der österreichischen Sozialpartnerschaft, nämlich die regelmäßige Konsultation der Vertreter von Kapital, Arbeit und Landwirtschaft (also, wenn man so will, der drei Produktionsfaktoren der klassischen Nationalökonomie) sich erst nach 1945 entwickelte.

In der umfänglichen Literatur zur Sozialpartnerschaft kam die Analyse der innerparteiliche Konstellation der ÖVP zumeist zu kurz. Eine Ausnahme bildet in diesem Zusammenhang vor allem ein detailreicher Beitrag von *Wolfgang C.Müller*.[83] *Müller* arbeitet das besondere Dilemma der ÖVP deutlich heraus. Es besteht – kurz gesagt – darin, daß die ÖVP als Wahlpartei die großen Massen der Unselbständigen ansprechen muß, während sie in der Sozialpartnerschaft die Rolle der Bauern- und Unternehmervertreter zu spielen hat. Der ÖAAB kommt hier praktisch nicht vor, außer in der undankbaren Rolle der doppelten Opposition – innerhalb der Partei und innerhalb des Gewerkschaftsbundes (als FCG) bzw. der Arbeiterkammern. Das heißt: Je „erfolgreicher" die ÖVP-Vertreter in der Sozialpartnerschaft agieren, desto problematischer wird ihr Vertretungsanspruch für Arbeitnehmerinteressen. Freilich wird diese Problemlage etwas entschärft, weil die stärkste ÖAAB – bzw. FCG-Fraktion im Öffentlichen Dienst vorhanden ist, der bekanntlich in der Sozialpartnerschaft nicht vertreten ist.

Historisch verortet *Müller* die entscheidende innerparteiliche Gewichtsverschiebung von ÖAAB und Bauernbund zum Wirtschaftsbund 1951 mit der Installierung der neuen Parteiführung. Auch wenn man dieser zeitlichen Einordnung nicht ganz zustimmen kann (da das Gewicht *Raabs* auch als Klubobmann beträchtlich war, das erster Lohn-Preis-Abkommen 1947 schon zwischen Wirtschaft und sozialistischen Gewerkschaftlern ausgehandelt war und bereits bei der Regierungsbildung 1949 der ÖAAB nach eigener Interpretation zu kurz gekommen ist), trifft es doch zu, daß mit *Raab* und *Kamitz* seit 1952/53 zwei prominente Wirtschaftsvertreter die Wirtschafts-

---

82 Friedrich FÜRSTENBERG, Sozialkulturelle Aspekte der Sozialpartnerschaft, in: P. GERLICH/E. GRANDE/W. C. MÜLLER (Hg.), Sozialpartnerschaft in der Krise. Leistungen und Grenzen des Neokoporatismus in Österreich, Wien – Köln – Graz 1985, S. 29–39, hier 32 f.

83 Wolfgang C. MÜLLER, Die Rolle der Parteien bei Entstehung und Entwicklung der Sozialpartnerschaft. Eine handlungslogische und empirische Analyse, in: P. GERLICH/E. GRANDE/W. C. MÜLLER (Hg.), Sozialpartnerschaft in der Krise. Leistungen und Grenzen des Neokoporatismus in Österreich, Wien – Köln – Graz 1985, 135–224.

Die ständische Tradition – ÖVP und Neokorporatismus

politik der Partei prägten. Und man kann der Vermutung *Müllers* zustimmen, daß die „politische Verbindlichkeit" verbandsmäßiger Absprachen durch diese Situation sehr erhöht wurde. Gleichzeitig wird deutlich, daß innerhalb des Wirtschaftsbundes eher der Gewerbe- als der Industrieflügel in dieser Situation dominierten.

Die „echte" Installation der Sozialpartnerschaft 1958 wurde durch einige weitere (teilweise ÖVP-interne) Veränderungen ermöglicht bzw. notwendig gemacht. Zunächst durch die 1953 erfolgte Ausdifferenzierung der FCG als gewerkschaftlicher Vertretung der ÖVP-nahen Arbeitnehmer vom „politischen" ÖAAB: „Das kooperative Verhalten der FCG entlastete den ÖGB von Konflikten, reduzierte die Profilierungsstrategie beider Fraktionen und vergrößerte damit die Kooperationsfähigkeit des Verbandes insgesamt . . ."[84] Auslösend für die Installierung der Paritätischen Kommission wurde das Bedürfnis nach wirtschaftlicher Problemlösung bei zunehmend unfruchtbar werdender Problemlösungskapazität der großen Koalition.[85] Die „Machtverschiebungen hin zum Gewerkschaftsarm der Sozialdemokratie bzw. dem Wirtschaftsbund innerhalb der ÖVP folgte nun die De-facto-Transferierung des allergrößten Teils der Wirtschaftskompetenzen von den Parteien zu ÖGB und BWK. In diesen Organisationen war die Vorherrschaft von FSG bzw. WB verglichen mit ihrer Stellung in der jeweiligen Partei außerordentlich gut abgesichert . . ."[86]

Die Zeit der Alleinregierungen (1966 bis 1983) änderte zunächst nichts an der Bedeutung der Sozialpartnerschaft. Bei der großen Vorsicht, mit der die erste Alleinregierung unter *Josef Klaus* mit den der SPÖ zugeschriebenen Teilen der Sozialpartnerschaft umging, wuchs jene gegenüber der Zeit vor 1966 sogar noch. Auch die Alleinregierung der SPÖ nahm stärker, später in abnehmendem Maße, Rücksicht auf die Bedürfnisse der Sozialpartner (nicht der Opposition!). *Müller* hat dies an der genauen Darstellung des Zustandekommens der wichtigsten wirtschaftsrelevanten Gesetze der Ära *Kreisky* nachgewiesen. Selbst das am stärksten kontroversielle Gesetz, jenes über die Arbeiterabfertigung, das nicht die Zustimmung der ÖVP erhielt, wurde im Nachhinein zugunsten der Unternehmer etwas erleichtert bzw. die Finanzsituation der Kammerorganisation besser grundiert (6. und 7. Novelle zum Handelskammergesetz 1979 und 1983).[87]

Freilich hat sich diese Situation geändert. Seit 1978 zeigen sich Tendenzen einer Abschwächung der Bedeutung sozialpartnerschaftlicher Beschlüsse. Die sozialpartnerschaftlichen Konsense über das AKW Zwentendorf bzw. das Kraftwerk Hainburg (um nur die bedeutendsten zu nennen), konnten politisch nicht umgesetzt werden. Primär werden diese Veränderungen mit neuen Politikverständnissen erklärt (neue Werte usw.), aber auch mit einem neuen Oppositionsverständnis der ÖVP, die in beiden Fällen nicht bereit war, die sozialpartnerschaftlichen Abmachungen politisch (freilich sozusagen zugunsten einer sozialistischen Regierung) mitzutragen.

---

84 MÜLLER, Rolle der Parteien, S. 166.
85 Die Geschichte der Installierung der Paritätischen Kommission und ihrer drei Unterausschüsse ausführlich bei Gertrud NEUHAUSER, Die verbandsmäßige Organisation der österreichischen Wirtschaft. Systematische Gesamtdarstellung, in: Theodor PÜTZ, Hg., Verbände und Wirtschaftspolitik in Österreich (Schriften des Vereins für Sozialpolitik NF 39) Berlin 1966, 3–134, S. 66–86.
86 MÜLLER, Rolle der Parteien, S. 167.
87 MÜLLER, Rolle der Parteien, S. 197 f.

b) Ständische Interessenvertretung und Strukturkonservatismus
Es ist nicht zweifelhaft, daß „ständische" Konzepte nicht nur die Organisationsstruktur der ÖVP bestimmt haben, sondern auch die Wirtschaftspolitik. Das gilt inbsbesondere für die die ÖVP konstituierenden politischen Interessenvertretungen der Selbständigen und der Bauern, aber auch für den ÖAAB, der sehr stark Standespolitik für den öffentlichen Dienst betrieb (und betreibt). Dabei waren Wirtschaftsbund und Handelskammern in einer gegenüber der Landwirtschaft etwas schlechteren Situation, weil bei der Vielzahl nicht unbedingt paralleler Unternehmerinteressen schon einmal ein Interessenausgleich innerhalb und zwischen den Branchen gefunden werden mußte.

Ist diese Funktion des Interessenausgleichs in vieler Hinsicht positiv zu bewerten, so gilt diese Bewertung nicht unbedingt für alle Details. So entschieden in der Durchführung der Gewerbeordnung „... praktisch die Konkurrenten über die Frage, ob ein neuer Betrieb eröffnet werden soll; zumindest entscheiden sie über die Art des Gutachtens, das auf die Entscheidung der Gewerbebehörde maßgebenden Einfluß hat."[88] Dabei liegt das Schwergewicht der Zutrittsbeschränkungen vor bei den Befähigungsnachweisen. Nach wie vor ist der Gedanke des Schutzes vor „zuviel" Wettbewerb sehr ausgeprägt.[89] Der am stärksten regulierte Bereich ist die Nahrungs- und Genußmittelindustriebranche. Die Kritik wissenschaftlicher Analyse ist hart: „ Das Ergebnis der jahrzehntelangen Regulierung ist ein quantitatives Exportdefizit von 15 Mrd S und die fehlende Präsenz auf den teuren Märkten... Die Interessenvertreter von Landwirtschaft, Unternehmen, Arbeitnehmern und die Bürokratie stützen das bestehende System gegen die langfristigen Interessen der Vertretenen."[90]

Es läßt sich daher eine gewisse Kontinuität von Ordnungsvorstellungen von den frühen 1880er bis in die 1980er Jahre feststellen. Sie hängen zweifellos mit Eigentümlichkeiten der österreichischen Wirtschafts- und Sozialstruktur zusammen, vor allem mit dem niederen ökonomischen Zentralisations- und Konzentrationsgrad des österreichischen Kapitals – die klein- bis mittelbetriebliche Struktur begünstigt protektionistische und binnenwirtschaftliche Orientierungen.[91] Politisch wurde diese Kontinuität von den (zunächst) Konservativen, später von den Christlichsozialen und der ÖVP verkörpert, bzw. von Organisationen (Handelskammern), die über durchaus demokratische Wahlen von ÖVP-Teilorganisationen (Wirtschaftsbund) dominiert wurden. „Mittelstandspolitik" war das summarische Schlagwort für diese Haltungen, das ebenfalls auf eine schon lange Tradition zurückblicken kann. Auf den gewerblichen „Mittelstand" zugeschnitten waren bestimmte Ausbildungshilfen (Wirtschaftsförderungsinstitute, Hotelfachschulen) der Kammern ebenso wie Kreditaktionen,

---

88 Max MITIC/Alfred KLOSE, Die Handelskammerorganisation in Österreich, in: Theodor PÜTZ, Hg., Verbände und Wirtschaftspolitik in Österreich (Schriften des Vereins für Socialpolitik NF 39), Berlin 1966, 502–572, hier 547.
89 Karl AIGINGER, Industriepolitik, in: DACHS/GERLICH/GOTTWEIS/HORNER/KRAMER/LAUBER/MÜLLER/TÁLOS, Hg., Handbuch des politischen Systems Österreichs, Wien ²1992, S. 513–524, hier 521.
90 AIGINGER, Industriepolitik, 521.
91 Franz TRAXLER, Gewerkschaften und Unternehmerverbände in Österreichs politischem System, in: DACHS/GERLICH/GOTTWEIS/HORNER/KRAMER/LAUBER/MÜLLER/TÁLOS, Hg., Handbuch des politischen Systems Österreichs, Wien ²1992, S. 335–352, hier 348 f.

genauso wie die schon angeführten Zugangsbeschränkungen.[92] Der bis heute so stark akzeptierte Begriff „Mittelstand" verbindet ein (Selbst-)Bild gesellschaftlicher und ökonomischer Selbständigkeit mit der Vorstellung von der Unentbehrlichkeit solcher „Mittelstände" für eine „gesunde" Wirtschaft und Gesellschaft, aus welcher Verbindung die Legitimation für die Absicherung der (tendenziell gefährdeten) „mittelständischen" Position auch durch verschiedene legistische Maßnahmen abgeleitet wird.[93] Solche Bilder wirken lange fort und bedingten (etwa) den latenten oder offen Gegensatz zwischen dem Bekenntnis zum freien Unternehmertum und zur Privatinitiative und der Scheu vor Wettbewerb und Marktpreisbildung, die Rhetorik und Praxis der österreichischen Unternehmervertretung so lange hindurch prägte.

Eine Episode aus den frühen 1960er Jahren mag das verdeutlichen. 1961/62 arbeiteten Beamte der Bundeswirtschaftskammer (die vermutlich der Österreichischen Volkspartei nahestanden) ein wirtschafts- und sozialpolitisches Konzept aus, das sich an den Grundsätzen der „Sozialen Marktwirtschaft" orientierte. Die Abneigung dieses Konzeptes gegen Subventionen, Protektionismus und Kartellpraktiken führten aber zu einer massiven Verstimmung der gewählten Funktionäre. Das Konzept wurde nicht verabschiedet.[94] Es darf daher nicht wunder nehmen, daß die Bundeswirtschaftskammer sehr lange nicht nur Förderungsmaßnahmen für Einzelbetriebe urgierte oder auch selbst initiierte, sondern auch dort, wo es um konkrete Rechtsbereiche ging, nicht unbedingt „liberale" Haltungen vertrat. Noch 1966 konnte die Formulierung getroffen werden: „Das Schwergewicht der ordnungspolitischen Problematik liegt in Österreich eindeutig bei der Abschirmung der (ungeschriebenen) Marktordnung gegen Störungen durch neue heimische oder ausländische Firmen...".[95]

Wirtschaftsbund und Bauernbund wirken für die Öffentlichkeit nicht als selbständige Politikformulierer. Das überließ (und überläßt) man den entsprechenden Kammern, die als Interessenvertretungen trachten mußten, die tendenziell strukturkonservative Einstellung der Bünde und ihrer Mitglieder bzw. Wähler (die ja zugleich Pflichtmitglieder der Kammern sind) in Wirtschaftspolitik umzusetzen. Ebenso wie in der Gewerbepolitik der Schutz des „Mittelstandes" eine Grundmaxime des Wirtschaftsbundes und der von ihm beherrschten Kammern sein mußte, war die „Erhal-

---

92 MITIC/KLOSE, Handelskammerorganisation, 527 f.
93 Der Begriff „Mittelstand", „Mittelklasse" bedeutet schon im 18. und jedenfalls in der ersten Hälfte des 19. Jahrhunderts die aufsteigenden neuen („bürgerlichen") Schichten von „Besitz und Bildung" (vgl. dazu Ernst BRUCKMÜLLER, Wiener Bürger, in: Hannes STEKL/Peter URBANITSCH/Ernst BRUCKMÜLLER/Hans HEISS, Hgg., „Durch Arbeit, Besitz, Wissen und Gerechtigkeit". Bürgertum in der Habsburgermonarchie II, Wien – Köln – Graz 1992, S. 43–68, hier S. 49). Der Begriff verschob sich schließlich auf die gesellschaftlich gefährdeten Gruppen von Handwerk und (Klein-) Handel („alter Mittelstand"), zu dessen Rettung „Mittelstandspolitik" betrieben werden sollte. Dafür gab es auch eigene internationale Kongresse, vgl. etwa Schriften des II. Internat. Mittelstandskongresses, 3 Bde., Leipzig 1909. Ferner allgemein, WINKLER, Liberalismus und Antiliberalismus, passim.
94 MITIC/KLOSE, Handelskammerorganisation in: Theodor PÜTZ, Hg., Verbände und Wirtschaftspolitik in Österreich (Schriften des Vereins für Socialpolitik NF 39), Berlin 1966, 502–572, hier 524 ff.
95 MITIC/KLOSE, Handelskammerorganisation, in: Theodor PÜTZ, Hg., Verbände und Wirtschaftspolitik in Österreich (Schriften des Vereins für Socialpolitik NF 39), Berlin 1966, 502–572, hier 541.

tung des Bauernstandes" eine ebenso bedeutsame Konstante des vom Österreichischen Bauernbund dominierten Apparates der Landwirtschaftskammern. Diese Politik hatte allerdings auch im Landwirtschaftsbereich (nicht zufällig steht er im engsten Zusammenhang mit dem am stärksten regulierten Industriebereich, der Nahrungs- und Genußmittelbranche) ähnliche Auswirkungen wie in der verarbeitenden Industrie. Die lange vorwaltende Abneigung gegen eine Politik der Produktionsdrosselung wird u. a. mit den Interessen des Raiffeisenverbandes begründet, der an einer Auslastung der genossenschaftlichen Molkereien und anderer Verarbeitungsbetriebe interessiert ist.[96] Ferner dürften regionale und gut organisierte Sonderinteressen einzelner Produktionen für die lange anhaltende Immobilität einer Agrarpolitik verantwortlich sein, die die „Erhaltung des Bauernstandes" primär durch regulierte Märkte und das seit den 1930er Jahren bestehende traditionelle Fonds-System von Abschöpfung und Subventionierung leisten wollte. Zweifellos ist ein Teil des derzeit erkennbaren Unmutes der bäuerlichen Schichten (Wahlen vom Oktober 1994) auf diese Politik zurückzuführen, die nun ein rasches Einschwenken auf EU-Kurs erforderlich macht.

c) Über die Unverträglichkeit des ÖVP-Strukturmodells mit den neuen gesellschaftlichen Realitäten
Der Kampf der Gesamtpartei mit den kräftig ins Kraut schießenden Sonderinteressen der Bünde ist ebenso alt wie die Partei selbst.[97] Über diese Auseinandersetzungen scheint die Partei die Wahrnehmung des beschleunigten sozialen Wandels, der sich ab etwa 1960 abspielte, etwas aus den Augen verloren zu haben. Dabei hat der konservative sozialpolitische Einsatz für die „kleinen Leute", für den „kleinen Mann", wie ihn insbesondere *Julius Raab* vertrat, seinen eigenen Platz innerhalb jener Wandlungsprozesse: Gerade die Durchsetzung der Pensionsversicherung für gewerblich Selbständige und für Bauern erleichterte den gesellschaftlichen Wandel, da diese Pensionsregelungen erstmals Alterssicherung ohne Guts- bzw. Betriebsübergabe (mit Ausgedinge) ermöglichten. Daher setzte auch der Strukturwandel im Gewerbe und in der Landwirtschaft massiv gerade seit etwa 1960 ein. Der Rückgang an Selbständigen, aber auch der Rückgang an Berufstätigen in der Land- und Forstwirtschaft beschleunigte sich.

Die innerparteiliche Stärke des Bauernbundes trug dazu bei, diese tendenziellen Schwächungen zu überspielen. Jene Stärke äußert sich in einer enormen Organisationsdichte: Während 1960 bei etwa 990.000 landwirtschaftlich Beschäftigten der Bauernbund 435.00 Mitglieder hatte, waren es 1979 bei 305.000 landwirtschaftlich Beschäftigten 389.000. Dieser 127,5%ige Organisationsgrad ist freilich nur durch Familienmitgliedschaften erklärbar, die gerade in dieser Organisation sehr großzü-

---

96 Josef KRAMMER, Interessenorganisation der Landwirtschaft: Landwirtschaftskammern, Präsidentenkonferenz und Raiffeisenverband, in: DACHS/GERLICH/GOTTWEIS/HORNER/KRAMER/LAUBER/MÜLLER/TÁLOS, Hg., Handbuch des politischen Systems Österreichs, Wien ²1992, 365–376.
97 Herbert GOTTWEIS, Zur Entwicklung der ÖVP: Zwischen Interessenpolitik und Massenintegration,in: Peter GERLICH – Wolfgang C. MÜLLER, Hg., Zwischen Koalition und Konkurrenz. Österreichs Parteien seit 1945, Wien 1983, S. 53–68.

gig gehandhabt wurden.[98] Erstaunlich erscheint, daß die Stärke des Bauernbundes auf der Ebene der Länder deutlicher zurückging als auf der Ebene des Bundes.[99] Während man mit einigem Stolz auf die enorme Organisationsdichte bei den Vollerwerbsbauern hinwies, hat die Partei schon in den 1960er Jahren die politische Betreuung der neuen Pendlerschichten als Aufgabe übersehen. Diese – vielfach ehemaligen Bauernbündler – sind keineswegs zum ÖAAB und zur christlichen Gewerkschaftsfraktion gegangen, sondern konnten offensichtlich vielfach sozialistisch organisiert werden – eine wichtige Voraussetzung für die stabilen SPÖ-Mehrheiten der Ära *Kreisky*. Tatsächlich ist zwischen 1960 und 1990 der Anteil der Landwirtschaft an den Berufstätigen von 23% auf 6% zurückgegangen. Dabei ist die Landarbeiterschaft als eigene Berufskategorie völlig marginalisiert worden (was die großen Sorgen *Raabs* um ihre angemessene Vertretung in der Partei im Nachhinein stark relativiert), aber auch die selbständigen Bauern begannen nunmehr zahlenmäßig abzunehmen. Der erste Schwung der Abwanderung ging in Industrie und Gewerbe:

Verteilung der Berufstätigen:[100]

Wirtschaftsabteilungen:	1910	1934	1951	1961	1971	1981	1991
Land- und Forstw.	39	37	33	23	14	9	6
Industrie u. Gewerbe	31	32	38	41	42	41	36
Dienstleistungen	30	31	29	36	44	50	58

Noch dramatischer erscheint das Verhältnis zwischen der ÖVP-Bündestruktur und den veränderten gesellschaftlichen Verhältnissen, wenn man sich die Beschäftigtenstruktur und ihre Relation zu den ÖVP-Bünden insgesamt ansieht. Dabei stellt sich heraus, daß die ÖVP zwar für die (1989) 7,6% Haushalte der gewerblichen Selbständigen einen eigenen „Bund" bereitstellt, ebenso für die 5,7% Haushalte der Bauern, während der riesige und höchst differenzierte Rest mit einem einzigen Bund vorlieb nehmen muß, von dem wiederum bekannt ist, daß er nur im öffentlichen Dienst (15,7% der Haushalte) wirklich wirksam ist.[101]

Schon 1972 hat *Hans Klingler* in einem ausführlichen Artikel in den „Österreichischen Monatsheften" die ÖVP nachdrücklich auf die Bedeutung der neuen Angestelltenschichten hingewiesen, die übrigens schon damals den größten Anteil an Wechselwählern stellten: „Die Struktur einer politischen Organisation ist in der Regel ein Spiegelbild der von ihr vertretenen Interessen. Betrachtet man die Struktur der ÖVP, so wird deutlich, daß bisher gesellschaftlichen Veränderungen nicht genügend Rechnung getragen wurde. Mit einer ausgeprägten Interessenpolitik für die Angestellten müßte sicher auch das Bestreben verbunden sein, den Angestellten auch innerparteilich eine direkte Mitwirkungsmöglichkeit zu geben. Dabei ist zu bedenken, daß es in der Privatwirtschaft ungleich schwerer ist, einer politischen Verpflichtung nachzukommen, als im öffentlichen Dienst. Andererseits stellt es für jede Partei eine

---

98 Alfred STIRNEMANN, Innerparteiliche Gruppenbildung am Beispiel der ÖVP, in: ÖJP 1980, S. 415–448, hier S. 419.
99 STIRNEMANN, Innerparteiliche Gruppierungen, S. 425.
100 Tab. nach: Irmfried SPEISER, Die österreichische Sozialstruktur, in: W. MANTL, Hg., Politik in Österreich, Wien 1992, S. 299 ff., hier 303 (leicht verändert).
101 SPEISER, Sozialstruktur, S. 306.

Lebensnotwendigkeit dar, die Angestellten zu gewinnen. In besonderer Weise gilt dies für die ÖVP ..."[102] Diese durchaus zutreffende Analyse scheint jedoch nicht besonders beachtet worden zu sein.

d) Das Salzburger Programm und seine Folgen.
Nach den Wahlniederlagen von 1970 und 1971 eröffnete sich für die ÖVP die Notwendigkeit, ihren Standpunkt in einer veränderten politischen Landschaft neu zu definieren. Das war nicht sehr einfach. Positionen aus der der ÖVP nahestahenden Studentenschaft, die die Herausforderung von 1968 bei den diversen Hochschülerschaftswahlen in einer für Westeuropa einmaligen Weise gemeistert hatte, aus den Ländern, den Bünden, aus dem katholischen Bereich, von vielen einzelnen Mitdiskutanten, sollten diskutiert und in ein einheitliches Programm gegossen werden. Das Ergebnis ist nicht deshalb problematisch, weil die Widersprüche zwischen den verschiedenen Positionen sichtbar geblieben sind, sondern weil sie es insgesamt im Widerspruch zum „Zeitgeist" blieb – trotz aller Versuche einer Anpassung. Berücksichtigung fanden zwar gewisse Tendenzen aus der Studentenbewegung (von dort kam auch die Selbstbezeichnung als „progressive Mitte"), Berücksichtigung fanden Partizipationstendenzen, aber auch das Festhalten an konservativen Positionen. Vermutlich zuwenig Berücksichtigung dürfte der neue individualistische Liberalismus gefunden haben, mit dem die ÖVP aus ihren (links- oder rechts-) katholischen Wurzeln heraus nichts anfangen konnte. Als Reaktion auf die ersten Entwürfe, die bei vielen konservativeren Mitgliedern scharfe Widersprüche auslösten, trat die ÖVP 1971 in eine Konservativismusdebatte ein.[103] Die für unsere Thematik zentrale Begrifflichkeit des Salzburger Programms kreist um den Begriff „Partnerschaft". In diesem Begriff lebt der Solidarismus der Programme nach 1945 weiter. „Partnerschaft" setzt die „grundsätzliche Gleichwertigkeit der einzelnen Glieder" einer Gesellschaft voraus, aber auch „die Einordnung der ‚partes' in das umfassende Ganze, in die Struktur des die Teile vereinigenden Systems. Mit ‚Partnerschaft' wird also sowohl die personale Gleichwertigkeit der Glieder als auch deren Verschiedenheit als Träger verschiedener Funktionen und Aufgaben im Rahmen des gesellschaftlichen Ganzen zum Ausdruck gebracht. Menschliche Personalität und soziale Struktur werden durch ‚Partnerschaft' vereinigt."[104] Diese „Partnerschaft" sollte auf verschiedenen Ebenen zum Tragen kommen – in der Familie, im Betrieb (innerbetriebliche Mitbestimmung als Alternative zu der von der SPÖ vorgeschlagenen überbetrieblichen), auf staatlicher Ebene. Der Begriff „Partnerschaft" bedeutet insofern eine Veränderung der ÖVP-Tradition: Obwohl die Entproletarisierung über Mitbeteiligung der Arbeiter am (Ertrag des) Betrieb(es) zum Altbestand christlicher Soziallehren zählt, stand in der ÖVP-Praxis nach 1945 – von wenigen Ausnahmen abgesehen – in der Praxis die Erfassung und Kooperation von „Ständen" im Vordergrund, d. h., von Großgruppen, deren Spitzenvertreter kooperieren sollten. Nunmehr wird ideell die Partnerschaft sozial stark nach „unten" erweitert.

---

102 Hans KLINGLER, Die Angestellten in der gesellschaftlichen Entwicklung, in: ÖMH 28, 1972, Heft Nr. 6 (Juni 1972), S. 13–21, hier S. 16 und 21.
103 KRIECHBAUMER, Parteiprogramme, S. 497.
104 Christof GÜNZL, Partnerschaft als gesellschaftliches Modell, in: ÖMH 27, 1971, Heft 8/9 (August–September 1971), S.18–20, zit. nach KRIECHBAUMER, Parteiprogramme, S. 508.

Die ständische Tradition – ÖVP und Neokorporatismus

Das Salzburger Programm klingt zwar sehr schön, man kann sich aber des Eindrucks nicht erwehren, daß seine innerparteiliche Umsetzung problematisch blieb. Im Zuge der Parteireformdebatte nach der Wahlschlappe 1979 wurde daher der Plan ventiliert, unter dem Arbeitstitel „Das Salzburger Programm – konkret" eine populäre Kurzform zu formulieren. Die zahlreichen Stellungnahmen zu dieser Kurzfassung signalisierten aber neuerlich zahlreiche Entfremdungserscheinungen zwischen der Partei und gewissen ihr angehörenden oder nahestehenden Organisationen. So kritisierte der Bundesobmann des ÖAAB, die geplante „... Volksausgabe weise viel weniger sozialpolitischen und reformfreudigen Charakter" aus als viele politische Bekundungen der Partei: „Was zum Beispiel die Autoren zum Bereich der Betriebspartnerschaft und Eigentumspolitik geschrieben bzw. nicht geschrieben haben, ist nicht im entferntesten geeignet, unseren Vorstellungen auf diesem Gebiet zu entsprechen. Ähnliches gilt für den Bereich Mitbestimmung, die im Salzburger Programm übrigens – und bewußt – als „Partizipation" behandelt wird. Der Rückbezug auf den Programmtext erfolgte nicht nur unvollständig, sondern auch in verzerrender Weise, wobei ich mich des Eindrucks nicht erwehren kann, daß man eine konservative Umschreibung, und damit eine Korrektur des Programms vornehmen wollte ..." [105] Sehr ähnlich klang die Kritik der Bundesleitung der Katholischen Arbeitnehmer-Bewegung Österreichs, wo man betriebliche Mitbestimmung als „zu eng und zu wenig" kritisierte und eine ÖVP-Antipathie gegen Interessenvertretungen ortete, „... in denen viele ÖVP-Funktionäre mitarbeiten" (es geht natürlich um den ÖGB). Auch eine echte Bildungsfreistellung wurde von dieser Seite gefordert.[106] Diese Diskussion lief übrigens parallel zur Diskussion um die Organisationsreform der Partei.

e) Das langsame Zurückweichen ständischer Vorstellungen
Die ÖVP hat als erste Regierungspartei jahrelang erhebliche gesellschaftliche Kompromißfindungsarbeit in sich selbst geleistet. Wir werden in der Annahme nicht fehlgehen, daß eine solche Grundstruktur nur solange Anerkennung in Wahlerfolgen finden wird, solange die Produktion von Solidarität und Kompromiß zu den gesellschaftlich anerkannten Zentralleistungen von Politik gehört. Das Vordringen individualistischer Vorstellungen, das etwa seit den 1970er Jahren beobachtbare Durchsetzen zunächst kultur-, später auch wirtschaftsliberaler Vorstellungen als allgemeine gesellschaftliche Tendenzen bereiteten der ÖVP daher erhebliche Probleme, deren programmatischer Solidarismus von 1945 auch noch im Salzburger Programm durchaus weiterwirkte, aber offenkundig nicht mehr unbedingt auf entsprechende gesellschaftliche Nachfrage traf. Die ÖVP konnte daher zunächst aus dem „links-kor-

---

105 Nicht gezeichnete Kopie einer Stellungnahme des ÖAAB-Bundesobmannes Herbert Kohlmaier, K. v. Vogelsang-Institut, Archiv der ÖVP, Schachtel „Salzburger Programm, Parteiverfassung/Parteireform (usw.)", grüne Klarsichtmappe mit Stellungnahmen zu Papier „Auf dem Weg zur partnerschaftlichen Gesellschaft".
106 Stellungnahme von Leopold SUMMERAUER, Bundessekretär der KB, an Univ.-Doz. Dr. A. Khol, vom 29. 1. 1980, K. v. Vogelsang-Institut, ÖVP-Archiv, Schachtel „Salzburger Programm, Parteiverfassung/Parteireform (usw.)", Mappe mit Stellungnahmen zu Papier „Selbständig in Partnerschaft". Die Forderung nach Bildungsfreistellung fand übrigens Eingang in eine spätere Formulierung.

poratistischen" Erbe relativ problemlos Forderungen aus dem Umfeld von 1968 aufgreifen (oder sogar umsetzen, wie die Drittelparität in den Studienkommissionen durch Unterrrichtsminister *Alois Mock* 1969). Sie sieht sich seither aber mit einer ständig wachsenden Kluft zwischen ihrem programmatischen Erbe und den gesellschaftlich dominanten Haltungen konfrontiert.

Man hat daher in den zahlreichen Anläufen zur Parteireform, von den frühen 1970 bis zu den 1990er Jahren eine Änderung der bündischen Struktur sehr häufig diskutiert.

So wurde im Bericht der „17er Kommission" zur Reform der Organisation (1979) einerseits festgehalten, daß den Bünden als „Strukturelementen der ÖVP" positive Bedeutung zukomme und daher eine Auflösung der Bünde verfehlt wäre. „Allerdings verlieren die Bünde durch den Strukturwandel der Gesellschaft immer mehr an Integrations- und Erneuerungskraft:
– So vertritt der Bauernbund vorwiegend die Interessen der Vollerwerbsbauern. Er geht aber zuwenig auf die Vielfalt der Lebens- und Betriebsformen im ländlichen Raum ein . . .
– Der Wirtschaftsbund ist in erster Linie die Interessenvertretung der Eigentümer-Unternehmer. Die ständig wachsende Zahl der Manager und leitenden Angestellten führt im Wirtschaftsbund trotz der Organisation des Management-Clubs ein Schattendasein.
– Dem ÖAAB ist der Durchbruch von einer vorwiegenden Beamtenvertretung zu einer Massenorganisation der Arbeitnehmer noch nicht gelungen."

Diese kritische Analyse ortet dann Probleme der Betreuung von wichtigen Zielgruppen (Frauen, Künstler und Wissenschaftler, Pendler, Nebenerwerbslandwirte, Bergbauern, leitende Angestellte und Manager) und Themen (Umwelt, Energie, alternative Lebensformen, Dritte Welt): „Für fast alle diese Themen fehlt in der ÖVP der organisatorische Rückhalt. Sie werden daher, wenn überhaupt, nur vereinzelt und „strohfeuerartig" behandelt: Irgend jemand greift sie auf, dringt nicht sofort durch, läßt sie wieder fallen".

Aber die Kritik an der bündischen Struktur wird noch massiver:

„Bieten die Bünde somit als entscheidende Strukturfaktoren der ÖVP zuwenig, um eine „Volkspartei" bilden zu können, so sind sie organisatorisch erdrückend:
– Die auch politisch weitgehend autonome Stellung der Bünde fördert ständig das Bild von konkurrierenden Parteien innerhalb der Partei. Häufig überwiegt die innerparteiliche Konkurrenz sogar den Konflikt mit dem politischen Gegner. Damit sinkt der wichtige politische Signalwert der Wirksamkeit.
– Der bündische Proporz bei allen Postenbesetzungen belastet häufig eine positive Personalauslese . . .
– Das organisatorische Übergewicht der ÖVP-Gliederung führt weiters zu einer Entpolitisierung in der Argumentation der Funktionäre. Diese sind vor allem als Mandatare an politischer Außenwirkung oft weniger interessiert, als an ihrer persönlichen Innenwirkung . . .
– Die gegenwärtige Organisationsstruktur hemmt durch die innerparteiliche Konsenssuche die politische Entscheidungsfähigkeit . . .
– Dem Strukturwandel der Gesellschaft entspricht auch die fast ausschließlich regionale und lokale Gliederung der ÖVP nicht mehr. Beim hohen Anteil an

Unselbständigen haben Ortsgruppen gegenüber Betriebsgruppen einen erheblichen Startnachteil ..."[107]

Nun wurde dieser Kritik bis zu einem gewissen Grade Rechnung getragen: Neben den drei „Bünden" wurden 1972 die „Österreichische Frauenbewegung" zu gleichberechtigten „Teilorganisationen", 1977 kam der „Österreichische Seniorenbund" dazu.[108] Parteimitgliedschaft soll vor bündischer stehen, alle Parteipositionen werden gewählt (und nicht durch Kooptation von Bündevertretern ergänzt). Allerdings blieb es bei der primären Mitgliedschaft in einem Bund, es kam zu keiner prinzipiellen Ausweitung der Direktmitgliedschaften.

f) Das Gewicht der ständischen Interessenvertretung

Die Wahlniederlage 1979 führte zu einer neuerlichen Reformdiskussion. *Josef Taus* wünschte die Umwandlung der Teilorganisationen in „Arbeitsgemeinschaften", also deren faktische Auflösung.[109] Und wenn es auch – nach dem Scheitern von *Josef Taus* – *Alois Mock* gelungen war, den Einfluß der Bünde etwas zu reduzieren, so doch um den Preis einer erhöhten Selbständigkeit der Landesorganisationen. Außerdem sind die „Teilorganisationen" nach dem Parteistatut 1980/86 wirtschaftlich, finanziell und, sofern sie als Verein registriert sind, auch vereinsrechtlich selbständig.[110] Die ÖVP der späten 1980er und der 1990er Jahre besteht daher faktisch aus 16 Bünden: den drei traditionellen (sozial- bzw. berufsständischen) Bünden, den drei „naturständischen" Organisationen (Frauenbewegung, Junge ÖVP, Seniorenbund), den neun Landesorganisationen und der Bundes-ÖVP.[111]

Als nach der Wahlniederlage der ÖVP in Wien 1987 die Obmanndiskussion eröffnet wurde, war es der stärkste der Einzelbünde, der Wiener ÖAAB, der die Unzufriedenheit bündelte und im Juni 1989 beschloß, für einen neuen Landesparteiobmann einzutreten.[112] Der ÖAAB hat sich damit an *Busek* für dessen Rolle bei der Ablösung von Bundesparteiobmann *Mock* revanchiert.[113] Wichtig an diesem Fall ist nur die nach wie vor starke Bedeutung der Bünde für die innerparteiliche Willensbildung.

Die katastrophale Wahl vom 7. Oktober 1990, die die ÖVP auf ein knappes Drittel der Wählerschaft reduzierte, bestätigte einen Prozeß, der sich seit 1987 schon in diversen Regionalwahlen geäußert hatte. Sogleich wurde wieder einmal die Auflösung der Bünde gefordert (*Bernd Schilcher*, 10. 10. 1990), während andere Funktio-

---

107 Bericht der „17er -Kommission" zur Reform der Organisation, vorgelegt dem 21. a. o. Bundesparteitag der Österr. Volkspartei, in: Karl v. Vogelsang-Institut, Archiv der ÖVP, Salzburger Programm, Parteiverfassung/Parteireform.
108 Robert KRIECHBAUMER, Österreichs Innenpolitik 1970–1975 (ÖJP Sonderband 1), Wien 1981 (Die Reform- und Programmdiskussion der ÖVP eBd. S. 101–148). Vgl. ferner Lukas LEITNER, Die Parteireform der Österreichischen Volkspartei 1990/91. Eine Fallstudie unter Zugrundelegung des Reformzyklus-Ansatzes, DA Wien (ms.) 1992.
109 LEITNER, Parteireform, 43.
110 Gabriele NEUWIRTH, Konfliktkultur der österreichischen Parlamentsparteien SPÖ und ÖVP, gezeigt an innerparteilichen Konflikten. Diplomarbeit Wien (Ms.) 1991, S. 121.
111 Thomas KÖHLER, Wie christlichsozial ist die Österreichische Volkspartei? Eine Analyse christlichsozialer Elemente in der politischen Theorie und Praxis der ÖVP auf Kontinuität und Dissonanz, Diplomarbeit (Ms.) Wien 1989, S. 127.
112 NEUWIRTH, Konfliktkultur, S. 124.
113 NEUWIRTH, Konfliktkultur, S. 158 (Aussage aus einem Interview mit ÖVP-Gem.-Rat Prochaska).

näre den Länder-Egoismus beklagten (*Michael Graff*). Man wollte den Einfluß der Bünde reduzieren und sie – nach dem Muster der CDU, die das schon 25 Jahre früher geschafft hatte – zu bloßen Ausschüssen umgestalten. Das strebte insbesondere Parteiobmann *Riegler* selbst an.[114] Dagegen äußerte sich Widerstand insbesondere aus dem ÖAAB.[115] Faktisch scheiterte *Riegler* schon am Dreikönigstreffen 1991. *Peter Gerlich* sah zu dieser Zeit die ÖVP „... in einem ständigen Abwehrkampf zwischen Bünden und Ländern, die nie eine gemeinsame Linie finden können."[116] *Fritz Karmasin* ortete – wieder einmal – das Grundproblem in der Bündestruktur, deren Eignung bezweifelt wurde, der Gesellschaftsstruktur der 1990er Jahre zu entsprechen.[117] Die St. Gallener Manager befanden, die soziodemographisch ausgerichtete Zielgruppendefinition widerspräche der heutigen pluralistischen Gesellschaft, die ÖVP solle sich vielmehr der „wohlfahrts- und marktwirtschaftlich orientierten Mittelschichten" mit ihrem genuß- und persönlichkeitsorientierten Lebensstil annehmen.[118] Die auf dem Parteitag 1991 beschlossene Parteireform blieb schließlich bescheiden, die zentrale Frage der Finanzierung wurde nicht angeschnitten.

Daß die ÖVP für die Landtagswahlen 1993 und für die Bundeswahlen 1994 Vorwahlen durchführte, war immerhin eine entscheidende Veränderung in Richtung „offene" Partei. Das Ergebnis der Vorwahlen für die Nationalratswahl hat aber erhebliches Unbehagen ausgelöst, da – offenbar auf Grund eines stramm gefolgschaftlichen Wahlverhaltens der agrarischen, vielleicht aber auch der Senioren-Wähler – in überdurchschnittlichem Maße Kandidaten aus der Landwirtschaft zum Zuge gekommen sind. Natürlich entspricht eine derart zustandegekommene Kandidatenauslese keineswegs den Vertretungsinteressen der heute gesellschaftlich dominierenden nichtagrarischen Gruppierungen. Hier hat ein einzelner Bund sehr erfolgreich agiert – für seine Mitglieder und seine Interessen, aber nicht für die Interessen der Gesamtpartei. Faktisch heißt das: Die innerparteiliche Realität der ÖVP ist, trotz zahlreicher programmatischer und organisatorischer Veränderungen, noch immer stark „ständisch" geprägt.

6. *„Volkspartei" oder Ständekartell?*

„Die Dominanz der Bünde über die Partei bringt für die ÖVP vor allem folgende Probleme mit sich:

Die Bünde organisieren und vertreten zum Teil gegensätzliche Interessen (vor allem Arbeitgeber/Arbeitnehmer), d. h. in vielen Fällen verlaufen die Fronten zunächst einmal *innerhalb* der Partei. Dieses Risiko hat zwar jede Volkspartei zu tragen, die Intensität und potentielle Sprengkraft solcher Konflikte nimmt aber in dem

---

114 Lukas LEITNER, Die Parteireform der Österreichischen Volkspartei 1990/91. Eine Fallstudie unter Zugrundelegung des Reformzyklus-Ansatzes, DA Wien (ms.) 1992, S. 68 und 70.
115 LEITNER, Parteireform, S. 71.
116 Zit. nach LEITNER, Parteireform, S. 81.
117 Zit. nach LEITNER, Parteireform, S. 81.
118 LEITNER, Parteireform, 83.

Die ständische Tradition – ÖVP und Neokorporatismus

Ausmaß zu, in dem die Konfliktparteien organisiert und autonom sind. Beides sind die Bünde in höchstem Ausmaß ..."[119]

Im Anschluß an die Wahlniederlage bei der Nationalratswahl 1990 durchgeführte Untersuchungen ergaben, daß die relativ größte Gruppe von ÖVP-Wählern nicht mehr aus den traditionellen Wählerschichten („bürgerlich urban" oder „bürgerlich-ländlich") stammten, sondern aus der marktwirtschaftsorientierten, „leistungsorientierten" Mittelschicht. Diese Gruppe, die mit 18% Anteil am Gesamtwählerpotential die drittgrößte sozialökonomisch identifizierbare Gruppe ausmacht, ist durch geringe Parteibindungen, wenig Loyalitäten zu Institutionen, hohe politische Mobilität usw. gekennzeichnet. Gemessen am solidaristischen Modell der ÖVP in den 1940er und 1950er Jahren (und der ÖVP des Salzburger Programmes) sind das Menschen, die an solchen Modellen wenig Gefallen finden. Anders ausgedrückt bedeutet dies, daß „... jegliche Diskussion über die traditionellen Themen der christlichen Partei oder den Wert des Konservativismus heute ohne jeglichen Realitätsbezug wäre, da eben diese Themen bei den entscheidenden Mittelschichten (...) nur wenig Anklang finden."[120]

Eine Studie aus dem Jahre 1991 bescheinigt den „Volksparteien" – freilich am Beispiel der Bundesrepublik Deutschland – nach wie vor erhebliches, für das politische System hochdifferenzierter Gesellschaften sogar unverzichtbares Potential an Sozialintegration und Politikformulierung.[121] Das Integrations-, aber auch Problemlösungspotential von „Volksparteien" werde danach „... gerade der amorphen Form der Volkspartei geschuldet."[122] Wenn demgegenüber die Österreichische Volkspartei, eine der „klassischen" europäischen Volksparteien, gegenüber der deutschen Schwesterpartei in der Wählergunst derart deutlich abfällt, könnte die Ursache gerade in einem Mangel an „Volksparteilichkeit", d. h. in einem vom Konsumenten (= Wähler) wahrgenommenen Mangel an Diffusität liegen. Da sich die ÖVP noch immer als „Bündepartei" darstellt (oder darstellen lassen muß), kann sie die besondere Leistungsfähigkeit einer „Volkpartei" zur Integration und Vertretung verschiedenster, in der traditionellen Bündestruktur nicht mehr abgedeckter Interessen vermutlich nur ungenügend nachweisen. Anders ausgedrückt: von 1945 bis in die Mitte der 1960er Jahre entsprach das Bünde-Profil einer Volkspartei mit dem Anspruch, die wichtigsten gesellschaftlichen Großgruppen zu vertreten, vielleicht einigermaßen der Realität.[123] Auch der Schutz, dem man über die ÖVP-Bünde und ÖVP-dominierten

---

119 Wolfgang C. MÜLLER, Die Österreichische Volkspartei, in: DACHS/GERLICH/GOTTWEIS/HORNER/KRAMER/LAUBER/MÜLLER/TÁLOS, Hg., Handbuch des politischen Systems Österreichs, Wien ²1992, 227–246, Zitat S. 235.
120 Alfred STIRNEMANN, Zwischen Zielguppen- und Kommunikationsproblemen: Die Parteireform der ÖVP 1991, in: KHOL/OFNER/STIRNEMANN, Österreichisches Jahrbuch für Politik '92, Wien 1993, S. 669 ff., hier S. 681.
121 Wolfgang LUTHARDT, „Krise" der Volksparteien – oder „Differenzierung" und „Verfestigung im bundesdeutschen Parteiensystem?, in: Journal für Sozialforschung 31, 1991, Heft 2, S. 127–146.
122 LUTHARDT, „Krise", S. 141.
123 Freilich hat Theodor PÜTZ schon 1966 auf die besondere, in anderen westlichen Staaten nicht bekannte Eigenart der österreichischen Großparteien hingewiesen, politische „Interessenverbände" in die Partei einzugliedern, eine Eigenart, die in besonderer Ausprägung bei der ÖVP zu beobachten war (PÜTZ, Wirtschaftsverbände, in: Pütz, Verbände und Wirtschaftspolitik, 1966, S. 135–236, hier 142 f.).

Kammern sowie über eine bestimmte Wirtschaftspolitik zugunsten von Kleingewerbe und Landwirtschaft durchsetzte, hatte einen bestimmten gesellschaftlichen Bedarf als Hintergrund. Der soziale Wandel seither, die Auflösung der gesellschaftlichen Gruppierungen, die die ÖVP von 1945 an getragen haben, wurde in der ÖVP nur ungenügend reflektiert und wahrscheinlich noch ungenügender in die Parteistruktur umgelegt. Die Volkspartei kann offenbar ihren eigenen Ansprüchen zur Zeit nicht ausreichend genügen, obwohl das Modell „Volkspartei" nach wie vor für die Demokratie westlichen Zuschnitts notwendig, ja unerläßlich ist.

Die ÖVP ist nach wie vor zu „ständisch", zuviel Interessenvertretung von Landwirtschaft und gewerblicher Wirtschaft. Sie schrumpft derzeit (als Bundespartei) auf eine Partei der „Bauern, Gewerbetreibenden, Kirchgänger".[124] In Zukunft kann die ÖVP wahrscheinlich nur bei einer weiteren Umwandlung der Partei in eine diffuse Volkspartei neuen Typs, unter endlicher Verabschiedung aller ständischen Reminiszenzen, reüssieren.

---

124 MÜLLER, Volkspartei, in: DACHS/GERLICH/GOTTWEIS/HORNER/KRAMER/LAUBER/MÜLLER/TÁLOS, Hg., Handbuch des politischen Systems Österreichs, Wien ²1992, 227–246, S. 245.

Gerhard Hartmann   **Die Vorfeldorganisationen der ÖVP**

I. Versuch einer Begriffserklärung

Der Begriff Vorfeld entstammt der militärischen Terminologie, genauer genommen dem Befestigungswesen. Das Vorfeld, oder auch das Glacis, bezeichnet jenen Streifen vor den Befestigungsmauern, Basteien etc., der meist leicht einsehbar ist. Unbewachsen und kahl, können Verteidiger wie auch Belagerer jede Bewegung des anderen ausnehmen. Die Breite eines solchen Vorfeldstreifens hing meistens auch mit der Reichweite der damaligen Artillerie zusammen. Dem Belagerer sollte es unmöglich gemacht werden, seine Kanonen möglichst nahe an die Mauern getarnt heranführen zu können. Ins Vorfeld hinaus stürmten oft die Verteidiger mittels eines sogenannten „Ausfalls", um die Belagerer in kleinere Gefechte oder Scharmützel zu verwickeln. Man nannte das „im Vorfeld klären". Auch heute wird oft versucht, vieles „im Vorfeld zu klären", also vor oder außerhalb eigentlicher Entscheidungen.

Obwohl es reizvoll wäre, ist es aber nicht unser Thema, sich weiter dem sprachlichen Begriff Vorfeld zu nähern. Auch wann und in welchem Zusammenhang zum ersten Mal der Begriff Vorfeldorganisation aufgetaucht ist, wird wohl nie befriedigend beantwortet werden können.

Versucht man eingangs, diesen Begriff historisch und politikwissenschaftlich zu deuten, so wird man darunter organisierte Gruppen verstehen können, die zwar juristisch völlig unabhängig, doch in einer gewissen ideologischen, personellen wie organisatorisch-taktischen Beziehung zu einer „Hauptorganisation" stehen. Vor allem ideelle wie personelle Identitäten geben der „Hauptorganisation" die Gewähr, daß die „Vorfeldorganisation" in deren Sinne wirksam wird. Sie übernehmen auch eine Art Vermittlungsfunktion zwischen dem gesellschaftlichen Alltag und den Parteien.[1]

Vorfeldorganisationen erfüllen noch weitere Funktionen für eine Partei: Erstens tragen sie zur Abkapselung des Lagers bei. Wenn sich das berufliche und soziale Leben – von der Wiege bis zur Bahre – in einem geschlossenen Kreis von weltanschaulich geprägten Organisationen abspielt, wodurch man u. a. mit politisch Indifferenten oder Zugehörigen anderer Lager gar nicht in Kontakt kommt, dann unterliegt das politische Verhalten einer einheitlichen Beeinflussung. Zweitens ist auch die Vermittlung von Werthaltungen, also die politische Erziehung, von eminenter Bedeutung. Eng damit zusammen hängt die Elitenbildung, worauf für die ÖVP noch speziell eingegangen wird.[2]

Sowohl die unterschiedlichen Organisationsformen und Ziele der betreffenden Gruppen wie auch die unterschiedlichen Intensitäten der gegenseitigen Beziehungen lassen nur schwer eine allgemeingültige Definition, was eine Vorfeldorganisation ist,

---

1 Herbert GOTTWEIS: Die Parteien und ihr politisches Umfeld. – In: politische bildung – Zeitschrift für Erwachsenenbildung 3/1984, S. 2.
2 Wolfgang C. MÜLLER: Die Österreichische Volkspartei. – In: Handbuch des politischen Systems Österreichs. Hg. von Herbert DACHS u. a. – Wien 1992, S. 236.

formulieren. Ebenso gibt es, abgesehen von spezifischen Einzeluntersuchungen zu bestimmten Verbänden, dazu nur ganz wenige sozialwissenschaftliche, politikwissenschaftliche oder historische Studien, so daß die Behandlung dieses Themas gewissermaßen Neuland darstellt.[3]

Differenzierter davon sind informelle Gruppen und Cliquen zu sehen, die netzwerkartig sowohl Parteien wie deren Vorfeldorganisationen umfassen und Karrierebildung (Seilschaften) wie politische Entscheidungsmechanismen beeinflussen. Beispielhaft sei in diesem Zusammenhang der sogenannten „Kölsche Klüngel" genannt, der sich sogar einer prominenten wissenschaftlichen Untersuchung erfreuen durfte.[4] Das Phänomen des „Kölschen Klüngels" läßt sich wie folgt definieren: „Klüngel ist, wenn man eine amtliche Sache persönlich erledigt . . . Ich gehe doch nicht zum Amt, wenn ich den Oberbürgermeister persönlich kenne." Ähnlich klingt die vielleicht bekannteste und schon klassisch zu nennende Beschreibung, die von Konrad Adenauer stammt: „Wir kennen uns, und wir helfen uns." Diese Verhaltensweisen, auch wenn anderswo keine typisierende Bezeichnung vorhanden ist, finden sich auch außerhalb Kölns. Sicherlich vor allem in den von der romanischen Kultur geprägten europäischen Räumen, zu denen nicht nur das linksrheinische Deutschland, sondern auch Österreich gehört. Historisch wie sozialwissenschaftlich sind diese Verhaltensweisen weder exakt zu erfassen noch zu quantifizieren oder zu typisieren. Sie spielen aber bei Organisationen mit hoher Vorfeldstruktur naturgemäß eine große und bestimmende Rolle.

Die ÖVP ist eine klassische „Vorfeldorganisations"-Partei. Bei keiner anderen österreichischen Partei oder anderen europäischen Schwesterparteien (besonders im deutschen Sprachraum, wie etwa CDU/CSU) spielt das „Vorfeld" eine solch große Rolle. Gerade im Vergleich mit diesen läßt sich das Wesen von Vorfeldorganisationen besonders deutlich konturieren.

---

3   Als erster mit Gruppenbildung in und Vorfeldorganisationen der ÖVP beschäftigte sich Alfred STIRNEMANN: Innerparteiliche Gruppenbildung am Beispiel ÖVP. – In: Österreichisches Jahrbuch der Politik 1980. Hg. von Andreas KHOL und Alfred STIRNEMANN. – Wien 1981, S. 415–448. Dieser Beitrag fußt auf der ungedruckten Studie (Institut für Höhere Studien) STIRNEMANNS: Interessengegensätze und Gruppenbildung innerhalb der Österreichischen Volkspartei. Eine empirische Studie. – Wien 1969. Allgemein mit diesem Phänomen in bezug auf die österreichische politische Kultur beschäftigte sich Alexander VODOPIVEC: Wer regiert in Österreich? Ein politisches Panaroma. – Wien 1961. Diese Studie gehörte jahrelang zum Handbuch politischer Kommentatoren. VODOPIVEC veröffentlichte in der Folge noch eine Reihe weiterer Bücher ähnlicher Thematik, die sich aber sowohl im Inhalt wie bei den Druckfehlern oft wiederholten: Die Balkanisierung Österreichs. – Wien 1967; Der verspielte Ballhausplatz. – Wien 1970; Die Quadratur des Kreisky. – Wien 1973; Die dritte Republik. Machtstrukturen in Österreich. – Wien o. J.
4   Erwin K. SCHEUCH/Ute SCHEUCH: Cliquen, Klüngel und Karrieren. Über den Verfall politischer Parteien. Eine Studie. – Reinbek: 1992 (rororo aktuell 12599). Selbst der Kölner Generalvikar Norbert FELDHOFF ging der etymologischen Herkunft von Klüngel nach und glaubt, sie von „clam" (heimlich) ableiten zu können. Siehe „Rheinischer Merkur", 17. 2. 1995.

II. Katholische Verbände und parteipolitischer Katholizismus

Für das Verständnis der Strukturform Vorfeld im Hinblick auf die ÖVP ist es wichtig, die historische Genese zu beleuchten. Die ÖVP gibt es zwar erst seit 1945, aber die ihr zugerechneten Vorfeldorganisationen reichen oft weit in das 19. Jahrhundert.[5] Warum für die ÖVP das Vorfeld eine derartige Bedeutung gewonnen hat, geht auf mehrere Ursachen zurück. Eine davon liegt in der historischen Entwicklung. Der parteipolitische Katholizimus Österreichs entstand in der zweiten Hälfte des 19. Jahrhunderts. Das 1867 beschlossene Staatsgrundgesetz über die allgemeinen Rechte der Staatsbürger eröffnete auch den Katholiken die Möglichkeit, ihre Interessen in und durch Vereine zu vertreten. Dies war besonders in der nach dem Ausgleich mit Ungarn 1867 einsetzenden liberalen Ära notwendig, die in Österreich zu einem Kulturkampf führte, wobei zweifellos die allgemeine europäische Situation wie vor allem auch der preußische Kulturkampf dabei Pate standen.

Unter der Führung katholischer Adeliger wie Priester entstanden in den deutschsprachigen Gebieten der Monarchie katholisch-konservative Volksvereine als zentrale Träger der katholischen Interessen. Bis in die Zeit der Ersten Republik war bei diesen Vereinen die Trennlinie zwischen Parteipolitik, katholischer Interessenpolitik und allgemeinem katholischen (religiösen) Verband nicht immer leicht zu ziehen. Als Beispiele seien einmal der 1. Steirische Katholikentag vom September 1869 erwähnt. Er wurde ursprünglich als erste Generalversammlung des katholisch-konservativen Volksvereins bezeichnet. Erst in der späteren, rückschauenden Geschichtsschreibung wurde er 1. Steirischer Katholikentag genannt.[6] Vergleichbares gilt auch für den Katholischen Volksverein für Oberösterreich. Bis 1933/34 war dieser der organisatorisch-juristische Träger der Christlichsozialen im Land Oberösterreich.[7] Ähnliche Beispiele finden sich auch in anderen „Kron-" und Bundesländern.

Die katholischen Verbände differenzierten sich später in zwei Richtungen: die politischen und die nichtpolitischen Vereine. Eine jeweils immer klare Zuordnung

---

5 Noch immer gibt es keine zusammenfassende Geschichte „vor der ÖVP", also eine Aufarbeitung des parteipolitischen Katholizismus bis 1933/38. Zwar gibt es verdienstvolle Einzeluntersuchungen, es seien für die beiden Strömungen des parteipolitischen Katholizismus, Katholisch-Konservative und Christlichsoziale, nur beispielhaft erwähnt: Johann ALLMEYER-BECK: Der Konservativismus in Österreich. – München 1959, und Reinhold KNOLL: Zur Tradition der christlichsozialen Partei. Ihre Früh- und Entwicklungsgeschichte bis zu den Reichsratswahlen 1907. – Wien 1973. Eine Zusammenfassung der historischen Entwicklung des parteipolitischen Katholizismus in Österreich bietet auch Gerhard HARTMANN: Im Gestern bewährt. Im Heute bereit. 100 Jahre Carolina. Zur Geschichte des Verbandskatholizismus. – Graz 1988, insbes. S. 194–213 und 319–332. Hier und in Gerhard HARTMANN: Der CV in Österreich. Seine Entstehung, seine Geschichte, seine Bedeutung. – Graz, 2. Aufl., 1994, finden sich umfangreiche Literaturangaben zum Thema parteipolitischer Katholizismus sowie zum Verbandskatholizismus.
6 Maximilian LIEBMANN: Deutsche und österreichische Katholikentage – die fünf steirischen Katholikentage. – In: Brüderlichkeit. Aspekte der Brüderlichkeit in der Theologie. Hg. von Johannes B. MARBÖCK. – Graz 1981, S. 9–55.
7 Diese Verflechtung wurde besonders 1933/34 problematisch. Siehe dazu Harry SLAPNICKA: Oberösterreich zwischen Bürgerkrieg und Anschluß 1927–1938. – Linz 1979, S. 118 ff., und HARTMANN, Im Gestern bewährt, a. a. O., S. 323 f.

war aber nicht möglich, die Übergänge waren fließend. Oft agierte ein und derselbe katholische Verein einmal als politischer, das andere Mal als unpolitischer.

Die politischen Vereine, vor allem die bereits erwähnten katholisch-konservativen, hatten den primären Zweck, im Rahmen des ab 1861/1867 entstandenen Parlamentarismus in Österreich dessen Möglichkeiten für eine Vertretung der Katholiken zu nützen. Das österreichische Wahlsystem sowohl für das Abgeordnetenhaus des Reichsrates wie für die Landtage war ein Kurienwahlsystem, in dem anfänglich nur ein geringer Prozentsatz der Bevölkerung wahlberechtigt war. Innerhalb bestimmter Kurien (z. B. Großgrundbesitz, Stadtgemeinden, Landgemeinden) waren nur solche wahlberechtigt, die ein gewisses Steueraufkommen im Jahr überschritten. Bei dieser horizontalen wie vertikalen Wahlkreiszersplitterung und der anfänglich geringen Wahlberechtigung war eine Parteiorganisation, die nur halbwegs eine Ähnlichkeit mit heutigen Strukturen aufwies, keine Notwendigkeit. Auch gab es damals kein Listenwahlrecht, damit entfiel eine weitere Notwendigkeit für eine übergreifende Parteiorganisation. Erst sehr spät wurde in Österreich eine Verallgemeinerung des Wahlrechts eingeleitet. Zuerst wurde das Steuerlimit allmählich gesenkt, dann eine allgemeine Wählerklasse (1896) eingeführt, und 1907 (Becksche Wahlreform) kam es schließlich zur Einführung des allgemeinen, gleichen und geheimen Wahlrechts für Männer ab dem 24. Lebensjahr in Form des absoluten Mehrheitswahlrechts (wie es heute in Frankreich besteht). Es war letztlich auch nicht gleich, denn die Wahlkreiseinteilung erfolgte nach dem Steueraufkommen, was dazu führte, daß z. B. der bevölkerungsarme 1. Wiener Bezirk vier Wahlkreise hatte, der um vieles größere 10. Bezirk Favoriten aber nur zwei.[8]

Es fehlte nicht nur der Zwang zu einer Vereinheitlichung der Parteistruktur aufgrund des Wahlsystems, sondern es gab auch noch vielerlei lokale und standespolitische Interessen, die sich in zahlreiche Vereine niederschlugen und die parallel oder in Symbiose mit nichtpolitischen katholischen Vereinen eine unüberschaubare, aus heutiger Sicht chaotische Situation schufen, so daß man, ohne allzu grob vereinfachen zu müssen, sagen kann, die Christlichsoziale Partei bestand in der Monarchie nur aus Vorfeldorganisationen. Träger der Parteiarbeit, wenn man von einer solchen überhaupt schon reden konnte, war die Fraktion bzw. der parlamentarische Klub. Der Klubobmann der Christlichsozialen im Abgeordnetenhaus des Reichsrates war eine wichtigere politische Funktion als der Obmann der Christlichsozialen Partei, den es als Funktion erst sehr spät gab. Am deutlichsten kommt das in den Umbruchtagen der Jahreswende 1918/19 zutage, wo zur führenden Figur der Klubobmann Prälat Johann N. Hauser wurde.

Aufgrund dieser Situation entstand in Österreich erst relativ spät eine einheitliche christlichdemokratische Parteiorganisation. Nach 1867 waren zuerst die Katholisch-Konservativen die „klerikale Partei", obwohl sie nicht einheitlich waren und unter verschiedenen Namen auftraten (z. B. Rechtes Zentrum, Rechtspartei, Reichspartei, Katholische Volkspartei, „Hohenwart-Klub"). Etwas später entstanden die Christlichsozialen, die anfangs auch keine einheitliche Struktur aufwiesen. Zwischen beiden

---

8 Siehe dazu Ernst C. HELLBLING: Österreichische Verfassungs- und Verwaltungsgeschichte. – Wien 1956, S. 374 f., und Hermann BALTL/Gernot KOCHER: Österreichische Rechtsgeschichte. – Graz, 7. Aufl., 1993, S. 225 f.

Gruppen gab es ab 1894 schwere Auseinandersetzungen, in die auch Rom involviert war. Den weitsichtigen Persönlichkeiten, dem oberösterreichischen Katholisch-Konservativen Alfred Ebenhoch und dem Wiener Christlichsozialen Karl Lueger, gelang bei den ersten Wahlen nach dem allgemeinen Wahlrecht zum Reichsrat im Mai 1907 zumindest eine parlamentarische Vereinigung beider Strömungen im Parlamentsklub „Christlichsoziale Vereinigung". Widersprüche und Gegensätze wurden nur oberflächlich, nicht zuletzt durch die Persönlichkeit des Klubobmanns Lueger, zugedeckt. Nach dessen Tod 1910 brachen alte Gegensätze teilweise wieder auf. Sie waren zum Teil Ursache für die Wahlniederlage der Christlichsozialen im Jahr 1911 und von Fraktionsabspaltungen.

Erst die Wende der Jahre 1918/19 brachte den Zwang zu einer organisatorischen Besserstellung der Christlichsozialen Partei: Es gab nun das Verhältniswahlrecht nach Parteilisten und die Konkurrenz der organisatorisch weitaus geschlosseneren Sozialdemokratie.

III. Blick über Partei- und Staatsgrenzen

Es ist nun Platz, ein wenig Vergleiche anzustellen. Im Deutschen Reich hatte der parteipolitische Katholizismus eine geordnetere Entwicklung. Zwar gab es dort, strukturell gesehen, eine vergleichbare Situation: Ein reiches katholisches Verbandsleben. Aber für die Wahlen zum Deutschen Reichstag galt schon 1871 das allgemeine und gleiche Wahlrecht, wie es erst 1907 in Österreich eingeführt wurde. Relativ rasch sammelte sich der parteipolitische Katholizismus unter dem Namen Zentrum bzw. Zentrumspartei, mit dem man einheitlich für den Reichstag kandidierte und sich unter diesem auch als Fraktion zusammenfand. Ebenso gab es – anfangs jährlich, dann alle zwei Jahre – regelmäßig Katholikentage, die sich als gemeinsamer Ort der Generalversammlungen der katholischen Vereine verstanden. Die Katholikentage waren damals keine religiös-spirituellen Massenereignisse wie heute, die innerkirchlich von den Pfarren bzw. Diözesen organisiert wurden, sondern die unzähligen katholischen Vereine hielten ihre jeweiligen Jahresversammlungen an einem gemeinsamen Ort zur selben Zeit ab, und das nannte man Katholikentag. Zuletzt fand in dieser Form ein solcher 1913 im damals deutschen Metz statt.[9]

Auch das gab es in vergleichbarer Form in Österreich nicht. Man hatte also in Deutschland bei der Organisation des parteipolitischen Katholizismus gegenüber Österreich ein gutes halbes Jahrhundert Vorsprung. Dies zu erwähnen scheint deshalb wichtig, weil diese unterschiedliche Genese bis heute Auswirkungen hat: Für die deutschen Unionsparteien spielen Vorfeldorganisationen daher eine weitaus geringere Rolle als bei der ÖVP.

Weitaus straffer entwickelte sich auch die Sozialdemokratie. Das Prinzip des „demokratischen Zentralismus" ließ von vornherein für subsidiäre vorfeldartige Strukturen wenig Platz. So sind viele vergleichbare Organisationen bei der Sozialde-

---

9 Zur Entwicklung des deutschen Katholizismus siehe Heinz HÜRTEN: Geschichte des deutschen Katholizismus 1800–1960. – Mainz 1986, und Karl-Egon LÖNNE: Politischer Katholizismus im 19. und 20. Jahrhundert. – Frankfurt 1986.

mokratie der Partei hierarchisch untergeordnete Gruppierungen. Es gehörte gleichsam auch zu ihrer Wesensnatur, die Mitglieder dieser Bewegung allumfassend zu begleiten. Von den Kinderfreunden bis zur „Flamme" (ursprünglich ein Sterbeverein für die Feuerbestattung, wurde dann zum Wiener Verein, der sich zu einer Ablebensversicherung wandelte) sollte der sozialdemokratische Mensch betreut werden. Vielfach stand dahinter auch das ideologisch motivierte Bemühen, eine „Gegenwelt" zur bürgerlich-kapitalistischen Ordnung oder zur Kirche aufzubauen. Alles fand seine Regelung: die Kinder wurden von den Kinderfreunden betreut, danach wechselte man zu den Roten Falken, um damit gegen Katholische Jugend oder Pfadfinder aufzutreten, ging dann zum Verband Sozialistischer Mittelschüler oder zum Verband Sozialistischer Studenten. Von dort wechselte man zum Bund Sozialistischer Akademiker mit seinen Untergliederungen. War man berufstätig, war natürlich die sozialistische Gewerkschaft die natürliche Heimat. Ging man Bergsteigen, dann gab es dafür die Naturfreunde. Besaß man ein Rad oder gar ein Auto, dann sorgte der ARBÖ für sozialdemokratische Gesinnung im Verkehr. Ging man einkaufen, dann hatte man anstatt zu Julius Meinl zum Konsum oder zu dessen Kaufhaus Stafa in der Wiener Mariahilfer Straße zu gehen. Seine Bankgeschäfte vertraute man der Arbeiterbank an, aus der dann in den sechziger Jahren weniger klassenkämpferisch die Bank für Arbeit und Wirtschaft (BAWAG) wurde. Wer Turnen wollte, ging zum ASKÖ. Die Aufzählung ließe sich beliebig fortsetzen.

Dieses System war aber auch mit eine Ursache für die nach 1945 typische Proporzstruktur Österreichs. Fast für jeden Bereich gab es nun einen „schwarzen" wie einen „roten" Verein. Mit einem Unterschied: Während die „roten" Vereine eine ziemlich einheitliche Struktur aufwiesen und mehr oder minder der Parteihierarchie untergeordnet waren, sah oder sieht dies bei der „schwarzen" Reichshälfte anders aus. Hier gab es kaum parteimäßig ausgerichtete Organisationen in Parallelität zur Sozialdemokratie, und wenn, dann waren dies eher bescheidene Versuche. Vielmehr traten hier die Vorfeldorganisationen auf. Erhard Busek stellt zu dieser Entwicklung aus gegenwärtiger Sicht mit Recht die Frage: „Ob die alpine Berghütte rot oder der Sportplatz schwarz ist, sollte in einer offenen Gesellschaft ebenso egal sein wie die Frage, ob man den Ambulanzwagen des Arbeiter-Samariterbundes oder des Malteser-Hilfsdienstes zu Hilfe ruft."[10]

IV. Die Gründung der ÖVP als soziale Integrationspartei

Die Österreichische Volkspartei wurde in bewußter Absicht als soziale Integrationspartei gegründet.[11] Wie bereits vor 1933 die Christlichsoziale Partei für alle unter der Prämisse christlicher Wertehaltung offen war, sollte dies für die ÖVP bei der Grün-

---

10 Erhard BUSEK: Die Österreichische Volkspartei. – In: Politik in Österreich. Die Zweite Republik: Bestand und Wandel. Hg. von Wolfgang MANTL. Wien 1992, S. 362.
11 Zur Gründung und Geschichte der ÖVP siehe Ludwig REICHHOLD: Geschichte der ÖVP. – Graz 1975; ders., Die Chance der ÖVP. Anatomie und Zukunft einer Partei. – Graz 1972; Robert KRIECHBAUMER: Von der Illegalität zur Legalität. Die Gründung der ÖVP im Jahr 1945. Politische und geistesgeschichtliche Aspekte des Entstehens der Zweiten Republik. – Wien 1985.

dung 1945 noch deutlicher zum Tragen kommen. Während bei den Christlichsozialen vor 1933 die Parteistruktur und -organisation noch stark vom „Vorfeld" des Verbandskatholizismus geprägt war, mußte man nach 1945 nicht zuletzt auch wegen des Rückzugs der Kirche und des Klerus von der Politik neue Wege gehen. Die Betreuung der verschiedenen Stände und Gruppen konnte nun nicht mehr alleine dem Vorfeld überlassen werden, sie mußte organisatorisch in die Partei integriert werden. Dies geschah durch die Schaffung der Bünde, die ihrerseits zum Teil organisatorische Vorläufer hatten. So ist der Österreichische Bauernbund aus dem Reichsbauernbund hervorgegangen, und der Österreichische Arbeiter- und Angestelltenbund (ÖAAB) sah sich in der Tradition der christlichen bzw. katholischen Arbeiterbewegung. Diese Bündestruktur wurde zum tragenden Organisationsprinzip der ÖVP, anfänglich konnte man nur Mitglied der ÖVP über die Mitgliedschaft bei einem Bund werden. Keine der europäischen christlichdemokratischen Parteien kennt eine solche Struktur. In der CDU z. B. gibt es lediglich fakultative Interessenvereinigungen (z. B. Sozialausschüsse, Mittelstandsvereinigung), die auch in Ansätzen nicht an die politische Bedeutung der ÖVP-Bünde herankommen.

Ebenfalls 1945 wurden die Österreichische Frauenbewegung (ÖFB) und die Österreichische Jugendbewegung (ÖJB, später junge ÖVP) gegründet. Seit 1953 auf Länderebene, dann ab 1967 auf Bundesebene gibt es den Österreichischen Rentner- und Pensionistenbund (Seniorenbund). Sie wurden später formal den drei anderen Bünden gleichgestellt, erlangten aber innerparteilich nie deren Bedeutung. Die ÖJB ist zusammen mit dem Österreichischen Jungvolk (bis 14 Jahre) Mitglied des Österreichischen Bundesjugendrings. Sie erreichte aber quantitativ nie die Bedeutung des alten Vorfelds, nämlich der Katholischen Jugend (KJ). Auch innerparteilich konnte die ÖJB nie zu dem innerparteilichen Elitebildungsinstrument werden, wie es CV und Katholische Aktion (KA) noch immer sind.[12] Auf der Jugendebene müssen ÖJB und Jungvolk mit Katholischer Jugend bzw. Jungschar sowie mit der Sozialistischen Jugend bzw. den Kinderfreunden konkurrieren. Dies war und ist sehr schwierig und mühsam, vor allem, als bei den Jugendlichen sich immer mehr eine Organisationsdistanz bemerkbar machte. Im Bundesjugendring entstand nun eine merkwürdige Rollenverteilung. Auf der einen Seite standen die ÖJB mit der KJ als (ehemaligem) Vorfeld, auf der anderen die Sozialistische Jugend mit der Gewerkschaftsjugend, die ihrerseits sozialdemokratisch dominiert ist.

V. Versuch einer Schichtung der Vorfeldorganisationen

1. Die Bünde der ÖVP als vorfeldartige Instrumente der Interessenvertretung

Die eigentliche Behandlung der drei tragenden Bünde der ÖVP – Österreichischer Arbeiter- und Angestelltenbund (ÖAAB), Österreichischer Bauernbund (ÖBB) und Österreichischer Wirtschaftsbund (ÖWB) – sowie der weiteren „Bewegungen" –

---

12 Bundespolitisch erreichten nur Friedrich KÖNIG und Josef HÖCHTL Bedeutung. In der Landespolitik waren z. B. Franz STANGLER, Hans WINETZHAMMER, Walter HEINZINGER, Hermann SCHÜTZENHÖFER und Franz SCHAUSBERGER erfolgreich. Teilweise kamen diese auch aus dem CV.

Österreichische Frauenbewegung (ÖFB), Österreichische Jugendbewegung (ÖJB) und Seniorenbund – ist bereits Gegenstand anderer Beiträge in diesem Band. Dennoch ist ihre Erwähnung bei den Vorfeldorganisationen notwendig. Denn in den Bünden wird die ambivalente Struktur der ÖVP, von den Christlichsozialen noch herrührend, deutlich: Vorfeld und eigentliche Parteiorganisation sind oft nur unscharf zu trennen. Bei den drei Bünden geht es an dieser Stelle um ihre Funktion als wahlwerbende Gruppe bei den Interessenvertretungen. Und diese sind ebenfalls ein besonderes österreichisches Spezifikum. Denn Österreich zeichnet sich durch ein System der Organisation von Interessen aus, das im internationalen Vergleich einzigartig ist. Dazu gehört auch die enge Verklammerung zwischen den Interessenverbänden und dem Parteiensystem.[13]

Bei den drei wichtigsten Kammern, den Handelskammern, den Arbeiterkammern und Landwirtschaftskammern, werden die „Kammerparlamente" (z. B. Kammertage) nach dem Verhältniswahlrecht mittels Wahllisten ermittelt. Die jeweiligen Bünde der ÖVP treten nun bei den betreffenden Kammern als wahlwerbende Gruppen auf. Es wird damit ein gewisses „Vorfeld" suggeriert. Nicht die Partei als solche ist es, die um Stimmen wirbt, sondern eine Organisation, von der man weiß, daß sie zwar „schwarz" ist, jedoch nicht die eigentliche Partei darstellt.[14]

Die seit den achtziger Jahren immer stärker werdenden Diskussionen um den „Kammerstaat" Österreich rührt u. a. auch daher, daß neben der allgemein durch die Sozialpartnerschaft sehr bedeutsamen Kammerstruktur, auch und gerade vor allem die jeweilige Parteidominanz und Parteiverflechtung sehr stark ist. Ein Beispiel aus Deutschland möge das verdeutlichen: Die Industrie- und Handelskammern (IHK) sind dort erstens nicht nach Ländern, sondern regional organisiert. Durch die wegfallende Deckungsgleichheit Kammerbezirk – Bundesland entfällt weitgehend schon einmal eine landespolitische Bedeutung. Zweitens ist das Handwerk nicht in der IHK, sondern in einer eigenen Kammer organisiert. Drittens sind die IHKs nicht Tarifpartner der Gewerkschaften, dafür gibt es eigene Arbeitgeberverände. Viertens gibt es bundesweit nur einen losen dachverbandsartigen Zusammenschluß, der an Gewicht und politischem Einfluß in keiner Weise mit der Bundeskammer der gewerblichen Wirtschaft zu vergleichen ist. Und zu guter Letzt werden die Mandatare in den den Kammertagen vergleichbaren Gremien durch Persönlichkeitswahl ermittelt, meistens auf Wahlvorschlag hin. Das fördert zwar die „Klüngelei", doch offenbar hat dieses System weniger zu einer grundsätzlichen Diskussion über die Kammern geführt, als das parteipolitisch dominierte Elektionsverfahren in Österreich. Insgesamt zeigt das deutsche Beispiel, daß durch diese Struktur offenbar die Kammern

---

13 Gerhard LEHMBRUCH: Das österreichische System der Interessenvermittlung. – In: Politische Kultur in Österreich. Gewidmet Heinrich Schneider. Hg. von Hans-Georg HEINRICH, Alfred KLOSE und Eduard PLOIER. – Linz 1989. S. 57.
14 Dokumentiert wird das (personal)politische System Österreichs sehr eindrucksvoll in Wolfgang E. OBERLEITNER: Politisches Handbuch Österreichs 1945–1980. Abgeschlossen am 20. Jänner 1981. – Wien 1981. In diesem Handbuch werden Funktionen in Regierungen, Parteien und Verbänden genau dokumentiert. Das Buch gibt daher einen guten Überblick über das personelle Geflecht der Großen Koalition (1945–1966), der ÖVP-Alleinregierung (1966–1970) sowie praktisch fast der ganzen Ära KREISKY. Leider erfuhr dieses Handbuch seitdem keine weitere Neubearbeitung, eine solche wäre für die österreichische Zeitgeschichte wie die Politikwissenschaft von hohem Nutzen.

kaum oder gar nicht ins Schußfeld öffentlicher wie politikwissenschaftlicher Kritik geraten sind wie in Österreich. Eine Diskussion um die Pflichtmitgliedschaft bei Kammern ist in Deutschland nicht auszumachen. Dies mag auch daran liegen, daß es dort keine Arbeiterkammern gibt, und auch die Landwirtschaftskammern haben nicht diese Bedeutung.

Der österreichische Kammerstaat hat neben den drei großen Kammern noch weitere hervorgebracht, vornehmlich auf dem Gebiet der freien Berufe (Ärzte, Rechtsanwälte, Steuerberater, Notare, Ingenieure), aber auch für Landarbeiter. Wenn es zu diesen Wahlen auch Listen gibt, so treten dabei ebenfalls wahlwerbende Gruppen auf, die oft in irgendeiner Form den verschiedenen Parteien zuzuordnen sind oder nahestehen. Die Wahlergebnisse zu den drei großen Kammern zeigen auch, daß die jeweils dominante politische Gruppe überproportional gewählt wird. Das mag einerseits daran liegen, daß man z. B. dem Wirtschaftsbund in ökonomischen Dingen mehr Kompetenz zutraut als dem sozialdemokratischen Pendent. Andererseits gibt es gegenüber der dominanten Gruppe bei den anderen wahlwerbenden Listen durchaus resignative Züge. Diese Tendenz hat auch ab den achtziger Jahren mehr oder minder Bestand. Der eminente Anstieg der FPÖ bei den Nationalratswahlen ab 1986 so wie das Auftreten neuer Parteien (Grüne, Liberales Forum) haben bei den Kammerwahlen kein vergleichbares Äquivalent gefunden. Erst bei den Handelskammerwahlen 1995 konnten die Freiheitlichen etwas zulegen.

Ein besonderes Spezifikum stellt auch der Österreichische Gewerkschaftsbund (ÖGB) dar, wo es seit 1945 – der Einführung der Einheitsgewerkschaft – Fraktionen gibt. Wie in Deutschland hat man von den weltanschaulich präferierten Gewerkschaften vor 1933/34 Abstand genommen hat. Während man aber dort ohne die Fraktionen auskommt, wurden beim ÖGB solche eingerichtet. Neben der Sozialistischen Fraktion gibt es die Fraktion Christlicher Gewerkschafter (FCG) und nicht den ÖAAB. Abgesehen davon, daß man bewußt an die Christlichen Gewerkschaften anknüpfen wollte, war man bei den Betriebsratswahlen, deren Ergebnisse nach einem komplizierten Schlüssel über die Zusammensetzung des Bundesvorstandes entscheiden, vor allem in den ersten Jahrzehnten nach 1945 auf das Zusammenspiel mit der Katholischen Arbeiterbewegung (KAB), einer Gliederung der KA, angewiesen. In dem komplizierten Parteistruktur-Vorfeld-Gefüge der ÖVP brachte das eine zusätzliche Facette ein, nicht immer ohne Reibungsverluste.

Ein weiteres österreichisches Spezifikum stellen auch die Personalvertretungen (mit den Betriebsräten vergleichbar) beim öffentlichen Dienst dar. Vor allem bei den Lehrern (sowohl bei Grundschulen wie bei höheren Schulen) traten bzw. treten als wahlwerbende Listen oft Vereinigungen mit dem zusätzlichen Prädikat „katholisch" oder „christlich" und nicht der ÖAAB auf. Hier zeigt sich in diesem Bereich eine deutliche Vorfeldfunktion dieser Verbände für die ÖVP.

2. „Nahestehende Verbände"

Das Bundesorganisationsstatut der ÖVP erwähnt den Begriff „nahestehende Verbände" und versteht darunter solche, „die die Grundsätze der ÖVP vertreten und mit der Partei in einer politischen Interessengemeinschaft stehen". Die Funktionäre dieser

Verbände sind in den Organen der ÖVP vertreten. Es sind dies die „Katastrophenhilfe der Österreichischen Frauen", die „Kameradschaft Politisch Verfolgter", der „Österreichische Akademikerbund", das „Österreichische Kinderrettungswerk", der „Österreichische Mieter-, Siedler- und Wohnungseigentümerbund".[15] In dieser Gruppe ist auch der „Österreichische Familienbund" zu erwähnen, der – obwohl nicht im Parteistatut aufgezählt – sehr stark von ÖVP-Mandataren dominiert wurde bzw. wird.

Auch hier gibt es Konkurrenz: Bei den Sozialdemokraten findet sich der Bund Sozialistischer Akademiker, die Mietervereinigung Österreichs und die Kinderfreunde. Im „katholischen Milieu" gibt es den Katholischen Familienverband. Da für die ÖVP eigentlich seit Anfang die Schwierigkeit bestand, daß sich Teile des von ihr abgedeckten ideologischen Spektrums nicht in den katholischen Bereich integrieren ließen, mußten neue Strategien entwickelt werden. Dazu gehörte die Gründung des Akademikerbundes als Vorfeldorganisation und Alternative zum CV, der nicht das katholische Etikett trägt.[16]

Somit entstand bei den Akademikern gleich eine zweifache Konkurrenz: Neben dem CV gibt es die Katholischen Hochschulgemeinden, aus denen der Katholische Akademikerverband erwachsen ist. Gerade in diesem Sektor ist die Karriere- und Einflußkonkurrenz besonders groß. So versuchte der CV vor allem anfänglich, im Akademikerbund personell Einfluß zu erlangen.[17]

3. Unabhängige Vorfeldorganisationen

An Zahl und Bedeutung werden die bisher genannten Gruppen bei weitem von organisatorisch unabhängigen, aber personell und weltanschaulich mit der ÖVP verbundenen Organisationen übertroffen. Das sind Gruppenbildungen sekundärer politischer Sozialisation, die einerseits weitere innerparteiliche Konkurrenzsituationen bewirken, andererseits auch integrative Kräfte über Länder- und Teilorganisationsgrenzen hinweg darstellen.[18] Darunter sind jene Organisationen zu verstehen, die keiner wie immer gearteten organisatorischen Abhängigkeit zur ÖVP oder einer ihrer Teilorganisationen stehen. Aus der historischen Genese und anderen Gründen, vor allem auch durch personelle Verflechtungen, können solche Gruppen als Vorfeldorganisationen bezeichnet werden, weil sie in entscheidenden gesellschaftspolitischen Fragen mit der ÖVP konform gehen bzw. gingen. In dieser Gruppe gibt es unterschiedliche Grade der Intensität zur ÖVP.

Am nächsten kommen mit Sicherheit die in der „Arbeitsgemeinschaft der Katholischen Verbände" (AKV) zusammengefaßten Organisationen, auch wenn es innerhalb dieser unterschiedliche Gewichtungen gibt. Die AKV wurde 1953/54 vom seinerzeitigen Sekretär Bundeskanzlers Julius Raab, Franz Karasek (ab 1970 Nationalratsabgeordneter, später Generalsekretär des Europarates), gegründet. Sie entstand

---
15 BUSEK: Volkspartei, a. a. O., S. 362. Siehe auch MÜLLER: Volkspartei, a. a. O., S. 236.
16 MÜLLER: Volkspartei, a. a. O., S. 236.
17 Dies belegt zum Beispiel besonders eindringlich das Protokoll des ÖCV-Beirates vom 2. 4. 1957 (ÖCV-Archiv): „Durch die Stellung Dr. Wollingers als 1. Vizepräsident und zugleich gf. Präsidenten erscheint die Lage im ÖAB auch für den CV gesichert..."
18 BUSEK: Volkspartei, a. a. O., S. 361, und MÜLLER: Volkspartei, a. a. O., S. 236.

damals vornehmlich sowohl aus dem innerkirchlichen Konflikt mit der KA wie auch durch den parteipolitischen Rückzug der Kirche und sammelte vor allem die alten katholischen Verbände, also das klassische Vorfeld der Christlichsozialen. Neben den couleurstudentischen Verbänden (CV, MKV, KV, KÖL) sind in der AKV vor allem der Reichsbund, die Turn- und Sportunion, das Kolpingwerk, die Katholische Lehrerschaft, die Vereinigung der Lehrer an höheren Schulen und der Hauptverband der katholischen Elternvereinigungen von Relevanz. Mit der AKV sollte der Rückzug der Kirche und der KA aus der Tagespolitik („Mariazeller Manifest" 1952) ausgeglichen werden.[19] Mangels ÖVP-eigener spezifischer Organisationen sind sie oftmals Pendants zu sozialdemokratischen Parallelvereinigungen (z. B. Union – ASKÖ; Katholische Lehrer – Sozialistischer Lehrerverein) vor allem in gesellschafts- wie personalpolitischen Auseinandersetzungen.

Schwieriger wird es wohl bei jenen Organisationen, sie zum Vorfeld der ÖVP zuzurechnen, wo es zwar bei der Sozialdemokratie spezielle Vereinigungen gibt, solche aber in der bisherigen Aufzählung fehlen. Kann man als Pendet zum ARBÖ den ÖAMTC anführen? Wie steht es mit der Vereinigung Österreichischer Industrieller, dem Österreichischen Kameradschaftsbund (dem als sozialdemokratisches Pendent die Zentralorganisation der Kriegsopferverbände Österreichs gegenübersteht), dem Verband der Professoren der Österreichischen Universitäten, um nur diese Beispiele aus dem Interessenvertretungsbereich zu nennen. Obwohl zahlreiche personelle Verflechtungen zur ÖVP, deren Gliederungen und anderen Vorfeldorganisationen bestehen, ist es schwierig, ihren Vorfeldcharakter zu bestimmen. Er wird sehr stark im informellen, persönlichen Bereich liegen, womit wir wiederum bei dem eingangs erwähnten „Klüngel-Phänomen" wären.

Exkurs: Die Studentenparteien

Als wohl historisch am exaktesten zu belegendes Vorfeld gelten die Studentenparteien. Während in der Ersten Republik die Organisation der Wahllisten für die Kammerwahlen (Studentenkammern hießen damals die Vertretungen) eindeutig vom Verbandskatholizismus organisiert wurden (Katholisch Deutsche Akademiker-Ausschüsse), griff nach 1945 eine Parteipolitisierung bei den Studenten Platz. Verursacht wurde das durch eine Vorschrift der Besatzungsmächte, wonach nur solche Studentenparteien für die Wahlen zur Österreichischen Hochschülerschaft (ÖH) kandidieren durften, die von einer der zugelassenen politischen Parteien (damals nur ÖVP, SPÖ, KPÖ) anerkannt wurden. Bereits im Mai 1945 entstand aus der Wiener Hochschulseelsorge die Freie Österreichische Studentenschaft (FÖSt), die von der ÖVP als Studentenpartei anerkannt wurde. Weil der CV nach dem Krieg anfänglich in organisatorischen Schwierigkeiten steckte, konnte er erst zur Jahreswende 1945/46 wiederum die hochschulpolitische Bühne betreten. Zweifelsohne hatte er zur ÖVP den besseren Draht, so daß es auf seine Initiative im März 1946 zur Gründung der „Union Österreichischer Akademiker" kam, die aus den couleurstudentischen Verbänden, u. a. aber auch aus der FÖSt bestand und ab 1951 Wahlblock hieß. In Konkurrenz zu den bis in die siebziger Jahre hindurch stark vertretenen Freiheitli-

---

19 Über Gründung und Hintergründe der AKV siehe Hartmann: Im Gestern, a. a. O., S. 462 f.

chen Studenten (RFS) und dem VSStÖ (Verband Sozialistischer Studenten) konnte der Wahlblock auf Bundesebene stets die absolute Mehrheit im Zentralausschuß (ZA) der ÖH erreichen.

Innerhalb des Wahlblocks kam es – eigentlich seit Beginn – zu verschiedenartigen Konflikten zwischen den Gruppen. In den fünfziger und sechziger Jahren war es der fast paritätische Einfluß von CV und KV.[20] Später kam noch die Kontroversstellung zwischen CV und Katholischen Hochschulgemeinden (KHG) hinzu, die vor allem in der FÖSt dominierten. Die sechziger Jahre brachten eine Krise des Wahlblocks, obwohl er zu dieser Zeit bei der Hochschulreform so erfolgreich wie nie zuvor und danach agierte. Zuerst (1965) gab es eine „linke" Abspaltung, die Aktion, die sehr stark in der KHG verankert war. Die gesellschaftlichen Umbrüche der späten sechziger Jahre machten eine Reform des so nicht mehr tragbaren Dachverbandsmodells des Wahlblocks notwendig. 1968 entstand aus ihm die „Österreichische Studentenunion" (ÖSU) als Mitgliederpartei mit weitgehender Zurückdrängung der Wahlblockverbände in institutioneller Hinsicht. Nach einer kurzen Zeit der Konsolidierung kam es zu einer weiteren Zerreißperiode innerhalb der ÖSU, die aus verschiedenen Gründen Gefahr lief, nach links abzudriften. Zuerst bildete sich aus konservativen Kreisen die „Junge Europäische Studenteninitiative" (JES), danach die der Mitte sich verpflichtet fühlenden Studentenforen in Innsbruck und Graz. 1981 konnten die Studentenforen und die JES mehr Stimmen auf sich vereinigen als die ÖSU. Der damalige Wissenschaftssprecher der ÖVP, Heinrich Neisser, versuchte nun, dieser Zersplitterung der studentischen Mitte in den Griff zu bekommen. Es entstand eine „Aktionsgemeinschaft" (AG), der die ÖSU und die Foren angehörten, die JES ließ sich darin nicht einbinden. Die Folge war, daß die AG ab 1983 kontinuierlich in der Wählerakzeptanz stieg und an die alten Erfolge des Wahlblocks und der frühen ÖSU anknüpfen konnte, während die JES zur Bedeutungslosigkeit herabsank.

Trotz aller internen Schwierigkeiten kann man bei der „sensiblen" Studentenpolitik für die Zeit bis 1995, als die AG trotz Erhalt der Mehrheit den Vorsitzenden verlor, von einer erfolgreichen Vorfeldpolitik sprechen. Die der ÖVP zuzurechnenden bzw. als christlichdemokratisch zu bezeichnenden Studentenparteien (Wahlblock, ÖSU, Foren, AG, JES) konnten zusammen bundesweit immer eine absolute bzw. deutliche relative Mehrheit erringen. Zuerst gelang es, die bis 1938 herrschende Dominanz der nationalfreiheitlichen Studentenschaft zu brechen, nach 1945 war es das Verdienst von ÖSU etc., die Linke innerhalb der Studentenschaft relativ klein zu halten. Die im Gefolge des Jahres 1968 aufbrechenden Studentenunruhen und Linksverschiebungen gab es in diesem Maße in Österreich nicht. Ob das mit einer Studentenpartei als Teilorganisation der ÖVP gelungen wäre, kann bezweifelt werden. Am Beispiel der Studentenpolitik kann man daher den Vorteil, den Vorfeldorganisationen für eine Partei besitzen können, unschwer ausmachen.[21]

---

20 Kartellverband der nichtfarbentragenden Studentenverbindungen. Im Gegensatz zu Deutschland ist dieser – mit Ausnahme von Graz – in Österreich eher bedeutungslos.
21 Zur Studentenpolitik der Zeit nach 1945 siehe HARTMANN: Im Gestern, a. a. O., S. 433 ff. und S. 485 ff., sowie HARTMANN: Der CV, a. a. O., S. 166 ff. und S. 189 ff. (mit zahlreichen Literatur- und Quellenangaben).

In diesem Zusammenhang darf eine Initiative des Mittelschülerkartellverbands (MKV) nicht unerwähnt bleiben. Im Gefolge der Schulreform entstand 1971 (nicht zuletzt auf Anregung des MKV) der Schülerbeirat beim Unterrichtsministerium, und die Schülervertretung auf Schul- und Landesebene wurde durch das Schulunterrichtsgesetz (SCHuG) gesetzlich geregelt. Der MKV, der seit 1947 mit der Österreichischen Jugendbewegung (ÖJB) durch ein Abkommen verbunden war, gründete mit dieser 1972 die Union Höherer Schüler (UHS). Trägerorganisation der UHS wurde die Gesellschaft für Schulpolitik, die vom MKV und der ÖJB paritätisch besetzt wurde. Zweifelsohne stand bei der UHS zumindest bei der Namensgebung die ÖSU Pate. Auf jeden Fall wollte man eine gesellschaftspolitische Einflußnahme bei den Schülervertretungen wahrnehmen. Tatsächlich hatte man im großen und ganzen kontinuierlich Erfolg. Regelmäßig finden sich seitdem MKVer an verantwortlichen Stellen der Schülervertretung. Diese ist aber in ihrer Bedeutung und Struktur in keiner Weise mit der ÖH vergleichbar. 80% der Schülervertreter wechseln jährlich. Durch diese große Fluktuation ist eine kontinuierliche Arbeit sehr schwierig, wenn überhaupt sogar unmöglich. In der Regel besuchen die Schülervertreter die 7. Klasse, in der 8. Klasse gilt dann ihr Interesse verständlicherweise der Matura.

Trotz dieser Schwierigkeiten war diese Initiative sehr wichtig. Und sie ist „vorfeldmäßig" höchst interessant: Eine offizielle Parteigliederung, die ÖJB/JVP, gründet gemeinsam mit einem parteiunabhängigen katholischen Verband, dem MKV, eine „Schülerpartei". Die UHS ist daher in die Reihe der klassischen Vorfeldorganisationen der ÖVP einzureihen.[22]

4. Das „katholische Milieu"

Der politische Katholizismus entwickelte als erstes auf dem Boden des christlichen Glaubens das Modell einer sozialen Integrationspartei und hatte damit bis über die Mitte des 20. Jahrhunderts einen deutlichen Erfolgsvorsprung gegenüber politischen Strömungen, die sich jeweils auf eine „Klasse" zu konzentrieren glaubten. Indem diese sich aufzulösen begannen, kamen auch deren Parteigruppierungen in Schwierigkeiten. Dies traf zuerst den politischen Liberalismus, danach auch jene Parteien, die sich hauptsächlich der Idee der marxistischen Arbeiterbewegung verschrieben hatten. Die Krise der Christlichen Demokratie begann zu jenem Zeitpunkt, als ihr der „Unterbau" verlorenging, nämlich die Achse zu Kirche bzw. Klerus. In Österreich sind diesbezügliche Ansätze bereits in der Ersten Republik zu beobachten. Durch die NS-Zeit wurde dieser Trend verstärkt. Nach 1945 wurde nicht nur das Verbot bekräftigt, das Priestern politische Betätigung untersagt. Auch durch die Gründung der KA als direkt der Hierarchie unterstellten Organisation wurde das katholische Verbandsleben in seinen Kernbereichen weitgehend entpolitisiert. Dies hat zwangsläufig

---

22 Siehe dazu Heinrich KOLUSSI: Die Schulpolitik des MKV – als Beispiel der Außenpolitik eines Korporationsverbandes. – In: Die Vorträge der zweiten österreichischen Studentenhistorikertagung Klosterneuburg 1976. Herausgegeben vom Österreichischen Verein für Studentengeschichte. Wien 1976, S. 69–86 (= Beiträge zur österreichischen Studentengeschichte Band 3).

Gegenreaktionen hervorgerufen, wie z. B. die bereits erwähnte Gründung der AKV oder die Diskussionen um den politischen Katholizismus (zuletzt 1975 von Josef Taus ins Spiel gebracht).

Am Anfang hatte die durchaus pastoral notwendige Entflechtung von Kirche und Parteien noch keinerlei nennenswerte Auswirkungen, weil durch die Gründungen der ÖVP bzw. der CDU/CSU neue Wählerakzeptanzen gefunden werden konnten. Aber spätestens mit dem Einsetzen der verstärkten Säkularisierung und dem Rückgang des Christlichen in der Gesellschaft ab den sechziger Jahren wurde die Krise manifest. Es ist daher kein Zufall, daß die CDU/CSU Ende 1969 und die ÖVP Anfang 1970 die Regierung fast zeitgleich verloren hatten.

Durch verschiedene lehramtliche Äußerungen (z. B. Enzyklika „Humanae vitae"), den schleichenden Auszug der Frauen aus der Kirche und durch umstrittene personalpolitische Entscheidungen Roms ab 1986 gingen nicht nur die Reste eines kulturkatholischen Milieus, wie es für die Zeit nach 1945 prägend war (z. B. Friedrich Funder und die „Furche"), sondern auch die der konziliar-synodalen Aufbruchsstimmung weitgehend verloren. Diese Phänomene sowie die fortschreitende Säkularisierung, aber auch der Paradigmenwechsel der Jahre 1989/90 prägen am Ausgang des 20. Jahrhunderts den Zustand der Kirche im deutschsprachigen Raum wie in den westeuropäischen Industriegesellschaften. Aus diesem Zustand entstand eine Polarisierung innerhalb der Kirche, die sich auch auf die katholisch dominierten Vorfeldorganisationen und damit auch auf die ÖVP auswirkt.

In den achtziger Jahren wurde auch in zunehmendem Maße die immer geringer werdende Bereitschaft der Menschen manifest, sich Organisationen anzuschließen, vor allem dann, wenn diese weltanschaulich geprägt sind. Somit besteht die Gefahr, daß der ÖVP das Vorfeld abhanden kommt. War die starke Vorfeldstrukturierung vor allem gegenüber der zentralistischen Struktur der SPÖ früher ein eindeutiger Vorteil, bei dem man Flexibilität wahren konnte, scheint dies nun zum Nachteil zu gereichen.

Obwohl es nach 1945 zur formalen Trennung zwischen Kirche (und der von ihr direkt abhängigen Verbänden) und ÖVP kam, konnte natürlich die Entflechtung nicht schlagartig stattfinden. Zu sehr prägte die jahrzehntelange historisch gewachsene Verbundenheit noch das Bewußtsein der in diesen Bereichen handelnden Personen, die oftmals in beiden Bereichen (z. B. Funktionen in Partei und KA) tätig waren. Auch waren in den ersten Jahren, ja sogar in den ersten beiden Jahrzehnten, der Zweiten Republik die grundsätzlichen, weltanschaulich geprägten Anliegen in beiden Teilen nahezu ident. Erst die fortschreitende Säkularisierung wie auch die Distanz zu Großorganisation bewirkte die Entflechtung. Auch neue politische Strömungen, wie etwa die Grünen, erreichten gerade bei engagierten jungen Katholiken zunehmend an Attraktivität, so daß das „Lagerdenken" in vielen Fällen obsolet geworden zu sein scheint.

Das wohl letzte bedeutende organisatorische wie inhaltliche Zusammenspiel zwischen ÖVP und dem katholischen Vorfeld war zweifellos die Aktion Leben in bezug auf das Volksbegehren gegen die Reform des Abtreibungsparagraphen (Fristenlösung).[23] Die SPÖ-Alleinregierung und ihr Justizminister Christian Broda legten 1971 einen Entwurf vor, der eine sogenannte erweiterte Indikationenlösung vorsah und

---

23 Zu dieser Frage Raimund SAGMEISTER: Fristenlösung – Wie kam es dazu? – Salzburg 1981.

von der Kirche und der ÖVP kritisiert wurde. Nach einer Diskussionsphase brachte 1973 die SPÖ-Fraktion im Nationalrat einen Entwurf mit einer Fristenlösung ein. Er wurde angenommen und nach Einspruch des Bundesrates und darauffolgendem Beharrungsbeschluß des Nationalrates rechtskräftig. Auch eine Beschwerde beim Verfassungsgerichtshof blieb ohne Erfolg. Im Anschluß daran begann seitens der Aktion Leben, stark von der KA geprägt, die Vorbereitungen zu einem Volksbegehren, das Ende 1975 insgesamt 895.655 Unterschriften erbrachte.[24] 1977 wurde der Antrag im Nationalrat abgelehnt. Die Debatte um die Abtreibung war bislang das letzte „Kulturkampfthema", das Kirche, deren Verbände, das „Vorfeld" der ÖVP und die ÖVP selbst zu gemeinsamen politischen Handeln brachte.[25]

Exkurs: Elitebildung im Konkurrenzstreit

Vorfeldorganisationen einer Partei haben neben anderen Aufgaben auch die, für den Funktionärsnachwuchs zu sorgen, vornehmlich bei den Spitzenfunktionen. Dies ist gerade bei der ÖVP mit ihrem klassischen Vorfeld von Bedeutung. Wer aus dem „katholischen Milieu" stammt und im dortigen Organisationswesen tätig war, dem wird vielfach die innerparteiliche „Ochsentour" erlassen. So gibt es in der Geschichte der ÖVP eine Reihe von Beispielen solcher „Quereinsteiger".[26] In der christlichdemokratischen Bewegung Österreichs wie auch Deutschlands spielt der CV dabei eine große Rolle. Dies hat seine historischen Wurzeln: In den katholischen Parteien Österreichs wie Deutschlands spielten Ende des 19. Jahrhunderts in deren Gründungsphase als Funktionäre der katholische Adel wie der Klerus eine große Rolle im Funktionärskader. Der CV (aber auch der KV) verstanden sich schon relativ früh als Heranbilder einer akademischen Führungsschicht für den parteipolitischen Katholizismus. Dies war notwendig, da sowohl der Adel wie auch der Klerus notgedrungenermaßen aus den Führungsebenen der katholischen Parteien langsam verschwanden.

Es ist übrigens ein interessantes Phänomen, daß der Anteil der CVer seit 1907 (erste allgemeine Wahl zum Abgeordnetenhaus des Reichsrates) in der Fraktion der Christlichsozialen bzw. der ÖVP immer zwischen 20 bis 30 Prozent beträgt.[27] Während der

---

24 Der Gesetzesvorschlag des Volksbegehrens sah übrigens eine Indikationenlösung vor. Er bewegte sich also im Rahmen der seinerzeitigen Regierungsvorlage von 1971. Kritiker stellten fest, hätte sich die Kirche und die ÖVP nicht gegen diese Vorlage gestellt, wäre sie Gesetz geworden und hätte dann dem Inhalt des Volksbegehrens im großen und ganzen entsprochen, das man dann nicht erhalten hat.
25 Der Einsatz in dieser Frage war jedoch nicht immer unumstritten: In der Kirche gab es Stimmen, daß Volksbegehren werde eine „katholische Minderheitenfeststellung", und in der ÖVP hatte man Sorge, durch eine derartige Fixierung auf ein katholisches Thema wichtige Randschichten zu verlieren.
26 Dazu gehören auch Angehörige der Büros („Kabinett") von Bundeskanzlern und Ministern, die sehr oft Karriere in der Politik oder Wirtschaft machten. Bei Bundeskanzler Josef KLAUS war dies erstmals besonders deutlich festzustellen. Zu seinem Kabinett gehörten u. a. Thomas KLESTIL, Alois MOCK und Heinrich NEISSER. Auch bei der Sozialdemokratie gibt es solche Karrieren, wie z. B. Franz VRANITZKY und Rudolf SCHOLTEN.
27 Die Tendenz ist seit 1970 sogar steigend. Das dürfte u. a. daher rühren, daß die CVer offenbar in der Regel die Spitzenplätze bei den Listen einnehmen, so daß die zurückgehende Mandatszahl der ÖVP diese Wirkung zeigt. Es ist daher STIRNEMANN: Gruppenbildung, S. 447, nicht zuzustimmen, der eine Abnahme der Mitglieder des Cartellverbands an der Parteispit-

CV bis zum Zweiten Weltkrieg beim akademischen Führungsnachwuchs der Christlichsozialen weitgehend dominierte, erwuchs ihm nach 1945 eine Konkurrenz in Gestalt der KA, der KHG und des Katholischen Akademikerverbands, was zu Konflikten führte.[28] Über diese „KA-Schiene" gelangten auch eine Reihe von Persönlichkeiten in politische Spitzenfunktionen, vor allem ab 1987 (z. B. Erhard Busek, Franz Fischler, Josef Riegler, Wolfgang Schüssel, Hans Tuppy).

In der historischen Gesamtschau ab 1945 bleibt aber der CV weiterhin dominierend. Alle Bundeskanzler der ÖVP (Leopold Figl, Julius Raab, Alfons Gorbach, Josef Klaus) gehörten dem CV an, ebenso alle Präsidenten des Nationalrates (Leopold Kunschak, Felix Hurdes, Leopold Figl, Alfred Maleta). Hinzu kommt noch eine große Zahl von sonstigen Regierungsmitgliedern auf Bundes- wie auf Landesebene. Von den insgesamt elf Bundesparteiobmännern (bis 1995) trugen sieben das Band einer CV-Verbindung. Ähnliche Zahlenverhältnisse herrschen bei den übrigen Funktionen (Klubobmänner, Generalsekretäre, Bündefunktionäre usw.). Schon aus der Natur der Sache sind Angehörige des CV als Akademiker eher in Spitzenfunktionen zu finden als solche der KA, deren personeller quantitativer Schwerpunkt ja außerhalb des akademischen Bereichs lag bzw. liegt. „Während die KA die Gestalt eines Exerzierfeldes für prononcierte katholische Parteifeldwebel, -unteroffiziere und -mannschaften besitzt, ist der CV als Offiziersmesse der ÖVP in Zivil anzusehen."[29]

Die Rivalität zwischen CV und KA, die innerhalb der ÖVP erst ab 1970 stärker zum Tragen kam,[30] hat die politische Magazinpresse zu regelmäßiger „Kaffeesudleserei" animiert. Die stark abnehmende quantitative Bedeutung der KA gegenüber früheren Zeiten wird sich – neben vielen anderen Faktoren – wohl auf künftigem politischen Nachwuchs auswirken und diesen Antagonismus abschwächen.[31] Erhard Busek meint feststellen zu müssen, daß sowohl die Bedeutung dieser Gruppen als auch ihre Konkurrenz innerhalb der ÖVP kontinuierlich abnimmt.[32]

5. Das Wirtschafts-Vorfeld

Durch das 1. Verstaatlichungsgesetz vom 26. Juli 1946 wurden Anteilsrechte an Unternehmungen der Grundstoffindustrie und an den drei damaligen Großbanken (Creditanstalt-Bankverein, Österreichische Länderbank, Österreichisches Credit-Institut) in das Eigentum der Republik Österreich übertragen. Durch das 2. Verstaatli-

---

    ze festzustellen glaubt. Über die Verflechtung CV und Christlichsoziale/ÖVP siehe HARTMANN, Im Gestern, a. a. O., S. 194 ff., 319 ff., 357 ff., 466 ff. und 518 ff., sowie HARTMANN: Der CV, a. a. O., S. 70 ff., 114 ff., 134 ff., 180 ff., 202 ff. und 216 ff.

28 Über diese Hintergründe siehe HARTMANN: Im Gestern, a. a. O., S. 294 ff., 309 ff., S. 449 ff. und 508 ff., sowie HARTMANN: Der CV, a. a. O., S. 105 ff., 174 ff., 198 ff. und 207.

29 Kurt WEDL: Schwarze Markierungen. Dokumente zur Parteiwirklichkeit der Österreichischen Volkspartei. – Salzburg 1979, S. 27.

30 Das lag vielfach daran, daß die in den fünfziger Jahre ihr Studium absolviert Habenden ab diesem Zeitpunkt in das „Funktionärsalter" kamen.

31 Obwohl der CV sich in absoluten Ziffern behaupten kann, hat aufgrund der explodierenden Studentenzahlen sein Anteil an der Studenten- wie Akademikerschaft rapid abgenommen. 1958 war noch jeder elfte Student CVer, jetzt sind es bereits unter 1%!

32 BUSEK: Volkspartei, a. a. O., S. 361.

chungsgesetz vom 26. März 1947 wurde die Elektrizitätswirtschaft zum weitaus überwiegenden Teil in das Eigentum des Bundes und der Länder übertragen. Bei den drei Banken, bei denen der Bund seine Anteile später etwas reduzierte, ohne die Mehrheit aufzugeben, gab es noch einen erheblichen Beteiligungsanteil an Industrieunternehmungen, was historisch bedingt war. In der Wirtschaftskrise der Jahre 1929–1931 wurden Bankkredite oft in Beteiligung der Banken umgewandelt. Ohne auf die spezifischen Gründe dieser Verstaatlichungen (Deutsches Eigentum, USIA-Betriebe) einzugehen, stand der größte Teil der österreichischen Aktiengesellschaften unter staatlichem oder halbstaatlichem Einfluß.[33]

Sieht man von Peter Kraulands Ministertätigkeit bis 1949 ab, so stand die Verstaatlichte Industrie bis 1966 in ministerieller Verantwortlichkeit der SPÖ (zuerst Karl Waldbrunner, dann Bruno Pittermann). Danach zog man durch Gründung einer Industrieholding (ÖIG bzw. später ÖIAG) zwischen Regierung und Verstaatlichter Industrie eine Zwischeninstanz ein. Trotzdem wurde bei der Verstaatlichten Industrie wie bei den Banken und deren Konzernbetrieben ein Proporz eingeführt. Galt die CA als schwarz, so hatte die Länderbank einen roten Generaldirektor. Bis zu deren Fusionierung 1973 war die VOEST rot, die Alpine Montan hingegen schwarz. Gehörte der Generaldirektor der einen Partei an, so mußte der Aufsichtsratspräsident von der anderen Partei gestellt werden. Dieses „proporzale" Wechselspiel läßt sich für die ersten 30 bis 40 Jahre der Zweiten Republik beliebig nachweisen.[34] Die jeweiligen Alleinregierungen haben zwar da und dort Verschiebungen gebracht, am Grundprinzip jedoch nicht gerüttelt. So entstand für die beiden großen Parteien zweifelsohne ein weites Feld der Ämterpatronage, aber auch ein Geflecht von Beziehungen und Einflüssen, die durchaus „vorfeldhaften" Charakter annahmen. Dabei ging es nicht nur um Einflüsse, sondern auch vor allem um Wege der direkten wie indirekten (z. B. Inserate) Parteienfinanzierung. Für die ÖVP war das wie für die SPÖ durchaus ein wichtiges Feld politischer Einflußnahme. So war Alfred Maleta von 1955 bis in die siebziger Jahre hinein Obmann des „Clubs der Aufsichtsrats- und Vorstandsmitglieder der staatlichen Wirtschaft". Bezeichnenderweise übte das nicht etwa der wirtschaftspolitische Sprecher der ÖVP oder ein Funktionär des Wirtschaftsbundes aus, sondern Maleta war 1955 Generalsekretär der ÖVP.[35] Mit der zunehmenden Entstaatlichung der Wirtschaft Österreichs ab den achtziger Jahren verlor diese Art von spezifischem Vorfeld immer mehr an Bedeutung.

VI. Versuch eines Ausblicks

Es war ursprünglich gerade auch im Vergleich zur Sozialdemokratie ein Vorteil der Christlichen Demokratie, sich beim Aufbau eines Netzwerkes von Vorfeldorganisationen auf bestehende landesweite Organisationsstrukturen, insbesondere im „ka-

---

33 Einen sehr guten Überblick über den Grad der Verstaatlichung Anfang der sechziger Jahre bietet immer noch Leopold WALLNER: Die öffentliche Hand als Unternehmer. Teil 2: Umfang der öffentlichen Unternehmertätigkeit in Österreich. – Wien 1963.
34 Siehe dazu die ausführliche Dokumentation in OBERLEITNER: Handbuch, a. a. O.
35 Siehe Lebenslauf MALETAS in: Um Parlament und Partei. Alfred Maleta zum 70. Geburtstag. Herausgegeben von Andreas KHOL, Robert PRANTNER und Alfred STIRNEMANN. – Graz 1976, S. VIII.

tholischen Milieu", stützen zu können. Die dadurch weniger stark auftretende oder sichtbare Politisierung vieler dieser Gruppen erleichterte teilweise das Ansprechen und Eingliedern von Randschichten. Jedoch brachte, wie bereits erwähnt, ab Ende der sechziger Jahre vor allem die Interdependenz zu den katholischen Verbänden der unterschiedlichsten Art (KA und AKV) Probleme mit sich. Diese bestanden einerseits in Loyalitätskonflikten bei Funktionären und Mitgliedern beider Bereiche (ÖVP und Katholische Verbände), andererseits machte sich sowohl der allgemeine gesellschaftliche Säkularisierungsprozeß wie die Lockerung des Verhältnisses von Kirche und ÖVP bemerkbar. Genauso wie die ÖVP immer weniger auf spezifische katholische Kernschichten Rücksicht nehmen kann, braucht wiederum die Kirche nicht mehr in diesem Ausmaße den verlängerten Arm einer Partei, um bestimmte Ziele politisch durchzusetzen. Die klassischen sie berührenden Themen, vom Kulturkampf früherer Zeiten nicht ohne emotionale Ausstrahlung, sind meist abgehandelt oder bedeutungslos geworden.[36]

Ebenso seit den sechziger Jahren ist allgemein eine Auflösung von soziopolitischen und soziokulturellen Milieus der Großorganisationen zu beobachten (Kirchen, Parteien, Gewerkschaften). Wolfgang Mantl konstatiert dazu, daß z. B. die Parteien auf einmal vieles selbst besorgen müssen, was früher derartige Milieus besorgt hatten. Darunter fallen u. a. Rekrutierung, Programm- und Konzeptentwicklung. Auch sind die alten integrations- und konsensstärkenden Gegner der Volksparteien wie Nationalsozialismus oder Kommunismus weggefallen, was vor allem durch den Paradigmenwechsel der Jahre 1989/90 beschleunigt wurde. Als Gegner blieb höchstens der Fundamentalismus, was eine weitere Liberalisierung der Volksparteien bewirkte. Die zunehmende Individualisierung der westeuropäischen Industriegesellschaft führte notwendigerweise auch zu einem Ausufern von differenten gesellschaftlichen Positionen und Gruppen. Und das geht natürlich zu Lasten der früher quasi monopolartig agierenden traditionellen Lager und Weltanschauungsverbände sowie deren Vorfeldorganisationen. Damit einher geht eine Transformation der Volksparteien, wo Patronage und Protektion – klassische Felder des Vorfelds – immer mehr an Bedeutung verlieren. Mitgliederparteien tendieren in diesem Wandel stark zu „Wähler- oder überhaupt zu kleineren Club-Parteien".[37]

Eng damit verbunden sind auch zwei Momente, die sehr stark zu einem Allgemeingut politischer Meinungsbefindlichkeit geworden sind, weitgehend unterstützt durch die „veröffentlichte Meinung" und breit verankert im stammtischartigen Diskussionsmilieu. Das ist einmal das durch die verschiedenartige Vorfeld-Vernetzung hervorgerufene Gefühl einer Verpolitisierung des Alltags, gegen die zunehmend Widerstand geübt wird. Erhard Busek fragt dazu, ob das nicht „Anstoß erregt und als Ärgernis sowohl den Parteien und noch viel mehr diesen an sich nützlichen Interes-

---

36 MÜLLER: Volkspartei, a. a. O., 236.
37 Wolfgang MANTL: Rahmenbedingungen, Risiken und Chancen sozialer Integrationsparteien. – In: Ortsbestimmung. Politik, Wirtschaft, Europa. Hg. von Josef KRAINER und Wolfgang MANTL. – Graz 1993, S. 31 f.; ders.: Szenarios demokratischer Entwicklungen im dritten Jahrtausend. Die Rolle der Parteien. – In: Politik für das dritte Jahrtausend. Festschrift für Alois Mock zum 60. Geburtstag. Hg. von Erhard BUSEK, Andreas KHOL, Heinrich NEISSER. – Graz 1994, S. 125.

senorganisationen schadet".[38] Zum anderen haben – zum Teil selbst verschuldet – die politischen Eliten einen deutlichen Reputationsschwund erlitten, unterstützt auch durch Forderungen nach Privilegienabbau und Entpolitisierung. „Die Funktionäre in Parteien und Verbänden sind Zielscheibe egalitärer Sehnsüchte von geradezu anarchischer Intensität."[39] Beide Trends – Entpolitisierung und Funktionärskritik[40] – mindern ebenfalls die Bedeutung von Vorfeldorganisationen.

Die geschilderte allgemeine gesellschaftliche und politische Situation sowie die gerade für die ÖVP spezifische Befindlichkeit ihrer Wechselwirkung zur Kirche lassen Bedeutung und Notwendigkeit von Vorfeldorganisationen für die ÖVP rückläufig erscheinen. Trotzdem gehen lange historische Entwicklungslinien kurzfristig nicht in die Brüche. Man erstaunt immer wieder über die Resistenz solcher Traditionen. Insoferne wird diese Rückläufigkeit ein langsamer Prozeß sein, von dem man noch nicht ahnen kann, ob er auf einen Nullpunkt zugeht oder sich auf einem niedrigen Niveau einmal einpendeln wird. Für verschiedene Aufgaben (politische Transformationsprozesse, Rekrutierung politischer Eliten) scheint aber die Existenz solcher Vorfeldorganisationen für die ÖVP unerläßlich zu sein.[41]

---

38 BUSEK: Volkspartei, a. a. O., S. 362.
39 Wolfgang MANTL: Heimat bist du großer Söhne. Die Notwendigkeit funktionaler Eliten in der Demokratie. – In: Standort Österreich. Über Kultur, Wirtschaft und Politik im Wandel. Hg. von Gerd BACHER, Karl SCHWARZENBERG und Josef TAUS. – Graz 1990, S. 156.
40 Die in österreichischen Massenmedien sich oft in gegenseitig aufschaukelnder Weise dargebotene Politikerschelte, wenn es etwa um Bezüge oder dergl. geht, erscheint gerade im Vergleich zu Deutschland überzogen zu sein, so daß mit Recht die Frage gestellt werden kann, ob die allgemein verbreitete Politikerverdrossenheit teilweise nicht auch darin seine Ursache hat.
41 Der seit 1990 einsetzende Niedergang der ÖVP zumindest auf Bundesebene ist im Vergleich – wenn überhaupt – stärker als der ihrer Vorfeldorganisationen. Das läßt die Vermutung zu, daß nicht zuletzt aufgrund der oft über hundert Jahre andauernden Tradition deren Konsistenz weitaus wirksamer ist.

Irene Dyk **Frauen in der ÖVP**

I. Einleitung: Zum „Problem" Frauen

Wirtschaftliche Ungleichgewichte, die Verknappung von Ressourcen, Umweltschäden, neue Konfliktpotentiale und (wechselnde) Formen relativer Deprivation stellen die Politik der Zukunft vor die Aufgabe, Strategien für das Überleben zu entwickeln und darüber hinaus Lebensqualität zu garantieren: lebenswertes Leben entsprechend neuen und sich wandelnden Ansprüchen.

Lebensqualität bedeutet auch – aber nicht nur – wirtschaftliche Sicherheit. Sie bedeutet unter anderem Beseitigung von regionalen, sektoralen, schicht-, alters- und geschlechtsspezifischen Disparitäten, Chancen zur Selbstverwirklichung und Persönlichkeitsentfaltung. Je mehr Gruppen in einer Gesellschaft derartige Ansprüche stellen, partizipieren wollen, desto größer ist die Gefahr, daß Konflikte entstehen, ein Kampf um Zugangschancen, um Sicherheit, Privilegien, Einflußmöglichkeiten, Macht. Diese Konflikte hat es im Laufe der Geschichte immer gegeben. Die Sklaven und die Leibeigenen haben sich gegen ihre Eigner und Herren aufgelehnt, das Bürgertum gegen die absolute Herrschaft des Adels, die Proletarier gegen die Besitzenden, die Jugend gegen die Alten (oder besser gesagt, gegen das Senioritätsprinzip in unserer Gesellschaft) und – seit 200 Jahren und mit wechselndem Erfolg – die Frauen gegen die Männer (oder besser gesagt: nicht gegen die Männer, sondern gegen die institutionalisierte Diskriminierung durch den männlichen Chauvinismus).

Immer, wenn die Konflikte nicht mehr zu unterdrücken waren, wenn die bestehende Gesellschaftsordnung und die bestehenden Herrschaftsverhältnisse in ernsthafte Gefahr gerieten, in der tradierten Form nicht mehr haltbar waren, hat man versucht, den revoltierenden Gruppen ihre Ansprüche „abzukaufen", sie materiell zu entschädigen und sie im übrigen verbal zu beschwichtigen. Seit es einen „Wohlfahrtsstaat" gibt, nennt man diese halbherzigen Bemühungen „Sozialpolitik", versucht man sich mit Beihilfen, Subventionen, Ausnahmeregelungen (d. h. versteckten, im Gegensatz zu offenen Diskriminierungen) loszukaufen von der Verantwortung, humane, d. h. auch gleiche und gerechte Lebensbedingungen für alle sicherzustellen. Und man erfindet schöne Worte – Gleichwertigkeit, Partnerschaft, Wahlfreiheit –, die zu definieren und mit konkreten Inhalten zu erfüllen niemand den Mut hat. Denn: Gleichwertigkeit ist nicht Gleichberechtigung, Partnerschaft ermöglicht noch immer alte Rollenklischees, und Wahlfreiheit heißt, daß es zwei, aber nicht unbedingt mehrere Möglichkeit gibt, und auch nicht für alle gleiche.

Das liegt natürlich auch daran, daß die Interessen von Frauen heute noch immer von Männern „vertreten" werden, deren Ambitionen und Engagement in dieser Sache doch zumindest als fragwürdig bezeichnet werden müssen. In der Politik und in den Interessenvertretungen finden sich Frauen fast nur in den untersten Rängen, von wenigen Ausnahmen abgesehen. Diese werden sogar „befördert" – exemplarisch sozusagen – und in mehr oder weniger entscheidende Gremien berufen (immer nur eine, der man erst den Mund verbietet und die man dann als „Alibifrau" bezeichnet). Der Protest der übrigen wird in Frauenorganisationen (die von Männerorganisationen kontrolliert werden) kanalisiert, in karitative Scheintätigkeit umgeleitet und schließlich vor den Karren männlicher Interessen gespannt.

II. Frauenpolitik in historischer Perspektive

1. Zur Entwicklung der Frauenbewegung(en)

Ausgang von bürgerlichen Kreisen

Frauen haben bis zur Mitte des vorigen Jahrhunderts im bzw. für den politischen Bereich nur eine verschwindende Rolle gespielt. Die sozialen, wirtschaftlichen und politischen Krisen in der zweiten Hälfte des 19. Jahrhunderts haben eine Änderung dieser Situation eingeleitet. Sie haben Frauen auf den Plan gerufen, die erkannten, daß die Politik der Männer gescheitert war, und gleichzeitig feststellten, daß die Frauen in der Politik, im Berufsleben, im Bildungsbereich und in der Familie benachteiligt waren.

Die Zahl der Frauen, denen es möglich war, sich ausschließlich ihrer „naturgegebenen" Bestimmung – also der Familie – zu widmen, war nie sehr groß. Die Mitarbeit der Frauen von Landwirten und Gewerbetreibenden war jahrhundertelang ebenso selbstverständlich wie die Heimarbeit oder Dienstbotentätigkeit der Frauen von Arbeitern. Mit der Industrialisierung war auch die außerhäusliche Erwerbstätigkeit der Frau etabliert.

Dennoch ging die Frauenbewegung als Resultat der „Frauenfrage" weder von Frauen aus dem bäuerlichen oder kleingewerblichen Bereich noch von den proletarischen Frauen aus, sondern von den bürgerlichen. Und zwar von den wenigen Frauen, die es sich auf Grund ihres Bildungs- und Lebensstandards leisten konnten, grundsätzliche Überlegungen zur Situation der Frau anzustellen und Kritik und Vorschläge zu formulieren.

Marianne Hainisch (1839 bis 1936), die Gründerin der österreichischen Frauenbewegung, die selbst aus begüterten Verhältnissen stammte, schildert ihr Schlüsselerlebnis, das sie zur Pionierin im Kampf für die Gleichberechtigung von Mann und Frau werden ließ:

> „An einem schönen Sommertag kam eine junge Freundin, deren kranker Mann die Familie nicht ernähren konnte. Sie wollte Brot schaffen und holte sich bei mir Rat. Aber obwohl wir beide uns nun von morgens bis abends den Kopf zermarterten, konnten wir für die Frau, die mehrere Sprachen sprach und sehr musikalisch war, keine Erwerbsmöglichkeit ausfindig machen. Dies erschütterte mich. Denn unsere Arbeiterinnen konnten sich und ihre Kinder ernähren, wenn sie Witwen wurden. Warum konnten wir Bürgerlichen nichts erwerben? Freilich handelte es sich um Erwerbsgelegenheiten, die höheren Lohn und eine der sozialen Position des Mannes entsprechende Position gewähren sollten. Nun wurde mir plötzlich klar, daß bürgerliche Mädchen für den Erwerb vorbereitet werden müßten. Ich war tief ergriffen und wurde an diesem Tag zur Frauen-Vorkämpferin."[1]

---

1 Marianne HAINISCH: Zur Geschichte der österreichischen Frauenbewegung, Aus meinen Erinnerungen. – In: Frauenbewegung, Frauenbildung und Frauenarbeit in Österreich, hrsg. im Auftrag des Bundes Österreichischer Frauenvereine. – Wien 1930. S. 158.

Bildung macht frei

Die bürgerlichen Frauen, die ihre gesellschaftliche Position bislang ausschließlich über die Ehe definieren konnten, sollten befähigt werden, sich durch eine Ausbildung und einen Erwerbsberuf ihren Lebensunterhalt zu verdienen. Viele Familien aus dem Mittelstand konnten es sich nämlich gar nicht mehr leisten, ihre Töchter nach der Schulzeit bis zu einer etwaigen Heirat zu Hause zu versorgen. Außerdem ermöglichte erst berufliche Selbständigkeit der Frau eine freie Partnerwahl.

Daß eine Veränderung der Situation der Frau in verschiedenen Bereichen Organisationen voraussetzte, lag in einer Zeit der allgemeinen Vereinsgründungen und Interessenzusammenschlüsse auf der Hand. So wurden 1866 der „Wiener Frauenerwerbsverein" und der „Mädchenunterstützungsverein" gegründet und 1875 der erste „Wiener Hausfrauenverein". Diese und ähnliche Vereine sollten den Frauen Berufsausbildung und eine Erweiterung ihrer Erwerbsmöglichkeiten vermitteln. Es wurden Nähschulen eingerichtet, eine Handelsschule, Frauen auf den Post- und Telegrafendienst vorbereitet etc.

Im Bemühen um eine verbesserte Mädchenbildung forderte Marianne Hainisch bereits 1870 die Einrichtung einer Mädchenrealschule. Ab 1878 gab es für Mädchen die Möglichkeit zur Ablegung einer (externen) Matura. Um die Jahrhundertwende entstanden die ersten Lyzeen, höhere Töchterschulen, die sich bald großer Beliebtheit erfreuten. 1912 war ihre Zahl bereits auf 66 (mit über 11.000 Schülerinnen) angestiegen. 1892 wurde das erste Mädchengymnasium eröffnet, das aber erst 1910 das Öffentlichkeitsrecht bekam.

Der Zugang zur Universität gestaltete sich für Frauen in Österreich lange Zeit schwierig. In ihren Maturazeugnissen fehlte nämlich der Vermerk „reif zum Besuch einer Hochschule". Seit 1870 konnten Frauen zwar einzelne Vorlesungen an der Wiener philosophischen Fakultät besuchen, aber noch keine Studienabschlüsse erreichen. Auf Grund der Bemühungen des seit 1888 bestehenden Wiener „Vereines für erweiterte Frauenbildung" und der Gutachten der Professorenkollegien der philosophischen und der medizinischen Fakultäten wurden ab dem Wintersemester 1897/98 Frauen an den philosophischen Fakultäten der Universitäten der Monarchie zugelassen. An der Wiener Universität begannen drei ordentliche und 34 außerordentliche Hörerinnen mit dem Studium.

Die erste Promotion einer Philosophin erfolgte im Jahr 1900, drei Jahre später die des ersten weiblichen Doktors der Medizin. Ab 1900 durften Frauen Pharmazie studieren. Erst 1921, zwanzig Jahre später, konnte die erste promovierte Juristin ihre Laufbahn beginnen. Die technischen Hochschulen, die Tierärztliche Hochschule und die Hochschule für Welthandel waren für Frauen ab 1918/19 zugänglich. Zum Studium der katholischen Theologie wurde die erste Frau erst 1933/34 zugelassen. Mit Sondergenehmigung von Kardinal Innitzer – promovieren durfte sie nicht. An der evangelisch-theologischen Fakultät schloß die erste Theologin 1937 ab.

Bis Frauen auch schrittweise Berufspositionen erreichen konnten, die ihrer akademischen Qualifikation entsprachen, dauerte es ebenfalls bis in die dreißiger Jahre.

In gehobenen Positionen erobern sie erst in jüngster Zeit unter dem Druck einer massiven Gleichbehandlungsforderung Terrain.[2]

Der Kampf ums Wahlrecht

Der Zusammenschluß der bürgerlichen Frauen war vor allem von praktischen, wirtschaftlichen und karitativen Zielen geprägt. Die wichtigsten Trägerinnen der Frauenbewegung waren auf Grund ihrer Bildung Lehrerinnen. Der Zugang zum Lehramt war den Frauen auf Grund des Staatsgrundgesetzes von 1867 und des Reichsvolksschulgesetzes 1869 möglich. Bereits 1870 wurde der „Verein der Lehrerinnen und Erzieherinnen" gegründet. Ziel dieses Zusammenschlusses war es, für Frauen die gleiche Bezahlung zu erreichen, wie sie ihre männlichen Kollegen bekamen, die Männerherrschaft an den Mädchenschulen einzudämmen und die Aufhebung des gesetzlich verankerten Heiratsverbotes zu erwirken. Auch die erste politische Frauenversammlung in Wien, am 3. Oktober 1900, wurde von Lehrerinnen organisiert.

Die Frauenbewegung im letzten Drittel des 19. Jahrhunderts war nicht unbedingt (partei-)politisch, erst 1911 wurde jene Bestimmung des Vereinsrechtes aufgehoben, die „Ausländern, Frauenspersonen und Minderjährigen" die Betätigung in politischen Vereinen untersagte.[3] Demnach richteten sich das Bestrebungen der Frauen vor allem – neben der Verbesserung der Bildungs- und Berufschancen – auf die Erringung des Wahlrechtes, das den Frauen 1919 zugestanden wurde.

Marianne Hainisch, die als Delegierte des „Allgemeinen österreichischen Frauenvereines" an der zweiten Generalversammlung des seit 1888 in Amerika bestehenden „Internationalen Frauen-Weltbundes" (International Council of Women – IWC) in London teilgenommen hatte, regte die Gründung eines Bundes der österreichischen Frauenvereinigungen an. Dadurch konnten sich auch die Österreicherinnen dem IWC anschließen.

Der 1902 gegründete „Bund Österreichischer Frauenvereine" (BÖFV) bestand anfangs aus 13 Organisationen. Er befaßte sich mit Frauenbewegung, Kinderschutz, künstlerischem Schaffen von Frauen, Rechtsfragen und Berufsberatung. Politische, religiöse und nationale Fragen schloß er vorerst aus seinem Programm aus. Bereits 1914 gehörten ihm 90 Vereine an, bis zu seiner Zwangsauflösung 1938 hatte er an die 100 Mitgliedervereine, aus deren Reihen sehr wohl Frauen mit politischem Engagement hervorgingen.[4]

---

2 Irene Dyk/Elisabeth Nimmervoll: Frauen im Management. – In: Harald Stiegler (Hg.): Erfolgspotentiale von Klein- und Mittelbetrieben. Festschrift für Walter Sertl, Linz 1995 (im Druck).
3 Zur Geschichte des Frauenwahlrechtes in Österreich vgl.: Hansjörg H. Sailer: „Geschichte des Frauenwahlrechts in Österreich". – In: Der Staatsbürger, Mai 1976, und Erika Weinzierl: „Emanzipation?" – Wien – München 1975.
4 Marianne Hainisch selbst hat erkannt, daß die beste Voraussetzung zur Hebung der Frauen- und Mädchenbildung die Erringung der politischen Rechte war. Sie selbst hat sich 1918 der Wahlrechtsbewegung angeschlossen und trat der Bürgerlich-demokratischen Arbeiterpartei bei. 1929 gründete die 90jährige die „Österreichische Frauenpartei", die es aber bei den Nationalratswahlen 1930, den letzten in der Ersten Republik, auf kein Mandat brachte.

Nach dem Ende des Zweiten Weltkrieges, im Jahr 1947, wird der „Bund Österreichischer Frauenvereine" reaktiviert und in den „Internationalen Frauenrat" integriert. Eines seiner Ziele ist weiterhin die verstärkte Entsendung von Frauen in gesetzgebende Körperschaften.

2. Wahlrecht und Repräsentanz von Frauen in politischen Gremien (1919 bis 1994)

Frauen im Parlament

Obwohl mehr als die Hälfte der österreichischen Wähler Frauen sind – derzeit liegt der Anteil bei 54% –, wurden und werden sie im Parlament von einer Minderheit weiblicher Abgeordneter – derzeit etwas mehr als einem Fünftel der Parlamentarier – vertreten.

Die Frauen, die knappe Mehrheit der Wahlberechtigten in Österreich (in der Ersten Republik plus/minus 54%, bei den ersten Nachkriegswahlen in der Zweiten Republik 64%!), machten von dem neuen Zugeständnis des Wahlrechtes in manchen Bundesländern intensiver Gebrauch als die Männer. Bei ihrem ersten Wahlgang auf Bundesebene 1919 stellten sie immerhin auf Anhieb zehn von 159 Abgeordneten, das waren 6,3%. Dieser Anteil reduzierte sich in den nächsten zehn Jahren bis auf 4,3%. Erst 1930, bei den letzten Parlamentswahlen in der Ersten Republik, gab es wieder ein „Rekordjahr" mit 6,7% Frauenanteil. Eine Quote, die in den folgenden Jahrzehnten, proportional zur Zahl der Mandate, nur geringfügig überboten wurde.

Einen Quantitätsschub brachte erst 1975 – das „Jahr der Frau" – mit 15 von 183 Abgeordneten (9,8%). Fast 60% der weiblichen Abgeordneten wurden bis dahin von der Sozialistischen Partei gestellt, etwas mehr als 40% von der Österreichischen Volkspartei. Die Freiheitliche Partei präsentierte erst 1983 einen weiblichen Kandidaten.

Einen neuerlichen, nennenswerten Zuwachs an weiblichen Abgeordneten gab es 1986. Ihre Zahl stieg auf 28 (14,8%). Damals zogen die „Grünen" als vierte Partei ins Parlament ein. Das bei den Grünen in allen Gremien praktizierte „Reißverschlußprinzip" von männlich-weiblich bei der Nominierung ihrer Kandidaten fiel zwar zu Anfang numerisch noch nicht ins Gewicht (1 weibliche Abgeordnete), aber dadurch wurde eine bei den anderen Parteien noch diskutierte „Quotenregelung" (in welcher Form immer) erstmals praktisch umgesetzt.

Achtzehn Jahre später, zu Ende der Legislaturperiode 1990 bis 1994, waren drei der 15 Minister weiblich (2 SP, 1 VP) und zwei von vier Staatssekretären (1 SP, 1 VP). Ein Fünftel der Parlamentarier (20,7%) waren Frauen. Frauen sind nun in allen fünf Parlamentsparteien vertreten, zwei Parteien (Grüne, Liberales Forum) haben eine Obfrau. Die SP entsandte 61 Männer und 18 Frauen (22,8%), die VP 51 Männer und acht Frauen (13,5%). Unter den 28 FP-Parlamentariern waren nach Abspaltung des Liberalen Forums fünf Frauen (17,8%). Ausgewogen war das Mann-Frau-Verhältnis der Abgeordneten bei den Grünen (5 Frauen, 5 Männer). Das Liberale Forum war mit drei Männern und zwei Frauen (40%) vertreten. Eine ehemalige SP-Mandatarin beendete die Legislaturperiode als sogenannte „wilde" Abgeordnete.

Seit der Nationalratswahl 1994 beträgt der Anteil der Parlamentarierinnen 23,4%. Zwei der fünf im Nationalrat vertretenen Parteien haben eine Obfrau (Die Grünen, Liberales Forum). In der Regierung ist eine Staatssekretärin (SP) neben vier männlichen Kollegen vertreten, auf Ministerebene sind vier der insgesamt 15 Regierungsmitglieder Frauen (2 SP, 2 VP).

Frauen im Bundesrat

In der erst durch die Verfassung vom Oktober 1920 geschaffenen Ländervertretung sind Frauen im Verhältnis zur Mitgliederzahl (50 bis 1962, jetzt 63) stärker vertreten als im Nationalrat. Gleich zu Beginn, 1920 bis 1923, gab es fünf weibliche Mitglieder (3 Sozialdemokratinnen, 2 Christlichsoziale). Das blieb die höchste Zahl in der Ersten Republik. Von Jänner bis Juni 1928 und vom Jänner bis Juni 1931 war zum ersten Mal eine Frau, die christlichsoziale Abgeordnete der Steiermark, Olga Rudel-Zeynek, Bundesrats-Vorsitzende.

Im Bundesrat der Zweiten Republik gab es von 1945 bis 1949 gar keine Frau, dann zwei Sozialistinnen. Erst 1953/54 entsandte auch die Österreichische Volkspartei wieder eine Frau in dieses Gremium. Dr. Johanna Bayer hatte als erste Frau in der Zweiten Republik von Juli bis Dezember 1953 den (halbjährlich wechselnden) Vorsitz inne. Wie bei den Männern ist auch bei den Frauen der Bundesrat oft Vorstufe für den Nationalrat, ein umgekehrter Wechsel ist seltener. Im Juni 1994 lag der Anteil der Frauen im Bundesrat bei 19%. Die VP stellte 23 Männer und vier Frauen, die SP 19 Männer und sieben Frauen, die FP zehn Männer und eine Frau.

Frauen in den Landtagen

In den Regierungsgremien der Bundesländer spielten in der Ersten Republik Frauen nur im Wiener Gemeinderat, der im Bundesland Wien zugleich der Landtag ist, eine Rolle. Bereits 1919 zogen dort 16 Sozialdemokratinnen ein. Nur in geringer Zahl sind Frauen – wieder mit Ausnahme von Wien – auch in der Zweiten Republik, von Beginn an bis heute, in den Landtagen vertreten.

Da es in der Zweiten Republik keine nach Geschlecht gekennzeichneten Stimmzettel gibt, kann die Zahl der weiblichen Wähler einer Partei nur durch Meinungsumfragen bzw. Rückschlüsse von der Zahl der Wahlberechtigten eines bestimmten Gebietes erschlossen werden. Angesichts der Zahl der weiblichen Wähler und des Faktums, daß die österreichischen Frauen von ihrem Wahlrecht etwas stärker als die Männer Gebrauch machen, geht der geringe Anteil der Frauen in den Vertretungskörpern vor allem auf die schlechte Reihung in den Kandidatenlisten zurück.

Auch in den Parteivorständen setzen sich Frauen nur sehr langsam durch. Im Parteivorstand der SP (46 Männer, 19 Frauen) betrug der Frauenanteil 1994 29,3%. VP: 33 Männer, fünf Frauen (13,1%), FP: sechs Männer, fünf Frauen (45,4%) Grüne: fünf Männer, drei Frauen (37,5%), Liberales Forum: fünf Männer, zwei Frauen (28,5%).

Österreich im EG-Vergleich

Verglichen mit der Repräsentanz der Frauen in den Länderparlamenten der EG-Staaten kommen die Österreicherinnen im Mittelfeld noch relativ gut weg. 1993 standen sie mit einem Anteil von 24,7% an sechster Stelle. Überflügelt werden sie deutlich von den nordischen Ländern mit einem Anteil von fast 40% bis zu einem Drittel: Finnland (38,5%), Norwegen (35,5%), Dänemark (33,0%), Schweden (32,6%). Besser als in Österreich waren Frauen auch noch im niederländischen (28,7%) und im deutschen Parlament (21,0%) repräsentiert. Inzwischen hat Österreich Deutschland bereits überholt. Deutlich unter den österreichischen „Werten" liegen Spanien (15,5%), Luxemburg (13,3%), Portugal (10%). Unter der 10%-Marke blieben bisher Belgien (9,4%), Großbritannien (9,0%), Italien (8,1%), Irland (7,8%) vor den Schlußlichtern Frankreich (5,1%) und Griechenland (5,0%).[5]

3. Gesellschaftspolitische Schwerpunkte von Frauenpolitik

Nach dem gewaltigen Sprung in das politische Bewußtsein der Öffentlichkeit auf Grund des Wahlrechtes wurde es um die Frauenfrage stiller. Nicht, daß sie „beantwortet" gewesen wäre – Weltwirtschaftskrise, Weltkrieg und dann der Wiederaufbau ließen Frauenprobleme zurücktreten: zum einen, weil Frauen ohnedies notgedrungen viele Dinge tun mußten (und erstaunlicherweise auch konnten, was allerdings kaum registriert wurde), die vorher den Männern vorbehalten gewesen waren, und zum anderen, weil ja Teilerfolge schon erzielt worden waren und alles andere im Lichte der Überlebensprobleme unwesentlich erscheinen mußte. Erst als diese gelöst waren, und zwar nicht zuletzt als Folge des Einsatzes von Frauen in allen Bereichen, vor allem in der Wirtschaft und in den Interessenvertretungen, konnte man sich der Frauenfrage wieder widmen und versuchen, die Teilerfolge der ersten Phase der Frauenbewegung auszubauen.

Anhängsel der Männerparteien

Der „Kampfgeist" der ersten Zeit wurde nie wieder entwickelt. Dafür gibt es mehrere Gründe: Die Probleme schienen nicht mehr so drängend, die Ziele waren nicht mehr so konkret (wie etwa die Erreichung des Wahlrechtes), und es gab nicht mehr nur **eine** Bewegung, womit auch der Konsens in bezug auf die Ziele nicht mehr sichergestellt war. Dies nicht zuletzt deshalb, weil die Frauenbewegung(en) Bestandteil der politischen Parteien geworden war(en) und damit nicht nur gespalten, sondern institutionalisiert und kanalisiert. Sie wurden eingebunden in die Männerparteien und waren doch nur deren Randerscheinung.

Mit dem Wiederaufbau nach dem Krieg wurden allmählich die in der Zwischenkriegszeit eingerichteten Frauenabteilungen in den Interessenvertretungen der Arbeitnehmer und auch in den politischen Parteien wieder reaktiviert. So gründete Dr. Nadine Paunovic 1945 gemeinsam mit dem Generalsekretär der Österreichischen Volkspartei, Dr. Felix Hurdes, die „Österreichische Frauenbewegung" (1972 als gleichberechtigte Teilorganisation der VP anerkannt). 1948 entstand der mit der KPÖ arbeitende „Bund demokratischer Frauen", 1954 beschließt die SP die Errichtung von Bundes-, Landes-, Bezirks- und Ortsfrauenkomitees und einer Bundesfrauenkonferenz. 1955 beginnt die FP gleichzeitig mit ihrer Gründung, ein Frauenreferat einzurichten.

---

5 EG-Information. Zit. in: Kurier, 30. 5. 1993.

Aber ebenso marginal wie der Standort waren die Themen der Frauenorganisationen: Familie, Kultur, bestenfalls noch Bildung und Soziales – „Frauenthemen" eben. Das entsprach nicht der Tradition der Frauenbewegung – es war „vergessen" worden, daß die Frauenfrage ursprünglich eine umfassende gesellschaftspolitische Ausrichtung hatte, daß die Frauenbewegung nicht eigentlich Politik für die Frau, sondern Politik von Frauen als „Alternativpolitik" bezweckte. Allerdings: Die Frage ist offen, ob die Frauenvertreterinnen im Parlament nicht letztlich doch eine „Alternativpolitik" gemacht haben, in dem Sinn, daß sie Themen aufgegriffen und auch Problemlösungen durchgesetzt haben – genau in den Bereichen der Politik, die von den männlichen Kollegen häufig vernachlässigt werden.[6]

Rückzug auf „Frauenthemen"

Von wenigen Ausnahmen abgesehen, ist es den weiblichen Parlamentariern kaum gelungen, den Rahmen der „typischen Frauenthemen" zu sprengen. In der Ersten Republik lag der Schwerpunkt auf der Sozial- und Bildungspolitik, in der Zweiten Republik kamen gesundheitliche Akzente und ein besonderes Engagement für die Strafrechtsreform dazu. Eine entscheidende Zäsur setzte die VP-Alleinregierung Klaus. Grete Rehor war die erste weibliche Ministerin Österreichs. Sie übernahm 1966 das Bundesministerium für soziale Verwaltung. Von da an gab es keine österreichische Regierung mehr, der keine Frau angehörte.[7] Mit der versierten Gewerkschafterin und Parlamentarierin Grete Rehor hat Klaus in bezug auf Persönlichkeit und Ressort eine Wahl getroffen, deren Auswirkungen einschneidend waren. Grete Rehor konnte als Sozialminister sowohl die Fähigkeit wie auch die Möglichkeit demonstrieren, Gesellschaftspolitik in einem umfassenden Sinn – auch, aber nicht nur als Frauenpolitik – zu verwirklichen.

Im Minderheitenkabinett Kreisky gab es dann bereits zwei weibliche Regierungsmitglieder (Firnberg und Wondrack), und zwischen 1971 und 1979 amtierten zwei Frauen als Minister (Firnberg, Leodolter) und eine Staatssekretärin (Karl). Ab Herbst 1979 wurde nur mehr das Wissenschaftsressort von einer Frau betreut, dafür wurde die Zahl der Staatssekretärinnen von einer auf fünf erhöht (Karl, Dohnal, Eypeltauer, Fast und Albrecht). Dieser Frauenanteil wurde im Kabinett Sinowatz/Steger halbiert: Die FP stellte kein weibliches Regierungsmitglied, die SP eine Ministerin (Karl, später durch Fröhlich-Sandner ersetzt) und zwei Staatssekretärinnen. Die Journalistin Sigrid Löffler stellt in diesem Zusammenhang fest: „Sinowatz folgt mit der Installierung der Familienministerin Karl einer seit 13 Jahren auffallenden SP-Gewohnheit. Ist es unumgänglich, einer Frau ein SP-Ministeramt zuzusprechen, so erhält sie zwecks Wahrung des männlichen Machtbestandes keines von den etablierten Sachressorts für Männer, sondern ein eigenes für sie neu erfundenes Zusatzministerium. Mehr noch: Kaum haben die Ressortpionierinnen die Aufbauarbeit in den

---

6 Irene DYK: Frauen im österreichischen Parlament. – In: Herbert SCHAMBECK (Hg.): Österreichischer Parlamentarismus, Werden und System. – Berlin 1986. S. 475.
7 Erika WEINZIERL: Frau und Politik im heutigen Österreich – In: Josef HÖCHTL (Hg.): Akzente, Argumente, Alternativen. – Wien 1980. S. 281.

neuen Ministerien geleistet, so werden die darin etablierten Ressorts von Männern übernommen."[8]

Ab 1986 hatte die VP in der SP/VP-Koalitionsregierung unter Vranitzky/Busek wieder die Möglichkeit, sich an der Regierung zu beteiligen. Jede der Koalitionsparteien hat seither eine Frau auf Ministerebene etabliert, ab 1990 kamen zwei Staatssekretärinnen dazu. 1994 wurde durch den Abgang des Gesundheitsministers eine zweite Frau (Kramer) mit einem Ministerium betraut. Die Bedeutung der Umweltpolitik, die in den letzten beiden Legislaturperioden – bezeichnenderweise zusammen mit den Ressorts Jugend und Familie – weiblichen Regierungsmitgliedern anvertraut wurde (Flemming, Feldgrill-Zankel, Rauch-Kallat), führte den „Frauenthemen" eine Komponente mit Aufmerksamkeitswert zu. Staatssekretärinnen, die sich mit anderen Bereichen als Frauenpolitik beschäftigten (Wirtschaft, Europapolitik), konnten nicht aus dem Schatten ihrer Ministerchefs treten.

Mit Beginn der Legislaturperiode 1994–1998 wurden Umwelt- und Familienministerium getrennt, so daß nunmehr die Ressorts Frauen, Gesundheit, Umwelt und Familie von vier Ministerinnen verantwortet werden. Das Europa-Staatssekretariat wird auch weiterhin von einer Frau geleitet.

Frauenpolitik für oder gegen Frauen?

Die Festlegung der Frauen in der Politik auf Frauenthemen bzw. Details der Frauenfrage hatte fatale Konsequenzen, nämlich daß auf diesem Sektor kaum nennenswerte politische Erfolge zu erzielen waren. Jeder Teilerfolg wurde notgedrungen mit einem Stück erduldeter Diskriminierung erkauft, jeder Schritt vorwärts war mit einem Rückschritt verbunden. Das gilt auch heute noch, und es liegt darin begründet, daß es zwar in unserer Gesellschaft zweifellos spezifische Frauenprobleme gibt, die aber kaum auf einen Nenner zu bringen sind. Je nach Alter, Familienstand, Ausbildung, Berufstätigkeit, Sparte, Religion usw. sind die Interessen von Frauen höchst unterschiedlich und vielfach einander entgegengesetzt.

War die erste Frauenbewegung zum Kampf um den Zugang zu den Bildungseinrichtungen und zum Wahlrecht angetreten, forderte die „neue Frauenbewegung", die weltweit in den sechziger Jahren einsetzte, die gesetzliche Gleichstellung der Frau in allen Bereichen. Auch in Österreich wurde die Diskussion über die gleichen Rechte und Pflichten von Mann und Frau in der Familie mit großer Heftigkeit geführt, bis sie 1975 in der Familienrechtsreform endete. Partnerschaft in Ehe und Familie ist seither gesetzlich verankert, gelebt wird sie deshalb noch nicht. Zu fest sind Rollenklischees in der Gesellschaft verankert, zu unterschiedlich die Auffassung darüber – auch unter den Frauen –, was die „eigentlichen Aufgaben" von Männern und Frauen in Familie und Gesellschaft seien.

Seltene Einigkeit unter den Frauen aller Parteien gab es in jüngster Zeit bei der Pensionsreform (Anrechnung der Kindererziehungszeiten) und – eingeschränkt – beim Gleichbehandlungspaket. Die Frage, in welcher Form den Frauen ihre Berufstätigkeit durch ausreichende Möglichkeiten der Kinderbetreuung ermöglicht oder erleichtert werden soll, scheidet nach wie vor die Geister.

---

8 Sigrid LÖFFLER: Die SPÖ und die Frauen. – In: Profil, Nr. 25, 20. 6. 1983. S. 13.

Nach langen Verhandlungen gelang es 1994, das Namenswahlrecht zu beschließen. Die neue Variante dieses Gesetzes ermöglicht es beiden Ehepartnern, entweder einen gemeinsamen Namen anzunehmen oder aber den eigenen zu behalten. Für die Kinder muß ein gemeinsamer Name festgelegt werden, im Streitfall wird aber weiterhin der Name des Vaters weitergeführt. Zusätzlich besteht für verheiratete Frauen bis zum Jahr 2007 die Möglichkeit, ihren ursprünglichen Namen wiederzuerlangen.

Politik für die Frau läuft immer Gefahr, wenn sie Anliegen einer Gruppe von Frauen vertritt, den Interessen einer anderen Gruppe zuwiderzuhandeln. Diese undankbare Aufgabe in der Politik – das Austragen und Ertragen der aus jeder Aktion resultierenden Konflikte – wurde von den Männern bereitwillig abgetreten, und zwar in allen Lagern.

Bewußt oder unbewußt hat man allerdings auch einen entscheidenden gesellschaftspolitischen Sprengstoff aus der Hand gegeben: Mit der Frage nach der Rolle der Frau in Familie, Beruf und Öffentlichkeit ist in letzter Konsequenz die Frage nach der Gesellschaftsordnung verbunden. Es sei dahingestellt, ob man die Auseinandersetzung mit dieser Grundfrage im Vertrauen auf die spezifischen Fähigkeiten der weiblichen Politiker delegiert hat oder weil man einfach deren Tragweite nicht erkannte.[9]

III. ÖVP: Politik programmatisch und pragmatisch

1. Der programmatische Hintergrund

Frauen bzw. dem politischen Engagement von Frauen ist in den Parteiprogrammen aller Parteien nur wenig Raum gewidmet. Die Forderungen, die sich aus der Feststellung einer bestehenden Diskriminierung von Frauen ableiten, sind in erster Linie an die Frauen und erst in zweiter Linie an die Parteien selbst gerichtet.

Die VP-Parlamentarierinnen können sich auf das „Salzburger Programm" (1972)[10] berufen, das im Kapitel „Partizipation" (3.7.1. S. 12) feststellt:

„Die ÖVP will, daß immer mehr Menschen immer stärker an den gesellschaftlichen Vorgängen beteiligt werden, die ihr Leben bestimmen."

Der Abschnitt „Frau und Mann" (5.2.1. S. 35) wird eingeleitet mit einem Bekenntnis zur Abkehr von geschlechtsrollenspezifischen Traditionen.

„Die ÖVP bekennt sich zu einer partnerschaftlichen Beziehung der Geschlechter zueinander. Diese erfordert eine neue Auffassung von der Rolle des Mannes und der Frau in der Familie, in den Bereichen der Kultur und Bildung, der Wirtschaft und des öffentlichen Lebens."

---

9 Vgl. dazu: Irene Dyk: Gesellschaftspolitische Aspekte der Frauenfrage in Österreich. – In: Alois Mock (Hg.): Durchbruch in die Moderne. – Graz 1981. S. 297 ff.
10 Salzburger Programm, ÖVP, 1972.

Pointierter formuliert das anläßlich der Nationalratswahlen 1983 präsentierte „Frauenprogramm"[11], in dem schon in der Präambel (S. 8) gefordert wird, die Frauen mögen

> „... zur besseren Durchsetzung ihrer Rechte die Vertretung ihrer Interessen selbst in die Hand nehmen. Sie sollen daher mehr Funktionen in der Politik, in den Interessenvertretungen und in den verschiedenen Organisationen, die in die Gesellschaft wirken, übernehmen."

Neben dem Engagement der Frauen in den Organisationen wird ausdrücklich (und vielleicht nicht ohne guten Grund!) die Gleichbehandlung von Frauen und Männern in der Politik verlangt (S. 31).

> „Die Partei kann selbst nur durch eine Gleichstellung der Frauen bei der innerparteilichen Arbeit glaubhaft machen, daß ihr Anliegen einer gesellschaftlichen Gleichstellung der Frau ein ernsthaftes ist..."

Frauenpolitik wird als „umfassende Gesellschaftspolitik" und als Chance gesehen, „in allen Bereichen neue Ziele zu formulieren und Strategien zu entwickeln" (S. 30).

Die verschiedenen Lebenswelten von Frauen und Perspektiven für die Zukunft haben die VP-Frauen 1986 in dem Buch „Politik für Frauen" dargestellt. Die Herausgeberin, Marilies Flemming, damals Bundesleiterin der ÖFB, formuliert in der Einleitung den Ansatz einer alternativen Politik:

> „Wir Frauen wollen nicht nur in der Familie und im Beruf, sondern auch in der Gesellschaft und in der Politik mitreden und mitbestimmen dürfen. Das heißt für uns ganz gewiß nicht, endlich wie Männer in einer männlich organisierten Welt leben zu dürfen. Wir Frauen müssen viel mehr einbringen: ... unsere Sicht der Dinge, unsere Form der Konfliktlösung, unser Bekenntnis zur Gewaltfreiheit, unsere Vorstellungen von einer menschlicheren Gesellschaft, unsere leidenschaftliche Bereitschaft für eine andere Art von Politik, für eine bessere Politik."[12]

Konkret fordern die VP-Frauen die Wahlmöglichkeit der Frau zwischen Beruf und/oder Familie lebenszeitlich nach- und nebeneinander, den zweijährigen, wahlweisen Karenzurlaub, Karenz- bzw. Karenzgeldersatz für alle, den Ausbau von Kinderbetreuungsmöglichkeiten, mehr Teilzeitarbeitsplätze, flexiblere Arbeitszeiten, berufliche Weiterbildungschancen für Frauen in der „Familienpause", Hilfe bei Wiedereinstieg in den Beruf, Anrechnung der Kindererziehung für die Pension sowie Chancen- und Lohngerechtigkeit für Frauen im Beruf.

2. Frauenanteil in politischen Gremien

Frauen aus allen Parteien – voran in der ÖVP Grete Rehor als erster weiblicher Minister Österreichs – haben bewiesen, daß sie, wenn sie mit der nötigen Sachkompetenz und entsprechendem Handlungsfreiraum ausgestattet sind, auch in politi-

---

11 Eine bessere Politik für die Frau, ÖVP, 1983.
12 Marilies FLEMMING (Hg.): Politik für Frauen. Schriftenreihe Standpunkte der Polit. Akademie, Bd. 9. – Wien 1986. S. 11.

schen Ämtern mehr als nur Alibifrauen sind. An der Basis noch in respektabler Zahl vorhanden, dünnt ihre Zahl in hierarchisch höheren und damit einflußreicheren Gremien rapide aus. Es gibt verschiedene Gründe, warum das so ist. Das Argument, daß nur wenige Frauen bereit seien, ein höheres politisches Amt wegen des damit verbundenen hohen Zeitaufwandes zu übernehmen, ist längst zum Eigentor geworden. Auch Männer klagen zunehmend über die familien- und freizeitfeindlichen „Arbeitsbedingungen" in der Politik – ohne dagegen etwas zu unternehmen.

Der Frauenanteil in der VP ist in nahezu allen politischen Gremien beschämend niedrig.[13]

Mitglieder der Bundesregierung
  weibl.: 2 (28,4%)   männl.: 5
Nationalrat
  weibl.: 8 (15,5%)   männl.: 44
Bundesrat
  weibl.: 4 (14,8%)   männl.: 23
Fachausschüsse der VP
  weibl.: 2 (11,8%)   männl.: 15
  (Frauen, Wirtschaft)
Parteisprecher
  weibl.: 1 (12,5%)   männl.: 7
Parlamentarische Referenten
  weibl.: 3 (23,1%)   männl.: 10
Bundesparteipräsidium
  weibl.: 2 (25,0%)   männl.: 6
Bundesparteivorstand
  weibl.: 5 (13,2%)   männl.: 33[14]
Landtagspräsidenten
  weibl.: 1 (14,2 %) OÖ. männl.: 6
Landtagsabgeordnete

Burgenland	weibl.: 1 (06,7%)	männl.: 14
Kärnten	1 (11,1%)	8
Niederösterreich	3 (11,5%)	23
Oberösterreich	5 (19,2%)	21
Salzburg	2 (14,3%)	12
Steiermark	6 (23,1%)	20
Tirol	2 (10,5%)	17
Vorarlberg	3 (15,0%)	17
Wien	2 (11,1%)	16

---

13 Organisationshandbuch der VP, Juni 1994.
14 Mehrfachnennungen! Ämterkumulierung; anzutreffen als spezifisch männliche „Eigenschaft".

Mitglieder der Landesregierung

Bundesland	weibl.	männl.
Burgenland	0 (00,0%)	3
Kärnten	0 (00,0%)	2
Niederösterreich	1 (20,0%)	4
Oberösterreich	0 (00,0%)	5
Salzburg	0 (00,0%)	3
Steiermark	1 (25,0%)	3
Tirol	1 (20,0%)	4
Vorarlberg	1 (16,7%)	5
Wien	1 (50,0%)	1

3. Wahlverhalten der Österreicherinnen in bezug auf die VP

Eine Analyse des Wählerverhaltens nach der Nationalratswahl 1986 ergab folgendes: Sowohl in der SP- als auch in der VP-Wählerschaft sind Männer, Angestellte, vor allem aber die jüngste Wählergeneration im Vergleich zur jeweiligen Grundwählerschaft unterdurchschnittlich vertreten. Das Wählerprofil der VP weist zudem eine relative Überrepräsentation von Selbständigen und Landwirten sowie der oberen Bildungsschicht auf. Unterrepräsentiert sind die Arbeiter. Soziostrukturell gesehen gelingt der Volkspartei ein deutlicher Fortschritt bei den neuen, angestellten Mittelschichten, bei Hausfrauen, Nebenerwerbsbauern und regional auch bei der Industriearbeiterschaft. Dazu kommt noch ein überdurchschnittliches Abschneiden unter den Jungwählern, so daß die VP heute noch über eine relativ junge Wählerstruktur verfügt. Ihre Schwachpunkte liegen bei den berufstätigen Frauen und bei den manuellen Arbeitern.[15]

Bei der Nationalratswahl 1990 entschieden sich mehr als 80% der weiblichen Wahlbeteiligten für eine der beiden Großparteien, wobei die Tendenz von den 40jährigen bis zu den über 60jährigen gleichbleibend war. Einen deutlichen Unterschied gab es nur bei den Wählerinnen bis 29 Jahren. In dieser Gruppe wählten 40% SP, aber nur 20% die VP (ein ebenso hoher Prozentsatz wählte „grün"). Die FP hat beinahe gleich viele Wählerinnen unter 30 wie über 60, wobei diese Partei aber allgemein für Männer attraktiver zu sein scheint als für Frauen. (Der Anteil der Männer ist in den meisten Berufsgruppen doppelt so hoch wie der der Frauen.) Da die Tendenz bei der Altersstruktur lautet: je jünger (und je gebildeter) die Wähler sind, desto „grüner" wählen sie, punkteten die Grünen auch bei den jüngeren Frauen: Drei Viertel aller Grün-Wählerinnen sind unter 40 Jahren.

Was die Schulbildung betrifft, rekrutierten sich die VP-Wählerinnen aus allen Bildungsschichten. Die Berufsstruktur der VP-Wählerinnen schaut so aus: Arbeiterinnen wählten diese Partei doppelt so häufig wie Arbeiter. Bei den Landwirten und Landwirtinnen sind es gleicherweise jeweils knapp 80%, die der VP ihre Stimme gaben. Ein Viertel der VP-Wählerinnen waren Angestellte (bei der SP ist es ein Drittel), ein Drittel ist freiberuflich oder als leitende Angestellte tätig. Die SP-Wählerinnen waren zu einem Drittel, die FP-Wählerinnen zu 45% und die Grünen zu fast zwei Drittel Angestellte oder Beamte.

---

15 Fritz PLASSER: Parteien unter Streß. – Wien, 1987.

Gegenüber den Nationalratswahlen 1986 sind die Veränderungen im Verhalten der Wählerinnen nur gering. Generell gab es 1990 Zuwächse für die FP und Verluste für die VP, die sich durch alle Alters- und Bildungsschichten zogen. Auffällig ist nur ein Sinken des Anteils der VP-Wählerinnen in der Steiermark von 53% auf 27%.[16]

In den folgenden Jahren änderte sich das Bild der Wählerlandschaft. Der wahlpolitische Erosionsprozeß ist je nach Wählersegment unterschiedlich ausgeprägt. Beide Großparteien verlieren konstant an Vertrauen, vor allem bei den JungwählerInnen. Zeigte der Stimmungstrend bei den unter 30jährigen Anfang der achtziger Jahre noch 47,5% für die SP bzw. 40,0% für die VP an, so ist der Anteil der JungwählerInnen stark gesunken. 1994 äußerten nur mehr 25% der unter 30jährigen eine Präferenz für die SP, 18,8% aus diesem demographischen Segment bevorzugten die VP, gleichzeitig stieg die Quote für die Freiheitlichen von 5,0% im Jahr 1982 auf 30,5% (1994) der Wahlberechtigten unter 30. Die Grünen steigerten ihre Beliebtheit bei den jungen WählerInnen von 6,8% auf 11,8%, das Liberale Forum, das 1994 erstmals kandidierte, erreichte einen Präferenzenanteil von 13,6% in der jungen Wählergeneration. Ähnliche Trends gelten auch für das Alterssegment zwischen 30 und 49 Jahren. Bei der älteren Wählerschaft (über 50) ist der genannte Erosionsprozeß weit schwächer, aber doch auch bemerkbar.

Geschlechtsspezifische Unterschiede in der Parteipräferenz sind äquivalent zu den altersspezifischen Trends zu beobachten. Während bei SP und VP – trotz generellen Rückgangs der Präferenzen – der Frauenanteil jeweils über dem der Männer liegt, sind die Freiheitlichen bei Männern wesentlich beliebter als bei den weiblichen Wahlbeteiligten, nichtsdestotrotz stieg seit 1982 der Frauenanteil in der F-Anhängerschaft von 6,2% auf 18,5%, der Männeranteil liegt zur Zeit bei 31,7%.

Sowohl SP als auch VP verlieren bei den höheren Bildungsschichten. Das erweiterte Parteienspektrum manifestiert sich in Gewinnen für Freiheitliche, die Grünen und das Liberale Forum. Äußerten 1982 noch 58,7% der Befragten mit Matura bzw. Universitätsabschluß eine Präferenz für die ÖVP, so liegt der Anteil 1994 nur mehr bei 25,2%!

Bezogen auf die ÖVP zeigt sich, daß junge Frauen stark unterrepräsentiert sind im Vergleich zum Durchschnittstrend. Überrepräsentation hingegen besteht bei den über 50jährigen Frauen. Bezüglich Bildungsniveau liegt die Quote in der weiblichen ÖVP-Wählerschaft analog zum durchschnittlichen Wert bei den Frauen insgesamt. Stark überdurchschnittlich sind Frauen aus höheren Bildungschichten bei den Grünen (54%) und beim Liberalen Forum (27%) vertreten.

Berufsspezifische Unterschiede in der Parteienpräferenz lassen sich ebenfalls nachweisen. Einfache Arbeiterinnen und Facharbeiterinnen sind traditionell in der SP verwurzelt, unterdurchschnittlich oft äußern sich Präferenzen für die Grünen bzw. das Liberale Forum. Hingegen sind bei einem Großteil der weiblichen Angestellten und Beamten deutliche Präferenzen für diese beiden Parteien zu beobachten. Selbständige und freiberuflich arbeitende Frauen bevorzugen die VP, die Freiheitlichen

---

16 Alfred GRAUSGRUBER: Wahlverhalten von Frauen und Männern bei den Nationalratswahlen 1986 und 1990. Linz, 30. 7. 1994. Datenbasis: Repräsentative Wahlbefragung in ganz Österreich. Exit-pol 1986: Dr. Fessel + Gfk, 23. 11. 1986 n = 2148 (ungewichtet) und Exit-pol 1990: Dr. Fessel + Gfk, 7. 10. 1990, n = 2229 (ungewichtet).

und mit Einschränkung die Liberalen. Landwirtinnen sind überdurchschnittlich pro-ÖVP eingestellt.[17]

IV. Frauenfragen im politischen Bewußtsein

Arbeitsschwerpunkte und Erfahrungen von VP-Parlamentarierinnen – Ergebnisse aus Befragungen

Der Themenkreis „Frau und Politik" wird in der vorliegenden Literatur überwiegend aus historischem Blickwinkel und grundsätzlichen Überlegungen betrachtet. Von Ausnahmen abgesehen[18], werden kaum einmal Erfahrungen und Meinungen von aktiven Politikerinnen analysiert. Ein Grund mag ihre geringe Zahl und die daher fragwürdige Repräsentativität quantitativer Aussagen sein. Die in einer solchen politischen Selbstdarstellung liegende Qualität authentischer Aussagen zur Diskussion der Frage wird dabei aber übersehen. Diese Überlegung veranlaßte die Autorin des Beitrages bereits 1983, in einer Befragung weiblicher Parlamentarier die Schwerpunkte politischer Arbeit in sachlicher und klientelspezifischer Hinsicht sowie die Einschätzung der eigenen Situation und die Relation zu den männlichen Kollegen zu erheben.[19] Im Juni 1994, etwas mehr als zehn Jahre später, wurde eine neuerliche Befragung durchgeführt. 41 VP-Politikerinnen (Nationalrat, Bundesrat, Landtage) aus ganz Österreich wurden erfaßt. Ein Vergleich der Aussagen bringt interessante Aufschlüsse über Veränderungen.[20]

Stellungnahmen zu folgenden Fragen wurden erbeten:
Frage 1: Was sind Ihre politischen Schwerpunkte?
Frage 2: Was verstehen Sie unter Frauenpolitik, bzw. gibt es den Begriff für Sie? Gibt es einen Unterschied zwischen der Politik, die von Männern gemacht wird, und jener von Frauen?
Frage 3: Wie ist aus Ihrer Sicht das Verhältnis zwischen Frauen und Männern in der Politik? (Umgang miteinander etc.)
Frage 4: Wie ist das Klima unter den weiblichen Politikerinnen?
Frage 5: Haben sie ein weibliches Vorbild in der Politik? (aktiv, nicht mehr aktiv)

Frage 1:
Sozial- und Gesundheitspolitik vor Familien- und Frauenthemen
Auf die Frage nach den politischen Schwerpunkten und Zielsetzungen gaben mehr als die Hälfte der VP-Mandatarinnen die Sozial- und Gesundheitspolitik an. An zweiter Stelle rangiert – bei noch immer der Hälfte der Befragten – Familie und Jugend und erst dahinter – mit etwas weniger als der Hälfte der Nennungen – Frauenpolitik

---

17 IMAS-Umfragen, Aug./Sept. 1994.
18 Dietmut GRAF/Elisabeth HINDLER/Brigitte LEHMANN: Die Frau im öffentlichen Leben. Heft 7. Bericht über die Situation der Frau in Österreich, Bundeskanzleramt. – Wien 1975. S. 24 ff.
19 Irene DYK: Frauen – im Schatten der Parteien. In: KOREN/PISA/WALDHEIM: Festschrift für Alois Mock. – Wien – Graz – Köln 1984.
20 Totalerhebung ÖVP-Politikerinnen (Nationalrat, Bundesrat, Landtag) mittels halbstandartisierter, schriftlicher, teilweise mündlich/telefonischer Befragung, Juni 1994.

(einschließlich frauenspezifischer Arbeitsmarktfragen). Frauenthemen allein stehen nur für knapp ein Drittel der Befragten im Vordergrund. Demgegenüber nennen mehr als ein Drittel Wirtschaftspolitik (einschließlich Energiepolitik und Europafragen) als wesentliches Sachthema. Eine exakte Trennung ist allerdings nicht immer möglich.

> „Schwerpunkte, welche Frauenpolitik betreffen, liegen im Bereich der Beschäftigungs- und Familienpolitik, damit die Vereinbarkeit von Familie und Beruf endlich Realität wird." – „. . . weitgehende Flexibilisierung der Arbeitszeit, neue Arbeitsformen z. B. Telearbeit und der Computerarbeitsplatz zu Hause, . . . eine Neubewertung der Arbeit [sind] anzustreben. Eine an alten Leistungsmustern orientierte Einstufung – vor allem am Aufwand körperlicher Kräfte – wird den tatsächlichen Belastungen nicht mehr gerecht. Fertigkeiten wie z. B. Geschicklichkeit sowie Dauerbelastungen sind zu berücksichtigen." – „Einen weiterer Schwerpunkt stellt Bildungspolitik dar. Modelle der berufsbegleitenden Weiterbildung werden immer wichtiger, damit der Einstieg nach der Familienpause erleichtert und Beschäftigte ab einem gewissen Alter nicht unvermittelbar werden."

Jeweils ein Viertel der Befragten führen Land und Forstwirtschaft respektive die Bereiche Bildung, Wissenschaft und Kultur an, knapp gefolgt von Umwelt-, Raumordnungs-, Regionalpolitik und Stadtplanung.

Frage 2:
Frauenpolitik: „Soft policy" mit fraulichem Zugang zu Problemen
Die der Auswertung vorangestellten Zitate sind Aussagen der befragten Politikerinnen:

> „Frauenpolitik ist nach wie vor ein Thema, das zwar mit anderen Mitteln angegangen, aber mit ungleich verminderter Vehemenz zu behandeln ist." – „Frauenpolitik ist eigentlich alles!" – „Frauenpolitik wird auch deshalb von Frauen gemacht, weil das sonst niemand machen würde." – „Frauenpolitik ist grundsätzlich ein Aufholen, wo es noch Diskriminierungen gibt." – „Frauenpolitik heißt, Aufwertung der Frau und der Arbeit der Frau in Familie, Beruf, Wirtschaft."

Frauenpolitik als solche spielt – wenn schon nicht vorrangig – für fast zwei Drittel der Befragten eine Rolle. Einerseits im Hinblick auf die Schaffung von Chancengleichheit, andererseits als „Partnerschaftspolitik", gleichrangig je zur Hälfte. Ein Drittel sieht Frauenfragen vor allem im Hinblick auf den Arbeitsmarkt als wesentlich an, nur ein kleiner Teil (knapp 10%) setzt Frauen- und Familienpolitik gleich.

> „Das Leben an sich bzw. verschiedene Lebenswelten werden von Frauen stärker mitgesehen." – „Männer haben für manche Bereiche (z. B. Familie, Frauenarbeit) kein Problembewußtsein." – „Frauen haben ein ‚breiteres' Denken." – „Frauen denken in erster Linie an die Gemeinschaft und weniger an ihr persönliches Fortkommen."

Aufgefordert zu einem Vergleich zwischen Frauen- und Männerpolitik, zeigen sich die Befragten selbstbewußt: Mehr als ein Viertel schreibt sich selbst stärkeren Praxisbezug, mehr persönliche Erfahrung und intensiveres Problembewußtsein zu, ein weiteres Viertel ein größeres Vermögen an Gefühl, Intuition und Diplomatie. Die (weibliche) „soft policy" grenzt sich damit ab von der (männlichen) „hard policy", die von ebenfalls gut einem Viertel der Befragten als eher theoretisch und im Hinblick auf Projekt- und Fachorientierung als nur kurzfristig erfolgsorientiert gesehen wird. Ein Sechstel der Befragten meint überhaupt, daß Frauen und Männer in der Politik grundsätzlich andere Zugänge, unterschiedliche Ziele, Mittel und verschiedene Stile finden.

Frage 3:
Verhältnis zu Kollegen: Entspannter, aber noch nicht friktionsfrei

> „Wenn es sich um Positionen handelt, bei denen es um etwas geht, dann sind Frauen fairer." – „Die Basis ist Frauen gegenüber viel aufgeschlossener." – „Frauen sind oft bewußt vom Informationsfluß ausgeschlossen, da greifen Männer auf althergebrachte Netze und Organisationen zurück."

Das Verhältnis zwischen weiblichen und männlichen Kollegen wird trotzdem als weitgehend problemfrei eingeschätzt. Rund die Hälfte der Mandatarinnen konstatiert ein kollegiales Verhältnis ohne besondere Schwierigkeiten. Probleme ergeben sich – so sagt ein Viertel – in Abhängigkeit von Faktoren wie Persönlichkeit und Alter. Je ein Sechstel der Befragten verweist auf spezifische Spannungen innerhalb einzelner Teilorganisationen der VP bzw. darauf, daß Frauen es an sich in der Politik schwerer haben als Männer und gerade bei letzteren auf Probleme stoßen.

Frage 4:
Politikerinnen: Die weibliche Solidarität wächst

> „Frauen müssen sich vernetzen, um etwas zu bewirken." – „Das Klima unter den Politikerinnen ist gut, aber doch eine gewisse Konkurrenz, weil Frauen in der Minderheit sind." – „Manche Frauen zeigen die Tendenz, so viele Posten wie möglich zu sammeln, um ihre eigene Position abzusichern." – „Das Klima unter den weiblichen Politikerinnen wird immer solidarischer."

Auch das Verhältnis zu den Kolleginnen bezeichnet rund die Hälfte der Befragten als sehr bzw. überwiegend gut. Es wird vor allem auf besondere Kollegialität und Solidarität verwiesen. Ein Sechstel der Mandatarinnen konstatiert unter den Frauen starke Konkurrenz. Rund 10% stellen fest, daß man gleicherweise mit männlichen wie mit weiblichen Kollegen Probleme haben könne.

Frage 5:
Vorbilder: Von Maria Theresia bis Maria Schaumayr
Eine vor zehn Jahren nicht gestellte Frage, die Orientierung nach einem politischen Vorbild, brachte eine breite Streuung zutage. Rund ein Viertel der Befragten gab an, kein Vorbild zu haben. Mit je sechs Nennungen führen hier Grete Rehor („zielstrebig, immer perfekt vorbereitet" – „ihre Reformen sind in der Sozialpolitik noch heute spürbar") und Maria Schaumayr („hatte nie Probleme, sich in dieser Männerwelt durchzusetzen" – „zähe Arbeiterin"). Den zweiten Rang mit vier Nennungen nimmt Familienministerin Maria Rauch-Kallat ein („präsentiert sich gut und glaubwürdig"). Einen dritten Platz teilen sich die ehemalige oberösterreichische Landtagspräsidentin Johanna Preinstorfer („vereinte Hartnäckigkeit mit Energie und einem Schuß Weiblichkeit") und – Maria Theresia („durchschlagende Reformen beeindrucken").

Aktive österreichische Politiker-Kolleginnen – Ingrid Korosec, Elisabeth Gehrer und Waltraud Klasnic – werden ebenso zweimal angeführt wie Indira Ghandi. Besonders weit gespannt ist der Bogen bei den Einmalnennungen: von Anneliese Ratzenböck über Liese Prokop und Johanna Dohnal (!) bis Hillary Clinton, Swanee Hunt, Mutter Teresa, Golda Meir und Bertha von Suttner.

Vergleich 1983–1994

Im Vergleich zu einer vor gut zehn Jahren durchgeführten Befragung ergaben sich einige interessante Abweichungen: So haben sich die „Nicht-Beantworterinnen" von gut 30% auf weniger als 10% reduziert. Sind die Politikerinnen auskunftsfreudiger oder selbstbewußter geworden?

Was die sachlichen Schwerpunkte bzw. die Politikfelder betrifft, in denen die Mandatarinnen aktiv sind, ergibt sich eine aufschlußreiche Verlagerung von der „Nur"-Frauen- und Familienpolitik hin zu anderen Bereichen: Während 1983 fast alle Befragten „Frauenpolitik" voranstellten, sind es 1994 nur noch rund ein Drittel. Die „Familienpolitik" hält den zweiten Rang, ist aber von neun Zehntel auf nur noch gut ein Drittel der Nennungen zurückgefallen.

Deutlich aufgeholt haben Wirtschaftspolitik, Land- und Forstwirtschaft und Bildung (inklusive Kultur und Wissenschaft). Umweltpolitik und Konsumentenschutz spielen im Vergleich heute eine geringe Rolle. Soziales und Gesundheit als Schwerpunkt hat sich von Rang 3 auf Rang 1 vorgeschoben. Raumordnung, Regional- und Stadtplanung sind stärker in den Vordergrund getreten.

Politik für die Frau wird zwar noch immer als Thema gesehen. Gleichrangig mit der Thematik Chancengleichheit respektive Verbesserung der Lebensumstände von Frauen steht allerdings die Thematik „Partnerschaft" bzw. die Spezifizierung von Frauenthemen auf Arbeitsmarkt bzw. Familienfragen.

Die Beziehung zwischen weiblichen und männlichen Mandataren wird erheblich entspannter gesehen als vor gut zehn Jahren. Damals sahen noch zwei Drittel der Befragten mehr oder weniger große Probleme, heute betonen über die Hälfte das kollegiale Verhältnis. Situations- und persönlichkeitsspezifische Probleme und vor allem unterschiedliche Ausprägungen je nach Organisationszugehörigkeit (Teilorganisationen) werden gegenüber geschlechtsspezifischen herausgestellt

V. Frauenbilder

1. Kurzporträts ausgewählter VP-„Spitzenfrauen"

In der „Verlorenen Geschichte der Frau"[21] fehlen auch viele Kapitel über engagierte und kompetente Frauen im politischen Bereich. Auch die VP hatte und hat sie in ihren Reihen. Ihre politischen Verdienste zu würdigen wäre zweifellos reizvoll, würde aber den Rahmen dieses Beitrages sprengen. Die folgenden Kurzporträts beschränken sich

---

21 Hilde SCHMÖLZER: Die verlorene Geschichte der Frau. – Wien 1991.

daher auf weibliche VP-Regierungsmitglieder außer Dienst (Bezugszeitpunkt: Juni 1994) bzw. die frühere 3. Nationalratspräsidentin.

Grete Rehor (1910–1987)
Bundesminister für Soziales 1966 bis 1970

Die erste Frau, die in Österreich ein Ministeramt bekleidete, wurde von Bundeskanzler Dr. Josef Klaus in die Regierungsmannschaft geholt und erfreute sich wegen ihrer umfassenden Kompetenz über Parteigrenzen hinweg allgemeiner Wertschätzung.

Grete Rehor wurde am 30. Juli 1910 als Tochter eines Beamten in Wien geboren. In den wirtschaftlich schweren Nachkriegsjahren blieb ihr Wunsch, Lehrerin zu werden, unerfüllt. Sie absolvierte die Handelsschule und hat sich bereits früh ihren Lebensunterhalt selbst in einer Textilfabrik verdient. Von 1928 bis 1938 war sie als erster weiblicher Vertreter im Jugendbeirat der Arbeiterkammer Wien tätig und maßgeblich an sozialen Hilfsaktionen zur Bekämpfung von Armut und Arbeitslosigkeit unter der Jugend beteiligt. Ab 1927 war Grete Rehor hauptberuflich im Zentralverband der christlichen Textilarbeiter Österreichs beschäftigt.

1935 heiratete sie den christlichen Gewerkschafter Karl Rehor, der wegen seiner aufrechten österreichischen Gesinnung 1938 inhaftiert und dann an die Front geschickt wurde. Aus dem Krieg ist er nicht mehr zurückgekommen. Grete Rehor mußte ihre 1938 geborene Tochter allein aufziehen.

Ab 1945 arbeitete Grete Rehor als stellvertretende Vorsitzende der Gewerkschaft der Textil-, Bekleidungs- und Lederarbeiter am Aufbau des Österreichischen Gewerkschaftsbundes mit. Als Bundesvorsitzende der Textilgewerkschaft in der Fraktion Christlicher Gewerkschafter war sie bemüht, die von Frauen als ungerecht empfundenen Lohnunterschiede zwischen männlichen und weiblichen Arbeitern aufzuheben.

Während ihrer Tätigkeit im Nationalrat (1949–1979) gehörte Grete Rehor allen Parlamentsausschüssen an, die sich mit Problemen der Sozial- und Wirtschaftspolitik, der Konsumenten und der berufstätigen Frau befaßten. Auf den Grundsätzen der christlichen Soziallehre aufbauend, machte sie dort bewußt Politik als Vertreterin der Österreichischen Volkspartei, des Österreichischen Arbeiter- und Angestelltenbundes und auch als Vertreterin der Gewerkschaft.[22] In der Öffentlichkeit galt Grete Rehor als Frau, die den „Typ einer arbeitenden, weniger der selbstbewußten intellektuellen Frau darstellt. Sie repräsentiert die berufstätige Frau und den doppelten Einsatz in Familie und öffentlichem Leben."[23] Auf ihre Initiative erfolgte die Regelung der Dienstverhältnisse der Hausgehilfinnen und Hausangestellten, das Heimarbeitergesetz, die Aufstockungen der Witwenpensionen und Mindestrenten, die Neubewertung der Aufnahmebedingungen für den Krankenpflegefachdienst und den medizinisch-technischen Dienst etc. Sie setzte sich für die Aufnahme von mehr Mädchen zur Ausbildung in Lehrberufen ein und für den Abbau der Benachteiligung der Frau

---

22 19. Sitzung des Nationalrates, VI. GP, 15. März 1950. Zit. in: Wendelin ETTMAYR: Grete Rehor im Parlament. In: HAMPEL-FUCHS/KOHLMAIER/MOCK (Hg.): Festschrift für Grete Rehor. – Wien 1980. S. 72.
23 Erika KITTEL, Salzburger Nachrichten, 25. 4. 1966.

im Berufsleben. In ihrer Amtszeit als Sozialminister wurde der einjährige Karenzurlaub für berufstätige Mütter eingeführt. Generell war sie aber bestrebt, Voraussetzungen für eine Familienpolitik zu schaffen, die es ermöglicht, daß Väter mit ihrem Einkommen allein ihre Familien, ohne die Berufstätigkeit der Mütter, erhalten konnten. Als eine der größten Leistungen Grete Rehors während ihrer Ministerschaft wird die Verabschiedung des Arbeitsmarktförderungsgesetzes von 1968 angesehen. Bundeskanzler Klaus bescheinigte seiner Ministerin nicht nur „Charme, Witz und Schlagfertigkeit", sondern auch Durchsetzungsvermögen „gegen manche Attacken oder Opposition, aber auch gegen manche Zweifel aus den eigenen Reihen, besonders, wenn's ums liebe Geld ging", ist doch in ihrer Amtszeit das Sozialbudget um 66% gestiegen.[24]

Der Wahlsieg der SP im Jahr 1970 und die anschließende Bildung der Alleinregierung Kreisky beendete die Tätigkeit der ersten und bisher einzigen Sozialministerin Österreichs.

Grete Rehor starb am 28. Jänner 1987 im Alter von 76 Jahren in Wien.[25]

Dr. Marilies Flemming
Bundesministerin für Umwelt, Familie und Jugend (1987–1991)

Die am 10. Dezember 1933 in Wiener Neustadt geborene Rechtswissenschafterin machte zuerst im Bankfach Karriere. Später baute sie mit ihrem Mann eine Filmfirma auf. Ihre politische Laufbahn begann sie 1973 im Wiener Landtag, wo sie im Ausschuß für Soziales und Gesundheit, später im Kulturausschuß tätig war. Sie engagierte sich stark in der Österreichischen Frauenbewegung, wurde zuerst zu deren Generalsekretärin berufen und von 1984 bis 1991 Vorsitzende. Neben ihrer Tätigkeit als VP-Frauenchefin war Marielies Flemming Vorsitzende der Österreichischen Landessektion der Europäischen Frauenunion, der Union Christlich-demokratischer Frauen sowie Vorsitzende der Österreichischen Frauenringes, eines Zusammenschlusses von SP-, VP- und FP-Politikerinnen. In dieser Funktion trat sie für die Erhaltung des von Johanna Dohnal (SP) geleiteten Frauenstaatssekretariats ein, plädierte für Straffreiheit beim Schwangerschaftsabbruch und wandte sich gegen einen Frauendienst im Bundesheer. Ihre Visionen von Politik von und für Frauen legte sie in einem Buch nieder.[26]

Bei Bildung der SP-VP-Koalitionsregierung nach der Wahl im November 1986 trat Marilies Flemming im Jänner 1987 als Bundesministerin für Umwelt, Familie und Jugend in die Regierung ein.

Wichtige Entscheidungen und Weichenstellungen während ihrer Amtszeit waren die Einführung des wahlweisen Karenzurlaubes, die Umweltverträglichkeitsprüfung für Großprojekte, der Erlaß des Chemikalien-, des Smogalarm- und des Luftreinhaltegesetzes sowie die Sonderabfallgesetznovelle. „Einen schweren politischen Fehler" nannte die Ministerin ihren unterlassenen Einspruch gegen das Tropenholz-Gesetz.

---

24 Josef KLAUS: Die Ära Rehor – oder der Sozialstaat ist kein sozialistisches Reservat. In: HAMPEL-FUCHS/KOHLMAIER/MOCK (Hg.): Festschrift für Grete Rehor. Wien 1980, S. 14 f.
25 Munzinger-Archiv/Internat. Biograph. Archiv 13–14/91.
26 Marilies FLEMMING (Hg.): Politik für Frauen. Schriftenreihe Standpunkte, hrsg. von der Politischen Akademie Bd. 9, Wien 1986.

Auf ihr Erfolgskonto zu buchen ist, daß sich 1989 die Umweltminister-Konferenz der Alpennationen unter anderem darauf einigte, Lärm- und Abgasgrenzwerte nach österreichischem Vorbild bis 1991 festzusetzen.

In der Familienpolitik forderte Frau Flemming ein steuerfreies Existenzminimum für Kinder und Eltern, engagiert war auch ihr Eintreten gegen das Aussperren von Ausländern in der Ausländerdebatte 1991. Im Februar 1991 trat Marilies Flemming nach Diskussionen um die Vereinbarkeit von politischem Amt und privatem Geschäft ab. Sie hatte Firmenanteile an der Filmfirma ihres Mannes, die auch Aufträge der öffentlichen Hand erhalten hatte, dem Unvereinbarkeitsausschuß nicht gemeldet.[27]

Dkfm. Ruth Feldgrill-Zankel
Bundesministerin für Umwelt, Familie und Jugend (1991–1992)

Die Nachfolgerin für Umweltministerin Marilies Flemming kam aus der Steiermark und trat ihr Amt am 5. März 1991 an.

Die geborene Kapfenbergerin (15. September 1942) studierte an der Wiener Hochschule für Welthandel und begann ihren Berufsweg nach mehreren Praktika im In- und Ausland als Sachbearbeiterin im Wiener Institut für Standortberatung. Anschließend war sie Journalistin bei der „Südost-Tagespost Graz", dann von 1970 bis 1974 Pressereferentin der VP-Landesparteileitung Steiermark. Von 1974 bis zu ihrer Wahl in den Stadtrat (1987) arbeitete sie als Leiterin der Öffentlichkeitsarbeit für den Grazer Magistrat.

Politisch engagierte sich Ruth Feldgrill-Zankel seit den sechziger Jahren, arbeitete am „Modell Steiermark" der Landes-VP und am Stadterneuerungskonzept Graz mit. In die Stadtparteileitung der VP wurde sie 1984 gewählt, in den Stadtrat kam sie 1987. Im Grazer Magistrat war sie für die Bereiche Veterinär- und Marktangelegenheiten, Gewerbe, Liegenschaftsverkehr und als Schwerpunkt für den Fremdenverkehr zuständig.

Die mangelnde Kompetenz, die das Umweltministerium hatte, beeinträchtigte die Effizienz vieler Entscheidungen bzw. provozierte mehr Konfrontationen, als Unterstützung eintraf. Die Zuständigkeit für wichtige umweltrelevante Bereiche war unter mehreren Ministerien aufgesplittert bzw. fiel in den Zuständigkeitsbereich der Länder.

Nach nur achtmonatiger Tätigkeit schied die Umweltministerin im November 1991 aus dem Amt, um die Nachfolge des verstorbenen Grazer Vizebürgermeisters Erich Edegger anzutreten. Ihr Ressort übernahm Maria Rauch-Kallat als vierte Frau in der VP-Ministerriege.[28]

Dr. Marga Hubinek
Erste Frau im Präsidium des Nationalrates (1986–1990)

Ein Ministeramt hat man ihr nie anvertraut, wohl aber als erster Frau in der Zweiten Republik die stellvertretende Leitung des Hohen Hauses. Als Politikerin mit Visionen war sie der allgemeinen Bewußtseinslage oft voraus, was ihr nicht immer Applaus eingebracht hat.

---

27 Munzinger-Archiv/Internat. Biograph. Archiv 43/91.
28 Munzinger-Archiv/Internat. Biograph. Archiv 10/93.

Marga Hubinek, am 20. Mai 1926 in Wien geboren, studierte Germanistik und Geschichte. 1952 trat sie in die Handelskammer Wien ein, wo sie später das Schulreferat übernahm. 1959 wurde sie in den Wiener Gemeinderat gewählt. Ihr Mandat hatte sie elf Jahre lang inne.

Im Nationalrat, dem sie von 1970 bis 1990 angehörte, war sie als Fraktionsführerin im Justizausschuß wesentlich an der Strafrechtsreform beteiligt, die eine Liberalisierung des Strafrechtes brachte. Auch auf das neue Familienrecht, das dem Patriarchiatsprinzip ein Ende setzte, hatte sie entscheidenden Einfluß. Darüber hinaus engagierte sich die Abgeordnete in der Sozial- und Gesundheitspolitik. Sie gehörte bereits Ende der sechziger Jahre zu den wenigen Politikerinnen, die sich für Belange des Umweltschutzes einsetzten. Stets wandte sie sich energisch gegen die Behauptung, daß Umweltschutz Arbeitsplätze gefährde und Wirtschaftswachstum unterbinde. Sie forderte eine vorausschauende Umweltpolitik, die allerdings nicht kostenlos sein könne: „Gerade die soziale Marktwirtschaft ist dazu geeignet, die ökologischen Anforderungen auf evolutionäre Weise in die Ökonomie zu integrieren, den vermeintlichen Gegensatz zwischen Ökonomie und Ökologie aufzulösen. Entscheidend ist, daß entsprechend der Langfristigkeit der Probleme des Umweltbereiches verläßliche Rahmenbedingungen gesetzt werden, damit einzelwirtschaftliche Gewinnoptimierung mit dem gesamtwirtschaftlichen Optimum im Sinne des Verursacherprinzips in Einklang gebracht werden kann."[29] Im Europarat, dem sie 15 Jahre angehörte, hat sich die Politikerin wiederholt für den Artenschutz und grenzüberschreitende Umweltschutzmaßnahmen stark und gegen Tierversuche Front gemacht.

1975 wurde Marga Hubinek zur VP-Familiensprecherin gewählt. Schon 1972 hat sie den wahlweisen Karenzurlaub für Mütter und Väter verlangt. Spott, Hohn und wilde Attacken waren die Reaktion, erinnert sie sich.[30] 1983 übernahm sie die Leitung des Ausschusses für Gesundheit und Umweltschutz.

Drei Jahre später, 1986, wurde sie mit 107 von 155 Stimmen für das Amt des Zweiten Präsidenten des Nationalrates vorgeschlagen. Sie hatte sich gegen den Kandidaten des Bauernbundes durchgesetzt und wertete ihre Wahl als „einen kleinen Schritt auf dem dornenreichen Weg einer besseren Vertretung der Frauen".[31]

Bei der Nationalratswahl 1990 hat Marga Hubinek nicht mehr kandidiert.

2. Fraueninitiativen – Von Frauen für Frauen

Gleichbehandlungskommission und Frauenförderung des Bundes

„Gleiches Recht für gleiche Arbeit", dieser uralten Forderung der Frauen trug der Nationalrat im Jahr 1979 durch ein Gesetz Rechnung, ohne dadurch die Praxis wesentlich verändern zu können. Damals beschloß der Nationalrat das Gesetz über die Gleichbehandlung von Mann und Frau bei der Festsetzung des Entgeltes. Seine Geltung ist bis heute auf die Privatwirtschaft beschränkt.

---

29 Marga HUBINEK: Schutz der Natur. In: Marilies FLEMMING (Hg.): Politik für Frauen. Schriftenreihe Standpunkte hrsg. von der Politischen Akademie Bd. 9, Wien 1986. S. 39.
30 Die Presse, 7. 7. 1990.
31 Munzinger-Archiv/Internat. Biograph. Archiv 43/91.

Zur Durchsetzung des Gleichbehandlungsgebotes wurde eine sozialpartnerschaftlich zusammengesetzte Gleichbehandlungskommission gebildet, an die sich Personen, die sich benachteiligt fühlten, wenden konnten. Aus Furcht vor Verlust des Arbeitsplatzes und da die Beweislast für eine Benachteiligung bei den Arbeitnehmern lag, war die Inanspruchnahme der Kommission nur gering.

1985 und 1990 wurde das Gleichbehandlungsgesetz erweitert. Zum einen wurden unter anderem die Gewährung freiwilliger Sozialleistungen und betrieblicher Aus- und Weiterbildungsmaßnahmen sowie die Stellenausschreibung und Usancen bei Beendigung des Arbeitsverhältnisses in die Gleichbehandlung mit einbezogen. Zum anderen wurde als Ergänzung zur Gleichbehandlungskommission die Anwaltschaft für Gleichbehandlungsfragen geschaffen. Die Anwältin für Gleichbehandlungsfragen ist für Betroffene eine direkte Ansprechpartnerin. Seit 1991 ist sie mit ihrer Abteilung direkt der Bundesministerin für Frauenangelegenheiten unterstellt.[32]

Bereits bei der Novellierung von 1985 wurde festgestellt, daß die Grundsätze des Gleichbehandlungsgesetzes auch von den Gebietskörperschaften beachtet werden sollen, auch wenn sie für diese Bereiche formal keine Gültigkeit haben. Auch im öffentlichen Dienst hatten und haben Arbeitnehmerinnen keineswegs die gleichen Chancen wie Arbeitnehmer. Bereits 1981 hat das damalige Frauenstaatssekretariat ein „Förderungsprogramm für Frauen im Bundesdienst" ausgearbeitet, 1985 wurde es per Ministerratsbeschluß auf unbestimmte Zeit verlängert. In Ausarbeitung ist ein „Bundesgesetz für die Gleichbehandlung und Förderung für Frauen im Bundesdienst".

Frauenreferate in den Bundesländern

In der Zeit zwischen 1985 und 1993 haben auch die Landesregierungen Frauenreferate eingerichtet. Als Stabsstellen für Frauenpolitik der Landesverwaltung sind sie für die Gleichstellungsarbeit zuständig, nehmen darüber hinaus aber eine Fülle – je nach Bundesland unterschiedlicher – frauenrelevanter Belange wahr. Die Frauenbeauftragten der Länder haben gemeinsam ein umfassendes Berufsbild ausgearbeitet. Als Zielvorstellung für die Gleichberechtigungsarbeit wurde formuliert:

> „... die Durchsetzung der Gleichberechtigung von Frauen und Männern in allen Lebensbereichen. Die Aufgaben ergeben sich somit einerseits aus den jeweiligen Bedürfnissen der Bevölkerung (regionale Unterschiede) und andererseits aus dem Stand der Frauenförderung und -gleichstellung in der Landesverwaltung. Sehr wesentlich sind das persönliche Engagement der einzelnen Referentinnen/Beauftragten und ihre Qualifikationen (Erfahrung, Aus- und Weiterbildung)."[33]

In der Steiermark und in Oberösterreich unterstehen die Frauenbeauftragten direkt dem Landeshauptmann, sonst einem Regierungsmitglied. In diesen beiden Bundesländern ist die Frauenbeauftragte VP-Mandatarin. Nur noch in der Steiermark sind

---

[32] Bereits in den ersten zehn Monaten der Tätigkeit der Gleichberechtigungsanwältin haben 275 Personen eine Beratung beansprucht. 14 Frauen stellten über ihren Rat Anträge bei der Gleichbehandlungskommission.
[33] Protokoll der Verbindungsstelle der Bundesländer-Landesfrauenbeauftragten-Konferenz, 1./2. Juli 1992 in Mutters.

die Frauenbelange in das „Referat Frau – Familie – Gesellschaft" eingeordnet. In allen anderen Bundesländern wurden sie von vornherein als eigenständiger Bereich gesehen oder wie in Vorarlberg wegen des großen Arbeitsanfalles und Überschneidungen wieder von den Familienfragen abgekoppelt.

Die Frauenbeauftragten setzen in ihrer Tätigkeit Schwerpunkte nach den aktuellen Erfordernissen des Landes. So ermittelte z. B. das Büro für Frauenfragen des Landes Oberösterreich 1991 in einer Fragebogenaktion die Situation der Frauen und der weiblichen Jugend in den Betrieben. Der frauenfreundlichste Betrieb bekam neben einem Preis des Landes Oberösterreich die symbolische Auszeichnung „Ein Stein im Brett bei den Frauen".[34] Unternehmer, die ihren Betrieb frauen- und familienfreundlicher gestalten wollen, bekommen Unterstützung durch einen Betriebsberater. Der Wettbewerb um den frauen- und familienfreundlichsten Betrieb wird 1994/95 neuerlich durchgeführt; diesmal als Teil einer Offensive des Landes Oberösterreich für flexiblere Teilzeitmodelle. Der Schwerpunkt in der Bewertung liegt auf qualifizierten Teilzeitarbeitsplätzen.

In den meisten Bundesländern wurde über Initiative oder unter intensiver Mitarbeit der Frauenreferate eine Bestandsaufnahme an „weiblichen" Stärken und Defiziten, an Frauenrepräsentanz und Frauenpräsenz im öffentlichen Leben und auf dem Arbeitsmarkt gemacht. In Umfragen oder Workshop-Gesprächen wurden auch die Einstellung der Frauen zu gesellschaftspolitischen Fragen, zu Partnerschaft, Berufstätigkeit und Kinderbetreuung erhoben und Wünsche festgehalten. Die daraus entstandenen „Frauenberichte" sind nicht nur eine Argumentationshilfe beim Einfordern von politischen Veränderungen, sie sind wichtige Nachschlagewerke über einen bislang statistisch nur ungenau durchleuchteten Teil der Bevölkerung.

Beispielhafte Fraueninitiativen

Fraueninitiativen beschränken sich auch im bürgerlichen Lager längst nicht mehr nur auf karitative und soziale Tätigkeit. Obwohl auch diese noch immer notwendig ist und auch in großer Bandbreite kontinuierlich (Soziale Hilfswerke), für spezielle Gruppen (Alleinerziehende) und in Akutfällen (Katastrophenhilfe im In- und Ausland, Hilfe für Frauen und Kinder in Kriegsgebieten) schnell und unbürokratisch geleistet wird.

Frauen haben darüber hinaus immer noch spezifische Probleme. Sie selbst kennen deren Ursachen und Auswirkungen am besten, erkennen aber auch Ansatzpunkte für Lösungen und nehmen ihre Sache zunehmend selbst in die Hand. So entstanden im letzten Jahrzehnt mit Hilfe oder unter der Patronanz der Frauen in der ÖVP Fraueninitiativen, die etwa auf eine bessere und „frauenadäquatere" Weiterbildung oder auf das Erleichtern bzw. das Ermöglichen der Berufstätigkeit hinzielen.

Dazu zwei Beispiele.

---

34 Ein ähnlicher Wettbewerb läuft, wie nachfolgend beschrieben, unter der steirisch-österreichischen Initiative „Taten statt Worte".

Club „alpha" – Frauen für die Zukunft

Die bemerkenswerteste Initiative, Frauen für gesellschaftspolitische Vorgänge zu interessieren und sie zum Mitdiskutieren und Mithandeln zu befähigen, ging von der ÖVP-Wien aus. Nach der Phase der „Alibifrau" und dem späteren allgemeinen Desinteresse der Jüngeren an Politik sei jetzt eine dritte Phase in Sicht: die Zeiten, in denen es „ganz selbstverständlich" sei, daß Frauen politische Funktionen ausüben, meinte Wiens damaliger Vizebürgermeister Erhard Busek im Mai 1987 bei der Präsentation von „alpha – Frauen für die Zukunft".

„alpha" ist ein Frauenclub und das Herzstück des 1986 gegründeten „Hildegard-Burjan-Institutes". Die Idee und Initiative dafür geht auf die Wiener LAbg. und spätere Bundesministerin für Umwelt, Jugend und Familie, Maria Rauch-Kallat, zurück. Sie sieht die Ziele des Burjan-Institutes darin, „Frauen für Politik zu interessieren, sie zu vermehrtem Engagement zu ermutigen, ihre Isolierung als Einzelkämpferinnen zu überwinden und ihnen damit den Rücken zu stärken".[35]

Mit der Benennung des neuen Fraueninstituts, dessen Start von der Wiener ÖVP gefördert und das auch von der Stadt Wien (MA 13, Erwachsenenbildung) unterstützt wird, nach Hildegard Burjan, wurde einer engagierten Frau der ersten Stunde ein Denkmal gesetzt. Hildegard Burjan (1883–1933), Gründerin der „Caritas Socialis" und Initiatorin vieler anderer sozialer und karitativer Organisationen, war als erste und einzige Abgeordnete der Christlich-Sozialen Partei in der Nationalversammlung 1919 eine Vorkämpferin für die Mitwirkung von Frauen an der Gestaltung des Staates. Sie gehörte zum engsten Mitarbeiterkreis von Bundeskanzler Seipel.

Seit nunmehr acht Jahren bietet der Club „alpha" engagierten und interessierten Frauen, über partei- und weltanschauliche Grenzen hinweg, einen Treffpunkt und einen Ort der Auseinandersetzung mit Fragen der Politik im weitesten Sinn. Der Versuch, politische, wirtschaftliche und kulturelle Informationen an Frauen komprimiert und spannend weiterzugeben, darf als geglückt bezeichnet werden. Die Frauen machen das auf ihre eigene, meist sehr praxisorientierte Art durch Vorträge mit anschließenden Diskussionen, Seminare, Exkursionen vor Ort. Das Angebot richtet sich zwar in erster Linie an Frauen, Männer sind aber im Club, sowohl als Referenten als auch als Gäste, willkommen. Mehrmals im Monat steht ein „Jour fixe" zu tagesaktuellen Themen auf dem Programm. Podiumsdiskussionen und Veranstaltungsreihen geben Aufschluß über politische Parteien, Frauenforschung, religiöse und wirtschaftliche Fragen, Gesundheit, Literatur usw. Ausstellungen fördern die Auseinandersetzung mit moderner Kunst. Das Spektrum der mehr als fünfzehn – über Jahre bestehenden – Arbeitskreise spiegelt nicht nur die unterschiedlichen Interessen von Frauen, sondern auch ihre spezifischen Lebenssituationen wider („Baby-Treff" für junge Mütter, Training und Jobberatung für „Wiedereinsteigerinnen" in den Beruf, Seniorinnen). Die Bilanz zum fünfjährigen Bestand von „alpha" im Jahr 1992 wies 744 abgehaltene Veranstaltungen aus.

Der Club wird vom „alpha"-Aktionskreis – rund 50 engagierten Frauen – getragen und durch Mitglieder und Sponsoren finanziell gefördert. Er versteht sich, und das ist ein neues, ausgeprägtes Zeichen von Frauensolidarität, durchaus auch als Lobby

---

35 Pressekonferenz anläßlich der Gründung von „alpha". Mai 1987.

für Frauen im Beruf, denen – im Gegensatz zu den Männern – traditionelle karrierefördernde „Freundschaftsbünde" fehlen. Andererseits stellt sich „alpha" als Anlaufstelle für praktische Aktionen zur Verfügung, z. B. für die Ferienaktion für Kinder aus Kriegsgebieten.

In Bürogemeinschaft mit „alpha" wird auch die „Dr.-Maria-Schaumayer-Stiftung" verwaltet. Diese private Stiftung der Nationalbankpräsidentin dient zur Förderung von Frauen in Führungspositionen in Wirtschaft, Wissenschaft und Politik.

„Taten statt Worte" – Chancengleichheit für Frauen im Beruf

Vor allem jüngere Frauen wollen ihren sozialen Status und ihr Selbstverständnis nicht mehr von einem Partner ableiten, sondern über eine möglichst kontinuierliche Erwerbstätigkeit eine eigenständige und unabhängige Position in der Gesellschaft erreichen. Auch wenn sie Kinder bekommen, wollen viele – und können viele – auf eine Erwerbstätigkeit nicht mehr verzichten.[36] Mit zunehmender Ausbildung der Frauen steigt auch ihr Einsatz in qualifizierten Positionen. Allerdings erreichen Frauen seltener im Berufsleben eine ihrer Schulbildung entsprechende Tätigkeit. Diese gravierenden Unterschiede zwischen Männern und Frauen in der Arbeitswelt setzen sich bei den Einkommen von Arbeitnehmern und Arbeitnehmerinnen, bei Bezug der Arbeitslosenunterstützung und der Pension fort. Denn Lebenssituation und Erwerbsverläufe vieler Frauen unterscheiden sich noch immer von denen der Männer: Nach der Geburt eines Kindes ist es mit der Karriere und der materiellen sowie sozialen Absicherung für Frauen meist vorbei. Unter den Bedingungen der bestehenden geschlechtsspezifischen Arbeitsteilung, in der Frauen nicht nur für die Versorgung der Familie mit dem täglichen Bedarf, sondern auch für die Kindererziehung zuständig sind[37], führt die Entscheidung für ein Kind meist immer noch zu einem Knick in der weiblichen Berufsbiographie.

Frauen bei der Verbesserung ihrer beruflichen Situation zu unterstützen, hat sich die Initiative „Taten statt Worte" zum Ziel gesetzt. Sie will private und öffentliche Unternehmen motivieren – durchaus auch im eigenen Firmeninteresse und auch im Hinblick auf den EU-Beitritt –, mit gezielten Maßnahmen Frauen im Beruf zu fördern, um eine rasche Chancengleichheit beider Geschlechter in der Arbeitswelt zu erreichen.

Die Idee für dieses Projekt kommt aus der Schweiz, wo seit 1986 Frauenförderungsprogramme unter zahlreicher Beteiligung von Betrieben und Verwaltungen durchgeführt werden. In Österreich ging die Initiative 1990 von der Steiermark aus. Projektleiterin ist die Frauenbeauftragte des Landes Steiermark, NRAbg. Ridi Steibl. Ihr steht ein Bundeskomitee aus sieben Frauen und vier Männern aus Politik und Wirtschaft zur Seite. Ein Regionalkomitee mit Sitz im Club „alpha" hat sich in Wien gebildet.

---

36 1992 waren 1.532.100 Frauen in Österreich erwerbstätig, 739.900 waren Vollhausfrauen. Die Frauenerwerbsquote war mit 62,6% fast ebenso hoch wie in Deutschland. Die mittleren Einkommen der Männer lagen um 28% höher als die der Frauen (Quelle: Stat. Zentralamt).
37 Laut einer Gallup-Untersuchung vom Juli 1993 wird die Haushaltsführung nur in 8 bis 10 Prozent der Ehen proportional gleich auf beide Partner aufgeteilt.

Anläßlich einer Pressekonferenz der Initiative „Taten statt Worte" in Graz, bei der eine Untersuchung über die Situation der steirischen Arbeitswelt präsentiert wurde, wurde die Sache auf den Punkt gebracht:

> „... [es] hat sich die Situation für Frauen im Berufsleben seit den vergangenen 20 Jahren kaum verbessert. In dieser Zeit haben Frauen in der Arbeitswelt nur 9% bei der Höhe des Einkommens gegenüber ihren männlichen Kollegen aufgeholt. Unter dieser Voraussetzung dauert es noch 120 Jahre, bis Frauen bei gleichwertiger Arbeit gleich viel verdienen wie Männer."[38]

Mit Frauenförderungsmaßnahmen in Betrieben sollen keine ungerechtfertigten Sonderprivilegien geschaffen werden. Es sollen nicht durch eine Bevorzugung „drittklassiger Frauen erstklassige Männer"[39] benachteiligt, sondern Normalität, die Gleichstellung von Frauen und Männern am Arbeitsplatz, erreicht und vorhandene Personalressourcen in den Betrieben besser genützt werden. „Taten statt Worte" hilft bei der Erstellung betriebsangepaßter Konzepte, wenn Unternehmensleitung, Betriebsrat und Belegschaft Bereitschaft bekunden, etwas in dieser Richtung zu tun und verändern zu wollen. Dem Unternehmen wird geholfen durch Organisation von Erfahrungsaustausch, Beratung für interne Projekte, Weiterbildung durch spezielle Seminare, Öffentlichkeitsarbeit etc.

Jährlich wird in einem Wettbewerb der familien- und frauenfreundlichste Betrieb gesucht. Die Bewertungskriterien sind dabei, u. a. der Anteil der weiblichen Führungskräfte (mindestens ebenso hoch wie der der männlichen), Teilzeitarbeitsplätze, Abstimmung der Arbeitszeit auf die Verkehrsverbindungen, Möglichkeit zu interner und externer Weiterbildung, Kontakte der Frauen zum Unternehmen auch während der Familienpause, Förderung des Wiedereinstieges, Entlohnung über dem Kollektivvertrag, geschlechtsneutrale Stellenausschreibung, Rekrutierung zugunsten weiblicher Mitarbeiter, Problembewußtsein zum Thema Frauenförderung.

Berufstätige Frauen erhalten von der Initiative „Taten statt Worte" Hilfestellung bei der Stellenbewerbung, Aus- und Weiterbildung, Karriereplanung, in der Familienphase und beim Wiedereinstieg durch Beratung und Fachbroschüren.

Weiters werden Symposien und Diskussionsveranstaltungen abgehalten. Die Initiative „Taten statt Worte" wendet sich mit ihrem Anliegen auch an die zuständigen politischen Instanzen, wenn diese den Schlüssel zur Lösung auftauchender Probleme (gesetzliche Grundlage oder gesellschaftliche Anliegen) in den Händen halten.

VI. Ausblick: Konsequenzen für die Politik

Die Situation der Frau in unserer Gesellschaft ist widersprüchlich und konfliktträchtig. Steigende Selbstmordraten und Scheidungsziffern, psychosomatische und psychosoziale Erkrankungen, Suchtmittelmißbrauch und Deliktanfälligkeit, all das läßt den Schluß zu, daß viele Frauen überfordert, desintegriert oder einfach unzufrieden sind.

---

38 „Frauenarbeit – europareif?", Pressekonferenz der Initiative „Taten statt Worte", 25. 6. 1991. Graz.
39 Grundsatzpapier des Initiativkomitees „Taten statt Worte", S. 41.

Diese Unzufriedenheit wird noch zu wenig artikuliert, kaum in Aktionen oder Assoziationen manifestiert. Konflikte werden nicht ausgetragen, sondern – und das auch noch isoliert und passiv – ertragen (was nicht immer gelingt).

Die Gründe für diese Entwicklung sind vielschichtig. Der soziale, wirtschaftliche, technische, politische, kulturelle Wandel der letzten Jahrzehnte hat sich auf die Lebensbedingungen der Frau stärker ausgewirkt als auf die des Mannes. Vom Mann, der in die verschiedensten Bereiche der Gesellschaft, Wirtschaft, Politik, Kultur etc. schon immer integriert war, wurde nur die kontinuierliche Anpassung an veränderte Gegebenheiten verlangt, von der Frau hingegen beides: die Integration in Lebenswelten, die ihr vorher (fast) verschlossen waren, und die Anpassung an die dort verlaufenden Veränderungen.

Gleichzeitig trat ein deutlich feststellbarer Funktionswandel im „angestammten" familiären (häuslichen) Bereich der Frau ein. Etliche Funktionen (Teile der Erziehung, Bildung, Alten- und Krankenbetreuung, aber auch der Produktion, der Haus- und Vorratswirtschaft) wurden nach außen hin an andere Personen bzw. Institutionen abgegeben. Durch die Trennung von Arbeits- und Wohnstätte erfolgte eine Reduzierung der Familie, die vorher Produktions- und Konsumverband gewesen war, zur bloßen Konsumeinheit. Erst langsam, auf Grund wirtschaftlicher Zwänge, einer immer wirksamer werdenden Konsumideologie und emanzipatorischer Ansätze, wurde die außerhäusliche Erwerbstätigkeit der Frauen „gesellschaftsfähig". Dazu kam aber, daß Funktionen, die in der traditionellen Großfamilie von mehreren Personen wahrgenommen worden waren, ausschließlich auf die Frau konzentriert wurden. Vor allem die emotionelle und affektive „Versorgung" des Nachwuchses, Arbeiten in der Haushaltsführung, die trotz Technisierung und Rationalisierung heute ebensoviel Zeitaufwand erfordern wie früher, etwa weil bestimmte Arbeiten heute häufiger oder präziser ausgeführt werden und neue dazugekommen sind.

Als Folge dieser Entwicklung ist die Frau in ein Dilemma geraten. Im Berufsleben muß sie sich dem männlichen Rollenmuster unterwerfen, hat aber dort und in der Öffentlichkeit dennoch mit „typisch weiblichen" Schwierigkeiten zu kämpfen. Wenn sie sich für eine eigene Familie entscheidet, steht sie noch immer vor zwei harten Alternativen: nur Familie (und damit unter Umständen doch eine teilweise Reduktion ihrer Entfaltungsmöglichkeiten) oder Familie und Beruf (mit allen bekannten Problemen der Mehrfachbelastung). Dazu kommen höchstens noch zwei Kompromisse: Teilzeitbeschäftigung oder Dreiphasenmodell. Beide Modelle entsprechen in der heute noch gehandhabten Form im Grunde weder den Ansprüchen der familien- noch der berufsorientierten Frau. Im ersten Fall überwiegen die Koordinations-, im zweiten Fall die Reintegrationsprobleme.

Unter diesen Umständen gibt es – für die Politik relevant – zwar Frauenanliegen, aber keine, die jeweils auch nur eine Großteil der Frauen betreffen. Die Interessen des jungen Mädchens und der jungen Frau sind mit denen der Frau in der Familienphase, der Frau mittleren Alters oder der älteren Frauen nicht kompatibel. Verheiratete Frauen haben andere Interessen als unverheiratete, berufstätige andere als nicht berufstätige, teilzeitbeschäftigte andere als vollzeitbeschäftigte, Frauen mit Kindern andere als Frauen ohne Kinder. – Das Dilemma der Frau ist auch ein Dilemma für die Politik. Was man für die eine Gruppe tut, hat unter Umständen nachteilige Folgen für die andere.

Diese Diskrepanzen, d. h. die unterschiedlichen Sozial- und Interessenlagen von Frauen, sind auch der Grund für die angeblich fehlende weibliche Solidarität. Die einzige Lösung: Frauen müssen lernen, mit den Widersprüchen zu leben, ihre eigene Situation als kompliziert und konflikthaft zu erleben, und daraus Flexibilität abzuleiten. Es wird der Politik in absehbarer Zeit nicht möglich sein, Ideallösungen für Frauen anzubieten, aber es sollte wenigstens Wahlmöglichkeiten zwischen mehreren zweitbesten Möglichkeiten geben. Das setzt voraus, daß die Frauen darangehen, die Vertretung ihrer Interessen selbst in die Hand zu nehmen.

Politik für Frauen muß von Frauen gemacht werden, von Frauen, die bereit sind, sich zu organisieren, Funktionen zu übernehmen, konkrete Aktionen zu starten. Es ist aber sicher zuwenig, das nur im Rahmen der konventionellen Frauenorganisationen oder gar in separatistischen Feministinnen-Grüppchen zu tun, weil man eben ein System nicht verändern kann, wenn man nur am Rande oder außerhalb agiert. Es ist aber auch zuwenig, wenn nur einzelne (Alibi-)Frauen in männliche Domänen und höhere Entscheidungsgremien eindringen, selbst wenn ihre exemplarische Wirkung zu begrüßen ist.

Ein „neuer Feminismus" setzt eine breite Basis voraus, die Formulierung von Zielen, die den unterschiedlichen Interessenlagen von Frauen Rechnung tragen, und eine neue Strategie. Die traditionellen (weiblichen) Mittel, Interessen durchzusetzen, haben sich nicht bewährt: Bitten und Betteln, diplomatische Verhandlungen und (wissenschaftliche) rationale Argumentation haben die Frauen ebensowenig weitergeführt wie Sektiererei und hysterische Kampfansagen. Die Frauen werden quasi gewerkschaftliche Methoden anwenden müssen, sich organisieren, Repräsentanten delegieren, hart verhandeln und notfalls auch Druck ausüben müssen. Sie werden sich klar darüber werden, daß sie vielfach „ausgesperrt" sind – und daß „Streik" die adäquate Antwort darauf ist.

Was würde z. B. passieren, wenn Frauen heute generell die Zahlung ihrer Mitgliedsbeiträge an Parteien oder Interessenvertretungen stornieren und ihre ehrenamtlichen Funktionen zurücklegen? Würden sie damit nicht eine bessere Repräsentation auf höherer Ebene erreichen?

Was würde passieren, wenn alle weiblichen Beschäftigten in einem Großbetrieb geschlossen und vollzählig tagelang ihre Sprößlinge mit zur Arbeit brächten? Würden sie damit nicht ihrer Forderung nach gleitender Arbeitszeit oder einem Betriebskindergarten einigen Nachdruck verleihen können?

Was würde passieren, wenn alle Frauen aus einem Wohnviertel gezielt darangingen, das städtische Planungsamt zu blockieren, mit Telefonaktionen, mit einer Flut von Ansuchen und Vorsprachen den Amtsverkehr lahmzulegen? Würden sie damit nicht den Bau einer Schnellstraße mitten durch eine Siedlung verhindern können?

Aber: Politik für die Frau – und damit auch Politik von Frauen für Frauen – darf kein isolierter Teilbereich der Politik sein, in dem die Interessen einer Zielgruppe losgelöst vom gesamtgesellschaftlichen Zusammenhang gesehen und behandelt werden. Politik für die Frau muß immer auch Politik für die Kinder, die Männer, die Familie sein. Sie darf auch nicht nur eine Spielart etwa der Sozialpolitik sein, sondern muß Wirtschaftspolitik, Bildungspolitik, Kulturpolitik, Raumordnungspolitik umfassen – also Gesellschaftspolitik in einem umfassenden Sinn sein. In allen Bereichen der Politik könnten neue Akzente gesetzt, Ziele formuliert und Strategien entwickelt werden, die eine Partizipation aller im selben Ausmaß ermöglichen und die Vertretung der Interessen aller gewährleisten.

Es wird den Frauen nicht erspart bleiben, den „Marsch durch die Institutionen" anzutreten. Nur dann haben sie die Chance, sich selbst und den Männern zu beweisen, daß sie nicht nur etwas zu fordern haben (gleiche Rechte nämlich), sondern auch zu bieten: einen neuen Feminismus als Grundlage einer humaneren Gestaltung der Gesellschaft. Denn hier hat, wie Elisabeth Dessai[40] formuliert, der Mann versagt.

---

40 Vgl. dazu: Elisabeth Dessai: Hat der Mann versagt? – Reinbek b. Hamburg 1972.

Andreas Khol **Die internationale Parteienzusammenarbeit: Die Beziehungen der Österreichischen Volkspartei zu ihren Schwesterparteien und ihre Mitarbeit in den transnationalen Parteienzusammenschlüssen**

I. Der lange Weg der ÖVP zur Europa-Partei 1945–1995

1. Vom Dualismus zwischen Außenpolitik und Parteiaußenpolitik

Die christlich-soziale Vorläuferpartei der Österreichischen Volkspartei in der Zwischenkriegszeit arbeitete mit gleichgesinnten „christlich-sozialen" Parteien in Europa nur *gelegentlich* zusammen. Die internationale Parteienzusammenarbeit, also das Verfolgen gemeinsamer Ziele auf Parteienebene im europäischen und außereuropäischen Bereich, auf der Grundlage der gleichen Gesinnung und mit Hilfe gemeinsamer Strukturen war für die christlich-sozialen Parteien bis weit herauf in die 2. Hälfte unseres Jahrhunderts ein eher ungewohntes Feld[1]. Von den Kommunisten und von den Sozialisten, die man gerne auch als die „vaterlandslosen Gesellen" brandmarkte, war man den Internationalismus, also die transnationale Zusammenarbeit in internationalen Parteizusammenschlüssen gewohnt. Dieser Internationalismus machte nachgerade ein konstitutives Element des Sozialismus aus. Die zum Teil eher „patriotisch-national" gesinnten christlich-sozialen Parteien, die sehr heimatbezogen und auf engem Raum operierten, mußten sich erst mühsam damit vertraut machen, daß die Zusammenarbeit gleichgesinnter Parteien der christlichen Demokratie ein Gebot der Stunde war, wollte man nicht unversehens in einem sozialistischen Europa aufwachen.[2]

Die Österreichische Volkspartei, 1945 neu gegründet, von Felix Hurdes als Generalsekretär in diesen Bereichen geführt, hatte die Lektionen der Zwischenkriegszeit und des Zweiten Weltkrieges besser gelernt als so manch andere bereits etablierte christlich-demokratische Volkspartei Europas: Hurdes führte die Österreichische Volkspartei auf einen betont europafreundlichen, internationalistischen Kurs. Er brachte die neugegründete Partei sehr schnell in die sich zaghaft entwickelnden

---

1 Zur Begrifflichkeit und Vorgeschichte STIRNEMANN, S. 245, HORNER, S. 16, HAHN und FUGMANN S. 255, politisch eindrucksvoll schildert dies Phänomen Josef KLAUS, Macht und Ohnmacht in Österreich, S. 409 folgende, wo er die schwierigen Entwicklungsphasen der „CD-Internationale" schildert und seine Vision, in den 60er Jahren zu einer gemeinsamen großen Kraft der europäischen Mitte zu kommen.

2 KLAUS, S. 415: „Eine gewisse Resignation, vermischt mit einigem Ärger über unsere Christliche Demokratie, erfüllte mich jedes Mal, wenn die Sozialistische Internationale ... vollzählig zu einer ihrer häufigen Konferenzen zusammentrat. ... als ich mich aus diesem Kreise, in dem „Freundschaft" kein leeres Wort zu sein schien, verabschiedet hatte, quälte mich stärker denn je die Frage, warum es „bei uns" so schwierig war, sich zu internationaler Zusammenarbeit bereitzufinden, und, wenn eine solche Zusammenkunft überhaupt stattfand, es bei uns so steif zuging."

Strukturen europäischer Parteienzusammenarbeit der Christdemokraten ein. Sein Elan sollte allerdings an den größeren politischen Sachzwängen der Nachkriegsaußenpolitik der Zweiten Republik, wie sie von dem Tiroler Außenminister Dr. Karl Gruber geprägt wurde, anstoßen und damit gebremst werden.[3]

So war die Österreichische Volkspartei in ihren Entwicklungsphasen seit 1945 zwar ursprünglich eine ausgeprägt internationalistische Partei, wurde darin aber später von anderen Parteien überholt und ordnete sich bis in die Zeit ihres Mehrheitsverlustes 1970 in die christlichdemokratische Grundströmung einer gebremsten internationalen Parteienzusammenarbeit und des Primats der Regierungsaußenpolitik ein.[4]

Dies hing auch damit zusammen, daß eine Parteienzusammenarbeit gleichgesinnter Kräfte im Lager der Christdemokratie nur in Europa, im freien *Europa*, in Betracht kam und möglich wurde – die Lösung der für Österreich alles entscheidenden Staatsvertragsfrage war aber keine Frage, die in diesem Zusammenhang zu erreichen war, sondern in einem anderen: dem des *Ost-West-Bezuges*. Das einzige internationale Problem Österreichs, das im Rahmen der Christdemokratie lösbar erschien, war das Südtirol-Problem. Es konnte in diesem Rahmen aber nur sehr langsam einer Lösung näher gebracht werden. Die offizielle österreichische Außenpolitik nützte diesen Rahmen nämlich nur zögernd. Zu ungewohnt und irgendwie regelwidrig erschien das revolutionäre Instrument der Parteienzusammenarbeit, welches der Zusammenarbeit von Staaten, den internationalen Beziehungen im klassischen Sinn, vor- und übergelagert war.[5]

All das sollte sich allerdings ab den späten sechziger Jahren rasch ändern: Die ÖVP wurde Oppositionspartei und war plötzlich ohne außenpolitische Kompetenz. Die internationale Parteienzusammenarbeit wurde zum Strohhalm, an den man sich klammerte. Dazu kam die Perspektive des direkt gewählten Europäischen Parlaments, das europäische Parteigründungen bewirkte und die Gefahr der Isolation der ÖVP in sich barg[6]. Das Phänomen Kreisky und das volle Ausspielen der Internationa-

---

3 Eindrucksvoll nachgewiesen von Michael GEHLER, 1993, beispielsweise S. 307.
4 GEHLER, 1993, zitiert Reichhold und Wohnout, „daß das ÖVP-Generalsekretariat von Figl als Bundespartei-, Raab als Klubobmann, sowie Graf als Organisationsreferenten und Bauernbunddirektor tendenziell ‚immer mehr beiseite geschoben' und ‚auf Nebenschauplätze' abgedrängt wurde. Die auffallend starken Aktivitäten von Hurdes und Maleta im Rahmen der NEI lassen daher die Vermutung berechtigt erscheinen, daß christdemokratischer Internationalismus und Fragen der europäischen Integration aus der Sicht der ÖVP 1945 bis 1955 von eher sekundärer Bedeutung waren" (S. 303, 304); ähnlich HORNER, S. 28.
5 REICHHOLD, S. 174.
6 Deutlich dazu STIRNEMANN, S. 272. Damit wurde dem Desiderat, das Josef KLAUS, S. 412, im Jahre 1971, nach seiner Kanzlerschaft formuliert, Wirklichkeit: „Die Zusammenarbeit mit den anderen christlich-demokratischen Parteien und darüber hinaus mit den konservativen Parteien wurden in der Volkspartei mehr noch als durch die statutengemäße durch eine gewohnheitsrechtliche Prärogative vom Generalsekretär besorgt. Ich bin heute der Meinung, daß es ein Fehler der Volkspartei war, nicht von allem Anfang an einen ihrer Abgeordneten zum ‚Außenminister' der Partei zu machen, der – unterstützt von einem kleinen Stab – als außenpolitischer Sprecher im Parlament, als Kontaktmann zum Außenministerium, zur christlich-demokratischen Fraktion im Europarat und zur christlich-demokratischen Internationale sich mehr und besser dieser wichtigen Aufgabe hätte widmen können als der Generalsekretär...". Ludwig STEINER und Andreas KHOL entsprachen diesem Wunschbild von Josef KLAUS: sie waren außenpolitische Sprecher, Leiter der jeweiligen internationalen Büros und auch die Vertreter der ÖVP in den Internationalen.

lität der Sozialdemokratie europaweit spornte auch die ÖVP an. Der Außenpolitiker Alois Mock als Parteiobmann mit ausgeprägter Internationalität forcierte, assistiert vom Autor dieser Zusammenfassung, der gleichfalls den Zugang zur Politik über die Europapolitik fand, die Internationalität der Partei. All dies zusammen bewirkte einen zunehmenden Stellenwert der Parteiaußenpolitik in der ÖVP, ihre Internationalisierung, die schließlich zur ÖVP als *der* Europapartei führte.[7]

2. Die ÖVP im Koordinatensystem der Idee einer transnationalen Volkspartei und der Idee der europäischen Einigung

Die ÖVP war gleich nach dem Zweiten Weltkrieg Gründungsmitglied der Organisation christlich-demokratischer Parteien in Europa, der Nouvelles Equipes Internationales (NEI 1947). Die Mitarbeit in dieser Organisation wurde aber vom Regierungsteil der Österreichischen Volkspartei als „Schmalspuraußenpolitik" nicht ernst genommen und lief parallel zu der von einem ÖVP-Außenminister geführten Außenpolitik. Diese Parteiaußenpolitik war Domäne der Generalsekretäre der ÖVP (Felix Hurdes, Alfred Maleta, Hermann Withalm), die nicht Regierungsmitglieder waren.[8]

Dieser Dualismus änderte sich erst nach dem Verlust der Regierungsfunktion der Österreichischen Volkspartei (1970) und ihrem Gang in die Opposition. Die Parteiaußenpolitik wurde plötzlich bedeutsamer. Sie diente der Profilierung einer eigenen Außenpolitik gegenüber dem SP-Außenpolitiker Kreisky, ferner der Darstellung eines international anerkannten eigenen außenpolitischen Profils und der Notwendigkeiten der Wahlkampfhilfe: So entwickelte die Österreichische Volkspartei in der Opposition ihre internationalen Parteibeziehungen stärker: bilateral zu den Nachbarparteien und multilateral zu den transnationalen Parteienzusammenschlüssen.

Im Zentrum stand zuerst die Union der Europäischen Christdemokraten (UECD); als die CD-Parteien in der EG die gleichgesinnten Parteien außerhalb der EG nicht in die neugegründete Europäische Volkspartei (EVP) ließen und auch den großen Volksparteien in der EG die Mitarbeit in der EVP verwehrten, die wie die Gaullisten (RPR) und die englischen Konservativen nicht explizit christliche Parteien waren, wuchs in der ÖVP die „Isolierungsangst".

Andererseits ergab sich eine Chance: Es wurde ihr eine Rolle angeboten, die sie in die Mitte der internationalen Zusammenarbeit gleichgesinnter Parteien stellte.[9]

---

7 Einen guten Überblick über den Stellenwert der Parteiaußenpolitik in der ÖVP bietet die Arbeit von MERTENS, deren Drucklegung derzeit vorbereitet wird, sowie von Bernhard MOSER (1987). Die Europapartei kommt auch in den Schriften der Politischen Akademie zum Ausdruck: Von 1985 an erschien jährlich ein Forschungsbericht zum Thema, wurden Europakongresse mit der Gesamtpartei veranstaltet, wurden Publikationen herausgegeben, und in der Politischen Akademie wurde über Jahre hinweg die Hauptlast der politischen Argumentation entwickelt.
8 In den Arbeiten von GEHLER (1993) und REICHHOLD wird dies hin und hin plastisch.
9 STIRNEMANN, S. 309, ist dazu eher zurückhaltend (die Arbeit wurde 1978 geschrieben), auch HORNER in seiner 1981 veröffentlichten Arbeit ist kritisch und sieht das Heil eher in der christlich-demokratischen Orientierung der Europäischen Volkspartei (S. 75, 76) und vermag die Chance, die Österreich durch die EDU-Gründung geboten wurde, nicht abzuschätzen. Lediglich GEHLER, 1993, S. 326, beurteilt die Dinge so, wie sie sich dann entwickelten:

Die ÖVP war nämlich führend bei der Gründung der Europäischen Demokratischen Union (EDU) 1978 und bei der Entwicklung dieser Organisation zu einem wichtigen Instrument der Kooperation zwischen Christdemokraten und Konservativen innerhalb und außerhalb der Europäischen Gemeinschaft. Der Parteiobmann der ÖVP wurde Obmann dieses neuen transnationalen Parteienzusammenschlusses, das Sekretariat dieser Organisation wurde in Wien angesiedelt.[10]

Die Intensität der bilateralen und multilateralen Parteienzusammenarbeit der Österreichischen Volkspartei folgte Sachgesetzlichkeiten, die sich auch in allen anderen christlich-demokratischen Volksparteien in Europa zeigten: Die internationale Parteienzusammenarbeit ist nicht für eine Partei an sich wichtig, sondern nur zur Erreichung bestimmter Ziele, als Instrument der nationalen Politik. Diese Ziele können im Bereich des Wahlkampfes liegen (man zeigt sich mit mächtigen, bekannten Regierungsmitgliedern einer befreundeten Partei, die dem relativ ohnmächtigen Oppositionszwerg bestätigen, daß er wichtige Freunde hat), oder man benützt die internationale Zusammenarbeit zur Erreichung sachpolitischer Ziele: Dies war zum Beispiel das entscheidende Motiv von CDU und CSU, sich mit großem personellem und materiellem Engagement in die internationale Parteienzusammenarbeit zu stürzen: die Vorbereitung der Wiedervereinigung war das Ziel. (Und sieht man die Dinge im Zusammenhang, so ist dieses Engagement voll belohnt worden.)[11]

Für Österreich war ein derartiges Ziel die Lösung des Südtirol-Problems: Auch hier half die Parteiaußenpolitik mit. Die Parteienzusammenarbeit zwischen Österreichischer Volkspartei und Democrazia Cristiana trug sicherlich Wesentliches zum Paketabschluß bei.[12]

Ein weiteres Ziel der Österreichischen Volkspartei war die gleichberechtigte Mitarbeit in der europäischen Einigung – eine Frage, die implizit mit der Mitgliedschaft in der Europäischen Gemeinschaft zusammenhing[13]. Die ÖVP strebte die Gleichbe-

---

„Der freigelegte und gesteigerte integrationspolitische Impetus der ÖVP fand auch durch ein verstärktes Engagement in der 1965 gebildeten NEI-Nachfolgeorganisation UECD und der 1978 in Salzburg gegründeten EDU seinen Ausdruck. Dieses Kapitel gilt es allerdings noch zu erforschen..." MERTENS nimmt diese Erforschung ernst, in seiner Arbeit wird die Chance zur Realität.

10 Einen Überblick gibt Alexander DEMBLIN, der ebenso wie MERTENS und HORNER die EDU-Strukturen abbildet.
11 Die Rolle, die Helmut KOHL als konstantes Element über 30 Jahre in Europa spielte, wird noch zu würdigen sein. Er nahm die internationale Parteienzusammenarbeit so ernst, daß er nicht nur große Stäbe und bedeutende finanzielle Mittel trotz hoher Verschuldung der CDU immer wieder bereitstellte, sondern auch große zeitliche Investitionen vornahm: immer wieder bemühte er sich in persönlichen Gesprächen um das Instrument der internationalen Parteienzusammenarbeit; ohne Helmut KOHL wäre die Europäische Volkspartei nicht zu jenem schlagkräftigen Instrument geworden, das sie heute ist; ohne Helmut Kohl wäre der Dualismus zwischen Europäischer Volkspartei und UECD ausgebrochen; ohne Helmut KOHL gäbe es keine EDU; ohne Helmut KOHL wäre auch die EFTA-Erweiterung nicht glatt über die Bühne gegangen. Er war es, der aufgrund seiner anspruchsvollen Österreich-Beziehung der kräftigste Fürsprecher Österreichs in Europa wurde, eine Rolle, die er auch unter Sturm und Blitz nicht vergaß: Er war der einzige europäische Staatsmann, der in der Waldheim-Krise das Recht und nicht die Opportunität öffentlich vertrat.
12 Nachweise bei KLAUS, S. 292; REICHHOLD, S. 424, WITHALM, S. 94, 127, 146; GEHLER (1993), S. 298.
13 Diese Frage war innerösterreichisch lange Zeit umstritten: Der Schule der „Westler", an ihrer Spitze Josef KLAUS, standen die „Ostler" gegenüber – zu ihnen gehörte ursprünglich

rechtigung an, die ihr zwanzig Jahre verwehrt wurde: von 1974 bis 1994: Und schließlich nützte die ÖVP die internationale Parteienzusammenarbeit von 1985 bis 1995 systematisch zur Vorbereitung der Aufnahme Österreichs in die Europäische Gemeinschaft, die während dieses Kampfes zur Europäischen Union umgestaltet wurde.[14]

Neben diesen Sachproblemen verfolgte die Österreichische Volkspartei noch ein ideologisches Ziel. Seit ihrer Gründung 1945 als Partei der Zusammenarbeit christlich-demokratisch gesinnter, aber auch liberaler und konservativer Kräfte, die sich auf eine gemeinsame poltische Programmatik der sozialen Marktwirtschaft und des Personalismus verständigten, strebte die Österreichische Volkspartei im internationalen Bereich eine dementsprechende Entwicklung an: Nicht die Zusammenarbeit *ausschließlich* der dem hohen „C" verpflichteten Parteien, also der orthodoxen Christdemokraten, war ihr Ziel, sondern die Zusammenarbeit aller gleichgesinnten Volksparteien der Mitte und der rechten Mitte, die sich einem personalistischen Menschenbild und der sozialen Marktwirtschaft verpflichtet fühlten.

Es ist faszinierend zu sehen, wie dieser ideologische Grundzug, der letztlich zum wesentlichen Bestimmungsmerkmal der internationalen Parteienzusammenarbeit der Österreichischen Volkspartei, der EDU und schließlich der EVP wurde, vom ersten Tag an formuliert wurde: von Felix Hurdes im Widerstreit zum französischen Partner, dem MRP, wie dies der internationale Sekretär von Felix Hurdes, Rudolf Lewandowski, authentisch berichtet.[15]

So war die internationale Parteienzusammenarbeit der Österreichischen Volkspartei gleichsam in ein Koordinatensystem von Zielen eingeordnet: Die eine Koordinate zeigte in die Richtung der Zusammenarbeit christlich-demokratischer, konservativer, liberal-konservativer und sonstiger Volksparteien der Mitte; die andere Koordinate zeigte in die Richtung Vollmitgliedschaft in der Europäischen Gemeinschaft. Im Spannungsfeld dieser beiden Zielsetzungen, die nicht immer von allen mitgetragen wurden, aber im wesentlichen die Politik der ÖVP bestimmten, entwickelte sich die internationale Parteienzusammenarbeit der ÖVP.[16]

---

auch Alois Mock, vor ihm aber das gesamte Wiener Außenamt und die sozialdemokratischen Außenminister, von Kreisky bis Bielka, nicht aber Gruber, Toncic, Pahr und Jankowitsch. Die Ostler, geprägt von Leopold Figl und dem Staatsvertrag, fanden in Ludwig Steiner einen im ÖVP-Generalsekretariat einflußreich wirkenden Exponenten, die Westler krabbelten mühsam den Baum hinauf... Es bedurfte einer harten Arbeit, Alois Mock von der EU-Mitgliedschaft zu überzeugen, 1985 stand er noch äußerst kritisch zu dieser Frage und entwickelte sich erst danach zum „Mister Europe".

14 Eindrucksvoll dargestellt bei Mertens und Bernhard Moser (1987).
15 Lewandowski in der Maleta-Festschrift. (Lewandowski hat seine „Erinnerungen" verschiedentlich festgehalten, am ausführlichsten in der Maleta-Festschrift; darauf bauen sämtliche andere Publikationen bei Horner, Stirnemann, Gehler etc. auf.) Kritisch reflektiert Gehler (1993) den gesamten Vorgang; Gehlers Beitrag ist die sachkundigste Analyse, die bisher veröffentlicht wurde (er verwertet die Primärquellen der unmittelbar Handelnden objektiv).
16 Josef Klaus in seinem Buch „Macht und Ohnmacht in Österreich" formuliert auf den Seiten 411 f. diese Zielsetzungen (nach seinem Abgang aus der Politik). Die Entwicklung verlief natürlich nicht konfliktfrei – so wie es die Ostler und die Westler in Fragen der europäischen Integration gab, und die herrschende Parteimeinung bis ins Jahr 1985 hinauf von einem Abseitsstehen zur europäischen Integration geprägt war, damit instinktiv die Haltung Bruno Kreiskys nachvollziehend, so war auch die Haltung gegenüber der EDU durchaus kritisch: Die Frage der Gründungsrolle der ÖVP in der EDU war Parteivorstandssache, die ins

Die Zielsetzung von Felix Hurdes der Zusammenarbeit aller Kräfte der Mitte und der rechten Mitte sowie die Zielsetzung der Zusammenarbeit aller gleichgesinnten Parteien innerhalb und außerhalb der Europäischen Union mit der Zielsetzung einer späteren Mitgliedschaft der Staaten, in denen diese Parteien wirkten, wurden grosso modo in der Europäischen Volkspartei in ihrer schlußendlichen Entwicklung erst 1994/95 erreicht.

Die Europäische Volkspartei umfaßt heute, also 1995, Parteien innerhalb und außerhalb der Europäischen Union und wird diese Politik weiterführen; die Europäische Volkspartei umfaßt auch Parteien, die ausgesprochen und ausdrücklich christlich-demokratisch orientiert sind, aber auch Parteien, die sich schlichtweg als konservativ oder als gemäßigt oder als rechts bezeichnen. Auch diese Entwicklung wird weitergeführt werden.[17]

Die Österreichische Volkspartei hat ihre Zielsetzungen in der internationalen Parteienzusammenarbeit also letztlich erreicht. Mit dem Eintritt in die Europäische Union beginnt für die Österreichische Volkspartei ein neuer Abschnitt ihrer Parteiaußenpolitik – ebenso wie für die Republik Österreich ein neuer Abschnitt in der Außenpolitik.[18]

Es ist ein Treppenwitz, daß der große Gegenspieler der Österreichischen Volkspartei im Multilateralen, also in der Europäischen Volkspartei, aber auch in der UECD, immer die bilateral sehr gut mit der ÖVP zusammenarbeitende Democrazia Cristiana Italiens war. Es war die Democrazia Cristiana, die letztlich verhinderte, daß Parteien aus Ländern, die nicht Mitglied der Europäischen Gemeinschaft waren, Beobachter oder assoziierte Mitarbeiter der Europäischen Volkspartei bei deren Gründung 1975 werden konnten; sehr zum Ärger der Schweizer Christdemokraten, der Österreichischen Volkspartei, der skandinavischen konservativen Parteien[19]. Es waren die gleichen Christdemokraten Italiens, die verhinderten, daß ideologisch gleichgesinnte Parteien innerhalb der Europäischen Union, wie die Konservativen Großbritanniens und die Gaullisten Frankreichs, Mitglieder der Europäischen Volkspartei werden konnten, weil sie das hohe „C" nicht in ihrem Namen führten – heute, 1995, gibt es die Democrazia Cristiana nicht mehr, ihre Nachfolgepartei heißt Partito Populare Italiano, also italienische Volkspartei und führt selbst das hohe „C" nicht mehr in der Parteibezeichnung, und die Partei hat sich in die rechte Mitte hineinentwickelt.

Spannungsgebiet zwischen den pragmatisch Christlich-Konservativen und den Progressiv-Christlich-Ökosozialen geriet: Der Konflikt, der die Österreichische Volkspartei von 1975 bis 1991 beherrschte, spielte auch hier seine Rolle: Die einen wollten die EDU als internationale Fortsetzung ihres Kurses der rechten Mitte, die anderen die progressiv christlich-soziale Ausrichtung der „bunten Vögel".

17 Die aktuellen Fragen sind der Einbau der konservativen Volksparteien der neuen EU-Mitglieder in Finnland und in Schweden sowie die Stellung, welche die Gaullisten einnehmen werden. Die Europäische Volkspartei hat zwar in ihre Parlamentsfraktion die Tories aufgenommen, nicht aber in der Europäischen Volkspartei selbst. Diese Frage ist noch offen. Ihre Entscheidung wird sicher noch Jahre dauern: Die Lösung wird von der Entwicklung innerhalb der Britisch Konservativen Partei abhängen und davon, wer in Frankreich die Präsidentenwahlen 1995 gewinnt – BALLADUR oder CHIRAC – und was diese Entscheidung für die innerfranzösische Parteienlandschaft bedeutet.

18 Analysiert von der einen Seite von KHOL, „Neue Außenpolitik in einer neuen Welt" (1993), und von einem anderen Standpunkt aus von KRAMER in DACHS, Handbuch des politischen Systems Österreichs, S. 637–729.

19 Vergleiche dazu die Details bei STIRNEMANN, S. 272.

II. Die Instrumente der multilateralen Parteienzusammenarbeit: Die transnationalen Parteienzusammenschlüsse

1. Die Nouvelles Equipes Internationales (NEI)[20]

Die NEI wurden 1947 unter aktiver Mitarbeit des ersten Generalsekretärs der Österreichischen Volkspartei, Dr. Felix Hurdes, gegründet. Sein internationaler Sekretär war Dr. Rudolf Lewandowski. Im April 1947 wurden provisorische Statuten angenommen, bei einem ersten Kongreß 1947 wurde die Organisation formell aus der Taufe gehoben. Die Österreicher waren dabei Gründungsmitglieder; der spätere Generalsekretär der ÖVP, Dr. Alfred Maleta, wurde auch Vizepräsident dieser Organisation.

Österreich arbeitete in der NEI sehr intensiv mit. Die Organisation entfaltete eine auf Christdemokraten beschränkte, also eng gezogene Aktivität, die sich im wesentlichen auf die Lösung der Frage des Einbaus Deutschlands in die Nachkriegsordnung konzentrierte und auf die Europäische Integration im Rahmen der Europäischen Wirtschaftsgemeinschaft (der Vorläuferorganisation der Europäischen Union). Alfred Maleta, langjähriger Generalsekretär der Österreichischen Volkspartei während deren Regierungszeit in der ersten Großen Koalition, spielte eine wichtige Rolle. Er war Vermittler zwischen Frankreich und Deutschland in der Saar-Frage (so wie Dr. Felix Hurdes bereits der Wegbereiter des Einzuges von CDU und CSU in die Gründungsphase dieser Organisation war). Die Österreichische Volkspartei nahm die Mitarbeit in der NEI ernst: Die Parteiführerkonferenzen dieser Organisation waren regelmäßig von hochrangigen Delegationen besucht; das politische Büro, in welchem die eigentlichen Entscheidungen fielen, wurde regelmäßig beschickt.[21]

Die Nouvelles Equipes Internationales benannten sich schließlich 1965 um und wurde zur Union der Europäischen Christdemokraten (UECD). Es war diese Organisation, zwar was die Parteien betrifft, eng begrenzt, was die Problemlösung betrifft, so war sie aber erstaunlich internationalistisch, europafreundlich und damit europäisch. Sie bot den Rahmen für Begegnungen der Gründerväter der Europäischen Wirtschaftsgemeinschaft – der großen Christdemokraten Konrad Adenauer, Alcide de Gasperi und Robert Schuman.[22]

2. Die Union der Europäischen Christdemokraten (UECD)[23]

Die Union der Europäischen Christdemokraten (UECD) wurde am 28. Juni 1965 als Nachfolgeorganisation der NEI gegründet. Es dauerte bis 1968, bis die Union als neue Organisation auf die Beine gestellt wurde. Zuerst geführt von den italienischen Christdemokraten (Mariano Rumor war der erste Präsident), wurde sie schließlich

---

20 Zum folgenden LEWANDOWSKI, GEHLER (1993), Peter DIEM in der Maleta-Festschrift, HAHN/FUGMANN, HORNER und die jeweiligen Erinnerungsstücke bei MALETA, WITHALM und KLAUS.
21 Der Nachweis ergibt sich aus den jeweiligen Rechenschaftsberichten der Generalsekretäre der Österreichischen Volkspartei an den Parteitag sowie bewertend und bewertet bei GEHLER (1993), der auch die inhaltliche Arbeit der ÖVP würdigt.
22 So Josef KLAUS, Peter DIEM und LÜCKER/HAHN.
23 Deskriptiv dazu HAHN/FUGMANN, analytisch Franz HORNER, S. 68, und GEHLER (1993).

ein Arbeitsgebiet der CDU: Kai Uwe von Hassel war ihr langjähriger Vorsitzender, ein Spitzenpolitiker gestellt von der CDU. Die Union der Europäischen Christdemokraten war den gleichen Grundsätzen verpflichtet wie die NEI: keine konservative Partei oder sonstige Parteien des rechten Zentrums als Mitglied, wohl aber CD-Parteien *innerhalb* und außerhalb der Europäischen Wirtschaftsgemeinschaft.

Die UECD hatte eine vielfältige Struktur: Der Kongreß der UECD, der die Grundlinien der Politik bestimmte, trat alle drei Jahre zusammen. Die Entscheidungen fielen allerdings woanders. Das politische Büro war das Leitungsorgan dieser Organisation – es war umfangreich zusammengesetzt, seine Tätigkeit wiederum war durch des Exekutivkomitee bestimmt. Der Präsident sollte die Tätigkeit der Union führen, das Exekutivsekretariat die Geschäfte besorgen.[24]

Eine Reihe von Arbeitskreisen der UECD befaßte sich mit verschiedenen wichtigen Themen, mit der Programmatik, mit der internationalen Politik, den Ost-West-Beziehungen usw.

Die UECD war und ist eine Organisation, die vor allem eine Koordinationsstelle der Mitgliedsparteien ist: im wesentlichen bestimmt von den Interessen der Mitgliedsparteien, also der Generalsekretariate. Andererseits war sie aber auch ein auf halbem Weg steckengebliebener *europäischer Parteienbund.* So wirkten in der UECD Funktionäre mit, die im europäischen Zusammenhang Verantwortung trugen, nicht aber in den nationalen Parteien. An diesem Zwiespalt sollte schließlich die UECD auch scheitern. Sie war weder schlagkräftiges Organ der gebündelten Interessen der Mitgliedsparteien noch schlagkräftige Organisation europäischer Interessen. Die Unzufriedenheit mit der UECD führte einerseits zur Gründung der *Europäischen Volkspartei,* andererseits zur Gründung der *Europäischen Demokratischen Union.* Die eine wurde als europäische Partei konzipiert, die andere als Arbeitsgemeinschaft gleichgesinnter Parteien. Und die schwach gewordene UECD blieb als Relikt und Anhängsel als dritte Organisation bestehen.[25]

Die Bedeutung der UECD war in den siebziger Jahren groß, ihre Tätigkeit ist gut dokumentiert. Die Bedeutung nahm ab, als die Europäische Volkspartei 1976 gegründet und immer wichtiger wurde. Gleichermaßen wurde die UECD weniger wichtig, als die EDU 1978 ihre Tätigkeit aufnahm und intensivierte.

---

24 So auch MERTENS.
25 Die UECD konnte nicht aufgelöst oder fusioniert werden: dies scheiterte am Widerstand der Benelux-Parteien und der Democrazia Cristiana, die darin die authentische christliche Demokratie verkörpert sahen, im Gegensatz zur EDU. Auch die schwachbrüstige Internationale der Christdemokratie (CDI) benötigte ein europäisches Standbein. Schließlich gab es eine Reihe von kleinen CD-Parteien, die weder der EDU noch der EVP angehörten noch angehören können. Die Chance, die sich der Union der Europäischen Christdemokraten durch die Ostöffnung bot, wurde allerdings nur teilweise durch das sehr aktive Ostmitteleuropa-Komitee, geführt vom Holländer Wim VAN VELSZEN, genutzt. Die Kleinparteienstruktur der UECD hatte allerdings zur Folge, daß in den neuen ostmitteleuropäischen Demokratien diese Kleinparteienstruktur reflektiert wurde. Dies trug zur Zersplitterung der nichtsozialistischen Kräfte bei.

3. Die Europäische Volkspartei

Die Europäische Volkspartei wurde am 29. April 1976 gegründet, aus dem Schoße der UECD und daher beschränkt auf christlich-demokratische Parteien. Darüber hinaus war sie auf Parteien aus der Europäischen Gemeinschaft eingeengt, die bei den direkten Wahlen zum Europäischen Parlament antreten würden. Die Europäische Volkspartei wurde also bewußt als *europäische Partei* gegründet, mit dem Ziel, in Wahlen zu bestehen und daher weit über die Zielsetzung von Parteienzusammenschlüssen und Arbeitsgemeinschaften hinausgehend.

Zwischen den Deutschen (CDU und CSU) einerseits, den Italienern und Holländern andererseits, hatte es im Vorfeld der Gründung dieser Partei erbitterte Gefechte gegeben: zwei (alte) Streitfragen standen im Mittelpunkt. Sollte die neue Partei nur Christdemokraten offenstehen oder auch gleichgesinnten anderen Volksparteien (also den britischen Konservativen und den französischen Gaullisten) – eine Frage von nicht nur akademischer Bedeutung. Ohne diese beiden Gruppen war von vornherein klar, daß die Christdemokraten und ihre Verbündeten niemals eine Mehrheit im Europäischen Parlament erreichen würden. Die andere Frage war ebenso wichtig: Sollte die Europäische Volkspartei nur auf Mitglieder der Europäischen Gemeinschaft beschränkt bleiben, oder aber gleichgesinnten Parteien außerhalb der Gemeinschaft, in der EFTA, einen assoziierten Status geben? Auch diese Frage war von großer Bedeutung – die sehr solide organisierten und ideologisch eindeutig gleichgesinnten Parteien Norwegens, Dänemarks, Schwedens, Finnlands, der Schweiz und Österreichs standen vor den Toren der Europäischen Volkspartei und begehrten, trotz EFTA- und nicht EG-Mitgliedschaft, einen Status. Den Kampf entschieden schließlich, was das hohe „C" anlangte, die Deutschen für sich: es wurde nicht eine Europäische Christlich-Demokratische Partei ins Leben gerufen, sondern eine Europäische *Volks*partei. Darauf beschränkte sich aber der deutsche Sieg. De facto wurden dem Willen der italienischen CD und der holländischen Mitgliedsparteien entsprechend nur Christdemokraten aufgenommen, und auch in der Frage eines Status für die EFTA-Konservativen und Chistdemokraten setzten sich Holländer und Italiener voll durch: die Parteien aus der EFTA blieben ausgesperrt.

Diese Haltung war kausal für die Gründung der EDU. Ein europäisches Schisma öffnete sich, das erst mit dem Eintritt der EDU-Parteien aus Skandinavien und Österreich in Vorbereitung auf die EU-Erweiterung 1995 überwunden wurde, parallel zu einem gleichzeitigen politischen Absturz der italienischen und holländischen Christdemokraten in ihren Heimatländern (beide verloren große Teile ihrer Wählerschaft und die Regierungsbeteiligung).[26]

---

26 Beide Parteien verloren an liberal-konservative Parteien, also nach rechts; ebenso wie die Österreichische Volkspartei. All diese Parteien konnten den Paradigmenwechsel nach 1980, bekannt geworden unter dem Schlagwort „Neokonservativismus", nicht für sich nutzen; von diesem Ruck nach rechts profitierten neue Parteien, deren Größerwerden durch eine ausgeprägte modernistisch progressive bunte Politik der Christdemokraten in manchen Ländern erleichtert wurde. Das erfolgreiche Gegenbeispiel: die CDU/CSU.

Die Fraktion der Europäischen Volkspartei und die Europäische Volkspartei selbst entwickelten sich sehr schnell zum Motor der Zusammenarbeit der Christdemokraten innerhalb der Europäischen Gemeinschaft unter Ausschluß der anderen Christdemokraten und der gleichgesinnten Parteien und zu einem europäischen Machtfaktor. Sie wurde damit sehr schnell das Objekt der Begierde der davon ausgeschlossenen Parteien. Bei den Wahlen in den Ländern unterschiedlich erfolgreich, wurde die Europäische Volkspartei zur zweitstärksten Fraktion im Europäischen Parlament, stellte mit Egon Klepsch einen sehr einflußreichen Präsidenten, bildete einen Teil der „Großen Koalition" zwischen Sozialdemokraten und Christdemokraten im Europäischen Parlament, die letztlich alle wichtige Fragen, die das Europäische Parlament zu entscheiden hatte, auch entschied: Die Christdemokratie war dabei der konstitutionelle Juniorpartner der Sozialdemokratie, der es immer gelang, die stärkste Fraktion zu bilden. Ohne Not – denn bei Konzentration aller den gleichen Grundsätzen verpflichteten Kräfte wäre eine Fraktion der Christdemokraten und Gleichgesinnten immer stärker gewesen als eine Fraktion der Sozialdemokraten.[27]

Die Österreichische Volkspartei versuchte von Anfang an, einen Status bei der Europäischen Volkspartei zu erhalten. Demarchen wurden unternommen: So wurde ein Memorandum an die Europäische Volkspartei gerichtet, kam es zu Krisensitzungen auf höchstem Niveau unmittelbar vor der Gründung der Europäischen Volkspartei, aber es nützte alles nichts, die Österreichische Volkspartei blieb ausgeschlossen und wurde damit motiviert, dem Drängen einiger Parteien nachzugeben und die entscheidende Rolle bei der Gründung der Europäischen Demokratischen Union zu übernehmen.[28]

Die ÖVP stand also viele Jahre *vor den Toren* der Europäischen Volkspartei: die Parallelität von UECD und Europäischer Volkspartei einerseits, der EDU (siehe unten) andererseits, wirkte sich nicht restlos segensreich aus, spornte aber bisher müde Sekretariate im Wettbewerb an. Die Aktivitäten wurden verdoppelt, es gab Parallelismen, d. h. also UECD und Europäische Volkspartei entfalteten gleiche Tätigkeiten mit unterschiedlichen Zusammensetzungen, die EDU wurde schließlich in anderen Arbeitsgebieten federführend, und sie wurde auch das wichtigste Instrument der ÖVP-Außenpolitik: Ziel EG-Mitgliedschaft und ideologische Weite. Erst 1992 war es schließlich soweit: Nachdem Österreich seinen Antrag auf Mitgliedschaft in der Europäischen Union deponiert hatte und eine entsprechende positive Stellungnahme der Kommission abgegeben worden war, wurde die Österreichische Volkspartei als assoziiertes Mitglied zur Europäischen Volkspartei zugelassen. Damit hatte sich ein Umweg, auf den die ÖVP 1976 gezwungen wurde, als beendet erwiesen.[29]

---

27 Die Rolle Helmut KOHLS in der internationalen Parteienzusammenarbeit wurde bereits gewürdigt: Helmut KOHL als Synthese von Idealismus und Machtbewußtsein war sich immer bewußt, daß Grundsätze, ohne die Macht sie durchzuführen, Romantik bleiben, und sein europäisches föderalistisches Weltbild verlangte immer nach einer entsprechenden Mehrheit, auch im Europäischen Parlament, daraus entsprang die Motivation zur umfassenden Fraktion.
28 Dies wird plastisch bei STIRNEMANN, aber auch bei HORNER.
29 Die Beneluxländer, nicht aber die Democrazia Cristiana leisteten Widerstand bis zum Schluß. Trotz herzlicher bilateraler Beziehungen konnte sich die Österreichische Volkspartei in den Augen dieser Parteien nie von der Fessel einer angeblich von den Russen auferlegten Neutralität freimachen und damit von einer vermuteten antiföderalistischen

Von der Europäischen Volkspartei zu unterscheiden ist die Fraktion der Europäischen Volkspartei im Europäischen Parlament: Diese war wesentlich pragmatischer als die Europäische Volkspartei selbst. In ihr war es möglich, schon sehr früh in der Person von Dr. Lujo Tončić-Sorinj einen Beobachter zu entsenden, der regelmäßig über die Geschäfte in der EVP-Fraktion berichtete.[30]

Nach dem Beitrittsansuchen Österreichs zur Europäischen Gemeinschaft war es auch möglich, ab 1990 einen offiziellen Beobachter in der Person des früheren Klubobmanns der ÖVP-Fraktion im Österreichischen Nationalrat, Dr. Fritz König, nach Brüssel in die EVP zu entsenden. Seine Aufgabe war es, den Eintritt Österreichs in die Europäische Union unterstützend vorzubereiten. Der geschichtlichen Wahrheit willen ist nämlich festzuhalten, daß die Österreich gegenüber kritischsten Stimmen *aus den Reihen der Europäischen Volkspartei kamen* – daß also die europäische Solidarität der Christdemokraten nur bedingt wirksam werden konnte. EURO-Föderalisten aus dem Bereich von CDU/CSU konnten zwar sehr bald davon überzeugt werden, daß Österreich dem Dubliner Programm der Europäischen Volkspartei entspreche, die Österreichische Volkspartei also für den Europäischen Föderalismus eintreten werde und damit für dieses Programm[31]. Ähnlich gesinnten Parteifreunden aus Holland und Belgien konnten die Vorurteile allerdings nicht zerstört werden. Sie argumentierten vordergründig damit gegen Österreich, daß es ein „trojanisches Pferd" sei, durch rechtliche Bindungen an die Sowjetunion und an die USA zur Neutralität verpflichtet (was natürlich politische Propaganda war) und daher ein Hindernis für einen europäischen Bundesstaat, wie ihn die EVP in ihrem (auch von der ÖVP natürlich unterschriebenen) Programm von Dublin anstrebt[32]. Im Hintergrund dieser Argumente stand allerdings die Angst vor einem zweiten „deutschen" Staat in der EU, man schlug Österreich und meinte Deutschland. In den entscheidenden Abstimmungen im Europäischen Parlament über den Beitrittsantrag Österreichs stimmten z. B. holländische und belgische Christdemokraten für die Vertagung der Abstimmung, zum Teil gegen die Aufnahme Österreichs oder enthielten sich der Stimmen. Die Erinnerung daran sitzt tief.

Im Herbst 1994 entsandte die Österreichische Volkspartei Beobachter ins Europäische Parlament, am 1. Januar 1995 zogen gewählte europäische Abgeordnete der ÖVP

Rolle. Wie weit das Faktum bedeutsam war, daß sich während der Zeit der nationalsozialistischen Besetzung dieser Länder einige österreichische nationalsozialistische Funktionäre wie Seyss-Inquart besonders grausam hervortaten, ist wohl offen.

30 Lujo Toncic-Sorinj war ab 1948 österreichischer Nationalratsabgeordneter, wurde Vorsitzender des außenpolitischen Ausschusses des Nationalrates, von Josef Klaus zum Außenminister berufen, dann Generalsekretär des Europarates: selbst kroatisch-dalmatinischer Herkunft, ein Europäer der ersten Stunde. Er berichtete über Jahrzehnte von den europäischen Entwicklungen nach Wien und gestaltete die Haltung der Österreichischen Volkspartei besonders in der Ära Mock als Bundesparteiobmann entscheidend.

31 Dazu wurden sämtliche multilateralen und bilateralen Parteibeziehungen eingesetzt – als wirksam erwiesen sich die Vorbesprechungen der Parteiführer der Europäischen Volkspartei zu den Europäischen Räten, die auf Initiative von Helmut Kohl unter dem Vorsitz des klugen Wilfried Martens stattfanden. Beschränkt auf die wirklichen Chefs, Sekretäre und sonstige Vertretungen waren nicht zugelassen, wurde dort fraktioniert und entschieden.

32 Das Dubliner Programm der Europäischen Volkspartei ist im Sekretariat der Europäischen Volkspartei in Brüssel erhältlich.

ins Europäische Parlament ein: Die auf diese Weise entsandten Nationalratsabgeordneten und Bundesräte wurden Mitglieder der EVP-Fraktion im Europäischen Parlament, und damit ist „eines langen Tages Reise durch die Nacht" definitiv beendet.

4. *Die internationale Zusammenarbeit von Zweckverbänden (Teilorganisationen)*[33]

Teile der Österreichischen Volkspartei, Teilorganisationen bzw. Zweckverbände arbeiten seit eh und je international zusammen, koordiniert vom internationalen Büro der Volkspartei und den jeweiligen Bereichssprechern für Außenpolitik. Es sind dies im wesentlichen als älteste und effizienteste Form dieser Zusammenarbeit die Zusammenarbeit im Rahmen der Jugendorganisationen: Dort wiederholte sich der Dualismus zwischen EDU und UECD: Die Jugendorganisation der UECD war und ist die Union der Jungen Christdemokraten UEJDC, die breitere Zusammenarbeit auch mit den Konservativen entspricht der Jugendorganisation der EDU, der DEMYC. So wie die EDU von österreichischen Politikern geprägt und geführt wurde, so wird und wurde auch die DEMYC von österreichischen Jugendpolitikern geführt: Mag. Alexis Wintoniak, Arthur Winkler-Hermaden, um nur zwei der aktivesten und international bekanntesten zu nennen.

Die internationale Organisation der Frauen wiederum, auch sehr aktiv, wurde schon *vor* der Gründung der EDU entsprechend der EDU-Formel gegründet und umfaßt nicht nur die Frauenorganisationen der Christdemokraten, sondern geht sogar über die EDU hinaus. Es gehören ihr beispielsweise die Frauenorganisationen der Liberalen in der Schweiz als Mitglieder an. Die Union der Europäischen Frauen, EFU, wurde auch von österreichischem Input mitgestaltet: Mag. Maria Schenk, Ingrid Tichy-Schreder, Marilies Flemming sind hier zu nennen.

Besonders prägnant ist die Zusammenarbeit im Bereich der Arbeitnehmerschaft: Die CDA, die Organisation der christdemokratischen Arbeitnehmer, weist viele Jahre der Tätigkeit auf; in ihr wurde der ÖAAB immer aktiv, und auch dort war es immer Chefsache: Alois Mock war Gründungsmitglied als ÖAAB-Obmann, ihm folgte in der Wahrnehmung der Interessen Herbert Kohlmaier, der viel zu früh verstorbene, unersetzliche Ing. Johann Gaßner und andere. Heute ist es Dr. Josef Höchtl, der als Koordinator der Christdemokraten in der Interparlamentarischen Union (IPU) ebenfalls die EDU-Formel durchsetzte, eine Fraktionierung der EDU Parteien und Gleichgesinnter in dieser weltweiten Parlamentarierorganisation durchführte und der auch in der internationalen Arbeitnehmerschaft tätig ist.

Im Rahmen der Zusammenarbeit der christlichen Gewerkschafter war es vor allem Ing. Günther Engelmayer, der als Bundessekretär der FCG und auch als Mitglied der Wiener Landesregierung vor allem in den sensiblen achtziger Jahren gewerkschaftliche Solidarität aus christdemokratischer Sicht international unter Beweis stellte, vor allem aber gegenüber der Solidaritätsbewegung in Polen (er überreichte Lech Walesa in den frühen achtziger Jahren als sichtbaren Ausdruck dieser Solidarität den ersten größeren Schilling-Scheck – unter Protest des Benya-ÖGB, der

---

33 Ausführlich dargestellt bei MERTENS und LÜCKER/HAHN.

noch mit den alten kommunistischen Gewerkschaften zusammenarbeitete bis zu deren bitterem Ende).[34]

Im Bereich der Wirtschaft war es die europäische Mittelstandsunion (EMSU), die, nach der EDU-Formel von der CDU betreut, die internationale Zusammenarbeit im Wirtschaftsbereich wahrnahm und damit den Wirtschaftsbund der Österreichischen Volkspartei besonders ansprach; Dr. Arthur Kaufmann vom Niederösterreichischen Wirtschaftsbund engagierte sich hier besonders.

Besondere multilaterale und bilaterale Parteienzusammenarbeit pflegte auch der Österreichische Bauernbund: Er nahm auch während der kommunistischen Zeit bilaterale Beziehungen mit den Bauernparteien (auch wenn sie Blockparteien waren), beispielsweise aus Rumänien, aus Bulgarien und Polen, wahr.

Auch die bäuerlichen Organisationen verfügten über ein internationales Koordinierungsgremium, die COPA, in welcher die österreichischen Bauernvertreter wie Dr. Sixtus Lanner immer wieder den österreichischen Standpunkt zum Ausdruck brachten.

Nach mehreren Anläufen konnte 1992 die Europäische Kommunalpolitische Vereinigung (EKPV) endlich gegründet werden – in ihr sollen die kommunalpolitischen Interessen der Christdemokratie zum Ausdruck kommen; dieser späte Start (nach mehrmaligen Anläufen) ist Ausdruck des letztlich nicht vorhandenen Bedürfnisses nach einer solchen Organisation: Im Rahmen des Rates der Gemeinden Europas, aber auch im Rahmen der Vereinigten Regionen Europas haben die Bürgermeister und Regionen eine eigene Vollversammlung und Interessenvertretung, in der es jeweils Fraktionen gibt, welche die Aufgaben wahrnehmen, denen sich auch die Europäische Kommunalpolitische Vereinigung (sicherlich auf einem grundsatzfesteren Hintergrund) verschreibt.[35]

Noch zu erwähnen in diesem Zusammenhang ist die Studentenorganisation der EDU auf europäischer Ebene: die EDS (European Democratic Students), die als europäische Organisation sehr aktiv und von großer Bedeutung für die internationale Jugendarbeit, aber auch für die internationale Parteienzusammenarbeit, ist; die Österreichische Volkspartei hat ihre Mitarbeit in dieser Organisation den ihr nahestehenden studentischen Organisationen nahegelegt, die aber ihren spezifischen Bewegungsgesetzen unterliegen: häufiger Personalwechsel, wenig kontinuierliche Arbeitsstrukturen: So nahm die Aktionsgemeinschaft (AG) bzw. deren Vorläufer (die ÖSU) diese Zusammenarbeit sporadisch wahr, je nach den finanziellen Mitteln und den Neigungen der jeweiligen Funktionäre. Die Stetigkeit, wie sie beispielsweise die Junge Volkspartei im Rahmen der DEMYC aufweist, wurde im Rahmen der EDS leider nicht erreicht. Dies hängt eben auch an den finanziellen Mitteln, die dafür erforder-

---

34 Die Sozialdemokratie in Österreich setzte voll auf den Weg der Evolution im Rahmen des KSZE-Europa – d. h. also auf die Konvergenz zwischen Kommunismus und Kapitalismus, wie dieser auch im Wiener Programm der SPÖ 1978 ganz unverblümt zum Ausdruck kam. Der revolutionäre Weg der Freiheit, der von Polen und Lech WALESA ausging, war der Sozialdemokratie in Österreich lange Zeit als Konterrevolution suspekt. Charakteristisch für die internationalen Positionen und die Befindlichkeit der führenden Politiker der Sozialdemokratie das Gespräch mit Bruno KREISKY in FISCHER/JANKOWITSCH, Rote Markierungen.

35 Vergleiche dazu Sixtus LANNER, auf dem Weg zu einem „Europa der Regionen", in: Österreichisches Jahrbuch für Politik 1991, S. 445.

lich sind und nicht immer zur Verfügung stehen: Die chronischen finanziellen Schwierigkeiten der Volkspartei machten es ihr, vor allem in den letzten Jahren nach dem Finanzchaos, das 1990 hinterlassen wurde, unmöglich, diese Tätigkeit direkt zu fördern; die studentischen Organisationen verfügen auch nicht über eigene Mittel, wie zum Beispiel die Junge Volkspartei aufgrund der österreichischen Gesetze, welche dem Bundesjugendring und seinen Mitgliedern beträchtliche Mittel zur Verfügung stellten.

Diese Zweckverbände auf internationaler Ebene waren für Funktionäre der Österreichischen Volkspartei immer wichtiges Betätigungsfeld und haben die Parteienzusammenarbeit der ÖVP und die Absicherung ihrer Interessen wesentlich mitbewirkt. Ihre Tätigkeit im einzelnen kann nicht in dieser Arbeit dokumentiert werden, es würde den Rahmen sprengen. Sie ist für Österreich bedeutsam genug und hat wesentlich dazu beigetragen, daß Östererich als gleichberechtigtes, leistungsstarkes, demokratisches Land in Europa verankert werden konnte.[36]

5. Die Europäische Demokratische Union

Einem langen Anliegen jener großen christlich-demokratischen Parteien entsprechend, die, so wie die CDU, die CSU oder die Österreichische Volkspartei, neben einem christlich-demokratischen Kern auch einen liberalen Flügel hatten und mit der ideologischen Enge der Union der Europäischen Christdemokraten unzufrieden waren, wurden nach langen Vorbereitungsarbeiten 1978 die Europäische Demokratische Union gegründet[37]. Der Widerstand der kleineren christlich-demokratischen Parteien der Benelux-Staaten (sieht man von der Christlichen Volkspartei Luxemburgs ab) und der italienischen Christdemokraten blieb bis zum Ende ungebrochen. Dem Drängen von CDU und CSU, insbesondere von Helmut Kohl und Franz Josef Strauß, von Margaret Thatcher, der Vorsitzenden der Konservativen Partei Großbritanniens, folgend, erklärte sich trotz beträchtlichen innerparteilichen Widerstands Josef Taus bereit, die Initiative zur Gründung der Europäischen Demokratischen Union zu übernehmen.[38]

Josef Taus (unterstützt von Alois Mock und dem Autor) setzte damit bewußt auch einen Kontrapunkt zu jenen Kräften, die (in Österreich durch Erhard Busek, Alfred Stirnemann, Sixtus Lanner und Herbert Kohlmaier repräsentiert) die „italienische Linie" der Reinheit der EVP vertraten, und der ideologisch breiteren „deutschen

---

36 Nachgewiesen bei MERTENS.
37 PELINKA sieht in dieser Gründung einen Schritt der ÖVP in Richtung Allerweltspartei, seine zentrale These.
38 Die Gegenthese dazu formuliert Erhard BUSEK, der sich des problematischen Charakters der EDU-Gründung wohl bewußt war: Aufgrund seiner langjährigen Erfahrungen als ÖVP-Spitzenfunktionär, der auch internationale Erfahrungen sammeln konnte, war ihm der provokatorische Charakter der EDU-Gründung in Richtung Democrazia Cristiana und Benelux-Christdemokraten bekannt und das Spannungsfeld zur Europäischen Volkspartei. Er setzte schließlich die Linie durch, vor einer EDU-Gründung noch einen letzten Versuch zur Aufnahme der ÖVP in die Europäische Volkspartei zu unternehmen. Seine Gespräche, die er in Begleitung seines internationalen Sekretärs Alfred STIRNEMANN unternahm, scheiterten allerdings unter anderem auch an der Intransigenz der belgischen Christdemokraten.

Linie" der Zusammenarbeit auch mit Konservativen nichts abgewinnen konnten. Dabei spielten österreichischer Patriotismus („wir sind nicht der kleine Bruder . . .") und ideologische Ausrichtung („wir sind die Kraft der progressiven Mitte und haben mit Konservativen nichts zu tun") eine gewichtige Rolle. Im Widerstreit Taus – Busek obsiegte schließlich Taus (mit Hilfe des „progressiven" Arbeitnehmerchefs der ÖVP, Alois Mock . . .), nicht zuletzt deshalb, weil die der Gründung der EDU feindlich gesinnten Belgier und Italiener, trotz des Ansturms der von Generalsekretär Busek geführten ÖVP, dieser die Gewährung eines Beobachterstatus bei der neuen EVP verweigerten.[39] Dadurch wurde die Anti-EDU-Linie in der ÖVP politisch so geschwächt, daß Taus grünes Licht zur Gründung der EDU bekam. Er und seine Nachfolger sahen die EDU stets auch als politisches Instrument, die Bastion EVP von außen zu erstürmen. Diese Rechnung ging auf. So war denn letztlich die Gründung der EDU auch vom lang anhaltenden Richtungsstreit innerhalb der ÖVP geprägt: Taus/Mock als Vertreter eines pragmatischen Konservativismus einerseits, Busek als Vertreter einer ökologisch orientierten, progressiven Mitte andererseits.[40]

Damit vollendete die ÖVP eine Programmtradition, die schon von Felix Hurdes begonnen wurde; die Gründung bedeutete aber auch einen neuen Stellenwert der internationalen Parteienzusammenarbeit in der Österreichischen Volkspartei, bot dem neuen Bundesparteiobmann nach dem Abgang von Josef Taus, Alois Mock, ein ideales politisches Instrument, das in seiner Bedeutung auch von den Nachfolgern Alois Mocks genutzt wurde.[41]

Die Programmphilosophie der EDU war klar: nicht auf die Parteibezeichnung und die Parteitraditionen sollte es ankommen, sondern auf die Unterstützung eines gemeinsamen Programms, das den Programmtraditionen der großen christlich-demokratisch/konservativen Volksparteien mit liberalen Flügeln wie CDU, CSU und ÖVP entsprach – so lernten beispielsweise die britische konservative Partei und die skandinavischen Konservativen mit dem Begriff einer sozialen Marktwirtschaft leben.[42]

---

39 Aufgezeigt bei STIRNEMANN und MERTENS.
40 Diese kritische Haltung der ökologisch orientierten progressiven Mitte ist deutlich bei HORNER reflektiert.
41 Alois MOCK blieb auch als Ehrenparteiobmann der ÖVP Vorsitzender der Europäischen Demokratischen Union; er wurde in dieser Funktion von seinen Nachfolgern als Bundesparteiobleute, nämlich von Dipl.-Ing. Josef RIEGLER und Dr. Erhard BUSEK rückhaltlos unterstützt. Alois MOCK brachte in der ihm eigenen Loyalität die EDU auch voll in die Unterstützung der persönlichen internationalen Vorhaben seiner Nachfolger ein, wie dies beispielsweise bei den Runden Tischen Europa (siehe unten) und der Großen Kommission Europa (siehe unten) zum Ausdruck kam.
42 Der Begriff der sozialen Marktwirtschaft hat sich in England nie durchgesetzt, man lernte mit ihm zu leben; dies hat semantische Gründe: „social" hat keine wirkliche politische Bedeutung, außer im Zusammenhang mit Sozialismus. Die skandinavischen konservativen Parteien haben neuerdings unter der geistigen Führerschaft von Carl BILDT ebenso wie Václav KLAUS in Tschechien die Frage der sozialen Dimension der Marktwirtschaft insofern aufgeworfen, als sie die Mißverständlichkeit des Terminus in der Übersetzung ins Englische und in andere Sprachen aufzeigten – die sozialistische Marktwirtschaft, also die Quadratur des Kreises, wie sie GORBATSCHOW vorschwebte und wie sie in Propagandaschriften der postkommunistischen Parteien in den neuen Demokratien Ostmittel- und Osteuropas zum Ausdruck kommt, spielt dabei eine Rolle. Václav KLAUS beispielsweise vertritt in Ablehnung dieser postkommunistischen Thesen eine Marktwirtschaft „ohne Adjektiv" – vergißt aber natürlich nicht die soziale Dimension und die soziale Verpflichtung des Marktes.

Einen wichtigen Anteil an den Überlegungen zur Gründung der EDU nahm die weitsichtige Prognose einer zukünftigen Säkularisierung der Parteien, also einer Entchristlichung, ein, eine Entwicklung, die 1979 in Deutschland und Österreich schon weit, in Großbritannien am weitesten fortgeschritten war; eine Tendenz, welche die Widerständler gegen die EDU, die Benelux-Parteien und die italienische DC, nicht wahrhaben wollten – so wurden sie denn auch von den diesbezüglichen Entwicklungen der achtziger Jahre überrascht.[43]

Machtargumente spielten gleichermaßen eine Rolle: Nur mit der übergreifenden Formel der EDU war schlußendlich eine Mehrheit im Europäischen Parlament als größte Fraktion absehbar, wenngleich auch nur gelegentlich bei Wahlen und Abstimmungen erzielbar – dieses große Projekt vor allem von Helmut Kohl ist bis heute noch Programm geblieben. In der EVP-Fraktion im EP wurden zwar die britischen Konservativen, nicht aber die Gaullisten, Mitglieder. Dies gelang auch 1994, nach den Europawahlen, noch nicht.[44]

Die EDU entwickelte rasch Dynamik, von ursprünglich zehn Mitglieds- und acht Beobachterparteien wuchs sie zur größten internationalen Parteienvereinigung in Europa, die zum 1. November 1994 32 Mitglieds- und Beobachterparteien umfaßte.[45]

Der Erfolg der EDU war durch ein kleines, aber schlagkräftiges Management, von vornherein richtigen Organisationsstrukturen, durch den maximalen Servicegedanken und das Eingehen auf den wechselseitigen Nutzen in der Parteienzusammenarbeit, durch gesundes Finanzmanagement und durch eine richtige Prognose betreffend die ideologische Entwicklung, geprägt: Die EDU ging von Anfang an von einer fortschreitenden Säkularisierung aus, nicht von der christlichen Weltanschauung. Mit ihren eigenständig festgelegten Grundwerten war sie damit offen für liberal-konservative Parteien, für Parteien aus der Welt des Islams, aber auch für Parteien aus dem Bereich der neuen Demokratien Ostmittel- und Osteuropas, die wohl diesen Grundsätzen, nicht aber dem hohen „C" verpflichtet sind. Die EDU konnte so sehr rasch eine Corporate identity entwickeln und hohes Ansehen als leistungsstarke, effiziente Serviceorganisation (im Gegensatz zur schwachbrüstigen UECD) erlangen.[46]

Die EDU bot für Österreich ein ideales Instrument zur Zeit der Opposition, ein noch wichtigeres Instrument zu dem Augenblick, da der Vorsitzende der EDU,

---

43 Parteien, die sich zu intensiv an die Kirchen banden, überließen den liberal-konservativen rechten Rand allzu leicht anderen Parteien und wachten dann in der Opposition auf, oder als Juniorpartner in großen Koalitionen mit den Sozialdemokraten ...
44 Entgegen den ursprünglichen Versprechungen der sogenannten „Einheitsliste", bestehend aus den Gaullisten des RPR, der Sammlungsbewegung UDF und anderer zentristischer Gruppen, daß alle auf dieser Liste Gewählten der Europäischen Volkspartei beitreten würden, traten die Gaullisten aus Angst vor dem antieuropäisch eingestellten rechten Flügel des RPR der förderalistisch gesinnten Europäischen Volkspartei nicht bei. Ob sich in dieser Haltung etwas nach den Präsidentschaftswahlen 1995 ändern wird, hängt von der nachfolgenden Umgestaltung des innerfranzösischen Parteiensystems ab.
45 Mitgliedsstand und Stellung der einzelnen Parteien der Demokratischen Union ergeben sich aus den Jahrbüchern dieser Organisation, die beim Sekretariat in der Tivoligasse 73, 1120 Wien, erhältlich sind.
46 Dieses Urteil wird laut GEHLER (1993) dem ehemaligen politischen Referenten in der Zeit von RAAB und KLAUS, Dr. Gottfried HEINDL zugeschrieben.

Dr. Alois Mock, Vizekanzler und Außenminister wurde. Vom großen Engagement Alois Mocks profitierte die Organisation selbst, die ganz unbestritten auch im Vergleich zur Union der Europäischen Christdemokraten, aber auch der Europäischen Volkspartei zur schlagkräftigsten Organisation der Parteienzusammenarbeit gleichgesinnter Parteien der Mitte wurde.[47] Mit dem Eintritt der skandinavischen und österreichischen Länder in die Schlußphase ihrer Verhandlungen um die EU-Erweiterung und ihren EU-Beitritt ging der Abstieg der Democrazia Cristiana Hand in Hand, welche implodierte und zu ihren Quellen zurückstieg: sie wurde in Italienische Volkspartei (Partito Populare Italiano) umbenannt.

Auch die holländischen Christdemokraten verloren die Wahlen massiv und wurden erstmals in der Nachkriegsgeschichte aus der holländischen Koalitionsregierung gedrängt; in der belgischen Christdemokratie wurde der Pragmatismus zum Gesetz, der Luxemburger Widerstand gegen die EDU war ohnehin immer halbherzig gewesen; an sich hätte die Luxemburgische Christdemokratie immer EDU-Mitglied werden wollen, hätte sie damit nicht die Benelux-Solidarität verlassen.[48]

1994 wurde ein Zusammenarbeitsabkommen zwischen EDU und UECD geschlossen, das den Weg zum Ziel ebnen wird, das noch in diesem Jahrtausend vielleicht, sicher aber am Beginn des nächsten Jahrtausends erreicht werden wird: die Beseitigung des institutionellen Pluralismus auf dem Bereich gleichgesinnter Volksparteien des Zentrums und des rechten Zentrums. Und dies ist die Vision: Im Europäischen Parlament wird die Europäische Volkspartei alle EDU-Parteien, also auch die Gaullisten und die englischen Konservativen und die nordischen konservativen Parteien als Mitglieder organisieren; die gleichgesinnten Parteien aus den Nicht-EU-Mitgliedsländern, die den EU-Beitritt anstreben, erhalten Beobachterstatus in dieser *europäischen Partei*. Als Organisation der klassischen Parteienzusammenarbeit, also als Arbeitsgemeinschaft und nicht als europäische Partei, wird die EDU alles andere ersetzen und allen gleichgesinnten christdemokratischen und konservativen Volksparteien Europas als Servicestelle dienen.

6. Die Internationale der Christdemokraten und die Internationale Demokratische Union

In beiden Organisationen engagierte sich die ÖVP kaum. In der ICD verweigerte sie die Mitarbeit aus grundsätzlichen Gründen und bezahlte seit den achtziger Jahren keine Mitgliedsbeiträge. Die IDU wurde zwar auch unter Alois Mock und mit Andreas

---

47 Alois MOCK leitete persönlich 54 der 58 ganztägigen Sitzungen des Lenkungsausschusses, 16 zwei- bis dreitägige Parteiführerkonferenzen und unternahm im Auftrag der EDU weite Reisen in die ganze Welt.
48 Dem Drängen von CDU, CSU und ÖVP nachgebend, wurden die Luxemburger Christdemokraten in den 80er Jahren ständiger Beobachter bei der EDU; die europäische Abgeordnete Astrid LULLING nahm regelmäßig an den Sitzungen der Ausschüsse teil. Die bilateralen Beziehungen zwischen ÖVP und Luxemburger Volkspartei verstärkten sich. Als allerdings Jacques SANTER das Angebot gemacht wurde, den Vorsitz der Europäischen Volkspartei zu übernehmen, mußte er als „Wahlkapitulation" die Stillegung dieser Beobachterrolle in der EDU hinnehmen.

Khol gegründet. Deshalb zog die ÖVP von Anfang an mit. Die IDU entwickelte sich zur Klammer vor allem zur Republikanischen Partei der USA – die weltweiten Interessen der ÖVP waren aber stets begrenzt.

III. Die bilaterale Zusammenarbeit: Zuerst von den Nachbarn geprägt, dann von Mitteleuropa

1. Die christlich-demokratischen Nachbarn

Die bilaterale Zusammenarbeit der Österreichischen Volkspartei mit gleichgesinnten Parteien beschränkte sich auf die Mitgliedsparteien der Union der Europäischen Christdemokraten aus den Nachbarländern. Mit anderen Worten: die internationale Zusammenarbeit im Rahmen der Union der Europäischen Christdemokraten und der EDU genügte der Volkspartei lange Jahre zur Wahrnehmung ihrer internationalen Interessen. Nur die Mitgliedsparteien der demokratischen Nachbarländer, also die Christlich-Demokratische Volkspartei der Schweiz (Liechtenstein bildet einen Sonderfall), CDU und CSU aus Deutschland sowie Democrazia Cristiana aus Italien (die Südtiroler Volkspartei bildet wiederum einen Sonderfall), nur diese Parteien waren Gegenstand einer besonderen, von der multilateralen Arbeit getrennten bilateralen Zusammenarbeit aus dem Blickwinkel der Österreichischen Volkspartei.[49]

2. Die „neuen" Nachbarn im KSZE-Europa

Ein Paradigmenwechsel prägte die gesamte österreichische Außenpolitik und damit auch die Parteiaußenpolitik (diese aber früher als jene) seit Mitte der achtziger Jahre das Ende des Kommunismus als Ideologie, der Sowjetunion als Supermacht, das Wiedererstehen der ostmittel- und osteuropäischen Nationalstaaten und die (Wieder-)Errichtung der parlamentarischen Demokratie in diesen Ländern. Es war vor allem Erhard Busek, der schon als Wiener Landesparteiobmann und Vizebürgermeister, in den späten siebziger Jahren beginnend, eine intensive bilaterale Parteiaußenpolitik in den Donauraum entfaltete. Ein von ihm entwickeltes neues Mitteleuropakonzept diente als Instrument der Überwindung der Isolierung der damals noch kommunistischen Satelliten im Donauraum im weitesten Sinn: einschließlich Südpolens, der Westukraine, der damaligen Tschechoslowakei, Ungarns, Bulgariens, Jugoslawiens und Rumäniens. Erhard Busek knüpfte durch zahlreiche Fahrten in diese Länder vielfältige Beziehungen mit christlich-demokratischen und sonstigen oppositionellen Kräften an, die das gesamte politische Spektrum bis in die Sozialdemokra-

---

49 Dies wird aus den Erinnerungen von Josef KLAUS, Alfred MALETA und Hermann WITHALM (alle im Literaturverzeichnis angegeben) deutlich, ebenso wie aus REICHHOLD; auch Josef KLAUS dokumentiert diese nachbarschaftliche Ausrichtung der Parteiaußenpolitik. Aus den Berichten der Generalsekretäre zu den Parteitagen wird diese Binnenorientierung der ÖVP im Bilateralen plastisch.

tie hinein erfaßten, und machte diese Kontakte für die ÖVP, aber auch für die Republik Österreich nutzbar.[50]

So bereiste Erhard Busek in den achtziger Jahren beispielsweise systematisch Polen: von einem Kloster, von einem Bischofssitz zum anderen; er hatte regelmäßige Treffen mit der ungarischen katholischen und liberalen Intelligenz, förderte den Mitteleuropagedanken in Istrien und Friaul etc. Erhard Busek entwickelte dieses Konzept bereits zu einem Zeitpunkt, da weder das Ende der Sowjetunion noch die Erweiterung der EU als realistische Entwicklungen möglich schienen. Ausgangspunkt seiner Vision war die europäische Dimension der Konferenz über Sicherheit und Zusammenarbeit in Europa, eine Frucht der „Detente", und der (kleine) Spielraum, den die Schlußakte von Helsinki 1975 im Korb II durch die dort eingeräumten Menschenrechte den Politikern aus neutralen Ländern wie Österreich bot.

Auch mit einer taktischen Komponente versehen, wurde dieses Mitteleuropa als eine kulturelle Kooperationsform, als Ausdruck eines gemeinsamen kulturellen Erbes verstanden, das einen dritten Weg in Europa möglich machen sollte: zwischen dem NATO/EG-Westeuropa und dem Warschauer Pakt/Comecon/Sowjetunion-Osteuropa: eben das KSZE-Europa.[51]

Die definitorische Ausgrenzung der Bundesrepublik Deutschland aus diesem Mitteleuropa wurde von der CDU grimmig zur Kenntnis genommen und kritisiert, da dies natürlich dem Wiedervereinigungsanspruch entgegengesetzt schien[52]. Busek wollte auf diese Weise in der politisch unverdächtigen Kooperation mit dem neutralen Österreich Freiräume für die oppositionellen Gruppen in den noch unfreien Ländern Ostmittel- und Osteuropas schaffen.

Im Vordergrund seines „Projekts Mitteleuropa" stand die Förderung der Oppositionsgruppen, nicht eine Konkurrenz zur europäischen Integration im Rahmen der Europäischen Gemeinschaft; der Paradigmenwechsel der späten achtziger und beginnenden neunziger Jahre machte dann auch dieses Projekt Mitteleuropa obsolet. Die Befreiung der ehemals kommunistischen Satelliten, das Ende des Warschauer Paktes und die Entwicklung dieser Länder zu neuen Demokratien, deren erstes Ziel ebenso wie jenes der Republik Österreich darin bestand, Mitglied der Europäischen Gemeinschaft zu werden, entzog jeglicher Spekulation in die Richtung eines anderen Europa, des KSZE-Europa als dritten Weg, den Boden.[53]

---

50 Deutlich dargestellt bei BUSEK/BRIX.
51 Dieser dritte Weg stand nur kurzfristig offen: und auch nicht wirklich; das KSZE-Europa als dritter Weg bildete eine realistische Alternative nur zwischen 1975 und 1983, von dort ab zeichnete sich unter dem Symbol der Perestroika die Osterweiterung der Europäischen Union ab. So vertraten dann letztlich in der österreichischen innenpolitischen Debatte nur mehr die Grünen in der Auseinandersetzung um die Volksabstimmung über den Beitritt zur Europäischen Union dieses KSZE-Europa als den dritten Weg. Aber die Fakten entzogen dieser Argumentation den Boden. Der Generalsekretär der Industriellenvereinigung, Herbert KREJCI, formulierte bissig: Wien hat alles Interesse, die östlichste Stadt Westeuropas und nicht die westlichste Stadt Osteuropas zu werden...
52 Dem Autor ist ein Brief des deutschen Bundeskanzlers an den EDU-Vorsitzenden und Bundesparteiobmannes in Erinnerung, der dies deutlich zum Ausdruck brachte.
53 Nach der Volksabstimmung am 12. Juni 1994 verließen auch die Grünen letztlich dieses sinkende Schiff und bekannten sich zum Europa der Europäischen Union. Sie kämpfen nunmehr für die Osterweiterung der EU, also für das eine Europa, das auf der Grundlage der Maastrichter Verträge und nach den Bauplänen der Europäischen Union entsteht.

3. Die Befreiung Ostmittel- und Osteuropas

Die Aufbauarbeit Erhard Buseks in Ostmittel- und Osteuropa, ebenso wie das Gegenstück auf westeuropäischer Seite, nämlich die Arbeit von Alois Mock im Rahmen der Europäischen Demokratischen Union, wurde bei den beiden inzwischen sprichwörtlich und historisch gewordenen runden Tischen der Österreichischen Volkspartei auf dem Donaudampfschiffahrtsgesellschaftsschiff „Mozart" (auch dieses ist, in anderem Zusammenhang, inzwischen sprichwörtlich geworden) unter Beweis gestellt: Die Österreichische Volkspartei lud 1990 zum ersten runden Tisch Europa ein; Gastgeber war Vizekanzler Dipl.-Ing. Josef Riegler. Den zweiten runden Tisch Europa 1991 lud Erhard Busek als neugewählter ÖVP-Bundesparteiobmann ein, und alle kamen: Auf dem Donau-Luxusschiff Mozart trafen sich die Führer der freien europäischen demokratischen Welt und begegneten den Führern von damals noch unbedeutenden Gruppen und Grüppchen, die als die wichtige und legitime Opposition zum Kommunismus gefördert wurden: der gesamte jugoslawische Minimundus, von Alja Izetbegović über Franjo Tudjman bis , die Führer der späteren Regierungen von Bulgarien, der Westukraine, Polens (Mazowiecki zum Beispiel) usw., usw. – sie alle stellten sehr eindrucksvoll die vielen Jahre intensiver internationaler Parteiarbeit nach West und Ost unter Beweis, die von der Volkspartei geleistet wurde, aber auch die Rolle Österreichs als Scharnier zum Donauraum.[54]

Ein ähnliches Instrument der Parteiaußenpolitik außerhalb internationaler Organisationen und konkret von österreichischen Interessen getragen, ist die von Erhard Busek und Alois Mock gemeinsam gegründete und am 28. Mai 1993 in Wien aus der Taufe gehobene Kommission für das Große Europa. In ihr arbeiten Staatsmänner wichtiger westeuropäischer Parteien, von Jacques Chirac bis Otto Lambsdorff, mit Vertretern der russischen Reform zusammen: Ziel dieser Zusammenarbeit ist die Anbindung Rußlands an das neue Europa, der Einbau Rußlands in die europäische Friedensordnung, aber natürlich auch die Etablierung bilateraler Kontakte zwischen der Österreichischen Volkspartei und den russischen Reformparteien, ebenso wie die Nutzbarmachung dieser Kontakte für Österreichs Ziele. Die Kommission steht zwar unter dem Vorsitz von Jacques Chirac, ihr Büro ist aber in Wien. Alois Mock und Andreas Khol sind Führungsfunktionäre dieser Kommission, der auch Erhard Busek als Mitglied angehört.

---

54 Die Rechenschafts- und Erfolgsberichte der beiden runden Tische sind in der Schriftenreihe der Politischen Akademie mit interessanten Beiträgen der Referenten erschienen. Josef RIEGLER hatte zu beiden runden Tischen eingeladen und auch die Rechenschaftsberichte herausgegeben. Dokumentation hiezu liefert Esther SCHOLLUM im Österreichischen Jahrbuch für Politik, S. 491. Wer die Pressekonferenz beim ersten runden Tisch am 12. Jänner 1990 auf der „Mozart" miterleben konnte, wird diese paradigmatische Veranstaltung nie vergessen: sie geriet zu einem einstündigen Streit der Vertreter des sich auflösenden Jugoslawiens; der spätere Parlamentspräsident DOMLJAN aus Kroatien stellte resignierend fest: so leben wir alle Tage.

4. Die Generalsekretäre-Treffen der deutschsprachigen CD-Parteien

Die bilaterale Parteienzusammenarbeit im ersten Abschnitt, also vor der Mitteleuropapolitik der Österreichischen Volkspartei, beschränkte sich im wesentlichen auf die Zusammenarbeit mit den Vertretern der anderen deutschsprachigen Christdemokraten: Es gab Generalsekretäre-Treffen, die zweimal jährlich reihum organisiert wurden: Daran nahmen die Südtiroler Volkspartei, die Schweizerische Christlich-Demokratische Volkspartei, die CDU, die CSU und die Österreichische Volkspartei teil.

Eine besondere Bedeutung erhielten diese Generalsekretäre-Treffen nach 1976 in der Ära Busek und Lanner zur Überwindung der Frustration gerade der Schweizer und Österreichischen Christdemokraten über den Nichteinzug in die Europäische Volkspartei. In der Zeit der Generalsekretärsschaft von Dr. Sixtus Lanner (ein aktiver Befürworter der internationalen Parteienzusammenarbeit) wurden diese Treffen zu wichtigen Koordinationsinstrumenten ausgebaut. In den späteren achtziger Jahren, in denen die multilaterale Zusammenarbeit mit der Europäischen Volkspartei enger wurde, UECD und EDU effizient die Parteiinteressen koordinierten, waren die Generalsekretäre-Treffen nicht mehr so interessant, und die Generalsekretäre hatten andere Prioritäten; so verliefen dann diese Treffen in den Jahren ab 1990 auch im Sande.[55]

5. Das Sonderverhältnis zur Democrazia Cristiana Italiens

Die Generalsekretäre der Österreichischen Volkspartei Dr. Alfred Maleta, Dr. Herbert Kohlmaier und Dr. Hermann Withalm nutzten die Möglichkeiten, die ihnen die internationale Parteienzusammenarbeit außerhalb der Kanäle des Außenministeriums boten, systematisch, um das einzige zwischen Österreich und Italien bestehende Problem, nach dem Staatsvertrag lange Zeit das einzige wirklich schwerwiegende Problem Österreichs, nämlich das Südtirol-Problem, einer Lösung näher zu bringen.[56]

Dabei kam ihnen eine Sachgesetzlichkeit der internationalen Parteienzusammenarbeit im besonderen Maße zugute: Üblicherweise haben im innerstaatlichen Machtgefüge Parteivorsitzende von Regierungsparteien bzw. Generalsekretäre von Regierungsparteien größeren Einfluß auf das politische Geschehen als die Außenminister, die unter normalen Umständen im innerstaatlichen Stellenwert des politischen Entscheidungsprozesses relativ weit hinten angesiedelt sind. Dies traf natürlich insbesondere in den sechziger Jahren für Italien zu. Dabei kam eine besondere Spezialität des italienischen Regierungssystems zum Tragen: Die Parteivorsitzenden der großen Parteien, insbesondere der Christdemokratie, standen mit ihrem Apparat *über* den Ministerpräsidenten, „sie ließen regieren". In der italienischen Regierungspraxis wechselten sich an die 150 Spitzenfunktionäre der verschiedenen Flügel der Democrazia Cristiana mit ihren Regierungspartnern in regelmäßigen Abständen in den Spitzenfunktionen ab: heute Parteivorsitzender (in Italien: Secretario Politico),

---
55 Die Begegnungen sind in den Berichten der Generalsekretäre verzeichnet.
56 GEHLER (1993) dokumentiert dies eindrucksvoll.

morgen Ministerpräsident, übermorgen Außenminister, dann vielleicht Mitglied der Kommission in Brüssel, dann wieder Ministerpräsident, dann wieder Parteivorsitzender; so begegnen uns die Namen Fanfani, Andreotti, Colombo, Malfatti, Forlani, Rumor, Scelba in diesen Jahren, die für Südtirol so wichtig waren, immer wieder in verschiedenen Funktionen.

Im Rahmen der Zusammenarbeit in den internationalen Gremien, in der Union der Europäischen Christdemokraten bzw. in der NEI, trafen jeweils politische Schwergewichte der ÖVP außerhalb des Regierungsapparates (in Österreich den jeweiligen Außenministern – sieht man von Karl Gruber und Leopold Figl ab – politisch weit überlegen) mit entsprechenden Schwergewichten der Democrazia Cristiana zusammen. Bei diesen Kontakten konnte die Regierungslinie, wie sie in den kritischen Phasen nach dem Scheitern Kreiskys beim Erzielen einer bilateralen international verankerten Lösung mit Saragat entstanden war, wirkungsvoll politisch unterstützt werden: Die vom Außenminister der ÖVP-Alleinregierung Dr. Lujo Tončić-Sorinj entwickelte politische (und nicht international rechtliche) Südtirol-Lösung, die dann vom zweiten ÖVP-Außenminister der Regierung Klaus, nämlich Dr. Kurt Waldheim, unter Dach und Fach gebracht wurde, wurde auf diese Weise von beiden Seiten politisch unterfüttert und durchgezogen – auf österreichischer Seite gegen den erbitterten Widerstand vieler Juristen, vor allem aber des sehr starren Beamtenapparats in der Tiroler Landesregierung. In Italien gegen den gleichermaßen erbitterten Widerstand des gesamten Apparates der Farnesina, des nicht nur im Baustil stark an vergangene Zeiten erinnernden italienischen Außenministeriums.[57]

Nebenprodukt dieser Zusammenarbeit der Generalsekretariate (paradigmatisch für den Stellenwert internationaler Parteizusammenarbeit und gleichsam ein Musterbeispiel für die Funktionsweise, aber auch die Schwierigkeiten, die damit verbunden sind) war eine engere Zusammenarbeit der Parteien selbst und ihrer Bildungsinstitutionen: Parteidelegationen wurden regelmäßig ausgetauscht, österreichische Politikergruppen fuhren nach Rom und wurden dort eine Woche lang mit dem italienischen politischen System vertraut gemacht; gleichermaßen kamen italienische Politikergruppen nach Österreich und erfuhren hier, wie das österreichische politische System funktioniert.

Mit der Abnahme des akuten Interesses an der Südtirol-Frage in Folge der stetig vor sich gehenden Verwirklichung der Autonomie Südtirols auf der Grundlage des einmal erreichten Südtirol-Pakets (1969) schliefen auch diese besonderen Parteibeziehungen ein – so war es beispielsweise nicht mehr im vorwiegenden Interesse der Democrazia Cristiana gelegen, mit der ÖVP besondere Beziehungen zu halten: Die seit 1980 immer wieder angestrebten bilateralen Kontakte kamen unter Flaminio Piccoli und Alois Mock (also bis 1989) mehrmals zustande, dann aber nicht mehr. Sie wurden durch persönliche Beziehungen zwischen Busek und den wechselnden Vorsitzenden der DC, dann der PPI, ersetzt.

Es waren allerdings die inzwischen infolge der Regierungsbeteiligung der ÖVP auch auf staatlicher und multilateraler Ebene intensiv gewordenen persönlichen Kontakte von Alois Mock, vor allem mit Giulio Andreotti und Gianni de Michelis (letzterer von der Sozialdemokratie), welche die internationale Verankerung des

---

57 Vergleiche dazu STEINER (1992), GRUBER (1977), MEIER-WALSER, S. 243–278.

Südtirol-Pakets und die Streitbeilegung im Jahre 1992/93 ermöglichten.[58] Nicht zu übersehen ist allerdings auch die ganz entscheidende Rolle, die in Österreich der Altmeister der friedlichen Südtirol-Politik, Ludwig Steiner, und in Italien der Vertraute von Giulio Andreotti, der ehemalige Unterstaatssekretär Alcide Berloffa, DC-Politiker in Bozen, spielten. Auf dieser Parteiebene wurden letztlich *alle* Lösungen im kurzen Wege erarbeitet und auch *durchgesetzt.*

6. Parteitagsbesuche

In den siebziger und achtziger Jahren, vor dem Zusammenwachsen der europäischen Parteien in der Europäischen Volkspartei und in der Europäischen Demokratischen Union, war es üblich, jeden Parteitag durch die Anwesenheit möglichst vieler internationaler Größen anderer Länder aus dem Bereich der Schwesterparteien zu schmücken. So lud die Österreichische Volkspartei regelmäßig zu ihren Parteitagen bis in die neunziger Jahre herauf internationale Beobachter ein; vor allem in den Jahren der Opposition 1971 bis 1986 war es Aufgabe des internationalen Büros, möglichst prominente und regierende ausländische Spitzenfunktionäre zu Grußworten bei den Parteitagen zu gewinnen – von Helmut Kohl über Franz Josef Strauß bis Flaminio Piccoli. Gleichermaßen wurden österreichische Funktionäre immer wieder zu Parteitagen der Schwesterparteien eingeladen: Jeder ÖVP-Vorsitzende wird zu den Parteitagen von CDU und CSU gebeten und fährt auch regelmäßig hin.[59]

Die neuen Schwesterparteien in den Demokratien Ostmittel- und Osteuropas legen auch besonderen Wert auf derartige Beweise der Solidarität und der internationalen Reputation, daher wird auch jeder Parteitag von Schwesterparteien in diesen Ländern von der Österreichischen Volkspartei durch eine Vertretung wahrgenommen. Alois Mock, Josef Riegler und Erhard Busek richteten auch stets Grußworte an die Kongresse der Schwesterparteien, vor allem der Nachbarländer (so z. B. Erhard Busek am 18. Dezember 1994 in Karlsbad beim Kongreß der tschechischen ODS, geführt von Ministerpräsident Vaclav Klaus).

7. Austausch von Delegationen[60]

In der Oppositionszeit war es üblich, daß Delegationen der Österreichischen Volkspartei ins Ausland zu befreundeten Regierungsparteien fuhren, vor allem in Westeuropa (Besuche in den kommunistischen Ländern kamen für die Volkspartei nicht in Frage). Gleichermaßen wurden Delegationen aus diesen Ländern empfangen. Ein besonderes Fingerspitzengefühl mußte gegenüber lockenden *Einladungen*

---

58 Vergleiche dazu meine Arbeit im Jahrbuch für Politik 1991, S. 223: „Zur Paketübergabe am 22. April 1992: Südtirol – ein abgeschlossenes Kapitel?"
59 Nachweise in den Berichten der Generalsekretäre.
60 Die Delegationsaustausche werden in den Jahresberichten der Generalsekretäre zu den Parteitagen nachgewiesen. Den Stellenwert, den die Politiker ihr einräumen, ergibt sich aus den Erinnerungen beispielsweise von Alfred MALETA, Hermann WITHALM und Josef KLAUS. Ihre Werke der Erinnerung sind im Literaturverzeichnis enthalten.

aus den kommunistischen Ländern an den Tag gelegt werden: Immer wieder versuchte man dort durch den Empfang von Delegationen aus anerkannten Demokratien Legitimität zu gewinnen – worauf es ankam, war der 30-Sekunden-Schnitt des Händeschüttelns im Fernsehen und auf das Foto in den Zeitungen. Gerade das mußte aber unter allen Umständen vermieden werden; dieser Grundsatz wurde auch bei so manchen reisewilligen Oppositionspolitikern in der ÖVP, die so gerne den roten Teppich im Ausland einmal abgegangen wären, durchgehalten.

Auch diese Art der bilateralen Beziehungen hat sich in den letzten Jahren grundlegend verändert und wurde neu gestaltet: Während es kaum mehr üblich ist, Parteidelegationen mit westeuropäischen Parteien auszutauschen – man trifft sich ohnehin ständig in den europäischen Gremien, im Europäischen Parlament etc., in EDU und Europäischer Volkspartei –, so wurde dieses Instrument zum systematischen Aufbau bilateraler Beziehungen mit den Regierungsmannschaften der neuen Demokratien verwendet: Während diese Parteien im Rahmen der Zusammenarbeit in der EDU und der UECD stetig auf der Ebene der Parteifunktionäre „gepflegt" wurden, lud die österreichische Regierungsmannschaft der ÖVP unter Führung von Erhard Busek in den letzten Jahren die Regierungskollegen der Schwesterparteien, beispielsweise aus Slowenien, Slowakei, Tschechien, Ungarn, nach Wien ein und reiste auch zu entsprechenden Gegenbesuchen, die dadurch hervorgerufen wurden. Auf diese Weise wurden zwischen den österreichischen Ministern und den Kollegen in den jeweiligen Nachbarländern besonders intensive Arbeitsbeziehungen angeknüpft.

Diesem Gedanken christdemokratischer Nachbarschaftspolitik entsprechen auch die auf eine Initiative des damaligen slowakischen Ministerpräsidenten Dr. Jan Čarnogursky zurückgehenden zweimal jährlich stattfindenden Parteiführertreffen der Christdemokraten aus dem Donauraum, die jeweils in einem anderen Kloster für einen Tag lang anberaumt werden: der Beginn wurde in Heiligenkreuz 1992 gesetzt, dann ging es nach Vehlirad, nach Pannonhalma etc. Auch diese Begegnungen dienen dazu, den persönlichen Kontakt so zu intensivieren, daß man seinen jeweiligen Kollegen im Falle der Notwendigkeit zu erreichen weiß, der andere auch das Telefon abnimmt und man gemeinsam Probleme bespricht. (Dies ist eines der wichtigsten Ergebnisse internationaler Parteienzusammenarbeit, deren Tragweite Außenstehende leicht unterschätzen.)

IV. Die Träger der internationalen Parteibeziehungen in der österreichischen Volkspartei

1. Die praktische Entwicklung und die Statutenlage[61]

Die Österreichische Volkspartei, 1945 beim Wiedererstehen der Zweiten Republik als soziale Integrationspartei gegründet, war von Anfang an Regierungspartei und führte

---

61 Vergleiche dazu die Realkritik bei Josef KLAUS, S. 412, und die Analyse bei STIRNEMANN und DIEM.

daher ein relativ kleines Generalsekretariat. Die Generalsekretäre waren regelmäßig *nicht* Mitglied der Bundesregierung. Zwischen Generalsekretariat und Bundesregierung entwickelte sich in manchen Abschnitten ein kritisches Verhältnis. Die Parteiaußenbeziehungen waren in der Ära der Regierungsbeteiligung der Volkspartei im Rahmen der ersten Großen Koalition (1945–1966) nahezu ausschließlich Sache der Generalsekretäre (Felix Hurdes, Alfred Maleta, Hermann Withalm). In der Ära der ÖVP-Alleinregierung 1970 kümmerte sich auch der Parteiobmann/Bundeskanzler mit seinem Kabinett (Kabinettschef Dr. Alois Mock) parallel zum Generalsekretariat um die Parteiaußenpolitik. Im Abschnitt der langen Oppositionsjahre der Volkspartei 1970–1987 wurde anfangs zwar die internationale Parteiarbeit in der Statutenreform 1972 als Kompetenz ausdrücklich dem Generalsekretär vorbehalten („lex Kohlmaier"), mit Übernahme der Parteiobmannschaft durch Josef Taus, noch stärker ausgeprägt nach Übernahme der Parteiobmannschaft durch Alois Mock, wurde dieser Teil der Parteiarbeit immer wichtiger genommen, und so wurden die internationalen Parteibeziehungen primär zur Obmannsache, der ein im Laufe der Zeit ihm immer ausschließlicher unterstelltes Internationales Büro als wichtiges Instrument zur Verfügung hatte.

2. Die handelnden Personen[62]

Generalsekretär Felix Hurdes (1945–1951) legte dem christlich-demokratischen Internationalismus große Bedeutung zu. Er bediente sich des in Paris studierenden Rudolf Lewandowski als Verbindungsmann zur christlichen Demokratie. Felix Hurdes wirkte maßgebend an der Gründung der christlich-demokratischen Internationale mit. Rudolf Lewandowski war auch Generalsekretär der Jugendorganisation der christlichen Internationale. Dr. Felix Hurdes war Vizepräsident der NEI.

Dr. Alfred Maleta führte das Generalsekretariat von 1951–1960. Auch er war in internationalen Beziehungen vielseitig tätig. Ihm zur Seite stand Friedrich Weigend-Abendroth, der bis 1960 im sehr kleinen Generalsekretariat (Maleta war gleichzeitig auch Klubobmann der ÖVP) die sehr aktive Parteiaußenpolitik von Maleta unterstützte. Maleta war Vizepräsident der NEI und später der UECD.

Dr. Hermann Withalm (1960–1970) war gleichfalls Vizepräsident der UECD, konzentrierte seine Arbeit aber im wesentlichen auf die Parteiarbeit im Inland (sieht man von seiner Rolle im Zusammenhang mit der Lösung des Südtirol-Problems im Rahmen der Parteibeziehungen zur Democrazia Cristiana ab). Fragen der Parteiaußenpolitik gehörten zum Wirkungsbereich des politischen Referenten Dr. Kronhuber.

Generalsekretär Dr. Herbert Kohlmaier (1971–1975) wurde gleichfalls Vizepräsident der UECD, war zugleich Vorsitzender ihrer sozialpolitischen Kommission und führte eine sehr initiative Parteiaußenpolitik, unterstützt von Dr. Peter Diem, der ein internationales Büro im Generalsekretariat aufbaute. Unter der Parteiführung von Dr. Karl Schleinzer widmete sich Kohlmaier, dem in der Statutenreform die Parteiaußenbeziehungen als Wirkungsbereich vorbehalten waren, sehr initiativ dem Einbau der Österreichischen Volkspartei in die internationale Christdemokratie, insbe-

---

[62] Nachweise in den Berichten der Generalsekretäre.

sondere im europäischen Zusammenhang – die ersten Abkoppelungseffekte als Folge der Gründung der Europäischen Wirtschaftsgemeinschaft und ihres „politischen" Sieges über die Konkurrenzunternehmung EFTA wurden merkbar.

Bundesparteiobmann Dr. Josef Taus hatte zwei Generalsekretäre: *Dr. Erhard Busek* (1975–1976) und *Dr. Sixtus Lanner* (1976–1982). Taus bemühte sich aktiv um die Gründung der Europäischen Demokratischen Union, deren Einrichtung er schließlich durchsetzte. *Generalsekretär Dr. Erhard Busek* drängte insbesondere auf die Aufnahme der Österreichischen Volkspartei in die Europäische Volkspartei; ihm stand beratend, als Nachfolger von Peter Diem, der Studienleiter der Politischen Akademie, *Dkfm. Alfred Stirnemann*, als Internationaler Sekretär zur Seite. Das Scheitern der Bemühungen um die Aufnahme in die Europäische Volkspartei war schließlich kausal dafür, daß Josef Taus die Gründung der EDU betrieb. Dr. Erhard Busek führte die christlich-soziale, der UECD verpflichtete Programmtradition von Herbert Kohlmaier und Peter Diem fort.

Auch *Dr. Sixtus Lanner* war dieser, damals „herrschenden" Richtung in der Partei verpflichtet. Josef Taus sandte *Dr. Ludwig Steiner*, vorher Staatssekretär und politischer Direktor im Außenministerium sowie Spitzenbeamter in der Ära Kreisky, als Nachfolger von Franz Karasek in den Österreichischen Nationalrat, wo er außenpolitischer Sprecher und schließlich auch Vizepräsident der UECD und damit wichtiger Akteur in der Parteiaußenpolitik wurde. Gleichzeitig nahm Dr. Josef Taus (1975–1979) den ehemaligen Generalsekretär im Außenministerium und langjährigen Spitzendiplomaten Dr. Friedrich Haymerle als außenpolitischen Berater unter Vertrag. Unter seiner Federführung, unterstützt vom Autor dieses Beitrages, wurden die politischen Weichenstellungen zur Gründung der EDU vorgenommen.

In der Ära von *Bundesparteiobmann Alois Mock* (1979–1989) war vorerst *Dr. Sixtus Lanner* Generalsekretär, der insbesondere die Treffen der Generalsekretäre der deutschsprachigen christlich-demokratischen Parteien forcierte und Österreich in der Union der Europäischen Christdemokraten als Vizepräsident vertrat.

Mit seinem Abgang 1982 gab er auch dieses Amt auf, und *Ludwig Steiner* übernahm die Parteiaußenpolitik als Leiter des Internationalen Büros, außenpolitischer Sprecher, Vertreter Österreichs im Europarat und Vizepräsident der Union der Europäischen Christdemokraten. Er leitete auch das Internationale Büro am Sitz der Parteizentrale, Kärntner Straße 51. Generalsekretär *Dr. Michael Graff* (1982–1987) kümmerte sich um die internationalen Parteibeziehungen nicht direkt, sondern überließ sie dem Duo *Steiner/Khol*.

Dr. Andreas Khol baute im engen Einvernehmen mit Ludwig Steiner als Exekutivsekretär das Büro der Europäischen Demokratischen Union in Wien auf, das im Hinblick auf die Obmannschaft des Parteivorsitzenden Dr. Alois Mock in der EDU zu einem zweiten Brennpunkt der Parteiaußenpolitik wurde. An diesen Strukturen änderte der Nachfolger von Michael Graff als Generalsekretär, *Helmut Kukacka* (1987–1991), nichts.

Mit der Übernahme des Parteivorsitzes durch *Dipl.-Ing. Josef Riegler* (Generalsekretär blieb Kukacka) übernahm dieser auch in der Tradition von Alois Mock die Parteiaußenbeziehungen. Bereits in der Endphase der Obmannschaft von Dr. Alois Mock wurde die Politische Akademie der ÖVP (Direktor Dr. Andreas Khol) immer stärker in die internationale Parteizusammenarbeit eingebunden, zumal ihr aufgrund einer Änderung des Akademien-Finanzierungsgesetzes Mittel für die internationale Bildungsarbeit zur Verfügung standen, die systematisch für den Ausbau der Ost- und Ostmitteleuropa-Kontakte eingesetzt wurden. Federführend in der Politischen Akademie war hier *Mag. Esther Schollum* tätig.

Während Alois Mock Vorsitzender der EDU und Außenminister blieb, verblieb Ludwig Steiner als Leiter des Internationalen Büros und UECD-Vizepräsident in seinen Ämtern, ebenso der mittlerweile in den Nationalrat gewählte Exekutivsekretär der EDU, Dr. Andreas Khol. Josef Riegler, beraten von Dr. Erhard Busek, forcierte insbesondere die Kontakte zu den neuen demokratischen Parteien in Ostmittel- und Osteuropa. Er bereitete die beiden runden Tische vor, die auf dem Donauschiff „Mozart" stattfanden.

Bundesparteiobmann *Dr. Erhard Busek,* unterstützt von Generalsekretärin *Ingrid Korosec* (1991–1995) und zuerst Dr. Ferdinand Maier, dann Dipl.-Ing. Willi Molterer, änderte die Strukturen nur allmählich: Der mittlerweile aus dem Nationalrat ausgeschiedene Ludwig Steiner verblieb Präsident des Internationalen Büros der Partei und Vizepräsident der Union der Europäischen Christdemokraten, mit der Leitung des Internationalen Büros wurde der Exekutivsekretär der EDU und außenpolitische Sprecher der ÖVP im Nationalrat, *Dr. Andreas Khol,* betraut, der auch zum Vizepräsidenten der Politischen Akademie für Internationale Arbeit bis zu seiner Wahl zum Klubobmann des ÖVP-Parlamentsklubs am 3. November 1994 in diesen Funktionen wirkte.

Neben dem Internationalen Büro und dem Generalsekretariat, dem dieses zuarbeitete, wurde die Arbeit im Europarat für die Parteiaußenpolitik immer wichtiger: Zuerst geleitet von *Dr. Ludwig Steiner,* dann in seiner Nachfolge ab 1990 vom ehemaligen Klubobmann *Dr. Fritz König,* wurde dort die Aufnahme Österreichs in die Europäische Union betrieben. Neben dem ehemaligen Generalsekretär des Europarates und Außenminister in der Ära Klaus 1966/67, Dr. Lujo Tončić-Sorinj, nahm Dr. Fritz König ab 1990 die Beobachterrolle bei der Parlamentsfraktion der Europäischen Volkspartei im Europäischen Parlament aktiv wahr und berichtete darüber dem Parteivorstand. So konnte er so manche Vorbehalte, die gegenüber Österreich als Mitglied der Europäischen Union, insbesondere wegen seiner mißdeuteten Neutralität, bestanden, ausräumen. Lujo Tončić nahm diese Beobachterrolle viele Jahre (zum Großteil auf eigene Kosten) seit 1975 wahr und trug auch damit wesentlich dazu bei, das vordringliche Ziel der Parteiaußenpolitik der ÖVP seit 1975, nämlich die Mitgliedschaft in der Europäischen Union, sicherzustellen. Im Rahmen der Europäischen Frauen-Union wirkte *Ingrid Tichy-Schreder;* als stellvertretende Klubobfrau im Parlament leitete sie auch die EFTA-Parlamentariergruppe.

Im Jänner 1995 regelte *Bundesparteiobmann Dr. Erhard Busek* das internationale Büro neu: Ludwig Steiner verblieb Präsident des Internationalen Büros der ÖVP und Vizepräsident der UECD, während *Mag. Alexis Wintoniak* die Funktion des Internationalen Sekretärs und auch die Fraktionskontakte des ÖVP-Parlamentsklubs zum Europäischen Parlament übernahm. Parallel dazu wurde er zum Co-Exekutivsekretär der EDU bestellt: zur Entlastung des zum Klubobmann des ÖVP-Klubs im Parlament gewählten Exekutivsekretärs der EDU, Dr. Andreas Khol.

V. Zusammenfassung und Ausblick

Die ÖVP als staatstragende und staatsgestaltende Partei, die ÖVP als Staatspartei schlechthin, prägte die österreichische Außenpolitik von 1945 bis 1970, beeinflußte sie maßgebend von 1970 bis 1987 und prägte sie wiederum von 1987 bis zum heutigen Tag.[63]

Aus dem Österreich der Ersten Republik, nach den Worten Clemenceaus, „Österreich ist das, was übrigbleibt", nachdem man aus der Erbmasse der im Reichsrat vertretenen Königreiche und Länder, also aus der österreichisch-ungarischen Monarchie, ein neues, instabiles Mitteleuropa schuf;
– aus dem Österreich, das keiner wollte (weder seine Bürger selbst, noch seine Nachbarn);
– aus dem verunsicherten Österreich, das sich zuerst selbst aufgegeben hatte und Teil der großen deutschen Republik werden wollte („Deutsch-Österreich");
– aus dem Österreich, das völlig isoliert gegen das nationalsozialistisch gewordene Deutschland um seine Existenz kämpfte;
– aus dem Österreich, das in dieser Isolation außenpolitisch in die Fänge des faschistischen Italien geriet;
– *aus diesem Österreich* wurde bis 1995 ein selbstbewußter, demokratischer, geachteter, wohlhabender, international aktiver, sozial gerecht geordneter und leistungsfähiger Staat, der zu sich selbst gefunden hatte und gleichberechtigtes, international geachtetes Mitglied der Europäischen Union wurde und nunmehr wieder seinen Platz auf der Landkarte gefunden hat.

Gemeinsam mit der SPÖ baute die Österreichische Volkspartei diesen Staat auf, eine gemeinsame Außenpolitik (sieht man von der Ära Kreisky ab) wurde geführt.[64] Sie erreichte von 1945–1955 die Wiedererrichtung eines unabhängigen und souveränen Österreich, ungeteilt und territorial intakt; in der Zeit von 1955–1970 wurden fast alle Nachbarschaftsprobleme gelöst, auch die Lösung des Südtirol-Problems wurde grundgelegt[65], und der Weg in ein größeres Europa wurde durch das Arrangement mit der EU (damals Europäische Wirtschaftsgemeinschaft) gefunden; die Ära der sozialistischen Außenpolitik 1970–1985 war von einem sozialdemokratischen Internationalismus gestaltet, der fehlschlug und Österreich schadete.[66] Der KSZE-Men-

---

63 Diese Phasen der Außenpolitik ergeben sich beispielsweise aus KHOL, „Neue Außenpolitik" (1993), sowie in bemerkenswerter Übereinstimmung KRAMER, in DACHS, Handbuch des politischen Systems 1994, eindrucksvoll dokumentiert bei Ludwig STEINER, 1977.
64 Der Konflikt in der Ära KREISKY wurde pointiert von KHOL (1978) unter dem Titel: „Außenpolitik zwischen Konflikt und Konsens" analysiert.
65 MEIER WALSER, der Chronist der Außenpolitik der Regierung KLAUS, geht hier ins Detail (1966).
66 In dem von mir herausgegebenen Buch: Die Kampagne, Kurt Waldheim: Opfer oder Täter (gemeinsam mit Theo FAULHABER und Günther OFNER) analysiere ich die nationalen und internationalen Hintergründe der Waldheim-Kampagne, dort stelle ich auf S. 207 fest: „Die Interessen des Landes wurden den Interessen der Partei untergeordnet nach dem bekannten sozialistischen Leitspruch ‚Die Partei ist meine Heimat'. Eine ähnliche Haltung bezog der ehemalige Bundeskanzler Dr. Bruno Kreisky, der Kurt Waldheim die Freundschaft aufkündigte – ein Treppenwitz: viel vom Unwillen der Welt gegen Österreich und gegen Kurt Waldheim als UNO-Generalsekretär war das Resultat der Nahostpolitik des begeisterten Antizionisten Dr. Bruno Kreisky, Kurt Waldheim war der getreue Exekutor seiner Nahostpolitik in den Vereinten Nationen und bekam in der Kampagne die Quittung dafür."

schenrechtspolitik der guten Nachbarschaft im Donauraum[67] schenkten die Sozialisten weniger Beachtung. Sie wurde weitgehend vom Außenministerium und seinen Beamten gelenkt, während die Sozialisten ihrem Engagement in der dritten Welt und im Nahen Osten Vorrang einräumten.[68] Parallel dazu bereitete die ÖVP durch ihre Parteiaußenpolitik die beiden entscheidenden Felder auf, welche von 1985 bis 1995 die österreichische Außenpolitik bestimmen sollten: den Einbau Österreichs in die Europäische Union und den demokratischen Wiederaufbau der ehemals kommunistischen Volksdemokratien im Donauraum.

Österreich trug mit seiner Außenpolitik ganz wesentlich zur Stabilität in Mitteleuropa bei; die eigene Sicherheit und Leistungskraft stabilisierte auch die unterdrückten Nachbarn im Osten, mit denen trotz kommunistischer Kontrolle auf der Basis der KSZE ab 1975 intensiv kooperiert wurde. Gleichsam im kleinen Grenzverkehr wurden die Grenzen aufgeweicht, alte Verbindungen neu geknüpft, kleine Nischen geschaffen, vieles grundgelegt: damit wurde Wesentliches, zuerst unter dem Konzept eines neuen Mitteleuropa-Begriffs zur Vorbereitung der Wiedererringung von Freiheit, Demokratie, Rechtsstaatlichkeit und sozialer Marktwirtschaft im Donauraum beigetragen.[69]

Diese Entwicklung Österreichs aus der Isolation der Ersten Republik 1918 in die volle Gleichberechtigung im Rahmen der EU 1995 gestaltete die ÖVP ganz wesentlich, und sie wurde davon auch selber geprägt: Von Anfang an internationalistisch und integrationsfreundlich ausgerichtet, verfolgte die Österreichische Volkspartei seit ihrer Gründung 1945 als internationalistische, solidaristische Partei, die aktiv an den europäischen Parteienbünden mitarbeitete, die Ziele der österreichischen Außenpolitik und unterstützte sie 1945–1970 in helfender Funktion: zuerst stand die Wiedererringung der vollen Unabhängigkeit und der souveränen Gleichberechtigung in Europa auf der Tagesordnung; dem diente die aktive Rolle der ÖVP in der NEI und der UECD. Da in dieser Zeit die Österreichische Volkspartei Regierungsverantwortung trug, waren die internationalen Parteibeziehungen nur subsidiär zur Regierungsaußenpolitik, und dies nicht immer spannungsfrei. Die Partei hielt die Westkontakte und machte das besondere Profil der österreichischen Neutralität ab 1955 deutlich: nicht neutralistisch, der Dritten-Welt-Philosophie nach schwedischem Muster verpflichtet, sondern dem christlich-abendländischen Europa, der Demokratie und der sozialen Marktwirtschaft verbunden, der europäischen Einigung verpflichtet. Die ÖVP-Parteiaußenpolitik strebte dabei stets ein größeres Europa, über das Kerneuropa der sechs hinausgehend, an und kämpfte für die Option des größeren Europa vom Atlantik bis zum Ural einerseits, für die ideologische Weite andererseits: die Zusammenarbeit aller Volksparteien der Mitte und der rechten Mitte, nicht nur jener, die dem „Hohen C" ausdrücklich in ihrem Parteistatut und -namen verpflichtet waren.

Ab 1970/71 (der Zeitpunkt kann nicht so genau festgelegt werden) erhielt die Volkspartei eigentlich völlig ungeplant, aber gleichsam zwangsläufig eine neue Rolle:

---

67 Die KSZE-Politik interessierte die Sozialdemokratie kaum; der damalige politische Direktor im Außenministerium, Ludwig STEINER, führte die von ihm gemeinsam mit Rudolf KIRCHSCHLÄGER (als dieser noch Außenminister war und dann Bundespräsident wurde) gestaltete initiative Ostmitteleuropapolitik auf eigene Faust weiter, all dies ist wohl dokumentiert (KHOL 1978).
68 Dies kommt sehr deutlich in den „Roten Markierungen" zum Ausdruck.
69 BUSEK/BRIX, aber auch ETTMAYER im Jahrbuch für Politik.

Nach der Klärung der Frage, daß Kreisky die Außenpolitik aus dem Konsens herauslösen und eine neue, kontroversielle Richtung geben würde[70], entwickelte die ÖVP ihr eigenes Konzept und verfocht es im Nationalrat als kontrollierende Opposition, in der Parteiaußenpolitik allerdings als handelnder Faktor.

Damit wurde die Parteiaußenpolitik für die ÖVP wichtiger als zuvor; sie trat aus ihrer subsidiären Rolle heraus und gewann Selbständigkeit und Profil. So konnte die ÖVP, im Gegensatz zur SPÖ, den Einbau Österreichs in die EG (heute EU) vorbereiten: multilateral und bilateral. Sie konnte sich dadurch ein deutlich anderes Profil auf dem Gebiet der Außenpolitik ganz allgemein erringen, nicht nur was Österreichs Rolle in Europa und die Neutralität betraf, den Nahostkonflikt und die PLO, die Entwicklungshilfe und das Verhältnis zur dritten Welt. Auch in der für die österreichische Bewußtseinslage der achtziger Jahre so wichtigen Frage des Verhältnisses zu den Vereinigten Staaten von Amerika zeigte die ÖVP Flagge. Der Antiamerikanismus eines Bruno Kreisky als Folge seines Engagements im Nahostkonflikt, das von niemandem gewünscht wurde, schärfte das Bild der ÖVP in der Öffentlichkeit.

Dieses eigene Profil[71] konnte dann die Volkspartei als Regierungspartei mit ihrem Außenminister Alois Mock ab 1987 umsetzen[72].

So trat in der Phase von 1970–1987 die Parteiaußenpolitik an eine wichtige Stelle in der ÖVP: Bedeutende personelle und materielle Ressourcen wurden der Parteiaußenpolitik zur Verfügung gestellt, das Internationale Büro systematisch ausgebaut, die bilateralen und multilateralen Kontakte tatkräftig geführt, in der UECD die Vizepräsidentschaft gestaltend ausgeübt, die EDU aufgebaut und zu einem europäischen Instrument gestaltet. Dazu kam ein aktives Engagement im Europarat, wo Österreicher ja sehr schnell leitende Stellen erhielten; die Beobachterrolle bei der Europäischen Volkspartei im Europäischen Parlament wurde trotz großer finanzieller Opfer systematisch genutzt.

Diese Parteiaußenpolitik wurde von an die 30 international aktiv tätigen Politikern und Politikerinnen getragen, die dann auch 1987–1995 eingesetzt wurden, um an das oberste Ziel der Außenpolitik der Österreichischen Volkspartei zu gelangen: die volle Mitgliedschaft in der Europäischen Union, aber auch, um die zweite Priorität grundzulegen: die Öffnung der Europäischen Union für die neuen Demokratien in Ostmittel- und Osteuropa und die solidarische Mithilfe beim Aufbau der Demokratie in diesen Ländern.

Im multilateralen Bereich, also bei den Instrumenten der transnationalen Parteizusammenarbeit, konnte die ÖVP ihre Ziele fast bis zur vollen Durchsetzung erreichen. Die Einrichtung einer einzigen, schlagkräftigen Internationale aller Parteien

---

70 Dazu Khol in der Mock-Festschrift (1994).
71 Dieses eigene Profil der Außenpolitik kommt bei Alois Mock, Standpunkte, deutlich zum Ausdruck. In dem von mir herausgegebenen Werk: „Neue Außenpolitik in einer neuen Welt" würdige ich diese Politik von Alois Mock auf S. 7: „Die Entwicklung der außenpolitischen Doktrin seit 1976 als Vorbote der neuen Ära" und weise nach, wie Alois Mock als Klubobmann und Parteiobmann die spätere Außenpolitik des Außenministers und Vizekanzlers Alois Mock vorbereiten konnte.
72 Kritisch dokumentiert von Andreas Unterberger in Mantl (Herausgeber): Politik in Österreich, S. 204, und von Helmut Kramer in Dachs (Herausgeber): Handbuch des politischen Systems Österreichs, S. 637.

der Mitte und der rechten Mitte, geprägt vom christlichen Menschenbild, ökosozialer Marktwirtschaft, sozialverpflichtetem Rechtsstaatdenken und parlamentarischer Demokratie, alle Parteien innerhalb und außerhalb der Europäischen Union im Großen Europa erfassend, den Grundsätzen verpflichtet, wie sie die EDU bereits relativ frühzeitig in ihrer Kleßheimer Erklärung und ihrem Grundsatzprogramm Wirtschaft – Staat – Gesellschaft[73] und die Europäische Volkspartei in ihrem Grundsatzprogramm von Dublin[74] festgelegt hatten.

Mit 1995 beginnt in der Parteiaußenpolitik, so wie in der Außenpolitik Österreichs schlechthin, ein völlig neuer Abschnitt. Die Ziele verändern sich, die Instrumente haben sich verändert. Im Bilateralen wird die Nachbarschaftspolitik völlig neu zu gestalten sein. Die Nachbarn fallen dabei in drei Kategorien: die Mitglieder der Europäischen Union, die Staaten, die Mitglieder der Europäischen Union werden wollen, und der Sonderfall Schweiz.

Mit *Deutschland und Italien* sitzt Österreich gemeinsam in der Europäischen Union, die Nachbarschaftspolitik wird daher den Aufbau noch intensiverer regionaler Strukturen im Vordergrund haben, ebenso wie das gemeinsame Wollen in der Europäischen Union: Mit den Schwesterparteien aus diesen Ländern sitzt man im gleichen Boot, in einer Partei, in gemeinsamen Institutionen und Parlamenten.

Die *Nachbarstaaten Tschechien, Slowakei, Ungarn, Slowenien und Kroatien* (letzteres ist auch ein Nachbar) wollen so schnell wie möglich in die Europäische Union, mit ihnen werden Sonderbeziehungen im Sinne einer „Austria Reconquista" aufzubauen sein[75] (dem werden die intensiven Beziehungen zu den Schwesterparteien in diesen Ländern dienen).

Der *Sonderfall Schweiz* ist sorgsam zu behandeln.

Im Multilateralen wird sich die Parteiaußenpolitik wohl auf die Europäische Volkspartei einerseits, die EDU andererseits konzentrieren: mit dem Ziel der Vertiefung und Erweiterung der Europäischen Union im Sinne des Dubliner Programms der Europäischen Volkspartei hin zum Europäischen Bundesstaat, der auch die ostmitteleuropäischen Länder einbeziehen und ein Sicherheitssystem beinhalten sollte. Die EDU wird hierbei die Brücke hin zu den Schwesterparteien in Ostmitteleuropa und Osteuropa zu bilden haben. Die Zielsetzung sollte aber erreicht werden, die Europäische Volkspartei und die EDU in einer einzigen Organisation zusammenzuführen.

---

73 Abgedruckt im Jahrbuch der Europäischen Demokratischen Union 1987.
74 Das Dubliner Programm der Europäischen Volkspartei ist im Sekretariat der Europäischen Volkspartei in Brüssel erhältlich.
75 Der Begriff der Austria Reconquista ist kühn und soll nicht mißverstanden werden: Es geht nicht um die Wiederaufrichtung eines Reiches, das den Donauraum umfaßt, wie dies der Vielvölkerstaat war, sondern es geht darum, das Wesentliche des alten Österreich, was sich in unsere Zeit hinübergerettet hat, zu entfalten und zu verstärken: die Kultur-, Wirtschafts- und Rechtsgemeinschaft einer multikulturellen Donauraumgesellschaft, geprägt von den Kulturen der Böhmen, der Mährer, der Slowaken, der Ungarn, der Kroaten und Slowenen, kurzum der vielen Völker der alten Monarchie. Diese kulturelle Vielfalt, gleichzeitig eine Einheit, wie sie auch im Begriff von Mitteleuropa zum Ausdruck kommt, diese Einheit wollen wir wiedergewinnen. Der formelle Rahmen sollte wohl die Europäische Union werden. Das zu erreichen ist auch Auftrag für Österreich.

Literaturverzeichnis

BREISKY Michael, Das Südtirol-Problem, eine Bestandsaufnahme zum Beginn der neunziger Jahre, in: Österreichisches Jahrbuch für Politik 1990, S. 647.
BRIX Emil, Mitteleuropa – eine andere Form der Wirklichkeit, in: Österreichisches Jahrbuch für Politik 1986, S. 123.
BUSEK Erhard, BRIX Emil, Projekt Mitteleuropa, Ueberreuter, Wien 1986.
BUSEK Erhard (1993), Die Osthilfe der Bundesregierung – eine Bilanz, in: Österreichisches Jahrbuch für Politik 1993, S. 49.
DACHS Herbert (Hg.) Handbuch des politischen Systems Österreichs, Manz-Verlag, Wien 1991, insbesondere Helmut KKRAMER, Außenpolitik (S. 637–729).
DEMBLIN Alexander, Die ÖVP in internationalen Organisationen – EDU, IDU, in: Österreichisches Jahrbuch für Politik 1984, S. 243.
DIEM Peter, Die Europäische Union christlicher Demokraten (UEDC) – Entstehung, Arbeitsweise, Aufgabenstellung, in: Maleta-Festschrift, S. 361.
ETTMAYER Wendelin, Mitteleuropa: eine Aufgabe für die österreichische Außenpolitik, in: Österreichisches Jahrbuch für Politik 1985, S. 339.
FISCHER Heinz, JANKOWITSCH Peter (Hg.), Rote Markierungen international, Europa-Verlag Wien, 1984.
GEHLER Michael, Rolf STEININGER (H), Österreich und die europäische Integration 1945 bis 1993, Böhlau Verlag 1993.
GEHLER Michael (1993), „Politisch unabhängig", aber „ideologisch eindeutig europäisch", die ÖVP, die Vereinigung christlicher Volksparteien (NEI) und die Anfänge der europäischen Integration 1947–1960, in: GEHLER/STEININGER, Österreich und die europäische Integration 1945–1993, S. 291.
GEHLER Michael (1994), Die Besatzungsmächte sollen schnellstmöglich nach Hause gehen, zur österreichischen Interessenpolitik des Außenministers Karl Gruber 1945–1953 und zu weiterführenden Fragen eines kontroversen Forschungsprojektes, in: Christliche Demokratie, Nr. 1 1994.
GEHLER Michael (1994), Karl Gruber – Reden und Dokumente 1945–1953, Böhlau Verlag 1994.
GRUBER Karl (1977), Ein politisches Leben, Molden-Verlag, Wien 1977.
GRUBER Karl, Grundzüge der Außenpolitik unter Leopold Figl, in: Christliche Demokratie, Heft 1/3. Jahrgang, 1985, S. 7.
HAHN Karl Josef, Friedrich FUGMANN, die Europäische Christlich-Demokratische Union zwischen europäischem Anspruch und nationalen Realitäten, in (O. V.): Zusammenarbeit der Parteien in Westeuropa, auf dem Weg zu einer neuen politischen Infrastruktur? Europäische Schriften des Institutes für Europäische Politik, Band 43/44, Europa Union Verlag, Bonn 1976.
HORNER Franz, Konservative und christdemokratische Parteien in Europa, Herold Verlag, Wien 1981.
JAHRBÜCHER DER EDU, 1983 folgende, erhältlich im Exekutivsekretariat der EDU, 1120 Wien, Tivoligasse 73, mit Jahresberichten der Tätigkeiten dieser Organisation.
JANITSCHEK Hans, Zur Entwicklung und Tätigkeit der Sozialistischen Internationale, in: Österreichisches Jahrbuch für Politik 1978, S. 199.
JANKOWITSCH Peter, Neue Entwicklungslinien der Politik der Sozialistischen Internationale, in: Österreichisches Jahrbuch für Politik 1984, S. 217.
KAMPITS Peter, Die Wandlung in Ost- und Mitteleuropa als Herausforderung für die österreichische Auslandskulturpolitik, in: Österreichisches Jahrbuch für Politik 1990, S. 783.
KARASEK Franz, Österreich und der Europarat. Zum Integrationsverständnis eines österreichischen Europapolitikers in den siebziger und frühen achtziger Jahren in: GEHLER/STEININGER, Österreich und die europäische Integration 1945–1993, S. 405.
KHOL Andreas (1976), Robert Prantner – Alfred Stirnemann, Um Parlament und Partei, Alfred Maleta zum 70. Geburtstag, Styria Verlag 1976 *(Maleta-Festschrift)*.
KHOL Andreas (1976), Überlegungen zur österreichischen Außenpolitik – ein pragmatischer Überblick, in: Maleta-Festschrift, S. 293.
KHOL Andreas (1978), Außenpolitik zwischen Konflikt und Konsens, Versuche einer Bilanz 1975–1978, in: Österreichisches Jahrbuch für Politik 1978, S. 161–198.

KHOL Andreas (1981), Zur Kritik und Bestandsaufnahme der österreichischen Außenpolitik, in: Europäische Rundschau, 1981, S. 111.
KHOL Andreas (1983), Die Beziehungen der ÖVP und der CDU/CSU von 1945 bis zur Gegenwart, in: Christliche Demokratie, Heft 3/1. Jahrgang (1983), S. 24.
KHOL Andreas (1984), Außenpolitik als Realutopie, Kanten einer neuen Außenpolitik in: Stephan KOREN u. a. (Hg.) Politik für die Zukunft, Festschrift für Alois Mock, Styria Wien 1984.
KHOL Andreas (1986), Mitteleuropa – Gefahren eines politischen Begriffes, in: Österreichisches Jahrbuch für Politik 1986, S. 137.
KHOL Andreas (1993), Neue Außenpolitik in einer neuen Welt, in: Schrifenreihe der Politischen Akademie, Reihe „Standpunkte", Band 28, Wien 1993.
KHOL Andreas, FAULHABER Theo, OFNER Günther (Hg.), Die Kampagne, Kurt Waldheim – Opfer oder Täter, Hintergründe und Szenen eines Falls von Medienjustiz, Herbig Verlag, insbesondere: Andreas KHOL, Die Kampagne gegen Waldheim – internationale und nationale Hintergründe, S. 177–213.
KICKER Renate, KHOL Andreas, NEUHOLD Hans-Peter (Hg.), Außenpolitik und Demokratie in Österreich, Neugebauer-Verlag Salzburg, 1983.
KLAUS Josef, Macht und Ohnmacht in Österreich, Molden-Verlag, Wien 1971.
LEWANDOWSKI Rudolf, Das Europa der christlichen Demokratie, in: Maleta-Festschrift, S. 345.
LILL Rudolf – WEGENER Stephan, Die Democrazia Cristiana Italiens (DC) und die Südtiroler Volkspartei (SVP), in: Hans Joachim VEEN (Hg.) Christlich-demokratische und konservative Parteien in Westeuropa III, Italien, Griechenland, Schöningh-Verlag 1991, S. 17 (insbesondere S. 162).
LÜCKER Hans August, Karl Josef HAHN, Christliche Demokraten bauen Europa, Europa Union Verlag, 1987.
MALETA Alfred (1968), Entscheidung für morgen, Christliche Demokratie im Herzen Europas, Molden Verlag, Wien, 1968.
MALETA Alfred (1983), Die deutsch-österreichische Beziehungen am Beginn der Zweiten Republik, in: Christliche Demokratie, Heft 3/1. Jahrgang (1983), S. 5.
MANTL Wolfgang (H.), Politik in Österreich, Böhlau Verlag Wien, 1992, insbesondere: Andreas UNTERBERGER, Die Außenpolitische Entwicklung, S. 204.
MEIER-WALSER Reinhard, Die Außenpolitik der Monocoloren Regierung Klaus in Österreich 1966–1970, tuduv-Studien, Reihe Politikwissenschaften, Band 27.
MERTENS Christian, Der Beitrag österreichischer Christdemokraten zur Integration Europas, im Druck, erscheint in der Reihe des ÖVP-Parlaments-Clubs.
MOCK Alois, Standpunkte, Styria Verlag 1982.
PELINKA Anton, Die Österreichische Volkspartei (ÖVP), in Hans Joachim VEEN (Hg.), Christlich-demokratische und konservative Parteien in Westeuropa 1, Schöningh Verlag 1983.
REICHHOLD Ludwig, Geschichte der ÖVP, Styria, Wien 1975.
SCHOLLUM Esther, Die Europäische Demokratische Union (EDU) und der Demokratisierungsprozeß in Ost-, Mittel- und Südosteuropa, in: Österreichisches Jahrbuch für Politik 1991, S. 491.
STEINER Ludwig (1977), Zur Außenpolitik der Zweiten Republik: Diplomatie und Außenpolitik Österreichs, (herausgegeben von Erich Zöllner, Wien 1977).
STEINER Ludwig (1992), Südtirol: Abschluß des „Autonomiepaketes", in: Österreichisches Jahrbuch für Politik 1992, S. 787.
STIRNEMANN Alfred, Die Internationalen der politischen Mitte, der Europawahlkampf und seine Auswirkungen, in: Österreichisches Jahrbuch für Politik 1978, S. 245.
STOURZH Gerald, Geschichte des Staatsvertrages 1945–1955, Österreichs Weg zur Neutralität, Styria Verlag 1985.
TONČIĆ-SORINJ Lujo, Die Außenpolitik von Julius Raab, in: Christliche Demokratie, Heft 3/9. Jahrgang (1991/92), S. 267.
VEEN Hans Joachim (H.), Christlich-demokratische und konservative Parteien in Westeuropa 1, Schöningh Verlag 1983, mit Analysen der CDU und CSU von Peter HAUNGS und der Österreichischen Volkspartei von Anton PELINKA.
WEIGEND-ABENDROTH Friedrich, Zwischen katholischer Soziallehre und Neo-Liberalismus, in: Maleta-Festschrift, S. 131.

WITHALM Hermann, Aufzeichnungen, Styria Verlag, Graz, 1973.
WOHNOUT Helmut (1993), „Auf gleicher Höhe marschieren", in: GEHLER/STEININGER, S. 405.
WOHNOUT Helmut (1986), Die Haltung der Österreichischen Volkspartei zum Neutralitätsgedanken 1945–1955, Universitätsverlag für Wissenschaft und Forschung, Wien 1986.
EDU-Yearbook 1987, Herausgegeben von der European Democrat Union, mit: „The declaration of Kleßheim" (1978), S. 143, und „The principles of the EDU" 1982, S. 145, sowie der Bericht der EDU: Wirtschaft, Staat und Gesellschaft (1980), S. 155. Dies sind die Grundsatzdokumente der EDU.

Die Jahrbücher der EDU sind in deren Generalsekretariat, A–1120 Wien, Tivoligasse 73, erhältlich.

SCHRIFTEN DER POLITISCHEN AKADEMIE.

Jahresberichte der Politischen Akademie, v. a. über die Jahre 1989–1993.
Europa ist Zukunft, Europa Forum der Politischen Akademie, Reihe „Standpunkte" Band 21, 1990.
KHOL Andreas (Hg.), Den besten Weg für Österreich gehen, Aktionsplan für den EG-Beitritt (1991), die Ergebnisse des Europakongresses der ÖVP 1991, Schriftenreihe „Standpunkte", Band 25, 1991.
MARBOE Peter (Hg.), Österreich und Europa, Bericht der Europakommission der ÖVP: Österreichs Beziehungen zu einer Europäischen Gemeinschaft, Band 14 in der Reihe „Standpunkte", Wien 1988.
MOSER Bernhard, Unser Weg in die Europäische Gemeinschaft, Band 13 in der Reihe (1988) „Standpunkte", 1988 (Bericht vom Europakongreß der ÖVP 1988).
MOSER Bernhard, Europa ohne Österreich? Die neue österreichische Europapolitik, Wien (1987) 1987, Reihe „Forschungsberichte", Band 45.
RIEGLER Josef, 1st Round Table Europe, Vienna, MS Mozart, 11.–12. January, 1990, Reihe „Standpunkte" Band 22, 1990.
RIEGLER Josef (Hg.), 2nd Round Table Europe, Vienna, MS Mozart, 25.–26. March, 1991, Reihe „Standpunkte" Band 26, 1991.

Die Publikationen der Politischen Akademie sind ebendort, A–1120 Wien, Tivoligasse 73, erhältlich.

RECHENSCHAFTSBERICHTE DER GENERALSEKRETÄRE AN DEN BUNDESPARTEITAG

Bundesparteitag 1965 in Wien, Dokumente zur Geschichte der ÖVP, Österreichischer Verlag 1965
Bericht 1971–1974 (vorgelegt am 16. ordentlichen Bundesparteitag)
Bericht 1974–1977 (vorgelegt am 19. ordentlichen Bundesparteitag)
Bericht 1977–1980 (vorgelegt am 22. ordentlichen Bundesparteitag)
Bericht 1980–1983 (vorgelegt am 24. ordentlichen Bundesparteitag)
Bericht 1983–1986 (vorgelegt am 26. ordentlichen Bundesparteitag am 20./21. Juni 1986)
Bericht 1986–1989 (vorgelegt am 27. ordentlichen Bundesparteitag am 19./20. Mai 1989)

Die Parteitagsberichte sind im Generalsekretariat der ÖVP, A–1010 Wien, Lichtenfelsgasse 7, erhältlich.

Geschichte der Landesparteileitungen

Roman Sandgruber   Die ÖVP in Oberösterreich

Vom Volksverein zur ÖVP

Das politische Geschehen zwischen den beiden Weltkriegen war in Oberösterreich durch den 1869 gegründeten Katholischen Volksverein bestimmt, der bei den Landtagswahlen 1884 erstmals die Mehrheit errungen hatte und vor dem Ersten Weltkrieg und in der Ersten Republik mit Alfred Ebenhoch (1898–1907), Johann Nepomuk Hauser (1907–1927) und Josef Schlegel (1927–1934) den Landeshauptmann stellte. Der in der Zwischenkriegszeit in mehrere Bünde (Bauern-, Handels- und Gewerbe-, Arbeiter-, Kleinhäusler- und Landarbeiterbund sowie Katholische Frauenorganisation) gegliederte Volksverein fungierte als Parteiorganisation der Christlichsozialen Partei in Oberösterreich. Diese Konstruktion machte die ohnehin komplizierten politischen Strukturen der Ersten Republik nicht einfacher. Spannungen im eigenen ideologischen Lager ergaben sich nicht nur innerhalb der Partei und zu konkurrierenden Organisationen im Lande mit ähnlichem Anhängerkreis, vor allem zur Heimwehr, sondern auch zur christlichsozialen Parteispitze in Wien, vor allem seit dort immer mehr sich die Befürworter einer autoritären Lösung durchzusetzen begannen, während die oberösterreichischen Volksvereinspolitiker sehr viel stärker auf demokratische Lösungen vertrauten.

Die Dinge waren in Bewegung gekommen, als auf Antrag des politischen Referenten der österreichischen Bischofskonferenz, des Linzer Diözesanbischofs Dr. Johannes Maria Gföllner, der Klerus aus der Politik abgezogen werden mußte. Dies bedeutete einen schweren Aderlaß für den Katholischen Volksverein, der mit seiner seit der Gründung bestehenden Doppelfunktion, einer innerkirchlichen und einer politischen, zwar kirchliche und öffentliche Anliegen vermischte, aber einen der Eckpfeiler einer demokratischen Tradition in einer immer stärker auf diktatorische Absichten zustrebenden Christlichsozialen Partei darstellte.

Daß am 15. Dezember 1933 aufgrund eines Beschlusses der österreichischen Bischofskonferenz vom 30. November katholische Geistliche aus bundes-, landes- und kommunalpolitischen Funktionen zurückzutreten hatten, entsprach zwar einerseits innerkirchlichen Bestrebungen einer Entflechtung von Kirche und Politik, andererseits aber auch dem Bestreben, den autoritären und antidemokratischen Gruppierungen im christlichsozialen Lager zum Sieg zu verhelfen. Bischof Gföllner, der als politisch interessierter Bischof in einem heftigen Spannungsverhältnis zur damals prononciert antiklerikalen Sozialdemokratie stand und sich in diesem Kampf von den Christlichsozialen bzw. dem Volksverein zu wenig unterstützt fühlte, hatte an dieser Entwicklung wesentlichen Anteil.

Der Umbau des Katholischen Volksvereins in die dem Bischof direkt unterstellte Katholische Aktion bedeutete den Zerfall der Christlichsozialen Partei Oberösterreichs. Landeshauptmann Dr. Schlegel verlor damit an der Jahreswende 1933/34 nicht nur die Mitarbeit politisch erfahrener Vertreter der Geistlichkeit wie Ernst Hirsch und Josef Pfeneberger, sondern praktisch die gesamte Parteiorganisation. Das „Linzer Volksblatt" schwenkte auf den demokratiefeindlichen Kurs um. Schwerwiegender noch war, daß Dr. Josef Aigner, der dem betont demokratischen und dollfußkritischen Flügel der Christlichsozialen Partei angehörte, auf Verlangen des Bischofs am 11. Jänner 1934 als Präsident des Katholischen Volksvereins und damit gleichzeitig als Landesobmann der in Oberösterreich mit dem Volksverein identischen christlichsozialen Parteiorganisation zurücktreten mußte. Den Christlichsozialen Oberösterreichs wurde nach Meinung von Leopold Kunschak damit das Rückgrat gebrochen. Mehrmals wurde im Präsidium des christlichsozialen Parlamentsklubs auch der Ausspruch des Linzer Diözesanbischofs Dr. Gföllner erwähnt, solange er Bischof sei, habe er nie christlichsozial gewählt.[1]

Bereits am 1. August 1933 war Heinrich Gleißner von Engelbert Dollfuß zum Landesleiter der Vaterländischen Front für Oberösterreich ernannt worden. Dr. Alfred Maleta wurde geschäftsführender Landesobmann der Vaterländischen Front, nachdem Gleißner zum Staatssekretär im Landwirtschaftsministerium avanciert war. In der Folge übernahm der Heimwehr-Funktionär Wenninger die geschäftsführende Leitung der VF, während Maleta als Geschäftsführer in die unter öffentliche Kontrolle gestellte Arbeiterkammer überwechselte und Gleißner zum Landeshauptmann aufrückte.

Das Entstehen der Vaterländischen Front ebenso wie die Bestellung Gleißners zu deren Landesleiter waren in Oberösterreich vorerst wenig beachtet worden. Nach dem Rücktritt Aigners ergriff Gleißner in der Sitzung des Klubvorstands vom 12. Jänner 1934 das Wort und verteidigte die Linie von Diözesanbischof Gföllner: „Die Entwicklung führt von der Partei weg. Wir müssen in der Vaterländischen Front etwas Neues schaffen. Daher sind unsere Bauernorganisationen (Bauernbund und Landarbeiterbund) mit der Vaterländischen Front gegangen . . . Ich bin kein Totengräber der Partei. Ich würde mich freuen, wenn es auf dem Parteiweg ginge . . ."[2]

Gleißner war in den unerquicklichen Auseinandersetzungen um den Landeshauptmann als Sieger hervorgegangen. Er bekleidete die Funktion vorerst bis 1938. In der aus sechs Mitgliedern bestehenden Landesregierung waren die ehemaligen Christlichsozialen mit Anton Gasperschitz, dem Führer der christlichen Arbeiter, und zwei Bauernbundvertretern, nämlich Felix Kern und Josef Mayrhofer, vertreten; zwei Mitglieder, Heinrich Wenninger (ab 1. November 1934 als Landesstatthalter) und Graf Peter Revertera, standen der Heimwehr nahe, wenn auch deren gemäßigtem Flügel. Ing. Franz Heißler kam aus dem nationalen Wirtschaftslager, schied aber schon am 12. November 1934 aus der Regierung aus. An seine Stelle trat der Gmundner Sparkassenbeamte Karl Loidl. Auf Anton Gasperschitz folgte 1935 Dr. Franz Lorenzoni.

Der 1934 ernannte berufsständische Landtag bestand aus 35 Mitgliedern. Von den 28 christlichsozialen Abgeordneten, die 1931 gewählt worden waren, wurden nur fünf übernommen: Josef Ganglberger, Josef Helm, Alois Jungwirth, Peter Mandorfer und Johann Rockenschaub. Ein neuer Proporz zwischen Vaterländischer Front und Heimwehr war sichtbar geworden. Es gab auch einstige Christlichsoziale, die sich bewußt abseits hielten. Einmal trafen sich auch die 1931 gewählten und 1934 ausgeschiedenen christlichsozialen Landtagsabgeordneten.

---

1 Harry SLAPNICKA: Heinrich Gleißner, S. 12.
2 Walter GOLDINGER (Hg.): Protokolle des Klubvorstandes der Christlichsozialen Partei 1932–1934. – Wien 1980, S. 316 ff.

Im Ständestaat wurden der OÖ. Bauernbund und der Christliche Landarbeiter- und Kleinhäuslerbund für Oberösterreich zur Berufsorganisation der Land- und Forstwirtschaft zusammengeschlossen. Am 1. Juli 1936 erhielt die Leitung des Christlichen Landarbeiter- und Kleinhäuslerbundes für Oberösterreich ein Schreiben, daß mit der Wahrnehmung der Rechte der Mitglieder dieses Bundes der Oberösterreichische Bauernbund betraut wurde. 1934 war durch Landesgesetz der OÖ. Bauernbund zur Berufsorganisation für die gesamte Land- und Forstwirtschaft geworden. Der national orientierte Landbund, der 1934 in den Berufsstand „Land- und Forstwirtschaft" eingebracht wurde, wurde nach 1945 nicht mehr neu begründet. Aus dem nationalsozialistischen Desaster folgte, daß auch jene Teile der Bauernschaft, die in die nationalsozialistische Agrarpolitik gewisse Hoffnungen gesetzt hatten, sich rasch abwendeten und nach dem Zweiten Weltkrieg eine viel geschlossenere Anhängerschaft für den Bauernbund vorhanden war als vor dem Krieg.

Heinrich Gleißner wurde in der Nacht vom 12. auf den 13. März 1938 als Landeshauptmann abgesetzt und am 15. März verhaftet. Er verblieb sechzehn Monate in Polizeihaft und im Konzentrationslager Dachau. Im September 1939 wurde er neuerlich verhaftet und kam ins Konzentrationslager Buchenwald. Nach Intervention von Gleißners Frau bei Heinrich Himmlers Mutter in München wurde er Ende 1939 entlassen, und es wurde ihm mit seiner Familie Berlin als Zwangsaufenthalt zugewiesen. Über Gleißners Tätigkeit in Berlin, auch über die Rolle und Position, die er dort gegenüber dem Nationalsozialismus einnahm, ist wenig bekannt, auch nicht, welcher Art sein Verhältnis zur NSDAP war, in deren Mitgliederverzeichnis sein Name aufscheint. Jedenfalls bildete sich um ihn ein kleiner Kreis von oppositionellen Oberösterreichern, dem auch der gauverwiesene Diözesanjugendführer von Linz, Ferdinand Klostermann, später Universitätsprofessor in Wien, und Othmar Seefeldner, später Hofrat und Direktor der oö. Brandschadensversicherungsgesellschaft und Präsident des VOEST-Aufsichtsrates, angehörten.[3] Im Deutschen Widerstand war Gleißner die Funktion eines „Reichsministers für die österreichischen Gebiete" zugedacht. Gleißner war auf die letzte Ministerliste Goerdelers im Juli 1944 gesetzt worden.[4] Anfang 1945 verließ Gleißner gemeinsam mit Dr. Seefeldner Berlin, nachdem seine Familie bereits Ende 1943 nach Oberösterreich zurückgekehrt war. In Oberösterreich angekommen, mußte sich Gleißner vorerst verborgen halten, bis das Kriegsende und der Zusammenbruch des Regimes kamen.

Die Entstehung der „Volkspartei"

Natürlich hatten die Versuche, das demokratische Leben wiederherzustellen, schon vor dem sich abzeichnenden offiziellen Ende der nationalsozialistischen Herrschaft und dem sich auftuenden politischen Vakuum begonnen. Die alten Kernschichten der Christlichsozialen Partei, kirchentreue Bauern, CV-Intelligenz und christliche Arbei-

---

3 OÖLA, Niederschrift Seefeldner; TWERASER, US-Militärregierung, 232 f., 413 ff.
4 Gerhard RITTER: Carl Goerdeler und die deutsche Widerstandsbewegung. – München 1964, Dokument IX, S. 577; Harry SLAPNICKA: Oberösterreich als es „Oberdonau" hieß (1938–1945). – Linz 1978, S. 275.

ter, fanden sich bereits vor dem Zusammenbruch des nationalsozialistischen Regimes und vor dem Einmarsch der Amerikaner zur Neuformierung einer christlich orientierten Partei zusammen.

Es gab mehrere Runden, die sich trafen: Von den Männern der ersten Stunde seien genannt: Hermann Kletzmayr jun., Wilhelm Salzer, Josef Simbrunner, Hans Huber, Anton Müllner, Matthias Multerberger, Rudolf Repinz, Franz Stadler. Treffpunkt war während der nationalsozialistischen Zeit das seinerzeitige Minoritenstüberl in der Klosterstraße, wo auch in den ersten Maitagen des Jahres 1945 Wilhelm Salzer wieder auftauchte. Die Lokale wurden aber immer wieder gewechselt.

Man kam nach den Berichten Wilhelm Salzers noch vor Kriegsende überein, ein „Exekutivkomitee der christlichen Arbeiter, Angestellten und Beamten Oberösterreichs" zu gründen und Salzer mit dem Vorsitz zu betreuen. Nach dem Einmarsch der Amerikaner kam es schon am 9. Mai 1945 unter dem Vorsitz Salzers zu einem Treffen in der Wohnung Emil Grinzingers in Urfahr. Teilnehmer waren neben Salzer und Grinzinger Hans Huber, Franz Kriz, Anton Müllner, Dr. Adolf Neumüller und Josef Simbrunner. Die Gründung des Exekutivkomitees mit Wilhelm Salzer als Obmann, Franz Kriz als Stellvertreter und Dr. Adolf Neumüller als Schriftführer wurde bestätigt. Als weitere Mitglieder waren genannt: Emil Grinzinger, Anton Gasperschitz, Hans Huber, Hermann Kletzmayr jun., Dr. Franz Lorenzoni, Karl Mitterbauer, Josef Mayr, Matthias Multerberger, Dr. Johannes Oberleitner, Theodor Pritsch, Alois Renoldner, Rudolf Repinz, Josef Simbrunner und Dr. Leopold Weitlaner.

Die wichtigste Initiative zu einer Neuformierung einer christlichsozialen Partei ging von Dr. Josef Zehetner aus, einem um die Jugendfürsorge verdienten Landesbeamten, der gute Verbindungen zur katholischen Hierarchie hatte. Als engste Mitarbeiter konnte er auf die schon genannten Exponenten der christlichen Arbeiterschaft zurückgreifen, vor allem auf Franz Kriz, den ehemaligen Arbeiterkammerpräsidenten von Oberösterreich im Ständestaat, auf den ehemaligen Linzer Gemeinderat Josef Simbrunner und die Vertreter der christlichen Arbeiterschaft Karl Mitterbauer und Wilhelm Salzer sowie die Bauernführer Mandorfer und Kern.[5]

Zwischen 1. und 5. Mai besetzten amerikanische Einheiten Oberösterreich. Nach Inkrafttreten der in St. Martin im Innkreis unterfertigten Kapitulation wurde die zwischen Amerikanern und Sowjets ausgehandelte Demarkationslinie wirksam, die vorerst von Freistadt die Bahnlinie entlang zur Donau und südlich der Donau die Enns entlang verlief. Die Sowjets hatten also nur etwa 40 Gemeinden des Landes unter ihrer Gewalt, die Amerikaner etwa 400.

Noch am Tag des amerikanischen Einmarsches in Linz, am Abend des 5. Mai, begab sich eine aus Sozialdemokraten zusammengesetzte Delegation unter Führung von Dr. Ernst Koref, Dr. Alois Oberhummer (als vorgesehener Landeshauptmann) und des langjährigen Gewerkschaftsfunktionärs Hans Ottenbacher zum Weihbischof und Kapitelvikar Josephus Calasanctius Fließer und ersuchte um Benennung christlichsozialer Exponenten seines Vertrauens, die er zur Teilnahme an einer zu bildenden Landesregierung vorschlage, wobei sie darauf hinwiesen, daß die Herren Starhemberg, Revertera, Gleißner, Hammerstein und Kern von ihrer Seite aus als untrag-

---

5 TWERASER: Linzer Gemeinderat, S. 175.

bar für jede demokratische Regierung anzusehen seien.[6] Wie das Gespräch konkret verlaufen ist, wissen wir nicht. Jedenfalls wurde Dr. Josef Zehetner als Landeshauptmann-Stellvertreter nominiert. Der Landesbeamte Dr. Adolf Eigl wurde als leitender Beamter vorgesehen.

Die von Dr. Alois Oberhummer initiierte Landesregierung sollte sich folgendermaßen zusammensetzen: vier Sozialdemokraten mit Dr. Alois Oberhummer als Landeshauptmann und Ludwig Bernaschek, Anton Weidinger und Anton Atzwanger als Landesräten. Die Christlichsozialen sollten durch Dr. Josef Zehetner als Landeshauptmann-Stellvertreter, Johann Blöchl, Dr. Albert Schöpf und Dr. Franz Lorenzoni vertreten werden, die Kommunisten durch Josef Mitter. Diese Regierung war nur zwei oder drei Tage im Amt, da weder der Bischof noch Zehetner als sein Mann ein Hehl daraus machten, daß die provisorische Regierung nicht die politischen Kräfteverhältnisse im Land widerspiegeln würde.[7]

Am 10. Mai informierte sich nämlich auch die amerikanische Besatzungsmacht beim Bischof über die Einschätzung der Lage und über mögliche personalpolitische Weichenstellungen. Der Bischof bezeichnete das durch die seit dem 5. Mai gesetzten Initiativen entstandene Übergewicht der Sozialdemokratie als mit den wahren Kräfteverhältnissen im Land nicht übereinstimmend. Fließer sprach sich gegen einen sozialistischen Landeshauptmann aus: Katholische Bauern könnten nicht von Sozialdemokraten vertreten werden.[8]

Oberhummer war als Sozialist mit deutschnationalem Hintergrund sicher nicht die geeignetste Person für einen Landeshauptmann des Wiederaufbaus, wie sich auch in seiner weiteren Karriere zeigte: Als Chefredakteur des „Tagblattes" sollte er am 7. Februar 1946 in einem Leitartikel „Gute Österreicher – gute Kulturdeutsche" schreiben, daß es kein österreichisches Volk gebe. Auch gebe es keine österreichische Nation, sondern nur österreichische Staatsbürger deutscher Nationalität. Oberhummer bekannte sich indirekt noch immer zu einem „Anschluß" an ein sozialdemokratisches Deutschland. Er wurde damals über Befehl der Besatzungsmacht als Chefredakteur des „Tagblattes" entlassen.[9]

Zehetner war ein angesehener Landesbeamter, der sich in der Zwischenkriegszeit besonders im Fürsorgewesen Verdienste erworben hatte und zwischen 1934 und 1938 Landtagsabgeordneter für die kulturellen Gemeinschaften war. Obwohl maßgeblich an der Gründung der Volkspartei beteiligt, wurde er von Felix Kern und Heinrich Gleißner bald in den Hintergrund gedrängt. Die Position der Achse Oberhummer/Zehetner war insofern schwach, als innerhalb des sich formierenden christlichen Lagers immer noch die alten Spannungen aus den dreißiger Jahren nachwirkten und die Arbeitervertreter um Zehetner in der Situation des Jahres 1945, wo die Sicherung der Ernährung das Ausschlaggebende war, sich gegenüber den Bauernvertretern naturgemäß in einer eher nachrangigen Position befanden.

---

6 TWERASER: Linz zwischen Liberalisierungsdiktatur und Demokratie, S. 464 f.; Anton NADERER: Dr. Josef Cal. Fließer, Bischof von Linz. – Wien, Theol. Diss. 1972, S. 202 f.
7 TWERASER: Linzer Gemeinderat, S. 171 f.
8 NADERER: Dr. Josef Cal. Fließer, S. 208.
9 TWERASER: Linz zwischen Liberalisierungsdiktatur und Demokratie, S. 465.

Am 11. Mai kam das für die Verwaltung des Landes vorgesehene Militärregierungsdetachement E 1 I 3 unter Oberst Russel Snook in Linz an. Dieses traf auf die spontan eingesetzte Landesregierung, die nach den von den Amerikanern eingeholten Informationen offensichtlich nicht dem demokratischen Kräfteverhältnis entsprach. Snook entschloß sich, eine bürokratische Lösung zu suchen, und ernannte am 14. Mai Adolf Eigl, der als oberster Beamter der Landesregierung Oberhummer/Zehetner fungierte, zum „unpolitischen" Landeshauptmann in einer Beamtenregierung. Gleichzeitig wurden alle politischen Parteien verboten.

Adolf Eigl, 1945 bereits 62 Jahre alt, war ein altgedienter Beamter mit liberal-nationalem Background, der von der Monarchie über die Republik, den Ständestaat und das NS-Regime in jede Richtung sich unentbehrlich gemacht hatte, obwohl sein Naheverhältnis zur anthroposophischen Gesellschaft ihn keinesfalls als Nationalsozialisten auswies. Eigl ernannte seinerseits ein unpolitisches Kabinett von mit einer Ausnahme konservativen Fachkräften. Dr. Koref charakterisierte die Herren dieser „unpolitischen" Landesverwaltung als „durchwegs hochangesehene, bewährte, treue Österreicher".[10]

Eine zentrale Position in diesem Beamtenkabinett erlangte bald Heinrich Gleißner. Er übernahm zunächst als Kammeramtsdirektor die kommissarische Leitung der Landesbauernschaft Donauland und bereitete deren Umwandlung in die OÖ. Landwirtschaftskammer vor, die rechtlich 1947 wieder als gesetzliche Interessenvertretung der Landwirtschaft eingerichtet wurde. Gleißner fungierte in der von den Amerikanern ernannten provisorischen Landesregierung (Beamtenregierung) auch als Agrarreferent. Er nahm für den Raum Linz vor allem mit Ferdinand Mayrhofer, „Stanglhofbauer" in der Roseggerstraße 51, Kontakt auf. Mayrhofer war 1936 Ortsbauernobmann von Waldegg geworden. Gleißner und Mayrhofer kannten sich aus dieser Zeit. Mayrhofer übernahm von 1945 bis 1954 die Funktion des Bezirksbauernbundobmannes von Linz-Stadt und gehörte von 1945 bis 1955 dem Gemeinderat der Stadt Linz und der Vollversammlung der OÖ. Landwirtschaftskammer an. In der komplizierten Situation der Ernährungswirtschaft der ersten Nachkriegsjahre, als in Oberösterreich das Doppelte der Einwohnerzahl des Jahres 1938 zu ernähren war, nahm er eine wichtige Funktion ein.[11]

Linksgerichteten Gruppierungen war das durch das Beamtenkabinett entstandene Kräfteverhältnis naturgemäß ein Dorn im Auge. Ein Treffen der Oberösterreich-Gruppe der sich aus verschiedenen Widerstandsgruppen formierenden antifaschistischen „Österreichischen Freiheitsbewegung" in Ried am 10. Juni 1945, an dem etwa 50 Personen teilnahmen, sollte ein Gegengewicht zu der als konservativ eingestuften Beamtenregierung schaffen. Es wurde in einem Aktionsprogramm die Umbildung der Landesregierung gefordert, die Freigabe politischer Betätigung, eine effiziente Durchführung der Entnazifizierung und die Formierung demokratischer Körperschaften im Bereich von Landwirtschaft, Arbeiterschaft und Gewerbe. Diese Oberösterreich-Gruppierung der „Österreichischen Freiheitsbewegung", an der auch Vertreter des christlichen Lagers beteiligt waren, wenn auch nicht in führender Funktion (Dr. Alfred Maleta, Dr. Josef Hofer, Dr. Rudolf Reisetbauer, Johann Weidenholzer und Dr. Leopold

---

10 KOREF: Gezeiten, S. 256.
11 Arbeit und Konflikt. Die Linzer Volkspartei 1945–1990, Linz 1990.

Weismann), wurde von Oberst Snook verboten, da seiner Meinung nach die Zeit für die Errichtung einer Demokratie noch nicht gekommen sei.

Allerdings gab es auch innerhalb der Besatzungsmacht sehr unterschiedliche Interessen und Intentionen. Zu einer kritischen Einschätzung des Demokratisierungspozesses im Lande und der Haltung der Militärverwaltung gelangten zwei führende OSS-Offiziere in Österreich, Edgar N. Johnson und Paul R. Sweet. Sie prangerten die Militärregierung an, ein Beamtenkabinett aufgestellt zu haben, das aus autoritären, hierarchisch-bürokratischen, ja sogar nazistischen Elementen bestehe. Die Beamtenregierung sei „eine Vereinigung ineffizienter und im wesentlichen prinzipienloser Bürokraten, vermischt mit Nazisympathisanten und Opportunisten, sowie Personen, die Führer der Volkspartei sind. Diese Regierung hat keinen Kontakt mit den wirklichen demokratischen Kräften des Landes, für die sie in Wirklichkeit eine Herausforderung darstellt."[12]

Dieses Urteil, aus Kontakten mit meist linksgerichteten Gesprächspartnern gewonnen, ist sicherlich zu barsch und zu vorurteilslastig. Allerdings entpuppten sich einige Mitglieder des Beamtenkabinetts als aktive Nationalsozialisten, so der Referent für Wirtschaft, Dr. Josef Mahal, und der Referent für Industrie, Dr. Alois Hobelsperger, die am 9. Juli 1945 ausscheiden mußten. Bereits vorher war der Referent für öffentliche Sicherheit, Dr. Herbert Krögler, unhaltbar geworden, da er in Wien als Kriegsverbrecher gesucht wurde. Am 22. August 1945 wurde Landeshauptmann Dr. Eigl selbst verhaftet, wenn auch aus weitgehend unhaltbaren Gründen. Da Dr. Eigl 1939 zum Regierungsdirektor ernannt worden war, fiel er automatisch unter die am 3. August verschärften Direktiven über automatischen Arrest. Sein Stellvertreter Dr. Rußegger wurde am 23. August verhaftet. Der ihm von den Nationalsozialisten verliehene Titel Oberregierungsrat war ihm zum Verhängnis geworden. Den Höhepunkt erreichte diese Säuberungswelle mit der Verhaftung von Dr. Walk am 4. Oktober: Er war 1942 zum Oberregierungsrat ernannt worden. Die Verhaftung der beiden oberösterreichischen Spitzenkräfte Landeshauptmann Dr. Eigl und Hofrat Dr. Rußegger wirkte wie ein Knalleffekt. Suspendiert wurde auch der Justizreferent Dr. Garhofer, weil er im Dezember 1934 zum Oberlandesgerichtsrat befördert worden war. Auch der Verkehrsreferent Dr. Josef Schlegel, der 1944 zum Oberregierungsrat ernannt worden war, ein Sohn des ehemaligen Landeshauptmanns, fiel unter diese Bestimmungen.

Ein heikler Fall war Dr. Heinrich Gleißner, der im Beamtenkabinett dem Ressort Landwirtschaft vorstand. Er war wohl der einzige Vollblutpolitiker im Kabinett, was den Besatzungsbehörden verborgen blieb oder verborgen bleiben wollte. Bei einer Anwendung der Richtlinien der Militärregierung hätte er als hoher Funktionär des Ständestaates und auch wegen seiner formellen, offenbar aber ohne sein Wissen erfolgten Mitgliedschaft bei der NSDAP nicht im Kabinett sein dürfen, obwohl an seinen demokratischen Intentionen nicht zu zweifeln war und bald auch von keiner Seite mehr gezweifelt wurde.[13]

---

12 TWERASER: Linz zwischen Liberalisierungsdiktatur und Demokratie, S. 466 („The Political Situation in Upper Austria", 2. August 1945).
13 Zur Situation Gleißners, vgl. STIEFEL, S. 142–145; TWERASER, US-Militärregierung, 232 f., 235, 413 ff., 416 f.

Die „illegale" Volkspartei

Die amerikanische Besatzung, die sich durch eine apolitische oder sogar demokratiefeindliche Haltung auszeichnete, orientierte sich in den ersten Monaten am Modell einer Militärdiktatur. Sie stützte sich dabei auf die vorhandenen lokalen und regionalen Verwaltungsstrukturen und versuchte, politische Betätigungen zu unterdrücken oder zu isolieren.[14] Bei etwas mehr Vertrauen in die politischen Kräfte hätten sich die Amerikaner wohl die Blamage erspart, nach einigen Monaten plötzlich ein Drittel ihres Beamtenkabinetts durch Entnazifizierung zu verlieren. Der Konflikt zwischen Fachleuten und politisch Verantwortlichen war am Anfang ganz zugunsten der Verwaltungseffektivität entschieden worden.

Das mußte sich ändern, als das Mühlviertel an die russische Besatzungsmacht übergeben wurde, die eine völlig andere Haltung zum Wiederbeginn des parteipolitischen Lebens im neuen Österreich einnahm und in Ostösterreich längst eine Regierung und politische Parteien anerkannt hatte. Die Besetzung des gesamten Mühlviertels durch russische Truppen machte die Donau zum Grenzfluß und führte zu einer strikten Teilung des Landes. Die Hintergründe dieses Ende Juli beginnenden Abtauschs von Besatzungszonen in Teilen der Steiermark gegen das gesamte Mühlviertel sind bis heute nicht klar. Tendenzen, das Mühlviertel an Niederösterreich anzuschließen, von wo aus ja schon ein Bezirkshauptmann im bereits vorher russisch besetzten Perg ernannt worden war, wurden mit der unter Johann Blöchl aktiv werdenden „Zivilverwaltung Mühlviertel" abgeblockt. Ab 1. August 1945 allerdings war die Donau vorerst eine fast unüberschreitbare Grenze. Aufgefangen konnte eine Teilung durch die Novemberwahlen und die Installierung Blöchls als Landesrat ohne Ressort werden. Später wertete Dr. Heinrich Gleißner das Festhalten Oberösterreichs an der Landeseinheit als wesentlichen Beitrag zur Erhaltung der österreichischen Einheit. Oberösterreich aber war ein zweigeteiltes Land.

Schon während des herrschenden Parteienverbots begann im stillen der Aufbau eines Parteiwesens. Bereits am 14. Mai 1945 wurde ein „Gewerkschaftsverband Oberösterreich" gegründet, wobei mangels einer Verbindung mit den Wiener Zentralstellen die Frage offen blieb, ob das nun eine Richtungs- oder eine Einheitsgewerkschaft sein sollte. Am 19. und 20. Mai 1945 weilte der damalige Medizinstudent Herbert Braunsteiner, der Sekretär von Dr. Felix Hurdes, in Oberösterreich. Er hatte die Enns bei Weyer durchschwommen und mit Bischof Fließer, mit Gleißner, Kern und Zehetner Kontakt aufgenommen. Dem war schon ein Treffen der Parteiproponenten in der Wohnung von Hofrat Dr. Josef Zehetner in der Linzer Museumsstraße 10 vorausgegangen. Es wurden im geheimen noch weitere Sitzungen abgehalten. Die erste größere Zusammenkunft fand aber am 19. Mai 1945 statt.

Die zwei prinzipiellen Probleme, die es zu lösen galt, ergaben sich aus der Verbindung zwischen Christlichsozialer Partei und Kirche und aus der Alternative einer bündischen oder einheitlich-zentralen Konstruktion der neuen Partei. Das Zusammenwachsen der alten Christlichsozialen bzw. Funktionäre des Volksvereins mit den ehemaligen Repräsentanten der Vaterländischen Front ging nicht reibungslos vor sich. Zu den ersteren zählte man Födermayr und Gierlinger, zu den zweiten

---

14 TWERASER: Linzer Gemeinderat, S. 171.

Zehetner, Gleißner und Maleta. In der Mitte standen Lorenzoni, Kern und Mandorfer.[15] Die alten Christlichsozialen brachten ihre demokratische Tradition ein, die Männer aus der Vaterländischen Front die Haftzeit in den deutschen Konzentrationslagern (Gleißner, Kern, Maleta). In Oberösterreich konnte die Volkspartei als bündische Organisation an den Volksverein anknüpfen, der sich seit 1918 in eine bündisch strukturierte Richtung entwickelt hatte. Der „Katholische Volksverein" wurde auch reaktiviert, ohne allerdings politische Bedeutung zu erlangen.

Erster inoffizieller Parteiobmann wurde Dr. Josef Zehetner, zwischen 1934 und 1938 Landtagsabgeordneter. Dem ersten „Parteivorstand" gehörten Zehetner, Schöpf, Gleißner, Salzer und Schütz an, aber kein einziger Bauer. Von denen sollten Blöchl, Gierlinger und Mandorfer eingeladen werden. Mit Datum 3. Juli 1945 wurden relativ umfangreiche Satzungen und Grundsätze der „Oberösterreichischen Volkspartei" erstellt. In einem Gutachten vom 16. Juli 1945, das auf einem amerikanischen Fragebogen basierte, hieß es bei der „Volkspartei": „Nachfolgerin der früheren Christlichsozialen Partei, von der Kirche nicht autorisiert, umfaßt große Massen der Bauern und Bürger, auch starke Intelligenzkreise ..."[16] Wilhelm Salzer wurde von den Amerikanern zum politischen Chefredakteur der von ihnen herausgegebenen „Oberösterreichischen Nachrichten" bestellt.

Es gab Konfliktlinien zwischen Arbeiter- und Bauernpolitikern. In der Exekutivsitzung vom 15. Juni wurde berichtet, daß Dr. Alfred Maleta vom Militärdienst zurückgekehrt sei. Einer der ersten Wege führte ihn zu Felix Kern, der im Bischofshof amtierte und den Bauernbund der neu gegründeten Volkspartei organisierte. „Ein reservierter, erstaunter Blick: ‚Ja, was willst denn du hier?' In diesem Augenblick wollte ich", schrieb Maleta, „nichts mehr von ihm, und habe mir meinen Weg und meine Karriere, wie schon einmal zuvor, ganz allein gerichtet ..."[17]

Es gab Konfliktpotentiale innerhalb der christlichen Arbeiter. Für den 26. Juli 1945 wurde von Salzer eine Landesvertrauensmännerkonferenz einberufen, die einen provisorischen Landesgruppenvorstand des Österreichischen Arbeiter- und Angestelltenbundes, der sich inzwischen in Wien als Glied der Österreichischen Volkspartei gebildet hatte, mit Wilhelm Salzer als Vorsitzenden wählte. Bei der definitiven Wahl am 3. Oktober 1945 gingen dann Dr. Alfred Maleta als 1. Vorsitzender und Franz Kriz und Friedrich Brenneis als Stellvertreter hervor. „Im Redoutensaal fanden nach 1945 die Landestage des ‚Arbeiter- und Angestelltenbundes' statt, bei dessen erstem ich den bereits nominierten Landesobmann Wilhelm Salzer aus dem Rennen warf", schrieb Maleta in seinen Erinnerungen, aus denen die einstige Rivalität noch nach 30 Jahren durchklang.[18]

Der Arbeiterflügel verlor rasch an Bedeutung. Auch der rührige Salzer konnte daran nichts ändern, obwohl er, um das Verbot parteipolitischer Betätigung sich wenig kümmernd, beachtliche Anstrengungen unternahm, der christlichen Arbeiterbewegung einen organisatorischen Vorsprung vor den anderen Bünden zu verschaffen.[19]

---

15 Harry SLAPNICKA: Oberösterreich – zweigeteiltes Land. 1945–1955. – Linz 1986, S. 131.
16 Harry SLAPNICKA: Oberösterreich – zweigeteiltes Land. 1945–1955. – Linz 1986, S. 130.
17 MALETA: Bewältigte Vergangenheit, S. 199.
18 MALETA: Bewältigte Vergangenheit, S. 45.
19 TWERASER: Linzer Gemeinderat, S. 175.

Der Bauernbund prägte die neue Partei: Am 22. Juni 1945 trafen sich 44 ehemalige Bauernbund-Bezirksobmänner im Sitzungssaal der Landwirtschaftskammer in Linz. Den Vorsitz in der Konferenz führte Peter Mandorfer. Das Referat hielt Felix Kern. Die Frage war, ob sich der Bauernbund als eine eigene politische Partei etablieren sollte, was von den Alliierten, insbesondere den Russen, nach Meinung Blöchls überaus gern gesehen worden wäre. Weiters ging es darum, ob der Bauernbund und der Kleinhäuslerbund wie vor 1934 in organisatorischer Hinsicht getrennt gehen oder wie im Ständestaat einen gemeinsamen Weg beschreiten sollten. Es wurde die Meinung vertreten, daß sich der Bauernbund der Idee der Volkspartei unterstellen und, „da er ja immer den Klassenkampfstandpunkt abgelehnt hatte, nicht als eigene politische Partei auftreten werde, und daß infolge der völlig unüberschaubaren Zukunft Bauernbund und Kleinhäuslerbund nicht nur wie bisher weltanschaulich, sondern nunmehr auch organisatorisch einen gemeinsamen Weg gehen wollen."[20] Mandorfer wurde provisorisch zum Obmann, Dr. Gleißner zum Stellvertreter und Felix Kern zum Direktor nominiert.

Es kam zunächst am 22. Juni 1945 nur zur Wiedererrichtung des OÖ. Bauernbundes und dann auch des OÖ. Land- und Forstarbeiterbundes. Es wurde der Beschluß gefaßt, daß die Kleinhäusler auf eine eigene Organisation verzichten und ihnen dafür im Bauernbund ein entsprechender Einfluß eingeräumt werde, was 1949 in der Namensänderung auf OÖ. Bauern- und Kleinhäuslerbund auch formal zum Ausdruck kam, kurz vor den Landwirtschaftskammerwahlen vom 6. November 1949, bei denen 27 von 31 Mandaten errungen werden konnten. Der VdU erhielt drei Mandate, der Arbeitsbauernbund ein Mandat.

Die Kleinhäusler gliederten sich in den Bauernbund ein und hatten dort in den Gremien entsprechende Vertreter. Ein eigener Kleinhäuslerausschuß wurde eingerichtet. In den Statuten des Bauernbundes wurde vorgesehen, daß auf allen Ebenen der Organisaton dort, wo ein Bauer als Obmann fungiert, der erste Stellvertreter ein Kleinhäusler sein mußte und umgekehrt. Der Bauerbund als Ganzes sollte sich der Volksparteiidee unterstellen.

Am 25. Oktober 1945 erfolgte die Wahl des neuen Vorstandes des wiedererrichteten OÖ. Bauernbundes: Als Obmann wurde Peter Mandorfer bestätigt (1945–1953; von 1933 bis 1938 und von 1945 bis 1953 erster Präsident des oö. Landtags, auch Landwirtschaftsminister 1936 bis 1938 und Präsident der Landwirtschaftskammer seit 1933). Als Stellvertreter wurden Matthias Duscher, Johann Blöchl und Paul Eder gewählt, als Direktor Felix Kern und als Kassier Dr. Franz Lorenzoni (1890–1948). Er galt vor 1938 als „Seele des Kleinhäuslerbundes".

Für die agrarischen Beamten und Angestellten richtete der Bauern- und Kleinhäuslerbund eine Angestelltensektion ein; die Querverbindung zu den Landarbeitern wurde dadurch hergestellt, daß deren Vordermann Franz Nimmervoll aus Pabneukirchen, Obmann des Land- und Forstarbeiterbundes sowie Präsident der Landarbeiterkammer, in das Führungsgremium des Bauern- und Kleinhäuslerbundes aufgenommen worden war.[21]

---

20 BLÖCHL: Lebenserinnerungen, S. 159.
21 BLÖCHL: Lebenserinnerungen, S. 201.

Felix Kern ließ keinen Zweifel daran, daß im Bauernland Oberösterreich es der Bauernbund sei, der die politische Linie der neuen Partei bestimmen würde. Dies führte dazu, daß in dem Ende August 1945 zwischen den Bünden abgeschlossenen Übereinkommen keine Rede mehr davon war, dem Initiator der ersten Stunde, Dr. Zehetner, eine führende Rolle zu reservieren. Der kommende Mann war Dr. Gleißner. Als einzige Konzession erklärte sich Kern bereit, anstelle des von ihm zum Vorsitzenden der ÖVP vorgeschlagenen Mandorfer den neutralen Juristen der ehemaligen Christlichsozialen, Dr. Josef Stampfl, zu akzeptieren.[22]

Man einigte sich im Sommer 1945 auf eine Partei auf bündischer Basis unter Anlehnung an das Wiener Vorbild. Der Gründungsobmann der noch illegalen ÖVP, Dr. Zehetner, trat anfang September 1945 zurück. Nachfolger Zehetners und erster Obmann der legal werdenden ÖVP wurde der Linzer Rechtsanwalt Dr. Josef Stampfl, von 1919 bis 1938 Vizebürgermeister von Linz. Als Obmänner der Bünde setzten sich Peter Mandorfer (Bauern- und Kleinhäuslerbund), Dr. Franz Schütz (Wirtschaftsbund) und Dr. Alfred Maleta (Arbeiter-, Angestellten- und Beamtenbund, dann Arbeiter- und Angestelltenbund) durch, Landesparteisekretär war vorerst Franz Kriz.

Das Parteienverbot galt zwischen 14. Mai und 19. September 1945. In den Spätsommer und Herbst fielen Gespräche über die formale Reaktivierung politischer Parteien, von denen vorerst nur drei in Frage kamen: die Volkspartei, die Sozialisten und die Kommunisten. Am 3. August erlaubte die Militärregierung die Bildung einer Einheitsgewerkschaft. In ihrer Organisation war jede der drei an sich noch illegalen Parteien durch drei Vertrauenspersonen vertreten.

Ein erster Schritt für eine Einbeziehung politischer Parteien in die Regierungsverantwortung sollte die Installierung eines politischen Beirats sein. Er sollte sich aus ungefähr 30 Parteienvertretern in proporzmäßiger Verteilung zusammensetzen. Unter den Kandidaten der Volkspartei waren Peter Mandorfer, Hermann Kletzmayr jun., Kern und Zehetner. Letzterer war auf Drängen Oberhummers beigefügt worden. Letzten Endes kam es zu keiner Konstituierung des Beirats, da am 22. August mit der Verhaftung Eigls die Regierung in eine schwere Krise geraten war.

Die neugegründete Volkspartei

Politische Parteien gab es in Oberösterreich nach dem Ende des Zweiten Weltkrieges und dem Zusammenbruch des Dritten Reiches „offiziell" erst ungewöhnlich spät, nämlich erst wieder seit dem 19. September 1945. Nach dem Scheitern der Beamtenregierung und dem Druck, der aus dem Mühlviertel kam, mußten sich die Amerikaner, ob sie wollten oder nicht, der entstehenden politischen Parteien bedienen, um wieder eine Regierung zu bilden. Mit der Zulassung politischer Parteien am 19. September, die ein Nachziehen gegenüber der in dieser Hinsicht viel liberaleren Politik der russischen Verwaltung bedeutete, war die Ablöse des Beamtenkabinetts durch eine politisch legitimierte Regierung nur mehr eine Frage der Zeit. Am 23. Oktober 1945 einigten sich die drei zugelassenen Parteien ÖVP, SPÖ und KPÖ auf eine

---

22 Ludwig REICHHOLD: Der Anfang in Oberösterreich. – In: Sonderbeilage des Neuen Volksblatts, Nr. 96, 25. April 1975.

Landesregierung aus Exponenten der drei Parteien. Die amerikanische Besatzungsmacht ernannte nach längerem Tauziehen am 26. Oktober Gleißner zum Landeshauptmann, bzw. wollten ihn zum Landeshauptmann ernennen. Er stimmte dem erst nach Aufhebung des Parteienverbots zu und bildete eine politische Landesregierung, die sich am 26. Oktober 1945 konstituierte.[23] Mit der offiziellen Installierung der Regierung Gleißner am 29. Oktober 1945 ging das Regime der Beamtenregierung zu Ende. Aus dem Exekutivkomitee der Freiheitsbewegung wurden Ludwig Bernaschek für die Sozialisten und Haider für die Kommunisten in die Regierung genommen. Diese ernannte „politische" Landesregierung, in der alle drei zugelassenen Parteien, wenn auch nicht in einem so krassen Proporz wie bei der Bundesregierung, vertreten waren, amtierte zwischen 26. Oktober und 13. Dezember 1945. Immerhin war die Kommunistische Partei mit drei Regierungsmitgliedern und einem Landeshauptmann-Stellvertreter vertreten.

Die ÖVP drängte auf möglichst rasch stattfindende Nationalrats-, Landtags- und Gemeinderatswahlen. Die Wahl wurde für den 25. November 1945 anberaumt, trotz aller Bedenken über fehlende Vorbereitungs- und Kommunikationsmöglichkeiten. Der Bauernbund dominierte 1945 bei der Kandidatenliste, auch angesichts der kriegs- und nachkriegsbedingten Bedeutung der Landwirtschaft. Die ÖVP hatte bei den im November 1945 gewählten Landtagsabgeordneten eine hohe Kontinuität zur Vorkriegszeit. Nicht mehr in Erscheinung traten die Heimwehrpolitiker. Aus dem Landbund kam Hans Sebinger, Nationalrat der Jahre 1949 bis 1962. Von den insgesamt 30 bei den Wahlen 1945 gewählten Landtagsabgeordneten der ÖVP waren 13 schon vor 1938 im oberösterreichischen Landtag tätig, aber nur fünf sowohl im letzten gewählten von 1931 und im 1934 ernannten.

Im Wahlaufruf präsentierte sich die ÖVP als „neue Partei", als „junge Partei", nicht als „Partei von gestern", sondern als „eine Partei von heute und morgen", als eine „Partei der Gewissensfreiheit": „Als Partei der Gewissensfreiheit", hieß es im Manifest, „ist sich die ÖVP der kulturellen Aufgaben unseres Volkes und seiner langen Tradition bewußt, sie kämpft für die Freiheit der Religion, für die Freiheit der Wissenschaft, der Presse und der Kunst."[24] Weiter hieß es: „Die Österreichische Volkspartei will einen echten Sozialstaat, in dem jedem Tüchtigen ohne Rücksicht auf Einkommen und Herkommen der Aufstieg möglich ist, sie verlangt die Anerkennung des Rechts auf den vollen Ertrag der Arbeit und auf persönliches Eigentum, auf die gerechte Aufteilung aller Lasten ... Wir anerkennen das Eigentum gerade im Interesse des arbeitenden Volkes, dem die Nutzung des ehrlich erworbenen Eigentums für sich und seine Familie gesichert werden muß ... Wir bejahen die Vergesellschaftung von für die Gesamtheit notwendigen und lebenswichtigen Betrieben. Vor allem aber übertragen wir dem Staate die Verantwortung für die Vollbeschäftigung aller produktiven Kräfte, wenn dies die Privatinitiative nicht zu leisten vermag."[25]

Die SPÖ attackierte die ÖVP und vor allem Gleißner ungewöhnlich scharf, aber nicht sehr erfolgreich, mit dem Verweis auf das Jahr 1934: „Die neuuniformierten Austrofaschisten in der ÖVP" oder „Austrofaschismus und Religion" waren Aufma-

---

23 Harry Slapnicka: Oberösterreich – zweigeteiltes Land. 1945–1955. – Linz 1986, S. 126.
24 Harry Slapnicka: Oberösterreich – zweigeteiltes Land. 1945–1955. – Linz 1986, S. 133 f.
25 Harry Slapnicka: Oberösterreich – zweigeteiltes Land. 1945–1955. – Linz 1986, S. 134.

cher aus der Feder des „Tagblatt"-Chefredakteurs Dr. Oberhummer.[26] Dennoch war der Erfolg der ÖVP überragend.

Trotz der Zweiteilung des Landes konnten die Wahlen am 25. November 1945 (Nationalrat, Landtag, Gemeinden) im gesamten Bundesland einheitlich abgehalten werden. Sie brachten mit dem Sieg der Sozialisten in Linz und der ÖVP im Land zwar keine grundlegende Machtverschiebung, aber doch eine Überraschung über das Ausmaß des ÖVP-Erfolgs. Für die ÖVP war es mit 59,1 Prozent der Stimmen ein Ergebnis, das vom Volksverein und den Christlichsozialen nie erreicht worden war, das aber auch bei späteren Wahlen nie mehr erreicht wurde. Die ÖVP entsandte 14 von 22 oberösterreichischen Nationalratsabgeordneten, vier von sechs Bundesratsabgeordneten und 30 von 48 Landtagsabgeordneten.

Die neue Landesregierung bestand aus sechs ÖVP- und drei SPÖ-Vertretern unter Landeshauptmann Dr. Heinrich Gleißner, Dr. Lorenzoni als Landeshauptmannstellvertreter und Johann Blöchl, Felix Kern, Jakob Mayr und Dr. Franz Schütz als Landesräten. Landtag und Landesregierung waren für ganz Oberösterreich tätig, auch wenn die „Zivilverwaltung Mühlviertel" noch bis 1955 existierte. Die aus dem Mühlviertel stammenden Abgeordneten konnten ihre Funktion in Linz ohne Probleme wahrnehmen. Um symbolisch die Verbindung zwischen Landesregierung und Zivilverwaltung zu unterstreichen, wurde Blöchl zum Mitglied der am 13. Dezember 1945 gebildeten Landesregierung ernannt.

In der ÖVP-Fraktion des neugewählten Linzer Gemeinderats dominierten die von den Nationalsozialisten verfolgten Personen mit Vizebürgermeister Mitterbauer an der Spitze, einem von den Nationalsozialisten schwerst verfolgten Funktionär der christlichen Arbeiterbewegung. Diese Zeit markiert auch die „französische" Periode der ÖVP, bezugnehmend auf die M.R.P. (Mouvement Republicain Populaire), die katholische Massenpartei in Frankreich, die für eine weitgehende Verstaatlichung eintrat (der Bodenschätze, großen Verkehrsbetriebe, Banken und Versicherungsgesellschaften) und für wirtschaftliche Planungsinstrumentarien und eine weitgehende Mitbestimmung plädierte. Mitterbauers Grundsatzrede bei der Konstituierung des Linzer Gemeinderats nahm Bezug auf die programmatischen Leitsätze, die von der ÖVP Mitte Juni in Wien verkündet worden waren, mit einer sehr positiven Einstellung insbesondere zu Verstaatlichungsmaßnahmen. In der Frage der Verstaatlichung der Schwerindustrie trat die ÖVP Oberösterreich für das Miteigentum der Arbeitnehmer ein. In einer Sitzung der Landesparteileitung am 29. Mai 1946 wurden die Richtlinien der Verstaatlichung gründlich erörtert.

Am 8. Oktober 1945 erschien wieder das „Linzer Volksblatt". Von 1945 bis 1948 war die oberösterreichische Volkspartei Herausgeber des „Linzer Volksblattes", da die amerikanische Besatzungsmacht dem Katholischen Preßverein, der bis 1938 im oberösterreichischen Presse- und Verlagswesen eine führende Rolle gespielt hatte, die Rückgabe seines Eigentums vor allem deswegen verweigerte, weil er nach 1934 auch Besitzstände damals enteigneter Verlage und Druckereien übernommen hatte, die 1945 wieder zurückgegeben werden mußten. Diese notwendige Entflechtung dauerte bis 1948. Die oberösterreichische Volkspartei, die ebenso wie die anderen von der amerikanischen Besatzungsmacht zugelassenen politischen Parteien eine

---

26 Harry SLAPNICKA: Oberösterreich – zweigeteiltes Land. 1945–1955. – Linz 1986, S. 134.

Zeitungslizenz erhalten hatte, konnte ab 8. Oktober 1945 das „Linzer Volksblatt" als Parteiorgan herausgeben. 1948 ging das „Volksblatt" wieder in den Besitz des OÖ. Landesverlags über, der neben der Tageszeitung auch ein Netz von Wochenzeitungen auf- und ausbaute. Das Übereinkommen zwischen Landesverlag und Volkspartei bezüglich des „Volksblattes" endete am 30. September 1950. Ab diesem Zeitpunkt erschien das „Volksblatt" wieder als parteiunabhängige Zeitung des Katholischen Preßvereins der Diözese Linz.

Das Ringen um die „Dritte Kraft"

Entscheidend für weitere Wahlerfolge war, wie das in Oberösterreich in der Zwischenkriegszeit immer fast ein Viertel des Wählerpotentials umfassende nationale Lager sich nach 1945 verhalten werde. Bauernbunddirektor Kern öffnete im Bauernbund die Tore gegenüber den ehemaligen Landbündlern, den Protestanten und auch gegenüber den „Ehemaligen" – soweit „sie nichts am Kerbholz hatten", wie sich Blöchl ausdrückte. Er gab Blöchl zufolge die Parole aus: „Geht und ladet die Frauen der anständigen ehemaligen Nationalsozialisten ein, dem Bauern- und Kleinhäuslerbund als Mitglied beizutreten." Über die ehemaligen Landbündler meinte Kern: „Derjenige Bauer, welcher sein Familienleben in Ordnung hat und sonntags in die Kirche geht, ist kein echter Landbündler, er gehört zu uns."

Dem „katholischen" Bauernbund aus der Zeit vor 1938 waren die Protestanten ferngeblieben. Die stärker protestantisch oder kryptoprotestantisch orientierten Regionen des Landes waren auch die, wo der Landbund und die Nationalsozialisten größeren Anklang unter den Bauern finden konnten. Blöchl verweist auf seinen Kriegskameraden und einstigen Zimmerkommandanten, den langjährigen Bürgermeister von Scharten, Paul Eder, damals im Landbund, den er nach 1945 als Vertrauensmann der Protestanten in den Bauernbund-Vorstand und in den Landtag brachte. Mit ihm war der größte Teil der Protestanten für den Bauernbund gewonnen.[27] Ein Großteil der Funktionäre des ehemaligen Landbundes mit Abg. Paul Eder aus Scharten an der Spitze trat in den OÖ. Bauern- und Kleinhäuslerbund ein.

Nach der Gründung des nationalfreiheitlichen Verbandes der Unabhängigen (VdU) im Jahre 1949 wurde auf freiheitlicher Seite versucht, die ehemalige Anhängerschar des Landbundes wieder zu reaktivieren und zu gewinnen. Doch weder die Unabhängige Bauernschaft des VdU noch der sozialistische Arbeitsbauernbund konnten unter der oberösterreichischen Bauernschaft Fuß fassen. Ende der fünfziger Jahre gehörten dem OÖ. Bauern- und Kleinhäuslerbund etwa 51.000 Stammitglieder an. Bei den Landwirtschaftskammerwahlen am 30. Oktober 1955 erzielte der Bauernbund bei 117.640 abgegebenen gültigen Stimmen 110.146 und damit fast 94 Prozent und konnte damit gegenüber 1949 fast 18.000 Stimmen dazugewinnen. Der Arbeitsbauernbund und die VdU-Bauernschaft, die zusammen mit dem Allgemeinen Bauernverband unter der Listenbezeichnung „Überparteiliche bäuerliche Wahlgemeinschaft" kandidierten, erreichten mit 7.494 Stimmen etwa 6 Prozent der abgege-

---

27 BLÖCHL: Lebenserinnerungen, S. 201.

benen Stimmen und statt der früheren insgesamt vier Mandate nur zwei Mandate. Der OÖ. Bauern- und Kleinhäuslerbund konnte seine Mandatszahl auf 29 erhöhen.

Aufgrund der Amnestie für minderbelastete Nationalsozialisten und der Rückkehr fast aller Kriegsgefangenen ergab sich 1948/49 eine völlig veränderte Wählerlandschaft. Allein für Linz gab es rund 26.000 Neuwähler. In ganz Österreich waren es rund eine Million. Die Degradierung des Problems der „Ehemaligen" zu einer Frage der Wahltaktik führte zu den Versuchen der SPÖ, soweit diese Stimmen nicht ins eigene Lager zu ziehen waren, zumindest die Etablierung einer vierten Partei zu protegieren, von der man hoffte, daß sie der ÖVP Konkurrenz machen würde. In dieser Konstellation kam es zu Kontakten der ÖVP mit ehemaligen, aber „vertrauenswürdigen" Nationalsozialisten, von denen man hoffte, daß mit ihrer Hilfe Wähler aus dem nationalen Lager angesprochen werden könnten.

Eine dieser Persönlichkeiten war Manfred Jasser, der eigentliche Kopf des „Alpenländischen Heimatrufs". Die Volkspartei schuf ihm nach Meinung Viktor Reimanns die „Möglichkeit, in Linz eine neue Wochenzeitung, die ‚Freien Stimmen', herauszubringen. Diese Zeitung spielte dann später im Wahlkampf eine gewisse Rolle. Sie vertrat die Ansicht, daß im gegenwärtigen Augenblicke keine neue Partei gegründet werden sollte. Vielmehr müßte die ÖVP eine mit Mandaten und Spitzenfunktionären ausgestattete nationale Gruppe innerhalb ihrer Parteiorganisation aufstellen ... Als Mitarbeiter gewann Jasser den ehemaligen HJ-Führer Doktor Walter Pollak, der unter den Pseudonymen Wolf Glasenburg und Michael Franer Artikelserien schrieb, in denen er den Standpunkt der ehemaligen Nationalsozialisten darlegte. In einer Denkschrift an Julius Raab schlug er vor, die ÖVP sollte die ehemaligen Nationalsozialisten, ‚diese quantitativ und vielfach auch qualitativ wesentliche Menschenschicht' wieder in das politische Spiel bringen, ‚um sie der konservativen Politik dienstbar zu machen'."[28]

Es kam zu den bekannten Kontakten in Oberweis, dem Landsitz Alfred Maletas: Julius Raab, Alfred Maleta, der steirische Landesrat Karl Brunner, der Landesparteiobmann von Oberösterreich Dr. Schöpf, der oberösterreichische Landesparteisekretär Resinger und der ehemalige Gesandte Theodor Hornbostel trafen am Christi-Himmelfahrts-Tag, dem 28. Mai, in Schloß Oberweis bei Gmunden mit einigen ehemals engagierten Nationalsozialisten zusammen, darunter Dr. Manfred Jasser, der Verleger Friedrich Heiß, der Staatsrechtler Doktor Hermann Raschhofer, der Historiker Taras Borodajkewycz, Walter Pollak, später Chefredakteur der „Oberösterreichischen Nachrichten", und von den steirischen Amnestieausschüssen Dr. Allitsch und Dr. Strohschneider. An den Vorbesprechungen zu diesem Treffen hatte außerdem auch noch Rechtsanwalt Dr. Führer teilgenommen. Alfons Gorbach war an der Teilnahme verhindert. Das Treffen war das Ergebnis von Kontakten, die rund ein Jahr zurückreichten. Vor allem Raab neigte dazu, die Nationalen zu inhalieren. Fixe Absprachen wurden keine getroffen, wohl vor allem deshalb, weil der ÖVP der Preis zu hoch war. Es hätte auch den Zerfall der ÖVP bedeuten können, wie das Friedrich Funder gegenüber Alfred Maleta sehr deutlich zum Ausdruck brachte.[29] „Das Gespräch war als Geheimgespräch geplant, doch durch eine Information von Erich

---

28 REIMANN: Dritte Kraft, S. 59 f.
29 RAUCHENSTEINER: Sonderfall, S. 261–274.

Kernmayer an die ‚Neue Front' in dieser schon vorher angekündigt worden. Es sollte informativen Charakter haben. Allerdings genügte schon die Tatsache der Besprechung und der unbestreitbare Versuch der ÖVP, mit Hilfe der ‚Ehemaligen' die Nationalsozialisten als Gruppe anzusprechen, daß SPÖ und KPÖ in ein Indianergeheul ausbrachen."[30]

In der Nationalratssitzung vom 9. Dezember 1948 richtete Alfred Maleta einen Appell an die, wie er sagte, „freien Geister der Nation, an alle die, die freies Denken und freies Urteil sich bewahrten", an die „Christen, die ihre Erfüllung nicht in der Selbstabkapselung eines klerikalen Parteigetriebes finden können", an die „Liberalen, die dem zügellosen Liberalismus abgeschworen hatten", und an die „Nationalen, deren Geschichtsbild sein Fundament verloren hatte". Und schließlich wendete er sich an die Heimkehrer und lud sie alle ein, eine gemeinsame geistige Plattform zu schaffen, die sie in der Volkspartei verwirklichen könnten.[31] „Divide et impera!" ... Spalten, spalten, mußte also die Devise sein, meinte Maleta. Maleta glaubt, daß der Wahlerfolg 1945 vor allem auf die Unterstützung durch die Angehörigen der Inhaftierten und das Fehlen der durch die NS-Gesetze benachteiligten einstigen Parteigenossen zurückzuführen sei.[32]

Das Antreten der vierten Partei konnte nicht verhindert werden. Auch gelang es nicht wirklich, die nationalen Gruppierungen ins ÖVP-Lager zu ziehen, obwohl im Bauernbundkalender und anderen populären Parteipublikationen und Wochenzeitungen nationalen, teilweise schwer belasteten Autoren wie Karl Springenschmied, teilweise bis in die achtziger und neunziger Jahre herauf, viel Raum für nach Blut und Boden triefende Geschichten eingeräumt wurde.

Das Wählerreservoir des VdU (Verband der Unabhängigen), der bei der Wahl 1949 als WdU („Wahlpartei der Unabhängigen") antrat, rekrutierte sich aus Nationalsozialisten und ihren Angehörigen, die die Großparteien für die diskriminierende NS-Gesetzgebung verantwortlich machten, aus Kriegsteilnehmern, Jungwählern und Volksdeutschen. In Oberösterreich waren die Beziehungen zwischen SPÖ und VdU besonders gut. Zum Teil war dies auf den großen Respekt zurückzuführen, den Koref bei den Liberalen des VdU, Kraus und Reimann, genoß, wobei letzterer immer wieder Korefs versöhnliche Haltung in der NS-Frage betonte. Auch waren ein paar Besuche Korefs beim großen alten Mann der ehemaligen Großdeutschen, Franz Langoth, dazu angetan, seine Toleranz zu demonstrieren.

Es gab aber auch undurchsichtige Verbindungen zwischen dem Parteisekretär der oberösterreichischen Sozialisten, Karl Krammer, und dem sogenannten Gmundner Kreis schwerbelasteter Nationalsozialisten, wie etwa Stefan Schachermayr, dem ehemaligen Gauinspektor der NSDAP in „Oberdonau", und Erich Kernmayer (mit Schriftstellernamen Erich Kern). Dieser war Pressechef bei Gauleiter Bürckel sowie Mitglied der SS und des SD gewesen. Jetzt hatten beide gute Beziehungen zum amerikanischen Geheimdienst CIC und zur SPÖ. Das Resultat all dieser Kontakte und Verhandlungen war eine extensive Schützenhilfe der SPÖ für den in Geldschwierigkeiten befindlichen VdU und ein Versprechen der neuen Partei, im Wahlkampf

---

30 REIMANN: Dritte Kraft, S. 116.
31 RAUCHENSTEINER: Sonderfall, S. 263.
32 MALETA: Bewältigte Vergangenheit, S. 143.

hauptsächlich die ÖVP anzugreifen.³³ Gustav A. Neumann, der damals erst 25jährige und aggressive Landesobmann des VdU, schrieb dazu: „Als einzige Vergütung verpflichtete ich mich, im Wahlkampf hauptsächlich die ÖVP anzugreifen, eine Verpflichtung, der ich gewissenhaft nachkam. Nur in Oberösterreich wurde der Wahlkampf ausschließlich gegen die ÖVP geführt, und nur in Oberösterreich nahm der VdU die Entwicklung einer wählbaren zweiten Arbeitnehmerpartei als Folge dieser von der SPÖ geforderten Leistung. Alle Plakate des VdU Oberösterreich waren von der SPÖ besorgt worden, alle Stimmzettel, mit Hilfe derer die Sozialisten eine katastrophale Niederlage bei den Arbeiterkammerwahlen erlitten, stammten von ihnen selbst . . ."³⁴ Der Innenminister Oskar Helmer wird von Neumann bei einem Treffen in Gmunden, in der „Villa Maria Luise" mit der Bemerkung zitiert: „Schaun S', Herr Neumann, Sie sind noch zu jung für solche Überlegungen. Aber wenn ich diese Nazi net betreu, betreut sie der Maleta in Oberweis.'³⁵

„Der oberösterreichische VdU stand am meisten links von allen Landesorganisationen. Das lag an der engen Zusammenarbeit zwischen dem jungen Landesobmann Neumann mit dem sozialistischen Landesparteisekretär Krammer, das lag aber auch an den vielen Großbetrieben, in denen zahlreiche ehemalige Nationalsozialisten und geflüchtete Volksdeutsche als Arbeiter und Hilfsarbeiter tätig waren . . ."³⁶ In Oberösterreich gelang dem VdU nicht nur ein tiefer Einbruch in die Wählerschichten der ÖVP, sondern ebenso in die der SPÖ, der Arbeiter und Angestellten.

Das Auftreten einer zweiten bürgerlichen Partei, des Verbands der Unabhängigen (VdU), hatte der ÖVP erhebliche Stimmeneinbrüche beschert. 1949 rutschte die ÖVP bei den vorzeitig angesetzten Landtagswahlen, die wiederum gemeinsam mit den Nationalratswahlen durchgeführt wurden, auf 45,0 Prozent ab. Die gleichzeitig starken prozentuellen Verluste der SPÖ ließen allerdings die Führungsposition der ÖVP unangetastet. Aber die absolute Mehrheit im Landtag und in der Landesregierung war verlorengegangen. Die ÖVP hatte 23 Mandate, SPÖ und VdU hatten zusammen 25. Der WdU wurde in Linz, Wels und Steyr zur zweitstärksten Partei hinter der SPÖ. Der WdU war einerseits zum Sammelbecken des in Oberösterreich vor dem Krieg starken nationalen Lagers, andererseits aller unzufriedenen Kräfte und Protestwähler geworden.

Parteireform in schwierigen Zeiten

Die Wahlniederlage 1949 zeigte nicht nur ideologische Positionierungsprobleme, sondern auch organisatorische Schwächen auf: Walter Resinger, der am 20. Oktober 1945 provisorischer Landesparteisekretär geworden war, war vielen Zeugnissen zufolge nicht die optimale Besetzung. Ihm fehlte es nicht nur an organisatorischem Geschick, sondern auch an politischem Engagement. Auch die organisatorische

---

33 TWERASER: Linzer Gemeinderat, S. 195; REIMANN: Dritte Kraft, S. 89 f., 94, 118–123; KOREF: Gezeiten, S. 498; LANGOTH: Kampf um Österreich, S. 348 f.
34 REIMANN: Dritte Kraft, S. 122 f.
35 REIMANN: Dritte Kraft, S. 122.
36 REIMANN: Dritte Kraft, S. 129.

Teilung in Parteivorstand und Landesspitze war nicht in allem glücklich. Am 2. Landesparteitag der ÖVP Oberösterreich vom 28. bis 30. Nov. 1947 war Dr. Stampfl als Landesparteiobmann zurückgetreten. Stampfl, von Blöchl als „ehrfurchtgebietende Gestalt" charakterisiert, „der aber zur Führung einer politischen Partei der jugendliche Elan fehlte", gab die Obmannstelle an den Linzer Magistratsbeamten Obersenatsrat Dr. Albert Schöpf ab. „Dieser", wieder Blöchl zufolge, „war ein trockener Vorarlberger, der keinen Oberösterreicher für seine politischen Ideen begeistern konnte, so ehrenwert er persönlich war. Wir hatten einen Parteisekretär, dem das steife Rückgrat einer politischen Überzeugung fehlte."[37]

„Wenn die Organisation schlagkräftig sein oder werden sollte, dann war und ist es notwendig, die oft zufälligen Besetzungen aus dem ersten Bedarf 1945 zu liquidieren und durch planmäßige Regelungen zu ersetzen ...", meinte auch Dr. Schöpf am 3. Landesparteitag. Aufgezählt wurden die jungen Jahrgänge, die Frauen, die Heimkehrer und „alle jene guteingestellten Kräfte, die nach dem Zusammenbruch des totalitären Regimes eine positive Einstellung zu Österreich wiederfanden oder suchten ..."[38]

In unmittelbarer Folge des 9. Oktober 1949 wurden im Zuge der Sparmaßnahmen die Bezirksparteisekretäre gekündigt. Die bisher von den Sekretären zu leistende Arbeit mußte vom Landesparteisekretär übernommen werden. Die Führung des Landesparteisekretariats wurde an Stelle des zurückgetretenen Walter Resinger am 1. August 1950 interimistisch dem pensionierten Regierungsrat Josef Makk übertragen. Die Krise der Parteiorganisation war damit verlängert. Die bündischen Sekretariate hatten das Sagen.

Johann Blöchl meinte dazu: „Die monatlichen Sitzungen der Parteileitung waren zu 95 Prozent mit den finanziellen Nöten der Partei ausgefüllt, man wußte von einem zum anderen Mal nicht, wie die paar Beamten im nächsten Monat bezahlt werden können. Das war die ‚Kapitalisten-Partei'! Kern meinte manchmal: ‚Schauen wir auf den Bauernbund, die Partei geht sowieso zugrunde.' So mies schätzte dieser ausgesprochene Fachmann in Fragen der Organisation die Lage der Partei ein. In einer erweiterten Parteivorstandssitzung im Saal des Raiffeisenhofes anläßlich einer miesen Debatte stellte ich folgende Anträge: 1. Als Parteiobmann wäre Landeshauptmann Dr. Gleißner, 2. als Landesparteisekretär wäre Herr Dr. Wenzl zu wählen. Dr. Wenzl, der bis dahin Beamter der Anwaltschaft war, dessen politisches Fingerspitzengefühl mir sehr bald aufgefallen war, hat früher schon Kern über meinen Rat aus der politischen Versenkung geholt. 3. Von jedem Parteimitglied sind 12 Schilling Mitgliedsbeitrag einzuheben. Alle drei Anträge wurden realisiert. Die Verhältnisse in der Parteileitung veränderten sich nunmehr schlagartig zum Besseren. Der Erfolg blieb nicht aus. Die Partei gewann unter der neuen Führung an Ansehen und Schlagkraft. Im Vorstand konnte nun wieder positive Arbeit geleistet werden. Auch die Zusammenarbeit der Bünde gestaltete sich nunmehr unter der Führung unseres unvergeßlichen Landeshauptmannes Dr. Gleißner und des neuen Parteisekretärs Dr. Wenzl überaus vertrauensvoll zum Vorteil der Gesamtpartei."[39]

---

37 BLÖCHL: Lebenserinnerungen, S. 215.
38 3. Landesparteitag 1949, Delegiertentag, Referat LPO Dr. SCHÖPF, ÖVP, Parteiarchiv.
39 BLÖCHL: Lebenserinnerungen, S. 215 f.

Der 5. Landesparteitag am 14. Oktober 1951 bedeutete in finanzieller und organisatorischer Hinsicht einen entscheidenden Wendepunkt für die Partei. Dr. Albert Schöpf, seit 30. November 1947 Landesparteiobmann, wurde von Heinrich Gleißner selbst abgelöst.[40] Dr. Erwin Wenzl wurde Ende Oktober 1951 auf Vorschlag Gleißners zum Landesparteisekretär bestellt. Für jedes ordentliche Parteimitglied wurde ein Parteibeitrag von jährlich S 12,– eingeführt, ferner am 20. Februar 1952 Parteiumlagen für alle Abgeordneten zum Nationalrat, Bundesrat, Landtag und Stadtrat von Linz in Höhe von 10 Prozent ihrer Bezüge.

Wenzl und Gleißner übernahmen eine Partei, die im Bauernbund etwa 65.000 Mitglieder zählte, im Wirtschaftsbund 13.028, im AAB 11.982, in der Frauenbewegung etwa 8.000 und in der Jugendbewegung 1.480. Bundlos gab es 1.701 ÖVP-Mitglieder, insgesamt zählte man 101.191 Mitglieder.

Es war an sich in Oberösterreich nicht Tradition, daß der Landeshauptmann auch Parteiobmann war. Nur für wenige Jahre, von 1891 bis 1898, war dies der Fall gewesen. Aber nun konnte der Aufbau einer schlagkräftigen Parteiorganisation in Angriff genommen werden. Der neue Landesparteisekretär Dr. Wenzl begann ab 1952 mit der systematischen Einrichtung von Bezirkssekretariaten, die mit jungen Sekretären besetzt und mit Motorfahrzeugen ausgestattet wurden. Es gab wieder hauptamtliche Sekretäre. Es wurden Einheitssekretariate für die Partei und die Bünde beschlossen. Junge Funktionäre wurden rekrutiert. Schulungen wurden durchgeführt. Die Zeit der Improvisation war vorbei.

Die Früchte zeigten sich rasch. Die Nationalratswahlen am 22. Februar 1953 verliefen für die ÖVP Oberösterreich recht günstig. Oberösterreich war das einzige Bundesland, in welchem die ÖVP von 1949 bis 1953 ihren Stimmenanteil vergrößern konnte. Der Stimmenanteil der WdU fiel auf 12,2 Prozent.

Im Zeichen des Wirtschaftswunders

Am 8. Landesparteitag am Dreikönigstag des Jahres 1955 konnte Landeshauptmann Dr. Gleißner den Delegierten eindringlich die großen Leistungen der ÖVP im Lande und in den Gemeinden vor Augen führen. Er zog eine Zehnjahresbilanz: „Zehn Jahre Wiederaufbau unter der ausschlaggebenden Führung der Österreichischen Volkspartei haben unserem Bundesland einen wirtschaftlichen Aufschwung gegeben, der in ganz Österreich Anerkennung findet. Im kommenden Herbst wird die Bevölkerung unseres Bundeslandes zur Wahl des Landtages und der Gemeindeausschüsse aufgerufen. Mit Sicherheit und Zuversicht kann dann die Wählerschaft wieder die Führung des Landes jener Partei anvertrauen, die durch die Erfolge allen Bevölkerungsschichten die Gewißheit gibt, daß sie als Österreichische Volkspartei der feste Garant für eine Politik des zunehmenden Wohlstands ist."

Die ÖVP konnte sich anschicken, aus dem Wiederaufbau und Wirtschaftswunder, dem Staatsvertrag, der wiedererrungenen Souveränität und der Sicherung der Einheit des Landes den verdienten Lohn einzufahren. Der Wahlerfolg mußte aber erkämpft werden. Die über Jahre hinweg vorangetriebene Aufbauarbeit im Parteiap-

---

40 Bundesrat a. D. Dr. Albert SCHÖPF starb am 6. Oktober 1980.

parat konnte genutzt und eingesetzt werden. Man begann sich neuer Formen der Wahlwerbung zu bedienen. Die neugeschaffene Wahlzeitung „Heimatruf", welche in drei Tiefdruck- und vier Rotationsausgaben herauskam und jeweils an alle 360.000 oberösterreichischen Haushalte per Postwurf zum Versand kam, wurde zum Hit. Ein eigener Wahlfilm „Die Heimat ruft" war ebenfalls so erfolgsträchtig, daß er ein Jahr später von der Bundesparteileitung auf gesamtösterreichische Verhältnisse umgearbeitet und für die Nationalratswahl 1956 eingesetzt wurde. Auch für die Nationalratswahl 1956 gab es in Oberösterreich wieder Postwurfsendungen des „Heimatrufs".

Bei den Landtagswahlen im Staatsvertragsjahr 1955, die nicht mehr gemeinsam mit den Nationalratswahlen stattfanden, konnte die ÖVP mit einem Plus von drei Prozent (48,1 Prozent) die Verluste von 1949 etwas wettmachen. Die absolute Mehrheit im Landtag und in der Landesregierung wurde wieder erreicht. Der zur „Freiheitlichen Wählergemeinschaft" mutierte WdU erzielte nur mehr 9,6 Prozent der abgegebenen Stimmen. Der positive Trend konnte bei den Nationalratswahlen 1956 verfestigt werden: Erstmals seit 1945 gelang es am 13. Mai 1956 der ÖVP Oberösterreich, mit 50,4 Prozent wieder mehr als die Hälfte der Stimmen zu erringen.

1955 gab es entscheidende personalpolitische Weichenstellungen: Landeshauptmannstellvertreter Felix Kern war am Vormittag des Wahltages, dem 23. Oktober 1955, einer zehn Tage vorher erlittenen Herzattacke erlegen. Als sein Nachfolger als Bauernbunddirektor wurde 1956 Georg Schreiner bestellt. Kerns Position als Landesrat erhielt der junge Dr. Erwin Wenzl, der die Partei so erfolgreich reorganisiert hatte. Die neue Landesregierung hatte wieder fünf ÖVP-Mitglieder: Dr. Heinrich Gleißner, Johann Blöchl, Hermann Kletzmayr, Theodor Pritsch und Dr. Erwin Wenzl.

Als Krönung des Staatsvertragsjahres und große politische Hauptaktion im Wahljahr war das große Erntedankfest 1955 mit der Weihe der neuen Bauernbund-Landesfahne gedacht: Es sollte vor allem ein Fest des wieder freien und völlig vereinten Oberösterreich sein. Im Vorsommer des Jahres 1955 stand auf der Tagesordnung einer Bauernbund-Vorstandssitzung die Anschaffung einer Landesfahne und ihre Weihe. Felix Kern stellte den Antrag, daß der Bauernbund eine große Wallfahrt auf den Pöstlingberg veranstalten solle, bei der auch die Fahne geweiht werden möge. Blöchl widersprach, wie er selbst in seinen Erinnerungen schreibt: „‚Erstens', sagte ich, ‚der Bauernbund hat sich bisher mit großem Erfolg bemüht, auch die Protestanten in seine Reihen zu bringen. Wenn nun die Landesfahne an einem Marien-Wallfahrtsort geweiht werden soll, nimmt kein protestantischer Bauer an der Feier teil und, was schlimmer ist, wir stoßen unsere protestantischen Mitglieder vor den Kopf.'"[41] Kern und Schreiner verteidigten den Pöstlingbergplan. Aber dann wurde doch einstimmig der Beschluß für ein neutrales Erntedankfest gefaßt. Das für Oberösterreich sprichwörtliche Konsensklima behielt die Oberhand.

Der Parteiapparat wurde systematisch verbreitet. Der Oö. Pensionisten- und Rentnerbund, bzw. der Oö. Rentnerbund, so sein erster Name, der Vorläufer des Oberösterreichischen Seniorenbundes, wurde am 26. Juni 1956 gegründet. Es dauerte geraume Zeit, bis über das ganze Land ein Netz von Bezirksleitungen und Ortsgruppen gezogen war. Einfacher war das auf dem Lande, schwieriger in den Städten und insbesondere in der Landeshauptstadt Linz. Sich gegenüber dem sozia-

---

41 BLÖCHL: Lebenserinnerungen, S. 226.

listischen „Pensionistenverband", der sich offiziell als überparteilich deklarierte, durchzusetzen, war nicht leicht.

Die bündische Struktur der Partei, die in Oberösterreich neben den Bauern auch die „Kleinhäusler" ausdrücklich hevorhob, bewährte sich: Am 18. Dezember 1957 wurde im Nationalrat das Gesetz über die landwirtschaftliche Zuschußrente beschlossen. Johann Blöchl war einer der Vorkämpfer dafür. Der Direktor des Österreichischen Bauernbundes, Bundesminister Graf, nahm anläßlich des Welser Volksfestes 1956 zur Zuschußrente eine negative Position ein. Blöchl meinte in seinem Schlußwort dazu: „Jene Standeskollegen, die auf die paar Schillinge im Alter nicht anstehen, für die ist's um so besser. Aber es sind Tausende unter uns, die, wenn sie alt geworden sind, um diese Schillinge froh sein werden. Denn auch die Großmutter der Kleinen unter uns wird eine Freude haben, am Sonntag ihren Enkeln etwas mitbringen zu können. Und – vergessen wir nicht: die Kleinen unter uns sind die politischen Feldwachen unserer stolzen Vierkanter."[42] Im übrigen war es laut Blöchl der Oberösterreichische Bauern- und Kleinhäuslerbund, der zusammen mit der Landwirtschaftskrankenkasse die entsprechenden Unterlagen für das Gesetz ausarbeitete. „Daß ich den Kleinhäuslern aus der Seele gesprochen habe, dessen wurde ich von ihnen lange noch stets versichert", schrieb Blöchl Jahre später.[43]

Das Ergebnis der Nationalratswahl vom 10. Mai 1959, bei der die oberösterreichische ÖVP etwa 3 Prozent der Stimmen einbüßte, den Mandatsstand aber halten konnte, lag besser als der Bundestrend. Das Ergebnis bei der Landtagswahl 1961 wurde von Wenzl so kommentiert, daß „weder der starke Strukturwandel und die zunehmende Verstädterung, von deren weiterem Fortschreiten sich die SPÖ sozusagen automatisch und zwangsläufig die zur Erlangung der Mehrheit nötigen Stimmen erhoffte, noch die tiefgreifende Verjüngung des Wählerstockes die Stellung der Volkspartei im Lande erschüttern konnten". Der Erfolg bei der Landtagswahl vom 22. Oktober 1961 konnte bei der Nationalratswahl am 18. November 1962 praktisch wiederholt werden.

Die Technokraten kommen

Die sechziger Jahre waren eine Zeit des Umbruchs. Die erste Phase des Wirtschaftswunders, des Raab-Kamitz-Kurses und der Etablierung des Sozialstaats ging dem Ende zu. Strukturänderungen waren gefordert. In der Bundespolitik wurden die großen alten Männer der Volkspartei, die aus ihrem politischen Gefühl heraus regiert hatten, von jüngeren Kräften abgelöst, die sich immer mehr die Instrumente der neuen Sozial- und Kommunikationswissenschaften und deren zugehörige Techniken zunutze machten. Ähnlich war es in der Landespolitik. Ök.-Rat Johann Blöchl legte am 15. Jänner 1966 sein Landtagsmandat zurück und trat gleichzeitig aus der Landesregierung aus. Das Referat in der Landesregierung übernahm der Präsident der oö. Landwirtschaftskammer Johann Diwold, der schon am 29. März 1965 Blöchl auch als Obmann des OÖ. Bauern- und Kleinhäuslerbundes nachgefolgt war. Mit 19. Ok-

---
42 BLÖCHL: Lebenserinnerungen, S. 232 f.
43 BLÖCHL: Lebenserinnerungen, S. 233.

tober 1966 trat Landesrat Theodor Pritsch in den Ruhestand. Sein Referat übernahm Gerhard Possart, der Pritsch mit 30. April 1966 schon als Landesobmann des ÖAAB abgelöst hatte. In die Position des Landeshauptmannstellvertreters rückte Landesrat Dr. Erwin Wenzl nach. Wenzl machte Statistik, Politologie und Marktforschung für seine politischen Aktivitäten nutzbar. So kam es Anfang 1961 zum Kontakt mit dem Meinungsforscher Neumann (Institut Allensbach), der für seine weiteren Aktivitäten bestimmend wurde. Das ging so weit, daß Wenzl, der später in einem fulminanten Persönlichkeitswahlkampf einen eindrucksvollen Wahlsieg einfuhr, vorerst eher mit dem Image des trockenen Technokraten zu kämpfen hatte.

Die Landtagswahl vom 22. Oktober 1967, als Gegenbewegung zum großen Wahlsieg bei der Nationalratswahl vom 6. März 1966 und der darauffolgenden ÖVP-Alleinregierung, brachte der ÖVP Oberösterreich einen Rückschlag auf 45,2 Prozent der Stimmen. Erstmals wurde die ÖVP in Oberösterreich von der Sozialistischen Partei mit 46 Prozent der Stimmen überholt. Die ÖVP verlor zwei Landtagsmandate. Es kam mit je 23 Mandaten zu einem Mandatsgleichstand der beiden Großparteien. Die ÖVP verfügte über 23 Mandate, SPÖ und FPÖ zusammen über 25.

Bei der darauffolgenden Landeshauptmannwahl wurde die FPÖ zum Zünglein an der Waage. Verhandlungen wurden von beiden Großparteien geführt. Doch konnte die ÖVP das in zahlreichen Situationen aufgebaute gute Verhältnis zur FPÖ ausspielen und in von Dr. Wenzl persönlich initiierten und geführten Verhandlungen nicht nur für Dr. Gleißner die Unterstützung durch die FPÖ sichern, mit Zugeständnissen an Friedrich Peter, sondern dieses Abkommen für die gesamte Legislaturperiode abschließen, so daß auch Dr. Wenzl selbst als Nachfolger Gleißners mit der Unterstützung durch die FPÖ rechnen konnte, was dann 1971 zum Tragen kam.[44] Entscheidend war, in der Übergangssituation der Wahljahre 1967 und 1973 nicht die Position des Landeshauptmanns zu verlieren. So konnte die 1967 getroffene Absprache zwischen Gleißner und Peter 1973 in einem Abkommen zwischen Wenzl und Horst Schender wiederaufgenommen werden. Die FPÖ als Zünglein an der Waage stimmte jeweils für den ÖVP-Kandidaten.

Landeshauptmann Dr. Heinrich Gleißner, der am 5. April 1971 das 78. Lebensjahr überschritt und die Funktion des Landeshauptmanns von 1934 bis 1938 und von 1945 bis 1971 ausgeübt hatte, legte in diesem Jahr sein Amt zurück. Die Nachfolge trat sein über zwei Jahrzehnte hinweg engster Mitarbeiter Dr. Erwin Wenzl an, der am 1. Dezember 1968 bereits die Funktion des Landesparteiobmanns von ihm übernommen hatte und bereits seit 1966 Landeshauptmannstellvertreter war. Er wurde am 3. Mai 1971 mit den Stimmen der ÖVP und der FPÖ gewählt. Mit 1. Jänner 1969 erfolgte die Bestellung von Dr. Josef Ratzenböck zum neuen Landesparteisekretär. Insgesamt war bis 1971 die Generationenablöse abgeschlossen. Das Revirement an der Landesspitze löste auch eine große Umgruppierung in der Landesregierung aus. Neuer Landeshauptmannstellvertreter wurde Gerhard Possart. Auch der Präsident der OÖ. Handelskammer, Dr. Franz Schütz, legte sein Landtagsmandat zurück. Sein Nachfolger wurde der Landesobmann des Wirtschaftsbundes, Rudolf Trauner. Er übernahm auch den Sitz in der Landesregierung, den der bisherige Landesrat

---

44 PETER: Aus der Sicht der politischen Gegner, S. 74 ff.; HACKL: 1967: Entscheidung mit der FPÖ, S. 117 ff.

Dr. Heinrich Wildfellner innegehabt hatte. Dr. Lelio Spannocchi wurde zum Landesrat für Finanzen und Kultur bestellt.

Der Umbau der Partei zu einer Serviceeinrichtung wurde in den siebziger Jahren systematisch in Angriff genommen: Der Kontakt mit dem Wähler/Mitbürger sollte enger, direkter und unmittelbarer werden: Lange bevor es den „Ombusmann" und die „Landes-Informations- und Beratungsstelle" gab, forderte Landesparteiobmann Wenzl am 20. Landesparteitag 1971 staatliche Service-Einrichtungen. Der 21. Landesparteitag am 23. April 1972 wurde unter das Motto „Dienst am Menschen in Oberösterreich" gestellt. Es war ein Parteitag neuen Stils. Mit dem „Wählerservice der Volkspartei", das vor allem in Wohnbauangelegenheiten, in Fragen der Familienförderung, des Pflegegeldes und bei zahlreichen Spezialthemen dem Wähler Rat und Hilfe bieten sollte, wurde die oberösterreichische Volkspartei für andere Parteien modellgebend, nicht nur in Österreich, sondern weit über die Landesgrenzen hinaus bei der bayerischen CSU und baden-württembergischen CDU. Voraussetzung war eine gründliche Schulung und Vorbereitung der örtlichen Funktionäre. Die innerparteiliche Demokratie sollte durch geheime Abstimmungen gestärkt werden. Richtungweisend wurden auch die „Jugendparlamente".[45]

Wenzls besondere Vorliebe galt der Statistik und Planung. Die von ihm schon als Landesparteisekretär begonnene wissenschaftlich-statistische Reflexion der Parteiarbeit wurde in seiner Parteiobmann- und Landeshauptmannzeit systematisch fortgesetzt: In der Festschrift zum 19. Landesparteitag veröffentlichte Landesparteisekretär Dr. Ratzenböck eine eingehende Analyse aller Arbeiterkammerwahlen. Dieser 19. Landesparteitag stand unter dem Generalthema Raumordnung und stimmungsmäßig ganz im Zeichen der bevorstehenden Nationalratswahlen. Zur Landtagswahl 1973 wurden die neun Landespläne erstellt. 1976 folgte die Halbzeitbilanz ihrer Verwirklichung, 1979 das Schlußresümee. Der Parteitag 1974 stand unter dem Motto „Die Pläne verwirklichen". Die ÖVP verstand sich als „Schrittmacher moderner Politik", wie ein besonders erfolgreiches Wahlplakat mit Dr. Wenzl übertitelt war.

Wenzl war in seiner politischen Tätigkeit durch die von ihm seit 1955 durch 22 Jahre hindurch ausgeübte Funktion als Landesrat und Leiter des größten Referats, des Baureferats, geprägt und hatte seinerseits dieses durch seine Dynamik und Sachlichkeit geprägt: Über 100 Ortsumfahrungen, sechs Donaubrücken, 1844 Brücken, der Autobahnbau, die Neuerrichtung von Bundesstraßen wie Güterwegen und bäuerlichen Zufahrtsstraßen, die Staubfreimachung, die Ortsplatzgestaltungen, die Orts- und Ringkanalisationen, die Wasserleitungen, der Hochwasserschutz, der Kraftwerksbau und generell die Stärkung der Infrastruktur des Landes, das waren die großen Errungenschaften dieser Ära.[46]

Seine Ziele, die er 1973 in einer Grundsatzerklärung darlegte, formulierte Wenzl mit Zusammenarbeit aller politischen Kräfte, Föderalismus, Raumordnung, die die Entvölkerung des ländlichen Raumes verhindert, Sicherung und Schaffung von Arbeitsplätzen, Umweltschutz, Wohnraumbeschaffung.

---

45 KUCKACKA/PASTEYRIK: Der „Löwe" als Parteimanager S. 87 ff.; MAYR/KÄFER: Die Jugendparlamente S. 111 ff.
46 PÜHRINGER: Eine Infrastruktur für Oberösterreich S. 146 ff.

Als zentral und klarer als die Bundespartei erkannte er die Bedeutung der Öffentlichkeitsarbeit über die Medien. In den sechziger Jahren stieg der Verlust des vom Katholischen Preßverein geführten „Volksblattes" derart an, daß die Umwandlung in ein Wochenblatt oder die Weiterführung in Kooperation mit einem anderen Verlag überlegt wurde. Unter diesen Umständen beschloß das Preßvereinskomitee, Vorbereitungen dafür zu treffen, daß „das Linzer Volksblatt im Jahre 1969 in eine andere Tageszeitung übergeführt oder in eine Wochenzeitung umgewandelt werden" könne. Schließlich gelangte ein Vertrag mit dem Grazer Styria-Verlag zur Unterschriftsreife, der das „Linzer Volksblatt" in eine Oberösterreich-Ausgabe der Tageszeitung „Kleine Zeitung" umwandeln sollte.

„Zur größten Überraschung aller Beteiligten wurde in jenen Tagen bekannt, daß die oberösterreichische ÖVP interessiert sei, das ‚Linzer Volksblatt' zu übernehmen und als offizielle Parteizeitung weiterzuführen. Bei der Preßvereinskomiteesitzung am 16. Juni 1970 schlug Landeshauptmannstellvertreter Dr. Erwin Wenzl vor, den vorliegenden Vertragstext mit der Styria nicht zu beschließen, sondern das ‚Volksblatt' zu ähnlichen Bedingungen an die oberösterreichische ÖVP zu übergeben. Bei einem Teil der Komiteemitglieder stieß dieser Vorschlag auf Ablehnung: denn in kirchlichen Kreisen hatte das Projekt einer unabhängigen christlichen ‚Kleinen Zeitung' viel Sympathie gefunden; mehrere Komiteemitglieder bezweifelten, daß die ÖVP auf Dauer den Verlust der Zeitung tragen könne, während man der Styria mit dem Projekt ‚Kleine Zeitung' viel eher zutraute, sich auf dem Markt durchzusetzen, so daß der Landesverlag langfristig mit diesem Druckauftrag rechnen könne."[47]

In der Erinnerung anderer stellte sich die Entwicklung etwas anders dar: Aufgrund der wirtschaftlich schwachen Basis des „Volksblattes" seien von kirchlicher Seite Vertragsverhandlungen mit Styria geführt worden, allerdings ohne Kontaktierung und Einbeziehung der Laienvertreter im Preßverein. Wenzl und Gleißner äußerten sich darüber verwundert bis empört und drängten auf eine „oberösterreichische" Lösung. Wenzl gelang zusammen mit Wirtschaftsbundobmann Rudolf Trauner und Landtagsabgeordneten Hans Winetzhammer mit der Gründung der „Oberösterreichischen Zeitungs-, Verlags- und Vertriebsgesellschaft m.b.H." mit vier Gesellschaftern zu je 25 Prozent (vertreten durch die Landesleitung der ÖVP und die drei Bünde) eine Lösung, die einen Kauf des „Linzer Volksblattes" aus dem Besitz und der Herausgeberschaft des OÖ. Landesverlags möglich machte.[48] Ab 2. Jänner 1971 erschien das „Linzer Volksblatt" als Parteiorgan der Österreichischen Volkspartei, Landesleitung Oberösterreich, von April 1971 bis 1974 gemeinsam mit der Landesparteileitung Niederösterreich, ab 1974 wieder ohne Niederösterreich und unter dem Titel „Neues Volksblatt".

Den Schlußpunkt hinter das immer wieder auftauchende Plakatierungsproblem setzte die OÖ. Volkspartei mit der Gründung des Werbeunternehmens „Heimatwerbung". Am 1. Jänner 1973 wurde zwischen der „Heimatwerbung", dem von Dr. Wenzl initiierten, sehr erfolgreichen Plakatierungsunternehmen der ÖVP, und dem „Zeitungsverlag" eine Organgesellschaft hergestellt. Für die „Heimatwerbung" als

---

47 Dipl.-Ing. Hubert Lehner: 1991.
48 Klar: Der Zeitungsmann, S. 99 ff.; Leopoldseder: Ein Landeshauptmann und die Medien, S. 191 ff.

100-Prozent-Tochter und den „Zeitungsverlag" wurde als gemeinsamer Geschäftsführer der Finanzreferent der ÖVP, Rudolf Trauner, eingesetzt.

Die Landtagswahl am 21. Oktober 1973 wurde für die Österreichische Volkspartei nach dem Landeshauptmannwechsel und dem Neuantreten des im Vergleich zu Gleißner von vielen Beobachtern als „farblos" oder „trocken" eingeschätzten Wenzl zu einem in diesem Ausmaß nur von Optimisten erwarteten Erfolg. Das Wahlziel, stimmen- und mandatsstärkste Partei zu werden, wurde voll erreicht, auch wenn zur absoluten Mehrheit ein Mandat fehlte. Sicherlich war der Wahlerfolg 1973 auch eine Reaktion auf das ungünstige Ergebnis der Nationalratswahl 1971. Aber es war auch das Ergebnis konsequenter Arbeit, mit der bereits 1971 begonnen worden war, und das Resultat einer ausgesprochen innovativen und geglückten Wahlkampagne, die Sachthemen und Persönlichkeitswahlkampf auf sehr attraktive Weise vereinte. Dem „Löwen" als Symbolfigur, die die Persönlichkeit des Spitzenkandidaten in ein dynamisches Licht rückte, hatte die Sozialistische Partei nichts Gleichwertiges entgegenzusetzen. Eine demoskopische Erhebung der Wählererwartungen, die im März 1972 durchgeführt worden war, hatte Dynamik, Entscheidungsfreude, Flexibilität und Aufgeschlossenheit gegenüber Reformen als Haupterwartungen, die an die politischen Spitzenakteure gestellt wurden, erbracht. Mit dem „Wenzl-Honda-Plakat" („Unser LH dreht voll auf") wurde die Personifizierung des Wahlkampfes eingeleitet. Diese Strategie der Personifizierung erfuhr mit dem legendären „Löwen-Plakaten" eine konsequente Fortsetzung und wurde mit „Wenzl, dem Schrittmacher" abgeschlossen. Die werbliche Umsetzung des Wahlkampfes oblag der „Werbeagentur Sery".[49] Neu war auch die Bekenntnisstrategie: „Wenzl-Löwen-Leibchen", Autoplaketten „I like Wenzl den Löwen" oder das Wenzl-Personen-Komitee suggerierten der Öffentlichkeit die quantitative Dominanz und Durchschlagskraft der ÖVP-Anhänger. Eigene Jugendkomitees wurden gegründet.

Sicherlich waren die Landtagswahlergebnisse von der Konstellation in der Bundespolitik beeinflußt. Während bis zum Jahr 1967 die ÖVP Oberösterreich auf Bundesebene stets bessere oder nur marginal schlechtere Ergebnisse erzielte als auf Landesebene, kehrte sich ab 1967 dieser Trend um. Seit dem Jahr 1955 schnitt die ÖVP stets auch auf Landesebene besser ab als auf kommunaler Ebene, einerseits wohl wegen des Landeshauptmann-Bonus, andererseits auch aus einer gewissen „kommunalen Schwäche", obwohl die Partei in etwa 80 Prozent der Gemeinden den Bürgermeister stellte, aber nur in etwa der Hälfte der Landesbevölkerung. Die ÖVP konnte nur in ganz wenigen größeren Gemeinden den Bürgermeistersessel für sich verbuchen. Die ÖVP dominierte in den kleinen Landgemeinden, während es ihr nicht gelang, sich in den größeren Orten bzw. Städten durchzusetzen.

Trotz des Wahlerfolgs gab es 1973 immer noch einen Mandatsgleichstand zwischen ÖVP einerseits und SPÖ und FPÖ andererseits und damit eine Pattsituation, die neuerlich die Zustimmung der FPÖ für die Landeshauptmannwahl notwendig machte. Dr. Lelio Spannocchi wurde Landtagspräsident. Seine Ressorts Finanzen und Kultur übernahm Dr. Josef Ratzenböck. Am 3. Oktober 1977 legte Dr. Erwin Wenzl seine Stelle als Landeshauptmann und Landesparteiobmann und sein Abgeordnetenmandat zurück. Landesrat Dr. Josef Ratzenböck wurde als Landeshauptmann und

---

49 KUKACKA: Wahlkampf – Innovation und Phantasie, S. 123 ff.

Landesparteiobmann gewählt. Das Bauressort wurde von dem 1986 so tragisch verstorbenen LAbg. Hans Winetzhammer übernommen. Neuer Landesparteisekretär wurde Mag. Helmut Kukacka.

Bürgernähe

Dr. Josef Ratzenböck stand seit 1953 im Dienste der Partei, zuerst als Referent und Sachbearbeiter, dann 1956 als Landessekretär des Pensionisten- und Rentnerbundes, seit 1969 als Landesparteisekretär. Seit 1973 trug er als Landesrat für Kultur und Finanzen auch Regierungsverantwortung. In diesem Sinn war für Kontinuität gesorgt, als Ratzenböck 1977 von Wenzl das Amt des Landeshauptmanns übernahm und am 19. Oktober 1977 einstimmig zum Landeshauptmann gewählt wurde. Der Wiederaufbau war längst geschafft. Strukturwandel war angesagt. Das oberösterreichische Klima der Kooperation und Zusammenarbeit, seit den Zeiten von Dr. Ebenhoch sprichwörtlich, erhielt eine neue Qualität. Fast alle Beschlüsse der Landesregierung wurden einstimmig gefaßt. Partnerschaftlicher Wettbewerb wurde zum Leitmotiv. Ratzenböck hatte 1955 das Wählerservice der Volkspartei gegründet. Als Landeshauptmann behielt er diesen Stil bei und verstärkte ihn. Die wöchentlichen Sprechstunden begannen um 6.00 Uhr früh. Das Popularitätshoch der Persönlichkeit des Landeshauptmanns prägte die Stellung der Partei. Die ÖVP wurde stark wie in den Anfangsphasen der Zweiten Republik und errang wieder die absolute Mehrheit.

Die Grundlage aber konnten nur die Sachthemen sein. In der Vorbereitung für den vorverlegten Nationalratswahltermin vom 6. Mai 1979 fand eine Enquete an der Universität Linz statt. Das Grundsatzreferat hielt Univ.-Prof. Dr. Helmut Schuster. Es wurden neue Landespläne erarbeitet, die letztlich in dreizehn Sachprogrammen zusammengefaßt wurden. Am 26. Landesparteitag am 17. März 1979 im Linzer Brucknerhaus wurde als Wahlkampfauftakt der Entwurf eines „Oberösterreich-Manifestes" präsentiert. Das „Modell Oberösterreich" mit seinen 13 Sachprogrammen konnte im Lauf des Herbstes 1982 in Form von Pressekonferenzen als Halbzeitbilanzen vorgestellt werden.

Das Jahr 1980 stand unter dem Motto „Jahr der guten Nachbarschaft", eine Idee, die von der OÖ. Volkspartei geboren, vom Land Oberösterreich in seine Bereiche ausgeweitet und letztlich auch von der Bundesparteileitung für die Gesamtpartei übernommen wurde. Am 9. Juli 1980 wurde in einer Enquete unter dem Motto „Nachbarschaft in der modernen Gesellschaft" Zwischenbilanz durch den Landeshauptmann gezogen. Am 15. Dezember folgte eine schriftliche Zusammenfassung aller Aktionen zur „guten Nachbarschaft".

Im Parteileben kam es zu einer wichtigen Neuerung mit der Einführung der Betreuungsmandatare. Jedem Volksvertreter wurde ein Betreuungsgebiet zugeteilt. So wurden insgesamt 48 Betreuungsmandatare aus Nationalrat, Bundesrat, Landtag etc. nominiert, wodurch auf einen Mandatar im Schnitt neun Gemeinden kamen, um so die wünschenswerte Personalisierung des Wahlrechtes vorwegzunehmen. Die Einführung des Persönlichkeitswahlrechtes war kurz vorher in einer Urabstimmung unter den Parteimitgliedern in Oberösterreich zu 86,5 Prozent befürwortet worden.

Die ÖVP in Oberösterreich

1982 wurde die zweite Urabstimmung unter Parteimitgliedern durchgeführt, diesmal über fünf Fragen und zwei Landesfragen, unter anderem die Briefwahl.

Die Nationalratswahl vom 6. Mai 1979 war für die Landes-VP nach den Worten von LH Ratzenböck „eine herbe Enttäuschung". Um so mehr konnte das Landtagswahlergebnis vom 7. Oktober 1979 als überwältigender Vertrauensbeweis für die Oberösterreichische Volkspartei interpretiert werden. Für die Oberösterreichische Volkspartei war es das beste Ergebnis seit 1945. Nach Ansicht von Landesparteisekretär Mag. Kukacka bestätigte die Landtagswahl neuerlich die These, daß die soziale Entwicklung in Oberösterreich eher die Volkspartei als die Sozialisten begünstigte. Dieser Trend kam vor allem in den Ballungsräumen zum Tragen. Die früher in Ballungsräumen feststellbare Schwäche der Partei konnte überwunden werden. „Der oö. Volkspartei ist es gelungen", erklärte Kukacka, „diese wahre historische Chance des für sie günstigen gesellschaftlichen Trends durch eine entsprechende Politik zu nützen. Die großen Gewinne in den industrialisierten Gebieten des oberösterreichischen Ballungsraumes bedeuten für die oö. Volkspartei die eigentliche Herausforderung für die Zukunft." Vom Jahr 1979 an verfügte die ÖVP wieder über die absolute Mehrheit im Landtag. Ihr Vorsprung hatte sich zwischen 1979 und 1985 sogar verdoppelt.

Die 1979 errungene absolute Mehrheit konnte 1985 ausgebaut werden. Entscheidend war allen Analysen zufolge der hohe Landeshauptmann-Bonus. Der Wahlkampf war wieder ganz bewußt auf diese Personalisierung ausgerichtet. Mit der glaubwürdigen Proklamation der Zusammenarbeit konnte auch das Gleichgewichtsargument neutralisiert werden.

Die Struktur der Partei über die Nachkriegszeit hinweg hatte sich stark geändert, das Gewicht der Bünde dramatisch verschoben. die Zahl der Parteimitglieder konnte seit den fünfziger Jahren etwa verdoppelt werden. Die Zahl der Direktmitglieder ist zwar gering geblieben. Zum weitaus größeren Teil entsteht die Parteimitgliedschaft über den Umweg der Mitgliedschaft in einer der sechs Teilorganisationen, wobei Doppel- und Mehrfachmitgliedschaften möglich sind. 1980 wurden rund 180.000 Parteimitglieder gezählt, 1982 insgesamt 173.670. Nach der Mitgliederstatistik der ÖVP vom 9. September 1988 betrug die Zahl der oberösterreichischen ÖVP-Mitglieder 236.437 Personen (mit Doppelmitgliedschaften 269.646). 26,35 Prozent der Wahlberechtigten von 1985 waren ÖVP-Mitglieder.

Bei der Landtagswahl 1991 verlor die ÖVP 6,9 Prozent der Stimmen, die SPÖ 6,6 Prozent. Alarmiert von den Ergebnissen in anderen Bundesländern, versuchte man in Oberösterreich mit dem Slogan „Oberösterreich ist anders" das Ruder herumzureißen. Oberösterreich war insofern anders: die SPÖ verlor genauso stark wie die ÖVP. Beide Parteien erreichten ihr schlechtestes Ergebnis seit 1949. Die ÖVP büßte erstmals seit 1967 Stimmen und Mandate ein. Die Volkspartei verlor am Land, die SPÖ in den Städten.

Die Situation änderte sich seither noch rascher. Das parteipolitische Spektrum wird zunehmend breiter. Gleichgewichtsparolen haben angesichts einer Großen Koalition auf Bundesebene keine Glaubwürdigkeit mehr. 1995 folgte auf Dr. Josef Ratzenböck Dr. Josef Pühringer als Landeshauptmann. An ihm und seiner Arbeit, an der Durchschlagskraft der Parteiorganisation und am Urteil der Wähler wird es liegen, wie und ob an frühere Persönlichkeitswahlerfolge angeknüpft werden kann. Die Zeit für klare Mehrheiten scheint aber vorläufig vorbei zu sein.

LITERATUR:

AGLAS, Erwin, Das Land Oberösterreich und seine Politiker, Linz 1979.
AICHINGER, Manuela, Rot-Weiß-Rot Linz und das Rundfunkwesen in Oberösterreich 1954 bis 1957/58, Salzburg, Univ. Diss., 1992.
Arbeit und Konflikt. Die Linzer Volkspartei 1945–1990, Linz 1990.
BEZEMEK, Ernst, Die Nationalratswahlen vom 25. November 1945, Diss. Wien 1977.
BLÖCHL, Johann, Meine Lebenserinnerungen, Linz 1975.
CHMELIR, Rudolf, VIPs in Oberösterreich, Linz 1988.
Das Politische Plakat in Oberösterreich 1918–1956, Linz 1979.
Die Nationalratswahlen vom 22. Februar 1953, bearbeitet vom Österr. Stat. Zentralamt, Wien 1953.
Die Wahlen in den Bundesländern seit 1945. Nationalrat und Landtage, hg. v. Verbindungsstelle der Bundesländer, Linz 1981.
Die Zivilverwaltung Mühlviertel 1945–1955, Manuskript OÖLA.
Ein Löwe für Oberösterreich. Dr. Erwin Wenzl, Linz 1991.
ENGLEITNER, Ehrenreich, Modell Oberösterreich, in: 31. Landesparteitag 1985. Eine Dokumentation zur Landtagswahl 1985, Linz 1985, S. 36 ff.
Fünfzig Jahre oö. Land- und Forstarbeiterbund, Linz 1969.
Gemeindewahlen 1961 in Oberösterreich. Mit Vergleichszahlen der Gemeindewahlen 1955, Linz 1962.
HACKL, Josef, 1967: Entscheidung mit der FPÖ, in: Ein Löwe für Oberösterreich. Dr. Erwin Wenzl, Linz 1991, S. 117–122.
HAUN, Manfred, 40 Jahre ÖAAB in Oberösterreich, 1986.
HIESL, Franz, Wohnbauförderung, in: Ein Löwe für Oberösterreich. Dr. Erwin Wenzl, Linz 1991, S. 166–168.
HINDINGER, Gabriele, Das Kriegsende und der Wiederaufbau demokratischer Verhältnisse in Oberösterreich im Jahre 1945, Wien 1968.
HOLZER, Barbara, HAUSER, Susanna, MAY, Renate, Ein Verein macht Geschichte. 100 Jahre christlichsozialer Arbeiterverein, Wien 1994.
HÖLZL, Norbert, Propagandaschlachten. Die österreichischen Wahlkämpfe 1945–1971, Wien 1974.
KLAR, Peter, Der Zeitungsmann, in: Ein Löwe für Oberösterreich. Dr. Erwin Wenzl, Linz 1991, S. 99–107.
KOREF, Ernst, Gezeiten meines Lebens, Wien 1980.
KUCKACKA, Helmut, Die Landtagswahl 1985 – Eine Analyse der Ergebnisse, in: 31. Landesparteitag 1985. Eine Dokumentation zur Landtagswahl 1985, Linz 1985, 39 ff.
KUCKACKA, Helmut, Die Landtagswahl in Oberösterreich – Ein Sieg der Persönlichkeit und der politischen Strategie, in: 31. Landesparteitag 1985. Eine Dokumentation zur Landtagswahl 1985, Linz 1985, S. 17 ff.
KUCKACKA, Helmut, PASTEYRIK, Walter, Der „Löwe" als Parteimanager im Spiegel der oberösterreichischen Parteigeschichte, in: Ein Löwe für Oberösterreich. Dr. Erwin Wenzl, Linz 1991, S. 87–98.
KUKACKA, Helmut, Wahlkampf – Innovation und Phantasie – Der „Löwe" als Sieger, in: Ein Löwe für Oberösterreich. Dr. Erwin Wenzl, Linz 1991, S. 123–127.
LEIMLEHNER, Erich, Das Kriegsende und die Folgen der sowjetischen Besetzung im Mühlviertel 1945 bis 1955, Zürich 1974.
LEITL, Christoph (Hg.), Wirtschaft morgen. Eine oberösterreichische Initiative für die 90er Jahre, Linz 1990.
LEOPOLDSEDER, Hannes, Ein Landeshauptmann und die Medien, in: Ein Löwe für Oberösterreich. Dr. Erwin Wenzl, Linz 1991, S. 191–196.
MALETA, Alfred, Bewältigte Vergangenheit. Österreich 1932–1945, Graz 1981.
MARCKGOTT, Gerhart, Das Wahlverhalten in österreichischen Städten 1919 – 1979, in: Wilhelm RAUSCH (Hg.), Die Städte Mitteleuropas im 20. Jahrhundert, Linz 1984.
MAYR, Willi/KÄFER, Sepp, Die Jugendparlamente, in: Ein Löwe für Oberösterreich. Dr. Erwin Wenzl, Linz 1991, S. 111–116.

MAYR-KERN, Elisabeth, Oberösterreich, in: Parteien und Wahlen in Österreichs Bundesländern 1945–1991: eine Publikation der Politischen Akademie der Österreichischen Volkspartei, Herbert DACHS (Hg.), Mit Beitr. von Veronika CORTOLEZIS u. a., Wien 1992 (Österreichisches Jahrbuch für Politik: Sonderband 4).
MERL, Edmund, Besatzungszeit im Mühlviertel, Beiträge zur Zeitgeschichte Oberösterreichs 7, Linz 1980.
Oberösterreich April bis Dezember 1945. Ein Dokumentarbericht, bearb. v. OÖ. Landesarchiv, MS, OÖ. Landesarchiv 1955.
ÖVP-Oberösterreich 1945–1984, Linz 1984.
PASTEYRIK, Walter, Die Geschichte der Oberösterreichischen Volkspartei, in: ÖVP Oberösterreich 1945–1985, Linz 1984, S. 23–128.
PASTEYRIK, Walter, Festschrift zum 10. Landesparteitag der ÖVP (1958), S. 15–29.
PESENDORFER, Wolfgang: Der Landeshauptmann: historische Entwicklung, Wesen und verfassungsrechtliche Gestalt einer Institution, Wien, 1986 (Forschungen aus Staat und Recht 72).
PESENDORFER, Wolfgang: Der Oberösterreichische Landtag: historische Entwicklung, Wesen und Bedeutung einer Institution, Linz, 1989.
PETER, Friedrich, Aus der Sicht der politischen Gegner, in: Ein Löwe für Oberösterreich. Dr. Erwin Wenzl, Linz 1991, S. 74–78.
PÜHRINGER, Josef, Eine Infrastruktur für Oberösterreich, in: Ein Löwe für Oberösterreich. Dr. Erwin Wenzl, Linz 1991, S. 146–157.
SALZER, Wilhelm, Geschichte der christlichen Arbeiterbewegung Oberösterreichs, Wien 1963.
SALZER, Wilhelm, Politische Erinnerungen 1918–1958, Linz 1958.
SLAPNICKA, Harry, Heinrich Gleissner. Vom Arbeitersohn zum ersten Mann Oberösterreichs, Wien 1987.
SLAPNICKA, Harry, Oberösterreich – zweigeteiltes Land. 1945–1955, Linz 1986.
SLAPNICKA, Harry, Oberösterreich 1917 – 1977, Karten und Zahlen, Linz 1977.
SLAPNICKA, Harry, Oberösterreich. Die politische Führungsschicht ab 1945, Linz 1989.
SLAPNICKA, Harry, Oberösterreichs Landeshauptleute von 1861 bis zur Gegenwart, in: Ein Löwe für Oberösterreich. Dr. Erwin Wenzl, Linz 1991, S. 48–55.
SPERNER, Wolfgang, Mosaik eines interessanten Lebens, u: Ein Löwe für Oberösterreich. Dr. Erwin Wenzl, Linz 1991, S. 9–38.
TWERASER, Kurt, Der Linzer Gemeinderat 1934–1962. Ständestaat, NS-Regime und die Ära Koref, in: Historisches Jahrbuch der Stadt Linz 1983, Linz 1985.
TWERASER, Kurt, Linz und Oberösterreich zwischen Liberalisierungsdiktatur und Demokratie. Politische Betrachtungen zur „unpolitischen" Periode der amerikanischen Besatzung, in: Historisches Jahrbuch der Stadt Linz 1985, Linz 1986.
TWERASER, Kurt: US-Militärregierung Oberösterreich, Bd. 1: Sicherheitspolitische Aspekte der amerikanischen Besatzung in Oberösterreich-Süd 1945–1950, Linz 1995.
Wahlen in Oberösterreich 1945–1979, Linz o. J. (1979).
WENZL, Erwin, Eine echte Volkspartei. Die ÖVP Oberösterreichs hat den Wandel der Bevölkerungsstruktur mitvollzogen, in: 30 Jahre Volkspartei. Beilage Neues Volksblatt 96, 25. 4. 1975.
WENZL, Erwin, Galionsfigur der Österreichischen Volkspartei, in: Landeshauptmann Heinrich Gleißner. Zeitgenossen berichten. Oberösterreicher, 4, Linz 1985.
Widerstand und Verfolgung in Oberösterreich 1934–1945, Wien 1982.

Wahlergebnisse in Oberösterreich (Stimmanteile in Prozent)

Jahr	Wahl	ÖVP	SPÖ	FPÖ	KPÖ	Sonstige
1945	NRW	59,0	38,4	–	2,6	–
	LTW	59,1	38,3	–	2,6	–
1949	NRW	45,0	30,8	20,8	3,1	–
	LTW	45,0	30,8	20,8	3,1	–
	GRW	45,9	31,7	19,3	2,8	–
1953	NRW	46,2	38,4	12,2	3,0	–
1955	LTW	48,1	39,4	9,6	2,9	–
	GRW	47,2	39,8	8,6	2,4	–
1956	NRW	50,4	40,3	7,1	2,2	–
1959	NRW	47,3	42,0	8,7	2,0	–
1961	LTW	48,8	39,6	9,7	1,9	–
	GRW	48,0	40,3	9,7	1,6	–
1962	NRW	48,6	41,4	8,0	1,8	–
1966	NRW	51,3	40,3	6,4	–	–
1967	LTW	45,2	46,0	7,5	0,8	–
	GRW	44,5	46,4	7,6	0,8	–
1970	NRW	46,0	46,5	6,7	0,6	–
1971	NRW	44,7	48,0	6,5	0,8	–
1973	LTW	47,7	43,3	7,7	0,9	–
	GRW	46,3	43,8	8,4	0,9	–
1975	NRW	43,7	48,8	6,7	0,8	–
1979	NRW	41,8	50,3	7,2	0,7	–
	LTW	51,6	41,4	6,4	0,6	–
	GRW	48,2	42,9	8,0	0,5	–

Jahr	Wahl	ÖVP	SPÖ	FPÖ	KPÖ	Sonstige	????
1983	NRW	43,5	46,6	5,9	0,5	2,2	1,2
1985	LTW	52,1	38,0	5,0	0,7	2,2	–
	GRW	47,9	41,9	6,3	0,7	0,8	–
1986	NRW	41,5	42,1	11,0	0,6	4,6	–
1990	NRW	33,4	42,3	16,0	0,4	2,5	3,8
1991	LTW	45,2	31,4	17,7	–	2,5	3,1

Mandatsverteilung – Oberösterreichischer Landtag

Jahr	ÖVP	SPÖ	FPÖ
1945	30	18	–
1949	23	15	10
1955	25	19	4
1961	25	19	4
1967	23	23	2
1973	28	24	4
1979	29	23	4
1985	30	23	3
1991	26	19	11

Michael Dippelreiter   Geschichte der
ÖVP-Niederösterreich

Niederösterreich als das größte Bundesland Österreichs stellte – als Land mit starker bäuerlicher Struktur – schon zu Beginn des Jahrhunderts und noch mehr in der Ersten Republik eine der stärksten Organisationen der christlich-sozialen Partei. Die Partei galt als gemäßigt, relativ wenig autoritär ausgerichtet und war ein treuer Verbündeter der österreichischen Bundesregierungen. Geprägt wurde sie von einigen wenigen Männern, hauptsächlich aus dem Bauernstand, welche sich großer Beliebtheit in der Bevölkerung erfreuten. Einer dieser Männer war Josef Reither, welcher schon in der Ersten Republik die Funktion des niederösterreichischen Landeshauptmannes ausübte. Ab den dreißiger Jahren drängte eine neue, junge Politikergeneration nach, Männer wie Julius Raab, Leopold Figl, August Kargl oder Johann Steinböck besetzten Posten in den gesetzgebenden Körperschaften oder Regierungen bzw. an wichtigen Positionen der Organisationen der christlich-sozialen Partei. So war die Situation, als mit dem Einmarsch der Truppen des nationalsozialistischen Deutschlands der österreichische Staat zu bestehen aufhörte. Die bisherigen Machthaber wurden ihrer Posten enthoben, viele von ihnen wurden verhaftet und verschwanden oft für lange Zeit hinter den Stacheldrähten der Konzentrationslager. Auch Niederösterreich hörte zu bestehen auf, es wurde zum Gau „Niederdonau".

Während sich innerhalb der Konzentrationslager schon bald Männer aus allen politischen Lagern zusammenfanden und Pläne für die Errichtung einer – hoffentlich bald – neu entstehenden Republik Österreich entwarfen, waren viele der ehemaligen Politiker und Funktionäre der christlich-sozialen Partei, welche sich relativ frei im Land bewegen konnten, mit Gesinnungsgenossen zusammengekommen, um für „die Zeit danach" Pläne zu schmieden; denn gerade im christlich-sozialen Lager war der Wunsch nach einem selbständigen Österreich stark verankert, der Glaube an den Bestand des nationalsozialistischen Deutschlands eher gering. Bei den verschiedenen konspirativen Besprechungen wurden Pläne für die Neugestaltung der Partei und die Organisation der Landesverwaltung ausgearbeitet. Seit 1943 gab es auch Treffen mit ehemaligen Funktionären der sozialdemokratischen Partei, der ehemaligen Gegner, um auch diese demokratisch gesinnten Männer in die Vorbereitung des Neuaufbaus Niederösterreichs einzubeziehen. So ist es nicht verwunderlich, daß nach dem Zusammenbruch des nationalsozialistischen Deutschland in Österreich sofort eine funktionierende Verwaltung eingesetzt und sich eine neue, demokratische Parteienlandschaft etablieren konnte.

Neugründung 1945, Aufbau der Landesorganisation

Als die Österreichische Volkspartei am 17. April 1945 in den Räumlichkeiten des Wiener Schottenstiftes gegründet wurde, tobte in weiten Teilen Niederösterreichs noch der Krieg. Gerade in diesen Wochen erreichten die Zerstörungen ihren Höhepunkt, die Zivilbevölkerung hatte zahlreiche Opfer zu beklagen.

Ein prominenter Niederösterreicher, Leopold Figl, war schon einige Tage vorher, nämlich am 12. April 1945, vom sowjetischen Marschall Tolbuchin beauftragt worden, die Ernährung der Wiener Bevölkerung sicherzustellen. Figl forderte von den niederösterreichischen Bauern den größtmöglichen Einsatz für die Nahrungsmittelproduktion.

Obwohl die Kommunikation zwischen der Bundeshauptstadt Wien und den Landgemeinden nicht besonders funktionierte, machte die Gründung der neuen Partei schnell die Runde. Überall konstituierten sich Ortsparteileitungen, ehemalige Funktionäre der christlich-sozialen Partei und andere junge Menschen stellten sich für die Mitarbeit zur Verfügung. In Wien nahmen die Teilorganisationen der ÖVP ihre Arbeit auf und – zwei Monate nach der Gründung der ÖVP – konstituierte sich auch die niederösterreichische Landesparteileitung.

Im ersten Rundschreiben, datiert mit 5. Juli 1945, wurde den Kollegen in den Bezirken die Errichtung der niederösterreichischen Landesparteileitung mitgeteilt. Wörtlich heißt es in diesem Rundschreiben: „Am Dienstag, den 19. 6. fand die konstituierende Sitzung der Landesleitung Niederösterreich statt. Zum Landesobmann wurde Staatssekretär Julius Raab, zum Landesobmann-Stellvertreter Landeshauptmann Staatssekretär Leopold Figl gewählt; zum Landesparteisekretär wurde Herr Josef Hans bestellt!"

Weiters wurde in diesem Rundschreiben die Gliederung der Partei aufgelistet, nämlich „Reichsleitung" (wie die Bundesparteileitung damals noch hieß), Landesleitung, Bezirksleitung, Ortsleitung (bzw. Stadtleitung in Städten). Ferner gab es u. a. folgende Informationen:

* Jeder Gerichtsbezirk ist ein Bezirk der Partei.
* Die Werbung erfolgt vorläufig zentral.
* Einige Bezirke sind noch ohne Parteilokal, geeignete Räume sind sofort zu mieten. Es ist zu trachten, daß die Räume gemeinsam mit den drei Bünden benützt werden.
* Hauptamtliche Kräfte (Bezirkssekretäre, Schreibkräfte etc.) dürfen nur nach Rücksprache und mit Zustimmung der Landesleitung angestellt werden.
* Es kommen immer und immer wieder Vertrauensleute aus kleineren und auch größeren Orten Niederösterreichs in die Landesleitung und melden, daß in ihren Orten noch nichts geschehen sei. Die Bezirksobmänner werden daher neuerdings aufgefordert zu sorgen, daß raschest die Ortsobmänner bestellt und die Ortsleitungen (Stadtleitungen) konstituiert werden.
* Sämtliche Bezirksleitungen (politische Bezirke) sind bereits konstituiert und haben ihre Aufgabe aufgenommen. Wegen der Verschiedenheit der Auffassungen und Anordnungen der russischen Bezirkskommandanten ist die Arbeit in den Bezirken verschieden weit fortgeschritten. Die vorläufigen Bezirksleiter haben einheitliche Richtlinien, nach denen die Aufbauarbeit zu leisten ist, erhalten, desgleichen Werbematerial (Aufrufe, Plakate). Wo die Namen der Vertreter der Bünde in Wien nicht bekannt waren, wurden die Bezirksleiter beauftragt, selbständig die Vertreter der drei Bünde zu bestimmen.

Diese und andere Hinweise und Richtlinien stehen in jenem Dokument, welches zu Recht als „Geburtsurkunde" der niederösterreichischen ÖVP gilt.

Der erste Sitz des Landesparteisekretariats war in Wien 1, Falkestraße 1–3. Von hier wurde in unfaßbar kurzer Zeit, trotz der Reisebehinderungen durch Besatzungsmacht und Treibstoffmangel, trotz schlecht funktionierender Post und Telefon, eine Landesparteiorganisation aufgebaut, welche in der Lage war, Großkundgebungen abzuhalten, Informationsmaterial herzustellen und zu verbreiten und nicht zuletzt – erfolgreich – Wahlen zum Nationalrat und Landtag zu schlagen.

Die ersten Wahlen

Die Weichen für die demokratische Zukunft Niederösterreichs waren sehr früh gestellt worden; bereits am 17. April 1945 kam es zu einem Gespräch zwischen Leopold Figl und dem Sozialisten Oskar Helmer im Niederösterreichischen Landhaus. Am 9. Mai vereinbarten die beiden zusammen mit Karl Buchinger die Bildung eines provisorischen Landesausschusses für Niederösterreich und dessen Zusammensetzung mit vier Mitgliedern aus der ÖVP, drei aus der SPÖ und zwei aus der KPÖ, desgleichen die Wiederaufrichtung der Verwaltung und die Wiederinkraftsetzung der niederösterreichischen Gemeindeordnung. Figl wurde Vorsitzender des Ausschusses, Helmer sein Stellvertreter. Rückwirkend mit 1. Mai wurden aufgrund der Vorschläge der von den Besatzungsmächten zugelassenen Parteien Leopold Figl zum Landeshauptmann bestellt, Oskar Helmer und der Kommunist Otto Möldagl zu Landeshauptmannstellvertretern. Am 17. Juli 1945 wurden Johann Steinböck, August Kargl und Elias Wimmer von der ÖVP, Heinrich Widmayer und Hans Brachmann von der SPÖ und Karl Podratzky von der KPÖ in den provisorischen Landesausschuß berufen.

Die provisorische Bundesregierung hatte sich recht bald auf Wahlen am 25. November 1945 geeinigt, aus organisatorischen Gründen sollten die Wahlen zum niederösterreichischen Landtag am selben Tag stattfinden.

In einem Rundschreiben nach der zweiten Sitzung der Landesparteileitung vom 3. Juli 1945 wird in der Präambel festgehalten, daß die Österreichische Volkspartei das Erbe jener politischen Gruppen übernimmt, die stets auf dem Boden der österreichischen Überlieferung standen und Österreichs Selbständigkeit verteidigten. Weiters heißt es, die ÖVP sei eine neue Partei und wolle alle vaterlandstreuen Österreicher, die sich zur Demokratie bekennen, zu einheitlicher politischer Wirksamkeit zusammenfassen. In den wirtschaftspolitischen Grundsätzen wurde die Anerkennung des Leistungsprinzips gefordert und staatliche Einflußnahme nur dort verlangt, wo dies aus gesamtwirtschaftlichen Gründen notwendig erscheine.

Eine der ersten Aufgaben der Landesleitung war die Organisation eines Kurierdienstes, damit die Funktionäre in den Bezirken mit den wichtigsten Informationen versorgt werden konnten. Mit schlecht funktionierenden Autos und Motorrädern wurden Propagandamaterial, Rundschreiben und Weisungen verschickt und so die Wahlen vorbereitet.

Trotz der Reisebeschränkungen wurden mehrere Großkundgebungen organisiert, so etwa in Amstetten, Zwettl, Gmünd oder Klosterneuburg. Die Männer der Parteispitze stimmten die dabei zahlreich erscheinende Bevölkerung auf die bevorstehenden Wahlen ein und forderten eine klare Weichenstellung für die Zukunft. Diese war innerhalb der provisorischen Landesregierung bereits erfolgt: Leopold Figl konnte wegen seiner Mehrfachbelastung das Amt des Landeshauptmanns nicht mehr ausfüllen; deshalb übergab er am 15. Oktober 1945 seine Agenden dem letzten Landeshauptmann vor der nationalsozialistischen Okkupation, dem Bauernführer Josef Reither, der das Kriegsende in Berlin erlebt hatte und nach sieben Jahren Gefängnis und Konzentrationslager am 20. Juli 1945 in seine Heimat zurückgekehrt war.

Knapp vor dieser personellen Veränderung, am 5. Oktober, wurden die Bezirksobmänner zu einer Tagung in Wien eingeladen. Dem Rundschreiben ist zu entnehmen, unter welchen Bedingungen damals politische Arbeit geleistet werden mußte. So heißt es wörtlich: „Die Verkehrsschwierigkeiten müssen überwunden werden. Traktoren mit Anhängern, Lastautos und Pferdefuhrwerke müssen eingesetzt werden. Für Unterbringung und Verpflegung der Teilnehmer in Wien kann nicht gesorgt werden."

Über diese Konferenz finden sich keine Aufzeichnungen, allerdings muß geschlossen werden, daß es Raab und Figl gelungen sein muß, die Funktionäre voll zu motivieren und in ihren Anstrengungen zu ermutigen. Nicht anders ist der Ausgang der Wahl am 25. November 1945 zu erklären. Die Österreichische Volkspartei erlangte 55 Prozent der gültigen Stimmen, die Sozialistische Partei Österreichs kam nicht über 40 Prozent und die Kommunistische Partei Österreichs erreichte trotz tatkräftiger Unterstützung der sowjetischen Besatzungsmacht nur 5 Prozent der abgegebenen gültigen Stimmen. Das ergab für den niederösterreichischen Landtag 32 Mandate für ÖVP, 22 für SPÖ und zwei für die KPÖ. Der erste Schritt für den Aufbau eines demokratischen Niederösterreich war getan.

Unter sowjetischer Herrschaft

Eine der größten Schwierigkeiten während der Aufbauphase der niederösterreichischen ÖVP stellte die sowjetische Besatzungsmacht dar. So heißt es z. B. in einem Rundschreiben an alle Bezirksobmänner vom 8. Oktober 1945: „Wir geben hiermit allen Bezirksobmännern bekannt, daß die Landeshauptmannschaft mit dem Kommando der Roten Armee für Niederösterreich vereinbart hat, daß bei Anfragen der zuständigen Ortskommandaturen der Roten Armee über den Mitgliederstand nur ungefähre zahlenmäßige Angaben gemacht werden dürfen. Weitere Details und namentliche Listen dürfen nicht ausgefolgt werden. Unzukömmlichkeiten sind der Landeshauptmannschaft über die Landesparteileitung zu melden. In dringenden Fällen genügt ein Telefonanruf. Dieses Rundschreiben darf auf Verlangen den Kommandostellen der Roten Armee vorgelegt werden."

Darin kommt eindeutig zum Ausdruck, daß die Landesparteileitung mit Pressionen vor den Wahlen rechnete, sollten der Roten Armee Namen von Parteimitgliedern und Sympathisanten bekannt werden. Durch willkürliche Verbote von Wahlveranstaltungen, Beschlagnahme von Propagandamaterial und anderer Schikanen wurde seitens der Sowjets versucht, auf den Ausgang der Wahlen Einfluß zu nehmen. Immer wieder mußte sich die Landesparteileitung, aber auch der niederösterreichische Landtag, mit Beschwerden über die Rote Armee befassen, wobei auch wirtschaftliche Schikanen zur Sprache kamen. So berichtete Landeshauptmann Reither am 24. März 1947: „In meiner Heimat zum Beispiel hat die Besatzungsmacht bei einem Bach 25mal die Dämme durchstochen, um mit ihren Panzern durchfahren zu können und Übungen auf frisch bebauten Feldern abzuhalten. Das sind alles Verwüstungen, die viel Geld kosten und die Geduld der Bevölkerung auf eine schwere Probe stellen."

Es wurde auch immer wieder davor gewarnt, bei Telephongesprächen unbedachte Worte zu verwenden, da die Telephone regelmäßig abgehört wurden. Die zehn Jahre Besatzung war die Zeit der Kommandaturen; es gab zwar eine Bundesregierung, eine Landesregierung und eine funktionierende Verwaltung, aber was geschehen durfte und mußte, bestimmten meistens die zuständigen Kommandaturen. In den von westlichen Truppen besetzten Bundesländern kam es zwar auch hin und wieder zu Übergriffen auf die Bevölkerung bzw. auf deren Gut, in Niederösterreich waren diese Verhältnisse aber an der Tagesordnung. Nicht zuletzt durch die Eingliederung der ehemaligen deutschen Industriebetriebe in den Komplex der USIA-Betriebe entstand großer volkswirtschaftlicher Schaden und ein wirtschaftlicher Nachholbedarf, der erst lange nach dem Abschluß des Staatsvertrages langsam aufgeholt werden konnte.

Während des Aufstandes der kommunistischen Arbeiter im Oktober 1950 als Reaktion auf die unpopulären Auswirkungen des vierten Lohn-und-Preis-Abkommens zwischen der Bundesregierung und den Sozialpartnern konnte die niederösterreichische Volkspartei tatkräftig zur raschen Beendigung mitwirken. Durch bewußt eingesetzte Telephonate – man war sich bewußt, daß diese abgehört wurden – zeigte man Entschlossenheit; Gegendemonstrationen wurden organisiert, Leute aller Bevölkerungsschichten und – was besonders eindrucksvoll war – aus den beiden großen politischen Lagern traten gemeinsam den kommunistischen Stör- und Terrorversuchen entgegen. Die Geschlossenheit der niederösterreichischen Bevölkerung in dieser Frage hatte die Konsequenz, daß die sowjetische Besatzungsmacht die Unterstützung der Aufständischen aufgab und diese – auf sich allein gestellt – ihre „Umsturzbemühungen" aufgeben mußten. Entgegen mancher Meinung soll hier ausdrücklich daran verwiesen sein, daß nicht nur die Arbeiter an der Niederschlagung dieses Aufstandes beteiligt waren, sondern daß vielmehr die niederösterreichische Bevölkerung fast aller politischer Lager gemeinsam dieses Ziel erreichte.

Die niederösterreichischen Politiker bzw. die Spitzenfunktionäre der ÖVP entwickelten mit der Zeit eigene Strategien im Umgang mit der sowjetischen Besatzungsmacht. Mit der Zeit konnten fast „normale" Verhältnisse geschaffen werden; dies war ein Verdienst des Verhandlungsgeschicks der Funktionäre in allen Bereichen, dennoch kam es immer wieder zu Rückschlägen. Daß es unter diesen Verhältnissen trotzdem möglich war, die Grundlagen für ein freies und demokratisches Österreich zu schaffen, grenzt an ein Wunder.

Kernland der ÖVP

Der organisatorische Aufbau der niederösterreichischen Landesorganisation ging schnell vonstatten. Bereits im Jänner 1946 wurden die Arbeitsgebiete der Landesparteileitung bestimmt. Ein provisorisches Organisationsstatut erhielten die Bezirksparteiobmänner am 13. März 1946, die endgültige Fassung wurde am 18. Juni 1948 beschlossen.

Als mit Ende 1947 über Vorschlag von Julius Raab Bundesrat Leopold Weinmayer den bisherigen Landesparteisekretär Hans ablöst, kann dieser auf die stolze organisatorische Bilanz von 25 Hauptbezirksparteileitungen, 62 Bezirksparteileitungen und 1472 Ortsparteileitungen verweisen. In allen Hauptbezirken hatten bereits Parteitagungen stattgefunden, und trotz der tristen Verkehrsverhältnisse waren alle diese Veranstaltungen gut besucht. In den Protokollen der damaligen Zeit wird auf die gute Stimmung verwiesen, welche bei den Funktionären und Mitgliedern herrschte.

Niederösterreich entwickelte sich zum Kernland der ÖVP, vor allem wenn man die straffe Organisation betrachtet. So waren Ende 1945 bei ca. 384.000 ÖVP-Wählern ungefähr 120.000 Parteimitglieder registriert. Mit dieser Stärke konnte die Landespartei auch bundesweit selbstbewußt auftreten, und so ist es nicht verwunderlich, daß viele Beschlüsse der Bundesparteileitung über Anträge der niederösterreichischen Landespartei eingebracht wurden; andererseits wehrte sich Niederösterreich erfolgreich gegen manche Beschlüsse, wie z. B. die Änderung des Bundesorganisationsstatuts; Raab als Obmann der niederösterreichischen ÖVP lehnte dies ab und drohte, so lange den Ausschußsitzungen fernzubleiben, bis von diesen Änderungswünschen abgegangen werde, was umgehend geschah.

Obwohl Julius Raab selbst aus dem Wirtschaftsbund hervorging, achtete er genau auf die Vormachtstellung der Gesamtpartei; energisch trat er Tendenzen entgegen, welche für mehr Eigenleben der Bünde bzw. Interessenvertretungen eintraten. So etwa bei Personalentscheidungen, wo er immer hervorhob, daß solche der Gesamtpartei und nur dieser zustünden. Ja er meinte sogar, daß der Stärke der niederösterreichischen ÖVP der Umstand zugrunde liege, daß in den Bünden und deren Führungen die Einsicht bestehe, daß die Gegensätze zurückzustellen seien und immer eine einheitliche Linie gesucht werden müsse.

Ebenso war Raab bemüht, die Partei sowohl finanziell gut zu stellen, als auch Korruption und Korruptionisten von der Partei fernzuhalten. So meinte er etwa bei einem Landesparteirat 1951: „Es kann keinen gewerblichen Abgeordneten geben, der sich Aufträge aufgrund seiner Tätigkeit als Abgeordneter zuweisen läßt, er darf sich keine Bevorzugung herausarbeiten. Und kein Beamter darf sich Rangvorteile aufgrund seiner Position verschaffen. Wer sich der Politik widmet, widmet sich einem öffentlichem Amt. Die Politik ist nicht dazu da, sich persönlich zu bereichern, sondern sich für das Volk aufzuopfern. Wir haben in Niederösterreich immer auf Sauberkeit und Ordnung gehalten, und so soll es auch in Zukunft bleiben. In der Bundesparteiorganisation haben wir vor allem deshalb Ansehen und Gewicht, weil wir eine saubere und in jeder Weise einwandfreie Organisation besitzen."

In dieselbe Richtung geht der erste Antrag beim ersten Landesparteitag: „Die Landesparteileitung fordert von allen Mandataren der Partei vorbildliche Lebensführung und strenge Einhaltung der Parteidisziplin. Es darf nicht vorkommen, daß durch unentschuldigtes Fernbleiben von Mandataren Abstimmungen im Parlament, im Landtag oder in sonstigen Körperschaften die Erfüllung des Programms der Österreichischen Volkspartei gefährden. Mandataren, die ihre Pflicht nicht erfüllen, ist das Mandat zu entziehen."

In kürzester Zeit war die ÖVP bis in den letzten Winkel Niederösterreichs präsent und verfügte über eine schlagkräftige Organisation; für eine neue Partei wahrlich eine großartige Leistung.

Männer der ersten Stunde

Die Parteispitze der ÖVP-Niederösterreich war auch in der Bundespartei an führenden Positionen beteiligt. Dies hinderte die Männer jedoch nicht, ihren Aufgaben in Niederösterreich nachzukommen; ganz im Gegenteil: Julius Raab kümmerte sich auch um Details der Parteiarbeit.

Als Landeshauptmann Josef Reither 1949 seinen Entschluß bekanntgab, seine Funktion niederzulegen, einigte man sich schnell auf einen Nachfolger. Der bisherige Agrarlandesrat Johann Steinböck wurde zum neuen Landeshauptmann vorgeschlagen und gewählt. In der Parteiführung änderte sich vorerst nichts.

Erst als Julius Raab als unmittelbare Folge der verlorenen Bundespräsidentenwahl 1951 zum Bundesparteiobmann der ÖVP gewählt wurde, mußten auch in Niederösterreich die Weichen neu gestellt werden. Raab wollte aber den Landesparteivorsitz nicht aufgeben. So einigte man sich auf eine Funktionstrennung, welche in anderen Landesparteiorganisationen so gut wie unbekannt war; man schuf die Funktion eines geschäftsführenden Landesparteiobmannes (diese wurde erst mit dem Inkrafttreten des neuen Statuts am 8. November 1980 abgeschafft).

Julius Raab, der ursprünglich auch gegen diese Trennung war, aber bereits 1950 wegen Arbeitsüberlastung den Wunsch nach einem geschäftsführenden Landesparteiobmann äußerte, konnte diesmal seinen Willen durchsetzen. Allerdings war die Suche nach einem solchen Mann nicht so einfach: Mehrere Wunschkandidaten sagten ab, bei anderen regte sich Widerstand innerhalb der einzelnen Bünde. Nach langen Verhandlungen wurde der Präsident des Landtages, Hans Sassmann, per Akklamation zum geschäftsführenden Obmann der ÖVP-Niederösterreich gewählt; er blieb dies bis zum Ausscheiden von Julius Raab als Landesparteiobmann der niederösterreichischen ÖVP. Raab war der längstdienende Vorsitzende der ÖVP-Niederösterreich, er war 14 Jahre, 4 Monate und 19 Tage im Amt. Wenngleich er die Geschäftsführung während der letzten acht Jahre jemand anderem übergab, hielt er doch die Zügel fest in der Hand. So stellte er auch noch die Weichen für die Zukunft, indem er nämlich seinen Freund Leopold Figl als seinen Nachfolger vorschlug und durchsetzte. Wie sehr sich Raab immer als Niederösterreicher fühlte, sagte er ganz deutlich bei seiner Rede beim Parteitag 1957: „Ich brauche Ihnen, den Delegierten und Funktionären der niederösterreichischen Partei nicht zu sagen, wie sehr ich mich dem Land Niederösterreich, das mein Heimatland ist und in dem ich meine politische Laufbahn als Abgeordneter begann, stets verbunden fühle. Ich entstamme diesem Land, und alles, was ich geworden bin, alles, was ich für unser Vaterland leisten konnte, verdanke ich der Kraft und Festigkeit der Anschauung, die meiner niederösterreichischen Heimat eigen sind."

Veränderungen

Mit Leopold Figl übernahm ein Mann den Parteivorsitz der niederösterreichischen ÖVP, der in den schweren Jahren nach dem Krieg als Bundeskanzler den Wiederaufbau und die Stabilisierung Österreichs als demokratischen Staat leitete. Als ehemaliger Bundesparteiobmann wußte er um die Schwierigkeiten der Parteiführung, als

Mann, der allgemein anerkannt war, genoß er die Sympathien der Bevölkerung. Gleich zu Beginn seiner Ära hatte er Gemeinderatswahlen zu schlagen, welche ein großartiger Erfolg für die ÖVP wurden; vor allem in einigen Gemeinden, etwa Laa/Thaya, die bislang als „rote Hochburgen" galten, konnten die Mehrheitsverhältnisse umgekehrt werden. Beflügelt durch diesen Erfolg startete Figl eine Mitgliederwerbeaktion, welche 26.000 neue Mitglieder brachte.

Anfang des Jahres 1962 mußte eine wichtige personelle Weichenstellung erfolgen. Landeshauptmann Johann Steinböck, seit 5. Mai 1949 im Amt, verstarb am 14. Jänner. Zu seinem Nachfolger wurde – fast selbstverständlich – der damalige Präsident des Nationalrates, Leopold Figl, gewählt. Dieser kehrte damit, am Ende seiner Laufbahn, als höchster Repräsentant in sein Heimatland zurück. Seine ersten Worte nach seiner Wahl vor dem Landesparlament waren: „Ich bin ein Kind dieses Landes, in dem ich mit allen Kräften wurzle und dem ich mit aller Liebe verbunden bin. Ich habe ihm vor 1938 gedient, ich habe ihm 1945 gedient – und jetzt hat mich die Heimat wieder gerufen."

Nicht einmal dreieinhalb Jahre waren Leopold Figl in seiner letzten politischen Tätigkeit beschieden. Dennoch legte er in dieser kurzen Zeit die Fundamente für das neue, moderne Niederösterreich. Es wurden drei wesentliche Reformen eingeleitet, und zwar die Orientierung der Landespolitik an einer modernen Raumordnung, die Schulreform und die Verbesserung der Kommunalstruktur.

Leopold Figl genoß die Popularität, die er innehatte. Alle die offiziellen Anlässe, bei denen der niederösterreichische Landeshauptmann anwesend sein sollte, wie etwa Firmenjubiläen, Brückeneröffnungen, Volksfeste oder politische Versammlungen, waren ihm nie lästig, im Gegenteil, er konnte nie davon genug haben.

Seit dem Herbst 1964 wußten Figls Freunde, daß er todkrank war, nur er selbst wußte es nicht. Er war zwar etwas enttäuscht, daß er nicht als Spitzenkandidat der ÖVP für das Amt des Bundespräsidenten nominiert wurde, stellte sich aber dennoch voll hinter den Kandidaten Alfons Gorbach. Der Herbst 1964 war voll mit dem Wahlkampf in Niederösterreich ausgefüllt. Nach der Wahl streikte jedoch sein Körper, er mußte ins Sanatorium, wo man die Diagnose stellte: Nierenkrebs. Figl hatte nur noch wenige Monate zu leben.

Obwohl Leopold Figl zum Tod ein natürliches Verhältnis hatte, wie so viele Menschen aus dem Bauernstand, verstand er es dennoch, sich selber zu belügen; er wollte seine schwere Krankheit nicht wirklich wahrhaben. Während seiner letzten Lebensmonate gab es zahlreiche Ehrungen und Auszeichnungen für ihn; er konnte bei verschiedenen Veranstaltungen als Redner auftreten und dabei durch seine Erinnerungen als Mahner und österreichischer Patriot auftreten. Einer seiner letzten öffentlichen Auftritte fand anläßlich der zehnjährigen Wiederkehr der Landung der österreichischen Staatsvertragsdelegation in Bad Vöslau am 15. April 1965 statt. Dabei sollte der ehemalige Staatssekretär Bruno Kreisky zur Eröffnung des neugeschaffenen Freiheitsbrunnens eine Rede halten. Als er Figl in der ersten Reihe der Ehrengäste vor sich sitzen sah, vom Tode gezeichnet, ließ er seine vorbereitete Rede in der Tasche und sprach aus dem Stegreif von der Persönlichkeit Raabs und vor allem von jener Figls, über dessen Leistungen für Österreich, über seinen unerschütterlichen Optimismus und seinen festen österreichischen Patriotismus. Für alle, welche diese Stegreifrede hörten – auch der Autor war als Gymnasiast anwesend –, war diese spontane Laudatio mit dem Bewußtsein verbunden, diesen großen Österreicher Leopold Figl wahrscheinlich zum letzten Mal gesehen zu haben.

Am 27. April 1965 hielt Leopold Figl seine letzte Rede im niederösterreichischen Landhaus. Dabei beschwor er nochmals, das Gemeinsame vor dem Trennenden zu sehen, die Zusammenarbeit der Parteien zum Wohle Österreichs über den kleinlichen Parteivorteil zu stellen.

Am 11. Mai 1965 erlag Leopold Figl seiner schweren Krankheit. Obwohl nur relativ kurze Zeit als niederösterreichischer Parteiobmann und Landeshauptmann tätig, konnte er dennoch kraft seiner Persönlichkeit manches bewegen. Für die Niederösterreichische Volkspartei war sein Hinscheiden ein Riesenverlust, ein programmierter Nachfolger war nicht vorhanden.

Bereits die erste Präsidiumssitzung nach dem Tode Leopold Figls machte deutlich, daß die Suche nach einem neuen Parteiobmann nicht leicht sein werde. Sie dauerte weniger als 45 Minuten, da der stellvertretende Landeshauptmann Viktor Müllner bis zur Neuwahl den Vorsitz für sich beanspruchte, die Obmänner der Bünde damit aber nicht einverstanden waren.

Kurz danach wurde wieder verhandelt, und man kam zu einem Ergebnis: Der ehemalige Landwirtschaftsminister Dipl.-Ing. Eduard Hartmann – er übte zu dieser Zeit die Funktion des Bauernbunddirektors aus – wurde dem Landtag als neuer Landeshauptmann und dem Landesparteitag als neuer Parteivorsitzender vorgeschlagen. Gleichzeitig wurde die Funktion des geschäftsführenden Landesparteiobmannes reaktiviert und hierfür Viktor Müllner vorgeschlagen. Ergänzend beschloß das Landesparteipräsidium, daß bis zur Wahl am ordentlichen Parteitag die Geschäfte gemeinsam durch den nominierten geschäftsführenden Landesparteiobmann und den Bauernbundobmann Scheibenreif – bei dessen Verhinderung durch den Wirtschaftsbundobmann Hirsch – zu führen seien.

Der Wahlparteitag fand am 18. Juli 1965 statt. Per Akklamation wurden Eduard Hartmann und Viktor Müllner gewählt. Die Wahl Hartmanns zum Landeshauptmann erfolgte bereits am 16. Juni einstimmig.

Der neue Landesparteiobmann sah sich selbst als politischer Testamentsvollstrecker von Leopold Figl. Vehement verteidigte er die Arbeitsteilung zwischen Landesparteiobmann und geschäftsführendem Landesparteiobmann, und zwar unter dem Aspekt einer Leistungssteigerung für die ÖVP und damit für Niederösterreich.

Dem Neubeginn ging jedoch ein Abschied voran; der mehr als 17 Jahre im Amt befindliche Landesparteisekretär Leopold Weinmayer wollte den Schwerpunkt seiner politischen Tätigkeit in seine Heimatstadt Klosterneuburg verlegen und quittierte daher den Dienst als Landesparteisekretär. Man kann ruhig sagen, daß Weinmayer die ÖVP-Niederösterreich entscheidend mitgeprägt hat. In seiner langjährigen Tätigkeit lag sein Ehrgeiz weniger in der Entwicklung von politischen Konzepten und Strategien, als im Aufbau einer schlagkräftigen Organisation, welche in der Lage ist, die Ziele der ÖVP auch umzusetzen; dies ist ihm wahrlich gelungen, wie die Wahlergebnisse dokumentieren.

Es dauerte relativ lange, bis ein neuer Mann für die Geschäfte in der Löwelstraße gefunden wurde. Auf Vorschlag von Landeshauptmann-Stellvertreter Hirsch wurde schließlich der damalige Leiter des WIFI-Niederösterreich, Dr. Otto Bernau, zum neuen Landesparteisekretär der Niederösterreichischen Volkspartei bestellt.

Mit der Bestellung Dr. Bernaus wurde der Beginn einer neuen Ära der Niederösterreichischen Volkspartei eingeleitet. Der ehemalige Landesparteisekretär Weinmayer überlebte die Berufung seines Nachfolgers nur um wenige Tage. Und drei Monate später starb völlig überraschend auch der Landeshauptmann und Landesparteiobmann Eduard Hartmann. Dies bedeutete, daß die Niederösterreichische Volkspartei nach nur 15 Monaten ihre Führungsspitze völlig neu organisieren mußte, und zwar nicht nur wegen des Todes von Hartmann, sondern weil auch der geschäftsführende Landesparteiobmann Viktor Müllner wegen eines gegen ihn laufenden Gerichtsverfahrens alle Funktionen innerhalb der Partei zurücklegen mußte.

Die Niederösterreichische Volkspartei stand praktisch führerlos da, und das in einer bewegten Zeit: Die sogenannte „Müllner-Affäre" war ins Rollen gekommen und entwickelte sich zu einer Belastungsprobe für die Partei.

Die „Müllner-Affäre"

Der Beginn der „Müllner-Affäre" fällt in die ersten Monate des Jahres 1966. Vom 17. Jänner bis 12. Februar erschien in der damaligen Tageszeitung „Express" eine Artikelserie unter dem Titel: „Das Spinnennetz des Viktor Müllner". Müllner war zu dieser Zeit zwar nicht mehr Landeshauptmann-Stellvertreter und Mitglied der Landesregierung, aber nach wie vor Generaldirektor der Landesgesellschaften NEWAG und NIOGAS sowie geschäftsführender Landesparteiobmann der ÖVP-Niederösterreich und Landesobmann des ÖAAB.

Nach einer Indiskretion über einen Bericht des Rechnungshofes über die beiden Landesgesellschaften wurden dem einflußreichen niederösterreichischen Politiker, obwohl er bereits aus der Landesregierung ausgeschieden war, unreelle Praktiken und Transaktionen vorgeworfen; einerseits wurde die Finanzierung und der Bau der „Südstadt" kritisiert, andererseits geschäftliche Verbindungen zwischen NEWAG und NIOGAS und Firmen, in denen nahe Verwandte Müllners führende Positionen innehatten. Bald nach dem Erscheinen des ersten Artikels im „Express" schaltete der damalige Innenminister und spätere niederösterreichische sozialistische Landesparteiobmann, Hans Czettel, die Wirtschaftspolizei ein.

Die ganze Affäre wurde dadurch verschärft, daß eine Nationalratswahl unmittelbar bevorstand und das angespannte Verhältnis der beiden niederösterreichischen Großparteien durch mehrere Ereignisse äußerst geladen war. Es war jene Wahl, bei der die Kommunistische Partei eine Wahlempfehlung für die Sozialistische Partei abgegeben hatte, die vom sozialistischen Parteivorsitzenden Pittermann nicht entschieden genug zurückgewiesen wurde. Außerdem war kurz vorher Franz Olah aus der SPÖ ausgeschlossen worden. Kein Wunder, daß diese „Müllner-Affäre" neuen Sprengstoff beinhaltete.

Ursprünglich nahm die Niederösterreichische Volkspartei Viktor Müllner in Schutz und bezeichnete die Angelegenheit als „Diffamierungskampagne"; nur zu bald stellte sich jedoch heraus, daß Müllner sich politischer und finanzieller Praktiken bedient hatte, welche in keiner Weise zu tolerieren waren.

Landeshauptmann Hartmann forderte bereits im Februar 1966 in seiner Eigenschaft als Präsident des Aufsichtsrates der NEWAG den Vorstand auf, unverzüg-

Geschichte der ÖVP-Niederösterreich

lich einen Zwischenbericht zu den Anschuldigungen des Rechnungshofes vorzulegen.

Innerhalb der ÖVP-Niederösterreich war es der damalige Landesrat Andreas Maurer, der als erster – Ende Jänner – den Fall Müllner zur Sprache brachte, und zwar im Hinblick auf den zu erwartenden Schaden für die ÖVP bei der bevorstehenden Wahl.

Diese Befürchtung bewahrheitete sich nicht, die ÖVP-Niederösterreich konnte Stimmen dazugewinnen und leistete einen namhaften Beitrag zum Gewinn der absoluten Mehrheit auf Bundesebene.

Die Angriffe der Presse nahmen nach der Wahl noch an Intensität zu, und die Stimmen innerhalb der ÖVP-Niederösterreich mehrten sich, die einen Wechsel in der Person des geschäftsführenden Landesparteiobmannes anstrebten. Die Opposition war allerdings noch nicht stark genug, vor allem in Müllners eigenem Bund, dem ÖAAB, so daß Viktor Müllner am 18. Juni 1966 erneut zum Obmann des NÖ-ÖAAB gewählt wurde. Müllner hatte vor der Wahl auf die Emotionen der Delegierten gesetzt, die Vorwürfe als Verleumdungen bezeichnet und auf seine Inhaftierungen während des NS-Regimes verwiesen.

Zu diesem Zeitpunkt hatte der Rechnungshof die von der niederösterreichischen Landesregierung geforderte Prüfung bereits abgeschlossen; das Urteil war für Viktor Müllner vernichtend. Der NEWAG wurde unter anderem vorgeworfen, daß „die vorhandenen Finanzierungsmittel zum Teil in einer unwirtschaftlichen Art verwendet wurden, daß das Land der NEWAG gewaltige Beträge als Eigenkapital zuführen werden müsse und daß die unternehmerische Betätigung der NEWAG weit über den Rahmen einer Landesgesellschaft für die Elektrizitätsversorgung hinausgehe".

Nach einem Gespräch mit Landesparteisekretär Dr. Bernau erklärte sich Viktor Müllner am 3. Oktober schriftlich bereit, um die Enthebung von seiner Funktion als geschäftsführender Landesparteiobmann der ÖVP-Niederösterreich anzusuchen. Das Landesparteipräsidium nahm dieses Ansuchen noch am selben Tag an, und Landesparteiobmann Hartmann teilte dies Viktor Müllner in einem Schreiben vom 5. Oktober mit, wobei er anmerkte, daß er die Geschäftsführung selber übernehmen wolle. Bereits zwei Tage später übernahm Dr. Georg Prader die Geschäftsführung des ÖAAB-Niederösterreich.

Am 13. und 14. Dezember 1966 wurde im Plenum des Nationalrates über den Rechnungshofbericht betreffs NEWAG und NIOGAS diskutiert; mitten hinein platzte die Nachricht, daß Viktor Müllner verhaftet worden war. In der Partei und im ÖAAB überstürzten sich daraufhin die Ereignisse. Das Landesparteipräsidium nahm zur Kenntnis, daß das Parteiehrengericht den Fall bis zur persönlichen Einvernahme des Beschuldigten, das heißt bis zu dessen Haftentlassung, aussetzen werde.

Beim 20. Landesparteitag am 5. März 1967 wurde deutlich, wie stark diese Angelegenheiten die Bevölkerung und die Funktionäre der ÖVP getroffen und belastet hatten. Der neue Landeshauptmann Maurer machte deutlich, daß ein Parteifunktionär, dessen Handeln von der Öffentlichkeit besonders deutlich unter die Lupe genommen wird, sich gewisse Dinge einfach nicht leisten dürfe.

Das Präsidium des ÖAAB-Niederösterreich legte Müllner nach dessen Haftentlassung nahe, seine Funktion als Landesobmann niederzulegen; Müllner willigte nicht ein, und so wurde er nach mehreren Sitzungen bis zum Abschluß des laufenden Gerichtsverfahrens seiner Funktion als Landesobmann enthoben.

In Sitzungen des Landespräsidiums und der Landesparteileitung am 4. und 5. Juli wurde Viktor Müllner auch seiner Funktion als Hauptbezirksparteiobmann der ÖVP in Mödling enthoben. Müllner hatte sich geweigert, auf diese Funktion zu verzichten, so daß dieses drastische Mittel in Anspruch genommen werden mußte.

Ausgelöst durch diese Affäre, wurde die Landesgesellschaft NEWAG und NIOGAS umstrukturiert und unter eine neue Leitung gestellt; gleichzeitig wurde auch der bisherige Landesrat für Finanzen abgelöst und durch den jungen Abgeordneten Siegfried Ludwig ersetzt.

Am 13. Mai 1968 hat das Landesparteipräsidium beschlossen, bei der Landesparteileitung auch den formellen Ausschluß Viktor Müllners aus der Österreichischen Volkspartei zu beantragen; dies geschah am 28. Mai. Damit hatte die unrühmliche Affäre, welche die Niederösterreichische Volkspartei schwerst belastet hatte, ein Ende gefunden.

Ein neuer Anfang

Bereits am Sterbetag Eduard Hartmanns wurden erste Gespräche über die Person des neuen Landeshauptmannes geführt. Bei einer Sitzung des Landesparteipräsidiums am 21. November 1966 wurden die Weichen für die Zukunft gestellt: Landesrat Andreas Maurer wurde als neuer Landeshauptmann und Verteidigungsminister Dr. Georg Prader als neuer Landesparteiobmann nominiert. Am 24. November 1966 wurde Andreas Maurer einstimmig zum Landeshauptmann gewählt. Das neue Führungsteam, Maurer, Prader und Bernau, bemühte sich, trotz der Vorgänge um Viktor Müllner der Niederösterreichischen Volkspartei neue Impulse zu verleihen.

Beim 20. Landesparteitag skizzierte der Landessekretär den künftigen Kurs:
- Straffung der Parteidisziplin (unter dem Eindruck der Müllner-Affäre)
- permanenter Kontakt zwischen Parteiführung und Funktionären
- Verbesserung der innerparteilichen Kommunikation
- Ausbau und Modernisierung der Parteizentrale und der Hauptbezirksparteisekretariate
- Intensivierung der Funktionärsschulung
- neue Werbe- und Finanzaktionen
- verstärkte Heranziehung der Jugend und der Frauen
- Anpassung der Statuten an die Erfordernisse einer modernen Parteiarbeit
- Intensivierung der Vorbereitung der Landtagswahl 1969

Um diesen Arbeitsplan einhalten zu können, war eine starke Parteiführung notwendig. Die Delegierten ermöglichten diese, indem sie den Wahlvorschlag einstimmig annahmen.

Alle diese Dinge wurden sofort in Angriff genommen. Der Umbau des Landesparteisekretariates wurde – ohne daß Mittel aus den Werbe- und Finanzaktionen gebraucht wurden – 1969 beendet, der Personalstand in den Hauptbezirksparteisekretariaten wurde erweitert und speziell geschult. In den folgenden Jahren erwies sich die niederösterreichische ÖVP als Motor einer beispiellosen Neuerungsbewegung im Land Niederösterreich. So wurden etwa eine vorbildliche Wohnbauförderung, verantwortliche Budgetpolitik, offensive Kulturpolitik und verstärktes Sozialwesen betrieben.

1974 kam es zu einer politischen Premiere: die ersten Vorwahlen für die Gemeinderatswahlen und die Nationalratswahl 1975. Ein Ausschuß der Landesparteileitung und des Landesparteipräsidiums hatte ein Modell erarbeitet, in dem es u. a. hieß:

- Die Ortsparteivorstände und die Gemeindeleitungen der Teilorganisationen wählen jene Kandidaten aus, die zur Vorwahl vorgeschlagen werden. Diese Kandidaten müssen bis 15. Jänner 1975 dem Gemeindeparteivorstand (Gemeindeparteileitung) bekanntgegeben werden. Der Gemeindevorstand erstellt aus diesen Nominierungen die Liste für die Vorwahl.
- Auf dem Stimmzettel für die Vorwahl werden die Kandidaten nach dem Alphabet gereiht. Dabei sind für jeden Kandidaten Name, Geburtsjahrgang, Adresse, Beruf, Familienstand, Teilorganisation und Gemeindefunktion anzugeben.
- Wahlberechtigt sind alle Mitglieder der Volkspartei. Darüber hinaus können alle wahlberechtigten Gemeindebürger zur Wahl zugelassen werden – mit Ausnahme jener, die als aktive Mitglieder anderer Parteien bekannt sind. Die Stimmzettel für Parteimitglieder und Parteinichtmitglieder sollen verschiedenfärbig sein, damit eine getrennte Auswertung möglich ist.
- Die Wahl erfolgt entweder durch Einsendung per Post; durch Abholung vom Haus mit einer wandernden Wahlurne (diese Wahlurne muß versiegelt sein, bei der Einholung der Stimmzettel müssen mindestens zwei Wahlzeugen anwesend sein); oder durch Stimmabgabe in einem eigenen Wahllokal; auch eine Mischform der drei Variationen ist möglich.
- Das Ergebnis der Vorwahl ist bei der Erstellung der Kandidatenlisten durch die Gemeindeparteileitung zu berücksichtigen.
- Bei der Veröffentlichung des endgültigen Wahlvorschlages der ÖVP ist auch bekanntzugeben, wie viele Kandidaten aufgrund der Vorwahl ausgewählt wurden.

Das Echo auf diese Vorwahlen war überraschend groß. Auffallend war, daß die Parteimitglieder überbündisch gewählt hatten, das heißt, daß sich schon damals eine Art Personenwahl (gegenüber Bund-/Teilorganisationswahl) durchzusetzen begann. Trotz der hohen Beteiligung erwies sich der Kostenaufwand – bei überregionalen Wahlen – als zu hoch; daher blieb es vorläufig bei der Nationalratswahl 1975 als einmaligem Versuch, der erst viel später fortgesetzt wurde.

Vor dem 26. Landesparteitag am 29. November 1975 teilte Landesparteiobmann Dr. Georg Prader mit, daß er aus persönlichen Gründen seine Tätigkeit nicht mehr weiterführen könne. Die Landesparteileitung sah sich daher vor der Aufgabe, binnen kurzer Zeit einen neuen Wahlvorschlag zu präsentieren. Beim Landesparteitag wurden dann Landeshauptmann Maurer für die Funktion des Landesparteiobmannes und Landeshauptmann-Stellvertreter Siegfried Ludwig als geschäftsführender Landesparteiobmann vorgeschlagen und gewählt.

Prader hatte die Leitung der Niederösterreichischen Volkspartei in der schwierigen Zeit der „Müllner-Affäre" übernommen. Sein Hauptaugenmerk in der ersten Zeit war die Konsolidierung der Partei und die Wiederherstellung ihrer politischen Glaubwürdigkeit. Daß ihm dies gelungen ist, zeigen die Wahlergebnisse der Landes- und Gemeinderatswahlen seiner Ära.

In den späten siebziger Jahren kam es zu einer gewissen Stagnation. Die Volkspartei verlor bei der Landtagswahl 1979, und bei der wenige Wochen danach abgehaltenen Nationalratswahl erzielte sie zum ersten Mal in Niederösterreich weniger

Stimmen als die Sozialisten. Die unmittelbare Folge war eine umfassende Reformdiskussion, welche nicht nur organisatorische und politische, sondern auch personelle Auswirkungen hatte. In ganz Niederösterreich kam es zu Reformdiskussionen, die eine neue Politikergeneration zum Vorschein bringen sollte.

Einer der Schwerpunkte der Parteiarbeit war die Erarbeitung des „Leitbildes 80 für das neue, moderne Niederösterreich", das landespolitische Leitlinien für Niederösterreichs Weg in die Zukunft erstellen sollte. Dafür wurde der gesamte Parteiapparat mobilisiert, darüber hinaus wurden aber auch alle Niederösterreicherinnen und Niederösterreicher, die Interesse an der Zukunft ihres Landes zeigten, aber nicht der Partei angehörten, eingeladen, mitzudenken und mitzuarbeiten.

Das „Leitbild 80" wollte mehr sein als ein landespolitisches Aktionsprogramm. In der Präambel der endgültigen Fassung wurde ausdrücklich darauf hingewiesen, daß dieses „Leitbild 80" den landespolitischen Aufgaben bewußt gesellschaftspolitische Zielsetzungen, die auf dem „Salzburger Programm" der Österreichischen Volkspartei beruhen, voranstellt. Die ÖVP-Niederösterreich bekräftigt ihr Bekenntnis zur persönlichen Freiheit und zum persönlichen Eigentum, zu den Prinzipien der sozialen Marktwirtschaft, zur Dezentralisierung der Macht sowie zu einer von echter Mitverantwortung getragener Mitbestimmung.

Die zwölf Kapitel des „Leitbildes 80" befaßten sich mit allen gesellschaftspolitisch relevanten Themen und heben sich deutlich von „Niederösterreich-Plan" der Sozialisten ab. Besonders markant wurde dies bei der Bildungspolitik, wo u. a. folgende Zielsetzungen festgehalten waren:
– Befähigung des Menschen zu einer sinnerfüllten Gestaltung seines eigenen Lebens.
– Weckung sozialer Verantwortung.
– Vorbereitung jedes einzelnen auf eine verstärkte Teilnahme an der politischen Meinungs- und Willensbildung.
– Schärfung eines kritischen Bewußtseins, das den Menschen vor Manipulationsversuchen jeder Art schützt.
– Befähigung jedes einzelnen, sich gegenüber dem rasanten technischen, wirtschaftlichen und sozialen Wandel zu behaupten.

Dieses „Leitbild 80" diente als Basis der Landespolitik der Niederösterreichischen Volkspartei und wurde ständig überarbeitet und den neuen Begebenheiten angepaßt.

Die neue Generation

Der seit 1966 im Amt befindliche Landeshauptmann Andreas Maurer hatte nie ein Hehl daraus gemacht, daß er sich an die von der Partei beschlossene Altersgrenze halten werden. Damit war sowohl die Frage nach seinem Nachfolger als Landeshauptmann als auch als Landesparteiobmann virulent geworden. Am 18. September 1980 teilte Maurer dem Landesparteivorstand mit, nicht mehr als Landesparteiobmann kandidieren und auch im Jänner als Landeshauptmann seinen Abschied nehmen zu wollen. Als seinen Nachfolger in beiden Funktionen schlug er Landeshauptmann-Stellvertreter Siegfried Ludwig vor.

Der sorgfältig vorbereitete Wechsel ging auf dem Landesparteitag problemlos über die Bühne. Dieser 30. Landesparteitag am 8. November 1980 in Hollabrunn brachte auch ein neues Landesparteiorganisationsstatut. Dieses war eine völlig neue, übersichtlich dargestellte und dadurch leichter verständliche Fassung, die einen anderen Weg als jenen der Bundesparteileitung ging. Ausdrücklich wird der Primat der Gesamtpartei festgehalten, das heißt der Vorrang der Interessen der Gesamtpartei vor denen der Teilorganisationen/Bünde.

Das neue Landesparteiorganisationsstatut sah weiters – ebenso wie das Bundesorganisationsstatut – die Verankerung von mehr Verantwortung der führenden Funktionäre durch mehr Direktwahlen vor. Weiters wurde ein Leistungsnachweis für Funktionäre und Mandatare sowie Ämterentflechtung festgeschrieben. Dem Wunsch nach mehr Mitbestimmung der Mitglieder wurde dadurch entsprochen, daß Urabstimmungen vorgesehen wurden (nach Beschluß der Landesparteileitung oder durch Verlangen einer bestimmten Anzahl von Mitgliedern).

Das neue Landesparteistatut wurde allerdings nicht als Selbstzweck verstanden, es sollte ausschließlich die Voraussetzungen für neue politische Erfolge durch eine bessere und modernere, den Wünschen der Parteimitgliedern entsprechende Organisationsform schaffen.

Gleichzeitig mit Andreas Maurer nahm bei diesem Landesparteitag auch der Landesparteisekretär Otto Bernau Abschied von seiner Funktion. Nach mehr als 14 Jahren Tätigkeit als Landesparteisekretär konnte Bernau stolz in die Vergangenheit zurückblicken und seinem Nachfolger Walter Zimper ein geordnetes Haus übergeben.

Am 22. Jänner 1981 erfolgte der zweite Akt der Wachablöse: Siegfried Ludwig wurde vom niederösterreichischen Landtag einstimmig zum Landeshauptmann gewählt. Anschließend erfolgte die Wahl des erst vor einem knappen Jahr in die Landesregierung gewählten Erwin Pröll zum Landeshauptmann-Stellvertreter und von Franz Blochberger zum Agrar-Landesrat. Mit dem Ausscheiden des bisherigen Präsidenten des Landtages, Josef Robl, und der Wahl von Ferdinand Reiter als Erster und Franz Romeder als Dritter Präsident des nö. Landtages im April 1981 war die personelle Verjüngung der Niederösterreichischen Volkspartei vorerst abgeschlossen.

Bei einer zur selben Zeit beschlossenen Erweiterung der Landesregierung kam erstmals eine Frau zum Zug: Die ehemalige Weltklasseathletin Liese Prokop zog in die Landesregierung ein und widerlegte in kürzester Zeit alle Kritiker dank ihres Fleißes und ihrer Sachkompetenz.

Das neue Team sorgte für viele Anregungen und Neuerungen, vor allem im Bereich Bürgerdienst. So kam es zu regelmäßigen Sprechtagen des Landeshauptmanns in den Bezirkshauptmannschaften, zu dem Auftrag an die Verwaltung, sämtliche Ämter in Serviceeinrichtungen umzugestalten, zu einer Weisung, Amtsstunden einmal pro Woche auch am Abend abzuhalten, zur Ausarbeitung objektiver Kriterien für die Aufnahme in den Landesdienst und vieles mehr.

Die meisten dieser Anregungen wurden in atemberaubendem Tempo durchgeführt; so erfreuten sich etwa die Sprechstunden des Landeshauptmannes in kürzester Zeit großer Beliebtheit.

Der in allen Bereichen der Partei spürbare Aufschwung wurde 1982 für kurze Zeit unterbrochen. Gegen den Landesparteisekretär Walter Zimper wurden Vorwürfe erhoben, er hätte WBO-Gelder für die ÖVP-Niederösterreich übernommen. Walter Zimper bat um Enthebung von seinem Amt. Bereits vier Tage später, am 31. März 1982, wurde der Abgeordnete zum Nationalrat, Gustav Vetter, auf Vorschlag des Landesparteiobmannes zum neuen Landesparteisekretär bestellt. Auf ihn wartete für die nächste Zeit die Vorbereitung je einer Landtags- und Nationalratswahl.

Bei der Nationalratswahl am 24. April 1983 trat der Niederösterreicher Alois Mock als Spitzenkandidat der ÖVP an. Für die niederösterreichische ÖVP galt es, die Scharte der letzten Nationalratswahl auszuwetzen, als sie nämlich hinter der Sozialistischen Partei stimmenmäßig nur die zweitstärkste Partei geworden war. Dies ist vollkommen gelungen; die absolute Mehrheit der SPÖ wurde bundesweit gebrochen, in Niederösterreich konnte die ÖVP wieder einen Stimmenüberhang von 21.000 Stimmen gegenüber der SPÖ und den Gewinn eines Mandates erreichen.

Damit war eine günstige Ausgangsposition für die Landtagswahl im Herbst desselben Jahres gegeben. Allerdings versuchte der politische Gegner durch eine Diffamierungskampagne Landeshauptmann Ludwig zu schaden. Unbewiesene Vorwürfe wurden erhoben, aber nicht bestätigt, angebliche Zeugen wurden präsentiert, deren Erinnerungsvermögen versagte allerdings bei genauen Befragungen; auch die Justiz wurde eingeschaltet, und unter dem damaligen Justizminister, der gleichzeitig Landesparteiobmann der niederösterreichischen FPÖ war, wurde die Aufhebung der Immunität Siegfried Ludwigs beantragt.

Die Wähler goutierten diese Vorgangsweise in keiner Weise, im Gegenteil, die Niederösterreichische Volkspartei unter ihrem Spitzenkandidat Siegfried Ludwig erzielte das beste Ergebnis bei einer Landtagswahl seit 1945.

Auf der Suche nach einer Landeshauptstadt

Die Klagen, daß Niederösterreich keine eigene Landeshauptstadt besitzt, sind alt. Niederösterreich verlor seine angestammte Landeshauptstadt Wien durch die verfassungsrechtliche Trennung der beiden Bundesländer am 1. Jänner 1922. Das Burgenland war kurz vorher in einer ähnlichen Situation gewesen, als es durch eine Volksabstimmung seine bisherige Landeshauptstadt Ödenburg verlor; die burgenländischen Bürgermeister wählten aber umgehend Eisenstadt zur burgenländischen Landeshauptstadt. In Niederösterreich geschah derartiges vorerst nicht. Das „Landeszentrum" blieb weiterhin Wien, alle landesweiten Verwaltungseinrichtungen waren hier, die Verkehrsverbindungen waren auf Wien ausgerichtet, Wien blieb weiterhin Zentrum Niederösterreichs. Erst nach dem Ende des Zweiten Weltkrieges wurde das Fehlen einer eigenen Landeshauptstadt bedauert. Bei mehreren Landesparteitagen wurde das Thema „eigene Landeshauptstadt" angesprochen und die daraus resultierenden Nachteile festgehalten.

Erst 1970 kam es zu einem größeren Vorstoß in Richtung Landeshauptstadt. Landeshauptmann Maurer sprach sich persönlich dafür aus, allerdings war die Zeit für die Umsetzung eines solchen Großprojektes noch nicht reif. So kam es, daß sein Nachfolger Ludwig als Hauptstadtgründer in die Landesannalen einging. Beim 33. Landesparteitag in Klosterneuburg am 31. März 1984 sagte er unter anderem: „Ich habe die Diskussion über das Thema bewußt eröffnet. Eine politische Kraft, die für sich in Anspruch nimmt, eine Niederösterreich-Partei zu sein, kann an diesem Problem nicht länger vorübergehen. Eine niederösterreichische Hauptstadt anzustreben, heißt Milliarden in die Zukunft des Landes zu investieren. Jeder Schilling, der für eine Landeshauptstadt verwendet würde, wäre nämlich ein Beitrag zur Stärkung der Finanzkraft des Landes. Hunderte Millionen, wenn nicht etliche Milliarden, gehen dem Land jährlich nur deshalb verloren, weil es keine eigene Hauptstadt besitzt. Eine eigene Landeshauptstadt für Niederösterreich ist notwendig. Sie würde dem Land nicht nur beträchtliche Mehreinnahmen bringen, sondern auch in allen Vierteln zusätzliche Kräfte und Energien mobilisieren, im wirtschaftlichen Bereich ebenso wie im kulturellen Sektor oder in der Sozial- und Umweltpolitik. Und sie würde verhindern, daß viele unserer besten Köpfe, vor allem viele junge Menschen, unserem Land verlorengehen."

Damit hatte Ludwig alle jene Argumente, welche immer wieder in Diskussionen aufgetaucht waren, auf den Punkt gebracht. Die Diskussion in der Politik und in der Bevölkerung setzte jedoch schlagartig ein. Die Sozialisten waren strikt dagegen; ein solches Mammutvorhaben würde zum wirtschaftlichen Ruin Niederösterreichs führen, außerdem sei die Stimmung der Bevölkerung dagegen. Erst ein Jahr später kam es zu einem ersten Gespräch zwischen Vertretern der Volkspartei und der Sozialisten über die Idee einer eigenen Landeshauptstadt.

Am 10. Oktober 1985 beantragte die ÖVP im Landtag eine Volksbefragung betreffend eine eigene Landeshauptstadt. Diese Volksbefragung wurde am 7. November desselben Jahres im niederösterreichischen Landtag beschlossen und für den 1. und 2. März 1986 terminisiert. Vorher kam es noch zu anderen Vorschlägen; so wurde etwa eine „Vatikan-Lösung" vorgeschlagen, das heißt, Wien war bereit, einem Teil des sogenannten niederösterreichischen Regierungsviertels in der Herrengasse die „Unabhängigkeit" zu garantieren. Alle diese Vorschläge wurden jedoch abgelehnt, und bei der Volksbefragung entschied sich eine klare Mehrheit der niederösterreichischen Bevölkerung für eine eigene Landeshauptstadt in St. Pölten.

Am 10. Juli 1986 fand jene historische Sitzung im niederösterreichischen Landtag statt, bei der es zu einem einvernehmlichen Beschluß bezüglich Errichtung einer eigenen Landeshauptstadt kam. Es war zu einer Parteienvereinbarung zwischen ÖVP und SPÖ gekommen, in der vor allem zwei Punkte herausragten:
- „Die beiden Parteien verpflichten sich, die erforderlichen und möglichen Schritte zum ehebaldigsten Wirksamwerden dieses Verfassungsgesetz zu setzen;
- aufgrund des Ergebnisses der Volksbefragung vereinbaren die beiden Parteien, zusammen mit der Errichtung einer Landeshauptstadt umfangreiche Maßnahmen der Regionalisierung und Dezentralisierung für Niederösterreich in Angriff zu nehmen."

In den nächsten Jahren wurden die intensiven Vorbereitungsarbeiten begonnen; eine Planungsgesellschaft wurde gegründet, öffentliche Wettbewerbe initiiert und die nötigen rechtlichen Voraussetzungen geschaffen. Mit der Stadt St. Pölten wurden Sondervereinbarungen getroffen, welche die Einbeziehung der Bürger in die verschiedenen Planungs- und Errichtungsstufen festlegt. Mittlerweile sind die Bauarbeiten schon weit fortgeschritten; es steht zu hoffen, daß der kühne Plan des damaligen Landeshauptmannes Siegfried Ludwig, die Einweihung der neuen Landeshauptstadt zur „Millenniumsfeier" 1996 vornehmen zu können, mit Erfolg gekrönt ist. Ein Grund dafür ist sicherlich die letztendlich gute Zusammenarbeit aller Beteiligten über die Parteigrenzen hinweg.

Im Zuge der Schaffung und Stärkung einer niederösterreichischen Identität kam es, parallel zu den Landeshauptstadtplänen, auch zur Idee der Gründung einer eigenen Universität. Die große Zahl der Niederösterreicherinnen und Niederösterreicher, die in den verschiedenen Universitätsstädten Österreichs – vorzugsweise in Wien – studieren, unterlegte die Forderung nach einer eigenen Universität oder Hochschule. Der Bund stellte sich allerdings vorerst taub.

Ende 1987 beschloß deshalb der niederösterreichische Landtag die Errichtung einer Landesakademie in Krems, nicht als Ersatz einer Volluniversität, aber als eine Etappe auf dem Weg dorthin. Im ursprünglichen Konzept waren sechs Fachbereiche vorgesehen, nämlich Wirtschaftswissenschaften, technische Wissenschaften, Medizin, Jus, Geisteswissenschaften sowie Natur- und Umweltwissenschaften.

Bereits ein Jahr später wurde mit dem Kursbetrieb begonnen. Verschiedene Lehrgänge aus diesen Bereichen wurden gestartet und erfreuten sich regen Zuspruchs. Die Landesregierung verhandelte weiter mit dem Bund, da es nicht Sinn sein konnte, diese Landesakademie nicht weiter auszubauen. Es gelang, die niederösterreichische Landesakademie zur „Donauuniversität" zu erheben mit Schwerpunkt auf postgradualer Ausbildung; das heißt, die Donauuniversität ist noch keine Volluniversität im herkömmlichen Sinn, hat aber Graduationsrecht und bietet die vielfältigsten Möglichkeiten auf dem akademischen Weiterbildungssektor an.

Ein weiteres Jahrhundertprojekt wurde unter Landeshauptmann Ludwig im Frühjahr 1987 in Angriff genommen: der Bau des Marchfeldkanals. Bereits um die Jahrhundertwende wurde ein solches Vorhaben diskutiert, aber erst nach dem Zweiten Weltkrieg wurde die Planung schrittweise aufgenommen. Ziel des Marchfeldkanals ist die Sicherung des Rohstoffes Wasser für die Landwirtschaft, die Industrie, Gewerbe und die Haushalte, aber auch für Tourismus und Erholungsuchende.

Das Marchfeldkanalsystem war das erste Projekt in Österreich, das freiwillig einer Umweltverträglichkeitsprüfung unterzogen wurde. Dabei wurden zahlreiche wissenschaftliche Untersuchungen durchgeführt, um sicherzustellen, daß die Zuleitung von Donauwasser keinerlei Gefahren für Menschen und Wirtschaft darstellt. Beispiellos ist auch die Tatsache, daß es keinen einzigen Protest oder eine einzige Bürgerinitiative gegen die Verwirklichung dieses Projektes gab; dies vor allem deshalb, weil die Planung stets im engsten Einvernehmen mit der Bevölkerung durchgeführt wurde.

Am 9. Oktober 1992 startete Landeshauptmann Ludwig die Pumpen, welche das Donauwasser in den neuen Kanal leitete; eine große Vision war verwirklicht worden.

Wachablöse

Am 16. Oktober 1988 fand in Niederösterreich eine Landtagswahl statt; die Vorzeichen standen für die ÖVP nicht günstig. Einerseits war der niederösterreichische Spitzenkandidat durch die jahrelange Kampagne gegen ihn angeschlagen, andererseits befand sich die FPÖ österreichweit im Aufwind. So kam, was viele erwartete hatten: Die Niederösterreichische Volkspartei verlor ihre absolute Mehrheit an Stimmen. Die

Geschichte der ÖVP-Niederösterreich

FPÖ zog erstmals in den niederösterreichischen Landtag mit fünf Mandaten ein. Da aber die SPÖ starke Stimmenverluste hinnehmen mußte und nur auf 22 Mandate kam, konnte die ÖVP mit 29 Mandaten knapp die absolute Mehrheit behaupten.

Der Landesparteivorstand stellte im Rahmen einer eingehenden Analyse fest, daß das Ergebnis der Landtagswahl nicht etwa auf einen mangelnden Einsatz in der Wahlwerbung oder auf eine falsche Politik zurückzuführen, sondern daß vielmehr die Ursache auf der Ebene der Bundespolitik zu suchen sei; dies vor allem deshalb, weil die ÖVP Regierungsmitglied und damit Verantwortungsträger der Bundespolitik sei und die populistische Politik des freiheitlichen Parteiobmannes Früchte zu tragen beginne.

Landeshauptmann und Landesparteiobmann Ludwig ließ relativ bald erkennen, daß er nicht mehr für eine volle Funktionsperiode zur Verfügung stehen werde. Er wolle sowohl die Leitung der Partei als auch die Funktion als Landeshauptmann einem Nachfolger übergeben, damit dieser eine genügend lange Vorbereitungszeit für die nächste Wahl im Jahr 1993 hätte.

1992 war es dann soweit, mehrere Wechsel erfolgten sowohl auf Partei- als auch auf Landesebene: Zu Beginn des Jahres übersiedelte die Niederösterreichische Landesparteileitung in neue Räumlichkeiten in der Kaiserstraße im 7. Wiener Gemeindebezirk. Dies stellt allerdings nur eine provisorische Lösung dar, da die Parteizentrale selbstverständlich später auch in die Landeshauptstadt St. Pölten übersiedeln soll.

Im März 1992 legte Landeshauptmann Ludwig seine Funktion als Obmann der Niederösterreichischen Volkspartei zurück. Als Nachfolger schlug er selbst den Landeshauptmann-Stellvertreter Erwin Pröll vor, der auch in diese Funktion gewählt wurde.

Da der langjährige Landessekretär Gustav Vetter ebenfalls Amtsmüdigkeit zeigte, wurde Anfang April mit Ernst Strasser als Landesparteisekretär ein neuer Stratege in der Niederösterreichischen Volkspartei installiert. Den Reigen der Amtswechsel schloß die Hofübergabe von Ludwig an Pröll in der Funktion des Landeshauptmannes. Am 22. Oktober 1992 wurde Dr. Erwin Pröll zum Landeshauptmann von Niederösterreich gewählt. Als neue Stellvertreterin wurde, erstmals in Niederösterreich eine Frau, die bisherige Landesrätin Liese Prokop bestellt.

Die „Hofübergabe" erfolgte relativ spät, da bereits am 16. Mai 1993 Wahlen zum niederösterreichischen Landtag stattfanden und die Vorbereitungszeit der neuen Spitzenkandidaten sehr kurz war.

Die bislang letzten Landtagswahlen in Niederösterreich setzten den Trend fort, wonach die beiden Großparteien zugunsten der FPÖ Stimmenverluste hinnehmen müssen. Es gab aber auch eine Überraschung: Das eben erst von der FPÖ abgespaltete Liberale Forum trat nach nur kurzer Wahlwerbung als eigene Partei bei der Landtagswahl an und konnte auf Anhieb drei Mandate erreichen. Insgesamt brachte die Wahl zum ersten Mal den Verlust der absoluten Mehrheit für die Niederösterreichische Volkspartei.

Die ÖVP mußte lernen, durch Parteienverhandlungen ihre Ziele zu erreichen, mit wechselnden Partnern ihre Forderungen durchzusetzen. Dies wurde erleichtert durch die auf Bundesebene bestehende Große Koalition zwischen SPÖ und ÖVP, welche eine Zusammenarbeit der beiden Großparteien auch auf Landesebene erleichterte. Aber auch die Landtagsarbeit mit den beiden kleineren im Landtag vertretenen Parteien erweist sich bislang als wenig konfliktreich und oftmals anregend für die Zukunft.

Die Teilorganisationen der Volkspartei

Immer wieder erhebt sich im Zuge von Reformdiskussionen der Ruf nach Abschaffung der Teilorganisationen. Oftmals wird deren Macht und Einfluß, aber auch ihren – bei Sachfragen auseinanderstrebenden – Wünschen und Forderungen die Schwäche und Uneinigkeit der Gesamtpartei zugeschrieben. In Wahrheit sind die Teilorganisationen alte Organisationsstrukturen, die in jahrzehntelanger Tätigkeit gewachsen sind und dabei einen großen Stamm von Funktionären und Mitarbeiter herangebildet haben.

Im Landesparteiorganisationsstatut wird das Verhältnis der Gesamtpartei zu den Teilorganisationen genau festgelegt. So heißt es u. a.: „Die Teilorganisationen wirken in der Meinungsbildung und im Entscheidungsprozeß der NÖ-VP mit, insbesondere auch bei der Kandidatenaufstellung. Sie haben den Vorrang der Gesamtpartei zu wahren und für die Ziele der ÖVP einzutreten. Ihre Statuten und Programme dürfen jenen der Gesamtpartei nicht widersprechen." Ebenso ist festgehalten, daß die Beschlüsse der Bundes- und Landesorgane für alle Teile der Niederösterreichischen Volkspartei verbindlich sind.

NÖ-AAB

Die niederösterreichische Landesgruppe des Österreichischen Arbeiter- und Angestelltenbundes wurde am 20. April 1945, also noch während der Zweite Weltkrieg tobte, gegründet. Der erste provisorische Obmann war Viktor Müllner, der erste geschäftsführende Obmann der christliche Gewerkschafter Josef Denger.

In dem traditionell durch den Bauernstand geprägtem Niederösterreich war der ÖAAB ursprünglich eine relativ kleine Teilorganisation mit ca. 27.000 Mitgliedern im Jahre 1945. Durch riesige wirtschaftliche Umstrukturierungen sank der Anteil der bäuerlichen Bevölkerung radikal, andererseits wuchs die Zahl der unselbständig Beschäftigten. Der ÖAAB konnte durch kluge Politik für viele dieser Unselbständigen eine neue Heimat bieten, was sich im Mitgliederstand auswirkte. Heute ist der NÖ-AAB eine mächtige Teilorganisation, deren Wort innerhalb der Gesamtpartei erhebliches Gewicht beigemessen wird.

An der Spitze des Arbeiter- und Angestelltenbundes gab es wenig Bewegung. Dies wird am deutlichsten dadurch manifestiert, daß seit 1945 erst der fünfte Obmann im Amt ist. Auf Viktor Müllner folgte Georg Prader, welcher wieder von Siegfried Ludwig abgelöst wurde. Dieser legte nach der Übernahme des Landeshauptmannes diese Funktion zurück, welche nun Robert Lichal übernahm. Seit dessen Ausscheiden im Jahre 1993 ist Werner Fasslabend der Obmann des Niederösterreichischen Arbeiter- und Angestelltenbundes.

Niederösterreichischer Bauernbund

Der Gründungstag des Niederösterreichischen Bauernbundes ist eigentlich der 24. Juni 1906. Nach dem Zweiten Weltkrieg begann seine Tätigkeit noch während der Kämpfe um Wien, als nämlich den ehemaligen Bauernbunddirektor Leopold Figl seine Schritte direkt nach seiner Entlassung aus dem Gefängnis zum Gebäude des Bauernbundes in der Schenkenstraße führten. Von hier aus startete Figl jene legendären Notmaßnahmen, mit denen er versuchte, die Ernährung der Bevölkerung sicherzustellen, von hier aus hatte er die ersten Gespräche mit den Vertretern der verschiedensten Parteien, welche schlußendlich Österreich eine funktionierende Regierung und Verwaltung und Figl das Amt des Bundeskanzlers einbrachten.

Die Statuten des Bauernbundes definieren seine Ziele klar:
– Die Vertretung der Interessen der Mitglieder in allen beruflichen und außerberuflichen Belangen.
– Die Erfassung und Zusammenarbeit der Mitglieder zur Koordination und Durchsetzung ihrer Interessen.
– Die partnerschaftliche Bewältigung der wirtschafts- und gesellschaftspolitischen Entwicklung im ländlichen Raum, insbesondere zur Förderung von Genossenschaften und anderen Rechtsformen nach dem System Raiffeisen.
– Die Mitgestaltung der Gesellschaft, der Wirtschaft und des Staates unter Wahrung des Eigentums und der persönlichen Freiheit.

Vom Bauernbund gingen eine Reihe von gesetzlichen Initiativen im Interesse der bäuerlichen Bevölkerung aus, so etwa die landwirtschaftlichen Schulgesetze, das niederösterreichische Grundverkehrsgesetz, die landwirtschaftliche Wohnbauförderung, das niederösterreichische Weinbaugesetz, das Raumordnungsprogramm für die Land- und Forstwirtschaft mit der Einführung von Betriebshelfern und Dorfhelferinnen, das Grenzlandsonderprogramm für die Land- und Forstwirtschaft oder auch die Sonderförderungsprogramme für das Waldviertel, die Berggebiete im Süden Niederösterreichs und das Steinfeld.

Trotz der bäuerlichen Abwanderung, der wirtschaftlichen Umstrukturierung und des Verschwindens von landwirtschaftlich genutztem Boden konnte sich der Niederösterreichische Bauernbund seine starke Stellung innerhalb der Gesamtpartei erhalten. Dies zeigt sich unter anderem auch darin, daß der jetzige Landesparteiobmann und Landeshauptmann Erwin Pröll aus dieser Teilorganisation hervorgegangen ist.

Niederösterreichischer Wirtschaftsbund

Die Gründungsversammlung des Niederösterreichischen Wirtschaftsbundes fand im Juni 1945 statt. Das erste wichtige Ergebnis des Wirtschaftsbundes war die Mitarbeit bei der Schaffung der Niederösterreichischen Handelskammer aufgrund des „Gesetzes betreffend die Errichtung von Kammern der Gewerblichen Wirtschaft" (Handelskammergesetz vom 24. Juli 1946). Damit war das angestrebte Ziel einer einheitlichen Standesvertretung aller niederösterreichischen Wirtschaftreibenden erreicht. Mit deren Schaffung begann auch die Errichtung der 22 Bezirksstellen, um eine flächendeckende Betreuung aller Mitglieder sicherzustellen.

Um die Aus- und Weiterbildung für Selbständige und Arbeitnehmer zu sichern, wurden zunächst regional in Gmünd und Neunkirchen, sodann zentral in St. Pölten WIFI-Gebäude mit allen Lehreinrichtungen errichtet.

Bereits 1947 wurde mit Wirtschaftsförderungsmaßnahmen begonnen, zuerst zum Zwecke des Wiederaufbaus, später gezielt zur Förderung von strukturschwachen Gebieten. Dafür wurde 1984 ein Fonds mit eigener Rechtspersönlichkeit geschaffen, über den jetzt alle Darlehens- und Zinsenzuschußaktionen des Landes abgewickelt werden. Der Vorteil dieser Konzentration liegt in erhöhter Flexibilität und der Möglichkeit des Fonds, zusätzliche Mittel auf dem Kapitalmarkt aufzunehmen bzw. der Übernahme von Haftungen und Rückhaftungen gegenüber der niederösterreichischen Kreditbürgschaftsgesellschaft und der niederösterreichischen Kapitalbeteiligungsgesellschaft. Damit wurde eine gezielte Förderung interessanter mittelständischer Unternehmen, vor allem von Jungunternehmern, durch Verbesserung der Finanzmöglichkeiten und Abdecken von Risiken erreicht.

Niederösterreichische Frauenbewegung

Die Niederösterreichische Frauenbewegung ging aus einer Aktion „Frauen in der Volkspartei" hervor, welche es sich zum Ziel gesetzt hatte, schwerstbetroffenen Familien nach dem Krieg bei der Beschaffung von Lebensmitteln, Kleidern und Brennmaterial behilflich zu sein.

Zu den ständigen Aktivitäten gehören die laufende Information der Mitglieder, Schulungen, kulturelle Veranstaltungen und Reisen. Um die Familien zu unterstützen, fördert die Niederösterreichische Frauenbewegung die Einrichtung der Tagesmütter. Ebenso aktiv ist sie in den Bereichen Umweltschutz, Familie und Soziales.

Durch das langsam voranschreitende Umdenken in der Gesellschaft wird schrittweise die Stellung der Frau in allen Gesellschaftsbereichen verbessert. Dies zeigt sich auch in der verstärkten Mitsprache der Niederösterreichischen Frauenbewegung in allen gesellschaftspolitisch relevanten Bereichen. Für die Entwicklung des neuen Selbstbewußtseins der Frau und ihre verbesserte Stellung hat die Niederösterreichische Frauenbewegung in ihrem Eintreten für die Rechte der Frauen sicher einiges bewirkt.

Junge Volkspartei Niederösterreich

Bereits im Spätherbst 1945 gab es erste Gespräche zwischen der damaligen Österreichischen Jugendbewegung und Vertretern der österreichischen Bundesländer. Danach konstituierte sich der erste niederösterreichische Landesvorstand im November 1945. Seit damals versteht sich die Junge VP Niederösterreich als gleichberechtigter Partner der anderen Teilorganisationen und als kritisches Sprachrohr der Jugend.

Der Dialog zwischen Jugend und Politikern ist stets ein wichtiger Bestandteil ihrer Arbeit. Bei den verschiedenen Veranstaltungen, wie etwa „Wir reden – Politiker hören zu", wurde stets versucht, die verantwortlichen Politiker mit Anregungen und Vor-

Geschichte der ÖVP-Niederösterreich 457

schlägen zu konfrontieren. Daraus entstanden oft Gesetze wie etwa das Niederösterreichische Jugendgesetz, an dem nicht nur Jugendliche mitgearbeitet haben, sondern das letztlich von der Jugend selbst verfaßt worden ist.

Schon lange bevor der Umweltschutz in den Köpfen der Politiker und der Bevölkerung verankert war, begann die Junge ÖVP Niederösterreich mit Aufklärungskampagnen und Aktionen, wobei kritische Umweltschutzorganisationen eingebunden und deren Erkenntnisse für weitere Tätigkeiten verwertet wurden. Der heutige großteils funktionierende Dialog Niederösterreichs mit den Umweltschützern ist sicherlich auch auf die Aufbauarbeit dieser Teilorganisation zurückzuführen.

Großer Wert wird bei der Jungen VP Niederösterreich auf die Mitarbeit ihrer Mitglieder in den Gemeinde- und Ortsgruppen sowie in der Kommunalpolitik gelegt. Aus diesem Grunde gibt es in fast jeder Gemeinde einen Jugendgemeinderat; auch die Einführung von Umweltgemeinderäten Anfang der achtziger Jahre ist größtenteils der Jungen VP Niederösterreich zu verdanken, da diese den Standpunkt vertreten hatte, viele der Umweltprobleme könne und müsse man vor allem im lokalen Bereich erkennen und lösen.

Die JVP verstand sich stets auch als Vordenker der Gesamtpartei. Die Leitidee „Wer keinen Mut zum Träumen hat, hat keine Kraft zum Denken" zeigt die Offenheit dieser Teilorganisation. Die Tatsache, daß alle Entscheidungen von heute die Lebensverhältnisse von morgen (und damit der heutigen Jugend) betreffen, fordert von der Jungen VP Niederösterreich und deren Mitgliedern die aktive Mitarbeit in allen Bereichen.

Niederösterreichischer Seniorenbund

Der Seniorenbund ist die jüngste Teilorganisation der Niederösterreichischen Volkspartei. Nicht mangelndes Verständnis der Volkspartei gegenüber den Problemen der älteren Menschen ist der Grund dafür, sondern vielmehr ein langes Zögern der Teilorganisationen; sie wollten nämlich – im Hinblick auf die Nominierung bei diversen Wahlen – keine Mitglieder abgeben, um sich nicht selbst zu schwächen.

Erst im Dezember 1970 wurde der Niederösterreichische Seniorenbund gegründet und erfreute sich sofort regen Zuspruchs. Bis dahin hatte sich die Betreuung älterer Menschen darauf beschränkt, daß zwei Personen in ganz Niederösterreich Rentenberatungen abhielten. Nun wurde eine Landesorganisation aufgebaut, welche den Senioren nicht nur eine ideologische Heimat bieten, sondern diese auch kulturell, sozial und gesellschaftlich betreuen sollte. Wichtig dabei ist die fachliche Beratung bei Pensionsangelegenheiten, aber auch Fragen des Gesundheitswesens. Größter Beliebtheit erfreuen sich nach wie vor gesellschaftliche oder kulturelle Aktivitäten, so etwa Reisen zu Sehenswürdigkeiten im In- und Ausland.

Die wachsende Zahl der „Senioren" verleiht den entsprechenden Vertretungen mehr Gewicht, aber auch mehr Verantwortung. Die Stimmen der Senioren werden – nicht nur vor Wahlen – wieder gehört. Nicht nur die Einbindung der älteren Menschen in das tägliche Leben ihrer Mitmenschen wird zunehmend gefördert, sondern auch deren aktive Mitarbeit in politischen Gremien.

Die Niederösterreichische Volkspartei als Teil der Gesamtpartei

Ein beliebtes Mittel, um in die Schlagzeilen zu kommen, ist stets ein Angriff auf die Gesamtpartei. Aus diesem Grunde, aber sehr oft auch wegen unterschiedlicher Interessenlagen des Bundes und der Länder fühlen sich die Landespolitiker bemüßigt, verbale Attacken gegen die Bundespartei und deren Vertreter zu reiten. Dies führte in der Vergangenheit oft zu Reibereien, aus denen eine Schwächung der Gesamtpartei resultierte.

Bei dem im Jahr 1983 in Niederösterreich abgehaltenen Bundesparteitag meinte deshalb der niederösterreichische Landesparteiobmann Ludwig u. a.: „Wir haben uns immer als Teil der Gesamtpartei empfunden und stets für die gesamte Partei verantwortlich gefühlt. Denn wir wissen, daß die Stärke unserer ÖVP in ihrer Einheit und Geschlossenheit liegt."

In Niederösterreich gab es größtenteils ein konfliktfreies Verhältnis zur Bundes-ÖVP. Dies war nicht zuletzt dadurch bedingt, daß in den Gremien der Bundespartei stets niederösterreichische Funktionäre in führenden Positionen tätig waren.

Die Parteizeitung

Seit Anfang August 1945 gab es in der Form des „Wiener Kleinen Volksblattes" eine eigene Parteizeitung. Durch den „Nachholbedarf" an freier Presse und die geringe Konkurrenz kam es anfänglich zu einem Aufschwung des Blattes. Bald jedoch mußten bedeutende finanzielle Einbußen festgestellt werden. Die Zeitung wurde zu wenig gekauft, Gründe waren u. a. auch der geringe Anteil an niederösterreichspezifischen Berichten, obwohl die Zeitung zu mehr als 50% in Niederösterreich verkauft wurde. Bereits 1967 wurde ernsthaft über eine Einstellung der Parteizeitung verhandelt. Dabei kam es zu größeren Widerständen der Parteibasis, die zwar die Zeitung nicht kaufen wollte, aber dennoch massiv gegen die Einstellung protestierte.

1970 war es dann soweit: Der Verlag teilte mit, daß er gezwungen sei, das „Volksblatt" einzustellen. Die Niederösterreichische Volkspartei sah dieser Entwicklung aber nicht tatenlos zu. Sie wäre bereit gewesen, die Zeitung zu übernehmen und auf eigene Kosten weiterzuführen, allerdings unter der Bedingung, daß der Verlag die Schulden tilgt; dazu war dieser nicht bereit.

Es kam daher zu einer Notlösung. Die Oberösterreichische Volkspartei hatte das „Linzer Volksblatt" erworben und als Parteizeitung mit starkem Lokalteil weitergeführt. Durch intensive Verhandlungen konnte erreicht werden, daß täglich fünf Seiten mit lokalen niederösterreichischen Nachrichten in der Zeitung plaziert wurden und als „Niederösterreichische Nachrichten" – mit eigener Redaktion in Wien – zum Verkauf gelangten. Dennoch war diesem Versuch kein Erfolg beschieden.

Der Beschluß der Landesparteileitung, das „Niederösterreichische Volksblatt" mit Ende September 1974 einzustellen, kam deshalb nicht überraschend. Das Kapitel „Parteipresse" gehört in Niederösterreich der Vergangenheit an. Trotz mehrmaliger Versuche gelang es nicht, ein ansprechendes Presseorgan der Partei zu schaffen.

Die Parteiobmänner der Niederösterreichischen Volkspartei

Die Niederösterreichische Volkspartei kann seit ihrer Gründung im Jahre 1945 sieben Landesparteiobmänner vorweisen. Die beiden ersten, nämlich Julius Raab (von 1945 bis 1959) und Leopold Figl (1959 bis 1965), werden wegen ihrer bundespolitischen Bedeutung an anderer Stelle dieses Buches behandelt, so daß an dieser Stelle nur einige Notizen zu ihrer niederösterreichischen Tätigkeit nötig sind.

Julius Raab

ist in die Geschichte als Staatsvertragskanzler eingegangen. In allen Biographien steht seine Tätigkeit als Bundesparteiobmann der ÖVP, als Obmann des Wirtschaftsbundes und selbstverständlich als Bundeskanzler in Vordergrund. Nur wenige wissen jedoch, daß Raab 14 Jahre lang Obmann der Niederösterreichischen Volkspartei gewesen war, nicht nur am Papier, sondern äußerst aktiv.

Er benützte die Sitzungen der niederösterreichischen Parteigremien gerne zu grundsätzlichen, ideologischen, wirtschaftspolitischen und außenpolitischen Stellungnahmen, um deren Aussagekraft zu prüfen. Daneben kümmerte er sich sehr wohl um organisatorische Belange der Landespartei, teilweise sogar bis ins kleinste Detail.

Es ist kein Wunder, daß sich die politische Karriere von Julius Raab bald nach seiner Funktionsabgabe des niederösterreichischen Landesparteiobmannes seinem Ende zuneigte. Raab, der sich stets als Niederösterreicher fühlte und der die Niederösterreichische VP stets als Herzstück der Gesamtpartei definierte, hat sich auch für die Entwicklung Niederösterreichs und der NÖ-VP unschätzbare Dienste erworben. Im Bewußtsein der Bevölkerung bleibt er als „Baumeister der Republik" erhalten.

Leopold Figl

war sicher einer der populärsten Politiker seiner Zeit. Auch heute erinnert man sich gerne an ihn und erzählt unzählige – wahre oder erfundene – Anekdoten aus seinem Privatleben oder Politikerdasein. Seine Leistungen für sein Heimatland Niederösterreich und die Niederösterreichische Volkspartei stehen den Verdiensten, die er sich als Bundespolitiker erworben hatte, in keiner Weise nach. Er verstand es, die Interessen Niederösterreichs stets mit Nachdruck zu vertreten. Aufgrund seiner Leutseligkeit und seiner Akzeptanz des politischen Gegners konnte er viele Erfolge für Niederösterreich und die NÖ-VP erzielen. Für die niederösterreichische Bevölkerung war er stets einer der Ihren, „unser Poldl".

Eduard Hartmann

hat nicht gleich und nicht gerne ja gesagt, als man ihn nach dem Tod Leopold Figls als neuen Landesparteiobmann und Landeshauptmann vorschlug. Er, der aus Sympathie und Solidarität gemeinsam mit Bundeskanzler Gorbach aus seinem Amt als Landwirtschaftsminister ausschied und wieder an seinen alten Schreibtisch in der Direktion des Niederösterreichischen Bauernbundes zurückgekehrt war, wollte weiter bei seiner angestammten Tätigkeit im Agrarbereich bleiben. Erst als ihn der Bauernbund einstimmig ersucht hatte, den Ruf der Partei zu folgen, erklärte er sich nach einigem Zögern dazu bereit.

Eduard Hartmann war nicht nur ein hervorragender Agrarpolitiker, er lebt auch in der Erinnerung derer, die ihn kannten, als ein Mann fort, der durch seine menschliche Größe und Persönlichkeit faszinierte. Selbst in den härtesten politischen Auseinandersetzungen verstand er es, Maß zu halten und auch die politischen Gegner durch Argumente zu überzeugen.

In der kurzen Zeit, in der Hartmann in der Regionalpolitik tätig war, gelang es ihm doch, einiges zu bewegen. So traf er Maßnahmen zur Verbesserung der Kommunal- und Schulstruktur und einer neuen niederösterreichischen Gemeindeordnung. Seine wichtigste Tätigkeit für die Niederösterreichische Volkspartei war die Bereinigung der Affäre um Viktor Müllner. Er war aber den Aufregungen rund um diese Affäre gesundheitlich nicht gewachsen, so daß er letztendlich nach nur kurzer Amtszeit einem Herzschlag erlag.

Eduard Hartmann war nur 15 Monate lang Parteiobmann der Niederösterreichischen Volkspartei. In dieser kurzen Zeit hat er jedoch viel dazu beigetragen, daß Niederösterreich ein modernes Land geworden ist. Wie sehr Hartmann auch vom politischen Gegner respektiert wurde, zeigt ein Ausspruch des damaligen sozialistischen Landeshauptmann-Stellvertreters Otto Tschadek: „Mit Hartmann ist ein integrer Mann aus dem politischen Leben gegangen, der bemüht war, das Beste für Niederösterreich zu geben. Auch seine politischen Gegener betrauern seinen Tod aufrichtig."

Georg Prader

war ein echt niederösterreichisches Original und ein Politiker durch und durch. Seine Stärke bestand vor allem in seiner festen Verwurzelung mit dem sogenannten „kleinen Mann". Er hatte das Gefühl, mit jedem in seiner Sprache zu reden. Er hatte ein offenes Ohr für alle Probleme und versuchte zu helfen, wo Hilfe notwendig war.

Politik war für Prader kein Hobby, sondern echte Berufung. Er war ein echter Vollblutpolitiker, der sich vor keiner Verantwortung drückte. Zeitgenossen schildern ihn als impulsiv, geradlinig, mitunter rauh, aber immer herzlich. Er war auch ein echter Volkspolitiker, der niemals vergessen hatte, daß nur derjenige ein guter Volksvertreter sein kann, den Ämter nicht überheblich, sondern demütig machen, der sich immer bewußt ist, daß die Bereitschaft zum Dienen um so stärker sein muß, je höher das Maß an übertragener Verantwortung ist.

Georg Praders politische Karriere begann im Landesdienst. Als Verfasser einschlägiger Fachpublikationen fiel er erstmals auf. Bereits 1954 wurde er in die Länderkammer entsandt, 1959 in den Nationalrat. Schon bald fiel er als glänzender Rhetoriker auf und wurde für höhere Aufgaben vorgemerkt (Verteidigungsminister, Landesobmann des ÖAAB und schließlich Landesparteiobmann).

Georg Prader war einer jener Politiker, die bei Entscheidungen nicht unbedingt fragten, ob sie sich dabei populär oder unpopulär machen, ob die Entscheidungen etwas einbringen oder nicht. Für ihn war nur wichtig, daß seine Entscheidungen vereinbar waren mit seiner Weltanschauung und seinen Grundsätzen; das machte ihn als Politiker auch so überzeugend.

Andreas Maurer

hatte nicht „beschlossen", Politiker zu werden, er wurde vielmehr in die Politik gedrängt. Begonnen hatte es kurz nach dem Krieg, als er durch sein entschlossenes Vorgehen gegen die sowjetische Besatzungsmacht im Zuge von Viehbeschlagnahmungen die Aufmerksamkeit seiner Standeskollegen erregte. Kurz entschlossen entsandten ihn diese als ihren Vertreter in den Bezirksaufbringungsausschuß. Danach begann er seine politische Karriere von unten, das heißt Ortsbauernrat, Obmann des Ortsbauernbundes, Bezirksbauernkammerrat, Gemeinderat (in einer Gemeinde mit sozialistischer Mehrheit) und Obmann der Bezirksbauernkammer. 1959 wurde Andreas Maurer in den niederösterreichischen Landtag gewählt, von 1964 bis zu seiner Wahl zum Landeshauptmann war er als Landesrat in der Landesregierung tätig. Schließlich bekleidete er noch von 1970 bis 1989 die Funktion des Obmannes des Niederösterreichischen Bauernbundes, der stärksten Teilorganisation der VP-NÖ.

Der Bauer aus Trautmannsdorf, welchen die ÖVP nach dem Tod Eduard Hartmanns für die höchste Funktion im Lande vorgeschlagen hatte, war für die meisten Funktionäre nur eine „Übergangslösung". Niemand konnte voraussehen, daß Andreas Maurer der längstdienende Landeshauptmann Niederösterreichs der Zweiten Republik sein würde. Ausschlaggebend für diesen Rekord mag die Energie gewesen sein, mit der er sich zu Beginn seiner Tätigkeit auf anstehende Probleme, wie etwa die endgültige Bereinigung der „Müllner-Affäre", geworfen hat. Maurer war sich bewußt, welch schweres Erbe er als Nachfolger von Figl und Hartmann anzutreten hatte.

Maurer schaffte es jedoch, durch seine leutselige Art und durch seinen Fleiß in kurzer Zeit zu höchster Popularität zu gelangen. Für seine Popularität ist sicher der Umstand maßgebend, daß sich praktisch jeder Niederösterreicher mit ihm identifizieren konnte. Er blieb auch als Landeshauptmann der, der er immer war: ein Mann, der anpackt, wenn Not am Mann ist, einer, der sich nicht verläßt, daß andere tun, was getan werden muß.

Zwei Bereiche der niederösterreichischen Landespolitik sind fest mit Maurers Namen verbunden: Familienpolitik und Angelegenheiten der Senioren. Er setzte sich für die gesellschaftliche Aufwertung und materielle Besserstellung der Familie ein und schuf die Aktion „Älter werden – jung bleiben".

Aus der Tatsache, daß Maurer aus einer intakten Familie kommt, hat er Ideen und Anregungen für diese Aktionen weitergegeben und deren Erfolg erleben können. Markenzeichen seiner Familie wurde ein anderes seiner Hobbies: die Musik. Das Maurer-Quintett wurde zu einem Begriff in der niederösterreichischen Musikwelt, und noch heute läßt er keine Gelegenheit verstreichen, eine Blaskapelle zu dirigieren oder einige Takte mit zu musizieren.

Maurer genoß auch über die Grenzen Niederösterreichs hinaus Ansehen. Seine Landeshauptleutekollegen schätzten ihn als besonnenen Politiker, den man jederzeit um Rat fragen konnte. Mehrmals wurde er in heiklen Fragen bei Verhandlungen mit dem Bund als Sprecher der Landeshauptleutekonferenz gewählt. Nicht zuletzt, weil er ein überzeugter Föderalist war, der immer wieder die Wichtigkeit einer gleichberechtigten Zusammenarbeit aller relevanten Verwaltungskörperschaften forderte.

Siegfried Ludwig

war der erste niederösterreichische Landeshauptmann (aber nicht der erste Landesparteiobmann), der nicht dem Bauernbund, sondern dem ÖAAB angehörte. Dennoch gab es 1980 keinen Zweifel daran, wer Nachfolger von Andreas Maurer werden sollte. Sein politisches Geschick und seine Fachkompetenz hatte er bereits bewiesen, indem er während der vorangegangenen zwölf Jahre als Landesrat die Landesfinanzen zu verwalten hatte. Mit Ludwig begann eine neue Phase der Entwicklung Niederösterreichs und der Niederösterreichischen Volkspartei. Zuerst war er ein Vertreter der jungen Generation und brachte in sein Team eine Reihe von jungen unverbrauchten Mitarbeitern ein. Nach den Jahren des Wiederaufbaues, der Konsolidierung und der Reformen für ein modernes Niederösterreich forcierte Ludwig – die heute selbstverständliche – Bürgernähe. Die aus dem heutigen Alltag nicht mehr wegzudenkenden Sprechtage des Landeshauptmannes in den Bezirkshauptstädten sind seine Idee und fanden großen Anklang.

Siegfried Ludwig definierte einmal selber jene Leitlinien, nach denen er bei Entscheidungen und Entwicklungen vorzugehen pflegte:
– Dienen sie in ihrer Konsequenz wirklich den Menschen?
– Sind sie geeignet, den Niederösterreichern mehr Lebensqualität zu sichern?
– Sind sie in der Gesamtheit imstande, mehr Lebensfreude und mehr Lebenschancen in dieses Land zu bringen?
– In der Politik der ÖVP muß es spürbar werden, daß die Partei auch noch nach mehr als 35jähriger unangefochtener Mehrheit nicht erstarrt, sondern imstande ist, die gesellschaftlichen Wandlungen mitzumachen und ihre innere Kraft stets mit neuem, frischem Geist zu erfüllen.

Ludwig machte nie ein Hehl aus seiner Vorliebe für Kooperation im Gegensatz zu Konfrontation. Immer suchte er das Gespräch, auch mit dem politischen Gegner, um gemeinsam die besten Lösungen für die niederösterreichische Bevölkerung zu erreichen. Um so schlimmer mußte für ihn jene Erfahrung gewesen sein, als sich der politische Gegner in einer beispiellosen Kampagne gegen ihn wandte und durch haltlose Vorwürfe zu diffamieren versuchte; die Wähler goutierten diese Art nicht und verhalfen Ludwig 1983 zu einem riesigen Wahlsieg.

Mehrere Großprojekte wie etwa die Schaffung einer eigenen Landeshauptstadt, der Bau des Marchfeldkanals und die Initiierung der Donauuniversität sind untrennbar mit Ludwigs Namen verbunden. Aber auch sein Engagement für den Umweltschutz verdient hervorgehoben zu werden. In seiner Ära wurde die Umweltschutzakademie gegründet, ein gesetzlich verankerter Umweltschutzanwalt installiert und mit regelmäßigen Messungen der Luft- und Wasserqualität begonnen.

Erwin Pröll

hat, wie die meisten seiner Vorgänger, seine politische Heimat im Niederösterreichischen Bauernbund. Bereits in jungen Jahren widmete er sich der politischen Tätigkeit und war Vordenker der Partei. Bereits seit 1980 in der Landesregierung – seit 1981 in der Funktion als Landeshauptmann-Stellvertreter –, hat er sich bereits in jungen Jahren einen Namen in der niederösterreichischen Politik gemacht. Besonders seine

Idee der „Dorferneuerung" führte zu einem Aufbruch im ländlichen Raum, zu einer wirtschaftlichen und gesellschaftlichen Neuorientierung, welche weithin Nachahmer fand.

Die Einbindung einer neuen Politikergeneration in die Verantwortlichkeit zeigt seine Aufgeschlossenheit gegenüber neuen Ideen. Seine Stellung in der Niederösterreichischen Volkspartei ist heute unbestritten; innerhalb der Bundespartei war Erwin Pröll in seiner Funktion als stellvertretender Bundesvorsitzender ein Politiker, dessen Wort Gewicht hatte.

Ausblick ins nächste Jahrtausend

Bereits unter Landeshauptmann Ludwig kam es zu tiefgreifenden Veränderungen in der politischen Landschaft Europas. Die kommunistischen Herrschaften in den Ländern Mittel- und Osteuropas wurden weggefegt. Dies hatte konkrete Auswirkungen auch auf Niederösterreich, das mit fast einem Drittel seiner Grenzen an diese Staaten stößt. Die Niederösterreichische Volkspartei hatte bereits vorher Kontakte zu Dissidentengruppen geknüpft und diese moralisch, finanziell und durch Schulungen unterstützt. Sofort nach dem Fall des „Eisernen Vorhangs" konnten diese verstärkt wiederaufgenommen und Hilfe für die Erneuerung der Nachbarstaaten geleistet werden.

Die niederösterreichische Bevölkerung, speziell im Wald- und Weinviertel, nahm erfreut zur Kenntnis, nicht mehr Vorposten der westlichen Welt sein zu müssen, sondern plötzlich mitten in Europa an einer offenen Grenze zu liegen. Man erwartete sich, speziell in den strukturschwachen Gegenden, einen wirtschaftlichen Aufschwung, welcher auch tatsächlich – wenn auch in einem geringeren Ausmaß – eintrat. Die Öffnung der Grenzen führte aber auch zu Nebenwirkungen, die in diesem Maß bei der Bevölkerung wenig Verständnis fanden: Die verstärkte Reisetätigkeit der nördlichen und östlichen Nachbarn mit deren oft alten und nicht umwelttauglichen Kraftfahrzeugen führte zu einem verstärkten Verkehrsaufkommen, welche manche kleinen Straßen und Ortsdurchfahrten nicht mehr bewältigen konnten. Die dadurch entstehende Lärmbelästigung führt ebenso zu Protesten der betroffenen Bevölkerung wie die aufkommende Kriminalität, welche durch „Tagestouristen" verursacht wird. In Zukunft werden die strukturellen Bedingungen in den grenznahen Regionen verbessert werden müssen, um den neuen Aufgaben gerecht werden zu können und das – lange erwartete – reibungslose Zusammenleben und -arbeiten der Nachbarn positiv zu gestalten.

Durch eine Initiative der Österreichischen Volkspartei stellte die österreichische Bundesregierung bei der Europäischen Gemeinschaft (jetzt Europäische Union) ein Beitrittsgesuch. Nach zähen Verhandlungen unter maßgeblicher Mitwirkung von ÖVP-Politikern wurden die Beitrittsbestimmungen vertraglich fixiert: Die österreichische Bevölkerung sprach sich mit einer sensationellen Mehrheit von fast zwei Drittel für einen Beitritt Österreichs zur Europäischen Union aus (Niederösterreich konnte bundesweit das zweitbeste Ergebnis erzielen).

Niederösterreich hat schon immer versucht, aufgrund seiner Größe und Bedeutung, überregionale Initiativen zu ergreifen und mitzumachen. Um so mehr mußte es im Interesse der niederösterreichischen Politiker sein, an den Beitrittsverhandlungen der Bundesregierung aktiv beteiligt zu sein. Die Landeshauptleute Ludwig und Pröll waren stets über den Stand der Verhandlungen informiert und konnten ihre Vorschläge und Wünsche einbringen. Nach dem Abschluß der Verhandlungen war Niederösterreich eines der ersten Bundesländer, welches Interesse für eine eigene Vertretung in der EU-Hauptstadt Brüssel zeigte. Eine eigene Vertretung kann – unabhängig von der offiziellen österreichischen Vertretung – manche Erleichterungen, gerade in föderalistischen Angelegenheiten, bewirken.

Wie nahe Krieg und Frieden beieinanderliegen, zeigt ein anderes Nachbarland Österreichs. Im ehemaligen Jugoslawien tobt seit vier Jahren ein blutiger Krieg. Zahlreiche Menschen wurden heimatlos und versuchten an einen sicheren Ort zu gelangen. Niederösterreich nahm viele Flüchtlinge auf, und gerade die Organisationen der ÖVP versuchten immer wieder deren Los zu erleichtern. Verschiedene Integrationsmodelle wurden probiert und führten dazu, daß bereits viele Flüchtlinge Arbeit, Wohnung und damit auch ein Stück neue Heimat gefunden haben.

Innerhalb der niederösterreichischen Landespolitik hat sich auch in den letzten Jahren einiges verändert. 1988 kam mit der FPÖ eine dritte Partei in den Landtag, 1993 mit dem Liberalen Forum sogar eine vierte. Da bei dieser Wahl auch die absolute Mandatsmehrheit der ÖVP gebrochen wurde, erforderte dies eine völlige Umstellung der Regierungspolitik der Volkspartei. Konsens ist gefragt. Die Verhandlungen innerhalb der Landesregierung und innerhalb des Landtages werden zunehmend von längeren Verhandlungen und der Suche nach alle Seiten befriedigende Kompromisse geprägt. Das hat aber auch den Vorteil, daß oftmals Probleme genauer durchleuchtet werden und nach den besten Lösungen gesucht wird. Für die demokratische Kultur des Landes kann es nur von Vorteil sein, die Niederösterreichische Volkspartei wird sicher keine Schwierigkeiten haben, mit den neuen Gegebenheiten fertig zu werden, wie sich bislang gezeigt hat.

Quellen

Protokolle des Landesparteirates
Stenograph. Protokolle des NÖ Landtages
Flugschriften, Werbematerial der NÖ-VP
Zeitungen:
Volksblatt
St. Pöltner Zeitung
Niederösterreichische Nachrichten
Niederösterreichische Landeskorrespondenz

Literatur (Auswahl)

A. Brusatti/G. Heindl (Hg.): Julius Raab. Linz. 1988
P. Eppel/H. Lotter: Dokumentation zur österreichischen Zeitgeschichte 1955 – H. Hussinsky: 40 Jahre Volkspartei. St. Pölten 1985.
Ders.: 45 Jahre Volkspartei. St. Pölten 1990.
A. Khol/G. Ofner/A. Stirnemann: Jahrbuch für österreichische Politik 1979–1993. Wien 1980–1994.
T. Kraus: Eduard Hartmann. St. Pölten 1977.

W. Mantl (Hg.): Politik in Österreich. Wien 1992.
H. L. Mikoletzky: Österreichische Zeitgeschichte. Wien 1969.
A. Mock/R. Plaschka (Hg.): Spuren in Niederösterreich. Zwettl 1993.
A. Pelinka/F. Plasser (Hg.): Das österreichische Parteiensystem. Wien 1988.
H. Ströbitzer: Andreas Maurer. St. Pölten 1983.
E. Trost: Figl von Österreich. Wien 1985.
E. Weinzierl/K. Skalnik: Das neue Österreich. Geschichte der Zweiten Republik. Graz 1975.
R. Zöllner: Geschichte Österreichs. Wien 1988.

Thomas Köhler   **Von Falken und sonstigen „bunten Vögeln"**

                                         Eine (etwas andere) Geschichte der Wiener ÖVP

> „Jeder Aufstieg in der Stufe der Ämter
> ist nicht ein Schritt in die Freiheit,
> sondern in die Bindung.
> Je höher das Amt, desto tiefer die Bindung.
> Je größer die Amtsgewalt, desto strenger der Dienst.
> Je stärker die Persönlichkeit, desto verpönter die Willkür."
>   Hermann HESSE, „Das Glasperlenspiel"

Prolog

An einem sonnigen Nachmittag im November 1991 hatte der damalige Bundesparteiobmann der Österreichischen Volkspartei, Erhard Busek, vor einer illustren Schar einen Vortrag über das „Neue am Konservativismus" gehalten. Eine seiner Thesen zur Definition des Konservativen selbst: Dieser zeichne sich durch eine besondere Skepsis gegenüber abrupten Veränderungen, z. B. Revolutionen, aus.

Als Busek in der Nacht desselben Tages die Zentrale der Wiener Volkspartei verließ, hatte er sich dennoch – dem zuweilen konservativen Charakter der eigenen Partei zum Trotz – für große Veränderungen ausgesprochen. Ein Verlust von mehr als zehn Prozent an Stimmen und das Absacken hinter die Wiener Freiheitlichen zeige, die Stadt-ÖVP sei bei der „Stunde 0" angekommen. Die Zeit für einen völligen Neuanfang sei reif.

Der Ruf nach einer Palastrevolution war damit erklungen. Sollte er – wie so viele davor – verhallen?

1. Am Anfang war der Blick zurück

Im Licht oder Schatten von gestern?

In der unmittelbaren Nachkriegszeit versuchte das sich formierende „bürgerliche Lager" mit einer Rückblende auf die österreichische Geschichte Erfahrungen für Gegenwart und Zukunft zu gewinnen. Welche Traditionen sollten übernommen, welche überwunden werden; was könne man belassen, was erneuern?

Die Gründergeneration der kommenden Volkspartei auf Bundes- und Wiener Landesebene, unter ihnen Leopold Kunschak, Felix Hurdes und Lois Weinberger, war vielfach von Erfahrungen geprägt, die in Zeiten zweier Diktaturen, einer totalitären und einer autoritären, sowie einer zu kurzen Demokratie zurückreichten.

Welche Standpunkte sollte die mit Länderflügeln anzureichernde Partei zur Geschichte einnehmen? Wo wäre ihr Standort im zukünftigen politischen Spektrum Österreichs?

Viele Persönlichkeiten dieser Gruppe – darunter nicht wenige aus Wien – hatten am „illegalen" Widerstand gegen den Nationalsozialismus teilgenommen. Einerseits war man dabei in der Tradition der Christlichsozialen Partei von Lueger, Seipel und Dollfuß gestanden; andererseits hatte sich mit der Zeit die „Notwendigkeit" angebahnt, etwas „Neues" zu schaffen. Dementsprechend hieß es später im ersten ÖVP-Programm, Tradition und „Notwendigkeit zu Neuem" verbindend: „Die Österreichische Volkspartei übernimmt das Erbe jener politischen Gruppen, die stets auf dem Boden der österreichischen Überlieferung standen und Österreichs Selbständigkeit verteidigten. Sie ist eine neue Partei."[1]

Die „neue" Volkspartei von 1945 lehnte somit das „Erbe" deutschnationaler und sozialistischer Bewegungen der Vor- und Zwischenkriegszeit ab. Weder Großdeutsche noch Sozialdemokraten hatten sich vor dem Zweiten Weltkrieg als österreichisch-patriotische Parteien verstanden, sondern vehement (die SDAP bis 1933) den Anschluß an Deutschland gefordert. Wollte die ÖVP daher ein bestimmtes politisches Erbe antreten, so mußte dieses wohl oder übel ein christlich-soziales sein.

Mehrere Motive veranlaßten die Gründer auf Bundes- wie Wiener Landesebene, die neue Partei nicht „christlichsozial" zu nennen: Erstens schien dieser Begriff 1945 in allzu enger Verbindung mit der verfehlten Umsetzung der päpstlichen Sozialenzyklika „Quadragesimo anno" in reale Politik, der Diktatur unter Dollfuß und Schuschnigg, zu stehen. Seine Tradition wirkte damals viel zu undemokratisch, als daß er im Namen einer neuen staatstragenden, ausgesprochen demokratischen Partei hätte Platz finden können. „Christlichsozial" erinnerte zweitens an eine oft kritisierte Gesellschaftspolitik in der Zwischenkriegszeit: Es hatte eine große Arbeitslosigkeit gegeben; die sozialen Klassen und politischen „Lager" waren gegeneinander polarisiert worden. Schließlich erschien es drittens als Bezeichnung einer von der Kirche abhängigen Partei. Die neue Bewegung wollte sich indes weder konfessionell noch sozial binden. Vielmehr gedachte sie, zu einem Sammelbecken möglichst aller Religionsbekenntnisse und Gesellschaftsschichten zu werden: zu einer „Volkspartei".[2]

Innerhalb der angesprochenen Gründergeneration hatte der „Wiener" Flügel um Felix Hurdes und Lois Weinberger (eine Strömung, die sich eher weltanschaulich als geographisch definierte) den stärksten Bezug zum christlichen Sozialethos. Verzichtete die neue Partei schon im Namen auf das „hohe C", so sollte nach den Vorstellungen der beiden Politiker doch ihre Programmatik christlich-soziale Züge tragen.

---

1 „Programmatische Leitsätze der Oesterreichischen Volkspartei", Präambel. – In: Robert KRIECHBAUMER: Parteiprogramme im Widerstreit der Interessen. Die Programmdiskussionen und die Programme von ÖVP und SPÖ 1945–1986. – Wien – München 1990, S. 676 (= Andreas KHOL, Günther OFNER, Alfred STIRNEMANN [Hg.]: Österreichisches Jahrbuch für Politik, Sonderbd. 3).
2 Vgl. Thomas KÖHLER: Wie christlichsozial ist die ÖVP? Eine Analyse christlichsozialer Elemente in der politischen Theorie und Praxis der ÖVP auf Kontinuität und Dissonanz. – Phil. Diplomarb. Wien 1989; sowie ders.: Auf den christlichsozialen Spuren der Volkspartei. – In: Die Presse, 5./6. 01. 1991

Hurdes hatte Weinberger während der Zwischenkriegszeit in katholisch orientierten Studentenverbindungen kennengelernt. Anschließend an das Studium war der in Südtirol geborene Hurdes nach Kärnten gezogen, um dort erste politische Funktionen zu übernehmen. Später übersiedelte er nach Wien, um sich dort endgültig niederzulassen. Es waren die gemeinsamen Erfahrungen der Ersten Republik sowie das gemeinsame Schicksal im Widerstand gegen den Nationalsozialismus, die ihn mit Weinberger verbanden.[3] Vor allem er, Hurdes, wollte, daß der aus den katholischen Sozialenzykliken „Rerum novarum" und „Quadragesimo anno" gewonnene christliche Personalismus als Gegenstück zu liberalistischem Individualismus und sozialistischem Kollektivismus die politische Theorie und Praxis der ÖVP bestimme.

Jahrzehnte später sollte Erhard Busek – eine Person, die die Volkspartei aus beiden angesprochenen Warten, sowohl der der Wiener Organsation als auch jener der Bundespartei, kannte – dieses Streben rund um den Gründungsakt mit den Worten resümieren, die ÖVP sei 1945 als „österreichisch-patriotische, christlich inspirierte, subsidiär-föderalistische Integrationspartei der politischen Mitte" aus der „Taufe" gehoben worden.

Der „schöne Karl"

Die erwähnte Rückbesinnung durch den Wiener Flügel erfolgte jedoch nicht bloß inhaltlich, sondern ebenso personell. Brennpunkt dabei war die legendenumwobene Persönlichkeit Karl Luegers. Der „schöne Karl", wie dieser insbesondere von seinen zahlreichen weiblichen Fans genannt worden war, hatte die Geschicke der damaligen „Reichshaupt- und Residenzstadt" (einer Metropole mit immerhin rund zwei Millionen Einwohnern an der Jahrhundertwende) von 1897 bis zu seinem Tod 1910 bestimmt. Dreizehn Jahre lang war er an der Spitze des „schwarzen Wien" gestanden.

Unter seiner Regierung waren unzählige kommunale Errungenschaften erzielt worden, darunter viele infrastrukturelle Maßnahmen in den Bereichen Wasser, Gas und Licht, die Ausdehnung des öffentlichen Verkehrswesens, die Errichtung von Schulen, Kirchen und Wohnungen sowie die Vergrößerung Wiens durch Einbeziehung verschiedener Randgemeinden. Speziellen Weitblick hatte Lueger mit seinem Eintreten zur Bewahrung des „Wald- und Wiesengürtels" rund um die Stadt bewiesen. Seiner Aussage, wonach man im bebauten Gebiet überall dort einen Baum pflanzen solle, wo dies möglich erscheine, wird noch heute Respekt gezollt.

Lueger, in der Bevölkerung gleichermaßen als „Herrgott" und „Rattenfänger"[4] umtriebig, verfügte im Wiener Stadtparlament über eine zufriedenstellende Zweidrittelmehrheit. Daß diese stets aufgrund eines ungleichen Wahlrechts errungen wurde, erklärt, warum sich seine Partei bis zur Abenddämmerung der Monarchie darauf versteifte.

---

3 Zur Achse zwischen L. Weinberger und F. Hurdes vgl. Lois WEINBERGER: Tatsachen, Begegnungen und Gespräche. Ein Buch um Österreich. – Wien 1948, S. 197–200, Ludwig REICHHOLD: Geschichte der ÖVP. – Graz – Wien – Köln 1975, S. 31–33, sowie Robert KRIECHBAUMER: Von der Illegalität zur Legalität. Gründungsgeschichte der ÖVP. – Wien 1985, S. 42–53.
4 Rudolf SPITZER: Des Bürgermeisters Lueger Lumpen und Steuerträger. – Wien 1988, S. 10–15.

Die Christlichsozialen waren im Ausklang des 19. Jahrhunderts aus verschiedenen Flügeln des politischen Katholizismus entstanden. Lueger selbst hatte jene zu einer einzigen Partei verschmolzen. Die Schwerpunkte der neuen Bewegung bildeten zum einen Wien und zum anderen die ländlichen Regionen. Dementsprechend blieb die Bewegung bis in die Ära der Ersten Republik vom Widerstreit der Wiener Richtung um Seipel und Kunschak einerseits und der Ländergruppe um Fink, Hauser[5] und Dollfuß andererseits geprägt.

1945 wollten die Gründer der Wiener ÖVP zum Teil in der Tradition genau dieser Wiener Richtung der Christlichsozialen Partei stehen. Innerhalb der Gesamt-Volkspartei waren es vor allem sie, die dem Vorbild jener Gruppe huldigten, gleichzeitig jedoch deren negativen Eigenschaften, insbesondere dem von Lueger ausgehenden populistischen Antisemitismus, abschworen. Der Blick zurück, den man am Anfang anstellte, hatte insofern die Ausschau auf die eigene Zukunft zum Ziel. In das *Licht* der Vergangenheit stellte man sich gern, den *Schatten* des christlichsozialen „Baumes" hingegen mied man lieber.

2. In eine neue alte Zeit

Politische Determinanten

Der angesprochene Wiener Flügel von 1945 war vor allem eine ideelle Kooperation. Hurdes und Weinberger sollten in der Zeit des Wiederaufbaus als Generalsekretär bzw. stellvertretender Obmann auf Bundesebene sachlich weiter zusammenarbeiten. Auf Wiener Ebene trat Weinberger das Amt des Parteivorsitzenden an. Hurdes hatte hier hingegen keine leitende Funktion inne.[6]

Analog zur Bundespartei setzte sich die Wiener Organisation aus Bünden bzw. Bezirken zusammen. Hielt auf der Ebene des Gesamtstaats das „Dreigestirn" aus Bauern-, Wirtschafts- und Arbeitnehmerbund, repräsentiert durch Figl, Raab und Weinberger, das Steuer in der Hand, so traten in Wien vor allem die beiden letzteren, ÖWB und ÖAAB, in den Vordergrund. Die Frauen- und Jugendbewegung wirkten (im Lauf der Zeit immer intensiver) hinter den Kulissen. Der Bauernbund indes sollte im urbanen Gebiet kaum Einfluß haben.

Im Gegensatz zu übrigen ÖVP-Länderorganisationen war die Wiener Formation zwangsläufig eine Stadtpartei. Anders als die Regionalparteien hatte man sich einzig und allein auf urbane Bedingungen einzustellen.

Dessenungeachtet sollte man ständig mit dem Problem zu kämpfen haben, daß in der Öffentlichkeit bloß marginal zwischen Bundes- und Wiener Landespolitik unterschieden wird – *was eine Profilierung der Stadtpartei gegenüber der eigenen Bundesorganisation wie dem kommunalpolitischen Gegner beträchtlich erschwert.*

---

5 Prälat Johann Nepomuk Hauser war 1918 bis 1927 oberösterreichischer Landeshauptmann gewesen.
6 F. Hurdes war in den fünfziger Jahren Mitglied des Wiener Landesparteivorstands.

In der Bundeshauptstadt dominierten in den Jahren nach 1945 zunächst sekundärer und tertiärer Wirtschaftssektor in gleichem Ausmaß. Doch bereits in der Phase nach dem Wiederaufbau verdeutlichte sich der Trend vom Sekundär- in den Tertiärbereich. Der Dienstleistungssektor avancierte zum größten. Prägend für Wien war ebenso, daß es parallel zur ansteigenden Zahl an Beamten und Angestellten ein Wirtschaftszentrum darstellte, ein ökonomisches Netz, von dem aus Fäden in den gesamten zentraleuropäischen Raum geknüpft wurden. Beide Faktoren – die Zunahme im Dienstleistungsbereich sowie die Eigenschaft als Wirtschaftsdrehscheibe – wirkten sich innerparteilich insofern aus, als sie die Vormachtstellung der mitgliederstärksten Bünde ÖAAB und ÖWB zementierten.

Neben diese politischen und sozioökonomischen Rahmenbedingungen traten rechtliche Determinanten: Die österreichische Verfassung hatte zu Beginn der Ersten Republik Wien als eigenes Bundesland eingestuft. Dessenungeachtet blieb es Gemeinde. Seine monokratischen und kollegialen Organe waren somit gleichzeitig auf Landes- und Gemeindeebene tätig: der Landeshauptmann als Bügermeister, der Landtag als Gemeinderat. Darauf aufbauend bestimmte die Wiener Stadtverfassung den „Senat", der entsprechend der Stärke der Fraktionen im Gemeinderat zu beschicken ist, zur Stadtregierung. In diesem Gremium unterscheidet sie zwischen „kontrollierenden" und „amtsführenden" Stadträten; während die einen im Senat bloß pro forma Sitz und Stimme haben, verfügen die anderen tatsächlich über Exekutivgewalt.

Der erwähnte Unterschied zwischen kontrollierenden und amtsführenden Stadträten sollte erst in den siebziger Jahren zum Tragen kommen. In der unmittelbaren Nachkriegszeit setzte sich die Wiener Stadtregierung proportional zusammen. Die Sozialisten stellten mit Theodor Körner den Bürgermeister, die Volkspartei mit Lois Weinberger dessen Vize. Dies entsprach einem Übereinkommen, das die ÖVP-Spitze mit den Sozialisten geschlossen hatte: Demnach akzeptiere die Volkspartei Karl Renner als Bundespräsidenten, wenn sie – als Gegenleistung – an der Wiener Stadtregierung beteiligt werde.

Die Wahlen, die der proportionalen Senatszusammensetzung vorangegangen waren, hatten den Sozialisten 58, der Volkspartei 35 Prozent an Stimmen eingebracht. Die SPÖ hatte etwas weniger als erwartet bekommen, die ÖVP etwas mehr. Bei den Wahlen, die zeitgleich auf Bundesebene stattgefunden hatten, war es der ÖVP noch besser ergangen: Obmann Leopold Figl hatte mit seinem Stellvertreter Lois Weinberger und Generalsekretär Felix Hurdes die absolute Mandatsmehrheit errungen.

In jenen ersten Jahren hatte die Volkspartei – sowohl auf Bundes- als auch auf Wiener Landesebene – allen Grund, mit sich zufrieden zu sein. Die politische Bewegung war mit einer entsprechenden Organisation gegründet worden – die ersten Wahlerfolge hatten sich eingestellt. Die Skepsis gegenüber der bündischen Gliederung (die eine interne Fraktionierung weniger nach thematischen als beruflichen Kriterien vorsieht) bzw. die Kritik an den führenden Personen sparte man sich für die Zukunft auf – um sie dann um so intensiver zu führen und zu einem „Kampf auf Biegen und Brechen", zu einem Kampf um politisches Leben bzw. Ableben ausarten zu lassen.

Big Brother is watching you...

Während im Bund die ÖVP die Führung übernahm und den Kanzler stellte, hatte die Wiener Organisation damit zu kämpfen, ständig im Schatten der in der Hauptstadt allmächtigen SPÖ zu stehen. Zwar stellte sie mit Weinberger den Vizebürgermeister und besetzte Ressorts; die sozialistische Vorherrschaft vermochte sie jedoch nicht zu brechen. Auch wenn die Stadtregierung proportional beschickt war, blieb Wien „rot". Die „schwarzen" Konturen, die die Stadträte der Wiener Volkspartei *inhaltlich* zogen, verliefen sich in der *Öffentlichkeit* im Sand. Für diese wurde das Nachkriegs-Wien von Theodor Körner bzw. (ab Mitte 1951) von Franz Jonas regiert – beide waren Sozialisten.

Dessenungeachtet gelang es der „Rathauskoalition" aus Rot und Schwarz (die Kommunisten hatten nach einem Intermezzo im Senat ab 1949 wieder auf den Oppositionsbänken Platz zu nehmen), in den vierziger und fünfziger Jahren den Wiederaufbau bzw. Aufschwung Wiens zu einer mitteleuropäischen Metropole voranzutreiben.

Am Lebenswillen der zerbombten Stadt war nicht zu zweifeln, der Wiederaufbau ging zügig voran, und bereits im Herbst 1945 gab es erste kulturelle Veranstaltungen. Zur Ankurbelung der Wirtschaft fand schon 1946 eine Messe statt. Um der großen Wohnungsnot Herr zu werden, „restaurierte" man einerseits die zerstörten Wohnungen bzw. errichtete auf deren Fundament neue; andererseits entwickelten die Politiker Pläne für großräumige Wohnhausanlagen. Daß deren praktischer Ruf (z. B. jener der Per-Albin-Hansson-Siedlung) später derart leiden würde, vermochten die theoretischen Konzepte in der Nachkriegszeit nicht abzusehen. Aus heutiger Sicht ist den damaligen Stadträten jedenfalls nicht vorzuwerfen, *daß*, sondern höchstens *wie* gebaut wurde.

Die fünfziger Jahre waren ein Dezennium ökonomischer Prosperität für Österreich. Wien nahm daran regen Anteil. Der Marshallplan wirkte sich nicht nur für den Staat im allgemeinen, sondern auch für dessen Hauptstadt im besonderen äußerst positiv aus. Die damit Hand in Hand gehende Währungsstabilisierung tat das übrige, um Wien endgültig zu einem florierenden Wirtschaftsstandort im Zentrum Europas zu machen. Daß die Donaumetropole gleichzeitig zu einem kulturellen Mittelpunkt dieses Raums wurde, war ein weiteres Signal, es ginge aufwärts.

Die Stadträte, denen die politische Verantwortung über die Politik der Nachkriegszeit oblag (vor allem über Finanz und Kultur), gehörten überwiegend der SPÖ an. Da es der Volkspartei (u. a. deswegen) nicht gelang, ihr Profil herauszustreichen, wurden die offensichtlichen Errungenschaften auf kommunaler Ebene in der Öffentlichkeit eher den Sozialisten als ihr zugeschrieben. Dieser Trend schlug sich auch in den Wahlergebnissen der fünfziger Jahre nieder: Während die SPÖ zulegte, verlor die ÖVP an Stimmen. Im Vergleich zu den Verlusten, die ihr in den späten achtziger und frühen neunziger Jahren bevorstanden, hielten sich jene der fünfziger freilich in Grenzen. Dennoch, mit welchem Elan hatte man sich 1945 an die Arbeit gemacht! Wie sehr hatte man sich gewünscht, das positive Erbe von Karl Lueger zu tradieren und ein „schwarzes Wien" wieder anzubahnen! Wo blieb die Ernte?

Die Wiener Volkspartei blieb außerdem hinter der Gesamtpartei zurück, deren Ergebnisse in der Hauptstadt bei Bundeswahlen stets besser waren als ihre eigenen bei Landeswahlen. Weiters trat Lois Weinberger, der die immer mehr divergierenden (bündischen) Flügel noch zusammenzuhalten vermocht hatte, 1959 als Vizebürgermeister zurück und starb zwei Jahre darauf.

Die Umstände, einerseits mit Weinberger die wichtigste Integrationsfigur verloren zu haben und andererseits angesichts des „Großen Bruders" in der Rathauskoalition in der Öffentlichkeit nicht vom Fleck zu kommen, ließen mehr und mehr Unstimmigkeiten in der Wiener ÖVP aufkeimen. Allmählich fühlte man sich, so Kommentatoren rückblickend, wie ein „Schattengewächs", dem der große Baum SPÖ alles Licht wegnahm.

Sucht sich die Partei einen Intellekt?

Mitte der sechziger Jahre bahnte sich so ein Wechsel an. Die alten „Parteigranden" traten ab, neue nahmen deren Stelle ein. Der personelle Brennpunkt, in dem jene Entwicklung (die im Vergleich zu späteren noch relativ kultiviert ablief) mündete, hieß Heinrich Drimmel. Gemeinsam mit Maria Schaumayer, der späteren Präsidentin der österreichischen Notenbank, sollte er die Geschicke der Wiener Volkspartei in den späten sechziger Jahren lenken.

Drimmel hatte Hurdes' Nachfolge als Unterrichtsminister (damals zuständig für Schulen und Hochschulen, Kunst und Kultur) übernommen und den „Minoritenplatz" von 1954 bis 1964 regiert. Obwohl Drimmel davor Hurdes' Sekretär im Ministerium gewesen war, zeichnete beide keine persönliche Freundschaft aus; auf inhaltlicher Ebene indes vertraten sie mit gemeinsamer Vehemenz den christlichen Personalismus – Hurdes eher aus progressiver, Drimmel eindeutig aus konservativer Sicht. Sie erkannten in der Christdemokratie quasi den „dritten Weg" zwischen individualistischen und kollektivistischen Ideologien – sie sahen in der Bewahrung der aus dem Christentum gewonnen Werte die Möglichkeit, dem Materialismus (auf den individualistischer Liberalismus wie kollektivistischer Sozialimus hinausliefen) gegenzusteuern.

1945 hatte Hurdes davon gesprochen, Liberalismus und Sozialismus führten gleichermaßen zum Egoismus; der eine zu dem des *einzelnen* Menschen, der andere zu jenem der Masse. Im einen zähle bloß das Individuum, im anderen allein das Kollektiv. Die Christliche Demokratie hingegen sehe die menschliche Freiheit weder im einzelnen Menschen noch in der Masse vollendet; im Gegensatz zu Liberalismus und Sozialismus vertrete sie keine Freiheit *von*, sondern *für* etwas. Diese Freiheit, *etwas zu tun* (und nicht die von Liberalismus und Sozialismus für Individuum bzw. Kollektiv vertretene Freiheit, von einem Zwang entbunden zu werden), sei die vom christlichen Solidarismus geforderte Hinwendung zu Verantwortung. Anders als bei Individualismus und Kollektivismus wäre Freiheit nicht nur Recht, sondern – im Sinne von Verantwortung – ebenso Pflicht.

Die Christdemokratie sei sich dessen bewußt, politische Werte (wie „Freiheit") wären im Jetzt und Heute, im „Diesseits", bloß annähernd, nicht aber endgültig zu verwirklichen (ein weiterer Unterschied zu materialistischem Liberalismus und Sozialismus). Die „transzendente" Haltung der christdemokratischen Parteien gebe deren Politik weiters ein Maß und schränke ein willkürliches Handhaben von Macht ein.

In den sechziger Jahren schloß Drimmel unmittelbar daran an: Das Paradies auf Erden, von dem „materialistische Parteien" sprächen, gäbe es nicht. Zwischen Bewegungen, die mehr oder weniger davon ausgingen, und solchen, die vom Glauben an Gott (und dementsprechend vom Wissen um die Unvollkommenheit alles menschlich Geschaffenen) gekennzeichnet wären, bestünde eine große Differenz in der Weltanschauung.

Die Sinnkrise, die Drimmel bereits damals (30 Jahre vor der entsprechenden Konsumismus-Kritik in „Centesimus annus") in der Gesellschaft feststellte, gründe sich, so der künftige stellvertretende Landeshauptmann, auf eine Zurückdrängung von Gott, Religion und damit ethischen Werthaltungen aus dem alltäglichen Leben, das man einzig auf den „Mammon", den materiellen Gewinn, ausrichte. Die Konklusion: *Der von der Linken betriebenen strikten Trennung von Religion und Politik müsse allgemein Einhalt geboten und besonders in der ÖVP Christentum und Demokratie einander wieder mehr zugeführt werden.*[7]

Indem die Wiener ÖVP Heinrich Drimmel an ihre Spitze berief, spannte sie den Bogen zum weltanschaulichen Konzept, das einst Hurdes und Weinberger erträumt hatten. Repräsentierte er die christlich-konservative Richtung, so deckte Maria Schaumayer die wirtschaftsliberale Position ab. Beide schätzten und ergänzten einander persönlich wie inhaltlich.

Mit Drimmel und Schaumayer verlieh sich die Wiener Organisation einen „Überbau", der ihr nach Ansicht vieler in den fünfziger und beginnenden sechziger Jahren gefehlt hätte und dessen Nicht-Existenz u. a. für die angesprochene Ohnmachts- bzw. Agoniestimmung verantwortlich gewesen wäre. Weiters hätte sein Fehlen zu andauernden Diskussionen geführt, ob die Rathauskoalition mit der SPÖ fortzusetzen wäre.

Rückblickend sprechen Kommentatoren davon, Drimmel habe – gemeinsam mit Schaumayer – der Wiener Organisation ein geistiges Format verliehen. Es sei der Versuch gewesen, die Bewegung mehr oder weniger in eine ideologische Form zu gießen – oder: die Partei zu „intellektualisieren".

In der Sache konzentrierte man sich auf die Kompetenzen im Stadtsenat. Dabei handelte es sich neben den (kleineren) Ressorts Gesundheit, Märkte und Baubehörde vor allem um die städtischen Unternehmen. Deren Führung oblag ab 1965 Schaumayer. Der „beste Mann in der ÖVP-Riege", wie Drimmel deren Tatkraft klischeehaft umschrieb, leitete Innovationen strategischer und operativer Art ein. In Schaumayers Amtszeit fielen infrastrukturelle Maßnahmen u. a. in den Bereichen öffentlicher Verkehr und Gasversorgung, insbesondere die Beschlüsse, eine U-Bahn zu bauen (eine alte ÖVP-Forderung) sowie allmählich von Stadt- auf Erdgas umzusteigen.

Drimmel wiederum versuchte „aus dem Trott auszubrechen, den die Sozialisten in der Kommunalverwaltung an den Tag legten", und der Bundeshauptstadt neue Dimensionen zu weisen. Indem er von Wien als „clearing point" Europas sprach und die Donaustadt nach dem Vorbild des „schwarzen Wien" wieder zur mitteleuropäischen Metropole zu machen strebte, wollte er die „biedere" Sachpolitik auf ein

---

7   Zur Interpretation des Solidarismus durch F. Hurdes bzw. H. Drimmel vgl. u. a. R. Kriechbaumer: Von der Illegalität zur Legalität, S. 192–194, sowie ders., Parteiprogramme im Widerstreit der Interessen, S. 407–411.

höheres Niveau heben. Sein Motto lautete, Wien solle nicht länger der Kopfbahnhof des Westens bleiben, sondern erneut zur West-Ost-Drehscheibe werden.

So sehr sich Drimmel und Schaumayer engagierten – die Wähler honorierten ihren Einsatz nicht. Dies war schon bei Weinbergers Innovation, dem Gesundheitspaß[8], der Fall gewesen – nun, am Ende der sechziger Jahre, verhielt es sich nicht anders. Die Wahlen von 1969 gingen (wie die meisten Landeswahlen während der ÖVP-Alleinregierung auf Bundesebene) verloren, Drimmel schied aus der Politik, und die Diskussionen über den Zweck, die Zusammenarbeit mit der SPÖ fortzuführen, erhielten neue Nahrung.

Hätten die Wiener ÖVP-Politiker geahnt, welches Wahlresultat ihrer Partei zwei Jahrzehnte später bevorstünde, sie hätten die 27 Prozent, die unter jener „intellektuellen Hydra"[9] erreicht wurden, zu schätzen gewußt.

„Tierische" Zeiten bahnen sich an

Die Debatten, ob die Volkspartei überhaupt zu reüssieren vermöge, solange sie das „Koalitionsbett" mit den Sozialisten teile, erreichten nach neuerlichen Wahlen 1973 ihren Höhepunkt. Zuvor war in der Wiener SPÖ, die unter Korruptionsvorwürfen stand und eine kommunale Volksabstimmung[10] verloren hatte, der Spitzenkandidat ausgewechselt worden. Der Nachfolger von Felix Slavik hieß Leopold Gratz. Ihm stärkte eine Partei den Rücken, die bei den Wahlen 66 von 100 Mandaten errang. Der enorme sozialistische Erfolg, die Bedingungen, die die SPÖ der Volkspartei für den Fall diktierte, daß die Koalition fortgesetzt werden sollte, sowie die interne prinzipielle Skepsis bewogen die ÖVP, die Zusammenarbeit aufzukündigen und die Rathauskoalition zu beenden.

In der Sitzung, in der man diese Entscheidung fällte, prallten die jeweiligen Meinungen hart aufeinander. Auf der einen Seite forderte Maria Schaumayer am klarsten ein Verbleiben in der Koalition, auf der anderen trat u. a. Johannes Prochaska, damals Obmann der Jugendbewegung, für deren Auflösung ein. Während jener Diskussion sollen von Person zu Person „klare Worte" gefallen sein. Nach Ansicht Günther Gollers, damals Klubsekretär, habe man der von den Sozialisten gestellten Bedingungen wegen letztlich keine andere Wahl gehabt, als sich für den Auszug aus der Stadtregierung zu entscheiden.

Indem sich die Wiener Volkspartei auf die Opposition festlegte, räumte sie die mit Kompetenzen verbundenen Positionen in der Stadtregierung. Fortan stellte sie nur noch „kontrollierende" Stadträte. Daß sie in dieser Konstellation jedoch ebensowenig gegen den „Saurier" SPÖ in der Öffentlichkeit Kapital zu schlagen vermochte, sollte Prochaska rund 20 Jahre später als Klubobmann auf die eigenen Gemeinderäte

---

8 L. Weinberger war 1946–1959 nicht nur Vizebürgermeister, sondern auch Gesundheitsstadtrat gewesen.
9 Johannes PROCHASKA, seit 1990 Klubobmann, über die Art und Weise, wie H. Drimmel durch die „Parteibasis" gesehen wurde.
10 Jene über die Verbauung des Sternwarteparks.

zurückführen, die sich seinerzeit „zu zwei Dritteln aus Tauben" und bloß „zu einem Drittel aus Falken" zusammengesetzt hätten.

Die „Falkestraße", die Zentrale der Wiener Volkspartei, lag in der ersten Hälfte der siebziger Jahre in den Händen von Franz-Josef Bauer. Dieser hatte seinen Vorgänger Leopold Hartl nach der Niederlage 1969 als Landesparteiobmann abgelöst (was nicht einvernehmlich vonstatten gegangen und von Hartl selbst als „Verrat" empfunden worden war). Bauer, nicht gerade ein Liebling der Medien, mußte indes nicht nur gegen die Sozialisten ankämpfen; vielmehr stand er auch mit eigenen Parteigängern, z. B. Schaumayer, in Fehde. An seiner Abberufung 1976 hatte so ein bestimmter Flügel der Landesorganisation Interesse; darüber hinaus übte ebenso die Bundespartei, namentlich Josef Taus, enormen Druck aus, daß Bauer weiche – was dieser, mit „Tränen in den Augen", schließlich tat.

4. Eine Art „Kastalien"?

> „Die große Mehrzahl aller Menschen lebte anders, als man in Kastalien lebte, einfacher. Diese Welt war einem eingeboren, man spürte etwas von ihr im eigenen Herzen, etwas von Neugierde nach ihr, von Mitleid mit ihr. Ihr gerecht zu werden, ihr ein gewisses Heimatrecht im eigenen Herzen zu bewahren, aber dennoch nicht an sie zurückzufallen, war die Aufgabe. Denn es gab über ihr die zweite Welt, die kastalische, die geistige."[11]

Der neue „Oberfalke"

Mitte der sechziger Jahre hatte Heinrich Drimmel den Versuch unternommen, die ÖVP-Wien zu „intellektualisieren". Das Streben jenes „kontemplativen" Intellektuellen wäre, so kommentierte Maria Schaumayer, angesichts des „dumpfen Zustands" der Bewegung wirklich nötig gewesen. – Rund zehn Jahre später trat mit Erhard Busek ein „tätiger" Intellektueller an die Spitze der Partei, der wenig Zweifel daran ließ, die „Intellektualisierung" unter Drimmel sei eine vorgebliche gewesen und reiche für sein Konzept der „urbanen Stadtpartei" nicht aus. Er gab zu erkennen, auf einen Bruch mit so manchem „Alten" abzuzielen und die Struktur möglichst vielem „Neuen" zu öffnen. Die eingestürzte Wiener Reichsbrücke schien ihm als Anlaß zu dienen, sinnbildlich zu neuen Ufern, zu politischem „Neuland" aufzubrechen.

Busek, der die Wiener ÖVP mehr als seine Vorgänger zoologisch einfärben sollte, war ein Jahr lang Generalsekretär der Bundespartei gewesen, ehe er die Geschicke der Falkestraße zu lenken begann. Seine politische Karriere hatte er nicht in Wiener Bezirkssektionen, sondern im ÖVP-Parlamentsklub auf Bundesebene gestartet. Zuvor war er in katholisch orientierten Jugend- und Studentenorganisationen tätig gewesen, die ihn geistig und seelisch prägten. Seine Sicht des Religiösen war ebenso offen wie jene des Politischen. Der christlich-demokratischen ÖVP hatte er sich angeschlossen, weil diese – im Gegensatz zu ideologischen Parteien – „nicht Ausdruck einer Perfektion" sein wollte. Gemeinsam mit seinen Mitstreitern habe er sich damals

---

11 Hermann HESSE: Das Glasperlenspiel. – Zürich 1943, S. 103 f.

"vorgenommen, Staat, Gesellschaft und Wirtschaft nach den Worten Gottes in Gerechtigkeit und Heiligkeit zu gestalten".[12]

Die Flügel hatten sich ausgebreitet, der Falke strebte hoch hinaus, die Perspektive war weit!

Mit wem wohin?

Dem neuen Parteichef, den Biographen treffend widersprüchlich mit „Christ", „Liberaler", „Verläßlicher", „Verunsicherer", „Navigator", „Reformer", „Kommunikator", „Komödiant" und „Schmetterling"[13] beschreiben, standen mehrere Personen zur Seite, die seine Gesinnung und seinen Erneuerungswillen teilten. Dieser „Stab" – als solcher im Vergleich zu früheren Obmännern bereits eine Innovation – kannte ständige und nicht ständige Mitarbeiter. Zum engsten Kreis um den Obmann gehörten im Laufe der Jahre dessen „Alter ego", Peter Mahringer, der das Büro in der Zentrale leitete, Jörg Mauthe und Johannes Hawlik, deren Ideen den Oberfalken oft beflügelten, Ferry Maier, der während des „kastalischen" Experiments als Organisationsreferent bzw. Landesparteisekretär amtierte, sowie Rudolf Bretschneider, der die Parteigremien stets mit den „aktuellsten Trends" erfreute.

Durch diese bzw. andere Personen, die in unregelmäßigeren Abständen zum Kreis um Busek stießen, wurde der in der Nähe der Wiener Strudlhofstiege Aufgewachsene (Heimito von Doderer erwähnt ihn als Klassensprecher in seinen „Comentarii") zu Ideen angeregt, die er sowohl schriftlich niederzulegen als auch in Taten umzusetzen versuchte.

Busek hatte nach eigenen Angaben ursprünglich kein Verlangen verspürt, das ÖVP-Generalsekretariat in der Kärntner Straße zu verlassen. Ebensowenig war er anfangs in Taus' Plan eingeweiht worden, er solle in die Falkestraße wechseln. Er tat es schließlich im Wissen, die Wiener Parteiorganisation nehme eine Schlüsselposition für künftige Erfolge auf Landes- und Bundesebene ein.

Hatte Drimmel, wie erinnerlich, von Wien als „clearing point" des europäischen Kontinents gesprochen, so faßte es Busek (der den ehemaligen Unterrichtsminister und stellvertretenden Wiener Landeshauptmann stets als persönliches Vorbild nannte) gemeinsam mit anderen Städten als pulsierendes Zentrum Mitteleuropas auf. Seine Definition desselben bezog sich dabei weniger auf geographische als kulturelle Maßstäbe. Für ihn war es durch Metropolen wie Wien, Budapest und Prag, Städte wie Triest, Laibach und Krakau geprägt – andere Zentren wie München oder Berlin zählte er hingegen nicht dazu. Es war eine Weise nachzudenken und vorzufühlen, die seiner Definition des Subkontinents zugrunde lag, eine Art „Binnenschwermut", die das Mitteleuropäische verbinde, gleichzeitig aber anderes ausgrenze.

Mitteleuropa repräsentierte für Busek primär ein „geistiges Prinzip"[14] – daneben eine Schicksalsgemeinschaft von Personen und Gesellschaften, Völkern und Nationen; keine rückwärtsgewandte Schicksalsgemeinschaft freilich, keine nostalgische

---

12 E. Busek zit. nach Thomas Götz: Der Christ. – In: Elisabeth Welzig (Hg.): Erhard Busek. Ein Porträt. – Wien – Köln – Weimar 1992, S. 89.
13 Div. Verfasser in Welzig: Busek.
14 Und, wie sich der Verfasser hinzuzufügen erlaubt, ebenso ein seelisches.

Verehrung von Vergangenem, sondern etwas Gegenwarts- und vor allem Zukunftsorientiertes; eine Brücke in der europäischen Mitte, die, über Zeit und Raum hinweg, dazu dienen konnte, die in den siebziger und achtziger Jahren durch den Eisernen Vorhang noch getrennten Teile Europas zu verbinden und schließlich zu einen.

Im Wege von mehr als zwanzig Reisen erhoffte Busek „seinen" Subkontinent zu er-fahren. In Polen gewann er dabei Tadeusz Mazowiecki, den späteren Premier, in Ungarn den Schriftsteller György Konrád als Freund, weiters traf er mit den Erzbischöfen von Warschau bzw. Prag, Glemp und Tomasek, zusammen, dem jugoslawischen „Dissidenten" Djilas und polnischen Solidarnosc-Vorsitzenden und späteren Präsidenten Walesa sowie unzähligen politisch, kulturell und religiös interessierten (und meist verfolgten) Personen.

In seiner vergeistigten und beseelten, der unmittelbaren Zeit etwas entrückten Fassung stand Buseks Mitteleuropa ganz in „kastalischer" Tradition. Um es plastischer werden zu lassen, veranstaltete der Parteichef viele Symposien darüber. Zu deren Beginn, 1977, fanden sich u. a. der von ihm so geschätzte Romancier und Essayist Manès Sperber und der spätere Präsident des internationalen PEN, György Konrád, ein. Beide, Sperber wie Konrád, verliehen durch ihre Anwesenheit dem Symposium „Urbanes Leben in Wien" ein intellektuelles Renomée, über das die Wiener Volkspartei bisher nie verfügt hatte.

Sperber (gewissermaßen die Inkarnation einer „mitteleuropäischen Diaspora") vertrat damals, als das europäisches Bild noch von der Spaltung geprägt war und niemand in der Öffentlichkeit an deren Überwindung glauben wollte, die Auffassung, Wien solle allen Grenzen zum Trotz erneut zur Stadt der Mitte werden. Konrád fügte hinzu: Jene Stadt werde zur geistigen Hauptstadt des Subkontinents aufsteigen, die das größte Interesse an Mitteleuropa und seinen Nachbarn bekunde.[15] Busek, der andächtig lauschte, wollte alles tun, eine solche Richtung einzuschlagen bzw. beizubehalten.

> „Jetzt aber war er nicht mehr nur irgendein Teil, lebte nicht nur mit dieser Gemeinschaft innig mit, sondern er empfand sich auch wie das Gehirn, wie das Bewußtsein und auch wie das Gewissen dieser Gemeinschaft, deren Regungen und Schicksale nicht nur miterlebend, sondern sie leitend und für sie verantwortlich."[16]

Eine „neue" Sicht von Politik ...

Nach Ansicht von Kennern Erhard Buseks hätte jener eine spezielle Vorliebe für „Neues". „Altem" gegenüber würde er hingegen rasch ungeduldig.

Man werde der Person des ehemaligen Chefs der Wiener ÖVP allein gerecht, wenn man zu berücksichtigen versuche, alte Bindungen (nicht zuletzt ideologische) erschienen ihm allzu schnell als Ketten, die es zu sprengen gelte. Rücksichtnahme bzw. Geduld mit Begebenheiten, die er einmal als überholt erkannt hätte, gehörten, so Kritiker, nicht zu seinen Stärken. Der Unzufriedenheit mit den Wirklichkeiten stünde

---

15 M. Sperber und G. Konrád zit. nach Erhard BUSEK, Emil BRIX: Projekt Mitteleuropa. – Wien 1986, S. 146 f.
16 HESSE: Glasperlenspiel. 251.

ein enormer Sinn für alles Mögliche entgegen, eine daraus resultierende Unrast und Strebsamkeit – die freilich weniger den Weg als das Ziel im Auge hätte.

Busek bekannte sich zum „Mut zum aufrechten Gang" und wollte eine „andere Art von Politik" betreiben – wohl kalkulierend, daß er damit, nach skeptischen Beurteilern, jenen Personen, die vor ihm in Österreich und Wien (und nicht bloß bei den politischen Gegnern, sondern ebenso in seiner Partei) politisch tätig gewesen waren, das Gegenteil unterstellte. Die damit signalisierte Distanz, die er besonders zum eigenen Partei-„Apparat" einnahm, sollte ihm tatsächlich zahlreiche Feinde bescheren.

Die „alte" Weise, wie in Staat und Hauptstadt Politik betrieben werde, sei statisch, stellte der stets Mobile fest. Der „aufrechte Gang" und die „andere Art von Politik" kämen bloß dann zum Tragen, wenn erkennbar gemacht werde, was Politik „wirklich" sei: „nämlich die ständige Sorge und Obsorge um das *Ganze*, das Steuern des Staates und der Gesellschaft durch ständig sich verändernde Bedingungen und zunehmende Gefährnisse. Weil es aber dazu des Aussprechens der Konflikte bedarf, weil über Inhalte geredet werden muß und der Bürger sich äußern soll, deshalb müssen wir uns auch mit der Sprache auseinandersetzen. Wir müssen also die Sprache selbst zur Sprache bringen."[17] – Angesichts solcher Vorhaben waren gewisse Teile der „Parteibasis" indes sprach*los*.

„Wer Geschichte betrachtet, soll meinetwegen den rührendsten Kinderglauben an die ordnende Macht unseres Geistes und unserer Methoden mitbringen, aber außerdem und trotzdem soll er Respekt haben vor der unbegreiflichen Wahrheit, Wirklichkeit, Einmaligkeit des Geschehens. Geschichte treiben ist kein Spaß und kein verantwortungsloses Spiel. Es setzt das Wissen darum voraus, daß man damit etwas Unmögliches und dennoch Notwendiges und höchst Wichtiges anstrebt. Geschichte treiben heißt: sich dem Chaos überlassen und dennoch den Glauben an die Ordnung und den Sinn bewahren."[18]

Eine neue urbane Ordnung – ein neuer urbaner Sinn

Für Erhard Busek stellte Wien – im Gegensatz zum sozialistischen Dogma – „ein bürgerliches Credo" dar. Er und sein Kreis wollten es zu einem Modell umgestalten, das der Stadt nach Jahrzehnten bürokratischer, grauer Verwaltung eine phantasievolle, bunte Ordnung verleihen sollte.

Johannes Hawlik und Wolfgang Schüssel hatten dafür bereits in den frühen siebziger Jahren gemeinsam mit Wissenschaftern und Experten eine Vorlage geschaffen, die an die Bürger die Aufforderung richtete, „die Stadt in Besitz zu nehmen"; ein Gedanke, wonach Politik nicht bloß – wie bisher durch die Wiener SPÖ – „von oben", sondern ebenso „von unten" zu betreiben wäre; wonach Probleme weniger von den Verordneten als von den Verordnenden selbst zur *Sprache* zu bringen seien. Diese „basisdemokratischen" Ansätze waren damals in der Tat innovativ und deute-

---

17 Erhard Busek: Mut zum aufrechten Gang. Beiträge zu einer anderen Art von Politik. – Wien – München 1983, S. 25.
18 Hesse. Glasperlenspiel. 180.

ten eine Kampfansage an die „alte" Form an, wie man politische (Re-)Aktion seit 1945 definierte.

Schüssel und Hawlik nahmen mit ihrem Modell die Kernbereiche dessen vorweg, was Busek später in urbanem Sinn einforderte: vor allem Bürgerinitiative, Stadterneuerung und -belebung nach innen sowie mitteleuropäische Metropole nach außen. Mit „CityIn" legten sie Projekte vor, die eine „neue" Stadtentwicklung anbahnten: Lebensqualität statt -quantität, mehr Grün statt Grau, Vorrang des öffentlichen vor dem privaten Verkehr, Fußgängerzonen statt Autostraßen, Teilnahme von unten statt „Teilgabe" von oben usw.

Busek abstrahierte diese Ansätze, indem er davon sprach, Wien müsse dem Prozeß Rechnung tragen, daß „Österreich größer als seine Grenzen" sei, seine „Eigenarten vielschichtiger und seine Existenz beständiger" wären, als mancherorts angenommen. Es habe seiner Rolle als „starkem Herzen" gerecht zu werden. Um nach außen supranational zu wirken, müßte es nach innen indes mobil sein. Es hätte seiner Ansicht nach nicht länger zu dämmern, sondern zu pulsieren. Wien sollte aufleben, sich substantiell und ideell erneuern, sollte seine Kerne wiederentdecken, seine City und seine Bezirkszentren, Wien sollte Farbe bekennen und bunt werden.

„Tierische" Zeiten setzen ein

In der Wahlwerbung der Wiener Volkspartei, die all jene Gedanken transportieren sollte, tauchten die Saurier als Träger des „alten" Regimes auf. Sie erschienen als Symbol dessen, was nivellierend und beharrend, nicht aber selektiv und innovativ war; dessen, was auf Strukturen beharrte, ohne auf Werten aufzubauen – alles in allem als Symbol einer unzeitgemäßen Art und Weise, politisch zu denken bzw. zu handeln.

Demgegenüber gedachten Erhard Buseks „bunte Vögel", allen voran Jörg Mauthe, Kommunalpolitik aus höheren Sphären zu betreiben, mit weiteren Perspektiven und breiterem Widerhall – jedoch ohne (wie sich mit der Zeit immer deutlicher herausstellte) auf die bisherige inhaltliche Tradition und strukturelle Hierarchie der Wiener ÖVP Rücksicht nehmen zu wollen.

> „Dieser Erzkastalier paßte schlecht zu seinen Kameraden, war so wenig bei den Vorgesetzten und Beamten beliebt, störte beständig, gab immerzu Anstoß und wäre ohne den Schutz und die Führung durch seinen tapferen und klugen Freund wahrscheinlich früh zugrunde gegangen. Was man seine Krankheit nannte, war schließlich vorwiegend ein Laster, eine Unbotmäßigkeit, ein Charakterfehler, nämlich eine im tiefsten unhierarchische, völlig individualistische Gesinnung und Lebensführung; er fügte sich gerade nur so weit in die bestehende Ordnung ein, als notwendig war, um im Orden überhaupt geduldet zu werden."[19]

„Magister ludi" Erhard Busek und „Erzkastalier" Jörg Mauthe, der Führende und der Inspirierende, Schützende und Gefährdete, der Fliegende und der Beflügelnde – beide symbolisierten „Kastalien" (das von ihnen nie so bezeichnet wurde) guthin.

---

19 Ebd., 294.

Beide trieben den „Orden" an, loteten aus, setzten Initiativen und betraten kommunales Neuland. Beide zogen die Partei mit, hielten die Zügel in der Hand und steuerten den Wagen. Einer ohne den anderen war weniger, gemeinsam galten sie mehr.

Unter Mauthe und Busek errang die Wiener Volkspartei beträchtliche Wahlerfolge. Die von den „bunten Vögeln" (denen neben dem Literaten Mauthe u. a. die spätere Präsidentin der Katholischen Aktion, Eva Petrik, der Verfassungsrechtler Manfried Welan sowie der Journalist Alfred Worm angehörten) signalisierte Wende von Partei zu Bewegung wirkte sich bis in die frühen achtziger Jahre äußerst positiv aus.

Parallel dazu gelang es der ÖVP, das Bild Wiens in der Sache zu verändern. Die Metropole war vom Aufbruch gekennzeichnet. An die Stelle der von den Sozialisten bisher verfolgten quantitativen Stadterweiterung trat die qualitative *Stadterneuerung*. Indem man Bezirkskerne restaurierte, schuf man zugleich neue Kommunikationszentren. Um diese *Stadtbelebung* noch weiter voranzutreiben, wurde das „Stadtfest" ins Leben gerufen. Die City sollte damit einmal pro Jahr einen ganzen Tag lang ein Kulturfest anbieten. Als *ständige* kulturelle Institution präsentierte sich hingegen das „Metropol" in den Außenbezirken.

Mit all jenen Initiativen hatten die „bunten Vögel" tatsächlich erreicht, Wien zu einem farbigen Mosaik zu machen.

„Kastaliens" fading out

„Aber er sah und fühlte den Glanz Kastaliens, dem er diente, als eine gefährdete und schwindende Größe, er lebte in ihm nicht ahnungslos und bedenkenlos wie die große Mehrzahl seiner Mitkastalier, sondern wußte um seine Herkunft und seine Geschichte, empfand ihn als ein geschichtliches Wesen, der Zeit unterworfen und von ihrer mitleidlosen Gewalt umspült und erschüttert."[20]

Erhard Busek war sich stets darüber im klaren, seine Initiativen „strapazierten" das, was man bisher in der eigenen Partei unter Politik verstanden hatte, sehr. Das meiste, wofür er und sein Kreis eintraten, war ungewohnt und entzog sich den bisherigen Spielregeln. Es war in der Tat „neu" und vielen Parteifunktionären suspekt. Solange seine Politik indes Erfolg trug, wagte niemand offiziell das Wort gegen „Kastalien" zu erheben; solange es Wahlsiege verbuchen konnte, hielt sich die Kritik im Hintergrund.

Mißtrauen erregte etwa Buseks religiöses Weltbild, das – dem avantgardistisch-katholischen „Bund Neuland" entsprechend – davon ausging, die ÖVP solle sich von der Kirche lieber abkoppeln als die Tradition der Christlichsozialen Partei als Symbol für politisch-religiöse Abhängigkeit fortsetzen. Daß es einen Mittelweg zwischen diesen beiden Positionen gebe (nämlich jenen einer gemeinsamen Wertegrundlage zwischen christlichen Kirchen und christdemokratischen Parteien, einer gemeinsamen Basis in der Theorie, die in der Praxis einer gegenseitigen Unabhängigkeit nicht im Wege stünde und z. B. von der CDU in der BRD bzw. vom CDA in den Niederlanden vorgelebt wird), schien allerdings von den meisten Diskutanten übersehen zu werden.

---

20 Ebd.

Skepsis nährte weiters das kommunalpolitische Experiment „Pro Wien". Diese Anlaufstelle, dieses Sammelbecken diente allen, die mit den „bunten Vögeln" zwar inhaltlich zusammenarbeiten, sich der Partei formell jedoch nicht anschließen wollten. Es handelte sich um eine Parallelorganisation zur klassischen (bündischen) Struktur der Wiener ÖVP und, wie manche argwöhnten, um eine neue Hierarchie mit dem Zweck, die alte zu entthronen.

Die Öffnung der Partei zu einer Bewegung, die die Aktion „Pro Wien" symbolisierte, bedeutete gleichermaßen eine thematische Öffnung zu kultureller und ökologischer Politik; eine Öffnung, von der Johannes Prochaska im nachhinein meinte, sie hätte „grüne" Politik thematisiert und quasi „hoffähig" gemacht, wäre letztlich allerdings nicht der Volkspartei zugute gekommen, sondern hätte den Grünen vorgebaut. Dem widersprach – ebenso rückblickend – der 1992 gewählte Obmann Bernhard Görg: Diese Argumente stimmten bloß dann, wenn die Grünen keine europaweite, sondern allein eine Wien-spezifische Erscheinung wären.

Es waren jedoch nicht nur strukturelle Motive, die eine Kluft zwischen den „bunten Vögeln" und dem „Apparat" im Laufe der Jahre entstehen ließen. Nach Angaben der Gegner des ständig zum Spiel mit Pointen aufgelegten „Magister ludi" gaben daneben auch persönliche Gründe den Ausschlag zur Entfremdung zwischen dem Obmann und dessen Kreis einer- und den „Granden" der Bünde andererseits. Eine besondere Abneigung entwickelte sich so zwischen Busek und den Spitzenrepräsentanten verschiedener Parteiflügel, allen voran Dittrich, Schwimmer und Prochaska. Von letzterem wurde immer wieder betont, Busek vermöge zu Funktionären keine Zuneigung zu entwickeln; er könne dies nicht – und ebensowenig wolle er es.

Am Weg nach Oberlaa

Nach den Erfolgen von 1978 und 1983 bereiteten die „bunten Vögel" 1987 die nächsten Wahlen vor. Hatten erstere in Zeiten stattgefunden, da sich die Bundes-ÖVP in Opposition befand, mußten letztere im Schatten einer in die Regierungsverantwortung wiedereingebundenen Gesamtpartei geschlagen werden. Mit dem „Oppositionsbonus" war angesichts der Tatsache, daß die Wiener Bevölkerung, wie bereits erwähnt, kaum zwischen Bundes- und Landespolitik zu unterscheiden geneigt ist, somit nicht mehr zu rechnen.

Erschwerend trat hinzu, daß die Grünen der Volkspartei die ökologischen Themen streitig machten und für viele dabei (nicht zuletzt wegen des starken ÖVP-Wirtschaftsflügels) glaubhafter wirkten. Vor allem aber war den in die Jahre gekommenen „bunten Vögeln" mit Helmut Zilk ein im Zeitalter der Mediendemokratie äußerst attraktiver Bürgermeister entgegengestellt worden – der obendrein diverse Themen der Volkspartei, wie „Stadterneuerung", wirksam „absaugte".

Die „bunten Vögel" versuchten diese negativen Umstände wettzumachen, indem sie den Wählern einen „Bürgervertrag" anboten. Damit schlossen sie an die Forderung zu Beginn des „kastalischen" Experiments an, Politik sei weniger „von oben" als „von unten" zu betreiben, weniger durch die Politiker als die Bürger selbst. Der „Bürgervertrag" enthielt Beispiele und Anregungen zu solcher Aufgabenteilung und stand insofern voll in subsidiär-christdemokratischer Tradition.

Allein, das Angebot zur Mitarbeit stieß auf taube Ohren. So redlich es war, so wirkungslos blieb es. Die Wahlen gingen verloren, und die Kritiker des offenen Kurses begannen das Wort gegen den Parteichef zu erheben.

Ein im November des nächsten Jahres einberufener Kongreß, an dem „Weltstadtkonzepte für Wien" besprochen wurden, vermochte nicht darüber hinwegzutäuschen, daß sich die „kastalische" Ära ihrem Ende zuneigte. Zwar appellierte Erhard Busek: „An den ganzen Menschen und seine ganze Geschichte, seine ganze Entwicklung und sein ganzes Leben zu denken, über Generationen hinweg, das ist der spannende Hintergrund einer Veränderung, die uns vom Ende der Aufklärung reden läßt. In Anbetracht der Begrenztheit der Wissenschaften und der Möglichkeiten, die Welt zu beherrschen, wird uns klar: den Glauben kann niemand ersetzen. Den Glauben an die Schöpfung, den Glauben an die Geschichtlichkeit der Welt und den Glauben an Gott werden wir brauchen, um Hoffnung zu haben. Hoffnung brauchen wir heute, denn morgen ist es immer zu spät."

Trotz jener eindringlichen Worte, trotz jener Versuche, die Bewegung auf eine geistige Basis einzuschwören und ihr (mit konkreten Projekten angereicherte) Wege in die Zukunft zu weisen, erschien es vielen, als hätte der „Oberkastalier" in Wirklichkeit Glaube und Hoffnung verloren. Er habe sich die kommunale Niederlage bei den letzten Wahlen zu Herzen genommen und gemeint, in Wien mit seinen Ideen nicht mehr reüssieren zu können.

Daher suchte er sich neue Perspektiven – und fand diese in der Bundespolitik.

4. Demnächst ...

„Waterloo"

Spätestens 1989 wurde deutlich, die Wiener Volkspartei bestünde nicht länger als solche, sondern präsentiere sich als künstliche Union zweier miteinander nicht mehr zu versöhnender Gruppen: Auf der einen Seite befänden sich, wie die Busek-Gegner höhnten, die „abgestürzten" bunten Vögel, auf der anderen, so die Busek-Befürworter vice versa, die „grauen Mäuse".

Es waren nicht nur verschiedene Auffassungen von Politik, die die beiden Gruppen trennten; im Verlauf der Jahre hatte sich immer mehr herausgestellt, daß man vor allem aus persönlichen Motiven nicht länger miteinander zusammenarbeiten wollte. Demnach empfand man gegeneinander nicht bloß sachliches Mißtrauen, sondern insbesondere persönlichen Haß.

Die Busek-Gegner nahmen sich vor, dessen Wiederwahl als Parteichef zu verhindern. (Das Parteistatut kam ihnen insofern entgegen, als es vorsah, daß Busek für eine neuerliche Wiederwahl eine *Zweidrittel*mehrheit benötigte. Für Gegenkandidaten, die zum erstenmal anträten, reichte hingegen eine bloße *absolute* Mehrheit aus.) Sie beschlossen, mit dem Vizepräsidenten des Wiener Stadtschulrates, Wolfgang Petrik, an der Spitze gegen Erhard Busek anzukämpfen. Petrik war, wie Kommentatoren meinten, eigentlich ein „Ziehsohn" Buseks. Daß er gegen seinen „politischen Vater" antrat, hatte nicht zuletzt, so Kritiker, mit seinem persönlichen Ehrgeiz zu tun, das Ruder selbst in die Hand zu nehmen und nicht länger im Schatten des bisherigen Steuermanns zu stehen.

Andere sehen Petrik – positiver – als „Ausgenützten und Getriebenen". Hinter ihm wären Personen gestanden, die ihn zum Zweck der eigenen Sache angespornt hätten, gegen Busek in den Ring zu steigen.

Am Parteitag selbst, der im Oktober des Jahres in Oberlaa stattfand, trat die Spaltung der Wiener Volkspartei in „Busekianer" und „Petrikisten" offen zutage. Die angeheizten Stimmungen entluden sich. Zwei Lager standen sich haßerfüllt gegenüber, hochemotionale Reden prallten aufeinander, Handgreiflichkeiten konnten gerade noch vermieden werden.

Die Wiener ÖVP hatte, was das „Fressen und Gefressen-Werden" ihrer Parteichefs betraf, eine entsprechende Tradition. Im Gegensatz zu übrigen Landesorganisationen waren Obmannfragen bei ihr nur selten friedlich vonstatten gegangen. Man hatte ziemlich oft Appetit verspürt, das „hohe Tier" an der Spitze vor der Zeit zu „schlachten". Das war bei Fritz Polcar, dem Obmann der fünfziger Jahre, der Fall gewesen (der nach „gewissen Ungereimtheiten" sozusagen über Nacht seinen Hut hatte nehmen müssen), ebenso bei Leopold Hartl nach dessen Wahlniederlage und schließlich bei Franz-Josef Bauer (der, ehe ihn die Ahöse ereilte, selbst durch ein Kuriosum zum Vorsitzenden gewählt worden war: Der Parteitag 1969 hatte nicht die Kandidaten der Gremien, weder den des Vorstands noch jenen der Leitung, sondern – einem Putsch gleich – ihn zum Obmann gemacht).

Jener Tradition sollte die Wiener Volkspartei in Oberlaa erneut gerecht werden. Die Delegierten nahmen Aufstellung und zählten der jeweils feindlichen Seite alle Verfehlungen vor, die diese begangen hätte. Man rechnete gegenseitig auf – und vor allem *ab*.

Die „Petrikisten" (zu denen insbesondere der Wiener Handelskammerpräsident Karl Dittrich, der Landessekretär des Arbeitnehmerflügels Johannes Prochaska sowie der Parlamentsklubobmann Fritz König zählten) hielten Busek u. a. vor, er sei seinem Grundsatz untreu geworden, wonach der Obmann der Wiener Landespartei nicht in der Bundespolitik weilen solle; er sei außerdem ein „abgehobener" Politiker und habe sachlich einen ökologischen Kurs verfolgt, der mit dem Weltbild der Volkspartei nicht vereinbar sei; er wäre von seinen eigenen christlich-demokratischen Wurzeln bereits so weit entfernt, daß er die Wiener ÖVP personell liberalistischen und linken Akteuren geöffnet hätte – letztere seien ihm lieber gewesen als Wertkonservative, die er mit Strukturkonservativen verwechselt habe; *alles in allem wäre die Bewegung von ihm inhaltlich und strukturell so weit geöffnet worden, daß sich die Reihen hinter ihm nicht mehr geschlossen hätten.*

Die „Busekianer" – allen voran Wolfgang Schüssel, Marilies Flemming und Heinrich Neisser, ebenso aber der herbeigeeilte damalige Bundesparteiobmann Josef Riegler – hielten dem entgegen, Buseks Vorsitz habe der Wiener Volkspartei ein enormes intellektuelles Renomee eingebracht, darüber hinaus neue Mehrheiten in Bezirken, mehr „schwarze" Bezirksvorsteher, Gemeinde- und Stadträte sowie bis 1987 den Vizebürgermeister. Mit vielfältigen subsidiär organisierten Initiativen in den Bereichen Soziales und Kultur hätte Busek weiters mehr christdemokratisches Ideengut verwirklicht als solche, die jenes Wort bloß in den Mund nähmen, ohne es indes umzusetzen. In Summe habe er Wien ein neues und modernes Profil verliehen, ein aufgeschlossenes und weltoffenes Gesicht.

All diese Argumente reichten jedoch nicht aus: Das Ergebnis der Stimmenauszählung (die nach mehrstündigen Debatten stattfand) ergab, daß der von den einen so Verschmähte und von den anderen so Verehrte mit 57 Prozent die erforderlichen zwei Drittel nicht erreicht hatte. Als Busek am Abend vom Parteitag als Geschlagener schied, war nicht nur sein Rivale Petrik (mit einer einzigen Stimme über der für ihn notwendigen absoluten Mehrheit) gewählt worden; darüber hinaus ließ er auch eine in zwei Fraktionen gespaltene Partei zurück, zwei offensichtlich unversöhnbare Flügel, die in den kommenden Monaten noch weniger zueinanderfinden sollten, als sie es schon vor Oberlaa vermocht hatten.

Zwei Parteien in einer

Die verheerenden Kritiken, die der Oberlaaer Parteitag nach sich zog, "zementierte" die Kluft zwischen den beiden Parteigruppen. Niemand wollte dem jeweils anderen die Hand reichen, kein Wort der Verständigung wurde gewechselt, die (bereits zuvor brüchige) Parteieinheit war dahin.

Die "Busekianer" versuchten mit allen Mitteln zu verhindern, daß die "Petrikisten" Fuß faßten. Andererseits ließen auch jene keine Gelegenheit aus, die letzten "bunten Vögel" aus den "Nestern" zu werfen. Der so entbrannte Machtkampf stellte die ÖVP als zerrissen dar. In der Öffentlichkeit schien es, als vergesse die durch den eigenen Streit in sich polarisierte Partei den Wettbewerb mit den politischen Gegnern. Bei den Parlamentswahlen, die im folgenden Jahr stattfanden, verlor sie daher überdurchschnittlich. Die "Busekianer" verlangten daraufhin Konsequenzen – die Petrik schließlich ziehen mußte. Er war nur ein Jahr lang Vorsitzender gewesen, hatte aber tiefere Spuren hinterlassen als so mancher Vorgänger.

Wo ein Wille, da ein Weg?

Im Anschluß an die beschriebenen Vorgänge erklomm Heinrich Wille die Spitze des Eisberges. Der erfolgreiche Rechtsanwalt wurde als "Quereinsteiger" inthronisiert. Im Gegensatz zu seinen Vorgängern besaß er, der Nüchterne, keine Vorliebe für "Tierisches". Ebenso war ihm der Appetit, an innerparteilichem Kleinkrieg teilzuhaben, von vornherein fremd.

Als sein vordringliches Ziel betrachtete er, die gespaltene Partei wieder zu einen. Dieses Vorhaben gedachte er zunächst durch ein neues Parteistatut zu erreichen, das dem Obmann weitreichende Vollmachten eingeräumt hätte. Da jedoch diverse Parteifunktionäre signalisierten, ein solches Streben nicht zu tolerieren, zog er seinen Antrag zurück. Nachdem der Versuch, die Partei insofern auf formelle Weise zu "befrieden", fehlgeschlagen war, ging er daran, die Aussöhnung der verfeindeten Flügel auf sachliche Art zu verwirklichen.

Wille erkor die "Expo", die für 1995 gemeinsam für Wien und Budapest ins Auge gefaßt worden war, zum Thema, das die ÖVP zu "besetzen" habe. Die Weltausstellung sollte dazu dienen, einerseits – nach innen – beiden Parteigruppen ein einheitliches Ziel zu setzen und andererseits – nach außen – die Volkspartei als themenorientierte

Bewegung zu präsentieren. Das Problem war allerdings, daß die „Expo" keineswegs – weder parteiintern noch -extern – den Widerhall fand, den Wille vorausgesetzt hatte. Als die Wiener Bevölkerung sie in einem (noch dazu von der ÖVP initiierten) Referendum ablehnte, war ihm der Wind aus den Segeln genommen.

Die Wahlen, die im November 1991 stattfanden, quittierten der Wiener Volkspartei die „Aktivitäten" der letzten Jahre. Dazu kam, daß die Stellung, die die Parteien zur „Fremden-Thematik" einnahmen, so ausschlaggebend war wie noch nie zuvor. Die von Wille thematisierten Problemfelder wie Wohnen oder Verkehr spielten bloß eine untergeordnete Rolle. Die Stadt-ÖVP verlor insgesamt zehn Prozent und rutschte hinter die Freiheitlichen ab. Sie war damit zu einer kleineren Mittelpartei abgesunken.

Die Konsequenzen, die Erhard Busek (inzwischen zum Bundesparteiobmann mutiert) am Wahlabend, nachdem das Wahlergebnis bekanntgegeben worden war, angekündigt hatte, liefen auf ein neues Statut (das etwas kleinere Gremien vorsah) und den Rücktritt Heinrich Willes hinaus. War dies der „Neubeginn", der auf die „Stunde 0" hatte folgen sollen?

Wahlergebnisse

a) in Prozent

	SPÖ	ÖVP	VdU/FPÖ[1]	KPÖ	Sonstige
1945	57,5	34,5	–	8,0	–
1949	49,9	35,0	6,8	7,9	0,5[2]
1954	52,7	33,2	4,6	8,3	1,3[3]
1959	54,4	32,4	8,0	5,2	–
1964	54,8	33,9	5,7	5,0	0,7[4]
1969	57,9	27,8	7,3	2,9	5,2[5]
1973	60,1	29,3	7,7	2,3	0,6[6]
1978	57,2	33,8	6,5	1,8	0,8[7]
1983	55,5	34,8	5,4	1,1	3,1[8]
1987	54,9	28,4	9,7	1,7	5,3[9] (GA: 4,4)
1991	47,7	18,1	22,6	1,8	9,8 (GA: 9,1)

1 1949–1954 VdU bzw. WdU (Wahlpartei der Unabhängigen), ab 1959 FPÖ.
2 D.U. (Demokratische Union) = 0,28%; 4. P. (Vierte Partei) = 0,23%.
3 FSÖ (Freiheitliche Sammlung Österreichs) = 1,25%; RSA (Radikale sozialistische Arbeiterbewegung Österreichs) = 0,02%.
4 EFP (Europäische Föderalistische Partei) = 0,74%.
5 DFP (Demokratische Fortschrittliche Partei) = 5,21%.
6 DFP = 0,34%; EFP = 0,21%.
7 WBU (Wahlgemeinschaft für Bürgerinitiativen und Umweltschutz) = 0,73%; KB (Kommunistischer Bund) = 0,03%; MPD (Nationaldemokratische Partei) = 0,02%.
8 ALW (Alternative Liste Wien) = 2,5%; WBU (gemeinsam mit der „Grünen Liste") = 0,64%.
9 VGÖ (Vereinte Grüne Österreichs) = 0,9%

b) in Mandaten:

	SPÖ	ÖVP	VdU/FPÖ[1]	KPÖ	Sonstige
1945	58	36	–	6	–
1949	52	35	6	7	–
1954	59	35	–	6	–
1959	60	33	4	3	–
1964	60	35	3	2	–
1969	63	30	4	–	3[2]
1973	66	31	3	–	–
1978	62	35	3	–	–
1983	61	37	2	–	–
1987	62	30	8	–	–
1991	52	18	23	–	7 (GA)

1 1949–1954 VdU bwz. WdU, ab 1959 FPÖ.
2 DFP (Demokratische Fortschrittliche Partei).

Epilog

Die verschiedenen Flügel der Wiener Volkspartei vermochten sich nicht rasch auf einen einzigen Kandidaten für Willes Nachfolge zu einigen. Während sich die einen für den bereits in den achtziger Jahren als Generalsekretär der Bundes-ÖVP ins Spiel gebrachten und am Bundesparteitag 1991 (gegen Busek) unterlegenen Bernhard Görg aussprachen, traten die anderen für die spätere Umwelt- und Familienministerin Maria Rauch-Kallat ein. Die entscheidenden Gremien nominierten schließlich ersteren, und im Gegensatz zu früheren Erlebnissen folgte der Parteitag diesem Vorschlag einwandfrei; ein positives Signal.

Der neue Vorsitzende erklärte seinen ausdrücklichen Willen, mit Hilfe einer Mehrheit der Bürger in direkter Wahl das Amt des Bürgermeisters anzustreben und untermauerte diese Zielsetzung mit den Worten, daß Wien wieder zu dem werden müsse, was es einmal war: einem Zentrum von Wissenschaft, Kultur und Wirtschaft, einem Zentrum, von dem Nobelpreisträger ausgingen.

Mauthe und Busek hätten in dieser Hinsicht, so Görg, wesentliche Impulse gesetzt. Insofern wolle er deren Weg fortsetzen. Nach seiner Überzeugung, so resümierte der Wiener Landesparteiobmann, bedürfe die Donaumetropole in der Zukunft weniger einer Welt*aus*stellung als einer „Welt*ein*stellung"; das wäre der Weg zu „Lust auf Wien", dem neuen, ausführlichen Programm, mit dem sich die Wiener Volkspartei die Weichen in die Zukunft stellte; einer Zukunft, in der die allgemein als „Schlacht um Wien" beschriebenen – mit einem dem Landesparteiobmann zur Seite stehenden Team und der Unterstützung des neuen Bundesparteiobmannes Wolfgang Schüssel – gewonnen werden kann.

Auch nach dem Ausscheiden Buseks und der Wahl Wolfgang Schüssels zum neuen Bundesparteiobmann im Frühling 1995 unterstrich Görg diesen Führungsanspruch. Die „Schlacht um Wien", von der in den Medien (betreffend die 1996 stattfindenden

Wiener Wahlen) gesprochen werde, könne, so stark die Gegner auch seien, gewonnen werden, wenn, so Görgs Thesen,
* gegen eine „Stadt der Bürokraten" vorgegangen werde,
* aus einer „Stadt der Schikanen eine Stadt der Chancen" entstehe,
* mit dem Geld von Bürgern sorgsam umgegangen werden

und sich aus einer „Stadt der bürokratischen Solidarität eine Stadt echter Mitmenschlichkeit" entwickle.

Zusammenfassend betonte der Wiener Obmann, daß die ÖVP reüssieren könne, „wenn wir imstande sind, die Mehrheit der bürgerlichen Kräfte in dieser Stadt unter unserem Dach zu sammeln und diese Stadt nach unseren Vorstellungen auf das nächste Jahrhundert und das nächste Jahrtausend vorzubereiten."

AUSGEWÄHLTE LITERATUR

Rudolf BRETSCHNEIDER: Die Wiener Gemeinderatswahl vom 24. April 1983. In: Andreas KHOL, Günther OFNER, Alfred STIRNEMANN (Hg.): Österreichisches Jahrbuch für Politik '83. – Wien – München 1984, S. 113.
Erhard BUSEK: Mut zum aufrechten Gang. Beiträge zu einer anderen Art von Politik. – Wien – München 1983.
Ders.: Wien – ein bürgerliches Credo. – Wien – München – Zürich – Innsbruck 1978.
Ders., Emil BRIX: Projekt Mitteleuropa. – Wien 1986.
Christa DERTNIG: Geschichte der Wiener ÖVP 1976–1983. – Phil. Diss. Wien 1987.
Johannes HAWLIK: Der Bürgerkaiser. Karl Lueger und seine Zeit. – Wien – München 1985.
Ders.: Der Aufbruch in die Kommunalpolitik. In: Andreas KHOL, Günther OFNER, Alfred STIRNEMANN (Hg.): Österreichisches Jahrbuch für Politik '78. – Wien – München 1979, S. 345.
Hermann HESSE: Das Glasperlenspiel. – Zürich 1943.
Thomas KÖHLER: Wie christlichsozial ist die ÖVP? Eine Analyse christlichsozialer Elemente in der politischen Theorie und Praxis der ÖVP auf Kontinuität und Dissonanz. – Phil. Diplomarb. Wien 1989.
Ders.: Auf den christlichsozialen Spuren der Volkspartei. In: Die Presse, 5./6. 01. 1991.
Robert KRIECHBAUMER: Parteiprogramme im Widerstreit der Interessen. Die Programmdiskussionen und die Programme von ÖVP und SPÖ 1945–1986. – Wien – München 1990 (= Andreas KHOL, Günther OFNER, Alfred STIRNEMANN [Hg.]: Österreichisches Jahrbuch für Politik, Sonderbd. 3).
Ders.: Von der Illegalität zur Legalität. Gründungsgeschichte der ÖVP. – Wien 1985.
Jörg MAUTHE: Demnächst oder Der Stein des Sisyphos. – Berlin – Darmstadt – Wien 1986.
Ders.: Die Wiederkehr des Schönen. Ästhetisches Empfinden wird endlich zur politischen Kraft. In: Die Presse, 7./8.01.1984.
Fritz PLASSER, Peter ULRAM: Die Stadt der Nichtwähler. Analyse der Wiener Gemeinderatswahlen 1987. In: Andreas KHOL, Günther OFNER, Alfred STIRNEMANN (Hg.): Österreichisches Jahrbuch für Politik '87. – Wien – München 1988, S. 57.
Ders.: Analyse der Wiener Gemeinderatswahlen 1991. In: Andreas KHOL, Günther OFNER, Alfred STIRNEMANN (Hg.): Österreichisches Jahrbuch für Politik '91. – Wien – München 1992, S. 97.
Ludwig REICHHOLD: Geschichte der ÖVP. – Graz – Wien – Köln 1975.
Rudolf SPITZER: Des Bürgermeisters Lueger Lumpen und Steuerträger. – Wien 1988.
Lois WEINBERGER: Tatsachen, Begegnungen und Gespräche. Ein Buch um Österreich. – Wien 1948.
Elisabeth WELZIG (Hg.): Erhard Busek. Ein Porträt. – Wien – Köln – Weimar 1992.

Roland Widder **Volkspartei im Burgenland 1945–1995**

Die Bedingungen des Anfangs

Die organisatorischen Anfänge der Landesgruppe Burgenland der Österreichischen Volkspartei waren aufgrund der Aufteilung des Landes und der Nichtexistenz Burgenlands zwischen 1938 und 1945 geprägt durch bzw. eingebettet in ein mehrschichtiges Bemühen von diversen politischen Persönlichkeiten. Denn es galt nach dem Zweiten Weltkrieg die Landeseinheit wiederherzustellen, den Verwaltungsaufbau zu initiieren und eine politische Infrastruktur aufzubauen.

In diese komplexen Gründungsschritte hineinverwoben war die Tatsache, daß die Brüche zu den früheren Parteien, also deren formelle Diskontinuität, durch einige personelle Kontinuitäten in ihrer Wirkung abgeschwächt wurden. Diese Relativierung von schroffen Systemübergängen – typisch für viele Teilsysteme der österreichischen Gesellschaft nach dem Zweiten Weltkrieg – zog eine gelegentliche Abschwächung der Distanzierung zu den früheren politischen Formationen nach sich. Im Gegenteil, gewisse Erfahrungsvorteile, persönliche Vertrautheiten und politisch-demokratische Verläßlichkeiten waren konstitutiv für die Phase der Wiedergründung des Burgenlandes. Dennoch überwog, trotz aller personalen Überlappungen, eindeutig das Moment der Neugründung. Nicht zuletzt deshalb, weil das Wiedererstehen des Bundeslandes Burgenland so selbstverständlich für manche Politiker gar nicht war.

Die ÖVP als Geburtshelfer des Burgenlandes nach 1945

Die Besatzungszeit (im Bewußtsein der Bevölkerung heute noch als Russenzeit vielfach und zumeist unerfreulich präsent) dominierte durch ihre ambivalent empfundenen und erduldeten Spezifika vermutlich mehr als in anderen Bundesländern Österreichs die politische Kultur des Landes.[1]

So politisch verworren, wirtschaftlich problematisch und institutionell unklar viele Aspekte der äußeren Rahmenbedingungen für das Burgenland im Jahre 1945 sich auch darstellen lassen, die inhaltlichen Bemühungen – im engen Wechselverhältnis mit den überaus belastenden sozialen und ökonomischen Verhältnissen für eine Nachkriegsgesellschaft im von der sowjetischen Besatzungsmacht kontrollierten ehemaligen Burgenland – waren um so konsequenter und willensstärker vorgebracht worden.

Als historiographisch nachgewiesener Eröffnungsakt für die Reaktivierung bzw. Neugestaltung der politischen Kräfte und Verhältnisse im Burgenland gilt der 11. April 1945. Für diesen Tag hatte der frühere Politiker der Christlichsozialen in der Zwischenkriegszeit, Dr. Lorenz Karall, Persönlichkeiten aus dem politischen Leben der Ersten Republik nach Mattersburg gebeten. Namentlich als Teilnehmer bekannt

---

1 Vgl. dazu Stefan KARNER (Hg.): Das Burgenland im Jahre 1945. Eisenstadt 1985.

sind an diesem politischen Wiederbelebungsversuch neben dem Initiator Karall Dr. Ernest Hoffenreich, Josef Buchinger und Johann Simon.[2]

Dieser burgenländische Initialakt, von Parteifunktionären der beiden früheren Großparteien des Landes in der Zwischenkriegszeit vorgetragen (Christlichsoziale Partei und Sozialdemokraten), fand knapp mehr als zwei Wochen vor jener Unabhängigkeitserklärung vom 27. April 1945 statt, die ebenfalls als Initiative von Parteienvertretern anzusehen ist und eine Spiegelung der Konstituierungsverhältnisse der Ersten Republik darstellt. In diese „Staatsgründungstradition" durch Parteienvertreter reihte sich nach 1945 auch das Burgenland zu einem Zeitpunkt ein, als die Konturen dieses Landes mehr noch ein politisches Hoffnungsgebiet denn eine reale politische Größe bezeichneten.

Obzwar im völkerrechtlichen Verständnis – durch die ab 29. März 1945 im Burgenland einsetzende Befreiung durch die Alliierten – der Staat Österreich gemäß den Vorstellungen der Moskauer Deklaration vom 30. Oktober 1943 wiederhergestellt war, wurde die staatsinterne Verfassungs- und Politikdiskontinuität erst durch die Unabhängigkeitserklärung – als erste Verfassung des Jahres 1945 – beendet.[3]

In Entsprechung zur Vorläufigen Verfassung (die am 13. Mai 1945 rückwirkend mit 1. Mai 1945 wirksam wurde und deren Details aufgrund informeller guter Kontakte im Burgenland bekannt waren) wurde bei einer neuerlichen in Mattersburg abgehaltenen Sitzung am 11. Mai 1945 ein provisorischer Landesausschuß konstituiert – aus drei ÖVP-, drei SPÖ- und zwei KPÖ-Vertretern. Das Burgenland war zwar noch inexistent, hieß es doch im Verfassungstext: „Das Gebiet des ehemals selbständigen Landes Burgenland bleibt nach dem Stand vom 10. 4. 1945 vorläufig zwischen den Ländern Niederösterreich und Steiermark aufgeteilt." Doch sowohl die Benennung Burgenlands als explizite Größe der Verfassungsbestimmungen implizierte eine diesem Problem und seinen burgenländischen Betreibern angemessene Bedeutung – auf Ebene der staatlichen Rekonstruktion –, als auch die Einfügung des „vorläufigen" Status quo ermutigten die Parteienvertreter des Burgenlandes, ähnlich „jedem Land" der Republik einen provisorischen Landesausschuß mit den entsprechenden Parteienkontingenten festzulegen.

Zwischenzeitlich gab es sowohl in Niederösterreich wie auch in der Steiermark politisch geäußerte Überlegungen, die Aufteilung des Landes fortbestehen zu lassen.

Trotz manch vereinnehmender Absichtserklärung entwickelte sich die Neukonstituierung des Burgenlandes als Konsequenz des Ersten Kontrollabkommens vom 4. Juli 1945 – vermutlich auch unter bisher noch nicht erforschtem Betreiben der sowjetischen Besatzungsmacht, die durch ihre „militärische Grenzziehung" nach dem Rückzug aus der Steiermark Ende Juli eindeutige Signale setzte – doch in Richtung Wiederbelebung seiner früheren Autonomie als eigenständiges Bundesland.

Heftige Interventionen seitens des „Burgenlandes", also der Vertreter der in Gründung begriffenen politischen Parteien, führten dazu, daß im Sommer 1945 die Weichen dennoch eindeutig in Richtung Rekonstituierung des Burgenlandes gestellt

---

2 August ERNST: Zur Wiedererrichtung des Burgenlandes im Jahre 1945, in: Burgenländische Heimatblätter 1968/3, Eisenstadt 1968, S. 105 ff.
3 Helmut WIDDER: Die staatsrechtliche Situation Österreichs im Jahr 1945, in: Stefan KARNER/Rudolf KROPF (Hg.): Reflexionen zu 1945, Wissenschaftliche Arbeiten aus dem Burgenland, Heft 74, Eisenstadt 1986, S. 97 ff.

waren. Maßgebliche Personen und Parteiendelegierte aller staatsgründenden Parteien waren in diesem Zusammenhang mehrmals auch in Wien bei ihren politischen Vertrauten für dieses Anliegen tätig.[4]

In Abänderung der Vorläufigen Verfassung wurde durch das Verfassungsgesetz vom 29. August 1945 über die Wiedererrichtung des selbständigen Landes Burgenland (Burgenlandgesetz – StGBl Nr. 143/1945) dieses – mit Wirksamkeit 1. Oktober 1945 – wieder als eigenständiges Land der Republik errichtet.

Unterhalb dieser Systemgründungsebene vollzog sich, mehr in wirkungsstiftender Latenz denn in nachvollziehbarer Schriftlichkeit, die Etablierung sowohl der drei politischen Nachkriegsparteien in rudimentären organisatorischen Ansätzen als auch das spezifische Vertrauensverhältnis der beiden Großparteien zueinander.

Die Politik im Lande, das gezeichnet war von größten wirtschaftlichen und vor allem auch verkehrstechnischen Problemen, setzte sich fort mit der Ernennung eines provisorischen Landesausschusses am 12. September 1945, der am 1. Oktober zur Konstituierung zusammentrat. Aufgrund des Verfassungsgesetzes vom 12. Oktober 1945 trat in der Folge an Stelle der Worte „provisorischer Landesausschuß" die den nach wie vor vorläufigen Status benennende Bezeichnung „Provisorische Landesregierung".

Nach Parteienverhandlungen und über Vorschlag aus dem Kreis ihrer burgenländischen Vertreter wurden – unter anderem nach Vorschlag von Staatskanzler Renner – Ludwig Leser (SPÖ) zum Landeshauptmann, Dr. Lorenz Karall (ÖVP) als 1. Landeshauptmannstellvertreter und Dipl.-Ing. Otto Mödlagl(KPÖ) als 2. Landeshauptmannstellvertreter von der Provisorischen Staatsregierung ernannt. Die weiteren Mitglieder wurden kurz darauf in einer Sitzung der Provisorischen Staatsregierung am 12. Oktober 1945 bestellt (3 für die ÖVP – Johann Bauer, Anton Frisch und Johann Wagner, 2 für die SPÖ – Ignaz Till, Alois Wessely, und 1 KPÖ-Mitglied – Vinzenz Böröcz).[5]

Schon am 25. September bei der ersten Länderkonferenz in Wien (die weiteren fanden am 9./10. bzw. 25. Oktober statt) nahm eine Abordnung aus dem Burgenland teil. Bei dieser Gelegenheit wurde die Abhaltung gesamtösterreichischer Nationalrats- und Landtagswahlen für den 25. November 1945 festgelegt und somit das Signal für die parlamentarische Erneuerung in der Republik Österreich und seinen dann bereits wieder „neuen" neun Bundesländern gegeben.

In diesem Verfassungsgesetz „über die erste Wahl des Nationalrates, der Landtage und des Gemeinderates der Stadt Wien in der befreiten Republik Österreich" vom 19. Oktober 1945 (Wahlgesetz) wurde das Burgenland als ein Wahlkreis festgesetzt. Aufgrund des Paragraphen 4 (2) dieses Gesetzes legte das Burgenland – die Kompetenzen dazu erhielt es aufgrund der Novelle zur Vorläufigen Verfassung vom 12. Oktober 1945 (StGBl Nr. 196/1945) von der bisher dafür zuständigen provisorischen Staatsregierung – die Abgeordnetenzahl für den Landtag mit wiederum 32 fest.

---

[4] Zur Situation der burgenländischen SPÖ vgl. Fred Sinowatz: Aufbruch an der Grenze – Die Wiedererrichtung des Burgenlandes und der Aufstieg der Sozialdemokratie zur Führungspartei, in: Fred Sinowatz/Gerald Schlag/Walter Feymann, Aufbruch an der Grenze. Wr. Neustadt 1989, S. 95 ff.; zur Anfangssituation der KPÖ vgl. Hans Chmelar, Partei ohne Chance. Die KPÖ im Burgenland 1945/46, in: Burgenländisches Landesarchiv (Hg.), Beiträge zur Landeskunde des burgenländisch-westungarischen Raumes (Festschrift für Harald Prickler, Bgld. Forschungen, Sonderbd. XIII), Eisenstadt 1994, S. 50 ff.

[5] A. Ernst, a. a. O., S. 120.

Die organisatorischen Anfänge der Volkspartei

Auf diese demokratische Nachkriegswahl, seit mehr als fünfzehn Jahren die erste im wiedervereinigten und -begründeten Burgenland, waren die politischen Ambitionen der Funktionäre der Burgenländischen Volkspartei gerichtet.

Parallel zu den Aufbaumaßnahmen auf staatlicher Ebene fanden bundesweit Gründungen der Parteien statt. Im Fall der Volkspartei waren persönliche Freundschaften zwischen den bald österreichweit agierenden maßgeblichen Exponenten Hurdes, Weinberger, Figl und den burgenländischen Politikern Karall, Habeler, Riedl etc. schon ab dem Frühjahr 1945 maßgebliche Voraussetzungen für die burgenländische Parteiarbeit.

In Widerspiegelung der aktuellen Aufteilung des Landes und der verkehrstechnisch aber auch historisch bedingten Nord-Süd-Diskrepanzen im Lande war eine schwierige Kommunikationssituation die Folge und ein zu bewältigendes Problem in der Aufbauphase der ÖVP-Burgenland.

Fast kurios, aber durch mangelhafte Information bzw. durch politisches Wunschdenken erklärlich, wurde etwa schon am 23. Juni 1945 ein Brief an den vermeintlichen Landeshauptmann des Burgenlandes (!), Adalbert Riedl (vormaliger Parteisekretär der Christlichsozialen Partei), vom Obmann der Österreichischen Volkspartei des Bezirkes Güssing geschickt und um administrative Hilfestellungen ersucht. Der selbsternannte Obmann der Volkspartei ist ebenso typisch für die De-facto-Politik der Pioniermänner der Nachkriegsjahre wie die quasi automatische Fortsetzungslogik seitens der früheren Funktionäre der Christlichsozialen: Hajszanyi Johann war unter anderem Wagnermeister und Landwirt sowie Herausgeber der „Güssinger Zeitung" und mehrmals in der Ersten Republik Landtagsabgeordneter der Christlichsozialen.

Korrigierend wird dem Landtagsabgeordneten a. D. am 24. Juli 1945 von Adalbert Riedl berichtet, daß das Burgenland erst im Werden sei und schon eine Landesparteileitung der Volkspartei bestehe. Als voraussichtlicher 1. Obmann wurde Dr. Lorenz Karall genannt.

Genauere Berichte über die rudimentären Organisationsstrukturen in den Sommermonaten 1945 – wie auch über die ersten Parteijahre generell – gibt es nicht.[6]

Erst die Wahlkampfvorbereitungen für die Herbstwahl 1945 schlagen sich in nachvollziehbaren Schritten nieder. Ab 6. August 1945 war der Lehrer Josef Lentsch, kurz zuvor vom Krieg heimgekehrt, im engeren Kontakt mit Dr. Lorenz Karall, Johann Bauer (dem früheren Landbündler und nachfolgenden christlichsozialen Abgeordneten, der alsbald die Interessen der Bauern vertrat und organisatorisch umsetzte), Johann Wagner (dem früheren Christlichsozialen, der vor allem den Wirtschaftsflügel der Partei zu organisieren hatte) und Johann Habeler (der als Maurer den Arbeitnehmerflügel repräsentierte, den er als gewerkschaftlicher Organisator in den Jahren der Zwischenkriegszeit bereits politisch kennengelernt hatte).

Lentsch wurde der Posten des Landesparteisekretärs angeboten, den er, von Adalbert Riedl bis ins Frühjahr 1946 unterstützt, schließlich bis 1959 ausübte. Wobei

---

6 Als explizit parteigeschichtliche Publikation und Sammlung von persönlichen Erinnerungen ist in diesem Zusammenhang eine wesentliche Grundlage vor allem Johann ERHARDT et al.: Eine Partei für das Burgenland. Eisenstadt 1985.

sicherlich auch die räumlich-infrastrukturellen und kommunikationstechnischen Möglichkeiten in Riedls Büro im Landesmuseum Eisenstadt von Vorteil waren. Somit war der erste Landesparteisekretär zugleich auch derjenige, der in der Geschichte der stets kürzer werdenden Perioden dieser Parteimanager mit fast eineinhalb Jahrzehnten auch die längste Amtsdauer nachweisen konnte.

Seine erforderlichen Wegstrecken konnte er trotz gelegentlich verfügbarer Autostunden, die er aufgrund eines motorisierten Freundes zugesprochen erhielt, hauptsächlich mit den eigenen Füßen, einem Pferde-, Ochsen- oder Kuhgespann als Transportmittel bewältigen. Im Landessüden, wohin über viele Jahre keine direkte Telefonleitung verfügbar war, übernahm Johann Wagner die Organisationsarbeit für den Wahlkampf. Die Landesparteileitung der ÖVP war im ersten Stock der Bäckerei Prost in Eisenstadt, Hauptstraße Nr. 49, gelegen und auf engstem Raum untergebracht.

Die ersten Bezirksparteiobmänner der ÖVP, die etwa im Norden (so berichtete J. Habeler) zeitweilig durch niederösterreichische Funktionäre Unterstützung erhielten, waren Jakob Mädl in Neusiedl, Franz Strobl in Eisenstadt, Lorenz Karall in Mattersburg, Stefan Kotzmanek in Oberpullendorf, Alexander Nemecz in Oberwart, Johann Hajszanyi in Güssing und Georg Fiedler in Jennersdorf.

Die Funktionäre und Landtagskandidaten waren schon politisch erfahrene Personen, die im demokratischen Landtag der Zwischenkriegszeit bis 1934 bzw. im Ständestaat öffentliche Positionen bekleidet hatten. Sie waren weiters ein organisatorischer Zusammenschluß von ehemaligen Christlichsozialen und Landbündlern. Dies hatte von Anfang an zur Folge, daß neben dem faktischen katholischen Naheverhältnis (etwa auch durch den ersten LPS Josef Lentsch symbolisiert, der ab 1935 in diversen Funktionen und mit Unterbrechungen Mitarbeiter der Apostolischen Administratur für das Burgenland war) eine durchaus beachtliche Position dem eher liberal orientierten bzw. evangelischen Wählerpublikum zugestanden wurde.[7]

Die Spitzenposition in der Volkspartei kam vollkommen unbestritten dem initiativen und erfahrenen Dr. Lorenz Karall zu. Er war bereits in der Zwischenkriegszeit Parteigründer einer kroatischen Partei in den zwanziger Jahren gewesen, später Mitglied der Christlichsozialen geworden und von 1930 bis 1934 bereits als Landesrat in der letzten demokratischen Regierung der Ersten Republik tätig. Als exponierter Kroate war er dennoch eine politische Integrationsfigur in der Politik des Burgenlandes.[8]

Die erste Bewährungsprobe

„Mit einer Verfügung vom 11. September wurde den drei ‚antifaschistischen demokratischen Parteien Österreichs‘, wie es in der Verlautbarung des Alliierten Rates hieß, die Erlaubnis erteilt, ihre Tätigkeit in ganz Österreich aufzunehmen."[9]

Die organisatorischen Vernetzungen der meisten Länderparteien mit der Wiener Zentrale (wo in der Anfangsphase übrigens zugleich auch das Burgenländische

---

7 Günter WIDDER: Das Werden der Österreichischen Volkspartei, in: Hans ROSNAK (Hg.): Burgenland Jahrbuch 1982, Wien 1982, S. 59 f.
8 Zur Person des ersten gewählten Nachkriegslandeshauptmannes vgl. Peter WURM, Dr. Lorenz Karall, phil. Diss., Wien 1983.
9 Ludwig REICHHOLD: Geschichte der ÖVP. Graz 1975, S. 107.

Parteibüro formell untergebracht war) konnten somit im September 1945 aufgenommen und akkordierte Wahlrichtlinien ausgegeben werden. Nach der Länderkonferenz vom September 1945 wurde auch der Wahltermin – 25. November 1945 – fixiert und als erste Bewährungsprobe für das junge politische System der Zweiten Republik und seiner Länder vorbereitet. Landtagswahlen in den Bundesländern und die Wahlen zum Nationalrat wurden, wie auch bei den nachkommenden Wahlgängen bis in die fünfziger Jahre, gekoppelt.

Mit spärlichen materiellen Mitteln und enormen persönlichen Entbehrungen bzw. Beiträgen zum Wahlkampf seitens der wenigen Funktionäre wurden am Wahltag erstmals demokratisch legitimerte Weichen für die Nachkriegspolitik gestellt – und zur Freude und zum Vorteil für die Volkspartei entschieden.

Tab. 1: Landtagswahlen 1945–1991; Mandatsverteilung, Wählerstimmen der Landtagsparteien

	ÖVP		SPÖ		FPÖ (WdU)		KPÖ		Gesamt Mandate	LTP
	M	% St	M	% St	M	% St	M	% St		
1945	17	51,8	14	44,9			1	3,3	32	3
1949	18	52,6	13	40,4	1	3,9	0	2,9	32	3
1953	16	48,4	14	44,7	1	3,6	1	3,2	32	4
1956	16	49,1	15	46,2	1	2,9	0	1,9	32	3
1960	16	48,1	15	46,2	1	4,6			32	3
1964	15	47,3	16	48,2	1	2,6			32	3
1968	15	46,6	17	50,3	0	2,2			32	2
1972	15	45,9	16	50,5	1	3,1			32	3
1977	16	45,1	20	51,9	0	2,3			36	2
1982	16	43,0	20	53,2	0	3,0			36	2
1987	16	41,5	17	47,4	3	7,3			36	3
1991	15	38,2	17	48,1	4	9,8			36	3

Am 13. Dezember 1945, sechs Tage vor Konstituierung des Nationalrates (in dem je vier burgenländische ÖVP- und SPÖ-Abgeordnete saßen), konstituierte sich – mit verkehrstechnisch und wettermäßig bedingten Schwierigkeiten – der erste burgenländische Landtag.

Der erste frei gewählte Landeshauptmann konnte deshalb erst in der zweiten Landtagssitzung, am 4. Jänner 1946, gewählt werden. In dieser Funktion stand Dr. Lorenz Karall rund eineinhalb Jahrzehnte an der Spitze der burgenländischen Regierungsmannschaft. Das erste Regierungsteam setzte sich weiters aus Johann Bauer und Johann Wagner (beide ÖVP) und drei SPÖ-Regierungsmitgliedern (Ludwig Leser als Landeshauptmannstellvertreter und Alois Wessely und Hans Bögl als Landesräte) zusammen.

Zwei Drittel der Abgeordneten waren politische Newcomer. Hingegen waren fast alle Regierungsmitglieder durchwegs schon Mitglieder des burgenländischen Landtages vor 1934 gewesen und persönlich durchaus vertraute Personen. Auch die Unbescholtenheit während des NS-Regimes war für die politische Elite nach 1945 ein weiteres konsensstiftendes Merkmal im Aufbaujahrzehnt für das demokratische politische System der Zweite Republik, im Klima sozialer Konkordanz nach den Kriegsjahren und im ökonomischen Bestreben nach gemeinsam zu verantwortenden Leistungen für das kaum mit Bewährung und Bestand versehene Burgenland.

Dem Landesparlament saßen von 1945 bis 1964 und von 1987 bis in die Gegenwart stets ÖVP-Kandidaten als Landtagspräsidenten vor. Der erste in dieser Reihe war Martin Wetschka. Die Landtagspräsidenten seit 1987 sind politisches Zugeständnis an die zweitgrößte Landespartei aufgrund geänderter Mehrheits- und politischer Machtverhältnisse im burgenländischen Landtag ab der 15. Gesetzgebungsperiode.

Die innerparteiliche Struktur der ÖVP Burgenland

Die Dynamik der Regierungspolitik führte trotz der äußerst widrigen Umstände (Ernährungslage, Verkehrsprobleme etc.) allmählich zu verläßlichen Fundamenten und organisatorischen Strukturen im Lande.[10]

Die innerparteiliche Situation für die Volkspartei war durch eine Konsolidierung bzw. abschließende Formalisierung der Organisationsstruktur gekennzeichnet. Dafür bildete der 1. Landesparteitag am 7. Dezember 1946 im Haydn-Kino in Eisenstadt-Oberberg einen ersten Höhepunkt. Der bisherige provisorische Landesparteiobmann, Dr. Lorenz Karall, wurde zum ersten Landesparteiobmann der Volkspartei des Burgenlandes gewählt. Bundeskanzler Figl, Unterrichtsminister Hurdes und Staatssekretär Graf waren die Gäste der Bundespartei bei diesem wichtigen politischen Ereignis.

Nach einer Welle von vorbereitenden Veranstaltungen in sämtlichen Bezirken des Landes und nach der Wiederbegründung des „Burgenländischen Volksblattes" – das seit 13. Juli 1946 als Wochen- und Parteizeitung erscheint – konnte eine solidere und effizientere Organisationsarbeit, die auch die örtlichen Funktionäre einbinden konnte, für die Partei- und Landespolitik verwirklicht werden.

In einem Klima von pragmatischer Kooperation und demokratischer Grundüberzeugung der beiden großen Parteien im Lande wurden die wirtschaftlichen Probleme der nachfolgenden Jahre in Angriff genommen. Die Ausgrenzung der KPÖ aus den politischen Entscheidungsspielräumen war vor dem Hintergrund der im Burgenland anwesenden alliierten Macht beinahe eine Selbstverständlichkeit, wenngleich die Gesprächsbasis mit den burgenländischen KPÖ-Funktionären durchaus tragfähig und zumindest gelegentlich genützt wurde. Vor allem die kommunistische Publizistik in Form eines gut gemachten Wochenblatts trug zu politischem Streit und zur Themenanreicherung immer wieder bei (etwa das Dauerthema Bodenreform betreffend).

---

10 Roland WIDDER: Unser Weg. Eisenstadt 1981, S. 157 ff.

Die Schwierigkeiten in der Ernährungslage waren trotz der agrarischen Struktur des Landes in den unmittelbaren Nachkriegsjahren und kalten Wintermonaten von hoher Brisanz. Vor allem die Politiker aus dem bäuerlichen Bereich und ab 1947 im Rahmen der wiederbegründeten Landwirtschaftskammer waren gefordert, mit der Landesverwaltung diese dringlichen Nöte im Verein mit nationaler und auch internationaler Unterstützung zu lösen.

Die infrastrukturellen Neuerungen im Land, die zielstrebigen wirtschaftspolitischen Initiativen des Wirtschaftsflügels der Partei mit Johann Wagner an der Spitze des Wirtschaftsbundes und der neu gegründeten Handelskammer (1950 fand die erste Kammerwahl statt) zeigten bald erste verheißungsvolle Ergebnisse.

Die Arbeitnehmerinteressen, von stetem Strukturwandel als soziologischem Dauerphänomen unserer Gesellschaft gekennzeichnet, waren stets ein schwieriges Gebiet der spezifischen Interessenpolitik und der Akzentabwägung innerhalb der Volkspartei. Erst durch beharrliche Parteiarbeit konnte das sozial sehr differenzierte Feld der Arbeiter und Angestellten politisch genutzt und umgesetzt werden.

Die forcierte Schulung von Parteifunktionären (vorrangig in Wallsee und später auf Schloß Wartholz) und die Verbesserung der Vertrauensmännerschulungen in den Bezirken und auf Landesebene waren die innerparteiliche Antwort auf gesamtgesellschaftliche Veränderungen und auf den Aufbauwillen engagierter Mitarbeiter der Partei.

Trotz bedrückender und kontrollierender Einflußnahmen durch die Besatzungsmacht im Lande, die sowohl einen solidarisierenden Effekt zwischen den beiden großen Parteien hervorrief, als auch durch listiges Umgehen von sowjetischen Interventionsmöglichkeiten bzw. durch selbstbewußtes Auftreten von Politikern, wie es vor allem den Kroaten Dr. Karall auszeichnete, konnten im Jahrzehnt bis 1955 gute Voraussetzungen für den Aufbau im Lande erzielt werden. Symbolisch dafür steht etwa die Wiedereröffnung des Bad Tatzmannsdorfer Kurbetriebes, die Gründung eines Wasserleitungsverbandes im nördlichen Burgenland oder die Forcierung des Straßenbaus, der Nord-Süd-Verbindung im Lande, ab dem Jahre 1948.

Entsprechend der bündischen Struktur der jungen Partei waren die unmittelbaren Weggefährten Dr. Karalls folgendermaßen organisiert: Der Burgenländische Bauernbund – der ab 1. September 1945 sich um den provisorischen Landesvorstand und Obmann Johann Bauer zu organisieren begann, in den Bezirken durch jeweilige Bezirksbauernratsobmänner und Bezirksbauernräte dicht vertreten war, von den 17 ersten Landtagsabgeordneten der 5. Wahlperiode insgesamt acht zu seinen Mitgliedern zählte – war mit dem ersten ordentlichen Landesbauerntag vom 18. Mai 1947 organisatorisch endgültig etabliert. Damals vertraten rund 500 Delegierte ca. 25.000 Mitglieder.[11]

Bis zur ersten Wahl in die Landwirtschaftskammer am 23. März 1958 erledigte ein Beirat (durch Regierungsbeschluß vom April 1947 bestellt: 11 ÖVP-, 6 SPÖ- und 1 KPÖ-Mitglied[er]) die entsprechenden Agenden. Nach der ersten freien Landwirtschaftskammerwahl 1958, sie brachte eine Mehrheit von 67% für den Bauernbund, begann ein kontinuierlicher Anstieg auf weit über 80% bei den nachfolgenden Wahlgängen.

---

11 Günter WIDDER: Die christliche Bauernbundorganisation im Burgenland, in: Burgenländischer Bauernbund (Hg.), Bauernbundkalender 1971, Eisenstadt 1971, S. 13 ff. (hier S. 49 ff.).

Eine ab 1948 14tägig erscheinende Mitgliederzeitung sowie ein seit 1946 verteilter „Bauernbundkalender" mit Burgenlandschwerpunkt bilden eine der Kommunikationsschienen zwischen Mitgliedern und Funktionären dieser Teilorganisation.

Am 27. November 1946 wurde der bis dato provisorisch agierende Wirtschaftsbund der Landespartei formell begründet und erhielt mit Obmann Johann Wagner und den Stellvertretern Dipl.-Ing. Adolf Vogl und Landessekretär Josef Thomaschitz die erste Landesleitung für den „Österreichischen Wirtschaftsbund – Landesgruppe Burgenland". Davor war Dipl.-Ing. Vogl als provisorischer Obmann des Wirtschaftsbundes tätig gewesen. Er war von 1946 bis 1955 Präsident der Handelskammer Burgenland und in der ersten Nachkriegsperiode im burgenländischen Landtag.

Im Gründungsjahr zählte der Wirtschaftsbund 1.732 Mitglieder. Nach anfänglichen Schwierigkeiten wurde in den darauffolgenden Jahren die Mitgliederzahl mehr als verdoppelt. Trotz dieser zahlenmäßig geringen Interessenorganisation innerhalb der Partei war vor allem in den Anfangsjahrzehnten das politische Gewicht überaus stark und in der Tagespolitik dominierend präsent. Bis 1961 stellte der Wirtschaftsbund jeweils den Landeshauptmann und von 1946 bis 1956 jeweils zwei Regierungsmitglieder.

Tab. 2: Mitgliederentwicklung der ÖVP-Burgenland 1963–1993

Jahr	ÖAAB	ÖBB	ÖWB	ÖFB	JVP	ÖSB	Gesamt
1963	6.633	14.826	5.349	keine Angaben			26.808
1966	8.679	14.376	5.318	1.534	keine Angaben		28.391
1968	8.115	14.985	5.047	2.296	5.309	–	35.752
1973	5.684	9.158	6.419	2.980	6.597	–	30.838
1976	6.230	8.836	5.561	3.747	3.534	–	27.908
1979	9.391	8.740	3.953	4.593	3.003	5.207	34.887
1982	6.450	8.330	3.809	4.215	5.162	5.350	33.496
1983							36.242
1986	8.955	8.200	5.714	4.817	3.500	7.250	38.486
1988	9.010	7.819	5.812	4.802	4.503	10.020	42.002
1990	8.836	7.737	5.894	4.513	2.894	10.481	40.355
1993	8.413	6.922	5.356	3.474	2.150	10.774	37.089

Das politische Gewicht des Landeshauptmannes Dr. Karall wurde von 1956 bis 1965 in seiner Funktion als Obmann des Wirtschaftsbundes und Handelskammerpräsidenten fortsetzend gewürdigt. Der spätere Landtags- und Nationalratsabgeordnete und Wirtschaftsminister Robert Graf war sein unmittelbarer Nachfolger im Wirtschaftsbund und als Präsident (bis 1987) der Burgenländischen Handelskammer.

Die Initiativen im Bereich des Arbeitnehmerflügels übernahm ab dem Jahr 1945 Johann Habeler aus Wiesen. Der erste ordentliche Landestag des burgenländischen Arbeiter- und Angestelltenbundes fand am 17. Oktober 1948 statt und konnte bloß 2.735 Mitglieder im vorgelegten Bericht bekanntgeben.

Die Aktivitäten im Kreis um Landesobmann Johann Habeler, der als Maurer und Arbeitnehmerpolitiker schon in der Ersten Republik aktiv war, und seine ÖAAB-Bezirksobmänner konnten erst ab den fünfziger Jahren vermehrt sichtbare Erfolge bringen. In diesem Jahrzehnt war die Mitgliederzahl unter seinem Nachfolger, ab 1956 war dies Franz Soronics, schließlich auf bereits über 5.000 angestiegen. Sechs Landtagsabgeordnete des ersten Nachkriegslandtages waren durch ihre berufliche Zugehörigkeit als ÖAABler zu bezeichnen.[12] In der Landesregierung war Josef Lentsch als ÖAAB-Exponent erstmals ab 2. Dezember 1949 als Landesrat tätig.

Die bedeutsame Arbeit der Frauen und der Parteijugend setzte ebenfalls schon sehr früh ein, konnte aber nur allmählich und nach zäher innerparteilicher Arbeit dazu beitragen, daß Frauenpositionen und Frauen als Mandatare zum akzeptierten Bestandteil der ÖVP-Politik und jugendspezifische Anliegen geschätzte Komponenten im innerparteilichen Dialog wurden. Die Politik der Bündetrias symbolisierte allerdings über Jahrzehnte hin das Erscheinungsbild der Partei und prägte die innerparteilichen Kandidatenaufstellungen. Erst durch diverse Vorwahlverfahren in den letzten Jahren konnte diese bündische Dominanz relativiert werden.

Den zeitweiligen bündischen Querelen übergeordnet war stets auch ein spezifisches Abwägen einer Nord-Süd-Ausgewogenheit bei den entsprechenden Kandidatenfestlegungen. Eine sensible allgemeine politische Komponente, die in vielen anderen gesellschaftlichen Teilbereichen im Burgenland ebenso spürbar war und ist, Verwundungen zeigte und Protesthaltungen provozierte.

Auch auf Gemeindeebene, wo erstmals im November 1950 eine Wahl der Ortspolitiker möglich wurde, konnten demokratisch verläßliche Strukturen und großer Zuspruch für die Kandidaten der Volkspartei erzielt werden. Sie stellte knapp 200 der Bürgermeister in den 317 politischen Gemeinden des Landes.

Politik unter der Perspektive der Freiheit

So wenig „Zäsuren" aufgrund historiographischer Eindeutigkeiten zur Beschreibung von historischen Prozessen geeignet sind, so war dennoch markant, wie sich nach 1955 in einem beschleunigten Ausmaß die politische Kultur im Burgenland veränderte.

Der „Russenzeit" war mit dem Abzug der Besatzungsmacht im Jahr 1955 beseitigt, die Existenz des „Eisernen Vorhangs" schon zur akzeptierten, traurigen Gewißheit geworden, und wirtschaftliche Aufschwungdaten begleiteten die Politik unter der Perspektive der Freiheit. Die konserserforderliche Pionierphase unter bedrückenden Aufbaubedingungen ertrug bereits konfliktreicheres Agieren der Politiker, mehrere Parteien (wenngleich die Kommunisten im Landtag ab 1956 nicht mehr vertreten waren und nur mehr über die Parteipresse politisch agierten) und kontroversiellere Auseinandersetzungen über politische Inhalte.

---

12 ÖAAB-Landesgruppe Burgenland (Hg.): 50 Jahre Christliche Arbeiterbewegung im Burgenland. Eisenstadt 1973, S. 20.

Demokratische Wahlen waren bereits zur mehrfach bewährten Routine geworden. Die prinzipielle Verläßlichkeit unter den Agierenden der politischen Elite wurde wechselseitig zugestanden, wenngleich die Schärfe der politischen Auseinandersetzung und die pointierteren, pauschalierenden Wahlparolen, die übernommene Vorgaben der Bundesparteileitungen waren, durchaus zu kritischen Belastungsproben wurden (Rentenklau-Plakate und Volksfront-Parolen symbolisieren diesen Trend).

Nach dem großen Wahlverlust der ÖVP im 3. Nachkriegswahlgang von 1953 war die erste Landtagswahl nach dem Staatsvertragsjahr 1955 ebenfalls – im Gegensatz zum guten Nationalratswahlausgang – von Enttäuschung geprägt. Ab 1956 gab es nie mehr einen Vierparteienlandtag. Die Kommunisten schafften nach der Besatzungszeit keinen Einzug ins Landesparlament. Der vormalige VdU-Mitbegründer im Burgenland, Adalbert Görcz, saß erstmals – und als erster Parteiwechsler des Landes nach 1945 – in seiner dritten Landtagsperiode nun als ÖVP-Mandatar im Landtag. Ab dem darauffolgenden Jahr war er bis 1969 Chefredakteur des „Burgenländischen Volksblattes". Im Anschluß an diese und neben seiner parlamentarischen Tätigkeit (bis 1972) war er bis 1986 als Direktor des Burgenländischen Gemeindebundes publizistisch und beratend in der burgenländischen Kommunalpolitik tätig.

Landeshauptmann Karall war nicht nur persönlich durch einen zweiten Herzinfarkt zu Jahresbeginn 1956 gezeichnet, sondern auch politisch mehr und mehr umstritten. Schon beim Landesparteitag im Herbst 1954 wurde ein schon länger schwelender Konflikt manifest. Der Kammeramtsdirektor der Landwirtschaftskammer, Dipl.-Ing. Hans Mad, griff als Präsident der Katholischen Aktion Burgenland Landesrat Johann Bauer heftig an, da es im Genossenschaftssektor des Landes zu erheblichen Mißständen gekommen war. Weiters wurde die stärkere Einflußnahme von katholischen Aktivisten in die Parteiarbeit und -kandidatenstruktur gefordert. Dieser „Putschversuch"[13] gegen die Parteispitze um Lorenz Karall konnte zwar durch den beim Parteitag anwesenden Bundesparteiobmann und Bundeskanzler Ing. Julius Raab kalmiert werden. Dennoch konnte Monate später, nach Gründung einer Gemeinschaft Christlicher Demokraten des Burgenlandes, das Landesorgan der Sozialistischen Partei erfreut, aber voreilig berichten: „ÖVP-Spaltung vollzogen."[14]

Landesrat Bauer, der neben seiner Funktion als Mitglied der Landesregierung, als Obmann des Burgenländischen Raiffeisenverbandes, als Präsident der Landwirtschaftskammer und als Landesobmann des Bauernbundes u. a. Funktionen eine gewaltige Fülle an politischer Macht verkörperte, mußte schließlich allmählich seine Funktionen abtreten. Als Landwirtschaftskammerpräsident und später auch als Obmann des Bauernbundes folgte ihm 1955 Franz Kroyer nach, der bis 1964 abwechselnd im Bundesrat und Landtag vertreten war und bis 1964 das Präsidentenamt in der Landwirtschaftskammer innehatte.

Auf Regierungsebene folgte (nach der Landtagswahl) der knapp 34jährige, aus Oberschützen stammende Reinhold Polster als Landesrat für Agrarfragen.

Derartige Streßphasen für die Burgenländische Volkspartei konnten zwar überwunden werden, mündeten aber dennoch in einer Rückzugsstrategie von Lorenz

---

13 Johann Erhardt et al., a. a. O., S. 29.
14 Burgenländische Freiheit Nr. 10/6. März 1955, S. 1.

Karall. Nach mehrwöchigen Regierungsverhandlungen im Anschluß an die Landtagswahl im Frühjahr 1956 kam es zur Neubildung der Landesregierung – mit Johann Wagner in der Funktion des Landeshauptmannes.

Das innerparteiliche Revirement und die Verjüngung der politischen Führungsebene sah neben dem Einzug des (evangelischen) Politikers Polster auch den Wiedereintritt von Josef Lentsch in die Landesregierung vor. Die klassische Bündetrias – Wirtschaftsbund, ÖAAB, Bauernbund – in der VP-Regierungsmannschaft war (nach 1949–1953 bei vier Regierungsmitgliedern) wiederhergestellt worden und bildete eine stete Ausgangslage für den Berufungsmodus für die ÖVP-Regierungsmitglieder in die jeweiligen Landesregierungen der nachfolgenden Dekaden bis 1993.

Altlandeshauptmann Dr. Lorenz Karall wurde zum 1. Landtagspräsidenten und am 27. Juni 1956, gleichsam im Gegenzug für Wagners politischen Aufsteig, zum Präsidenten der burgenländischen Handelskammer gewählt. Seine Parteiobmannschaft ließ er sich allerdings beim 6. Landesparteitag im Frühjahr 1957 wieder bestätigen und behielt diese Funktion bis zur Übergabe an Landeshauptmann Josef Lentsch sogar noch bis zum 26. Oktober 1963, also bis weit in die Regierungszeiten seiner beiden nachfolgenden Landeshauptmannkollegen hinein.

Karall, der als erster gewählter „Aufbaulandeshauptmann" das Wiederentstehen und -erstarken des Burgenlandes maßgeblich geprägt hatte, war Spitzenkandidat von vier Landtagswahlgängen zwischen 1945 und 1956 und mit einer Amtszeit als Landesparteiobmann von de facto fast 19 Jahren (beginnend mit seinen Einigungsbestrebungen im Frühjahr 1945 und endend nur wenige Monate vor dem politischen Mehrheitswechsel im Lande vom März 1964) der am längsten dienende ÖVP- Politiker an der Regierungs- und Parteispitze.

Der Generationswechsel in der ÖVP

Die nachfolgenden beiden Landtagsperioden von 1956 bis 1964 standen sowohl im Zeichen der wirtschaftlichen Weiterführung der Landesentwicklung als auch der infrastrukturellen Konsolidierung des Landes und der Beschäftigungsimpulse für burgenländische Arbeitnehmer durch Industrieansiedelungen. Schulbauten, energiewirtschaftliche Impulse (etwa durch Gründung der BEWAG, mit der Errichtung eines Fernheizkraftwerkes in Pinkafeld, durch Wasserversorgungssysteme usw.) sowie Straßenbauten, z. B. die Nord-Süd-Verbindung des Landes sowie die Erschließung der landwirtschaftlichen Siedlungs- und Wirtschaftsgebiete durch den Ausbau des Güter- und Forstwegenetzes, aber auch kulturpolitische und touristische Akzente in den diversen Landesteilen setzten die Pionier- und Aufbauarbeit der ersten ÖVP-Generation im Landesregierungskonsens fort. Einer politischen Dauerfrage im Burgenland, der Bodenreform, konnten keine befriedigenden Antworten auf politischer Ebene gegeben werden. Es kam nur zu marginalen Besitzveränderungen, Verkaufsaktionen von Esterházyschem Besitz zu günstigen Bedingungen an kleine und mittlere landwirtschaftliche Betriebe.

Mit der Landtagswahl vom April 1960, erstmals abgekoppelt von der Nationalratswahl, wurde eine werbestrategische Neuerung und eine burgenlandspezifische Betonung der Politikthemen eingesetzt. Landeshauptmann Wagner vertrat als „Spitzenkandidat der ÖVP ein fortschrittliches Entwicklungsprogramm für das Burgenland. Zum erstenmal in Österreich haben Wissenschafter und Politiker in engster Kooperation ein Programm für eine Landtagswahl zusammengestellt..." und der Landespartei, abgekoppelt von den Werbevorgaben der Bundespartei, „die Möglichkeit [geboten], die Probleme des Burgenlandes in den Vordergrund zu rücken."[15]

Die Durchsetzung dieser regional akzentuierten Volksparteiwerbung im Burgenland gilt als Verdienst des damaligen ÖVP-Parteisekretärs Josef Lentsch, der das Ergebnis einer „Burgenland-Enquete" von Wissenschaftern und Politikern als ÖVP-Wahlprogramm an alle burgenländischen Haushalte versenden ließ. Dieses Experiment von Wissenschaftsberatung für die Politik wurde sowohl im Burgenland fortgesetzt (mit einer 2. vorbereitenden Enquete für den Wahlgang 1964), entsprach dem gesellschaftlichen Trend, der sich bundesweit in der Aktion 20 der ÖVP manifestierte und sich mit den legendär gewordenen „1400 Experten" des Dr. Bruno Kreisky Anfang der siebziger Jahre besonders eindrucksvoll auswirkte.

Dieser modernisierte Wahlkampfstil trug allerdings nur spärliche Früchte. Denn trotz Behauptung des Mandatsstandes und trotz Stagnation der SPÖ – vor allem aufgrund der nur knapp überstandenen Spaltungstendenzen[16] – war nur die FPÖ stimmenmäßiger Gewinner der Landtagswahl.

Die ÖVP konnte den Wahlausgang vom 10. April zwar noch als Erfolg werten, sie legte im Vergleich zur davorliegenden Nationalratswahl nämlich geringfügig zu und hatte die Gewißheit, zumindest partiell die Personalrochaden auf Führungsebene schon durchgeführt bzw. in die Wege geleitet zu haben. Die SPÖ wies diesbezüglich einen Nachholprozeß auf.

Neue Politikberatung und Werbestrategien

Landeshauptmann Wagner trat Mitte 1961 als Landeshauptmann von der politischen Bühne ab, überließ seine Position dem langjährigen Parteisekretär und Landesrat, dem Lehrer Josef Lentsch. Dessen Position als Parteisekretär hatte ab November 1960 schon Johann Erhardt, ein Landwirt aus Raiding, übernommen. Er konnte schließlich auch für einen günstigeren äußeren Rahmen der Parteizentrale, die 1962 in ein eigenes Parteihaus in der Rochusstraße übersiedelte, sorgen. (Die heutige Parteizentrale in der Ing.-Julius-Raab-Straße wurde knapp zwei Jahrzehnte später bezogen.)

Neu in die Landesregierung war ab diesem Zeitpunkt auch DDr. Rudolf Grohotolsky gekommen, der mit dem schon seit einer Regierungsperiode amtierenden Reinhold Polster die ÖVP-Bünde in der verjüngten Regierungsmannschaft komplettierte. Mit diesem Wechsel war erstmals ein ÖAAB-Kandidat auch an der Spitze der Regierungsmannschaft gestanden.

Vor einem überaus problematischen bundespolitischen Hintergrund der frühen sechziger Jahre (vgl. dazu die diversen Beiträge zur Bundespolitik in diesem Sammelband) und in der spezifischen Aufbruchsstimmung einer jungen Politikergeneration, zu der etwa auch bereits der burgenländische Nationalrat und ab 5. November 1963

---
15 J. ERHARDT et al., a. a. O., S. 39.
16 Fred SINOWATZ et al.: Aufbruch, a. a. O.; S. 177 ff.

als Staatssekretär im Innenministerium tätige (und seit dem April 1956 als ÖAAB-Landesobmann wirkende) Franz Soronics gehörte, starteten die Vorbereitungen für die Landtagswahl 1964.

Die bereits eingeleitete Einbeziehung der wissenschaftlichen Komponente (im Rahmen einer sogenannten „2. Burgenland-Enquete") bei der Wahlprogrammerstellung wurde um eine weitere wesentliche moderne strategische Facette angereichert. Zum erstenmal in einem burgenländischen Wahlkampf kam auch der Meinungsforschung eine markante Bedeutung zu. In professionellen Befragungsserien wurden Präferenzerhebungen und Einstellungsprofile der burgenländischen Bevölkerung im Sommer 1963 erhoben und daraus entsprechende Planungen abgeleitet.

Die schwierige und soziologisch nachgewiesene Ausgangsbasis für die anstehende politische Konfrontation erbrachte als analytische Konsequenz einen Persönlichkeitswahlkampf. Dieser wurde als „amerikanische Wahlwerbung", sicherlich ansteckend verbreitet auch durch die in Europa überschwengliche Sympathie für den ersten katholischen Präsidenten der USA, J. F. Kennedy, bezeichnet und ab Herbst 1963 konzipiert.

Wanderausstellungen und erstmals im Burgenland auch ein Werbefilm waren die Vehikel neben den klassischen Plakaten, die u. a. dafür plädierten, „Lentsch und sein Team" weiter zu unterstützen. Für die Stimmung vor allem unter den Funktionären der Partei war sicherlich auch die Ernennung von Franz Soronics zum Staatssekretär im Sozialministerium ein motivierender Impuls. Soronics war ab November 1963 das erste burgenländische Mitglied einer österreichischen Bundesregierung.

Zufälle verstärken den Trend gegen die ÖVP

Hinein in all diese soliden Planungen, wenig erfreulichen Meinungsumfragen, bundespolitischen Demissionskonsequenzen und Querelen wirkten schließlich auch noch kurzfristig funktionalisierbare Anti-Habsburg-Stimmungen in diesem Frühjahr, die als Anti-Esterházy-Politik der SPÖ im Burgenland eine regionale Spezifizierung erfuhren. Darüber hinaus befiel eine nach einer Gedenkveranstaltung zum 12. Februar 1934 ausgebrochene Krankheit den Spitzenkandidaten der ÖVP und band ihn für Monate ans Krankenbett. Josef Lentsch schied somit wenige Wochen vor dem Landtagswahltermin aus der auf ihn zugeschnittenen Wahlkampfwerbung – und auf lange Sicht auch aus der Politik – aus. Eine Situation, die zur Mitte der siebziger Jahre mit dem Unfall des Spitzenkandidaten Karl Schleinzer auf Bundesebene eine ebenso dramatische Analogie erfuhr.

Die improvisierte Umpolung der Wahlwerbung, die organisatorischen Schwierigkeiten für die Parteifunktionäre und die plötzlichen Irritationen auch im Wählerpublikum konnten schließlich den sich strukturell schon längerfristig abzeichnenden Umschwung in der Wählergunst für die SPÖ als neue Mehrheitspartei im Lande nicht mehr aufhalten.

Der Wechsel in der Parteipräferenz für die von einem primären Strukturwandel (von der Landwirtschaft zu den Sektoren Industrie und Gewerbe überwechselnden) betroffenen Burgenländer, zugunsten der Sozialistischen Partei, hatte seit mehreren Landes- und Bundeswahlgängen eine konstante Vorgeschichte.

Tab. 3: Abstand ÖVP/SPÖ 1945–1960

Jahr	Abstand
1945	6,8 Abstand ÖVP/SPÖ 1945—1960
1949	12,2
1953	3,7
1956	3,2
1960	2
1964	Abstand SPÖ/ÖVP 1964—1991 0,9
1968	3,7
1972	4,6
1977	6,9
1982	10,2
1987	5,8
1991	9,9

Die stabile Zweiparteienlandschaft im Burgenland, die noch dazu einen Konzentrationsgrad bei sämtlichen Landtags- und Nationalratswahlen aufweist, der erst ab ca. 1990 unter die 90%-Marke zu sinken beginnt, schwenkte zugunsten der SPÖ um und markierte die erste „politische Wende" auf Landesebene in der Zweiten Republik österreichweit.

Diese Trendumkehr wurde mit einer kleinen Verzögerung sowohl auf Bundes- wie auch auf Landesebene sichtbar. „Das Burgenland ist nämlich das einzige Bundesland, in dem beide Großparteien bei Landtags- wie auch bei Nationalratswahlen jeweils absolute [Stimmen- R. W.]Mehrheiten erreichen konnten: Auf der Landtagsebene die ÖVP 1945 und 1949, die SPÖ 1968, 1972, 1977 und 1982, auf der Ebene der Nationalratswahlen die ÖVP 1945, 1949 und 1966, die SPÖ viermal, in den Jahren 1971–1983."[17]

---

17 Christian SCHALLER: Parteien und Wahlen im Burgenland, in: Herbert DACHS (Hg.): Parteien und Wahlen in Österreichs Bundesländern 1945–1991, Wien/München 1992, S. 36.

Tab. 4a: Stimmanteile der Parteien bei Landtagswahlen im Burgenland
(Stimmanteile in%, ▓▓ = absolute Stimmenmehrheiten)

Landtagswahlen						
Jahr	ÖVP	SPÖ	FPÖ (WdU)	KPÖ	Grüne	Sonstige
1945	51,8	44,9		3,3		
1949	52,6	40,4	3,9	2,9		0,2
1953	48,4	44,7	3,6	3,2		
1956	49,1	46,0	2,9	1,9		
1960	48,1	46,2	4,6	1,1		
1964	47,3	48,2	3,6	0,9		
1968	46,6	50,3	2,2	0,4		0,4
1972	45,9	50,5	3,1	0,4		0,1
1977	45,1	51,9	2,2	0,3		0,3
1982	43,0	53,2	3,0	0,5		0,3
1987	41,5	47,4	7,3	0,6	2,2	1,1
1991	38,2	48,1	9,8	–	3,3	0,6

Tab. 4b: Stimmanteile der Parteien bei Nationalratswahlen im Burgenland (Stimmanteile in %, ▓▓= absolute Stimmenmehrheiten)

Nationalratswahlen						
Jahr	ÖVP	SPÖ	FPÖ (WdU)	KPÖ	Grüne	Sonstige
1945	51,8	44,9		3,3		
1949	52,6	40,4	3,9	2,9		0,3
1953	48,3	44,7	3,7	3,2		
1956	49,2	46,0	3,0	1,9		
1959	47,3	46,5	5,0	1,2		
1962	48,7	46,3	4,0	1,0		
1966	51,2	45,4	2,4	n.k.		1,0
1970	48,1	48,8	2,7	0,4		
1971	46,4	50,2	2,9	0,5		
1975	45,3	51,8	2,5	0,4		
1979	43,9	52,9	2,7	0,4		
1983	44,3	51,4	2,2	0,3	1,9	
1986	42,8	49,0	5,4	0,3	2,5	
1990	35,4	49,9	11,0	0,3	3,4	
1994	31,5	44,3	16,7	0,1	3,6	3,8

Quellen zu 4a, 4b: Zusammenstellung nach: Amt der Bgld. Landesregierung (Hg.): Landtags- und Nationalratswahlen 1945–1986. Eisenstadt 1987 (Bgld. Statistiken).

Auffallend in diesem Kontext ist weiters, daß die Volkspartei fast durchgehend bei Landtagswahlen unter den Ergebnissen der Bundeswahlen gelegen ist. Selbst 1966, knapp zwei Jahre nach dem grundlegenden Mehrheitswechsel im Lande, erzielte sie bei der Nationalratswahl, in einem letzten Nachzieheffekt, die absolute Stimmenmehrheit im Lande.

Neustart aus der Defensive

Nach dem dramatischen Schock aufgrund des Wahlausganges von 1964, der auf der Seite der SPÖ-Regierungsmannschaft in den nachfolgenden zwei Jahren einen kompletten Führungskräftetausch beschleunigte, war die ÖVP vor vollkommen unvorhersehbare Tatsachen gestellt worden.

Die demokratische Fairneß reichte zwar für ein Glückwunschtelegramm von Ex-Landeshauptmann Lentsch aus dem Krankenhaus an den Wahlsieger: „Das Wahlergebnis zur Kenntnis nehmend, bekennen wir uns weiterhin zur Zusammenarbeit. Zur neuen Berufung – Erfolg im Interesse unseres Volkes und Landes."[18]

Dennoch blieb unterhalb dieser politisch-funktionalen Toleranz eine durchgehend konsternierte ÖVP-Mannschaft vor einer Problemsituation, die zu Verwirrung und Verweigerung, zu Hinhaltetaktik und schließlich Kompromißbereitschaft führte.

Diese gravierende Streßphase der VP-Geschichte hatte sowohl innerparteiliche Konsequenzen wie auch Folgen bezüglich der Neugestaltung der Kooperation innerhalb der Regierungsagenden. In zähen Verhandlungen während der nachfolgenden Parteiengespräche waren doch tragfähige Arrangements die Folge.

Es war allerdings aufgrund der Regierungsverhandlungen der ÖVP-Klub im neukonstituierten Landtag, dessen Präsidium seit dem 17. April 1964 erstmals in der Zweiten Republik nicht mehr unter VP-Dominanz war, sondern dem SPÖ-Parteisekretär Dr. Fred Sinowatz zugestanden wurde, nicht bereit, den SPÖ-Spitzenkandidaten Hans Bögl zu wählen.

Den Ausweg aus der politischen Pattsituation, die SPÖ hielt nur die relative Mandatsmehrheit, wies schließlich der FPÖ-Abgeordnete Rezar, mit dessen Stimme schließlich Hans Bögl zum ersten sozialistischen Landeshauptmann gewählt wurde. Die ÖVP-Mandatare zogen während dieses Abstimmungsvorganges demonstrativ aus dem Landtagssaal aus – nur der Abgeordnete Robert Graf blieb, zur Erklärung des VP-Verhaltens, im Plenum.

Damit hat eine spezifische Kooperationslogik im Burgenland eine weitere Episode geliefert, die durch Ereignisse in der Politik der Zwischenkriegszeit ebenso eine Analogie[19] erkennen läßt, wie auch in der Koalition von SPÖ/FPÖ auf Bundesebene in den Jahren nach 1983. Sowohl in der Zwischenkriegszeit als auch in den Zeiten der SPÖ-Alleinregierung waren offensichtlich die politisch opportunen und tragfähigen Kompromisse mit der FPÖ eher im SPÖ-Umfeld möglich. Auch das spezifische Kalkül um Wahlrechtsänderungen (1970 auf Bundesebene zwischen Kreisky und

---

18 Zit. nach EHRHARDT et al., a. a. O., S. 55.
19 Vgl. Roland WIDDER: Landespolitik am Beispiel Burgenland 1922–1934. – In: Emmerich TALOS et al.: Handbuch des politischen Systems Österreich – Erste Republik. – Wien 1995. S. 632 f.

Peter, 1976 auf Landesebene zwischen Kery und – nochmals und abschließend – Rezar) unterstreicht eine diesbezüglich geglückte Verständigung. Im Gegensatz dazu war 1987 im Burgenland die versuchte ÖVP/FPÖ-Verständigung über eine Landeshauptmannwahl von keinem Erfolg begleitet. Und selbst für dieses Ausscheren aus fixen politischen Abmachungen – wiederum zugunsten eines SPÖ-Kandidaten und mit vermutlicher Unterstützung durch einen FPÖ-Abgeordneten – ließe sich ein Kontinuum an Kooperationswillen und taktischer Zusammenarbeit ableiten, das im Burgenland nachweisliche Tradition im deutschnational-sozialdemokratischen Agieren im Parlament der Ersten Republik hat.

Die Neuorientierung als Minderheitspartei

Die politisch prekäre Lage konnte schließlich am 12. Juni 1964 zum formellen Abschluß gebracht werden. Die konstituierende Landtagssitzung fand knapp weniger als drei Monate nach der Landtagswahl in dritter Session ihren Abschluß. Aufgrund von parteiinternen Entscheidungen zogen demnach Reinhold Polster als Landeshauptmannstellvertreter und DDr. Rudolf Grohotolsky sowie als Ersatz für Lentsch, der Bürgermeister von Eisenstadt, der Lehrer Hans Tinhof, als Landesräte in das Gremium der Landesregierung ein.

Die politisch auszuhandelnden Vereinbarungen waren vor allem an der Personalpolitik bezüglich der Lehrer lange Zeit hängengeblieben. Eine Kompromißformel in dieser personalpolitischen Angelegenheit ebnete schließlich den Weg zu einem holprig-abtastenden Gewöhnen an neue Macht- und Entscheidungsverhältnisse.

Diese waren überdies eingebettet in eine noch nicht konsequent abgeschlossene Personalpolitik an der Spitze des SPÖ-Gegenübers in der Proporzsituation der Landesregierung.

Dieser Schritt wurde erst gesetzt, nachdem bei der Nationalratswahl vom 6. März 1966 die ÖVP sich überraschend in der Wählergunst erholt hatte und trotz der umgedrehten Mehrheitsverteilung im Lande mit einer absoluten Stimmenmehrheit zum Sieg der Bundes-ÖVP beitragen konnte.

In rascher Konsequenz auf diesen Wahlausgang wurden die Weichen in der SPÖ gestellt. Noch vor der Sommerpause wurde der Lehrer Theodor Kery Nachfolger Bögls als Landeshauptmann, der Landesparteisekretär und 1. Landtagspräsident Dr. Fred Sinowatz sowie Dkfm. Dr. Helmuth Vogl, ein aus Tirol stammender Volkswirt, der über die Arbeiterkammer in die burgenländische Energiewirtschaft (BEWAG) und dann zur Politik kam, wurden jeweils in die Funktion eines Landesrates gewählt.

Damit war für das nächste halbe Jahrzehnt die Konstellation der beiden politischen Eliten im Gremium der Landesregierung festgelegt worden. Nach der Phase der rasch wechselnden Regierungschefs – zwischen den beiden am längsten im Burgenland regierenden Landeshauptleuten Karall und Kery (eine burgenlandspezifische KuK-Achse von Langzeitpolitikern) „tangierten" noch drei weitere Personen (Wagner, Lentsch und Bögl) mit ihrer Amtszeit die Dekade von 1956 und 1966 – setzte eine Politikperiode für die ÖVP ein, die, retrospektiv analysiert, vorwiegend als Kontrastprogramm zur Politik Kerys angelegt war.

Die Akzentuierung von Gegenentwürfen zur SPÖ-Politik, die Betonung der Grundsätze der Volkspartei, die personellen Alternativen zur Person des neuen Landeshauptmannes und die werbestrategischen Bemühungen in den Wahlen der nachfolgenden beiden Jahrzehnte blieben bis 1987 ohne markante „Erfolgszeichen". Die politisch erreichten Kompromisse und die planerische Vernunft der Politiker im System einer Konkordanzdemokratie des Burgenlandes blieben ohne Anerkennung für die zur zweitgrößten Partei gewordenen ÖVP. Eine kontinuierliche Abnahme der Stimmanteile bei sämtlichen Nationalrats- und Landtagswahlen nach 1968 sind die evidenten Daten für diesen Trend.

Die Organisation der „Gegenstrategie"

Die innerparteilichen Arrangements um die Mitte der sechziger Jahre hatten folgendes personalpolitische Profil. Sie waren der Beginn einer politischen Wendezeit, die vor dem Hintergrund einer soliden ÖVP-Alleinregierung zu planen war. Diese hielt zumindest die theoretische Option einer Trendumkehr in der Wählergunst als Möglichkeit vor Augen. Schließlich konnte man mit der Gewißheit einer abgeschlossenen Generationenablöse die Fortsetzung der politischen Kalküle betreiben, die allerdings durch eine äußerst komplizierte Situation an der Spitze der Partei gekennzeichnet und zum Teil beeinträchtigt war.

Seit der Erkrankung des Landesparteiobmannes Josef Lentsch fungierte der ÖAAB-Landesobmann und Staatssekretär in der Bundesregierung, Franz Soronics[20], als geschäftsführender Parteiobamnn. Josef Lentsch blieb, nach Rücklegung der Funktion des „geschäftsführenden Landesparteiobmannes" im Herbst 1966 durch Soronics, auch nach dem Landesparteitag vom 19. November 1966 Landesparteiobmann.

Mit der Festlegung auf LHStv. Reinhold Polster als Spitzenkandidat für den Wahlgang 1968, mit der erhofften Reputationswirkung und erhöhten Publizität durch die Mitgliedschaft von Franz Soronics in der Bundesregierung – der nachmalige erste burgenländische Minister war damals Staatssekretär für soziale Verwaltung – und eben mit dem Landesparteiobmann Josef Lentsch erhoffte man, aus dieser speziellen Aufgabenverteilung mehrfachen Nutzen zu ziehen.

Wie komplex allerdings die unterschiedlichen Erwartungshaltungen im politischen System waren und welche latent vorhandenen Verhaltensdispositionen im Bereich der politischen Kultur virulent werden können, zeigte sich an einem Detail, das bereits in die Vorwahlzeit des Jahres 1968 fiel. Die katholische Wochenzeitung „Die Furche" schrieb am 20. Jänner 1968: „Sollte die ÖVP die Mehrheit erreichen, würde erstmals im Burgenland eine konfessionelle Minderheit den Landeshauptmann stellen. Es soll auch nicht übersehen werden, daß die burgenländische SPÖ das erste Mal seit Bestehen des Bundeslandes Burgenland einen Mann, der sich offensichtlich als Christ bekennt und sich bemüht hat, ein gutes Verhältnis zwischen der Kirche und der SPÖ im Land zu schaffen, zum Spitzenkandidaten bei der nächsten

---

20 Vgl. zu den politischen Stationen von Franz SORONICS: Erich ERNEGGER: Der erste österreichische Bundesminister aus dem Burgenland. – (o. O.) 1990.

Landtagswahl gekürt hat. Es ist Landeshauptmann Theodor Kery. Mit ihm ist die marxistische Ära in der burgenländischen SPÖ zu Ende gegangen."[21]

Wenn auch dieser publizistische Beitrag zum Landtagswahlkampf nicht in jedem burgenländischen Haushalt zu lesen war, so drückte er, neben vielen politisch einsetzbaren Aspekten, unter anderem auch einen generellen Vorbehalt aus, der zu einer spezifischen Zurückhaltung im agitatorischen Engagement, zu einer subtilen Verhaltenheit im eifrigen Unterstützen dieses Spitzenkandidaten der Volkspartei im katholisch-burgenländischen Milieu geradezu aufforderte.

Die „erstmalige" Personalisierung des SPÖ-Wahlkampfes und fast ausschließliche Konzentrierung auf Kery, eine erfolgreiche Bestätigung des aus unterschiedlichen Gründen gescheiterten Konzeptes unter Josef Lentsch, ließ die ÖVP-Mannschaft um Reinhold Polster als Verlierer im politischen Wettstreit des Jahres 1968 übrig. Allerdings schaffte erstmals eine Frau als ÖVP-Abgeordnete den Einzug in den Burgenländischen Landtag und in den von Männern dominierten Klub der Abgeordneten.

Von bisher insgesamt 14 Frauen im Burgenländischen Landtag (der Ersten und Zweiten Republik) schafften 13 den Einzug nach 1945.

Fünf von diesen Frauen waren nach 1968 für die ÖVP im Landtag: Ottilie Rochus (1968–1975, anschließend als erste burgenländische Frau im Nationalrat), Elisabeth Rechnitzer (1977–1987), Mag. Aurelia Gieler (1986–1987), Ludmilla Martinkovics (1988–1991) und Dkfm. Helga Braunrath (seit 1991).

Die erste Frau, Christa Koller, als hauptberufliche Bezirksgeschäftsführerin der ÖVP begann im Jahre 1986 ihre Tätigkeit im Bezirk Jennersdorf.

Die SPÖ hatte erstmals die absolute Mandatsmehrheit (17 : 15) im Landtag des Burgenlandes, der das erste Mal seit 1945 nur von zwei Fraktionen besetzt war. Die ÖVP hatte den Strukturwandel der burgenländischen Gesellschaft, nun schon als Beginn eines Seriennachweises, nicht zu ihrem Vorteil nutzen können.

Die Enttäuschung über diesen großen Wahlverlust hatte als organisatorische Konsequenz den Rücktritt von Landesparteiobmann Josef Lentsch am 16. April 1968 zur Folge. Bis zu seiner definitiven Wahl beim Parteitag am 18. November 1968 war Soronics zwischenzeitlich zum geschäftsführenden Obmann von der Landesparteileitung bestellt worden. Mit 31. Dezember 1968 schied Landesparteisekretär Johann Erhardt, Zweiter Präsident des Landtages, aus seiner Parteifunktion. Am 1. Jänner 1969 übernahm der Jurist in der Landwirtschaftskammer, Dr. Josef Schmall, diese Aufgabe.

Die angestrebte Dauer dieser Landtagsperiode, sie war erstmals aufgrund einer Gesetzesänderung aus dem Jahre 1967 von vier auf fünf Jahre angehoben worden, währte nicht die gesamte Länge.

Die politischen Prozesse, Entscheidungen auf Verwaltungsebenen und strukturändernden Projekte – etwa die Gemeindezusammenlegungen, die aufgrund eines „Gemeindestrukturverbesserungsgesetzes" (LGBl. Nr. 44/1970) beschlossen wurden – galten vielfach als Errungenschaften einer technokratischen Gesellschaftsplanung und Effizienzsteigerung, die in vielen europäischen Ländern vorgezeigt und zu einer Planungseuphorie führten. Ebenso im Trend lag etwa ein Landesentwicklungsplan Burgenland, der dem Zeitgeist entsprach. Dennoch waren und sind viele derartige

---

21 Zit. nach Fred Sinowatz et al., a. a. O., S. 216.

Projekte nicht vor einer Revision ihrer Intentionen schon wenige Jahre nach ihrer Beschlußfassung gefeit. Ständige Adaptionen – etwa die in den achtziger Jahren begonnenen Gemeindetrennungen – dokumentieren diese Relativierung von politischen Entscheidungen und die oft kurzlebige Konsequenz von als weitreichend und langfristig geplanten Schritten in der Gesellschaftsplanung. Viele dieser politischen Entscheidungen fielen im politischen Konsens und wurden von beiden Parteien im Lande getragen.

Dennoch war die SPÖ bestrebt, diesen Entscheidungsmodus allmählich zu ändern. Schon in der Regierungserklärung des Jahres 1968 hat es geheißen: „Die völlig neue Kräftekonstellation im Landtag muß zweifellos zu einer neuen Form des Zusammenwirkens von Legislative und Exekutive führen. Dabei hat unser aller Aufgabe zu sein, dem Willen des Wählers in einem möglichst großen Ausmaß zum Durchbruch zu verhelfen."[22]

Der Beginn der politischen Streßdekade

Entsprechend dem für diese Legislaturperiode anzuwendenden Gesetz hätte die nächste Landtagswahl erst im Jahre 1973 stattfinden sollen. Dennoch wurde ein anderes politisches Kalkül wirksam.

Die SPÖ hatte auf Bundesebene Anfang der siebziger Jahre die absolute Mehrheit erreicht, die Wahl zum Bundespräsidenten (Wiederwahl von Franz Jonas) war ebenfalls günstig verlaufen. Aus dem Burgenland war in der Zwischenzeit der SPÖ-Landesrat und Landesparteisekretär Dr. Fred Sinowatz in die Bundesregierung als Unterrichtsminister berufen worden.

Gemeinderatswahlen im Jahre 1971 verliefen allerdings nicht allzu günstig für die SPÖ. Weiters hatte eine Revirement auch in der ÖVP-Regierungsmannschaft stattgefunden. Der frühere Innenminister Franz Soronics hatte im Juli 1971 in der Landesregierung die Agenden des ausgeschiedenen Landesrates Hans Tinhof übernommen. Im Feber 1972 übernahm Soronics die Funktion des Landeshauptmannstellvertreters von Reinhold Polster, der aus der Regierung ausschied und in der Landwirtschaftskammer die Funktion des Präsidenten übernahm. Seine Regierungsfunktion wurde dem früheren Präsidenten des Raiffeisenverbandes, Josef Wiesler, übertragen.

Auf Parteiebene waren die Vorbereitungen für den Wahlkampf im Frühjahr 1973 bereits angelaufen. Die „Burgenländische Volkszeitung" (BZV) wurde neu gestaltet, ein Öffentlichkeitsausschuß sollte die Werbeaktionen der Partei vorbereiten, und die Gemeindebesuche und Funktionärskontakte der neuen Regierungsmannschaft der ÖVP waren im Anlaufen.

In diese Situation hinein platzte noch knapp vor dem Sommer der Antrag der SPÖ-Mehrheit im Landtag auf frühzeitige Auflösung der Landtagsperiode. Eine spezifische Vorteilserwartung war der Grund für diese Maßnahme, die rund ein Jahrzehnt später, im Jahre 1991, zu einem ähnlichen taktischen Manöver führte und dann von SPÖ und FPÖ in symbiotischer Absicht wiederholt wurde.

---

22 Zit. nach Roland WIDDER: Der burgenländische Landtag, a. a. O., S. 214.

Dennoch war der Wahlausgang der Herbstwahl 1972 für die SPÖ enttäuschend. Trotz Stimmengewinn verlor sie ein Mandat an die FPÖ, das diese allerdings bei der Wahl 1977 wiederum verlor und dadurch bis zur Wahl 1987 im Landtag nicht vertreten war.

Die Regierungsverhandlungen verliefen für die ÖVP relativ günstig.

Wenngleich auch hier, parallel zu Ereignissen im Jahre 1987, politische Zusagen der FPÖ nicht ihre Verläßlichkeit unter Beweis stellen konnten und die Verhandlungsposition von Franz Soronics gegenüber der SPÖ beeinträchtigten.[23]

Hauptstoßrichtung wurde aus dieser enttäuschenden Situation für die SPÖ die Entscheidungspraxis in der Landesregierung. Eine unverfängliche, allgemein gehaltene Formulierung in der Regierungserklärung vom November 1972 war häufiger Bezugspunkt für nachfolgende Ambitionen und jahrelange Auseinandersetzungen zwischen den Großparteien des Landes. Der Passus „Hiebei wird es unser Ziel sein, die lebendige Demokratie zu stärken, optimale Voraussetzungen für das Regieren wie für das Kontrollieren zu schaffen . . ." wurde zum Anschlußargument für eine Serie von Kontroversen und für heftige Phasen politischer Eiszeit im Lande.

Die Taktik der Zweitstärksten

Der politische Hintergrund für diese jahrelange Streitphase in der burgenländischen Politik liegt in der Entscheidungstechnik der burgenländischen Landesregierung begründet. Die verfassungsmäßige Verpflichtung zum Proporz, die mit nur wenigen Ausnahmen, 1949 bis 1953, immer mit einem Gleichstand der Regierungsmitgliederzahl (3 : 3) korrespondierte, war die Grundlage dieser Praxis und des Zwanges zur Einhelligkeit.

Die realpolitische Entwicklung der Landespolitik seit 1922 hatte in den Jahrzehnten des parlamentarischen Regierens im Lande zu einem Konsensklima geführt, das nicht zuletzt durch Handhabung bzw. de facto eben nur potentielle Handhabung des Dirimierungsrechtes des Landeshauptmannes geprägt war. Bis zum Beginn der siebziger Jahre war es politische Praxis, bei einer Pattstellung im Regierungsgremium unliebsame Entscheidungen durch den Auszug oder bereits durch die Androhung eines Verlassens der Regierungssitzung zu verzögern. Dieses „Veto durch Absenz" unterlief die theoretisch vorhandene Möglichkeit zur Dirimierung seitens des Landeshauptmannes. Eine Praxis übrigens, die unter umgekehrten Vorzeichen, also bis 1964, ebenso gehandhabt und schon in den fünfziger Jahren – seitens der ÖVP im Landtag – kritisiert wurde und zugunsten von eindeutigen Mehrheitsbeschlüssen bzw. schnelleren Verhandlungsergebnissen im Kollegialorgan der Regierung geändert hätte werden sollen.[24]

Allerdings wurden selbst in der Phase der Regierungsmehrheit von 1949 bis 1953 nur zwei relativ unbedeutende Angelegenheiten mit Mehrheitsentscheidung getrof-

---

23 ERHARDT et al., a. a. O., S. 80.
24 Dazu Günter WIDDER: Die neue Burgenländische Landesverfassung – ein demokratischer Kompromiß als Basis für die Politik der Zukunft. – In: Burgenländische Kulturoffensive (Hg.): Die Burgenländische Landesverfassung. – Eisenstadt, o. J. (1981), S. 45 ff.

fen. Alle übrigen Maßnahmen kamen unter den Bedingungen der ständig möglichen Vertagung zustande und erzeugten somit eine spezifische Interessenabwägung und ein Paktieren von Beschlüssen, um insgesamt entscheidungsfähig zu bleiben.

Diese Einhelligkeit hatte eine besondere Auswirkung in der politischen Optik. Es konnte zwar keine Entscheidung gegen den Willen der Minderheitspartei getroffen werden, andererseits konnte sie sich aber „durch ihre Stellung sehr entscheidende Macht- und Einflußbereiche arrogieren, war für das politische Geschehen mitverantwortlich, ohne aber für den gesamtpolitischen Bereich im gleichen Ausmaß wie die Mehrheitspartei Verantwortung tragen zu müssen".[25]

Das dadurch gekennzeichnete besonders subtile Wechselspiel von publikumswirksamer Opposition bei gleichzeitiger Beteiligung an gemeinsamen Beschlüssen war also stets eine besondere Herausforderung für die Öffentlichkeitsarbeit in der Politik des Landes.

Eine Reihe von politischen Manövern und legistischen Vorkehrungen sollten dieses Entscheidungsritual in der burgenländischen Politik nachhaltig ändern. Seitens der SPÖ wurde eine Veränderung der Anzahl der Regierungsmitglieder oder eine Änderung der Kriterien für eine Entscheidungfindung in der Geschäftsordnung der Landesregierung verlangt. Die ÖVP hingegen zielte auf eine Gesamtreform der Landesverfassung und der Geschäftsordnung des Landtages ab. Dieses Ziel wurde nur mit Hürden und nach langen Verzögerungsetappen erreicht.

Beginnend mit einem Thesenpapier des SPÖ-Klubs und einem nachfolgenden Antrag auf Etablierung eines eigenen Verfassungssauschusses im Landtag vom Oktober 1973 seitens der ÖVP, setzte die Verhandlungsserie ein. Doch erst im Dezember 1974 wurde mit einstimmigem Beschluß der Rechtsausschuß des Landtages damit beauftragt, Reformvorschläge für eine Landesverfassung zu erstellen.

Es wurde generell Übereinstimmung darüber erzielt, eine Verlebendigung und Verbreiterung der demokratischen Prinzipien und bessere Kontrollmöglichkeiten im politischen System einzubauen und verstärkt die Mitbestimmungsmöglichkeiten für die Bürger in das Verfassungswerk zu integrieren. Dennoch stockten die konkreten Verhandlungen zwischen den beiden Großparteien und brachten 1975 nur einen Zwischenschritt anstelle einer Gesamtreform.

Die beiden maßgeblichen politischen Kräfte des Landes einigten sich darauf, eine detailliertere Bestimmung der Wahlen des Landeshauptmannes und des Landeshauptmannstellvertreters und der übrigen Regierungsmitglieder in einer Novelle zu regeln und die Möglichkeiten eines Mißtrauensvotums gegen Regierungsmitglieder neu zu formulieren.

In einer Novelle zur Landtagswahlordnung wurde die Zahl der Mitglieder des Landtages von 32 auf 36 erhöht. Zu umfassenderen Zugeständnissen reichte der Konsens der politischen Verhandlungsteams nicht. Ambitionen auf Veränderung der Präsenz- bzw. Konsensquoten für Regierungsbeschlüsse – die zentrale Intention der Mehrheitspartei im Lande – führten nicht zum erhofften Ziel.

---

25 Günter WIDDER, S. 52.

Die parlamentarische Lähmung

Als es nach dem Stillstand der Beratungen und auch nach Kontakten der beiden Parteiobmänner zu keiner Annäherung der differierenden Standpunkte kam, wurde seitens der sozialistischen Landtagsfraktion die Ankündigung verlautbart, eine neuerliche Änderung der Landtagswahlordnung anzupeilen. Ein dabei modifiziertes Mandatsermittlungsverfahren sollte nach dem Willen der sozialistischen Landtagsfraktion auch auf die Ermittlung der Sitzverteilung der Landesregierung Anwendung finden. Schon vor der Beschlußfassung dieser Wahlrechtsänderung zeichneten sich enorme politische Spannungen ab und wurden auch in politischen Äußerungen der ÖVP angekündigt.

Dennoch wurde am 13. April 1976 ein von den SPÖ- und dem einzigen FPÖ-Abgeordneten unterstützter Antrag auf Änderung der burgenländischen Landtagswahlordnung eingebracht und nur wenige Tage später gegen die ÖVP (mit 15 Stimmen; SPÖ/FPÖ 17 Stimmen) zum Gesetzesbeschluß erhoben.

Im Rahmen der parlamentarischen Behandlung dieses Themas, auf das schon die Schatten der kommenden Wahl fielen, kam es zu diversen Vorschlägen für Gutachten bzw. Stellungnahmen des Verfassungsgerichtshofes, die in der immer heftiger werdenden Auseinandersetzung der beiden Fraktionen abgelehnt wurden. Ebenso verworfen wurde der Plan, dem Verfassungsgerichtshof eine Überprüfungsmöglichkeit für im Landtag beschlossene Gesetze hinsichtlich ihrer Verfassungsmäßigkeit zu ermöglichen. Ein diesbezüglicher Antrag hätte aufgrund eines Votums von mindestens einem Drittel der Landtagsabgeordneten möglich sein sollen.

Doch die politische Hauptstoßrichtung der SPÖ war eindeutig und beinhaltete im Kern folgendes: Durch eine nur scheinbar geringfügige, aber in ihren Auswirkungen gravierende Änderung des Verhältniswahlsystems nach der Methode d'Hondt wurde in das sowohl von der Bundesverfassung als auch von der Landesverfassung zwingend vorgesehene Verhältniswahlrecht für die Wahl der Mitglieder des Landtages ein sehr wesentliches Element des Mehrheitswahlrechtes eingebunden. Das geänderte Ermittlungsverfahren wirkte sich eindeutig zugunsten der Partei mit der relativ größten Stimmenanzahl aus.

Unter diesen Prämissen lief der ÖVP-Wahlkampf ab dem Herbst 1976 an. Die Vorbereitungen basierten unter anderem auf einer äußerst erfolgreichen Fragebogenaktion, die eine enorm hohe Rücklaufquote (rund 70%) aufwies, die Bürgermitbestimmung in den Mittelpunkt stellte und als Beitrag zur Wahlplattform „Neues Leitbild für das Burgenland" konzipiert war.

Die im folgenden Jahr am 2. Oktober abgehaltene Landtagswahl stand im Zeichen des problematischen politischen Klimas der Jahre davor, welches sich noch dramatisch verschlechtern sollte, und erbrachte einen Zweiparteienlandtag. Dieser wies eine Sitzverteilung auf, die aufgrund der Erhöhung der Abgeordnetenzahl und der neuen Ermittlungsform erstmals einen SPÖ-Überhang von vier Abgeordneten erbrachte (vgl. Tab. 1).

Trotz dieser mathematisch-parlamentarischen Eindeutigkeit war diese Periode von der Landtagswahl bis in den Herbst 1978 hinein noch weit davon entfernt, einen Konsens bezüglich der insgesamt immer noch angepeilten Verfassungsreform im

Burgenland zu zeigen. Im Gegenteil, der Wahlgang vom Herbst 1977 war Zwischenstation für eine nachhaltig angespannte politische Situation im Lande.

Die SPÖ hatte die Absicht, analog zur mehrheitsfördernden Wahlrechtssystematik, auch die Zusammensetzung der Landesregierung mit diesem Modus zu erreichen. In diesem Fall wäre die Konstellation im Regierungsgremium 4 : 2 zuungunsten der ÖVP gestanden. Damit wäre das Ziel der SPÖ erreicht gewesen, das Dirimierungsrecht des Landeshauptmannes nicht mehr durch angedrohtes Verlassen der Verhandlungssituation unterlaufen zu können.

Die ÖVP konnte schließlich verhindern, daß die Neuwahl der Landesregierung nach dem neuen Modus stattfand. Aufgrund eines Wahlanfechtungsverfahrens der ÖVP hatte der Verfassungsgerichtshof ein Prüfungsverfahren eingeleitet. Sein Erkenntnis vom Juni 1978 teilte zwar einige Bedenken gegen die mehrheitsfördernden Bestimmungen der Wahlrechtsnovelle, hob diese allerdings nur aufgrund der Verfassungswidrigkeit des Einerwahlkreises auf.

Die politische Antwort der Mehrheitspartei auf die Strategie der Volkspartei war die verfassungsrechtlich äußerst bedenkliche Vorgangsweise bei der Wahl der Regierungsmitglieder. In der ersten Landtagssitzung wurden nämlich neben dem Landeshauptman (Kery) und dem Landeshauptmannstellvertreter (Soronics) lediglich drei weitere Regierungsmitglieder der Regierung gewählt. Entgegen den Bestimmungen der Landesverfassung wurde der ÖVP-Landesrat DDr. Rudolf Grohotolsky als Regierungsmitglied vom Landtagspräsidenten nur bestellt, was von der ÖVP nur unter ausdrücklichem Vorbehalt akzeptiert wurde.

Dies war die Ausgangslage für eine politisch und rechtlich höchst bedenkliche Phase in der Landespolitik. In rechtswidriger Weise wurde nämlich über ein Jahr lang ein Regierungsmitglied der ÖVP nicht gewählt. Es kam zu einer Serie von Anfechtungen und Beschwerden, sowohl gegen die Landtagswahlordnung als auch wegen verschiedener ebenfalls rechtswidriger Verordnungen und Erlässe des Landeshauptmannes. Dieser hat bereits einen Tag nach der Konstituierung des Landtages begonnen, per Dienstanweisung Entscheidungen zu fällen – die in der Folge als eindeutig gesetzeswidrig vom Verfassungsgerichtshof klassifiziert wurden. Ebenso „als absolut nichtig" zu beurteilen war die Bestellung des ÖVP-Regierungsmitgliedes durch den Landtagspräsidenten.

Verfassungskonsens als Streitbeilegung

Ab September 1978 kam es schließlich nach mehreren Verhandlungsrunden zwischen den Parteien dennoch zu einer allmählichen Übereinkunft über die Vorgangsweise einer zu bewältigenden Verfassungsreform in den nachfolgenden Jahren.

Am 30. Oktober 1978 konnte schließlich die über ein Jahr dauernde Sitzung des burgenländischen Landtages zu Ende gehen. Die Landesregierung für die laufende Legislaturperiode wurde nach der bisher geübten Verfahrensweise bestellt – und das dritte ÖVP-Regierungsmitglied und somit die Landesregierung als Kollegialorgan endlich rechtlich eindeutig gewählt.

Zwischenzeitlich war in der ÖVP die nächste Generationsablöse durchgeführt worden. Unter neuen personellen Bedingungen wurde schließlich eine Entkrampfung der festgefahrenen Positionen erreicht und eine Kursänderung in den Parteienverhandlungen festgelegt.

Die neue ÖVP-Führung wurde auf dem Landesparteitag vom 27. Mai 1978 gewählt. Neuer Obmann wurde der Mattersburger Richter Dr. Franz Sauerzopf, neuer Parteisekretär der Verwaltungsjurist Dr. Günter Widder. „Mit neuer Kraft für unser Burgenland" war die Devise der neuen Parteiführung. Am 26. Juli 1978 folgte Sauerzopf Franz Soronics als Landeshauptmannstellvertreter nach.

Die beiden Verhandlungsteams einigten sich politisch darauf, nach der im Oktober 1982 endenden Legislaturperiode die Anzahl der Regierungsmitglieder von sechs auf sieben zu erhöhen und bestimmte Geschäftsordnungsreformen zu verankern. Auf Landtagsebene sollte die Landtagswahlordnung novelliert und wesentliche Bestimmungen derselben in den Verfassungsrang erhoben sowie ein Kontrollamt und ein Kontrollausschuß eingerichtet werden, dessen Vorsitzender nicht der Partei des Landeshauptmannes angehören darf. Schließlich wurde einem Drittel der Mitglieder des Landtages das Recht eingeräumt, beim Verfassungsgerichtshof den Antrag auf Aufhebung eines Landesgesetzes wegen Verfassungswidrigkeit zu stellen.

Schließlich und als demokratisch-politisch markantestes Ergebnis dieser parlamentarischen Streßjahre wurde Einigung über die Vorgangsweise bei der Totalreform der Burgenländischen Landesverfassung erzielt.

Ein Kompromiß zugunsten der Bürger

Die Plattform der politischen Konfrontation und die Bühne der heftigen Kontroversen waren die Parteien, die Landtagsklubs, die Regierungsmitglieder und ihre jeweiligen Rechtsexperten, in der Folge auch diverse Wissenschaftler (die Universitätsprofessoren Dr. Wimmer, Innsbruck, und Dr. Widder, Linz), die als Experten hinzugezogen wurden. Neben den politisch-pragmatischen entscheidungstechnischen Konsequenzen und geklärten Eindeutigkeiten für die Regierungsgeschäfte der beiden Großparteien war vor allem auch eine Folge, daß vermehrt auf Bürgerrechte und geänderte politische Umweltbedingungen, Kontrollansprüche und Wünsche nach transparenten Verfahren in Verwaltung und Politik im Rahmen des Streites um eine neue Burgenländische Landesverfassung eingegangen wurde.

Gleichsam als „Jubiläumsgabe", 60 Jahre nach Entstehung des Burgenlandes, wurde den Bürgern des Landes unter maßgeblicher Verhandlungsbeteiligung von ÖVP-Politikern als Kompromiß mit der Mehrheitspartei eine Reihe von Gesetzen angeboten, die stets nur Zwischenstufen und Anlaß für jeweils notwendige Reformen sein können. Neben der Burgenländischen Landesverfassung waren dies das Burgenländische Volksbegehrensgesetz, das Volksabstimmungsgesetz, das Volksbefragungsgesetz und das Gesetz über die Bürgerinitiative und Bürgerbegutachtung. (LGBl. Nr. 42–46/1981)

All diese legistischen Innovationen, die ein beharrliches und großes Anliegen sämtlicher VP-Politiker waren, sind in der politischen Realität des Burgenlandes als Initalzündungen, als Anregungen „von oben" bzw. als Rahmenbedingungen des Verfassungsgebers zu verstehen. Ihre demokratische Belebung und Erprobung steht größtenteils noch aus oder ist noch mit Anfangsschwierigkeiten behaftet.

Bezeichnend sowohl für die Parteienkultur im Lande, ihre dominante Auswirkung auf viele Lebensbereiche und auch für die Innovationsfähigkeit der Volkspartei, ist in diesem Zusammenhang zu vermerken, daß nur wenige Jahre nach Ermöglichung einer Volksabstimmung die ÖVP in diesem Kontext initiativ geworden ist. Wenngleich dieses Instrumentarium sicherlich nicht für das Kalkül von politischen Parteien konzipiert wurde, ist es dennoch legitim und als Impuls für eventuelle weitere Verwendung dieses basisdemokratischen Instrumentariums durchaus geeignet.

Anlaß für diese österreichische Premiere war der am 20. August 1987 zum ersten Mal nach dem Burgenländischen Volksabstimmungsgesetz durchgeführte Antrag über eine Volksabstimmung eines Gesetzesbeschlusses (das Objektivierungsgesetz betreffend) des Burgenländischen Landtages. Am 24. Jänner 1988 fand diese erste Abstimmung, mit einigen Anfangsschwierigkeiten und rechtlichen Unklarheiten[26] versehen, statt.

Das österreichweit beachtete Reformwerk der Landesverfassung sollte am ersten Tag nach der nächsten Landtagswahl rechtswirksam werden. Die genaue Terminisierung war eine Möglichkeit, eine eventuelle Vorverlegung der Landtagswahl seitens der SPÖ zu verhindern.

Bis zu diesem Tag im Herbst 1982 erlebte allerdings das Land Burgenland und die Landes-ÖVP einen beachtlichen politischen Skandal, der enorme Auswirkungen nicht nur auf die politische Kultur, sondern in unmittelbarer Konsequenz vorerst auf die Wahlvorbereitung und den -ausgang hatte.

Der WBO-Skandal und seine Folgen

Vor einem wirtschaftspolitisch problematischen Hintergrund verdichteten sich die Verflechtungen von Wirtschaft und Politik im negativen Stilmittel der Korruption. Die Jahre 1981/82 kennzeichneten in diesem Sinne auch die burgenländische Politik. Waren es auf Bundesebene die jahrelang schwelenden und zum Dauerbrenner der Innenpolitik gewordenen Auseinandersetzungen um AKH und „Consultatio"-Verflechtungen, die sich in der Personaldiskussion um den Vizekanzler und Finanzminister Androsch gebündelt hatten, so war es im Burgenland der Skandal um die Wohnbaugenossenschaft Ost (WBO). Hier war die Zentralfigur der ÖVP-Landtagsabgeordnete Dr. Rauchwarter.

Im Gefolge der strafrechtlichen Behandlung dieses Skandals kam es auch auf politischer Ebene zu Auswirkungen, die schließlich zum Rücktritt des ÖVP-Landeshauptmannstellvertreters bzw. Landesparteiobmannes Dr. Franz Sauerzopf führten. Mit den Worten, „Ich bin von meiner Schuldlosigkeit überzeugt und werde dies auch beweisen" (Die Presse, 25. 6. 1982, S. 1, „Sauerzopf zog die Konsequenzen: ‚Möchte der Volkspartei Belastung ersparen'") – trat er am 25. Juni, nachdem auch gegen ihn gerichtliche Vorerhebungen eingeleitet worden waren, zurück. In der Folge konnte er all diese Bedenken und rechtlichen Vorwürfe entkräften – kurzfristig hingegen war die ÖVP-Burgenland vor einem personalpolitischen Dilemma. Analogien zum Jahre 1964 auf Landesebene (Krankheit von Josef Lentsch in der Endphase des Wahlkampfes)

---

26 Helmut WIDDER: Volksabstimmung und parlamentarische Gesetzgebung. – Linz 1987.

und zum Jahre 1975 auf Bundesebene (Verkehrsunfall von Karl Schleinzer) drängen sich, wenngleich sie unter anderen Prämissen zu sehen sind, auf.

Nur knapp 100 Tage vor dem Wahltag im Herbst, von der ÖVP mit dem „Modell Burgenland" wahlstrategisch anvisiert, mußte eine rasche Personalentscheidung getroffen werden. Bereits mitten in der auf Sauerzopf zugeschnittenen Wahlwerbung stehend, wurde nun DDr. Rudolf Grohotolsky zum Landeshauptmannstellvertreter und VP-Landesobmann sowie zum Spitzenkandidaten der Volkspartei gewählt. Der Landesbeamte Dipl.-Ing. Johann Karall wurde als neues Regierungsmitglied gewählt.

Gegen den nun schon seit rund eineinhalb Jahrzehnten mit dem Landeshauptmannbonus ausgestatteten Landeshauptmann Kery antretend, setzte der schon seit 1961 in der Landesregierung tätige Grohotolsky (Wirtschaftsbündler und in der Regierung verantwortlich als Gewerbe- und Gemeindereferent) zum Wahlkampffinish an. Trotz Parteienübereinkunft, das WBO-Thema aus dem Wahlkampf zu halten (Kery war als Wohnbaureferent ebenfalls in WBO-Turbulenzen gezogen worden), war die öffentliche Meinung, die Pressepolitik und die latente Propagandastimmung durch diesen Skandal wesentlich geprägt.

Trotz zum Teil wesentlicher Stimmenverluste konnte die burgenländische Volkspartei – im Wahlkampfkontrast zum „Geraden Weg" des Theodor Kery gelegen – das Wahlziel erreichen. Das 16. Landtagsmandat konnte gehalten werden. Die FPÖ schaffte wiederum nicht den Einzug in den Landtag.

Demokratiepolitisch auffallend war an diesem Wahlergebnis, daß erstmals die Wahlbeteiligung bei einer Landtagswahl unter die 90%-Marke fiel. Politische Unzufriedenheit, Parteienverdruß, Denkzettelverhalten usw. sind die Grundstimmungen, die derartiges Verhalten prägen.

Der Wählerprotest setzte sich in diesem parlamentarisch-parteipolitischen Kontext in eindeutiger Abwärtsbewegung bei den nachfolgenden Wahlgängen noch verstärkt fort. Ebenfalls ansteigend und als Komponente von Protestverhalten bzw. Unzufriedenheit mit dem Parteienangebot zu interpretieren, ist auch der kontinuierliche Anstieg von ungültigen Wählerstimmen. Dieses bewußte Signal, der absichtsvolle Wahlakt mit „ungültiger Wirkung", ist ebenfalls markant in den achtziger Jahren gestiegen und steigt weiter an.

Der SPÖ-Vorsprung vor der ÖVP als zweitstärkster Partei hat anläßlich dieses Wahlganges ebenfalls stark zugenommen.

Tab. 5: Wahlbeteiligung und ungültige Stimmen bei Landtags- und Nationalratswahlen 1945–1994 (Angaben in %)

Landtagswahlen			Nationalratswahlen		
Jahr	Wahlbeteiligung	ungültig	Jahr	Wahlbeteiligung	ungültig
1945	96,2	0,5	1945	96,0	0,5
1949	97,3	0,6	1949	97,7	0,6
1953	96,3	1,3	1953	96,5	1,0
1956	95,3	1,3	1956	95,7	1,5

1960	92,7	1,5	1959	93,3	1,0
1964	93,3	1,0	1962	94,1	1,1
1968	95,2	0,9	1966	95,7	0,9
			1970	95,1	0,9
1972	93,0	0,9	1971	94,6	1,0
1977	93,2	1,1	1975	95,4	1,0
			1979	94,9	1,0
1982	90,1	2,6	1983	94,8	1,3
1987	88,7	2,7	1986	93,8	1,4
1991	85,5	3,1	1990	90,2	2,7
			1994	88,2	2,1

Parteien in Turbulenzen

Nach der mandatsmäßigen Fortschreibung der Stärkeverhältnisse im Landtag setzte allerdings auf Regierungsebene erstmals eine Neuerung ein. Mit sieben Regierungsmitgliedern (der spätere Landeshauptmann Stix wurde erstmals Regierungsmitglied), die im Verhältnis 4 : 3 zugunsten der SPÖ nach relativ kurzen und problemlosen Parteienverhandlungen noch im Oktober 1982 gewählt wurden, startete die letzte Gesetzgebungsperiode in vorläufig klassischer Zweiparteienkonstellation. Es waren darunter Persönlichkeiten, die ihren politischen Start bereits in den fünfziger Jahren gemacht hatten (Kery und Grohotolsky), deren informelle Verständigungsachse im Laufe der Jahrzehnte ständig zunahm und zu einem Elitenkonsens führte, der unterhalb parteipolitischer Spitzenpositionen schwer als Kontrast und Weltanschauungsdifferenz zu präsentieren war.

Außerhalb des Regierungskollegiums war dies seitens der ÖVP etwa auch der Handelskammerpräsident und spätere Wirtschaftsminister Robert Graf, der im inneren Zirkel der burgenländischen „Entscheidungsträger" lange Zeit als sowohl aktiv im Hintergrund agierend als auch im besten privaten Einvernehmen mit Politikern seiner „gegnerischen politischen Weltanschauung" verkehrte und damit zu einem spezifischen Elitenkartell in der burgenländischen Politik beitrug, das zunehmend von Distanz und Ablehnung seitens des Wahlvolkes und skeptischer Berichterstattung der Medien geprägt war.

In der Landesregierung blieb die VP-Regierungsmannschaft Grohotolsky, Wiesler, Karall unverändert. Zweiter Präsident des Landtages wurde Dr. Günter Widder, der 1980 aufgrund von parteiinternen Auseinandersetzungen – er stand den WBO-Aktivitäten und diversen politischen Ambitionen des Abgeordneten Dr. Rauchwarter überaus kritisch gegenüber – als Landesparteisekretär zurückgetreten war. Dem neuerrichteten Kontrollausschuß saß der ÖVP-Landtagsabgeordnete Dr. Wolfgang Dax vor. VP-Klubobmann wurde der Neusiedler Bürgermeister und Abgeordnete Dipl.-Ing. Hans Halbritter.

Relativ knapp nach der Konsolidierung der Parteien und der entsprechenden

Schwerpunktsetzung in der Regierungspolitik bzw. den Fortschreibungen der einschlägigen Kompetenzbereiche der Ressortverantwortlichen brach innerhalb der Mehrheitspartei des Landes ein Konflikt auf, der das politische Klima dieser Periode maßgeblich prägte und schließlich auch das Ende der Ära Kery im Burgenland brachte.

Paradoxerweise knapp nach seinem (letzten) Wahlsieg begann gegen den jahrelangen Spitzenkandidaten der SPÖ, Landeshauptmann Theodor Kery, eine Kampagne, die aus dem innersten Kreis seiner Gesinnungsgemeinschaft kam. Die schon legendär gewordene Attacke am Parteitag Oktober 1982 des heutigen Bundesgeschäftsführers der SPÖ, Josef Cap, war dazu ein außerburgenländischer Stein, der viele Dinge mit ins Rollen brachte.

Die Regierungspraxis der Ära Kery war aus der prinzipiellen Kontrastposition der ÖVP heraus, aus weltanschaulichen Unterschieden wie aus taktischen, werbestrategischen Gegenschritten im politischen Wettstreit – natürlich auch schon durch die lange Regierungszeit des Repräsentanten der jeweils die Wahlen gewinnenden Partei – zum klassischen Angriffsziel der Volkspartei geworden. Doch die soziologischen Trends und österreichweiten politischen Strömungen verliefen ebenfalls zuungunsten der Volkspartei, die, kontinuierlich abnehmend, die Position des Landeszweiten im Parteienspektrum einnahm.

In der schwierigen Funktion des Parteisekretärs – in den Jahren von 1980 bis 1986 – befand sich damals Gerhard Jellasitz. Nach dem Ausscheiden des Zweiten Landtagspräsidenten Dr. Widder aus der Politik wechselte Jellasitz 1986 von der Funktion des Landesparteisekretärs in die Position des Bauernbunddirektors, aus der er allerdings aus Protest gegen eine zu wenig dynamische Agrarpolitik alsbald ausschied. Fünf Jahre nach seinem Ausscheiden als Parteisekretär wurde er 1991 Landesparteiobmann.

Generelle gesellschaftliche Trends, problematische ökonomisch-ökologische Entwicklungen, bedrohliche globale Entwicklungen und frustrierende Ohnmachtsempfindungen kritischer Segmente der Bevölkerung kennzeichnen das soziokulturelle Klima der achtziger Jahre und die Parteienkritik. Die ansteigende Zahl der Wechselwähler, Nichtwähler und Protestwähler sind die politischen Symptome einer komplexen gesellschaftlichen Situation, die selbstverständlich auch im Burgenland spürbar geworden ist.

Die österreichweiten Eckdaten für politisch-kulturellen Wandel bzw. Beschleunigungsfaktoren für politische Frustration (vor dem Hintergrund von großen Skandalen, die konkret zur Mitte der Dekade auch das Burgenland – Weinskandal, die „SPÖ-Machthaberer"[27] – ins Gerede bringen) erzeugen andererseits aber auch wieder neue politische Chancen und Optionen.

Mit neuer Kraft – ein politischer Wiederbeginn

In diese soziale Befindlichkeit hinein plazierte nach seiner Rehabilitierung im Gefolge des WBO-Skandals in einem zweiten politischen Anlauf Dr. Franz Sauerzopf sein populistisch-programmatisches Credo: „Ich will ihn verändern, diesen Staat der

---

27 Ottilie MATYSEK, Die Machthaberer. – Wien 1987.

Vasallen und Belehnten. Ich will erreichen, daß es hier wieder Demokraten und Bürger gibt. Ich will Landeshauptmann werden."[28]

In dieser plakativen Systembeschreibung und Absichtsdiktion lag die Hauptstoßrichtung der ÖVP-Politik nach dem Wiedereinstieg von Franz Sauerzopf in die Landespolitik. Sie wurde komplementär ergänzt durch medial unterstützte innerparteiliche Erosionserscheinungen der Landes-SPÖ. So wurde der Regierungsstil „Am Hofe Kerys" ins Visier genommen, seine Umgebung österreichweit in ihrer Verfilzung und skandalösen Lebensweise angeprangert und eine Reihe von personalpolitischen Konsequenzen daraus gezogen.[29]

Sauerzopf, der am 14. Dezember 1985 wieder zum Landesparteiobmann gewählt worden war, übernahm von Grohotolsky (dieser schied nach einem Vierteljahrhundert als Regierungsmitglied aus der aktiven Parteipolitik aus) Ende Jänner 1986 die Funktion des Landeshauptmannstellvertreters.

Seinem erklärten Wahlziel, Landeshauptmann des Burgenlandes zu werden und die Ära Kery zu beenden, galten die Bestrebungen des Parteimanagements, das ab 1. September 1986 von Karl Kaplan als Parteisekretär geleitet wurde. Neu in Funktionen kamen als Nachfolger von Dr. Widder, Dipl.-Ing. Halbritter in das Präsidium des Landtages und als dessen Nachfolger im VP-Klub der Güssinger Landesbeamte Dr. Wolfgang Dax.

Tatsächlich sanken die Imagewerte des Langzeitlandeshauptmanns dramatisch in den Monaten vor der Wahl. Die innerparteilichen Querelen ließen auch den Landeshauptmannbonus in seiner überprüfbaren Wirkung dramatisch sinken.[30]

In den Reihen der ÖVP wurde das Argument vermehrt vernehmbar, mit Unterstützung der FPÖ – die von Kreisky noch im Jahre 1983 im Rahmen einer Kleinen Koalition zu Bundesregierungsehren (unter Bundeskanzler Sinowatz) geführt wurde – die Verhinderung einer Wiederwahl von Theodor Kery im neuen Landtag anzupeilen.

Das Ende einer politischen Ära

Die Landtagswahl vom 4. Oktober 1987 erbrachte dann tatsächlich eine nachhaltige Veränderung der politischen Landschaft im Burgenland. Ein Stimmenverlust von 6% hatte für die SPÖ den Verlust von drei Mandaten und den Rücktritt von Landeshauptmann Theodor Kery zur Folge. Die ÖVP verlor zwar Stimmen, konnte aber die Mandatszahl halten. Die FPÖ kam mit drei Mandaten nach zehnjähriger Unterbrechung wieder, und erstmals in dieser Stärke, in den Landtag. Die Grünen kamen auf beachtliche 2,2% Stimmanteile, nachdem sie österreichweit schon zur klassischen vierten Parlamentspartei geworden waren.

---

28 Franz Sauerzopf in der „Kronenzeitung", 9. Feber 1986.
29 Walter Feymann, Theodor Kery (Burgenland – Geschichte, Kultur und Wirtschaft in Biographien III), Eisenstadt 1993, S. 147 ff.
30 Franz Sommer: Analyse der burgenländischen Landtagswahl vom 4. Oktober 1987. – In: Österreichisches Jahrbuch für Politik '87. – Wien – München 1988, S. 36.

Das für ein klassisches Zweiparteiensystem definitorische Merkmal einer Parteienkonzentration von über 90% der abgegeben Stimmen sank bei dieser Landtagswahl erstmals und gravierend um über sieben Prozent.

Tab. 6: Parteienkonzentration 1945–1994: Anteil der beiden Großparteien

Nationalratswahlen			Landtagswahlen		
Jahr	Anteil in %	Parteien	Jahr	Anteil in %	Parteien
1945	96,7	ÖVP/SPÖ	1945	96,7	ÖVP/SPÖ
1949	93,1	ÖVP/SPÖ	1949	93,0	ÖVP/SPÖ
1953	93,0	ÖVP/SPÖ	1953	93,1	ÖVP/SPÖ
1956	95,2	ÖVP/SPÖ	1956	95,1	ÖVP/SPÖ
1959	93,8	ÖVP/SPÖ	1960	94,3	ÖVP/SPÖ
1962	95,0	ÖVP/SPÖ	1964	95,5	SPÖ/ÖVP
1966	96,6	ÖVP/SPÖ	1968	96,9	SPÖ/ÖVP
1970	96,9	SPÖ/ÖVP			
1971	96,6	SPÖ/ÖVP	1972	96,4	SPÖ/ÖVP
1975	97,1	SPÖ/ÖVP	1977	97,0	SPÖ/ÖVP
1979	96,8	SPÖ/ÖVP			
1983	95,6	SPÖ/ÖVP	1982	96,2	SPÖ/ÖVP
1986	91,8	SPÖ/ÖVP	1987	88,9	SPÖ/ÖVP
1990	85,3	SPÖ/ÖVP	1991	86,3	SPÖ/ÖVP
1994	75,8	SPÖ/ÖVP			

Das auslaufende Jahrzehnt brachte für Nationalrats- und Landtagswahlen eine eindeutige Veränderung des Wählerverhaltens in Richtung flexiblerer Wechselwählerschaft bzw. Abkehr von traditionellen Großparteienpräferenzen, die die ÖVP in verstärktem Ausmaß betraf. Der klassische antizyklische Wählerausgleich – als „Korrektiv" für den Bundesbonus, wird auf der Ebene von Landeswahlen der Regierungspartei ausgleichend Sympathieentzug in kleiner Dosis signalisiert – hinterläßt erstmals bei diesem Landtagswahlergebnis seine Spuren auch im Burgenland.

Die Konkurrenz bzw. Anzahl von Kleinparteien, die im Burgenland je Mandatsstärke und/oder die Winzigkeit von Einprozenthürden erreichen oder übertreffen konnten, nahm (wieder) zu und führte zu einem geänderten Konkurrenzprofil für die beiden Großparteien des Burgenlandes.

Doch kein VP-Landeshauptmann durch FP-Unterstützung

Von nachhaltiger Konsequenz war die im Anschluß an Parteienverhandlungen geführte Wahl des Landeshauptmannes. Basierend auf einer Parteienvereinbarung zwischen ÖVP und FPÖ, hätte dies der VP-Spitzendkandidat sein sollen. Zahlreiche

Widersprüchlichkeiten im Zusammenhang mit diesem Wahlvorgang sowie die längerfristigen Konsequenzen daraus für das politische Klima verliehen diesem Ereignis aus dem Herbst 1987 eine spezifische Langzeitwirkung.

Nach mehrwöchigen politischen Verhandlungsrunden einigten sich ÖVP und FPÖ darauf, Franz Sauerzopf zum neuen Landeshauptmann zu wählen. Die „bürgerliche Mehrheit" im Lande wollte die Chance für einen nichtsozialistischen Landeshauptmann nützen. Obwohl der FPÖ in den vorangegangen Verhandlungen mit der SPÖ angeblich sogar ein Regierungssitz zugesagt worden war – die SPÖ hatte übrigens auf Bundesebene, mit dem Burgenländer Dr. Fred Sinowatz, eine mehrjährige Kleine Koalition mit der FPÖ (mit Norbert Steger als FP-Partner) hinter sich und war aufgrund dieser Kooperation auch bestrebt, auf Landesebene entsprechende Positionen abzusichern[31] –, entschied sie sich nach massiven Interventionen ihres neuen Bundesparteiobmannes Dr. Haider für eine Unterstützung des ÖVP-Kandidaten.

In der entprechenden Landtagssitzung wurde dann auch bereits bei der Wahl des Landtagspräsidiums, das erstmals nach mehr als zwei Jahrzehnten mit Dipl.-Ing. Halbritter wieder einen I. Landtagspräsidenten aus den Reihen der ÖVP hatte, diese Kooperation der beiden Parteien wirksam. Bei der Wahl zum Landeshauptmann scherte dann allerdings, allgemeiner Einschätzung zufolge, der FPÖ Abgeordnete Munzenrieder aus der vereinbarten Parteilinie aus, und es kam nicht zur Wahl Dr. Sauerzopfs zum Landeshauptmann. Die Wahl fiel auf Hans Sipötz, der in einer verkürzten Gesetzgebungsperiode bis 1991 Landeshauptmann des Burgenlandes war.

Aufgrund aufgestauter Erwartungshaltung und plötzlicher Entladung von Unzuverläßlichkeit und Wortbruch waren sowohl die unmittelbaren nachfolgenden Wochen politisch turbulent sowie von Mißtrauen und Mißtönen getragen, wie auch das längerfristige Klima in Landtag und Landespolitik mit latentem Unbehagen und erst allmählicher pragmatischer Kooperation zwischen den beiden Großparteien gekennzeichnet.

Starre politische (Wahl-)Verhältnisse waren aufgebrochen worden, die prinzipielle Variabilität des politischen Systems erhielt einen beachtlichen Impuls. Manche der Veränderungen waren überraschend, von rechtlichen Zweifeln begleitet (etwa der Parteiaustritt von Gabriel Wagner aus der ÖVP und sein angestrebter Übertritt in den FPÖ-Klub) und von persönlicher Opportunität geprägt (Ächtung, Parteiausschlußverfahren, Wiederaufnahme in die Parteigunst, neuerliche Distanzierung von seinen FPÖ-Kollegen, etwa dem Abtrünnigen Gregor Munzenrieder gegenüber). Eine Verfassungsgerichtshofklage gegen die Wahl von Sipötz (im April 1988 zurückgewiesen) und schließlich die Aufkündigung des Arbeitsübereinkommens zwischen ÖVP und FPÖ prägten die anfänglich frostige Politik im Landtag des Burgenlandes.

---

31 J. HAIDER, Kl. Zeitung, 27. 4. 1994, S. 4: „Es hat keine 24 Stunden gedauert, da sind der ehemalige Bundeskanzler Sinowatz und der heutige Nationalratspräsident Fischer bei mir im Büro gesessen und wollten eine Koalition mit der FPÖ machen, um den roten Landeshauptmann zu retten."

Verzögerte Kooperation der Großparteien

Unterhalb der Ebene der parteipolitischen Differenzierung und Kontrastierung, für das Wählerpublikum ohnehin eine immer schwieriger darzustellende inhaltliche Unterschiedlichkeit seitens der Parteien, noch dazu vor dem großkoalitionären Hintergrund der Jahre seit 1986, konnten dennoch zukunftsträchtige Gesetzesmaterien und politische Akzente durchgesetzt werden, die vermehrt die Note und das Betreiben der ÖVP erkennen ließen.

Anfänge der Privatisierung von landeseigenen Gesellschaften, Verwaltungsreform und Objektivierung bei Postenvergaben, Forcierung von Gemeindetrennungen (als eingeforderte Korrektur von politisch-legistischen Maximen der sechziger und siebziger Jahre), Intensivierung von Dorferneuerungsprojekten, Gemeindevolksrecht- und Auskunftspflichtgesetze usw. waren aufgrund der neuen Landtagsverhältnisse vermehrt auch von Impulsen der Volkspartei getragen oder auf ihr Betreiben hin zum politischen Kompromiß gebracht worden. Die Vorstöße zu Reformen des Wahlrechts auf Landtags- und Gemeindeebene (Direktwahl der Bürgermeister) waren nur teilweise erfolgreich. Die Neuordnung des Landtagswahlrechts kam nämlich über die Diskussionsphase, etwa im Rahmen einer Enquete der Landesregierung im Jänner 1991, nicht hinaus, soll aber bis zur Landtagswahl 1996 abgeschlossen sein.

Die Politik der ÖVP in der Regierung wurde neben dem Landeshauptmannstellvertreter Sauerzopf getragen von den neuen Regierungsmitgliedern Eduard Ehrenhöfler (zugleich auch Obmann des Wirtschaftsbundes und kurzfristig auch noch Präsident der Handelskammer) sowie von Agrarlandesrat Paul Rittsteuer.

Im Landtag waren in bedeutsamen Spitzenpositionen, neben dem Ersten Landtagspräsidenten Dipl.-Ing. Halbritter, VP- Klubobmann Dr. Wolfgang Dax und der Obmann des Kontrollausschusses, Ing. Gerhard Jellasitz.

Auf Ebene des Parteimanagements holte sich Parteisekretär Karl Kaplan Unterstützung durch Karl Schiessl, der als Volkswirt von der Burgenländischen Kammer für Arbeiter und Angestellte in Parteifunktionen der ÖVP überwechselte, den Club Burgenland erfolgreich als parteiübergreifendes Diskussionsforum etablierte und in der Öffentlichkeitsarbeit der ÖVP mitwirkte. Vermehrt im Burgenland aktiv war als Programmatiker der Landespartei (vor allem in Wirtschaftsfragen) und als Bildungsreferent schon seit Jahren auch Dr. Günther Ofner, der 1994 zum Mitglied des Vorstands der BEWAG bestellt wurde.

Die Partei- bzw. Bildungsarbeit für die im Landtag vertretenen Parteien wird seit Jahren aus dem Landesbudget im beträchtlichen Ausmaß unterstützt. Die öffentliche Parteienfinanzierung wurde allerdings erst im Jahre 1994 durch ein Parteienförderungsgesetz, das als Dreiparteienantrag am 27. Jänner 1994 beschlossen wurde, auf eine allgemein übliche gesetzliche Basis gestellt und läßt folgende Entwicklung und aktuelle Geldmittelzuteilung erkennen.

Tab. 7: Öffentliche Parteienfinanzierung im Burgenland seit 1980
(Beträge in Mio. Schilling und gerundet)

Art der Förderung	1980	1986	1988	1990	1991	1994	
Beiträge an die Landtagsklubs	2,40	2,4	4,35	4,35	6,15	8,1	SPÖ: 3,57 ÖVP: 3,22 FPÖ: 1,30
Beiträge an die im Landtag vertretenen Parteien	1,02	2,5	3,0	4,50	5,98	7,9	SPÖ: 3,97 ÖVP: 3,15 FPÖ: 0,80
Beiträge an die Gemeindebünde	1,70	1,5	2,35	2,35	2,35	2,75	SPÖ: 1,25 ÖVP: 1,25 FPÖ: 0,25
Beiträge für die politische Bildungsarbeit der Landtagsparteien	0,00	2,5	4,0	5,80	7,71	10,22	SPÖ: 5,12 ÖVP: 4,06 FPÖ: 1,04
Beiträge zum Personalaufwand der Klubsekretariate	–	–	0,99	1,02	1,00	–	–
Summe	5,10	8,9	14,69	18,02	23,20	29,05	

Die Verfestigung geänderter Landtags- und Machtverhältnisse

Spezifische Erwartungshaltungen der Landes-SPÖ aufgrund ungünstiger Prozeßfolgen im damals aktuellen Sinowatz-Worm-Prozeß (in dem es um die Glaubwürdigkeit einer angeblichen Aussage aus 1985 über „die braune Vergangenheit Kurt Waldheims" und um zahlreiche Politikererinnerungen bzw. mehrfach bestrafte Nichterinnerung ging) sowie die ergänzende wahltaktische Vorteilserwartung der FPÖ führten nach den für die ÖVP ungünstigen Nationalratswahlen von 1990 – wieder – zu einem gemeinsamen Vorgehen der SPÖ und FPÖ im Burgenländischen Landtag.

Die ÖVP wurde im Meinungsforschungsbild tatsächlich stark im Nachteil befindlich gehandelt und konnte im Frühjahr 1991 mit ihren Abgeordneten den Neuwahlantrag nicht verhindern.

Dennoch ging auch in diesem Fall (wie schon 1972 bei der von der SPÖ beschlossenen Verkürzung der Landtagsperiode) das Kalkül ihrer Betreiber nicht auf. Die ÖVP verlor zwar ein Mandat an die FPÖ. Doch das erhoffte 18. Mandat für die SPÖ – entscheidend für die Wahl des Landeshauptmannes – erreichte sie nicht. Wiederum war es ein wahlarithmetischer Zufall, der diese Mandatsstruktur ergab.[32]

Die ÖVP mußte wieder deutliche Verluste registrieren, seitens der SPÖ hingegen kam es zu einem leichten Anstieg des Wähleranteils. Die Gewinnerwartungen der FPÖ aufgrund bundesweiter Haider-Effekte fielen für die FPÖ nicht im erwarteten

---

32 Franz SOMMER, Analyse der Landtagswahl im Burgenland 1991. – In: Österr. Jahrbuch für Politik '91. – Wien – München 1992, S. 43 ff.

Umfang aus. Markanteste politische Konsequenz dieses Wahlganges war die politische „Blockade" für die Wiederwahl von Landeshauptmann Hans Sipötz.[33]

Da in Parteienverhandlungen seine Wahl im Landtag einhellig von ÖVP und FPÖ abgelehnt wurde, waren Vereinbarungen erforderlich, die schließlich einen neuen Landeshauptmannkandidaten, den jahrelangen Finanzlandesrat Karl Stix, zum Ergebnis hatten.

Eine Arbeitsübereinkunft zwischen der Volkspartei und der SPÖ (die trotz starker Stimmungen innerhalb der ÖVP zugunsten neuerlicher Kooperationsversuche mit der FPÖ zustande kam) bildete die Grundlage für diese parlamentarisch-politische Wende, die auch die Übergangsphase aus der Regierungsära Kery, nämlich den Gewöhnungsprozeß an neue Parlamentsstrukturen und politische Machtverhältnisse bzw. soziale Sensibilitäten seitens selbstbewußterer, im Wahlverhalten flexiblerer Landesbürger, abschloß.

Politik im europäischen Kontext

Dem gegenwärtigen Landtag sitzt seit 1991 aufgrund einer Parteienübereinkunft als Erster Präsident mit Dr. Wolfgang Dax, wieder ein ÖVP-Abgeordneter, vor. In einem durch diverse parlamentarische Innovationen aufgewerteten Landtag übernahm Karl Kaplan die Funktion des VP-Klubobmannes. Als Nachfolger von Gerhard Jellasitz in der Position des parlamentarischen Kontrollausschusses ist der Richter und Bezirksobmann der ÖVP Oberwart, DDr. Gerhard Schranz, tätig.

Unter neuen politischen Rahmenbedingungen werden pragmatisch-technokratische Schritte zur günstigen Positionierung des Burgenlandes im Rahmen der Europäischen Union im konsensualen Klima der großen Landtagsparteien gesetzt.

Diese spezifische Europapolitik war vor allem seit den Integrationsbemühungen Österreichs ab 1989 ein besonderes Anliegen des gegenwärtigen Landesparteiobmannes Ing. Gerhard Jellasitz, der in dieser Funktion am 9. November 1991 Dr. Franz Sauerzopf ablöste und im Frühjahr 1993 im Landtag auch zum Landeshauptmannstellvertreter gewählt wurde.

Die Parteiorganisation übernahm, neu definiert beim Landesparteitag im Herbst 1991, als „Landesgeschäftsführer" Mag. Franz Steindl, der seit Herbst 1994 – neben seiner politischen Funktion als Bürgermeister – auch Mitglied des Nationlrates ist. Im November 1994 folgte ihm in der Geschäftsführerfunktion Mag. Karl Schiessl, vormaliger Chefredakteur der Parteizeitung, nach.

Für den Nationalratswahlgang vom 9. Oktober 1994 wurden äußerst beachtliche Beteiligungen im Rahmen eines Vorwahlverfahrens, das selbst Nicht-Parteimitgliedern zur Abstimmung offenstand, durchgeführt. Der zweite, wiedergewählte VP-Nationalratsabgeordnete des Burgenlandes ist derzeit Paul Kiss – zugleich ÖAAB-Obmann des Burgenlandes, Lehrer und vormaliger Bürgermeister der Bezirkshauptstadt Oberpullendorf. Die Frauenvorsitzende Edeltraud Lentsch ist seit 1991 im Amt und aufgrund der Nationalratswahl 1994 als dritte Abgeordnete aus dem Burgenland im Parlament.

---

33 Vgl. Roland WIDDER: Der Burgenländische Landtag, a. a. O., S. 230 f.

Agrarlandesrat Paul Rittsteuer ist seit 1990 Obmann des Burgenländischen Bauernbundes. Die Obmannschaft beim Wirtschaftsbund hält als Nachfolger des ehemaligen Wirtschaftsministers Robert Graf das Regierungsmitglied Komm.-Rat Eduard Ehrenhöfler. Die Parteijugend wird derzeit organisatorisch geleitet von Christian Pelzmann. Derzeitiger Obmann der zahlreichen und aktiven Seniorenbundmitglieder ist Dr. Josef Schmall.

Tab. 8: Obleute der ÖVP-Teilorganisationen seit 1945

ÖAAB	ÖBB
Johann Habeler 1945/1948–1956	Johan Bauer 1945/1947–1955
Franz Soronics 1956–1978	Franz Kroyer 1955–1964
	Reinhold Polster 1964–1984
Hans Wolf 1978–1991	Josef Wiesler 1984–1990
Paul Kiss 1991–lfd.	Paul Rittsteuer 1990–lfd.
ÖWB	ÖFB
Dipl.-Ing. Adolf Vogl, prov. 1945–1946	Margarethe Piaty 1945–1950
Johann Wagner 1946–1964	Anna Bauer 1950–1963
Dr. Lorenz Karall 1964–1965	Ottilie Rochus 1963–1988
Robert Graf 1965–1988	Elisabeth Rechnitzer 1988–1991
Eduard Ehrenhöfler 1988–lfd.	Edeltraud Lentsch 1991–lfd.
JVP	ÖSB
Richard Piaty 1946–1949	Johann Habeler 1959–1970
Prof. Paul Rauchbauer 1949–1950	Hans Gesellmann 1970–1977
Karl Wutzlhofer 1952–1953	Dr. Josef Schmall 1977
Julius Nikles 1953–1957	Johann Erhardt 1977–1993
Willi Mayer 1957–1968	Dr. Josef Schmall 1993–lfd.
Prof. Nick Titz 1968–1971	
Johann Jost 1971–1978	
Ernst Lackner 1978–1983	
Mag. Werner Gradwohl 1983–1989	
Franz Buchta 1989–1993	
Christian Pelzmann 1993–lfd.	

Das Bundesland am einstigen Eisernen Vorhang, das 1989 in der Endphase des Ostblock-Kommunismus zu einem international beachteten Schlupfloch für ehemalige DDR-Bürger geworden war, hat trotz seiner prekären Lage an der Nahtstelle zwischen weltpolitischen Machtblöcken bedeutsame und eigenständige Entwicklungen und Veränderungen geschafft. In den entbehrungsreichen und schwierigen Aufbaujahrzehnten mit ÖVP-Landeshauptleuten an der Spitze der Landesregierung und bis 1964 als Mehrheitsfraktion im Burgenländischen Landtag und seither als jeweils kleinere der beiden Großparteien für die Landespolitik verantwortlich, waren und sind die bislang erreichten Entwicklungen im Lande größtenteils von beachtlicher Qualität und auf breitem demokratischen Konsens basierend.

Soziologisch österreichweit konstatierbare Werteverschiebungen und Änderungen im politischen System, wirtschaftlicher Strukturwandel und globale gesellschaftliche Trends haben ein soziales Klima erzeugt, in dem die Volkspartei in der Wählergunst der letzten Jahre stets Einbußen an Stimmen erfahren hat.

Dennoch ist der Beitrag der ÖVP zur Landespolitik von zielstrebiger Innovationskraft und eindrucksvoller Beharrlichkeit im Engagement für die Bevölkerung. Die nach wie vor beträchtliche Vertrauensbasis der Menschen des Landes in die Repräsentanten der Partei, in die Mitarbeiter der Bürgerbüros der jeweiligen Landesbezirke und in die zahlreichen freiwilligen Engagierten der lokalen Parteiarbeit ist stets ernstgenommener permanenter Reformauftrag.

Vor allem geänderte europäische und weltweite Wirtschafts- und Politikbedingungen stellen neue Herausforderungen an die soziale Kompetenz der Partei, fordern sie zu neuen organisatorischen Reaktionen und zielstrebigen Verfahren zur Interessenwahrung für die Landesbürger und erübrigen keineswegs periodisch wiederkehrende Besinnung auf die zu vertretenden und sich ständig verändernden Werte und langfristigen Grundorientierungen der Volkspartei. In dieser mehrschichtigen, komplexen und herausfordernden Dynamik befindet sich die Volkspartei des Burgenlandes 50 Jahre nach ihrem Beginn. Sie steht somit, trotz einer beachtlichen Erfolgsgeschichte, immer wieder vor einem Anfang, vor neuen Aufgaben und Erfordernissen.

Werner Drobesch   **Die Geschichte der Kärntner ÖVP**
                                                     1945–1994

Aller Anfang ist schwer: Die Gründung der Kärntner ÖVP als antimarxistische „bürgerliche" Sammelpartei

Am 5. Juli 1945 konstituierte sich in den Räumen des Landesausschußmitgliedes Hans Ferlitsch die Kärntner ÖVP als Sammelpartei des „bürgerlichen", antimarxistischen Lagers.[1] Es war keine einfache Gründung. Ein langes, zum Teil hartes Ringen um den gemeinsamen Nenner bestimmten die Gespräche der Proponenten.

Bis Anfang Juli 1945 hatte nämlich noch vieles darauf hingedeutet, daß die Gestaltung der Parteienlandschaft innerhalb des sogenannten bürgerlichen Lagers im Land Kärnten eine andere Entwicklung nehmen würde als im restlichen Österreich. Die Fortführung jener für die Zeit der Ersten Republik so charakteristischen Aufsplitterung der bürgerlichen wie bäuerlichen Bevölkerung war nicht nur denkmöglich, sondern wurde im politischen Alltag praktiziert. Für kurze Zeit, Anfang Mai bis Anfang Juli, kam es sogar zu einer Wiederbelebung der Christlichsozialen Partei und des Landbundes. Vertreter der Christlichsozialen (Sylvester Leer, Hans Großauer, Josef Ritscher) wie des Landbundes (Josef Glantschnig, Hans Ferlitsch), nicht mehr jedoch der Heimatblock, spielten sowohl im provisorischen Vollzugsausschuß, in der provisorischen Landesregierung wie im konsultativen Landesausschuß eine maßgebliche Rolle.[2] Und man trat öffentlich bzw. gegenüber der britischen Besatzung als Repräsentant der alten Parteigruppierung auf. Das ging so weit, daß innerhalb der Christlichsozialen wie des Landbundes ernsthafte Bestrebungen bestanden, die Wiedergründung als jeweils selbständige politische Kraft zu betreiben. Da war die abwartende Haltung der Landbund-Galionsfigur Stefan Tauschitz. Im Gegensatz zu Vinzenz Schumy auf Bundes- und Ferlitsch auf Landesebene suchte er den Landbund als eigenständige Partei wieder zu etablieren.[3] Da war aber genauso auf christlichsozialer Seite der ständige Zweifel, „ob [sie] ... ihre Identität überhaupt aufgeben sollten und ob es angesichts der wenig zufriedenstellenden Situation in Wien nicht besser wäre, mit der Errichtung einer Partei zuzuwarten, bis das Bild in Wien klar

---

1 Kärntner Landesarchiv (= KLA) Klagenfurt: Landesamtsdirektion, Regierungsprotokolle, LAD 1, 11. Sitzung des Konsultativen Landesausschusses für Kärnten, 13. 7. 1945; Hermann GRUBER: Die Jahre in der Politik. Erinnerungen. – Klagenfurt 1982. S. 43 ff. – Wertvolle Hinweise zur Geschichte der Kärntner ÖVP verdanke ich Gesprächen mit: Herbert BACHER, Dr. Leopold GOËSS, Stefan KNAFL, Reinhold LEXER, Hannes MOIK, Dr. Alois PAULITSCH, Dkfm. Harald SCHEUCHER, Hans SCHUMI, Johann THALER sowie Dipl.-Ing. Dr. Herbert TROPPER.
2 Vgl. KLA Klagenfurt: Landesamtsdirektion, Regierungsprotokolle, LAD 1, sowie Austrian R. u. A. Report Nr. 19 (Geheim), Vorläufiger Überblick über die politische Situation in Kärnten, Juli 1945. – In: Siegfried Beer: Kärnten im Frühsommer 1945. Drei Berichte und Analysen des amerikanischen Geheim- und Nachrichtendienstes OSS zu Politik, Wirtschaft und Gesellschaft in einem britisch-besetzten Bundesland. – In: Carinthia I 1987. S. 428 ff.
3 Manfried RAUCHENSTEINER: Die Zwei. Die Große Koalition in Österreich 1945–1966. – Wien 1987. S. 46.

wäre".[4] Es ist wenig verwunderlich, wenn die ersten Vorgespräche in Richtung der Gründung einer neuen „bürgerlichen" Sammelpartei zwischen den Landbündlern Hans Ferlitsch und Franz Matschnig sowie den Christlichsozialen Hermann Gruber und Julius Santer ergebnislos verliefen.[5] Zu sehr belasteten am Beginn noch Animositäten aus den Jahren vor 1938 das Gesprächsklima und machten die Gründung einer antimarxistischen Partei zu einem mehr als schwierigen Unterfangen.

Und in der Tat waren die Probleme vielfältig. Zum einen galt es, die verschiedensten weltanschaulichen Positionen und Interessen innerhalb des bürgerlich-agrarischen Blocks zu überwinden und zu einem Ganzen zusammenzuführen. Zukunftsweisend war wohl die Entscheidung Schumys gewesen, sich dem Österreichischen Bauernbund als Teilorganisation der Bundes-ÖVP anzuschließen.[6] Sein Eintritt in die Volkspartei war letztlich ausschlaggebend dafür, daß Tauschitz seine Bemühungen zur Wiederkonstituierung des Landbundes in Kärnten aufgab und den Weg zur Gründung einer einheitlichen, „bürgerlichen" Sammelpartei freigab. Noch entscheidender war, daß die Achse und Freundschaft Hermann Gruber/Hans Ferlitsch und ihr entspanntes Verhältnis zu Schumy aus den Jahren der Zusammenarbeit im ständestaatlichen Kärntner Bauernbund weiterwirkten. Schumy wie Ferlitsch, die schon vor 1938 „die konstruktiven Kräfte des Landbundes für den Neuaufbau Österreichs gerettet" hatten[7], knüpften mit ihrem Streben, zu einer Verständigung mit den Christlichsozialen zu kommen, im Sommer 1945 nahtlos an die Jahre vor 1938 an. Über parteipolitische wie weltanschauliche Grenzen hinweg vertraten sie die Auffassung, die Herstellung der politische Einigkeit innerhalb der Bauernschaft habe das vorrangige Ziel zu sein. Erreicht werden könne dieses nur durch die Zusammenfassung in einer Partei. Die Bestrebungen der beiden Landbündler deckten sich mit jenen des vormaligen ständestaatlichen Landesbauernführers Gruber, der seine politischen Prinzipien aus der Zeit des Ständestaates, nämlich die Zusammenführung der antimarxistischen Kräfte im Lande, konsequent fortführte. Sein Motto: „Eine Bauerneinigkeit ohne Landbund war und ist daher von vornherein ausgeschlossen", hatte nach 1945 uneingeschränkt Gültigkeit.[8]

In dieser Situation war es die Initiative der Bundes-ÖVP und (höchstwahrscheinlich) das Drängen der englischen Besatzer, „endlich zu einer klaren Konturierung [im bürgerlich Lager] zu kommen"[9], die den entscheidenden Durchbruch bei den Einigungsbemühungen brachten. Zwar war ein erster Versuch Ende Mai, als Herbert Braunsteiner als Abgesandter der Wiener ÖVP über Linz und Salzburg nach Klagenfurt gekommen war, um hier die Gründung einer Landespartei zu initiieren, gescheitert. Ihm war es nicht gelungen, Protagonisten für eine künftige Parteigründung

---

4 Austrian R and A Report No. 19, zit. nach BEER: Kärnten 1945. S. 426.
5 GRUBER: Jahre in der Politik. S. 43.
6 Ursula BENEDIKT, Vinzenz SCHUMY: 1878–1962. Eine politische Biographie, phil. Diss. – Wien 1966. S. 240 f; Ludwig REICHHOLD: Die ÖVP vom 17. April bis 25. November 1945. – In: Christliche Demokratie 2/1986. S. 96.
7 Hermann GRUBER: Werden der Berufsorganisation Kärntner Bauernbund. – Gut Fasching, Weihnachten 1937. S. 7 (Dankenswerterweise von Kollegen Ulfried BURZ zur Verfügung gestellt).
8 Ebd., S. 6.
9 August WALZL: Kärnten 1945. – Klagenfurt 1985. S. 297.

ausfindig zu machen. Vor allem fand er keinen Kontakt zu Gruber oder ehemaligen Landbündlern.[10] Ein zweiter Versuch einen Monat später folgte. Im Auftrag der Bundespartei kam der Völkermarkter Rechtsanwalt Otto Zhuber nach Kärnten, um die Gründung einer Landespartei voranzutreiben. Und er hatte Erfolg.

Es waren letztlich die Agrarier Gruber und Ferlitsch – welch ein Paradoxon –, die als treibende Kraft bei der Gründung einer „bürgerlichen" Sammelpartei auftraten und die die diversen Richtungen zusammenführten. Daß sich letztlich die Christlichsozialen mit ihren Forderungen gegenüber den Vertretern der anderen Gruppierungen, vor allem was die Stärke der personellen Zusammensetzung des künftigen Arbeitsausschusses anlangte, weitestgehend durchsetzten, lag daran, daß sie über größere Personalreserven verfügten, während jene der anderen Gruppierungen doch begrenzt waren. Große Teile des Landbundes, des Handels- und Gewerbebundes, aber auch des Heimatblocks waren ja nach 1933 ins Lager der NSDAP übergewechselt. Das schloß 1945 eine politische Betätigung vieler Exponenten von vornherein aus. Der verbleibende Rest an Nichtnationalsozialisten in diesen Gruppierungen war gerade innerhalb der führenden Funktionärsschicht gering. Es war daher gar nicht so sehr das Machtstreben der vormaligen Christlichsozialen, daß von der ursprünglich ins Auge gefaßten Aufteilung der Spitzenfunktionen (vier Christlichsoziale, vier Landbündler, vier aus dem Heimatblock und ein Großdeutscher) nichts mehr überblieb, sondern einfach der Zwang der Umstände. Daher stellten die Christlichsozialen schon in dem unter den Parteiobmännern ausgehandelten Programmkomitee, das als Interimsorgan die Zusammenführung der Parteien vorbereiten und am 28. Juni erstmals zusammentreten sollte, mit vier Vertretern (Hans Amschl, Franz Großauer, Josef Krassnig, Julius Santer) die Mehrheit. Landbund (Stefan Tauschitz), aber auch die katholisch orientierten Slowenen (Thomas Suppanz), die man zu diesem Zeitpunkt noch in die zu gründende Partei zu integrieren hoffte, stellten je einen Vertreter, Heimatblock sowie Handels- und Gewerbebund keinen. Dennoch sollten diese beiden nicht ausgeklammert, sondern in die neu zu schaffende Partei eingebunden werden. Das war dann auch so. Die am 5. Juli 1945 stattgefundene Konstituierung der Kärntner ÖVP als Teil der gesamtösterreichischen Volkspartei war der Zusammenschluß von ehemaliger Christlichsozialer Partei, Landbund, Handels- und Gewerbebund sowie Heimatblock.[11] In dieser Vielfalt lag – zunächst noch – eine Stärke und – sehr bald aber auch – eine Schwäche.

Obwohl man sich nicht als Rechtsnachfolger der Christlichsozialen sah und definierte, ja sich sogar entschieden davon distanzierte, dominierten im konstituierten Arbeitsausschuß nach der parteipolitischen Zugehörigkeit der Ersten Republik die Christlichsozialen. Zwangsläufig brachte die von 29 Anwesenden durchgeführte Wahl des Obmannes wie des Arbeitsausschusses ein deutliches Übergewicht zugunsten dieser. Es überrascht daher nicht, daß mit dem Landwirt Hermann Gruber ein Christlichsozialer zum provisorischen Obmann gewählt wurde. Mit ihm kam ein Mann des Ausgleichs zum Zug. Schon in der Dollfuß-Schuschnigg-Zeit hatte sein

---

10 Ludwig REICHHOLD: Geschichte der ÖVP. – Wien – Köln – Graz 1975. S. 101; Herbert BRAUNSTEINER: Der Aufbau der Österreichischen Volkspartei bundesweit. – In: Christliche Demokratie 2/1986. S. 94.
11 GRUBER: Jahre in der Politik. S. 44.

politisches Credo darin bestanden, über allen Gegensätzen zu stehen und bestrebt zu sein, „die Interessen aller Gruppen in gleicher Weise zu vertreten".[12] Dabei hatte er die Funktion gar nicht angestrebt. In seinen Überlegungen war sie dem Landbündler Stefan Tauschitz, der aufgrund von Einwänden seitens der britischen Administration als Kandidat jedoch ausschied, zugedacht gewesen.[13]

In der Erkenntnis, nicht mit dem Odium einer „Nur-Bauernpartei" behaftet zu werden, war man bezüglich der sozialen Zusammensetzung bestrebt, ein möglichst breites und vielfältiges Spektrum zu rekrutieren. Praktisch bedeutete das die Aufnahme von Vertretern aus allen Bevölkerungsgruppen (Bauern, Gewerbetreibende, Angestellte, Arbeiter, freie Berufe) in den Arbeitsausschuß (siehe *Tabelle 1*). Das breite gesellschaftliche Fundament ergab zumindest für den Augenblick noch keine bündische Organisierung der neuen Partei, nahm aber eine solche in nuce vorweg.

Tabelle 1: Arbeitsausschuß der ÖVP 1945 nach Parteizugehörigkeit (Partei der Ersten Republik)

Obmann: Hermann Gruber, Christlichsozialer

Sekretär: Hans Steiner

Programmausschuß: Stefan Tauschitz, Landbund
Josef Kraßnig, Christlichsozialer
Hans Amschl, Christlichsozialer
Julius Santer, Christlichsozialer

Arbeitsausschuß:

Vertreter der Bauernschaft (9):
Hermann Gruber, Christlichsozialer
Josef Ritscher, Christlichsozialer
Karl Wintschnig, Christlichsozialer
Hans Großauer, Christlichsozialer
Alois Lodron, Christlichsozialer
Hans Ferlitsch, Landbund
Stefan Tauschitz, Landbund
Josef Glantschnig, Landbund
Franz Matschnig, Landbund

Vertreter der Industrie, des Gewerbes und Handels (4):
Josef Ehrfeld, Christlichsozialer
Max Hofer, Christlichsozialer
Julius Santer, Christlichsozialer
Franz Wieser, Christlichsozialer

---

12 GRUBER: Kärntner Bauernbund. S. 6.
13 WALZL: Kärnten 1945. S. 298.

Vertreter der Arbeiterschaft (3):
Franz Haimburger, Christlichsozialer
Josef Nowak, Christlichsozialer
Josef Samitz, Christlichsozialer

Vertreter der öffentlich Bediensteten (3):
Dr. Hans Amschl, Christlichsozialer
Sylvester Leer, Christlichsozialer
Karl Roßbacher, Christlichsozialer

Vertreter der freien Berufe (2):
Dr. Günther Hölzl, (?)
Dr. Otto Huber, (?)

Quelle: Gruber: Jahre in der Politik. S. 45, sowie Hermann Gruber: So wurde die Volkspartei. – In: Kärntner Bauernkalender 1967. S. 62.

Im personellen Bereich wie im weltanschaulichen Habitus präsentierte sich die neue Partei als ein Konglomerat unterschiedlichster Strömungen und Interessen: die Christlichsozialen mit einer Betonung der Katholizität, ohne jedoch an den politischen Katholizismus der Ersten Republik anzuknüpfen, und dem Anspruch, alle Bevölkerungsgruppen umfassen zu wollen, dann die Landbündler mit ihrer gemäßigt national-liberalen wie antiklerikalen Tradition und einer Ausrichtung auf die ländlich-agrarische Bevölkerung, sowie Vertreter des Heimatblocks und des Handels- und Gewerbebundes mit einer akzentuierteren nationalen Ideologie und als Interessenvertretung der städtisch-bürgerlichen wie intellektuellen Schichten.[14] Nicht mehr vertreten war die katholisch-slowenische Bevölkerung.

Um die Gründung nicht a priori mit altem ideologischem Ballast zu belasten, entschloß man sich, programmatisch an keine der vor 1934 bestehenden Parteien anzuknüpfen und nicht die Restauration früherer Ideologien zu betreiben.[15] Jegliche Kontinuität zu irgendeiner früheren Partei des antimarxistischen Lagers wurde in Abrede gestellt. Bewußt präsentierte man sich als „neue Partei"[16], die sich an den „Programmatischen Leitsätzen der Österreichischen Volkspartei" orientierte. Mit den Modifaktionen für die Kärntner Verhältnisse ergab das ein uneinheitliches ideologisches Profil, das zwischen zwei Polen schwankte. Der Bogen spannte sich von katholisch zu sozialkatholisch, von bäuerlich zu (klein)bürgerlich, von liberal zu antiliberal sowie von gemäßigten (deutsch)nationalen Tendenzen zu einem leidenschaftlichen Österreichertum. Im Kern ergab das eine auf christlichsozialen Prinzipien basierende liberale Agrarierpartei mit dem Anspruch von Bürgerlichkeit und einer gemäßigten Deutschtümelei. Damit war man keine fundamentalistische Partei. Doch erzeugte die offenkundige programmatische Ambivalenz von Anfang an – von

---

[14] Werner DROBESCH: Vereine und Verbände in Kärnten (1848–1938). Vom Gemeinnützig-Geselligen zur Ideologisierung der Massen (= Das Kärntner Landesarchiv 18). – Klagenfurt 1991. S. 131–166.
[15] Hermann GRUBER, 30 Jahre ÖVP in Kärnten. Vortrag. o. O., o. J., S. 10 f. (im Besitz des Verfassers).
[16] „Wir rufen alle auf!" Rundfunkansprache des Landesparteiobmannes Hermann GRUBER, 2. 11. 1945. In: Volkszeitung Nr. 2, 4. 11. 1945, S. 1.

den Spitzen der Partei subjektiv vermutlich gar nicht so empfunden – ein gewaltiges innerparteiliches Spannungspotential, dessen Ausgleich eines stetigen Balanceaktes bedurfte. Für den politischen Alltag blieb das nicht folgenlos. Diese Konstruktion trug sicher nicht dazu bei, der Öffentlichkeit das Bild einer geschlossen auftretenden Partei zu vermitteln. Im Gegensatz zu den beiden anderen Parteien, Sozialisten und Kommunisten, sowie ab 1949 zum Wahlverband der Unabhängigen (WdU), war die Kärntner ÖVP weltanschaulich kein einheitlicher Block. Die Gründung der einzelnen Bünde in den folgenden Monaten schuf dann ein zusätzliches, den internen Interessenausgleich erschwerendes Moment. Denn nun mußte neben dem Ausgleich auf der ideologischen auch noch jener auf der organisatorischen Ebene gesucht werden. Diese Heterogenität war Herausforderung, aber auch Hypothek für die Zukunft.

Im Sommer 1945 stellten sich diese Fragen noch nicht. Im Hinblick auf die bevorstehenden Nationalrats- und Landtagswahlen im November gab es vorrangigere Ziele, insbesondere den Aufbau einer Organisation auf Landes- wie Bezirksebene. Im Gegensatz zu Sozialisten und Kommunisten konnte die neue Partei nur beschränkt an bestehende Organisationsstrukturen anknüpfen. Bis in den Herbst gelang es unter der Leitung des Landesparteisekretärs Hans Steiner eine solide organisatorische Basis zu schaffen, deren Dichte gerade im ländlichen Raum, weniger im städtischen, überwältigend war. Die bereits im Arbeitsausschuß vom 5. Juli erkennbare bündische Gliederung der Partei – praktisch eine Weiterführung ständischer Traditionen – in Bauern-, Arbeiter- und Angestellten- sowie Wirtschaftsbund wurde nach dem 1. Landesparteitag (16. Oktober 1945), der Hermann Gruber zum Obmann wählte, offiziell.[17] Über 200 Ortsgruppen, des weiteren eine Frauenbewegung, eine Jugend- und Heimkehrerorganisation, der Lehrerbund sowie die Turn- und Sportunion bildeten ein breites Fundament für die Parteiaktivitäten in den Wochen vor den ersten Landtagswahlen. Hinzu kam mit der „Volkszeitung" ab 28. Oktober (1945) noch ein wöchentlich erscheinendes eigenes Presseorgan.

Mit der inneren Gliederung der Partei unterstützte man den Anspruch, im Gegensatz zu den beiden anderen Parteien nicht „Klassenpartei", sondern eben eine „Volkspartei" zu sein. Und das wurde immer wieder betont: „Es ist vielleicht das hervorstechendste und wesentlichste Merkmal der ÖVP, daß sie wie keine andere Partei die österreichische Heimat und die Zusammengehörigkeit aller ihrer Bevölkerung betont, daß sie nicht bestimmte Berufsgruppen, sondern das gesamte Heimatvolk umfaßt."[18] Dieser Anspruch fand in der Erstellung der Kandidatenlisten für die Nationalrats- und Landtagswahlen 1945 eine adäquate Bestätigung, in denen sich das angestrebte breite soziale Spektrum widerspiegelt. Insgesamt dominierte aber doch das bäuerliche Element (siehe *Tabelle 2*). Dementsprechend optimistisch waren die Erwartungen, stärkste politische Kraft zu werden. Doch, wie es sich weisen sollte, wurden diese enttäuscht.

---

17 Volkszeitung Nr. 1, 28. 10. 1945, S. 2; Hermann GRUBER: So wurde die Volkspartei. S. 57–64.
18 Volkszeitung, Nr. 2, 4. 11. 1945, S. 1; KLA Klagenfurt, Nachrichten für das Land Kärnten. Informationsdienst für Vertrauensmänner der Österreichischen Volkspartei, 3. Jg., Nr. 2, Februar 1947, S. 2.

Tabelle 2: Soziale Gliederung der Kandidatenliste für die Nationalrats- und Landtagswahlen 25. November 1945

Nationalratswahlen:
Bauern	5
Beamte	2
Angestellte, Arbeiter	2

Landtagswahlen:
Bauern	13
Gewerbetreibende	7
Industrielle	1
Beamte	6
Angestellte	5
Arbeiter	1
Freie Berufe	2

Quelle: Volkszeitung, Nr. 4, 18. 11. 1945, S. 1.

Obwohl einzige nichtmarxistische Partei, gelang es bei den Landtagswahlen im November 1945 nicht, gegenüber den beiden Linksparteien (Sozialisten, Kommunisten) zu reüssieren und die relative Mehrheit zu erreichen. In der Landtagsfraktion blieben die alten Eliten, die vor 1938 in der Christlichsozialen Partei bzw. im Landbund an bestimmender Stelle wirkten, dominant. Fünf der VP-Landtagsabgeordneten (Josef Ehrfeld, Hans Ferlitsch, Josef Glantschnig, Hermann Gruber, Josef Ritscher) hatten bereits vor 1938 dem Landtag angehört.

Gewiß fiel das Ergebnis der Landtagswahlen – nimmt man die Erwartungshaltung der Funktionäre als Grundlage – wenig zufriedenstellend aus. Doch blieb es bis heute das beste Abschneiden.

Von der zweiten zur dritten Kraft: Die Kärntner ÖVP bei den Landtagswahlen 1945–1994

Betrachtet man das Abschneiden der Kärntner ÖVP bei den Landtagswahlen nach 1945, ergeben sich zwei Charakteristika: Mit Ausnahme der Landtagswahlen 1945 erreichte sie, absolut wie prozentuell, nie mehr als ein Drittel der Stimmen, und sie blieb bis in die achtziger Jahre die zweitstärkste politische Kraft im Lande. Erst die Landtagswahlen 1989 brachten den Abstieg zur drittstärksten Partei. So bedeuteten die 71.279 (= 39,8%) Stimmen des Jahres 1945 zwar nicht absolut, doch prozentuell ein Ergebnis, das man bei den folgenden Wahlgängen nicht einmal annähernd erreichen konnte. Und doch war das Wahlergebnis 1945 für die Kärntner Volkspartei, die „dank der Verstärkung aus dem nationalen und liberalen Lager" gegenüber den Sozialisten zwar aufgeholt, diese aber nicht überholt hatte[19], alles in allem ernüchternd.

---

19 Ebd., S. 58.

Tabelle 3: Landtagswahlen 1930, Mandatsverteilung im Kärntner Landtag

Sozialdemokratische Partei	15
Nationaler Wirtschaftsblock und Landbund, Führung Dr. Schober	8
Christlichsoziale Partei	6
Heimatblock	3
Nationalsozialistische Deutsche Arbeiterpartei (Hitlerbewegung)	2
Koroška Slovenska Stranka	2

Quelle: Protokolle des Kärntner Landtags, 15. Gesetzgebungsperiode, 1. Sitzung am 13. 12. 1930.

Tabelle 4: Landtagswahlen 1945–1994, Mandatsverteilung im Landtag, Zusammensetzung der Landesregierung

Jahr	Mandate					Regierung		
	SPÖ	ÖVP	WdU/FPÖ [1]	KPÖ	Sonstige [2]	SPÖ	ÖVP	WdU/FPÖ
1945	18	14	–	3	1	4	3	–
1949	15	12	8	1	–	3	3	–
1953	18	11	6	1	–	4	2	1
1956	18	12	5	1	–	4	2	1
1960	18	12	5	1	–	4	2	1
1965	18	12	5	1	–	4	2	1
1970	20	12	4	–	–	5	2	–
1975	20	12	4	–	–	4	2	1
1979	20	12	4	–	–	4	2	1
1984	20	11	4	–	–	4	2	1
1989	17	8	11	–	–	4	1	2
1994	14	9	13	–	–	3	2	2

1 Bis 1953 WdU, dann FPÖ
2 1945: Demokratische Partei
Quelle: Wahlresultate ab 1945 in Kärnten (Klagenfurt o. J.).

Sicherlich ist ein Vergleich der Landtagswahlen 1930 (siehe *Tabellen 3 und 5*) mit jenen des Jahres 1945 und den folgenden (siehe *Tabellen 4 und 6*) nur bedingt möglich. 1945 blieben etwa 15% der Wahlberechtigten als ehemalige Nationalsozialisten von der Landtagswahl überhaupt ausgeschlossen. Als Faktum läßt sich jedoch festhalten:

a) Waren Christlichsoziale Partei, Nationaler Wirtschaftsblock und Heimatblock 1930 noch mit 17 Abgeordneten im Landtag vertreten gewesen, so stellte die Volkspartei – bei gleichbleibender Mandatszahl – 1945 lediglich 14 Mandatare.

b) Die 1945 in der Volkspartei zusammengefaßten Gruppierungen schnitten, getrennt kandidierend, bei den Landtagswahlen 1930 mit 48,3% der gültigen Stimmen doch um einiges erfolgreicher ab als die Sammelpartei Kärntner ÖVP, die 1945 landesweit als einzige „bürgerliche" Gruppierung 39,8% der gültigen Stimmen auf sich vereinigte.

Mit dem Wahlergebnis von 1945 schloß die Volkspartei tendenziell an die Tradition der Christlichsozialen Partei wie des Landbundes an. Denn die VP-Hochburgen befanden sich in jenen Bezirken, wo die Christlichsozialen wie der Landbund vor 1938 am stärksten verankert waren: in den Bezirken Hermagor (1930 Christlichsoziale: 2.978/37,2% der gültigen Stimmen, Landbund: 2.079/25,9%; 1945 ÖVP: 5.393/62,9%), Spittal (1930 Christlichsoziale: 6.889/29,1%, Landbund: 5.374/22,6%; 1945 ÖVP: 12.130/51,3%) und Wolfsberg (1930 Christlichsoziale: 6.070/34,7%, Landbund: 3.430/19,6%; 1945 ÖVP: 10.779/52,8%). In diesen dominant agrarischen Bezirken mit einer kleinbäuerlichen Betriebsstruktur konnte der größte Teil der ehemaligen Landbund- und wohl auch Heimatblock-Wähler ins VP-Lager gezogen werden. Nur so war es möglich, die Ergebnisse der „bürgerlichen" Parteien bei den Landtagswahlen 1930 zu übertreffen. Ähnliches gilt für den Bezirk Völkermarkt, wo die Volkspartei 1945 (5.881/39,7%) deutlich über dem Ergebnis der drei „bürgerlichen" Parteien bei den Landtagswahlen 1930 (26,3%) lag. Das war ein Resultat des Zusammenwirkens einer Vielzahl von Faktoren und blieb eigentlich ein Einzelereignis. Denn 1945 profitierte die Volkspartei im Völkermarkter Bezirk einerseits davon, daß jene „breite Schicht ehemaliger Landbundwähler [1930: 3.283/22,2%] aus dem Kreise nationaler Assimilanten die 1934 eingegangenen Bindungen an das katholisch-politische Lager" beibehielt[20], andererseits große Teile der slowenischsprachigen Bevölkerung, was bei den folgenden Wahlen kaum mehr der Fall war, mangels einer eigenen Liste die Volkspartei wählten.

Tabelle 5: Landtagswahlen 1930

Bezirk Klagenfurt-Stadt:

Christlichsoziale Partei	3.457/18,7%
Nationaler Wirtschaftsblock[1]	3.377/18,3%
Heimatblock	1.408/ 7,6%
Völkisch-sozialer Block/NSDAP (Hitlerbewegung)	2.084/13,2%
Sozialdemokratische Partei	5.057/32,1%
Kommunistische Partei	252/ 0,5%
Partei der Kärntner Slowenen	118/ 0,8%

Bezirk Villach-Stadt:

Christlichsoziale Partei	1.540/12,8%
Nationaler Wirtschaftsblock[1]	1.632/13,5%
Heimatblock	1.183/ 9,8%
Völkisch-sozialer Block/NSDAP (Hitlerbewegung)	1.474/12,3%
Sozialdemokratische Partei	6.119/50,9%
Kommunistische Partei	48/ 0,4%
Partei der Kärntner Slowenen	12/ 0,1%

---

20 Wilhelm WADL: Beiträge zur Geschichte der Christlichsozialen Partei. – In: Carinthia I 1991. S. 406.

Bezirk Hermagor:

Christlichsoziale Partei	2.978/37,2%
Nationaler Wirtschaftsblock[1]	2.079/25,8%
Heimatblock	308/ 3,8%
Völkisch-sozialer Block/NSDAP (Hitlerbewegung)	573/ 7,1%
Sozialdemokratische Partei	1.891/23,5%
Kommunistische Partei	1/ 0,0%
Partei der Kärntner Slowenen	225/ 2,8%

Bezirk Klagenfurt-Land:

Christlichsoziale Partei	3.512/10,4%
Nationaler Wirtschaftsblock[1]	7.813/23,0%
Heimatblock	2.613/ 7,7%
Völkisch-sozialer Block/NSDAP (Hitlerbewegung)	1.703/ 5,0%
Sozialdemokratische Partei	15.224/44,9%
Kommunistische Partei	416/ 1,2%
Partei der Kärntner Slowenen	2.646/ 7,8%

Bezirk St.Veit an der Glan:

Christlichsoziale Partei	3.598/14,6%
Nationaler Wirtschaftsblock[1]	6.390/25,9%
Heimatblock	3.577/14,5%
Völkisch-sozialer Block/NSDAP (Hitlerbewegung)	1.493/ 6,0%
Sozialdemokratische Partei	9.468/38,3%
Kommunistische Partei	173/ 0,7%
Partei der Kärntner Slowenen	5/ 0,0%

Bezirk Spittal:

Christlichsoziale Partei	6.889/29,0%
Nationaler Wirtschaftsblock[1]	5.374/22,6%
Heimatblock	2.976/ 8,7%
Völkisch-sozialer Block/NSDAP (Hitlerbewegung)	1.947/ 8,2%
Sozialdemokratische Partei	7.348/30,9%
Kommunistische Partei	106/ 0,4%
Partei der Kärntner Slowenen	38/ 0,1%

Bezirk Villach-Land:

Christlichsoziale Partei	2.310/ 9,5%
Nationaler Wirtschaftsblock[1]	5.027/20,7%
Heimatblock	1.572/ 6,5%
Völkisch-sozialer Block/NSDAP (Hitlerbewegung)	1.091/ 4,5%
Sozialdemokratische Partei	12.023/49,4%

Kommunistische Partei 105/ 0,4%
Partei der Kärntner Slowenen 2.197/ 9,0%

Bezirk Völkermarkt:

Christlichsoziale Partei 495/ 3,3%
Nationaler Wirtschaftsblock[1] 3.283/22,2%
Heimatblock 1.288/ 8,7%
Völkisch-sozialer Block/NSDAP (Hitlerbewegung) 693/ 4,7%
Sozialdemokratische Partei 5.013/33,9%
Kommunistische Partei 18/ 0,1%
Partei der Kärntner Slowenen 4.015/27,1%

Bezirk Wolfsberg:

Christlichsoziale Partei 6.070/34,7%
Nationaler Wirtschaftsblock[1] 3.430/19,6%
Heimatblock 1.179/ 6,7%
Völkisch-sozialer Block/NSDAP (Hitlerbewegung) 1.309/ 7,5%
Sozialdemokratische Partei 5.524/31,5%
Kommunistische Partei 6/ 0,0%
Partei der Kärntner Slowenen –

Kärnten:

Christlichsoziale Partei 30.849/17,6%
Nationaler Wirtschaftsblock[1] 38.405/22.0%
Heimatblock 15.203/ 8,7%
Völkisch-sozialer Block/NSDAP (Hitlerbewegung) 12.367/ 7.0%
Sozialdemokratische Partei 67.667/38,7%
Kommunistische Partei 1.125/ 0,7%
Partei der Kärntner Slowenen 9.256/ 5,3%

1 Nationaler Wirtschaftsblock = Landbund, Großdeutsche Volkspartei, Deutsche Nationalsozialistische Partei (Schulzbewegung).
Quelle: KLA Klagenfurt, Landtagswahl 1930, b 270.

Tabelle 6: Landtagswahlen 1945–1994
Österreichische Volkspartei (ÖVP)

Bezirk	1945 abs.	%	1949 abs.	%	1953 abs.	%	1956 abs.	%
Klagenfurt-Stadt	7.472	32,3	11.054	31,1	10.469	28,1	14.441	35,5
Villach-Stadt	3.253	29,1	4.184	24,3	4.466	24,1	5.570	28,9
Hermagor	5.393	62,9	5.403	47,9	4.751	41,8	4.938	43,4
Klagenfurt-Land	9.548	36,1	11.291	31,2	9.834	27,2	12.134	31,9
Feldkirchen	–	–	–	–	–	–	–	–
St.Veit/Glan	9.171	36,5	9.719	29,6	9.407	28,7	9.758	29,1
Spittal	12.130	51,3	12.562	36,4	11.411	32,6	13.636	37.0
Villach-Land	7.652	29,4	7.887	22,7	7.058	19,9	9.361	25,1
Völkermarkt	5.881	39,7	6.608	32,9	5.804	29.0	7.431	35,7
Wolfsberg	10.779	52,8	10.386	40,3	9.121	33,7	9.727	34,5
Kärnten	71.279	39,8	79.093	31,9	72.321	28,5	86.996	32,7

Bezirk	1960 abs.	%	1965 abs.	%	1970 abs.	%	1975 abs.	%
Klagenfurt-Stadt	14.519	36,6	15.896	38,2	15.869	35,8	18.156	35,6
Villach-Stadt	5.205	27,9	6.132	30,8	5.867	28,2	8.352	26,5
Hermagor	4.890	43,9	4.753	43,1	4.824	42,3	4.968	42,4
Klagenfurt-Land	12.076	32,6	12.896	32,4	13.677	31,9	13.258	32,0
Feldkirchen	–	–	–	–	–	–	–	–
St.Veit/Glan	9.508	29,5	9.961	30,7	9.934	29,8	10.399	30,4
Spittal	13.630	38,1	13.871	37,2	14.907	37,4	16.144	37,5
Villach-Land	9.189	24,5	9.349	24,2	10.048	24,4	8.323	24,4
Völkermarkt	7.536	36,9	7.147	32,8	8.077	35,4	7.814	32,5
Wolfsberg	9.901	35,3	9.518	33,0	9.915	32,9	10.555	33,3
Kärnten	86.454	33,2	89.523	33,0	92.938	32,5	98.020	32,4

Bezirk	1979 abs.	%	1984 abs.	%	1989 abs.	%	1994 abs.	%
Klagenfurt-Stadt	17.185	34,9	15.335	30,7	12.334	21,5	13.546	24,5
Villach-Stadt	8.000	26,2	7.459	24,1	5.454	15,5	6.633	19,4
Hermagor	4.878	41,8	4.618	37,4	3.859	29,7	4.255	32,9
Klagenfurt-Land	8.789	32,4	8.579	29,1	7.178	21,7	8.099	23,7
Feldkirchen	–	–	3.996	25,9	3.729	21,0	4.217	23,4
St. Veit/Glan	10.385	30,8	9.292	26,8	7.794	20,7	8.792	23,2
Spittal	14.853	35,4	14.286	32,1	12.045	24,0	13.368	26,8
Villach-Land	8.211	24,1	7.566	21,2	6.447	16,1	8.033	20,0
Völkermarkt	8.051	33,3	7.407	29,3	6.445	23,4	6.839	24,8
Wolfsberg	10.408	32,1	9.591	28,5	7.754	21,1	8.604	23,4
Wahlkarten	823	38,2	965	31,5	1.011	22,8	823	27,4
Kärnten	96.182	31,9	89.094	28,3	74.054	21,0	83.224	23,8

Sozialistische Partei Österreichs (SPÖ)

Bezirk	1945		1949		1953		1956	
	abs.	%	abs.	%	abs.	%	abs.	%
Klagenfurt-Stadt	12.445	53,8	15.226	42,9	17.525	47,1	17.799	43,8
Villach-Stadt	5.913	53,0	7.493	43,4	9.490	51,2	9.770	50,8
Feldkirchen	–	–	–	–	–	–	–	–
Hermagor	2.907	33,9	3.194	28,4	4.751	41,8	4.259	37,4
Klagenfurt-Land	12.994	49,1	15.077	41,7	18.212	50,3	19.026	49,9
St.Veit/Glan	12.904	51,4	14.381	43,7	16.010	48,9	16.137	48,1
Spittal	9.856	41,7	11.538	33,4	19.120	54,0	20.238	54,2
Villach-Land	14.452	55,5	15.914	45,9	14.891	42,5	16.011	43,5
Völkermarkt	7.126	48,2	7.939	39,5	9.462	47,3	10.872	52,3
Wolfsberg	8.976	44,0	10.384	40,3	13.249	48,9	13.894	49,3
Kärnten	*87.573*	*48,8*	*101.146*	*41,8*	*122.245*	*48,2*	*128.006*	*48,1*

Bezirk	1960		1965		1970		1975	
	abs.	%	abs.	%	abs.	%	abs.	%
Klagenfurt-Stadt	17.903	45,1	18.454	44,3	21.438	48,9	24.850	48,8
Villach-Stadt	9.854	52,7	10.622	52,3	11.716	56,3	18.033	57,2
Feldkirchen	–	–	–	–	–	–	–	–
Hermagor	4.197	37,7	4.210	38,2	4.731	41,5	4.796	40,9
Klagenfurt-Land	18.696	50,4	19.997	50,2	23.437	54,7	21.051	50,9
St.Veit/Glan	15.290	47,5	15.899	48,9	17.403	52,2	17.542	51,7
Spittal	15.561	43,5	17.182	46,1	19.395	48,6	21.053	49,0
Villach-Land	20.378	55,3	21.960	56,7	24.536	59,7	19.145	56,1
Völkermarkt	10.492	51,4	10.833	49,7	12.534	55,0	11.346	47,3
Wolfsberg	13.720	48,9	14.798	51,3	16.788	55,7	17.786	55,5
Kärnten	*126.091*	*48,5*	*133.955*	*49,2*	*151.978*	*53,1*	*155.602*	*51,4*

Bezirk	1979		1984		1989		1994	
	abs.	%	abs.	%	abs.	%	abs.	%
Klagenfurt-Stadt	25.505	51,8	24.370	48,5	24.009	41,9	18.520	33,5
Villach-Stadt	18.411	60,4	17.512	56,5	17.771	50,6	13.908	40,7
Feldkirchen	–	–	7.427	48,2	7.674	43,2	6.272	34,8
Hermagor	4.946	42,4	5.422	43,9	5.482	42,1	4.722	36,5
Klagenfurt-Land	15.026	55,3	15.290	51,9	14.936	45,1	12.757	37,3
St.Veit/Glan	17.779	52,8	17.930	51,7	17.643	46,8	14.536	38,4
Spittal	21.336	50,8	21.544	48,4	21.813	43,5	16.940	33,9
Villach-Land	20.108	59,1	20.123	56,3	20.326	50,9	16.491	41,1
Völkermarkt	12.396	51,2	12.974	51,4	13.277	48,3	10.922	39,7
Wolfsberg	18.978	58,4	18.678	55,5	17.322	47,2	14.694	40,0
Wahlkarten	1.012	47,0	1.486	48,5	1.894	42,6	1.006	32,5
Kärnten	*162.739*	*53,9*	*162.756*	*51,6*	*162.147*	*45,9*	*130.768*	*37,4*

Wahlverband der Unabhängigen (WdU)/ Freiheitliche Partei Österreichs (FPÖ)

Bezirk	1945[1]		1949		1953		1956	
	abs.	%	abs.	%	abs.	%	abs.	%
Klagenfurt-Stadt			7.470	21,0	6.910	18,6	6.737	16,6
Villach-Stadt			4.058	23,5	2.947	15,9	2.648	13,8
Feldkirchen			–	–	–	–	–	–
Hermagor			2.506	22,2	2.146	18,9	2.066	18,2
Klagenfurt-Land			6.466	17,9	3.073	9,4	5.821	15,3
St.Veit/Glan			7.216	21,9	5.731	17,5	6.479	19,3
Spittal			7.113	20,5	7.058	19,9	6.224	17,0
Villach-Land			9.339	27,1	7.176	20,5	5.562	14,9
Völkermarkt			2.276	11,3	2.337	11,7	2.148	10,3
Wolfsberg			4.568	17,7	4.125	15,2	4.037	14,3
Kärnten			51.012	21,1	42.877	16,9	41.877	15,7

Bezirk	1960		1965		1970		1975	
	abs.	%	abs.	%	abs.	%	abs.	%
Klagenfurt-Stadt	5.669	14,3	5.500	13,2	5.467	12,5	5.987	11,8
Villach-Stadt	2.597	13,9	2.169	10,9	2.406	11,6	3.542	11,2
Feldkirchen	–	–	–	–	–	–	–	–
Hermagor	1.973	17,7	1.961	17,7	1.762	15,4	1.784	15,2
Klagenfurt-Land	5.266	14,2	5.138	12,9	4.911	11,5	4.892	11,8
St.Veit/Glan	6.466	20,1	5.701	17,5	5.367	16,1	5.326	15,7
Spittal	5.758	16,1	5.470	14,7	5.065	12,7	4.981	11,6
Villach-Land	5.217	14,2	4.991	12,9	5.051	12,3	4.382	12,9
Völkermarkt	1.925	9,4	1.656	7,6	1.661	7,3	1.887	7,9
Wolfsberg	3.865	13,8	3.908	13,6	3.014	10,0	2.940	9,2
Kärnten	38.736	14,9	36.494	13,4	34.704	12,1	35.721	11,8

Bezirk	1979		1984		1989		1994	
	abs.	%	abs.	%	abs.	%	abs.	%
Klagenfurt-Stadt	5.643	11,5	7.663	15,3	17.867	21,5	19.193	34,7
Villach-Stadt	3.382	11,1	4.502	14,5	10.176	29,0	11.563	33,8
Feldkirchen	–	–	3.996	25,9	5.907	33,3	6.851	38,0
Hermagor	1.779	15,2	2.100	17,0	3.402	26,2	3.551	27,5
Klagenfurt-Land	2.114	7,8	3.885	13,2	9.287	28,0	11.197	32,7
St.Veit/Glan	5.218	15,5	6.738	19,4	7.794	20,7	13.280	35,1
Spittal	5.491	13,1	7.608	17,1	12.045	24,0	17.178	34,4
Villach-Land	4.432	13,0	6.293	17,6	6.447	16,1	13.388	33,4
Völkermarkt	1.742	7,2	2.739	10,8	5.682	20,7	7.175	26,0
Wolfsberg	2.739	8,4	4.651	13,8	10.887	29,7	12.056	32,8
Wahlkarten	267	12,4	464	15,1	1.288	29,0	987	32,3
Kärnten	35.332	11,7	50.321	16,0	102.322	29,0	116.419	33,3

1 Nicht kandidiert.
Quelle: Wahlresultate ab 1945 in Kärnten. – Klagenfurt o. J.; Kärntner Landesregierung, Amt für Statistik: Die Landtagswahlen 1994 (Manuskript).

Die Geschichte der Kärntner ÖVP 1945–1994

In Kontrast dazu stehen die Ergebnisse in den industriell-gewerblichen Bezirken und in den urbanen Regionen mit einer breiteren Arbeiter- und Angestelltenschicht. Sowohl in Klagenfurt als auch in Villach lag die Volkspartei bei den Landtagswahlen 1945 knapp über bzw. unter der 30%-Marke. In beiden Städten erreichte sie bei weitem nicht die Stärke der „bürgerlichen" Parteien bei den Landtagswahlen 1930, was u. a. in der nahezu völligen Vernachlässigung des städtischen Raumes in der Wahlagitation seine Ursache hatte. Diese konzentrierte sich vollkommen auf das Land.[21] Denn die Kärntner ÖVP sah sich in Nachfolge des Landbundes vornehmlich als eine Partei der ländlich-bäuerlichen Bevölkerung.[22] Und die zweite Zielgruppe, jene der Wirtschafts- und Gewerbetreibenden, war zahlenmäßig zu klein, um sich auf das Wahlergebnis entscheidend positiv auszuwirken. Die größer werdende Gruppe der Arbeiter, insbesondere aber der Angestellten war eine Quantité négligeable. Das wirkte sich bei den Landtagswahlen 1949 mit dem Erstantreten einer bürgerlich-bäuerlichen Konkurrenzpartei, dem WdU, besonders negativ aus. Es ist keineswegs überraschend, daß die Verluste für die ÖVP – etwas mehr – und SPÖ – etwas weniger – deutlich ausfielen. Es war das die erste fundamentale Zäsur in der Wählerbewegung nach 1945.

Mit einem Schlag war alles anders geworden, und das nicht zum Vorteil der Kärntner Volkspartei. Dem erstmaligen Antreten einer national-liberalen Partei nach 1945, der die VP-Führung durch einen mit nationalen Akzenten versehenen Wahlkampf zu begegnen suchte[23], was sich u. a. in der Einbindung Hans Steinachers als Parteiobmannstellvertreter manifestierte, konnte letztlich nichts entgegengesetzt werden. Der „rechte, nationale Rand" war nicht zu halten, konnte doch der WdU fernab staatspolitischer Verantwortung seine potentiellen Wählergruppen (Minderbelastete, Heimkehrer, Vertriebene) in akzentuierterer, ja radikalerer Weise ansprechen als die in die Regierungsverantwortung auf Bundes- wie Landesebene eingebundene Volkspartei.[24] Zudem durfte eine große Zahl „Ehemaliger" wieder das Wahlrecht ausüben. Damit traf die Volkspartei das Antreten des WdU in mehrfacher Hinsicht. Sie konnte ihre Monopolposition als Bollwerk gegen den Sozialismus nicht mehr aufrechterhalten. Überdies hatte sie in ihren Hochburgen im ländlichen Raum einen Konkurrenten erhalten, der sich im wesentlichen genauso auf jenes Wählerpotential konzentrierte, das 1945 noch durch die ÖVP angesprochen worden war. Das wäre halb so schlimm gewesen. Als verhängnisvoll stellte sich jedoch die Tatsache heraus, daß es verabsäumt worden war, sich rechtzeitig ein neues Erscheinungsbild, das dem Strukturwandel von der Agrar- zur modernen Industriegesellschaft entsprach, zu geben, um damit für neue Wählerschichten attraktiv zu sein.

Wenn im Zusammenhang mit den Landtagswahlergebnissen 1949 in der parteieigenen Zeitung von einer Vermehrung der Stimmenzahl „in einem glänzenden Zweifrontenkrieg" gesprochen wurde[25], war das mehr Selbsttäuschung als Blick auf die

---

21 Karl ANDERWALD: Die Landtagswahlkämpfe in Kärnten 1945–1975. Phil. Diss. – Salzburg 1992, S. 114.
22 Vgl. Volkszeitung, Nr. 4, 18. 11. 1945, S. 4.
23 Ebd., S. 104 f.
24 Vgl. Knut LEHMANN-HORN: Die Kärntner FPÖ 1955–1983. Vom Verband der Unabhängigen bis zum Aufstieg von Jörg Haider zum Landesparteiobmann. – Klagenfurt 1992. S. 54 ff.
25 Volkszeitung, Sondernummer, 10. 10. 1949, S. 1.

Realität. Denn die Volkspartei hatte prozentuell in sämtlichen Bezirken an Stimmen eingebüßt, besonders stark in den Hochburgen des Jahres 1945. Große Teile der national-liberalen Wählerschaft des Jahres 1945, eigentlich die Landbund-Klientel, war vom WdU aufgesogen worden. Nur ein schmales Segment blieb ihr erhalten. Im Bezirk Hermagor etwa verlor sie 15,0%, in Spittal 14,9% und in Wolfsberg 12,4% der (gültigen) Stimmen, während in den beiden Städten Klagenfurt und Villach die Verluste noch am geringsten ausfielen. Hier war schon 1945 ein großer Teil der Landbund-Wähler zur SPÖ gewechselt, und nun von dieser zum WdU. Nur in den christlichsozialen Hochburgen im Möll-, Gail- und Lavanttal konnte sich die ÖVP – auf einem niedrigeren Niveau – als stimmenstärkste Partei behaupten. Doch auch hier waren die Verluste erheblich. Damit zeichnete sich bereits 1949 ein Trend ab, der sich bei den folgenden Landtagswahlen kontinuierlich fortsetzte: der Verlust vormaliger Landbund-Wähler an den WdU bzw. in Folge an die SPÖ. Die Volkspartei nahm immer mehr den Status einer „Eindrittelpartei" an, und sie pendelte sich bei den folgenden Landtagswahlen bis zu jenen des Jahres 1979 auf einem Niveau knapp über 30% ein. Sie war als „zweite Kraft" geradezu einbetoniert. Der Anspruch, erster zu werden, wurde gar nicht mehr artikuliert, die Rolle des Zweiten Gewohnheit.

Worin lagen die Ursachen für die Stagnation? Auf eine Kurzformel gebracht: zum einen im Weiterwirken mentaler Traditionen, zum anderen im sozialen Wandel. Denn gewiß ist: Jene seit dem 19. Jahrhundert im Lande wirksamen geistigen wie mentalen Rahmenbedingungen waren durch die Jahre des Weltkrieges bestenfalls relativiert, nicht aber beseitigt worden. Deutschtümelei sowie Deutschnationalismus auf der einen und der sich zwar nicht mehr so kulturkämpferisch gebende, doch im Lande noch immer existente Antiklerikalismus auf der anderen Seite bildeten jene spezifischen geistigen Konstanten, die das erfolgreiche Auftreten einer sich ihrem Selbstverständnis nach doch mehr christlich-katholisch als national-liberal gebenden Partei nicht erleichterten. Trotz der Integration maßgeblicher Landbund-Funktionäre konnte man sich von dem vom politischen Gegner propagandistisch kultivierten Image der „Klerikalpartei" nicht oder nur unglaubhaft lösen. Das mögen zwar plausible, doch nur zum Teil ausreichende Gründe für das mäßige Abschneiden bei den Landtagswahlen – und die Ergebnisse bei den Nationalratswahlen waren kaum besser – nach 1945 sein.

Die Stagnation bzw. der Rückfall vom „ewigen Zweiten" zur „dritten Kraft" resultierte wohl auch aus den tiefgreifenden Veränderungen im Sozialgefüge des Landes seit 1945. Das Einsetzen einer verzögerten Modernisierung war durch einen Rückgang der in der Landwirtschaft beschäftigten Bevölkerung und einer rasanten Zunahme der in Industrie, Handel, Gewerbe, vor allem aber der im Dienstleistungssektor Beschäftigten gekennzeichnet (siehe *Tabelle 7*). Von diesem Wandel und der daraus resultierenden Verbreitung der Mittelschicht konnte die Kärntner ÖVP zunächst noch marginal bzw. ab den achtziger Jahren überhaupt nicht mehr profitieren. Sie blieb nämlich eine Partei der Landwirte, der Handels- und Gewerbetreibenden – zweier Wählersegmente, die zahlenmäßig stetig im Abnehmen begriffen waren – und gegebenenfalls noch eine der Beamten, nicht jedoch einer der „neuen Mittelschicht". Die Wahlen in die Kammern bestätigen das. Gleichgültig, ob der Bauernbund bzw. der Wirtschaftsbund allein oder in Listengemeinschaft kandidierte, beide avancierten bei den Wahlen zur Landwirtschafts- bzw. Handels- und Gewerbekammer stets zur stimmenstärksten Partei. Andererseits konnte der ÖAAB bei den Arbeiterkammerwahlen bestenfalls ein Viertel der Stimmen für sich verbuchen.[26] In einem zu geringen Ausmaß profilierte man sich als eine Partei des fortschreitenden Modernisierungsprozesses, die „die Lebenschance der vom Strukturwandel betroffenen Bevölkerungsgruppe sichert und ausbaut, die Chancen für eine moderne Existenz schafft und dabei die kulturelle Identität und Tradition bewahrt und fördert".[27]

Somit war der Fall zur drittstärksten politischen Kraft bei den Landtagswahlen 1989 eigentlich das logische Ergebnis einer langfristigen Entwicklung, die schon 1984 deutlichere Konturen anzunehmen begann. Nach 1949 war das der zweite große Einschnitt. Die zunehmende Erosion der Lager- und Parteibindungen, eine Entideologisierung des Lebens und der Politik, die während der achtziger Jahre gestiegene Wählermobilität, neue Wertvorstellungen und das Auftreten der FPÖ unter ihrem neuen Obmann Jörg Haider, die „mit denselben Themen (wie die ÖVP), aber mit frischer Kraft" auftrat, schufen insgesamt neue Rahmenbedingungen. Diese mußten die weltanschaulich äußerst heterogene und organisatorisch nicht so straff geführte Kärntner Volkspartei bei weitem härter treffen als den ideologisch geschlosseneren und durchorganisierten sozialistischen Widerpart. Nicht zuletzt mitentscheidend für den Wählerschwund wurde der Umstand, daß man der „Volkspartei in ihrer Rolle des ewig Schwächeren ... eine Durchsetzung von Anliegen nach jahrelangem Mißerfolg jedenfalls weniger zutraute als der erstarkten FPÖ".[28] So war das Wahldesaster 1989 vorprogrammiert. Das Resultat: Die Kärntner Volkspartei war zu einer 20%-Partei geworden. Der sich schon 1984 abzeichnende Trend, wonach sie in den stärker industrialisierten Gebieten besser abschnitt als in den landwirtschaftlich dominierten, hatte sich verstärkt.[29] Es war daher nur zu logisch, daß die letzten Hochburgen (1984 Stimmenanteil über 40%) in den traditionell agrarischen Landesteilen verloren wurden. Im Gegensatz zu den städtischen Regionen mit einem hohen Industrieanteil fielen die Verluste hier überproportional stark aus. Nun war der ländliche Raum – 1945 noch schlechthin die Bastion der Volkspartei – an die FPÖ, die landesweit 5,3% der ÖVP-Wähler von 1984 für sich gewinnen konnte, verlorengegangen. Und im städtischen Bereich hatte man bei Landtagswahlen ohnedies kaum nennenswerte Erfolge erzielen können. Praktisch war die Partei auf ihren Kern reduziert worden. Ein Tiefpunkt, was den Wählerzuspruch anlangt, war erreicht.

---

26 Franz SOMMER: Die AK-Wahl 1989 – Die „Wahl der Nichtwähler". – In: Andreas KHOL/Alfred STIRNEMANN (Hg.): Österreichisches Jahrbuch für Politik 1989. – Wien – München 1990. S. 112.
27 Fritz PLASSER: Zwischen Tradition und Modernität. Landtags-, Arbeiterkammer- und Personalvertretungswahlen 1977–1979. – In: Andreas KHOL/Alfred STIRNEMANN (Hg.): Österreichisches Jahrbuch für Politik 1989. – Wien – München 1990. S. 112.
28 Christof ZERNATTO: Kärntner Volkspartei: Heilung an Körper, Geist und Seele. – In: Österreichische Monatshefte 5/1989. S. 14 f.
29 Franz SOMMER, Die Landtagswahl in Kärnten vom 30. September 1984. Wahlkampf, Ergebnisse, Analyse. – In: Andreas KHOL/Alfred STIRNEMANN (Hg.): Österreichisches Jahrbuch für Politik 1984. – München – Wien 1995. S. 259.

Tabelle 7: Sozialstruktur Kärntens 1951–1981

Bezirk	primärer Sektor	sekundärer Sektor	tertiärer Sektor
Klagenfurt-Stadt			
1951:	1.521	21.198	23.157
1961:	1.081	22.374	29.260
1971:	680	19.142	36.097
1981:	1.067	20.124	43.639
Villach-Stadt			
1951:	559	8.828	12.770
1961:	440	10.199	14.474
1971:	331	8.129	17.291
1981:	–	–	–
Feldkirchen			
1981:	2.584	9.546	9.236
Hermagor			
1951:	7.350	6.661	3.250
1961:	5.613	7.320	3.673
1971:	3.737	6.813	5.742
1981:	2.355	5.775	7.186
Klagenfurt-Land			
1951:	21.914	24.027	10.863
1961:	15.378	28.931	12.766
1971:	10.759	28.882	23.967
1981:	3.506	15.988	19.252
St.Veit/Glan			
1951:	20.340	20.822	9.828
1961:	14.700	23.664	10.497
1971:	9.887	22.229	14.457
1981:	6.299	20.692	17.814
Spittal			
1951:	19.658	27.366	9.568
1961:	15.294	32.048	12.456
1971:	10.677	30.270	21.388
1981:	6.631	29.326	26.268
Villach-Land			
1951:	13.236	28.065	13.523
1961:	9.962	31.707	15.402
1971:	6.497	29.580	24.083
1981:	3.467	20.949	21.463
Völkermarkt			
1951:	17.433	12.095	4.406
1961:	12.346	15.628	5.099
1971:	7.951	16.512	9.368
1981:	4.478	15.854	10.948

Wolfsberg			
1951:	18.623	18.882	5.668
1961:	13.781	24.424	7.084
1971:	9.941	23.150	12.096
1981:	6.236	22.201	15.835
KÄRNTEN			
1951:	120.634	167.944	93.033
1961:	88.505	196.295	110.716
1971:	60.406	184.707	164.489
1981:	37.395	173.096	199.196

Quelle: Ergebnisse der Volkszählung vom 1. Juni 1951, Heft 12, Tabellenband 1 (Demographischer Teil), hg. Österreichisches Statistisches Zentralamt (Wien 1953), Tabelle 11: Ergebnisse der Volkszählung vom 21. März 1961: Kärnten, Heft 6, hg. Österreichisches Statistisches Zentralamt (Wien 1963), Tabelle 7; Ergebnisse der Volkszählung vom 12. Mai 1971: Hauptergebnisse für Kärnten, Heft 6, hg. Österreichisches Statistisches Zentralamt (Wien 1973), Tabelle 7; Volkszählung 1981. Hauptergebnisse II: Kärnten, Heft 13, hg. Österreichisches Statistisches Zentralamt (Wien 1985), Tabelle 9.

Erst die nach 1989 von der neuen Parteiführung (Landesparteiobmann Christof Zernatto/Landesparteisekretär Klaus Wutte) eingeleitete Neustrukturierung der Partei, insbesondere aber der Landeshauptmannbonus in der Person des Spitzenkandidaten Christof Zernatto, der ein wesentliches Motiv für die Wähler war, der Volkspartei die Stimme zu geben[30], sowie der Verzicht auf die öffentliche Austragung parteiinterner Konflikte brachten bei den Landtagswahlen 1994 eine Trendwende. Erstmals seit 1960 konnte man stimmen- wie prozentmäßig wieder zulegen, Wähler zurückgewinnen, ja sogar neue Wählerschichten, in erster Linie aus dem sozialdemokratischen Lager, ansprechen, blieb jedoch nach wie vor drittstärkste Partei.

Die Suche nach der Identität: Ständepartei/Bündepartei, Interessenpartei, soziale Integrationspartei? – christlichsozial oder nationalliberal?

Das Ringen um die innere Organisierung und Machtverteilung sowie die Diskussionen um die ideologische Positionierung und das öffentliche Profil bestimmten, ja belasteten von der Gründung an die Geschichte der Kärntner ÖVP. Anders als bei den beiden nichtbürgerlichen Parteien und später beim WdU veranlaßte der völlige Neubeginn nach 1945 einen Neuansatz in der programmatischen Ausrichtung mit weitreichenden Konsequenzen.

Zum einen bildete der frühere Landbund, quasi eine Standespartei und als solche Interessenpartei der bäuerlichen Bevölkerung, mit seinem „kleinbürgerlichen Antiklerikalismus", „der sich vorwiegend gegen die aktive Teilnahme der Geistlichkeit

---

30 EU als Polarisierungslinie. In: Österreichische Monatshefte 1–2/1994, S. 27.

an der Politik richtete", eine feste Säule.[31] Zum anderen knüpfte man unmißverständlich an die Tradition der Christlichsozialen Partei an. Von ihr wurde mehr oder minder das Bestreben, „allen alles zu sein", übernommen.[32] Damit verknüpft war der hohe Anspruch, alle Bevölkerungsschichten repräsentieren zu wollen. Doch entsprach dieser mehr einem politischen Wunschdenken als der realpolitischen Situation. Und dennoch: Man distanzierte sich von den Christlichsozialen wie vom Landbund, wollte nicht „Nachfolgerin irgendeiner früheren Partei" sein.[33] Dieses Ansinnen verhinderte allerdings nicht, daß im Grunde die Probleme der Christlichsozialen und wohl auch jene des Landbundes, die im ideologischen Bereich durch die Einbindung des Handels- und Gewerbebundes sowie des Heimatblocks sicherlich nicht geringer wurden, übernommen wurden.

Selbst wenn der Ideologie und Programmatik im politischen Handeln, das mehr von pragmatischen Aspekten geleitet war, eher eine sekundäre Bedeutung zukam, ergab sich aus dieser Fusion von politischen Gruppierungen sozial wie ideologisch ein Spektrum mit weitester Spannkraft und – wie die Wahlergebnisse zeigen – großer Brüchigkeit. Wie die Bundespartei hatte sich auch die Landesorganisation „als eine nationalbewußte, demokratisch-parlamentarische, sozial fortschrittliche und in wirtschaftlichen Dingen nicht ausschließlich liberal denkende Partei", die sich „in religiöser Hinsicht ... zwar für eine Förderung der Kirchen, nicht aber für eine Bindung an sie" aussprach, konstituiert. Somit präsentierte sich die Kärntner Parteiorganisation als eine „politische Vereinigung aller heimat- und vaterlandstreuen Österreicher ..., die aufgrund der christlich-abendländischen Kulturauffassung die ... Leitsätze ... des Solidarismus und eines gesunden Föderalismus, im Gegensatze zu klassenmäßigen und zentralistischen Bestrebungen" vertrat.[34] Trotz der weltanschaulichen Breite blieben als soziale Trägerschichten nur klein- und mittelbetriebliche Agrarier sowie kleingewerbliche Unternehmer, bald auch die Beamtenschaft, während die zahlenmäßig größer werdende Schicht von Angestellten aus dem Dienstleistungssektor wie die Industriearbeiterschaft mit diesen Zielsetzungen kaum angesprochen werden konnten.

Das ergab im gesamten eine (klein)bürgerlich-(klein)bäuerliche Partei – und das gilt wohl bis Ende der achtziger Jahre –, in der Traditionsbindungen und Modernisierungsimpulse stetig miteinander in Konflikt standen. Mitten in diesem Spannungsfeld befand sich der stetig schwelende, eigentlich nie offen ausgetragene, weil verdrängte Konflikt zwischen christlichsozial-katholischer und national-liberaler Orientierung, aber auch – damit zusammenhängend – die Frage, was man denn nun eigentlich sei: Bündepartei, Interessenpartei oder – wie vom Programm vorgegeben – soziale Integrationspartei.

Wiederholt rückten diese beiden Problemkreise in den Mittelpunkt der innerparteilichen Diskussion. Ausgangspunkt war fast ausnahmslos die Auseinandersetzung um die Positionierung der Partei in der „nationalen Frage". Dabei ging es unmittelbar

---

31 Johann REIF: Zwischen Standespartei und Volkspartei. Die Geschichte des Kärntner Landbundes und Bauernbundes von 1886 bis 1934. Phil. Diss. – Klagenfurt 1989, S. 201–206.
32 DROBESCH: Vereine und Verbände in Kärnten, S. 148.
33 KLA Klagenfurt: Nachrichten für das Land Kärnten, 3. Jg., Nr. 2, Februar 1947, S. 2.
34 GRUBER: 30 Jahre ÖVP in Kärnten. S. 14; KLA Klagenfurt: Landesparteiorganisationsstatut der Österreichischen Volkspartei des Bundeslandes Kärnten, beschlossen am 3. Landesparteitag, 8. 10. 1948.

in den Jahren nach 1945 um das Problem der Entnazifizierung und später um die Stellung zur slowenischsprachigen Minderheit im Lande. Beide Fragen spalteten die Partei bis in die jüngste Zeit in zwei etwa gleich große Lager. Gleichsam tangierten sie auf nicht unerhebliche Weise ihren Werdegang.

Eines steht fest: Im Gegensatz zur SPÖ, „deren eigene Opfer und antifaschistische Orientierung der politischen Option, führende Kraft im Lande zu werden, untergeordnet wurden"[35], nahm die Volkspartei in der Frage der Einbindung ehemaliger Nationalsozialisten eine reservierte Haltung ein. Gab sich die Parteiführung gegenüber den „Nationalen" noch moderat, so agierte sie im Falle der nicht minderbelasteten Nationalsozialisten kompromißlos. Alles müsse – so die Forderung Ferdinand Grafs – getan werden, „die großen Verbrecher zu erfassen und der gerechten Strafe zuzuführen. Dabei denken wir ... an jene, die heute wieder eine Rolle spielen, obwohl sie seinerzeit maßgebenderen Einfluß hatten als eingeschriebene Mitglieder."[36] In der internen Auseinandersetzung um eine mögliche Öffnung der Partei gegenüber den „Ehemaligen" setzte sich der christlichsoziale Flügel um Josef Ritscher, Alois Karisch sowie Franz Sagaischek durch.[37] Deren Linie war klar: „wohlverdiente Bestrafung der belasteten Nazis", andererseits aber Pardonierung der Minderbelasteten, der „inaktiven Mitläufer", „die in kürzester Frist in den Genuß aller Rechte eines vollwertigen Österreichers gelangen" sollten.[38] Der Preis für die skeptische Haltung gegenüber den „Ehemaligen" war der Verlust eines breiten Anhänger- und Wählerspektrums aus dem nationalen Lager, das sich 1949 dem WdU, in der Folge der über die Machtressourcen im Lande verfügenden SPÖ – der „Bund Sozialistischer Akademiker" wurde praktisch zu einem Sammelbecken Angehöriger von schlagenden Pennalien und Akademikern mit einer nationalsozialistischen Vergangenheit[39] – und ab den achtziger Jahren verstärkt der FPÖ zuwandte. Daran änderten die Versuche der Volkspartei, sich auch national zu geben, wenig.

Und derer gab es eine Reihe: so 1949 das vergebliche Bemühen des national-liberalen Flügels innerhalb der Partei, den durch die Kämpfe der Jahre 1919/1920 im Lande überaus populären Hans Steinacher – innerhalb der Volkspartei u. a. auch „Grenzlandreferent" – auf einen Listenplatz für die Landtags- bzw. Nationalratswahl zu bringen, sowie ihn als gemeinsamen Kandidaten mit den Stimmen des WdU zum Landeshauptmann zu wählen. Daß es nicht dazu kam, war dem Eingreifen der Bundespartei zuzuschreiben. Aufgrund der Rücksichtnahme auf den Koalitionspartner auf Bundesebene, aber auch als Preis für die Zustimmung der Wahl eines ÖVP-Landeshauptmannes in Salzburg und der Steiermark stellte sich die Bundespar-

---

35 Christian SCHALLER: Parteien und Wahlen in Kärnten. – In: Herbert DACHS (Hg.): Parteien und Wahlen in Österreichs Bundesländern (= Österreichisches Jahrbuch für Politik, Sonderband 4). – Wien – München 1992. S. 87; vgl. dazu auch Eduard BLATNIK: Die Sozialistische Partei Österreichs. Landesoragnisation Kärnten vom Ende des Zweiten Weltkrieges bis zur Unterzeichnung des Staatsvertrages 1955. Struktur- und organisationsgeschichtliche Betrachtungen. Diplomarbeit. – Klagenfurt 1981. S. 97–104.
36 KLA Klagenfurt: Akten, Schachtel 22 (Helmut HÜTTER): Entwurf zum Tagebuch der Kärntner Landesregierung 1945, fol. 293.
37 ANDERWALD: Landtagswahlkämpfe in Kärnten, S. 114.
38 KLA Klagenfurt: Nachrichten für das Land Kärnten, 2. Jg., Nr. 8, 15. 8. 1947, S. 7.; ebd., 2. Jg., Nr. 10, Oktober 1947, S. 7.
39 BLATNIK: Sozialistische Partei Österreichs. S. 73.

teileitung gegen eine Absprache mit dem WdU. Und die Kärntner Partei fügte sich. Dabei war innerhalb dieser der christlichsoziale Flügel, wenn auch widerwillig, bereit gewesen, eine Koalition mit dem WdU auf Landesebene einzugehen und den „Nationalen" Steinacher als Landeshauptmann zu akzeptieren. Letztlich entschied man sich aber für den SPÖ-Kandidaten Ferdinand Wedenig. Damit war für die Partei wie für die politische Landschaft des Landes eine langfristig wirkende Entscheidung gefallen. Das hieß aber, daß sich die ÖVP fortan in ihren Avancen gegenüber der nationalliberalen Wählerschaft selbst geschwächt hatte.

Die Signale in diese Richtung finden sich bis in die achtziger Jahre. Am deutlichsten sind sie in der Stellungnahme der Partei zur Minderheitenfrage auszumachen. Diese war stets von der sogenannten „(Kärntner) Urangst" bestimmt, daher auch – gerade bis 1955 – die ständige Betonung der Landeseinheit.[40] Grundsätzlich trat man in der „sehr heiklen Sache" dafür ein, daß „dort, wo es Minderheiten gibt, diese einen entsprechenden Schutz in Anspruch nehmen dürfen und sollen". Unbestritten blieb stets auch „die Achtung der natürlichen Volkstumsrechte der Slowenen". Ebenso galt die 1959 von Karl Schleinzer am Landesparteitag postulierte Maxime: „Für einen nationalen Chauvinismus haben wir kein Verständnis."[41] Ein Prinzip, das für die Partei unumstößlich blieb. In konsequenter Verfolgung dieser Grundsatzpositionen verweigerte sie 1984 die Unterstützung des FPÖ-Volksbegehrens zur Minderheitenschulfrage.[42] Das war die eine Seite. Demgegenüber stand das Bestreben, sich in der Haltung zur slowenischsprachigen Bevölkerung einen gemäßigten nationalen Anstrich zu geben. Zwischen diesen beiden Polen bewegte sich die VP-Minderheitenpolitik. Was fehlte, war ein klares Konzept. Eine ÖVP-Alternativposition in Form einer proslowenischen Haltung wurde öffentlich, wenn überhaupt, nur von einer kleinen Gruppe, in den achtziger Jahren etwa um den JVP-Obmann Reinhold Lexer, bezogen. Unter dem Druck der beiden anderen im Landtag vertretenen Parteien verstand man es nicht, sich ein eigenes Profil zu geben. So trat man seit 1948 gegen den obligatorischen zweisprachigen Unterricht ab der ersten Volksschulklasse auf, so sprach man sich konsequent bis in die jüngste Zeit für das „Elternrecht" aus[43], so vertraten die beiden ÖVPler, Landesparteiobmann Herbert Bacher und Nationalratsabgeordneter Valentin Deutschmann, im sogenannten „Ortstafelstreit" des Herbstes 1972 doch eher die Anliegen der sogenannten „Heimatverbände". Allerdings das Gespräch mit den Vertretern der slowenischsprachigen Organisationen und der politische Kompromiß wurde stets, etwa bei der Erarbeitung des sogenannten „Pädagogenmodells" (1987), gesucht. Trotz der Berücksichtigung nationaler Standpunkte war es eine „sanfte Politik", die seitens der Wähler aber nicht honoriert wurde.

---

40 KLA Klagenfurt: Landesamtsdirektion, Akten, Schachtel 22 (HÜTTER): Tagebuch der Landesregierung, Jänner bis Juni 1947, fol. 40, 50 f. und 75.
41 KLA Klagenfurt: Sammelarchiv Zeitgeschichte, Nr. 105: Gesprächsprotokoll mit Dr. Alois KARISCH, o. O., o. J. (vermutlich anfang 1948); ebd.: Nachrichten für das Land Kärnten, 2. Jg., Nr. 2, 15. 2. 1947, S. 1; ebd.: Landesamtsdirektion, Akten, Schachtel 26 (HÜTTER): Tagebuch der Kärntner Landesregierung 1959, 2. Halbjahr, fol. 243.
42 Felix ERMACORA: Minderheitenschule in Kärnten. – In: Andreas KHOL/Alfred STIRNEMANN (Hg.): Österreichisches Jahrbuch für Politik 1988. – Wien – München 1989. S. 537.
43 KLA Klagenfurt: Landesamtsdirektion, Akten, Schachtel 25 (HÜTTER): Tagebuch der Kärntner Landesregierung 1958, 1. Halbjahr, fol. 26.

Die Geschichte der Kärntner ÖVP 1945–1994

Als schwerwiegender stellte sich heraus, daß es für die Parteiführung, weniger für die Bünde, durch all die Jahre unmöglich war, einen von allen Gruppen in der Partei getragenen Standpunkt zu erarbeiten. Denn an der Haltung in der Minderheitenfrage schieden sich die innerparteilichen Geister und die Meinungen in der VP-Wählerschaft. Daher ist es nicht verwunderlich, daß die unter Karl Schleinzer begonnene Doppelstrategie einer Öffnung der Partei mit dem Ziel der stärkeren Einbeziehung des nationalliberalen Elementes bei gleichzeitiger Annäherung an die slowenischsprachige Bevölkerung nur ein Intermezzo bleiben konnte. Es war das eines der großen Dilemmata der Kärntner VP. Denn sowohl während der Obmannschaft Herbert Bachers wie auch unter seinen Nachfolgern Stefan Knafl und Harald Scheucher stellte sich das Problem, welchen Standpunkt die Partei in der Minderheitenfrage vertreten solle, von neuem und – das machte die Sache nicht leichter – mit dem Auftreten von Jörg Haiders FPÖ ab Mitte der achtziger Jahre in einer noch dramatischeren Form. Stärker als zuvor war man in dieser Frage gespalten. In einer Befragung der Mitglieder vor dem FPÖ-Volksbegehren 1984 zu deren Haltung bezüglich der Volksgruppenpolitik der Partei nahm ein Drittel eine „militante Haltung" gegenüber der slowenischsprachigen Bevölkerung ein, ein Drittel vertrat die konträre Position einer Unterstützung, und ein Drittel gab sich indifferent. Die Tatsache, daß ÖVP-Mandatare (Valentin Einspieler, Josef Glantschnig) in nationalen Verbänden (Bund Kärntner Windischer, Kärntner Abwehrkämpferbund, Kärntner Heimatdienst) an prominenter Stelle wirkten und somit – scheinbar – ein enger personeller Konnex zwischen Partei und diesen Verbänden bestand, brachte nur marginale Erfolge. Und selbst der Versuch einer halbherzigen Annäherung an die „heimattreuen Verbände" wie etwa 1989 durch die Nominierung Gunther Spaths auf die Landtags-Kandidatenliste war eben nur ein Versuch. Der Erfolg blieb aus. Eines war nämlich evident: Aus einer Staatsverantwortung, aber auch aus dem eigenen Selbstverständnis heraus konnte man in der „nationalen Frage" in keiner Weise mit den radikaleren Forderungen des politischen Konkurrenten FPÖ, der aus wahltaktischen Überlegungen die Volksgruppenfrage aktualisierte, mitlizitieren. Und es trifft wohl das zu, was der „Rebell" und prononcierte Vertreter einer christlichsozialen Gesinnung innerhalb der Partei, Reinhold Lexer, pointiert so formulierte: „Man kann es auch bösartiger formulieren: Der KHD (= Kärntner Heimatdienst) hat Scheucher Spath eingeredet, aber Blau gewählt."[44]

Indirekt mit der „nationalen Frage" verknüpft war ebenso die Auseinandersetzung um eine Unterstützung der Wahl des FPÖlers Jörg Haider zum Landeshauptmann nach den Landtagswahlen 1989. Diese brachte zum einen das Aufleben des alten internen Konfliktes um die Haltung gegenüber der zweiten „bürgerlichen" Partei und mündete in einen dramatischen Richtungskampf um den künftigen Kurs der Partei. Noch nie nach 1945 trat der innere Zwiespalt, der „nicht nur ein Riß, sondern ein tiefer Graben" war[45], so offen zutage. Lange Zeit stand sogar die Spaltung der Partei im Raum. Doch letztlich blieb die Drohung der Bezirksgruppe Klagenfurt-Stadt, die mit dem Klagenfurter Bürgermeister Leopold Guggenberger den entschiedensten

---

44 Kärntner Monat, Nr. 5, Juni 1989, S. 19.
45 Heinz STRITZL: Erschütterte ÖVP aus dem Tief holen. – In: Kleine Zeitung, Nr. 116a, 22. 5. 1989, S. 3.

Befürworter einer ÖVP/FPÖ-Koalition auf Landesebene stellte, folgenlos. Und das Ansinnen, eine sich an christlichsozialen Werten orientierende Partei zu gründen, kam über ein Diskussionsstadium nicht hinaus. Die mehrheitliche Entscheidung einer Funktionärskonferenz, eine Koalition mit den Freiheitlichen einzugehen, war alles in allem nicht der Entschluß zu einer „Liebesheirat", sondern Ausdruck einer strikten antisozialistischen Haltung. Denn eine Kooperation zwischen ÖVP und SPÖ auf Landesebene war seit den fünfziger Jahren nur vereinzelt zustande gekommen, etwa in der Frage der Gemeindezusammenlegungen (1975), zumal die Freiheitlichen in Verfolgung eigener Ziele bei der Aufteilung von Referatskompetenzen nur zu oft das Gespräch mit der FPÖ gesucht hatten. Dennoch war sie für die Volkspartei der erste Ansprechpartner. Zu sehr hatte der „SPÖ-Bonapartismus"[46] der vergangenen Jahrzehnte Spuren in den ÖVP-Reihen hinterlassen. Mit der Abwahl Jörg Haiders als Landeshauptmann 1991 war die Pro-FPÖ- und strikte Anti-SPÖ-Haltung rasch obsolet geworden. Als zu stark hatte sich der gerade im Rahmen der Landespolitik seit der Ersten Republik latent vorhandene ideologische Gegensatz zwischen dem nationalen und christlichsozialen Lager erwiesen. Und der Kärntner Volkspartei unter einem Parteiobmann, dessen Großonkel noch führender Repräsentant des Ständestaates gewesen war, blieb angesichts des Haiderschen Ausspruches von der „ordentlichen Beschäftigungspolitik" nur die Option, im Sinne einer Selbstbehauptung und Glaubwürdigkeit diesen Weg zu beschreiten.

Trotz aller Gegensätzlichkeiten und vergangener politischer Demütigungen waren die Sozialisten für die Volkspartei der kalkulierbarere Partner, zumal jene – nun nicht mehr über die absolute Mehrheit im Landtag verfügend und auf ein Nichtzusammengehen mit der FPÖ festgelegt – auf den Partner ÖVP angewiesen waren. Somit stellt sich das Bündnis der beiden Parteien nach den Landtagswahlen 1994 als eine logische Fortsetzung jener von pragmatischen und staatspolitischen Erwägungen getragenen Zusammenarbeit unmittelbar in den Jahren nach 1945(–1953) dar.

Ein zweites, keineswegs als gering einzuschätzendes Problemfeld ergab sich aus der bündischen Struktur der Partei. Diese waren der eigentliche Träger der Parteiarbeit nach außen. Im Grunde stand 1945 hinter der bündischen Gliederung noch der Gedanke eines ständischen Aufbaus.[47] Lediglich die Etikettierung war neu. Das hatte gewiß Folgen für die Partei als gesamtes. Um die heterogenen Bestandteile in eine einheitliche Partei mit einem unitaristischen Selbstbewußtsein zusammenzuführen, mußte eine planmäßige Organisierung erfolgen. Rasch schritt man zur Tat. Bis Ende 1946 erreichte die Volkspartei einen hohen Organisationsgrad und war mit allen Gliederungen bereits gut durchorganisiert. Sie blieb das bis in die Gegenwart. Dominante und auch mitgliederstärkste Kraft war 1946 der Kärntner Bauernbund mit mehr als 20.000 Mitgliedern.[48] Daraus leitete er seinen Anspruch auf die Position des Landesparteiobmannes ab. Und bis 1978 kam der Parteiobmann aus seinen Reihen: zunächst Hermann Gruber (1945–1959), dann Karl Schleinzer (1959–1970) und zuletzt Herbert Bacher (1970–1978). Andererseits erfaßte der Wirtschaftsbund 1946

---

46 So ANDERWALD: Landtagswahlkämpfe in Kärnten, S. 267 ff.
47 Noch im November 1945 ist in der Volkszeitung von einer „ständischen Gliederung" der Partei die Rede.
48 KLA Klagenfurt: Landesamtsdirektion, Akten, Schachtel 22 (HÜTTER): Tagebuch der Landesregierung 1945, fol. 109 ff. und 407 f.

bereits über 60% der Handels- und Gewerbetreibenden des Landes, während der Arbeiter- und Angestelltenbund als mitgliederschwächste Gruppe auf über 200 Ortsgruppen verweisen konnte.

In diesem Konstrukt lag ein Keim für künftige Konflikte. Mit dem gesellschaftlichen Wandel im Lande verschob sich zwangsläufig, was die Mitgliederstärke anlangt, bis Anfang der siebziger Jahre das Kräfteverhältnis zwischen den drei großen Bünden (siehe *Tabellen 8 und 9*), um von da an konstant zu bleiben.

Tabelle 8: Mitgliederentwicklung der Kärntner ÖVP 1973–1989

Jahr	Gesamt	ÖAAB	KBB	ÖWB	ÖFB	JVP	ÖSB
1973	35.441	10.557	8.429	7.513	ca. 4.000	3.800	k. A.
1980	47.733	11.524	8.500	ca. 7.500	ca. 4.200	6.847	9.586
1986	51.382	10.824	8.687	ca. 7.500	5.800	ca. 4.500	11.996
1989	46.852	10.581	8.521	ca. 7.500	5.789	2.350	13.729

k. A. = keine Angabe
Die Zahl der Partei-Direktmitglieder blieb äußerst gering (1980: 83; 1989: 181).
Quelle: Schaller: Parteien und Wahlen in Kärnten. S. 106.

Tabelle 9: Mitgliederentwicklung (Gewichtung) der drei Hauptbünde

Jahr	Gesamt	ÖAAB in %	KBB in %	ÖWB in %
1973	26.499	39,8	31,8	28,2
1980	27.524	41,9	30,9	27,2
1983	26.813	40,3	31,7	28,0
1986	27.011	40,0	32,2	27,8
1989	26.602	39,8	32,0	28,2

ÖAAB = Österreichischer Arbeiter- und Angestelltenbund
KBB = Kärntner Bauernbund
ÖWB = Österreichischer Wirtschaftsbund
ÖFB = Österreichische Frauenbewegung
JVP = Junge Volkspartei
ÖSB = Österreichischer Seniorenbund
Quelle: Schaller: Parteien und Wahlen in Kärnten. S. 107.

In der Ära Hermann Gruber (1945–1959), dessen große Leistung in der Konsolidierung der aus so divergenten Gruppen bestehenden Partei zu einem Ganzen bestanden hatte, die aber in den letzten Jahren der Obmannschaft zu einer Versteinerung der Parteistrukturen, zu einer hohen personellen Kontinuität in den Parteigremien und zunehmend zu einer versäumten Anpassung an die Zeiterfordernisse geführt hatte, war der bündische Aufbau jedenfalls noch kein Thema. Unübersehbar sind erste Anzeichen, daß sich die in der Zeit der Gründung durchaus noch bewährende Strukturierung der Partei allmählich zu überleben begann.

In der Ära Karl Schleinzer (1959–1970) verstärkten sich diese Tendenzen. Mit seiner Wahl wurde der längst fällige Generationswechsel vollzogen. Das Parteileben erhielt neue Impulse. Ein bewegtes Jahrzehnt folgte. Für wenige Jahre hatten die „Reformer", das sogenannte „Sechseck" (Wolfgang Mayrhofer-Grüenbühl, Leopold

Goëss als Organisationsreferent, Kurt Burger-Scheidlin, Roland Staunig, Herbert Bacher, Walther Weißmann), um den neuen Landesparteiobmann, die teils aus den Bünden, teils auch aus Vorfeldorganisationen kamen, das Sagen.[49] Es waren das jene Jahre, in denen die Parteiführung stärker als zuvor und danach bemüht war, Repräsentanten von Vorfeldorganisationen (Akademikerbund) oder aus dem katholisch-kirchlichen Spektrum wie der „Katholischen Aktion", nicht jedoch aus dem Österreichischen Cartellverband, in die Partei zu integrieren. Es blieb bei einer Episode. Denn insgesamt kam diesen bis in die jüngste Gegenwart innerhalb der Partei keine Bedeutung zu.

Hand in Hand damit erfolgte die Straffung der Organisation unter dem neuen Landesparteisekretär Alois Paulitsch und dem Organisationsreferenten Leopold Goëss. Diese strebten ebenso eine Erweiterung des ideologischen Gerüsts an mit dem Ziel, die ÖVP auf eine breitere Basis zu stellen, um sie stärker als Alternative zur SPÖ präsentieren zu können. Doch letztlich wurde die Chance nicht wahrgenommen. Das hatte viele Ursachen. Der in den ersten Jahren der Obmannschaft Schleinzers noch funktionierende Interessenausgleich zwischen den drei großen Bünden wurde mehr und mehr zu einem Problem und gestaltete sich, bedingt dann durch Schleinzers Eintritt in das Kabinett Gorbach, ab 1961 immer schwieriger. Zwar wurde damit auf Bundesebene die Tradition von Kärntner VPlern in Regierungsfunktion fortgesetzt. Seit 1945 und dann 1949 bis 1966 stellte die Kärntner VP kontinuierlich einen Minister bzw. Staatssekretär (1945 Staatssekretär für Vermögenssicherung und Wirtschaftsplanung: Vinzenz Schumy; 1949–1956 Staatssekretär für Inneres: Ferdinand Graf; 1956–1961 Verteidigungsminister: Ferdinand Graf; 1961–1963 Verteidigungsminister: Karl Schleinzer; 1963–1966 Landwirtschaftsminister: Karl Schleinzer), während der ÖVP-Alleinregierung zwischen 1966 bis 1970 gar zwei Minister (Landwirtschaft: Karl Schleinzer; Verkehr und verstaatlichte Unternehmen: Ludwig Weiß).

Die Folgen der Übersiedlung Schleinzers nach Wien wurden für die Landespartei bald offenbar. Die scheinbar feste Basis, die man sich gesichert zu haben glaubte, löste sich rasch auf. Das im Sog von seinem Abgang entstandene Machtvakuum, gleichbedeutend mit dem Fehlen einer starken Parteiführung, zog das Aufkommen und die Stärkung der Bünde nach sich. Ab 1962 übte jeweils einer der Bünde-Obmänner (Thomas Truppe, Ludwig Weiß, Herbert Bacher) die Funktion eines stellvertretenden Landesparteiobmannes aus.[50] Nicht mehr der in Wien sitzende Landesparteiobmann, sondern die Bündeobmänner wurden zum Sprachrohr der Partei in Fragen der Landespolitik. Man wurde mehr Bünde- und Interessen- als soziale Integrationspartei. Das stellte sich für die Gesamtpartei als belastend heraus. Denn zum ideologischen Pluralismus kamen nun zusätzlich noch – und zwar stärker als zuvor – die unterschiedlichen bündischen Interessen, am sichtbarsten bei der Erstellung der Kandidatenlisten für die Landtags- und Nationalratswahlen sowie bei der Auswahl des Spitzenkandidaten für die Landtagswahlen. Stets galt es, den Gedanken der „balance of power" zu berücksichtigen. Deutlich zeigte sich das bei den Landtagswahlen 1970, als mit Walther Weißmann (Arbeiter- und Angestelltenbund) und

---

49 Karl Schleinzer. Der Mann und das Werk (= Schriften des Karl-von-Vogelsang-Instituts 1). – Wien – Köln – Graz 1983. S. 41.
50 Ebd., S. 43.

Herbert Bacher (Bauernbund) zwei Spitzenkandidaten aufgeboten wurden. Erstmals, und nicht das letzte Mal, stellte sich die Konstruktion in Form einer Bündepartei als gewaltige Hypothek heraus.

Zusätzlich wurde die Parteiarbeit Mitte der sechziger Jahre durch den Konflikt zwischen dem Bauernbündler Schleinzer und dem Wirtschaftsbündler Truppe, der 1966 aus der Landesregierung ausschied, blockiert. In dieser Auseinandersetzung um die Machtaufteilung nahm man zu halbherzigen Interimslösungen wie dem Eintritt des ÖAABlers Weißmann als Landeshauptmannstellvertreter in die Landesregierung Zuflucht. Doch das innerparteiliche Problem des Einflusses der Bünde auf die Politik der Gesamtpartei blieb ungelöst. Mehr denn je beherrschen Kontraste, nicht Gemeinsamkeiten, das Bild der Volkspartei in der Öffentlichkeit. Klarerweise wirkten sich die zum Teil öffentlich geführten Diskussionen auf das Erscheinungsbild der Partei nicht gerade positiv aus. Und es steht wohl außer Frage, daß die ohnehin nicht starke Stellung in der Landespolitik damit weiter geschwächt worden ist. Da half auch nicht das glänzende Image der Bundespartei seit der Obmannschaft Josef Klaus, von dem man in keiner Weise profitieren konnte.

Daran änderte sich in der Ära Bacher (1970–1978), die zum einen das Ende des Provisoriums in Form eines geschäftsführenden Landesparteiobmannes (seit November 1966) und – damit zusammenhängend – die längst fällige Klärung der internen Machtverteilung – noch einmal zugunsten des Bauernbundes – brachte, wenig. Die Anstrengungen des neuen Obmannes, die nur zu sichtbaren Schwächen zu kompensieren, schienen anfangs erfolgreich zu verlaufen. Für kurze Zeit gelang es, die diversen bündischen Interessen ruhigzustellen. Das schlug sich in Wahlerfolgen nieder, so bei den Gemeinderatswahlen 1973, als man vom Vorgehen der SPÖ in der Ortstafelfrage profitierte. Landesweit erreichte die Volkspartei mit 29,5% gegenüber den letzten Wahlen (27,1%) einen leichten Zugewinn. Noch schwerer wog, daß erstmals nach 1945 in Klagenfurt der ÖVP-Kandidat (Leopold Guggenberger) mit den Stimmen der Freiheitlichen zum Bürgermeister gewählt wurde. Das waren zweifellos Erfolge.

Andererseits zeichnete sich schon damals eines der Konfliktfelder, welche die Partei zunehmend beanspruchten, immer deutlicher ab. Das war u. a. der Umstand, „daß die Kärntner ÖVP in ihrer Struktur und Politik viel zu wenig auf die Herausforderung einer ständig wachsenden Arbeitnehmergesellschaft Bedacht nimmt. Sie gilt noch immer als eine Art Interessenpartei des agrarischen und gewerblichen Mittelstandes ... Das eigentlich Deprimierende für die ... Volkspartei ... bildet aber die Tatsache, daß es ... nicht gelungen ist, für die Wechselwähler ... repräsentativ zu werden".[51] In dieser Diagnose des Chefredakteurs der parteieigenen „Volkszeitung", Walter Raming, spiegelt sich ein zentrales Problem der Kärntner Volkspartei ab den siebziger Jahren wider. Dem äußeren Erscheinungsbild nach war sie noch immer eine Partei des gewerblichen Mittelstandes, der Landwirte und zunehmend eine der Beamten. Das findet in der sozialen Zugehörigkeit der Landtagsabgeordneten seine Bestätigung (siehe *Tabelle 10*).

---

51 Volkszeitung, Nr. 51, 4. 3. 1975, S. 15.

Tabelle 10: Berufliche Zugehörigkeit der VP-Landtagsabgeordneten 1945–1989

Landwirt	15
Beamter	19
Angestellter	11
Gewerbetreibender	9
Industrieller	1
Arzt	1
Rechtsanwalt	1
Hausfrau	1
ohne Angabe	1

Quelle: ÖVP-Landtagsklub: Stammdatenblätter der Abgeordneten.

Daran konnten die diversen Programme wie etwa das „Aktionsprogramm für Kärnten" (1970), das sogenannte „Aufholprogramm" (1975) oder das „Modell Kärnten" (1984), die durchaus moderne, zukunftweisende Forderungen enthielten (z. B. im ökologischen Bereich die Forderung nach sauberen Seen oder in der Wirtschaft die Forcierung der Zusammenarbeit der Regionen des Alpen-Adria-Raumes), wenig ändern.[52]

Im Raum stehen blieb das Problem der bündischen Gliederung. Unübersehbar war, daß der Obmann neben den Bünden bzw. Teilorganisationen oft nicht einmal über die Rolle eines gleichberechtigten Machtträgers bzw. Katalysators hinauskam. Bisweilen war er nur Moderator. Zwar fehlte es nicht an Anstrengungen, diesen wenig befriedigenden Zustand durch Statutenänderungen zu beseitigen. Doch der einschneidende Reformschritt wurde nicht getan. Weder Herbert Bacher noch seinen Nachfolgern Stefan Knafl (1978–1986) und Harald Scheucher (1986–1989) gelang es, die bündischen Strukturen aufzubrechen. Stärker als zuvor war der Parteiobmann auf den „goodwill" der Bünde- und – das kam in der Obmannschaft Scheuchers als erschwerendes Moment hinzu – der Bezirksobmänner angewiesen. Im Bemühen, den Einfluß der Bünde bzw. Teilorganisationen zugunsten des Obmannes zurückzudrängen, trat man auf der Stelle. Dabei wäre das eine unabdingbare Voraussetzung für ein effektiveres Auftreten der Partei gewesen, zumal die SPÖ mit Leopold Wagner und bald die FPÖ mit Jörg Haider „starke" Parteiobmänner präsentierte. Wohl gelang es mit den Parteistatuten des Jahres 1981 wie 1989 – zumindest auf dem Papier – schrittweise den Einfluß der bündischen Interessen hinter jene der Gesamtpartei zurückzudrängen und einen Trend hin zur Zentralisierung der Entscheidungsfindung einzuleiten. Aber erst im Gefolge erheblicher Verluste bei den Landtagswahlen 1989 und Nationalratswahlen 1990 erkannte man mit aller Klarheit, daß eine Parteireform größeren Stils mit Blick auf die Zeiterfordernisse ohne Wenn und Aber in Angriff zu nehmen war. Die 1992 durchgeführte innere Reform war nur ein erster wichtiger Schritt in diese Richtung. Der Tendenz zur Ausbildung einer starken Parteigewalt, damit zugleich auch zur Neudefinition des Parteiprofils bzw. Parteizweckes, entsprach konkret die Stärkung der Position des Landesparteiobmannes, und zwar in dem Sinne, daß seine Entscheidungsbefugnisse und die der Exekutiv-

---

52 ANDERWALD: Landtagswahlkämpfe in Kärnten, S. 262, S. 298; KLA Klagenfurt: Sammelaktion Zeitgeschichte, Nr. 36, Die Information für den 2. März [1975], Jg. 1975, Nr. 4.

stäbe erweitert wurden. So wurde ihm sogar das Nominierungsrecht für die Hälfte der Landtags- bzw. Nationalratsmandate zugestanden.[53] Es war das jener von seinem Vorgänger Harald Scheucher so beschworene Neuanfang, der sich in einer inhaltlichen und personellen Erneuerung der Partei bei den Landtagswahlen 1994 auch nach außen hin sichtbar zeigte.

Bis es dazu kommen konnte, hatte man eine innere Zerreißprobe zu überstehen gehabt. Höhepunkt dieser war der 19. ordentliche Landesparteitag am 21. Februar 1986 gewesen. Als „Signal zu einem neuen Aufbruch" geplant, entwickelte er sich zur großen Belastung für die Gesamtpartei. Das Zusammenfließen einer Vielzahl gegensätzlicher Interessen (bündischer, regionaler, einiger ideologischer) und ein wenig geglückter Vorwahlmodus über den künftigen Obmann führten zu einer weiteren Schwächung der ohnehin nur losen innerparteilichen Einheit. Daß schließlich der neue Obmann Harald Scheucher mit 258 Stimmen (= 50,99%) gegenüber dem Mitbewerber Kurt Ertl (248 Stimmen) nur eine knappe Mehrheit erhielt[54], stellte sich für diesen während seiner Obmannschaft als schwere Belastung heraus, zumal sich ihm Teile der Partei verweigerten. Jedenfalls waren durch den Parteitag die Voraussetzungen für einen Aufschwung nicht geschaffen worden. Ganz im Gegenteil: Die Parteitagsereignisse führten zu einer permanenten Krisenstimmung. Symptome der Desintegration begannen zu dominieren, obwohl man sich ideologisch weitestgehend auf einer Linie wußte. Die vom neuen Obmann ausgegebene Devise „Mit Optimismus gegen Sozialismus" mußte sich angesichts der inneren Blockade durch Teile der Partei als leere Phrase erweisen.

Inzwischen hatte sich mit der FPÖ unter Jörg Haider eine entschiedene, weil kompromißlos auftretende antisozialistische Kraft profiliert. Dessen „neue Art", Politik zu machen, drängte die Volkspartei vollends in die Defensive. Das war einer der Faktoren, der zu einem Teil ihre geringer werdende Wählerattraktivität erklärt. Ein zweiter lag in der durch die Landesverfassung vorgeschriebenen Mitarbeit in der Regierung. Stärker als die Freiheitlichen war die Volkspartei nach 1945 in die Regierungsverantwortung, insbesondere aber in die sozialpartnerschaftlichen Institutionen eingebunden. Die Probleme, die sich daraus ergaben, wurden parteiintern richtig erkannt. Einerseits schadete „das Verknüpfungssystem Kammern und Volkspartei... in Konfliktsituationen", andererseits war die Partei „durch den Hauch von Mitverantwortung der Glaubwürdigkeit einer eigenständigen ÖVP-Politik verlustig gegangen". Die Notwendigkeit, den Weg einer „klaren Abgrenzung zur Mehrheitspartei" zu beschreiten, war man nicht imstande umzusetzen.[55] So konnte man sich aus dieser „Zwickmühle" nicht befreien. Was schon Anfang der siebziger Jahre zutraf, galt in den Achtzigern noch mehr: „Die Volkspartei steckt offensichtlich in dem Dilemma, einerseits Opposition spielen, andererseits aber am Kuchen der Mitregierung mitnaschen zu wollen."[56]

---

53 Landesparteistatut der Kärntner Volkspartei, beschlossen am 23. Landesparteitag, 21. 11. 1992; vgl. auch SCHALLER: Parteien und Wahlen in Kärnten. S. 105.
54 Volkszeitung, Nr. 44, 23. 2. 1986, S. 5.
55 Kleine Zeitung, Nr. 45, 23. 2. 1986, S. 2.
56 Walter PRIMOSCH: Die Wahlkampfshow der ÖVP. – In: Kärntner Tageszeitung, Nr. 4, 3. 2. 1970, S. 2.

Dabei hatte es an Versuchen, als oppositionelle Kraft aufzutreten, nie gemangelt. Wiederholt hatte sich die Volkspartei für politische Korrekturen in der Landespolitik und die Aufklärung von Skandalen (z. B. Zellstofffabrik Magdalen) stark gemacht, war aber in den elementaren Fragen der Landespolitik stets auf taube Ohren der sozialistischen Mehrheitspartei gestoßen. Worauf sie sich beschränken konnte, war bestenfalls die Rolle eines Korrektivs wie in der Frage der Ausarbeitung der neuen Landesverfassung (1974) oder in der Entemotionalisierung des Ortstafelkonfliktes (1972). Ansonsten blieben bis 1989 die Wirkungsmöglichkeiten eingeschränkt. Dennoch haben die von der Volkspartei gestellten Landesregierungsmitglieder bleibende Leistungen für das Land erbracht. Und manche Erfolge sind in der Tat unbestreitbar: die Forcierung des Kraftwerkbaus (Reißeck, Rosegg, Malta u. a.), der Ausbau und die Modernisierung des Straßennetzes mit der Erschließung der Randgebiete, die Aktion „Förderung unterentwickelter Gebiete" Anfang der sechziger Jahre, das Vorantreiben des Autobahnbaus (Süd- und Tauernautobahn) mit der Einbindung in den interregionalen Verkehr oder der Ausbau des landwirtschaftlichen Schulwesens. Und doch vermochte die Politik der Volkspartei – sieht man vielleicht vom agrarischen Sektor ab – das Land in einem nur sehr geringen Maße zu prägen.

Seit den siebziger Jahren wurden ihre Aspirationen mehr und mehr von den Sozialisten gebremst. Diese konnten seit dem Erfolg bei den Landtagswahlen 1970 der Versuchung, „den politischen Gegner zu überfahren und kaltzustellen"[57], nicht widerstehen. Das war im Falle von personalpolitischen Entscheidungen, die auf heftige, aber erfolglose Kritik der ÖVP stießen, so, aber noch stärker in den fundamentalen Entscheidungen der Landespolitik. Hier wurde ihr in der Ära Hans Sima und Leopold Wagner nicht einmal mehr die Rolle eines Juniorpartners zugestanden. Der Handlungsspielraum in den von ihr verwalteten Referaten war minimal. Und die Feststellung eines ÖVP-Mandatars nach den Landtagswahlen 1970: „Wir in Kärnten haben wegen ein paar Kilometer Güterweg oder auch Landesstraßen gekämpft und, wenn wir sie erhalten haben, waren wir dankbar und zufrieden und dachten nicht daran, Front gegen die Sozialisten in der Regierung oder im Landtag zu machen. Das wird sich jetzt ändern müssen"[58], entpuppte sich nur als eine wirkungslose Drohung. Erst die Landtagswahlen 1989 und 1994 eröffneten, obwohl man zur dritten Kraft abgestiegen war, neue Möglichkeiten zur Mitgestaltung in der Landespolitik. Erstmals nach 1945 wurde man ernst genommener, gewichtiger politischer Partner in einer Koalition. Damit aber bot bzw. bietet sich die Chance, politische Entscheidungen und Veränderungen in Kärnten mitzugestalten, ja sogar zu prägen.

Blickt man auf die nahezu fünfzigjährige Geschichte der Kärntner Volkspartei zurück, so stellt sich deren Gründung anfangs als ein kühner, letztlich aber als ein gelungener Versuch dar, obwohl das hohe Ziel der Gründungsväter, Sammelbecken aller „bürgerlichen", antisozialistischen Kräfte des Landes zu werden, nicht erreicht wurde. Trotzdem trug sie als kalkulierbare Konstante wesentlich zur Stabilität in der Landespolitik bei. Innerhalb des „bürgerlichen" Lagers über fast vier Jahrzehnte erster, ab 1989 nur mehr zweiter, erwies sie sich, sei es als Koalitionspartner, sei es

---

57 Heinz STRITZL: Nach dem 22. Februar. Politischer Wandel in Kärnten. – In: Kleine Zeitung, Nr. 44, 24. 2. 1970, S. 3.
58 Kleine Zeitung, Nr. 44, 24. 2. 1970, S. 3.

Die Geschichte der Kärntner ÖVP 1945–1994

als Opposition, als ein stabiler Faktor, und das trotz zeitweilig stark wirkender Spannungskräfte, die gerade im letzten Dezennium das Parteigefüge bis aufs äußerste beanspruchten. Tatsächlich war sie aber nicht die von den Medien und der Öffentlichkeit wiederholt so bezeichnete fragile Natur. Denn gerade in dem Augenblick, als die ideologischen wie bündischen Integrationsklammern das Parteigebilde nur mehr mühsam zusammenzuhalten schienen, zeigte sich der „Common sense" als so stark ausgeprägt, daß sie sich, von einem neuen Selbstbewußtsein beseelt, wieder zu einem Ganzen, zwar in einem kleineren Maß als zuvor, formieren konnte. In der desperaten Situation einer nahezu existenziellen Bedrohung besann man sich der Einsicht „Concordia res parvae crescunt, discordia maximae dilabuntur" („Durch Eintracht wächst Kleines, durch Zwietracht zerfällt das Größte"). Damit wurde wieder jener Weg beschritten, der schon 1945 bzw. 1960 der Partei bei den Landtagswahlen Erfolg gebracht hatte. Vor allem aber war man wieder mehr Integrationspartei geworden.

Dieter A. Binder **Steirische oder Österreichische Volkspartei**

In dem schmalen Band „Die Zukunft hat eine Vergangenheit", der zum 11. Landesparteitag der steirischen ÖVP am 12. April 1975 herauskam und auch die dreißigjährige Geschichte der Partei in diesem Bundesland referierte, hielt Erhard Busek als Generalsekretär des Österreichischen Wirtschaftsbundes fest: „Der letzten Regierungserklärung der Steiermark entnehme ich, daß an die Etablierung eines steirischen ‚Gesandten' in Wien gedacht ist, der die Aufgabe hat, ‚Tag und Nacht die Belange des Landes' zu vertreten. Sollte daraus der Gedanke entstehen, einen ständigen Vertreter Wiens bei der steirischen Landesregierung zu bestellen, würde ich mich als Schlußpunkt meiner politischen Tätigkeit gerne darum bewerben."[1] Im Jahr davor hatte die ÖVP bei den Landtagswahlen mit ihrem Spitzenkandidaten Friedrich Niederl das beste Ergebnis seit ihrem Bestehen erzielt; man lag mit 53,3% sogar noch über dem Traumergebnis von 1945 (53%). Rund zehn Jahre später erschien zu „40 Jahre(n) Steirische(r) Volkspartei" eine Sondernummer der Zeitschrift „politicum", die sich als „ein interessantes Mosaik mit Denkanstößen zur Standortbestimmung und Zukunftsbewältigung" verstand.[2] Hanns Koren faßt in seiner „Erinnerung mit Lücken" pointert zusammen: „Nun, auch in unserer Volkspartei hat, wie in anderen Parteien, auch nicht immer ‚alles gestimmt'. Ehrgeiz und Methoden, die manchmal an Intrigen erinnern, soll es gegeben haben. Zu mehr als vorübergehenden Verärgerungen hätten sie kaum geführt. Hausmachtsgründungen haben kaum stattgefunden. Wo Ansätze dazu da gewesen wären, haben sie sich – wie in der Antike – immer gegen den Gründer gerichtet. Aber was ist das alles gegen die positiven Errungenschaften, die gerade von dieser Österreichischen Volkspartei in der Steiermark bewirkt und mitbewirkt worden sind! In welche geistige Weite und materielle Breite hat nicht die Volkspartei in unserem Land den allgemeinen demokratischen Konsens auch verwirklicht, wie viele Menschen sind ‚mit dem Staub verschiedener Straßen auf ihren Schuhen' gekommen und haben in ihr Heimat gefunden. Josef Krainer, Alfons Gorbach, Karl Brunner haben ihr Herz dafür als Pfand gegeben. Es ist nicht statthaft, von denen, die einmal einer anderen Ideologie gedient haben, wie von Schurken zu sprechen, und es ist unbedacht und ungerecht, für Menschen, die nichts wollten als zusammenführen, für gegenseitiges Verständnis zu werben, den als Denunzierung gemeinten Ausdruck ‚Brückenbauer' zu verwenden."[3] Damit spricht Koren eine Selbstdarstellungschiffre seiner Partei an, doch gilt es zwischen augenzwinkernder Selbstdarstellung und bewußt lückenhafter Rückblende zu unterscheiden.

---

1 Die Zukunft hat eine Vergangenheit. 30 Jahre ÖVP Steiermark. 11. Landesparteitag 12. April 1975, hg. v. d. ÖVP – Steiermark, Redaktion Karl Maitz, Graz 1975, 107.
2 40 Jahre Steirische Volkspartei, hg. v. Alfred Ableitinger, politicum 23a, 6 (1985).
3 Hanns Koren: Erlebte Volkspartei – Erinnerung mit Lücken. – In: 40 Jahre (Anm. 2), S. 9.

Steiermark 1945
Die Parteien, die aus den Sanatorien kamen

Anfang Mai 1945 setzten die entscheidenden Bemühungen Reinhard Macholds, des langjährigen Landeshauptmannstellvertreters der Zwischenkriegszeit und Obmanns der steirischen Sozialdemokratischen Arbeiterpartei (SDAP) bis 1934, ein, noch vor Einmarsch der sowjetischen Truppen in Graz eine provisorische Landesregierung und Stadtverwaltung auf die Beine zu stellen. Ausgehend von einem konstruktiven Kern der alten Parteiführung, die sich während der letzten Kriegsjahre zunehmend im Kaufmännischen Sanatorium Eggenberg[4] getroffen hatte, schritt man zur Rekonstruktion der alten Landesverwaltung und der alten Parteistruktur der Sozialdemokraten.

Holzschnittartig bot die steirische Sozialdemokratie, insbesondere die Grazer, bei Kriegsende 1945 das Bild einer Partei von Honoratioren, die angegraut in losem Kontakt zueinander das Kriegsende erwarteten und letztlich auf einen personellen Fundus zurückgreifen konnten, der – abgesehen von einigen Ausnahmen – dem rechten Funktionärsflügel der SDAP von 1933/34 entsprach. Als Folge des Februars 1934 war gerade der junge, linke Flügel weitestgehend zur Kommunistischen Partei übergetreten und bildete 1945 gleichsam die Spitze der steirischen KPÖ. Nahezu alle führenden Funktionäre der SPÖ in dieser ersten Stunde kamen aus dem am 13. Mai 1933 gewählten Landesparteivorstand: Reinhard Machold, Alois Rosenwirth, Engelbert Rückl und Johann Leichin. Angesichts des Delegiertentages der SPÖ am 4./5. Oktober 1945 in Graz vermerkte die britische Militärverwaltung die spezifische personelle Zusammensetzung der steirischen Sozialisten, da nur sehr wenige junge Funktionäre teilnahmen: "The posts of command within the party are held almost without exception by men who were Social Democrat reformers before 1934. Their outlook is that of elementary school teachers rather than workers. The more radical school at that time went over to the communists, and there are signs that the new generation of Socialists are discouraged by the efforts of the SPÖ to prove itself to be an acceptable middle party".[5]

---

4   Zur Gründungsphase der steirischen Landesregierung und der steirischen SPÖ siehe Siegfried BEER, Von der russischen zur britischen Besetzung der Steiermark. Berichte des amerikanischen Geheimdienstes OSS aus dem Jahre 1945, in: BlfHk 59 (1985). S. 103–120; hier findet sich auch eine entsprechende Literaturübersicht. Joseph Franz DESPUT: „Heraus aus der Katastrophe". Staatskanzler Dr. Karl Renner in Graz. Notizen zur Sitzung der provisorischen steirischen Landesregierung vom 20. Mai 1945. – In: BlfHk 59 (1985), S. 137–143; Joseph Franz DESPUT: Das Jahr 1945 in der Steiermark. – In: ÖGL 30 (1986), S. 120–138; Gerhard M. DIENES: Graz 1945. 40 Jahre Frieden – 30 Jahre Freiheit. – Graz 1985; Alfred ABLEITINGER, Siegfried BEER, Eduard G. STAUDINGER: Besatzungszeit in der Steiermark 1945–1955. Bericht über die 4. Geschichtswerkstatt Graz 1991. – Graz – Esztergom – Paris – New York 1994. Dieter A. BINDER: Die Stunde der Pragmatiker. – In: Friedrich BOUVIER, Helfried VALENTINITISCH (Ed.): Graz 1945. Historisches Jahrbuch der Stadt Graz 25. – Graz 1994, S. 109–124. Auffallend ist, daß die „Schriftlichkeit" der steirischen SPÖ eklatant vom üblichen Standard sozialistischer Dokumentation und Geschichtsbetrachtung abweicht und im Rahmen der Steiermark weit hinter den Zeugnissen der ÖVP und KPÖ liegt. Eine Ausnahme bildet hier die Festschrift für Reinhard Machold, Graz o. J. (1960).
5   Consolidated Intelligence Report Styria (= CIR) No. 12 (o. Datum) FO 1007/296 xc 16476, 5 (Public Record Office, London = PRO). Siegfried BEER sei für die kollegiale Unterstützung

Macholds innerparteilicher Anknüpfungspunkt bei der Rekrutierung seiner Spitzenleute, nämlich deren Stellung in der letzten demokratischen Phase der Zwischenkriegszeit, ermöglichte ihm auch, die Spitzenposition des christlichsozialen Lagers zu „besetzen"; in einem anderen Grazer Sanatorium, dem der Kreuzschwestern, konnte Machold den letzten Landeshauptmann der Steiermark, dessen Dienstantritt vor dem Februar 1934 erfolgt war, den Grazer Universitätsprofessor Alois Dienstleder, ausfindig machen und ihn zur Teilnahme an der ersten provisorischen Landesregierung als Vertreter der Christlichsozialen bewegen.[6] Auch die ÖVP wurde schließlich in Graz in einem Sanatorium, eben jenem der Kreuzschwestern, gegründet.

Für den 18. Mai 1945 um 17 Uhr wurden von Alois Dienstleder, der sich seit 1938 äußerst bedeckt gehalten hatte, „eine Anzahl früherer Funktionäre der Christlichsozialenpartei, zwecks Eröffnung der ‚Österreichischen Volkspartei', (Früher Christlichsozialenpartei)" ins Haus der Kreuzschwestern „einberufen".[7] Den etwa 60 Anwesenden erklärte Dienstleder, „dass der Stadtkommandant von Graz ihn beauftragte, die ‚Österreichische Volkspartei' sofort ins Leben zu rufen". Die von Dienstleder vorgelegte Tagesordnung wurde akzeptiert; etwas unsicher in der Terminologie wurde sofort die „provisorische Landesleitung" gekürt: „Prof. Dr. Dienstleder als Landesleiter, Nationalrat Leskovar Karl, Beisitzender, Landeshauptmannstellv. Hollersbacher (Josef), Beisitzender, Landesrat Pirchegger (Anton), Beisitzender, Landesrat Schneeberger (Josef), Beisitzender" bildeten den ersten Parteivorstand der steirischen ÖVP. Mit Pirchegger und Hollersbacher waren zwei altgediente und politisch profilierte Bauernfunktionäre gleichsam als Vertreter des Bauernbundes in den provisorischen Vorstand eingezogen, während Leskovar den ÖAAB und Schneeberger den Wirtschaftsbund repräsentierte. Die beiden nächsten Tagesordnungspunkte skizzierten die provisorische Organisation der Partei, während man unter Punkt 4 die

---

und die Überlassung des verwendeten Londoner Archivmaterials von ganzem Herzen gedankt.

6 Alois Dienstleders (1885–1946) Rückkehr in die Politik erfolgte zweifellos erst über die Intervention Macholds und der Sowjets; Machold sah in Dienstleder einen Repräsentanten der demokratischen Christlichsozialen. Erst in der Endphase des Wahlkampfes „besann" man sich der „austrofaschistischen" Vergangenheit Dienstleders. „Sozialistische Kreise beschwerten sich, daß einige der Kandidaten der Volkspartei ehemalige Heimwehrmänner gewesen wären. Sie verwiesen auf Dienstleder, den reaktionären Landeshauptmann von 1934 bis 1938 (sic!) ... Einige Kandidaten der Sozialisten und Kommunisten seien auf Antrag Dienstleders im Jahre 1934 verhaftet worden." SSU-Bericht XL 3156 vom 14. November 1945. Dieser amerikanische Stimmungsbericht (abgedr. bei Beer, Anm. 4, S. 119 f.) trifft zweifellos nicht exakt; Dienstleder wurde schon im Herbst 1934 von Karl Maria Stepan als Landeshauptmann abgelöst, nachdem er knapp ein Jahr davor Anton Rintelen als Landeshauptmann gefolgt war. Trotz seiner betonten Verankerung innerhalb der Christlichsozialen Partei war Dienstleder zumindest unter seinen Bundes- und Kartellbrüdern im ÖKV, er war Mitglied der KDStV Winfridia zu Graz, als eifriger Propagandist des „Ständestaates" bekannt. Diesem diente er als Mitglied des Staatsrates vom 1. November 1934 bis 12. März 1938. Vgl. Dieter A. Binder: Politischer Katholizismus und katholisches Verbandswesen. – Schernfeld 1989, S. 74. Getrude Enderle-Burcel: Mandatare im Ständestaat 1934–1938. – Wien 1991, S. 55.
7 Landesleitung Österreichische Volkspartei, Protokoll Nr. 1, abgedr. in: Zukunft (Anm. 1), S. 13 f. Zur Frühphase der steirischen ÖVP s. Alfred Ableitinger: Die Anfänge der Österreichischen Volkspartei in der Steiermark (Mai bis Juli 1945). – In: Bouvier, Valentinitsch (Anm. 4), S. 93–108.

Vertreter für die „freie Gewerkschaft" nominierte und unter Punkt 5 noch die Parteivertreter für das Wohnungsamt Graz bestellte. Im Gegensatz zur SPÖ, die mit Machold einen energischen und zielstrebigen Parteiobmann besaß, dessen Planungsvorarbeit in der Endphase der Nazizeit nun einen raschen und präzisen Beginn ermöglichten, wirkte Dienstleder von Beginn an unsicher und zaudernd. Im Gegensatz zu Machold war er eher zufällig in die Politik gekommen, und seine Position als Landeshauptmann in der Nachfolge Anton Rintelens 1933/34 darf nicht darüber hinwegtäuschen, daß er zu keiner Zeit eine politische Hausmacht besessen hatte und letztlich auch das Tagesgeschäft eines Politikers nicht verstand.

Zweifellos war Machold der eigentliche Königsmacher Dienstleders gewesen, da er ihn den sowjetischen Vertretern als Kopf der christlichsozialen Bewegung eingeredet hatte; auch hier hielt er sich wie bei der Rekrutierung seiner eigenen Spitzenleute streng an das Prinzip der letzten demokratisch erfolgten Installierung. Der sowjetische Stadtkommandant, sichtlich irritiert von der zögernden Haltung Dienstleders, betonte gegenüber dem Fürstbischof der Diözese Graz-Seckau ausdrücklich, daß man „aber auch bereit gewesen" wäre, „einen anderen Herrn zu nominieren, wenn man von irgendeiner Seite Aufklärung über die Lage erhalten hätte".[8] Am selben Tag, an dem die ÖVP in Graz konstituiert wurde, am 18. Mai also, hielt Major Wiszniewski im Gespräch mit dem Bischof fest, daß Dienstleder trotz seines Prestigebewußtseins an sich zur Disposition stünde, um so mehr, als die beiden anderen Parteien schon wesentlich mehr Vorarbeiten geleistet hätten, während von „der christlichen Seite noch nichts geschehen ist". Der Bischof verwies entgegnend auf die noch nicht heimgekehrten Exponenten dieses Lagers und auf die schwierige Verkehrssituation innerhalb des Landes.

Ausdrücklich hielt die sowjetische Verwaltung fest, daß man schon im Hinblick auf die etablierten Parteien – KPÖ und SPÖ –, die bereits über Räumlichkeiten verfügten, jederzeit bereit wäre, „welches Haus immer, im Zentrum der Stadt, das einem Nationalsozialisten gehörte, mit einem Federstrich in Beschlag zu nehmen und der österreichischen Volkspartei zu überlassen". Da auch das Ordinariat einen Verbleib der ÖVP bei den Kreuzschwestern nicht goutierte, suchte man vier Tage später mit Machold das Einvernehmen herzustellen, der die Position der Besatzungsmacht teilte.

Im Zuge einer erneuten Besprechung am 25. Mai teilten die Sowjets dem Bischof die bereits erfolgte Genehmigung der „christlichsozialen Partei" und ihres Programms mit, während der „Parteiapparat" sichtlich mit der Übersiedlung begann. Im Haus Karmeliterplatz 6, ursprünglich im Besitz der Schwestern vom Weißen Kreuz, 1938 von den Nazis enteignet und NSDAP-Gliederungen zur Nutzung übergeben, fand die ÖVP im Frühsommer 1945 ihre Heimstätte, die sie Jahre später von dem Rechtsnachfolger der Schwestern erwarb.

Obwohl die ÖVP aus der Sicht der Sowjets und der beiden anderen Parteien eindeutig der Kirche zugeordnet wurde, betonte man kirchlicherseits die Distanz zu den Parteien, wobei neben der kirchlichen Grundsatzentscheidung von 1933 wohl

---

8 Gedächtnisprotokoll 18. Mai 1945, Diözesanarchiv Graz (= DAG), Nachlaß Pawlikowski, Politica, zit. n. Maximilian LIEBMANN: Die katholische Kirche in der Steiermark und besonders in Graz im Jahr 1945. – In: BOUVIER, VALENTINITSCH (Anm. 4), S. 163.

auch eine gewisse Mentalreservation gegenüber der Wiederinstallierung eines Mehrparteiensystems bestand. In Teilen des Klerus scheint das „ständestaatliche Modell" vorläufig weiter präferiert worden zu sein.

Die handelnden Personen betreten die Bühne

Ähnlich wie 1918/19 wandten sich aber gerade wiederum die Vertreter der Bauernschaft im Juni 1945 an das Ordinariat, um die kirchliche Infrastruktur für eigene Interessen zu nutzen. Einen entsprechenden Brief des Bauernbundes vom 29. Juni 1945 unterschrieben Pirchegger als Obmann und Leopold Babitsch als Landessekretär; Hollersbacher als Kammerpräsident und Josef Krainer als Obmannstellvertreter und als „geschäftsführender Obmann der Oe.V.P." wurden in dem Brief gleichsam als personelle Referenz genannt.[9]

Josef Krainer, der 1935 stellvertretender Landesobmann des Bauernbundes geworden war und ab 1936 als Präsident der Kammer für Arbeiter und Angestellte in der Steiermark, als Vizebürgermeister von Graz und als Vizepräsident der Landwirtschaftskammer zur „ständestaatlichen" Elite gezählt hatte, war 1938 verhaftet worden. Krainer verlor sein Grazer Haus, wurde aber nach einigen Tagen der Haft angeblich auf ausdrücklichen Wunsch Gauleiter Siegfried Uiberreithers, dem Krainer vor 1938 beruflich geholfen hatte, wieder freigelassen.[10] Zunächst als Holzeinkäufer tätig, erwarb Krainer schließlich 1940 eine Landwirtschaft und Ziegelei im weststeirischen Gasselsdorf. Im losen Kontakt zu alten Freunden und Mitarbeitern führte Krainer den als kriegswichtig eingestuften Betrieb, in dem zeitweise bis zu dreißig Zwangsarbeiter aus den von den Nazis besetzten Gebieten arbeiteten und verpflegt wurden. Am 17. März 1945, eine Verhaftung im letzten Augenblick befürchtend, tauchte Krainer im Grenzgebiet unter.[11] Erst nach dem 10. Mai konnte Krainer nach Gasselsdorf zurückkehren, wo er das Amt des Bürgermeisters übernahm. Wohl schon wegen der herrschenden Unsicherheit, der schwierigen Kommunikation und der ungüstigen Verkehrssituation war an eine Teilnahme an der Gründungsversammlung der ÖVP nicht zu denken.

Krainer war aber zweifellos einer der vom Bischof am 18. Mai gegenüber der Besatzungsmacht angedeuteten Personalreserven des christlichen Lagers, die noch

---

9 Brief vom 29. Juni 1945, DAG, Miscellanea 1945, zit. n. LIEBMANN (Anm. 8), S. 516.
10 Zu Krainer (1903–1971) s. Hanns KOREN, Max MAYR, Kurt WIMMER: Josef Krainer. Ein Leben für die Steiermark. – Graz – Wien – Köln 1981; Johannes KUNZ (Ed.): Josef Krainer. Ansichten des steirischen Landesvaters. – Wien 1993. Uiberreither (1908–1984) arbeitete schon während des Studiums bei der Gebietskrankenkasse Graz. Nach seiner Promotion 1933 wurde er Direktionssekretär der Arbeitsgemeinschaft der Krankenkassen, ein weiterer Karrieresprung scheiterte am Bekanntwerden seiner illegalen politischen Tätigkeit, weitere Konsequenzen folgten aber nicht. Zum Verhältnis Krainer – Uiberreither s. Jürgen LEHNER, Die Krainer-Saga, 7. Folge: Zwischen Nazis und Partisanen . . . In: Kronen Zeitung vom 17. Oktober 1981, S. 16.
11 Krainer hatte in dieser Zeit auch Kontakte zu Partisanen, die im Grenzgebiet operierten. Dies und eine eigene kleine Widerstandsgruppe Krainers gaben die Folie für sozialistische Angriffe, die Krainer als „Partisanenseppl" politisch schädigen wollten. Vgl. LEHNER (Anm. 10) 17; weiters Max MAYR, Das war Josef Krainer, in: KOREN, MAYR, WIMMER (Anm. 10) 58.

nicht zur Verfügung standen. Zwei weitere, auf die diese Definition auch im Hinblick auf die „ständestaatliche" Nostalgie des Bischofs in hohem Maße zutraf, waren am 18. Mai ebenfalls noch nicht in Graz. Die beiden KZler Karl Maria Stepan, Landeshauptmann der Steiermark vom Herbst 1934 bis wenige Tage vor dem Anschluß,[12] und Alfons Gorbach, Landesleiter der Vaterländischen Front in der Steiermark.[13]

Gorbach war unmittelbar nach dem „Anschluß" verhaftet worden und kam mit dem ersten Österreicher-Transport ins KZ Dachau. Im November 1942 aus dem KZ entlassen, wurde er Hilfsarbeiter; die Grazer Universität hatte ihm ohne Rechtsgrundlage 1938 das Doktorat aberkannt, und die steirischen Nazis, deren Feindbild Gorbach schlechthin war, sorgten dafür, daß er – gleich wie Stepan – nur eine völlig unzulängliche Tätigkeit ausüben konnte. Am 21. Juli 1944 verschwand Gorbach wiederum im KZ, diesmal kam er über Flossenbürg nach Dachau, wo er am 29. April 1945 von den Amerikanern befreit wurde. Flecktyphus verhinderte eine rasche Rückkehr in die Steiermark. Gorbach verließ Dachau am 7. Juli 1945 und ging vorerst nach Wörschach im Ennstal, ehe er nach dem Abzug der Sowjets nach Graz reiste.[14]

Stepan, der wie Gorbach unter dem Druck der Nazis im Februar 1938 aus der Politik hatte ausscheiden müssen, wurde als einer der ersten Grazer noch vor dem Anschluß selbst verhaftet; zunächst suchte man ihn über seine Tätigkeit als Generaldirektor der Anstalten des Katholischen Preßvereines, der Styria, zu kriminalisieren; als die gerichtliche Voruntersuchung keinen strafrechtlich relevanten Vorwurf ergab und seine Enthaftung ventiliert wurde, traf ihn die Rache Uiberreithers. Auf persönliche Intervention des Gauleiters kam Stepan am 22. April 1939 ins KZ Dachau, von dort nach Mauthausen und schließlich nach Flossenbürg, ehe er am 3. Oktober 1940 aus dem KZ entlassen wurde. Heimgekehrt, blieben alle Versuche, eine entsprechende Stellung zu finden, erfolglos, und so wurde auch er in Graz Hilfsarbeiter. Gleich wie Gorbach wurde auch er nach dem 20. Juli 1944 erneut verhaftet und kam am 26. September 1944 zurück nach Flossenbürg, von wo er im November nach Dachau überstellt wurde. Die Quarantänebestimmungen hielten auch Stepan in Dachau nach der Befreiung fest. So wie Gorbach traf Stepan mit entsprechender Verzögerung in Graz ein.

Zweifellos repräsentierten Gorbach und Stepan die ständestaatliche politische Elite, zu der Krainer ab 1934/35 systematisch aufgerückt war. Gorbach und Krainer hatten im Gegensatz zu Stepan auch ein ausgeprägtes politisches Vorleben innerhalb der Christlichsozialen, während Stepans Zwischenspiel in dieser Partei zu keiner nennenswerten Lobbybildung geführt hatte.[15] Sein Aufstieg in der steirischen Landespolitik begann erst mit dem Scheitern seiner bundespolitischen Ambitionen nach dem Juli 1934. Krainer war aber nicht nur als „Junger" Hoffnungsträger innerhalb

---

12 Zu Karl Maria Stepan (1894–1972) s. Dieter A. BINDER: Verlorene Positionen des christlichen Lagers. – Wien 1992, S. 9–34.
13 Zu Alfons Gorbach (1898–1972) s. Hanna BLEIER-BISSINGER: Bundeskanzler Dr. Alfons Gorbach und seine Zeit. Leben und Sterben der Nachkriegskoalition. – Graz 1988.
14 Gorbach dürfte, so die etwas vagen Angaben bei BLEIER-BISSINGER (Anm. 13), S. 57, noch Ende Juli nach Graz gekommen sein.
15 Stepan war zwischen 1923 und 1928 im Parteisekretariat der steirischen Christlichsozialen tätig, ab 1924 als hauptberuflicher Landesparteisekretär (Generalsekretär), doch erlaubte die dominante Rolle Rintelens keine Profilierung des jungen Juristen.

des dominanten Bauernbundes, er verfügte überdies seit seiner Tätigkeit in Graz über exzellente Beziehungen zu einzelnen Persönlichkeiten des sich formierenden Wirtschaftsbundes, Alois Georg Maitz und Carl Lipp, bzw. zum ÖAAB, in dem sein Jugendfreund Hans Vollmann aktiv wurde. Krainer besaß damit von Beginn an ein bündeübergreifendes Netzwerk, dessen Personen über die Nazizeit hinweg zueinander Kontakt gehalten hatten.[16] Dieses Netzwerk unter Krainers Führung stellte sich als „Widerstandsbewegung" innerhalb der ÖVP der frühen Tage dar, die dem Fürstbischof innerparteiliche Querelen signalisierte, falls man die eigenen Vorstellungen nicht durchzusetzen vermöchte.[17] Angesichts des unterentwickelten Charismas des „heiligen Alois" Dienstleder und dessen gleichsam amtswegig erfolgter Ausforschung als provisorischer Parteiobmann gelang es dieser Gruppe, die entscheidende Weichenstellung durchzusetzen.

In Erwartung der Wahlen

Am 24. Juli 1945 lösten die Briten die Sowjets in der Steiermark als Besatzungsmacht ab, und der Chef Military Goverment's Styria, Colonel A. C. Wilkinson, forderte die Parteiführungen auf, einen Überblick über die geschätzte Stärke der Anhängerschaft zu geben. In der Aufstellung, die Dienstleder übermittelte und die auf den letzten Wahlen in der Steiermark vom 9. November 1930 basierte, wurden folgende Wählergruppen zusammengefaßt: Christlichsoziale, Schober Block, Heimatblock, Ude-Gruppe, Nationaler Wirtschaftsblock und Landbund werden mit 310.411 Stimmen für die „bürgerlichen Parteien" ausgewiesen, während man als Gesamtsumme der Sozialisten und Kommunisten 177.585 anführt.[18] Eigens gezählt und weder der bürgerlichen noch der linken Gruppe zugerechnet, werden die Stimmen der Nationalsozialisten mit 18.219 beigefügt. Damit vermeidet man deutlich jeden Hinweis auf den zwischen 1930 und 1933 einsetzenden dramatischen Abwanderungsprozeß vom „bürgerlichen" und „linken" Lager hin zur Klientel der NSDAP.

Innerparteilich spielte gerade diese Erosionswelle bei der steirischen SPÖ und der steirischen ÖVP eine entsprechende Rolle.

Eine spezielle Variante sprach der Brucker Bürgermeister Erwin Linhart am SPÖ-Parteitag im Dezember 1945 als „einziger Delegierter"[19] an, indem er die harte Linie der Bundespartei gegenüber den „Illegalen" kritisierte: „Für uns gibt es keine Illegalen, denn vom Jahre 1934 an hat es in Österreich keine legale Regierung mehr gegeben. Die Regierungen von 1934 an und schon vorher waren alle illegal, und wir haben deshalb auch oft mit den Nazi gemeinsam gegen diese Regierungen gearbeitet. (Widerspruch) Deshalb erkennen wir diese Frage der Illegalen überhaupt nicht an.

---

16 Zum Zusammenspiel von Krainer, Maitz, Lipp und Vollmann s. MAYR (Anm. 11), S. 41–59; Jürgen LEHNER: Die Krainer-Saga, 6. Folge: Geheimnis um „Judengeld". – In: Kronen Zeitung 16. Oktober 1981, S. 22 f.

17 Vgl. LIEBMANN (Anm. 8), S. 517.

18 Landesleitung der Österreichischen Volkspartei, Graz, Karmeliterplatz 5, an A. C. WILKINSON, 30. Juli 1945, abgedr. in: Zukunft (Anm. 1), S. 16.

19 Vgl. Rudolf G. ARDELT, Hans HAUTMANN (Ed.): Arbeiterschaft und Nationalsozialismus in Österreich. – Wien – Zürich 1990.

(Hört! Hört!) Warum Trennungen machen zwischen Illegalen und Nationalsozialisten vom März 1938 an? Die vielen Idealisten (lebhafter Widerspruch), die ja auch mitgearbeitet haben, unsere Genossen, die im Februarputsch, der niedergeschlagen wurde, mitgetan haben, und dann ihre Wut ausließen, indem sie beim Juliputsch der Nazi im vierunddreißiger Jahr mitgetan haben, weil es gegen die schwarze Regierung ging und weil sie glaubten, in dieser Bewegung gegen die Schwarzen zu arbeiten, sie alle scheinen dann als Illegale auf. In Wirklichkeit sind sie aber keine Nationalsozialisten in diesem Sinne."[20]

All dies muß im Rahmen des erdrutschartigen Organisationsverlustes der SDAP zwischen 1930 und 1934 gesehen werden, von dem vor allem die Bundesländer betroffen waren. Hinzu kam, daß die nationalsozialistische Agitation in den Reihen jener stärker Resonanz fand, die als Jugendliche vor 1938 überhaupt keinen Einstieg in die Arbeitswelt fanden. Helmut Konrad spricht in diesem Kontext von „Arbeitern der ersten Generation, die subjektiv der Ansicht waren, dem Nationalsozialismus Arbeit und menschenwürdige Existenz zu verdanken. Diese waren zwar keine ehemaligen, wohl aber künftige Sozialdemokraten."[21]

Auf Landesebene hielt die steirische SPÖ fest: „Viele Arbeiter wurden in den Nationalsozialismus hineingetrieben ... Waren nie innerlich NS und haben ihre Zugehörigkeit zur SP nie aufgegeben."[22] Am Ende des Landesparteitages der SPÖ am 23. Oktober 1945 wurde aber auch im Hinblick auf die direkte Parteigeschichte appellierend festgehalten: „Alles Frühere zurücklassen, das Ziel, die Zukunft ist alles." Die eigene Geschichte, der Vorwurf des Versagens gegenüber der Parteiführung angesichts der Entwicklung in der Zeit vor dem Februar 1934 und die damit verbundene Schwächung der Partei wurden kursorisch mit den „wirtschaftliche(n) Verhältnisse(n)" erklärt; ausdrücklich hielt man fest, daß die „Führer allein ... keine Schuld" trügen. „Viele waren nicht auf dem Platze", als man in „eine Auflehnung hineingetrieben" wurde.[23] Suggestiv unterstrich man für die Zeit bis zum Wiederentstehen der Partei im Mai 1945, daß „alle miteinander in Fühlung" geblieben wären und trotz „schwerer Strafen ... alles besprochen"[24] worden wäre.

Im Zusammenhang mit der „Parteigeschichte" zwischen 1934 und 1945 muß daher konstatiert werden, daß man für den Zusammenbruch der SDAP und die nach dem Februar 1934 verschärft erhobene Kritik an der zurückhaltenden Haltung des Parteivorstandes eine versöhnliche Sprachregelung suchte, die primär durch eine rein zukunftsorientierte Losung abgelöst werden sollte. Dem klar ausgesprochenen Einbruch des Nationalsozialismus in ehemaliges SDAP-Wählerpotential trat man mit einer Bagatellisierung entgegen, wobei man als „Entnazifizierungsschema" eine

---

20 Protokoll des SPÖ-Parteitages 1945. 14./15. Dezember 1945, Wien 1945, S. 112 f. Zu hier angesprochenen regionalen Wechselbeziehungen s. besonders Helmut Konrad: Das Werben der NSDAP um die Sozialdemokraten 1933–1938. – In: ARDELT, HAUTMANN (Anm. 19), S. 73–98, und Hans SCHAFRANEK: NSDAP und Sozialisten nach dem Februar 1934. – In: ARDELT, HAUTMANN (Anm. 19), S. 91–128.
21 KONRAD (Anm. 20), S. 86.
22 Maschinschriftliches Protokoll des Landesparteitages der SPÖ vom 23. Oktober 1945, Sammlung Siegfried BEER, S. 11 f.
23 Protokoll (Anm. 22), S. 12.
24 Ebd.

„klassenbewußte" Vorgabe machte: ein „Arbeiter" wäre nur zum Selbstschutz der „NSDAP" beigetreten, das Hakenkreuz am Rockrevers wurde durch die geballte linke Faust in der Hosentasche aufgehoben.

Die Strategie der steirischen ÖVP ist durchaus vergleichbar. Als moderne Sammelbewegung suchte man, dem Vorbild der Christlichsozialen der Jahre 1918/19 folgend, alle „bürgerlichen", d. h. antimarxistischen Kräfte an sich zu binden, wobei es vor allem um eine Integration des Wählerpotentials der deutschnationalen bäuerlichen Standespartei der Zwischenkriegszeit, des Landbundes, ging. Durch die Integration führender Persönlichkeiten des Landbundes, an der Spitze Franz Thoma[25], gelang es der ÖVP, sich auch auf steirischer Ebene als die Partei des Bauernstandes zu definieren. Letztlich begann diese partielle Integration des Landbundes bereits 1933/34. Dabei spielte Josef Steinbergers Schülerkreis auf Schloß St. Martin eine entscheidende Rolle. Die britische Militärverwaltung registrierte dieses Zusammenspiel „Msgr. Steinberger('s) at Stepan's Castle (Schloss St. Martin) near Graz" mit der ÖVP-Führung.[26] Bereits in der Zwischenkriegszeit als Kaderschmiede der Christlichsozialen interpretiert,[27] waren Steinberger und St. Martin zwischen 1934 und 1938 zentraler Bereich katholisch-nationaler Brückenbauertätigkeit. Mitbegründer des Werkes St. Martin war Viktor von Geramb, dessen Schüler Hanns Koren[28] in den dreißiger Jahren zunehmend eingebunden worden war.[29] Geramb und Steinberger erfreuten

---

25 Zu Franz Thoma (1886–1966) s. Leopold KOLLMANN: Franz Thoma – Der Bauerneiniger. – In: 40 Jahre Steirische Volkspartei (Anm. 29), S. 30.
26 CIR No. 10 (26. September 1945), S. 5.
27 Vgl Dieter A. BINDER: Volksbildung und Politik. Am Beispiel Josef Steinbergers und seines Werkes St. Martin. – In: Maximilian LIEBMANN, Dieter A. BINDER (Ed.): Hanns Sassmann zum 60. Geburtstag. – Graz – Wien – Köln 1984, S. 39–56.
28 Zu Geramb s. Helmut EBERHART: Nationalgedanke und Heimatpflege: Viktor Geramb und die Institutionalisierung der Volkskunde in Graz. – In: Wolfgang JACOBEIT, Hannjost LIXFELD, Olaf BOCKHORN (Ed.): Völkische Wissenschaft. Gestalten und Tendenzen der deutschen und österreichischen Volkskunde in der ersten Hälfte des 20. Jahrhunderts. – Wien – Köln – Weimar 1994, S. 427–439.
29 Zu Hanns Koren (1906–1985) s. Johannes KOREN: Das Große Hanns Koren Buch. – Graz – Wien – Köln 1991; weiters Hanns KOREN: Reden, Graz o. J. Zu seiner Tätigkeit während der letzten Jahre vor 1938 s. Helmut EBERHART: Die „Gläubige Wissenschaft": Salzburg. – In: JACOBEIT, LIXFELD, BOCKHORN (Anm. 28), S. 441–448. Koren, Neuländer, Ur-KVer, Ehrenbandträger des ÖCV, Ritter vom Heiligen Grab (Vgl. Maximilian LIEBMANN: Hanns Koren, Der Steirer aus Innerösterreich. – In: Academia 37, 1986, S. 8) und Mitglied einer deutschnationalen Pennalie war als Schüler Gerambs nach Salzburg ans Institut für religiöse Volkskunde gekommen, pendelte aber letztlich bis 1938 zwischen Salzburg und Graz. 1936 kam sein Buch „Volkskunde als gläubige Wissenschaft" über Anregung des Stabes Heß an die Reichsschrifttumskammer (Brief vom 15. Oktober 1936) auf die „Liste des schädlichen und unerwünschten Schrifttums" Nazi-Deutschlands (Mitteilung der Gestapo an die Reichsschrifttumskammer vom 30. November 1936). Ein Jahr später teilte das Reichsministerium für Volksaufklärung und Propaganda mit, daß nach einer Vereinbarung mit der österreichischen Regierung 62 „reichsdeutsche" Autoren in Österreich wieder zugelassen werden und im Gegenzug dafür 5 (!) österreichische Autoren in Deutschland wieder vertrieben werden dürften; unter diesen befand sich das Buch Korens. Berlin Document Center (nunmehr Bundesarchiv, Abt. III) (= BDC) Reichskulturkammer 2101, Box 0677 file: 03. In einem ausführlichen Briefwechsel zwischen Salzburger Dienststellen, dem NS-Ahnenerbe und dem Chef des Sicherheitshauptamtes der SS wurde 1938/39 Korens Tätigkeit in Salzburg und Graz umfassend besprochen, wobei es anscheinend um einen Wiedereinstieg Korens

sich der starken Förderung durch Landeshauptmann Karl Maria Stepan. Der harte Kern des Schülerkreises Steinberger/Geramb war dem Bund Neuland[30] verbunden, wobei Geramb und auch der Bund 1936 in einer heftigen Kontroverse als „nationale Katholiken" angegriffen wurden, „da dieser Bund den ‚Brückenbauern' sehr starken Einfluß einräumte".[31] Auf Bundesebene trafen die Angriffe die Kreise „um Spann, Eibl, Hugelmann und ihre geschäftigen Jünger" – wie „Taras Borodajkewycz (wir wollen uns diesen Namen trotz seiner schwierigen ‚teutonischen' Schreibweise gut merken)", Anton Böhm und Michael Pfliegler.[32] Auch hier hatten trotz massiver

---

in den Wissenschaftsbetrieb Nazi-Deutschlands ging. Am 2. August 1938 erfolgte die entscheidende Beurteilung Walther Habersetzers an den SD-Unterabteilung Salzburg: „Die wissenschaftliche Leistung Korens am Salzburger Institut für religiöse Volkskunde ist nicht sehr bedeutend." Koren „war in Salzburg vom Universitätsverein sehr schlecht besoldet", und das Institut verfügte nur über eine geringe Dotation. Koren war sogen seines „Lehrauftrages für religiöse Volksunde in Graz meist abwesend und kümmerte sich äusserst wenig um seine Arbeit in Salzburg... Die Bibliothek des Institutes (ca. 2000 Bände) war ohne fachliche Gesichtspunkte zusammengewürfelt, die Aufstellung der Bücher war äusserst unfachmännisch und zeugte für grosse Wurstigkeit. Die Schreibtische enthielten in erster Linie Korens Privatkorrespondenz... Korens Charakter erhält dadurch eine besondere Beleuchtung, dass er in seinem Schreibtisch ca. 500 gedruckte Fotografien von sich selbst aufbewahrte." Nach einer abwertenden Beurteilung des Volksgebetsarchives, der Mitteilungen des Salzburger Instituts und der Sammlertätigkeit für Gegenstände der religiösen Volkskunde wird die wissenschaftliche Arbeit Korens grundsätzlich aber positiv beurteilt, da er der „beste Vertreter der kirchlich denkenden Volksunde" und „zweifellos sehr begabt" sei. Ähnlich wird sein literarisches Schaffen beurteilt. „Weltanschaulich liegt Koren zweifellos völlig auf der katholischen Linie. Es ist allerdings nicht ganz klar ersichtlich, ob das seiner innersten Überzeugung entspricht oder ob nicht auch ein gerütteltes Maß Konjunktur bei ihm eine Rolle spielte. Er suchte z. B. in Salzburg Anschluss an bekannte, nicht katholische Volkskundler", obwohl ihm dies ausdrücklich untersagt worden war. Insgesamt verglich man seine Geistigkeit mit dem Hochlandkreis und dem Münchner Historiker Götz Freiherr von Pölnitz. „Bei der Charakterveranlagung Korens wäre es nicht unmöglich, dass er plötzlich in seinem Inneren den verhinderten Nationalsozialisten erkennen würde." Einen Wiedereinstieg in die Wissenschaft lehnte der Berichterstatter aus „weltanschaulichen und charakterlichen Gründen" ab, auch wenn Koren politisch bis 1938 „nicht besonders scharf hervor"getreten war. „Das entsprach nicht seiner weichen und künstlerisch intuitiven Art. Aber er war Schulungsleiter der Vaterländischen Front." BDC Ahnenerbe 8260000, 111: Hans (!) Koren, 20. 11. 1906. Zum Hintergrund dieses Briefes s. Helmut EBERHART: Von der „gläubigen Wissenschaft" zum „Ahnenerbe" der SS. – In: JACOBEIT, LIXFELD, BOCKHORN (Anm. 28). Im Oktober 1994 ließ die Redaktion der Aula ihre Leser wissen: „Hanns Koren war zwar wie Erhard Busek ÖVP-Politiker; er war aber auch Schüler des Begründers der deutschen Volkskunde Viktor von Geramb, und eben dieser Hanns Koren hat ganz getreu im Denken seines Lehrers diese Heimat als Bezugsrahmen für deutsches Volkstum in Österreich verstanden. Eine Begrifflichkeit, bei der Erhard Busek wahrscheinlich sofort den Exorzisten bemühen würde, um eine antifaschistische Teufelsaustreibung abzuführen." Die Aula vom 10. Oktober 1994, S. 3.

30 Zur Selbstdarstellung des Bundes Neuland s. Franz M. KAPFHAMMER: Neuland. Erlebnis einer Jugendbewegung. – Graz – Wien – Köln 1987.

31 Vgl. BINDER (Anm. 27), S. 47 f., 55 f.

32 Pfliegler begrüßte 1938 begeistert Anschluß und nationalsozialistische Neuerungen, wie das Verbot der Vereinskirche. Andere aus diesem Kreis deklarierten nun offen ihre Mitgliedschaft bei der NSDAP und bekannten sich offen zum „Brückenbau". Vgl. Maximilian LIEBMANN: Theodor Innitzer und der Anschluß. – Graz – Wien – Köln 1988, S. 140 f. Es waren gerade Leute aus diesen Reihen, die als „katholische Nazis" nach 1945 als Repräsentanten der „Ehemaligen" zu Gesprächen mit der ÖVP eingeladen wurden bzw. Karrieren machen

Eingriffe der Nazis weiterhin enge Kontakte bestanden, die 1938 und nach dem Mai 1945 „wechselseitigen Schutz" bieten sollten.

Angesichts der sich innerhalb der ÖVP deutlich abzeichnenden Wachablöse stilisierte Macholds SPÖ den von ihr „erfundenen" Dienstleder zum „Christdemokraten" par excellence, während man in den anderen Funktionären der steirischen ÖVP primär die „Austro- und Klerikofaschisten" sehen wollte, die unter der Führung der KZ-Heimkehrer Alfons Gorbach und Karl Maria Stepan zurück zum Ständestaat strebten.[33] Die für die steirische ÖVP äußerst wirksame Integration wesentlicher Potentiale des Landbundes suchte man gerade mit dem Bild des „Ständestaates" zu paralysieren.

Während die SPÖ die Arbeiter davor warnte, die KPÖ zu wählen, denn eine politisch zersplitterte Arbeiterschaft „würde" die ÖVP zur „stärkste(n) Partei" machen,[34] ventilierte man heftig die Möglichkeiten einer Kandidatur des Landbundes, einer „freiheitliche(n) Bauernpartei" für jene Bauern, „die nicht zur Kirche streben", denn diese würden die „ÖVP schwächen". Gleichzeitig intensivierten die sozialistischen Arbeiterbauern ihre Aktivitäten in den ländlichen Regionen, wo sie aber massiv vom ÖVP-Bauernbund behindert wurden.[35]

Überlegungen, in denen der Antiklerikalismus des sozialdemokratischen und des nationalen Lagers deutlich angesprochen wurden, beeinflußten letztlich auch das Engagement der SPÖ, insbesondere Helmers[36], 1948/49 für die Zulassung des VdU, des Verbandes der Unabhängigen als Sammelbewegung des institutionell heimatlos gewordenen deutschnationalen Lagers einzutreten. Ähnlich wie 1949 kalkulierte man auch 1945: die SPÖ könnte höchstens an die KPÖ, die ÖVP aber massiv an eine „deutschnationale" Partei verlieren.

Andererseits waren auch 1945 Momente einer Politik zu erkennen, die im Hinblick auf das „Wettrennen um die Stimmen" aus dem nationalsozialistischen Lager als eine „Politik der Lagerstraße", aber jener von „Wöllersdorf" und nicht der von „Dachau", bezeichnet werden kann.[37] Dazu gehörte es zweifellos, daß man trotz des unbestrittenen antinationalsozialistischen Grundkonsenses der drei Parteien seitens der SPÖ nicht die Auseinandersetzung mit der Zeit der nationalsozialistischen Herrschaft in den Vordergrund stellte, sondern die politische Kontrastwirkung im Beschwören der Dollfuß-Schuschnigg-Diktatur bzw. das grün-weiße Ambiente dieser Zeit an den

---

durften. So nahm Taras von Borodajkewycz an den Oberweiser Gesprächen im Hause Maletas teil. Borodajkewycz wußte auch Wilhelm Höttl in seiner Nähe. Dieser war nach seiner Promotion an der Universität Wien zum Dr. phil. (Geschichte) als illegaler Nationalsozialist Mitarbeiter des SD der SS geworden und 1938 hauptberuflich übernommen worden. Borodajkewycz war ihm seit dieser Zeit freundschaftlich verbunden und wurde auch von Höttl als „Spion" zum Konklave 1939 nach Rom entsandt. Die Prognosen des Ex-CVers waren übrigens falsch. Aus der Sicht der puristischen Nazis waren diese „katholischen" Nazis höchst suspekt, was wiederholt während eines Disziplinarverfahrens gegen Höttl 1942 geäußert worden war. (Personalakt Höttl, BDC)

33 BINDER (Anm. 4), S. 115 f.
34 Maschinschriftliches Protokoll des Landesparteitages der SPÖ vom 23. Oktober 1945, S. 12, Sammlung Siegfried BEER.
35 CIR No. 9 (19. September 1945), S. 6, Fo 1007/296 xc 16476.
36 Wilhelm SVOBODA: Die Partei, die Republik und der Mann mit den vielen Gesichtern.
37 Dieter A. BINDER: Austria Seen as a Continuum. – In: Austrian History Yearbook 26 (1995) S. 17–43.

Feindbildern „Gorbach" und „Stepan" festmachte, eine Variante der Vergangenheitsbewältigung im Hinblick auf die „Systemzeit", wie sie bereits im Frühjahr 1938 gelaufen war.

Die Partei formiert sich ...

Gorbach wurde über Antrag Krainers, der bis dahin auch als geschäftsführender Landesleiter gewirkt hatte, am Parteitag vom 23. Oktober zum geschäftsführenden Landesleiter gewählt. Die Briten analysierten die innerparteilichen Machtverhältnisse jenem Schema entsprechend, das auch die SPÖ benutzte. Hinter Gorbach vermuteten Sozialisten wie auch beobachtende Briten unter Verkennung der tatsächlichen personellen Situation innerhalb der ÖVP die Wiederkehr Stepans. "There is the view also, that should the ÖVP come out the majority party in Styria and thus have the right to nominate the Landeshauptmann, their ablest man, Gorbach would soon fall under the influence of Dr. Stepan and the Clericals. Dr. Stepan has been attempting to establish an ÖVP newspaper in Judenburg which would be printed on the Styria Press owned by him, and thus under his control."[38] Insgesamt notierte man eine zunehmende Opposition der „Stepan – Krainer -Gorbach group" gegenüber Dienstleder.[39]

Die ÖVP antwortete auf die Angriffe der Sozialisten „by claiming itself to be the 'middle party' between the extremes represented by the 'non voters' as the former Nazis now style themselves, and the 'Marxists'."[40] Die ÖVP nutzte damit die Chance der Neugründung: Sie bot sich als moderne Sammelpartei an, die allen offenstand, die sich nicht an traditionellen „Klassen"-Schemata orientieren wollten. Aus deren Sicht bedeutete aber ein Bekenntnis zum Klassenbewußtsein Marxismus, gleichgültig, ob sozialistischer oder kommunistischer Bauart. Ihre soziale Sammelfunktion unterstrich die ÖVP zusätzlich, indem sie sich mit der britischen Labour Party verglich und auch die ungarische Kleine Landwirte Partei als Partner ansprach. Damit betonte die ÖVP ihre europäische Dimension in der Abwehr des sowjetischen Machtanspruches in Mitteleuropa.[41]

Auf innenpolitischer Ebene agierte die ÖVP pragmatisch. Den Antiklerikalismus der SPÖ nutzte die ÖVP, um die Sozialisten mit den Kommunisten in Zusammenhang zu bringen. Gegen die Politik der „roten Katze" suchte sich die SPÖ landesweit durch ein Plakat zu wehren, in dem sie sich ausdrücklich von „the idea of amalgamating at any time with the Communists" distanzierte.[42] Aber auch die Enteignungsvorschläge

---

38 Dabei handelte es sich um die heutige Styria-Judenburg; sie war keineswegs Privatbesitz Stepans, sondern Bestandteil der Anstalten des Katholischen Preßvereins, die 1938 von den Nazis inhaliert worden waren.
39 CIR No. 10 (26. September 1945) S. 5.
40 CIR No. 18 (22. November 1945) S. 6, Fo 1007/297 xc 16476.
41 Damit gab sich die ÖVP in ihrer außenpolitischen Selbstdarstellung wesentlich weitläufiger als die steirische SPÖ, die ungeheuer pragmatisch die normative Kraft des Faktischen der Situation anerkannte und letztlich nur im Hinblick auf Südtirol den üblichen Utopien nachhing.
42 CIR No. 18 (22. November 1945) S. 7, Fo 1007/297 xc 16476.

der SPÖ nutzten der ÖVP in ihrer Taktik, SPÖ und KPÖ als marxistische Einheitspartei darzustellen.

Im Hinblick auf die Bauernschaft forderte Machold die Enteigung großer Grundbesitze im Privatbesitz vor allem dort, wo es zu ökonomischer Konzentration innerhalb dörflicher Hierarchien während der Nazizeit gekommen war.[43] Derartige Besitzungen sollten einer Vergenossenschaftung zugeführt werden, wobei diese Ansätze eingebettet waren in die Diskussion um die Verstaatlichung von Großunternehmungen, etwa der Alpine-Montan. Hier aber kannte man noch einen weiteren Aspekt. Im Gegensatz zu den Kommunisten, die „a diskret silence about their intentions towards church properity" pflegten, bezog der ehemalige Landtagsabgeordnete und Landesrat der SPÖ, das geistige Oberhaupt der steirischen Freidenkerbewegung der Zwischenkriegszeit, Johann Leichin,[44] am Höhepunkt des Wahlkampfes bei einer Versammlung im Grazer Leonhard-Viertel die Besitzungen der Stifte Admont, Vorau und St. Lambrecht, die während der Nazizeit ebenfalls beschlagnahmt worden waren, und die Mayr-Melnhofschen Güter, den größten privaten Grundbesitz in der Steiermark, in die Enteignungspläne ein.[45]

In der konstituierenden Sitzung der ÖVP vom 18. Mai 1945 war ein Organisationsstatut provisorisch entwickelt worden, das die Errichtung von Bezirksparteileitungen in allen Bezirkshauptmannschaften vorsah, während die „Landesleitung" in fünf Abteilungen, die Organisation, die „Kassenleitung", die Jugend, die Werbung und das Recht, gegliedert wurde. Landesorganisationsleiter, gleichsam Vorläufer des Landesparteisekretärs, wurde Ing. Karl Kober[46], der zu den Männern der ersten Stunde zählte. Ihm gelang es, eine erstaunlich rasch funktionierende Organisation auf die Beine zu stellen, wobei aber gerade lokale ÖVP-Kräfte immer wieder auch kirchliche Infrastrukturen personell und organisatorisch zu nutzen trachteten. Zwischen August 1945 und den Wahlen am 25. November fanden überdies fünf Landesleiterkonferenzen statt, in denen Abgrenzungsprobleme zwischen den bündischen Interessen, Postenvergaben und schließlich Mandatszuteilungen abgesprochen wurden. Der Bauernbund operierte völlig autonom, wobei Dienstleder und Kober nicht einmal ignoriert wurden.[47] Charakteristisch für die parteiinterne Positionsfindung ist die Zusammensetzung der steirischen Delegation für die ÖVP-Vorkonferenz zur 1. Länderkonferenz in Salzburg; neben zwei Vertretern des Bauernbundes, Ing.Leopold Babitsch, der nach den Wahlen in den Nationalrat einziehen sollte, und Josef Krainer, nahmen ein Vertreter des Wirtschaftsbundes, Ing. Carl Lipp, Handelskammervizepräsident, Wirtschaftsbundobmann und nach den Wahlen Bundesrat, und ein Vertre-

---

43 CIR No. 16 (8. November 1945) S. 6, Fo 1007/296 xc 16476.
44 Der 1875 geborene Johann Leichin war unter anderem zwischen 1919 und 1934 Mitglied des Landtages und 1928 bis 1934 Mitglied der Landesregierung gewesen; er war sowohl 1934 als auch 1938 und 1944 inhaftiert, 1945 wurde er als Vertreter der Steiermark in den Bundesrat entsandt. S. Josef Pav: Handbuch des österreichischen National- und Bundesrates 1945 nach dem Stande vom Juni 1946. – Wien 1946, S. 115.
45 CIR No. 18 (12. November 1945) S. 6, Fo 1007/296 xc 16476.
46 Karl Kober, der von 1945 bis 1947 Funktionen eines Landesparteisekretärs ausübte, unterlag nach seinem Abgang ÖVP-intern einer damnatio memoriae. In ÖVP-internen Genealogien scheint er grundsätzlich nicht auf (vgl. Zukunft, Anm. 1, und 40 Jahre Steirische Volkspartei, Anm. 2).
47 Vgl. Ableitinger (Anm. 7), S. 102 ff.

ter des ÖAAB teil, der nach den Wahlen weder im Landtag noch im National- oder Bundesrat vertreten war, sowie Ing. Karl Kober als Landesorganisationsreferent teil. Für die Parteiarbeit standen Gelder zur Verfügung, die der Bischof und einige Wirtschaftstreibende mit NS-Vergangenheit zur Verfügung gestellt hatten.[48] Wie die anderen Parteien schuf sich auch die ÖVP im „Jung Österreich" eine eigene Jugendorganisation bzw. begann Vorfeldorganisationen ins Leben zu rufen – etwa den ÖVP-Ärztebund unter der Führung Gerd Stepanschitzs.

Die kargen Mittel der Werbung beschränkten sich auf wenige Plakate und symbolträchtige Einzelaktionen.[49] Mit der Gründung der Wochenzeitung „Das Steirerblatt" stand auch ein eigenes Presseorgan zur Verfügung.[50] Mit 1. Jänner wurde daraus eine Tageszeitung, die ab Oktober 1951 unter dem Namen „Süd-Ost-Tagespost" erscheinen sollte. Damit knüpfte man bewußt an die „national-liberale" Tradition Grazer Provenienz an. Ursprüngliche Pläne, das „Steirerblatt" direkt dem Bauernbund einzuverleiben, scheiterten an umfassenderen Plänen der Bundesparteileitung, die dann jedoch nicht realisiert wurden.[51] Zweifellos war aber gerade in der Frühphase der Zeitung der Einfluß des Bauernbundes maßgebend. So wurde auch der ab 1946 amtierende Chefredakteur Helmut Schuster von Ing. Babitsch kreiert;[52] Schuster hatte als Chargierter der CV-Verbindung Franko-Bavaria am Sarg seinem Philistersenior, Engelbert Dollfuß, das letzte Geleit gegeben.[53]

Den eigentlichen Wahlkampf eröffnete die ÖVP mit dem Landesparteitag am 23. Oktober, zu dem auch Leopold Figl, Julius Raab und der „Reichsbauernbunddirektor" Ferdinand Graf gekommen waren.[54] In der ersten Nummer des „Steirerblattes", die unter allergrößten Schwierigkeiten am 26. Oktober erschien, hielt Dienstleder als Landesleiter seiner Partei deren Programmatik fest: Er rief zur Sammlung aller Kräfte, zum Wiederaufbau Österreichs im demokratischen Sinne auf. Ausdrücklich wurde der Schutz des Eigentums hervorgehoben, wenngleich für die Hochfinanz und die Schwerindustrie eine demokratische Kontrolle gefordert wurde, um den politischen Mißbrauch von wirtschaftlicher Macht zu verhindern. Für die Bauernschaft wurden Schutz und Förderung eingemahnt, wobei eine vernünftige Preispolitik eine entsprechende Produktionssteigerung bringen sollte. Den Arbeitnehmern wurde die Sicherung des Arbeitsplatzes, die Erhaltung und der Ausbau der sozialen Errungenschaften versprochen. Dies hätte mit einer entsprechenden Planung der industriellen und gewerblichen Bereiche Hand in Hand zu gehen. Ausdrücklich hielt man die Stärkung des „bodenständigen" Österreichbewußtseins fest, das in einem christlichen Abendland eingebettet wäre. Gleichzeitig betonte man die klaren Grenzen zwischen Politik und Kirche und die Glaubens- und Gewissensfreiheit. Öster-

---

48 Stefan KARNER: Die Steiermark im Dritten Reich. – Graz 1986, S. 430.
49 KARNER (Anm. 48), S. 456.
50 Vgl. die Erinnerungen von Otto HOLZINGER, Die Gründung des „Steirerblatt" (s), der heutigen „Süd-Ost-Tagespost", in: 40 Jahre Steirische Volkspartei (Anm. 2), S. 96–98.
51 HOLZINGER (Anm. 50) 96.
52 HOLZINGER (Anm. 50) 98.
53 Gordon SHEPERD, Engelbert Dollfuß. – Graz – Wien – Köln 1961, Foto vor S. 321; Maria KINZ, Photoalbum 1918–1938. Der Alltag war nicht immer grau. – Wien 1993, S. 140 (oben).
54 Alois ADLER: Die Wahlen zum ersten steiermärkischen Landtag der Zweiten Republik. – In: 40 Jahre Steirische Volkspartei (Anm. 2), S. 92–94.

reichs internationale Stellung sah man in einer Mittlerrolle zwischen Ost und West. Beziehungsvoll verneinte man jede Rache; in einer eigenen Erklärung zum Wahlrecht verdeutlichte man diese Position. Man wandte sich entschieden gegen eine automatische Gleichbehandlung aller jener, die unter die NS-Gesetzgebung fielen, wobei man – ähnlich den Sozialisten – zwischen den eigentlichen Tätern des NS-Regimes und jenen unterschied, die trotz einer formellen NS-Parteimitgliedschaft niemals deren Ideologie verinnerlicht hätten. Die Sowjets hatten für diesen Mitläufertypus das Wort vom „Brotnazi" geprägt. „Die ÖVP hält es aus Gründen der allgemeinen Menschlichkeit für untragbar, daß diese Männer und Frauen auf eine Stufe gestellt werden mit politischen Verbrechern, Hetzern und Funktionären, die die Schuld tragen an den furchtbaren Geschehen der letzten Jahre in Österreich und Europa." In der praktischen Umsetzung bedeutete diese Haltung, daß nunmehr ÖVP-Sympathisanten eben die „verführten Idealisten" gewesen waren. – Zur Erinnerung: Die steirische SPÖ definierte klassenbewußter. Ein Arbeiter war eben schon wegen seiner Klassenzugehörigkeit kein wirklicher Nazi gewesen.

Prinzipiell war beiden Parteien klar, daß ein Wahlerfolg über die alten Lagerbindungen hinaus die Wahlentscheidung bringen mußte. Mit dem einsetzenden Wahlkampf und der zunehmend funktionierenden Kommunikation zwischen den Länderparteileitungen und den Bundesparteizentralen begann eine österreichweit feststellbare Themenvorgabe, die ökonomische Aspekte mit starker politischer Implikation in Fragen der Verstaatlichung ebenso behandelte wie die „Trennung von Kirche und Staat", die Entnazifizierung und die Behandlung der „Austrofaschisten".

Die Forderung nach der Trennung von Kirche und Staat, die die SPÖ anschnitt, gehört ins klassische Potential sozialdemokratischer Agitation der Zwischenkriegszeit; in dieser Haltung sahen sich die Repräsentanten der SPÖ erneut bestärkt, da sie, wie die Kommunisten, besonders im ländlichen Raum den Einfluß des Klerus als Wahlhilfe für die ÖVP interpretierten.[55] Eng mit dieser Frage verband die SPÖ, ebenfalls in der Tradition des Austromarxismus stehend, die Schulfrage und die Situation innerhalb der Lehrerschaft. "The catholics had been left more or less in possession of the field after the removal of the once-preponderant Nazis. Now the Socialists have formed a 'Sozialistische Lehrerschaft' with the following aims:
1. To help Schools Councils in re-educating teachers accustemend to seven years of Nazi thougt in the schools.
2. To further ideas of school reform following the precedent set in 1918 when the Socialists were in power.
3. To combat clerical interference in schools.

The Socialists recall that between 1934 and 1938 renunciation of Catholic Church membership (Austritt aus der Kirche) debarred teachers from holding leading posts in schools. The Lehrerschaft is an ancillary body to the Party which non-Socialists as well as party members may join."[56]

---

55 Dies wurde auch gelegentlich von den Briten beobachtet und dürfte Mundpropaganda, aber auch organisatorische Hilfestellungen umfaßt haben; ein enges Zusammenspiel zwischen Fürstbischöflichem Ordinariat und ÖVP gab es auch in der Frage der Entnazifizierung. Vgl. Dieter A. BINDER: Zum Antiklerikalismus in der Ersten Republik. – In: ChD 9 (1991/22), S. 369–389.
56 CIR No. 8 (12. September 1945), S. 4 f., Fo 1007/296 xc 16476.

Trotz dieser „Kulturkampftöne" mußten auch die Funktionäre der SPÖ und der KPÖ zur Kenntnis nehmen, daß selbst in den Industriezentren der Obersteiermark der Besuch des Religionsunterrichtes nahezu hundert Prozent aller Pflichtschüler umfaßte. So gesehen reagierten die Kommunisten sensibler und vermieden allzu deutliche Zukunftsperspektiven ihres Antiklerikalismus.[57] Der Antiklerikalismus der SPÖ, der sich auch in Graz in der Diskussion um das Wiederanbringen der Kruzifixe in den Schulklassen, die unter der nationalsozialistischen Schulverwaltung entfernt worden waren, auswirkte, wurde von Karl Birzele, Chef des Landesarbeitsamtes und einer der ganz wenigen ehemaligen Funktionäre des Verbandes der sozialistischen Hochschüler, die unter den Nazis eine „wissenschaftliche Karriere an der Grazer Universität" machen konnten,[58] abgelehnt. Für ihn war der „Kulturkampf... outmoded" und seine Partei sollte sich primär um die Verbesserung des Lebensstandards kümmern.[59]

Der Antiklerikalismus älterer Funktionäre vom Typus Leichin war derartig zum säkularisierten Glaubensersatz geworden, daß man diese Tradition der Zwischenkriegszeit nicht nur aus parteitaktischen Gründen, um eine Schiene zum antiklerikalen rechten und extrem linken Bereich zu finden,[60] wiederaufnahm, sondern hier nahezu reflexartig handelte. Möglicherweise machte sich auch hier der Einfluß Wiener Überlegungen bemerkbar. Der Gründung der Grazer „Neuen Zeit" als sozialistisches Parteiorgan folgte auf Empfehlung Oskar Helmers die Bestellung Heinz von Pallers zum Chefredakteur, der als journalistischer Wegbereiter des Nationalsozialismus in Kärnten ein exquisiter Kenner des lagerübergreifenden Phänomens des Antiklerikalismus gewesen sein dürfte.[61]

Machold und andere dürften übersehen haben, daß der Antiklerikalismus in der Steiermark nicht von jener entscheidenden Bedeutung war wie in Kärnten. Für die Steiermark war wesentlich entscheidender die „steirisch-nationale" Versöhnung aus Angst vor dem „Marxismus". Dieser Antimarxismus wurde nicht nur mit antirussischen Gefühlen instrumentalisiert, sondern auch angesichts der jugoslawischen Gebietsforderungen konkretisiert.[62]

In der Agitation der SPÖ verband sich aktuelle Kirchenkritik mit dem traditionellen Antiklerikalismus und dem „Antifaschismus", dessen Definition gleichsam „parteiamtlich" erfolgte.[63] Theoretisch verklammerte man in dieser Definition „Austrofaschismus" und „Nationalsozialismus", in der Praxis diente er dazu, die ÖVP partiell mit dem „Austrofaschismus" in personeller und auch ideologischer Hinsicht zu identifizieren.

---

57 CIR No. 18 (12. November 1945), S. 6, Fo 1007/296 xc 16476.
58 WEINGAND, Winkler (Anm. 4), S. 118 f., Fo 1007/296 xc 16476.
59 CIR No. 13 (17. October 1945), S. 5, Fo 1007/296 xc 16476.
60 Zur „Schienenfunktion" s. KONRAD (Anm. 20).
61 Zu Heinz von Paller, der nach dem März 1938 den Weg zur illegalen Sozialdemokratie fand, s. Armin A. WALLAS: Großdeutsche Hoffnungen. Die Berichterstattung der „Freien Stimmen" 1938. – In: Helmut RUMPLER (Ed.): März 1938 in Kärnten. Fallstudien und Dokumente zum Weg in den „Anschluß". – Klagenfurt 1989, S. 56–80; weiters das menschlich berührende Zeugnis zur Person von Günther Nenning, Grenzenlos deutsch. Nazion oder Nation. Starkstaat oder Geisterreich, Frankfurt/M. – Berlin 1991, S. 27 f., 53, 87.
62 Manfried RAUCHENSTEINER: Die Zwei. Die Große Koalition in Österreich 1945–1966. – Wien 1987.
63 Vgl. Neue Zeit vom 27. Oktober 1945, S. 4: „Was ist Antifaschismus?"

Der „Austrofaschismus", der von Beginn an auch als „Erklärungsmodell" für das Abwandern von „Arbeitern" zum Nationalsozialismus gedient hatte, wurde in diesem Kontext dämonisiert, während der Nationalsozialismus verharmlost wurde. Dies entsprach zum einen dem Trauma der alten SDAP-Funktionäre, die ihre Niederlage nicht vom Nationalsozialismus, sondern von dem verachteten Dollfuß und seinen „Schwarzen" hinnehmen mußten, zum anderen zielte diese Agitation aber auch auf die Angehörigen der von den Wahlen ausgeschlossenen ehemaligen Nationalsozialisten.

Dieses Wählerpotential wird deutlich, wenn man die Wahlberechtigten der Nationalratswahlen 1930 mit jenen von 1945 in den Wahlkreisen vergleicht: Im Wahlkreis Graz und Umgebung gingen die Wahlberechtigten von 168.338 auf 139.510, im Wahlkreis Mittel- und Untersteier (= Südsteiermark) von 115.044 auf 108.388, im Wahlkreis Oststeier von 119.850 auf 110.472, im Wahlkreis Obersteier von 189.760 auf 172.886 zurück.[64]

Die Identifikation der ÖVP mit dem „Austrofaschismus" geschah nahezu in allen Wahlkampfveranstaltungen der SPÖ, wobei naturgemäß besonders symbolträchtig Paula Wallisch, die Witwe des im Februar 1934 einem politischen Justizmord zum Opfer gefallenen Landesparteisektretärs der SDAP, in den Vordergrund rückte.[65] "The Socialists without being supported by their leaders from Vienna have held a great number of meetings. A part of nearly all the speeches are devoted to polemics against Austro-Faschism, and these have included a personal attack by Landesrat Matzner on Gorbach."[66] Gorbach, der KZ-Überlebende, wurde als der eigentlich kommende Mann gesehen, der den „alten" Christlichsozialen Alois Dienstleder ablösen dürfte. Den antinationalsozialistischen Anspruch kirchlich orientierter Kreise stellte die SPÖ unter anderem mit der „Anschluß-Erklärung" der österreichischen Bischöfe in Frage.[67]

Otto Holzinger, Rechtskonsulent des Bauernbundes, Vertrauensmann Gorbachs und Innenpolitiker des „Steirerblattes", umreißt die drei Themenschwerpunkte der Parteizeitung bis zu den Wahlen, letztlich reagierte man damit auf die Themenvorgaben der Linken.[68] Zum einen ging es um die Angriffe auf ÖVP-Funktionäre und deren austrofaschistische Vergangenheit. Diesem Vorwurf stellte man deren Abwehrkampf gegen den Nationalsozialismus und deren Opferzeit in den KZs gegenüber. Zum anderen diskutierte man den Demokratiebegriff und stellte dem kommunistischen Modell die eigene Orientierung am britischen und französischen Vorbild gegenüber. Der dritte Themenkreis war den Fragen der Entnazifizierung gewidmet, wobei hier eben ein differenzierter Umgang eingefordert wurde. Die steirische ÖVP hatte den Vorteil, daß sie im Gegensatz zu den steirischen Sozialisten in dieser Frage ein einheitliches Bild bot, während der Pragmatismus der steirischen SPÖ vom Wahlplakat der sozialistischen Zentrale, das einen Austausch der hiesigen Nazis gegen die Kriegsgefangen in Sibirien vorschlug, erschlagen wurde. Darüber hinaus

---

64 Pav (Anm. 31); zu den üblichen Zahlen der von der Wahlen als Nationalsozialisten ausgeschlossenen Steirern s. Karner (Anm. 48), S. 448–455.
65 Britischerseits wurde besonders auf die Zugkraft der Rednerin Paula Wallisch hingewiesen. CIR No. 17 (14. November 1945), S. 5, und CIR 18. (22. November 1945), S. 6, Fo 1007/297 xc 16476.
66 CIR No. 18 (22. November 1945), S. 6, Fo 1007/297 xc 16476.
67 CIR No. 17 (14. November 1945), S. 4, Fo 1007/297 xc 16476.
68 Holzinger (Anm. 50), S. 97.

kam auch ein direktes Ansprechen der Heimkehrer ähnlich wie 1919 zum Tragen. „Kamerad, wo bist Du?" Einer dieser hier Angesprochenen hielt in den langen Jahren seiner politischen Tätigkeit an einer seltsamen Traditionspflege fest. Als Redner bei Angelobungen von Jungmännern des Bundesheeres erinnerte er diese stets daran, daß auch er den „grauen Rock" durch sechs Jahre getragen habe, wobei der Redner den Traditionserlaß der österreichischen Bundesheeres ignorierte, der eine Traditionspflege im Hinblick auf die Deutsche Wehrmacht nicht vorsieht.[69]

... und gewinnt die Wahlen

Die Wahlen am 25. November 1945 brachten 53% der Stimmen bei den Wahlen zum Landtag und 52,9 bei jenen zum Nationalrat. Das Wahlergebnis zeigte deutlich, daß es der SPÖ zwar gelungen war, im wesentlichen ihre alten Positionen wiederum einzunehmen, wenngleich in der obersteirischen Industrieregion auch die KPÖ punkten konnte, daß aber der ÖVP neben der Konsolidierung des alten christlichsozialen Stammwählerpotentials die Integration der ehemaligen Landbündler geglückt war.[70] Der Antiklerikalismus als Schiene, auf die die SPÖ in ihrem Werben um die Angehörigen der von den Wahlen ausgeschlossenen „Belasteten" gesetzt hatte, erwies sich als wesentlich weniger zugkräftig als der Antimarxismus, den die ÖVP als lagerübergreifendes Wahlmittel praktiziert hatte. Angesichts dieses ÖVP-Wählerkonglomerates hielt der steirische SPÖ-Chef Machold an der mittelfristigen Perspektive fest: Die Zulassung einer „nationalen" Partei, die Zulassung des „Landbundes" bei den nächsten Wahlen müßte die absolute Mehrheit der ÖVP brechen, während seine Wählerschaft dann zumindest für die relative Mehrheit ausreichen würde.[71]

Am 12. Dezember 1945 wurde der Landtag konstituiert, in dem die ÖVP mit 26 Mandaten vertreten war; dreizehn hielten Vertreter des Bauernbundes, fünf Wirtschaftsbündler saßen neben acht Arbeitern – und Angestellten, unter denen allerdings die öffentlichen Bediensteten die Mehrheit besaßen. Mit Vollmann saß ein verläßlicher Freund Krainers auch im ÖAAB-Flügel.[72] Bereits am 4. Dezember erfolgten erste innerparteiliche Weichenstellungen auf einer Landesleitungssitzung. Krainer, Hollersbacher, Babitsch, Georg Maitz und Lipp hatten sich für einen Bauernbündler als Landeshauptmann stark gemacht, nachdem zuvor die Bezirksleiter mit acht von zwölf Stimmen Dienstleder vorgeschlagen hatten.[73] Angesichts der breiten Koalition, die Krainer um sich versammelt hatte, wurde schließlich Anton Pirchegger durchgesetzt.[74] Dieser sollte als Landeshauptmann in die Regierung einziehen, während Hugo Mrazek, ein Landesbeamter, als Landeshauptmannstellvertreter, Hollers-

---

69 Aus der Fülle der Belege zu diesen Äußerungen Franz WEGARTS vgl. einen der letzten Hinweise in Kronen Zeitung (Steirerkrone) vom 21. Oktober 1990, S. 10.
70 Vgl. Joseph MARKO, Parteien und Wahlen in der Steiermark, in: Herbert DACHS (Ed.): Parteien und Wahlen in Österreichs Bundesländern 1945–1991. – Wien 1992, S. 345–437, bes. 365 f.
71 CIR No. 21 (13. Dezember 1945), S. 6, Fo 1007/297.
72 Vgl. auch VOLLMANNS Selbstdarstellung in: 40 Jahre Steirische Volkspartei (Anm. 2), S. 101 f.
73 Hans VOLLMANN: Die Bildung der Steiermärkischen Landesregierung 1945. – In: 40 Jahre Steirische Volkspartei (Anm. 2), S. 103.
74 Anton Pirchegger (1885–1949) war 1934 Präsident des Steiermärkischen Landtages gewor-

bacher, Anton Bauer, ein Baumeister, und Krainer als Landesräte vorgesehen waren.[75] Damit war Dienstleder als Landeshauptmann abgelöst. Als unmittelbar vor der Wahl der Landesregierung im Landtag am 28. Dezember der ÖVP-Klub diese Regierungsmannschaft absegnen sollte, überraschte Pirchegger die Mandatare mit der Mitteilung, daß Mrazek dem Wirtschaftsbündler Tobias Udier und Bauer Udo Illig weichen müßten, da er als Landwirt gewiegte Wirtschaftsleute um sich benötige.[76] Der Klub kapitulierte angesichts dieses Überfalls, da Pirchegger überdies den Abgeordneten sagte, daß die Änderung bereits über Weihnachten mit den Bündeobmännern und der Landesparteileitung abgesprochen worden wäre.[77] Am 16. Juni 1946 wurde Gorbach, der als steirischer Listenführer in den Nationalrat entsandt worden war und dort als Dritter Nationalratspräsident wirkte, zum Landesobmann der ÖVP gewählt. Gleichsam „arbeitsteilig" blieb Krainer der Mann im Land. Innerhalb weniger Monate hatte die Partei ihr Gesicht völlig geändert: Nicht mehr der vom „Gründungsvater" aller steirischen Parteien, Machold, initiierte Parteiobmann und Landeshauptmann, Dienstleder, stand an der Spitze, sondern die „junge Generation" der Jahre vor 1938 saß in den Schlüsselpositionen.

Frontbegradigung oder Der kalte Krieg in der steirischen ÖVP

Die scheinbar festgefügte Parteistruktur, in der letztlich für Außenstehende nur die Frage einer künftigen Positionierung Karl Maria Stepans offengeblieben war, wurde im August 1946 durch die Rückkehr Josef Dobretsbergers nach Graz belebt.[78]

„Dob", CVer wie Gorbach und Stepan, war 1935/36 Sozialminister unter Schuschnigg gewesen und galt als Vertreter des „linken Flügels" der Christlichsozialen. Als Hindernis für den stillen Ausgleich im „Juliabkommen 1936" empfunden, wurde Dobretsberger aus der Regierung entlassen. Weiterhin auch international aktiv wurde Dobretsberger unmittelbar nach dem Anschluß als Rektor der Karl-Franzens-Universität, die damals mit dem Gedanken spielte, sich in Adolf-Hitler-Reichsuniversität umzubenennen, abgesetzt, verhaftet, seiner Professur enthoben und schließlich nach massiven Interventionen des Auslandes freigelassen. Dobretsberger emigrierte vorerst in die Türkei und schließlich nach Ägypten, wo er neben seiner Tätigkeit als Hochschullehrer eng mit den Briten zusammenarbeitete. Während des Krieges tauchte der Name Dobretsberger immer wieder in politischen Überlegungen ver-

---

den und stand zwischen 1935 und 1938 dem steirischen Landwirteverband vor. Vgl. Leopold KOLLMANN: Anton PIRCHEGGER: Ein Bauer als Landeshauptmann. – In: 40 Jahre Steirische Volkspartei (Anm. 2), S. 29.
75 In diesem „Kabinett" kam die bündische Struktur deutlich zum Ausdruck, doch entsprach der bündische Proporz in keiner Weise dem eigentlichen parteiinternen Kräfteverhältnis.
76 Tobias Udier wirkte zwischen 1945 und 1963 als Landeshauptmannstellvertreter, während Udo Illig bis 1953 Landesrat und 1953 bis 1956 Bundesminister war.
77 Vgl. VOLLMANN (Anm. 73), S. 103.
78 Zu DOBRETSBERGER (1903–1970) s. BINDER (Anm. 12), S. 35–94.

schiedener Exilkreise auf.[79] Von den Briten hochgeschätzt, war er, wie dies aus dem Briefwechsel mit seinem Freund Ernst Karl Winter hervorgeht, selbst auch davon überzeugt, am Wiederaufbau Österreichs an entscheidender politischer Stelle mitwirken zu können. Vorerst in Graz wiederum als Ordinarius und als Rektor installiert, wäre er der gegebene Mann gewesen, den schmalbrüstigen steirischen ÖAAB zu verstärken. Dazu kam noch, daß er gerade unter den jungen Parteimitgliedern, die sich in der Tradition der Christlichsozialen sahen und die häufig aktiv im Widerstand tätig gewesen waren, über großes Ansehen verfügte.

Dobretsberger charakterisierte allerdings bereits wenige Monate später seine Position nüchtern: „Ich selbst machte den Fehler, von Cairo nach Graz zu gehen in der falschen Annahme, der Heimat von Nutzen zu sein. Wer einige Jahre die freie Luft einer Weltstadt geatmet hat, paßt nicht mehr in diese Gegend, trotzdem sie demokratisiert wurde! Man steht einer Mauer gegenüber! Selbst mit den Freunden von ehemals stimme ich nur noch in den Regeln des Tarockspiels überein."[80] Und ein Jahr nach seiner Rückkehr heißt es in einem Brief an Ernst Karl Winter in bezug auf Graz und Wien: „Du machst Dir ja über das Allzuprovinzlerische hier keine Vorstellung, da war ja 1934 bis 1938 ein Paradies dagegen." Und schließlich: „Für die Steiermark aber fehlt mir der Kropf und die Lederhose."[81]

Dazwischen lag ein Jahr der totalen Ernüchterung. Seine Versuche, in die Berufungspolitik der Grazer und Wiener Universität entsprechend qualitativ und internationalisierend einzugreifen, scheiterten, obwohl er zunächst sichtlich das Ohr von Felix Hurdes besaß. Weder gelang es ihm, Kollegen aus seiner Zeit in der Türkei, die Heimstätte für exzellente Köpfe der Wissenschaftsemigration aus Nazi-Deutschland geworden war, nach Österreich zu holen, noch Ernst Karl Winter in Graz zu installieren. Auch seine eigenen Ambitionen auf den Lehrstuhl Othmar Spanns in Wien wurden enttäuscht. Nachdem Winter primo loco in Graz für die zu schaffende Professur der Soziologie gereiht worden war, griff Gorbach seinen Cartellbruder Dobretsberger massiv an, weil sich dieser für den „linken" Winter stark gemacht hatte; der CVer Winter war seit 1918 als entschiedener Verfechter einer österreichischen Eigenstaatlichkeit aufgetreten und als Repräsentant des linken Flügels der Christlichsozialen von Dollfuß als Vizebürgermeister von Wien installiert worden, um nach dem Februar 1934 eine Aussöhnung mit den Arbeitern herbeizuführen.[82]

Dobretsberger dürfte innerhalb des Karmeliterplatzes letztlich nur in Ing. Kober einen Gefolgsmann besessen haben, doch war Kober seit dem Landesparteitag 1946 im Rückzug. Der Reichsbündler und Kriegsheimkehrer Franz Wegart war am 1. September 1945 siebenundzwanzigjährig zum Parteisekretär des Bezirkes Radkersburg

---

79 G. W. HARRISON: The Future of Austria, Memorandum vom 4. April 1943 bzw. 4. Mai 1943; s. Gerald STOURZH, Geschichte des Saatsvertrages 1945–1955. – Graz – Wien – Köln 1985, S. 1 f., 173 f. weiters BINDER (Anm. 78), S. 42.
80 Dobretsberger an Ernst Karl Winter, Graz am 25. Jänner 1947 (Dokumentationsarchiv des Österreichischen Widerstandes = DÖW: 15 060/17; Ernst Karl Winter-Korrespondenz).
81 Dobretsberger an Ernst Karl Winter, Graz am 24. Juni 1947 und am 7. Juli 1947 (DÖW 15 060/17).
82 Zu Winter s. Everhard HOLTMANN: Zwischen Unterdrückung und Befriedung. Sozialistisches Arbeiterbewegung und autoritäres Regime in Österreich 1933–1938. – Wien 1978; Karl Hans HEINT: E. K. Winter. Ein Katholik zwischen Österreichs Fronten 1933–1938. – Wien – Köln – Graz 1984.

ernannt und schließlich nach Vorgesprächen mit Babitsch und Chefredakteur Schuster nach dem Landesparteitag 1946 nach Graz geholt worden, wo er zunächst für Organisationsfragen zuständig war. Kober stürzte 1947 über die „Säcke-Affaire", die zur Causa Kober hochstilisiert wurde.[83] Zur Parteifinanzierung hatten ÖVP und SPÖ gebrauchte Jutesäcke von UNRA-Hilfslieferungen weiterverkauft, wobei Kober der Vorwurf der persönlichen Bereicherung traf. Wegart wurde von Gorbach zunächst mit der provisorischen Leitung des Parteisekretariates im Frühjahr 1947 betraut, ehe er ab September 1947 definitiv zum Landesparteisekretär bestellt wurde.

Im April 1947 diskutierte man am Bundesparteitag der ÖVP die Schaffung einer vierten Partei, die, zwischen ÖVP und SPÖ angesiedelt, eine liberale Kraft werden sollte.[84] Eine derartige Gründung, die mit SPÖ-Kreisen besprochen worden war, sollte für „Ehemalige" mit liberalem Hintergrund genau so wählbar sein wie für jüdische Heimkehrer. Als personelle Morgengabe wollte die ÖVP gleich zwei Steirer in diese Gründung einbringen, Karl Maria Stepan und Josef Dobretsberger, denen man noch den ehemaligen Landwirtschaftsminister Ludwig Strobl zur Seite geben wollte. Da Stepan und Dobretsberger für ehemalige Nationalsozialisten ein rotes Tuch waren, hatte diese Überlegung wohl primär nur den Sinn, ungeliebte „Parteifreunde" ins politische Abseits zu manövrieren.

In der Steiermark gärte es. Die „Christlichsozialen" fühlten sich von den „VFlern" überrollt, die „Versöhnungspolitik" Gorbachs und Krainers stieß auf die Kritik jener Jungen, die sich um Dobretsberger formierten, die Bauern- und Wirtschaftsbündler um Krainer in der Regierung sahen mit Argusaugen, daß auf Ebene der Landesregierung Pirchegger in keiner Weise dem „Verlierer" der Wahl von 1945, Machold, gewachsen war. Eine Ablöse des Landeshauptmannes mußte aber wiederum Stepan auf den Plan rufen, der, geprägt vom Legitimitätsdenken, wohl nach wie vor auf die Rückberufung auf „seinen" Posten wartete. Gorbachs Abwesenheit durch seine Wienverpflichtungen wurden als Führungsschwäche wohl nicht ganz zu Unrecht angezogen. In einer dramatischen Sitzung 1947, zu der Raab und Figl nach Graz reisten, wurde eine Kampfabstimmung zwischen Udo Illig und Gorbach verhindert, da man auch das Gespenst einer Parteispaltung sah.[85]

Im Jahr darauf wurde Pirchegger abgelöst; fehlendes Durchsetzungsvermögen Machold gegenüber, wohl aber auch schon krankheitsbedingte Schwäche spielten dabei eine Rolle. Am 6. Juli 1948 wurde Krainer zum Landeshauptmann gewählt, nachdem er in einer Kampfabstimmung souverän über den „autistischen" Illig mit 27 gegen 6 Stimmen in der Landesparteileitung gesiegt hatte. Die Kandidatur Krainers, der die Nominierung am 28. Juni durch den Steirischen Landesbauernrat vorangegangen war, war mit Gorbachs Erklärung, in Wien bleiben zu wollen, gekoppelt.[86] Angesichts der im Jahr zuvor erlebten Anfeindungen und angesichts der Stärke

---

83 Wesentlich weniger enerviert reagiert die steirische ÖVP auf andere Skandale, in die hochrangige Parteifreunde involviert waren. Vgl. LEHNER (Anm. 16).
84 RAUCHENSTEINER (Anm. 62), S. 98.
85 Jürgen LEHNER: Die Krainer-Saga, 11. Folge: VP läßt Gorbach im Regen stehen. – In: Kronen Zeitung vom 18. Oktober 1981, S. 16.
86 Bereits am 29. Jänner 1949 war Krainer provisorischer Landesleiter des Landgemeindebundes Steiermark geworden, womit er eine blendende Position in der Vermittlung zwischen Regierungs- und Regionalebene innehatte.

des Bauernbundes mußte Gorbach klar sein, daß er nicht dem Bauernbund die Position des Landeshauptmannes streitig machen konnte. Gleichzeitig mit Pirchegger verließ auch Josef Hollersbacher als letzter „Alter" die Landesregierung, auf die beiden frei gewordenen Regierungsplätze zogen Ferdinand Prirsch und Franz Thoma, der ehemalige Landbundführer aus dem Ennstal, ein.[87]

Stepan dürfte in dieser Zeit wohl erkannt haben, daß eine Rückkehr auf die Position des Landeshauptmannes nicht mehr in Frage kam. Krainer selbst unterstrich Stepan gegenüber in den ersten Jahren ein „Meister und Geselle"-Verhältnis, das wohl dazu beigetrug, Stepan den kampflosen Verzicht zu erleichtern. Spätestens seit der Kandidatennominierung für die Wahlen 1949 erkannte Stepan, daß auch eine partielle Rückkehr in die Politik von Wirtschaftsbundfunktionären hintertrieben wurde.[88] Am 22. Jänner 1962 beschloß die Steiermärkische Landesregierung, als „Anerkennung und Dank für besondere Verdienste um das Land Steiermark, vor allem auf dem Gebiete der Volkskunde und Volkstumspflege" Karl Maria Stepan mit dem Ehrenring des Landes Steiermark auszuzeichnen.[89]

Wesentlich härter und massiver verlief die Ausschaltung Dobretsbergers, da hier nicht nur das steirische Führungsduo, Gorbach/Krainer, sondern auch das österreichische, Figl/Raab, grundsätzlich eingriff. Dobretsbergers Kritik, die vor allem von den „jungen Christlichsozialen" mitgetragen wurde, richtete sich gegen das „Wettrennen" der ÖVP um die Stimmen der „Ehemaligen", gegen das Abrücken von „christlich*sozialen*" Positionen, aber auch gegen die Wirtschafts- und Währungspolitik der Bundesregierung und deren exklusive Westorientierung. Die starke Positionierung Dobretsbergers in der öffentlichen Meinung als Hoffnungsträger wurde bereits im Frühjahr unterstrichen. Die KPÖ, bereit, die starre politische Landschaft zu ihren Gunsten aufzubrechen, suchte in Kontakten zur SPÖ, hier sprach Ernst Fischer mit Julius Deutsch, und vor allem mit der ÖVP, hier waren die Gesprächspartner Fischers Julius Raab, Eduard Heinl, Rudolf Kristofics-Binder und Leopold Figl, eine Regierungsänderung herbeizuführen. Im Zuge der „Figl-Fischerei" diskutierte man am 5. Juni eine Variante, die die Ablöse Bundeskanzler Figls durch dessen „Intimfeind" Dobretsberger vorsah. Figl – so Fischer – wäre dazu bereit gewesen. Als aber am Tag darauf diese Gespräche betreffende Informationen über Peter Krauland, der bis zum März 1938 in Graz unter Krainer gewirkt hatte,[90] an Außenminister Karl Gruber weitergespielt worden waren, alarmierte dieser – Kernpunkt des Gespräches war auch seine Ablöse – die Amerikaner und die Öffentlichkeit. Die ÖVP spielte die Gespräche herunter, interpretierte aber die Namensnennung Dobretsbergers später im Rahmen einer Verschwörungstheorie: Der von anderen gehandelte Dobretsberger wurde plötzlich zum geheimnisvollen Drahtzieher eines geplanten volksfrontartigen Umsturzversuches.

---

87 Ferdinand Pirsch blieb bis 1965 im Amte, während Thoma 1949 Landtagspräsident wurde und 1952 als Bundesminister für Landwirtschaft (bis 1959) nach Wien ging.
88 In einem Briefkonzept aus dieser Zeit spricht er Peter von Reininghaus gegenüber offen seine enttäuschte Erwartungshaltung an, wobei er als eigentlichen Drahtzieher eine Personencharakteristik gibt, die auf den Wirtschaftsbündler Roth schließen läßt.
89 Verleihungsurkunde vom 30. Jänner 1962 (Sammlung BINDER).
90 Peter Krauland wurde von Stepan in die Steiermark geholt und zählte zum engsten Kreis um Lipp, Krainer und Maitz 1938. Vgl. LEHNER (Anm. 16).

Im Spätherbst 1947 „verstieß" Dobretsberger erstmals in der Öffentlichkeit gegen die Parteidisziplin, indem er „Gegenvorschläge zum Währungsschutzgesetz" publizierte.[91] Dieses Gesetz wurde aber nicht nur von der KPÖ, sondern auch von „linken" ÖVP-Gefolgsleuten äußerst kritisch betrachtet. Kurz nach dem Parteitag 1947, ein früheres Erscheinen wurde auf ausdrücklichen Wunsch der ÖVP-Parteileitung verhindert, erschien im Verlag Ulrich Moser in Graz, der zum Katholischen Preßverein zählte und damit direkt Generaldirektor Stepan unterstand, Dobretsbergers Abrechnung mit dem Ständestaat, „Katholische Soziallehre am Scheideweg". Für Dobretsberger war der „Ständestaat" ein „Mißverständnis der katholischen Neu-Romantik ... Vielleicht aber war der Ständestaat überhaupt nur als eine Ausweich-Ideologie gegen die Mythen der großen Nachbarstaaten Deutschland und Italien gedacht, also mehr eine Verlegenheit, denn ein Programm".[92] Als Dobretsberger diese Gedanken pointiert innerhalb einer Artikelserie der Verbandszeitung der Schweizer Katholischen Studentenverbandes (= StV) 1948 wiederholte, brach innerhalb des Wiener CV ein Sturm der Entrüstung los, hinter dem wohl Raab und Figl standen.[93]

Dobretsberger verließ nach dem Bekanntwerden der Oberweiser Gespräche vom 28. Mai 1949, bei denen ehemalige hochgradige Nazis mit Exponenten der ÖVP im Hause des CVers und KZlers Alfred Maleta zusammengetroffen waren, die ÖVP und wurde im Wahlkampf zum Obmann der Demokratischen Union. „Der Katholik, Jurist und Pazifist war damit als Gründer einer koalitionsfähigen ÖVP-Abspaltung ausgefallen."[94] Ihm folgten eine Reihe von CVern gerade in der Steiermark, deren gemeinsame Basis im Widerstand gegen den Nationalsozialismus, in einer Betonung des Christlichsozialen wurzelte und die die Krainer-Gorbach-Politik ablehnten. Beinahe wäre in Wien der letzte Obmann der Christlichsozialen, Emmerich Czermak, als Kandidat der DU gewonnen worden.

Bundesweit und in der Steiermark blieb Dobretsbergers Parteigründung ohne nennenswerte Folgen für die ÖVP. Aber sein Ausscheren wurde nicht achselzuckend zur Kenntnis genommen, sondern als „kommunistischer" Sabotageakt interpretiert, was um so leichter fiel, als Dobretsbergers DU schließlich tatsächlich in die Nähe der KPÖ absackte. Noch 1972 schrieb Kurt Skalnik voller Ingrimm und ohne Quellen, daß die „linksbürgerliche neutralistische ‚Demokratische Union' des Universitätsprofessors Josef Dobretsberger" als Instrument zum Schneidern des „Mantels für ein volksdemokratisches Mehrparteiensystem" angelegt gewesen wäre.[95] In den Augen vieler blieb Dobretsberger ein „fellow traveller" der Sowjets,[96] dem man schließlich auch noch seine Emigration vorhielt. Hier spielten „Zwangsvorstellungen" über Emigranten, man könnte ja nicht wissen, mit wem solche Menschen im Exil Umgang gehabt hätten, eine ähnliche Rolle wie in den Schauprozessen der östlichen Nachbarländer.

---

91 BINDER (Anm. 78), S. 44 und 54.
92 Josef DOBRETSBERGER: Katholische Soziallehre am Scheideweg. – Graz – Wien 1947.
93 Josef DOBRETSBERGER: Ein mißglücktes Experiment. – In: Civitas 4 (1948/49) S. 86–90.
94 RAUCHENSTEINER (Anm. 62), S. 135.
95 Kurt SKALNIK: Parteien. – In: Erika WEINZIERL, Kurt SKALNIK: Die Zweite Republik. – Graz – Wien – Köln 1972, Bd. 2, S. 225.
96 Karl GRUBER: Zwischen Befreiung und Freiheit. – Wien 1953, S. 165.

Dobretsberger wurde in einem statutenwidrigen Verfahren aus dem CV ausgeschlossen und erst kurz vor seinem Tode auf Betreiben seiner steirischen CV-Freunde 1968 wieder in die Grazer Carolina aufgenommen.[97] Für Figl, Raab und Gorbach ging es bei diesem Ausschluß nicht nur um Dobretsberger selbst, sondern wohl auch um die Zementierung des stillen „fünften" Prinzips des CV, die ÖVP.

Gerade in der Steiermark aber stand der CV sichtlich verunsichert da: Gorbach versuchte, ähnlich wie Stepan, eine Reaktivierung der Bünde, eine Rückkehr an die Öffentlichkeit unmittelbar nach Kriegsende zu hintertreiben. Die Briten identifizierten den steirischen CV mit dem Austrofaschismus, wobei hier nicht nur sozialistische Einflüsterungen angenommen werden dürfen.[98] Das harte antinationalsozialistische Image,[99] die hohe Identifikation des CV mit dem „Ständestaat", der beachtliche Anteil jener CVer, die unter dem Nationalsozialismus verfolgt worden waren, aber auch der Widerstand von CV-Gruppen gegen das NS-Regime waren sicherlich keine Argumente beim Werben um die Stimmen der Ehemaligen und deren Angehörigen.[100] Hinzu kam, daß die kirchliche Hierarchie gerade auch in der Steiermark grundsätzlich gegen die Reaktivierung des im März 1938 zerstörten blühenden katholischen Vereinslebens auftrat. „Pastorale" Überlegungen, möglichst alle Formen kirchlichen Lebens zu vermeiden, die alte Gegnerschaften deutlich in sich trugen, verbanden sich mit dem ausdrücklichen Willen, den Monopolanspruch der Katholischen Aktion, der „himmlisch-vaterländischen Front", wie sie 1935 ohne Selbstironie definiert worden war, durchzusetzen. Verschärft wurde diese Auseinandersetzung in der Steiermark durch das Fortwirken alter Kontroversen zwischen Neuland und CV, wobei zu beobachten ist, daß sich die Neuländer rasch innerhalb der Hierarchie der KA etablieren konnten.[101]

Als hochschulpolitische Gruppe vermochte der CV sich aber unmittelbar nach Kriegsende naturgemäß rasch durchzusetzen. Allerdings fällt auf, daß in der ersten ÖVP-Studentenfraktion, der Freien Österreichischen Studentenschaft, jene Funktionäre politisch in der ÖVP zunächst eher ins Gewicht fielen, die nicht CVer waren und zum Teil erst im Laufe ihres Studiums sich in den langsam wiedererstehenden Grazer KV-Korporationen sammelten.[102] An der Spitze stand zunächst Alexander Kragora, einer seiner Stellvertreter war der CVer Stefan Grünzweig, der Dobretsberger in die DU folgen sollte, während der Nachfolger Grünzweigs Ernst Graf Strachwitz später als Angehöriger der Jungen Front „nationale" Wählerpotentiale für die ÖVP erschlie-

---

97 In dieser Phase kam es auch zu einer ersten Begegnung zwischen Schuschnigg und Dobretsberger in Graz, wo sie an einer Diskussion über die Jahre 1934 bis 1938 im Rahmen der CV-Bildungsakademie teilnahmen.
98 Christian KLÖSCH, Hans-Peter WEIGAND: Zur Lage der Studierenden in Graz im Jahre 1945. – In: BOUVIER, VALENTINITSCH (Anm. 4), S. 399–420.
99 Zweifellos hat der ÖCV seine eigentliche inhaltliche Identität im Abwehrkampf gegen den Nationalsozialismus ab 1933 bekommen, was aber nicht davon ablenken darf, daß es auch innerhalb des österreichischen CVs Kollaborateure gegeben hatte.
100 Vgl. Gerhard HARTMANN: Im Gestern bewährt. Im Heute bereit. – Graz – Wien – Köln, S. 422–424.
101 Maximilian LIEBMANN: Das Laienapostolat bewegt die Diözese. – In: Karl AMON: Maximilian LIEBMANN (Ed.): Kirchengeschichte der Steiermark. – Graz – Wien – Köln 1993, S. 396–416.
102 Vgl. KLÖSCH/WEIGAND (Anm. 98), S. 410.

ßen sollte, ehe er selbst erschlossen wurde.[103] Diese Versäulung der Korporationsdachverbände setzte sich innerhalb der Union der Österreichischen Akademiker fort und gipfelte 1951 unter der Einbeziehung der Jungen Front in der Etablierung des Wahlblocks, der bis 1967 erhalten blieb. Strachwitz kehrte nochmals kurzfristig auf die politische Bühne zurück, als er 1971 zusammen mit Felix Ermacora und dem ehemaligen FPÖler und Gleisdorfer Bürgermeister Rudolf Fischer für den Nationalrat seitens der ÖVP aufgstellt wurde. Der CV sprach kritisierend von „Leitbilder(n) einer längst vergangenen Ära".[104]

Die Wahlen 1949 und 1953 oder Die „Früchte der Versöhnungspolitik"

Die Wahlen am 9. Oktober 1949 endeten mit einer bitteren Niederlage für die ÖVP, die im Land 10,1% der Stimmen, vier Mandate und einen Regierungssitz verlor, während die SPÖ in der Steiermark nur zwei Mandate und 4,2% der Stimmen einbüßte. Der VdU zog mit sieben Mandaten bei 14,6% der Stimmen in den Landtag ein. Am 22. Februar 1953 wiederholte sich die Wahlniederlage in noch gesteigertem Ausmaß: Die ÖVP verlor die relative Stimmenmehrheit und rettete den Vorsprung von einem Mandat auf die deutlich nur mit Hilfe der Wahlarithmetik erstarkten Sozialisten. Dieses Ergebnis ist um so bemerkenswerter, als auch der VdU Stimmen und ein Mandat verlor.[105] Der VdU rettete mit seinen Mandataren Krainers Wiederwahl zum Landeshauptmann.

Die sogenannte „Versöhnungspolitik" Gorbachs und Krainers hatte auf der Ebene der Stimmen und Mandate nicht das gebracht, was man angesichts der Wahlen von 1945 erhofft hatte. Zwar verfügte die ÖVP wohl über eine dominante Stellung innerhalb der Bauernschaft, da ihr hier keine wirklich ernste Konkurrenz erwuchs, doch dieses soziale Segment verlor zunehmend seine numerische Bedeutung. Setzt man diese Aussage in Relation zu der Landtagswahl 1957, bei der Krainer von einem echten Wahlerfolg sprechen konnte, kann man die Aussage präzisieren. Die Integration des Landbundes bzw. wesentlicher Teile seiner bäuerlichen Wählerschaft war geglückt. Die Entscheidung der Landbundpolitiker, nicht mehr eine Partei eigener Tradition auf die Beine zu stellen, sondern diese Tradition in den ÖVP-Bauernbund einzubringen, war aber wohl weniger eine Frage der „Versöhnung", eher schon das Ergebnis pragmatischer Überlegungen. Zunächst fehlte es an einer entsprechenden Zulassung als Partei, und schließlich erkannte man die zunehmende Verengung der sozialen Basis. Das deutschnationale Vertretungselement blieb durch eine entspre-

---

103 Strachwitz war zunächst als Studentenpolitiker hervorgetreten und als hochdekorierter ehemaliger Offizier der Wehrmacht in der Öffentlichkeit sehr profiliert.
104 Schreiben der ÖCV-Verbandsführung an den Bundesparteiobmann der ÖVP, Karl Schleinzer, zit. bei HARTMANN (Anm. 100), S. 639.
105 Gleichzeitig ist ein relativ hoher Anteil an nicht und ungültig Wählenden zu vermerken (6,46%). Erst 1986 wurde ein höherer Wert wiederum erreicht. Vgl. MARKO (Anm. 70), S. 348.

chende Splittung innerhalb der bäuerlichen Standesvertretung länger erhalten. Letzte Anklänge fanden sich in Reden jenes Funktionärs, dessen breites Oststeirisch dem Satz vom „Bauertum an der Südgrenze des Deutschtums" erst das richtige Pathos verlieh.[106] Die Gründung der FPÖ führte letztlich zu einer Sammlung des harten Kerns deutschnationaler Politik, wobei diese Partei zeitweilig ihren Charme auf Protestwähler aus dem ÖVP- und SPÖ-Potential intensiv wirken lassen konnte. Die „Versöhnungspolitik" beider Großparteien zielte zunächst auf die Steigerung des eigenen Wählerpotentials und diente in parteiinternen Auseinandersetzungen als Argumentationshilfe für die zuweilen kritisierte Entideologisierung der Parteien.

Parteigeschichte als Segment der Kirchengeschichte

Bleibt man noch kurz bei der Aussöhnungspolitik der steirischen ÖVP mit dem deutschnationalen Lager, fällt vor allem das Ringen um das Ennstal auf. Thoma war hier zweifellos eine entscheidende Figur von großer plakativer Wirkung. Die Etablierung des Ennstaler Kreises als Begegnungsstätte von ÖVP-Politikern mit Repräsentanten des Deutschnationalismus und der ehemaligen Nationalsozialisten, dessen literarische Gründungsfigur Bruno Brehm darstellte und dessen eigentümliche Auseinandersetzung mit dem NS-Regime verlegerisch von der Styria unter Stepan betreut wurde, mag hier als Beleg stehen.[107] Charakteristisch aber ist eine besondere Form der hier anzutreffenden politischen „Ökumene". Karl Lackner, seit 1956 Bauernbündler, protestantisches Kind eines katholischen Vaters und einer evangelischen Mutter, empfand das „38er Jahr als eine Erlösung von der Demütigung",[108] wohl in Analogie zu dem Bild des „Ständestaates" als neue Form der „Gegenreformation".[109] 1957 wurde Lackner in den Landtag gewählt. Der spätere Wirtschaftsbündler Hermann Geißler, der in keiner Weise von der NS-Gesetzgebung nach seiner Heimkehr aus der Kriegsgefangenschaft betroffen war, kandidierte erstmals 1956 für den Nationalrat im Wahlkreis Obersteiermark. In seinem Rückblick hielt er ausdrücklich fest, daß damals zwei steirische Nationalratsabgeordnete erstmals entsandt wurden und beide, nämlich er und Johanna Bayer, evangelischer Religionszugehörigkeit waren.[110] Von Raab sofort beauftragt, wurde Geißler der parlamentarische Motor für das

---

106 Da aber nicht nur dialekthafte Rede Ausdruck einer derartigen Geisteshaltung ist, zeigt die Landesausstellung 1986 „Die Steiermark – Brücke und Bollwerk", die ursprünglich als „Bollwerk und Brücke" angekündigt worden ist und auch eine dementsprechende Gewichtung im Katalog ausweist. Gerhard PFERSCHY, Peter KRENN (Ed.): Die Steiermark. Brücke und Bollwerk, Katalog, Graz 1986.
107 Vgl. Dieter A. BINDER: Provinz ohne Juden oder Das stumpfe Schweigen der Provinz. – In: BOUVIER, VALENTINITSCH (Anm. 4), S. 544–546.
108 Karl LACKNER: Veränderung der politischen Landschaft, 40 Jahre Steirische Volkspartei (Anm. 2), S. 61.
109 Als klassisches Beispiel dieser Form der nationalsozialistischen Agitation s. K. AEDI u. a. (Ed.): Die Gegenreformation in Neu-Österreich. Ein Beitrag zur Lehre vom katholischen Ständestaat. – Zürich 1936.
110 Hermann GEISSLER: Weitsichtige Versöhnungspolitik. – In: 40 Jahre Steirische Volkspartei (Anm. 2), S. 50 f.

„Protestantengesetz 1961"[111] und in weiterer Folge der ÖVP-Verbindungsmann zu der evangelischen Kirche und zu den evangelischen Wahlsprengeln über die Steiermark hinaus.

Die Geschichte der steirischen ÖVP ist auch Teil der Diözesangeschichte der katholischen Kirche. Dies zeigt schon das Wechselspiel in der Aufbauphase der Partei 1945. Naturgemäß muß dabei auch eine gewisse Zurückhaltung des Ordinariates und einzelner Priester konstatiert werden, wenn es um ein direktes Zusammenspiel ging. Zweifellos war aber die kirchliche Organisation, vor allem die Katholische Aktion mit ihrer naturständischen Gliederung, in vielem Vorfeld. Als einzige Institution überregionaler Größenordnung verfügte die katholische Kirche mit ihr über ein Instrument, um das Organisationsvakuum innerhalb der Bevölkerung nach dem Zusammenbruch der Naziherrschaft zu füllen, und zwar überall dort, wo in der Bevölkerung trotz der Überorganisation der Vergangenheit ein Bedürfnis nach sozialen Aktivitäten im weitesten Sinne bestand. Die naturständische Gliederung erleichterte auch die Integration ehemaliger Nationalsozialisten, die wegen ihrer persönlichen Vergangenheit präziser definierten Vereinen und Vereinigungen fernblieben. Der Übergang von der im Umgang mit Sammelbüchsen bewährten Hand im Dienste des Winterhilfswerkes zum Dienste an und in der Caritas war oft nur eine Frage von Monaten. Dazu kam der Interventionismus im Zuge der Entnazifizierungsverfahren, der kirchliche Stellen häufig in Kontakte mit dem Karmeliterplatz brachte.[112] Andererseits konnten ÖVP-Funktionäre bei der Rekrutierung von Nachwuchsleuten deren Talente und Schlagkraft leicht im kirchlichen Organisationsrahmen beobachten und beurteilen.

In der Steiermark trafen sich kirchliche Interessen mit den Parteiinteressen dort, wo es gegen das Wiedererstehen der katholischen Vereinskultur ging. Vereine waren immer auch Basis für Lobbybildung, und hier bestand in beiden Einrichtungen das Interesse einer steten Kontrolle. Kirche und Partei wandten sich daher auch gegen den CV und die übrigen katholischen Korporationen, da deren Erscheinungsbild als Hindernis für die Amalgamierung der ehemaligen Gegner angesehen wurde. Zudem kam, daß Stepan und zunächst auch Gorbach der Meinung waren, in den Korporationen veraltete, nicht mehr künftigen Anforderungen entsprechend adaptierbare Gruppen vor sich zu haben, deren Erinnerungswert äußerst ungewiß war. Gerade auf Hochschulboden mußten die Erinnerungen an die alte Frontstellung zwischen der nationalen Majorität und der katholisch korporierten Minorität aus der Sicht der Parteiinteressen und des kirchlichen Integrationswunsches kontraproduktiv sein, da man vorerst davon ausgehen mußte, daß die politische Stimmungslage der Mehrheit der Studenten sich nicht wesentlich von jener vor 1938 unterschied. Bei der Errich-

---

111 Hermann GEISSLER: Das Protestantengesetz 1961. – In: 40 Jahre Steirische Volkspartei (Anm. 2), S. 99 f.
112 Aus der Fülle der Fälle sei wohl einer der obskursten herausgehoben. Der Jurist Heinrich Brandweiner besaß vor 1938 eine „Doppelmitgliedschaft", er war Mitglied der VF und der NSDAP. Während des Krieges glänzte der begabte Jurist als Militärrichter der Wehrmacht, 1945 war er im Widerstand, und mit Hilfe des Grazer Ordinariates und der ÖVP wurde er als Extraordinarius für Kirchenrecht an die Karl-Franzens-Universität berufen. Brandweiner erwartete schließlich noch ein Mandat der ÖVP für seine Intelligenz. Christian FLECK: Der Fall Brandweiner. Universität im Kalten Krieg. – Wien 1987.

tung der katholischen Hochschulgemeinde verzichtete man daher nach einer Rückfrage bei Stepan auf die Integration der katholischen Kooporationen.

Zweifellos kam dem damaligen Leiter des Pastoralamtes, Josef Schneiber, die wesentliche Rolle im Zusammenspiel von Kirche und ÖVP zu. Sein eher überraschendes Ausscheiden aus dieser Funktion müßte näher hinterfragt werden, da gewisse Anzeichen in den Rahmenbedingungen darauf schließen lassen, daß außersteirische Instanzen dieses Netzwerk nicht in diesem Umfange goutierten. Die Etablierung wesentlicher Schaltstellen aber war geglückt. Als erste Gliederung der KA wurde in der Steiermark unter tätiger Mithilfe Karl Maria Stepans die Katholische Hochschulgemeinde mit dem Neuländer Ludwig Reichenpfader an der Spitze etabliert. Diese Neuland-Katholische Aktion-Achse charakterisiert auch den Kreis in und um St. Martin. Als Personalreserve bot sich rasch das dichte Netz der Pfarr- und Dekanatsführer an, die häufig direkt in die Orts- und Regionalpolitik wechselten.

Mit der Bestellung Josef Krainers jun. zum Generalsekretär der Katholischen Aktion und seiner Nachfolger Schaller, Josef Riegler, Hans Hafner bekam dieses System der Personalrekrutierung ein entsprechendes Profil. Das stille Auslaufen der Katholischen Aktion als Laienbewegung, der Zustrom versiegte und übrig blieb der beamtete Apparat, führte zu einer vorerst kaum bemerkten Reduktion der Nachwuchsressourcen für die Politik. Diese „Klimaveränderung" einer zunehmend säkularisierten Gesellschaft ging Hand in Hand mit dem Ausklingen traditioneller „Lager"-Bindungen. Als besonderes Feld der Personalerprobung, -rekrutierung und -sammlung erwies sich die Katholische Hochschulgemeinde, die nach dem Abgang von Egon Kapellari, der Reichenpfaders Erbe angetreten und dieses bis zu seiner Ernennung zum Bischof der Diözese Gurk verwaltet und fulminant ausgebaut hatte, ihre intellektuelle Strahlkraft schlagartig verlor.

Karl Maria Stepan hatte im Herbst 1945 bereits über den Katholischen Preßverein die Möglichkeit geschaffen, eine Bezahlung des Generalsekretärs der KA sicherzustellen, wobei dieses Finanzierungsmodell 1948 auslief und von der Diözese übernommen wurde. Von Beginn an war Hanns Koren engstens mit der Katholischen Aktion verbunden.[113] Anfang Mai 1952 wurde seitens der Kirche das Mariazeller Manifest „Eine freie Kirche in einer freien Gesellschaft" verabschiedet, in dem ausdrücklich die Trennung von Kirche und Politik bzw. von Kirche und Parteipolitik festgehalten wurde.[114] Im Dezember 1952 signalisierte die ÖVP angesichts der bevorstehenden Wahlen, daß sie „von seiten der Kirche bzw. der Katholischen Aktion die Nominierung von Kandidaten erwartet".[115] Diese Erwartungshaltung befriedigten zwar nicht alle Diözesen, aber die steirische Katholische Aktion verabschiedete sich von der bis dahin stets beteuerten parteipolitischen Abstinenz und ließ Gorbach am 9. Jänner 1953 wissen, daß angesichts des am Katholikentag entwickelten Programms, in dessen Vorfeld ja das Mariazeller Manifest verabschiedet worden war, einzig die ÖVP als Partei die katholischen Interessen vertreten könnte. Um dies ja sicherzustellen, wurde die Kandidatur von Hanns Koren für den Nationalrat auf einem sicheren Listenplatz eingefordert. Die Katholische Aktion „ist überzeugt, damit

---

113 LIEBMANN (Anm. 111), S. 397 f.
114 LIEBMANN (Anm. 111), S. 369.
115 LIEBMANN (Anm. 111), S. 411.

auch am wirksamsten der Verwirrung begegnen zu können, die durch die Gründung einer sogenannten Christlichsozialen Partei und die Propaganda der anderen Parteien entstanden ist".[116] Koren, Präsident der Katholischen Aktion und Sprecher des Katholikentages, wurde auf das sichere zweite Nationalratsmandat des Wahlsprengels Oststeiermark gesetzt und zog in den Nationalrat ein. Maximilian Liebmann zog aus diesem Vorgang den richtigen Schluß: „Damit meldete sich der politische Katholizismus – subkutan und viel subtiler als vor 1938 – ins politische Leben der Steiermark zurück."[117] Koren legte statutenkonform mit seiner Kandidatur die Präsidentschaft der Katholischen Aktion der Steiermark nieder, und Bischof Pawlikowski nahm diesen Rücktritt an: „Dieser Rücktritt ist begründet. Die Katholische Aktion kann sich ebensowenig wie die Kirche mit politischen Aufgaben befassen."

Raabs „Fußkranke der Awaren"

Die nervöse Spannung des Jahreswechsel 1955/56 wurde durch das Gerücht verschärft, daß Bundeskanzler Raab eine baldige Reise nach Moskau plane, um mit den Sowjets über eine Reduktion der im Staatsvertrag festgelegten Leistungen zu verhandeln.[118] Ein neuerlich erfolgreicher Moskau-Heimkehrer Raab war aber nicht unbedingt eine Vorstellung, die die SPÖ-Strategen ruhig in die Zukunft schauen ließ. Auf das Gerücht hin begann ein heftiger Koalitionskrieg, der letztlich nach Frontalangriffen auf Raab und Kamitz zu einer ÖVP-internen Revision des angepeilten Wahltermines im Herbst 1956 führte. Am 28. Februar 1956 vereinbarten schließlich die beiden Koalitionsparteien die Neuwahlen für den 13. Mai. Die ÖVP hatte für diese Wahlen den Staatsvertragskanzler an der Spitze.

Daneben gab es allerdings einen weiteren Talon, dem sich beide Koalitionsparteien aus unterschiedlicher Perspektive näherten. Der für die Wahlen 1949 erstmals mit reger Hilfe Helmers und Schärfs zugelassene VdU lag 1954 im Koma. Diesmal war es Raab, der auf eine neue „nationale Partei" setzte, um im Falle schwieriger Koalitionsverhandlungen mit einer kleinen Koalition drohen zu können. Die Industriellenvereinigung sperrte dem komatösen VdU sämtliche Mittel und arrangierte über Theodor Hornbostel ein Treffen zwischen Raab und Anton Reinthaller im Bahnhofsrestaurant Attnang-Puchheim. Raab konnte seinen ehemaligen Ministerkollegen im letzten Kabinett Schuschnigg, das nunmehrige Paradepferd der „gemäßigten und mittlerwei-

---

116 Katholische Aktion an Parteiobmann Alfons Gorbach, Graz, 9. Jänner 1953; zit. n. LIEBMANN (Anm. 115). Wie weit in anderen Diözesen ansatzweise gleich entschieden auf das Angebot der ÖVP eingegangen wurde, kann zur Zeit nicht gesagt werden; es spricht aber einiges dafür, daß die Steiermark hier Spitzenreiter gewesen ist. Die angesprochene Christlichsoziale Partei kandidierte unter dem Namen „Christlichsoziale Partei und Parteifreie Persönlichkeiten", die sich unzufrieden mit der „zu liberalen und zu wenig christlichen Politik" der ÖVP und über deren „Werben um die Stimmen des nationalen Lagers und der ‚ehemaligen' Nationalsozialisten" von der ÖVP unter der Führung Alfred Smolanas abgespalten hatten. Smolana, saß seit 1951 als „wilder Abgeordneter" im steirischen Landtag. MARKO (Anm. 70), S. 364.
117 LIEBMANN (Anm. 111), S. 411 f.
118 RAUCHENSTEINER (Anm. 62), S. 293 ff.

le geläuterten Nationalen"[119], zur Gründung einer Partei, der „Freiheitspartei", überreden, die letztlich durch ein Verschmelzen mit der Konkursmasse des VdU in die FPÖ mündete und an der sich auch die ÖVP-Dissidenten Wilfried Gredler und Strachwitz, von Raab empfohlen, beteiligten. Hier kam wieder der alte Plan einer „liberalnationalen", koalitionsfähigen Partei ins Spiel.

In der Steiermark war bis dahin die Landtagswahl stets mit den Nationalratswahlen gekoppelt worden. Als Krainer von der Vorverlegung der Nationalratswahl während seiner ersten USA-Reise erfuhr, brach er diese auf Einladung des amerikanischen Außenministeriums angetretene Reise ab und kam sofort zurück. Am 8. März 1956 faßte die steirische Volkspartei in einer Vorstandssitzung den Beschluß, diesmal die Landtagswahlen getrennt von den Nationalratswahlen abzuhalten. Den Anstoß dazu könnten die oberösterreichischen Landtagswahlen vom 23. Oktober 1955 gegeben haben, bei der die oberösterreichischen Sozialisten trotz der erstmaligen Kandidatur der neuen freiheitlichen Sammelbewegung doppelt so viele Mandate aus dem Nachlaß des VdU lukrieren konnte als die ÖVP. Auf die Steiermark übertragen hätte dies bedeutet, daß die SPÖ mandatsstärkste Partei würde. Trotz der monoton wiederholten Slogans von den Erfolgen der Versöhnungspolitik, die sich allerdings in den Wahlergebnissen 1949 und 1953 nicht spiegelten, war man sichtlich auf der Hut. Die steirische ÖVP setzte auf einen eigenen Wahltermin, was ihr vor allem nach dem erfolgreichen Ausgang der Nationalratswahlen Kritik einbrachte.

Die steirische ÖVP erzielte bei den Landtagswahlen am 10. März 1957 erstmals unter Krainer einen relativen Erfolg; sie legte gegenüber dem bisherigen absoluten Tiefststand 1953 von 40,69% auf 46,40% zu und steigerte ihre Mandatszahl von 21 auf 24.[120] Die SPÖ legte ein Mandat zu und steigerte ihren Stimmenanteil von 41,09 auf 43,63%. Der Wahlerfolg ging letztlich auf Kosten der knapp ein Jahr bestehenden steirischen FPÖ unter Alexander Götz sen. und auf Kosten der KPÖ (2,59), die erstmals aus dem Landtag flog. Mißt man die FPÖ an den Zahlen des VdU, der 1949 sieben, 1953 sechs Mandate und 14,54% bzw. 13,61% der Stimmen hatte, so wurde dieses Potential halbiert: drei Mandate und 6,79% der Stimmen. Damit lag die Wahl im Trend des Vorjahres, bei der die ÖVP 45,63%, die SPÖ 44,00%, die FPÖ 6,91% und die KPÖ 3,46% in der Steiermark erzielten. Das Protestpotential der ungültigen Stimmen und der Nichtwähler lag 1956 bei 4,03% und 1957 bei 5,50%. Vergleicht man allerdings die Zahlen der Wahlen von 1957 mit den Landtagswahlen von 1949 und klammert die Ergebnisse von 1953 aus (schlechter schnitt die ÖVP erst bei den Nationalratswahlen 1990 ab), so gelang der ÖVP eine Steigerung um etwas weniger als 4% und zwei Mandate, während die SPÖ, die allerdings 1949 ihr Rekordtief hatte, über 6% zulegen konnte. Die Steigerung der ÖVP zwischen 1956 und 1957 lag bei 0,77%. Die steirische ÖVP interpretierte dies als „Landeshauptmannbonus" und wurde in der Folge auch darin bestätigt, da sie zunehmend ihre Position ausbauen konnte, wobei Fritz Niederl 1974 erstmals die absolute Stimmenmehrheit erlangte. Nur 1966 schaffte

---

119 RAUCHENSTEINER (Anm. 62), S. 299.
120 Dieses Wahlergebnis zählt zu den großen Mythen der Landesparteigeschichtsschreibung; es gibt je nach Traditionslinie mehrere Väter, was angesichts einer nahezu zehnjährigen Dürre verständlich ist. Vgl. MAYR (Anm. 11), S. 84; Franz WEGART: Neue Methoden der Arbeit. – In: 40 Jahre Steirische Volkspartei, S. 43–45; Zukunft (Anm. 1), S. 23.

es die ÖVP, bei Nationalratswahlen knapp mehr Stimmen als im Jahr davor bei den Landtagswahlen zu bekommen, während sich danach die Schere zwischen Landtagswahlen und Nationalratswahlen massiv auftat. 1957 gab es ein weiteres Wahlergebnis in der Steiermark. Bei den Bundespräsidentenwahlen, sie wurde schließlich als Raabs „Denk-Fehler" euphemistisch umschrieben, erreichte die ÖVP 48,70%, während die SPÖ mit Schärf auf 51,30% anschwoll. Der Kandidat Wolfgang Denk war von ÖVP und FPÖ gemeinsam ins Rennen geschickt worden. Rein rechnerisch hätte dies eine Mehrheit von 53,40% ergeben müssen, aber die ÖVP vermochte nur 2,30% aus dem Potential der FPÖ-Wähler zu binden.

Das Bewußtwerden des Landeshauptmannbonus fiel mit dem langsamen Verfall der Raabschen Politik zusammen. Die steirische ÖVP konnte dabei sowohl den Gegensatz von Bund und Land ins Spiel bringen, wie auch immer häufiger ihren Oppositionscharakter innerhalb des Systems der Großen Koalition ausleben. Konkret bedeutete dies, daß sie innerparteilich permanent zur „Reformgruppe" zählte, die letztlich mit den bundesparteilichen Reformüberlegungen immer auch eine Obmanndiskussion in Gang setzte.

Im Jänner 1959 eröffnete Krainer mit einer Infragestellung der bisherigen Koalitionspraxis und präzisierte seine parteiinternen Reformideen Mitte Oktober vor dem Akademikerbund,[121] nachdem es bei den Nationalratswahlen 1959 eine verheerende Niederlage für die ÖVP gesetzt hatte, die ihre Mandatsmehrheit nur der Wahlarithmetik verdankte. Ähnlich wie 1951/52, als man nach den diversen Wahlniederlagen der letzten Jahre und Monate einen entschiedenen Kurs- und Obmannwechsel für die Bundespartei forderte, war man jetzt dabei, den Obmann von 1952, Julius Raab, durch Reformkräfte zu ersetzen.[122] Am 3. Februar 1960 trat Raab als Obmann zurück, und Gorbach wurde am 12. Februar zum neuen Bundesparteiobmann gewählt, wobei zumindest ein Teil der jüngeren Reformer in ihm eine Übergangslösung sah.[123] Für Gorbach sprach, daß er auch gegenüber den Granden der Partei durchsetzbar war und die unabhängige Presse für ihn eintrat. Damit begann auch der lange Abschied Gorbachs aus der steirischen Landespolitik, da ihm nun als Bundesparteiobmann und Bundeskanzler 1961 auf Drängen Krainers ein geschäftsführender Obmann, Theodor Piffl-Perčević, zur Seite gestellt wurde.[124] Er trat als Landesparteiobmann der ÖVP erst nach dem Ende seiner politischen Karriere ab. Gorbach, dessen Position bereits vor den Nationalratswahlen 1962 angeschlagen war, wurde im Herbst 1963 als Bundesparteiobmann zum Rücktritt gedrängt. Unter anderem wurde ihm ein schlechtes Verhandlungsergebnis bei den Koalitionsverhandlungen zum Vorwurf gemacht; dem Verhandlungskomitee gehörte unter anderem Josef Krainer an. Gorbachs schrittweise Ablöse wurde bei konspirativen Treffen der Reformer in St. Martin

---

121 Bereits am 24. Jänner 1959 forderte Krainer eine Reform der Koalition, während er am 18. April für eine Aktivierung des Bundesrates, der Länderkammer, eintrat. Am 15. Oktober hieß es dann vor dem Akademikerbund: „Die Länder sind an der Reihe."
122 Aus dieser Zeit dürfte auch das Bonmot Raabs über die Steirer als „Fußkranke der Awaren" stammen.
123 BLEIER-BISSINGER (Anm. 13), S. 273 f.
124 Die Zustimmung Gorbachs zu Piffls Bestellung war wohl mitgeprägt vom Wunsch, die Position des steirischen Parteiobmanns auf alle Fälle zu halten.

bei Graz vorangetrieben.[125] Gorbachs Versuche, bereits vor den Wahlen in Geheimgesprächen die FPÖ unter Friedrich Peter als Partner für eine mögliche kleine Koalition hinter sich zu bringen, scheiterten zweifellos an der wesentlich besseren Gesprächsebene zwischen Peter und einigen SPÖ-Funktionären, denen der FPÖ-Obmann entschieden näher stand als dem Mann der „Versöhnungspolitik".[126] Damit deckte Peter sich wahrscheinlich mit weiteren Kreisen seiner Wählerschaft, was schließlich in den von Gorbach knapp verlorenen Bundespräsidentenwahlen 1965 deutlich zutage trat. Daß damals erstmalig auch Wahlkampfspots des SPÖ-Kandidaten Franz Jonas in der „Kleinen Zeitung" des Styria-Generaldirektors Karl Maria Stepan gebracht werden konnten, kann als kleiner Hinweis auf Stepans Beurteilung verstanden werden, wer sein wohl erwartetes politisches Comeback verhindert hat.[127]

Krainer formulierte angesichts der immer brüchiger werdenden Koalition seine Vorliebe für eine Mehrparteienregierung nach Schweizer Muster, ein Vorbild, das in den langen Jahren der bundespolitischen Oppositionsrolle nach 1970 von der steirischen ÖVP immer wieder ins Gespräch gebracht wurde. Die Reformer, die aus den Ländern kamen, an ihrer Spitze der neue Bundesparteiobmann Josef Klaus, drängten nun auf eine rasche, endgültige Lösung. Am 22. Februar 1964 wurde Gorbach zum Rücktritt gezwungen und demonstrativ fallengelassen. Als ein Jahr später Bundespräsident Schärf starb, der schwerkranke Leopold Figl eine Kandidatur ähnlich jener, in die Julius Raab eingewilligt hatte, ablehnte, kehrte Gorbach nochmals in die Politik auf Bundesebene zurück. Gorbach kam bis auf 1,38% an Jonas heran. Bundesweit ergab dies ein Minus von lediglich 63.482 Stimmen. In der Steiermark erreichte der noch amtierende Landesparteiobmann lediglich 48,30% der Stimmen, das zweitschlechteste Ergebnis der ÖVP bei einer Bundespräsidentenwahl seit 1951. Bei der kurz davor abgehaltenen Landtagswahl war die ÖVP auf 48,40% und 29 Mandate gekommen. Sie verfügte erstmals im Landtag über die absolute Mehrheit. Die ÖVP erhielt bei dieser Wahl 341.308 Stimmen, die SPÖ 297.166, die FPÖ 41.165 und die KPÖ 22.535. Bei den Bundespräsidentenwahlen erzielte die SPÖ 367.991, die ÖVP 343.847. Dieses Wahlergebnis bedeutete, daß abgesehen von den Kommunisten, die eine Wahlempfehlung für Jonas abgegeben hatten, der harte Kern des „nationalen" Lagers dem Mann der „Versöhnungspolitik" die Gefolgschaft so ziemlich geschlossen verweigerte. Damit bekam jenes seltsame Plakat der ÖVP, in dem „ehemalige Nationalsozialisten" Gorbach für seine Politik „dankten", eine gewisse Doppelbödigkeit.[128]

Am 6. November 1965 wurde Krainer zum Parteiobmann gewählt, und am 6. März 1966 errang die ÖVP bei den Nationalratswahlen gegen eine geschwächte SPÖ

---

125 Die Treffen verliefen abgeschieden von der Öffentlichkeit und waren wohl der letzte große Höhepunkt St. Martins als Ort politischer „Mysterienspiele".
126 Peters Einstieg in die Politik verlief zunächst über die sozialistische Lehrerschaft Oberösterreichs, ehe der ehemalige SS-Mann zur FPÖ abwanderte.
127 Seit damals kann als Faustregel der politischen Berichterstattung der unabhängigen Kleinen Zeitung angenommen werden, daß auf Landesebene die Politik der Krainers mitgetragen wird, während man die ÖVP-Schelte auf Bundesebene auslebt. Seit Erhard Buseks Obmannschaft ist auch dies etwas anders geworden.
128 Zweifellos überschätzte und überschätzt man derartige Signalsetzungen, wie sie auch vom Ennstaler Kreis ausgingen. Kurt WIMMER: Ein politisches Profil. – In: Koren, Mayr, Wimmer (Anm. 10), S. 159 f.

siegend die absolute Mehrheit der Mandate. Die steirische ÖVP lag mit 49,75 %
deutlich über dem Ergebnis der Bundespräsidentenwahl im Jahr davor. Der Löwenanteil der Stimmengewinne ging auf Kosten der SPÖ und in deutlich geringerer Weise
auf jene der FPÖ.[129]

Die Versöhnungspolitik als Schlagwort beider Großparteien zielte zunächst auf das
Inhalieren der Stimmen der Ehemaligen und deren Anhang. Im konkreten Alltagsgeschehen gab es die Versöhnung oft in der direkten Begegnung von Opfern und
Tätern des Nationalsozialismus, die Tätigkeit der beiden Großparteien aber wurde
primär geprägt vom politischen Kalkül. Die Intervention für die Entnazifizierung
mußte entweder der eigenen Partei etwas bringen bzw. der anderen Partei schaden.
Eigenes Wissen, das den damit befaßten öffentlichen Dienststellen unbekannt war,
wurde, wie die Abhörprotokolle der Briten für die Steiermark zeigen,[130] auch zum
Ausschalten mißliebig gewordener Gegenspieler in Umlauf gesetzt. Die parteimäßige
Willkür bei der Erstellung der jeweils aktuellen Listen der registrierten ehemaligen
NSDAP-Mitglieder wurden in der Bevölkerung bemerkt und entsprechend kommentiert; gerade in diesem Potential konnte der VdU 1949 entsprechend viele Stimmen
gewinnen.[131] Das Propagandavehikel des „christlichen" oder „klassenbewußten"
Verzeihens machte sich vor allem dort selbständig, wo im konkreten Einzelfall die
eigene politische Wende und die geglückte Integration in ein neues politisches
Umfeld als Versöhnung empfunden wurde. Daraus eine allgemeine Grundstimmung
zu definieren und anachronistisch als spezifisch eigene Parteitradition fortzuschreiben, läßt sich nicht weiter aufrechterhalten. Man traf sich weniger in der „brüderlichen Umarmung", sondern im „gemeinsamen Haß" auf die Roten, die Schwarzen.

Land der Söhne

Wohl wie kein zweites Bundesland ist die steirische politische Landschaft von „Hofübergaben" von einzelnen Familien geprägt, die in jeder Generation politisch Verantwortliche ihres Lagers stellen. Ein Land des tertiären Feudalismus.

Innerhalb der SPÖ dienten Vater und Sohn Horvatek der Partei und dem Land,
folgte Schachner-Blazizek jun. seinem Vater, der aus dem nationalen Lager zur SPÖ
gestoßen war, in der Funktion des Landeshauptmannstellvertreters und des Parteiobmannes nach. Alexander Götz sen. war der Gründungsobmann der FPÖ in der
Steiermark, Alexander jun. war Parteiobmann und Bürgermeister von Graz, kurz
Bundesobmann der FPÖ und lange, wenn auch mit Unterbrechungen, Ehrenobmann
seiner Partei. Daß auch die Tochter des „jungen" Götz, Alexandra, bereits als Funktionärin der Freiheitlichen aufgetreten ist, wissen zumindest alte Studentenpolitiker.
Gerulf Muhrer ist der Sohn eines Mannes, dessen nationalsozialistische Vergangen-

---

129 MARKO (Anm. 70), S. 348.
130 Eduard Staudinger, dem verständnisvollen Gesprächspartner, danke ich für diesen Hinweis auf die britische Aktenlage, die deutlich macht, daß die Ausschaltung und/oder Disziplinierung politischer Widersacher über deren NS-Vergangenheit zum Repertoire aller Parteien zählte.
131 Letztlich läßt sich dieses Unbehagen schon in der Rezeption der Salzburger Nachrichten nachvollziehen.

heit ähnlich wie bei Wolf Chibidziura wohl eine „lagermäßige" Zuordnung ermöglicht.[132]

Ähnliche Genealogien prägen auch die ÖVP: Krainers sen. Mitarbeiter, die Brüder Maitz, affilierten im Sohn bzw. Neffen Karl Maitz; der intellektuelle Kopf der KA in den fünfziger Jahren, C. Cortolezis sen., findet sich wieder im Drakenkämpfer und Kurzzeit-Landesparteisekretär C. Cortolezis jun., über den Josef Cap, eingedenk seiner studentischen Vergangenheit, einmal das mal mot „ÖSUler bleibst dein Leben lang!" fallen ließ. Einer der Söhne Hanns Korens war Stadtparteisekretär der ÖVP. Eine spezielle Variante der ÖVP-Signalpolitik sind die „Referenz"-Söhne aus „bekannten" Häusern, Martin Bartenstein und Gilbert Frizberg, aber auch Helmut Strobl und Vincenz Liechtenstein wären hier zu nennen. Diese beiden waren aber vor ihrer Integration auf hochschulpolitischer Ebene in Erscheinung getreten. Ein Ausflug Franz Krainers, Sohn und Enkel, in die Studentenpolitik als Spitzenmann der ÖSU wurde durch das Auftreten des Forums als neue und entschieden unverbrauchte Kraft rasch beendet.[133] Einer etwas versteckten „Genealogie" steirischer Personalpolitik unterliegen die „Schwiegersöhne": Stepans Schwiegersohn Richard Piaty trat als ÖH-Funktionär und als Ärztekammer-Reformer blendend in Erscheinung, ehe er Mandatar der ÖVP wurde, Heinz Pammer, Schwiegersohn des ehemaligen Alpine-Generaldirektors und Wirtschaftsbundobmanns Rupert Roth, der im übrigen als CVer zu Stepans Intimfeinden zählte, war Sekretär bei Krainer, ehe er in die lichten Höhen der Regionalpolitik aufstieg. Heinz II. verdient sich erste Sporen in der Haus- und Hofopposition der steirischen ÖVP in der Personalvertretung der Landesregierung.

Trotz dieser sichtlich ausgeprägten Bereitschaft zur „Familienbildung" innerhalb der steirischen politischen Szene verlief die politische Rekrutierung des „jungen" Krainer nicht ganz krisenfrei. Krainer jun. zählte zu den möglichen Nachfolgern des im Mai 1969 zurückgetretenen Unterrichtsministers Theodor Piffl-Perčević. Als diesem schließlich Alois Mock nachfolgte, führte Josef Wallner Regie: Krainer jun. sollte nach dem eingeforderten Rücktritt aller hintangereihter Nationalratskandidaten als Kandidat für den Nationalrat nachnominiert werden und Piffls Mandat erhalten. Dieser holprige Einstieg scheiterte letztlich am Einspruch des Innenministers Franz Soronics als Chef der Wahlbehörde.[134] Krainers jun. politischer Mentor in dieser Phase, der Bauernbundobmann Josef Wallner, sorgte schließlich bei den Nationalratswahlen 1971 dafür, daß sein beamteter Kämmerer als Spitzenkandidat der steirischen ÖVP in den Nationalrat einzog. Nach dem Tode des Vaters wenige Monate später wurde der Kammeramtsdirektor der steirischen Landwirtschaftskammer Josef Krainer jun. als Bauernbundvertreter Landesrat und im März 1972 geschäftsführender Parteiobmann. Friedrich Niederl, seit 1965 Landesrat, wurde, dem politischen Testament Krainers folgend, Landeshauptmann und am 18. März 1972 Parteiobmann. Das Testament Krainers vom 27. Juli 1965 enthielt einen knappen politischen Auftrag: „Der Niederl soll Landeshauptmann werden. Er ist der Verläßlichste und

---

132 Derartige Zuordnungen stellen keine „Sippenhaftung" dar, sondern sollen nur familiäre Affinitäten für eines der drei großen politischen Lager zeigen.
133 HARTMANN (Anm. 100), S. 495.
134 Jürgen LEHNER: Die Krainer-Saga, 13. Folge: Großeinsatz für „Joschi". – In: Kronen Zeitung vom 23. Oktober 1981, S. 14 f.

Beste. Mit ihm kann man die Steiermark politisch halten."[135] Mit dem Landesparteitag im März 1972 kehrte die steirische ÖVP zum Dualismus in der Parteiführung zurück. Ein von der Alltagsparteiarbeit abgehobener Parteiobmann entsprach eher dem Bild des Landeshauptmannes aller Steirer, während der junge geschäftsführende Parteiobmann zur personellen und politischen Schaltstelle wurde. Diesem Modell kam Niederls fehlende „Hausmacht" entgegen, da er als ÖAAB-Mann zwar die „niederen" Weihen des Funktionärsdaseins erhalten hatte, nie jedoch innerhalb seines Bundes eine Schlüsselstellung einnehmen konnte. Sein Einstieg in die Politik als Landesrat am 22. Februar 1965 war eine Personalentscheidung Krainers und nicht eine Personalpräferenz seines Bundes gewesen.

Als man in den achtziger Jahren zu diesem Modell zurückkehrte, führte dies zu einer massiven Irritation der Parteimitglieder. Das Duo Gorbach/Krainer war der Ausdruck eines historisch erklärbaren Kräfteparallelogramms. Das Duo Niederl/Krainer jun. galt als Notwendigkeit und als Übergangslösung. Die Ernennung Gerhard Hirschmanns zum geschäftsführenden Parteiobmann verunsicherte.[136]

Die Modernisierung der steirischen ÖVP

Bereits in den sechziger Jahren wurde die Parteiorganisation von Alfred Rainer entschieden modernisiert. In seinem Umfeld setzte die Wachablöse der Gründergeneration ein. Personell gespeist wurde diese personelle Erneuerung zunehmend vom Freundes- und Mitarbeiterkreis Josef Krainers jun.

Neben dem klassischen Rekrutierungsfeld, der Katholischen Aktion, wurde zunehmend deren hochschulpolitischer Zweig, die Katholische Hochschulgemeinde, Personen- und Ideenlieferant. Aus diesem Umfeld formierte sich der Versuch, die hochschulpolitische Dominanz der katholischen Korporationen im Wahlblock zu beseitigen. Mit der Aktion sprengte man erstmals das ÖVP-Monopol des Wahlblocks auf Hochschulboden. Diesem Aufweichungsprozeß folgte die Monopolisierung in der ÖSU, die aber bereits deutlich stärker an den Karmeliterplatz angeschlossen war. Alle späteren ÖVP-nahen Studentenparteien wurden daher in der Steiermark zunächst immer als Rebellion gegen die Landesparteileitung empfunden.[137]

Eine weitere entschiedene Ebene der Personalauffrischung stammte aus Krainers Assistentenzeit an der Karl-Franzens-Universität, die bis in die Gegenwart herein immer wieder Profilierungsforum für ÖVP-Quereinsteiger zu sein scheint. Während das Rekrutierungsfeld KA einen weltanschaulich fest gezogenen Rahmen umfaßte,

---

135 Hanns KOREN: Bilder und Texte zum Leben und Wirken des steirischen Landeshauptmannes Friedrich Niederl. – Salzburg 1980, S. 23.
136 Hirschmann, der nach seinem Jus-Studium kurzfristig Redakteursaspirant der Kleinen Zeitung und Leiter des Afro-Asiatischen Institutes in Graz war, zählt zur dritten Generation der „Lechburg"-Politiker. Das Studentenhaus der Katholischen Hochschulgemeinde in der Lechgasse wurde ob seiner kompakten politischen Ausstrahlung „Lechburg" genannt.
137 Erst 1982 einigten sich die Reste der ÖSU, das Studentenforum und das Forum Innsbruck auf eine gemeinsame Wahlplattform, die Aktionsgemeinschaft.

bot das Rekrutierungsfeld Hochschule die Basis liberaler Erweiterung. Gleichzeitig vermied man bewußt den CV als Rekrutierungsfeld.[138]

Die Bereitschaft Josef Krainers sen., Angehörige der Söhnegeneration in die politische Arbeit hochrangig einzubinden, ersparte der steirischen ÖVP in den späten sechziger und zu Beginn der siebziger Jahre einen Generationskonflikt. In der starken Führungskompetenz beider Krainer wäre auch die Ursache für ein höchst bemerkenswertes Personalrekrutierungsmodell zu finden: In zunehmendem Ausmaß entschieden nicht mehr die Bünde über ihre Spitzenfunktionäre; sie wählten stets jene, die vorerst von der Parteispitze ausgesucht worden waren. Dies hatte zur Folge, daß die Bündezugehörigkeit nahezu bedeutungslos wurde, wobei der Bauernbund noch am längsten ein eigenständiges Profil beibehalten hatte.

Die Relativierung der Parteibasis im Sinne einer Mitgliederpartei wurde durch eine bewußte Öffnung parteipolitischer Planungsarbeit ausgeglichen. Ausgehend von der allgemein postulierten Parteierneuerung nach dem Schock der Jahre 1970/71 gelang es der steirischen ÖVP, sich zunehmend als moderne Kraft im Lande darzustellen. Wurde der gesamtösterreichische Überbau im Salzburger Parteiprogramm 1972 und in einer bundespolitischen Oppositionshaltung mit manisch-depressiven Zügen gefunden, ging man auf Landesebene in die Offensive. Mit dem offiziellen Antritt des Führungsduos Niederl/Krainer formulierte die steirische ÖVP ihre Zukunftsvorstellungen im Modell Steiermark, das mittelfristige Perspektiven der Landespolitik definierte.[139] Ähnlich agierte man auch auf regionaler Ebene, wo man der verkrusteten Grazer Stadt-SPÖ ein Stadterneuerungskonzept entgegenhielt.[140]

Die Glaubwürdigkeit derartiger auch optisch modern gestalteter Konzeptionen wurde durch das Image der ÖVP als Innovationspartei seit den sechziger Jahren gesichert. In diesem Kontext wirkte vor allem die regionale Außenpolitik Josef Krainers sen., die in einem nicht unerheblichem Maße von der Kulturpolitik unter Hanns Koren begleitet wurde.

Dabei betonte man in der Außenpolitik das steirische Sonderinteresse angesichts der Grenzen zu noch hermetisch abgeschlossenenen kommunistischen Staaten und in der Kulturpolitik das Steirische schlechthin. Das „Steirische" wurde zum Synonym für die „Tradition". Aus dieser „Tradition" heraus betonte man aber die notwendige Öffnung zu den angrenzenden Regionen, wobei man auf die gemeinsamen historischen Wurzeln verwies. Die Öffnung bezog sich aber nicht nur auf Regionen, sondern auch auf die Moderne. Krainers frühe Bemühungen um eine Entspannung der Situation zu Jugoslawien, die schrittweise Öffnung der Grenze, das Vertreten gemeinsamer Interessen in Ungarn 1956[141] und danach, die auf vielfachen Ebenen installierten regelmäßigen Gesprächsrunden zwischen Repräsentanten der jugoslawischen, steirischen und ungarischen grenznahen Regionen wurden schließlich um den italienischen Partner erweitert, wobei hier naturgemäß an alte politische Interessenspielräume angeknüpft werden konnte. In der im „Steirischen Herbst" einge-

---

138 Vgl. Dieter A. Binder: Die Mitglieder Carolinas. – In: Hartmann (Anm. 100), S. 646–656.
139 Modell Steiermark. Graz 1973.
140 Stadterneuerungskonzept Graz. Graz o. J.
141 Vgl. Jürgen Lehner: Die Krainer-Saga, 10. Folge: „Steirische Spione" nach Ungarn. – In: Kronen Zeitung vom 20. Oktober 1981, S. 16 f.

betteten Trigon-Konzeption der späten sechziger und frühen siebziger Jahre erlebte diese Politik einen „kulinarischen" Höhepunkt. Dabei auftretende „Herbst"-Irritationen am rechten Rand der Partei (bis hinein in die Parteizeitung, der damals noch existierenden „Tagespost") wurden rasch paralysiert,[142] während man für die Partei landesweit das Image der progressiven Kraft lukrieren konnte. So gesehen ist es kein Wunder, daß man innerhalb der steirischen Volkspartei auf einen eigenen „Kameradschaftsbund" trifft, die „ÖVP-68er".

Die steirische Kulturpolitik war seit den sechziger Jahren unter Hanns Koren bewußt janusköpfig; eingebettet in die monotone Beschwörung Erzherzog Johanns verbrämte man die traditionelle steirische Grundstoffindustrie kulturell.[143] Weit davon entfernt, den industriellen Modernisierungsschub nachzuholen, bettete man die Wirtschaftssäulen des Landes, Berg- und Hüttenwesen, Forst- und Agrarbetriebe, die im und durch den Wiederaufbau geboomt hatten, in eine breitenwirksame Traditionspflege. Der technisch-, sozial- und wirtschaftsgeschichtliche Aspekt der Materie trat hinter der Betonung volkskundlicher Fragestellungen im Sinne Gerambs zurück.[144] Dieser und vor allem sein Schüler und nunmehr zuständiger Landesrat, Koren, wurden in einer durchaus wohlwollenden Ironie zu Stellvertretern Erzherzog Johanns auf Erden erklärt. Die andauernd unkritische und partielle Johann-Rezeption in der Steiermark ist eng verknüpft mit der durchaus verständlichen Dankbarkeit im Erinnern an die innovatorischen Großtaten dieses scheinbar so liberalen Erzherzogs. Dessen Tätigkeit hat zweifellos den partiellen Anschluß der Steiermark an die industrielle Revolution gefördert und dem Land in der zweiten Hälfte des 19. Jahrhunderts schwerpunktmäßig eine moderne Industrie beschert, während etwa in Kärnten angesichts des Nachlassens der Rohstofflager gegen Ende des 19. Jahrhunderts die Deindustrialisierung massiv in das Landesselbstbewußtsein einschnitt. Aber die Person des Erzherzogs ist nicht nur Symbol für den wirtschaftlichen Fortschritt, sie ist Chiffre für den Fortschritt schlechthin und zugleich für die Tradition. Partiell wurden ihm Peter Rosegger und Hans Kloepfer an die Seite gestellt. „Und natürlich lebt das Andenken an den Brandhofer, den Prinzen Johann, noch im Lande. [...] Freilich, auch Peter Rosegger ist noch da, in der Liebe und Erinnerung ungezählter Menschen ... Und für wie viele Menschen in Stadt und Land ... hat nicht Hans Kloepfer unverlierbar den Satz der Mundart gehoben. [...] Lebt dieses Land in seiner Gesamtheit aus der Tradition? [...] Unser Lebensraum ist Tradition. [...] Nun ist es aber so, daß es heute weithin eine sehr betonte Ablehnung, eine Verachtung, ja eine Bekämpfung alles dessen ist, was wir Tradition nennen."[145]

---

142 Vgl. Max REISINGER: Steirische Kulturpolitik 1965 bis 1975, Der steirische Herbst, GeWi. Dipl., Graz 1994.
143 Vgl. etwa die Landesausstellungen Der steirische Bauer. Leistung und Schicksal von der Steinzeit bis zur Gegenwart, Graz 1966; Der Bergmann. Der Hüttenmann. Gestalter der Steiermark. Graz 1968; Das steirische Handwerk, Graz 1970; Erz und Eisen in der Grünen Mark, Eisenerz 1984; Glas und Kohle, Bärenbach 1988.
144 Der Bergmann. Der Hüttenmann. Gestalter der Steiermark, Katalog, Graz 1968, 255–459.
145 Hanns KOREN: Tradition – Versuch einer Interpretation. – In: Tradition. Hilfe oder Hemmnis? – Steirische Akademie, Graz 1970, S. 7 f.

Und angesichts eines nahezu reaktionär-dominanten, lagerüberschreitenden Kulturbetriebes, in dem die Klöpfer-Verehrung[146] nicht nur von Konservativen, von ehemaligen Nationalsozialisten und von sozialistischen Parteigängern mitgetragen wurde, in dem die literarische Innovation kaum über das Todesjahr Roseggers (1918) hinausgriff, eröffnete Korens Neuansatz ein ungewöhnliches, wenn auch schmales Segment. War das Forum Stadtpark zunächst eine noch auf Graz bezogene Werkstatt, so wurde mit dem „Steirischen Herbst" eine Internationalisierung herbeigeführt, die sich – etwa im Bereich der bildenden Kunst – durchaus an den Linien der regionalen Außenpolitik orientierte. Im Zusammenspiel der lautstarken Erschütterung der heimischen Traditionalisten angesichts neuer Austellungskonzeptionen oder literarischer Provokationen, von Peter Handkes „Publikumsbeschimpfung" über Wolfgang Bauers „Magic Afternoon" bis hin zu Harald Sommers „Unhamlich storken Abgang", und der internationalen Resonanz auf das „Musikprotokoll" erwarb sich die steirischen ÖVP den Nimbus der Modernität. Dem unruhigen Herbst stand aber ein gesicherter Jahrlauf von Musikvereinskonzerten, traditionellem Opern- und Schauspielbetrieb gegenüber, so daß sich die politischen Querschüsse reaktionärer Kreise in Grenzen hielten. Zwar opponierte der Kulturchef der ÖVP-Parteizeitung[147] gegen die Politik Krainers und Korens (im Herbst), dafür stand die Kulturredaktion der „Neuen Zeit", lange Zeit hindurch die intellektuelle Speerspitze einer sehr biedermannhaften Landesorganisation, voll hinter diesen neuen Ansätzen. Werbewirksam konnte sich die ÖVP traditionsgebunden mit Erzherzog Johann und fortschrittlich-offen mit den Repräsentanten den Avantgarde präsentieren. Personalisiert gesehen stand Koren zwischen der aus vergangenen Zeiten herüberreichenden Pflichtschullehrerin Paula Grogger und dem jungen Wolfgang Bauer, Sohn eines Mittelschullehrers, ihm zeitweise familär verbunden, der sich alsbald vom Forumgründungsmitglied Waldorf im Wetterfleck Geramb-, Stepan-, Korenscher Provenienz mit Johannschem Ausseerhut und schilcherfarbenem Weinglas porträtieren ließ.

Den Verlust der identitätsstiftenden Position, staatstragende Regierungspartei auf Bundesebene zu sein, kompensierte man innerhalb der Landespartei mit einem dramatisch akzentuierten Landesbewußtsein, das gleichsam in Opposition zur sozialistischen Alleinregierung unter Kreisky stand, mit einer Mobilisierung der Anhängerschaft – regionale und landesweit gestaffelte Grundsatzdiskussionen im Rahmen des Modells Steiermark, Vorwahlmodelle – und einem äußerst professionellen Marketing. Ähnlich wie in Oberösterreich, wo der eher farblose Erwin Wenzl zum Löwen wurde, feierte in der Steiermark der von Krainer sen. erfundene und von Krainer jun. gemanagte Friedrich Niederl als Kraftei 1974 und 1978 triumphale Wahlerfolge (53,3% und 52,0%), ehe er 1980 sechzigjährig abtrat. Ähnlich wie in Oberösterreich folgte auch in der Steiermark mit Krainer jun. jener Mann nach, der, versehen mit einer starken parteiinternen Hausmacht, wesentlich an der Modernisierung der Landespartei gewirkt hatte.

---

146 Hanns KOREN: Vor dem Denkmal eines Großen. – In: Hanns KOREN, Reden, Graz 1966, S. 31–35.
147 Wolfgang Arnold ist heute „Schriftleiter" von „Lot und Waage". Zu „Lot und Waage" s. Handbuch des österreichischen Rechtsextremismus, Wien 2. Aufl. 1994, S. 255–257 (mit ausführlichen Belegstellen aus Artikeln von ARNOLD).

Von der steirischen ÖVP zur Steirischen Volkspartei
oder
Wie aus einem alten Bergwerksgruß ein Steirer wurde

Krainers Wechsel auf den Landeshauptmannstuhl war personell – wie bereits beschrieben – bestens abgesichert, da seit den späten sechziger Jahren zunehmend Leute seines Vertrauens bei der generationsbedingten Funktionärsablöse zum Zuge gekommen waren. Zum einen rekrutierten Krainer sen. und jun. aus den Reihen der Katholischen Aktion, besonders der Katholischen Hochschulgemeinde, zum anderen waren es universitäre Freunde wie Bernd Schilcher, die zunehmend in die Schlüsselpositionen einrückten. Gleichzeitig wurde dies von einem Freundeskreis journalistischer Wegbegleiter mitgetragen. Wo an eine rasche, generationsbedingte Ablöse nicht zu denken war, kam es zu Brüchen, doch hielten sich diese Momente innerparteilicher Spannungszustände in Grenzen.

Herbert Rosendorfer hielt in seiner Würdigung eines bayrischen CSU-Politikers in zeitlos schöner Art politisch-wirtschaftliches Zusammenspiel fest: In „der ausgewogenen Mischung von Katholizismus und Korruption" wäre dieser Vorbild für eine ganze Generationen geworden.[148] Noch unter der Ära Niederls 1979 hatte der GWS-Skandal, die Wohnbaugesellschaft gehört der Handels- und der Landwirtschaftskammer und war eine Gründung, an der Krainer sen. und dessen Freund Carl Lipp Patenstellung gehabt hatten, die ÖVP unter Zugzwang gebracht, da größere Summen an Wahlkampfspenden 1978 geflossen waren. 1980 folgte der TKV-Skandal, in dessen Verlauf der zuständige Landesrat Anton Peltzmann, dessen Frau einen Anteil an der hochsubventionierten Tierkörperverwertungsgesellschaft gehalten hatte, gehen mußte.[149] Wenige Jahre später trafen schwere Vorwürfe schließlich auch Friedrich Niederl, dessen Söhne finanzielle Zuwendungen von jener Versicherungsanstalt erhalten hatten, die in der Steiermark unorthodox, dafür aber um so stärker das Zisterzienserstift Rein unterstützt hatte. Allerdings waren diese Vorgänge nur ein Teilaspekt der sogenannten „Bundesländer(-Versicherungs-)affäre".[150]

Dem abgehenden Landesrat Peltzmann folgte Hans Georg Fuchs, dessen Berufung deutlich machte, wie sehr traditionelles Bündedenken obsolet geworden war. Er eröffnete den Reigen der Quereinsteiger aus dem Wirtschaftsbund auf Landesregierungsebene, die als Entdeckungen des Landesparteiobmannes und Landeshauptmannes galten und nicht als klassische Vorschläge des Wirtschaftsbundes. Mit der Wahl Franz Wegarts zum Landtagspräsidenten, der in dieser Funktion Hanns Koren folgte, verließ gleichsam der letzte klassische Bünderepräsentant die Regierung.

Die Wirtschaftskrise, die auf den Erdölschock folgte, und die weltweite Rezession traf die steirische Grundstoffindustrie mit aller Härte. Die weltweite Überkapazität im Bereich der Stahlindustrie verschärfte die Krise der österreichischen Stahlindu-

---

148 Herbert ROSENDORFER: Wer ist Franz Josef Strauß? – In: Herbert ROSENDORFER: . . . ich geh zu Fuß nach Bozen. – München 1988, S. 214.
149 Peltzmann bestritt noch lange nach seinem Abgang, daß er ohne Wissen seiner Partei gehandelt hätte.
150 Der Generaldirektor der Bundesländer Versicherung wurde schließlich wegen seiner gesamtösterreichischen „Unterstützungsaktion" verurteilt.

strie und beschnitt gravierend die Zukunftschancen der Mur- und Mürzfurche. Der ursprüngliche Standortvorteil, die Nähe zum Erzberg, war längst irrelevant geworden. Land- und Forstwirtschaft, zwei weitere identitätsstiftende Wirtschaftsfaktoren des Landes, waren angesichts der übermächtigen Konkurrenz längst schon zu Faktoren der Landschaftspflege geworden. Fehlende Verkehrsanbindungen an das westeuropäische Straßen- und bis zu einem gewissen Grade auch an das Eisenbahnnetz verschärften den Standortnachteil der Steiermark zusätzlich. Betriebsansiedelungen im obersteirischen Industrieraum waren spärlich geblieben, da das hohe Lohnniveau der verstaatlichten Betriebe potentielle Investoren abschreckte, da Facharbeiter ursprünglich kaum zu geringer zahlenden Betrieben abwanderten.[151] Anderseits waren Bemühungen, um Betriebsansiedelungen in der Südsteiermark zu ermöglichen, nur von geringem Erfolg begleitet gewesen. Hier hatten noch zusätzlich Betriebsschließungen (Zündholzproduktion, Bergbau) Wunden gerissen, die spürbar geblieben waren. Die Vision einer steirischen Deindustrialisierung, ähnlich der Kärntens am Ende des 19. Jahrhunderts, traf ein Land, dessen Selbstwertgefühl stets auch am Gegensatz von Provinz – Metropole litt. Aus diesem Gefühl heraus kam es zu jener eingangs zitierten steirischen Vertretung in Wien, die als Selbsthilfe gegenüber einer den steirischen Sorgen zurückhaltend wirkenden Bundesregierung verstanden wurde.

Solange in Wien eine sozialdemokratische Alleinregierung bzw. eine rotblaue Koalition einer oppositionellen ÖVP gegenüberstand, traf die „steirische" Kampfbereitschaft primär den weltanschaulichen Kontrahenten. Das bewußt vermarktete Oppositionsklima auf Bundesebene wurde ebenso als „steirisch" interpretiert wie das konsensuale Klima innerhalb des Landes, an dessen Spitze ein „ÖVP-Landeshauptmann aller Steirer" stand. Mit dem Scheitern der Kleinen Koalition und der Rückkehr der Bundespartei in die Regierung verlor die steirische ÖVP gleichsam ihren nahezu schon traditionell gewordenen Oppositionsappeal auf Bundesebene, den sie – sieht man die Landtagswahlergebnisse der siebziger und frühen achtziger Jahre in Relation zu den Nationalratswahlergebnissen – durchaus gewinnorientiert vermarkten konnte.

Eine andere Form der Oppositionspolitik war die aktive Teilnahme an parteiinternen Positionskämpfen, die nach den langen Jahren der Opposition an alten Bruchlinien neu aufbrachen. Die Bundesländerreformer gegen die „Niederösterreicher", die Liberalen gegen die „Stahlhelmfraktion", die KAler gegen die CVer. Die steirische ÖVP bezog Position. Die Auseinandersetzungen um die Stationierung der Draken des Bundesheeres in den steirischen Fliegerhorsten Zeltweg und Thalerhof, in deren Verlauf die steirischen Nationalratsabgeordneten unter Führung eines kurzzeitigen steirischen Parteiobmannstellvertreters und späteren wilden Abgeordneten einen Mißtrauensantrag gegen den ÖVP-Ressortminister Lichal einbrachten, waren ein deutliches Zeichen.[152] Die Demontage des Bundesparteiobmannes Alois Mock war letztlich das eigentliche Ziel. In dieser Phase der Auseinandersetzung agierte die

---

151 Darin lagen zum Teil auch die Probleme der holzverarbeitenden Industrie in diesem Raum.
152 Paul Burgstaller stolperte letztlich über eine andere intellektuelle Großleistung während einer Plenarsitzung; der seinerzeitige Mißtrauensantrag aber war zweifellos am Karmeliterplatz abgesegnet worden.

steirische Partei zunehmend sezessionistisch.[153] Aus der steirischen ÖVP wurde die Steirische Volkspartei, die laut darüber nachdachte, sich an der CSU zu orientieren, die noch Mitte der siebziger Jahre als reaktionär abgetan worden war. Der geballte Oppositionsmechanismus richtete sich nun gegen die Bundesparteispitze. Nachdem Mock, der das Ziel, die relative Mehrheit zu erlangen, knapp verfehlt hatte, als Bundesparteiobmann gehen mußte, kam mit dem damaligen Landwirtschaftsminister Josef Riegler eine der besten Personalreserven für die steirische Landespolitik als Kompromißkandidat auf den Sessel des Bundesparteiobmannes.[154] Seine Wahlniederlage 1990 führte Erhard Busek an die Spitze der ÖVP, womit der langjährige Wunschkandidat der Steirischen Volkspartei sein Ziel erreicht hatte. Regierung und Parteispitze schieden damit als Anlaßfall „oppositioneller" Profilierung aus.

Innerhalb des Landes suchte die Partei die Früchte der Oppositionspolitik zu lukrieren. Neben einer farblosen, politisch kaum akzentuierten SPÖ und einer bis an den Rand der Auflösung getaumelten FPÖ präsentierte man sich als einzige starke Kraft, die die steirischen Interessen Wien gegenüber vertreten könnte. Durchaus weiterhin auf den erfolgreichen Schienen regionaler Außenpolitik und der Kunstpolitik fahrend, übersah man, daß diese den Reiz und die Qualität des Neuen verloren hatten. Die „68er" der Partei wurden in diesem Kontext von der „Bewegung" zum „musealen" Gegenstand.[155] Aus der ursprünglich knappen signalhaften Präsentation der mittelfristigen Perspektiven des „Modells Steiermark" wurde ziemlich gesichtsloses Endlospapier.[156] Charakteristisch für diese Entwicklung ist der Wegfall der modern gestalteten „Volksbücher", in denen die Partei ihren „Krainer" oder den „Niederl" präsentierte.[157] An ihre Stelle traten schöngeistige Sammelbände, die, gleichgültig ob personenbezogen oder themenzentriert, nur allzu deutlich akademischen Aufsatzfriedhöfen glichen.[158] Dazu kam der Verlust an Organisationsfähigkeit, symbolisiert im Sterben der Parteizeitung.[159]

Hatte man ursprünglich noch vermocht, sich abzeichnende Bürgerprotestbewegungen abzufangen und in den eigenen Reihen zu integrieren, konnten sich zunächst in diesem Bereich Grüngruppen etablieren. Seit der Wahl Haiders zum FPÖ-Obmann trifft dessen radikaler Oppositionshabitus eine steirische ÖVP, die weder zur Bundesregierung noch zur Bundesparteileitung in Opposition steht und als Regierungspartei dem Populismus Haiders wenig entgegenzusetzen vermag. Die allgemein zu beob-

---

153 Gilbert Frizberg kritisierte nach den letzten Nationalratswahlen diese Tendenzen massiv, vgl. Steirerkrone vom 20. November 1994, S. 10.
154 Riegler folgte Mock, nachdem deutlich signalisiert worden war, daß eine direkte Ablöse Mocks durch Busek nicht kampflos über die Bühne gehen würde.
155 Nunmehr wird die Selbstdefinition „ein alter 68er" als kokette Chiffre für die Zugehörigkeit zum Reformflügel der späten sechziger und frühen siebziger Jahre eingesetzt.
156 Modell Steiermark für die neunziger Jahre, Graz 1990.
157 Vgl. KOREN, MAYR, WIMMER (Anm. 10) und KOREN (Anm. 135).
158 Josef KRAINER, Wolfgang MANTL u. a. (Ed.): Nachdenken über Politik. – Graz – Wien – Köln 1985; Wolfgang MANTL (Ed.): Die neue Architektur Europas. – Wien – Köln – Graz 1991; Gerd BACHER, Karl SCHWARZENBERG, Josef TAUS (Ed.): Standort Österreich. – Graz – Wien – Köln 1990.
159 Die Süd-Ost-Tagespost erschien am 31. März 1987 zum letzten Mal, nachdem der für Parteiblätter typische Leser- und Anzeigenschwund weder durch die Presseförderung noch durch die Parteifinanzierung ausgeglichen werden konnte.

achtende Lösung von alten Lagerbindungen, die Lösung von kirchlich oder ideologisch bestimmten Beurteilungsmustern führt zu einer neuen Mobilität, die auf alte Signale, traditionsbedingte Symbole und Rituale nicht mehr zu reagieren scheint. Die ÖVP steht vor einem Selbstbestimmungsprozeß, der entscheiden wird, ob sie in Zukunft mehrheitsfähig ist oder nicht.

Klaus Plitzner   **"Vorarlberg muß Österreichs gute Stube bleiben."**[1]

Die Vorarlberger Volkspartei von 1945 bis 1994

I. *Vorbemerkung*[2]

„Keine Dokumente für diesen Eintrag!" erscheint auf dem Bildschirm des Terminals in der Vorarlberger Landesbibliothek, wenn der Benutzer „Vorarlberg: Parteien: Geschichte (1945–0000)" als Schlagwort eingibt.[3] Da auch Zeitungsartikel von diesem System erfaßt werden, steckt die Aufarbeitung der Geschichte von Parteien also noch nicht einmal in den Kinderschuhen? Dies gilt zumindest für die Geschichte der ÖVP-Vorarlberg. Nur zu ein paar Aspekten finden sich einige wenige Manuskripte[4] sowie eine „Aktenliste" zu Teilen des Parteiarchivs.[5] Da diese Materialien in dieser Form erstmals zur Verfügung stehen, greift der Verfasser stärker darauf zurück.[6] Archivalien, Zeitungsberichte und einige Interviews, insbesondere zum „Erhellen der informellen Ebene", stellen die Basis für diese Arbeit dar.

Die Geschichte einer Partei kann nicht von Personen getrennt werden. Initiative und Meinungsbildner gehören zu den prägendsten Faktoren. In Zusammenkünften werden viele Standpunkte zur Meinung der Parteispitze zusammengetragen, was in der Öffentlichkeit oft als einhellige Meinung gesehen wird. Dem Vorsitzenden kommt daher eine ganz spezielle Bedeutung zu, insbesondere dann, wenn diese Partei Regierungsverantwortung trägt.[7] Dadurch verschmelzen oft Partei- und Regierungspolitik.

II. *„In guten, aber wenigen Händen":*[8]

Die Kontinuität der Elite

1861 wurde der erste Vorarlberger Landtag eingesetzt und von den Liberalen dominiert. 1870 begann die bis in die Gegenwart dauernde Dominanz der „Schwarzen",

---

1 Vorarlberger Volksblatt (in Hinkunft: VV), 4. 9. 1954, S. 1.
2 Für Diskussionsbeiträge und Anregungen im Manuskript danke ich: Dr. M. Gehler, Mag. G. Morscher, Dr. U. Nachbaur, Dr. H. Weitensfelder, Dr. W. Weber und Dr. R. Wittwer. Gleichzeitig darf ich mich auch bei allen Interviewpartnern für Ihre Bereitschaft bedanken.
3 Diese Recherche wurde vom Autor am 25. April 1995 durchgeführt.
4 Der Nachlaß des Landesparteisekretärs Naumann befindet sich teils im Vorarlberger Landesarchiv (VLA; Repertorium: bearbeitet von Edith Klocker, Angelika Meusburger, Ilse Wegscheider 1983), teils in der Vorarlberger Landesbibliothek (VLB).
5 Für eine Aktenliste danke ich Mag. Chr. Volaucnik.
6 Mein Dank gilt LH Dr. Purtscher, LPO Dr. Sausgruber, LPS Mag. Ruepp, die mir die Einsicht in die Akten des Parteiarchivs ermöglichten, sowie dem stets freundlichen Team im LP-Sekretariat für administrative Hilfestellungen.
7 A. a. O.: Michael Gehler: Die Volkspartei in Tirol 1945–1994.
8 Salzburger Nachrichten (SN), 22. 11. 1976.

einzig unterbrochen durch die Zeit des autoritären Ständestaates und des Nationalsozialismus. Doch erst 1890 ernannte der Kaiser mit dem Fabrikanten Dr. Adolf Rhomberg[9] einen Katholisch-Konsersativen zum Landeshauptmann. Bis heute haben es die sieben Landeshauptleute auf durchschnittlich vierzehn Amtsjahre gebracht. Am 3. November 1918 erklärte die Vorarlberger Landesversammlung Vorarlberg zum „selbständigen Land".[10] Zum ersten Landeshauptmann wurde Dr. Otto Ender[11] gewählt. Als er 1930/31 für ein halbes Jahr als Bundeskanzler nach Wien ging, übernahm Landesstatthalter Dr. Ferdinand Redler[12] – dies ist die Bezeichnung für den Landeshauptmannstellvertreter – dieses Amt. Am 24. und 25. Juli 1934 kam es zu Weichenstellungen, deren Konsequenzen weit in die Zweite Republik hineinreichten. Einen Tag vor dem Dollfuß-Attentat wurde Dipl.-Ing. Ernst Winsauer[13] zum „ständischen" Landeshauptmann „gewählt". Gleichzeitig verließen die Landesregierungs- und ehemaligen Bundesregierungsmitglieder Dr. Otto Ender, Dr. Johann Mittelberger und Ulrich Ilg die Landesregierung. Kurz nach dem Dollfuß-Attentat legte der erst 29jährige Ilg auch seine Funktion als Staatssekretär nieder und kehrte ganz nach Vorarlberg zurück. Adolf Vögel und Eduard Ulmer, Landesführer der Vaterländischen Front, kamen neu in die autoritäre Regierung.[14] Am 11. März 1938 forderte der NS-Bezirksverbandsleiter Anton Plankensteiner[15] Winsauer auf, das Amt zu übergeben. 1939 wurde Vorarlberg dem Gau Tirol eingegliedert, „als selbständige Verwaltungseinheit [...] radikal beseitigt und sogar der Name des Landes [war] verpönt".[16]

Auch in der Zweiten Republik war die Kontinuität der Elite beachtenswert. In 50 Jahren genügten der ÖVP sieben Leute für die drei markantesten Funktionen aus der Sicht einer Partei: Landeshauptmann, Landesparteiobmann und Landesparteisekretär.

Ulrich Ilg, im Mai 1945 von der französischen Besatzungsmacht als Präsident des Vorarlberger Landesausschusses eingesetzt, amtierte von Dezember 1945 bis Oktober 1964 als gewählter Landeshauptmann. Ihm folgte bis 1987 Dr. Herbert Keßler. Keßler war damit nur wenige Monate kürzer im Amt als sein Tiroler Pendant Eduard Wallnöfer. Seit 1987 steht Dr. Martin Purtscher an der Spitze der Landesregierung. Sein Wunschkandidat als Nachfolger Dr. Herbert Sausgruber, so Purtscher, könne sich derzeit als Parteiobmann und Statthalter auszeichnen „einarbeiten". Sausgruber hatte 1986 das Amt des Parteiobmannes von Keßler übernommen, während früher Ilg und Keßler der Partei und der Landesregierung in Personalunion vorstanden.

Eugen Leißing[17] und Dr. Josef Sinz[18] waren vor der LT-Wahl 1945 bzw. Anfang

---

9 Dr. Adolf RHOMBERG (1851–1921), Jurist, Fabriksbesitzer.
10 Vorarlberger Landesgesetzblatt 1/1918.
11 Dr. Otto ENDER (1875–1960), Rechtsanwalt, Mgl. d. BR 1920–1934, 1922 „Landesvertrag": Beginn der Elektrifizierung durch das Land Vorarlberg, 1931 BM für soziale Verwaltung, 1934 Verfasser der „ständisch-autoritären" Verfassung.
12 Dr. Ferdinand REDLER (1876–1936), Rechtsanwalt.
13 Dipl.-Ing. Ernst WINSAUER (1899–1962), Chemiker.
14 Österreichischer Amtskalender 1994/95. Wien 1994, S. 931.
15 Anton PLANKENSTEINER (1890–1969), Bankbeamter.
16 Vorarlberger Volkswille (in Hinkunft: VVw), 13. 12. 1945, S. 3.
17 BR Eugen LEISSING (geb. 1913), Kaufmann.
18 Dr. Josef SINZ (1902–1960); vom 1. 7. 1945 bis 31. 8. 1946 als Landesangestellter dem Landeswirtschaftsamt zugewiesen.(Danke für die Information: Dr. W. ILG!)

1946 für die „Koordination der Parteiarbeiten" zuständig. Am 1. Mai 1946 wurde Josef Naumann[19] als Landesparteisekretär angestellt. 1969 begann Jürgen Weiss[20] seine Arbeit im Landesparteisekretariat. Nach der Pensionierung Naumanns Anfang 1970 übernahm Weiss die Leitung. 1991 wechselte er als Minister für Föderalismus und Verwaltungsreform nach Wien. Auf ihn folgte Mag. Martin Ruepp.[21]

III. Wurzeln der Volkspartei in Vorarlberg

Die Christlichsoziale Partei bzw. die Vaterländische Front waren in der Zwischenkriegszeit unangefochten die stärksten Parteien. Partei- und Regierungspolitik konnten daher in dieser Zeit gleichgesetzt werden. Bundespolitische Führungspersönlichkeiten wie Vizekanzler Dr. h. c. Jodok Fink (1919/20) aus Andelsbuch, Unterrichtsminister Dr. Emil Schneider (1922–1926) aus Höchst, Finanzminister Dr. Johann Josef Mittelberger (1929) aus Götzis, Nationalratsabgeordneter und christlichsozialer Arbeiterführer Prälat Dr. Karl Drexel aus Dornbirn sowie der zuvor erwähnte Bundeskanzler Dr. Otto Ender (1930/31) aus Altach überstrahlten das Fehlen einer schlagkräftigen Parteiorganisation.[22]

Die Christlichsozialen nützten einerseits den Verwaltungsapparat, andererseits stand ihnen zur Durchführung der maßgebenden wirtschaftlichen und kulturellen Aufgaben ein engmaschiges Geflecht von Organisationen wie Raiffeisenkassen, Sennereien und Konsumvereinen[23] zur Verfügung. Durch die vorherrschende Realteilung waren 30 Prozent des landwirtschaftlichen Bodens im Besitz von Industriearbeitern, deren Anteil knapp unter 50 Prozent aller Berufstätigen lag. Sorgen machte den Christlichsozialen die Bauernschaft. Sie erstarkte, als sich christlichsoziale und „unabhängige" Vertreter der Bauern zum „Vorarlberger Landesbauernbund" als „Wellenbrecher [...] gegen alle Feinde von links und rechts"[24] zusammenschlossen.

Als Zeichen der Auffrischung wählte der erste Bauerntag am 15. Mai 1927 den erst 22jährigen, politisch völlig unbekannten Ulrich Ilg aus Dornbirn-Hatlerdorf zum neuen Obmann. Rasch sammelte er „wertvolle Mitarbeiter" um sich, die den Bauernbund zu einer Blüte führten. Unbewußt schaffte er mit diesen bäuerlichen Strukturen jenes Netz, das den Aufbau nach dem Zweiten Weltkrieg in Vorarlberg schneller als in anderen Bundesländern ermöglichte. Beratungen, Ortsgruppenkontakte und der selbst von Ilg redigierte Bauernbund-Taschenkalender sorgten für Attraktivität. „Andere Zeiten bedingen neue Formen."[25] Dies galt auch für Ilg selbst. Nach seiner Rückkehr aus Wien gewann er 1936 „ohne Wahlwerbung und Wahlpflicht" die einzigen in Österreich nach der berufsständischen Ordnung abgehaltenen „Bauern-

---

19 Josef F. K. NAUMANN (1905–1980), Kalkulant, Redakteur.
20 Jürgen WEISS (geb. 1947), Landesangestellter, Minister a. D., Präsident des Bundesrates.
21 Mag. Martin RUEPP (geb. 1956), Betriebswirt.
22 Gerhard WANNER: Vorarlberg. – In: Erika WEINZIERL/Kurt SKALNIK: Österreich 1918–1938. – Geschichte der Ersten Republik Bd. 2. – Graz 1983. S. 1011–41, 1025 f.
23 Werner DREIER: Zwischen Kaiser und „Führer". – Vorarlberg im Umbruch 1918–1938. – In: Beiträge zu Geschichte und Gesellschaft Vorarlbergs 6, Bregenz 1986. S. 157.
24 Vorarlberger Landstimmen, 22. 5. 1927, S. 9.
25 VV, 2. 3. 1936, S. 1 u. 3.

standswahlen".[26] Demokratiepolitisch waren jene „geheimen Wahlen" in der autoritären Zeit wahrscheinlich vernachlässigbar, ihre psychologische Wirkung durfte aber nicht unterschätzt werden. Ilg selbst führte seinen Bekanntheitsgrad im Jahre 1945 insbesondere auch auf jene „Wahlen" zurück.[27] Während der nationalsozialistischen Zeit wurde die Organisation des „Vorarlberger Landesbauernbundes" aufgelöst, doch die berufsständische Kontinuität wurde nicht zerstört.

IV. „Politik ist die öffentliche Form der christlichen Nächstenliebe."[28]

Vom Bauernbundobmann zum „Landesvater": Ulrich Ilg 1945–1964

Im Februar 1945 stellte der englische „Secret Service" Kontakt zum österreichischen Widerstand in Feldkirch her. Rechtsanwalt Dr. Artur Ender wurde beauftragt, eine „Besetzung sämtlicher Verwaltungsposten im Lande Vorarlberg vorzubereiten".[29]

Am 29. April 1945 begannen die französischen Truppen, ihr „pays ami"[30] zu besiegen, zu befreien und zu besetzen. Für die Nazis war der Traum vom tausendjährigen Reich ausgeträumt. Viele Häuser wurden geplündert, Frauen vergewaltigt. Alle, nicht nur die Befreiten, hofften auf einen Neubeginn. Doch, so französische Berichte, „die Zone, die unserer Besatzung zugefallen war, befand sich in einem wirklichen Chaos".[31]

Noch am 3. Mai übergab Ender den Franzosen seine „paritätisch" zusammengesetzte Regierungsliste. Auch Ilg und Ulmer baten in einem eigenhändig von ihnen „an das Oberkommando der französischen Besatzungsmacht" geschriebenen Brief um die Erlaubnis, einen provisorischen Vorarlberger Landesausschuß bilden zu dürfen, da die „dringend notwendigen Belange" umgehend angegangen werden müßten, um eine Katastrophe noch vermeiden zu können. Als „Führer der zwei grössten politischen Landesbewegungen" vor 1938, nämlich der Vaterländischen Front und des Landesbauernbundes, fühlten sie sich hiezu „legitimiert".[32] Sein Aufruf[33] im „Vorarlberger Sender" in den ersten Maitagen, so Ilg 20 Jahre später, und

---

26 Gerhard WANNER: Vorarlberg. (siehe Anm. 22) S. 1031.
27 ORF Landesstudio Vorarlberg: Ende und Anfang. – Dornbirn 1985. S. 9 f.
28 ÖVP-Archiv/Vorarlberg (in Hinkunft: VVPArch): Ordner Landesparteitag (in Hinkunft: LPT) 1956: Kurzprotokoll [v. Pitschmann] S. 5.
29 Georg SCHELLING: Festung Vorarlberg. – Bregenz 1947. S. 219; ²1980. S. 264; Weder Tochter noch die ehemalige Sekretärin erinnern sich, wie Ender ausgesucht wurde. Ob es Kontakte zu den Bundesbrüdern seiner ÖCV-Verbindung „Norica" Wien gab, wo er mit dem späteren BK J. Raab im Oktober 1911 rezipiert wurde, ist derzeit nicht bekannt.
30 Klaus EISTERER: Französische Besatzungspolitik. – Tirol und Vorarlberg 1945/46. – In: Innsbrucker Forschungen zur Zeitgeschichte 9, Innsbruck 1991. S. 221.
31 Dietlinde LÖFFLER-BOLKA: Vorarlberg 1945. – Bregenz 1975. S. 132.
32 VLB: Naumann-Nachlaß: Schachtel: Naumann Manuskripte/Vorarlberger Themen. Bittschrift. S. 1–4; weiters: Ulrich ILG: Wir waren dabei. – In: Vorarlberg – unser Land. Dornbirn ²1983. S. 168–77; S. 173; Ulrich ILG: Die politische Wiedererstehung Vorarlbergs am Kriegsende 1945. – In: Montfort, S. 457–70; S. 460 f.
33 Ulrich ILG: Meine lieben Vorarlberger und Vorarlbergerinnen! – In: Amtsblatt der Landeshauptstadt Bregenz 3, 1. 7. 1945.

seine Rolle als „bäuerlicher Exponent" seien für seine Bestellung maßgeblich gewesen.[34] Aussichtsreiche Gegenbewegungen oder gar Gegenkandidaten sind aus heutiger Sicht nicht bekannt.

Zwar wollten die zentralistisch eingestellten Franzosen Österreich als autonomen Staat wiederholten, doch für ein selbständiges Bundesland Vorarlberg hatten sie zunächst kein Verständnis. Ein Landesausschuß mit der Kompetenz, „verfassungsmäßige Akte zu setzen"[35], das ging den Besatzern anfangs zu weit. Doch Ilg und seine Mitstreiter bestanden darauf. Auch später sollte sich Ilg „hartnäckigst" gegen Zentralisierungen wehren, so etwa als eine Außenhandelskommission Vorarlberg-Tirol in Innsbruck aufgebaut werden sollte.[36]

Endlich, am 24. Mai 1945, setzte General de Hesdin „den Vorarlberger Landesausschuß als provisorische oberste Behörde der zivilen Verwaltung des Landes Vorarlberg mit dem Sitz in Feldkirch" ein[37], wodurch „eine neuerliche originäre Konstituierung der Staatsgewalt" erfolgte.[38] Im Mehlbüro der Müllervereinigung, im Haus des katholischen Gesellenvereines am Jahnplatz, fand die erste Regierungssitzung statt. Für viele war es ein „Rückbruch" (Hanisch), „eine Rückkehr zur Ersten Republik"[39] und doch für viele ein Neubeginn.

Zu Ilg, Ulmer, Vögel und dem früheren Bauernkammerpräsidenten Karl Zerlauth von der alten Elite kamen noch Eugen Leißing als Vertreter der Widerstandsbewegung auf christlichsozialer Seite und Jakob Bertsch (Vizepräsident), Emil Nesler und Hans Mayer von sozialistischer Seite hinzu. Da für Ilg ein Jurist im Ausschuß fehlte, engagierte er den ehemaligen Landesregierungssekretär Dr. Elmar Grabherr[40] als Schriftführer. 1941 in die NSDAP aufgenommen und von Gauleiter Hofer als „absolut loyal"[41] eingestuft, avancierte der spätere Landesamtsdirektor als typisches Beispiel für einen Systemerhalter in der Administrationselite zu einem „der wichtigsten" Beamten[42], so Vögel, beim Aufbau der Landesverwaltung in Vorarlberg.

Österreichweit wurde noch um die Staatsform gerungen. Auf der 1. Bundesländerkonferenz im Juli 1945, die ÖVP war drei Monate zuvor in Wien gegründet worden,

---

34 ORF: Ende und Anfang. (siehe Anm. 27) S. 9 f.
35 LÖFFLER-BOLKA: Vorarlberg 1945. (siehe Anm. 44) S. 143.
36 Tiroler Landesarchiv: Handakten Landeshauptmann Dr. Ing. WEISSGATTERER 1945/46, Fz. 3, Aktennotiz Ing. TEISCHINGER vom 12. 9. 1945. Zit: Michael GEHLER und Hermann J. W. KUPRIAN: Wider den „Kantönligeist" oder der unterschätzte Regionalismus: Engelbert Kessler, die Vorarlberger Sezessionsbestrebungen 1907/1913 und Tirol. – In: Klaus PLITZNER, Wolfgang SCHEFFKNECHT (Hg.): Engelbert Kessler. Ein kaiserlicher Rat aus dem Kleinen Walsertal 1834–1922. – In: Schriften des Vorarlberger Landesarchivs 6. 1991. S. 167–192; S. 191 f.
37 VLA: Protokoll des Vorarlberger Landesausschusses. S. 1.
38 Peter PERNTHALER: Die Staatsgründungsakte der österreichischen Bundesländer. – In: Schriftenreihe des Instituts für Föderalismusforschung 14, Wien 1979. S. 37 ff.
39 Ernst HANISCH: Der lange Schatten des Staates. – Österreichische Gesellschaftsgeschichte im 20. Jahrhundert. – In: Herwig Wolfram (Hg.): Österreichische Geschichte 1890–1990. Wien 1994, S. 395.
40 Personalstandesverzeichnis der Beamten und pragmatisierten Vertragsangestellten des Landes Vorarlberg nach dem Stande von 1970. S. 1.
41 Kurt GREUSSING/Meinrad PICHLER: Politische Kultur 1986. – Vom Arier zum Alemannen. – In: Kultur. Zeitschrift für Kultur und Gesellschaft 9/1986. S. 4; zit. nach: EISTERER: Französische Besatzungspolitik. (siehe Anm. 30) S. 221 u. 397.
42 ORF: Ende und Anfang. (siehe Anm. 27) S. 43.

setzte sich Ilg als Wortführer für die Wiederinkraftsetzung der Bundesverfassung von 1920 in der Fassung von 1929 und damit für die bundesstaatliche Idee ein.[43]

Separationspläne waren kaum wenig mehr als Seifenblasen, ebenso wie die später lancierte „Alpine Union".[44]

Auf der ersten gesamtösterreichischen Länderkonferenz im September 1945 rückte mit Dr. Karl Gruber, dem von der amerikanischen Besatzungsmacht eingesetzten Landeshauptmann von Tirol, ein „Sprecher des Westens (und zwar im doppelten Sinn: von Westösterreich und den Westalliierten)" als Unterstaatssekretär für Äußeres in die Regierung ein.[45] Mit Alt-Landeshauptmann Winsauer und DDr. Ernst Hefel war Vorarlberg zweifach in der provisorischen Regierung Dr. Renner vertreten.[46]

Am 15. Juni 1945, nach der Übersiedelung ins heutige Hypobankgebäude in Bregenz, begann man mit dem Bürobetrieb des Landesausschusses buchstäblich bei Null, da es unmöglich gewesen war, Akten aus Innsbruck herbeizuschaffen. Ilg gelang es rasch, das Vertrauen und die Wertschätzung der Franzosen zu gewinnen. Seine ungekünstelte Gastfreundschaft auf seinem Bauernhof im Hatlerdorf und sein „diplomatisches Bestreben" taten insbesondere bei der eher urbanen französischen Generalität das Ihre: „Die wichtigsten Dinge haben wir [...] in der Stube ausgemacht, wo jeder von uns beiden ein Kind auf den Knien hatte",[47] meinte Oberst Moreigne beim Abschied 1953.

Das Fehlen des „C" im Parteinamen und die Priorität der „Bannung der Not" ließen Ilg erst im Oktober mit der Parteiarbeit für den Wahlkampf beginnen. Die Bürgermeister wurden aufgefordert, junge Kräfte mit „reinen und sauberen Händen" aus allen Berufsständen für den „Aufbau unseres neuen Vaterlandes" zu gewinnen.[48] Bezirksdelegiertentagungen nominierten ihre Kandidaten, welche am 31. Oktober 1945 auf dem ersten Landesparteitag im Hotel Mohren in Dornbirn endgültig gereiht wurden. Streng wurde auf die bündische und die regionale Verteilung geachtet. Nach dem Bauernbündler Ilg folgten Andreas Sprenger, ein Angestellter aus Bludenz, und Dr. Josef Feuerstein, Rechtsanwalt aus Bregenz, auf der Liste. Wahlreden, Plakate und eine Radioansprache bestimmten die technische Wahlkampfstrategie. Die Vorführung von drei Diapositiven im Ton-Kino waren – bei 68 Prozent Frauenanteil, da ehemalige Nationalsozialisten nicht wählen durften – eher fürs „frauliche Gemüt" gedacht.[49] Inhaltlich wurde das „österreichische Selbstbewußtsein" den „verschwommenen internationalen Ideen" gegenübergestellt.[50] Die Wahlpflicht wurde,

---

43 Herbert KESSLER: Die Gründung der Zweiten Republik und die Wiederrichtung des Landes Vorarlberg im Jahre 1945. – In: Montfort 1/1985. S. 260–264.
44 Jürgen KLÖCKLER: Die Ursprünge der „Alpenlandpläne" nach 1945. – Der Bodensee im Zentrum einer süddeutschen Konföderation. – In: Klaus PLITZNER (Hg.): Dr. Emil Schneider. – Ein Unterrichtsminister aus dem schwärzesten Österreich. – In: Schriften des Vorarlberger Landesarchivs (in Vorbereitung, ca. 1996).
45 HANISCH, Der lange Schatten. (siehe Anm. 39) S. 404.
46 Vorarlberger Nachrichten (VN), 1. 10. 1945, S. 1.
47 Ulrich ILG: Meine Lebenserinnerungen. – Dornbirn 1985. S. 75.
48 VVPArch: Ordner E: Rundschreiben. E/1 vom 3. 10. 1945.
49 VVPArch: Ordner A4: vom 21. 11. 1945.
50 VV, 21. 11. 1945, S. 1 (Eugen LEISSING).

nicht nur mit dem alten Vorarlberger Spruch „Nit lugg lo!"[51], zur „Ehrensache"[52] hochstilisiert, galt es doch, den Überlebenswillen zu demonstrieren und die Scharte „Vom Staat, den keiner wollte"[53] aus der Zeit der Ersten Republik auszumerzen.

Der „ruhigste Wahltag seit Menschengedenken"[54] brachte der ÖVP eine auch für Ilg „unerwartete"[55] Zweidrittelmehrheit mit über 70 Prozent, die SPÖ verbuchte einen „nennenswerten Erfolg", und die KPÖ erhielt „meistens kleine Minderheiten".[56] Nur im „roten Hard" erreichte die ÖVP bei dieser „Damenwahl" nicht die absolute Mehrheit.[57] An der „parteipolitischen Grundhaltung [hat sich] in der verflossenen a- und antidemokratischen Periode" nichts geändert: „Die Natur macht keine Sprünge", analysierte der Landesstatistiker Dr. Ferdinand Ulmer trocken.[58]

Am 11. Dezember 1945 wurde Ilg mit 25 von 26 Stimmen zum Landtagspräsidenten und anschließend unter seinem Vorsitz mit 24 von 26 Stimmen zum Landeshauptmann gewählt. Eine Wahl in den Bundesrat hatte er Tage zuvor in den Parteigremien abgelehnt. Seit der Einführung des Vorarlberger Landtages 1861 hatte der Landeshauptmann stets auch das Amt des Landtagspräsidenten inne. Von den sieben Landesräten stellte die SPÖ mit Jakob Bertsch und Hans Draxler zwei. Sprenger (ÖVP) und Draxler erhielten keine Referate, dafür aber auch nur ein Drittel des Gehaltes.[59] Der Sinn lag in der „Einbindung [. . .] in die Regierungsverantwortung und einer vermehrten Information der Minderheit zwecks erleichterter Kontrolle",[60] schreibt der Augenzeuge Grabherr. „Im Unterschied zu dem in anderen Ländern üblichen Proporzwahlrecht, war in Vorarlberg bereits mit der Landesverfassung 1923 für die Bestellung der Regierung das Mehrheitswahlrecht verankert worden. Wie nach dem Ersten Weltkrieg banden die ‚Schwarzen' jedoch auch nach dem Zweiten Weltkrieg die anderen Parteien freiwillig mit [mindstens] je einem Vertreter in die Landesregierung ein; ab 1945 die SPÖ und mit der Gründung des WdU 1949 (später FPÖ) auch das national-liberale Lager."[61] Der in westlichen Demokratien an sich übliche Regierungsmajorz als Vorarlberger Spezifikum (von der SPÖ von Beginn an bekämpft, von der FPÖ seit Beginn der neunziger Jahre in Frage gestellt) eröffnete der absolut regierenden ÖVP von Anfang an einen ungleich größeren Gestaltungs- und Profilierungsspielraum als in anderen Bundesländern.

---

51 „Nicht locker lassen!" Gedicht von Dr. Ludwig Seeger 1886.
52 VV, 24. 11. 1945, S. 1.
53 Hellmut Andics: Vom Staat, den keiner wollte. Österreich 1918–1938. Wien 1962.
54 Neue Zürcher Nachrichten: zit. nach der Vorarlberger Landeskorrespondenz, 27. 11. 1945, S. 4.
55 VV, 24. 11. 1945, S. 1.
56 VN, 26. 11. 1945, S. 1.
57 VV, 4. 12. 1945, S. 2.
58 uf [Ulmer Ferdinand]: Vorarlberger Wahlstatistik. – In: Landeswirtschaftsamt Bregenz/Abteilung Statistik (Hg.): Vorarlberger Wirtschafts- und Sozialstatistik 1945 (VWSSt). S. 49–92, 176–202; S. 201 u. 50.
59 Regierungssitzungsprotokolle: 7. Sitzung vom 31. 1. 1946. (Dr. W. Längle sei für diese Mitteilung gedankt.)
60 Elmar Grabherr: Vorarlberger Geschichte. – Bregenz 1986. S. 280.
61 Werner Brandtner, Franz Hämmerle, Johannes Müller: Der Vorarlberger Landtag. – In: Herbert Schambeck (Hg.): Föderalismus und Parlamentarismus in Österreich. – Wien 1992. S. 539–588, S. 552.

Ilg galt allgemein als geradlinig, ehrlich und bescheiden. In seinem Gottvertrauen bleibe er Vorbild für jeden Politiker, meint Purtscher.[62] Der sozialistische „Vorarlberger Volkswille" beschrieb ihn als „mordspfiffigen" Politiker",[63] und Lois Weinberger, einer der ÖVP-Begründer, sah in ihm „einen der klugsten Köpfe", der es vorzog, im Ländle König zu sein als vorübergehend in Wien Kaiser.[64] Für den tiefgläubigen Ilg war „Politik die Kunst des Möglichen".[65] „Erfolg und Mißerfolg [waren] in erster Linie von einer höheren Gnade abhängig."[66] Ankündigungspolitik in Form einer „Regierungserklärung" lehnte er ab. Dies sei in diesem Lande nicht üblich. Mit „propagandistischen Erklärungen" sollten keine Hoffnungen geweckt werden, „die vielleicht nicht in Erfüllung gehen werden".[67] Schnelles Handeln tat in der Nachkriegszeit not, „auch wenn er die Politik der kleinen Schritte bevorzugt".[68] Dagegen lehnte Ilg zeitraubende Sitzungen ab, auch wenn dies von außen „der Landesverwaltung einen autoritären Eindruck" verlieh[69], was Raab – für Ilg eher belobigend als tadelnd – als „Demokratur" bezeichnete.[70]

Anfangs freute sich Ilg über nur vier Stück Landesgesetzblätter pro Jahr. Denn schon in Rom habe gegolten: wenig Gesetze, hohe Blüte des Staates. Ernährungssicherung, soziale Fürsorge, Wiederaufbau der Landesverwaltung, Inganghaltung der Betriebe und Aufnahme der Wirtschaftsbeziehungen zur Schweiz waren die dringendsten Vorhaben der „Bauernregierung".[71] Besonders hervorzuheben ist dabei das Abkommen über die Wirtschaftsstelle Vorarlberg-Schweiz, das noch im Dezember 1945 zwischen Vorarlberg und Bern vereinbart wurde. Schweizer Arbeitgeber zahlten Teile der Löhne der Grenzgänger aus Vorarlberg in Schweizer Franken an die Wirtschaftsstelle. Diese wiederum zahlte die Löhne aber in Schilling aus. Die so gesammelten Frankenbeträge konnten von der Wirtschaftsstelle für lebenswichtige Importe zur Verfügung gestellt werden. 1960 sollte die Liquidationsmasse zum Bau von Berufsschulen verwendet werden.[72]

Eine saubere Durchführung der Entnazifizierung war eine schwierige Angelegenheit, die „jedem bis zum Halse" reichte. „Mehr wie einmal habe ich in praktischen Härtefällen" mehr mein Gewissen als die Gesetze beachtet, bekannte Ilg: „[. . .] nicht viel reden, aber Gott mehr gehorchen als den Menschen."[73] Das Verhältnis zur Besatzung war nicht ungetrübt, Aussprachen meist „erträglich und fruchtbar". Während es zu den wenigen Kommunisten so gut wie keinen Kontakt gab, besprach man

---

62 Martin PURTSCHER: 40 Jahre Zweite Republik Österreich. 40 Jahre wieder selbständiges Land Vorarlberg. 30 Jahre Staatsvertrag. – In: Monfort 1/1985, S. 255–259; S. 255.
63 VVw, 8. 10. 1954, S. 5.
64 Lois WEINBERGER: Tatsachen, Begegnungen und Gespräche. Wien 1948. S. 269.
65 VVPArch: LPT 1953: Bericht v. ILG. S. 12.
66 VV, 12. 12. 1945, S. 2.
67 VVw, 14. 12. 1945, S. 3.
68 ILG: Lebenserinnerungen. (siehe Anm. 47) S. 91.
69 VVPArch: LPT 1947: Antrag #5. S. 7.
70 ILG: Lebenserinnerungen. (siehe Anm. 47) S. 76.
71 VVPArch: LPT 1947: Referat [ILG]. S. 7.
72 Franz VÖGEL: Hundert Jahre Vorarlberger Landtag 1861–1961. – In: Landstände und Landtag in Vorarlberg. – Bregenz 1961. S. 91–191; S. 191.
73 VVPArch: LPT 1947: Referat [ILG]. S. 7.

mit den Sozialisten vieles bei der allmorgendlichen Fahrt im Regierungswagen[74] von Dornbirn nach Bregenz. Das Programm der SPÖ verteufelte der ÖVP-Nationalrat Franz Grubhofer hingegen als klassenkämpferisch und religionsfeindlich, das den Apparat über den Menschen stelle.[75] Die Mitarbeit der Sozialisten in der Regierung sei anerkennenswert, deren Wettern vor der Presse aber abzulehnen.[76] Ähnliches sollte sich 1974 und 1994 wiederholen. „Ernst Winder hat als Mitglied der Regierung Opposition gespielt!"[77] lautete der Vorwurf, und es kam zu keiner Einigung über den Eintritt der Sozialisten in die Regierung. Seit 1989 betrieb Mag. Ewald Stadler vom Regierungspartner FPÖ eine geschickte Anfragepolitik. Nach den Landtagswahlen 1994 soll sein Abgang in den Nationalrat nach Wien anscheinend Bedingung der ÖVP für einen Wiedereintritt der FPÖ in die Landesregierung gewesen sein.

„Schon seit dem Jahre 1870[78] regiert in diesem Hause immer die gleiche Mehrheit", wetterte der sozialistische Budgetredner Ende der 1950iger Jahre im Landtag. „Aus dieser Tradition [stammen] sparsame, föderalistische, freiheitsliebende, christliche, demokratische und sachliche Verwalter",[79] konterte Ilg am folgenden Parteitag. Für ihn war die ÖVP eine „alle Stände" umfassende demokratische Partei, die „das allgemeine Wohl"[80] voranstellte, um den „geistigen und seelischen Lebensstandard" zu heben.[81] Sparsamkeit und Fleiß könnten nicht von oben angeordnet werden, sie seien Frucht der Volkserziehung. Eine Verländerung der Schule sei daher anzustreben, ebenso die Beibehaltung der Mittagspause im öffentlichen Dienst, da sie die „Prokuktivität" günstig beeinflusse.[82] Anstellungen erfolgten nach den Fähigkeiten.[83] Der Verband der Unabhängigen (VdU) und der „Vorarlberger Volkswille" hingegen prangerten das „CV-geschwängerte Treibhausklima" in der Landesverwaltung an, „in dessen schwüler Luft die geistige Bewegungsfreiheit [...] erstickt wird." Daher wollten sich die Sozialisten für die „,kündbaren' Opfer der CV-Spinne", jene „Mädel", die als „Hochzeitsgabe von der OeVP-Landesregierung das Kündigungsschreiben" erhielten, einsetzen und für ein modernes Landesdienstrecht plädieren.[84] Bei „lediglich 44 Prozent, das ist nicht einmal die Hälfte",[85] könne man, so Ilg, nicht von einer CV-Domäne sprechen.

„Die Finanzwirtschaft Vögel'scher Prägung", relativ geringer Personalaufwand und Rücklagen in Zeiten der Konjunktur für Zeiten der Not durch Beschränkung neuer Schulden,[86] war den Sozialisten stets ein Dorn im Auge. Das Neinsagenkönnen, so Ilg, bewahre „vor einer unerträglichen Bürokratie",[87] denn dies sei keine „Bremse

---

74 Vulgo „Lumpasammler".
75 VV, 31. 3. 1956, S. 2.
76 VVPArch: LPT 1947: Antrag #5. S. 3.
77 Neue Vorarlberger Tageszeitung (Neue), 1. 9. 1994, S. 13.
78 Damals saßen 15 Konservative vier Liberalen gegenüber.
79 VV, 16. 2. 1959, S. 3.
80 VVPArch: LPT 1964: Polit. Rechenschaftsber. [Ilg] S. 1.
81 VV, 23. 3. 1964.
82 VVPArch: LPT 1959: Grundsatz in der Landesverwaltung. [Ilg] S. 1.
83 VVPArch: LPT 1964: Polit. Rechenschaftsber. [Ilg] S. 2 f.
84 VVw, 30. 9. 1954, S. 1.
85 VV, 15. 9. 1954, S. 2.
86 VV, 16. 2. 1959, S. 3.
87 Die Ostschweiz, 20. 2. 1959.

am gesunden Fortschritt, sondern Bedachtnahme auf das allgemeine Wohl."[88] Noch heute bewundert Leißing die Finanzphilosophie des „Sparefrohs" Vögel, der zwischen 1934 bis 1938 und 1945 bis 1964 insgesamt 25 ausgeglichene Landesvoranschläge[89] eingebracht hatte: „Herrgott, wenn as eng wird, denn müesse-mr-wieder boua, denn muaß ma luaga, daß d'Lüt Arbet hond, bloß koan Arbeitsloasa." Für Leißing ist die Wohnbauförderung eine österreichweite Pionierleistung, „das muß jeder Rote anerkennen".[90]

Wirtschaftlich lehnte Ilg die Rückkehr zur Bewirtschaftung und Preisregelungen ab. „Vorübergehende Schwankungen" waren für ihn das „kleinere Übel".[91] Wenige verstaatlichte Betriebe und systematische Förderung der privaten Initiativen, die zur Selbsthilfe und Leistungsfreude anspornen würden, so Ilg, seien am besten. Junge Leute, zum „Staatsrentnertum" erzogen, würden zum „Schuß, der sich nach hinten entlädt", werden.[92] Nicht nur hier legte Ilg „Schienen"[93], auf denen der „Zug Vorarlberg" weiterfuhr und fährt.

Für Ilg war echte Subsidiarität notwendig, denn ein gesunder Staat brauche „naturverbundene, unverweichlichte und religiös verwurzelte Familien". Föderalismus hingegen bedeute „nicht Egoismus und Distanzierung vom übrigen Österreich, sondern bessere Demokratie".[94] In Vorarlberg wurden 14 bis 17 Prozent des Landesbudgets für die Verwaltung ausgegeben, verglichen mit 28 Prozent der übrigen Bundesländer.[95] Diese Tatsache und das Lob des Rechnungshofes bewiesen für Ilg, daß ein föderativer Staatsaufbau die billigste Verwaltung biete.[96] Die zentralistische Auslegung im „Rundfunkstreit" 1955 veranlaßte ihn, das Große Goldene Ehrenzeichen mit Stern für Verdienste um die Republik Österreich zurückzulegen. Davon riet ihm Bundeskanzler Raab ab. Seither liegt es verwaist im Tresor des Vorarlberger Landesarchivs.[97]

Kulturpolitik bestand für Ilg „nicht nur im Geldausgeben für Kunst und Heimatpflege, sondern in einem guten Zusammenwirken zwischen öffentlichen und kirchlichen Stellen".[98] Wie in allen anderen Bereichen war auch hier die Selbstverwaltung oberstes Ziel:[99] Eine eigene Diözese Feldkirch wurde aber erst 1968 Wirklichkeit. Österreichweites Aufsehen in der Kulturpolitik erregte die Filmbegutachtungskommission. Die „Keuschheitsverwalter" verlautbarten die Filmverbote im Amtsblatt.[100]

---

88 VV, 16. 2. 1959, S. 3.
89 Taschen-Jahrbuch f. d. Vorarlberger Landwirt 1966, S. 39.
90 Interview mit BR Eugen Leissing am 26. 1. 1993 in Bregenz [Tonbandaufzeichnung im Besitz des Verfassers].
91 VN, 13. 9. 1954.
92 VV, 16. 2. 1959, S. 3.
93 Interview mit Minister Jürgen Weiss am 6. 10. 1994 in Bregenz [Tonbandaufzeichnung im Besitz des Verfassers].
94 Die Ostschweiz, 20. 2. 1959.
95 Ilg: Lebenserinnerungen. (siehe Anm. 47) S. 77.
96 VV, 5. 9. 1949, S. 3 f.
97 VLA: Ilg Akten. Brief: LH Ilg an BK Raab 7. 2. 1955. Danke für diesen Hinweis: Univ.-Prof. DDr. Burmeister u. Dr. Längle.
98 VVPArch: LPT 1953: Bericht des LPO LH Ilg. S. 6 f.
99 VVPArch: LPT 1964: Polit. Rechenschaftsber. [Ilg] S. 6.
100 VV, 29. 11. 1955, S. 1 f.

Im Verwaltungsbereich lagen die Schwerpunkte anfangs bedingtermaßen im land- und forstwirtschaftlichen Bereich. Verbilligte Kredite für Industrie, Gewerbe und Fremdenverkehr erhöhten die Zuwanderung aus Innerösterreich in den „Goldenen Westen".[101]

Mitte der 1950er stellte die Landesregierung ihre Arbeit mit dem Buch „Der Aufbau Vorarlbergs 1945–1954" bereits selbstbewußt vor, aber auch in der bekannten mythologisierenden Darstellung des Vorarlbergers:[102] „Der angeborene Fleiß des Vorarlberger Volkes, die ingeniöse Tüchtigkeit der Betriebsinhaber und die Verwaltung des Landes ergeben einen Dreiklang, durch den Vorarlberg an die Spitze der wirtschaftlichen, man darf wohl auch sagen, der kulturellen Entwicklung unseres Erdteils gerückt ist. Die steigende Beachtung, die Vorarlbergs Leistungen in der großen Welt finden, ist äußeres Zeugnis des Segens, den wohl jede Vorarlberger Familie am eigenen Leibe fühlt."[103]

Was die Außenpolitik betraf, so begannen Ende der 1950er Jahre die Bodenseetagungen christlicher Politiker, eine Tradition, die ebenfalls in die Zwischenkriegszeit zurückreichte. Gedankenaustausch, gegenseitige Besuche, aber auch Parteitagsreden zeugen heute noch von der guten Kooperation zwischen den Parteien gleicher Gesinnung.[104]

Das zweitschlechteste Nationalratswahlergebnis von 1962 (55,9 Prozent) leitete schließlich den Generationswechsel ein. Noch werde das höchstindustrialisierteste Bundesland der Zweiten Republik „vom Misthaufen aus regiert",[105] hieß es bissig aus Wien; „zu wenig flexibel" und „stockkonservativ" parteiintern.[106] Eine „ÖVP-Reform an Haupt und Gliedern" war nötig, denn der Bauernbund stellte nach 19 Jahren immer noch Landeshauptmann und Finanzreferent.[107] Wie bei der „Hofübergabe" im bäuerlichen Milieu trat Ilg ins zweite Glied zurück und wurde Finanzreferent, um den „Strukturwandel [...] zu lenken".[108]

V. „Tue recht und scheue niemand!"[109]

Vom Landesbeamten zum „Landesgestalter": Dr. Herbert Keßler 1964–1987

1964 schlug Ilg den 39jährigen Dr. Herbert Keßler, Sohn des späteren Rankweiler Gemeindearztes, als seinen Nachfolger vor, der, so die „Wochenpresse", einer Gruppe „zorniger junger Reformer" zugerechnet wurde.[110] Landesstatthalter Dr. Gerold Ratz und der Bregenzer Bürgermeister Dr. Karl Tizian, er wurde zum Landtagspräsidenten

---

101 Karl Heinz BURMEISTER: Geschichte Vorarlbergs. – 3. Aufl. Wien 1989. S. 197.
102 Markus BARNAY: Die Erfindung des Vorarlbergers. – In: Beiträge zu Geschichte und Gesellschaft Vorarlbergs 3, Bregenz 1988. Im Literaturverzeichnis scheint dieses Zitat nicht auf.
103 Der Aufbau Vorarlbergs 1945–1954. S. 18.
104 VVPArch: LPT 1959: Rechenschaftsber. [NAUMANN] S. 18.
105 Wochenpresse, 17. 8. 1963.
106 Wochenpresse, 4. 4. 1964.
107 Wochenpresse, 17. 8. 1963.
108 VV, 29. 7. 1964.
109 XX. Vlbg-LT vom 29. 10. 1964.
110 Wochenpresse, 4. 4. 1964.

gewählt, kamen nicht zum Zug. Keßler war der erste Vorarlberger Landeshauptmann, der nicht aus den Reihen des CVs kam, sieht man einmal vom Bauern Ilg ab.

Nach seinem Kriegseinsatz studierte Keßler in Innsbruck Jus und trat noch vor der Novemberwahl 1945 der ÖVP-Innsbruck als Mitglied bei, worauf er heute „fast ein bißchen stolz" ist.[111] Nach der Promotion 1949 kehrte er nach Vorarlberg zurück, wurde in der Ortsgruppe Rankweil aktiv und schließlich 1957 zum Bürgermeister gewählt. Bereits 1954 war er in den Landtag entsandt worden.

Trotz manchem „Keßler-Treiben", so der nicht gerade Keßler-freundliche „Kurier", avancierte er von 1964 bis 1987 zum Langzeit-Landeshauptmann, da er ganz einfach dann „am schlagkräftigsten [war], wenn er herausgefordert" wurde. Für den „Kurier" wirkte Keßler „farblos" und blieb stets, was er war, ein korrekter, fleißiger Beamter, „geachtet [von] seinen Parteifreunden".[112] „Mag ein Wallnöfer, ein Niederl [...] als Fürst angesehen werden – Keßler ist es nicht", so „Die Presse". Denn mit einer Wahl im Ländle bekomme jeder Politiker „eine Pflicht, aber keine Würde übertragen".[113] Im Gegensatz zu Keßler sei der burgenländische Landeshauptmann Dr. Theodor Kery, „selbstherrlich, nicht demütig und machtbesessen", nicht „nur" von der politischen, sondern auch von der gesellschaftlichen Bildfläche verschwunden, interpretierte Universitätsprofessor Dr. Norbert Leser[114] die unterschiedlichen Auswirkungen der Macht bei Landeshauptleuten. Trotz „Saurer-Wiesen-Zeit" galt Keßler allgemein als unbestechlich und integer, auch gegenüber dem „Bregenzer Medienzaren und Keßler-Intimfeind", dem VN-Chefredakteur Franz Ortner.[115] Für Dr. Günther Keckeis von der SPÖ war Keßler ein „zutiefst strukturkonservativer Politiker", der gegen den Sozialismus „Mauern" bauen wollte und „für den der Feind links stehe".[116] Kaspanaze Simma, Wortführer der oppositionellen AL/VGÖ, der Alternativen Liste Österreichs und der Vereinten Grünen Österreichs, ehemals Mitglied der VP-Jungbauernschaft, blieb seiner „Politik mit Liebe" bei der Verabschiedung von Keßler treu und bedankte sich, trotz aller Abwehrschlachten, für die zwischenmenschliche „Wärme" und das notwendige Zeitlassen bei Entscheidungen.[117]

Für Keßler hat sich die Politik der ÖVP an der im „Naturrecht wurzelnden christlichen Verantwortung" zu orientieren. Rechtsstaat, Solidarität, Subsidiarität und Föderalismus waren für ihn die Grundlagen der Arbeit.[118] Er gab der Einzelpersönlichkeit, dem Privateigentum, der sozialen Marktwirtschaft und der Begabung den Vorzug gegenüber dem Kollektiv, dem Staatseigentum, der Planwirtschaft und der Nivellierung, um damit die persönliche Freiheit besser wahren zu können. „Zunächst buchte der agile Rankweiler AAB-Mann Erfolge en masse: die Fussachaffäre peitscht die kalten Wogen des

---

111 Interview mit Landeshauptmann Dr. Herbert KESSLER am 12. 1. 1993 in Rankweil [Tonbandaufzeichnung im Besitz des Verfassers].
112 Kurier, 17. 11. 1983, S. 5.
113 Presse, 18. 10. 1979.
114 Herrn Univ.-Prof. Dr. Norbert LESER bin ich für zahlreiche Diskussionen, Ratschläge und Interpretationen zu Dank verpflichtet.
115 Wochenpresse, 19. 3. 1985, S. 28.
116 XXIV. Vlbg-LT: Sondersitzung vom 9. 7. 1987. S. 345.
117 XXIV. Vlbg-LT: Sondersitzung vom 9. 7. 1987. S. 349.
118 VVPArch: LPT 1971: Für ein Modernes Vorarlberg. Entwurf 28. 2. 1972, S. 2.

Bodensees den Sozialisten ins Gesicht."[119] Über 20.000 Demonstranten, so die VN, hatten sich am 21. November 1964 in Fußach eingefunden, um gegen die Benennung eines Bodensee-Schiffes auf den Namen „Dr. Karl Renner" mobil zu machen, während Keßler am gleichen Tag in Wien als Landeshauptmann angelobt wurde.

Selbstbewußt hielt die zur „Kaderpartei"[120] gewordene Volkspartei den Landesparteitag 1967 im ehemals „Roten Hard" ab. Die erfolgreiche Sachpolitik und der Wahlerfolg der ÖVP-Alleinregierung 1966 überdeckten die innerparteilichen Probleme, die mit einer Profilierung der Bünde einhergingen. Es gelang zwar die bündischen und regionalen Interessen „in einer Art schwebendem Gleichgewicht" auszutarieren,[121] doch die „Verlebendigung der Demokratie" (Josef Klaus) blieb auf der Strecke, Kreiskys Zauberwort von der „Demokratisierung der Gesellschaft"[122] für manchen ein Wunschtraum. Die „Wir-wollen-diskutieren!"-Generation, im Geiste der Antiautorität, richtete sich auch im Westen gegen das Establishment. „Flint", ein Open-air-Festival in „Woodstock-Manier" mit „bewußtseinserweiternden Drogen in Form von Musik und Lyrik", sollte den „kulturellen Faschismus" überwinden helfen. Doch 1970 wurde die Abhaltung verboten und ein Jahr später der Veranstaltungsort, die Neuburg beim Kobel, schneller als vorgesehen, unter Naturschutz gestellt. „Rauschgift im Spiel? Ich tät's wieder verbieten", soll Keßler gesagt haben. Wenig später beging die Landesregierung mit dem Autobahndurchbruch beim Udelsberg (Kummenberg) in unmittelbarer Nähe für viele „die größte Umweltsünde" im Lande.[123]

Bereits kurz nach seiner Wahl zum Landesparteiobmann hatte Keßler angekündigt, daß er „in enger Tuchfühlung mit der Presse [und] aller Gutgesinnten"[124] nicht nur bereits Geleistetes präsentieren, sondern in Grundsatzprogrammen die „praktischpolitischen Arbeiten" der Bevölkerung auch vorstellen wolle.[125] Im Aktionsprogramm „Mit uns gemeinsam für Vorarlberg" für die Landtagswahlen 1969 warb die ÖVP für ein „leistungs- und europaorientiertes Vorarlberg [und] einen gesunden Lebensraum".[126] Die 50,03 Prozent, 105 Stimmen über dem Stimmenmehr, waren ein deutliches Zeichen des Zeitgeistes und sollten bis 1994 das schlechteste Ergebnis bleiben. „Altmodisch und konservativ", beurteilten drei von vier Vorarlbergern die ÖVP in einer Ende 1972 von der „Neuen Vorarlberger Tageszeitung" in Auftrag gegebenen Umfrage.[127] Dazu hatte die ÖVP in den Gemeindewahlen von 1970 die Bürgermeistersessel der Städte Bregenz und Bludenz an die Sozialisten verloren. Die Ablehnung der Bregenzer Autobahntrasse „Unterflur" (gebaut wurde der „Pfändertunnel") ist für Keßler noch heute die größte Niederlage seiner Amtszeit.[128] Der stete

---

119 TT, 25. 3. 1972.
120 SN, 17. 4. 1967.
121 SN, 18. 4. 1967.
122 HANISCH: Der lange Schatten. (siehe Anm. 39) S. 457.
123 Peter FÜSSL: 20 Jahre Flint. – In: Kultur – Zeitschrift für Kultur und Gesellschaft 7/1991. S. 4–8.
124 Salzburger Volkszeitung, 6. 4. 1964.
125 VV, 6. 4. 1964, S. 1.
126 VV, 19. 9. 1969, S. 1.
127 Neue, 1. 9. 1994, S. 13.
128 Auf die Fragen: Was war ihr größter Erfolg, was ihre größte Niederlage? antwortete KESSLER im Jänner 1993: Das Hartbleiben gegenüber der VN in Sachen Medienförderung bzw. die Autobahntrasse im Raume Bregenz.

Kampf der Medien und interne Streitigkeiten in der Bregenzer Stadt-ÖVP, aber auch das Angebot des neuen Bundeskanzlers Dr. Kreisky an unzufriedene Intellektuelle, „mit ihm ein Stück des Weges zu gehen", traumatisierten die Stadt-ÖVP auf 20 Jahre hinaus. Für den dynamischen Bauingenieur Dipl.-Ing. Fritz Mayer schien es keine Hürde zu geben. Bürgernähe und Beton werden auch heute noch in Bregenz mit dem Namen des SPÖ-Bürgermeisters assoziert: Pfändertunnel und Festspielhaus.

1972 forderte Keßler im ÖVP-Aktionsprogramm „Für ein modernes Vorarlberg" eine Rückbesinnung und ein Bekennen zu den Wurzeln, so die „Arbeiter-Zeitung". Die Propagierung der Leistungsgesellschaft und das Ablehnen des „Kreisky-Sozialismus" bzw. das „Linksüberholen" seien als Grundsatzprogramm zuwenig.[129] Erstmals wurden Maßnahmen für die „berufstätige Frau" und die „Pendler" gefordert.

„Nicht alles, was gärt, wird ausgegoren."[130] Der geplante Sturz des Landesparteiobmannes 1973 durch die „Junge ÖVP", sie bot Dipl.-Ing. Otto Amann als Gegenkandidaten auf, endete im Triumph für Keßler und mit der Zementierung seiner Stellung auf Jahre hinaus. Weitere viermal erhielt er am Landesparteitag Mehrheiten von über 85 Prozent.[131] Die Verfassungsbeschwerde gegen die ORF-Reform und seine Ablehnung des grenznahen Atomkraftwerkes Rüthi im schweizerischen Rheintal sowie der Fristenlösung schafften ihm vor den Landtagswahlen 1974 grenzenlose Sympathien.[132]

1974 präsentierten im Landtagswahlkampf die Landtagsabgeordneten einen zehnteiligen „ÖVP-Plan".[133] Mit dem „Demokratieplan" sollte das „Verhältnis Bevölkerung – Mandatar" enger gestaltet werden, weshalb Mehrfachfunktionen nur ausnahmsweise gestattet werden sollten. Mit der neuen Geschäftsordnung sollte eine arbeits- und entscheidungsfähige Landesregierung erreicht werden, in der „möglichst weitreichende Delegierungen [...] ein kostenbewußtes und sparsames Denken in der Verwaltung" schaffen. Ferner wurde in diesem Plan ein föderalistischer Bundesrat mit absolutem Vetorecht und gleich viel „Senatoren" pro Bundesland gefordert. Auch 20 Jahre später mutet dies zum Teil noch „revolutionär"[134] an. So forderte Landeshauptmann Purtscher 1994 die Bundesräte vergeblich auf, sich „nicht als Anhang des Nationalrats", sondern als eine eigenständige parlamentarische Vertretung zu artikulieren: „Setzen Sie ein Zeichen. Weisen Sie den Nationalrat in die Schranken."[135]

Auf Regierungsebene endete nach den Regierungsverhandlungen von 1974 die Konsenspolitik mit den Sozialisten. Landesrat Ernst Winder von der SPÖ hatte eine eigenständige Politik betrieben und seine Fraktion vom Anfragerecht vermehrt Gebrauch gemacht, was zur offenen Konfrontation führte. Winder forderte eine Demokratiereform und eine proporzmäßige Vertretung der Parteien in der Vorarlberger Landesregierung.[136] Die SPÖ, so beschloß der Parteirat im März 1974, wollte „nur

---

129 AZ, 28. 3. 1972.
130 Präsent, 15. 11. 1973.
131 VVPArch: LPT 1986. Information vom 11. 10. 1986. S. 1.
132 Presse, 3. 8. 1974.
133 VVPArch: LPT 1974: Herbert Kessler: „Unsere Politik heißt Vorarlberg – Die Volkspartei vor der Landtagswahl 1974". S. 1–39; S. 4.
134 Presse, 11. 4. 1974.
135 Martin Purtscher: Eine historische Nagelprobe. – Bundesrats-Debatte über das „EU-Begleitgesetz". (Redeunterlage) Wien, Parlament 20. 12. 1994. S. 1–8; S. 8.
136 Neue, 2. 9. 1994, S. 18.

noch unter fairen Bedingungen" in der Regierung mitwirken. Dies sollte sich als „Mühlstein am Hals" herausstellen.[137] Damit sollte sich die SPÖ bis heute (1994) um die Regierungsbeteiligung bringen. Die ÖVP band fortan nur noch eine Fraktion in die Regierungsverantwortung ein. Die „Konkordanzdemokratie" der Nachkriegszeit hatte endgültig ein Ende gefunden.

„Wie er [Winder] sich räuspert und wie er spuckt, das hat er ihm [Kreisky] trefflich abgeguckt",[138] eine Feststellung aus Keßlers Mund am Parteitag 1978 verdeutlichte die Emotionalität, mit der nicht nur die Auseinandersetzung mit Winder und Kreisky, sondern auch mit dem Sozialismus überhaupt geführt wurde. Keßler geißelte das Wiener SPÖ-Programm als „ein Instrument der Irreführung"[139] und den schwedischen „Myrdal-Report" als „Bibel des Sozialismus". Eine noch so großzügige Sozialpolitik dieses „schwedischen Modells" könne die „immateriellen Schäden" wie Menschlichkeit und Geborgenheit nicht verhindern. Die Nivellierung bringe den „Weg in den Gewerkschaftsstaat[,] in dem sich Verbände mit der Technokraten-Oligarchie zusammensetzen und in einem immerwährenden Kuhhandel regeln, was zu beschließen eigentlich die Aufgabe des Parlaments wäre."[140] Auch Bertram Jäger, der 1969 das „scheinbar eherne Gesetz"[141] durchbrochen hatte und zum ersten nichtsozialistischen Arbeiterkammerpräsidenten Österreichs gewählt worden war, übte heftige Kritik an der Wirtschaftspolitik der Bundesregierung. Er forderte, bei Entscheidungen in „obersten Sinnfragen" solle konservativ und in den Strukturfragen mit der nötigen Progressivität entschieden werden.[142] Denn für ihn würden sich Konservativismus und Progressivität „sinnvoll" ergänzen. Seine „ungewöhnliche Kontaktfähigkeit", in zahllosen Betriebsbesuchen gestählt, ermöglichte ihm den direkten Zugang zum Menschen, nicht nur in Arbeiterkreisen. Nach den Medien zu urteilen, soll Jäger als Spitzenfunktionär der ÖVP beliebter, aber nicht bekannter als Keßler gewesen sein. Dennoch hat er sich öffentlich nie um das Amt des Landeshauptmanns beworben. Seine Konkurrenz zu Keßler erklärte er im Wintersport-Jargon: „Wir haben zwei Siegläufer, aber diese starten nicht in der selben Disziplin"[143], „es wird niemandem gelingen, einen Keil zwischen Keßler und mich zu treiben".[144]

Die Oppositionsrolle der ÖVP auf Bundesebene ab 1970 (bis zum Wiedereintritt in die Bundesregierung 1986) ließ eine stärkere Opposition der Vorarlberger ÖVP „gegen Wien" zu, was sich auch auf die Wahlergebnisse auswirkte.

Ende der 1970er Jahre wurde, so Karl Heinz Burmeister in seiner „Geschichte Vorarlbergs", „das Schlagwort vom ‚Vorarlberger Weg' geprägt".[145] Am 5. November 1978 tragen überwältigende 84,4 Prozent Nein-Stimmen in Vorarlberg gegen das Atomkraftwerk Zwentendorf, empfohlen von allen Parteien, vielleicht sogar entschei-

---

137 Neue, 3. 9. 1994, S. 14.
138 VVPArch: LPT 1978: ÖVP-Mittagslandesrundschau, Samstag, 29. April 1978, 13.00 Uhr, S. 2–3. (sic! statt ORF).
139 VVPArch: LPT 1978: Referat [KESSLER]. S. 1–17; S. 7.
140 VVPArch: LPT 1976: Beitrag zur Ideologiediskussion [KESSLER]. S. 1–17, S. 13 ff.
141 VLB: Bibliographische Kartei.
142 VVPArch: LPT 1978: Bertram JÄGER: Sichere Arbeitsplätze in Vorarlberg – Perspektiven aus der Sicht der Arbeiterkammer. S. 1–17; S. 15 f.
143 ÖVP-Mittagslandesrundschau (siehe Anm. 138) S. 2.
144 Wochenpresse, 12. 4. 1978.
145 BURMEISTER: Geschichte Vorarlbergs. (siehe Anm. 101) S. 203.

dend zur knappen österreichweiten Ablehnung mit 50,4 Prozent bei. Im Vorfeld der Landtagswahlen 1979 forderte die Bürgerinitiative „Pro Vorarlberg", deren Name in den Parteiunterlagen so gut wie unerwähnt blieb, mehr Rechte für Länder und Gemeinden. Durch fast 70 Prozent Ja-Stimmen bei einer Volksabstimmung der Vorarlberger Bevölkerung 1980 wurde „eine zeitgemäße Föderalismusidee in Österreich kraftvoll und nachhaltig gestärkt".[146] Das lange Eintreten für den Föderalismus wurde 1975 mit der Gründung des Föderalismus-Instituts zusammen mit dem Land Tirol in Innsbruck institutionalisiert, um den Föderalismus in der politischen Bewußtseinsbildung breiter Bevölkerungschichten tiefer zu verankern.[147]

Im LT-Wahlkampf 1979 prangerte die ÖVP die „sozialistische Mißwirtschaft" auf Bundesebene an und präsentierte ihr Programm „Vorarlberg in guter Hand". Die Volkspartei legte bei Nationalrats- und Landtagswahlen entgegen dem Bundestrend zu.

In einer Diskussion mit Vorarlberger Studenten in Graz wurde die Idee zum „Modell Vorarlberg" geboren.[148] Darin sollte den gesellschaftlichen Tendenzen Rechnung getragen werden, „dem Zweifel am Machbaren und der Zukunftsangst",[149] die dem „blinden Vertrauen in den wissenschaftlich-technischen Fortschritt" gewichen seien. Über 300 Interessierte, auch Nichtparteimitglieder, erarbeiteten kein fertiges Rezept, „sondern ein Ideenpotential mit Denkanstößen", so Jäger,[150] bzw. eine Diskussionsgrundlage für die Landtagswahlwerbung 1984, so Keßler.[151] Neu waren in diesem „Modell" die „Internationale Verantwortung" und Stellungnahmen zu alternativen Lebensformen als Antwort auf die beginnende Grünbewegung.[152]

Die Medien sprachen von einer „Totgeburt und einem ‚Alibi-Papier'", da mancher Landtagsabgeordnete angesichts „zu heikler und progressiver Vorschläge" Angst bekommen habe, „ätzte der ÖVP-‚Untergrund'".[153] Manche wechselten später die Fronten, z. B. der „Kultur-Aktionist" Mag. Ulrich Gabriel oder der spätere Berufsschuldirektor Armin Brunner.[154] Zwei schafften 1984 mit der Grünbewegung den Sprung in den Landtag: Kaspanaze Simma, ein Jungbauernbündler aus Andelsbuch, und Mag. theol. Sigfrid Peter aus Rankweil.

Die „Erdrutschwahl" 1984 brachte Unruhe in die scheinbar stabilen Vorarlberger Verhältnisse. Alle drei Parteien verloren Stimmen. Die ÖVP fiel um sechs auf 51,6 Prozent. Das Bündnis zweier Grüngruppierungen, Alternative Liste und Vereinte Grüne Österreichs (AL/VGÖ), bekam jede achte Stimme. Kaspanaze Simmas „Politik mit Liebe", die „das Positive im Gegner sieht", war gefragt.[155]

Teile des „Modells Vorarlberg" fanden sich nach der Wahlschlappe auf dem Parteitag in den „Schwerpunkten" als Richtlinie für die politische Arbeit wieder.[156] So etwa die „ökosoziale Marktwirtschaft", die zwar 1989, als auch ÖVP-Vizekanzler

---

146 Die Ostschweiz, 1. 2. 1985.
147 BURMEISTER: Geschichte Vorarlbergs. (siehe Anm. 101) S. 198.
148 M.-Modell Vorarlberg. o. J. [1983].
149 VN, 21. 11. 1983, S. 3.
150 Vorarlberger Volksbote (VVb), 25. 11. 1983, S. 3.
151 VVPArch: LPT 1983: Freiheit für Vorarlberg. Rechenschaftsber. [KESSLER]. S. D1–19; S. 18.
152 M.-Modell Vorarlberg. o. J. [1983]; S. 153 ff, 159 ff.
153 Kurier, 19. 11. 1983.
154 VVPArch: LPT 1983: Rechenschaftsber. [KESSLER]. S. D1–19; S. 18.
155 Burmeister: Geschichte Vorarlbergs. (siehe Anm. 101) S. 204.
156 VVPArch: LPT 1985: Antrag #1: „Schwerpunkte für Vorarlberg". S. B1–25; S. B1.

Dipl.-Ing. Riegler sie propagierte, im „Vorarlberger Wirtschaftskonzept"[157] der Landesregierung – als Vorreiter für ganz Österreich – Eingang gefunden hatte, aber erst nach mehreren Anläufen 1991 im Parteistatut verankert wurde.

Vorarlberg nahm während der Amtszeit Keßlers eine überaus „dynamische Entwicklung" in wirtschaftlichen und kulturellen Bereichen. Dies betonten auch seine politischen Gegner, meinte die Tageszeitung „Die Ostschweiz".[158] Unterschiedliche Auffassungen gebe es in der Akzentuierung. Die Zahl der Bevölkerung stieg um 30 Prozent von 240.000 auf über 320.000 Einwohner, jene der Beschäftigten von 64.000 auf fast 117.000. 1961 besaß jeder elfte, 1986 jeder dritte Bürger ein Auto. 1965 hatte das Landesbudget 420 Millionen, 1987 waren es mehr als sieben Milliarden, eine Steigerung um das 17fache.[159] Der Lebenshaltungskostenindex stieg während Keßlers Amtszeit von 1032 auf 3048 (Mai 1945 = 100, Dez. 1994 = 3796).[160]

„Das zweifellos bedeutendste Ergebnis" in der politischen Arbeit war die reformierte Landesverfassung vom 14. März 1984, die „mit Stimmen aus allen Parteien beschlossen" wurde.[161] Zu den Meilensteinen zählen viele ÖVPler die Verankerung der Familie: „Das Land hat die Ehe und die Familie als natürliche Grundlage der menschlichen Gesellschaft zu schützen und zu fördern."[162] Volksbegehren, Volksabstimmung, Volksbefragung, Volksanwalt sowie Kontrollrechte mit niederen Quoren zeugen vom weiteren Ausbau der direkten Demokratie.[163] Das Vorarlberger Sozialhilfegesetz von 1971 löste eine bundesweite Diskussion aus und gilt als „sozialpolitische Pioniertat" in Österreich.[164] Auch hier wurden und werden pluralistische Lösungen vor staatlichen Interventionen favorisiert.[165]

Die zahlreichen Modernisierungen in der Landesverwaltung, im Wohnbau und im Straßenbau können hier lediglich angedeutet werden. Das Landhaus, dessen Architektur allgemein anerkannt wird, aber wegen fehlender Klimaanlage vom „Palazzo prozzo" (Winder) zur Landesmikrowelle mutiert, oder die großzügigen Verkehrslösungen im Transitland Vorarlberg wie Rheintalautobahn und Arlbergtunnel seien hier stellvertretend genannt.[166]

Das erste Kulturförderungsgesetz 1974 brachte Referate für die Bereiche Kunst, Wissenschaft, Volksbildung und Heimatpflege in die Landesverwaltung, ebenso wurden in den 1980er Jahren Hochschulkurse und universitätsähnliche Institute sowie das Vorarlberger Technlogie + Transfer-Zentrum eingerichtet.[167] Das Landeskonservatorium in der alten Jesuitenschule Stella Matutina und das Zentrum für berufsbegleitende Studienprogramme in Schloß Hofen sind Zeugen, wie das Land sinnvoll

---

157 Die Vision einer konkurrenzfähigen Wirtschaft in einer lebenswerten Umwelt. – Ökosoziale Marktwirtschaft als Antwort auf die Herausforderungen der neunziger Jahre. Das Wirtschaftskonzept des Landes Vorarlberg. Bregenz 1989.
158 Die Ostschweiz, 1. 2. 1985.
159 XXIV. Vlbg-LT: Sondersitzung vom 9. 7. 1987. S. 339.
160 Vorarlberger Landesstatisik: Freundl. Mittl. von Dipl.-Vw. Horst KNALL. Danke!
161 BURMEISTER: Geschichte Vorarlbergs. (siehe Anm. 101) S. 206.
162 XXIV. Vlbg-LT: Sondersitzung vom 9. 7. 1987. S. 341.
163 BRANDTNER, Landtag. (siehe Anm. 61) S. 579 ff.
164 VVPArch: LPT 1986: Polit. Rechenschaftsber. [KESSLER]. S. 6–13.
165 VVPArch: LPT 1985: Landesparteivorstand vom 6. 8. 1985. S. 2.
166 BURMEISTER: Geschichte Vorarlbergs. (siehe Anm. 101) S. 199.
167 VVPArch: LPT 1986: Polit. Rechenschaftsber. [KESSLER]. S. 6 ff.

Denkmalschutz mit Zukunftsperspektiven vereint, manchmal auch allen politischen Kiebitzen zum Trotz.

Zu den „Perlen" unter diesen reaktivierten Bauten zählt die moderne Vorarlberger Landesbibliothek im ehemaligen Gallusstift in Bregenz. Neu sind auch die Landessportschule in Dornbirn, das Schischulheim im Montafon, und aus der Landesgalerie mit Standort Feldkirch[168] ist das umstrittene „Kunsthaus" in Bregenz geworden, mit dessen Bau 1994 begonnen werden sollte. Ein Viertel des Landesbudgets entfiel Mitte der 1980er Jahre auf die Bereiche Schule, Kultur, Wissenschaft und Sport.

Im landwirtschaftlichen Bereich wollte die ÖVP mit den Förderungsmaßnahmen den bäuerlichen Familienbetrieben helfen. Dabei sollten die ehemaligen Nahrungsmittellieferanten verstärkt Landschaftspfleger werden, um Vorarlberg als Raum jene Attraktivität zu erhalten, die für den Wechsel vom „Fremdenverkehr" zum „Qualitätstourismus" im Dienstleistungssektor – auch aus volkswirtschaftlicher Sicht – unerläßlich war und ist. Weiters wurde die Bestrafung der Tierquälerei gesetzlich verschärft. Die Rasseneinheit beim Braunvieh wurde hingegen liberalisiert, die „Schwarzbunten" erlaubt. Das Umwelttelefon der Landesregierung gilt auch heute noch als Informationsstelle. Mit diesen Maßnahmen wollte man eine Sensibilisierung der Bürger erreichen, um diese als Berater und Wächter mit einbeziehen zu können.[169] Mit der zunehmenden Industrialisierung wurden immer mehr Wasser, Luft und Boden verbraucht und verschmutzt. Konkret reagierte die Vorarlberger Landesregierung unter anderem 1971 mit dem weit über die Grenzen Österreichs hinaus ersten Luftreinhaltegesetz. Aber auch ein Netz von Kläranlagen und das Bodenschutzkonzept waren Reaktionen.

Manche Pläne, einst fortschrittlich und modern, sind heute gestorben: „Sicherung eines geeigneten und vertretbaren Anschlusses an den Flugverkehr" mit einem Flugplatz im Rheindelta, heute ein Vogelparadies, und das Projekt der Hochrheinschiffahrt.[170] Zu den Minuspunkten zählten für viele die Vorgänge um die Errichtung der Tierkadaver-Anlage in Koblach und jene bei der Wohnbauaffäre um den JVP-Obmann Dr. Walter Renner. Die Opposition forderte vergeblich Untersuchungskommissionen im Landtag, doch die schwarze Mehrheit war dagegen.[171]

„Außenpolitisch" eröffneten sich manche Möglichkeiten der Zusammenarbeit durch die Gründung der ARGE ALP 1972, der Arbeitsgemeinschaft der Alpenländer. In den Bereichen Raumordnung, Landwirtschaft, Verkehr, Kultur und Umweltschutz arbeitete man bereits in einer kleinen Welt, in der die große EU vielleicht ihre Probe hält.[172]

---

168 VVPArch: LPT 1986: Polit. Rechenschaftsber. [Kessler]. S. 16.
169 VVPArch: LPT 1986: Polit. Rechenschaftsber. [Kessler]. S. 23.
170 VVPArch: LPT 1964: Polit. Rechenschaftsber. [Ilg]. S. 10.
171 Vgl. dazu eine Glosse in der Neuen v. 29. 5. 1992, S. 10.
172 Burmeister: Geschichte Vorarlbergs. (siehe Anm. 101) S. 201.

VI. „Ideales Doppelgestirn auf dem Vorarlberger ÖVP-Himmel"[173]

Landeshauptmann Dr. Martin Purtscher & Landesparteiobmann Dr. Herbert Sausgruber

Nach den „Grünwahlen" von 1984 kündigte Keßler seinen Rücktritt an, er habe bereits 1983 darüber nachgedacht,[174] doch Parteifreunde hätten ihn gebeten zu bleiben. Ende 1984 brachte er die Trennung der Funktionen von Parteiobmann und Landeshauptmann ins Gespräch, unter der Voraussetzung, „wenn beide harmonieren".[175] Patriarchalisch wie Ilg, nominierte auch Keßler seinen Nachfolger, da ihn die Parteibasis darum ersucht habe.[176] „Berufliche Tüchtigkeit, kein Berufspolitiker, familiäre Erfahrung, standfester Charakter, ein klares weltanschauliches Fundament, Durchsetzungsvermögen und kommunalpolitische Erfahrung" waren unbedingt notwendig, Landtagserfahrung hingegen nicht.[177]

Im Landesparteivorstand Anfang 1986 schlug Sausgruber einen „umfangreichen Erkundungsprozeß" bei allen Obleuten und wichtigen Persönlichkeiten in Form von Einzelgesprächen vor, wie es auch auf Gemeindeebene gemacht werde. Ob auserkoren oder nicht, alle müßten dann „die personelle Entscheidung [...] nach außen vertreten".[178] Keßler, eingedenk der „Verheizungsmöglichkeiten", wollte seinem Nachfolger mit einer Nachrichtensperre den Rummel ersparen.[179] 1985 brach Jäger das „Schweigen" und forderte einen ÖAABler mit „entsprechender Ausstrahlung" als „Vorarlberg-Chef".[180] Dazu präsentierte er drei Kandidaten: Landesstatthalter Dipl.-Vw. Siegfried Gasser, auch Mitglied des Wirtschaftsbundes, den Feldkircher Bürgermeister Dr. Heinz Bilz und den Landtagsabgeordneten Dr. Herbert Sausgruber. Bilz lehnte das Angebot ab. Schlußendlich konnte sich der ÖAAB konnte sich auf keinen Kandidaten einigen, auch nicht auf Jäger.[181] Die Diskussion verlief äußerst emotional, einige Äußerungen wären besser nicht gefallen, stellte Keßler in Richtung ÖAAB fest.[182] Den Landeshauptmann gegen „das Linsengericht des Landtagspräsidenten und Landesparteiobmannes" einzutauschen, wie es 1986/87 mit Jäger und Sausgruber Wirklichkeit werden sollte, konnte sich Jäger zunächst nicht vorstellen, denn er wolle nicht um „eines persönlichen Vorteiles willen den ÖAAB verkaufen".[183] Von seiten des Wirtschaftsbundes wurde Dr. Martin Purtscher vorgeschlagen. Dem „Suchard'-General werden auch viele ÖAABler ihre Stimme geben", gaben sich führende

---

173 Neue, 9. 10. 1986.
174 Presse, 31. 12. 1983.
175 VN, 24. 12. 1984.
176 Presse, 29./30./31. 3. 1986.
177 Kurier, 1. 2. 1985.
178 VVPArch: LPT 1986. Niederschrift v. 27. 1. 1986. S. 4.
179 VN, 23. 3. 1985.
180 Kurier, 11. 11. 1985.
181 VN, 18. 9. 1986.
182 Neue, 25. 9. 1986, S. 2.
183 SN, 18. 9. 1986; VN, 18. 9. 1986.

Wirtschaftskreise in der ÖVP siegessicher.[184] Auch Bauern- und Frauenbund tendierten zu Purtscher.[185] Nach langem Ringen setzte sich die „Ideallösung" durch. Der 58jährige Dr. Martin Purtscher als Landeshauptmann und der 39jährige Dr. Herbert Sausgruber als Landesparteiobmann „genießen mein besonderes, persönliches Vertrauen", so Keßler. Das Duo sei „jedenfalls keine Katz im Sack, sie arbeiten seit sechs Jahren zusammen".[186]

Am Wahlparteitag 1986, so kommentierten die „Vorarlberger Nachrichten" die Parteieinigkeit, habe das Fußvolk bereits wieder „kreuzbrav" geschluckt, was von der Parteispitze „vorgekaut nach unten gelangte". Die Parteidisziplin erbrachte überraschende 98 Prozent für Purtscher und Sausgruber.[187]

Sausgruber, „ein Mann mit unkonventionellen Ideen, wirkt unscheinbar", kommentierte die Presse.[188] Er stammt aus Höchst, besuchte das Bundesgymnasium in Bregenz und studierte in Innsbruck zuerst Theologie und dann Jus. Nach Promotion und Gerichtsjahr trat er in den Landesdienst ein. Seine politische Karriere begann 1975 in der Höchster Kommunalpolitik. 1979 wurde er Landtagsabgeordneter, 1981 Klubobmann der ÖVP, 1986 Landesparteiobmann, 1989 Landesrat und 1990 Landesstatthalter. Er, Sausgruber, der aus der katholischen Mittelschulbewegung (MKV Kustersberg Bregenz) kommt, fühle sich dem „christlichen Weltbild verpflichtet, [...] Moral und Anstand müßten zu den höchsten Werten für seine Partei zählen, um glaubwürdig zu sein".[189] In diesem Bereich gilt er für manche als Traditionalist.[190] Sausgruber betont die Bedeutung von Föderalismus und Subsidiarität, sie gehörten als „wesentliche Elemente [...] zu den Wurzeln der christlichen Werthaltungen". Gleichzeitig warnt er vor einer „Atomisierung der Gesellschaft". Aus diesem Grunde sei „die Familie in ihrer Gesamtheit als Einheit zu sehen und zu stärken", menschliche Einzelinteressen seien ihr gegenüber „absolut" nachrangig.[191] Er begrüße eine engagierte Diskussion, wenn sie in „praktikable, durchsetzbare und mehrheitsfähige Entscheidungen münde, [...] auch wenn sie [die Entscheidungen] umstritten" wären.[192] Parteiarbeit sei weder eine Einbahnstraße nach oben noch nach unten. Er wolle der Basis der ÖVP aufmerksam zuhören, gleichzeitig wolle er „aber auch dieser seine eigenen Wünsche vortragen", wie etwa „Jugend und Politik" oder die „Stellung der Frau innerhalb der Partei".[193] Purtscher schätzt Sausgruber als „einen glänzenden Analytiker, der als hervorragender Rhetoriker im Landtag ohne Vorbereitung zu den meisten Themen Stellung nehmen kann".[194]

---

184 VN, 21. 12. 1985.
185 VN, 22. 9. 1986.
186 Neue, 25. 9. 1986, S. 2; Kurier, 18. 10. 1986.
187 VN, 20. 10. 1986, S. 1; SN, 20. 10. 1986, TT, 20. 10. 1986.
188 SN, 25. 10. 1986.
189 Interview mit LSH Landesparteiobmann Dr. Herbert SAUSGRUBER am 20. 1. u. 7. 2. 1995 in Bregenz [Tonbandaufzeichnung im Besitz des Verfassers].
190 Kurier, 19. 10. 1986.
191 Interview mit LPO Dr. SAUSGRUBER am 20. 1. u. 7. 2. 1995.
192 Kurier, 19. 10. 1986.
193 SN, 25. 10. 1986.
194 Neue, 9. 10. 1986.

Um „voll einzusteigen",[195] ließ sich Landesparteiobmann Sausgruber als Landesbediensteter karenzieren und legte das Höchster Gemeinderatsmandat zurück. Parteiarbeit sei „Dienst am Land Vorarlberg", nicht „Selbstzweck".[196] Die große Chance der Volkspartei sieht Sausgruber in einem gesunden Verhältnis zwischen „Bewältigung von Herausforderungen" und „Veränderung von Strukturen". Dazu gehöre aber auch das „Feststehen im Bewährten". „Bürgerlich", „rechts der Mitte", ein starker Kern mit christlicher Grundeinstellung, „gewisse liberale Elemente" und „natürlich auch Interessen", ein „Element, dessen Attraktivität im Publikum in der vergangenen Zeit vielleicht etwas gelitten hat", charakterisiert Sausgruber die Volkspartei. Die Berechtigung der Bünde finde sich, „innerhalb der Parteiinteressen Gegensätze aufzuarbeiten und in brauchbare Politik umzusetzen".

Die „Teilung der Ämter" bewähre sich „in dieser speziellen persönlichen Konstellation", sonst sei „das Risiko recht beachtlich," meinte Sausgruber Anfang 1995.[197]

Schon 1986 sah Purtscher keine „Konfliktgefahr", weil es in den wichtigsten Grundsatzfragen Übereinstimmung gebe.[198] Auch Keßler habe die Parteiarbeit einem anderen, nämlich Jürgen Weiss, überlassen, der „de facto die Arbeit eines geschäftsführenden Obmannes verrichtet habe".[199]

Purtscher wurde schon „längere Zeit bedrängt", so auch von Altlandeshauptmann Ilg auf dessen Totenbett 1985,[200] sich ganz der Politik zu stellen, seine ganze Kraft, seine Autorität und seine Beziehungen dem Ländle zur Verfügung zu stellen.[201] Er brachte keinen Generationswechsel, denn der „Manager" Purtscher war nur vier Jahre jünger als Keßler. Aber „Aufbruch" war angesagt, zahlreiche Vorhaben werde er jetzt „durchzüoa" [durchziehen], waren sich viele sicher. Mit dem Einlenken beim geplanten Ausbau des Hohenemser Flugplatzes verlor Purtscher im Bewußtsein bei den einen seinen „Managernimbus", vor allem auch bei den flugplatzfreundlichen „VN", bei den anderen schwanden Vorbehalte.

Purtscher stammt aus einer kinderreichen Bauernfamilie in Thüringen, einer kleinen Gemeinde bei Bludenz. Nach der Matura an der Handelsakademie trat er bei den Schlinser Leichtmetallwerken ein, studierte nebenbei als Werkstudent Jus in Innsbruck und erhielt nach der Promotion die Prokura. 1965 wurde er Geschäftsführer von Suchard-Bludenz und schließlich Generaldirektor von Jacobs-Suchard-Österreich.[202] Erste politische Erfahrungen sammelte Purtscher in der Gemeindestube von Thüringen und in den Regionalplanungsgemeinschaften Großes Walsertal und Walgau/Klostertal. 1964 wurde er in den Landtag gewählt, zehn Jahre später zu dessen Präsidenten und damit zum Nachfolger von Dr. Karl Tizian.[203] Am 9. Juli 1987 wurde Jäger zum Landtagspräsidenten und Purtscher mit 23 Stimmen zum neuen Landes-

---

195 Neue, 20. 10. 1986, S. 4.
196 VN, 20. 10. 1986, S. 4. (Parteitagssplitter).
197 Interview mit LPO Dr. SAUSGRUBER am 20. 1. u. 7. 2. 1995.
198 VN, 20. 10. 1986, S. 3.
199 Presse, 10. 1994, S. 7.
200 Trend, 5/1995, S. 45.
201 VN, 22. 9. 1986.
202 Presse, 24. 9. 1986.
203 Neue, 25. 9. 1986, S. 2.

hauptmann gewählt. Drei Stimmzettel waren leer, neun lauteten auf „Nein".[204] Die Politik habe, so Purtscher, für ein „erfülltes geistiges und materielles Leben [...] zu sorgen"[205], dies bringe „eine ewige Unruhe", eine ewige Unvollkommenheit mit sich. Seinem politischen Vorbild Ilg nacheifernd, zählen auch für ihn Toleranz, Konsens- und Kompromißbereitschaft sowie soziale Gerechtigkeit, Verläßlichkeit und Sparsamkeit. Aus seiner Zielstrebigkeit und Marschrichtung machte er kein Hehl. Nicht Jasager seien gesucht, sondern „der positive, der geistig-kämpferische Wettbewerb". Ziel, nicht Traum, seiner Politik solle der Friede, die Gewaltlosigkeit, der allgemeine Wohlstand, die Minderung der Armut und die Bewältigung der Umweltprobleme sein.[206] „Bildung als Sinnerfüllung" sei Garant für den gesellschaftlichen Fortschritt.[207] „Kunst, Wissenschaft, Technik und Wirtschaft [sollten] den Prinzipien der Natur angepaßt"[208], „die Vision [...] einer lebenswerten Umwelt" zur Wirklichkeit werden. Budgetpolitisch wolle er keine neuen Schulden machen. Längerfristige und investitionsfördernde Akzente sollten die „gute Position im internationalen Vergleich" behaupten und gleichzeitig die „Verlagerung von der textil- auf die eisen- und metallverarbeitende Industrie" vorantreiben, wie es eine Studie des Wirtschaftsforschungsinstitutes forderte.[209]

„Dem Bürger verpflichtet" lautet sein Leitbild. Das Verhältnis zwischen Bürgern und Verwaltung solle sich grundlegend ändern, der geringste Personalaufwand aller Bundesländer aber weiterhin Richtschnur sein.[210] Österreichweit avancierte er zum „Mr. Europa", da er stets und immer für den Beitritt zur EU eintrat.

Als die Bundesregierung noch über einen „global approach" nachdachte, initiierte Purtscher in seiner ersten Landeshauptleutekonferenz 1987 gemeinsam mit seinem Salzburger Kollegen Dr. Wilfried Haslauer einen einstimmigen Beschluß, mit dem die Landeshauptmänner die Bundesregierung aufforderten, mit der EG Verhandlungen über einen Beitritt aufzunehmen.[211] Die ÖVP beauftragte daraufhin Purtscher mit der Leitung der „Europa-Kommission", die die Entscheidungsgrundlagen für den „Brief nach Brüssel" erarbeitete. Bestätigt durch den Unions-Vertrag von Maastricht, trat Purtscher vehement für ein subsidiäres „Europa der Regionen" ein. Am 12. Juni 1994 sollten über 66 Prozent der Österreicher (und Vorarlberger) für einen EU-Beitritt votieren. An der Spitze der österreichischen Delegation sollte Purtscher im Jahr darauf in den Ausschuß der Regionen des Europa-Parlaments einziehen.

Anfang 1992 glaubten wenige an die Möglichkeit, daß die ÖVP bei den nächsten Landtagswahlen die absolute Mehrheit im Lande halten könnte, denn die erfolgreiche Bundespräsidentenwahl, die mit Dr. Thomas Klestil erstmals ein ÖVP-Mitglied gewinnen sollte, war noch nicht geschlagen. Zu diesem Zeitpunkt nahm die SPÖ-Opposition einen auf Nebengeleisen, in den Medien aber stark emotionalisierten Konflikt zwischen dem Dornbirner Bezirkshauptmann und seiner Amtsärztin zum Anlaß,

---

204 XXIV. Vlbg-LT: Sondersitzung vom 9. 7. 1987. S. 351 u. 3.
205 VN, 20. 10. 1986, S. 3.
206 XXIV. Vlbg-LT: Sondersitzung vom 9. 7. 1987. S. 354.
207 Vorarlberg-Bericht. 61/1989. S. 23.
208 Vorarlberg-Bericht. 61/1989. S. 10.
209 Vorarlberg-Bericht. 61/1989. S. 6 u. 8.
210 Vorarlberg-Bericht. 61/1989. S. 4 u. 6.
211 PURTSCHER: Nagelprobe. (siehe Anm. 135) S. 2 ff.

den ersten Mißtrauensantrag seit 1945 gegen einen Vorarlberger Landeshauptmann zu stellen. Dabei, so die SPÖ, die auf mehrere abgewiesene Untersuchungskommissionen seitens der Mehrheit im Landtag verweisen konnte, „gehe es nicht um die Person Purtschers, sondern das Mißtrauen beschränke sich auf seine Kontrollfeindlichkeit als Regierungschef".[212] Der Mißtrauensantrag wurde abgelehnt, nur die sechs Sozialisten hatten zugestimmt.

Zu Recht war man Ende der 1980er im Landhaus stolz über die Pressemeldungen bezüglich der Budgetpolitik. Die Finanzen seien in einem „vorzüglichen Zustand", berichtete das „Profil", und die lokale Presse lobte, daß man trotz Widerständen mit der „konsequenten Sparpolitik" den richtigen Weg gehe.[213]

Im Wohn- und Siedlungsbau bereitet man den Übergang von der Objekt- zur Subjektförderung vor. Althaussanierung, energiesparende Maßnahmen[214] und Solarhäuser sollen mit Hilfe des 1988 gegründeten „Energiesparvereins" stärker gefördert werden. Erstmals gab es auch Wohnungszuschüsse für Gastarbeiter.[215]

Mit der „Dynamisierung von Familienzuschüssen"[216] und der Ausdehnung des Familienzuschusses auf das dritte Lebensjahr 1988 hatte man in Österreich die Nase vorn. Schon über 42 Prozent des Landesbudgets entfielen 1994 auf das Sozialressort. Mit Steigerungen ist in diesem Bereich in Zukunft zu rechnen, da nicht nur die Lebenserwartung stark zunimmt, sondern auch weil ein völlig neues „Bild vom Alter" zu schaffen sein wird.[217] Ähnliches gilt für behinderte Menschen. Sie sollen in Zukunft besser integriert werden. Um der Kostenexplosion Herr zu werden, will die ÖVP den „eigenverantwortlichen Weg der Vorarlberger Gesundheitspolitik" weiter beschreiten. Die in Österreich 1989/90 erstmals eingeführten Pflegezuschüsse, als weiteres Standbein der Sozialversicherung, und die Ende 1994 beginnende Diskussion um die „leistungsorientierte Spitalsfinanzierung" sollten jene kostensenkenden „Leistungsanreize" im Sozialwesen schaffen, die eine Kostenexplosion in der Zukunft verhindern sollten.

Für einen „gesunden Lebensraum", in dem der landwirtschaftliche Familienbetrieb flächendeckend erhalten bleiben soll, dient derzeit das „Kulturlandschaftsprogramm" aus Bayern und Baden-Württemberg. Naturschutz/Landwirtschaft/Tourismus ist als Einheit zu vernetzen. Bergbauernbetriebe werden zunehmend mit betriebsbezogenen Zuschüssen gefördert.[218]

Im Bereich Umwelt/Abfall soll ein „praktikabler Umweltschutz" propagiert und gefördert werden.[219] Zu diesem Umweltschutz gehört auch ein moderner Verkehrsverbund, ausgestattet mit familienfreundlicher Tarifgestaltung und Benutzerfreundlichkeit.[220] Ende der 1980er Jahre wurde im wissenschaftlichen Bereich mit Mitteln aus dem Aktienfonds der Vorarlberger Kraftwerke AG das „Vorarlberger Technikum",

---

212 Neue, 29. 5. 1992, S. 10.
213 VN, 10. 12. 1987; Neue, 11. 11. 1987.
214 Siegmund STEMER: Unser Vorarlberg – Land mit Zukunft! Ausblick 1992. S. 1–21; S. 1.
215 Vorarlberg-Bericht. 61/1989. S. 30.
216 STEMER: Land mit Zukunft! (siehe Anm. 214) S. 2 u. 21.
217 Vorarlberg-Bericht. 61/1989. S. 18 ff.
218 Vorarlberg-Bericht. 61/1989. S. 17.
219 STEMER: Land mit Zukunft! (siehe Anm. 214) S. 13 f.
220 STEMER: Land mit Zukunft! (siehe Anm. 214) S. 16.

eine Art Vorläufer der österreichischen Fachhochschule, finanziert und dadurch die österreichweite Diskussion um die Fachhochschulen initiiert.[221] Das „Vorarlberger Technologie + Transfer-Zentrum" soll in wirtschaftlichen Belangen mithelfen, die „Europatauglichkeit" zu sichern.

Alle diese Maßnahmen sollen dem „Vorarlberger Arbeitnehmer", dem „Standort Vorarlberg" und nicht zuletzt der Umwelt zugute kommen.[222]

Auf der Suche nach „Signs of Vitality" kam Dana Milbank, Redakteur des „Wall Street Journal", Anfang 1995 nach Vorarlberg. Im ansonsten für ihn verlorenen Kontinent Europa mit hohen Kosten, hoher Arbeitslosigkeit und „gschaftelhuberischen" Regierungen fand Milbank eine Exportquote pro Kopf vor, die dreimal so hoch war wie jene in Japan oder gleich sechsmal so hoch wie in den USA. Die Arbeitslosigkeit lag bei vier Prozent, und die Zahl der Beschäftigten hatte seit 1988 um neun Prozent zugenommen. Milbank faszinierte an Vorarlberg nicht das „Anderssein", sondern die Vergleichbarkeit, mit Ausnahme des „Skilled Worker", des Facharbeiters.[223]

VII. Die Organisation der Partei

Anfang September 1945 gab der französische Hochkommissar General Marie-Emile Béthouart Ilg den Auftrag, „un rapport unique" über „die Pläne jeder Partei [...] bezüglich des Wiederaufbaus Österreichs und der Vertretung Vorarlbergs bei der Regierung in Wien" darzulegen.[224] Es sollte aber kein Parteiprogramm sein.[225] Heimgekehrt vom Salzburger ÖVP-Parteikongreß im September 1945, begann Ilg mit dem Aufbau der Partei.[226] Eine gedeihliche Zusammenarbeit mit der Bundes-ÖVP sollte sich aber vielfach in Grenzen halten. Auch die Verbindungen zur Tiroler Volkspartei sind für den gesamten Zeitraum ab 1945 so gut wie nicht nachweisbar.[227]

Das Parteisekretariat wurde in der zweiten Oktoberhälfte 1945 in der Bregenzer Montfortstraße 1 eröffnet, wo zunächst Eugen Leißing und ab der Jahreswende Dr. Josef Sinz die Agenden führten. Mit dem Kriegsheimkehrer Josef Georg Höfle[228] aus Buch wurde am 22. Oktober 1945 die erste Arbeitskraft eingestellt, etwas später Friedrich Bruckbauer aus Wien.[229] Am 25. März 1946 kam es zu nachhaltigen Wei-

---

221 Vorarlberg-Bericht. 61/1989. S. 6 f.
222 STEMER: Land mit Zukunft! (siehe Anm. 214) S. 17 f.
223 The Wall Street Journal Europe, 9. 2. 1995, S. 1 u. 7.
224 VLA: Protokoll des Vorarlberger Landesausschusses vom 4. 9. 1945, S. 93.
225 VLA: Protokoll des Vorarlberger Landesausschusses vom 4. 9. 1945, S. 90 f.
226 VLB: Naumann-Nachlaß: Schachtel: Naumann-Manuskripte, Vorarlberger Themen: Josef F. K. NAUMANN: ÖVP-Geschichte Vorarlbergs begann mit der fehlenden Landesverwaltung. (Manuskript und Briefantworten dazu) S. 6.
227 In den gesammelten Unterlagen zur Tiroler ÖVP findet sich ein einziger Verweis auf die Vorarlberger ÖVP in Zusammenhang mit „Pro Vorarlberg". Danke für diesen Hinweis, Dr. GEHLER!
228 Wolfgang E. OBERLEITNER: Politisches Handbuch Österreichs 1945–1980. – Wien 1981. S. 221 führt Josef Georg HÖFLE (geb. 1918) als Landesparteisekretär, er war Sekretär im traditionellen Sinn. Für einige der Informationen habe ich Herrn A. FELDER aus Buch zu danken.
229 NAUMANN: Vorarlberg 1945. (siehe Anm. 226) S. 41e.

chenstellungen. Organisatorisch übernahm man die bündische Struktur, und personell wurde Josef Naumann als Landesparteisekretär angestellt, der von 1929 bis 1938 als Redakteur der Vorarlberger Landeszeitung bereits in Vorarlberg tätig gewesen war.[230] Anfangs von der Bundespartei bezahlt, arbeitete Naumann vom 1. Mai 1946 bis zu seiner Pensionierung 1970 als Landespartei- und Bauernbundsekretär. Sein Nachfolger Weiss „erbte" diese „Zwei-Ämter-Kumulierung" noch bis Mitte der 1970er Jahre. Weiters waren noch ein Sekretär, ein Buchhalter, eine Kraft für den Außendienst und ein „Schreibfräulein" im Landesparteisekretariat angestellt.[231] Die Bezirksparteileitungen wurden alsbald durch Ortsparteisekretariate ersetzt. In den vier Städten gab es hauptberufliche Sekretäre. Doch schon 1948 wurde das Parteisekretariat in Bludenz geschlossen.[232]

Am 11. Jänner 1946 legte Franz Grubhofer, Nationalrat und führender AAB-Mann, der in den ersten Jahren der ÖVP zum Landesorganisationsleiter avancierte,[233] die ersten „Anregungen in bezug auf ÖVP-Organisation" vor[234] und besann sich dabei zum Teil auf die „Vorläufer" in der Zwischenkriegszeit.

Am 28. März 1946 tagte der erste Landesbauernrat[235] nach dem Krieg, und bereits 1947 fand am Ostermontag, nach alter Tradition, der erste Bauerntag unter dem Vorsitz von Landesbauernbundobmann Josef Rauch statt.[236] In diesem Jahr zählte der Bauernbund (BB) bereits 5.154 Mitglieder, das waren 46,8 Prozent der Gesamtpartei.

In den letzten Monaten des Zweiten Weltkrieges trafen sich in der Wohnung von Josef Fässler in Dornbirn „interessierte" Arbeiter und Angestellte, die früher in der „Sozialen Arbeitsgemeinschaft" organisiert waren. Aufgrund von Meinungsverschiedenheiten entstand im Juli 1945 parallel dazu der AAB. Grubhofer wurde zum Leiter gewählt, ein Jahr später folgte der spätere Nationalrat Herbert Stohs als Geschäftsführer. Auf dem 1. Landestag am 5. Mai 1946 schilderte Lois Weinberger, Bundesobmann des AAB und Vizebürgermeister von Wien, wie er die Arbeiter „in den Mittelstand führen" wolle.[237] Erster Sektionsobmann der „Sektion Rentner und Pensionisten im AAB" wurde Anfang der 1960er Jahre Josef Kraft.[238] Erst am 19. Oktober 1976 sollte sich diese Sektion des Vorarlberger Seniorenbundes (VSB) als eigenständiger Verein konstituieren.[239]

Der Wirtschaftsbund versammelte sich erstmals am 2. April 1946 und wählte den bereits am 18. Februar 1946 von der ÖVP zum provisorischen Obmann bestellten Handelskammerpräsidenten, den Installateur Josef Anton Amann aus Rankweil, zum ersten Obmann.[240] Kriegsheimkehrern bot der Wirtschaftsbund Umschulungen an, mit einer „Nur-Bund-Mitgliedschaft" sollten „ehemalige minderbelastete Nationalso-

---

230 NAUMANN: Vorarlberg 1945. (siehe Anm. 226) S. 15, 41e.
231 VVPArch: LPT 1947: Rechenschaftsber. S. 4.
232 VVPArch: LPT 1948: Mühen und Erfolge. S. 2 ff.
233 VVPArch: LPT 1947: Antrag #13.
234 VVPArch: Ordner D2a (GRUBHOFER) 11. 1. 1946.
235 VVPArch: LPT 1947: Rechenschaftsber. S. 12 f.
236 VV, 8. 4. 1947, S. 1 f.
237 VV, 6. 5. 1946, S. 2.
238 VVPArch: LPT 1964: Die Arbeit der ÖVP zw. 1959 und 1964 [NAUMANN]. S. 5.
239 Neue, 5. 11. 1976.
240 VVPArch: LPT 1967: Landesparteisekretär Bundesrat Dr. PITSCHMANN – 9. Landesdelegiertentag. S. 1 ff.

zialisten der Volkspartei zugeführt werden".[241] Auf Amann folgte von 1947 bis 1966 der Handelskammervizepräsident und spätere Nationalratsabgeordnete Herbert Lins als zunächst geschäftsführender und dann als wirklicher Obmann.[242]

Frauenorganisationen aus der Zwischenkriegszeit sollten den Frauenbund „auf den Plan rufen".[243] Bis zu einer Teilorganisation war es aber noch ein weiter Weg. Der Beschluß des Landesparteivorstandes im Mai 1946, „die Frauen nicht gesondert zu erfassen", wirbelte einigen Staub auf. Die Nationalrätin Dr. Nadine Paunovic, eine der ersten Frauen in den Reihen der Bundes-ÖVP und Begründerin des „Österreichischen Frauenbundes" (ÖFB), kam im August 1946 nach Bregenz. Sie wollte nach dem Rechten sehen und mithelfen, den ÖFB-Vorarlberg zu begründen. Erstmals trat dieser bei einer Trauerfeier für Karoline Redler an die Öffentlichkeit. Redler, eine angesehene Schneidermeistersgattin in Bregenz und Mutter des Landeshauptmannes Dr. Ferdinand Redler, war in der Zwischenkriegszeit führend in der Frauengruppe „Guta" tätig gewesen und 1943 wegen angeblicher Wehrkraftzersetzung in Wien hingerichtet worden.[244]

„Auf Antrag der Frauenreferentin [Hedwig] Pichler erhielt der ÖFB bereits 1947 Sitz und Stimme in Parteileitung und Parteipräsidium." Doch der ÖFB wurde „eigenständig" geführt, auch mit eigener Finanzhoheit.[245] Die Frauen sahen, so Pichler, im „demütigen Dienen am Glück der anderen" ihre Aufgabe. Die „Mitgestaltung des öffentlichen Lebens [sollte nach ihr] im Geiste familienhafter Ordnung" erfolgen. Nähkurse zählten zu den ersten Veranstaltungen, mit denen man „Frauenpolitik" machte. Das Landesparteisekretariat hatte genaue Anweisungen versandt, wie die Kurse und die anschließenden „geselligen Zusammenkünfte" mit Bürgermeister und/oder Ortsparteiobmann abzulaufen haben, damit man auf „das Bemühen der ÖVP" hinweisen könne. Wenig später wurden Mitgliedskarten des ÖFB an die Teilnehmerinnen solcher Veranstaltungen ausgegeben.[246] Auch heute noch gibt es Mitglieder in der ÖVP, deren Mitgliedschaft auf einen Beitritt zur „Guta" in der Zwischenkriegszeit zurückzuführen ist.[247] Versammlungen, so zum Beispiel in Götzis, um „innerösterreichischen" Mädchen[248] „ein Heimatgefühl zu vermitteln", und Ausflüge wurden organisiert, ebenso Hauswirtschaftskurse und Faschingsveranstaltungen, Weihnachtsaktionen, Ungarnhilfe[249] und Ferienaktionen für Mütter, die noch nie einen Urlaub machen konnten.[250] Ins politische Rampenlicht traten die „Frauen" bei den Nationalratswahlen 1956. „Das Versteckenmüssen" hinter den SPÖ-Frauen wollten einige ÖVP-Frauen nicht mehr länger ertragen. Doch 58 Prozent weibliche Mitglieder und auch der „werbemäßige Effekt" einer Frauenkandidatur auf der Natio-

---

241 VVPArch: LPT 1947: Rechenschaftsber. S. 18.
242 VVPArch: LPT 1967: Landesparteisekretär Bundesrat Dr. Pitschmann – 9. Landesdelegiertentag. S. 3.
243 VVPArch: LPT 1947: Antrag #12.
244 VVPArch: LPT 1947: Rechenschaftsber. S. 20.
245 VVPArch: LPT 1947: Antrag: #12.
246 VVPArch: Ordner E: Rundschreiben 30/47 vom 16. 1. 1947.
247 Für diese und zahlreiche weitere Mitteilungen danke ich meiner Mama, Frau Irmine Plitzner, herzlichst!
248 VVPArch: LPT 1964: Die Arbeit der ÖVP zw. 1959 und 1964 [Naumann]. S. 11.
249 VVPArch: LPT 1959: Rechenschaftsber. [Naumann] S. 18.
250 VVPArch: LPT 1964: Die Arbeit der ÖVP zw. 1959 und 1964 [Naumann]. S. 11.

nalratsliste reichten nicht aus. Wohl auch deshalb, weil Hedwig Pichler die politischen Funktionen den Herren überlassen wollte. Anna Rubl aus Hohenems zeigte sich dabei weitaus kämpferischer:[251] „Bescheidenheit sei eine Zier, doch weiter komme man ohne ihr!"[252] Bald darauf wählten die Frauen eine 14köpfige ÖFB-Landesleitung, bestehend aus der Obfrau, den sechs Bezirksobfrauen sowie den Vertreterinnen der drei Bünde.[253] 1959 war es dann soweit. Als erste Frauen zogen die Sozialistin Anni Mayr aus Hard[254] und Elfriede Blaickner aus Feldkirch/Tisis[255] in den Vorarlberger Landtag ein. Konkurrenz zu den „frommen Frauen", die sich der „religiös-apostolischen Anliegen annehmen",[256] lehnte Ilg ab, sicherlich nicht nur, weil er Finanzreferent der Diözese war. Andererseits setzte er sich vehement, so Blaickner, für ihren Einzug in den Landtag ein. Die Funktion als Diözesanleiterin mußte sie aber niederlegen, „weil eine politische Funktion und eine katholische Funktion sich nicht vereinen lassen". Blaickners Verdienst war es, den Frauenbund etwas geöffnet und den Aufgabenbereich verbreitert zu haben. Dennoch ist die ÖVP, so Blaickners Einschätzung Ende 1994 in einem Interview, bis „heute [...] immer noch eine Partei, die intern so eine Kurstendenz [...] und eine kleine Festefeiertendenz hat, aber doch heute schon offen ist für die großen Probleme". Im fehlenden Selbstbewußtsein und in den politischen Minderwertigkeitsgefühlen sucht Blaickner die Gründe, warum sich Frauen auch heute noch gar nicht gerne zur Verfügung stellten.[257]

Nach der erfolgreichen Verteidigung der absoluten Mehrheit bei den Landtagswahlen 1989 wurde die Bregenzer Stadträtin Elisabeth Gehrer[258] zur Landtagsvizepräsidentin gewählt.[259] Noch am Wahlabend erklärte Purtscher die Wiedererringung des Bürgermeistersessels in der Landeshauptstadt bei den Gemeindewahlen im April 1990 zum nächsten Ziel der ÖVP. Landesstatthalter Dipl.-Vw. Siegfried Gasser, einer der Aspiranten auf den Sessel des Landeshauptmannes, der für viele in diese Kandidatur aus dem Landhaus „weggelobt" worden sei, brach mit seinem Team, zu dem auch die Stadträtin Gehrer gehörte, die 20jährige SPÖ-Herrschaft und wurde mit Hilfe einer Dreierkoalition Bürgermeister. Nach Gassers Abgang als Landesstatthalter sahen es viele ÖVP-Granden als notwendig an, endlich die erste Frau in die Landesregierung zu wählen. Die Wahl fiel auf Elisabeth Gehrer. Purtschers „Herzenskandidat",[260] der Vorarlberger Dr. Walter Schertler, Universitätsprofessor für „Management für Unternehmensführung" in Trier, hatte zuvor abgesagt.[261]

Im Wahlkampf 1994 rückten die ÖVP-Frauen mit der Aktion „Starke Frauen" diesem „Charakteristikum der Vorarlberger Frauenpolitik", daß sich zu wenig Frauen

---

251 zzz
252 VVPArch: LPT 1956: Kurzprotokoll [PITSCHMANN]. S. 3.
253 VVPArch: LPT 1959: Rechenschaftsber. [NAUMANN]. S. 17.
254 Anni MAYR (1922–1966) Gemeindeangestellte.
255 Elfriede BLAICKNER (geb. 1904), Hausfrau/Hauptschullehrerin.
256 Interview mit Elfriede BLAICKNER am 30. 9. 1994 in Feldkirch [Tonbandaufzeichnung im Besitz des Verfassers].
257 Interview mit Elfriede BLAICKNER am 30. 9. 1994.
258 Elisabeth GEHRER (geb. 1942), Volksschullehrerin.
259 VN, 21./22. 10. 1989, S. I/5.
260 VN, 10. 5. 1990, S. I/3.
261 VN, 3. 5. 1990, S. I/5.

für die „hohe Politik" zur Verfügung stellten, zu Leibe. Dazu verteilte die ÖVP Bierdeckel, mittels derer man der Partei jene Namen mitteilen konnte, die man sich in der Politik wünschen würde. Die Meinungen über diese Art der Werbung waren äußerst geteilt. Damit war die Diskussion und „das Bemühen der ÖVP um die karrierebewußte junge Frau im Bewußtsein vieler" gesichert, ebenso aber auch ein bißchen des Wahlerfolges bei den Landtagswahlen 1994. Im Mai 1995 wurde Elisabeth Gehrer unter dem neuen Bundesparteiobmann Dr. Wolfgang Schüssel Bundesministerin für Unterricht und kulturelle Angelegenheiten. Als Landesrätin folgte ihr Dr. Eva Maria Waibel aus Dornbirn.

Die Jugendarbeit der ÖVP reicht bis in die Nachkriegszeit zurück. Am 21. Juli 1947 versammelte VP-Landesorganisationsleiter Nationalrat Grubhofer alle Vertreter der Jugendorganisationen. Da die Verhältnisse „in Vorarlberg wesentlich anders geartet" seien, wollte Ilg die katholischen Jugendorganisationen nicht konkurrenzieren. Es sollte, so der Landesjugendreferent der ÖVP, Toni Winkler, nur ein Beirat für die nötigen Kontakte geschaffen werden.[262]

Ende der 1940er Jahre begann Otto Amann in Hohenems, junge Aktivisten zu sammeln. Von Regierungsseite wurden Jungbürgerfeiern initiiert, eine Idee aus der Schweiz, die Anton Lindner (SPÖ) mitgebracht hatte, um politisches Bewußtsein durch ein „Wir-Erlebnis" zu wecken.[263] Jahrgängertreffen ohne Unterschied von Rang und Namen sollten ähnliches auf sozialer Ebene erreichen. Anstoß zur Gründung der „Jungen Generation in der Volkspartei" war ein Rundschreiben „der „Österreichischen Jugendbewegung" (ÖJB), das 1962 in den Kasernen von Bregenz und Lochau auf „fruchtbaren" Boden fiel.[264]

Am 11. September 1964 wurde Dr. Wolfram Reiner aus Lochau zum ersten Obmann der Jungen in der ÖVP gewählt. Seine Stellvertreter waren Armin Brunner, der 1994 zum Liberalen Forum wechselte, und Jürgen Weiss, der von 1969 bis 1991 das Landesparteisekretariat führte und anschließend bis 1994 zum Bundesminister für Föderalismus und Verwaltungsreform ernannt wurde.[265] Zusammen mit dem heutigen Landtagspräsidenten Dipl.-Vw. Siegfried Gasser, dem derzeitigen Klubobmannstellvertreter im Nationalrat Dr. Gottfried Feurstein und dem ehemaligen Nationalrat Ing. Kurt Mathis kommen sie alle aus der Gründergeneration der Mittelschulverbindung Wellenstein-Bregenz, die anfänglich an der Handelsakademie „beheimatet" war. Für Mädchen wurden die Veranstaltungsprogramme 1965 festgelegt.

1966 bestanden 19 Ortsgruppen in der JVP. Jugenddiskussionen, Rednerschulungen, Tanzveranstaltungen, aber auch die Organisation des 1. Bodenseetreffens junger christlicher Politiker mit 170 Teilnehmern aus vier Staaten fiel in diese Zeit. 1967 erfolgte die Verankerung der „Jungen Generation" im ÖVP-Parteistatut.[266]

Meinungsumfragen, 1969 erstmals für Landtagswahlen angewandt, rissen die Partei aus der allgemeinen „behaglichen Normalität".[267] „Der allgemeine tägliche

---

262 VVPArch: LPT 1947: Antrag #13.
263 VVPArch: LPT 1950: Rechenschaftsber. [von Naumann]. S. 4 u. 9.
264 VVPArch: LPT 1967: Die Arbeit der ÖVP Vorarlbergs zwischen 1964 und 1967. S. 13 f.
265 Interview mit Minister Jürgen Weiss am 6. 10. 1994.
266 VVPArch: LPT 1967: Die Arbeit der ÖVP Vorarlbergs zw. 1964 und 1967. S. 13 f.
267 Hanisch, Der lange Schatten. (siehe Anm. 39) S. 428.

Blick in die Zeitungen" verhieß „nichts Gutes",[268] rekapitulierte Minister Weiss 1994 in einem Gespräch. Die Investition von dreieinhalb Millionen Schilling Wahlbudget in Vorarlberg, davon mehr als zwei Millionen allein für die Landtagswahlen 1969[269] und die Veränderungen im Landesparteisekretariat, untermauerten diese Meinungen.

Landesrat Martin Müller, „Boß" des Wirtschaftsbundes, stellte den erst 22jährigen Landesbediensteten Jürgen Weiss[270] neben Naumann, den „Doyen der Parteiarbeit". Weiss galt allgemein als ruhig, korrekt und in die Sacharbeit verliebt. Er machte sich als erster „EDVer" und als „Hochrechner" weit über die ÖVP hinaus einen Namen. Mit einem „schlanken Parteiapparat" wollte er Kosten sparen, um möglichst viele Mittel für die Öffentlichkeitsarbeit und für Information zur Verfügung zu haben.[271]

„Nackter Busen bleibt verboten. Maulkorb für Junge!" titelte die „Arbeiter-Zeitung" 1970,[272] als die Parteijugend auf dem Parteitag vergeblich versucht hatte, eine „freizügigere Handhabung des Filmverbotes" zu erreichen.[273] Noch weitere drei Anträge der Österreichischen Jugendbewegung standen ganz oben auf der Antragsliste, was nicht nur von den Aktivitäten der ÖJB zeugte, sondern auch deutlich werden ließ, wie Weiss und die Leute um ihn „ihre" Vorstellungen einbrachten, nachdem die Sozialisten auf Bundesebene im März 1970 bei den Wahlen die relative Mehrheit erreicht hatten. „Wissenslücken" bei den politischen Mandataren sollten, so die Parteijugend, durch Schulungen behoben werden. Ziel des Politikers und der Partei müsse es sein, „ein menschlicheres Bild von sich [zu] prägen". „Weg vom Repräsentationsmuffel", lautete die Devise der Jugendlichen, hinunter zu den Mitgliedern an der Parteibasis.[274]

Weiterhin schlechte Ergebnisse in den Meinungsumfragen veranlaßte die „Junge Generation" am 1. September 1973, brieflich einen Antrag einzubringen, den Hohenemser Bürgermeister Dipl.-Ing. Otto Amann (BB) zum neuen Landesparteiobmann zu wählen. Ebenso sollten die Stellvertreter nicht automatisch mit den Bündeobmännern besetzt werden, sondern es sei „die dafür bestgeeignetste Person zu wählen".[275] Landesparteiobmann Keßler ließ noch vor der Wahl auf allen Parteiebenen seine Kandidatur offen diskutieren und in schriftlicher Abstimmung bestätigen.[276]

Auf dem Parteitag 1973 in Bludenz umschrieb der 24jährige Rechtsanwalt und Obmann der „Jungen Generation", Dr. Alfons Simma,[277] „die Sachpolitik von Keßler als ‚nicht so ohne'",[278] „der Gehalt [...] sei in Ordnung", aber in der Art, im Stil liege „die Schwäche".[279] Die „Junge Generation" sehe darin leider auch Parallelen zu

---

268 Interview mit Minister Jürgen WEISS am 6. 10. 1994.
269 VVPArch: LPT 1970: Wahlkosten.
270 Interview mit Minister Jürgen WEISS am 6. 10. 1994.
271 Interview mit Minister Jürgen WEISS am 6. 10. 1994.
272 AZ, 16. 6. 1970.
273 VVPArch: LPT 1970: Anträge. S. 3.
274 SN, 18. 10. 1976.
275 VVPArch: LPT 1973. Brief an das Landesparteisekretariat.
276 SN, 19. 11. 1973.
277 Profil Nr. 14, 23. 11. 1973, S. 16 f.
278 Kurier, 15. 11. 1973, S. 3.
279 Kleine Zeitung, 18. 11. 1973, S. 6.

Kanzler Dr. Klaus auf Bundesebene.[280] Handelskammerpräsident Josef Bertsch wetterte über diesen Vorwurf. „Er [Keßler] schaffat afach z'vil", das könne er, Bertsch, nicht als Kritik verstehen, sondern müsse es als ein Kompliment für Keßler werten.[281]

Die „Junge Generation" spekulierte mit dem Nichterreichen einer Zweidrittelmehrheit im ersten Wahlgang, was den Landesparteiobmann eigentlich „aus moralischen Gründen" zurücktreten lassen müsse.[282] Nach zum Teil recht gehässiger Debatte erkannte der Arbeiterkammerpräsident Bertram Jäger der „Jungen Generation" das Verdienst zu, die „schon viel früher unterschwellig geführte Kritik" offen ausgesprochen zu haben.[283] Doch aus dem geplanten Sturz wurde ein Triumph. Keßler gewann über 86 Prozent der 422 Delegiertenstimmen. Amann erhielt 46 und Dr. Wolfgang Blenk (Wirtschaftsbund; WB), der erst am Parteitag vom Lustenauer Funktionär der „Jungen Generation", Hermann Hagen, zur Kandidatur vorgeschlagen worden war, zwölf Stimmen.[284] Dr. Schleinzer, der Kanzlerkandidat der ÖVP, sah in der „abgeschmetterten Anti-Keßler-Fronde [...] eine ‚alemannische Dickschädelei'", insbesondere als sich Keßler und Simma noch am selben Tag in der Bertsch-Villa in Bludenz bei Rotwein wieder versöhnten.[285] Zeigte sich darin vielleicht aber auch eine nicht zu unterschätzende Stärke Keßlers?

„Keßler werde unter seinem Wert geschlagen", war oft allgemein zu hören. Fast sieben Prozent Zuwachs und damit knapp 57 Prozent bei den Landtagswahlen von 1974 bestätigten diese Einschätzung. Auf die „Demokratisierung aller Lebensbereiche" folgte auch bei der Jugend wieder einmal Politikverdrossenheit und -müdigkeit. Mitte der 1980er Jahre kamen bei einer Urabstimmung von knapp 1.200 ausgesandten Fragebögen ganze 13 zurück, ein Supererfolg, verglichen mit einem (!) zurückgesandten Fragebogen ein Jahr zuvor. Die Antworten waren nicht ganz unbekannt. Probleme hatten die Jugendlichen mit dem „Politikertypus", mit dem „Bündenarzißmusdenken" oder mit der „‚Finanzamt'-ähnlichen Führung" der ÖVP.[286] 1991 wurde die stille und allgemein sehr geschätzte Arbeit des Landesparteisekretärs Weiss mit einer Berufung nach Wien belohnt. Vizekanzler Dr. Erhard Busek vertraute Weiss das Ministerium für Föderalismus und Verwaltungsreform (bis 1994) an. Hochrangige ÖVPler, insbesondere aber auch Weiss, waren sich der „Routinen" einer Parteiführung bewußt. Deshalb sollte ein „gemischtes Doppel die Ländle-ÖVP managen".[287]

Während mit der Bestellung von Mag. Martin Ruepp,[288] er war kurz zuvor stellvertretender Landesparteisekretär geworden, zu rechnen war, wollte man mit der Anstellung von Frau Dr. Regina Wittwer „erkennbare Zeichen" setzen. Wittwer studierte Germanistik und Politikwissenschaften und wa zuvor im Bank-Marketing tätig.[289] „Nicht das Statut ist das wichtigste, sondern der Geist, der es belebt!"

---

280 VN, 19. 11. 1973, S. 5.
281 Profil Nr. 14, 23. 11. 1973, S. 16 f. (Er arbeitet einfach zuviel.)
282 Kurier, 15. 11. 1973, S. 3.
283 Neue, 19. 11. 1973, S. 2.
284 VN, 19. 11. 1973, S. 1.
285 Profil Nr. 14, 23. 11. 1973, S. 16 f.
286 VVPArch: LPT 1985: Ergebnisse der Urabstimmung unter allen Mitgliedern der JVP. S. 1–4.
287 Vorarlberger 1/1992, S. 13.
288 Presse, 18. 9. 1991.
289 Vorarlberger 1/1992, S. 13.

wiederholte der Landesparteiobmann Sausgruber schon 1991 die alte Weisheit.[290] Demonstrativ wurde das Parteisekretariat im Erdgeschoß in der Bregenzer Römerstraße mit „viel Glas" umgebaut. Auch visuell wollte man vom Bild der Geheimniskrämerei wegkommen. Dazu wurden noch Rot und Gelb als neue ÖVP-Farben gewählt. Für viele konnten damit endlich „erstarrte Parteihüte" abgeworfen werden, für „alte ÖVPler" war damit die „Haut" verkauft worden. Die Abhaltung des Parteitages 1993 in der Werkshalle der Firma Hirschmann in Rankweil-Brederis gehörte ebenfalls zu den vielen Signalen, die zeigen sollten, daß die ÖVP bereit ist, die notwendig erscheinenden Anpassungen durchzuführen.[291]

VIII. „Die Verfassung der Volkspartei Vorarlbergs"[292]

Am 31. Oktober 1945 fand im Hotel Mohren in Dornbirn der erste Landesparteitag statt. Ohne Wahlen wurden die „Handelnden" als „Mandatare" akzeptiert.

1947 wurde ein Siebener-Ausschuß eingesetzt, um ein Landesparteistatut auszuarbeiten.[293] Bündeprinzip, regionale Repräsentanz und Personalminimierung durch Doppelfunktionen sollten helfen, „demokratisches Leben" in der Partei „von unten her" zu entwickeln.[294]

Dazu wurden mehrere Gremien installiert:

Bei der Wahl des Landesparteipräsidiums, bestehend aus maximal 13 Personen, sollten der Obmann und die zwei Stellvertreter am Parteitag mittels Stimmzettel gewählt werden. Waren nicht alle drei Bünde vertreten, so wurde ein zusätzlicher Stellvertreter gewählt. Der Landesparteisekretär hatte nur beratende Stimme. Um das Präsidium möglichst klein zu halten, sollte jeder Funktionär zwei Vertretungen wahrnehmen.[295]

Bei der Landesparteileitung kamen noch weitere 32 gewählte Funktionäre dazu, der Jugendreferent hingegen wurde nicht gewählt, sondern berufen. Die Vertreter der Bünde mußten zugleich auch Mitglieder der zuständigen Kammer sein, der AAB-Vertreter hatte gleichzeitig auch Funktionär des Gewerkschaftsbundes zu sein, damit auch von dort „her die Verbindung zur Partei gegeben" war. Dazu kamen National-, Bundes- und Landesräte, zwei Frauen des Österreichen Frauenbundes, ein Vertreter der Erzieherschaft, die Chefredakteure des „Vorarlberger Volksblatts" und des „Vorarlberger Volksboten" sowie die Vertreter der Bezirke.

Der Landesparteirat, bestehend aus der Landesparteileitung und den Mitgliedern des Landtages, trat nur in sehr wichtigen Angelegenheiten zusammen.

Das VP-Landespräsidium war für die laufende Führung der Geschäfte zuständig. Da „die unbedingt erforderliche Verbindung zu den Körperschaften gegeben" sein

---

290 Neue, 20. 11. 1991. S. 3.
291 Presse, 30. 10. 1993.
292 VVPArch: LPT 1948: Mühen und Erfolge. S. 1.
293 VV, 29. 9. 1947, S. 2.
294 VVPArch: LPT 1948: Mühen und Erfolge. S. 1.
295 VVPArch: LPT 1947: Antrag #8.

mußte, wurden die „etwas zu umfangreichen" Organe toleriert, da mit „Personalunionen und Absenzen"[296] zu rechnen sei, wurde argumentiert.

Zu den ersten Statutenänderungen kam es 1959. Die Ortsgruppe Hohenems wollte das Pressewesen reformieren.[297] 1964 und 1967 betrafen die Anträge, teilweise erfolglos, eine gerechtere Vertretung in den Parteigremien.[298]

1967 wurden unter der Leitung des VP-Landesorganisationsreferenten und Landesstatthalters Dr. Gerold Ratz Statuten aus „einem Guß" entworfen. Darin wurde die „Junge Generation in der Volkspartei" als Teilorganisation verankert und die Kandidatenaufstellung bei Wahlen reformiert.[299] Die „Salzburger Nachrichten"[300] waren von diesen Statuten begeistert,[301] vergaßen aber nicht auf die Profilierungsmöglichkeiten der Bünde zugunsten der Gesamtpartei hinzuweisen, die demnach nur noch Koordinationsaufgaben hätte: Das Statut „verankerte die Gliedorganisationen in einer Art von schwebendem Gleichgewicht". Talschaften und einzelne Landesteile seien im Aufbau der Führungsgremien satzungsgemäß so „austariert" berücksichtigt worden, daß die Lösung „der Quadratur des Kreises gleichzusetzen" sei.[302]

Nach den Landtagswahlen von 1969 und dem Gewinn der relativen Mehrheit durch die SPÖ bei den Nationalratswahlen von 1970 stand die ÖVP-Vorarlberg „unter dem Eindruck einer permanenten Stimmenerosion".[303] Die „Jungen" und die „,Revoluzzer' aus Hohenems" unter Führung von Otto Amann forderten auf dem Landesparteitag im Juni 1970 in Dornbirn ein „Aktionsprogramm zur Dynamisierung der Volkspartei", um der Partei ein zeitgemäßeres Image zu verpassen.[304] Statuten, Ämterkumulierungen, die Bünde und die Mitgliedschaft als solche seien zu überdenken.[305]

Für den neuen Landesparteisekretär Weiss war die ÖVP damals „zu selbstsicher", der Partei sei „die Beziehung zum Wähler abhanden gekommen", und die Organisationsstruktur entspreche weder den „entscheidungstechnischen, informationstechnischen, noch den psychologischen Erfordernissen". Eine bessere Profilierung der politischen Arbeit und der Ausbau der innerparteilichen Kontakte und Koordination durch periodische Gipfeltreffen seien unerläßlich, ebenso der vermehrte Einsatz des Telefons, um die Schlagkraft und die Kontakte zur Öffentlichkeit zu erhöhen. „Hier ist durch harte Arbeit nicht nur ein Abbau historischer und psychologischer Vorurteile bei manchen Leuten, sondern ein Aufbau des Fingerspitzengefühls bei manchen Parteifreunden notwendig",[306] forderte Weiss in seiner Jungfernrede auf dem Parteitag 1970. Ein modernes Management solle sich herausbilden, denn die „weltanschau-

---

296 VVPArch: LPT 1947: Antrag #8.
297 VVPArch: LPT 1959: Denkschrift: Presse- und Rundfunkarbeit der ÖVP in Vorarlberg. [Otto AMANN?] S. 1–6; S. 6.
298 VVPArch: LPT 1964: Anträge #7 u. 8; LPT 1967: Anträge #1–3.
299 VVPArch: LPT 1967: Das neue Landespartei-Organisationsstatut.
300 Redakteur dieses Beitrages war Wise KÖHLMEIER aus Hohenems. Er wurde 1970 in die Antragsprüfungskommission der Vorarlberger ÖVP berufen.
301 SN, 17. 4. 1967.
302 SN, 18. 4. 1967.
303 Presse, 29. 3. 1972.
304 VVPArch: LPT 1970: Antrag . . . v. O. AMANN, 15. 5. 1970. S. 1 f.
305 VVPArch: LPT 1970: Zusammenstellung . . . Anträge. S. 3.
306 VVPArch: LPT 1970: Hoher Landesparteitag! [WEISS] S. 7–11.

liche Klammer" sei lockerer geworden, weil auch der frühere „Partner", die Kirche, seinen „Standort [...] verändert" habe.[307]

Schließlich wurde beschlossen, vier Kommissionen für die Ausarbeitung der neuen Statuten einzusetzen. Hauptanregung war die „Verlebendigung der Demokratie", mit einem Mitspracherecht bei Mitarbeit und Mitverantwortung. Geheime Wahlen auf allen Ebenen, eine Altersgrenze, eine „gestraffte Landesparteispitze" und der Vorrang der Gesamtpartei vor den Bünden waren die Kernpunkte der neuen Statuten. Ein leistungsfähiges Landesparteisekretariat sollte die Sekretariate aller Bünde an einem Ort vereinigen, den Ortsgruppen sei aber eine gewisse Finanzhoheit zu erhalten.

1976 beantragte die Junge ÖVP, das Teilnahmerecht des Kontrollrats-Obmannes zu erweitern, einen Vertreter der „Jungen ÖVP" zu den Landtagsklub-Sitzungen einzuladen, Weiterbildungskurse für neue Mandatare verpflichtend einzuführen, Bezirksparteisekretariate zu eröffnen und die Bekanntgabe aller Ämter vor einer Wahl durch den Kandidaten verpflichtend vorzuschreiben.[308]

Gleichzeitig mit den Anträgen vom Parteitag 1976 wurde auch der § 2 des Parteistatuts „Wesen der Landesorganisation" den Formulierungen des Bundesparteiorganisationsstatuts (BPOSt) entsprechend geändert. Dabei wurden „alle vaterlandstreuen Österreicher" mit „christlich-abendländischer Kulturauffassung" den „Frauen und Männern aller sozialen Gruppen, die [...] die Politik nach christlich-demokratischen Grundsätzen gestalten wollen", geopfert. Solidarismus und Subsidiarität wurden durch die „Achtung der Menschenwürde [als] oberste Verpflichtung" und durch den Einsatz „für das Wohl aller Menschen" ausgetauscht. Und aus der „obersten Richtschnur des Handelns [zum] Wohl des Heimatlandes Vorarlberg und des Vaterlandes Österreich" wurde der „selbstlose Dienst an der Republik Österreich und am Land Vorarlberg".[309]

Weitere Änderungen betrafen die Konstituierung eines Landesschiedsgerichtes, die Aufnahme des Vorarlberger Seniorenbundes (VSB) und das „Mandatspräzipuum" der Landesleitung, eine Art Vorrecht, den Bezirksparteitagen Vorzugskandidaten auf die Liste zu setzen.[310] Ideen einzubringen war relativ einfach, sie umzusetzen gelang nicht immer. Deshalb fordete man am Parteitag eine Berichterstattung über den Fortgang der „Vorschläge", denn man wollte der Ankündigungspolitik bewußt einen Riegel vorschieben.[311] Zusammen mit dem Management-Zentrum St. Gallen (Univ.-Prof. Dr. Malik) begann im Mai 1990 unter dem Vorsitz des Landtagsabgeordneten und späteren AAB-Obmannes Manfred Dörler eine umfassende Reform des Parteistatuts.[312] „Übersichtlichkeit und Praxisorientiertheit" würden im neuen Statut hervorstechen,[313] meinte der Berichterstatter und inzwischen zum Minister gewordene Weiss 1991. „Ihre Arbeit" richte die ÖVP „nach den in der Landesverfassung niedergelegten Zielen", nach „dem Salzburger Programm der ÖVP" und nach dem ord-

---

307 VN, 19. 6. 1970.
308 VVPArch: LPT 1976: Anträge der JVP.
309 VVPArch: LPT 1978: Niederschrift v. 3. 5. 1978. S. B1.
310 SN, 3. 4. 1978.
311 VVPArch: LPT 1985: Antrag #1: „Schwerpunkte für Vorarlberg". S. B1–25; S. B2.
312 SN, 21. 5. 1991.
313 VN, 20. 11. 1991.

nungspolitischen Leitbild der ökosozialen Marktwirtschaft aus,[314] hieß es im neuen Parteistatut.

Neben den Bünden wurden – nach deutschem Vorbild – Foren eingerichtet,[315] denn, so Sausgruber, „die Öffnung der Partei für Leute, die nicht unbedingt ein Parteibuch in ihrer Bibliothek haben" wollten, sei das Wichtigste der Reform.[316] Urabstimmung, deren Ergebnis für die Partei bindend sei, Mitgliederbefragung[317] und Kooptierungsmöglichkeiten kamen neu hinzu. Bezirksparteitage hingegen wurden abgeschafft. Direktwahlen sollten das erstarrte Ritual aufheben. Die Macht der Bünde wurde zurückgedrängt, ihnen steht nur noch die Hälfte der Listenplätze bei den Wahlen zu. Das Parteisekretariat sollte kein Herrschaftsinstitut, sondern eine Dienstleistungsstelle sein, ebenso sollte die Partei nicht mehr als „Selbstbedienungsladen" angesehen werden.[318] Um nicht „als frauenfeindlich eingestuft zu werden, wurden geschlechtsspezifische Bezeichnungen der Funktionen bzw. des Mandates eingeführt".[319]

X. Die Mitglieder

1946 hatte die ÖVP 3.325 Mitglieder, der ÖAAB war anfangs am stärksten vertreten. 1947 stieg der Mitgliederstand bereits auf 11.012 (BB 5.154, AAB 3.659, WB 2.199). Das entsprach sieben Prozent der Bevölkerung und einer Organisationsdichte von 22,5 Prozent der ÖVP-Wähler. Die Organisationsdichte war in den Bezirken recht unterschiedlich, am höchsten im Bregenzerwald (49, in manchen Orten über 80, Bregenz 26, Montafon 22, Bludenz 18 und Feldkirch 14 Prozent).[320] In 84 von 97 Gemeinden gab es eine Ortsorganisation. 1948 zählten die Frauen, die „treuesten und verläßlichsten",[321] 3.726 Mitglieder, dazu kamen noch 1.800 aktive Frauen in den verschiedenen Ortsgruppen.[322] In der Folgezeit nahmen BB und ÖFB relativ stark zu, die Organisationsdichte betrug 14 Prozent. 1964, zur Zeit des Obmannwechsels, war der Strukturwandel bereits deutlich zu erkennen. Der BB war auf 4.390 zurückgegangen, der AAB auf 3.680, der WB auf 3.760 und der ÖFB waren auf über 7.000 gestiegen. Somit war der WB stärker als der AAB. 1967 stieg die Organisationsdichte auf 26,6 Prozent bei folgender Verteilung: Der BB stand bei 17,8 Prozent, Tendenz abnehmend, der AAB bei 23,3 Prozent, Tendenz stark zunehmend, der WB bei 17,9, Tendenz gleichbleibend, der ÖFB bei 34,3 Prozent, Tendenz stark zunehmend, und die ÖJB bei 6,7 Prozent, Tendenz gleichbleibend.[323] Erstmals war der WB stärker als der BB, und ein Fünftel der AABler waren bereits Pensionisten.[324] Anfang der 1970er Jahre ging

---

314 VVPArch: LPT 1991: Landesparteistatut/Antrag 4. 11. 1991. S. 4.
315 VVPArch: LPT 1991: Landesparteistatut/Antrag 4. 11. 1991. S. 6 f.
316 VN, 20. 11. 1991.
317 VVPArch: LPT 1991: Landesparteistatut/Antrag 4. 11. 1991. S. 11.
318 Neue, 20. 11. 1991, S. 3.
319 VVPArch: LPT 1991: VVP: Information an LPO 31. 10. 1991. S. 2; Landesparteistatut. S. B4.
320 VVPArch: LPT 1947: Rechenschaftsber. [Naumann]. S. 1 f.
321 VVPArch: LPT 1949: Rechenschaftsber. [Naumann]. S. 4.
322 VVPArch: LPT 1948: Rechenschaftsber. [Naumann]. S. 2 f.
323 VVPArch: LPT 1967: Die Arbeit der ÖPV Vorarlbergs zwischen 1964 und 1967. S. 2.
324 VVPArch: LPT 1970: Hoher Landesparteitag! [Weiss]. S. 2 ff.

die Gesamtzahl zurück, die „Jungen" verloren ein Drittel der Mitglieder. Damals schienen die ersten zwei Direktmitglieder auf.[325] Aktivitäten der Jungbauernschaft (Jakob Greber) und die Arbeitsgemeinschaft „Frau in der Wirtschaft" (Gerta Schönbichler) brachten beträchtliche Zuwächse.[326] Bis 1980 sank der AAB fast auf den Stand von 1967, die erstmals gesondert aufscheinenden Senioren (VSB) hatten 1.406 Mitglieder, und die ÖFB durchstieß mit 10.569 eine Schallmauer.[327] Anfang der 1980er Jahre kam es zu einer Trendumkehr. Der AAB legte wieder zu, der BB überholte den WB wieder.[328] 1986 wurde mit 28.666 die höchste Mitgliederzahl ausgewiesen. Erstmals stagnierte der ÖFB, hingegen boomte der VSB mit 4.521 Mitgliedern.[329] Ende der 1980er Jahre nahmen der BB, der VSB und die Zahl der Direktmiglieder zu, alle anderen, insbesondere die Frauen, ab. 1990 wurde die Mitgliederevidenz auf EDV umgestellt, damit u. a. auch die „Übertritte" der JVP rechtzeitig geregelt werden konnten.[330]

In den „angeschlossenen" Teilorganisationen kann heute frei über eine Einzel- oder Doppelmitgliedschaft bei Bund und Partei entschieden werden, worauf der Rückgang der Mitgliederzahl auf 24.555 Mitglieder zurückzuführen ist (BB 3.652, AAB 5.390, WB 2.862, ÖFB 8.967, JVP 769, VSB 4.464 MG). Das Verhältnis Mann/Frau beträgt in der VVP 46,2 : 53,8; beim BB 18,1 : 81,9, beim AAB 13,7 : 86,3, beim WB 22,6 : 77,4, beim ÖFB 100 : 0, bei der JVP 31,1 : 68,9 und beim VSB 67,0 : 33,0 Prozent.[331]

X. Die Finanzen

Die Partei finanzierte sich zu Beginn aus Mitgliedsbeiträgen, Erträgen des „Vorarlberger Volksblatts", öffentlichen Mitteln und Spenden. Bereits am 17. November 1945 bat der stellvertretende Parteiobmann Leißing die Ortsausschüsse um 20 Reichspfennig pro wahlberechtigter Person, um Druckkosten und Werbematerial kaufen zu können.[332] 1947 wurden die Beiträge verdoppelt. Bei einem Einkommen unter öS 250,- hatte man einen Schilling, darüber zwei zu entrichten. Haushaltsangehörige zahlten 40 Groschen.[333] Davon gingen je zehn Prozent an die Landes- bzw. Bundespartei, 80 Prozent an die Bünde in Vorarlberg. Die Einführung eines gestaffelten Mitgliedsbeitrages Ende der 1940er Jahre wurde rasch wieder verworfen. Der „technischen und moralischen Belastung" waren die Einzieher nicht gewachsen. Man kehrte zu festen Sätzen zurück: BB ein, AAB zwei und WB drei Schilling.[334]

---

325 VVPArch: LPT 1973: Organisationsbericht [ABERER]. S. 2.
326 VVPArch: LPT 1976: Organisationsbericht [ABERER]. S. 5 f.
327 VVPArch: LPT 1980: Organisationsbericht [ABERER]. S. 1.
328 VVPArch: LPT 1983: Organisationsbericht [ABERER]. S. 1 f.
329 VVPArch: LPT 1986: Organisationsbericht [ABERER]. S. 1 f.
330 VVPArch: LPT 1990: Organisationsbericht [ABERER]. S. 1.
331 Herbert DACHS: Parteien und Wahlen in Vorarlberg. – In: Herbert DACHS (Hg.): Parteien und Wahlen in Österreichs Bundesländern 1945–1991. – In: Österreichisches Jahrbuch für Politik hg. v. Andreas KHOL, Günther OFNER und Alfred STIRNEMANN. Sonderband 4, Wien 1992, S. 493–529; weiters: VVPArch: LPT 1993: Organisationsbericht [HOLLERSBACHER]. S. 2.
332 VVPArch: Ordner E: Rundschreiben. Rundschreiben Nr. 3 vom 17. 11. 1945.
333 VVPArch: LPT 1947: Antrag #11.
334 VVPArch: LPT 1950: Rechenschaftsber. [von NAUMANN]. S. 14.

Der sozialistische „Vorarlberger Volkswille" prangerte Anfang der 1950er Jahre die „Wahlmillionen" der ÖVP, der „Österreichischen-Verdiener-Partei",[335] an. So bekenne sich die Vorarlberger Industriellenvereinigung in ihrem Rechenschaftsbericht 1952 „zu namhaften Beträgen zur Stärkung des bürgerlichen Gedankengutes". Politische Parteien sollten „für unvorhergesehene Fälle gewisse bescheidene Rücklagen zur Hand [...] haben".[336] Von 1951 bis 1970[337] wurde jeder VP-Mandatar, „vom Minister bis zum letzten Landbürgermeister", vergattert, zwei Prozent als Partei- und Pressenotopfer abzuliefern,[338] um die „schweren Sorgen" des „Vorarlberger Volksblattes" ein wenig zu erleichtern.[339] Bei der Einstellung des Blattes 1972 mußte die Partei nochmals öS 385.000,– als Liquidationskosten aufbringen.[340] Bis 1970 war wohl auch daher die Zahlungsmoral der Mandatare schlecht. Sie lag unter 50 Prozent.[341] Schon Ende der 1940er Jahre klagte der Landesparteisekretär über die Demokratie als „kostspieliges Geschäft". Sieben Wahlgänge kosteten ingesamt öS 208.000,–, wobei die Stimme bei der AK-Wahl mit öS 3,96, gefolgt von LTW/NRW mit öS 2,60 am teuersten war.[342] Ab 1960 wurde von jedem Mitglied ein „Parteischilling" pro Monat eingehoben. Zunächst verzichtete man zugunsten der Bundespartei auf die zugestandene Hälfte. 1967 empörte sich die ÖVP-Vorarlberg, da die Einhebung auf abgegebene ÖVP-Stimmen eigentlich den „Erfolgreichen bestrafe".[343] Ab 1958 vergab das „Land" einen „Beitrag an die politischen Parteien", zuvor war es als „Gemeindevertreterschulung" ausgewiesen. Ab 1961 gab es für jede LTW-Stimme jährlich zwei Schilling, was öS 129.236,– entsprach.[344] Ab 1966 waren es 2,50,[345] 1972 sechs[346] und 1974 zehn Schilling. 1976 wurde ein Sockelbeitrag von öS 100.000,– eingeführt, dazu kamen noch öS 14,– für jede Wählerstimme.[347]

Nach Ilg vertrat der Landtag die Ansicht, daß „Unabhängigkeit und Sauberkeit [der Parteien] wegen der Geldbeschaffung nicht gefährdet werden dürfen", schließlich seien die Parteien notwendige Einrichtungen der Demokratie.[348] 1964 trat die Ortsgruppe Hohenems gegen die „Steuerfreiheit" und für die Einführung der Einkommensteuerpflicht für Mandatare ein.[349] 1964/65 entfielen knapp zwei Millionen Schilling auf die Wahlen, die Hälfte auf die Landtagswahlen.[350] Nicht nur den „Rotstift" wollte der neue Parteisekretär ansetzen, sondern auch „zusätzliche Einnah-

---

335 VVw, 4. 4. 1956. S. 2.
336 VVw, 11. 10. 1954, S. 1.
337 VVPArch: LPT 1970: Finanzbericht für 1966/67/68/69. S. 2 f.
338 VVPArch: LPT 1953: Finanzbericht für 1950/51; VVPArch: LPT 1955: Finanzbericht für 1953/54.
339 VVPArch: LPT 1959: Finanzbericht für 1955/56/57.
340 VVPArch: LPT 1976: Finanzbericht für 1973/74/75. S. 3.
341 VVPArch: LPT 1967: Finanzbericht für 1963/64/65. S. 2 f.
342 VVPArch: LPT 1950: Rechenschaftsber. [NAUMANN]. S. 14.
343 VVPArch: LPT 1967: Finanzbericht für 1963/64/65. S. 1.
344 VVPArch: LPT 1964: Finanzbericht für 1958/59/60/61/62. S. 3 f.
345 VVPArch: LPT 1967: Finanzbericht für 1963/64/65. S. 3.
346 VVPArch: LPT 1973: Finanzbericht für 1970/71/72. S. 3.
347 VVPArch: LPT 1979: Finanzbericht für 1973/74/75. S. 4.
348 ILG: Lebenserinnerungen. (siehe Anm. 47) S. 86.
349 VVPArch: LPT 1964: Anträge #3 u. 4.
350 VVPArch: LPT 1967: Finanzbericht für 1963/64/65. S. 6.

men" erschließen und die Zahlungsbereitschaft bei den Mandataren erhöhen.[351] Die Aufteilung der Gelder wurde ab 1972 auf zehn Prozent der Funktionärseinkünfte vereinheitlicht. Davon erhielt die Landespartei 70, die Teilorganisation 27 und der Landtagsklub drei Prozent.[352] Bei den Landtagswahlen 1974 wurde für jede ÖVP-Stimme öS 85,85 ausgegeben. Doch es seien „ertragreiche Schulden" – am Rande der Liquidität – gewesen, meinten die „Salzburger Nachrichten". Es sei grotesk, statt Pleite nun der Wahlsieg und die Alleinherrschaft der ÖVP. Ausgaben von 7,2 Millionen für die LT-Wahl – im Vergleich zu öS 450.000,- bei der NR-Wahl 1975 und 201.000,- bei der Bundespräsidentenwahl[353] – sei „ein vortreffliches Beispiel für unternehmerische Risikobereitschaft" gewesen.[354] Bis 1976 hatte die Partei alle Außenstände durch ein Notopfer abgedeckt. Die Partei war schuldenfrei.[355] Der Kontrollrat bemängelte die hohen Wahlkampfkosten und gab zu bedenken, daß man bei den Landwirtschaftskammerwahlen mit „geringem finanziellem Aufwand", aber bei „sehr hohem persönlichen Einsatz" einen „bewundernswerten" Gewinn habe nach Hause fahren können (über 89 Prozent der Stimmen). Deutlicher können die Konfliktlinien zwischen „Stürmern und Bremsern" in einer Partei wohl kaum gezeichnet werden.[356] Ab Mitte der 1970er Jahre nahm die Selbstfinanzierungskraft ab, Budgets konnten nur noch über einen längeren Zeitraum ausgeglichen werden,[357] zum Teil weil die „JVP" und die „Frauen" bis 1976 keinen Beitrag an die Partei entrichtet haben.[358] Auf den letzten Parteitagen wurde der Parteiapparat als der „kleinste und sparsamste" aller Bundesländer bezeichnet. Durch Zurückhaltung bei der Wahlwerbung könne daher „bei gleichem Weiterwirken [...] mit einer tragfähigen Finanzgebarung" gerechnet werden,[359] so daß „die kommenden Wahlgänge mit einem vertretbaren Maß an Fremdfinanzierung bewältigt" werden könnten, stellte der Finanzreferent fest. 1993 lagen die jährlichen Mitgliedsbeiträge zwischen 20 und über 840 Schillinge jährlich, je nach Selbsteinstufung. Direktmitglieder zahlten 390 Schilling. In den drei Jahren von 1990 bis 1992 betrug der „Landesbeitrag", ausbezahlt vom Amt der Vorarlberger Landesregierung, öS 28.769.111,51.[360]

XI. Die Parteipresse: „Vorarlberger Volksblatt"

Kleine Landkapläne („Kaplanokratie") begründeten 1866 das „Vorarlberger Volksblatt" (VV) als Gegengewicht zur liberalen „Feldkircher Zeitung". Der deutsche Konvertit Dr. Bernhard von Florencourt, Schüler Bischof Kettelers von Mainz,[361] fügte

---

351 VVPArch: LPT 1970: Hoher Landesparteitag! [WEISS]. S. 12.
352 VVPArch: LPT 1973: Finanzbericht für 1970/71/72. S. 4.
353 VN, 23. 11. 1976, S. 3.
354 SN, 23. 11. 1976; VN, 23. 11. 1976, S. 3.
355 VVPArch: LPT 1976: Finanzbericht für 1973/74/75. S. 5.
356 VVPArch: LPT 1976: Ber. d. Kontrollrates [KONZETT]. S. G2.
357 VVPArch: LPT 1980: Finanzbericht für 1976/77/78/79. S. 1.
358 VVPArch: LPT 1976: Finanzbericht für 1973/74/75. S. 2 f.
359 VVPArch: LPT 1990: Finanzbericht für 1986/87/88/89. S. 2.
360 VVPArch: LPT 1993: Finanzbericht für 1990/91/92. S. 2.
361 Elisabeth HÄMMERLE: Die Tages- und Wochenzeitungen Vorarlbergs in ihrer Entwicklung vom Ende der Monarchie bis 1967. Diss. Wien 1969. S. 35.

dem „klerikalen Programm auch ein wirtschaftliches und politisches" hinzu und machte damit das „VV" zum gefürchteten Sprachorgan der christlichsozialen Bewegung. Zahlreiche Artikel befaßten sich im Sinne Ferdinand Lasalles auch mit der Arbeiterfrage.[362] Dieses „Alles-Umfassende-Programm" dürfte wohl einer der vielen Mosaiksteine für die Erklärung „vieler schwarzer Mehrheiten" in Vorarlberg sein. Bis 1938 waren die Chefredakteure ausnahmslos Priester. Der letzte, Kaplan Georg Schelling, verbrachte sieben Jahre im KZ[363] und gehörte auch zu den ersten Beiträgern nach dem Krieg.

Am 1. September 1945 erschien die erste Nummer der überparteilichen „Vorarlberger Nachrichten" (VN). Jedem politischen Lager wurde ein Redakteur zugestanden, für die konservative Seite war es Dr. Eugen Breier. Als am 16. November 1945 Parteizeitungen wieder erscheinen durften, fielen der Konkurrenz zweieinhalb Monate schwerster Aufbauarbeit in den Schoß. Bis zur Einstellung des „VV" am 29. April 1972 blieb Breier einer der Chefredakteure.

Das „VV" sollte, so Ilg, „in seiner Haltung einer Gemeinschaft das Wort reden, die von Liebe, Duldsamkeit und Gewissenhaftigkeit getragen ist".[364]

Die im „VV" am 3. März 1946 veröffentlichte Meinung eines Priesters, auch „NS-Illegale" verdienten Nächstenliebe, veranlaßte die französische Besatzungsbehörde, das „VV" am nächsten Tage einzustellen.[365] Zwar wurden die Abonnenten mit den „Tiroler Nachrichten bedient",[366] doch „ein Viertel bis ein Drittel" wechselte am Quartalsende zu den „VN". Nach Ilg hat das „VV" „diesen schweren Schlag nie überwunden".[367]

Abgesehen von den allgemeinen Problemen einer Parteizeitung, schufen „persönliche Ressentiments" einen traumatischen Zustand, von dem insbesondere die Kreise um den Landesparteisekretär betroffen waren.

Mittels Preisausschreiben wurde der Name für eine Wochenend-Unterhaltungsseite 1946 eruiert. Da eine Frau mit dem Vorschlag „D' Sunntagstubat" gewann, nahm dies das „VV" zum Anlaß, „Beiträge für Frauen" in die Zeitung aufzunehmen.[368] 1949 erreichten die unabhängigen „VN" eine Auflage von mindestens 26.000, das „VV" 9.000, der sozialistische „Vorarlberger Volkswille" 7.000 und die kommunistische „Vorarlberger Tageszeitung" 3.000 Stück. Danach pendelte sich das „VV" bei 13.000 Stück ein,[369] was ca. 16.000 Lesern entsprach.[370]

---

362 Leo HAFFNER: Die Kasiner. – Vorarlbergs Weg in den Konservativismus. – Bregenz 1977. S. 5ff, 35 ff.
363 Land Vorarlberg – eine Dokumentation. Bregenz ²1988. S. 374 f.
364 VV 16. 11. 19945, S. 1.
365 Gerhard HOFER: Medienpolitik in Vorarlberg 1945. – In: Gerhard WANNER (Hg.): 1945. Ende und Anfang in Vorarlberg, Nord- und Südtirol. – Lochau 1986. S. 115–25, S. 125;
366 Susanne DERMUTZ: Massenmedien in Vorarlberg. – In: DERMUTZ/KLEIN/NICK/PELINKA, Anders als die Anderen?. – Politisches System, Demokratie und Massenmedien in Vorarlberg. – In: Beiträge zu Geschichte und Gesellschaft Vorarlbergs 2. – Bregenz 1982. S. 192–235; S. 208 f.
367 ILG: Lebenserinnerungen. (siehe Anm. 47) S. 66.
368 HÄMMERLE: Tages- und Wochenzeitungen. (siehe Anm. 361) S. 292.
369 DERMUTZ: Massenmedien. (siehe Anm. 366) S. 210 f.
370 HÄMMERLE: Tages- und Wochenzeitungen. (siehe Anm. 361) S. 293.

Anfangs wurde das Landesparteisekretariat mit einem Groschen pro verkauftem Exemplar finanziert.[371] Doch schon 1950 war es „eine Schande", daß die Partei im „schwarzen" Vorarlberg die Parteipresse nicht über Wasser halten konnte.[372] Weder die Vorschläge der Ortsgruppe Hohenems in einer „Denkschrift über die Presse- und Rundfunkarbeit der ÖVP" in Vorarlberg 1959,[373] noch das „Presse-Notopfer", nämlich zwei Prozent der VP-Mandatarsbezüge, konnten Wesentliches verändern. Sowohl die „finanziellen Möglichkeiten" als auch „die Kritikfähigkeit der Parteimitglieder" ließen zu wünschen übrig.[374]

Am 29. April 1972, die Leserzahl soll damals unter jene der „Arbeiter-Zeitung" gesunken sein,[375] stellte die zweitälteste Tageszeitung Österreichs ihr Erscheinen ein. Als indirekte Nachfolgerin – viele ÖVP-nahe Leute engagierten sich – erschien am 2. Mai 1972 die parteiunabhängige „Neue Vorarlberger Tageszeitung". Auf weitere Parteizeitungen wie den „Vorarlberger Volksboten" und den „Vorarlberger" kann hier nur hingewiesen werden.

XII. Weichenstellungen bei Wahlen

Äußerst klein war die Zahl der Vorarlberger VP-Mitglieder in den Bundesregierungen. In der provisorischen Regierung Renner war Vorarlberg mit DDr. Ernst Hefel als Unterstaatssekretär für Kultus und Alt-Landeshauptmann Dipl.-Ing. Ernst Winsauer als solcher für Volksernährung gleich zweimal vertreten.

Bei den NR-Wahlen 1945 wurden Dipl.-Ing. Pius Fink (BB), Franz Grubhofer (ÖAAB) und Dr. Ernst Kolb (WB) gewählt. Im Hinblick auf die bundespolitischen Karrieren Vorarlberger VP-Abgeordneter waren dies die erfolgreichsten Wahlen aus Vorarlberger Sicht. Fink, Sohn des ehemaligen Vizekanzlers Jodok Fink, trat bis 1966 siebenmal als Spitzenkandidat an. Kolb, der bei den Wahlen 1949 die nötigen Wahlpunkte nicht mehr erreichen sollte,[376] wurde 1948 im Kabinett Figl I „Handelsminister", und 1952 (bis 1954) wechselte er an die Spitze des Unterrichtsministeriums. In seine Amtszeit fiel die Wiedereröffnung der Wiener Staatsoper und die Benefizveranstaltung zugunsten der Lawinenopfer von Blons 1954. Nach heftigen sozialistischen Angriffen demissionierte er, übernahm für eine Periode das Amt des Landesstatthalters und folgte dann einem Ruf als Professor an die Universität in Innsbruck. Franz Grubhofer war von 1956 bis 1961 Staatssekretär im Innenministerium.

Dr. Carl Bobleter, Außenhandels- und OEEC-Fachmann, wurde 1964 für sechs Jahre als Staatssekretär ins Bundesministerium (BM) für Auswärtige Angelegenheiten berufen. Um den föderalistischen Gedanken in die Tat umzusetzen, wirkte Hans Bürkle von 1968 bis 1970 im BM für soziale Verwaltung als Staatssekretär. Der

---

371 VVPArch: LPT 1947: Rechenschaftsber. [NAUMANN] S. 8.
372 VVPArch: LPT 1950: Der Landesparteitag [Protokoll]. S. 8.
373 VVPArch: LPT 1959: Denkschrift: Presse- und Rundfunkarbeit der ÖVP in Vorarlberg [Otto AMANN?] S. 1–6.
374 Interview mit Minister Jürgen WEISS am 6. 10. 1994 [Tonbandaufzeichnung im Besitz des Verfassers].
375 VVPArch: LPT 1970: Hoher Landesparteitag! [WEISS] S. 8a.
376 VV, 14. 10. 1949, S. 1.

langjährige Landesparteisekretär Jürgen Weiss war von 1991 bis 1994 Minister für Föderalismus und Verwaltungsreform. Seit Mai 1995 ist Elisabeth Gehrer Bundesministerin für Unterricht und kulturelle Angelegenheiten.

Bei den Landtagswahlen 1949 führte Vorarlberg „aufgelockerte Listen" ein. Es war möglich, einen freien Kandidaten hinzuzufügen.[377] 1954 konnte gestrichen und gereiht werden, was „nicht selten in ausgesprochener Hemmungslosigkeit" geschah, so daß über die Sinnhaftigkeit diskutiert werden sollte, kommentierte der Landesstatistiker trocken.[378] Eine Wahlanalyse Ende der 1950er Jahre zeigte die Stärken der Vorarlberger ÖVP bei den Bauern und Selbständigen auf. Bei den „Lohnkartenbeziehern" klaffte hingegen ein großes Loch.[379] Hierauf sah sich der Landesparteisekretär in Bremen um neue Ideen für Veranstaltungen um: Bei der Demokratischen Partei wurden die anderen Parteien in einem Kabarett kritisch unter die Lupe genommen. „Die Sozialisten ließen, als eine Modenschau getarnt, eine Genossin, zwischen schulterfreiem Abendkleid und kessem Hausanzug, zwanglos über Politik plaudern und zum Dritten [gab] es Freilichtaufführungen der Unterhaltungsfirmen", wo sich „ein Kandidat der Gegend mit einer kurzen Einführung den Wählern empfahl." An ein Aufgreifen dieser Ideen im Vorarlberger Wahlkampf war aber nicht zu denken, auch wenn es sich einmal so einstellen sollte: „Eines schickt sich nicht für alle, und so werden wir uns weiter nach weniger umstürzenden Versammlungsformen neuen Stils den Kopf zerbrechen",[380] reüssierte ein wehmütig klingender Naumann auf dem Parteitag 1955.

Mitte der 1950er Jahre fordete Naumann, nach „Links Ausschau zu halten, da die Arbeiterschaft aufhöre, in den Sozialisten die einzigen Interessenvertreter zu sehen".[381]

Zuerst gelang es bei der Firma Kastner in Thüringen, „eine Bresche in den roten Betriebsrat" zu schlagen. Auch bei den Postbeamten in Feldkirch-Altenstadt wurde das „antimarxistische Stimmenmehr" erreicht,[382] und bei den Eisenbahnern war es Leonhard Netzer aus Bings, der „einige Perlen aus der Krone des Königreiches Waldbrunner" herausbrach.[383] Bei der ersten Volksabstimmung am 31. März 1957 über das Betriebsaktionen-Verbotsgesetz kam Ilg trotz flammender Aufrufe nicht durch: Knapp 68 Prozent lehnten das Gesetz ab.[384] Die Stimmenbeteiligung lag bei 93 Prozent.

Bei der NR-Wahl 1966 verzichtete der BB „aufgrund der bevölkerungsmäßigen Umschichtung zugunsten der JVP" auf seinen Listenplatz. Gerhard Köhlmeier, der spätere Harder Langzeitbürgermeister, wurde auf Platz neun gereiht.[385]

---

377 VV, 2. 9. 1949, S. 2.
378 uf [Ferdinand ULMER]: Die Landtagswahl vom 17. Oktober 1954. – In: VWSSt 1955. S. 41–222; S. 202 u. 211 f.
379 VVPArch: LPT 1959: Rechenschaftsber. [NAUMANN]. S. 6.
380 VVPArch: LPT 1955: Rechenschaftsber. [NAUMANN]. S. 5.
381 VV, 28. 11. 1955, S. 3.
382 VVPArch: LPT 1955: Rechenschaftsber. [NAUMANN]. S. 31.
383 VV, 28. 11. 1955, S. 3.
384 uf [Ferdinand ULMER]: Die 1. Volksabstimmung über das Betriebsaktionen-Verbotsgesetz. – In: VWSSt 1957. S. 209–32.
385 VV, 17. 1. 1966, S. 1.

1969 entwickelte der Arbeiterkammer-Wahlgang die geringste „Zugkraft", so die Medien, „die es je gab". Nichtsdestotrotz sollte er Unvorstellbares bewirken. Obwohl die Zahl der Mandatare erhöht wurde, verloren die beiden Großparteien, die sozialistischen Gewerkschafter sogar zwei Mandate und damit ihre absolute Mehrheit, was die FPÖ zum berühmten Zünglein an der Waage werden ließ. Schließlich stimmte die FPÖ dem von ihr zuerst abgelehnten ÖAAB-Kandidaten Bertram Jäger als neuem AK-Präsidenten zu, als Kompromiß für eine „blauen" Regierungsbeteiligung auf Landesebene.[386] Jäger wurde am 3. November 1969 zum ersten nichtsozialistischen Arbeiterkammerpräsidenten Österreichs gewählt.[387] 1974 wurde die absolute Mehrheit erreicht und seither erfolgreich verteidigt. Ähnliches gelang dem ÖAAB nur noch in Tirol, und zwar seit 1984.

Wahlparteitage hatten lange Zeit „Absegnungstendenzen", auch wenn es traditionellerweise zu Verschiebungen auf den hinteren Rängen kam. Ein Kampf um Platz zwei wie 1969, als sich der junge Handelskammerangestellte Dr. Wolfgang Blenk (WB), unterstützt vom „starken Mann der ÖVP", Martin Müller, gegen Dipl.-Ing. Rudolf Hämmerle (WB) durchsetzte, war allerdings neu.[388] An den Vorwahlen 1975 beteiligten sich nur 6,5 Prozent der Parteimitglieder. Dennoch revidierte der Landesparteitag das Ergebnis der Kampfabstimmung in der Landesparteileitung, denn den „Wählerwillen [könne man nicht] über den Haufen werfen":[389] Blenk blieb auf Platz eins vor dem Newcomer Dr. Gottfried Feurstein (ÖAAB). Für die Delegierten war die strukturgebundene Bevölkerungsvertretung zweitrangig.[390]

Die Auswertung der Volkszählung 1981 brachte ein zusätzliches, ein viertes Mandat bei den Nationalratswahlen 1984 nach Vorarlberg. Darin sahen die VP-Frauen ihre Chance, eine Dame als NR-Kandidatin zu nominieren. Mit der 59jährigen Dr. Maria Hosp, die „mehr Politik, weniger Kaffeekränzle!" als ihre Devise ausgab,[391] verfügten sie auch über eine Kandidatin, die willens war, nach Wien zu gehen. Bissiger Kommentar der Bundespartei: „Eine Frau und keine Bewegung."[392] Auch die Landesparteileitung war vom Ansinnen der Frauen nicht begeistert und reihte Hosp auf den aussichtslosen fünften Platz.[393]

Der mit 648 Delegierten am besten besuchte Parteitag der VVP unterstrich die Brisanz. Beim innerbündischen Kampf um den dritten Platz ging es um die berühmte „heilige Kuh". Dem Vieh-Rassenstreit zwischen „Schwarzbunten" und „Braunvieh" ging eine „einzigartige Leserbriefwelle" in der Geschichte des BB voraus. Anton Türtscher wurde schließlich an die dritte Stelle gereiht. Mit seinem freiwilligen Rücktritt im Nationalrat sollte er wieder (mit Respekt) in die Schlagzeilen kommen.[394] Gegen den Vorschlag von Jäger und Keßler setzte sich der Frauenbund durch, Hosp

---

386 Gerhard WANNER: Die Kammer für Arbeiter und Angestellte für Vorarlberg 1945–1985. Dornbirn 1986. S. 37.
387 VV, 4. 11. 1969, S. 1.
388 VVPArch: LPT 1969: Außerordentlicher Parteitag ändert Wirtschaftsbundnominierungen. S. 1 f.
389 VN, 6. 6. 1975.
390 Neue, 6. 6. 1975, S. 2.
391 Neue, 10. 2. 1983.
392 Presse, 4. 3. 1983.
393 VVPArch: LPT 1983: Niederschrift v. 17. 5. 1983. S. 3.
394 VN, 21. 3. 1986

erhielt 63 Prozent der Delegiertenstimmen und zog als erste Vorarlbergerin in den Nationalrat ein.[395]

Bei den Landtagswahlen 1984 erhielt die JVP erstmals einen ziemlich sicheren Spitzenplatz auf der Landesliste zugeteilt.[396] Bei den NR-Wahl 1986 erhoben die „Rebellinnen"[397] mit Christine Werber abermals Anspruch auf Platz zwei. Doch der Präsident der Landwirtschaftskammer setzte auf die emotionale Seite: „Es kann doch nicht Sinn des opfervollen Schrittes von Anton Türtscher gewesen sein, daß wir zum Schluß gar keinen Vertreter mehr im Parlament haben werden."[398] Im Vorfeld der Nationalratswahlen von 1990 gab es aber einige Aufregung um den vom Umweltforum ins Rennen geschickten Dr. Rudolf Öller. Als Direktmitglied sah er sich als „Kandidat der Wähler und nicht der Bünde".[399] Doch er scheiterte im Kampf um Platz drei an Ing. Kurt Mathis. Für den zweiten Listenplatz wurden erstmals drei Kandidaten vorgeschlagen: Ing. Kurt Mathis (WB), von der Landesparteileitung nominiert, sowie Ing. Erich Schwärzler (BB) und Dipl.-Ing. Herbert Eisen (WB + ÖAAB). Das neue Statut ermöglichte es, Fragen an die Kandidaten zu stellen, sie zu bestimmten Themen referieren zu lassen, was in den Augen der einen erfreulicherweise den „Parteitag zum Röntgeninstitut für die Kandidaten" werden ließ, während sich „die Parteigranden" wunderten, so die „Neue Vorarlberger Tageszeitung", wie „der Parteitag sich plötzlich besinnt und zum Souverän aufsteigt".[400] Schwärzler setzte sich schließlich hauchdünn mit 50,4 Prozent auf Platz zwei durch. Bei den Vorwahlen für die Landtagswahlen 1994 konnten alle Vorarlberger teilnehmen. Nichtmitglieder mußten nur eine Vorwahlkarte anfordern. Mit Postwurfsendungen und eigenen Karten – „Anzeigen und solche Dinge, die sehr viel Geld kosten, sind nicht erlaubt, so der Landesparteisekretär" – erreichten insbesondere Kandidaten des Bauernbundes, des Wirtschafsbundes, aber auch der Region Bregenzerwald Vorreihungen, vor allem dann, wenn es bestimmte Synergieeffekte gab, wie etwa bei Landesrat Schwärzler aus Lingenau, der Bäuerin Irene Bereuter aus Alberschwende und dem Hotelier Walter Lingg aus Au. Das Bauernopfer, Gottfried Schröckenfuchs, wurde als einer der „aktivsten Abgeordneten" auf Platz eins der Landesliste gesetzt.[401] „Die Initiative, Landeshauptmann Martin Purtscher für Vorarlberg", an deren Spitze ein „unparteiisches Proponentenkomitee" warb, steckte klare Ziele, auch finanziell. Alles wurde über ein eigenes Spendenkonto finanziert.

Symbolhaft wurde mit einigen Prominenten Vorarlbergs höchster Berg erklommen, und mit der Besteigung des Piz Buin, die im ORF fast werbefilmmäßig gezeigt wurde, kannte nicht nur jedes Kind den Wahlslogan, sondern wußte auch, worum es ging: „Es geht um Vorarlberg!" Schon am Parteitag, wenige hielten inzwischen unter den „dramatisch geänderten politischen Rahmenbedingungen" eine absolute Mehrheit für möglich, verkündete Purtscher „siegesbewußt": „In der Liebe zu Vorarlberg

---

395 SN, 2. 2. 1983.
396 Amtsblatt für das Land Vorarlberg 41/1984.
397 SN, 20. 10. 1986.
398 Kurier, 20. 10. 1986.
399 Neue, 15. 6. 1990.
400 Neue, 30. 6. 1990.
401 Interview mit LPS Mag. Martin Ruepp am 11. 1. 1995 in Bregenz. [Tonbandaufzeichnung im Besitz des Verfassers.]

„Vorarlberg muß Österreichs gute Stube bleiben." 643

wird uns niemand übertreffen!"[402] Mit dieser Saite schwang jenes bißchen verklärte „Eigenständigkeit" und „Anti-Wien-Stimmung" mit, die erfolgreiche Wahlen in den westlichen Bundesländern wesentlich erleichtern. Nur 99 Stimmen fehlten am 18. September 1994 auf das absolute Stimmenmehr; ein Erfolg, mit dem Monate zuvor niemand gerechnet hatte.

Bei der NR-Wahl 1994, mit neuer Regionalwahlkreiseinteilung und nur noch zwei Voralberger VP-Mandaten, setzten sich Feurstein (ÖAAB) und Karl-Heinz Kopf (WB) durch. Minister Weiss, hinter Feurstein auf Platz zwei gereiht, gelang der Einzug in den Nationalrat nicht.[403]

Landtagswahlergebnisse im Überblick:
(Prozente, Mandate/Regierungssitze; Sonstige werden nicht angeführt)

1945: 70,0% 19/5;   SPÖ: 27,6 % 7/2;
1949: 56,4/–13,4% 16/5;   SPÖ: 19,1% 3/1;   WDU: 22,1% 6/1
1954: 58,0/+ 1,6% 16/5;   SPÖ: 26,0% 7/1;   WDU: 13,7% 3/1
1959: 54,7/– 3,3% 21/5;   SPÖ: 29,3% 10/1;   FPÖ: 14,9% 5/1
1964: 53,5/– 1,2% 20/5;   SPÖ: 29,5% 10/1;   FPÖ: 29,5% 6/1
1969: 50,0/– 3,5% 20/5;   SPÖ: 27,7% 9/1;   FPÖ: 21,0% 7/1
1974: 56,9/+ 6,9% 22/6;   SPÖ: 27,6% 10/0;   FPÖ: 13,9% 4/1
1979: 57,5/+ 0,6% 22/6;   SPÖ: 29,0% 10/0;   FPÖ: 12,5% 4/1
1984: 51,6/– 5,9% 20/6;   SPÖ: 24,0% 9/0;   FPÖ: 10,5% 3/1;   AL/VGÖ: 13,0% 4/0
1989: 51,0/– 0,6% 20/6;   SPÖ: 21,3% 8/0;   FPÖ: 16,1% 6/1;   Grüne: 5,2% 2/0
1994: 49,9/– 1,1% 20/6;   SPÖ: 16,3% 6/0;   FPÖ: 18,4% 7/1;   Grüne: 7,8% 3/0

XIII. Zusammenfassung

Die Weichen für die Volkspartei – personell und programmatisch – wurden bereits in der Zwischenkriegszeit gestellt. Mit Ender und Mittelberger an der Spitze verließen 1934 die „Alten" das politische Parkett. Winsauer, Vögel, Ilg und Ulmer traten in ihre Fußstapfen, allerdings unterbrochen durch die nazionalsozialistische Zeit. Nach dem Krieg besann man sich rasch der organisatorischen Strukturen im Umfeld der christlichsozialen Bewegung, wobei der Bauernbund, mit Ilg und Vögel an der Spitze, zum dominierenden Bund in der Volkspartei aufstieg. Rasch wurde auf das weitverzweigte Netz von Ortsparteigruppen zurückgegriffen und bis in den letzten Ort weiter ausgebaut, was die patriarchalischen Strukturen, insbesondere auch durch zusätzliche Ämterkumulierungen, noch weiter festigte. Dank starker Bündeobleute gelang es der Volkspartei, wie es eben das Bündestatut vorsieht, den Apparat intern als Meinungsbildner zu nutzen. Zwar fehlten „Eruptionen" nicht, doch öffentliche Personaldiskussionen waren meist kurz.

---

402 Dieser Ausspruch war eine Reaktion Casimir Hämmerles, des eher liberal gesinnten Obmannes des Vereins der Vorarlberger in Wien, als den Mitgliedern von seiten der Konservativen fehlendes Heimatbewußtsein vorgeworfen wurde. vgl.: Klaus PLITZNER: Der Verein der Vorarlberger in Wien. – Diss. Wien 1979, S. 95 f.
403 Amtsblatt für das Land Vorarlberg 43/1994.

Mit Elementen wie Nüchternheit, Effizienz und pragmatischer Modernität im Berufs- und Wirtschaftsbereich gelang es der Volkspartei mit ihrer überwiegend bewahrend-konservativen Einstellung, eine dauerhafte Identität Land – Regierung – Partei herzustellen.[404] Diese Dreier-Identität stellte auch Dr. Michael Gehler in seinem Beitrag über die ÖVP in Tirol fest, wenn auch aus ganz anderen Gründen.[405]

Insbesondere Landesparteisekretär Naumann „betreute" die Partei rund 25 Jahre mit aufopferungsvoller Hingabe. Regierungserklärungen oder Parteiprogramme waren anfangs nicht zu finden, dennoch war das Ziel durch Ilg klar formuliert. Zunächst galt es den tagespolitischen Problemen im „Aktion-Reaktionsverfahren" Herr zu werden. Keßler hingegen setzte auf Programme, die nach und nach in Regierungskonzepte mündeten und als Vorlage für die Regierungsarbeit dienten. Zuerst waren es noch „einfache Lösungen", mit zunehmender „Modernisierung" wichen sie „Modellen", bei denen versucht wurde, Entstehung, Nutzen und Folgenabschätzung in Einklang zu bringen. Die gezielte Sportförderung als Vorbeugungsmaßnahme im Gesundheitsbereich sei hier stellvertretend erwähnt.[406] Verfassungsrang, und damit als besonders wichtig eingeschätzt, hatte die als „Keimzelle des Staates betrachtete intakte Familie".[407]

Personell konnte die Partei aus einem reichen Fundus schöpfen, reicher als bei allen anderen Vorarlberger Parteien zusammen. Mit der bislang praktizierten patriarchalischen „Hofübergabe", einer Art Vorschlagsrecht des Amtsinhabers, das von den Parteigremien meist abgesegnet wurde, ist die Parteispitze erfolgreich gefahren, wenn auch der Zeitpunkt manchmal fast versäumt wurde.

Daß Purtscher und Sausgruber daraus lernen wollen, zeigte sich unter anderem auch darin, daß sie nach erfolgreicher Wahl 1994 begonnen haben, ein „neues Programm" ausarbeiten zu lassen. Denn wenn es nach ihnen geht, soll Vorarlberg Österreichs gute Stube bleiben. Ob das neue Programm zum Modell für die „zerrüttete" Bundes-ÖVP wird oder ob es im Rahmen von „christlichsozialen Regions-Parteien", Blickrichtung „Westen", Anwendung findet, wird die Zukunft weisen.

Ilgs Einschätzung, nicht ohne Fehler gearbeitet zu haben, aber vieles wieder so zu machen, „wenn wir wieder von vorne zu beginnen hätten",[408] trifft wohl auch heute noch auf viele Handelnden zu. Der ÖVP, mit dem Anspruch, „eine soziale Integrationspartei"[409] zu sein, ist es vielfach gelungen, den goldenen Mittelweg zu wählen, ohne ins Mittelmaß zu verfallen.

---

404 DACHS: Parteien. (siehe Anm. 331) S. 525 ff.
405 Vgl. Michael GEHLER: Die Volkspartei in Tirol 1945–1994 an anderer Stelle in diesem Band.
406 STEMER: Land mit Zukunft! (siehe Anm. 214) S. 10.
407 VVPArch: LPT 1976: Rechenschaftsber. [KESSLER] S. 61.
408 VN, 13. 9. 1954.
409 DACHS: Parteien. (siehe Anm. 331) S. 525 ff.

Michael Gehler   **Die Volkspartei in Tirol 1945–1994**

I. Vorbemerkung*

Analysiert man die Geschichte einer politischen Partei, die Regierungsverantwortung trägt, ist stets zu berücksichtigen, daß dem von dieser Partei gestellten Regierungschef de facto ein entscheidender Einfluß auf die Sachpolitik zukommt. Ideologische und programmatische Komponenten treten demgegenüber deutlich in den Hintergrund. Dies galt und gilt auch und im besonderen Maße für die Volkspartei in Tirol, die seit 1945 ununterbrochen den Landeshauptmann stellt.[1] Ausgehend von diesem Befund, wurde der Beitrag gestaltet. Durch gezielte Zeitzeugenbefragung[2], Archivalien der vierziger und fünfziger Jahre aus Nachlässen und Zeitungsberichte konnten die notwendigen Informationen gewonnen werden. Die Ausdrucksweise der Interviewpartner wurde teilweise in deren Jargon wiedergegeben, um ein möglichst authentisches Bild zu vermitteln.

II. Vorgeschichte der Volkspartei

Die bündische Struktur der Österreichischen Volkspartei hat ihre Wurzeln u. a. in der politischen Entwicklung Tirols im 20. Jahrhundert: Wie alle bedeutenden politischen Ideen und Bewegungen zwischen den beiden Weltkriegen in Tirol entstanden seien, z. B. die Heimwehren, die Ostmärkischen Sturmscharen, die Soziale Arbeitsgemeinschaft der Vaterländischen Front und der Gedanke des Ständestaates, so sei es laut Hans Gamper, dem Programmatiker des Tiroler AAB, auch mit den drei Bünden der Volkspartei gewesen.[3] Der Tiroler Bauernbund (TBB) hatte sich unter Josef Schraffl bereits am 5. Juni 1904 in Sterzing formiert, wenngleich als Verein erst formell am 11. Dezember 1904 konstituiert[4], und 1919 der Tiroler Volksverein mit Obmann

---

*   Für kritische Lektüre und Anregungen danke ich Univ.-Ass. Dr. Helmut Alexander, Niko Hofinger und Prof. Dr. Georg Regnemer. Für diesen Beitrag konnten leider keine Materialien aus dem Parteiarchiv der Tiroler ÖVP herangezogen werden. Die Auswertung dort liegender Dokumente muß zukünftigen Forschungen vorbehalten bleiben. Der Beitrag wurde im Sommer 1994 abgeschlossen.
1 Rainer NICK/Christian ENGL: Das politische System des Bundeslandes Tirol 1945–1986. – In: Anton PELINKA/Andreas MAISLINGER (Hg.): Handbuch zur Neueren Geschichte Tirols, 1. Teil Politische Geschichte, Bd. 2, Zeitgeschichte, Innsbruck 1993. S. 514 ff.
2 An dieser Stelle sei allen Zeitzeugen für Ihre Bereitschaft, sich dem Forschungsprojekt mit ihrem Wissen zur Verfügung zu stellen, herzlich gedankt.
3 Hans GAMPER: Die Gründung der Tiroler ÖVP. – In: Tiroler Nachrichten (TN), Tagblatt der Österreichischen Volkspartei, 16. 5. 1960, Nr. 113, S. 1; vgl. auch dessen Streitschrift „Wohin steuern wir?", Innsbruck 1925.
4 Vgl. Die Gründung des Bauernbundes. In: Tiroler Stimmen, 12. 12. 1904, Nr. 283, S. 1; vgl. auch Anton BRUGGER: 75 Jahre Tiroler Bauernbund, Innsbruck [1979]. Oskar HOHENBRUCK: Die Verfassung des Tiroler Bauernbundes, Innsbruck 1936 (Landesmuseum Ferdinandeum Bibliothek FB 14810); und Friedrich HAIDER: 25 Jahre Tiroler Bauernbund. Sein Entstehen und seine Entwicklung im Lichte programmatischer Erklärungen und Zeitungsberichte,

Dr. Hans Peer, während der 1926 gegründete Tiroler Arbeitsbund aus der von Josef Ascher, Rudolf Loreck und Hans Gamper initiierten „Arbeitsgemeinschaft" 1925 hervorging. Der aus Tirol stammende Name „Volkspartei" wurde 1945 auch in Wien und den übrigen Ländern an Stelle der alten Bezeichnung „Christlichsoziale Partei" gewählt. Die Tiroler ÖVP des Jahres 1945 stellte somit „in ihrer Organisationsform die Synthese einer modernen politischen Partei der Gegenwart mit der sozialständischen Gliederung der Vergangenheit" dar.[5] Ihre Vorgängerin, die Tiroler Volkspartei (TVP, gegr. 28. Oktober 1918)[6], war bis zur Etablierung des autoritären Regimes die stärkste politische Kraft im Lande gewesen: Sie stellte die Landeshauptleute, die vom TBB kamen: Josef Schraffl (1917–1921), Dr. Franz Stumpf (1921–1935) und Dr. Josef Schumacher (1935–1938). Der Wildschönauer Bauer Andreas Thaler wurde gleich zweimal Landwirtschaftsminister (1926–1929; 1930–1931)[7], während der Innsbrucker Rechtsanwalt und Tiroler Nationalrat (1927–1932) Dr. Kurt Schuschnigg nicht nur zum Justiz- und Unterrichtsminister (1932–1934), sondern nach dem Mord der Nationalsozialisten an Dr. Engelbert Dollfuß auch zum österreichischen Bundeskanzler (1934–1938) avancierte.[8]

III. Gründung und Weichenstellungen 1945

Gamper hatte schon in der Zeit des Ständestaates auf den Unterschied zwischen Berufs- und Sozialstand hingewiesen und seine Befürchtung zum Ausdruck gebracht, daß man „aus dem Gestrüpp dieses Berufsständestaates nicht weiterkommen" werde, wenn „nicht die Grundsätze der sozialständischen Gliederung" beachtet würden. Nach dem Zweiten Weltkrieg habe in Tirol angeblich niemand mehr daran gedacht, „auf die autoritären Bestrebungen und ihre berufsständischen Gedankengänge zurückzugreifen". Während eine Gruppe (Univ.-Prof. Eduard Reut-Nicolussi, Staatsanwalt Dr. Ernst Grünewald, der Innsbrucker Bürgermeister Dr. Anton Melzer, Univ.-Prof. Franz Gschnitzer, der Legitimist Dipl.-Ing. Anton Hradetzky, der Journalist Fritz Würthle und Dr. Karl Gruber) argumentierte, man dürfe nicht auf Vergangenes zurückkommen, sondern müsse neuen Boden durch Gründung einer „Demokratischen Österreichischen Staatspartei" legen, wollte eine weitere Gruppe (Prof. Hans Gamper, Dr. Adolf Platzgummer, Josef Muigg) die Rückkehr zur alten „Tiroler Volkspartei" und ihrer bündischen Gliederung. Das Ergebnis war ein Kompromiß, der eine

---

  Diss. Innsbruck 1952 (FB 28167); Oskar HOHENBRUCK: 50 Jahre Tiroler Bauernpolitik-Geschichte des Tiroler Bauernbundes 1904–1954. Festschrift (FB 26604 u. 26605); sowie Benedikt ERHARD: Bauernstand und Politik. Zur Geschichte des Tiroler Bauernbundes (= Schriftenreihe der Michael Gaismair Gesellschaft Bd. 1), Wien 1981.
5 GAMPER: Gründung. S. 1; Benedikt ERHARD: Die Tiroler Volkspartei – Mehrheit mit Rissen. – In: Schwarz-bunter Vogel. Studien zu Programm, Politik und Struktur der ÖVP. – Wien 1985. S. 139–159, hier S. 150.
6 Kurt GATTINGER: Die Tiroler Volkspartei, phil. Diplomarbeit Universität Innsbruck 1994. S. 22–24, 44–45.
7 BRUGGER: 75 Jahre. S. 59 f., 194 f., 196 f.
8 Vgl. hierzu, wenn auch teilweise apologetisch, Anton HOPFGARTNER: Kurt Schuschnigg. Ein Mann gegen Hitler. Graz – Wien – Köln 1989. S. 123–222.

moderne politische Partei mit einer sozialständischen Gliederung schuf.[9] Deren Geschichte und Struktur sollen im folgenden aufgezeigt werden.

Noch im Juli 1945 hatten in einer Sitzung der „Tiroler Volkspartei" Beratungen über die Vorgangsweise gegenüber der nichtbündisch angelegten Staatspartei stattgefunden. Eine Aussprache zwischen Muigg (TVP) und Reut-Nicolussi ergab, daß es möglich wäre, „eine Einigung zwischen der demokratischen Staatspartei und der TVP zu erzielen". Muigg sprach sich für *eine* „Rechtspartei" aus, da es in anderen Bundesländern auch nur eine gäbe. Der Bauernbund würde es nicht verstehen, wenn eine vierte Partei genehmigt würde, er „müßte daraus die Konsequenzen ziehen und die TVP sofort verlassen". Der Vertreter der Gamper-Gruppe, Max Jenewein[10], plädierte auch dafür, sich nicht zu bekämpfen und sei es „nur aus taktischen Gründen Frieden zu halten". So wurde der Beschluß gefaßt, eine Einigung zwischen Volks- und Staatspartei herbeizuführen.[11] Die Fusion folgte kurz darauf.

Landeshauptmann Gruber konnte bei der 1. Bundesländerkonferenz der ÖVP in Salzburg am 29. Juli mitteilen, daß sich aus der Tiroler Widerstandsbewegung zunächst die Staatspartei gebildet hatte, die bereits in die ÖVP übergegangen sei.[12] Ihre wenigen Funktionäre gruppierten sich in der sogenannten Organisation „d" (Direkt-Mitglieder).[13]

In der Debatte über den zukünftigen Parteinamen gab es aber noch im September 1945 Unklarheiten. Reut-Nicolussi brachte einen Dringlichkeitsantrag ein, wonach die „einheitliche Auffassung" bestehe, „daß die Österreichische Volkspartei, Landesgruppe Tirol, eine neue Partei mit neuen Grundsätzen und Zielen ist". Diese würden auch jenen entsprechen, wie sie im Programm der Staatspartei[14] enthalten seien. Die ÖVP Tirol sei somit „nicht Rechtsnachfolgerin der Tiroler Volkspartei". Alles habe daher zu unterbleiben, „was irgendwie ein Nachfolgeverhältnis der Österr. Volkspartei gegenüber der Tiroler Volkspartei zum Ausdruck bringen könnte". Der nun anwesende Gamper verwies in der Debatte darauf, daß es sich bei der SPÖ um einen ähnlich gelagerten Fall handle, die sich jetzt „Sozialistische Partei" nenne. Er sei dafür, „daß wir bis zur Neuwahl uns ruhig als die Nachfolgerin der alten Partei betrachten können, da wir ja auch auf Grund deren Wahlerfolge die verschiedenen Sitze und Beteiligungen in Körperschaften und Ausschüssen begründen. Bis zur vollzogenen Wahl werden wir uns hin und wieder auf die Stärke der früheren Partei berufen müssen." Gruber entgegnete darauf, daß das Vorbringen Gampers „unrichtig" sei. Im übrigen Österreich habe es der Volkspartei nichts genützt, sich als Rechtsnachfolgerin zu bezeichnen, nur in Tirol habe sie davon Nutzen: „Wenn wir

---

9 Hans GAMPER: Die Gründung der Tiroler ÖVP. – In: TN, 16. 5. 1960, Nr. 113, S. 1.
10 Vgl. TN, 1964, Nr. 172/4.
11 Protokoll über die Sitzung der Tiroler Volkspartei vom 18. 7. 1945 in Innsbruck, Marktgraben 2. Hans Gamper Archiv (HGA) am Institut für Zeitgeschichte der Universität Innsbruck, Mappe „Tiroler Volkspartei Dezember 1945/46".
12 Michael GEHLER (Hg.): Karl Gruber. Reden und Dokumente 1945–1953. Eine Auswahl (= Institut für Zeitgeschichte der Universität Innsbruck, Arbeitskreis Europäische Integration, Historische Forschungen, Veröffentlichungen 2), Wien – Köln – Weimar 1994. S. 60–67, hier S. 63.
13 Josef RIEDMANN: Geschichte des Landes Tirol, Bd. 4/II, Bozen – Innsbruck 1988. S. 1277.
14 Vgl. Programm der „Demokratischen Österreichischen Staatspartei in Tirol". – In: Reden und Dokumente, S. 38 ff.

nicht den neuen politischen Boden suchen, so ist es unter gar keinen Umständen möglich, im Kampf mit der politischen Linken den Führungsanspruch zu gewinnen. Weite Kreise sind wohl bereit, den neuen politischen Boden zu betreten, aber nicht den der alten Partei. Wir müssen die Rechtskontinuität aufgeben, weil wir sonst den Eindruck erwecken, daß wir alten Wein in neue Schläuche füllen wollen." Der Vertreter des TBB, Alois Grauß, betonte, daß man doch zusammengekommen sei, „weil wir eine bürgerliche Partei begründet haben". Was Politik anlange, müsse man trachten, „das Trennende beiseite zu lassen und auf der neuen Grundlage einheitlich zu handeln und zu denken". Hradetzky flocht noch ein, daß bei der Salzburger ÖVP-Vorkonferenz der geschäftsführende Bundesparteiobmann und ehemalige Unterrichtsminister Hans Pernter ausdrücklich erklärt habe, „daß die ÖVP in keiner Weise Nachfolgerin der ehemaligen christlichsozialen Partei" sei. Gruber argumentierte noch überzeugender: „Wer christlichsozial war, ist bestimmt bereit, in die ÖVP einzutreten, von den anderen sind sicher viele bereit, der ÖVP, aber nicht der christlichsozialen Partei beizutreten." Darauf wurde der Dringlichkeitsantrag mit Mehrheit angenommen.[15] Bereits im August 1945 deklarierte sich die Tiroler Partei als Teil der Österreichischen Volkspartei.[16]

Während die Sozialisten von Wien aus geleitet wurden, sollte die Bezeichnung *„Tiroler* Volkspartei" Eigenständigkeit von und Abgrenzung zu der Bundeshauptstadt signalisieren. Vor diesem Hintergrund war auch diskutiert worden, ob auf den alten Namen zurückgegriffen oder die Partei „ÖVP-Tirol" genannt werden sollte. Trotz aller Vorbehalte gegen den „Wasserkopf" Wien behielt die gesamtösterreichische Variante die Oberhand, was auch in weiterer Folge durch die aktive Mitwirkung von Tiroler ÖVP-Vertretern bei den ÖVP-Vorkonferenzen im Juli, August und September 1945 in Salzburg zum Ausdruck kam, die für die Vorbereitung der ersten gesamtösterreichischen Länderkonferenz vom 24. bis 26. September in Wien von eminenter bundespolitischer Bedeutung waren. Sie trugen auch zur Konsolidierung der ÖVP auf gesamtstaatlicher Ebene bei.

Neben der Partei hatten sich schon die bündischen Organisationen rekonstituiert. Bereits am 17. Mai 1945 reichten die Bauernfunktionäre Muigg und Grauß die Satzungen des TBB bei der Sicherheitsdirektion ein. Am 24. September wurden sie genehmigt. Bis zum Oktober liefen fast 20.000 Anmeldungen ein, so daß bereits Wahlen durchgeführt werden konnten. Aus diesen gingen Muigg als Obmann und Grauß als dessen Stellvertreter hervor.[17]

Dem alten „Arbeitsbund" gelang es, sich mit dem Namen „Arbeiter- und Angestelltenbund" (AAB) neu zu formieren. Zunächst hatte Franz Hetzenauer als ehemaliger Landessekretär der im Mai 1938 von der „Deutschen Arbeitsfront" aufgelösten Landeskommission christlicher Arbeiter- und Angestelltenorganisation Tirols umgehend nach dem Einmarsch der Amerikaner die letzten Obmänner der Vereinigung, den christlichen Eisenbahner, ehemaligen Abgeordneten im ständischen Tiroler Landtag (1934–1938) und Bundesrat (1945–1949) Heinrich Schaidreiter und Staats- und Re-

---

15 Protokoll der 2. Sitzung des Parteivorstandes der ÖVP, Landesgruppe Tirol, 5. 9. 1945. HGA, Mappe „Tiroler Volkspartei Dezember 1945/46".
16 GATTINGER: Volkspartei. S. 63.
17 BRUGGER: 75 Jahre. S. 103.

Die Volkspartei in Tirol 1945–1994

gierungsrat Hans Steinegger besucht, um die früheren Funktionäre und Mitglieder zusammenzurufen. Der Exekutivausschuß der christlichen Arbeiter- und Angestelltenschaft Tirols beschloß am 4. Juni 1945 seine Bereitschaft zur Mitarbeit in der Tiroler Volkspartei. Gleichzeitig forderte er aber eine „verhältnismäßige Vertretung in der Parteileitung, Landesregierung, Landtag und Stadtgemeinde Innsbrucks".[18] Aus einem Tätigkeitsbericht der Landesstelle Tirol des ÖAAB ist zu entnehmen, daß man „weit davon entfernt" war, „mit den derzeitigen Verhältnissen zufrieden zu sein". Gerade von „Kreisen der obersten Parteiführung" gäbe es Versuche, sich gegen die bündischen Gliederungen zu stellen und diese zu umgehen. Der „verhältnismäßig kleine Personenkreis" würde sich als „Gruppe D" (Mitglieder, welche keinem Bund angehören) bezeichnen und durchkreuze ständig die Bestrebungen des AAB, für den es „unverständlich" war, „daß es Leute gibt, welche keinem der bestehenden Berufsverbände angehören wollen, dennoch aber die Erfolge dieser Berufsgruppen (Bünde) mitgenießen wollen". Dieses Verhältnis könne nicht von Dauer sein. Mit gewisser Beruhigung wurde bemerkt, „daß diese Gruppe D nur in Tirol existiert, und da nur im Bezirk Innsbruck. In allen anderen ländlichen Bezirken ist diese Erscheinung bereits verschwunden." Mit 31. August 1946 wies der AAB Tirol 3.380 Mitglieder in 132 Ortsgruppen auf. Darunter nahmen die öffentlichen Angestellten (346) den größten Anteil ein.[19] Am 18. September 1945 hielten die Delegierten der Landesgruppe Tirol des ÖAAB in Innsbruck ihre erste Konferenz ab und konstituierten diesen förmlich.[20]

Der Volksverein wechselte nach 1945 als Organisation den Namen und trat als Wirtschaftsbund (WB) neben TBB und AAB zur Gesamtpartei. Wie beim AAB tagte auch hier ein vorbereitender Ausschuß, der den Antrag bei der Tiroler ÖVP stellte, eine Landesgruppe Tirol des WB mit fachlichen und territorialen Untergliederungen (Industrielle, Gewerbetreibende, Kaufleute, Inhaber von Verkehrs-, Gast- und Fremdenbetrieben, Geld-, Kredit- und Versicherungswesen, soweit dieselben sich zum Programm der ÖVP bekannten) zu errichten.[21] Am 21. Oktober 1945 konstituierte sich die Landesgruppe des WB in Innsbruck.[22] Kommerzialrat Josef Dinkhauser fungierte als Obmann (bis 1949), Anton Haller (der spätere Obmann von 1951 bis 1958) als Vorstandsmitglied und Albin Oberhofer, Leiter des Tiroler Gewerbeförderungsinstitutes und späterer Direktor der Handelskammer, als ehrenamtlicher Geschäftsführer. Aufgrund der politischen Konstellation in Tirol nahm der Ausschuß nicht an, daß der Kommunistischen oder Sozialdemokratischen Partei Österreichs die Gründung eines umfassenden Wirtschaftsbundes unter Einschluß der erwähnten Wirtschaftszweige

---

18 Protokoll über die 4. Sitzung des Exekutivausschusses der christlichen Arbeiter- und Angestelltenschaft Tirols am 4. 6. 1945, im katholischen Gesellenhaus. [Privatbesitz Hetzenauer]. Der Verfasser dankt für die Überlassung einer Kopie des Dokuments.
19 Tätigkeitsbericht der Landesstelle Tirol, des Österr. Arbeiter Angestellten- und Beamtenbundes in der Zeit vom 9. September 1945 bis 30. September 1946, Innsbruck, 30. 9. 1946, Der Landessekretär Ernst Würtele. [Privatbesitz Hetzenauer]; zur Gruppe D vgl. ERHARD: Tiroler Volkspartei. S. 152 f.
20 GATTINGER: Volkspartei. S. 56.
21 Vorbereitender Ausschuß der Landesgruppe Tirol des ÖWB, 18. 9. 1945, gez. K. R. Josef Dinkhauser, Geschäftsführer Dr. Albin Oberhofer. HGA, Mappe „Tiroler Volkspartei Dezember 1945/46".
22 GATTINGER: Volkspartei. S. 58.

gelingen würde. Laut zeitgenössischen Umfragen bestand in der gesamten Tiroler Wirtschaft „eminentes Interesse, im Rahmen der allgemein anerkannten bürgerlichen Partei den politischen Einfluß auszuüben, welcher der Wirtschaft des Landes vermöge ihrer weitreichenden Bedeutung zukommt".[23]

Für die Gesamtpartei hatte der Programmatiker Gamper bereits ein Organisationsstatut der „ÖVP Landesorganisation Tirol" erarbeitet. In einem von ihm redigierten und dann im wesentlichen übernommenen Entwurf vom Februar 1946 hieß es, daß die ÖVP „die politische Vereinigung aller vaterlandstreuen Österreicher" sei, die das Gesamtwohl unter Ablehnung des Klassenkampfes vertreten und sich zur Demokratie bekennen". Sie gliederte sich „unter strenger Wahrung der Einheit der Gesamtpartei" in den AAB, den TBB und den WB sowie jener Gruppe „d", den einzelne Mitglieder, die nur der ÖVP, nicht aber einem Bunde angehörten. Die Bünde waren wirtschaftlich und finanziell selbständige Organisationen mit eigener Rechtspersönlichkeit. Der organisatorische Aufbau der Partei gliederte sich in Orts- und Bezirksgruppen. Die Organe waren die Orts-, Bezirks- und Landesparteileitung. Letztere gliederte sich in den Parteivorstand (bestehend aus Landes- und Bezirksparteiobmann sowie dem Obmann der Stadtparteileitung Innsbruck, 20 Vertretern der vier Gruppen, die schlüsselmäßig verteilt wurden, dem Landeshauptmann, den Bürgermeistern und den Landes-, Bundes- und Nationalräten, soweit sie Parteiangehörige waren), engeren Parteivorstand (gewählter Arbeitsausschuß des Parteivorstandes, bestehend aus 15 bis 20 Mitgliedern) und das Parteipräsidium (Landesparteiobmann und vier vom Parteivorstand gewählten Stellvertretern). Der Landesparteitag setzte sich aus den Mitgliedern des Parteivorstandes, der Bezirksleitungen und je zehn Vertretern aus den Bezirken zusammen und sollte einmal jährlich einberufen werden. Seine Funktion lag u. a. in der Wahl des Landesparteiobmanns und der Genehmigung der vom Vorstand vorgeschlagenen Mandatare. Jeder Österreicher konnte Parteimitglied werden, für den die gesetzlichen Voraussetzungen für eine Mitgliedschaft gegeben waren (ausgenommen jene „illegalen" Nationalsozialisten der Jahre 1933–1938). Gemäß dem bundesstaatlichen Charakter Österreichs entsandte der Landesparteitag die Delegierten in die Bundesparteileitung.[24] Programmatisch mangelte es der Tiroler ÖVP wiederholt an einem geschlossenen und konkreten Konzept, weil die bündische Struktur Ausarbeitung und Verwirklichung erschwerte. Die Lösung der Südtirolfrage, der Staatsvertrag, das Bekenntnis zur christlichen Weltanschauung, die Bewahrung der traditionellen Werte des Landes und die Hervorhebung der eigenständigen Rechte gegenüber dem Bund waren stets wiederkehrende Programmpunkte.[25]

Die Spitze der Tiroler ÖVP rekrutierte sich nach 1945 zu einem nicht geringen Teil aus dem politischen Widerstand (Gruber, Gamper, Platzgummer, Grauß, Melzer). Dieser diente aber in der Anfangszeit lediglich als „Vorzeigobjekt" für die notwendige Anerkennung der Partei durch die amerikanische bzw. französische Besatzungsmacht.

---

23 Vorbereitender Ausschuß der Landesgruppe Tirol des ÖWB, 18. 9. 1945, gez. K. R. Josef Dinkhauser, Geschäftsführer Dr. Albin Oberhofer. HGA, Mappe „Tiroler Volkspartei Dezember 1945/46".
24 Redigierter Entwurf zum Organisationsstatut der ÖVP Landesorganisation Tirol. HGA, Mappe „Tiroler Volkspartei Dezember 1945/46".
25 RIEDMANN: Geschichte. S. 1280.

„Widerständler" erhielten dadurch mitunter kurzzeitige Privilegien, die wiederum Kritik auslösten. Nicht zuletzt deshalb hatte der überwiegende Teil der Partei, der einen wie immer gearteten Widerstand gegen den Nationalsozialismus nicht für sich reklamieren konnte, ein gespaltenes Verhältnis dazu: Die Tiroler ÖVP hatte sich zwar aus der christlichsozialen Bewegung entwickelt, war antinationalsozialistisch ausgerichtet, und die Gründung erfolgte 1945 auch aus dieser Haltung heraus. Ein immer geringer werdender Teil der ÖVP bezog aber seine Identität aus dem aktiven Kampf gegen Hitlerdeutschland und der Beseitigung des Nationalsozialismus, der weit größere Teil wollte Vergangenes vergangen sein lassen und pflegte daher auch den Widerstandsgedanken nicht. Dem bundespolitischen Konzept der „Volkspartei" folgend, entwickelte sich rasch die Neigung, vormalige Nationalsozialisten („Mitläufer") anzusprechen und einzubinden. Spätestens seit Ende der vierziger Jahre war das Thema Widerstand – auch aufgrund seiner quantitativen Marginalität – ein „Störfaktor" für die von der Partei geplante Reintegration der „Ehemaligen" und politisch heimatlos geworden. „Widerstand" und „Drittes Reich" waren „gestorben".[26] Selbst ein Exponent des Widerstandes, der für den Bereich des Landesschulrats zuständige Gamper, spielte kaum mehr auf dem „Widerstands-Klavier". Bei der Bestellung von Lehrern plädierte er zunächst in einzelnen Fällen für mildernde Umstände und war dann immer großzügiger bei der Behandlung ehemaliger Parteimitglieder.[27]

Zur personellen Situation der Tiroler ÖVP der Jahre 1945–1949 läßt sich festhalten: Auf der einen Seite gab es junge, nach vorne drängende Kräfte aus dem Bereich unterer Chargen der Deutschen Wehrmacht und während der NS-Zeit passiv bzw. unbehelligt Gebliebene; auf der anderen Seite mehr oder weniger engagierte Funktionäre und Mandatare aus der Zeit des Ständestaates bzw. Vertreter des Widerstandes gegen den Nationalsozialismus. Die letzten beiden Gruppen traten aber in weiterer Folge immer mehr in den Hintergrund.

IV. Die Profile der Landeshauptmänner

1. Von der Besatzungsmacht autorisierter Kurzzeit-Landeshauptmann Ing. Dr. Karl Gruber (Mai–Oktober 1945)

Der aus der Widerstandsbewegung vom April/Mai 1945 als Kompromißkandidat hervorgegangene Gruber agierte als Kurzzeit-Landeshauptmann[28], der seinen Hauptwirkungskreis in der Stadt Innsbruck entfaltete und in der breiten Bevölkerung über keinen größeren Rückhalt verfügte. Als von den Amerikanern eingesetzter Landeshauptmann löste er Skepsis und Mißtrauen bei der vormals regimetreuen Bevölkerung und den Kriegsteilnehmern aus.[29] Das Nachkriegschaos, welches durch

---

26 Interviews mit Dr. Kurt GATTINGER, 5. 5., 12. 5. 1993, hier 5. 5. [Tonbandaufzeichnung im Besitz des Verfassers].
27 Interviews mit Landeshauptmannstellvertreter und Landesrat a. D. Dr. Fritz PRIOR, 4. 5., 2. 6. 1993, hier 4. 5. [Tonbandaufzeichnung im Besitz des Verfassers].
28 Vgl. auch Richard SCHOBER: Geschichte des Tiroler Landtages im 19. und 20. Jahrhundert. Innsbruck 1984. S. 538 f.
29 Interview Prior, 4. 5. 1993.

Transportschwierigkeiten, Ernährungskrisen und Wohnungsnöte gekennzeichnet war, stellte ihn vor keine leichte Aufgabe. Eine zusätzliche Belastung bildete der von Gruber zunächst nicht gebilligte und dann auch wenig reibungslos verlaufende Wechsel zum französischen Besatzungsregime.[30] Mit seiner energischen Art schuf er sich jedoch viel Respekt – auch bei seinen Gegnern. Als Nachrichten aus Wien über die Bildung der provisorischen Regierung Renner eintrafen, plädierte Gruber für die Fusionierung der Staats- mit der Volkspartei, um eine Spaltung des bürgerlichen Lagers zu verhindern.[31]

In diesem Zusammenhang ist auch auf den von sozialistischer Seite gemachten Vorwurf separatistischer Neigungen einzugehen. So behauptete Adolf Schärf, Gruber habe eine Gegenregierung in Innsbruck bilden wollen und auf Trennung vom Osten hingearbeitet.[32] Derartige Vorstellungen spielten aber – wie bisher gezeigt werden konnte[33] – weniger in Grubers Politik als in Berichten von OSS-Agenten eine Rolle, welche die Möglichkeit einer westösterreichischen Sezession nicht ausschlossen[34], diese jedoch mit einem spezifisch autonomiepolitisch motivierten tirolischen Regionalismus verwechselt haben dürften.

Eine herausragende Rolle spielte Gruber bei den zwei wichtigen ÖVP-Vorkonferenzen im Juli und August 1945 in Salzburg[35], die u. a. auf seine Initiative zurückgingen. Gruber profilierte sich dabei als „Sprecher des Westens", als der er dann die Forderungen der westlichen Volksparteivertreter auf der ersten gesamtösterreichischen Länderkonferenz im September 1945 im niederösterreichischen Landhaus in Wien der provisorischen Regierung Renner gegenüber einbringen konnte. Diese berücksichtigte das westliche Verlangen nach Regierungsumbildung. Es kam ein tragfähiger Kompromiß zustande, der die Grundlage für die Wiederaufnahme der Zusammenarbeit zwischen den politischen „Lagern" bildete. Damit war eine wesentliche Voraussetzung für die Wahrung der staatlichen Einheit geschaffen.[36]

---

30 Günter BISCHOF: Between Responsibility and Rehabilitation: Austria in International Politics (1940–1950), ph. Th., Harvard University 1989. S. 208 f.; vgl. hierzu auch die Studie von Klaus EISTERER: Französische Besatzungspolitik. Tirol und Vorarlberg 1945/46 (= Innsbrucker Forschungen zur Zeitgeschichte 9), Innsbruck 1991, S. 21 f.
31 Karl GRUBER: Zwischen Befreiung und Freiheit. Der Sonderfall Österreich. Wien 1953. S. 29 f.
32 Adolf SCHÄRF: Österreichs Wiederaufrichtung im Jahre 1945. Wien 1960. S. 111; vgl. auch ders., Österreichs Erneuerung 1945–1955. Das erste Jahrzehnt der Zweiten Republik. – Wien 1955. S. 43 f.; Karl R. STADLER: Adolf Schärf. Mensch, Politiker, Staatsmann. – Wien – München – Zürich 1982. S. 210 ff., 214, und Michael GEHLER: Dr. Ing. Karl Gruber – Erster Landeshauptmann von Tirol nach dem Zweiten Weltkrieg. – In: Lothar HÖBELT/Othmar HUBER (Hg.): Für Österreichs Freiheit. Karl Gruber – Landeshauptmann und Außenminister 1945–1953 (= Innsbrucker Forschungen zur Zeitgeschichte 7), Innsbruck 1990. S. 11–70, hier S. 52 ff.
33 Ebd.
34 Secret Report Edgar N. JOHNSON/Paul R. SWEET (OSS), Subject: The Renner Government, 14. 9. 1945. – In: Oliver RATHKOLB (Hg.): Gesellschaft und Politik am Beginn der Zweiten Republik. Vertrauliche Berichte der US-Militäradministration aus Österreich 1945 in englischer Originalfassung. Wien – Köln – Graz 1985. S. 174–185, 180 ff.
35 Vgl. Protokolle der Bundesländerkonferenzen der ÖVP am 29. 7. 1945 und 19. 8. 1945 in Salzburg. – In: Reden und Dokumente. S. 60–75.
36 GEHLER, Dr. Ing. Gruber. S. 57 ff.; vgl. Reden und Dokumente. S. 84–86, und neuerdings ders., „Die Besatzungsmächte sollen schnellstmöglich nach Hause gehen." Zur österreichischen Interessenpolitik des Außenministers Karl Gruber 1945–1953 und zu weiterführenden Fra-

Gruber verfügte in der Tiroler ÖVP über keine große Anhängerschaft, weil er weder aus dem alten christlichsozialen noch aus dem bündischen Milieu in Tirol hervorgegangen war. Er stammte aus sozialdemokratischem Elternhaus und war bei den Roten Falken und der Sozialistischen Arbeiterjugend großgeworden. Gruber verstand es jedoch 1945, sich mit den Spitzen des TBB zu arrangieren. Später sollte er diesen Bund auch im Nationalrat vertreten. Grubers Ambitionen galten von Anfang an der Bundespolitik. Sein rascher Weggang nach Wien ließ daher kein allzu aussagekräftiges und bleibendes Bild von seiner Rolle als erstem Landeshauptmann nach Kriegsende entstehen. Seine Südtirolpolitik, insbesondere das am 5. September 1946 mit Alcide de Gasperi geschlossene Abkommen[37] wurde zum Teil heftig kritisiert und bildete wiederholt einen Stein des Anstoßes. Jener „politische Vertrag ohne parlamentarische Behandlung"[38] wurde in der Tiroler ÖVP gefühlsmäßig lange Zeit nicht akzeptiert. Gruber galt als Unperson, weil er zu übereilt und schlecht verhandelt, wenn nicht sogar die Landeseinheit verraten habe.[39] Nachträglich bestätigt Fritz Prior, daß das Pariser Abkommen „nie ein starkes Empfinden bei uns hervorgerufen" habe[40], wenngleich realpolitisch wohl kaum mehr erreicht werden konnte und auch nicht zu erhoffen war. Man fragt sich daher zu Recht, warum die viel zu hochgesteckten Erwartungen von der ÖVP nicht rechtzeitig gedämpft wurden.

2. Krisenmanagement in der Nachkriegszeit unter Landeshauptmann Ing. Dr. Alfons Weißgatterer (1945–1951)

Grubers Nachfolger hieß Alfons Weißgatterer.[41] Der Amtstierarzt von Reutte, ehemaliger Direktor der landwirtschaftlichen Lehranstalt Rotholz und seit 1945 eingesetzter Gemeindereferent, wurde vom TBB vorgeschlagen, dem er seit 1935 angehörte. Er wird als einfacher, umgänglicher, freundschaftlich und vornehm gesinnter Mann geschildert. Weißgatterer verfügte über gute Kontakte in die Schweiz, die ihm bei der Organisierung von Lebensmitteltransporten hilfreich waren. Innerparteilich hatte er aufgrund der rivalisierenden Bünde und ihrer massiven Machtinteressen eine relativ schwache Stellung, während er als Landeshauptmann als tüchtiger Verwaltungsfachmann und strenger Vorgesetzter seiner Beamten wirkte.[42]

---

gen eines kontroversen Forschungsprojekts. – In: Christliche Demokratie 1994. S. 27–78. Massives Interesse an dieser Konferenz hatten freilich auch die westalliierten Besatzungsmächte, v. a. die Briten, vgl. hierzu BISCHOF: Responsibility. S. 164, 183 ff., 227 f.
37 Vgl. Rolf STEININGER: Los von Rom? Die Südtirolfrage 1945/46 und das Gruber-De Gasperi-Abkommen (= Innsbrucker Forschungen zur Zeitgeschichte 2), Innsbruck 1987.
38 Interview mit Minister Prof. KLECATSKY, 21. 4. 1993 [Tonbandaufzeichnung im Besitz des Verfassers].
39 Vgl. hierzu Helmut GOLOWITSCH/Walter FIERLINGER: Kapitulation in Paris 1946. Entstehungsgeschichte und Hintergründe des Pariser Abkommens zwischen De Gasperi und Gruber vom 5. September 1946 (= Schriftenreihe zur Zeitgeschichte Bd. 7), Nürnberg – Graz 1989, welche weniger der Erhellung der historischen Hintergründe als der Verunglimpfung damals handelnder Personen (Gruber, Volgger, Amonn, Raffeiner) verpflichtet sind.
40 Interview PRIOR, 4. 5. 1993.
41 SCHOBER: Geschichte des Tiroler Landtages. S. 539–541.
42 Interview GATTINGER, 5. 5. 1993.

In der Partei schuf sich Weißgatterer Gegner, weil er eine Reihe von Mitläufern und ehemaligen NSDAP-Mitgliedern in das Amt der Landesregierung holte. Dies führte im Frühjahr 1947 zu einer innerparteilichen Zerreißprobe. Staatssektretär Ferdinand Graf informierte Gruber, daß bei einer Sitzung Oppositioneller innerhalb der ÖVP-Tirol die Absetzung Weißgatterers beschlossen worden sei.[43] Ihm wurde fehlender Kontakt mit den Landesräten, Mitgliedschaft in der NSDAP und Berücksichtigung ehemaliger Nationalsozialisten vorgeworfen. Platzgummer wurde als Nachfolger vorgeschlagen, der allerdings ablehnte. Da die Anwesenden keinen weiteren Kandidaten vorschlugen, löste sich der Kreis auf und der Vorfall schien erledigt, so daß die ÖVP-Presse berichten konnte, daß es überhaupt keine Krise gegeben habe. Aus Verärgerung über seine Nichtnominierung habe sich jedoch Landesrat Albin Oberhofer zu Fritz Würthle, dem vormaligen Pressereferenten der Landesregierung und Ausschußmitglied des Bundes der Tiroler Freiheitskämpfer, und dem KPÖ-Landesleiter und früheren Landesrat Josef Ronczay begeben, die ein Plakat anfertigten ließen, an dem Grünewald und Gschnitzer mitgearbeitet hatten. So erfuhr die Öffentlichkeit von der Krise in der ÖVP, die laut Graf „allerdings tatsächlich in weitgehendstem Ausmaße vorhanden" war. Zum Kritikpunkt 1 wurde angemerkt, daß dies weniger an Weißgatterer liege „als vielmehr an der Eigenwilligkeit der einzelnen Mandatare und der daraus entstehenden Absicht, selbst Landeshauptmann zu werden". Die Kritik ging v. a. von TBB-Direktor Franz Lechner und Landesrat Muigg aus, da die Ernährungslage in Tirol äußerst gespannt war und die Schuld von dem für das Ernährungswesen zuständigen Muigg auf Weißgatterer abgewälzt werden sollte. Tatsächlich sei der Landeshauptmann für die Beschaffung von Lebensmitteln verantwortlich. Die Triebfeder aller Intrigen war laut Graf der monarchistisch gesinnte ÖVP-Landtagsabgeordnete Major Alois Molling. Dessen Einfluß in der ÖVP stehe in völlig umgekehrtem Verhältnis zu seinem Ansehen in der Bevölkerung. Zum zweiten Punkt wurde angemerkt, daß Weißgatterer 1940 um Aufnahme in die NSDAP angesucht hatte, was „jedoch nicht einmal einer weiteren Behandlung unterzogen" worden sei, so daß er „weder nach dem Organisationsstatut der NSDAP noch nach den Bestimmungen des Verbotsgesetzes als Anwärter der NSDAP angesehen werden kann".[44] Gegenteilige Behauptungen von Mandataren der

---

43 Abschrift „ÖVP in Tirol", Bundesministerium für Inneres, Staatssekretär Graf an Gruber, 11. 1. 1947. Karl-Gruber-Archiv (KGA) am Institut für Zeitgeschichte der Universität Innsbruck, Karton 22; vgl. auch RIEDMANN: Geschichte, S. 1277.
44 Eine Überprüfung im BDC ergab jedoch zweifelsfrei, daß Weißgatterers Aufnahmeantrag in die NSDAP im Jahre 1938 zunächst abgewiesen wurde („abgelehnt, da schwarz und eine Umstellung bei ihm unmöglich erscheint"). Weißgatterer hatte beteuert, nationalsozialistisch gesinnten Angestellten in Rotholz „nie Schwierigkeiten gemacht" und als Obmann des Tiroler Sennereiverbandes Käse genauso von nationalsozialistischen Bauern genommen zu haben (Berufung auf Gaubauernführer Pg. Georg Wurm). Das NSDAP-Kreisgericht Reutte hielt aber aufgrund der vorliegenden Angaben eine neuerliche Überprüfung „für unerläßlich". Infolgedessen wurde Weißgatterer reguläres NSDAP-Mitglied, rückwirkend mit 1. 5. 1938 als Aufnahmedatum und einer Illegalen-Mitgliedsnummer 6.298.401. BDC, Masterfile, NSDAP-Personalfragebogen zum Antragschein auf Ausstellung einer vorläufigen Mitgliedskarte und zur Feststellung der Mitgliedschaft im Lande Österreich, ausgefüllt von Weißgatterer, 10. 12. 1938 und Beschluß des Kreisgerichts Reutte der NSDAP, Zl. 179/40, 15. 3. 1941.

ÖVP seien um so „verwerflicher", als die maßgeblichen Funktionäre eingehend über das Verhältnis Weißgattereres zur NSDAP aufgeklärt worden seien. Zum dritten Punkt wurde festgehalten, daß Weißgatterer den Nationalsozialismus „als dringendst zu lösendes Problem" betrachte und vermeiden wolle, „daß die Zukunft des Landes durch die Liquidierung des Nationalsozialismus irgendwelchen Schaden leidet". Es sei eine bekannte Tatsache, daß jeder Nichtnationalsozialist wenigstens zwei Nationalsozialisten kenne, die er als anständig und berücksichtigungswürdig bezeichne und zu fördern versuche. Von allen möglichen Stellen würden dem Landeshauptmann nun solche Befürwortungen und Interventionen vorgelegt, nicht zuletzt von der Gruppe Molling. Bei solchen Interventionen, die sich bei näherer Betrachtung in vielen Fällen als unangebracht erweisen, würde die Schuld naturgemäß dem Landeshauptmann gegeben.[45] Wie Grafs Bericht zeigte, drehte sich die innerparteiliche Diskussion ausschließlich um Sach- und Personalfragen.

Als Vorstandsmitglied und Obmann der Akademikersektion des TBB erwarb sich Weißgatterer große Verdienste. Sein überraschender Tod beim Begräbnis des TBB-Ehrenobmanns und Reichsratsabgeordneten (1897–1907) Alois Haueis am 31. Januar 1951 in Zams beendete seine Amtszeit schlagartig.

3. Gastwirt, Bauer und Grundherr: Landeshauptmann Alois Grauß (1951–1957)

Der aus Jenbach stammende Alois Grauß[46] folgte Weißgatterer als Vertreter des Tiroler Bauernstandes. So fungierte der zugeheiratete Guts- und Gasthofbesitzer als Obmann des TBB seit 1948 und repräsentierte den streng-autoritären, unnahbaren, tief religiösen und untadeligen Typus des Landeshauptmanns.[47]

Unter Dollfuß war Grauß offiziell aus dem Landtag ausgeschieden, da er sich nicht „bestellen" lassen wollte. Als ehemaliger Bezirksbauernobmann von Schwaz wurde er in der NS-Zeit verfolgt, im Zuge des 20. Juli 1944 verhaftet und in das Lager Reichenau eingesperrt. Seine Frau überlebte die nervliche Anspannung nicht. Getroffen von diesem persönlichen Schicksal, stand Grauß im Frühjahr 1945 politisch zunächst im Hintergrund. Obwohl er eigentlich *der* Kandidat des TBB gewesen wäre, übernahm Muigg alle drei Funktionen: die Obmannschaft, den Landesrat und den Kammerpräsidenten, während Grauß vorerst nur als Stellvertreter agierte.[48] Seit 11. Dezember 1948 wirkte er dann als Bundesobmann. Der Ausbau der bäuerlichen Organisation (Jungbauernsektion[49] und akademische Sektion 1948), der Aufbau des

---

45 Abschrift „ÖVP in Tirol", Bundesministerium für Inneres, Staatssekretär Graf an Gruber, 11. 1. 1947. KGA, Karton 22.
46 SCHOBER: Geschichte des Tiroler Landtages. S. 541 f.
47 Interview mit Dr. Hans HUMER, 20. 4. 1993 [Tonbandaufzeichnung im Besitz des Verfassers]; Interview mit Landesrat a. D. Dr. Luis BASSETTI, 8. 5. 1993 [Tonbandaufzeichnung im Besitz des Verfassers].
48 Interview mit Nationalrat a. D. Dr. Alois LEITNER, 18. 5. 1993 [Tonbandaufzeichnung im Besitz des Verfassers].
49 Vgl. Anton BRUGGER: Programm der Jundbauernschaft im Tiroler Bauernbund, Innsbruck 1948 (FB 67980); Zehn Jahre Jungbauernschaft des Tiroler Bauernbundes. – In: Tiroler Bauernzeitung (TBZ), 27. 2. 1958, Nr. 9, S. 5.

Schülerunterstützungsheimes und Landesjugendwerkes sowie die Profilierung der *Tiroler Bauernzeitung* als amtliches Organ der Landwirtschaftskammer fielen in seine Amtszeit.[50]

Gegen die Jungbauernschaft als Organisation und Element der Erfassung der Jugend übte die Kirche unter Bischof Paulus Rusch heftigen Widerstand aus.[51] Erst im Jahre 1953 konnte eine Art Lösungsansatz durch ein gemeinsames Abkommen mit der Apostolischen Administratur über die „Zusammenarbeit" zwischen der Jungbauernschaft und der Katholischen Landjugend gefunden werden.[52]

Grauß reflektierte zunächst nicht auf das höchste Landesamt, zumal seine Gesundheit angegriffen war.[53] Am 27. Februar 1951 wurde er dann jedoch als Nachfolger des verstorbenen Weißgatterer vom Landtag zum Landeshauptmann gewählt. Am 25. November 1953 erfolgte seine Wiederwahl.[54]

Grauß war zunächst an Details der Südtirolfrage nicht sehr interessiert[55], betrieb dann jedoch eine aktive Südtirolpolitik, als Italien im Herbst 1953 das Selbstbestimmungsrecht für Triest forderte: Er setzte nach Grubers Rücktritt die Bestellung Franz Gschnitzers als Staatssekretär für Südtirol im Außenministerium durch[56] und trat auch für die Belange der Südtiroler ein, als Österreich im Staatsvertrag von 1955 zwar seine volle außenpolitische Handlungsfreiheit wiedererhielt, sich aber auf die Grenzen von 1937 verpflichten mußte. Am 21. Mai 1955 erklärte er im Tiroler Landtag, daß die Erwartung sich „leider nicht erfüllt habe", „daß das nach dem Ersten Weltkrieg an Südtirol begangene Unrecht nach dem Zweiten Weltkrieg gutgemacht werde". Mit aller Deutlichkeit hielt er im Unterschied zu seinen Vorgängern fest: „Aber nicht einmal die im Pariser Vertrag übernommenen Verpflichtungen werden gehörig erfüllt. Die vom Faschismus betriebene Überfremdungspolitik geht weiter." Der Staatsvertrag werde „für uns kein Hindernis sein, unsere Pflicht gegenüber Südtirol weiterhin mit allen uns zu Gebote stehenden Mitteln wahrzunehmen". Südtirol sei und bleibe „uns immer Herzenssache".[57]

---

50 BRUGGER, 75 Jahre. S. 201.
51 Interview LEITNER.
52 Der Tiroler Bauernbund von 1904 bis 1994. In: TBZ, 1. 9. 1994, Nr. 35, S. 21.
53 Interview LEITNER.
54 BRUGGER, 75 Jahre. S. 201.
55 Interview mit Botschafter a. D. Dr. Ludwig STEINER, 26. 1. 1994 [Tonbandaufzeichnung im Besitz des Verfassers].
56 Landeshauptmann Grauß und Nationalrat Dr. Gschnitzer die stärksten Anwälte Südtirols. In: TBZ, 16. 2. 1956, Nr. 8, S. 1; Heinz BARTA/Karl KOHLEGGER/Viktoria STADLMAYER (Hg.): Franz Gschnitzer Lesebuch. Wien 1993.
57 Wiener Zeitung, 22. 5. 1955; Der Landeshauptmann von Tirol reklamiert Südtirols Lebensrechte. – In: Dolomiten, 25. 5. 1955; vgl. allgemein hierzu Viktoria STADLMAYER: Die Südtirolpolitik Österreichs seit Abschluß des Pariser Abkommens. – In: Franz HUTER (Hg.): Südtirol. Eine Frage des europäischen Gewissens. – München 1965. S. 474–536; Karl-Heinz RITSCHEL: Diplomatie um Südtirol. Politische Hintergründe eines europäischen Versagens. Erstmals dargestellt aufgrund der Geheimakten. – Stuttgart 1966; und Claus GATTERER: Die italienisch-österreichischen Beziehungen vom Gruber-De Gasperi-Abkommen bis zum Südtirol-Paket (1946–1969). – In: Adam WANDRUSZKA/Ludwig JEDLICKA (Hg.): Innsbruck – Venedig. Österreichisch-italienische Historikertreffen 1971 und 1972 (= Österreichische Akademie der Wissenschaften, Veröffentlichungen der Kommission für Geschichte Österreichs Bd. 6), Wien 1975. S. 521–553.

Grauß befand sich noch in relativ geregeltem Einvernehmen mit Landeshauptmann-Stellvertreter Gamper, trotz seiner Vorbehalte gegenüber dem AAB und dessen aufstrebenden Mitkonkurrenten und Gemeindereferenten DDr. Alois Lugger.[58] Zwischen beiden letzteren bestanden heftige Spannungen[59], die u. a. auch im Gegensatz zwischen Kriegsteilnehmern und der ÖVP-nahen „Jungen Front" (darunter Lugger und Ökonomierat Eduard Wallnöfer) und Vertretern des Widerstands eine tiefere Ursache hatte. Letztlich ging es aber um die Macht innerhalb des AAB und die Mitwirkung in der Regierung. Lugger konnte sich dessen Führung erkämpfen, während er Gamper in der Landesregierung nach einer vor dem Verfassungsgerichtshof erfolgreich angefochtenen Wahl weichen mußte.

Öffentliche Repräsentationen mied Grauß eher. Er hielt kaum Versammlungen ab, wie er auch Wahlkampfauftritte scheute. Durch seinen ersten Stellvertreter, Ziegeleibesitzer und Obmann des WB (1949–1951) Josef Anton Mayr, wurde er aber bei derartigen Anlässen gut vertreten, der darin eine Meisterschaft entwickelte, die im allseits bekannten Spruch „Keine Feier ohne Mayr" ihren Ausdruck fand.[60] Mayr wiederum hatte über ein gestörtes Verhältnis zur relativ parteinahen *Tiroler Tageszeitung* zu klagen.[61]

Dem Landeshauptmann soll eine nähere gefühlsmäßige Bindung zu den Beamten gefehlt haben. Zeitzeugen berichten über ein Erstarken der Herrschaft der Hofräte. Doch war Grauß in der Landesregierung stärker verankert als in der Partei, wo Lugger als Obmann und Kurt Gattinger als Sekretär diese nach außen hin als Einheit zu repräsentieren versuchten.[62] Gattinger hatte seit 1. Mai 1949 als Rechtsreferent und Sachbearbeiter für Wahlen in der Landesparteileitung gewirkt. Bei der Wahl im November 1949 hatte die Tiroler ÖVP im Sinne einer breitangelegten Sammelpartei „die Arme politisch weit aufgemacht" u. a. für Kriegsteilnehmer, die auf der Suche nach einer neuen politischen Heimat und Identität waren. Gattinger, der über gute Kontakte zu Staatssekretär Graf verfügte und Begnadigungsaktionen für ehemalige Nationalsozialisten einleitete (Paragraph 27, Rettung vor Vermögensverfall bei Formaldelikten), agierte bei der Absetzung von Verhandlungen am Landesgericht erfolgreich und konnte immerhin „rund 600 Amnestiefälle erledigen". Nach „Abklingen der Amnestie-Aktion" widmete sich Gattinger „in verstärktem Maße der Einbürgerung von Südtirolern und Heimatvertriebenen".[63] Rückblickend bezeichnete er diese Po-

---

58 Interviews mit Bürgermeister a. D. DDr. Alois LUGGER, 12. 5., 28. 6., 7. 7. 1993, hier 12. 5. 1993 [Tonbandaufzeichnungen im Besitz des Verfassers]; vgl. zur Biographie Paul Gruber, Alois LUGGER, in: Tiroler Almanach/Almanacco Tirolese 1983/13. S. 112–117. Lugger war seit 1947 als Gemeindereferent tätig.
59 Vgl. hierzu ERHARD: Die Tiroler Volkspartei, S. 151 ff., der bei diesem Konflikt mehr auf das ideologische Moment abstellt. Erhard spricht wiederholt von der „Tiroler Volkspartei", was historisch für die Zeit nach 1945 nicht ganz zutreffend ist.
60 Interview Landesrat a. D. Fridolin ZANON, 4. 6. 1993 [Tonbandaufzeichnung im Besitz des Verfassers].
61 Interview LEITNER.
62 Interview GATTINGER, 5. 5. 1993.
63 Dienstzeugnis für Dr. GATTINGER, 2. 1. 1963, ausgestellt vom Landeshauptmann Dr. Hans TSCHIGGFREY [Kopie dankenswerterweise von Dr. Gattinger dem Verfasser zur Verfügung gestellt].

litik der Sammlung als „interessantes Projekt".[64] Eines der Hauptziele im Wahlkampf der ÖVP war es auch, „die Gräben zuzuschütten"[65] und hierbei das „nationale" Lager einzubinden. Gattingers frühere SS-Zugehörigkeit[66], die seiner Organisationsfähigkeit offenbar nicht abträglich war, dürfte hierbei instrumentellen Charakter gehabt haben, wenngleich diese parteiintern nicht unumstritten blieb. Der Landesverband der „ÖVP-Kameradschaft der politisch Verfolgten" kritisierte so im Juli 1953 die „einmalige Pietätlosigkeit", daß man im Parteiorgan *Tiroler Nachrichten* „die Gedächtnisfeier-Anzeige für unseren verewigten Kanzler Dollfuß unter Straßen- u. Brückenbau setzt". Die Redakteure der Zeitung könne man dafür weniger verantwortlich machen, „da diese unter strengster Kontrolle des Landesparteisekretariats stehen, in welchem nach dem Abgang von Dr. Kathrein, und der *Vertreibung* [unterstrichen i. O.] des gewesenen provisorischen Landesparteisekr. Dr. Pahle, Sitten Platz gegriffen haben, welche der vaterländischen Gesinnung der Wähler der ÖVP (welche allenfalls die verläßlichsten Wähler sind) kaum mehr entsprechen". Landeshauptmann Grauß wurde in seiner Eigenschaft als Bundesobmann des Tiroler Bauernbundes um Unterstützung gebeten, „daß unser verdienter Heldenkanzler Dr. Dollfuß", der aus dem Bauernstande hervorgegangen war, entsprechende Würdigung erfahre und „in der Landesparteileitung u. Sekretariat endlich Ordnung geschaffen wird".[67] Dagegen konnte Gattinger auf eine durchaus erfolgreiche Bilanz der Parteientwicklung verweisen. Zahlreiche Verdienste hatte er sich beim Aufbau einer multifunktionellen und schlagkräftigen Organisation erworben. Er schuf die Referate im Landesparteisekretariat, baute die Bezirksparteisekretariate aus, schulte die Funktionäre und setzte moderne Propagandamittel wie Film, Plakate, Flugschriften und Sondernummern ein. Unter Gattingers Ägide kam auch der Neubau des Parteiheims am Südtiroler Platz zustande.[68] Die Erfolge blieben nicht aus. Hatte die ÖVP bei den Wahlen ab 1949 bis 1953 56 bis 57 Prozent der Stimmen errungen, so erhielt sie bei den Landtagswahlen 1957 rund 60 Prozent. Mit Aufbau und Verwaltung des „Vereins der Freunde des Wohnungseigentums" schuf Gattinger eine wichtige Wählerklientel für die Volkspartei durch den Bau von Häusern mit Eigentumswohnungen. Neben der materiellen Aufgabe, solche Wohnungen zu schaffen, trat auch eine ideologische Komponente, nämlich „dem Wohnungsbau den Spekulationscharakter zu nehmen

---

64 Ebd.
65 Interview mit Landtagspräsident a. D. Josef Thoman, 26. 11. 1993 [Tonbandaufzeichnung im Besitz des Verfassers].
66 Laut „Berliner SS-Offizierskartei" war Dr. Kurt Gattinger, geb. 1. September 1914 in Innsbruck, SS-Untersturmführer (Nr. 43.742) seit 20. 4. 1936, SS-Obersturmführer seit dem 9. 11. 1938, SS-Sturmbannführer seit 20. 4. 1943 Träger des SS-Ehrendegens und Ehrenrings sowie des SA- und Reichssportabzeichens, Lebensborn, war NSDAP-Mitglied (Nr. 4.201.027). Maschingeschriebene Notiz. HGA am Institut für Zeitgeschichte der Universität Innsbruck, Mappe „Tiroler Volkspartei, 1. Jänner 1951"; vgl. auch Wilhelm EPPACHER/Karl RUEF: Hohe Tapferkeitsauszeichnungen an Tiroler im Zweiten Weltkrieg (Veröffentlichungen des Innsbrucker Stadtarchivs NF, Bd. 6), Innsbruck 1975. S. 96; Gattinger bezeichnete sich im Gespräch am 5. 5. 1993 als „nicht von Haus aus ein klerikal Schwarzer".
67 TN, 17. 7. 1953; ÖVP Kameradschaft der politisch Verfolgten, Landesverband Tirol, ZECHNER/HORNICH an Landeshauptmann Grauss, 19. 7. 1953. (HGA) am Institut für Zeitgeschichte der Universität Innsbruck, Mappe „Tiroler Volkspartei Dezember 1945/46".
68 Weihe des neuen Gebäudes der ÖVP am Südtiroler Platz in Innsbruck am 14. Mai 1960. – In: TN 16. 5. 1960, Nr. 113, S. 3.

und ihn mit dem Gedanken der Gemeinnützigkeit zu durchtränken". Das Eigenheim sollte den Menschen „aus der Abhängigkeit von einem öffentlichen oder auch vom privaten Hausherrn" lösen. Hinzu trat die weitere soziale Funktion der Schaffung von Arbeitsplätzen. Bis 1959 hatte der Verein unter Gattingers Leitung 50 Häuser mit 475 Wohnungen und 49 Geschäftslokalen gebaut, die 72,3 Millionen Schilling erforderten.[69] Er bezeichnete „die Organisation der Partei als dienendes Mittel zur Durchsetzung der aus weltanschaulichen oder wirtschaftlichen Motiven als richtig erkannten politischen Ziele". Die besondere Struktur der ÖVP mit ihren historisch gewachsenen Bünden bringe es mit sich, daß die Parteiorganisation einerseits eine koordinierende Aufgabe und andererseits eine eminente politische Bedeutung habe. Durch „unermüdliche Kleinarbeit der Bünde und der Parteiorganisation" sei der Mitgliederstand der ÖVP in den letzen Jahren auf über 70.000 erhöht worden. Gattingers Organisationstalent und sein sozialpolitisches Engagement machten sich für die ÖVP mehr als bezahlt: Die Österreichische Jugendbewegung war im Begriff, von der losen Form einer Arbeitsgemeinschaft zu einem politischen Faktor mit Sitz und Stimme in den Parteiorganen zu werden. Daran hatten die Jungbauernschaft, die Kolping-Jugend, die Berglegion, die Katholische Jugend und die Studentische Jugend maßgebenden Anteil. Gattingers Umtriebigkeit verdankte die Partei den Status einer Service- und Dienstleistungsstelle par excellence: Der hilfesuchenden Bevölkerung standen im Landesparteisekretariat ein Rechts- und ein personalpolitisches Referat, eine Auskunftsstelle in Rentensachen und sogar ein „Interventionsreferat" zur Verfügung, Einrichtungen, die von jedem kostenlos in Anspruch genommen werden konnten. Gattinger verwies darauf, daß bei einer gedeihlichen Zusammenarbeit zwischen Parteiorganisation einerseits und Berufsvertretungen der Bünde andererseits für die Gesamtpartei im politischen Sinne durchschlagende Erfolge erzielt werden können und forderte am 6. Landesparteitag 1954 alle Delegierten auf, „in diesem Sinne auch in den Bezirks- und Ortsgruppen an die Arbeit zu gehen".[70] In seinem Referat ging Landesparteiobmann Lugger auf die Schwierigkeiten der Kandidatenaufstellung für die Nationalratswahl im Frühjahr 1953 ein und erwähnte die Vorgänge in der ÖVP bei den herbstlichen Landtagswahlen, wo zwei Listen seitens der Volkspartei aufgestellt wurden. Lugger betonte, daß er immer für ein einheitliches Vorgehen eingetreten sei und gab der Überzeugung Ausdruck, „daß in Tirol keine Gruppe allein gegenüber den politischen Gegnern bestehen könne, weil der Wähler nur in der Größe und Einheitlichkeit der ÖVP seine Sicherheit fühle". Er umriß die prinzipiellen Grundlagen der drei Bünde und wies auf die Schwierigkeiten hin, die durch deren Eigenleben innerhalb der Gesamtpartei entstünden.[71]

Grauß wollte 1957 nicht mehr als Kandidat für den Landeshauptmann antreten und sprach vor der Wahl ein klares „Nein".[72] Der TBB war sich nicht einig, wer

---

69 10 Jahre Landesparteisekretär Dr. Kurt Gattinger. – In: TN, 30. 4. 1959, Nr. 99, S. 3.
70 Tiroler ÖVP zieht Bilanz, 400 Delegierte beim 6. Landesparteitag der ÖVP-Tirol. Nationalrat Dr. Oberhammer zum Parteiobmann gewählt. – In: TN, 28. 6. 1954, Nr. 145, S. 1; TBZ, 1954, Nr. 26, S. 1; Zur Mitgliederentwicklung der ÖVP in Tirol vgl. Nick/Engl: Das politische System. S. 552.
71 Ebd.
72 Landeshauptmann Alois Grauß nimmt Abschied. Er lehnt erneute Übernahme des Amtes als Landeshauptmann ab. – In: Dolomiten, 7. 11. 1957, Nr. 256, S. 1.

Nachfolger werden sollte. Wallnöfer schien die Position nicht ernsthaft anzustreben. Die drei Bundesobleute bedrängten Grauß, eine weitere Periode zu amtieren. Eine schwere Erkrankung zwang ihn aber zur Abgabe des Amts: Ein mit Chefredakteur Manfred Nayer abgestimmter Aufruf in der *Tiroler Tageszeitung* signalisierte die Beendigung seiner Landeshauptmannschaft, ohne daß die *Tiroler Nachrichten* etwas davon wußten. In der Frage der Nachfolgeschaft war Wallnöfer von Grauß instruiert worden, daß Johann Obermoser Landtagspräsident bleiben und Tschiggfrey zum Zuge kommen sollte. In der Sitzung des Landesbauernrates rechneten sich Obermoser, Muigg, Franz Kranebitter und nicht zuletzt Wallnöfer gute Chancen aus. Es wurde jedoch der Obmann der Akademikersektion des TBB, Hans Tschiggfrey, mit 40 von 67 Stimmen im Landesbauernrat als Kandidat vorgeschlagen[73], womit die Entscheidung gefallen war.[74] Grauß verstarb am 29. November 1957 in Rotholz.[75]

4. „Sparmeister"[76] und „Buchhalter des Landes":[77] Dr. Hans Tschiggfrey (1957–1963)

Hans Tschiggfrey[78] wurde vom TBB favorisiert, obwohl er als Beamter der Tiroler Handelskammer eher Wirtschaftskreisen nahestand. Er setzte sich gegenüber dem Konkurrenten Obermoser aus Waidring[79] durch, der bereits als TBB-Obmann von 1934 bis 1938 fungiert hatte und schon einmal, im Jahre 1935, als Nachfolger des verstorbenen Landeshauptmanns Stumpf ausersehen war. Schuschnigg dekretierte jedoch Schumacher zum neuen Landeshauptmann.[80]

Das ausgeprägt überbündische Denken Obermosers[81] ließ ihn aus der Sicht des TBB weiter als Landtagspräsident geeigneter erscheinen, der er seit 1949 (bis 1965) war. Der mit Wallnöfer befreundete[82] Tschiggfrey war von Grauß bestimmt[83] und trat sein Amt im November 1957 an.[84] Er wird als äußerst gewissenhafter, fallweise impulsiver[85], aber durchaus leutseliger Landeshauptmann geschildert, der sich von der autoritären Charakterstruktur Grauß' wesentlich unterschied.[86] 1949 war

---

73 Interview LEITNER; vgl. auch: Wie hat sich das alles zugetragen? Zur Wahl des Landeshauptmannes. – In: TBZ, 21. 11. 1957, Nr. 47, S. 1.
74 ÖVP-Landesparteipräsidium designiert Tschiggfrey zum Landeshauptmann. – In: TN, 11. 11. 1957, Nr. 261, S. 1; Dolomiten, 12. 11. 1957, Nr. 260, S. 2.
75 Unser Bundesobmann ÖR Alois Grauß gestorben, Nachruf und Lebenslauf. – In: TBZ, 30. 11. 1957, Nr. 48, S. 1. ; Der Lebenslauf des Heimgegangenen. – In: TN, 30. 11. 1957, Nr. 278, S. 2; BRUGGER: 75 Jahre. S. 201.
76 Interview BASSETTI.
77 Interview HUMER.
78 SCHOBER: Geschichte des Tiroler Landtages. S. 542 f.
79 Interview BASSETTI.
80 Interview THOMAN; RIEDMANN: Geschichte. S. 876 ff.
81 Ebd.
82 Interview LEITNER.
83 Interview GATTINGER, 5. 5. 1993; Interview Lugger, 12. 5. 1993.
84 Regierungserklärung des neugewählten Landeshauptmannes. – In: TBZ, 14. 11. 1957, Nr. 46, S. 3.
85 Interview mit Dr. Robert FIALA, 9. 8. 1994 (handschriftliches Gesprächsprotokoll).
86 Interview PRIOR, 4. 5. 1993.

Tschiggfrey bereits als Finanzreferent der Landesregierung bestellt worden, mit der aus dem Pariser Vertrag resultierenden Materie des „Accordino" vertraut und daher auch als Landeshauptmann in der Südtirolfrage sehr interessiert.[87]

Tschiggfrey, der das Finanzreferat beibehielt, verkörperte den Typ des sparsamen Beamten[88] – Wallnöfer hatte deswegen zeitweise Auseinandersetzungen mit ihm – und integren katholisch Konservativen ohne größeres Charisma.[89] Er repräsentierte einen unreflektierten Pragmatismus, in dem die Einheit von katholischer Kirche und Partei ihren Ausdruck fand. Der kirchlichen Autorität bewußt, stand er in gutem Verhältnis zu Bischof Rusch und diente als peinlich genauer Administrator seinem Land, ohne eine große Vision zu entwickeln, was mit der in Tirol bäuerlich geprägten Gesellschaft einst zu geschehen habe. Tschiggfrey war nicht ausgesprochen stark in der Partei beheimatet. Regierungs- und Parteifunktionen blieben weitgehend getrennt. Obmann Aloys Oberhammer und Gattinger führten fast selbständig die Partei.[90] Tschiggfrey folgte 1962 – nach einem kurzen Zwischenspiel von Wallnöfer[91] als Obmann[92] – notgedrungen Oberhammer infolge dessen Rücktritts wegen belastender Verstrickungen in die terroristischen Aktivitäten südlich des Brenners.[93] Tschiggfrey übernahm das Südtirolreferat nun persönlich.[94] Drei Jahre vorher war übrigens auch gegen ihn und Oberhammer ein Einreiseverbot seitens des italienischen Staates verhängt, kurz darauf aber wiederaufgehoben worden.[95]

Tschiggfrey war zweifelsohne ein äußerst engagierter Landeshauptmann, der sich bei seinen Arbeiten jedoch völlig aufgerieben hatte: Am 30. Juni 1963 starb er auch infolge der arbeitsbedingten Überanstrengung.[96] Als Nachfolger kamen Rudolf Kath-

---

87 Interview STEINER.
88 Hans TSCHIGGFREY: Das „steinreiche" Land Tirol. – In: Die Furche, 1961, Nr. 39, S. 13–14; Hans TSCHIGGFREY: Vorsichtig wirtschaften – das Gebot der Stunde! Aus dem Referat des Landeshauptmannes beim Budget-Landtag 1963. Südtirol ist nicht vergessen. – In: TN, 18. 12. 1962, Nr. 291, S. 2; TN, 19. 12. 1962, Nr. 292, S. 1.
89 Interview GATTINGER, 5. 5. 1993.
90 Interview mit Professor Andreas KHOL, 14. 6., 21. 6. 1993, hier 14. 6. [Tonbandaufzeichnung im Besitz des Verfassers].
91 Eduard Wallnöfer an der Spitze der Tiroler Volkspartei nach dem Rücktritt von Dr. Oberhammer. – In: TN, 12. 8. 1961, Nr. 186, S. 1.
92 Wallnöfer gab die Führung der ÖVP an Landeshauptmann Dr. Tschiggfrey. – In: TN, 5. 3. 1962, Nr. 53, S. 1; Landesparteitag wählte den neuen Parteiobmann. Tschiggfrey führt die Tiroler ÖVP. – In: Dolomiten, 5. 3. 1962, Nr. 53, S. 1.
93 Dr. Aloys Oberhammer tritt als Landesrat und als ÖVP-Obmann zurück. – In: TN, 10. 8. 1961, Nr. 184, S. 1. Auslöser war ein Leitartikel in der AZ, der sich gegen Oberhammer wandte, vgl. Herta OLBERT: Tiroler Landesrat Oberhammer demissioniert nach SP-Angriff. – In: Die Presse, 10. 8. 1961.
94 Hans TSCHIGGFREY, Landeshauptmann Tschiggfrey übernimmt Führung der Südtirolpolitik nach dem Rücktritt von Landesrat Dr. Oberhammer. – In: TN, 12. 8. 1961, Nr. 186, S. 1.
95 Einreiseverbot nach Italien auch für Tschiggfrey. – In: TN, 18. 2. 1959, Nr. 40, S. 1; Einreiseverbot nach Italien für Oberhammer und Tschiggfrey aufgehoben. – In: TN, 31. 3. 1959, Nr. 73/2; Dolomiten, 28. 3. 1959, Nr. 72/2.
96 BRUGGER: 75 Jahre. S. 122; Hab Dank für alles! Nachruf des Landeshauptmannstellvertreters Prof. Dr. Hans Gamper für Landeshauptmann Dr. Hans Tschiggfrey bei der Trauersitzung der Landesregierung am 1. 7. 1963. – In: TN, 2. 7. 1963, Nr. 150, S. 1; Dolomiten, 6. 7. 1963, Nr. 149, S. 2.
Heinz WIESER: Erinnerungen an Landeshauptmann Dr. Hans Tschiggfrey zum 25. Todestag. – In: Tiroler Bauernkalender 1988, S. 51 f.

rein, persönlicher Vertrauter von Grauß und ehemaliger Landesparteisekretär, engagiert in der Landesverwaltung und interessiert an der Energiewirtschaft, sowie Eduard Wallnöfer in Frage. Kathrein wurde zeitweise als Kronprinz favorisiert. Wallnöfer schob diesen gesprächsweise auch vor, hegte jedoch selbst Ambitionen auf die höchste Position im Land.

5. Die Ära Eduard Wallnöfer[97] (1963–1987)

Der Mann, der ungleich länger als alle anderen Landeshauptmänner amtierte, begründete durch sein Erscheinungsbild und seinen Regierungsstil eine Ära. Eduard Wallnöfer wird wiederholt als „politisches Naturtalent" beschrieben. Wenn auch von Natur aus mißtrauisch und vorsichtig, so amtierte der „Volkstribun" auf seine Weise: „Wenn man gerecht regieren will, muß man da oder dort a Gesetzl brechen"[98], war eine seiner Devisen. Wallnöfer trat auf als „ein Mann, an dem man herankommen konnte", was ihm das Bild einer „Vaternatur" eintrug. Er war weit über die ÖVP hinaus anerkannt, beliebt und geschätzt.[99] Der „als ernster und gütiger Landesvater" mit „uriger Rhetorik"[100], sich betont wohlwollend und leutselig darstellende Wallnöfer hob Landespolitik über Parteiinteressen auf eine höhere Ebene: Es war der „Blick für das Ganze", der Wallnöfer auszeichnete, gepaart mit einer „Bauernschläue", die wenn auch manchmal ein gefährliches, so doch häufig ein sehr hilfreiches Element seiner Politik bildete.[101]

Als relativ unbekannter Mann wurde er 1949 als Abgeordneter in den Landtag und zugleich als Landwirtschaftsreferent in die Regierung berufen. Vorher war er von 1945 Sekretär der Bezirkslandwirtschaftskammer und seit 1948 Mitglied des Bezirksbauernrates von Imst. 1963 fungierten Angelus Scheiber und Franz Schuler als „Königsmacher" im Bauernbund: Ihre Wahl fiel auf Landesrat Wallnöfer. Am 13. Juli wurde er zum Landeshauptmann gewählt.[102] Sein Zusammenwirken mit dem ausgezeichneten Verwaltungsjuristen und versierten Landesamtsdirektor Hofrat Kathrein sollte von großer Bedeutung werden: Kathrein entwickelte sich zum persönlichen Ratgeber und *Spiritus rector* für Wallnöfer, der in aller Regel erst Entscheidungen traf, wenn er dessen Meinung gehört hatte. Bei dieser kongenialen Erarbeitung landespolitischer Konzeptionen war Hofrat David Streiter eine weitere wichtige Säule in der Landesregierung. Geprägt von seiner harten Kindheit und im Bewußtsein des historischen Traumas von den Tiroler „Schwabenkindern" hatte Wallnöfer, der sich bald vom Volksvertreter zum Präsidialdemokraten, wenn nicht sogar zum Landesfürsten wandelte, ein offenes Herz

---

97 Vgl. Persönlichkeiten Europas. Österreich, Stansstad – Luzern – Zürich 1975; und SCHOBER: Geschichte des Tiroler Landtages. S. 543–545 und das Kapitel VI.3. bei GATTINGER: Volkspartei. S. 83–95; Herwig SCHMIDL/Roland BAUER: Mein Leben für Tirol. Eduard Wallnöfer. Wien 1987.
98 Interview BASSETTI.
99 Ebd.
100 „I mag halt die Leit". – In: Neue Kronen Zeitung 1975, Nr. 5367.
101 Interview ZANON.
102 Wallnöfer am 13. Juli 1963 zum Tiroler Landeshauptmann von Tirol gewählt. – In: TN, 15. 7. 1963, Nr. 161, S. 1.

für die „kleinen Leute". Der aus einfachen Verhältnissen Stammende hatte es leicht, sich glaubhaft als „Mann aus dem Volk" darzustellen.[103] Seine Fähigkeit, komplizierte Sachverhalte einfach auszudrücken, machten ihn über die ÖVP hinaus ungemein populär. Wallnöfer zeigte sich immer sehr gut informiert über die verschiedensten Anliegen der Bevölkerung wie der Regierungsstellen.[104] Zu seinen größtenteils mit Kathrein gemeinsam entwickelten Ideen und Maßnahmen gehörten die Gemeindezusammenlegungen, die Arbeitsgemeinschaft Alpenländer (ARGE ALP), die Erschließung entlegener Gebiete, die Schaffung der gesetzlichen Grundlagen für das Elektrizitätswesen und der Apostolischen Administratur Innsbruck-Feldkirch zur selbständigen Diözese, die Eingliederung der Sicherheitsdirektion in das Bundesland Tirol sowie die Schaffung des Landeskulturfonds zum Zwecke der Vergabe von Mitteln zur Hofsanierung, des Grunderwerbs und Maschinenankaufs.[105]

Die Idee der grenzüberschreitenden Kooperation und Regionalisierung am Beispiel der ARGE ALP wurde von Kathrein entwickelt, an Wallnöfer herangetragen und dann dessen Entscheidung.[106] So wirkte er 1972 als offizieller Begründer einer Initiative, die aus seiner Sicht primär der grenzüberschreitenden Zusammenarbeit zwischen Tirol und Südtirol gelten sollte, jedoch nach dem Abtreten ihrer Gründergeneration (Wallnöfer, Goppel, Magnago) ihre Dynamik einbüßte.[107] Das Grundproblem war für alle Initiatoren klar: Wesentliche Veränderungen der Realitäten waren kaum möglich – „Maßnahmen" konnten ergriffen, ihre Umsetzung freilich nur in gewissen, der Staatlichkeit entzogenen Bereichen realisiert werden. Es war ein in erster Linie von den Regierungschefs getragenes Anliegen. Ein politisches Gleichgewicht konnte auch innerhalb der Arbeitsgemeinschaft nicht hergestellt werden.

Wallnöfer war Tiroler Patriot. Die Gesellschaft sah er als durchorganisierte Gemeinschaft. Er hatte ein durchaus janusköpfiges Profil: Einerseits erfüllte er seine Aufgabe als standesbewußter Vertreter der Bauernschaft unter Betonung von „Glaube und Heimat, Ehe und Familie" sowie mit einem „Bekenntnis zu Leistung, Eigentum und gewissen Grundsätzen politischer Moral".[108] Andererseits war er ein ausgesprochener Pragmatiker und Machtpolitiker, der alle Ämter und Funktionen in seiner Hand vereinte: Landeshauptmann, Parteiobmann[109], Landtagsklubobmann, Direktor der Landwirtschaftskammer, Bauernbundobmann[110], Generaldirektor der Tiroler

---

103 Interview GATTINGER, 5. 5. 1993.
104 Interview LEITNER.
105 Ebd.; vgl. auch Ungeahnte Macht des Tiroler Bauernbunds – Wallnöfers Wurzeln in der Geschichte. – In: Die Presse, 16. 1. 1986.
106 Interview PRIOR, 2. 6. 1993; RIEDMANN: Geschichte. S. 1306.
107 Interview PRIOR, 2. 6. 1993.
108 WALLNÖFER, Liebe Landsleute. Verehrte Delegierte und Gäste! In: XV. Landesparteitag der ÖVP Tirol, 20. Juni 1987 Innsbruck Kongreßhaus [Innsbruck 1987]. S. 6–9, hier S. 8.
109 Wallnöfer wurde zum Landesparteiobmann der ÖVP in Tirol gewählt. – In: TN, 1964, Nr. 118, S. 1–2; Eduard Wallnöfer, einstimmig zum Landesparteiobmann wiedergewählt. – In: Osttiroler Bote 1968, Nr. 40, S. 2; 13. Landesparteitag der ÖVP: Bilanz von heute – Basis für morgen. LH Wallnöfer mit 96 Prozent der Stimmen erneut zum Landesparteiobmann der ÖVP gewählt. – In: TBZ, 1977, Nr. 38, S. 1–2.
110 Vgl. Wallnöfer Eduard neuer Bundesobmann des Tiroler Bauernbundes, Lebenslauf. – In: TBZ, 23. 1. 1958, Nr. 4, S. 1; Eduard Wallnöfer – 10 Jahre Bundesobmann. – In: TBZ, 18. 1. 1968, Nr. 3, S. 1.

Wasserkraftwerke AG (TIWAG) und Landesoberstschützenmeister.[111] Die Ära Wallnöfer war deshalb sowohl für die Partei- als auch Regierungspolitik mit einer Reihe von Demokratiedefiziten[112] verbunden: Die wichtigsten Entscheidungen fielen in den Vorbesprechungen der ÖVP-Regierungsmitglieder, d. h. isoliert und elitär. Der zwar relativ regelmäßig tagende Parteivorstand war – mit Ausnahme von Kandidatennominierungen – kein Entscheidungsgremium für die Gestaltung der Tagespolitik. Landtagssitzungen liefen direkt „commentmäßig"[113] ab, d. h. daß das Schlußwort mit der jeweiligen Entscheidungsfindung dem Landeshauptmann überlassen wurde, der Widerspruch nicht besonders schätzte. Eine Art Notbehelffunktion übernahm der Landtagsklub, der sich unter Wallnöfer wenigstens zu einem Forum der „politischen Temperaturmessung"[114], d. h. einem politischen Gremium mit Diskussionsmöglichkeit, aber ohne wirkliche Entscheidungskompetenz entwickelte.[115] Gegen diese „Klubdisziplin" verstießen zeitweise noch die aufmüpfigen jungen Abgeordneten Dr. Dietmar Bachmann und Ing. Helmut Mader.[116] Die vom Landtagsklub (v. a. den AAB-Vertretern) 1984 bereits beschlossene Erhöhung der Mandatszahl im Landtag von 36 auf 48 Mitglieder, wurde von Wallnöfer in einer neuerlichen Sitzung gerade noch vereitelt.[117]

Im Landtag gab es bis zur Übernahme der Klubobmannschaft Maders im Jahre 1987 kein ÖVP-Klublokal, in dem sich Abgeordnete hätten treffen und besprechen können. Die Abstimmungen ließen zwar das Gefühl entstehen, daß ein Klub als solcher existierte, bezeichnenderweise gab es aber keine eigenen Räumlichkeiten. Erst seit es durch den negativen Wahlausgang von 1989 knappe Mehrheitsverhältnisse in Tirol gab, fanden monatliche ÖVP-Landtagsklubsitzungen statt. Das Amt des Landtagspräsidenten blieb stets eine Art Ehrenfunktion. Dieser agierte lediglich als Primus inter pares, der Sitzungen leitete und seine Unterschriften unter Resolutionen setzte. Die bisherigen Präsidenten waren dies in Nebenfunktion: Alois Lugger[118] (1965–1979) war hauptamtlich Bürgermeister von Innsbruck, Josef Thoman[119] (1979–1989) Direktor der Neuen Heimat und Carl Reissigl[120] (1989–1994) Präsident der Handelskammer und Obmann des WB.[121]

Die innerparteiliche Situation meisterte Wallnöfer auf geschickte Weise: Mit dem WB hatte er eine tragfähige Allianz geschlossen. Die Achse mit dessen Obmann

---

111 Vgl. z. B. Schützen pflegen Tradition. Landeshauptmann Wallnöfer wurde zum Landesehrenkommandanten ernannt, in: Tiroler AZ, 1965, Nr. 128, S. 6.
112 Vgl. auch Erhard: Tiroler Volkspartei. S. 140.
113 Interview mit Landtagsabgeordneten und Geschäftsführer der VÖI Dr. Dietmar Bachmann, 7. 5. 1993 [Tonbandaufzeichnung im Besitz des Verfassers].
114 Interview Khol, 14. 6. 1993.
115 Ebd..
116 Interview Bachmann und Landtagspräsident Dr. Helmut Mader, 30. 5. 1993 [Tonbandaufzeichnung im Besitz des Verfassers].
117 Interview Fiala, 9. 8. 1994.
118 Interview Khol, 14. 6. 1993; vgl. Persönlichkeiten Europas. Österreich, Stansstad – Luzern – Zürich 1975; und Schober: Geschichte des Tiroler Landtages. S. 550–552.
119 Vgl. das Porträt. – In: Tiroler Tageszeitung (TT) 3. 9. 1979; Schober, Landtag. S. 552–554.
120 Vgl. das Porträt. – In: TT, 14. 9. 1979.
121 Interview Mader.

Dr. Luis Bassetti[122] funktionierte stets gut.[123] Der Accordino-Spezialist (Mitglied der Durchführungskommission) und Obmann des Italien-Levante-Ausschusses im Bundesholzwirtschaftsrat, der von Obermoser in den WB geholt wurde, seit 1958 als Vizepräsident der Handelskammer und von 1962 bis 1970 als Nationalrat agierte[124], war 16 Jahre Finanzreferent in der Landesregierung.

Die abschätzig als „Herz-Jesu-Kommunisten" titulierten christlichsozialen AABler konnte Wallnöfer stets erfolgreich „ausbremsen".[125] Bei den wenigen zwischen- und innerbündischen Konflikten hielt er sich zunächst „wie ein Fels im Sturm"[126] zurück, um dann um so entscheidender einzugreifen:[127] Als bei der Landtagswahl 1975 ein Mandat hinzugewonnen wurde, gab es massive Konflikte im AAB[128] wegen der Frage, wer die beiden Landesräte stellen sollte. Mehrere Kandidaten standen bereit: AAB-Landesrat Karl Erlacher aus Kufstein, AAB-Landesrat Fritz Prior und Josef Thoman, beide aus Innsbruck. Prior siegte überlegen, zwischen Thoman und Erlacher behielt ersterer die Oberhand. Nun verschärften sich die Konflikte zwischen den AAB-Vertretungen Innsbruck-Stadt und -Land. Der unnachgiebige AAB-Landesobmann, der Gamper 1963 in einer geheimen Kampfabstimmung abgelöst hatte, und Bürgermeister Lugger hatte Thoman bereits den Regierungssitz fest versprochen. Wallnöfer, der sich während des Konflikts äußerst bedeckt verhalten hatte, sprach sich für keinen der Kandidaten aus. An deren Stelle zog dann auch der Osttiroler AABler Fridolin Zanon in den Landtag.[129] Der aufmüpfige Landesrat Erlacher wurde mit dem Amt des Oberkurators der Landeshypothekenbank „abgefunden".[130] Diese monokratische Entscheidung Wallnöfers löste Spannungen mit Lugger aus[131], der sich im Innsbrucker Stadtmagistrat seine zuverlässigen „AAB-Bataillone" aufgebaut, in diesem Falle aber den kürzeren gezogen hatte. Letztlich mußte dieser aber froh sein, daß ihn Wallnöfer den Verbleib als Landtagspräsident ermöglichte.[132]

Lugger unterstützte prinzipiell sowohl als langjähriger Bürgermeister (1956–1983) wie auch als Landtagspräsident (1965–1979) die Politik Wallnöfers, während sich letzterer in die Belange der Stadt nicht einmischte.[133] Zwischen beiden bestand gegenseitiger Respekt.[134] Wallnöfer hatte auch allen Grund dazu: Lugger war maßgeblich an den Verhandlungen zur Rückgliederung Osttirols mit dem britischen General Winterton 1947 beteiligt. In seiner Amtszeit führte er zwei Winter-Olympiaden (1964 und 1976) erfolgreich durch. Sein Bekenntnis zum geeinten Europa fand

---

122 Persönlichkeiten Europas. Österreich, Stansstad – Luzern – Zürich 1975; vgl. das Porträt. In: TT, 24. 9. 1979.
123 Interview BASSETTI.
124 TT, 24. 9. 1979.
125 Interview KHOL, 14. 6. 1993.
126 Die Presse, 27. 6. 1975.
127 Starker Wallnöfer machte Schluß mit Streit in VP-Tirol. – In: Kurier, 2. 7. 1975; vgl. auch Fritz KOLNEDER: Ein-Mann-Demokratie. – In: Salzburger Nachrichten (SN), 2. 7. 1975.
128 Kurier, 27. 6. 1975.
129 Vgl. das Porträt. In: TT, 20. 9. 1979.
130 Die Presse, 1. 7. 1975.
131 Interview ZANON.
132 Kurier, 2. 7. 1975.
133 Interview LUGGER, 12. 5. 1993.
134 Interview FIALA, 9. 8. 1994.

in der 25jährigen Vizepräsidentschaft im Rat der europäischen Gemeinden Ausdruck. 1964 erreichte Innsbruck dank Lugger nach Wien als zweite Stadt Österreichs den Titel „Europastadt". Die Popularität Luggers vermag man aus seiner Nominierung als Kandidat zum Bundespräsidenten ermessen. Er verlor am 23. Juni 1974 gegen Dr. Rudolf Kirchschläger mit 48,3% zu 51,7%. In Innsbruck erhielt Kirchschläger nur 32,4%, Lugger dagegen 62,6% der Stimmen.[135]

Neben Lugger ist noch der ambitionierte AABler Dr. Fritz Prior zu nennen[136], dem Wallnöfer im Bildungsbereich völlig freie Hand ließ.[137] Über den Vorsitz der Gewerkschaft öffentlicher Dienst in Tirol war 1965 sein Einstieg in die Landesregierung erfolgt, in der er mit den Ressorts Schule und Kultur betraut war und die Positionen als Landeshauptmannstellvertreter und Landesobmann der Fraktion christlicher Gewerkschafter einnahm. 1978 wurde er in Nachfolge Luggers zum Landesobmann des AAB gewählt, eine Funktion, die er bis 1988 innehatte. Von 1966 bis 1994 war er ehrenamtlicher Präsident des Landesschulrates.[138]

Der vor allem in Innsbruck stark repräsentierte AAB wurde im System Wallnöfers kontinuierlich „abgefunden": Sein Gefühl des „Ausmanövriertseins" wurde insofern immer dadurch versüßt, als dem Bund gewisse „Jagdgebiete" und „Machtreviere"[139] zugestanden wurden: der Landtag, der Bereich der Landesgesetzgebung, das Schul- und Bildungswesen bzw. das Personalreferat und das Amt des 1. Landeshauptmann-Stellvertreters, welches Gamper (1945–1949; 1961–1965), Prior (1965–1989) und Mader (1989–1994) innehatten. So konnte der AAB Wallnöfer und dem TBB nie wirklich „gefährlich" werden.

Josef Thoman, enger Mitarbeiter des Innsbrucker Vizebürgermeisters Franz Kotter und späteren Bürgermeisters Lugger, war aus der Christlichdeutschen Turnerschaft hervorgegangen und als Kriegsversehrter langjähriger Obmann des Tiroler Kriegsopferverbandes (seit 1954 bis heute), der für die ÖVP ein nicht zu unterschätzendes Anhängerpotential bildete. 1957 war Thoman in den Landtag gekommen. Der Landesobmann-Stellvertreter des AAB wurde 1979 mit 34 von 36 Stimmen zum Landtagspräsidenten gewählt. Zu seinen größten Erfolgen zählt er die Föderalismus-Entschließung und die Arbeit an der neuen Landesordnung.[140]

Die zwischenbündischen Beziehungen, v. a. die Rolle des AAB, waren durch die omnipotente Stellung des Bauernbündlers Wallnöfer geprägt. Sein monokratischer Führungsstil sowie die ihm in Land und Gemeinden treu ergebenen Vertrauensleute trugen mit zu seiner unumschränkten Machtposition bei. Diese führte nicht selten zu starken Anpassungstendenzen seiner Untergebenen. Wallnöfer umgab sich bewußt mit einem engen und loyalen Mitarbeiterkreis von Parteifunktionären und Landesbeamten, die vielfach von ihm eigens ausgesucht waren.[141]

---

135 Interview LUGGER, 12. 5. 1993.
136 Persönlichkeiten Europas. Österreich, Stansstad – Luzern – Zürich 1975; vgl. das Porträt. In: TT, 26. 9. 1979.
137 Interview PRIOR, 4. 5. 1993.
138 Ebd.
139 Diese Formulierungen stammen aus dem Interview KHOL, 14. 6. 1993.
140 Interview THOMAN; vgl. auch RIEDMANN: Geschichte. S. 1308.
141 Interview PRIOR, 4. 5. 1993.

Dank seiner Machtstellung und infolge teils gezielter, teils instinktiv richtig getroffener Entscheidungen konnte Wallnöfer zwischenbündische Konflikte weitgehend verhindern.

Dem mit maximalen Machtmitteln ausgestatteten „Landesvater"[142] war der „Bauernbund" eine „Philosophie"[143] und die ÖVP lediglich „das Klavier", auf dem er spielte.[144] Dort führte der Parteisekretär Dr. Robert Fiala das Regiment. Unter Gattinger waren die Finanzen Gegenstand ständiger Sorge gewesen: Es herrschten karge Verhältnisse[145], wenngleich die Partei ausgezeichnet organisiert war. Gattingers Abgang hing mit einer nie zur Gänze geklärten Involvierung in eine Wohnbau-Affäre zusammen. Durch überbetontes sozialpolitisches Engagement hatte er sich eine starke Stellung geschaffen. Möglicherweise dürfte er auch dem AAB zu nahegestanden haben. Wallnöfer wollte einen TBB-Mann. So wurde Fiala, der aus dessen akademischer Sektion kam, mit einstimmigem Beschluß im Parteipräsidium zum neuen Parteisekretär ernannt.[146] Er übernahm die Partei im Frühjahr 1963 und avancierte nach kurzer Zeit zum dynamischen Wahlstrategen und getreuen „Büchsenhalter"[147] des Landeshauptmannes. Fiala hatte mit einem Minimalbetrag die Parteikasse übernommen. Unter seinem langjährigen Sekretariat war die ÖVP-Tirol dann auch zu „beträchtlichem Wohlstand" gekommen.[148] Er führte die Partei nach amerikanischem Muster gleichsam allein bzw. mit einem bewußt klein gehaltenen Stab und konzentrierte sich auf gezielte Sachlösungen. Unter seiner Ägide kam die Landesleitung mit demselben Personalstand aus wie ein ÖVP-Bezirkssekretariat in Niederösterreich.[149] Ökonomie und Effizienz waren in der Parteiarbeit angesagt.

Fiala pflegte intensiven Kontakt mit den Gemeinden (ca. 60% der Bürgermeister waren entweder Parteiobleute oder Mitglieder der ÖVP). Jedes Jahr fanden in einem Drittel der Gemeinden Neuwahlen statt. Die Partei hatte 310 Ortsgruppen, davon allein 22 in Innsbruck-Stadt. Fiala übernahm jedoch einen Großteil der Bezirksparteisekretäre von Gattinger, die als erfahrene Leute ein schlagkräftiges und bewährtes Team stellten. Dadurch erschien eine Nach- oder Neubesetzung lange nicht dringlich, was die Verjüngung der Parteispitze allerdings verzögerte. Unter Fialas Regie

---

142 Wallnöfer ist Österreichs beliebtester „Landesvater". – In: NTZ, 30. 7. 1980, Nr. 176, S. 5.
143 Interview HUMER; vgl. auch Eduard WALLNÖFER, 1904–1964: Bauernpolitik seit der Jahrhundertwende. – In: TBZ, 4. 6. 1964, Nr. 22, S. 1; Die geistigen Werte des Tiroler Bauernbundes. 70 Jahre Tiroler Bauernbund-Begrüßungsansprache des Bundesobmanns Landeshauptmann Wallnöfer. – In: TBZ, 30. 5. 1974, Nr. 22, S. 1; TBZ, 6. 6. 1974, Nr. 23, S. 9–11; Bauernstand-Quelle der Volkskraft. – In: NTZ, 3. 5. 1982, Nr. 101, S. 5.
144 Wilhelm STEIDL, Ich vermisse ihn sehr. – In: Klaus HORST/Martin MARBERGER und Markus HATZER (Hg.): Wallnöfer. Bauer und Landesfürst. Innsbruck 1993. S. 17.
145 Interview FIALA, 9. 8. 1994.
146 Ebd.
147 Interview GATTINGER, 5. 5. 1993.
148 Laut Parteiprotokoll vom 2. 1. 1963 hatte Fiala ein Aktivum von 6.604,72.– ÖS als Geldbetrag übernommen. In weiterer Folge sollte die Partei zu „Reichtum" kommen; der 5. und 6. Stock des Parteiheims am Südtiroler Platz wurde gekauft, neue Sekretariate in Imst und Landeck eingerichtet; neben der VÖI dienten allgemein ca. 60 Industriebetriebe und Einzelpersonen als Financiers bzw. „Nothelfer für alle Fälle". Quelle dem Verfasser bekannt.
149 Interview KHOL, 14. 6. 1993.

hatte die Partei, ausgehend von den Personen, die einem Bund angehörten, 80.000 Gefolgsleute, während die reinen Parteimitglieder nur ca. 600 ausmachten.[150]

Der Parteisekretär vervollkommnete die Werbefeldzüge für Wallnöfer durch großangelegte Besuche der über 250 Tiroler Gemeinden (sieben pro Tag) mit drei Autos. 1965 wandte er gegen den Widerstand des Parteipräsidiums moderne Wahlkampfstrategien durch großangelegte Versammlungen unter freiem Himmel an und gewann. Er schlug fünf erfolgreiche Wahlschlachten für den an Popularität kaum mehr zu übertreffenden „Landesvater". Nach den Kundgebungen ergaben sich Möglichkeiten, durch geselliges Beisammensein mit ein paar „harmlosen Schnapserln" und unter Aufwand geringer Mittel ein Maximum an Verbundenheit mit der Basis zu pflegen.[151]

1984 wurde auf großformatigen Streichholzschachteln und farbigen Plakaten mit dem Abbild des gereiften, pfeiferauchenden Wallnöfer und dem Slogan „Volksverbunden – durchschlagskräftig" geworben, wobei auf den erreichten hohen Lebensstandard (modernes, wirtschaftlich stabiles Land, große Zahl und Qualität der Wohnungen, Schaffung von Lehrstellen und Arbeitsplätzen etc.) verwiesen wurde. Gleichzeitig sollte aber alles darangesetzt werden, „die Folgen einer wirtschaftlich schwieriger gewordenen Zeit zu bewältigen", wobei auf die Jugendarbeitslosigkeit hingewiesen wurde.[152] Die Wahl erbrachte der ÖVP ein Ergebnis von 64,6%, das beste Ergebnis nach 1945.

Der simple Grundsatz „Wallnöfer = Landesregierung = ÖVP"[153] ging bei den Wahlkämpfen immer wieder auf. Fiala hielt deshalb am Bleiben Wallnöfers fest und war personellen Veränderungen wenig aufgeschlossen.[154] Die erfolgreiche Gleichsetzung „Wallnöfer ist die ÖVP"[155] führte dazu, daß es Wahlplakate mit seinem Bildnis gab, auf denen jeder Hinweis auf die ÖVP unterbleiben konnte. Er mußte die anderen Parteien nicht einmal namentlich erwähnen, wenn er kritisch von ihnen sprach („Die Damen und Herren von der anderen Fraktion").[156] Zwischen Tiroler ÖVP und FPÖ hatte allerdings lange Zeit ein „ungeschriebenes Übereinkommen" bestanden, in wichtigen landespolitischen Fragen einen gemeinsamen Nenner zu finden.[157] Das Verhältnis war stark von personellen Bezugspunkten geprägt: der langjährige Landtagsabgeordnete der FPÖ, Heinz Mader, aus dem katholisch-nationalen Lager, hatte ein außerordentlich gutes Verhältnis zu Tschiggfrey und Wallnöfer.[158] Letzterer war während der NS-Zeit kleiner Angestellter des „Reichsnährstandes" und hatte Ver-

---

150 Interview FIALA, 9. 8. 1994; Tirols VP-Haudegen geht in Pension. – In: Die Presse, 13. 3. 1991.
151 Interview FIALA, 9. 8. 1994.
152 Ebd.
153 Interview KHOL, 14. 6. 1993.
154 Interview mit Hofrat Hermann ARNOLD, 29. 6. 1994 [Tonbandaufzeichnung im Besitz des Verfassers].
155 Ebd.
156 Ebd.
157 Interviews mit Landeshauptmann a. D. Dipl.-Ing. Dr. PARTL, 28. 7., 12. 8. [Tonbandaufzeichnungen im Besitz des Verfassers].
158 Interview mit FPÖ-Nationalrat MAHNERT, 29. 6. 1993 [Tonbandaufzeichnung im Besitz des Verfassers]; vgl. auch Klaus MAHNERT: Brückenbauer. Bericht über meinen zweiten Lebensabschnitt seit 1950, Innsbruck im November 1991 (unver. Manuskript dem Verfasser überlassen), S. 81.

ständnis für die Situation ehemaliger Nationalsozialisten.[159] So stand er auch der Tiroler FPÖ durchaus positiv gegenüber und betonte wiederholt die Notwendigkeit der politischen Repräsentanz des „dritten Lagers". In Verhandlungen mit Mader zeigte Wallnöfer Entgegenkommen bei der Wahlrechtsänderung, d. h. Beseitigung der Grundmandatserfordernis und Einführung einer „5,4-Prozent-Klausel"[160], die der FPÖ den Verbleib im Landtag ermöglichte.[161]

Nach dem Motto „Zu viele Köche verderben den Brei" bestand das ÖVP-Parteipräsidium unter Wallnöfer/Fiala lediglich aus zwölf Mitgliedern – heute sind es unter dem aktuellen Parteiobmann Wendelin Weingartner und Hauptgeschäftsführer Helmut Krieghofer 30[162] –, das engste „Gremium" lediglich aus vier Personen (Wallnöfer/Bassetti/Prior/Fiala). Der Parteisekretär hielt sich bis auf eine Ausnahme – der äußerst beliebte Schwazer Bezirksparteisekretär und Bezirksparteiobmann des AAB, Hans Sock, wurde 1975 mit Billigung der Parteigremien in den Landtag entsandt[163] – eisern an den Grundsatz, daß kein Parteiangestellter ein politisches Mandat erwerben dürfe. Unter Fiala setzte die Partei auch durch, daß die Angestellten der Landesparteiorganisation nicht mehr von der Bundespartei besoldet wurden, woraus in der Vergangenheit wiederholt die Möglichkeit eines Abhängigkeitsverhältnisses abgeleitet worden war.[164]

Die Tiroler Südtirolpolitik bewegte sich gleichsam auf einer durchgehenden Linie: Sie war primär Sache des Landeshauptmanns und stand bei Gruber, Weißgatterer, Grauß und Tschiggfrey wiederholt im Vordergrund.[165] Für den Vintschgauer Wallnöfer war die Südtirolfrage nicht nur ein politisches, sondern auch ein menschliches Anliegen. Wiederholt hatte er auf die „Unrechtsgrenze" hingewiesen und das Jahr 1939, die zwischen Hitler und Mussolini beschlossene Umsiedlung der Südtiroler, als „Tiefpunkt der Tiroler Geschichte"[166] empfunden. Jeden Dienstag war in der Sitzung der Landesregierung die Südtirolfrage Tagesordnungspunkt Nr. 1. Der SVP-Landesparteisekretär Josef Atz kam wöchentlich, d. h. nach der Regierungssitzung, zu Gesprächen nach Innsbruck, um mit Wallnöfer über die jüngsten Vorkommnisse südlich des Brenners zu sprechen.[167] Südtirol war an sich kein spezifisches ÖVP-Thema, sondern ein parteienübergreifendes Anliegen. Das „Referat S" der Tiroler Lan-

---

159 Interview MAHNERT und Interview ARNOLD.
160 Vgl. auch 20. Gesetz vom 14. April 1965 über die Landtagswahlordnung für Tirol. – In: Landesgesetzblatt für Tirol. 5. 7. 1965, 9. Stück, § 65, Abs. 3, S. 80, wonach einen Anspruch auf Restmandate nur Wählergruppen haben, die einen gültigen Landeswahlvorschlag eingebracht und entweder im ersten Ermittlungsverfahren ein Grundmandat oder – soferne ihnen ein solches nicht zugefallen ist – „in allen Wahlkreisen zusammen mindestens zwei Siebenunddreißigstel der insgesamt abgegebenen gültigen Stimmen erlangt haben".
161 Interview MAHNERT.
162 Interview FIALA, 9. 8. 1994.
163 Vgl. das Porträt In: TT, 6. 9. 1979.
164 Interview FIALA, 9. 8. 1994.
165 Interview STEINER.
166 Landeshauptmann Eduard Wallnöfer in einem Interview am Tag des Festumzuges am 9. 9. 1984. Vgl. Das Gewissen der Welt in Bewegung bringen. – In: Tirol. Was ist das eigentlich? Eine Auswahl der ORF-Sendungen zum Gedenkjahr 1809–1984. – Mödling o. J, S. 130–134, hier S. 132.
167 Interview PRIOR, 2. 6. 1993.

desregierung unter Frau Hofrat Viktoria Stadlmayer half, wo es konnte. In der außenpolitisch für Österreich heiklen Phase der Bombenattentate wurde finanzielle Unterstützung für die Aktivisten und deren Hinterbliebene vom Bund wie vom Land geleistet, die sich im stillen Einvernehmen der Kontrolle des Rechnungshofes und des Landeskontrollamtes entzog.[168] Während Wallnöfer – wie Magnago – offiziell die Attentate verurteilte, hegte er innerlich Sympathien für die Motive der Urheber. Er ließ den Beteiligten u. a. aus einem vom Bund eingerichteten „Südtirolkonto" materielle Hilfe zukommen.[169]

In einer prekären Situation befand sich der von der Tiroler ÖVP kommende Innenminister Hetzenauer nach dem Anschlag an der Porzescharte im Sommer 1967, bei dem Carabinieri getötet wurden. Während Österreich die Verhandlungsbereitschaft mit Italien wiederherstellen und Bundesparteiobmann Hermann Withalm vergeblich mit christdemokratischen Kreisen in Italien Fühlung nehmen wollte, ließ Hetzenauer Bundesheereinheiten unter dem Kennwort „Grenzeinsatz Süd"[170] aufstellen sowie Kontroll- und Sicherheitsmaßnahmen verfügen, um die Täter zu erfassen. Wallnöfer zeigte Einsicht für die staatspolitisch notwendige Vorgangsweise, wenngleich er die Aktivisten in Schutz nahm bzw. ihnen Möglichkeiten zur Niederlassung in Bayern schuf.[171] Ob tatsächlich ein „stilles Abkommen" zwischen Bund und Land bestand, daß am „falschen Flecken" gesucht wurde und die Betroffenen „vorher gewarnt" wurden[172], wäre allerdings noch zu prüfen.

Wallnöfers gutes Verhältnis zu Bruno Kreisky war auch durch dessen aktive Südtirolpolitik bedingt.[173] Als sein Tiroler Finanzminister Herbert Salcher das „Südtirolkonto" einstellen lassen wollte, pfiff Kreisky ihn zurück.[174]

Im Zeichen der Entspannung nach vereinbartem Paket und Operationskalender traten die Landtage von Tirol und der Autonomen Provinz Bozen-Südtirol seit 1970 regelmäßig und abwechselnd in Innsbruck und Bozen zusammen.[175]

Das Selbstbestimmungsrecht konnte praktisch nicht durchgesetzt werden, wenngleich die wiederholte Forderung als wirksames Mittel zur Fortführung der Verhandlungen mit Rom nützlich war, freilich dadurch auch immer mehr zu einer „leeren Drohung" wurde.[176] Eine Fraktion, welche das Recht auf Selbstbestimmung einfordern wollte, hat es in der Tiroler ÖVP nicht gegeben. Es waren Einzelpersönlichkeiten wie Aloys Oberhammer oder der Osttiroler Nationalrat Franz Kranebitter, die leidenschaftliches Engagement in der Südtirolfrage zeigten und dabei von der offiziellen Linie des Landes und der Partei abwichen.[177] Letzterer exponierte sich nach dem

---

168 Interview LUGGER, 7. 7. 1993.
169 Interview BASSETTI.
170 RIEDMANN: Geschichte. S. 1283.
171 Interview mit Min. a. D. Dr. Franz HETZENAUER, 24. 5. 1993 [Tonbandaufzeichnung im Besitz des Verfassers].
172 Interview FIALA, 9. 8. 1994.
173 Laut Dr. Fiala soll Innenminister Josef Afritsch Wallnöfer gegenüber sinngemäß gesagt haben, wenn die Feuerwehr durch Südtirol mit „triritrara" fahre, müsse er dies nicht unbedingt wissen.
174 Interview FIALA, 9. 8. 1994.
175 RIEDMANN: Geschichte. S. 1307.
176 Interview KHOL, 14. 6. 1993.
177 Interview ZANON.

1962 ausgeschiedenen Franz Gschnitzer auch als Obmann des „Bergiselbundes", der die Selbstbestimmung forderte[178] und dem bereits 1957 35.000 Mitglieder angehört haben sollen.[179] Auch der Tiroler ÖVP-Nationalrat Felix Ermacora hatte sich in seinen Publikationen wiederholt dieser Idee verschrieben, die er jedoch vielfach nur als Frage formulierte.[180] Er sollte damit u. a. rechtes Wählerpotential für die Partei abdecken helfen.

Bei der Festveranstaltung „175 Jahre Volksaufstand 1809" im Gedenken an Andreas Hofer wurde von Wallnöfer ganz bewußt auf die noch offene Südtirolfrage aufmerksam gemacht: „Der Festzug sollte nicht nur den Tirolern im Süden und im Norden die Zusammengehörigkeit zeigen, sondern sollte der Weltöffentlichkeit zeigen, daß wir doch, was immer auch zur Zeit ist, ein zusammengehörendes Volk sind."[181] Stets betonte „Walli" in diesem Zusammenhang, daß es keine Preisgabe „der geistigen und kulturellen Einheit des Landes" geben dürfe.[182]

Zwischen der Tiroler ÖVP, der Südtiroler SVP und der Trentiner DC gab es so gut wie keine Beziehungen. Unter Gattinger fanden zwar Betriebsausflüge nach Südtirol statt, persönliche Kontakte zur SVP erfolgten aber nicht.[183] Auch unter Fiala gab es keine nennenswerten Verbindungen zwischen Funktionären beider Parteien, die außer der jeweiligen Mehrheit kaum etwas Gemeinsames hatten. Zwischen den Spitzenvertretern Silvius Magnago und Eduard Wallnöfer bestand allerdings ein gutes persönliches Verhältnis, so daß SVP-ÖVP-Beziehungen zurücktreten konnten. Unter Wallnöfer gab es jedoch ein „permanentes Kontaktkomitee", welches sich mindestens zweimal im Jahr traf. Diesem gehörte der österreichische Außenminister, ein Vertreter der Tiroler ÖVP und anderer Parteien sowie der Südtiroler Landesregierung (ident mit der SVP) an. Reibungspunkte ergaben sich mitunter wegen zu starker Finanzhilfe aus Bayern[184] und der Sensibilität Bozens gegenüber Trient[185], so daß ein Treffen zwischen Wallnöfer und dem Trentiner Landeshauptmann (1960–1974) Bruno Kessler in Imst „heimlich" stattfinden mußte.[186] Die strikte Los-von-Trient-Haltung Magnagos seit 1957 führte auch zu partiellen Verstimmungen bei kulturpolitischen Projekten zwischen Bozen und Innsbruck: „Brückenschläge" von Innsbruck nach Trient fanden nicht immer Zustimmung in Bozen.[187] 1980 weilte Wallnöfer daher auch lediglich zu einem „Höflichkeitsbesuch" in Trient.[188]

Wallnöfers Verhältnis zu den Bundesstellen wie zur Bundesparteileitung in Wien war äußerst ambivalent: Ein zu starkes Gewicht bei den Zentralstellen lehnte er entschieden ab und trat für ein ausgewogenes Verhältnis zu den Bundesbehörden

---

178 Interview LEITNER; Werner WOLF: Südtirol in Österreich. Die Südtirolfrage in der österreichischen Diskussion 1945–1969. Würzburg 1972, S. 120 ff.
179 RIEDMANN: Geschichte, S. 1290 f.; Interview mit Wolfgang SCHEIBER, 31. 1. 1995.
180 Felix ERMACORA: Südtirol und das Vaterland Österreich. Wien – München 1984.
181 WALLNÖFER: Das Gewissen. S. 130–134, hier S. 134.
182 Interview FIALA, 9. 8. 1994.
183 Interview GATTINGER, 5. 5. 1993.
184 Interview ZANON.
185 Ebd.
186 Interview BASSETTI, 8. 5. 1993, der sich nicht mehr genau an das Datum erinnern konnte.
187 Interview PRIOR, 2. 6. 1993.
188 LH Wallnöfer in Trient! Gespräche mit Regierungen, in: NTZ, 17. 4. 1980, Nr. 91, S. 5.

ein. Dieses Engagement fand auch darin seinen Ausdruck, daß er von den übrigen ÖVP-Landeshauptleuten an die Spitze ihrer Konferenz gewählt wurde.[189] Wiederholt warnte er vor dem Zentralismus[190], der sich im Vormarsch befinde, und mit Blick auf die Bundesparteileitung formulierte er: „Wir dürfen keine zentralistische Partei sein. In der Kärntner Straße können sie net toan, was sie wollen."[191]

Wallnöfers Verhältnis zu dem konzilianten Kanzler Alfons Gorbach wird als „gut" bezeichnet, jenes zu Josef Klaus blieb „korrekt": Zu dem puritanischen Parteireformer und von Sendungsbewußtsein durchdrungenen Visionär bestand keine enge Beziehung.[192] Vorwürfe wurden z. B. an den Bundeskanzler gerichtet, weil er die Parteiobmänner nicht einberief und wichtige Entschlüsse „einsam" traf.[193] Die Animositäten rührten teilweise noch vom Klagenfurter Reformparteitag 1963 her, als Hetzenauer und Drimmel gegen Klaus und Withalm kandidierten, Gorbach jedoch abgelöst wurde. Bei Wallnöfer gingen sie aber noch tiefer: Zwischen Tirol und Salzburg schwelte der Streit wegen der räumlichen Neuordnung der österreichischen Bistumsgrenzen. Wallnöfer hegte den Wunsch, den Tiroler Anteil der Salzburger Erzdiözese zu erhalten und die Einheit der Diözese im Sinne der Landesgrenzen zu gestalten[194], was mit Entrüstung zurückgewiesen wurde.[195] Dieser Problemkomplex blieb für Wallnöfers Verhältnis zu Salzburg bzw. Klaus bis zuletzt ein „Stachel im Fleische".[196] Ein zweiter Konfliktpunkt ergab sich aus dem Umstand der Regelung der Zugehörigkeit des Justizkompetenzbereiches. Der Landesgerichtssprengel Salzburg gehörte früher zum Oberlandesgericht Innsbruck, dessen Rückkehr von Wallnöfer gewünscht wurde, was jedoch in einer Abstimmung unter den Justizbeamten, Staatsanwälten und Richtern abgelehnt wurde. Man wollte beim Oberlandesgericht Linz bleiben.[197]

In der ausgehenden Ära Klaus entwickelte sich dann eine innerparteiliche Debatte, in der eine „Unabhängige Tiroler Volkspartei" gefordert wurde. Nach Entscheidung des engsten Spitzengremiums der Partei wurde am 10. April 1969 ein entsprechender Antrag zur Konstituierung bei der Tiroler Sicherheitsdirektion eingereicht. Die Gründe lagen in den wachsenden Animositäten gegenüber der Wiener Parteizentrale. Die Tiroler ÖVP hatte kein Vertrauen mehr in die Bundesparteileitung. Das Fehlen von Tirolern in den Gremien der Bundespartei, der ständige Wechsel der Obmänner, die Verluste bei den Nationalratswahlen und die damit verbundenen Befürchtungen vor

---

189 Wallnöfer an die Spitze der ÖVP-Landeshauptleute in Salzburg gewählt. – In: Neue Tiroler Zeitung, 9. 1. 1981, Nr. 6, S. 5.
190 Föderalismus in Gefahr – es droht der Zentralstaat. – In: NTZ, 21. 6. 1978, Nr. 141, S. 7.
191 Neue Kronen Zeitung 1975, Nr. 5367.
192 Interview KLECATSKY; RIEDMANN: Geschichte, S. 1310, geht – basierend auf Rauchensteiner – davon aus, daß Wallnöfer den Reformkurs Klaus' unterstützte, was fraglich sein dürfte.
193 Interview FIALA, 9. 8. 1994.
194 Interview PRIOR, 4. 5. 1993; vgl. auch die vor diesem Hintergrund verfaßte Schrift „Der Tiroler Anteil des Erzbistums Salzburg. Geschichtliche Bemerkungen von Fridolin Dörrer", Innsbruck 1969, S. 25 ff., der sich für eine Regelung der Frage der diözesanen Einheit des Landes Tirol aussprach (S. 28) – Geschichtsschreibung im Dienste der Landespolitik?
195 Interview KLECATSKY.
196 Interview PRIOR, 4. 5. 1993.
197 Interview KLECATSKY, der mit diesen Problem im Rahmen des Verfassungsdienstes beschäftigt war.

Rückwirkungen bei den Landtagswahlen führten zu dieser Absetzbewegung („wenn es kritisch wird, gehen wir allein"[198]), die der Öffentlichkeit weitgehend verborgen blieb. Nachdem die Tiroler Sicherheitsdirektion das Ansuchen abschlägig beschieden hatte und dann eine Beschwerde auch ein negatives Erkenntnis des Verfassungsgerichtshofs vom 3. Dezember 1969 erbrachte, war das Vorhaben gescheitert, konnte aber weiterhin als „Rute im Fenster" dienen.[199]

Ganz im Unterschied zur Bundesparteileitung war Wallnöfers Verhältnis zu Kanzler Bruno Kreisky (1970–1983) „menschlich gut"[200], was nicht verwunderte: Ersterer maximierte seine Position als „souveräner" Tiroler „Landesfürst" unter der sozialistischen Minderheits- bzw. Alleinregierung, wobei eine wechselseitige Interessengemeinschaft mit dem anderen Volkstribun bestand. Tatsächlich hatte der Pragmatiker Wallnöfer „oft die Linie der Partei verlassen, nur um die Beziehung mit Kreisky für Tirol zu nutzen", wobei an die Einweihung des Arlbergtunnels und die damit verbundene Verleihung des Ehrenzeichens des Landes Tirol für Kreisky und Finanzminister Hannes Androsch zu denken wäre, die intern nicht unumstritten war.[201] Durch massive finanzielle Förderungen sowie entsprechendes Entgegenkommen beim Finanzausgleich[202] konnte Kreisky die Länder und hierbei auch Tirol wohlgesonnen halten, während diese mehr oder weniger an der Oberfläche ihre Kritik gegen die „sozialistische Bundespolitik" und entsprechende Anti-Wien-Reflexe artikulieren konnten.[203] So gab Wallnöfer zu verstehen: „Wenn Tirol bisher grantig gewesen ist, hat das noch immer seine Auswirkung gehabt."[204] Hierbei wiesen die ÖVP-Länderparteien systembedingt mitunter mehr Beweglichkeit als jene der SPÖ auf, zumal die ÖVP-Landeshauptleute mehr für ihre Länder erreichen wollten. Direkte Kontakte des Landeshauptmanns zu den amtierenden Ministern irritierten wiederholt die Bundesparteileitung und nahmen der ÖVP als Oppositionspartei fallweise den Kampfstoff und die Spitze in ihrer Argumentation bei parlamentarischen Auseinandersetzungen. Dieses Erfolgsrezept des „Tandems" Wallnöfer-Kreisky funktionierte mitunter gut. Wallnöfer gelang es in der Ära Kreisky aber auch, wiederholt seinen Einfluß in der ÖVP-Bundesparteileitung geltend zu machen.[205]

Die Direktkontakte zu den Ministerien führten phasenweise zur Vernachlässigung der parlamentarischen Vertretungsorgane (National- und Bundesrat). Die Landespartei förderte die Nationalratsabgeordneten nur wenig. Es gab jedoch eine gute Zusammenarbeit zwischen diesen in Wien, nachdem lange Zeit vorher die „Einzelkämpfer" Otto Steinegger, Karl Gruber, Aloys Oberhammer und Franz Gschnitzer relativ isoliert handelten. Wallnöfer wollte einen starken Klub mit acht Abgeordneten, um Mitsprachemöglichkeiten zu haben. Mit Hugo Westreicher, Hubert Huber, Dr. Ja-

---

198 Interview FIALA, 27. 8. 1994 [Handschriftliches Gesprächsprotokoll].
199 Ebd.
200 Neue Kronen Zeitung 1975, Nr. 5367.
201 Interview ZANON.
202 Ringen um Finanzausgleich: Länder brauchen mehr Geld. – In: NTZ, 5. 9. 1978, Nr. 205, S. 7.
203 Interview KHOL, 14. 6. 1993; vgl. Aushöhlung der Länderfinanzen macht Sorge. Wallnöfer sprach anläßlich der Budgetdebatte 1978 im Tiroler Landtag. – In: NTZ, 14. 11. 1977, Nr. 288, S. 5.
204 „Glei kimmt der Walli". – In: Die Presse, 9. 6. 1984.
205 Interview PRIOR, 2. 6. 1993.

kob Halder, Dr. Otto Keimel, Franz Regensburger, Dr. Alois Leitner, Dr. Sixtus Lanner und Univ.-Prof. Felix Ermacora hatte die Tiroler ÖVP auch ein gut harmonierendes Team, welches allerdings kaum besondere Aufträge der Landespartei erhielt. Mit Parteiobmann Wallnöfer war man zweimal im Jahr zusammengekommen, um sich mit spezifischen Tiroler Anliegen (z. B. Südtirolfrage oder Katastrophenfondsgesetz nach der Hochwasserkatastrophe in Nordtirol, welches über starkes Drängen der Tiroler Nationalräte zustande kam) zu befassen.[206]

Bilanziert man die „Ära Wallnöfer", so hat diese wohl eine unbestritten hohe Aktivseite, die auch wiederholt herausgestellt wurde, so die Erschließung der Bauernhöfe, eine moderne Strukturpolitik in den Gemeinden durch Raumordnung und Grundzusammenlegung (wodurch die Landflucht gedrosselt werden konnte), der Ausbau der Energieversorgung und Verkehrswege (Inntal- und Brennerautobahn, Felbertauernstraße, Arlbergstraßentunnel), die Intensivierung des Fremdenverkehrs und die Erweiterung des Bildungsangebots („jedem Bezirk eine höhere Schule"), die Gründung der technischen Fakultät, die Erweiterung und Modernisierung der Universität Innsbruck mit Hilfe der Länder Tirol, Vorarlberg und Südtirol.[207] Daneben gab es aber auch beträchtliche Schattenseiten, die Wallnöfer nicht verborgen blieben: ein hohes Bevölkerungswachstum, bedingt durch starken Zuzug aus anderen Bundesländern, korrespondierend mit einer zunehmenden Belastung der Umwelt.[208] Auf die Demokratiedefizite wurde bereits verwiesen, auf die Anpassungsschwierigkeiten an den raschen Wandel der gesellschaftlichen und politischen Verhältnisse wird im Zusammenhang mit der Amtszeit Partls noch einzugehen sein.

Die Ära Wallnöfer läßt sich grob in zwei Phasen aufteilen: Die erste, die weitaus längere mit Wallnöfer als „Motor" des Aufbaus, der politische Dynamik entfaltete, wobei ihm die günstigen konjunkturpolitischen Rahmenbedingungen zugute kamen. Wallnöfers vielzitierter Ausspruch „Verkehr ist Leben" kam nicht von ungefähr: Er begriff Straßen als „Nervensysteme der Wirtschaft", der Vorwurf des „Zubetonierers" traf ihn schwer[209], vermochte aber ein tiefgreifendes ökologisches Umdenken bei ihm nicht mehr zu bewirken. In den letzten drei Jahren verlief die Ära Wallnöfer auch allzu statisch und fand ihren Ausdruck in der Starrheit seiner Positionen mit immer wiederkehrenden gleichen Argumenten, der Unbeweglichkeit des Parteiapparates und der Trägheit der Bundesobleute im ständigen Wissen um die vorhandene Zweidrittelmehrheit im Lande. Die Ehrfurcht vor dem „Alten" führte zur völligen Passivität und Widerstandslosigkeit. Aufgrund der starken emotionellen Bindungen an Wallnöfer herrschte auch weitgehende Kritiklosigkeit nicht nur unter Parteifunktionären, sondern auch in Oppositionskreisen. Kritik am Landeshauptmann kam einem Sakrileg gleich, zumal ihn die Bevölkerung förmlich anbetete. Das seit den achtziger

---

206 Interview LEITNER.
207 Eduard WALLNÖFER. – In: Liebe Landsleute. Verehrte Delegierte und Gäste. – In: XV. Landesparteitag der ÖVP Tirol, 20. Juni 1987 Innsbruck Kongreßhaus [Innsbruck 1987]. S. 6–9, hier S. 7; ders., Fortschritt im Geiste Tirols. Zwei Jahrzehnte große Veränderungen. – In: Die Presse, 15. 11. 1978.
208 Ebd., S. 7.
209 Interview PRIOR, 4. 5. 1993.

Jahren lang anhaltende Kronprinzenspiel[210] v. a. um Partl[211], Prior[212] und dann auch Zanon[213] nutzte aussichtsreiche Nachfolgeaspiranten ab, wobei es Wallnöfer nicht fertigbrachte, sich auf einen dieser Kandidaten festzulegen und als Nachfolger aufzubauen und dementsprechend rechtzeitig abzutreten. Bassetti drängte zwar den Landeshauptmann zur Halbzeit der Landtagsperiode im Frühjahr 1986 als „allerletzten Zeitpunkt" massiv zum Aufhören[214], doch Wallnöfer fehlten zum Abtreten der Mut und die Kraft, weil auch vielerorts in der Partei ein Weiterverbleib gewünscht wurde.[215]

Wallnöfer substituierte im letzten Drittel seiner Amtsperiode, was die Partei nach seinem Abgang gebraucht hätte: Er „ersetzte" die Partei und ihre Teilorganisationen durch seine Person. Der Nachwuchs kam nicht mehr zum Zuge. Folgen waren ungezügelte Emotionalität und mitunter unqualifizierte Kritik der Jungen ÖVP, die sich in der ausgehenden Ära Wallnöfer nur mehr als Suborganisation ohne Tragfähigkeit erwies.[216]

Trotz dieser Fehlleistungen bei Sach- und Personalproblemen sowie seiner angeschlagenen Gesundheit konnte und wollte Wallnöfer noch nicht abtreten, obgleich es ihm immer schwerer fiel, den gesellschaftlichen Wandel (Bevölkerungstruktur, politische Einstellung, Spannungsverhältnis Ökologie – Ökonomie) nachzuvollziehen und sich diesem anzupassen.[217]

Die ihm ergebene Regierungs- und Präsidiumsmannschaft Prior/Bassetti/Partl demonstrierte nach außen die Einheit der Partei und das Zusammenwirken der Bünde. Wallnöfer ließ längere Zeit erkennen, daß Partl sein Nachfolger werden solle. Letztlich schwankte er jedoch nicht nur in seiner Absicht, aufzuhören, sondern auch Partl zu inthronisieren.[218] Als Folge dieses Zauderns empfahl Wallnöfer zu guter Letzt, daß das Triumvirat die Nachfolge entscheiden solle. Als Ältester führte Bassetti den Vorsitz: Mit Prior, Partl und Zanon standen drei Kandidaten in der engeren Auswahl. Im Parteivorstand ging die Abstimmung relativ glatt mit neun für Partl, drei für Prior und zwei für Zanon aus, während die Klubabstimmung mit 18 : 15 für Partl gegen Prior sehr knapp ausfiel.[219] Zanon, Politiker aus Osttirol, hätte sich durchaus als neuer Landeshauptmann mit gutem Profil empfohlen, konnte jedoch aufgrund innerbündischer Differenzen im AAB nicht zum Zuge kommen. Er hatte als Gemeinderat, Vize- und Bürgermeister von Leisach, AAB-Bezirksobmann von Osttirol, Amts-

---

210 SN, 9. 9. 1980. Wallnöfers Sekretär Hofrat Hermann Arnold spielte hierbei nur eine untergeordnete Rolle.
211 SN, 13. 4. 1981; vgl. das klare Votum für Partl seitens Wallnöfers. – In: TT, 22. 1. 1987.
212 TT, 26. 7. 1986; TT, 6./7./8. 12. 1986, S. 3; TT, 21. 1. 1987; Prior meldete noch Anfang 1987 massiv Ansprüche auf das Amt an – vgl. Kurier 29. 1. 1987.
213 Die Presse, 6. 3. 1981; Die Presse, 16. 1. 1986.
214 Interview BASSETTI.
215 Wallnöfer bot seinen Rückzug an, VP-Garde lehnte ab. – In: NTZ, 11. 7. 1986, Nr. 158, S. 5.
216 Interview MADER.
217 Interview PARTL, 12. 8. 1994.
218 Fridolin ZANON: Lebenserinnerungen, verfaßt 1991/1992, [masch. Manuskript dem Verfasser dankenswerter Weise zur Einsichtnahme zur Verfügung gestellt], S. 36–40; Interview ARNOLD.
219 ZANON: Lebenserinnerungen. S. 34; schreibt 18 : 16; laut NTZ, 3. 3. 1987 waren es aber 18 : 15 für Partl.

leiter der Stadt Lienz, von Wallnöfer in die Regierung geholter Landtagsabgeordneter und Landesrat die am Boden liegende Wohnbauförderung vorbildhaft saniert und reformiert. Zanon hatte Ambitionen auf die Landeshauptmannschaft. Vergeblich trat er für eine getrennte Abstimmung Partl-Prior/Partl-Zanon ein, bei der er sich größere Chancen ausrechnete. AAB-Kollege Romuald Niescher verneinte diesen Vorschlag im Parteipräsidium, der auch mit Mehrheit für einfache Abstimmung entschied.[220] Damit scheiterte der AAB an der eigenen Uneinigkeit[221], erstmals nach 1945 den Landeshauptmann aus seinen Reihen zu besetzen. Prior war auch nicht mehr mit innerer Überzeugung angetreten.[222] Wenn er gebeten worden wäre, hätte er sich wohl bei einem einhelligen innerparteilichen und bündischen Votum zur Verfügung gestellt, was durch die Achse TBB-WB gegen den AAB allerdings praktisch auszuschließen war.[223] So war der Weg für Partl frei.

Altlandeshauptmann Eduard Wallnöfer starb am 15. März 1989 nach einem politisch äußerst arbeits- und erfolgreichen Leben.[224]

6. Landeshauptmann des Übergangs in einer Zeit des Umbruchs: Dipl.-Ing. Dr. Alois Partl (1987–1993)

Der aus einem „vaterländisch-patriotischen" und bäuerlichen Elternhaus stammende Partl verstand sich als „relativ liberaler" und nicht „klerikaler Katholik". Als Direktor der Landwirtschaftskammer war er von Wallnöfer, zu dem kein besonderes Naheverhältnis bestand, im Jahre 1970 vor dem Hintergrund des gespannten Verhältnisses zwischen Gemeinden und Landesregierung als Gemeindereferent in die Regierung geholt worden.[225] 17 Jahre führte er den Vorsitz in der Kommission für Raumordnung, Umwelt und Landwirtschaft der ARGE ALP, die Maßnahmen zur Harmonisierung von Bestimmungen und Verordnungen einleiten konnte. Zwölf Jahre war er Vertreter der österreichischen Bundesländer in der Konferenz der Gemeinden und Länder im Europarat (Ausschuß für Raumordnung und Entwicklung). Der erfolgreiche Bezirksobmann der ÖVP Innsbruck-Land[226] hatte v. a. den TBB hinter sich. So war Wallnöfers Haltung in der Frage der Nachfolge nur schwer angreifbar, wenngleich die traditionelle Ämterhäufung nunmehr medial aufs Korn genommen wurde: Neben seinem Hauptposten als Landesrat für Gemeinde- und Feuerwehrwesen, Forstwirtschaft, Wasserversorgung und Kanalisierung war Partl Obmann der Raiffeisen-Zentralkasse Tirol, Aufsichtsratsmitglied der TIWAG und der Innsbrucker Messegesellschaft sowie stellvertretender Landesparteiobmann und

---

220 Ebd., S. 33 ff.
221 TT, 17. 1. 1987; 6. 2. 1987; 28. 2. 1987.
222 Interview ZANON.
223 Interview PRIOR, 4. 5. 1993.
224 Altlandeshauptmann Eduard Wallnöfer starb am 15. März 1989. Tirol trauert um Eduard Wallnöfer. – In: TBZ, 17. 3. 1989 (Sonderausgabe), Nr. 12, S. 4–5; NTZ, 16. 3. 1989, Nr. 63, S. 1 ff.
225 Interview PARTL, 28. 7. 1994; vgl. das Porträt. – In: TT, 18. 9. 1979.
226 TT, 26. 3. 1977; TT, 13. 4. 1981.

stellvertretender TBB-Obmann.[227] Im März 1987 wurde Partl Landeshauptmann[228], und im Juni übernahm er das Amt des Parteiobmanns.[229] Der langjährige „Kronprinz"[230] versuchte gemeinsam mit Fiala, unter dem die Bezirksparteiorganisation personell stagnierte[231], die Partei im Sinne Wallnöfers weiterzuführen. Dem stand jedoch die anfänglich entscheidungsschwache und zögerliche Haltung Partls[232] entgegen, der wenig überzeugend in der Öffentlichkeit wirkte und nicht geschickt genug zu delegieren vermochte.[233] Obwohl er mit einer unveränderten Regierungsmannschaft in die Wahl des Jahres 1989 gegangen war, traten dramatische Verluste ein. Was seinem Image v. a. schadete, war der bemerkenswerte Umstand, daß Partl anschließend die gesamte Regierungsmannschaft austauschte, selbst aber im Amt blieb.[234] Massive Rücktrittsforderungen wurden von der Jungen ÖVP aus Osttirol v. a. wegen der Entlassung Zanons laut.[235] Ausdruck der aufbrechenden Gegensätze war auch der Austritt des Wirtschaftsbündlers Hans Lindner[236] aus dem ÖVP-Landtagsklub und seine „wilde" Kandidatur[237], die er mit der Führungslosigkeit der Partei und der Regierungsschwäche Partls begründete und dabei einen neuen Parteiobmann und -sekretär forderte.[238] Durch Lindners Austritt verlor die ÖVP im Landtag die absolute Mehrheit. Statt 19 hatte sie nurmehr 18 von 36 Mandaten.[239]

Partls Amtszeit war von Anfang an mit zwei schweren Hypotheken belastet: Erstens standen er und seine Politik ständig im Schatten der Popularität Wallnöfers. Der Kontrast des zunächst wenig volksverbunden und zu technokratisch wirkenden Partl zum Altlandesvater mußte ins Auge springen. Zweitens schien Partl unter der Last der in der letzten Regierungsphase von Wallnöfer ungelösten Aufgaben (politischer und personeller Art) und der massiv aufbrechenden innerparteilichen Querelen überfordert.[240] Angesichts dieser Herausforderung wurde Partl vielerorts als zu wenig dynamischer und entscheidungsfreudiger Landeshauptmann angesehen, an dessen Führungsqualitäten Zweifel aufkamen. Der Einbruch der Tiroler ÖVP bei der Wahl vom 12. März 1989[241], obwohl die Partei noch mit der Losung „Ja zur Umwelt – Ja zum Fortschritt" optimistisch den Wahlkampf begonnen hatte[242], dürfte u. a. seinen spezifischen Hintergrund in der seit 1987/88 beginnenden EG-Debatte in der

---

227 Adalbert KOPEJTKO: „Das ist ja ungeheuerlich!" – In: Wochenpresse, 13. 11. 1984.
228 Der Tiroler Bauernbund von 1904 bis 1994. – In: TBZ, 1. 9. 1994, Nr. 35, S. 21.
229 ÖVP-Landesparteitag im Innsbrucker Kongreßhaus. Landeshauptmann Alois Partl löst Eduard Wallnöfer als Landesparteiobmann ab. – In: NTZ, 21. 6. 1987, Nr. 140, S. 5. ; NTZ, 22. 6. 1987, Nr. 141, S. 5; TT, 22. 6. 1987.
230 Vgl. Die Presse, 11. 8. 1977.
231 Interview GATTINGER, 5. 5. 1993.
232 Der Standard, 19. 7. 1989.
233 TT, 1. 3. 1988.
234 Die Presse, 20. 3. 1989; 21. 3. 1989; ZANON: Lebenserinnerungen, S. 37 ff.
235 Kurier, 24. 3. 1989; Die Presse, 25. 3. 1989; SN, 28. 3. 1989.
236 Vgl. das Porträt In: TT, 27. 8. 1979.
237 Die Presse, 12. 1. 1990; Arbeiter-Zeitung, 25. 3. 1989; Die Presse, 29. 3. 1989.
238 Die Presse, 13. 1. 1990.
239 TT, 12. 1. 1990; Der Standard, 17. 1. 1990.
240 TT, 13. 5. 1989.
241 Vgl. Karin Nicola BERCHTOLD/Dietmar CZERNICH: Eine Partei unter Druck. Die Reformen der Tiroler Volkspartei seit der Landtagswahl 1989, Diplomarbeit. Innsbruck 1993. S. 27–43.
242 TT, 7. 2. 1989; 11. 2. 1989.

Öffentlichkeit gehabt haben. Die wenig differenzierte Pro-EG-Haltung der Partei, die viel zu unvermittelt auf eine überwiegend skeptisch reagierende Tiroler Bevölkerung stieß, die unkritisch-euphorische EG-Haltung der Bundespartei unter Dr. Alois Mock und Dr. Andreas Khol, ihr fehlendes ökologisches Bewußtsein sowie die geschickte Gegenpropaganda der Grün-Alternativen bewirkten die schwerste Niederlage der Tiroler ÖVP seit 1945. Die Parteiführung ließ vor der Wahl mehrere Umfragen durchführen und war zum Ergebnis gekommen, daß mit größeren Verlusten zu rechnen sei; ein derart drastischer Einbruch (–16% Stimmen und ein Verlust von sechs Mandaten) war aber nicht erwartet worden.[243]

Im Unterschied zu Fiala meint Prior, daß das EG-Thema beim Wahlausgang nicht unbedingt ausschlaggebend war. Der grundsätzliche Wandel des politischen Systems mit immer deutlicher spürbaren Tendenzen des Aufbegehrens gegen Machtstrukturen, der Infragestellung der Autoritäten: „Staat", „Landesregierung" (mit der Übermacht der ÖVP), „Partei", „Kirche" und „Kammer" habe neue politische Trends (v. a. Grün-Bewegung und Haider) aufkommen lassen, die den Verlust für die ÖVP bedeuteten.[244] Der Abschied von der Zweidrittelmehrheit dürfte aber auch einen Hauptgrund im Vertrauensschwund der Bevölkerung in die ÖVP nach Wallnöfers Abgang[245] gehabt haben. Tatsächlich gärte es in der Partei. Partl hatte bereits im Vorfeld der Wahl den Eindruck gewonnen, daß nicht alle Parteifunktionäre „mitzogen". Im Sinne eines Befreiungsschlags entließ er nach der Wahlniederlage die gesamte ÖVP-Regierungsmannschaft, darunter auch den bewährten Zanon, der als Landeshauptmannstellvertreter vermutlich als direkter Konkurrent eine Gefahr bedeutet hätte. Mit Hofrat Dr. Wendelin Weingartner und dem Obmann des Akademikerbundes, Univ.-Prof. Dr. Dieter Lukesch[246], wurden zwei „Quereinsteiger" in die Regierung geholt bzw. in den Nationalrat berufen.

Die Mehrfachbelastung durch Landeshaupt- und Parteiobmannschaft brachte Partl in gesundheitliche Schwierigkeiten, so daß er zwischenzeitlich von dem loyalen Fritz Prior vertreten werden mußte. Vor dem Hintergrund der für die ÖVP verlustreichen Nationalratswahlen 1990 überlegte Partl, die Partei „intensiv zu reformieren" und zeigte Bereitschaft, die Obmannschaft zurückzulegen. Seiner Auffassung nach sei eine Reform sowohl auf geistig-weltanschaulicher und landespolitischer als auch auf parteiinterner und struktureller Ebene notwendig, wobei die erste Komponente noch die Oberhand behalten sollte. Eine Personaldebatte sei „derzeit nicht aktuell", erklärte er im Oktober 1990.[247] Partl störte sichtlich, daß bei den aufbruchwilligen Kräften der Partei die Strukturreform im Vordergrund stand, nicht aber der Inhalt. Der Weg der Kandidatenermittlung sei eine Form der Technik, nicht aber des Geistes.[248] Während der AAB offen die Abdankung Partls und Fialas forderte, stärkte der Obmann seinem Sekretär noch den Rücken.[249] Der innerparteiliche Druck wurde jedoch zusehends stärker, so daß Partl im Frühjahr 1991 mehr Bereitschaft zur

---

243 Interview FIALA, 9. 8. 1994.
244 Interview PRIOR, 4. 5. 1993.
245 Interview MADER.
246 Die Presse, 30. 6. 1990; Interview PARTL, 28.7. 1994.
247 Interview PARTL, 28. 7. 1994; TT, 22. 10. 1990.
248 Ebd.
249 Die Presse, 8. 11. 1990; 12. 11. 1990.

„schmerzhaften Reform" andeuten mußte.[250] So zeigte er auch Einsicht zur Erneuerung des Funktionärskaders und zur Abgabe des Parteiobmanns, betonte aber auch die inhaltlich-programmatische Diskussion.[251] Um die Obmannschaft bewarben sich sodann Weingartner, ÖVP-Landwirtschaftsminister Franz Fischler, Landeshauptmannstellvertreter Ing. Helmut Mader und der Präsident des Tiroler Gemeindeverbandes und Bürgermeister von Mutters, Hofrat Dr. Hermann Arnold, wobei deutlich wurde, daß WB und TBB den ersten Kandidaten favorisierten. Weingartner errang auch in der Stichwahl 64%, Mader dagegen nur 36% der Stimmen.[252] Der Ausgang des 16. Landesparteitages der Tiroler ÖVP wurde dann als „Sieg der Pragmatiker über die Parteisoldaten"[253] und das Ende des „bündischen Packelns"[254] von der Presse bezeichnet. Die im Mai 1991 begonnene Umstrukturierung der Parteileitung sollte die Volkspartei modernisieren. Im Juni segnete der Vorstand der Tiroler Volkspartei den Entwurf für ein Landesverfassungsgesetz „über die Selbständigkeit Tirols im Rahmen des Bundesstaates Österreich" ab.[255]

Durch Partls Rücktritt von der Parteiobmannschaft, die als Resignation gewertet wurde[256], und deren Übernahme durch Weingartner gewann der Landeshauptmann nun zunehmend an Freiraum, Statur und Ansehen. Seine Position festigte sich: Durch die Anerkennung in der Öffentlichkeit, u. a. auch infolge rhetorischer Glanzleistungen[257], und der klaren Stellungnahme der Oppositionsparteien SPÖ und FPÖ für Partl als Landeshauptmann für eine weitere Regierungsperiode[258] steigerte sich die Nervosität beim neuen Parteimanagement unter Weingartner und dem ehemaligen ORF-Fernsehjournalisten und nun als Partei-„Hauptgeschäftsführer" engagierten Helmut Krieghofer, der den im März 1991 ausgeschiedenen Fiala abgelöst hatte. Den Posten eines „Organisationsreferenten" übernahm Dr. Martin Malaun.[259]

Zwischen Partl und der „Nebenregierung" Weingartners am Südtiroler Platz mehrten sich die Spannungen:[260] In wichtigen Entscheidungsfragen gestaltete sich die Konsensfindung und Beschlußfassung immer schwieriger. Weingartner brachte nicht nur Skepsis gegen den Abschluß des Südtirolpakets und die damit verbundene Abgabe der Streitbeilegungserklärung vor der UNO zum Ausdruck, sondern meldete auch juristische Vorbehalte gegen die Unterzeichnung des Transitvertrages an. Außerdem war seine Haltung zum Europäischen Wirtschaftsraum (EWR) eher ablehnend.[261] Der zunehmende Dissens bei der Behandlung von Sachfragen und in der

---

250 TT, 20. 2. 1991.
251 Interview PARTL, 12. 8. 1994.
252 TT, 18. 3. 1994.
253 Die Presse, 18. 3. 1991; Zu einem ähnlichen Ergebnis gelangen BERCHTOLD/CZERNICH: Eine Partei unter Druck. S. 175 ff.
254 Reinhard OLT: Die Volkspartei schöpft wieder Hoffnung. – In: Frankfurter Allgemeine Zeitung (FAZ), 23. 3. 1991.
255 BERCHTOLD/CZERNICH: Eine Partei unter Druck. S. 124 f.
256 Reinhard OLT: Alois Partl resigniert. – In: FAZ, 30. 1. 1991.
257 Reinhard OLT: An den Furten des Inns. – In: FAZ, 18. 2. 1992.
258 SN, 15. 9. 1992.
259 TT, 26. 4. 1991; Die Presse, 3. 5. 1991.
260 Der Standard, 1. 4. 1992; Die Presse, 22. 4. 1992. BERCHTOLD/CZERNICH: Eine Partei unter Druck. S. 128–131.
261 Der Standard, 18. 3. 1991; TT, 16. 4. 191.

grundsatzpolitischen Debatte, die fehlende Vertrauensbasis zwischen Parteispitze und Landeshauptmann wie die mangelnde Unterstützung seitens der Führung des eigenen Bundes[262] – die Bezirksobmänner des TBB appellierten zwar mehrheitlich für Partls Spitzenkandidatur[263] – schienen die Gefahr einer Spaltung der Partei heraufzubeschwören. Partl, der ursprünglich eine Wiederkandidatur geplant hatte[264], diese bis ein Jahr vor der nächsten Wahl außer Diskussion stellen und die Amtsübergabe 1996 vornehmen wollte[265], zog nach Lage der Dinge seine Konsequenzen: Er entschloß sich, nicht mehr zu kandidieren und seinen Abgang vorzuverlegen. Vermutlich hatte Partl mit dieser Entscheidung der Partei eine innere Zerreißprobe erspart und die Aufspaltung in zwei Lager vermieden. Auslösender Faktor war ein einmaliger Vorgang in der Geschichte der Tiroler ÖVP: Der Bauernbündler Partl wurde von seinem eigenen Bund gestürzt. Die Entwicklung ist auch als Zeichen der Schwäche des TBB zu bewerten, dessen Obmann Anton Steixner, der Wallnöfer 1988 gefolgt war[266], aus einer Mischung von persönlichem Ehrgeiz und politischer Unerfahrenheit auf ein Amt in der Landesregierung reflektierte[267], dieses jedoch letztlich nicht erreichen konnte:[268] Neuer Agrar- und Finanzlandesrat wurde Ferdinand Eberle. Damit signalisierte Weingartner, daß bündische Nominierungen der Vergangenheit angehören sollen.[269] Zunehmender Druck der Bundesparteileitung – Vizekanzler Erhard Busek bevorzugte Weingartner – dürften die Entscheidung Partls, nicht mehr als Landeshauptmann zu kandidieren, mit beeinflußt haben.[270] Es ist als eine Ironie der Tiroler Landesgeschichte zu bezeichnen, daß sich die so mächtigen Bünde nicht zuletzt durch ihre Interessenkonflikte vielfach selbst um ihren direkten Einfluß auf die Position des Landeshauptmanns gebracht haben.

Die Beziehungen Partl – Weingartner waren also weit weniger harmonisch, als sie nach außen hin schienen. Die Polarisierung bestand dabei zwischen Aufbegehren gegen eine als zu weitgehend angesehene Parteireform und Kontinuitätsgläubigkeit einerseits und dem Verlangen nach strukturellem Wandel der Parteiorganisation und Kandidatennominierung andererseits. Ausdruck der völligen Verunsicherung und Kopflosigkeit der Gruppe um Weingartner und Krieghofer war deren (kurzzeitiger) Verzicht auf die Kandidatur und Zustimmung zum Vorschlag der Nominierung des Kompromißkandidaten und redegewaltigen Naturschutz-Landesrats Ferdinand Eberle (vgl. auch unten).[271]

Die Bilanz der Amtszeit Partls erbrachte trotz der – vielfach im Wandel der globalen Strukturen begründeten – Schwierigkeiten gute Ergebnisse. In der Nachbarschaftspolitik gab es neben Querelen wegen des „Nachtfahrverbots" mit Bayern und der

---

262 Vgl. das Interview mit PARTL. – In: TT, 3./4. 4. 1993.
263 TT, 2. 10. 1992.
264 Die Presse, 22. 4. 1992; Die Presse, 30. 7. 1992; Der Standard, 16. 9. 1992.
265 Interview PARTL, 12. 8. 1994.
266 Wachablöse beim Tiroler Bauernbund. – In: Tiroler Bauernkalender 1988, S. 34–37; Steixner mit 95% „Walli"-Nachfolger. – In: TT, 7. 3. 1988, S. 3.
267 Die Presse, 14. 7. 1993.
268 TT, 2. 8. 1993; Der Standard, 5. 8. 1993.
269 Die Presse, 7. 8. 1993.
270 BERCHTOLD/CZERNICH: Eine Partei unter Druck. S. 130.
271 Robert BENEDIKT: Einsame Entscheidung eines Landeshauptmannes. Warum Partl aufgab, Weingartner bleibt. – In: Die Presse, 6. 10. 1992.

Vorbehalte gegen die atomare Wiederaufbereitungsanlage in Wackersdorf auch positive Akzente der Zusammenarbeit: Per Handschlag konnte ein Projekt zur Abwasserbeseitigung für den Chiemsee als grenzüberschreitendes Umweltschutzvorhaben realisiert werden. Den Transitvertrag sah Partl als „größten Erfolg". Er setzte auch den Abschluß des Südtirolpakets mit Abgabe der Streitbeilegungserklärung (1992) gegen den innerparteilichen Widerstand durch, wenngleich der völlige Durchbruch auf staatlicher Ebene in Form des gewünschten bilateralen Nachbarschafts- und Freundschaftsvertrages beim Besuch des italienischen Staatspräsidenten Oscar Luigi Scalfaro in Wien im Februar 1993 und im August 1994 beim internationalen Präsidententreffen im Rahmen des Forums Alpbach nicht gelang. Südtirol sollte in der – von Partl stark propagierten – „Europaregion Tirol"[272] aufgehen: Europa müsse seine Prüfung in der Frage der regionalen Zusammenarbeit ablegen und die föderalistische Entwicklung als wichtiges Instrument zur Verhinderung einseitiger Machtzusammenballungen im Zeichen des erwachenden Nationalismus gestärkt werden: Alle vier Landtage der historischen Region Tirol faßten den Beschluß, eine „Europaregion Tirol" zu schaffen.[273] Partl entwickelte auch engere Beziehungen zu Trient. Er war der erste Landeshauptmann, der nach 72 Jahren wieder einen offiziellen Besuch (gemeinsam mit dem befreundeten Südtiroler Landeshauptmann Luis Durnwalder) in Trient machte.[274]

Die Amtszeit Partls ist als eine Übergangsphase von der „patriarchalisch-autoritären" Ära Wallnöfer zum weniger strengen, gelockerten, liberalen und reformbereiten Parteikurs unter Weingartner zu werten – ein Wandel, den Partl selbst mit veranlaßt hatte und durch sein vorzeitiges Ausscheiden weiter fördern sollte.

7. „Quereinsteiger", „bündischer Grenzgänger"[275], Parteireformer und Taktierer: Dr. Wendelin Weingartner (seit 1993)

Weingartner ist der klassische Fall des politischen „Quereinsteigers", der sich selbst als „spätberufenen" Politiker betrachtet. Er stammt aus einer sowohl konservativ als auch liberal gesinnten Familie. Sein Vater Hans Weingartner war Hofrat in der Landesregierung. Mit einem Naheverhältnis zum bäuerlichen Bereich und freundschaftlichen Verhältnis zu Wallnöfer, gilt er als „Erfinder" der Raumordnung. Seine Mutter stammt aus Bozner bürgerlich-liberalen Verhältnissen. Die „Weingartner" sind eine angesehene Innsbrucker Dynastie. Ein Großonkel war der berühmte Kunsthistoriker Probst Josef Weingartner, der Bruder ist Verlagsleiter bei der Tyrolia.[276]

---

272 Alois PARTL, Tirol und die EG. – In: Die Presse, 31. 10. 1991, Sonderbeilage Tirol, S.I.; ders., Unser Land wird immer stärker – Die Idee einer „Europaregion Tirol" rückt näher. – In: Die Presse, 5. 11. 1992, Sonderbeilage S.I.; vgl. auch Bernhard PLATZER: Europaregion Tirol als konkretes politisches Ziel. – In: TT, 24. 11. 1992, S. 3.
273 Interview PARTL, 12. 8. 1994.
274 Ebd.
275 So die eigene Einschätzung WEINGARTNERS. – In: Die Presse, 19. 3. 1991.
276 Interview HUMER.

Vor diesem Hintergrund ist der Begriff „Quereinsteiger" wohl zu relativieren, wenngleich Weingartner erst seit 1989 Parteimitglied ist.[277]

1963 trat Weingartner in den Landesdienst ein. Von 1964 bis 1966 war er beim Verwaltungsgerichtshof in Wien tätig, 1970 wurde er zum Abteilungsvorstand der neugeschaffenen EDV-Abteilung Ve (Wohnbauförderung, örtliche Raumordnung und Baupolizei) der Landesregierung bestellt. Nach 1984 wirkte er als Vorsitzender des Vorstandes der Landes-Hypothekenbank, die in dieser Zeit von einer Spezial- zu einer Universalbank umstrukturiert wurde.[278]

Nach dem Aufbrechen der „Staumauer Wallnöfer" bei der Wahl von 1989 wurde er in die Regierung berufen. Weingartner ist trotz seiner biographischen Vorgeschichte nicht als klassischer Wirtschaftsbündler zu sehen, wie auch sein Einstieg in die Regierungspolitik (4. April 1989) mit viel Widerstand von der etablierten politischen Szene und der Fremdenverkehrs- und Tourismuslobby begleitet war.[279] Früh wurde er bereits als Nachfolger Partls gehandelt. Ein erstes Anzeichen dafür ergab sich bereits aus der Wahl Weingartners zum Bezirksobmann der ÖVP-Innsbruck-Land, die mit der Ablöse Partls verbunden war.[280]

Am 16. März 1991 erfolgte seine Wahl zum Obmann der „Tiroler Volkspartei". Als Kandidaten für den Parteiobmann waren noch der Politstratege Mader und Minister Fischler angetreten. Weingartner wurde von der Spitze des TBB unterstützt und gewählt. Wie erwähnt war sein Verhältnis zu Landeshauptmann Partl von einer „Konkurrenzsituation" und von sach- wie grundsatzpolitischen Differenzen geprägt: Die von Weingartner als Finanzreferent verordnete „Nachdenkpause" bei der Genehmigung des Baus von Liften[281] und der Streit um die Erhöhung der TIWAG-Strompreise[282] – „ein Stellvertreterkrieg in Richtung Landtagswahl"[283] – waren noch als mediales Geplänkel zu bewerten. Die Propagierung des Transitvertrages, der nach seiner Auffassung zu viele juristische Schlupflöcher bot und in seiner Wirkung überschätzt wurde, die Überbetonung der „Europaregion Tirol" sowie innerparteiliche und innerbündische Kritik an den zu euphorischen Auftritten Partls führten zu wachsenden Gegensätzen mit dem Landeshauptmann.[284]

In einem dramatischen Tauziehen vom 2. auf den 3. Oktober 1992[285] gab Partl, der bis zuletzt auf eine Weiterkandidatur bestanden hatte, seinen überraschenden vorzeitigen Verzicht bekannt.[286] Der vom TBB (Steixner) lancierte Kompromißkandidat

---

277 Vgl. Hannelore RUDISCH: Doch noch Spitzenmann geworden: WENDL. – In: Der Standard, 5. 10. 1992.
278 Lebenslauf Wendelin WEINGARTNER (dem Verfasser vom Büro des Landeshauptmanns zur Verfügung gestellt).
279 Interview mit Landeshauptmann Dr. Wendelin WEINGARTNER, 9. 6. 1994.
280 TT, 20. 11. 1989.
281 Die Presse, 19. 8. 1989; vgl. auch Maßnahmen zur Wachstumsbeschränkung – Landesrat Weingartner fordert ein Überdenken – Skipistenzertifikate als Lösungsansatz. – In: Dolomiten, 21./22. 10. 1989, Nr. 243, S. 6.
282 Die Presse, 11. 8. 1992.
283 Bernhard PLATZER: VP-Zwist in Stadt und Land – Zwei Flügel und Wachablöse in der SP. – In: TT, 8. 8. 1992.
284 Interview WEINGARTNER, 9. 6. 1994.
285 Vgl. hierzu Bernhard PLATZER: Die Nacht brachte die Wende. – In: TT, 5. 10. 1992.
286 Die Presse, 5. 10. 1992.

Eberle – zur Vermeidung einer Kampfabstimmung zwischen Partl und Weingartner – wurde vom amtierenden Landeshauptmann als unrealistisch abgelehnt. Eine Dreier-Variante im Sinne eines Landeshauptmanns, eines Anwärters für dieses Amt und eines Parteiobmanns schien ihm keine gute Lösung für die Partei[287], während Weingartner für bündische Spiele auch nicht zur Verfügung stehen wollte.[288] Nach dem Entscheid Partls wurde die „Eberle-Variante" fallengelassen, so daß der bereits zum Rückzug angetretene Weingartner wieder ins Spiel kommen und vom Parteivorstand einstimmig zum Landeshauptmannkandidaten gewählt werden konnte.

Nach monatelangen Diskussionen beschloß der Parteivorstand im Mai 1993 einstimmig das Vorwahlmodell zur Landtagswahl für den November des gleichen Jahres, der „größten Reform seit 1945", wie Weingartner verkündete, der mit 20.000 Teilnehmern rechnete.[289]

Weingartners Spitzenkandidatur blieb bis zuletzt an der Parteibasis und seitens der Bünde umstritten, v. a. im TBB wuchs der Unmut wegen offensichtlicher Entmachtung infolge Kaltstellung Steixners.[290] Vor dem Hintergrund der bevorstehenden Landeshauptmannwahl im September 1993, der für Frühjahr 1994 angesetzten Landtagswahl und im Zusammenhang mit Befürchtungen vor weiteren ÖVP-Stimmverlusten wurde wiederholt Fischler als Kandidat ins Gespräch gebracht.[291]

Am 24. September 1993 erfolgte die Wahl Weingartners zum Tiroler Landeshauptmann knapp mit 19 von 36 Stimmen.[292] Sein Sieg wurde einerseits als Ausdruck des Verschwindens der alten Tiroler ÖVP-Politikergeneration und andererseits als Sieg des „Modernen" und „Neuartigen" sowie einer Aufbruchsstimmung in der Partei gewertet. Weingartner präsentiert sich auch als Politiker mit dem „kritischen" Bewußtsein, „daß unsere Sehnsucht nach der ‚heilen Welt' sich nicht mit den ‚scheinheilen Welten' der Vergangenheit und Gegenwart begnügen sollte". Freude bereitet ihm sichtlich „der Wunsch nach mehr Weite, mehr Freiheit, mehr Über-die-Grenzen-Schauen, mehr Öffnung". Hierbei denkt er an die „Forderung für [sic!] mehr Zusammenarbeit der Regionen, für ein Wieder-Wachsen des Bewußtseins der Gemeinsamkeiten zwischen Nord- und Südtirol", wobei er „die Tatsache nicht verleugnet" sehen will, „daß der Wunsch der Bevölkerung nach dieser Spurensuche fast auf dem Nullpunkt angelangt ist".[293]

Rund 70.000 Tiroler machten am 21. November 1993 von der Möglichkeit Gebrauch, aus 100 Bewerbern in offener Vorwahl die Tiroler ÖVP-Landtagskandidaten mitzubestimmen. Zwei sichere Mandate errangen Bezirkssieger Weingartner und AAB-Obmann Mader.[294]

---

287 Interview PARTL, 12. 8. 1994.
288 Interview WEINGARTNER.
289 TT, 5. 5. 1993.
290 Die Presse, 21. 9. 1993.
291 Die Presse, 19. 8. 1993.
292 Die Presse, 25. 9. 1993.
293 Wendelin WEINGARTNER, Gedanken über das Nachdenken über Tirol. – In: ders. (Hg.): Nachdenken über Tirol. Innsbruck 1993, S. 251–253.
294 TT, 22. 11. 1993.

Ein rein auf die Person Weingartners hin zugeschnittener Wahlkampf[295] brachte am 13. März 1994 bei der Landtagswahl ein stimmenmäßig noch schlechteres Ergebnis als 1989. Durch die Wahlarithmetik[296] (Grundmandat – Restmandate – Wahlzahl) hatte die Partei aber noch den Vorteil, dort zu verlieren, wo sie Polster hatte, und konnte die absolute Mehrheit halten. Das von der Partei in dieser Form nicht erwartete positive Ergebnis bescherte die neuerliche Wiederwahl Weingartners zum Landeshauptmann am 5. April 1994 anläßlich der konstituierenden Sitzung des Tiroler Landtages.[297] Entscheidend für den Sieg der „Tiroler Volkspartei" dürfte die fehlgeschlagene Wahlkampfführung der Tiroler FPÖ mit einer ungeschickten Vereinnahmung des verstorbenen Altlandeshauptmanns Wallnöfer und der taktisch kluge Schwenk Weingartners mit seinem Vorbehalt in bezug auf den modifizierten Transitvertrag und das mit der EU erzielte Verhandlungsergebnis unmittelbar vor der Wahl gewesen sein, womit er auf „Anti-Wien-Kurs" zu der von der Bundes-ÖVP vorgegebenen Linie zu gehen schien:[298] Für viele Unentschlossene war dies ein letzter Anstoß, ihre Zweifel beiseite zu lassen und für die Option „Tiroler Volkspartei" einzutreten. Weingartner akkordierte sein Verhalten in der Frage des „taktischen Schwenks" mit Mader[299], während SPÖ-Chef Hans Tanzer die EU-Linie Vranitzkys und der Bundespartei verteidigte und die entsprechende Rechnung des Stimmvolks präsentiert bekam.[300]

V. Die Landesparteiobleute

Als erster hatte der ehemalige Kaiserjäger und Bezirksrichter in Sillian, Hofgastein und Silz, Adolf Platzgummer (1945), die Stelle des Landesparteiobmanns inne. Er war alter Christlichsozialer, Obmann der Landesbeamtenkammer für Tirol 1936 und glühender österreichischer Patriot. Platzgummer war nur kurzzeitig als Parteiobmann tätig und wirkte anschließend als Landtagspräsident bis 1949. Sein Nachfolger wurde Otto Steinegger (1946–1950), der aus der Christlichdeutschen Turnerbewegung hervorgegangen war. Dieser wirkte als solider Verwalter ohne höhere politische Ambitionen trotz seiner überzeugenden Rednergabe. Durch seinen Tod am 16. Januar 1950 wurde eine Neuwahl erforderlich. Dort reüssierte der von den Gemeindevertretern forcierte, ambitionierte Lugger (1950–1954) in einer Kampfabstimmung gegen den Willen des TBB, der Landesparteisekretär Kathrein nominiert hatte.[301] Lugger hatte wegen einer AAB-Reform mit Gamper Meinungsverschiedenheiten, während dessen Distanzierungsversuche von der ÖVP und Freundschaft mit dem kommunistischen Landesrat Josef Ronczay für Konfliktstoff sorgten.[302] Da auch ein

---

295 TT, 8. 1. 1994.
296 Neue Zürcher Zeitung, 14. 3. 1994, S. 1.
297 Lebenslauf und Interview WEINGARTNER; „absolute Mehrheit" ist bezogen auf den Mandatsstand.
298 Die Presse, 26. 3. 1994.
299 Interview MADER.
300 Die Presse, 15. 3. 1994.
301 Die Presse, 15. 3. 1994.
302 Interview LUGGER, 12. 5.; 28. 6. 1993.

Spannungsverhältnis zwischen Lugger und Landeshauptmann Grauß bestand und Lugger ein isolierter Obmann im Windschatten der Macht[303] blieb, war er politisch nicht mehr zu halten. Am 27. Juni 1954 beschlossen die Delegierten des 6. Landesparteitages, für Oberhammer zu stimmen.[304]

Als Nachfolger Luggers übernahm der ehemalige Nationalrat, südtirolpolitisch exponierte und grundsatztreue Aloys Oberhammer (1954–1961) die Obmannschaft. Er war eine profilierte Persönlichkeit, arbeitete mit Landeshauptmann Grauß gut zusammen, war aber innerparteilich nicht stark und v. a. integrativ genug. Der als „Scharfmacher" und Südtirol-„Fanatiker" geltende Intimfeind Grubers tat sich mit den rivalisierenden Bünden und Splittergruppen der Partei schwer. Seine zu starke Involvierung mit den Südtirol-„Bumsern" führte zum Bruch mit Tschiggfrey, der die Obmannschaft kurzzeitig (1962–1963) übernehmen mußte.[305]

Eduard Wallnöfer, der beim Landesparteitag am 23. Mai 1964 im Hotel Maria Theresia – nicht ganz ein Jahr nach seiner Berufung zum Landeshauptmann – auch zum Landesparteiobmann (bis 1987) bestellt wurde, mobilisierte den Parteiapparat erst kurz vor den Wahlen und hatte diesen auch relativ fest in der Hand. Durch die wachsende Identität der Partei mit Wallnöfer und Fiala und der Bewerkstelligung der notwendigen Basisarbeit durch die Bezirksparteisekretäre und -obleute gab es kaum größere innerparteiliche Differenzen bzw. Spannungen zwischen den Bünden. Die gegenseitige Respektierung wurde allseits betont[306] und die Parteiräson anerkannt: Diese hieß seit 1963 Eduard Wallnöfer. Alois Partls Einstieg als Obmann (1987–1992) erfolgte in eine Partei, die es fast nicht mehr notwendig hatte, als „Partei" zu arbeiten, in der es aber schon zu gären begonnen hatte. Nun drängten wieder bündische Interessen stärker in den Vordergrund. Weingartners Rolle als Parteiobmann soll im Kapitel IX. näher behandelt werden.

VI. Innerparteiliche Aspekte und das Verhältnis zwischen den Bünden

Die Trias TBB, AAB und WB ist insofern von großer Bedeutung für die Geschichte der Partei, als es bei der Machtverteilung stets auf das Verhältnis zwischen diesen Bünden ankam, d. h., daß bei der Besetzung politischer Mandate nach spezifischen Kriterien der Stärkeverhältnisse ein interner Verteilungsschlüssel zwischen ihnen zur Anwendung gebracht wurde. Da die Karrieren in der ÖVP bisher fast ausnahmslos über die drei Bünde zustande kamen[307], sind sie für eine vergleichende Gesamtbetrachtung wichtig.

Die innerparteiliche Situation war vor der Ära Wallnöfer teilweise so stark angespannt, daß ständig ein Zerbrechen der Partei zu befürchten war. Fiala erinnert sich,

---

303 GATTINGER: Volkspartei. S. 73.
304 Tiroler ÖVP zieht Bilanz, 400 Delegierte beim 6. Landesparteitag der ÖVP-Tirol-Nationalrat Dr. Oberhammer zum Parteiobmann gewählt. – In: TN, 28. 6. 1954, Nr. 145, S. 1; Interview THOMAN. Zu OBERHAMMER vgl. auch GATTINGER: Volkspartei. S. 76 f.
305 Interview THOMAN.
306 Interview PRIOR, 4. 5. 1993.
307 NICK/ENGL: Das politische System. S. 557.

daß unter Oberhammer die Partei „völlig zerstritten" war, ein Zustand, der sich unter dem wenig durchschlagskräftigen Tschiggfrey naturgemäß nicht besserte.[308] Die Konflikte gingen mitunter soweit, daß sich die betreffenden Kontrahenten in den Gremien nicht mehr nebeneinander setzten.[309]

Organisation und Zusammenhalt in der Partei verlangten im ersten Nachkriegsjahrzehnt mehr Aufmerksamkeit als in der Ära Wallnöfer (1963–1987). Nach dessen Amtszeit, die eine Phase der innerparteilichen Stabilisierung und Konsolidierung bedeutete, kam dieser Frage wieder mehr Bedeutung zu.

Die drei Bünde waren von 1945 weg *die* Vorfeldorganisationen und Rekrutierungsfelder der Partei, wobei der TBB[310] eine bevorzugte Stellung innehatte: Dessen Organisator und Programmatiker war Direktor Anton Brugger (1945–1976), der maßgeblich zum Aufbau dieser geschlossensten und mächtigsten Gruppierung der ÖVP beitrug.[311] Sein Nachfolger wurde Nationalsratsabgeordneter Dr. Alois Leitner (1976–1989)[312], der dann von Dr. Georg Keuschnigg abgelöst wurde.[313] Der Gemeinsinn innerhalb des Bundes war außergewöhnlich und setzte Stammitgliedschaft[314] voraus: Der Hofinhaber ist, ob Mann oder Frau, Mitglied, sodann der Ehepartner von selbst wie auch die Kinder, wenngleich diese nicht gezählt und erfaßt werden. Aufgrund des hohen bäuerlichen Bevölkerungsanteils in der ersten Jahrhunderthälfte hatte der TBB als bestorganisierteste Berufsinteressenvertretung die größte Mitgliederschaft. Er verstand es auch, seinen Funktionärskader zu erneuern.[315] Laut einer internen Aufstellung von 1951 hatte in Tirol der AAB nur 4.032 und der Wirtschaftsbund lediglich 7.644 Mitglieder, während der Bauernbund rund 23.000 zählte.[316] Trotz des starken gesellschaftlichen Wandels konnte der TBB alle Strukturveränderungen politisch weitgehend unbeschadet überstehen, so daß er ein Machtfaktor blieb.

Im Jahre 1987 hatte die ÖVP ingesamt rund 87.000 Mitglieder und 6.000 Funktionäre. Davon gehörten dem TBB unter seinen Obmännern Muigg, Grauß und Wallnöfer in etwa 19.350 (davon 600 in der Akademikersektion, 132 juristische Personen und 12.000 Jungbauernschaftsmitglieder, organisiert in 334 Ortsgruppen, 48 Gebieten und 8 Bezirken) Mitglieder an, dem AAB unter seinen Obleuten Gamper, Lugger und Prior immerhin 17.201 und dem WB unter Oberhofer, Bassetti und Reissigl 12.200 Mitglieder.[317]

---

308 Interview FIALA, 9. 8. 1994; vgl. hierzu auch RIEDMANN: Geschichte, S. 1276 f., und Die Presse, 18. 5. 1963.
309 Interview PRIOR, 4. 5. 1993. Als der junge und politisch noch unerfahrene Wallnöfer in einer Sitzung des Parteivorstands dem armamputierten Bürgermeister Anton Melzer Feuer für eine Zigarette anbot, gehörte er für die Grauß-Anhänger sofort zur „Melzer-Gruppe".
310 Vgl. ERHARD: Tiroler Volkspartei. S. 144–149.
311 Die Presse, 9. 4. 1961.
312 Kurier, 21. 1. 1976.
313 TT, 18. 4. 1989.
314 Interview LEITNER.
315 Vgl. Breitgestreute Wachablöse bei Tiroler Bauern. – In: TT, 27. 12. 1978.
316 Mitgliederstand der Bünde in den Bundesländern zusammengezählt in Wahlkreisverbänden, undatierte Aufstellung [verm. 1951/52]. HGA am Institut für Zeitgeschichte der Universität Innsbruck, Mappe „Tirol 1. Jänner 1951".
317 Robert FIALA: Auf bewährtem Weg mit neuer Kraft gemeinsam für Tirol. – In: XV. Landesparteitag der ÖVP Tirol, 20. Juni 1987 Innsbruck Kongreßhaus, [Innsbruck 1987]. S. 12–17, hier 12 f., 16.

Die Idee der Herstellung des Primats der Partei war ein wesentlicher Punkt im Salzburger Programm der Bundespartei von 1972 unter Dr. Karl Schleinzer und ihrer aktualisierten Form von 1980 unter Alois Mock.[318] Es überrascht kaum, daß von seiten des TBB nicht geringe Vorbehalte gegen die vor allem von Parteiobmann Dr. Josef Taus 1979 forcierten Reformbestrebungen bestanden.[319] Während sich Wallnöfer hinter Taus stellte[320], sprach TBB-Direktor Leitner von „Wühlmäusen", die an einer gründlichen Selbstfindung der ÖVP kein Gefallen fänden. Sündenbock sei nun die Parteistruktur. Diese könne ohne einen gänzlichen Zusammenbruch der Organisation nicht beseitigt werden.[321] Wallnöfer stimmte diesem Gedanken letztlich auch zu: „Ich bin gegen die Auflösung der alten Bünde. Wenn man eine Firma erneuert, muß man ja nicht mit dem Kundenstock beginnen."[322]

Tiroler AAB-Vertreter forderten dagegen wiederholt die Priorität der Partei und kritisierten die Dominanz des TBB. Der Anstoß vom Salzburger Reformparteitag wurde im AAB als ein „guter Gedanke mit schlechten Erfolgen" interpretiert, da zu den drei Vorfeld- noch zusätzlich weitere drei Teilorganisationen hinzustießen. Der Primat der Partei war zwar proklamiert worden, aber durch die Strukturreform noch schwerer zu realisieren. Die „Kleinen" sind durch die Reform aufgewertet, die Zersplitterung der Partei aber noch stärker geworden.[323] Die drei kleinen Bünde führten auch in Tirol zu einer Erweiterung der klassischen Bündestruktur, wobei die „Frauenbewegung" um ihre Gründerin und Gemeinderätin der Stadt Innsbruck Sonja Oberhammer, der Gattin von Aloys Oberhammer, schon vorher bestanden hatte. Der „Seniorenbund" und die „Junge ÖVP" brachten infolge des Salzburger Programms zwar eine Auflockerung der Parteistruktur, förderten aber auch das Auseinanderleben der Bünde. In Tirol wurde die Reform daher mit gemischten Gefühlen aufgenommen. Wiederholt gab es kritische Stimmen gegen die Gleichberechtigung der sechs Bünde. Die Frauen, Senioren und Jungen seien ja bündeübergreifend und nicht analog zu den berufsständischen Organisationen zu sehen. Die Reform trug zwar zur weiteren Maximierung des Wählerpotentials, aber auch innerparteilich zur Vermehrung des Konfliktstoffs bei.

Der Rentnerbund zählte 1987 unter Obmann Lorenz Kirchebner 23.000, die Junge ÖVP unter Simon Brüggl 8.000 und die Frauenbewegung unter Maria Giner ebenfalls 8.000 Mitglieder.[324]

Die in Salzburg als „soziale Integrationspartei" definierte neue ÖVP sei aufgrund der bündischen Struktur nie realisiert worden, argumentierte der AAB. Daher plädierte Prior für eine „gewisse Trennwand zwischen Bünden und der Partei".[325]

---

318 Vgl. hierzu Robert KRIECHBAUMER: Parteiprogramme im Widerstreit der Interessen. Die Programmdiskussionen und die Programme von ÖVP und SPÖ 1945–1986 (Sonderband 3 des Österreichischen Jahrbuchs für Politik), Wien – München 1990. S. 484–488, 489–538.
319 Die Presse, 29. 5. 1979.
320 SN, 28. 5. 1979.
321 Die Presse, 29. 5. 1979.
322 Zit. n. Die Presse, 10. 9. 1979.
323 Interview ZANON.
324 Robert FIALA, Auf bewährtem Weg mit neuer Kraft gemeinsam für Tirol. – In: XV. Landesparteitag der ÖVP Tirol, 20. Juni 1987 Innsbruck Kongreßhaus, [Innsbruck 1987]. S. 12–17, hier 12 f., 16.
325 TT, 27. 10. 1990.

Die Junge ÖVP hatte es in Tirol immer schwer, sich gegen die Parteigranden zu behaupten und durchzusetzen. Jugendarbeit wurde zwar von ihnen geschätzt und die Notwendigkeit des Nachwuchses betont, weniger gerne aber die Jungen VPler als mögliche Nachfolger gesehen.[326] Viele Kandidaten sind dadurch politisch preisgegeben oder auf das Abstellgleis gesetzt worden. Harte Auseinandersetzungen gab es auch zwischen den auf Konfrontationskurs befindlichen, getrennt organisierten, d. h. nicht im Parteistatut verankerten Jungbauern und Vertretern der Jungen ÖVP (Bruno Wallnöfer, Romuald Niescher, Helmut Mader, Karl Pischl). Erstere waren im Unterschied zur Jungen ÖVP in allen Gemeinden Tirols vertreten.[327] Nach Eduard Wallnöfers Amtszeit setzte eine Wiederkehr von Personen ein, die in seiner Ära „angestanden" waren und keinen Platz gefunden hatten. So zog z. B. Max Juen als ehemals erster Landesobmann der Jungen ÖVP, der immer zurückgesetzt worden war, im Alter über Landeck in den Landtag ein. Übte die Junge ÖVP zunächst innerparteiliche Kritik, um der Partei zu helfen[328], so ging sie in den achtziger Jahren dazu über, ihre Frustration gegen die Parteiführung über die Medien auszutragen[329], Entflechtung der Mehrfachfunktionen und die Beseitigung von Bezügen für Ämter zu fordern.[330]

Sie blieb daher aus der Sicht der Parteispitze das „schwierigste Kapitel überhaupt"[331], zumal die Rekrutierung und Ausbildung des Nachwuchses von Art und Inhalt nur in den seltensten Fällen gelungen war. Tatsächlich gelang keine Einbindung in die Partei, auch die Schulung unterblieb weitgehend.[332] Simon Brüggl ging aufgrund der Vernachlässigung des Parteinachwuches auf totalen Konfrontationskurs mit den „Etablierten in der Tiroler ÖVP". Er kritisierte, daß Fiala „keinen Wert auf eine Diskussionsfähigkeit der Partei" lege, worauf dieser unsanft reagierte.[333] Die Junge ÖVP blieb tatsächlich „eher ein Anhängsel"[334] ohne wirkliche Eigenständigkeit und innerparteiliche bzw. politische Bedeutung.

Der AAB ist als Ideengeber für die „Programmatik" zu bezeichnen. Mit seinen Obleuten Gamper[335], Prior[336] und Mader[337] stellte er die geistigen Köpfe der Tiroler ÖVP. Da ihre Vorstellungen nicht immer berücksichtigt wurden, hatte der AAB ein mitunter gestörtes Verhältnis zur Partei: Seit 1949 hatte er einen eigenen Landtags-

---

326 Interview PRIOR, 2. 6. 1993.
327 TT, 24. 10. 1983.
328 Junge ÖVP Tirol: Treueschwüre für Wallnöfer. – In: TT, 18./19. 11. 1973; Interview MADER.
329 Interview MADER.
330 Adalbert KOPEJTKO, Der Brügglschlag. – In: Wochenpresse, 30. 10. 1984; vgl. auch Privilegien: Junge ÖVP geht aufs Ganze. – In: TT, 6. 10. 1984, S. 3.
331 Interview ZANON.
332 Interview MADER.
333 Adalbert R. KOPEJTKO: Nordketten-Dämmerung. – In: Wochenpresse, 13. 5. 1986; ders.: „Miese Ratten". Machtkampf in Tirol. – In: Wiener, August 1987.
334 Interview Bürgermeister a. D. Romuald NIESCHER, 25. 5. 1994 [Tonbandaufzeichnung im Besitz des Verfassers].
335 Am Institut für Zeitgeschichte der Universität Innsbruck befindet sich sein Nachlaß, der noch einer systematischen Aufarbeitung harrt und eine Fülle von programmatischen Artikeln Gampers enthält.
336 Vgl. „Tiroler Akzente" zum Salzburger Programm. – In: TT, 9. 7. 1973; vgl. Fritz PRIOR für totale VP-Reform: Die Bünde von der Partei trennen, die besten Köpfe an die VP-Spitze. – In: TT, 27. 10. 1990.
337 Vgl. das Porträt. – In: TT, 17. 8. 1979; TT, 18. 3. 1989; TT, 30. 5. 1992.

klub, und 1953 gab es massive Sezessionsbestrebungen, als er mit einer eigenen Liste neben der ÖVP kandidierte und durch ein Urteil des Verfassungsgerichtshofs ein weiteres Mandat auf Kosten der ÖVP erkämpfte.[338]

Der AAB profilierte sich wiederholt als „parteibewußtester" Bund in Tirol[339], als „Nothelfer" und „Rotes Kreuz" für die Gesamtpartei[340] sowie als „Wertebollwerk"[341], war er doch vielfach stärker auf die Partei angewiesen als z. B. der TBB. Jedes AAB-Mitglied mußte – im Unterschied zu den anderen Bünden – der Partei angehören, und viele trugen daher die Parteiorganisationsarbeit mit.[342] Mit dem Föderalisten Gamper hatte der Bund auch sein eigenes „programmatisches Hirn". Auch der Schul- und Kulturpolitiker Prior brachte wiederholt Konzeptionen zur Grundsatzdiskussion in die Partei ein. Unter seiner Obmannschaft wurde mit Vorliebe vom Tiroler AAB gesprochen, was weniger ein Protest gegen die Gesamtorganisation in Wien, sondern Ausdruck der Eigenständigkeit der Landesorganisation sein sollte.[343] Der aus nationalem Elternhaus stammende Ing. Helmut Mader (der Vater war freiheitlicher Gemeinderat), seit 1964 Betriebsrat, seit 1974 Zentralbetriebsratsobmann der TIWAG, von 1970 bis Herbst 1975 Mitglied des Bundesrates, 1971 Gründer der Politischen Akademie Tirol (POA) und der Politischen Jugendakademie (POJA) sowie deren Präsident, von 1972 bis 1985 stellvertretender und von 1985 bis 1988 AAB-Bezirksobmann Innsbruck-Stadt, von 1974 bis 1979 Landesschulungsreferent der ÖVP-Tirol, von März 1987 bis 4. April 1989 ÖVP-Klubobmann im Tiroler Landtag, seit 1. Oktober 1988 Landesobmann des AAB-Tirol, seit 4. April 1989 1. Landeshauptmannstellvertreter und seit 5. April 1994 Landtagspräsident[344], ist nicht nur die Inkarnation der „Ochsentour" und des „Parteisoldaten" schlechthin, sondern auch Programmatiker und Ideologe der Partei in der Tradition des Tiroler AAB.

Das an Mandaten gemessene Aufholen des AAB bei den Arbeiterkammerwahlen mit der absoluten Mehrheit 1984 hat dessen Position in der ÖVP zweifellos aufgewertet (er stellte seit 1965 auch mehr Vertreter im Bundesrat als der TBB), führte aber nicht zu einer Gefährdung der dominanten Stellung des TBB, womit die ÖVP-Landes- der Entwicklung in der Bundesorganisation nachhinkte.[345]

Zwischen TBB und WB gab es bedingt durch die Achse Wallnöfer-Bassetti nur wenig Konfliktstoff. Eine gewisse Verbitterung im WB aufgrund seines „Schattendaseins" und der „Majorisierungsbestrebungen" des TBB war aber spürbar: Zeitweise herrschte „revolutionäre Stimmung" in Wirtschaftskreisen.[346] Dagegen war ein gewisses Konfliktpotential zwischen den Arbeitnehmern des AAB und dem WB gesellschaftspolitisch bedingt und gleichsam permanent vorhanden, besonders in Zeiten der Bestellung von Landesräten aus dem AAB. Dieser Konflikt neutralisierte wieder-

---

338 RIEDMANN: Geschichte. S. 1278.
339 Der Bundestag in Innsbruck definierte den Standort des ÖAAB. Verantwortung für die Gesamtpartei. – In: NTZ, 1978, Nr. 95, S. 2–3; TBZ, 27. 4. 1978, Nr. 17, S. 2.
340 TT, 30. 5. 1992.
341 TT, 29. 6. 1992.
342 Interview MADER.
343 Interview KHOL, 14. 6. 1993 und PRIOR, 4. 5. 1993.
344 Lebenslauf vom Büro des Landtagspräsidenten und Interview MADER.
345 NICK/ENGL: Das politische System. S. 557 ff., hier S. 559.
346 Interview BASSETTI.

um Energien der beiden rivalisierenden Bünde und festigte die „Omnipotenz" des TBB. Während dieser als wirklicher Repräsentant der Gesamtbauernschaft aufzutreten vermochte, konnte sich der AAB immer nur zu einem Teil als Vertreter der Arbeitnehmer Geltung verschaffen, während der WB gleichsam nach dem alten Kuriensystem organisiert schien und als „Honoratiorenbund"[347] wirkte, als vorgeschobene politische Kammerorganisation mit einem ambivalenten bis gestörten Verhältnis von „kleinem" Handel und Gewerbe gegen die „große" Industrie.[348]

VII. Wahlergebnisse und Wählerstrukturen

Am 25. November 1945 wurde der erste Tiroler Landtag gewählt. Dieser setzte sogleich nach der Wahl die Tiroler Landesordnung von 1921 (mit ihren Novellierungen bis 1933) in Kraft. Im Juli 1953 erfolgte eine geringfügige Änderung der „Tiroler Landesordnung" (repräsentatives, parlamentarisches System, Gesetzgebung bei Land und Landtagen; Wahl der Landesregierung durch Landtag, Wahl der Landtagsmitglieder aufgrund gleichen, unmittelbaren, geheimen und persönlichen Verhältniswahlrechts, relative Verfassungsautonomie, keine Steuer- und Abgabenhoheit; Relativierung des Proporzsystems: bei Nichtzustandekommen einer Verteilung der Regierungsgeschäfte kann der Landtag mit einfacher Mehrheit eine Landesregierung wählen).[349] Der letzte Punkt wird als „Rute im Fenster" der stärksten Fraktion im Landtag mit nicht geringem Einfluß auf die Art der politischen Auseinandersetzung interpretiert.[350]

Betrachtet man die Wahlergebnisse im Überblick, so ist von einer „bemerkenswerten Beständigkeit",[351] d. h. der Dominanz der Tiroler ÖVP auszugehen. Die Machtzuteilung war durch die Zweidrittelmehrheit der Landtagsmandate abgesichert. So war die ÖVP als einzige Partei in der Lage, wesentliche politische Entscheidungen (Änderung der Landesverfassung) alleine zu entscheiden und umzusetzen.[352] Mit 23 Mandaten hatte die ÖVP eine klare absolute Mehrheit im Landtag (1953–1965) und stellte den Landeshauptmann, dessen ersten Stellvertreter und vier Landesräte, während der zweite Stellvertreter und ein weiterer Landesrat der zweitstärksten Partei, der SPÖ, zufielen.[353] Sieht man von der Wahl 1989 ab, so erzielte die ÖVP 1949 das schlechteste Ergebnis, als das „dritte Lager" in Form des VdU und als erfolgreicher Konkurrent des bürgerlichen Lagers auftrat. Seither steigerte die ÖVP ihren Stimmanteil kontinuierlich, ein Trend, der angesichts der geänderten bundespolitischen Rahmenbedingungen in der Ära Kreisky 1970–1983 dann aufgefangen wurde.

---

347 Interview GATTINGER.
348 Interview BACHMANN.
349 ENGL/NICK: Tirols politische Strukturen. Daten und Analysen zum politischen System des Bundeslandes Tirol. – Thaur 1989. S. 11 f., 13 f.
350 ENGL/NICK: Strukturen. S. 14 f.
351 RIEDMANN: Geschichte. S. 1304.
352 ENGL/NICK: Strukturen. S. 13.
353 RIEDMANN: Geschichte. S. 1304 f.

Landtagswahlresultate im Überblick[354]

1945: ÖVP 71,2%;   M: 26;   SPÖ: 26,6%;   Sonstige: 2,2%
1949: ÖVP 56,4% (−14,8%); M: 24;   SPÖ: 24 %;   VDU: 17,4%;   Sonstige: 2,2%
1953: ÖVP 57,7% (+ 1,3%); M: 23;   SPÖ: 27,4%;   VDU: 13,3%;   Sonstige: 1,6%
1957: ÖVP 59,3% (+ 1,6%); M: 23;   SPÖ: 31 %;   FPÖ: 8,5%;   Sonstige: 1,3%
1961: ÖVP 59,6% (+ 0,3%); M: 23;   SPÖ: 30,1%;   FPÖ: 9,1%;   Sonstige: 1,2%
1965: ÖVP 63,5% (+ 3,9%); M: 25;   SPÖ: 30,5%;   FPÖ: 6,0%;   Sonstige: −
1970: ÖVP 60,4% (− 3,1%); M: 23;   SPÖ: 33,5%;   FPÖ: 5,7%;   Sonstige: 0,4%
1975: ÖVP 61,1% (+ 0,7%); M: 24;   SPÖ: 32,4%;   FPÖ: 5,9%;   Sonstige: 0,6%
1979: ÖVP 62,8% (+ 1,7%); M: 24;   SPÖ: 29,3%;   FPÖ: 6,8%;   Sonstige: 1,1%
1984: ÖVP 64,6% (+ 1,8%); M: 25;   SPÖ: 25,2%;   FPÖ: 6,0%;   Sonstige: 4,1%
1989: ÖVP 48,7% (−15,9%); M: 19;   SPÖ: 22,8%;   FPÖ: 15,6%;   GA: 8,3%
1994: ÖVP 47,3% (− 1,4%); M: 19;   SPÖ: 19,9%;   FPÖ: 16,2%;   GA: 10,6%[355]

VIII. Die Rolle der ÖVP in Innsbruck[356]

Von 1945 bis 1956 war die Innsbrucker Gemeindepolitik von betont katholischen Persönlichkeiten dominiert, die im politischen Widerstand gegen den Nationalsozialismus verwurzelt waren oder sich mit ihm verbunden fühlten (Anton Melzer, Dr. Franz Greiter). Das Ende dieser Ära wurde 1956 durch Lugger eingeläutet, der mit einer eigenen Liste innerhalb der Volkspartei gegen Greiter kandidierte und eine knappe Mehrheit erhielt. Greiter nahm die Entscheidung zur Kenntnis, blieb aber Mitglied des Gemeinderates. Im Unterschied zu seinen Vorgängern strebte Lugger die Aussöhnung mit dem „nationalen" Lager an. Er versuchte damit auch durch Befriedung, Verständigung und Entideologisierung der Vergangenheit sowie Versöhnung alter Gegnerschaften die ÖVP innerlich zu stärken. Dem Kriegsheimkehrer gelang es aus ureigenstem politischen Interesse erfolgreich dem Sonderfall Innsbruck mit seinem starken Anteil alten großdeutsch-nationalen Bürgertums Rechnung zu tragen. Im Unterschied zu Wallnöfer wandte Lugger bewußt die Raabsche Inhalierungstaktik durch gezielte Personalpolitik an und verbreitete liberal-nationales Flair. Bei großer Kontaktfreudigkeit begegnete man Lugger auch in nationalen Vereinen, wo er durch seine starke Ausstrahlungskraft in das nationalbürgerliche Lager hineinwirkte und damit der FPÖ Wählerpotentiale abwarb.[357]

Unter Einbindung ehemaliger Nationalsozialisten als Koalitionspartner und Heranziehung von Mitarbeitern und Gefolgsleuten aus dem „nationalen" Lager schuf sich Lugger eine treue Anhängerschaft. Vizebürgermeister war der nationalfreiheitliche Bruder Hans Gampers, der ehemalige Nationalsozialist, Ariseur und nunmeh-

---

354 Vgl. die entnommenen Zahlen aus NICK/ENGL: Das politische System. S. 537, 545, 569; und Veronika CORTOLEZIS-CSOKLICH, Parteien und Wahlen in Tirol. S. 439–492, in: Herbert DACHS (Hg.): Parteien und Wahlen in Österreichs Bundesländern 1945–1991 (Sonderband des Österreichischen Jahrbuchs für Politik 4), Wien – München 1992. S. 439–491, 448.
355 Bote für Tirol, 21. 3. 1994, S. 1.
356 Vgl. auch GATTINGER: Volkspartei. S. 125–144.
357 Interview MAHNERT.

rige VdU-Kandidat Otto Gamper.[358] Auf der Gemeinderatsliste der ÖVP schienen auch kleinere Funktionäre des NS-Regimes auf. Zu Luggers Mitarbeitern und Gefolgsleuten gehörten Anton Fritz (NSKK), Josef Thoman (ein Kriegsversehrter) oder Sepp Hardinger (früher Adjutant und Flugzeugführer von Reichsführer SS Heinrich Himmler). Mit dem Prinzip der Listenkopplung erzielte er erste Erfolge und später gewann er mit sicherer Mehrheit das Vertrauen der Innsbrucker. Mit den sozialistischen Vizebürgermeistern (1946–1962) Hans Flöckinger und (1962–1985) Ferdinand Obenfeldner (ein ehemaliger Verwaltungsangestellter bei der Gestapo) pflegte Lugger stets eine gute Zusammenarbeit.[359] Entscheidender für das Gelingen der weitblickend geplanten und umsichtig operierenden Politik Luggers war es aber, daß es gelang, eine zentrale Figur der Tiroler Wirtschaft, Lorenz Rhomberg (FPÖ), den maßgeblichen Geldgeber der Freiheitlichen, zu gewinnen, der diesen im Falle einer Koalition mit den Sozialisten Einstellung der Mittel ankündigte.[360]

Der 1963 unter Dr. Klaus Posch und Dr. Wilhelm Steidl als Erneuerungsbewegung mit dem Ziel einer überbündischen Volkspartei von Wirtschaftsbündlern und AAB-lern gegründete „Tiroler Arbeitsbund" (TAB)[361] war die erste eigene Kandidatur einer rechtsstehenden Wahlgruppe auf gemeindepolitischer Ebene in Österreich. Der TAB war von 1965 bis 1971 noch Mitglied der ÖVP-Liste unter Lugger, geriet aber in immer stärkere Gegnerschaft zu ihm und verstand sich dann auch als Reflex gegen das „System Lugger".[362] Aus der rührigen und innovativen Gruppierung gingen spätere ÖVP-Mandatare hervor, wie der Geschäftsführer der Vereinigung Österreichischer Industrieller Tirol, Dietmar Bachmann, Bürgermeister Niescher oder Nationalrat Keimel. 1965 setzte eine Richtungsdiskussion ein: Eine Gruppe des TAB plädierte für den Verbleib in der ÖVP und die Initiierung einer inneren Reformbewegung, während die andere eine kritische Herangehensweise von außen für wirkungsvoller hielt. Letztere wurde von Posch und Steidl getragen und scherte folglich auch aus. Beide waren im ÖVP-Gemeindeklub wenig integriert und hatten das Gefühl, sie könnten ihre abweichenden Positionen nicht stark genug artikulieren. Steidls politisches Engagement fiel zusammen mit der beginnenden Studentenbewegung in Deutschland. Die bürgerliche Welt müsse der Linken voraus sein, dieser dürfe das Handlungsprinzip nicht allein überlassen bleiben, war eine seiner Motivationen. Den größten Widerstand setzte der AAB gegen den „neuen Bund", zumal Posch aus der christlichen Arbeiterbewegung gekommen war. Der TAB artikulierte v. a. etwas, was der AAB nicht wagen konnte: Er lehnte sich gegen die „Selbstgefälligkeit der Stadtführung" auf und klagte über „fehlende Bürgernähe". Das zu hoch besoldete „Beamtenregiment" Luggers, welches sich selbst zum Vorgesetzten gemacht hatte, war wiederholt Anlaß der Kritik, die sich auch gegen den „selbstherrlichen Machtanspruch einiger

---

358 Interview THOMAN. Vgl. zu Ariseur Otto Gamper auch Helmut ALEXANDER/Michael GEHLER: „Ich war Nationalsozialist". Aspekte einer vergessenen Biographie: Dr. Hans Georg BILGERI. In: Österreich in Geschichte und Literatur 37 (1993). S. 133–169, hier S. 151 f., 164 f.
359 Interview LUGGER, 12. 5. 1993; Angaben aus dem Berlin Document Center.
360 Ebd.
361 Vgl. die Studie Georg WIMMER: Parteien in der Kommunalpolitik. Der Tiroler Arbeitsbund (Studien zur politischen Wirklichkeit Bd. 4), Wien 1989.
362 Interviews mit Gemeinderat a. D. Dr. Willi STEIDL, 20. 5., 25. 5. 1994 [Tonbandaufzeichnungen im Besitz des Verfassers].

weniger Parteifunktionäre", den „demokratisch legitimierten Bonzenstaat", das „übertriebene Repräsentationsbedürfnis" und die „Ämterhäufung" richtete. Der Wahlslogan des TAB lautete daher: „Für Ordnung und Sauberkeit."[363] Der SPÖ-Innsbruck wurde vorgeworfen, ein doppeltes Spiel zu treiben und keine wirkliche Oppositionskraft mit entsprechender Reformbereitschaft zu sein. So empfahl sich der TAB als *die* bürgerliche Alternative und schien allein die „Reform" in Innsbruck zu repräsentieren. Restgruppen des alternativen Potentials hatten daher keine Chance mehr, zumal es größtenteils vom „TAB" irgendwie abgedeckt schien, wenngleich die ökologische Komponente von ihm stiefmütterlich behandelt wurde. Die Überwindung der bündischen Struktur der ÖVP war zwar von Anfang an ein Ziel, von außen jedoch kaum realisierbar. Dafür erkämpfte Steidl das Antrags- und Anfragerecht im Innsbrucker Gemeinderat.[364]

Die eigenständige Kandidatur hatte Erfolg: Bei den Gemeinderatswahlen 1971[365] erzielte der TAB zwei Mandate, 1977 schon vier und 1983 sogar fünf Mandate. Die Kandidatur für die Landtagswahl schlug jedoch aufgrund mangelnder personeller Ressourcen und fehlender Repräsentanz in den ländlichen Gemeinden fehl. 1989 erfolgte dann der jähe Einbruch bei den Gemeinderatswahlen mit dem Rückgang auf ein Mandat. Der TAB schien nun vom freiheitlichen Potential fast völlig aufgesogen worden zu sein und seine gemeindepolitische Rolle ausgespielt zu haben. Für die ÖVP war die TAB-Kandidatur vom Grundsatz her stets nachteilig, weil die verlorenen Mandate nicht mehr zurückgewonnen werden konnten. Für Niescher, der der ÖVP erhalten blieb, brachte die Idee der Neubelebung von innen, wenn nicht die Überwindung der Bünde, so doch zumindest eine gewisse personelle Erneuerung: Eugen Sprenger war als Vizebürgermeister und Obmann der Stadtpartei einer von jenen, die zum Zuge kamen.

Als weiterer Versuch zur Umgestaltung des Bestehenden ist der „Innsbrucker Mittelstand" zu erwähnen: Hermann Weißkopf, hervorragender Parlamentarier und Landesorganisationsreferent des WB, zog infolge einer äußerst knappen Abstimmungsniederlage (44 : 45) gegen Reissigl in der Frage der Obmannschaft die Konsequenzen aus dem machtpolitischen Verlust im WB und initiierte gemeinsam mit Rechtsanwalt Dr. Paul Flach den „Innsbrucker Mittelstand". Dieser Schritt war eher aus persönlichen Erwägungen als grundsatzpolitisch motiviert.[366] Die auf aktive Mitgestaltung ausgerichtete Gruppierung schaffte zwar den Einzug in den Gemeinderat 1983 mit 5,2%[367], kam aber über die Artikulation von Kritik am bestehenden System kaum hinaus.

Der Übergang von der Ära Lugger zur Amtsperiode unter Niescher erfolgte sowohl partei- und stadtpolitisch nahtlos. Niescher fungierte bereits seit 1979 als ÖVP-Stadtparteiobmann, und Lugger ließ ihm auch freie Hand. Unter seiner Ägide setzte eine weitere Entideologisierung des Klimas und eine stärkere Konzentration auf sachpolitische Fragen ein. Niescher, der wie Lugger aus dem AAB entstammte, war seit 1965

---

363 Ebd. und Interview BACHMANN.
364 Interview STEIDL, 20. 5. 1994.
365 Vgl. hierzu generell NICK/ENGL: Das politische System. S. 547.
366 Interview PRIOR, 2. 6. 1993.
367 NICK/ENGL: Das politische System. S. 546.

ÖVP-Gemeinderat und dabei Aktivist des TAB, von 1971 bis 1977 amtsführender Stadtrat (Grundstücks- und Vermögensverwaltung, Wohnungswesen) und von 1977 bis 1983 erster Vizebürgermeister (mit gleichem Ressortbereich). Von 1983 bis 1994 bekleidete er das Amt des Bürgermeisters. In Nieschers Amtszeit konnte ebensowenig wie früher das zahlenmäßige Übergewicht der Stadt zu den übrigen Bezirken, d. h. die Bevölkerungsdominanz Innsbrucks mit 115.200 Einwohnern (im Vergleich dazu hatte Kufstein 1973 als zweitgrößte Gemeinde Nordtirols nur 12.500), gemindert werden und war parteipolitisch noch stärker als unter Lugger spürbar. Bündisch betrachtet blieb Innsbruck – mit wachsendem Unbehagen und Widerwillen des Wirtschaftsflügels[368] – weitgehend dem AAB überlassen, während der Stimmenvorsprung der ÖVP sich weiter verringerte. Wenn Niescher noch vom Bonus des „Platzhirschen" unter Wallnöfer und Partl profitieren konnte, sollte sich dies mit Weingartner ändern, der aktive Stadtpolitik betrieb[369], nachdem er sich der Vorwahl in Innsbruck gestellt und diese positiv für sich entschieden hatte. Erstmals seit 1945 brachte ein Landesparteiobmann und Landeshauptmann auch als politischer Faktor sein Gewicht in Innsbruck ein. Der knappe Mandatsvorsprung der ÖVP-FPÖ-Koalition mit 21 zu 19 und die innerparteilichen Polarisierungen mit dem Querdenker und Wallnöfer-Schwiegersohn Herwig van Staa[370] ließen Weingartner auf Distanz zu Niescher und der ÖVP-Innsbruck gehen, was für den vom Klub ausgeschlossenen van Staa[371] einen wichtigen Vorteil bedeutete. Neben Lindner im Landtag gab es nun mit ihm auch im Innsbrucker Gemeinderat einen „wilden" Abgeordneten. Weingartner griff nicht nur maßgeblich in die Stadtpolitik[372], sondern auch in die Regierungsbildung ein.[373] Neben der Kooperation mit Georg Gschnitzer (TAB) konnte van Staa, der mit einer vergleichbaren Argumentation wie Posch und Steidl seinerzeit gegen Lugger nun Niescher und den „aufgeblasenen" Stadtsenat[374] aufs Korn nahm, die Obleute von Frauenbund, Wirtschaftsbund und Junger ÖVP auf seiner Liste plazieren[375], auch das ehemalige TAB-Wählerpotential an sich ziehen und ging bei der Gemeinderatswahl vom 24. April 1994 als Sieger aus der innerparteilichen Kontroverse mit Niescher hervor. Der Vorgang zeigte, daß die Innsbrucker ÖVP durch ihre Unduldsamkeit gegenüber innerparteilicher Kritik einen irreparablen Fehler begangen hatte. Mit einer ungekoppelten eigenen Liste erreichte van Staa den Sieg. Erstmal haben SPÖ und ÖVP keine gemeinsame Mehrheit mehr in Innsbruck erreicht.[376] Bei der Gruppe um Herwig van Staa muß derzeit noch offenbleiben, ob sie eine eigene Bewegung wird oder in die Stadt-ÖVP wieder zurückfindet.[377]

Das unsanfte Ende der Amtszeit Nieschers war abzusehen, als die Freiheitlichen ihren Pakt mit der ÖVP aufkündigten und damit der Bürgermeister vor einem

---

368 Die Presse, 18. 2. 1993; Die Presse, 2. 3. 1993; Die Presse, 7. 10. 1993.
369 Die Presse, 9. 10. 1993.
370 Die Presse, 7. 8. 1992.
371 Die Presse, 8. 10. 1993; SN, 8. 10. 1993.
372 TT, 16. 11. 1993.
373 Interview NIESCHER; Die Presse, 9. 10. 1993.
374 Die Presse, 3. 8. 1993.
375 Die Presse, 25. 1. 1994.
376 Interview STEIDL, 25. 5. 1994.
377 Interview NIESCHER.

16-zu-24-Mandatsverhältnis stand. Außerdem erregte Niescher noch durch ein gewagtes Verkehrskonzept den Unmut vieler Bürger und war dem fortgesetzten Medientrommelfeuer seitens der *Tiroler Tageszeitung* und des ORF ausgesetzt. Die umstrittene Volksbefragung über die Durchführung einer dritten Winter-Olympiade[378] sowie die innerparteiliche Spaltung nach dem Ausschluß van Staas aus dem ÖVP-Klub kamen hinzu. Die Ablehnung des Budgets seitens der Freiheitlichen, Sozialisten und Grünen[379], in der trügerischen Hoffnung auf Verbesserung der eigenen Position bei Neuwahlen, war der Schlußpunkt. Bei der Wahl verloren alle drei Fraktionen, während van Staa mit seiner Liste „Für Innsbruck" siegte. Dieser profitierte auch davon, daß mit Niescher der ideale „Reibebaum" gefunden wurde, den der Abtrünnige als regelrechte Gegenfigur aufzubauen verstand. Dieser bekannte nachträglich seinen „größten Fehler" ein, nämlich kaum Medienpolitik betrieben zu haben.[380]

Im Vergleich zu Lugger erfolgte unter Niescher ein Wandel hin zu einer offeneren und demokratischeren Stadtführung. Aufgrund der AAB-Dominanz gab es in der Stadt-ÖVP kaum bündische Diskussionen oder Querelen, sieht man von der jüngsten Entwicklung ab. Die gemeindepolitische Situation war durch die engen finanziell-budgetären Rahmenbedingungen gekennzeichnet (Innsbruck ist mit einem Budgetdefizit von 2,6 Milliarden Schilling die höchstverschuldete Bundesländer-Hauptstadt) und ließ Niescher daher nur wenig Spielraum.

IX. *Strukturwandel und Trendwende zum Wohle der Partei?*

Gab es in der Phase 1945–1955 eine Reihe von verschiedenen „freien" und parteigebundenen Blättern (*Die Wochenpost, Tiroler Nachrichten, Volkszeitung*), so errang nach kurzer Zeit die ÖVP-nahe *Tiroler Tageszeitung*[381] eine einzigartige Monopolstellung, die bis zum heutigen Tag ungebrochen fortlebt.

Zunächst fungierten die *Tiroler Nachrichten* (1945–1973) und anschließend die *Neue Tiroler Zeitung* (1973–1990) als Sprachrohre der Tiroler ÖVP. Letztere wurde immer mehr zu einem Zuschußobjekt. Die Abgeordneten vernachlässigten die Zeitung, entsprechende Akzeptanz unter breiteren Leserschichten war durch die zu wenig originelle Aufmachung nicht zu erzielen. Die mangelnde Medienvielfalt in Tirol hatte das Fehlen kontroverser Auseinandersetzungen zur Folge und führte in gewissen Parteikreisen auch zur politischen Selbstüberschätzung, abgesehen von der Ausgrenzung und Ohnmacht anders gesinnter Gruppen. In der Ära Wallnöfer wurde die „allzu einseitige Ausrichtung des Tiroler Pressemonopols" und das „Fehlen eines kritischen publizistischen Korrektivs manchmal beinahe schamlos ausgenützt".[382]

Die „Parteizeitungsmisere" der Tiroler ÖVP[383] wurde schmerzlich sichtbar, als die

---

378 Dieter Lenhardt: Sturz mit Olympia? – In: Die Presse, 13. 10. 1993.
379 Die Presse, 14. 12. 1993.
380 Interview Niescher; Die Presse, 12. 1. 1994.
381 Erhard: Tiroler Volkspartei. S. 140.
382 Vgl. Herbert Salcher: Die Macht im Lande ist erstarrt. Dennoch beachtliche Leistungen zu verzeichnen. – In: Die Presse, 15. 11. 1978.
383 Interview Thoman.

bis Anfang der neunziger Jahre eher ÖVP-konforme *Tiroler Tageszeitung* ihren Kurs änderte. Seit dem massiven Einstieg des bundesdeutschen Springer-Konzerns hat sich deren Ausrichtung stark geändert, was zur kritischen Auseinandersetzung mit der Politik der Autoritäten in Stadt und Land (Niescher und Partl) nicht unwesentlich beitrug. Vor diesem gewandelten medienpolitischen Hintergrund sind auch die Erfolge der „Reformer" Weingartner und van Staa zu sehen.

Fragen der Parteiorganisation und -reform gab es wiederholt in der Geschichte der Tiroler ÖVP. Oftmals wurden diese vom AAB aufgeworfen. Das neue Landesparteiorganisationsstatut von 1981 sollte nach dem Vorbild der Bundespartei den Alleinvertretungsanspruch der Bünde zugunsten der Gesamtpartei beschneiden, einen „Leistungsnachweis" für Funktionäre (Sprechtage, Haus- und Betriebsbesuche) einfordern und die Direktwahl der Stellvertreter ermöglichen. Im Sommer 1982 beschloß die Tiroler ÖVP als letzte Landesorganisation das der Bundespartei angepaßte Parteistatut.[384] In der Ära Wallnöfer konnte aber an der De-facto-Vormacht des TBB nicht gerüttelt werden, wie es auch kaum eine erfolgreichere Politik im Sinne des Wahlerfolges mehr geben konnte. So mußte jeder Reform- oder Verbesserungsvorschlag innerhalb der Partei an der Argumentation der Stimmenmaximierung zerschellen. Insofern kann es auch nicht verwundern, daß es so gut wie keine spezifischen Beiträge zur Parteireformdiskussion aus Tirol gab.[385]

Eine Umgestaltung der Parteistruktur hat im wesentlichen erst unter Weingartner eingesetzt. Durch die Demokratisierung der Entscheidungsvorgänge, d. h. Kandidatennominierung mittels der „Vorwahlen" auch durch Nichtmitglieder (diese betreffen allerdings nur Kandidaten in den einzelnen Wahlkreisen, während die „Landesliste" mit den potentiellen Regierungsmitgliedern weiter vom Parteivorstand erstellt wird)[386] und den Versuch der Relativierung der Dominanz des TBB schuf die Parteireform[387] jedoch viel Verunsicherung und Verdrossenheit an der Parteibasis. Die bisherigen Reformen vermochten die inneren Spannungen der Tiroler ÖVP auch noch nicht zu lösen, so daß der Wechsel von Partl auf Weingartner 1992/93 als eine Stillhaltephase der vermeintlichen Ruhe und derzeit noch nicht als abgeschlossen gelten kann. Weingartner/Krieghofer wollen den Wechsel von der Mitglieder- zur Wählerpartei.[388] „Es wird kein riesengroßer Schaden sein, wenn jene wegbleiben, die sich keine Vorteile mehr von der Mitgliedschaft erhoffen. Wertvoll sind aber jene, die unbedankt für die Partei arbeiten, und davon gibt es viele"[389], meint der Obmann. Diese Verschiebung des Schwergewichts ist denkbar, doch Kritiker wenden ein, daß ohne funktionierenden Parteiapparat mit einer dichten Mitgliederorganisation bis auf die Ortsebene die historisch gewachsene Partei als solche kaum Überlebenschancen habe, weil das Gefühl der Zusammengehörigkeit verlorengehe.[390]

Unter Weingartner profilierte sich die „Tiroler Volkspartei" auch als eine Partei, in

---

384 ÖVP Tirol hat neues Statut: Demokratie im ‚Vormarsch'!. – In: NTZ, 8. 10. 1981, Nr. 233, S. 6; TT, 8. 10. 1981, S. 3; TT, 8. 6. 1982.
385 Interview KHOL, 14. 6. 1993.
386 Die Presse, 12. 5. 1992; Die Presse, 11. 6. 1992.
387 Vgl. hierzu auch GATTINGER: Volkspartei. S. 96–100.
388 TT, 25. 4. 1991.
389 Der Standard, 30. 5. 1992.
390 Interview FIALA, 9. 8. 1994.

der die Bünde weniger Bedeutung haben. Die Berufungen von Dr. Elisabeth Zanon und Hofrat Konrad Streiter[391] in die Landesregierung (beide waren bündisch nicht eindeutig zuordenbar) verdeutlichen das überbündische Denken Weingartners. Dies hat für ihn auch den Vorteil der Vermeidung von innerparteilichen Auseinandersetzungen und bündischen Streitereien.

Weingartner sieht den TBB freilich als stärkste Teilorganisation der Partei. Die Vorwahlen wie die Wahl von 1994 zeigten ihm, daß die Bollwerke der ÖVP nach wie vor in diesem Bund zu finden sind. Als politischen Faktor, tragendes und stabilisierendes Element der Tiroler Politik ist Weingartner auch pragmatisch genug, diesen Bund (noch) anzuerkennen. Dagegen sieht er den WB als reine Interessenvertretung und hat sichtliche Reserven gegenüber Funktion und Repräsentanz des AAB. Nur mehr ein einziges Regierungsmitglied gehörte 1994 diesem Bund an.[392] Durch den drohenden Verlust an Selbständigkeit und des Eigenlebens der Bünde sind beim AAB „Sicherheitsvorkehrungen" getroffen worden: Unter Maders Führung hat dieser sich am 7. Juni 1991 als eigener Verein bei der Behörde angemeldet, ist gemäß seines Landesorganisationsstatuts eine wirtschaftlich und finanziell selbständige Teilorganisation der Tiroler ÖVP mit eigener Rechtspersönlichkeit[393] und daher von der Partei nicht auflösbar.[394]

Verfolgt man die Tiroler ÖVP-Reformdebatte kritisch, so sind die klare Absage an „Interventionen" und Vielämterschaft sowie die Forderung nach Rückzug der Partei aus Wirtschaft und Institutionen logische Konsequenzen.[395] Die Parteireform bezog sich bisher aber nur auf die Kandidatenrekrutierung. Dadurch erfolgte zwar ein großer Motivationsschub, doch sind Widersprüchlichkeiten nicht zu übersehen: Die nach wie vor bestorganisierteste Teilorganisation, der TBB, reüssierte über alle Maßen[396] und wird im Landtag überdimensional vertreten sein.[397] In Innsbruck und Kufstein entsprachen die Vorwahlkandidaten durchaus nicht der Bevölkerungsstruktur. Das Vorwahlmodell läßt auch jahrzehntealte politische Freundschaften in die Brüche gehen, dürfte dadurch aber auch indirekt die neue Führung stärken.

Weingartners Ziel ist zweifellos die Veränderung einer durch die Bündestruktur erstarrten Partei mit ritualisierten Parteivorstandssitzungen durch einen stärkeren inneren Wettbewerb. Er will langfristig aus der „Tiroler Volkspartei"[398] eine neue Partei machen, wobei der Name und das Denken kurioserweise einen historischen Rückgriff und damit alles andere als Modernität symbolisiert. Dies scheint aber nur geschichtlich Informierten aufzufallen.[399] Weingartner, der sich klar gegen eine zu zentralistisch ausgerichtete Bundespartei[400] ausgesprochen und dabei provinziell-

---

391 TT, 17. 8. 1993.
392 Interview NIESCHER.
393 GATTINGER: Volkspartei. S. 57.
394 Interview Landtagspräsident MADER.
395 Die Presse, 26. 5. 1992.
396 TT, 22. 11. 1993.
397 Die Presse, 23. 11. 1993.
398 Bernhard PLATZER: Gründet Weingartner Tiroler Volkspartei? – In: Tiroler Tageszeitung, 27./28. 4. 1991; vgl. das Landesparteiorganisationsstatut der Tiroler Volkspartei. – In: BERCHTOLD/CZERNICH: Eine Partei unter Druck (Anhang).
399 Helmut MADER: AAB-Akzente in der Tiroler Volkspartei. – In: Die Presse, 11. 11. 1993.
400 TT, 6. 5. 1991; Die Presse, 18. 6. 1991.

klassische „Tiroler"-Argumente mit einem guten Schuß Populismus artikuliert hat (wonach z. B. Tiroler „fleißiger als die Ostösterreicher" seien[401]), ist maßgeblich von dem an der Universität Innsbruck lehrenden Politologen Dr. Rainer Nick inspiriert.[402] „Wir in Tirol sind zur Bundespartei auf Distanz gegangen, bis diese wieder gesundet"[403], verkündete der Parteiobmann. Im Vorfeld der Wahl von 1994 wurde ein „Wir Tiroler Fest" im Kongreßhaus organisiert[404] und erklärt, daß der Name „Tiroler Volkspartei" keine Loslösung von der Bundespartei, sondern den eigenständigen Weg der Landespartei auf dem Stimmzettel dokumentieren soll.[405] Mit dieser Taktik reaktiviert Weingartner zweifelsohne einen guten Teil jener Argumente aus der Ära Wallnöfer, wenngleich ihm im Grunde eine ganz andere Volkspartei als diesem vorschwebt.

Er will à la longue die bündischen Strukturen der Partei überwinden, die Teilorganisationen obsolet machen und eine moderne, den neuen gesellschaftspolitischen Veränderungen angepaßte Integrationspartei schaffen. Dies scheint für ihn nur über den Weg einer „Wählerpartei" möglich zu sein. Dagegen vertrat Fiala schon 1987 die Ansicht, daß die ÖVP-Tirol „weder eine starre Mitglieder- noch eine ausschließliche Wähler- und Funktionärspartei darstellt". Vielmehr sei sie eine „gesunde Mischung aller dieser Merkmale"[406], was zu seiner Zeit auch unbestreitbar das Erfolgsrezept war. Während die alte Schule den vorhandenen Parteiapparat (Bünde, Bezirksparteisekretäre und Parteiobleute als Korsett) als unentbehrliches Kapital ansieht und mit der Zielsetzung der neuen Parteileitung als gefährdet betrachtet, will die „Führungscrew" unter Weingartner/Krieghofer/Nick eine von medienwirksamen Leitfiguren und Persönlichkeiten getragene Partei, die breiteste Wählerschichten ansprechen sollen. Mit Forcierung der als „modern" präsentierten Persönlichkeitswahl – im Grunde nichts anderes als ein Rückgriff auf das bewährte Prinzip der Tiroler ÖVP unter Wallnöfer – sehen Weingartner und Krieghofer die Zukunft des Erfolges. Während Wallnöfer jedoch den „knorrigen Patriarchen" symbolisierte, soll Weingartner als „publikumsorientierter Manager" und „Macher" präsentiert werden.[407] Durch die Öffnung der Partei wird die Struktur der bündischen Teilorganisationen aufgeweicht, diese sollen langfristig demgemäß „nur mehr Serviceleistungen ausüben".[408]

Das neue Organisationsstatut der Partei, welches im Januar 1992 in Telfs mit nur zwei Gegenstimmen und am Statuten-Parteitag in Kufstein im Januar 1993 beschlossen

---

401 Die Presse, 27. 1. 1994; vgl. zum historischen Kontext des Weingartner-Statements auch Hermann J. W. KUPRIAN: Der Tiroler Separatismus der Ersten Republik. – In: 1918/19. Die Bundesländer und die Republik. Protokollband des Symposiums zum 75. Jahrestag der Ausrufung der 1. Republik am 12. und 13. November 1993 im Grazer Stadtmuseum, hg. v. Gerhard M. DIENES/Markus JAROSCHKA: Grazer Stadtmuseum 1994. S. 49–93, hier S. 49.
402 Die Presse, 11. 1. 1994; Hannes SCHLOSSER, Weingartners Strategie. – In: südtirol profil, 26. 6. 1995, Nr. 26.
403 Die Presse, 18. 6. 1991.
404 TT, 5./6. 1. 1994.
405 Die Presse, 8. 1. 1994.
406 Interview FIALA, 9. 8. 1994, Auf bewährtem Weg mit neuer Kraft gemeinsam für Tirol. – In: XV. Landesparteitag der ÖVP Tirol, 20. Juni 1987 Innsbruck Kongreßhaus, [Innsbruck 1987]. S. 12–17, hier S. 16.
407 Walter ZEINER: Die Tiroler sollen Walli vergessen. – In: Der Standard, 23. 2. 1994.
408 Tirol Kurier, 26. 5. 1992.

wurde, brachte eine Angleichung an die Reformen auf Bundesebene: Es gibt nur mehr zwei Obmann-Stellvertreter; ÖVP-Mandatare dürfen neben ihrem Beruf nur noch ein bezahltes politisches Amt ausüben, und für tagespolitische Fragen wurde ein Präsidium als „schnelle Eingreiftruppe" installiert.[409] Kandidaten für Landtag und Nationalrat sollen von Mitgliedern direkt gewählt, Leistungsnachweise und mindestens sechs Bildungsveranstaltungen jährlich für solche Mandatare Pflicht werden. Bei internen Wahlen ist Zweidrittelmehrheit für Funktionäre und absolute Mehrheit für Mandatare erforderlich, die ein Amt länger als zwölf Jahre ausüben wollen. Bezirks- und Gemeindeorganisationen wurden durch Stimmrecht im Parteivorstand aufgewertet.[410]

Die neuartige Kandidatenbestimmung über Vorwahlmodelle, bei denen auch Nichtmitglieder mitwirken können, verdeutlicht die Aufbruchsstimmung in der Partei. Ob dabei die Reform durchgreifend wirkt, d. h. der innerparteiliche Strukturwandel und ein Mehr an demokratischer Qualität folgt, wird sich noch erweisen müssen, ganz abgesehen von der Frage des weiteren wahl- und gesamtpolitischen Erfolgs der ÖVP.

X. Zusammenfassung

Faßt man die Geschichte der Volkspartei in Tirol nach 1945 zusammen, so läßt sich sagen, daß sie keine geschlossene Organisation mit spezifischem Eigenleben war. Die Tiroler ÖVP war eine reine Arbeitsgemeinschaft von drei großen und drei kleinen Teilorganisationen, d. h. eine mächtige bündische Interessengemeinschaft mit festgelegten Regelungen der Konfliktlösung. Ob die Einschätzung Khols von der Tiroler ÖVP als einem „Landeshauptmann-Wahlverein"[411] zutreffend ist, mag dahingestellt bleiben. Die Partei bezog und bezieht jedenfalls ihre Stärke aus der Stellung des Landeshauptmanns. Dank dieses Bonus konnte sie eine dauerhafte Identität Land – Regierung – ÖVP herstellen. Die Tiroler ÖVP war auch durch Ämterkumulierung geprägt, was zur Folge hatte, daß Parteiämtern nur wenig Zeitaufwand gewidmet werden konnte. Auf Ortsebene war und ist eine Parteistruktur so gut wie inexistent, auf Bezirksebene ist diese dagegen greifbar. Vor Wallnöfer war die Partei von innerparteilichen, d. h. zwischenbündischen Konflikten geprägt; die massiven Divergenzen konnten erst in seiner Amtszeit überdeckt, abgeschwächt und teilweise ausgeglichen werden, teilweise schwelten sie aber auch weiter; nach Wallnöfers Abtritt begann sich wieder eine ähnliche Situation wie vor seiner Ära abzuzeichnen.

Es gab kein spezifisches Parteiprogramm in der Tiroler ÖVP im Sinne konkreter und zentraler politischer Anliegen. Eine klare programmatisch-inhaltliche Linie hat es wohl auch deshalb nicht gegeben, weil Programmatik von den Parteilenkern als etwas „Gefährliches"[412] angesehen werden mußte, zumal die ideologisch divergierenden Teilorganisationen auf ein allzu verbindliches gemeinsames Programm hät-

---

409 Vgl. „Die Partei hat sich nicht selbst zu dienen". – In: Die Presse, 27. 1. 1992; Tirol Kurier, 24. 1. 1993; Die Presse, 25. 1. 1993; TT, 25. 1. 1993.
410 Der Standard, 27. 1. 1992.
411 Interview Khol, 14. 6. 1993.
412 Ebd.

ten festgelegt werden müssen. Die sach- und tagespolitischen Problemlösungen standen stets im Vordergrund. Die mehr oder minder mächtigen bündischen Obmänner mußten den für den innerparteilichen Zusammenhalt erforderlichen Konsens herbeiführen.[413] Die Stärke der ÖVP-Tirol lag im großen personellen Reservoir aus den verschiedenen und gut organisierten Bünden, v. a. dem TBB und dem AAB. Sie übertraf mit der Dichte und dem Reservoir an markanten Persönlichkeiten alle anderen Tiroler Parteien bei weitem. Als Beispiel für die Landes- wie auch für die Stadtpolitik seien Wallnöfer und Lugger genannt, für die letztlich keine adäquaten Nachfolger gefunden werden konnten. Dies wirft auch die Problematik des politischen Nachwuchses und der versäumten Verjüngung der Parteiführung auf, wodurch sich eine Anpassung an den gesellschaftspolitischen Wandel der achtziger und neunziger Jahre verzögerte. Mit Wendelin Weingartner scheint die Tiroler Volkspartei wieder einen „starken" Landeshauptmann, der die Tagespolitik nachhaltig zu beeinflussen in der Lage ist, gestellt zu haben.

---

413 Interviews mit KHOL, 14. 6., 21. 6. 1993, hier 14. 6.

Friedrich Steinkellner   **Die Geschichte
der Salzburger ÖVP 1945–1995**

Die Gründung der Salzburger ÖVP

Am Nachmittag des 7. Mai 1945, drei Tage nach Kriegsende, wurde in Salzburg – noch in Unkenntnis der Vorgänge in Wien, dort war bereits am 17. April die Österreichische Volkspartei ins Leben gerufen worden – die Christlichsoziale Partei wiederbegründet.[1] Adolf Schemel, von 1919 bis 1931 Klubobmann der Christlichsozialen Partei im Gemeinderat der Landeshauptstadt und 1934 bis 1938 Landeshauptmannstellvertreter, wurde in einer illegal abgehaltenen Gründungsversammlung im Mozarteum, an welcher 120 Personen teilnahmen, zum Provisorischen Parteiobmann gewählt. Die Wahl war damit auch auf einen Mann gefallen, der bereits in den ersten Maitagen vom christlichsozialen Widerstand mit dem Wiederaufbau der Landesverwaltung betraut worden war.

Die Festlegung des Parteinamens war wohl ein Kompromiß, der nicht lange Bestand hatte. Bei einem Besuch in Salzburg regte der Tiroler Landeshauptmann Karl Gruber bereits am 21. Mai an, der Partei den Namen „Österreichische Volkspartei" zu geben, um über die Klientel der Christlichsozialen Partei hinauszugreifen. Nach dem Besuch Herbert Braunsteiners, eines Emissärs der Österreichischen Volkspartei in Wien, der über den Aufbau der neuen Partei berichtete, waren auch in Salzburg die Würfel gefallen: Am Nachmittag des 31. Mai beschloß man die Partei in „Österreichische Volkspartei" umzubenennen. Hermann Rainer, 1931 bis 1938 Mitglied des Salzburger Gemeinderates und Stadtrates, wurde zum ersten Parteiobmann gewählt; Dr. Martin Huber und Max Wimberger fungierten als Stellvertreter, und August Trummer übernahm die Funktion des Landessekretärs.

Rücksichten auf bündische Interessen nahm man nicht, obgleich man vom Aufbau der Wiener Partei wußte. Alle Stände und Gruppen hatten sich in den großen Rahmen der neuen ÖVP einzugliedern, Bünde mit selbständigem Rechtstitel wurden daher nicht zugelassen.[2] Bartholomäus Hasenauer und Josef Ausweger als Vertreter von Landwirtschaft und Wirtschaft waren im Parteivorstand nicht vertreten, mit Rainer und Trummer waren aber die Arbeitnehmervertreter überrepräsentiert. Die Zeit der Bünde kam erst nach der 4. Länderkonferenz am 23. September 1945, zu der alle ÖVP-Gruppierungen nach Salzburg eingeladen waren. Mit der Wahl Leopold Figls zum Bundesparteiobmann und von Lois Weinberger, Julius Raab und Raoul Bumballa zu dessen Stellvertretern hatte sich die bündische Strukturierung überregional

---

1 Vgl. Johann KOLMBAUER: Die Gründung der ÖVP-Salzburg im Mai 1945. Quellenkritik zur Gründungsgeschichte. – In: Salzburg. Geschichte & Politik. Mitteilungen der Dr.-Hans-Lechner-Forschungsgesellschaft. 2/1991. S. 83–109.
2 Vgl. Aufbau der Österreichischen Volkspartei des Landes Salzburg. Abgedruckt in: Robert KRIECHBAUMER: Die ÖVP in Salzburg im Jahr 1945. Versuch einer Rekonstruktion. – In: Franz SCHAUSBERGER (Hg.): Im Dienste Salzburgs. Zur Geschichte der Salzburger ÖVP. – Salzburg 1985. S. 86 f.

durchgesetzt.³ In Salzburg wurde der neuen Situation beim 1. Landesparteitag der Salzburger ÖVP am 27. Oktober 1945 Rechnung getragen: Bartholomäus Hasenauer, Obmann des am 23. Oktober konstituierten Bauernbundes, wurde zum Parteiobmann gewählt; Hermann Rainer, Obmann des am 4. Oktober gegründeten ÖAAB, wechselte in die Funktion des geschäftsführenden Landesparteiobmannes, und der Obmann des bereits am 2. Oktober ins Leben gerufenen Wirtschaftsbundes, Josef Ausweger, übernahm die Position des zweiten Landesobmannes. Für den Exekutivausschuß der Partei nominierte jeder Bund je vier Mitglieder.[4] Die ÖVP-Liste für die ersten Landtagswahlen führte der Rauriser Bauernbündler Anton Huber an. Bislang führende Funktionäre der Partei wie LH Schemel, LPO Hasenauer oder Josef Rehrl bewarben sich nicht um Landtagsmandate,[5] vermutlich auch deshalb nicht, um nicht durch eine eventuelle Listenführung die Frage nach der Person des Landeshauptmannes zu präjudizieren. Adolf Schemel, Landeshauptmann-Stellvertreter während der Zeit des Ständestaates, hatte die erste Aufbauarbeit geleistet und war als Provisorischer Landeshauptmann am 10. Mai 1945 vom amerikanischen Militärgouverneur bestätigt worden.[6] Tatsächlich hoffte die Partei auf Franz Rehrl, den Landeshauptmann der Zwischenkriegszeit, der von den Nationalsozialisten nach dem 20. Juli 1944 abermals verschleppt worden und erst im August 1945 schwer krank nach Salzburg zurückgekehrt war. Als Rehrl aus gesundheitlichen Gründen ablehnen mußte, einigte er sich mit Hasenauer auf einen Bauernbündler, den Kammeramtsdirektor für Landwirtschaft und Ernährung, Albert Hochleitner.[7] ÖAAB-Mitglied Adolf Schemel, der mit seiner Wiederwahl gerechnet hatte, erbat sich tief betroffen Bedenkzeit, erklärte sich schließlich aber doch solidarisch und übernahm die Funktion des Landeshauptmann-Stellvertreters und das Finanzressort.[8]

Am 12. Dezember 1945 wurde Albert Hochleitner als Landeshauptmann angelobt, die Salzburger ÖVP war innerhalb weniger Monate einerseits zur führenden politischen Kraft des Landes geworden und hatte sich andererseits auch in 125 Ortsgruppen, die in sechs Bezirksleitungen zusammengefaßt waren, eine tragfähige landesweite Struktur gegeben, die in der Einrichtung der drei Bünde eine zusätzliche Differenzierung erfuhr.[9] Mit der Gründung der Salzburger Volkszeitung am 23. Oktober 1945 wurde auch ein publizistisches Parteiorgan geschaffen, von dem man vergeblich hoffte, daß es auf breite Akzeptanz in der Wirtschaft wie in der Salzburger Bevölkerung stoßen werde.[10]

---

3 Vgl. Ebenda. S. 51.
4 Vgl. Franz SCHAUSBERGER, Friedrich STEINKELLNER: Protokolle der Landesparteitage der Salzburger Volkspartei. Band 1: 1945–1951. – Salzburg 1986. S. 17.
5 Vgl. Johann KOLMBAUER: Die Gründung der Salzburger ÖVP. S. 98 f.; Salzburger Volkszeitung, 5. 11. 1945.
6 Vgl. Robert KRIECHBAUMER: Die ÖVP in Salzburg im Jahr 1945. Versuch einer Rekonstruktion. – In: Franz SCHAUSBERGER (Hg.): Im Dienste Salzburgs. S. 36.
7 Vgl. Johann KOLMBAUER: Die Gründung der Salzburger ÖVP. S. 97 f.
8 Vgl. Ebenda. S. 99.
9 Vgl. Franz SCHAUSBERGER: Protokolle der Landesparteitage Bd. 1. S. 14.
10 Vgl. Carmen KIEFER: Die Geschichte der Salzburger Volkszeitung 1945–1990. Salzburg 1991. S. 53 ff.

Ernst Hanisch charakterisiert die politischen Vorgänge in Österreich nach dem Kriegsende 1945 als „Rückbruch", als ein Nebeneinander alter Mentalitäten und pragmatischer Kooperation in personeller und programmatischer Hinsicht.[11] Personell waren es u. a. mit Adolf Schemel, Bartholomäus Hasenauer, Hermann Rainer oder informell auch Franz Rehrl in erster Linie die Funktionäre der Zwischenkriegsjahre, die nach Jahren der „politischen Läuterung" die Neuorganisation des bürgerlichen Lagers in Angriff nahmen. Stellvertretend für diesen Lernprozeß sei Altlandeshauptmann Dr. Franz Rehrl zitiert, der bei seiner Rede im Festspielhaus am 15. August 1945 meinte, „zwischen links und rechts müsse Einheit herrschen, um die dauernde Erhaltung der Demokratie zu gewährleisten"[12]. Unter Beibehaltung christlicher Grundwerte schuf man nun keine Klassen- und Konfessionspartei mehr, die sich als weltlicher Arm der katholischen Kirche sah, sondern verwirklichte den Ansatz einer integrativen Volkspartei, die sämtliche bislang rechtsstehenden und unbelasteten Parteien und Personen als gleichberechtigt einbeziehen sollte. Konträr zu ihrer Vorgängerin, der Christlichsozialen Partei, bekannte sich die neugegründete ÖVP von Anfang an zum neuen österreichischen Staat.

Periode der Instabilität (1945–1949)

Die Jahre 1945 bis 1949 waren für die Salzburger ÖVP vor allem personell turbulent, wechselten doch ihre Spitzenrepräsentanten in rascher Folge. Innerhalb von vier Jahren „verbrauchte" die Partei vier Landesparteiobmänner. Bartholomäus Hasenauer, der am 27. Oktober 1945 von den Landesparteitagsdelegierten als Nachfolger Hermann Rainers gewählt worden war, demissionierte bereits im November 1946. Kritik an Hasenauer, der dieses Amt nie angestrebt und bloß als vorübergehend angesehen hatte, kam vor allem von jungen, aktiven Kräften der Partei. Bereits im Februar 1946 hatten diese sich zu einem „Aktivistenring" zusammengeschlossen, nachdem sie sukzessive aus dem Krieg heimgekehrt waren. Ihnen war Hasenauer zu ruhig, zu inaktiv, zu wenig politisch, ja zu konfliktscheu.[13] Sein Nachfolger, der 33jährige Martin Gassner, wie Hasenauer Mitglied des Bauernbundes, scheiterte bereits nach 15 Monaten an schweren innerparteilichen Differenzen. Dem Exponenten der jungen Funktionäre war es nicht gelungen, die innerparteilichen Differenzen zwischen der Landesparteileitung und den Mitgliedern von Landesregierung und Landtagsklub zumindest auf ein erträgliches Ausmaß zu reduzieren. Der Konflikt mit den von den „Alten" geführten Bünden ließ Gassner schließlich resignieren, nachdem Landeshauptmann und Landtagsklub schon im März 1947 die Kündigung des Landesparteisekretärs durchgesetzt hatten. Insbesondere durch Berichte über innerparteiliche Vorgänge in der Salzburger Landesorganisation an die Bundespartei hatte sich Gassner den Unmut der bündischen Obmänner und des Landeshauptmannes zugezo-

---

11 Vgl. Ernst HANISCH: Der lange Schatten des Staates. Österreichische Gesellschaftsgeschichte im 20. Jahrhundert. – Wien 1994. S. 395 ff.
12 Salzburger Volkszeitung, 16. 8. 1945.
13 Vgl. Franz SCHAUSBERGER: Von Hochleitner zu Klaus. Die Salzburger ÖVP von 1945 bis 1949. – In: Franz SCHAUSBERGER (Hg.): Im Dienste Salzburgs. S. 105.

gen.[14] Als Gassner nun auch die Garantie nicht bekam, bei der nächsten Nationalratswahl die Salzburger Liste anführen zu können, legte er mit Jahresende 1947 seine Funktion zurück. Hermann Rainer führte interimistisch die Agenden des Landesparteiobmannes, bis er sie am 14. Februar 1948 an den Salzburger ÖVP-Vizebürgermeister Dipl.-Ing. Richard Hildmann übergab, der zwar seit 30 Jahren im Salzburger Gemeinderat politisch tätig war, aber allein aufgrund seines Alters nur ein Übergangskandidat sein konnte. Am 4. Landesparteitag, am 14. März 1949, hoffte man mit der Wahl des 44jährigen Pinzgauer Bezirksparteiobmannes und Nationalrates Isidor Grießner die personelle Führungskrise überwunden zu haben. Bereits im Dezember 1947 hatte die ÖVP auch einen Wechsel an der Spitze der Landesregierung vornehmen müssen. Gegen den Willen der Landespolitiker setzte Bundeskanzler und Bundesparteiobmann Leopold Figl den Rücktritt von Landeshauptmann Albert Hochleitner durch. Figl unterstellte – völlig zu Unrecht, wie sich herausstellen sollte – Hochleitner eine unkorrekte Vorgangsweise bei der Staatsbürgerschaftsverleihung an den bundesdeutschen Nationalsozialisten Friedrich Bohnenberger.[15] Am folgenden Landesparteitag mußte Figl Hochleitner rehabilitieren.[16] Dessen Nachfolge trat der Bauernbündler Josef Rehrl, der Bruder des populären Landeshauptmannes der Zwischenkriegszeit, an. Rehrls Wahl war keinesfalls unumstritten. Innerparteilich mußte dem Wirtschaftsbund für die Wahl Rehrls nach der nächsten Landtagswahl ein Landesregierungsmandat garantiert werden, und Rehrl selbst mußte ein 11-Punkte-Programm des Wirtschaftsbundes unterschreiben. Auch die Wiener Parteizentrale stand der Wahl Rehrls reserviert gegenüber.[17] Im Landtag sah sich die SPÖ außerstande, ihn mitzuwählen. Sie machte Rehrl als Herausgeber der „Salzburger Volkszeitung" für die pointierten Angriffe gegen die SPÖ ebenso verantwortlich wie für ein gegen Bundepräsident Dr. Karl Renner gerichtetes Wahlplakat.[18] Schließlich wurde Rehrl mit den Stimmen der eigenen Partei allein zum Landeshauptmann gewählt.[19] Die geringe Akzeptanz Rehrls auch in der Bevölkerung zeigte sich bei den Landtagswahlen vom 9. Oktober 1949: Die Verluste der ÖVP waren mit 13,04% dramatisch hoch, ja lagen sogar minimal höher als bei den gleichzeitig durchgeführten Nationalratswahlen. Vor allem aber mußte ein Regierungssitz abgegeben werden, was zur Folge hatte, daß die Mehrheit in der Landesregierung verlorenging. Rehrls Sturz war für seine innerparteilichen Gegner, die der Landeshauptmann in der Vorwahlzeit, als er bei der Kandidatenaufstellung seine Wünsche gegen eine Verjüngung der Partei sogar mit der Drohung, andernfalls eigenständig zu kandidieren, vorbehaltlos durchgesetzt hatte, beschlossene Sache.[20] Die Demontage des Landeshauptmannes verlief parteiintern nicht friktionslos, obgleich man ihm offen mangelnde Durchsetzungsfähigkeit in politicis vorhielt und man ihm das „notwendige Format" absprach.[21] Die bahnbrechende und für

---

14 Vgl. Ebenda. S. 122 f.
15 Vgl. Ebenda. S. 117 ff.
16 Vgl. Franz SCHAUSBERGER: Protokolle. Bd. I. S. 51.
17 Vgl. Franz SCHAUSBERGER: Von Hochleitner zu Klaus. S. 125 f.
18 Vgl. Ebenda. S. 126 f.
19 Vgl. Verhandlungen des Salzburger Landtages 1947/48. S. 45 ff.
20 Vgl. Franz SCHAUSBERGER: Von Hochleitner zu Klaus. S. 166 f.
21 Vgl. Ernst HANISCH: Das politische System: Proporzdemokratie in Salzburg. – In: Wolfgang HUBER (Hg): Landeshauptmann Klaus und der Wiederaufbau Salzburgs. – Salzburg 1980. S. 30.

die Salzburger ÖVP äußerst glückliche Idee kam vom Obmann des Wirtschaftsbundes im Pinzgau, Michael Haslinger, der den Halleiner Rechtsanwalt Dr. Josef Klaus bei einer Wirtschaftsbundsitzung in Vorschlag brachte. Der ÖAAB, mit Rehrl auch alles andere denn zufrieden, schloß sich dem ÖWB an. In der Landesparteileitungssitzung am 28. Oktober 1949 wurde Josef Klaus als Landeshauptmann designiert. Die Landtagsabgeordneten, die zu dieser Sitzung nicht geladen waren, hielten aber mehrheitlich an Rehrl und am bisherigen Agrarlandesrat Bartholomäus Hasenauer, dessen Ablösung auch beschlossen war, fest. Die innerparteiliche Diskussion kehrte sich schnell nach außen und wurde in der Folge verbissen geführt.[22] Landtagspräsident Franz Hell holte sogar auf nicht gerade objektive Weise die Meinung der Parteibasis ein: Die Ortsparteiobmänner sprachen sich selbst nach der endgültigen Entscheidung der Landesparteileitung für Josef Klaus, dagegen jedoch mit großer Mehrheit für den Verbleib Rehrls aus. Die Entscheidung war dennoch gefallen: Dr. Josef Klaus wurde am 1. Dezember 1949 zum Salzburger Landeshauptmann gewählt. Parteiintern anfangs nur vom Österreichischen Wirtschaftsbund, von Teilen des ÖAAB und der Frauenbewegung unterstützt, leitete seine Wahl zweifellos eine Phase der Konsolidierung, Stabilisierung und Kontinuität der Salzburger Landespartei ein,[23] die in dessen Wahl zum Landesparteiobmann anläßlich des 7. Landesparteitages am 20. Dezember 1952 mit 181 von 187 Stimmen ihre Bestätigung fand.[24] Eineinhalb Jahre zuvor hatte sich Josef Klaus dieser Funktion noch entzogen und dem ÖAAB, der wegen der verlorenen Bundespräsidentenwahl eine antibündische, die Interessen des „kleinen Mannes" wahrende Politik forderte, eine klare Absage erteilt, als Gegenkandidat zum Bauernbündler Isidor Grießner zu kandidieren.[25]

Hinsichtlich der politischen Mehrheitsverhältnisse trat die ÖVP 1945 durchaus in die Fußstapfen ihrer christlichsozialen Vorgängerpartei. Bei den ersten Landtags- und Nationalratswahlen am 25. November 1945, bei welcher die belasteten Nationalsozialisten noch mit Wahlverbot belegt waren, erreichte sie je 56,68% der gültigen Stimmen. Für die Machtverteilung im Lande bedeutete dies 15 Mandate und drei Regierungssitze, somit die absolute Mehrheit in Landtag und Regierung. Der Bonus Franz Rehrls, der überragenden politischen Persönlichkeit der Zwischenkriegszeit, war der Partei dabei zweifellos zugute gekommen.[26] Vier Jahre später, am 9. Oktober 1949, erreichte die ÖVP bei „normaler" Parteienkonkurrenz mit einem Stimmenanteil von 43,64% ein Ergebnis, das sie im Landtag zur Zusammenarbeit verpflichtete, das aber durchaus im Rahmen des Wählerpotentials der Christlichsozialen lag. Obgleich es somit gelungen war, die Stimmen des konservativen Lagers zu vereinnahmen, war eine tiefe Krise die Folge, die schließlich Dr. Josef Klaus in das Amt des Landeshauptmannes hievte. Mit dem Ergebnis von 43,6 Stimmprozenten bei den Gemeindevertretungswahlen am 30. Oktober 1949 war auch der Beweis erbracht, daß die Partei

---

22 Vgl. Salzburger Nachrichten, 17. 11. 1949, 18. 11. 1949.
23 Vgl. Franz SCHAUSBERGER: Von Hochleitner zu Klaus. S. 165 ff.
24 Vgl. Franz SCHAUSBERGER, Friedrich STEINKELLNER: Protokolle der Landesparteitage des Salzburger Volkspartei. Bd. II. – Salzburg 1988. S. 15.
25 Vgl. Franz SCHAUSBERGER: Protokolle. Bd. I. S. 130 ff.
26 Vgl. Erika WEINZIERL, Friedrich STEINKELLNER: Landespolitik seit 1949. Struktur – Träger – Ergebnisse. – In: Heinz DOPSCH und Hans SPATZENEGGER (Hg.): Geschichte Salzburgs Stadt und Land. Bd. II. 2. Teil. S. 1218.

landesweit organisiert war. In 86 von 117 Gemeinden erhielt die ÖVP die absolute Mehrheit, in weiteren elf Gemeinden die relative.[27] Freilich wurde dieser Erfolg vor allem in den vielen kleinen Landgemeinden erzielt, wo andere politische Gruppierungen zu einem „Minderheiten"-Dasein verurteilt waren.[28] In der Landeshauptstadt mußte die Partei hingegen eine schwere Niederlage hinnehmen: Mit 28,8% der Stimmen wurde die ÖVP hinter der SPÖ und dem WdU nur drittstärkste politische Kraft; sie stellte mit Dipl.-Ing. Richard Hildmann nur den 2. Vizebürgermeister. ÖVP-Nationalrat Lujo Toncic-Sorinj machte dafür eine extrem niedrige Wahlbeteiligung und das Erbe der Großdeutschen Partei verantwortlich.[29]

Die politische Alltagsarbeit der Partei war von der Interventionstätigkeit für die 1949 rund 26.000 Mitglieder bestimmt, „die in berechtigter Weise auch eine entsprechende Unterstützung in ihren Anliegen"[30] erwarteten, wie Landesparteisekretär Herbert Glaser ausführte. ÖAAB und ÖWB intervenierten allein im Jahr 1949 bei Behörden oder Kammern in 2.930 Fällen. Nach dem Prinzip des Proporzes und der Patronage versuchte man Aufenthaltsbewilligungen, Wohnraum, Arbeit oder Renten zu beschaffen: angesichts von etwa 80.000 Zuwanderern und einem Wohnungsbedarf von 30.000 Wohnungen keine einfache Aufgabe![31] Ein Heer von Unzufriedenen säumte notgedrungen den Weg der Interventionierenden.

Die Ära Klaus (1949–1961)

Wiederaufbau und Beginn des wirtschaftlichen und kulturellen Aufschwungs – Stabilisierung der Partei

Die Wahl des 39jährigen Halleiner Rechtsanwaltes und ÖVP-Bezirksobmannes Josef Klaus, eines gebürtigen Kärntners, zum Salzburger Landeshauptmann am 1. Dezember 1949 markiert in mehrfacher Weise – ökonomisch wie politisch – eine Zäsur in der Salzburger Landespolitik[32]:

In wirtschaftlicher Hinsicht waren die größten Zerstörungen des Krieges beseitigt, die Luftschutzbauten am Neutor waren entfernt, die Kuppel des Domes war wiederhergestellt, und ein spürbarer wirtschaftlicher Aufschwung setzte ein. Österreich erreichte den Stand des realen Bruttonationalprodukts von 1913 und überschritt ihn 1950 erstmals.[33] Durch US-Hilfe, Verbesserung der Eigenversorgung und zusätzliche

---

27 Vgl. Franz SCHAUSBERGER: Von Hochleitner zu Klaus. S. 162 f.
28 Vgl. Rudolf G. ARDELT: Das Wahlverhalten im Bundesland Salzburg bei den Landtags- und Nationalratswahlen 1945–1984. S. 218. – In: Herbert DACHS (Hg.): Das politische, soziale und wirtschaftliche System im Bundesland Salzburg. – Salzburg 1985. S. 189–236.
29 Vgl. Franz SCHAUSBERGER: Von Hochleitner zu Klaus. S. 163 ff.
30 Vgl. Franz SCHAUSBERGER: Protokolle. Band 1. S. 94 ff.
31 Vgl. Wilfried HASLAUER: Durch Leistung zum Wohlstand. Entwicklung der Salzburger Wirtschaft in 25 Jahren. – In: 25 Jahre Aufbau und Fortschritt. Das Bundesland Salzburg 1945–1970. – Salzburg 1970. S. 366 ff.
32 Vgl. Ernst HANISCH: Landespolitik. S. 24.
33 Vgl. Josef WYSOCKI: Grundzüge der wirtschaftlichen Entwicklung. – In: Eberhard ZWINK (Hg.): Die Ära Lechner. Das Land Salzburg in den sechziger und siebziger Jahren. – Salzburg 1988. S. 49.

Importe hatte sich die Ernährungslage so weit erholt, daß 1949 die meisten Bewirtschaftungsgesetze ausliefen.[34] Die Erleichterungen beim Überschreiten der Zonen- und Staatsgrenzen führten im Fremdenverkehr zu einer steilen Aufwärtsentwicklung: Die Übernachtungen stiegen in den Sommerhalbjahren 1949/1950 von 316.602 auf 956.530.[35] Man stand am Übergang von der Bewirtschaftung zur freien Marktwirtschaft, und eine bis über die Mitte der 1960er Jahre hinausreichende Nachkriegskonjunktur der Produktion setzte ein. Die Jahre bis 1955 waren in erster Linie dem Ausbau der wirtschaftlichen Grundlagen vorbehalten, das folgende Jahrzehnt stand im Zeichen eines kontinuierlichen Aufschwungs. Bis zum Ende der Ära Klaus hatte Salzburg seine wirtschaftliche und soziale Infrastruktur entscheidend verbessert, lag doch seine Wirtschaftskraft im gesamtösterreichischen Vergleich nur mehr hinter Wien und Vorarlberg.[36] Eine Fülle neuer Seilbahnen, Kraftwerke, Straßen und ein neues Raumordnungsgesetz zeugen ebenso von stetigem Fortschritt wie 7.000 neue Wohnungen, das neue Festspielhaus und eine stattliche Anzahl neuer Schulen.[37]

Mit Josef Klaus kam ein Mann an die Spitze der ÖVP, der sich stellvertretend für eine jüngere Generation sah, beispielsweise für die Heimkehrergeneration, die, geprägt durch die politischen Umstürze der Jahre 1934, 1938 und 1945, vom Geist der Sachlichkeit beseelt war.[38] Nicht von ungefähr fand er innerparteilich in einem „Jungen", dem ÖAAB-Obmann Karl Glaser, eine wesentliche Stütze seiner Politik. Freilich sollte Klaus' neuer, politisch härterer Stil zur Mißstimmung vor allem bei den Sozialisten führen.

Politisch gelang es den ÖVP-Unterhändlern, in den Regierungsverhandlungen die Wahlniederlage im Rahmen des Erträglichen zu halten. Die SPÖ erhielt einige Zugeständnisse in Personalfragen, dem VdU, der von der ÖVP einen Regierungssitz gewonnen hatte, wurden die Verkehrs-, Fremdenverkehrs- und Brauchtumsangelegenheiten überlassen. Man beschloß, bei den Parteienverhandlungen in Personalfragen nach dem Prinzip der Sachlichkeit zu verfahren, ohne sich vom Prinzip des Proporzes jedoch trennen zu können. Insbesondere galt dies für die Wahl der Bürgermeister. Nach dem auf Bundesebene geschlossenen Koalitionsabkommen durfte nämlich kein VdU-Kandidat mit den Stimmen der ÖVP zum Bürgermeister gewählt werden.[39]

Mit dem Verlust der absoluten Mehrheit und der Existenz einer dritten politischen Kraft erhielt auch die Arbeit im Landtag neue Akzente, je nach Interessenlage koalierte die ÖVP mit SPÖ oder VdU. Letztlich tendierte Landeshauptmann Klaus stärker zum größeren Partner. Im Herbst 1958 erklärte Klaus sogar, lieber mit der

---

34 Vgl. Wilfried HASLAUER: Durch Leistung zum Wohlstand. Entwicklung der Salzburger Wirtschaft in 25 Jahren. S. 366.
35 Vgl. Ebenda. S. 369.
36 Vgl. Josef WYSOCKI, Christian DIRNINGER: Wirtschaft. – In: Wolfgang HUBER (Hg.): Landeshauptmann Klaus und der Wiederaufbau Salzburgs. S. 169 ff.
37 Vgl. Erika WEINZIERL: Landespolitik seit 1949 S. 1244 ff.
38 Vgl. Ebenda. S. 1242 ff.
39 Vgl. Ernst HANISCH: Landespolitik. S. 32; Josef KLAUS: Macht und Ohnmacht in Österreich. Konfrontationen und Versuche. – Wien – München – Zürich 1971. S. 50.

SPÖ als mit der FPÖ zusammenzuarbeiten.[40] Mit den Stimmen der Sozialisten war Josef Klaus 1949 erstmals auch zum Landeshauptmann gewählt worden.

Der erste größere Konflikt stand ins Haus, als der sozialistische Abgeordnete Josef Voithofer Klaus vorwarf, „die demokratischen Grundregeln nicht sehr hoch zu achten", weil Klaus als Landeshauptmann das Recht für sich in Anspruch nahm, über die Stellenbesetzung von Lehrern und Schulleitern allein zu entscheiden. Aufgrund dieser Kompetenz hatte Klaus im Pinzgau einen fünftgereihten ÖVP-Mann zum Hauptschuldirektor ernannt. Landeshauptmann-Stellvertreter Franz Peyerl erinnerte Klaus auch daran, daß er mit den Stimmen der Sozialisten zum Landeshauptmann gewählt worden sei. Der VdU taktierte: Er verwarf den Antrag der SPÖ, um ihm ein Jahr später doch zuzustimmen. Die Kompetenz des Landeshauptmannes wurde empfindlich beschnitten und der Landesregierung übertragen.[41]

Gemeinsam mit der SPÖ bewältigte man die Krise im Herbst 1950. Das 4. Lohn- und Preisabkommen, das deutliche Preissteigerungen bei Grundnahrungsmitteln vorsah, führte zu breitem Unmut in der Bevölkerung, der von den Kommunisten propagandistisch ausgenützt wurde. In Hallein und Kaprun tagten die Betriebsräte. Unter dem Druck der Sozialisten einigte man sich, eine Delegation zum Landeshauptmann zu entsenden. Klaus leitete den Protest an Bundeskanzler Figl weiter, die Landesregierung kündigte schwere Strafen gegen Preistreiberei an. Für den 4. Oktober, den Tag des Generalstreiks, ließ die Landesregierung die Gendarmerie in Bereitschaft setzen. Landeshauptmann Klaus forderte die Geschäftsleute auf, die Lokale jedenfalls geöffnet zu halten. Die VdU-Parteileitung, deren Betriebsräte die Streikbewegung bislang unterstützt hatten, scherte erst im letzten Moment von der gemeinsamen Streikfront mit den Kommunisten aus. Nach dem Scheitern des Generalstreiks spendierte der Landeshauptmann der Gendarmerie fünf Hektoliter Bier.[42]

Für den Streik der Handelsangestellten im August 1951 war im wesentlichen mit Landtagspräsident Franz Hell, der hauptberuflich Gewerkschaftssekretär war, ein ÖVP-Funktionär verantwortlich. Nach zweitägigem Streik erzielte Hell erst in der Nacht auf den 4. August mit Kammerpräsident Josef Ausweger einen Kompromiß, der den Handelsangestellten eine Lohnerhöhung von 13% brachte. Innerhalb der ÖVP führte dies zu einer schweren Krise mit dem Wirtschaftsbund, der partiell bereits eine Trennung von der Partei in Aussicht nahm. Hoteldirektor und ÖVP-Landtagsvizepräsident Karl Wimmer riet „dem Herrn Landtagspräsidenten, sich zu entscheiden, ob er seine Stelle als einer der höchsten Mandatare des Landes weiterhin zu mißbrauchen gedenkt oder ob er nicht lieber den Posten zurücklegt. [...] in einem anderen Lande würde man ihn vor Gericht stellen, bei uns kann er die Immunität beanspruchen."[43] Innerparteilich blieb die Auseinandersetzung folgenlos.

Das Verhältnis von Löhnen und Preisen blieb insbesondere für den Landeshauptmann auch in den folgenden Jahren ein heißes Thema. Die Ursache lag in den saisonalen Preissteigerungen. Beim Streik der Bauarbeiter 1952 ebenso wie beim von der Gewerkschaft initiierten Streik im Juni 1954 war das politische Geschick des

---

40 Vgl. Salzburger Nachrichten, 13. 10. 1958.
41 Vgl. Ernst HANISCH: Landespolitik. S. 33.
42 Vgl. Ebenda. S. 41 ff.
43 Ebenda. S. 45.

Landeshauptmannes gefragt.⁴⁴ Das Betriebsaktionen-Verbotsgesetz (BAVG), 1955 gegen die Stimmen der Sozialisten beschlossen, führte 1957 und 1958 zu hitzigen Debatten im Landtag. Aufgrund der mangelnden Preisdisziplin der Unternehmer forderte die Arbeiterkammer durch die sozialistischen Abgeordneten die Aufhebung des Gesetzes und somit die freie Konsumwahl. ÖVP und VdU stützten die Position der Handelskammer, die sich für die freie Preisbildung aussprach. Gegen die Landtagsmehrheit organisierten Arbeiterkammer und Gewerkschaft ein Volksbegehren, das 42.000 wahlberechtigte Salzburger unterzeichneten. Nach Ansicht des legistischen Dienstes der Landesregierung konnte dieses aber wegen Fehlens eines Landesgesetzes über die Regelung des Verfahrens nicht behandelt werden und die Unterschriftenaktion nicht als Volksbegehren anerkannt werden. Die sozialistische Presse beschuldigte Landeshauptmann Klaus der Verzögerung und versuchten Verhinderung des Volksbegehrens. Im Landtag wurde Klaus sogar des Verfassungsbruches und der Rechtsverweigerung gegenüber der Salzburger Bevölkerung bezichtigt. Tief betroffen von dieser Unterstellung, erwiderte Klaus, daß der Angriff die Grenzen des Erträglichen und Gerechten überschreite und er eine diesbezügliche Richtigstellung erwarte. Zu einer offiziellen Entschuldigung konnten sich die sozialistischen Abgeordneten aber nicht durchringen. Nachdem ein Rechtsgutachten der Innsbrucker Universität die Unterschriften auch nicht als Volksbegehren, sondern als Petition klassifiziert hatte, war der Weg zum Kompromiß frei. Man novellierte das BAVG und kam dabei den Wünschen der Arbeiterkammer weitgehend entgegen.⁴⁵

In kulturpolitischen Belangen galt das zentrale Bemühen der Salzburger ÖVP dem Neubau des großen Festspielhauses. Die Idee des Architekten Clemens Holzmeister, der Raumnot der Salzburger Festspiele durch die Errichtung eines „Großen Hauses" mit einem Fassungsvermögen von rund 2.400 Plätzen zu begegnen, war von allem Anfang an ein Herzensanliegen von Landeshauptmann Klaus. Über seine Initiative wurde ein Beratungs- und Finanzierungskomitee mit Vertretern aller im Landtag vertretenen Parteien ins Leben gerufen, das den Plan Holzmeisters zur Ausführung empfahl. Dennoch hatte das Neubauprojekt einen unübersehbaren Gegner: die Wohnungsnot. Der VdU lehnte die Errichtung des Festspielhauses generell ab, solange die Wohnungsnot in der Landeshauptstadt nicht behoben sei. Außerdem wandte er sich gegen die „einseitige Betrauung des Architekten Holzmeister".⁴⁶ Für die SPÖ, die der Errichtung des neuen Hauses grundsätzlich positiv gegenüberstand, war die Frage aus demselben Grund brisant. Wollte sie Teilen ihrer Wähler nicht verlustig gehen, mußte sie für die 11.000 Barackenbewohner letztlich einen sozialpolitischen Ausgleich bieten. Für Landeshauptmann Klaus war das Wohnungsargument nicht stichhaltig: sollte der Bund doch 67% der Kosten des Neubaues von 110 Millionen Schilling tragen, die dem Land zum Zwecke des Wohnbaues nicht zur Verfügung gestellt würden. Außerdem bringe der Neubau der Salzburger Wirtschaft, insbesondere dem Fremdenverkehr, neue Impulse, wodurch wiederum das Steueraufkommen des Landes erheblich verbessert werde. Den Widerstand von SPÖ, VdU und der Ingenieurkammer versuchte Landeshauptmann Klaus 1955 durch Festspiel-

---

44 Vgl. Ebenda. S. 45.
45 Vgl. Ebenda. S. 45 ff.
46 Robert KRIECHBAUMER: Kultur. – In: Wolfgang HUBER (Hg.): Landeshauptmann Klaus. S. 137.

Enqueten, Verhandlungen und durch zusätzliche Mittel für das Sozialbudget 1956 in Höhe von zwei Millionen Schilling für die Beseitigung des Barackenelends zu überwinden. In der Sitzung des Salzburger Landtages vom 23. Dezember 1956 beschlossen schließlich die Abgeordneten von ÖVP und SPÖ den Neubau des Festspielhauses mit einer prognostizierten Bausumme von 110 Millionen Schilling. Bis zur Fertigstellung des Baus 1960 hatten sich die Kosten dann beinahe verdoppelt. Der Neubau gab sohin den politisch Verantwortlichen hinreichend Gelegenheit zu politischer Agitation: Im Jänner 1957 mußte sich der Landeshauptmann in der Salzburger Residenz den Kritikern des Neubaus stellen. Im Dezember 1958 lehnten SPÖ und FPÖ jede weitere Beteiligung des Landes an Mehrkosten von 68 Millionen Schilling ab, doch schließlich mußte das Land seinen Anteil dennoch leisten. Salzburg hatte in erster Linie durch den Einsatz seines Landeshauptmannes, wie Holzmeister 1965 es formulierte, einen Festspielbezirk im Herzen der Stadt erhalten.[47] Den politischen Zuschlag erhielten bei der Landtagswahl 1959 die Gegner der ÖVP.

Mit der Bewertung durch den Wähler konnte die Salzburger ÖVP in der Ära Klaus durchaus zufrieden sein. Bei den Landtagswahlen am 17. Oktober 1954 konnte sie 2,32% auf Kosten des VdU dazugewinnen. Durch die gleichzeitige Erhöhung der Mandatszahl auf 32 bedeutete dies den Gewinn von drei Mandaten gegenüber 1949. Der Abstand zur SPÖ wurde jedoch geringer; diese gewann 4,6% und hielt nun bei zwölf, der VdU bei vier Mandaten. Die Vertretung in der Regierung hing von der Anzahl der Regierungssitze ab. Die Entscheidung darüber war Sache der Parteiengespräche. Bei fünf und acht Regierungssitzen ergab sich für die ÖVP jeweils eine Mehrheit von 3 : 2 bzw. 4 : 3 : 1. SPÖ und VdU pochten verständlicherweise auf eine Erweiterung auf sieben Regierungssitze, was für die beiden Großparteien jeweils drei Sitze und für den VdU ein Regierungsmitglied zur Folge gehabt hätte. Da die Sozialisten drohten, die Landesregierung lahmzulegen und alle Entscheidungen an den Landtag zu delegieren, mußte die ÖVP klein beigeben. Bei der Ressortverteilung konnten die sozialistischen Gelüste auf das Finanz- und Wohnbauressort abgewehrt werden. Landeshauptmann Klaus (Wirtschaftsbund), Bartholomäus Hasenauer (Bauernbund) und Hermann Rainer (Arbeiter- und Angestelltenbund) vertraten die ÖVP in der Regierung.

Der zweite Landtagswahlgang unter Landeshauptmann Klaus am 10. Mai 1959 verlief weniger erfolgreich. Die ÖVP verlor 2,66% und ein Mandat, das der VdU-Nachfolgerin FPÖ zufiel. Die ÖVP-Wahlstrategie, gegen die FPÖ einen offensiven Wahlkampf zu führen, hatte sich nicht bewährt. Die propagandistisch geschickte populistische Ablehnung des Festpielhausneubaus trug als Spiegelbild eines kleinkarierten Provinzialismus politische Früchte.[48] Auch die Einstellung der Salzkammergut-Lokalbahn war für die ÖVP gewiß nicht von Vorteil, und mancher Funktionär hielt auch die Wahlempfehlung hoher kirchlicher Würdenträger „Katholiken, wählt katholisch" für einen Bumerang.[49] In den Regierungsverhandlungen war die ÖVP mit den sozialistischen Forderungen auf den Landtagspräsidenten, ein Wirtschaftsressort

---

47 Vgl. Ebenda. S. 130 ff.
48 Vgl. Ernst HANISCH: Landespolitik. S. 36.
49 Vgl. Franz SCHAUSBERGER, Friedrich STEINKELLNER: Protokolle der Landesparteitage der Salzburger Volkspartei. Bd. III. – Salzburg 1990. S. 79.

Die Geschichte der Salzburger ÖVP 1945–1995 711

und die Errichtung einer Personalkommission konfrontiert. Man mußte schließlich der Errichtung einer Personalkommission zustimmen und die Verwaltung der Krankenanstalten der SPÖ überlassen. An die FPÖ kamen Straßenbau und Fremdenverkehr. Parteiintern hatte die ÖVP auch eine personalpolitische Debatte durchzustehen. Das Ausscheiden Landesrat Rainers stand außer Zweifel. Der Wunsch von Landeshauptmann Klaus, das Finanzressort abzugeben, weckte die Begehrlichkeit der Bünde. Wirtschaftsbund und Bauernbund kandidierten den Buchsachverständigen Michael Haslinger, der ÖAAB forcierte seinen Kammersekretär Hans Zyla. Auch das beliebte Spiel mit der Androhung der Bildung einer eigenen Fraktion, diesmal durch den ÖAAB, stand im Raum. Als Kompromiß fand sich eine Lösung, die der Salzburger ÖVP unerwartete Zukunftsperspektiven eröffnen sollte: Mit Klaus und Hasenauer zog der nur Insidern bekannte Landesbeamte Hans Lechner in die Landesregierung ein.[50]

Nationalratswahlen hatte die ÖVP in den 1950er Jahren am 22. Februar 1953, am 13. Mai 1956 und am 10. Mai 1959 zu schlagen. 1956 konnte der Staatsvertragskanzler Julius Raab mit 45,95% das seit 1949 für die ÖVP bis heute zweitbeste Wahlergebnis erreichen; in Salzburg kam die ÖVP sogar auf 47,21%. 1953 und 1959 erlitt sie mit ihren Spitzenkandidaten Figl und Raab bundesweit deutliche Niederlagen, sie fiel stimmenmäßig sogar hinter die SPÖ zurück. Die Verluste in Salzburg blieben 1953 mit 1,17% deutlich hinter dem Bundesschnitt (2,78%) zurück. 1959 verlor man in Salzburg bedingt durch die Festspielhausproblematik, durch zu geringes Engagement in manchen Ortsgruppen,[51] aber auch durch das Fehlen bundespolitischer Perspektiven zum kränklichen Kanzler Julius Raab mit 2,95% (1,76%) jedoch deutlich mehr. Angesichts der empfindlichen Niederlage war ein deutliches Vernehmen des Unmuts an der Parteibasis nicht verwunderlich.

Der 14. Landesparteitag am 12. September 1959 trug bereits die Handschrift der Reformwilligen. Als Hauptreferenten hatte man nicht mehr Julius Raab oder Alfred Maleta eingeladen, sondern Hermann Withalm, von dem Klaus beim folgenden Parteitag sagen konnte, daß er „von den Salzburgern als künftiger Generalsekretär auf den Schild erhoben wurde".[52] Auch die Parteitagsdelegierten fanden klare Worte: „[...] ‚der Fisch stinkt am Kopf–! Schauen wir doch nach Wien. Wir müssen hier von Salzburg aus einen dringenden Appell nach Wien richten, daß sich die Herren [...] einmal in ihrer engeren Umgebung umsehen. Dort muß die Reform beginnen, nicht so sehr am Geist, als vielmehr an den Personen unseres Generalstabes, der reformbedürftig ist. Denn die Truppe ist gut."[53] In seiner Resolution richtete der Landesparteitag an die Bundesparteileitung „die nachdrückliche Aufforderung, die angekündigten Reformen, insbesondere die alsbaldige Revision des Parteiprogramms, eine Konzentration der tragenden Ideen und organisatorischen Einrichtungen, [...] eine verstärkte Presse- und Propagandatätigkeit und einen vermehrten Einsatz junger Kräfte bei der Besetzung der führenden Parteistellen herbeizuführen".[54] Für die

---
50 Vgl. Ernst HANISCH: Landespolitik. S. 36 f.
51 Vgl. Franz SCHAUSBERGER: Protokolle Bd. III. S. 29.
52 Vgl. Ebenda. S. 85.
53 Ebenda. S. 67.
54 Ebenda. S. 81.

eigene Landesorganisation beschlossen der Große Klub und der Parteirat eine bessere Koordinierung der Bünde durch Einrichtung eines Wirtschaftspolitischen Ausschusses und die Beseitigung der Ämterkumulierung. Der Landeshauptmann überlegte deshalb auch, seine Funktion als Landesparteiobmann zur Verfügung zu stellen.[55] Josef Klaus wurde über Salzburg hinaus zum Motor der Reformbewegung, und er führte den Vorsitz in jenem Ausschuß, der ein Aktionsprogramm für die Aktivitäten der Partei in den nächsten Jahren ausarbeiten sollte.[56] Am 11. April 1961 wechselte Klaus als Finanzminister in das Kabinett Gorbach I, und am 2. April 1964 stand er als erster Salzburger ÖVP-Politiker an der Spitze einer Bundesregierung.

Die Gemeindevertretungswahlen in den Landgemeinden am 17. Oktober 1954 und am 25. Oktober 1959 zeugen von der hohen Akzeptanz der Partei als gestaltende politische lokale Kraft. 1954 entfielen genau die Hälfte aller Stimmen und 57% der Gemeinderäte auf die ÖVP[57], 1959 stellte man mit 49,1% 100 von 118 Bürgermeistern. Die Devise „gegen Sozialisten zu weiche Funktionäre"[58] abzulösen und junge Bürgermeisterkandidaten aufzustellen,[59] war von Erfolg begleitet.

Besondere Bedeutung wurde stets der Gemeinderatswahl in der Landeshauptstadt beigemessen. Nach der Wahlschlappe von 1949 galt es 1953 einerseits, verlorenes Terrain gutzumachen, andererseits die Möglichkeiten einer ÖVP-VdU-Koalition auszuloten.[60] Beide Parteien zogen mit dem Slogan „Kein sozialistischer Bürgermeister in Salzburg" in den Wahlkampf. Der VdU verweigerte zusätzlich auch den beiden Bürgermeisterkandidaten Pacher (SPÖ) und Donnenberg (ÖVP) seine Zustimmung. Die ÖVP, die auch den Bundeskanzler im Wahlkampf einsetzte, gewann auf Kosten des VdU, blieb aber um ein Mandat hinter der SPÖ zurück. Bei der Wahl des Bürgermeisters blieben die Fronten starr. Da die ÖVP auf Hans Donnenberg beharrte, verhalf die Stimmenthaltung des VdU dem Sozialisten Stanislaus Pacher im dritten Wahlgang zum Bürgermeisteramt. Bei der Geschäftsverteilung entzogen SPÖ und VdU Hans Donnenberg auch das Gewerberessort, in dem er dreißig Jahre tätig gewesen war. „Das antiklerikale Kartell, partiell auch das ehemals nationalsozialistische [. . .,] hatte sich in der Stadt deutlich durchgesetzt"[61], resümierte Ernst Hanisch. Stures Festhalten an der ausgegebenen Parole brachte die ÖVP nicht nur um die politische Verifizierung des Wahlerfolges, sondern langfristig um die Chance, von der Spitze weg zu gestalten. Bei einem Stimmenverlust von 0,04% mußte man 1957 auch ein Mandat an die SPÖ abtreten.[62]

Zu den Wahlen in die Interessenvertretungen Arbeiterkammer, Landwirtschaftskammer und Handelskammer trat die ÖVP durch ihre Bünde an. Am erfolgreichsten war dabei der ÖVP-Bauernbund, der unter seinem Landesobmann Bartholomäus

---

55 Vgl. Salzburger Nachrichten, 11. 1. 1960.
56 Vgl. Ludwig REICHHOLD: Geschichte der ÖVP. Graz – Wien – Köln 1975. S. 319.
57 Vgl. Salzburger Nachrichten, 20. 10. 1959.
58 Salzburger Nachrichten, 16. 9. 1959.
59 Vgl. Salzburger Nachrichten, 2. 10. 1959.
60 Vgl. Ernst HANISCH: Landespolitik. S. 33.
61 Ernst HANISCH: Landespolitik. S. 34.
62 Vgl. Elisabeth WERBER: 40 Jahre Salzburger ÖVP. Chronik von 1945 bis 1985. – In: Franz SCHAUSBERGER. Im Dienste Salzburgs. – Salzburg 1985. S. 197, 206.

Hasenauer 1950, 1955 und 1960 alle 17 zu vergebenden Mandate erringen konnte.[63] Eine klare Majorität an Mandaten erzielte stets auch der Wirtschaftsbund. 1950 blieb man mit 35 Mandaten knapp unter der absoluten Mehrheit, 1955 und 1960 sorgte ein bürgerliches Wahlbündnis für die Majorität in der Kammervollversammlung.[64] Die Landesobmänner des Wirtschaftsbundes Josef Ausweger (1945–1958, Präsident bis 1960) und Friedrich Gugg (1958–1970) übten auch die Funktion des Kammerpräsidenten aus. In der Arbeiterkammer blieb der ÖVP-Arbeitnehmerflügel in einer krassen Minderheitenposition, obgleich er seinen Stimmenanteil von 1949 bis 1959 von 12,8% auf 21,1% steigern konnte. Die Landesobmänner des ÖAAB, Hermann Rainer (1945–1953) und Karl Glaser (1953–1978), hatten auch ein Nationalratsmandat inne. Innerparteiliche Interessenkollisionen zwischen den Bünden lagen in der Natur der Sache. Öffentlich wurden die Konflikte u. a. bei der Neufundierung des Fremdenverkehrsförderungsfonds, die eine wesentliche Erweiterung der Beitragsverpflichtung beinhaltete,[65] bei der Nachfolge Hermann Rainers in der Landesregierung,[66] bei der Errichtung des Wohnbauförderungsfonds, der Pflichtbeiträge seitens der Kammern vorsah,[67] oder in der Frage von Lohnerhöhungen bei den Handelsangestellten. Die integrative Funktion fiel dabei Landesparteiobmann und Landeshauptmann Josef Klaus zu. Trotz gelegentlicher Zeitungsberichte über Vorbehalte seitens der Bünde gegen dessen Führungsanspruch,[68] war seine Position im Grunde unangefochten. Um seinen Handelskammerpräsidenten überzeugen zu können, mußte Klaus, der von sich selbst sagte, sich zu keinem Bund bekennen oder verpflichten zu können,[69] zwar mehrfach seine gesamte politische Autorität in die Waagschale werfen. Der Widerstand Auswegers bei der Novellierung des Fremdenverkehrsförderungsfonds und seine ablehnende Haltung zum Festspielhausneubau dürften seine Ablösung als Wirtschaftsbundobmann (1958) und als Kammerpräsident (1960) aber nicht unwesentlich beschleunigt haben. Seinen Nachfolgern konnte Klaus jedenfalls eine in sich gefestigte, erfolgreiche Landesparteiorganisation überantworten.

Die Ära Lechner und Glaser (1961–1977 bzw. 1964–1976)

Durch kooperative Führung Durchbruch zur Spitze

Der Wechsel von Josef Klaus nach Wien – vorerst als Finanzminister, in weiterer Folge als Bundesparteiobmann und Bundeskanzler – traf die Salzburger Landesorganisation nicht unvorbereitet. Binnen einer halben Stunde hatte man sich auf Dipl.-Ing.

---

63 Vgl. Josef LEMBERGER: Die Salzburger Landwirtschaftskammer von 1945 bis 1992. – In: Gerhard AMMERER, Josef LEMBERGER, Peter OBERRAUCH (Hg.): Vom Feudalverband zur Landwirtschaftskammer. – Salzburg 1992. S. 265 ff.
64 Vgl. Christian DIRNINGER: Die Arbeitgebervertretung im Bundesland Salzburg. – Salzburg 1984. S. 81 ff.
65 Vgl. Ernst HANISCH: Landespolitik. S. 39, 49.
66 Vgl. Salzburger Nachrichten, 4. 6. 1959.
67 Vgl. Ernst HANISCH: Landespolitik. S. 41.
68 Vgl. Salzburger Nachrichten, 30. 4. 1954, 28. 8. 1954.
69 Vgl. Franz SCHAUSBERGER: Protokolle Bd. I. S. 142.

DDr. Hans Lechner als neuen Landeshauptmann geeinigt.[70] Die Funktion des Landesparteiobmannes behielt Klaus noch bis zum Herbst 1964. Am 17. Landesparteitag vom 19. September d. J. löste ihn ÖAAB-Obmann Karl Glaser ab, der ihn seit November 1963 bereits interimistisch vertreten hatte. Freilich war diese späte Amtsübergabe in erster Linie durch die ständige Verschiebung des Parteitages aufgrund der bundespolitisch schwierigen Lage der ÖVP und der bevorstehenden Bundespräsidentenwahl bedingt.[71] Bereits am 4. Dezember 1962 hatte der Erweiterte Landesparteivorstand über die Wahl des neuen Parteiobmannes beraten, die am für 5. Januar 1963 geplanten Landesparteitag durchgeführt werden sollte. Zur Debatte standen LH Lechner und ÖAAB-Obmann Glaser. Lechner erklärte sich grundsätzlich bereit, die Funktion zu übernehmen, machte dies aber von einer Klärung mit dem Salzburger Bauernbund abhängig. Außerdem verwies er auf seine geringe Verankerung in der Partei und seine vielfältigen Verpflichtungen als Landeshauptmann. Glaser sah sein wesentliches Handicap in seiner Verankerung in Arbeiterkammer und Gewerkschaft und in seiner Funktion als ÖAAB-Obmann. Die Entscheidung wurde vertagt.[72] Am 15. Dezember 1962 monierte LPO Josef Klaus die Landesparteileitungsmitglieder, angesichts der nahenden Landtags- und Gemeinderatswahlen einen Termin für den Landesparteitag festzusetzen und die Funktion des Landeshauptmanns und des Landesparteiobmanns wiederzuvereinigen. Für das Prestige der Partei, meinte Klaus, sei dies besser. Ein neues, verjüngtes Team sollte nach dem Grundsatz zusammengestellt werden: „Der Beste muß herausgestellt werden!"[73] Schon im Jänner 1963 meinte Klaus, es wäre das beste gewesen, wenn er sofort zurückgetreten wäre.[74] Nach einer neuerlichen Verschiebung des Parteitages aufgrund der Bundespräsidentenwahlen[75] sah sich Klaus im September 1963 schließlich außerstande, den Geschäften des Landesparteiobmannes voll nachzukommen, so daß ihn gemäß LPO-Statut die bündischen Obmänner in halbjährlichem Turnus vertreten sollten.[76] Josef Klaus schlug dann selbst dem Landesparteitag Karl Glaser als seinen Nachfolger vor. Hans Lechner, der es aufgrund der Arbeitsüberlastung als Landeshauptmann stets abgelehnt hatte, dieses Amt zu übernehmen, empfahl Glaser den Delegierten mit den Worten: „[. . .] seine [Anm.: Glasers] politische Klugheit und sein Takt haben die Frage des richtigen Parteiobmannes für Salzburg nunmehr wohl von selbst gelöst."[77] Auch in der Retrospektive konnte Hans Lechner 1985 noch sagen: „Ich verstand mich mit Glaser so blendend, daß die Betrauung dieses erfahrenen Politikers mit diesem Amt die viel bessere Lösung für Salzburg gewesen ist."[78] Glasers Organisationstalent und pragmatische Parteiführung trugen dazu ebenso bei wie die Tatsache, daß er niemals

---

70 Vgl. Protokoll des Landesparteirates 8. 3. 1964; Robert KRIECHBAUMER: Zwischen Land und Bund. Die Salzburger ÖVP in der Ära Lechner. – Salzburg 1988. S. 20 f.
71 Vgl. Ebenda. S. 15 ff.
72 Vgl. Protokoll des Erweiterten Landesparteivorstandes, 4. 12. 1962.
73 Protokoll der Landesparteileitungssitzung, 15. 12. 1962, 16. 3. 1963.
74 Vgl. Ebenda. 26. 1. 1963.
75 Vgl. Ebenda. 16. 3. 1963; Protokoll des Landesparteipräsidiums, 2. 3. 1963.
76 Vgl. Protokoll des Landesparteipräsidiums, 28. 9. 1963.
77 Protokoll des 17. Landesparteitages vom 17. 9. 1963.
78 Robert KRIECHBAUMER: Die Österreichische Volkspartei. – In: Eberhard ZWINK (Hg.): Die Ära Lechner. S. 242.

landespolitische Ambitionen zeigte.[79] Trotz manch unzufriedener Stimmen nach den Wahlniederlagen zu Beginn der siebziger Jahre blieb Karl Glaser bis zum 25. Parteitag am 3. April 1976 Landesparteiobmann der Salzburger ÖVP. Seit Wilfried Haslauer, der Glasers und im Folgejahr auch LH Lechners Nachfolge antrat, werden beide Funktionen wieder in Personalunion ausgeübt.

Die Entwicklung der Salzburger ÖVP in der Ära Lechner/Glaser ist durch drei Faktoren gekennzeichnet:
– durch den Einfluß der Bundespolitik,
– durch einen zeitweise schärferen Ton in der Landespolitik bei steter Beibehaltung des „Salzburger Klimas" und konstruktiver Kooperation im Salzburger Landtag,
– durch Festigung der organisatorischen Stärke.

1. Der Einfluß der Bundespolitik

Erst mit dem Eintritt von Josef Klaus in die Regierung Gorbach I erwachte das Engagement der Salzburger ÖVP für die Gesamtpartei und auch für bundespolitische Kontroversen. Die Unterstützung des von Klaus, Josef Krainer und Hermann Withalm geführten Reformflügels war Anliegen auch der Landespartei, die unvermeidliche Verteidigung der ÖVP-Alleinregie-rung von 1966 bis 1970 brachte schwere Wahlniederlagen und stieß auf innerparteiliche Widerstände. Die Salzburger Interessen auf Bundesebene wurden in der Regel durch Karl Glaser vertreten. Hans Lechner trat nur gelegentlich in bundespolitischen Fragen in Aktion. Seine Feuertaufe erlebte Lechner als „Klaus-Mann" bei den Regierungsverhandlungen 1962 im sog. „Großen Ausschuß".[80] Der Reformflügel, der eine konsequentere und beweglichere Politik der Großen Koalition anstrebte und auch andere Koalitionsmöglichkeiten erwog, war mit dem Verhandlungsergebnis des Jahres 1959 völlig unzufrieden. Noch im Juni 1962 hatte Hermann Withalm vor der Salzburger Landesparteileitung erklärt, es könne „ein derartiger Koalitionspakt, wie er derzeit herrscht, nach den Wahlen nicht mehr in Frage kommen. Wir werden uns nicht mehr an den Felsen, an den wir derzeit angeschmiedet sind, anschmieden lassen. [...] Solange ich Generalsekretär bin, werden wir einen Koalitionspakt, wie wir ihn bisher hatten, nicht mehr machen!"[81] Im Jänner 1963 mußte LPO Klaus vor seinen Leitungsmitgliedern bereits eingestehen: „Dem ÖVP-Verhandlungsteam fehlt es an innerer Geschlossenheit, sowie an der nach außen getragenen Entschlossenheit."[82] Die Enttäuschung über den Verlauf der Regierungsverhandlungen war enorm,[83] insbesondere der Verzicht auf das Außenministerium wurde nicht gutgeheißen. LPO Klaus mußte schließlich die Mitglieder der Landesparteileitung ersuchen, keinen Beschluß zu fassen, Kanzler Gorbach

---

79 Vgl. Herbert Dachs: Hans Lechner. – In: Herbert Dachs, Peter Gerlich, Wolfgang C. Müller (Hg.): Die Politiker. Karrieren und Wirken bedeutender Repräsentanten der Zweiten Republik. – Wien 1995. S. 377.
80 Vgl. Herbert Dachs: Hans Lechner und die Bundespolitik. – In: Eberhard Zwink (Hg.): Die Ära Lechner. S. 416 ff.
81 Protokoll der Landesparteileitungssitzung, 2. 6. 1962.
82 Ebenda. 26. 1. 1963.
83 Vgl. Protokoll des Landesparteipräsidiums, 2. 3. 1963.

abzuberufen. Die Schlacht sei bereits verloren, der Austausch des Feldherrn auch kein Heilmittel mehr.[84] Es sei nun Aufgabe, „die Vertrauenswürdigkeit unseres Salzburger Führungsgremiums nicht in Frage zu stellen, andererseits aber auch eine Loyalität gegenüber der Gesamtpartei nicht missen zu lassen. [...] Unsere Führungsgarnitur sollte ohne Alternative verhandeln, weder mit Neuwahlen noch mit einer anderen Koalition."[85]

Die Wahl von Josef Klaus zum Bundesparteiobmann am Klagenfurter Parteitag im September 1963 und seine Berufung zum Bundeskanzler am 2. April 1964 kettete die Salzburger Landesorganisation förmlich an die Imponderabilien der Bundespolitik. Besonders deutlich sichtbar wird dies an den Wahlergebnissen:

Die Landtagswahlen vom 26. April 1964 stellte man unter das Motto „Stärkt Klaus in Wien! Wählt Lechner in Salzburg". Bei der Nominierung der Kandidatenliste forcierte man Fachleute und strebte nach einer deutlichen Verjüngung.[86] Das Durchschnittsalter der Abgeordneten betrug schließlich 44 Jahre. Die Regierung war bereits im Vorjahr nach dem Ausscheiden von Landeshauptmann-Stellvertreter Bartholomäus Hasenauer mit Rupert Wolfgruber als Agrarlandesrat verjüngt worden. Die Funktion des Landeshauptmann-Stellvertreters übernahm Michael Haslinger.[87] Martin Saller war dem verstorbenen Landtagspräsidenten Franz Hell im Amt gefolgt. Das Wahlergebnis war schließlich nur in Mandaten ein Erfolg: Ein Stimmenzuwachs von 1,64 % brachte ein Mandat auf Kosten der FPÖ. Die SPÖ gewann 2,3 %, blieb aber bei ihren bisherigen 13 Mandaten. Der mäßige Zugewinn rührt von Schwierigkeiten im bäuerlichen Milieu. Die Unzufriedenheit mit der Agrarpolitik der Bundesregierung führte zur Gründung des Allgemeinen Bauernverbandes, dem vor allem in den Gebirgsgauen auch Bauernbund-Mitglieder beitraten.[88]

Bei den Nationalratswahlen 1966 präsentierte sich die ÖVP als reformierte Partei in Aufbruchsstimmung. „Wir werben um ein Mehr, – wir streben offen gesagt – eine klare Mehrheit an",[89] hatte Josef Klaus als Listenführer[90] der Salzburger Landesliste im Salzburger Festspielhaus proklamiert. Am 6. März erreichte man in Salzburg mit

---

84 Vgl. Ebenda. 16. 3. 1963.
85 Ebenda. 2. 3. 1963.
86 Vgl. Robert KRIECHBAUMER: Die Österreichische Volkspartei. S. 222.
87 Der Nachfolge Haslingers als Landeshauptmann-Stellvertreter stand ein diesbezügliches Berufsausübungsverbot der Salzburger Landesverfassung entgegen. Karl Glaser und Hans Lechner sprachen sich entschieden gegen eine Verfassungsänderung, eine „Lex Haslinger", aus. Lechner meinte „. . . jetzt, wo die Politikerpension in der Bevölkerung noch nicht eingeschlummert ist, könne man nicht mit solchen Verfassungswünschen kommen. In der Praxis läßt sich diese Frage sicherlich auch ohne Verfassungsänderung lösen." Letztendlich drohte er in diesem Fall sogar mit seinem Rücktritt. Vgl. dazu Protokoll der Landesparteileitungssitzung, 26. 1. 1963.
88 Vgl. Protokoll der Landesparteileitungssitzung, 24. 2. 1962, 14. 4. 1962, 15. 9. 1962.
89 Robert KRIECHBAUMER: Zwischen Land und Bund. S. 81.
90 Für die Kandidatur des Bundeskanzlers wurden anfänglich auch die Wahlkreise I (Wien/Innenstadt) und VIII (St.Pölten) in Aussicht genommen. Die Kandidatur auf der Salzburger Landesliste wurde hierorts mit Verwunderung zur Kenntnis genommen, da man befürchtete, als kleinstes Bundesland ein „Opfer" in der Person des Wirtschaftsbund-Abgeordneten Lujo Tončić-Sorinj bringen zu müssen. Erst als feststand, daß Klaus in Salzburg nur die Liste anführen, dann aber ein Wiener Mandat in Anspruch nehmen wolle, verflogen die Vorbehalte. Vgl. Protokolle der Landesparteileitungssitzung, 10. 1. 1966, 25. 1. 1966.

einem Gewinn von 1,99% mit 48,06% das beste Ergebnis seit 1949. Das angestrebte Wahlziel, 100.000 Stimmen, konnte um 4,5% übertroffen werden. Mit der wahlarithmetischen Hilfe der „Olah-Stimmen" verfügte man im Nationalrat über eine absolute Mehrheit von 85 Mandaten. Es sollte bis zur Gemeinderatswahl in der Landeshauptstadt 1972 der letzte Wahlerfolg der Salzburger ÖVP bleiben.

Bei der Gemeinderatswahl am 8. Oktober 1967, die den Reigen der Testwahlen für die Bundespolitik eröffnete, verlor man in der Landeshauptstadt ein Mandat an die SPÖ, die insgesamt 6.836 Stimmen und drei Mandate gewann.[91] Viel Glück oder 664 Stimmen ließen die Landespartei bei den Landtagswahlen am 23. März 1969 auch das bleiben, was sie in ihrem Wahlslogan „Salzburg an der Spitze" für die wirtschaftliche Position des Bundeslandes verkündete. Ein Verlust von 4,17% bedeutete nur mehr 13 Mandate. Der Wahlsieger FPÖ stockte von vier auf sechs auf. Ein halbes Jahr später, am 19. Oktober 1969, gingen bei den Gemeindevertretungswahlen 3,2% der Stimmen oder 106 Mandate verloren. Bei den beiden Nationalratswahlgängen am 1. März 1970 und am 10. Oktober 1971 setzte sich der Trend fort: Die ÖVP verlor 1970 5,2% und 1971 nochmals 1,33%. Nun war sie erstmals bei Wahlen von der SPÖ überrundet worden. Von 48,06% im Jahr 1966 war sie bis 1971 auf 42,55% abgesackt. Die Salzburger Ergebnisse lagen dabei noch unter dem Bundesschnitt.

Die Niederlage bei der Gemeinderatswahl traf die Partei nach 20.000 Hausbesuchen und 100 Empfängen völlig überraschend. Als Ursachen sah man das kooperative Abstimmungsverhalten im Gemeinderat, die kurzfristige Kandidatur des Kammeramtsdirektors Dr. Wilfried Haslauer und den zu sehr gegen die Person von Bürgermeister Bäck nach amerikanischem Vorbild geführten Wahlkampf an. Vereinzelte Schuldzuweisungen an die Bundespolitik wurden noch mehrheitlich zurückgewiesen,[92] und überraschend zurückhaltend ging man in der parteiinternen Wahlanalyse nach den Landtags- und Gemeinderatswahlen 1969 auf bundespolitische Ursachen ein. Nur die Debatte um das 13. Schuljahr wurde als Störfaktor genannt. In der Strukturänderung der Bevölkerung, in der Distanznahme der katholischen Kirche, im Fehlen einer parteieigenen Tageszeitung und in der glücklichen „Leitner-Wahlwerbung" der FPÖ wurden die eigentlichen Gründe vermutet.[93] Für den Einbruch der SPÖ „ins Dorf"[94] bei der Nationalratswahl 1970 wird vollends die Regierungspolitik, insbesondere die Steuer- und Budgetpolitik, verantwortlich gemacht. Auch die Fernsehwahlwerbung mit den „Kapuzenmännern" mißfiel den Mitgliedern des Erweiterten Landesparteivorstandes.[95] Noch zu Beginn des Jahres 1971 wurde die Situation der Bundespartei vernichtend analysiert: „An unserer Spitze weiß man zur Zeit nicht, welche ernsthaften Versuche man unternehmen soll, um aus dieser Situation herauszukommen. [...] Solange ein Withalm Bundesparteiobmann ist, wird kein Stimmungsumschwung stattfinden."[96] Das Wahlresultat sprach für sich.

---

91 Vgl. Robert KRIECHBAUMER: Zwischen Land und Bund. S. 85 f.
92 Vgl. Protokoll der Landesparteileitungssitzung, 9. 10. 1967.
93 Vgl. Ebenda 4. 3. 1969, 20. 10. 1969; allgemein auch Robert KRIECHBAUMER. Zwischen Land und Bund. S. 92 ff.
94 In den reinen Landgemeinden mit deutlicher ÖVP-Mehrheit verlor die ÖVP in Salzburg bis zu 10% der Stimmen. Vgl. Robert KRIECHBAUMER: Zwischen Land und Bund S. 96 f.
95 Vgl. Protokoll des Erweiterten Landesparteivorstandes vom 2. 3. 1970.
96 Vgl. Protokoll des Erweiterten Landesparteipräsidiums, 11. 1. 1971, 7. 5. 1971.

Beginnend mit den Gemeinderatswahlen 1972 sollte sich die Situation für die Landespartei in ihrem Bemühen um Maximierung von Wählerstimmen wieder bessern. Die Protestfunktion regionaler Wahlgänge gegenüber der Bundespolitik, welche sie seit 1966 tief getroffen[97] hatte, brachte nun den umgekehrten Effekt. Bereits bei der Gemeinderatswahl in der Landeshauptstadt am 8. Oktober 1972 konnte die ÖVP ein Mandat von der SPÖ gewinnen. Die Landtagswahl am 31. März 1974 bescherte ihr gar die absolute Mehrheit in der Landesregierung bei einem Gewinn von 6,45% an Stimmen und fünf Mandaten. Auch die Gemeindevertretungswahlen am 20. Oktober 1974 brachten mit 48,2% einen Gewinn von 2,8%. Bei der Nationalratswahl am 5. Oktober 1975, der letzten allgemeinen Wahl der Ära Lechner, blieb die ÖVP trotz leichter Stimmengewinne von 0,32% abermals hinter der SPÖ zurück. Im Unterschied zur Ära Klaus fand der bundespolitische Einfluß in der Ära Kreisky bei Nationalratswahlen keine Entsprechung. Die ausschließlich auf die Person von Bruno Kreisky konzentrierte SPÖ-Wahlwerbung wußte dies bis zum Beginn der achtziger Jahre erfolgreich zu verhindern.[98]

Die langjährigen Mißerfolge waren auch am Image der Salzburger Parteiführung nicht spurlos vorübergegangen. Im Zuge der Diskussion über das neue Parteiprogramm und über eine Parteireform orteten jüngere Kräfte in der Landesorganisation auch hausgemachte Führungsschwächen. Am 22. Landesparteitag, am 21. Oktober 1972, wurde Karl Glaser mangels eines Gegenkandidaten im Amt bestätigt, sein Führungsstil aber als autoritär und zu wenig professionell, seine Amtsführung als phantasielos und selbstzufrieden charakterisiert. Landeshauptmann Lechner wurde zur Kenntnis gebracht, daß seine Bereitschaft zur Wiederkandidatur zwar begrüßenswert, eine personelle Erneuerung im Parteiapparat aber dringend erforderlich sei.[99] Nach der Niederlage bei den Nationalratswahlen 1975 gelang es schließlich einer Reformgruppe der Salzburger ÖVP, das Personalrevirement in Gang zu bringen.[100] Am 30. Dezember 1975 nominierte der Landesparteivorstand auf Antrag von LH Lechner und LPO Glaser Landeshauptmann-Stellvertreter Wilfried Haslauer zum Landesparteiobmann, nachdem Glaser „aus freien Stücken"[101] erklärt hatte, auf eine neuerliche Kandidatur als LPO zu verzichten. Mit 303 von 310 Stimmen wurde Haslauer beim 25. o. Parteitag am 3. April 1976 zum Parteiobmann gewählt. Am 20. April 1977 folgte Haslauer dann auch Hans Lechner in der Funktion des Landeshauptmannes. Lechner hatte bereits zu Weihnachten 1976 der Parteispitze mitgeteilt, aus gesundheitlichen Gründen aus dem Amt scheiden zu wollen.[102]

---

97 Vgl. Robert KRIECHBAUMER: Die Österreichische Volkspartei. – In: Eberhard ZWINK (Hg.): Die Ära Lechner. S. 225.
98 Vgl. Ebenda. S. 227.
99 Vgl. Ebenda. S. 242 f.
100 Vgl. Ebenda. S. 244.
101 Vgl. Protokoll des Erweiterten Landesparteivorstandes, 30. 12. 1975.
102 Vgl. Robert KRIECHBAUMER: Die Österreichische Volkspartei. S. 244.

2. Die Landespolitik in der Ära Lechner

Das politische Klima war in Salzburg traditionell durch konsensorientierte Konfliktlösung der Eliten gekennzeichnet.[103] Diese Praxis, das sprichwörtliche „Salzburger Klima", wollte auch in der Ära Lechner niemand vorsätzlich zerstören. Wenn im Salzburger Landtag zwischen 1969 und 1979 nur 68 Mehrheitsentscheidungen, davon 50 in der Zeit der ÖVP-Regierungsmehrheit ab 1974, getroffen wurden,[104] war dies dennoch keinesfalls gleichbedeutend mit einer entideologisierten, konfliktscheuen, friktionslosen Entscheidungsfindung. Nur die Regierungsmehrheit der letzten Legislaturperiode Hans Lechners enthob die ÖVP der Sorge, von SPÖ und FPÖ majorisiert zu werden.

Vor allem die Anfangsjahre waren von harten Kontroversen mit der SPÖ gekennzeichnet. 1962 strengte LH Lechner gegen den Halleiner Bürgermeister Josef Brandauer eine Ehrenbeleidigungsklage an. Die sozialistischen Abgeordneten Brunauer und Kimml klagten im Gegenzug ÖVP-Landesparteisekretär Molnar. In einer außergerichtlichen Einigung legte man schließlich den Streit bei.[105] Nach der Landtagswahl 1964 sah die SPÖ eine Erschwernis der Parteienverhandlungen durch die neuerliche Kandidatur Lechners als Landeshauptmann gegeben.[106] Bruno Kreisky hatte Lechner bereits 1963 mit dem wenig schmeichelhaften Ausdruck „Wortführer der österreichischen Reaktion" bedacht.[107] Lechner taxierte seinen sozialistischen Kontrahenten Landeshauptmann-Stellvertreter Franz Peyerl als „Vertreter der harten, aber soliden SP-Gruppe"[108]. Die Differenzen mit der SPÖ förderten das Bemühen, mit der FPÖ im Gespräch zu bleiben, um Kampfabstimmungen zu verhindern. Parteienverhandlungen über eine gemeinsame Kandidatur bei der Handelskammerwahl[109] und die Führung von „Kontaktgesprächen"[110] verdeutlichen das Bemühen um die dritte politische Kraft. Von der kurzfristig ins Auge gefaßten Beschlußfassung einer Verfassungsänderung des Salzburger Landtages, um der FPÖ die Übernahme des 2. Vizepräsidenten zu ermöglichen, wurde aber 1965 noch Abstand genommen.[111] Größeren Belastungen war das „Salzburger Klima" nochmals in den Jahren der absoluten Mehrheit der ÖVP in der Landesregierung ausgesetzt.[112] Die grundsätzlich hohe Konsensbereitschaft spiegelt sich auch in den Parteienvereinbarungen zur Regierungsbildung wider: Sowohl 1964 als auch 1969 und 1974 gelang es den Parteien unter Inszenierung des notwendigen Theaterdonners, Arbeitsübereinkommen abzu-

---

103 Vgl. Ernst HANISCH: Landespolitik. S. 23.
104 Vgl. Christian SCHALLER: Das Regierungssystem im Bundesland Salzburg. – In: Herbert DACHS (Hg.): Das politische, soziale und wirtschaftliche System im Bundesland Salzburg. Salzburg Dokumentationen Nr. 87. – Salzburg 1985. S. 67.
105 Vgl. Salzburger Nachrichten, 22. 11. 1962, 24. 11. 1962, 15. 12. 1962.
106 Vgl. Ebenda. 22. 5. 1964.
107 Vgl. Ebenda. 8. 4. 1963.
108 Protokoll der Landesparteileitungssitzung, 16. 12. 1963.
109 Vgl. Protokoll des Landesparteipräsidiums, 30. 1. 1965.
110 Vgl. Ebenda. 28. 7. 1965.
111 Vgl. Salzburger Nachrichten, 1. 10. 1965; Protokoll des Landesparteipräsidiums, 29. 9. 1965.
112 Vgl. Salzburger Nachrichten, 22. 4. 1975, 15. 7. 1975, 31. 12. 1976, 6. 7. 1976, 23. 7. 1976.

schließen.[113] 1964 konnte die ÖVP, die von ihr perhorreszierte „rot-blaue Koalition" verhindern, die ständige Vertretung des Landeshauptmannes oblag nun dem sozialistischen Landeshauptmann-Stellvertreter Peyerl. Landeshauptmann Lechner sah im Übereinkommen „die Basis für eine Arbeit ohne Ressentiments"[114]. 1969 war es für die ÖVP keine Frage, an die SPÖ die Funktion des Landtagspräsidenten für die Wiederwahl Hans Lechners abzutreten.[115] Der FPÖ mußte der 2. Landtagsvizepräsident und die dafür notwendige Verfassungsänderung konzediert werden. Auch nach dem Wahlsieg 1974 gelang es, das gewünschte Dreiparteienübereinkommen abzuschließen. Die ÖVP erhielt u. a. den Landtagspräsidenten und den 2. Vizepräsidenten. Von sozialistischer Seite wurden die Verhandlungen aber als so demütigend empfunden, „daß man lieber auf jede Vereinbarung verzichten wollte".[116]

Beim Ausscheiden aus seinem Amt konzedierten Hans Lechner dessen politische Gegner, einen politischen Typus zu verkörpern, der alle Grenzen zu sprengen scheine – innenpolitisch, parteipolitisch und über Österreich hinaus. Es bleibe sein Verdienst, daß durch seine Bereitschaft zur Zusammenarbeit viele große Leistungen für das Bundesland Salzburg erbracht werden konnten.[117] Zweifelsohne hatte sich Lechner „als durchaus machtbewußtes politisches Schwergewicht" durch seine Offenheit für neue Ideen und seine Ansprechbarkeit für Sorgen und Wünsche der Bevölkerung jenes Maß an Popularität erworben, das ihn als einen allseits gern gesehenen und anerkannten Landesvater auszeichnete.[118]

Die von der ÖVP in den 16 Jahren der Ära Lechner gesetzten landespolitischen Schwerpunkte umfassen die Beseitigung der Wohnungsnot, die Wiedererrichtung der Salzburger Universität, die flächendeckende Versorgung des Landes mit Pflichtschulen wie mit höheren Schulen, den Aufbau eines landesweiten Kindergartenwesens, den Ausbau der Landeskrankenanstalten, den Bau der Tauernautobahn, die Schaffung einer modernen Raumplanung und die Verabschiedung eines Landwirtschaftsgesetzes zur Sicherung des von Strukturänderungen stärkstens betroffenen ländlichen Raumes als Wirtschafts- und Kulturraum.[119] Im Wohnbau zielte die ÖVP vor allem auf die Schaffung von Wohnungseigentum. Zugleich stellte man das Prinzip der Subjektförderung gegen die von den Sozialisten propagierte Objektförderung. Im Salzburger Landeshaushalt waren 1965 im ordentlichen Haushalt für den Bereich Bau-, Wohnungs- und Siedlungswesen 26,4% der Budgetmittel und im außerordentlichen 20,8% ausgewiesen. 1966 wurden erstmals vier Millionen Schilling als Unterstützungsfonds zur Sanierung denkmalgeschützter Gebäude budgetiert. Am 10. Mai 1967 beschloß der Salzburger Landtag als erster Österreichs ein Altstadterhaltungsgesetz. Basierend auf Salzburger Vorschlägen, wurden im Nationalrat gegen die Stimmen der SPÖ ein Wohnbauförderungsgesetz und ein Mietrechtsänderungsgesetz beschlossen. Das

---

113 Vgl. Salzburger Nachrichten, 22. 5. 1964, 23. 5. 1964, 18. 6. 1964, 19. 6. 1964, 27. 6. 1964, 21. 7. 1964, 26. 4. 1969, 29. 4. 1969, 5. 5. 1969, 10. 5. 1969, 14. 5. 1974, 20. 4. 1974, 23. 4. 1974.
114 Protokoll der Landesparteileitungssitzung, 18. 6. 1964.
115 Vgl. Ebenda. 2. 5. 1969.
116 Rudolf G. ARDELT: Die Sozialistische Partei. – In: Eberhard ZWINK (Hg.): Die Ära Lechner. S. 273.
117 Vgl. Erika WEINZIERL: Landespolitik seit 1949. S. 1254 f.
118 Vgl. Herbert DACHS: Hans Lechner. – In: Herbert DACHS u. a.: Die Politiker. S. 375.
119 Vgl. Robert KRIECHBAUMER: Zwischen Land und Bund. S. 127 f.

Wohnbauförderungsgesetz vereinheitlichte die Förderungsbestimmungen, übertrug die Vollziehung an die Länder und fixierte die Subjektförderung. Nach den Bestimmungen dieses Gesetzes wurden in Salzburg zwischen 1968 und 1975 12.346 Wohnungen gefördert.[120] Die Wiedererrichtung der Salzburger Universität war zu Beginn der sechziger Jahre schlechthin die kulturpolitische Hauptforderung der Salzburger ÖVP, die von FPÖ und SPÖ anfänglich entschieden bekämpft wurde.[121] Eine „verkappte katholische Universität" stand allerdings auch für die ÖVP nie zur Diskussion.[122] Durch die Unterstützung von Finanzminister Klaus und Unterrichtsminister Drimmel passierte die Causa „Wiedererrichtung der Salzburger Universität" am 12. Juni 1967 den Ministerrat.[123] In den kulturpolitischen Niederungen, so bei der Besetzung wichtiger Dienstposten am Schulsektor, sah man sich mit einer „Kleinen Koalition" konfrontiert. Da die FPÖ erklärte, daß auf dem Schulsektor ein Überhang der ÖVP bestehe, der abgebaut werden müsse, traf man 1964 in der Meinung, „ein so günstiges Papier später nicht mehr [zu] erhalten",[124] mit der SPÖ die Abmachung, bei der Besetzung wichtiger Dienstposten am Schulsektor vorher eine Vereinbarung zwischen den beiden großen Parteien herbeizuführen.[125] Im Schulbau investierten Land und Gemeinden zwischen 1965 und 1977 1,8 Milliarden Schilling,[126] das Kindergartenprogramm startete 1973, nachdem 1971 die SPÖ eine 4%-Widmung der Mittel des Gemeindeausgleichsfonds für den Kindergartenausbau noch abgelehnt hatte.[127] Mit dem Bau der Tauernautobahn, die vor allem zu einer infrastrukturellen Verbesserung des Lungaus beitragen sollte, mußte Landeshauptmann Lechner die Fortsetzung seiner politischen Karriere verbinden, um sie in Wien durchzusetzen.[128] Das Salzburger Landwirtschaftsgesetz 1974 stützt sich im wesentlichen auf das vom Salzburger Bauernbund erarbeitete Konzept des „ländlichen Raumes".[129]

3. Festigung der Organisation

Im Unterschied zur Landespartei waren die Teilorganisationen ÖWB, ÖAAB und Salzburger Bauernbund mit ihren Kandidaturen in den Interessenvertretungen deutlich erfolgreicher. Der ÖWB setzte die Forderung von Bundeskanzler Julius Raab, „die Handelskammern müßten ebenso Domäne des Wirtschaftsbundes sein, wie die Landwirtschaftskammern die des Bauernbundes sind",[130] erfolgreich in die Tat um: Das Wahlbündnis mit dem Ring Freiheitlicher Wirtschaftstreibender erzielte bei den

---

120 Vgl. Ebenda. S. 128 ff.
121 Vgl. Salzburger Nachrichten, 21. 11. 1961, 16. 12. 1961.
122 Vgl. Ebenda. 16. 12. 1961.
123 Vgl. Robert KRIECHBAUMER: Zwischen Land und Bund. S. 143.
124 Protokoll des Landesparteipräsidiums, 16. 3. 1963; Salzburger Nachrichten, 19. 6. 1964. Anfang 1964 ortete LH Lechner diese „Kleine Koalition" auch in Personalfragen. Vgl. Protokoll des Landesparteirates, 8. 3. 1964.
125 Vgl. Ebenda. 16. 3. 1963; Verletzungen des Abkommens wurden der Führungsschwäche von Landeshauptmann-Stellvertreter Peyerl angelastet. Vgl. Ebenda. 21. 11. 1964.
126 Vgl. Ebenda. S. 144.
127 Vgl. Ebenda. S. 144.
128 Vgl. Ebenda. S. 145 f.
129 Vgl. Ebenda. S. 136 ff.
130 Christian DIRNINGER. Die Arbeitgebervertretung. S. 90.

Wahlen 1965 und 1970 unter der Bezeichnung „Bürgerliche Liste der Salzburger Wirtschaft" 86,7 bzw. 85,6% der Mandate, 1975 als „Liste der Salzburger Wirtschaft" 87,1%.[131] Die Kammerpräsidentschaft lag all die Jahre bei den Obmännern des ÖWB: 1960 löste Friedrich Gugg Josef Ausweger ab, von 1970 bis 1977 stand Alfred Haidenthaller an der Spitze, nach dessen Ableben übernahm Rudolf Friese das Amt des Präsidenten. Der ÖAAB wurde von 1953 bis 1978 von Landesparteiobmann Karl Glaser geführt. Mit Ausnahme eines geringfügigen Verlustes von 0,5% 1969 gelang es dem ÖAAB, seinen Stimmenanteil bei den Arbeiterkammerwahlen von 21,1% (1959) auf 25,8% (1964) und 31,0% (1974) zu steigern. An der absoluten Mehrheit der SPÖ-Fraktion gab es noch nichts zu rütteln, doch gelang es dem ÖAAB, sich als ernstzunehmende Vertretung der Arbeitnehmerinteressen Respekt zu verschaffen. Mit der Wahl Halleins als Tagungsort für den 24. Landesparteitag am 5. April 1975 trat man dem von den Sozialisten behaupteten Alleinvertretungsanspruch, wie LPO Karl Glaser sagte, ostentativ gegenüber.[132] Mit erheblichen Schwierigkeiten hatte hingegen der Salzburger Bauernbund zu kämpfen. Der dramatische Rückgang des bäuerlichen Bevölkerungsanteiles von 17% (1961) auf 8% (1981) wie der Erwerbstätigen im Agrarbereich von 32,0% (1951) auf 9,9% (1981) wurde Anfang der sechziger Jahre von den Betroffenen auch der Politik des Bauernbundes angelastet. Im Allgemeinen Bauernverband entstand eine nicht ungefährliche Konkurrenz, die auch unter Bauernbundmitgliedern regen Zuspruch fand.[133] Besonders unangenehm war der Übertritt des ehemaligen Landesparteiobmannes und Landesschulungsreferenten Martin Gassner. Da Gassner auch bei Versammlungen des Bauernverbandes als Redner auftrat, mußte man seine letztere Funktion bis zum folgenden Landesparteitag für ruhend erklären.[134] Im Detail ortete man beim Bauernverband auch einen der ÖVP nahestehenden Flügel. Da es der Bauernbund ablehnte, mit dem Bauernverband in Verhandlungen zu treten,[135] wurde von seiten des Landesparteiobmannes ein Kompromiß gesucht. Als Josef Loitfellner, der Delegierte des Bauernverbandes, vor der Nationalratswahl 1966 seine Unterschrift unter ein gemeinsames Papier verweigerte, wurde auch seitens der Landesparteileitung auf weitere Kontakte verzichtet.[136] Um dem ÖVP-nahen Flügel des Bauernverbandes bei der Nationalratswahl eine Stimmabgabe für die ÖVP zu ermöglichen, setzte man den Altenmarkter Josef Steiner, der Mitglied des Bauernverbandes war, aber als treuer Gefolgsmann der ÖVP galt,[137] auf einen sicheren Listenplatz.

Am 28. Mai 1968 beteiligte sich der Allgemeine Bauernverband auch an einer Protestaktion, die zur Stürmung des Kammergebäudes und zur Verhinderung der Kammervollversammlung führte.[138] Das für den Bauernbund mit 77,26% vergleichsweise schlechte Wahlergebnis bei der Kammerwahl des Jahres 1965 signalisierte die

---

131 Vgl. Ebenda. S. 94 ff.
132 Vgl. Robert KRIECHBAUMER: Zwischen Land und Bund. S. 176.
133 Vgl. Protokoll der Landesparteileitungssitzung, 15. 9. 1962.
134 Vgl. Protokoll der Landesparteileitungssitzung, 24. 2. 1962.
135 Vgl. Ebenda. 15. 9. 1962.
136 Vgl. Ebenda. 25. 3. 1966.
137 Vgl. Protokoll der Sitzung des Landesparteipräsidiums, 24. 9. 1962.
138 Vgl. Josef LEMBERGER: Die Salzburger Landwirtschaftskammer von 1945 bis 1922. S. 270; Salzburger Nachrichten, 29. 5. 1968.

Unzufriedenheit mit der Kammerpolitik des Bauernbundes. Die Ablösung Isidor Grießners als Kammerpräsident durch Martin Schifferegger knapp vor der Kammerwahl 1970 konnte die absolute Mehrheit mit 78,84% erfolgreich sichern. Das radikalere Auftreten der Kammerfunktionäre gegen die sozialistische Bundesregierung führte schließlich zur Reintegration des bäuerlichen Protestpotentials. 1975 überschritt der Bauernbund mit 81,04% wieder die Achtzigprozentmarke.[139]

Den jahrelangen Bemühungen des Landesparteisekretärs Clemens Molnar (1961–1971) verdankt die ÖVP den Erwerb des Hauses „Seebrunn" in Henndorf, das zu einem modernen Bildungszentrum der Partei ausgebaut wurde. Getragen wird diese Einrichtung von dem eigens dafür gegründeten „Seebrunner Verein", der mehr als 25 Jahre unter der Leitung von Friedrich Mayr Melnhof stand. Hinsichtlich der Organisationsdichte erreichte die ÖVP von 1964 bis 1972 eine Steigerung um 16.000 Mitglieder. 1982 überschritt sie mit einem Zuwachs von weiteren 5.000 Personen die 60.000er Grenze.[140] Die Betreuung der Mitglieder erfolgt über die Teilorganisationen der ÖVP. 1983 stand der Salzburger Rentner- und Pensionistenbund mit 16.500 Mitgliedern an der Spitze, gefolgt vom ÖBB (14.600), vom ÖAAB (13.600), der ÖFB (9.400), dem ÖWB (8.800) und von der ÖJB/JVP (5.000).[141] Konflikte mit einzelnen Ortsgruppen wurden in der Regel im Einvernehmen gelöst. Nur mit der Ortsgruppe Lofer fand die Landesleitung keinen Kompromiß, als sie den Kraftwerksbau bei Lofer unterstützte, da Salzburg auf dem Gebiet der Energiebauten versagt habe und deshalb bei den Stromtarifen hinter Kärnten an letzter Stelle stehe.[142] Die ÖVP band dabei ihre Bauzusage an die Zustimmung der übrigen Landtagsfraktionen.[143] Die ÖVP-Fraktion des Loferer Gemeinderates konstituierte sich neu als Loferer Heimatliste.[144] Nach dem Verzicht der SAFE auf den Kraftwerksbau stand die Landesleitung vor dem Dilemma, die Ortsgruppe mit den jungen Wahlkämpfern der Nationalratswahl neu zu gründen oder es mit der „alten Garnitur" wieder zu versuchen. Über die nicht aufgelösten Bünde erreichte man die Reaktivierung der Ortsgruppe.[145]

Die Ära Haslauer (1977–1989)

Straffe Führung und atypisch hohe Wahlerfolge

Dr. Wilfried Haslauer übernahm von seinem Amtsvorgänger Karl Glaser eine, wie er selbst am 26. Landesparteitag 1979 sagte, „festgefügte, starke und funktionsfähige Organisation", bei der es „stets zu einem gerechten Ausgleich der Interessen und

---

139 Vgl. Gerhard Mangott, Rainer Nick: Die Wirtschaftsverbände im Bundesland Salzburg 1961–1977. – In: Eberhard Zwink (Hg.): Die Ära Lechner. S. 371 ff.
140 Insgesamt zählte sie 61.973 Mitglieder. Vgl. Herbert Dachs. Parteien und Wahlen in Salzburg. – In: Herbert Dachs (Hg.): Parteien und Wahlen in Österreichs Bundesländern 1945–1991. – Wien – München 1992. S. 306.
141 Vgl. Robert Kriechbaumer: Zwischen Land und Bund. S. 181.
142 Vgl. Protokoll des Landesparteipräsidiums, 22. 3. 1965.
143 Vgl. Protokoll Großer Klub, 29. 10. 1965.
144 Vgl. Salzburger Nachrichten, 5. 1. 1966, 19. 1. 1966, 7. 4. 1966.
145 Vgl. Protokoll der Landesparteileitungssitzung, 10. 1. 1966, 11. 10. 1966.

Anschauungen gekommen ist" und bei der „überall Verständnis für den Vorrang und für die Hauptverantwortung der Gesamtpartei"[146] bestand. Hans Lechner übergab ihm ein Land, das trotz der österreichweiten Abkühlung des wirtschaftlichen Wachstums in den siebziger Jahren eine stark überregional angebundene, durch einen überproportionalen Anteil des tertiären Sektors gekennzeichnete Landeswirtschaft, in der Vollbeschäftigung herrschte, vorzeigen konnte.[147] Die Sicherung und Weiterentwicklung des wirtschaftlichen und gesellschaftlichen Entwicklungsstandards und der Ausbau der geistigen und kulturellen Spitzenstellung Salzburgs unter den österreichischen Bundesländern sowie die Vorbereitung Salzburgs auf den europäischen Einigungsprozeß waren Aufgabe der von Wilfried Haslauer bis 1989 geführten Landesregierungen. Zum Jahresende 1988 konnte der Landeshauptmann in seiner Radiorede stolz erklären, daß die Wirtschaftsleistung im abgelaufenen Jahr um sechseinhalb Prozent gestiegen sei und Salzburg ein Pro-Kopf-Bruttosozialprodukt von 230.000 Schilling aufweise. Salzburg lag damit deutlich über dem EG-Durchschnitt und nahm die österreichische Spitzenposition ein.[148] Hinter der schmuckvollen Fassade mußten sich seit Beginn der achtziger Jahre zunehmend Mitbürger aber auch dem Wohlwollen der öffentlichen Hand überantworten: Persönliche Schicksale, soziale Notlagen oder die Hemmnisse des Alters ließen die Sozialhilfeausgaben allein in der Landeshauptstadt zwischen 1980 und 1989 um 294,5% von 91,7 auf 270,1 Millionen Schilling steigen. Der Trend zur Feminisierung der Armut war unverkennbar.[149]

Die landespolitischen Direktiven gab LH Haslauer für die ÖVP in seinen Regierungserklärungen: Arbeit für alle Salzburger, Verantwortung für Natur und Umwelt, Existenzsicherung für die Bauern, Gestaltung des Lebensraumes, Alternativen in der Gesundheits- und Sozialpolitik, neue Akzente für Jugend und Bildung, Entfaltung der schöpferischen Kräfte und Dienst am Bürger waren die Schwerpunkte für die Landtagsperiode 1984 bis 1989, die die ÖVP entscheidend prägte.[150] Die Eröffnung des Salzburger Technologiezentrums, die Installierung des Superrechners West, die Errichtung des Studienversuches Computerwissenschaften, die Ansiedlung des Sony-Werkes, der Ausbau der Altstadtuniversität und die Eröffnung der naturwissen-

---

146 Vgl. Handschriftliche Redeunterlage LH Wilfried HASLAUERs zum 26. Parteitag der ÖVP Salzburg am 25. November 1979 S. 1 f. Archiv der Dr.-Hans-Lechner-Forschungsgesellschaft.
147 Vgl. Josef WYSOCKI: Grundzüge der wirtschaftlichen Entwicklung. S. 51 ff.; Christian Dirninger. Grundzüge der Wirtschaftspolitik im Bundesland Salzburg in den sechziger und siebziger Jahren. – In: Eberhard ZWINK (Hg.): Die Ära Lechner. S. 85f; Robert KRIECHBAUMER: Die Ära Haslauer (1977–1989). – In: Heinz DOPSCH, Hans SPATZENEGGER (Hg.): Geschichte Salzburgs. Stadt und Land. 2. Auflage. Bd. II/2. S. 5*.
148 Vgl. Robert KRIECHBAUMER: Die Ära Haslauer (1977–1989). – In: Heinz DOPSCH, Hans SPATZENEGGER (Hg.): Geschichte Salzburgs. Bd. II/2. S. 1*.
149 Vgl. Ebenda. S. 4* ff.
150 Vgl. Regierungserklärung von Landeshauptmann Dr. Wilfried Haslauer. – In: Eberhard ZWINK (Hg.): Landtagswahl 1984. Schriftenreihe des Landespressebüros. Serie „Salzburg Dokumentationen" Nr. 82. Salzburg 1984. S. 126; Existenzsicherung, Schaffung von Dauerarbeitsplätzen, Ausarbeitung eines Jugendbeschäftigungsplanes, Förderung landwirtschaftlicher und gewerblicher Betriebe, Novellierung des Sozialhilfegesetzes oder den Ausbau der Universität nannte Haslauer als Schwerpunkte seines Regierungsprogramms 1979. Vgl. Salzburger Nachrichten, 2. 5. 1979.

schaftlichen Fakultät in Freisaal fallen ebenso in diese Periode wie die Verbesserung der direktdemokratischen Einrichtungen des Volksbegehrens und der Volksabstimmung und die Einführung des Instrumentes der Volksbefragung, die Novellierung des Salzburger Fremdenverkehrsgesetzes, die Gründung des Arbeitsmarktbeirates, der Beschluß des Strukturverbesserungsgesetzes, die Ablehnung der Errichtung der atomaren Wiederaufbereitungsanlage Wackersdorf und des Atomkraftwerkes Temelin, die Einführung der Abfallberatung oder die Errichtung des ersten Wohnheimes für Multiple-Sklerose-Kranke in Österreich.[151]

Ihre absolute Mehrheit setzte die ÖVP jedoch nur ganz selten ein. Das überzeugte Eintreten Haslauers für den EG-Beitritt Österreichs wie die Novellierung des Fremdenverkehrsgesetzes[152] stießen auf die Bereichsopposition der Sozialisten.

„Zusammenarbeit aus Überzeugung" hatte LH Haslauer am 28. Landesparteitag 1982 als Motto für die Arbeit im Salzburger Landtag proklamiert.[153] Der Salzburger Politologe Herbert Dachs charakterisiert das Verhältnis der drei im Salzburger Landtag vertretenen Parteien bis 1989 als vergleichsweise konfliktarm, „weil für viele weitreichende, sensible und komplizierte Entscheidungen schon im vorparlamentarischen Raum grundlegende Weichenstellungen (durch Einbeziehung der Sozialpartner und die Errichtung von Beiräten bei den einzelnen Ressorts) passieren"[154]. Gegenüber der FPÖ, die bei der Landtagswahl 1984 erstmals seit 1949 ihren Regierungssitz verloren hatte, löste Haslauer das Versprechen zur Zusammenarbeit bei den Parteienverhandlungen 1984 im besonderen ein. Zur „Sicherung der Zusammenarbeit und zur weiteren Einbindung der FPÖ"[155], um ihr zusätzlich Informations-, Mitberatungs- und Mitgestaltungsmöglichkeiten einzuräumen, wurde auf Vorschlag Haslauers ein landespolitischer Arbeitsausschuß (Landeskomitee) eingerichtet.[156]

Über die politischen Parteien hinaus hatte Haslauer bereits in seiner Neujahrsansprache 1978 die Einrichtung eines Beratungsgremiums für landespolitische Themen bekanntgegeben. Zur Versachlichung und zur Verwissenschaftlichung politischer Entscheidungen hatten seine Amtsvorgänger Klaus und Lechner auf Landesebene Expertengutachten eingeholt und Enqueten abhalten lassen. Die Gründung des Salzburger Instituts für Raumforschung 1972 durch seinen Amtsvorgänger bezeichnete Haslauer als „eindrucksvollen Beweis imponierender Weitsicht"[157]. Lechners

---

151 Vgl. Landespolitische Berichte 1985–1989 bzw. für die Ära Haslauer 1977 ff. Hier: Landespolitischer Bericht 1988. – In: Landtagswahl 1989. Schriftenreihe des Landespressebüros Serie „Salzburg Dokumentationen" Nr. 97. S. 215 ff.
152 Vgl. Salzburger Nachrichten, 10. 4. 1985, 30. 5. 1985, 12. 9. 1985, 13. 9. 1985. Gemeinsam mit der FPÖ verhinderte man letztendlich auch die Anwendung des Bodenbeschaffungsgesetzes auf die Landeshauptstadt. Vgl. Ebenda. 21. 12. 1977, 6. 6. 1978.
153 Vgl. Rede von LPO Wilfried Haslauer zum 28. o. Landesparteitag am 24. 11. 1985. Manuskript S. 9.
154 Herbert DACHS: Parteien und Wahlen in Salzburg. S. 334.
155 Protokoll des Landesparteivorstandes, 26. 3. 1984.
156 Vgl. Parteienvereinbarung zur Konstituierung des Salzburger Landtages und zur Bildung der Landesregierung auf Grund der Wahl vom 25. März 1984. – In: Eberhard ZWINK (Hg.): Landtagswahl 1984. – Salzburg 1984. S. 64 f.
157 Wilfried HASLAUER: Die Kooperation der Politik mit dem differenzierten Sachverstand. – In: Salzburg. Geschichte & Politik. Mitteilungen der Dr.-Hans-Lechner-Forschungsgesellschaft. 3/4 1992. S. 231.

Einsicht, daß nur durch die Kooperation mit dem differenzierten Sachverstand den ansteigenden und neu zuwachsenden Anforderungen an die Salzburger Landespolitik entsprochen werden könne, ließ Haslauer im März 1978 die Salzburg-Kommissionen ins Leben rufen, die einer parteipolitischen Verengung der Regierungspolitik durch einen Dialog mit der Wissenschaft vorbeugen und fächerübergreifend Problemlösungen erarbeiten sollten.[158] Freilich war Haslauer bewußt, daß sich wissenschaftliche Erkenntnis und die Möglichkeiten der realen Politik nie zur Gänze zur Deckung bringen lassen.[159]

Haslauers Bekenntnis zur föderativen Ordnung und seine Überzeugung, keiner Auseinandersetzung mit der Bundesregierung aus dem Wege gehen zu können, wenn es das Landesinteresse gebietet,[160] beendete in der Frage der Geschäftsöffnungszeiten am 8. Dezember 1984 die Zusammenarbeit mit der Bundesregierung.[161] Haslauers Verurteilung durch den Verfassungsgerichtshof ließ ihn mit Neuwahlen spekulieren. Doch Landtagswahlen hatten erst am 25. März 1984 stattgefunden, und hier war die Salzburger ÖVP höchst erfolgreich gewesen: Mit 50,2%, 19 Mandaten und vier von sieben Regierungsmitgliedern, einem Gewinn von 4,8% gegenüber 1979, erzielte sie das zweitbeste Ergebnis ihrer Geschichte, das beste seit 1949. Ihre Gewinne waren in einwohnerstärkeren Gemeinden höher als in kleineren Gemeinden und in eher städtischen Gemeinden höher als in Gemeinden mit geringer Wohnungsdichte. Je höher die Steuerkopfquote war, um so höher waren auch die ÖVP-Gewinne.[162] Der Anteil der Nichtwähler betrug bei den „Unter-Dreißigjährigen" 43% und ging mit 25 : 66% zu Lasten der SPÖ.[163]

Um den Landeshauptmann-Bonus zu nützen, war der Wahlkampf unter dem Slogan „Einladung zur Zusammenarbeit" auf die Person des Landeshauptmannes ausgerichtet worden, der als „Der Landeshauptmann für ALLE Salzburger" präsentiert wurde. Die Betonung der Zusammenarbeit sollte dem schon im Wahlkampf 1979 durch die politischen Gegner verwendeten Argument einer „drohenden absoluten Mehrheit" der ÖVP begegnen.[164] Das Wahlplakat „8.000 Arbeitsplätze gemeinsam schaffen" wies ebenso in dieselbe Richtung wie die Vorstellung des Leistungsberichts über die Tätigkeit der ÖVP in der abgelaufenen Legislaturperiode unter dem Titel „Erfolg der Zusammenarbeit". Der Wahlkampf war überdies von langer Hand vorbe-

---

158 Vgl. Robert KRIECHBAUMER: Die Salzburg-Kommission. Politikberatung am Beispiel Salzburg. – In: Österreichisches Jahrbuch für Politik 1991. – Wien – München 1992. S. 855ff; derselbe: Die Ära Haslauer (1977–1988). S. 17*; Michael SCHMOLKE. Für Wilfried Haslauer – Mit Respekt. – In: Dem Salzburger Wilfried Haslauer zu Ehren. – Salzburg 1986. S.VII.
159 Vgl. Wilfried HASLAUER: Die Kooperation der Politik mit dem differenzierten Sachverstand. S. 235.
160 Vgl. Rede von LPO DR. Wilfried Haslauer zum 28. o. Landesparteitag. S. 16.
161 Vgl. Robert KRIECHBAUMER: Die Ära Haslauer (1977–1989). S. 21* f. Seine Erfahrungen im Krisenmanagement bei der LKW-Blockade im Juli 1978 ließen ihn wiederholt vergeblich die Übertragung der Agenden der Sicherheitspolizei in die Kompetenz der Länder fordern. Vgl. Wilfried HASLAUER: Sicherheit ohne Sicherheit. Selbständige Landespolitik auf dem Gebiet der öffentlichen Sicherheit. – In: Salzburg. Geschichte & Politik. 3/4 1991. S. 113 ff.
162 Vgl. Eberhard ZWINK (Hg.): Landtagswahl 1984. Salzburg Dokumentationen Nr. 82. – Salzburg 1984. S. 31 f.
163 Vgl. Protokoll des Landesparteivorstandes, 28. 5. 1984.
164 Vgl. Herbert DACHS: Die Salzburger Landtagswahl 1984. – In: Österreichisches Jahrbuch für Politik 1984. – Wien – München 1985. S. 102 f.

reitet. Bereits im Oktober des Jahres 1980[165] stellte man nach dem Vorbild des „Modell Steiermark" Vorüberlegungen an, um ein durchschlagskräftiges Wahlprogramm für die Landtagswahlen 1984 auszuarbeiten und vor allem eine Verbesserung des Parteiimages in Richtung von mehr Offenheit, Zukunftsorientiertheit und gehobener Problemlösungskompetenz zu erreichen. Im Februar 1981 erfolgte mit der Ernennung des Projektkoordinators der Beginn der Programmarbeit.[166] Im Laufe des Frühjahrs ging man an die Formulierung von 24 Arbeitskreisthemen und an die Gewinnung möglichst kompetenter, mehrheitlich[167] parteiungebundener Arbeitskreisleiter. Am 1. Juni 1981 stellte LPO Haslauer das „Modell Salzburg 2000. Fragen von heute – Antworten für morgen" der Öffentlichkeit vor. Das „Modell" sollte nach den Vorstellungen Haslauers Grundlagen für die weitere Programmarbeit erarbeiten, „die mit dem ideologischen Konzept der ÖVP übereinstimmen und die Partei als solche stärken"[168]. Von Herbst 1981 bis Juli 1982 berieten über 500 Personen in Arbeitskreisen, am 13. November wurden die erarbeiteten Diskussionsbeiträge am 27. ordentlichen Landesparteitag unter dem Motto „für eine gute Zukunft" präsentiert. Parteiintern erfolgte im Spätsommer 1983 die konkrete Ausarbeitung des Landtagswahlprogramms zu den Schwerpunktthemen Heimat, Arbeit, Wohnen, Jugend und Eigenständigkeit,[169] das am Nationalfeiertag im Rahmen eines Salzburg-Kongresses in der Aula der Universität der Öffentlichkeit unter der Bezeichnung „Modell Salzburg 2000" vorgestellt wurde.[170]

Die Kandidatenliste der Volkspartei war – wie stets – nach bündischem wie föderalem Prinzip respektive nach beruflicher und regionaler Ausgewogenheit erstellt worden. Durch die Nominierung des Landesrates Friedrich Mayr Melnhof[171] und der Abgeordneten Helga Rabl-Stadler wollte man „Offenheit und Liberalität" signalisieren. Haslauer war es überdies ein Anliegen, die ÖVP „als eine christlich demokratisch liberale Partei" zu präsentieren.[172]

Der Wahlsieg bei der Landtagswahl 1984 blieb der größte persönliche Wahlerfolg Wilfried Haslauers. Bei der Landtagswahl am 31. März 1979 verlor die Salzburger Volkspartei 1,78% an Stimmen und damit ein Mandat und die Mehrheit in der Regierung. Vor allem die überdurchschnittlich hohen Verluste in den Wahlsprengeln der Landeshauptstadt mit überdurchschnittlich hohen VP- bzw. FP-Anteilen an die erstmals kandidierende Bürgerliste führten mit einem Verlust von 3,4% zum schlechten landesweiten Ergebnis.[173] Nach der Landtagswahl vom 12. März 1989 fand sich die ÖVP mit einem Minus von 6,2% bei 44,0% wieder. Die Verluste fielen in der

---

165 Vgl. Protokoll des Landesparteivorstandes, 20. 10. 1980.
166 Vgl. Ebenda. 2. 2. 1981.
167 13 von den 24 Arbeitskreisleitern waren parteiungebunden. Vgl. Salzburger Nachrichten, 2. 6. 1981.
168 Herbert DACHS. Das Modell Salzburg 2000. – In: Österreichisches Jahrbuch für Politik 1983. Wien – München 1984. S. 323.
169 Vgl. Protokoll des Landesparteivorstandes, 27. 6. 1983.
170 Vgl. Herbert DACHS: Das Modell Salzburg 2000 S. 319 ff.
171 Dipl.-Ing. Friedrich Mayr Melnhof löste am 16. März 1983 Dipl.-Ing. Anton Bonimaier als Agrarlandesrat ab.
172 Vgl. Protokoll des Landesparteivorstandes, 31. 10. 1984.
173 Vgl. Eberhard ZWINK (Hg.): Landtagswahl am 25. März 1979. Schriftenreihe des Landespressebüros. Serie „Salzburg Dokumentationen" Nr. 37. – Salzburg 1979. S. 146 ff.

Landeshauptstadt mit 8,3% und in den zunehmend urbanisierten dynamischen Wachstumsgemeinden des Salzburger Zentralraums mit 6,9% am deutlichsten aus.[174] Vor allem bei Selbständigen, Freiberuflern, Landwirten sowie bei Angestellten und Beamten verlor man deutlich an die FPÖ.[175] Die ÖVP lag von ihrem durchschnittlichen Wähleranteil bei Landtagswahlen von 45,1% aber nicht allzu weit entfernt.[176] Das schlechte Abschneiden ist in erster Linie auf bundespolitische Einflüsse zurückzuführen. Hatte die ÖVP 1984 vom Meinungstief der SP-FP-Koalition und internen Streitigkeiten der Salzburger FPÖ profitiert, so mußte sie 1989 gegen die schlechten Imagewerte der SP-VP-Koalition wie ihres Bundesparteiobmannes ankämpfen. Der auf Landeshauptmann Wilfried Haslauer zugeschnittene Wahlkampf („Wilfried Haslauer – Erfahrung hat Zukunft") vermochte nur ein noch stärkeres Absinken zu verhindern. Mit einem Verlust von drei Mandaten verlor man die absolute Mehrheit im Landtag, behielt aber durch den Einzug der Bürgerliste Salzburg-Land in den Landtag die Mehrheit in der Regierung. Wilfried Haslauer, der schon vor der Landtagswahl gemeint hatte, nicht um jeden Preis Landeshauptmann bleiben zu wollen,[177] und sich als Wahlziel das Halten der absoluten Mehrheit gesetzt hatte, erklärte noch am Wahlabend den Mitgliedern der engsten Parteiführung seinen Rücktritt als Landeshauptmann und Landesparteiobmann.[178] Am Tag nach der Wahl präsentierte Haslauer mit Dr. Hans Katschthaler jenen Mann als seinen Nachfolger, den schon Hans Lechner 1974 als Landeshauptmann ins Auge gefaßt hatte.[179]

Auch die übrigen Wahlgänge in der Ära Haslauer zeigen, daß die ÖVP die – durch den soziokulturellen Wandel und den damit einhergehenden Themen- und Wertewandel bedingte – notwendige Strukturanpassung in den siebziger und achtziger Jahren relativ zufriedenstellend bewältigt hat.[180] Am 6. Mai 1979 hatte sich der Abstand zur SPÖ trotz eines Gewinns von 0,16% noch um 0,03% vergrößert. Neben der ÖVP-Vorarlberg war aber die Salzburger Landesorganisation die einzige, die einen prozentuellen Zuwachs verzeichnen konnte.[181] Bei den Wahlgängen am 24. April 1983 und 23. November 1986 gelang es zumindest, das Wahlziel, vor der SPÖ wieder stärkste Partei zu werden, zu erreichen. Mit 46,1% erzielte man 1983 das viertbeste Wahlergebnis seit 1949, in der Landeshauptstadt mit 42,2% gar das beste

---

174 Vgl. Robert KRIECHBAUMER: Die Salzburger Landtagswahl vom 12. März 1989. – In: Österreichisches Jahrbuch für Politik 1989. – Wien – München 1990. S. 77.
175 Vgl. Herbert DACHS: Denkzettel oder Trend? Die Salzburger Landtagswahl vom 12. März 1989. – In: Salzburger Jahrbuch für Politik 1989. – Salzburg 1989. S. 28.
176 Vgl. Ebenda. S. 12; Robert KRIECHBAUMER: Die Salzburger Landtagswahl vom 12. März 1989. S. 83.
177 Vgl. Robert KRIECHBAUMER: Die Ära Haslauer (1977–1989). S. 20*.
178 Vgl. Franz SCHAUSBERGER: Das politische Umfeld des 31. Landesparteitages der Salzburger ÖVP. – In: Franz SCHAUSBERGER, Friedrich STEINKELLNER: (Hg.): Politik, wie wir sie brauchen: offen, ehrlich, konsequent. 31. ao. Landesparteitag der Salzburger ÖVP am 19. November 1989. – Salzburg 1991. S. 7.
179 Vgl. Robert KRIECHBAUMER: Zwischen Land und Bund. S. 103 ff.
180 Vgl. Herbert DACHS. Parteien und Wahlen in Salzburg. – In: Herbert DACHS (Hg.): Parteien und Wahlen in Österreichs Bundesländern 1945–1991. Österreichisches Jahrbuch für Politik. Sonderband 4. – Wien – München 1992. S. 331; 289 ff.
181 Vgl. Franz SCHAUSBERGER: Die Nationalratswahlen 1983 im Bundesland Salzburg. Dokumentation und Analyse. Salzburg o. J. S. 4.

Die Geschichte der Salzburger ÖVP 1945–1995

seit 1945.[182] Erstmals erreichte man damit fünf Grundmandate. Das Abschneiden 1986 war trotzdem wiederum enttäuschend, da man bei einem Verlust von 5,2% mit 40,9% das schlechteste Resultat seit 1945 zur Kenntnis nehmen mußte. Der Aufstieg der FPÖ unter Jörg Haider und der Durchbruch der Grünen signalisierten bundespolitisch das Ende der Ära des „sozialliberalen Konsenses"[183].

Da fast ein Drittel aller der im Bundesland Salzburg Wahlberechtigten in der Landeshauptstadt wohnen,[184] werden die Wahlen zum Salzburger Gemeinderat auch aus landespolitischem Blickwinkel mit Aufmerksamkeit verfolgt. Bis 1977 war hier ein relativ stabiles Dreiparteiensystem unter einer leichten SPÖ-Dominanz gegeben. 1977 gelang es der Bürgerliste, sich mit zwei Mandaten als vierte Kraft zu etablieren. Die kommunalpolitische Szene war bereits seit Anfang der siebziger Jahre durch die Existenz von Bürgerinitiativen mitgeprägt gewesen.[185] Die ÖVP konnte am 2. Oktober 1977 trotz eines Verlustes von 2,16% ihren Mandatsstand von 14 Mandaten halten, und LPO Haslauer sprach am Landesparteitag auch von einem ausgezeichneten Ergebnis.[186] Die Einschätzung, daß die Landeshauptstadt zu einem Hoffnungsgebiet für die ÖVP werden sollte, bestätigte sich bei den folgenden Gemeinderatswahlen allerdings nicht: Am 3. Oktober 1982 fiel die ÖVP bei einem Verlust von 4,29% mit 28,95% erstmals seit 1949 wieder unter die 30%-Marke, am 4. Oktober 1987 erhielt die kommunalpolitisch unerfahrene Spitzenkandidatin Sigune Neureiter[187] gar nur 22,6%, während die SPÖ mit Bürgermeister Josef Reschen eine absolute Mehrheit an Mandaten erreichte. Landeshauptmann Haslauer, auf dessen politischen Willen die Kandidatur Neureiters zurückzuführen war, überlegte vorerst zurückzutreten,[188] meinte aber tags darauf: „Jetzt zu gehen, wäre Fahnenflucht!"[189]

Bei den Gemeindevertretungswahlen war die Salzburger Landesorganisation in der Ära Haslauer vergleichsweise am erfolgreichsten. Am 14. Oktober 1979 erzielte man mit einem Stimmenzuwachs von 0,6% landesweit 48,6%, am 15. Oktober 1984 erreichte man 50% aller gültigen Stimmen, und am 8. Oktober 1989 hielten sich die Verluste nach der verlorenen Landtagswahl mit 3,9% durchaus im Rahmen. Die Volkspartei stellte am Beginn der Ära Katschthaler in 91 von 118 Salzburger Gemeinden den Bürgermeister.[190]

---

182 Vgl. Ebenda. S. 45 ff.
183 Vgl. Ernst Hanisch: Der lange Schatten des Staates. S. 456 ff.
184 Vgl. Herbert Dachs: Parteien und Wahlen in Salzburg. S. 298.
185 Vgl. Herbert Dachs: Über die Verhältnisse von Bürger und Politik. – In: Heinz Dopsch (Hg.): Vom Stadtrecht zur Bürgerbeteiligung. Festschrift 700 Jahre Stadtrecht von Salzburg. – Salzburg 1987. S. 346 ff.; Robert Kriechbaumer: Die Ära Haslauer (1977–1988). S. 6* ff.
186 Vgl. 26. ordentlicher Landesparteitag der Salzburger ÖVP. Schriftenreihe der Salzburger ÖVP Nr. 11. o. J. S. 30.
187 Vgl. Herbert Dachs: Die Karawane zieht weiter . . .? Bemerkungen zur politischen Kultur in der Stadt Salzburg. – In: Erich Marx (Hg.): Stadt im Umbruch. Salzburg 1890 bis 1990. – Salzburg 1991. S. 29; Robert Kriechbaumer. Die Ära Haslauer (1977–1989). S. 16*.
188 Vgl. Franz Schausberger. Das politische Umfeld des 31. Landesparteitages. S. 8.
189 Salzburger Nachrichten, 5. 10. 1987. Am Wahlabend wurde von Landesparteisekretär Dr. Franz Schausberger eine vor dem Wahltag durchgeführte Meinungsumfrage vorgelegt, die ergab, daß die überwältigende Mehrheit der Salzburger Bevölkerung keinen Grund für einen Rücktritt Haslauers bei einem starken Verlust der ÖVP in der Stadt Salzburg sah.
190 Vgl. Franz Schausberger (Hg.): Politik, wie wir sie brauchen. S. 24.

Der Führungsanspruch Wilfried Haslauers blieb als Parteiobmann stets unbestritten. Während seiner ganzen Obmannschaft waren die früher üblichen Auseinandersetzungen unter den Bünden gänzlich ausgeblieben. Freilich stießen Haslauers zum Teil sehr unkonventionelle Personalentscheidungen, die Forcierung von Quereinsteigern wie etwa Friedrich Mayr Melnhof, Bertl Göttl, Gerheid Widrich, Sigune Neureiter und Christian Menzel in der Partei nicht immer auf Verständnis.

Das Bestreben des Parteiobmannes Haslauer war es, alle Teilorganisationen, die völlig disloziert untergebracht waren, in einem gemeinsamen Haus zu vereinen. Gemeinsam mit Landesparteisekretär Josef Hawel (1971–1979) wurde dieses Ziel 1978 erreicht, alle Organisationen der Partei, die SVZ und das parteieigene Werbeunternehmen Industrie-Team zogen in das „Miele-Haus" am Elisabethkai ein.

Mit der Parteistatutenänderung vom 27. Landesparteitag am 13. November 1982 erhielt die Partei im Salzburger Seniorenbund (SSB) eine sechste Teilorganisation.[191] Bereits beim 24. Parteitag am 5. April 1974 war die traditionelle Gliederung in die drei klassischen Bünde zugunsten von damals fünf Teilorganisationen aufgegeben worden. Zu den drei klassischen Bünden traten 1974 die Österreichische Frauenbewegung (ÖFB) und die Junge ÖVP (JVP).[192] Die nach Mitgliedern stärkste Organisation war beim Ausscheiden Haslauers aus dessen politischen Funktionen 1989 der Seniorenbund (12.633), gefolgt vom Salzburger Bauernbund (12.633), vom ÖAAB (12.322), von der ÖFB (10.888), dem Wirtschaftsbund (7.697) und der JVP (3.879). Ingesamt war die Partei mit 56.943 Mitgliedern auch in ihrer Organisationsdichte die stärkste Partei Salzburgs,[193] wenngleich bereits ein leichter Abwärtstrend feststellbar ist. Das politische Gewicht blieb freilich bei den „alten" Bünden, was durch die Besetzung der Spitzenfunktionen hinlänglich belegbar ist. Die Dominanz der Handelskammer durch den ÖWB und der Landwirtschaftskammer durch den SBB verstärkte sich in der Ära Haslauer noch. Bei den Handelskammerwahlen im April 1985, bei denen der Wirtschaftsbund aufgrund des Eintretens der FPÖ in die Bundesregierung[194] nicht in Listengemeinschaft mit dem Ring Freiheitlicher Wirtschaftstreibender kandidierte, erreichte der ÖWB 83,1%. Sein Obmann Rudolf Friese bzw. seit 1988 seine Obfrau Helga Rabl-Stadler standen auch in der Ära Haslauer an der Spitze der Kammer. Dem Bauernbund gelang bei der Landwirtschaftskammerwahl am 24. Februar 1985 mit seinem Spitzenkandidaten Richard Dürnberger eine Steigerung um 5,2%, womit er über 85,8% oder 25 von 28 Mandaten in der Kammervollversammlung verfügte.

Der ÖAAB erreichte bei den Arbeiterkammerwahlen im Juni 1979 ein Plus von 1,86%, kam 1984 sogar auf 40,74%, verlor aber in der Hoffnung, nach Vorarlberg und Tirol auch in Salzburg den Arbeiterkammerpräsidenten stellen zu können, 1989 mit 13% überraschend hoch.[195]

---

191 Vgl. 27. ordentlicher Landesparteitag der Salzburger Volkspartei. Schriftenreihe der Salzburger Volkspartei Nr. 18. – Salzburg 1974. S. 9 ff.
192 Vgl. Salzburger Volkszeitung, 7. 4. 1974.
193 Vgl. Herbert DACHS: Parteien und Wahlen in Salzburg S. 304 ff.
194 Vgl. Franz SCHAUSBERGER: Organisationsbericht am 28. o. Landesparteitag am 24. 11. 1985. S. 6.
195 Vgl. Franz SCHAUSBERGER: Das politische Umfeld des 31. Landesparteitages. S. 10 f.

Dem engstens aufeinander eingespielten und durch persönliche Freundschaft verbundenen Gespann Wilfried Haslauer als Parteiobmann und Franz Schausberger als Landesparteisekretär (1979–1990) gelang es, die Salzburger ÖVP zu einer modernen und schlagkräftigen Parteiorganisation auszubauen und sie – nach dem Vorbild der CSU des Haslauer-Freundes Franz Josef Strauss – in die Richtung einer „Staatspartei" („Die Salzburg Partei") zu führen. Die Durchführung des „Salzburg-Jahres 1985"[196] und die Verwendung von Elementen des Landeswappens (Löwe) als Symbol zweier Haslauer-Wahlkämpfe weisen in diese Richtung. Ein besonderes Anliegen des LPO Wilfried Haslauer, des Sohnes eines niedrigen, strengkatholischen christlichsozialen Lokalbahn-Beamten, war es, die ÖVP als eine bürgernahe Partei zu präsentieren. Mit der Einführung öffentlicher Sprechtage, von Gemeinde- und Betriebsbesuchen der Regierungsmitglieder, Landtagspräsidenten und Mandatare wie durch themenbezogene Schwerpunktarbeit im „Jahrzehnt der Menschlichkeit"[197] wies Haslauer, der selbst der Repräsentation und Inszenierung durchaus nicht abgeneigt war, der Salzburger Landesorganisation den Weg zum Bürger.[198]

Hans Katschthaler (seit 1989)

Die Salzburger ÖVP in der schwierigen Phase der Dekonzentration des Parteiensystems

Die Landtagswahlen vom 12. März 1989 bedeuteten in mehrfacher Hinsicht eine Zäsur:

1. brachten sie mit der Bürgerliste Salzburg-Land erstmals in der Zweiten Republik – wenn auch nur mit zwei Mandaten – eine vierte Partei in den Salzburger Landtag;

2. konnten die Regierungsparteien sich bei ihren Verhandlungen zwar auf eine Parteienvereinbarung, nicht aber – ebenfalls erstmals in der Zweiten Republik – auf eine gemeinsame Regierungserklärung durch den Landeshauptmann einigen. Landeshauptmann Hans Katschthaler gab seine Regierungserklärung in einer „Antrittsrede" ab. Der freiheitliche Klubobmann Volker Winkler meinte diesbezüglich: „Eine gemeinsame Regierungserklärung, angesichts doch recht weit auseinanderliegender Standpunkte, Grundsätze und Lösungsmöglichkeiten, könnte zwar ein lesbares Gesamtwerk, aber doch nicht Arbeitsgrundlage sein."[199] Die Bürgerliste, der die ÖVP freiwillig einen Sitz in den Ausschüssen überließ und die großzügigerweise zu den Regierungsverhandlungen geladen war, hatte die Verhandlungen bereits vorzeitig

---

196 Vgl. Salzburg-Jahr 1985. Zielsetzung und Maßnahmen. Abschlußbericht zusammengestellt vom Amt der Salzburger Landesregierung. Salzburg 1986; Franz SCHAUSBERGER: Salzburg-Jahr 1985. – In: Salzburg Journal 27/28 1984/1985. S. 42.
197 Vgl. Rede am 26. ordentlichen Landesparteitag. Manuskript. S. 31.
198 Vgl. Herbert DACHS: Wilfried Haslauer. – In: Herbert DACHS u. a.: Die Politiker. S. 208 ff.
199 Stellungnahmen der Landtagsfraktionen zur Antrittsrede von LH Katschthaler. Landesrat Volker Winkler (FPÖ). – In: Roland FLOIMAIR (Hg.): Landtagswahl 1989. – Salzburg 1989. S. 174.

verlassen.[200] Nur ÖVP und SPÖ bekräftigten nachdrücklich ihren Willen zur Zusammenarbeit, zum „Salzburger Klima", im Sinne von Bereitschaft und Fähigkeit zu Kompromiß und Konsens, wie es SP-Landeshauptmann-Stellvertreter Wolfgang Radlegger formulierte.[201] Die Bürgerliste sah darin vielmehr die Behinderung der „Entwicklung einer gereiften demokratischen Konfliktkultur"[202];

3. trat mit LH Haslauer erstmals in Salzburg ein ÖVP-Landeshauptmann als Wahlverlierer zurück. ÖVP-Klubobmann Franz Schausberger würdigte Haslauers Verständnis von politischem Anstand – sprich: die Umsetzung seiner Ankündigung, beim Verlust der absoluten Mehrheit zurückzutreten – als neue Kategorie politischer Kultur.[203] Dabei hatte Haslauer doch ein durchschnittliches und durchaus respektables Ergebnis erzielt. Mit Landeshauptmann Katschthaler, Gerheid Widrich, als erster Frau in der Salzburger Landesregierung, Arno Gasteiger und Bertl Göttl verfügte die ÖVP auch in der neuen Landesregierung über die absolute Mehrheit.

Ökologie, Soziales, Wirtschaft, Kultur, Wohnbau und Demokratie erläuterte Katschthaler, bewußt auch in dieser Reihenfolge, ausführlich als Schwerpunkte seiner politischen Arbeit auf der Grundlage einer „freiheitlich-demokratischen marktwirtschaftlichen Ordnung".[204] Am Ende der Legislaturperiode konnten Landtag und Öffentlichkeit in jedem Bereich eine umfangreiche Bilanz präsentiert werden.[205] Nur 61 von 3.094 Regierungsbeschlüssen waren nicht einstimmig gefällt worden.[206] Aus der Fülle der gemeinsamen Beschlüsse seien die Einsetzung des Untersuchungsausschusses rund um das gemeinnützige Wohnbauunternehmen WEB[207], die Kinder- und Jugendwohlfahrtsordnung, die Raumordnung[208], die Bebauungsgrundlagen- und die Baupolizeigesetz-Novelle[209], das Sonderwohnbauförderungsgesetz 1993 und 1994[210] oder das Landesrechnungshofgesetz 1993[211] hervorgehoben. Gemeinsam feierte man auch das 70-Jahr-Jubiläum der Salzburger Landesverfassung. Nur mit der SPÖ erzielte die ÖVP eine Einigung über eine Änderung der Gemeindeordnung[212] und über die gemeinsame Willensbildung der Länder in

---

200 Die Bürgerliste sah von ihrem umfangreichen Forderungskatalog insgesamt zu wenig in den Regierungsverhandlungen berücksichtigt.
201 Vgl. Stellungnahme der Landtagsfraktionen. Landeshauptmann-Stellvertreter Wolfgang Radlegger. – In: Ebenda. S. 160.
202 Karoline Hochreiter: 70 Jahre Salzburger Landesverfassung. – In: Roland Floimair (Hg.): 70 Jahre Salzburger Landesverfassung. Dokumentation der Festsitzung. Salzburg Dokumentationen Nr. 104. – Salzburg 1991. S. 39.
203 Vgl. Stellungnahmen der Landtagsfraktionen. Dr. Franz Schausberger (ÖVP). – In: Ebenda. S. 150.
204 Vgl. Antrittsrede von Landeshauptmann Dr. Hans Katschthaler. – In: Ebenda. S. 133.
205 Vgl. Bilanz der Salzburger Landesregierung unter LH Dr. Hans Katschthaler. Salzburg 1994. S. 1–42.
206 Vgl. Salzburger Nachrichten, 9. 3. 1994. Für wertvolle Hinweise danke ich Herrn Landtagsdirektor Hofrat Dr. Karl Edtstadler.
207 Vgl. Ebenda. 5. 7. 1989.
208 Vgl. Beilagen zu den Verhandlungen des Salzburger Landtages 5. Session, 10. Periode Nr. 56.
209 Vgl. Ebenda. Nr. 57 und 58.
210 Vgl. Ebenda. Nr. 170.
211 Vgl. Ebenda. 6. Session, 10. Periode Nr. 137.
212 Vgl. Salzburger Nachrichten, 1. 3. 1991.

Angelegenheiten der europäischen Integration (Land-Land-Vereinbarung).[213] Gegen die Stimmen der Bürgerliste fand man eine Landtagsmehrheit bei der Novelle zur Landesverfassung 1945[214], bei der Änderung der Geschäftsordnung des Landtages[215], bei der Mitwirkung des Landtages bei Akten der Vollziehung im Rahmen der europäischen Integration[216], hinsichtlich der EG-Informationspflicht des Bundes an die Länder[217], beim Landeshaushaltsgesetz 1993[218], für die Erhöhung der Obergrenze der Ortstaxe[219], für das Abfallgesetz[220] und das Naturschutzgesetz[221], lehnte man zwei Mißtrauensanträge gegen die Landesregierung ab.[222] Mit FPÖ und Bürgerliste beschloß die ÖVP strengere Bestimmungen für die Errichtung weiterer Einkaufszentren[223], forderte sie von der Bundesregierung die ehestmögliche Anerkennung von Slowenien und Kroatien[224]; mit der FPÖ setzte man ein neues Wohnbauförderungsgesetz[225] durch, beschloß man das Budget 1991[226], das Grundverkehrsgesetz[227], mit der FPÖ-Abgeordneten Iris Schludermann lehnte man das neue Parkgebührengesetz der Landeshauptstadt[228] ab. Die Forderung der FPÖ, gegen LH Katschthaler Ministeranklage zu erheben, wies man mit SPÖ und Bürgerliste ab.[229] Mit diesen beschloß man auch die Novellierung des Ersatzforderungs-Verzichtsgesetzes.[230] Gegen die anderen Parteien blieb die ÖVP im Bestreben, die Krankenhäuser aus der Landesverwaltung auszugliedern, in der Minderheit.[231] Aus den Divergenzen in der Landesregierung ist vor allem die Causa Brennhoflehen hervorzuheben, die zur Aufhebung aller von FPÖ-Landesrat Karl Schnell ausgestellten Bescheide und zur kollegialen Beschlußfassung führte.[232]

Die freie Mehrheitsfindung je nach Sachfrage blieb für die Arbeit in Landtag und Landesregierung über die Landtagswahl 1994 hinaus bestimmend.[233] Zu einer ge-

---

213 Vgl. Beilagen 5. Session, 10. Periode Nr. 167.
214 Vgl. Ebenda. Nr. 165.
215 Vgl. Ebenda. Nr. 168.
216 Vgl. Ebenda. Nr. 166.
217 Vgl. Salzburger Nachrichten, 20. 6. 1991.
218 Vgl. Beilagen 5. Session, 6. Periode Nr. 169.
219 Vgl. Salzburger Nachrichten, 10. 4. 1992.
220 Vgl. Ebenda. 15. 5. 1991.
221 Vgl. Ebenda. 11. 3. 1991.
222 Vgl. Ebenda. 7. 7. 1992.
223 Vgl. Ebenda. 8. 7. 1989.
224 Vgl. Ebenda. 3. 7. 1991.
225 Vgl. Ebenda. 5. 11. 1990.
226 Vgl. Ebenda. 12. 12. 1990.
227 Vgl. Ebenda. 21. 10. 1993.
228 Vgl. Ebenda. 12. 12. 1991.
229 Vgl. Ebenda. 21. 1. 1993.
230 Vgl. Beilagen 6. Session, 10. Periode Nr. 150.
231 Vgl. Salzburger Nachrichten, 29. 10. 1993.
232 Vgl. Ebenda. 3. 12. 1993.
233 Das Protokoll über die Parteienverhandlungen weist erstmals divergierende Standpunkte dezidiert aus. Vgl. Ergebnisse der Parteienverhandlungen. – In: Roland FLOIMAIR (Hg.): Landtagswahlen 1994. Ergebnisse – Analysen – Auswirkungen. Salzburg Dokumentationen Nr. 110. – Salzburg 1994. S. 185–202. Zur Tätigkeit in der 1. Session der XI. Periode vgl. Salzburger Volkszeitung, 2. 1. 1995; Karl EDTSTADLER: Politik: Öffentliches Ansehen und Leistungen oft in direktem Gegensatz. Arbeitsergebnis des Salzburger Landtages am

meinsamen Beschlußfassung fand man bei der Krankenanstaltenordnung[234], einstimmig wurden Entschließungen zur Errichtung einer medizinischen Fakultät[235] und über die Strukturreform des Landeshaushaltes[236] verabschiedet oder die Altstadt-Erhaltungsgesetznovelle beschlossen. Mit der SPÖ fand sich eine Mehrheit für die Strukturreform des Landeshaushaltes[237], für den Ankauf des Porschehofes[238] und für den EU-Beitritt.[239] Mit der Wahl der neuen FPÖ-Führung um Karl Schnell, die die radikale Linie ihres Bundesparteiobmannes Jörg Haider vertritt, entwickelte sich zwischen ÖVP und FPÖ seit Sommer 1992 ein ambivalentes Verhältnis. Dieses war im Landtag besser, und es gelang auch 1994/1995 immer wieder, Mehrheiten mit der FPÖ zu finden. So erzielte man eine Einigung betreffend die Neukodifikation der Bundesverfassung und die Bundesstaatsreform[240], beim Sozialhilfegesetz[241] oder bei der Ablehnung des von der Bürgerliste eingebrachten Mißtrauensantrages gegen F-Landesrat Karl Schnell.[242] Mit vier Stimmen der F-Partei fand auch die 15a B-VG-Vereinbarung über den Schutz der Nutztiere in der Landwirtschaft[243] eine Mehrheit im Landtagsplenum. Eine klare Struktur des Abstimmungsverhaltens ist bei der FPÖ/F-Partei – wie übrigens auch bei der Bürgerliste – aus sachlichen Gründen jedoch nicht erkennbar. Das schlechte Verhältnis zur FPÖ in der Landesregierung führte schließlich auch innerhalb der ÖVP bald nach der Landtagswahl 1994 zu intensivem Nachdenken über eine Verfassungsänderung, das die Einführung des Mehrheitssystems bei der Bildung der Landesregierung ins Auge faßt.[244] LH Hans Katschthaler zählte in seiner Antrittsrede 1994 die Änderung des in der Notzeit nach dem Zweiten Weltkrieg geborenen Proportionalsystems zu den politischen Zielen für das neue Jahrtausend. Das auf Integration und Regierungsfähigkeit angelegte, von Partnerschaft und Respektierung der Stärkeverhältnisse bei wechselnden Mehrheiten geprägte Salzburger Klima wollte Katschthaler hingegen beibehalten.[245] Die Veröffentlichung der protokollarischen Festlegung gemeinsamer Standpunkte bei der Parteienvereinbarung 1994 ist nicht nur Zeichen wachsender Transparenz in der Politik, sondern ist auch mit gutem Grund als Versuch zu interpretieren, populisti-

---

Beispiel des ersten Halbjahres 1995. Manuskript beim Verfasser. Erscheint in Salzburger Volkszeitung im August 1995.
234 Vgl. Salzburger Nachrichten, 10. 3. 1995.
235 Vgl. Beilagen 2. Session, 11. Periode Nr. 686.
236 Vgl. Ebenda. Nr. 311.
237 Vgl. Ebenda. Nr. 436.
238 Vgl. Salzburger Nachrichten, 21. 12. 1994.
239 Vgl. Ebenda. 26. 5. 1995.
240 Vgl. Beilagen 2. Session, 11. Periode Nr. 654.
241 Vgl. Salzburger Nachrichten, 16. 12. 1994.
242 Vgl. Ebenda. 11. 5. 1995.
243 Vgl. Beilagen. 2. Session, 11. Periode Nr. 644.
244 Vgl. Salzburger Nachrichten, 30. 9. 1994, 4. 5. 1995. Zum Proportionalsystem vergleiche auch: Herbert DACHS: Der Regierungsproporz in Österreichs Bundesländern – ein Anachronismus? – In: Österreichisches Politisches Jahrbuch 1994. – Wien – München 1995. S. 623 ff.
245 Antrittsrede von Landeshauptmann Dr. Hans Katschthaler. – In: Roland FLOIMAIR (Hg.): Landtagswahlen 1994. Ergebnisse – Analysen – Auswirkungen. Salzburg Dokumentationen Nr. 110. – Salzburg 1994. S. 142.

sches respektive rechtspopulistisches Politisieren auf ein Minimum zu beschränken.[246]

Als erstes österreichisches Landesparlament einigte sich der Salzburger Landtag auch auf die Öffentlichkeit der Ausschüsse.[247] Auch am Ende der X. Legislaturperiode war das Land Salzburg von hoher Wirtschaftskraft, Wohlstand und hoher Lebensqualität geprägt. Die Kaufkraft lag 11% über dem österreichischen Durchschnitt, die Arbeitslosenrate war mit 5,3% die geringste in Österreich. Das Landesbudget 1994 wies als einziges neben Vorarlberg keine Neuverschuldung aus. Allerdings deuten die rasant steigenden Sozialausgaben[248] auch auf die stärkere Notwendigkeit politischen Gegensteuerns gegen die Erscheinungsweisen neuer Armut hin.

Mit dem von der ÖVP mit Nachdruck vertretenen Beitritt zur Europäischen Gemeinschaft wurden der wirtschaftlichen Entwicklung neue Dimensionen eröffnet.[249] Mit der Eröffnung eines Verbindungsbüros zu den Europäischen Gemeinschaften in Brüssel[250] wie mit der intensiven Partizipation an europäischen Regionalinstituten, so durch den Beitritt zur Versammlung der Regionen Europas 1990,[251] hat Salzburg unter Federführung von LH Katschthaler seinen Weg in ein gemeinsames Haus Europa entschieden in die Wege geleitet.

Die Bestätigung durch das Wählervotum hat die Salzburger ÖVP bei den Landtagswahlen am 13. März 1994 nicht im erhofften Ausmaß erhalten.[252] LH Katschthaler spekulierte im April 1993 noch mit 42% bis 44%,[253] Landesgeschäftsführer Christian Struber korrigierte das Wahlziel im Dezember 1993 auf ein Mehr von 10% gegenüber der SPÖ und auf die doppelte Stärke der FPÖ.[254] Beinahe hätte die ÖVP auch beide Wahlziele erreicht.[255] Mit 38,6% verlor sie aber gegenüber 1989 5,4% an Stimmen, zwei Mandate und somit auch die Mehrheit in der Landesregierung[256] und lag

---

246 Die Einberufung einer Regierungssitzung für den 30. 12., um unerledigte Akten eines F-Landesrates zum letztmöglichen Termin einer Erledigung zuzuführen, konnte damit allerdings nicht verhindert werden. Vgl. SN, 30. 12. 1994.
247 Vgl. Salzburger Nachrichten, 23. 6. 1994.
248 So stieg zwischen 1989 und 1994 das Sozialbudget von 523,1 Mio. auf 1.097 Mio. S: Die Ausgaben für die Weiterführung des Haushaltes kletterten von 14,2 auf 98,7, jene für die Hauskrankenpflege von 8,7 auf 58,5 Mio. Schilling. Vgl. Bilanz der Salzburger Landesregierung. S. 16.
249 Bei einer Wahlbeteiligung von 81,2% sprechen sich 64,9% der Salzburger Wähler bei der Volksabstimmung am 12. Juni 1994 für den Beitritt Österreichs zur Europäischen Union aus. Vgl. SN, 13. 6. 1994.
250 Vgl. Peter MITTERMAYR: Die Praxis der regionalen Außenpolitik des Landes Salzburg. – In: Roland FLOIMAIR (Hg.): Die regionale Außenpolitik des Landes Salzburg. Salzburg Dokumentationen Nr. 108. S. 112 f.
251 Vgl. Andreas KIEFER: Salzburgs Mitwirkung in europäischen Regionalinstituten. – In: Ebenda. S. 147 ff.; hier S. 162.
252 Vgl. Franz SCHAUSBERGER: Die Salzburger Landtagswahl 1994. – In: Österreichisches Jahrbuch für Politik 1994. – Wien – München 1995. S. 255 ff.
253 Vgl. Salzburger Nachrichten, 19. 4. 1993.
254 Vgl. Salzburger Nachrichten, 4. 12. 1993.
255 Die SPÖ erreichte 27,0%, die FPÖ 19,5%; weiters: Bürgerliste 7,3%, Liberales Forum 5,8%, Österreichische Autofahrer- und Bürgerinteressenpartei 1,8%.
256 Das für die Regierungsmehrheit notwendige 15. Mandat wurde um 700 Stimmen versäumt, mit 6.977 Stimmen war das Mandat für die ÖVP eindeutig am teuersten (SPÖ: 6.243, FPÖ: 6.176, Bürgerliste: 6.104). Vgl. Salzburger Volkszeitung, 15. 3. 1994; Gerheid Widrich mußte

erstmals bei Landtagswahlen unter der 40%-Marke. Sie konnte dabei weder von einer anderen Partei noch von den Nichtwählern Stimmen gewinnen und verlor vor allem an die FPÖ rund 9% und die Bürgerliste rund 4%. Nur bei Jungwählern und Eingebürgerten im Wahlalter lag sie mit ca. 50% deutlich voran.[257] Den an landespolitischen Kontroversen armen Wahlkampf führte die ÖVP vor allem gegen FPÖ und Bürgerliste, deren Spitzenkandidaten sie als „Arbeitsplatzverhinderer" affichierte.[258] Unter dem Motto „Menschen statt Plakate" verzichtete sie als erste Partei in Salzburg auf den Einsatz von Großplakaten. Die innere und die soziale Sicherheit machte sie zu ihrem Wahlkampfschwerpunkt, der „Ideensteinbruch" Modell 2000 hatte ein Sicherheitskonzept erarbeitet.[259] Arbeit, Wirtschaft, Wohnbau, Verkehrsfragen und EU-Beitritt prägten ansonsten den Wahlkampf.[260] Mit der Durchführung einer landesweiten Vorwahl unter dem Motto „Wir haben die Kandidaten – Sie haben die Wahl", an der alle Parteimitglieder, aber auch alle Wahlberechtigten ohne Mitgliedschaft bei einer der anderen Parteien teilnehmen konnten, wurde ebenfalls demokratiepolitisches Neuland beschritten. Der Wahlausgang wurde aber von bundespolitischen Einflüssen bestimmt. Da am 13. März auch in Tirol und Kärnten Landtagswahlen abgehalten wurden, kam diesen Wahlen verstärkter Testcharakter für die im Oktober 1994 stattfindenden Nationalratswahlen zu. Die Kandidatur des „Liberalen Forums – Heide Schmidt" verstärkte weiters den Trend zur politischen Dekonzentration, der auch bei den Nationalratswahlgängen 1990 und 1994 wie bei der Gemeinderatswahl in der Landeshauptstadt 1992 für die ÖVP leidlich festzustellen war. Bei der Nationalratswahl am 7. Oktober 1990[261] verlor die ÖVP landesweit 8,8%, am 10. Oktober 1994 abermals 3,1%; mit 29,0% lag sie noch knapp über dem Bundesschnitt (27,74%). Innerhalb von nur acht Jahren war aus einer Großpartei eine Mittelpartei geworden.[262] Mit 31,5% lag 1994 im Lande die SPÖ noch knapp vor ihr, die FPÖ folgte mit 24,2%. Als Kleinparteien konnten sich die Grünen und das Liberale Forum etablieren. Ernüchternd waren vor allem die Ergebnisse in der Landeshauptstadt: 1990 lag die ÖVP mit 24,3% noch um 0,2% vor der FPÖ, 1994 fiel sie mit 21,9% (FPÖ 26,9%) deutlich zurück. Die Erosion der politischen Lager, steigende Nichtwähleranteile, schwelende Kritik am eigenen Parteiobmann, vor allem aber der Aufstieg der FPÖ Jörg Haiders waren für den raschen und tiefen Fall verantwortlich.

---

als Gesundheits-Landesrätin ausscheiden, Bertl Emberger seine Funktion des Dritten Landtagspräsidenten an die FPÖ abtreten.
257 Vgl. Josef RAOS: Wählerstromanalyse. – In: Roland FLOIMAIR (Hg.): Landtagswahl 1994. S. 53 f.
258 Vgl. Salzburger Nachrichten, 30. 11. 1993.
259 Vgl. Franz SCHAUSBERGER. Die Salzburger Landtagswahl 1994. – In: Österreichisches Jahrbuch für Politik 1994. – Wien – München 1995. S. 258. Die einzelnen Slogans lauteten: „Kriminalität bedroht unsere Sicherheit", „Sicherheit ist Freiheit", „Ich kämpfe um jeden Arbeitsplatz", „Mißbrauch gefährdet unser soziales Netz", „Sicherheit ist Geborgenheit".
260 Vgl. Salzburger Nachrichten, 8. 11. 1993, 15. 11. 1993.
261 Vgl. Fritz PLASSER, Franz SOMMER, Peter ULRAM: Eine Kanzler- und Protestwahl. Wählerverhalten und Wahlmotive bei der Nationalratswahl 1990. – In: Österreichisches Jahrbuch für Politik 1990. – Wien – München 1991. S. 95 ff.
262 Zur Entwicklung des Parteiensystems in der Zweiten Republik vgl. Christian HARPFER: Wahlverhalten. – In: Herbert DACHS, Peter GERLICH u. a. (Hg.): Handbuch des politischen Systems Österreichs. Wien 1991. S. 475 ff., und Wolfgang C. MÜLLER. Das Parteiensystem. – In: Ebenda. S. 181 ff.

Die Gemeinderatswahl am 4. Oktober 1992 stand für die Volkspartei unter keinem guten Stern. Vor allem die Diskussion um den Spitzenkandidaten Josef Dechant, der am Stadtparteitag nur 58,6% der Delegiertenstimmen auf sich vereinigen konnte, zeigte eine tiefe innere Zerrissenheit der Stadtorganisation und war dem Wahlziel gewiß nicht förderlich. Mit 24,8% erreichte die ÖVP zwar ein besseres Resultat als 1987, letztendlich aber das zweitschlechteste seit 1945.[263] Das Absacken der SPÖ von 49,3 auf 28%, die SP-internen Vorgänge nach dem Wahldebakel, die zur Abspaltung der Gruppe um Vizebürgermeister Herbert Fartacek als Demokratie 92 führten, der Einzug von sieben Fraktionen in den Gemeinderat, nicht zuletzt aber das geschickte Taktieren von Josef Dechant und Klubobmann Erwin Klemm hievten Josef Dechant als ersten ÖVP-Politiker der Zweiten Republik in das Amt des Bürgermeisters der Landeshauptstadt.[264]

Trotz der Verluste auf regionaler und bundespolitischer Ebene zeigen die Gemeindevertretungswahlen vom 7. November 1994, daß die Partei auf Gemeindeebene eine durchaus intakte Ortsorganisationsstruktur aufweist: Mit 44,6% verlor sie gegenüber 1989 nur 1,5% und stellte nach der ersten Direktwahl der Bürgermeister 88 von 118 Bürgermeistern im Lande.[265] Trotz der Gründung 15 neuer Ortsgruppen vor der Wahl war der FPÖ der Einbruch ins Dorf nicht geglückt.[266] Somit bleibt die Frage offen, ob nicht durch eine effizientere Wartung der Transmission zwischen lokaler und regionaler Ebene der politische Erfolg auf letzterer auch gegen den Bundestrend optimiert werden kann.

Die Funktion des Landesparteiobmannes übernahm Hans Katschthaler von Wilfried Haslauer definitiv am 31. Landesparteitag, der am 19. November 1989 in Saalfelden abgehalten wurde. Seit 3. Mai d. J. hatte Katschthaler als LPO-Stv. die Geschäfte bereits interimistisch geführt.[267] Angesichts der Landtagswahlniederlage forderte Katschthaler eine grundsätzlichere Haltung seiner Partei in Theorie und Praxis des politischen Handelns. Nach einem Bekenntnis zu den Bünden und zur Entwicklung der ökosozialen Marktwirtschaft als Partnerschaft zwischen Arbeit, Kapital und Umwelt, zur Entbürokratisierung, zur Privatisierung und zum Subsidiaritäts- und Solidaritätsprinzip[268] stellte Katschthaler 13 Punkte für eine Neuorientierung der Salzburger Volkspartei zur Diskussion. Neben der Stärkung des Ganzen, der Verbesserung des Erscheinungsbildes, der Intensivierung der Nachwuchspflege, der Fortsetzung der Denkwerkstatt „Modell 2000", der Verstärkung der Bildungsarbeit

---

263 Vgl. Salzburger Nachrichten, 7. 9. 1991, 13. 9. 1991, 28. 10. 1991.
264 Vgl. Salzburger Nachrichten, 26. 11. 1992; Mit den Stimmen der ÖVP, der FPÖ, der drei abtrünnigen SPÖ-Gemeinderäte, der Autofahrerpartei und der Liste Masopust – mit 24 von 40 Stimmen – wurde Josef Dechant am 25. 11. 1992 zum Bürgermeister gewählt. Zur Gemeinderatswahl 1992 vgl.: Franz SCHAUSBERGER: Vom Mehrparteien- zum Vielparteiensystem. Die Gemeinderatswahlen in Salzburg 1992. – In: Österreichisches Jahrbuch für Politik 1992. – Wien – München 1993. S. 303 ff.
265 Vgl. Salzburger Nachrichten, 7. 11. 1994, Salzburger Volkszeitung, 7. 11. 1994; Salzburger Landeszeitung 31/1994. Gegenüber 1989 verlor die ÖVP drei Bürgermeister bzw. 17 Mandate (982 Mandate 1994).
266 Vgl. Salzburger Nachrichten, 2. 11. 1994.
267 Vgl. Franz SCHAUSBERGER: Politik, wie wir sie brauchen. S. 9; Salzburger Nachrichten, 15. 3. 1990, 22. 5. 1990, 30. 5. 1990.
268 Vgl. Ebenda. S. 49 ff.

oder nach stärkerer Berücksichtigung der Kriterien des Persönlichkeitswahlrechts bei der Kandidatenaufstellung[269] nannte er als 6. Punkt, „daß ÖVP-Politiker nur eine bezahlte politische Funktion ausüben sollen"[270]. Die politisierende regionale Presse machte daraus eine ultimative Forderung und konstruierte ein Kriterium für die innerparteiliche Durchsetzungsfähigkeit des neugewählten Landesparteiobmannes.[271] Nach intensiver medialer Debatte verzichteten Helga Rabl-Stadler[272] und Gerhard Schäffer[273] auf ihre Kandidatur zum Nationalrat, Georg Schwarzenberger übergab sein Amt als Präsident der Salzburger Landwirtschaftskammer am 10. Jänner 1991 an Siegfried Embacher.[274] Belastet wurde das innerparteiliche Klima außerdem durch die Debatte über die Herabsetzung der Geschwindigkeitsbeschränkung auf 80/100 km/h. In einer heftigen Kontroverse mit Handelskammerpräsidentin Helga Rabl-Stadler hatte Agrarlandesrat Bertl Göttl seine Wahl zum Bezirksparteiobmann Flachgau mit der Ökolinie der Partei verbunden.[275]

Bis zum 32. Parteitag Mitte Jänner 1992 war in der Partei wieder Ruhe eingekehrt. LH Katschthaler legte seine Halbzeitbilanz „Entschieden für Salzburg" vor und wurde mit 92,8% als LPO wiedergewählt. Der Parteitag diskutierte zu den Zukunftsthemen „Grund und Boden", „Grenzen des Wachstums" und „Reformen im Sozialbereich" und beschloß eine Statutenänderung. Ein Landesparteipräsidium löste die Landesparteileitung als entscheidungsfindendes Leitungsgremium ab, die Parteisekretäre wurden in Geschäftsführer umbenannt, die Entscheidungsgremien verkleinert, die Funktionsdauer auf fünf Jahre verlängert und die Einsetzung von Fachausschüssen als Vorberatungsgremien ermöglicht. Einsetzung und Themenstellung wurden dem Landesparteivorstand vorbehalten.[276] Weiters wurde eine klare Aufgabentrennung zwischen Land/Bezirk/Gemeinden und den Teilorganisationen vorgenommen und in inhaltlicher Hinsicht die ökosoziale Marktwirtschaft als politische Leitlinie verankert. Außerdem wurde der – wie sich herausstellen sollte – erfolgreiche Präsidentschaftskandidat Dr. Thomas Klestil vorgestellt.[277] Im November 1994 faßte der Landesparteivorstand den Beschluß, auf einem angekauften Grundstück in der Landeshauptstadt ein neues Parteihaus zu errichten.[278]

Ein abschließender Blick auf den zahlenmäßigen Stand der Mitglieder der Partei wie ihrer Teilorganisationen zeigt eine deutliche Korrelation zwischen dem negati-

---

269 Vgl. Ebenda. S. 62 ff.
270 Ebenda. S. 63.
271 Vgl. Ebenda. S. 11 f.
272 Vgl. Salzburger Nachrichten, 21. 5. 1990, 22. 5. 1990, 12. 6. 1990.
273 Vgl. Salzburger Nachrichten, 29. 3. 1990, 6. 4. 1990, 11. 4. 1990.
274 Vgl. Roland FLOIMAIR (Hg.): Vom Feudalverband zur Landwirtschaftskammer. S. 443ff; Salzburger Nachrichten, 23. 5. 1990; Schwarzenberger kandidierte wieder, verzichtete aber auf seinen Bezug als Kammerpräsident zugunsten einer Stiftung. Vgl. Franz SCHAUSBERGER: Politik, wie wir sie brauchen. S. 12.
275 Vgl. Franz SCHAUSBERGER: Politik, wie wir sie brauchen. S. 14 f.; Salzburger Nachrichten, 15. 5. 1990, 9. 5. 1990.
276 So wurden temporäre Fachausschüsse zu den Themenkreisen Jugend, Zentralraum, Frau und Familie, Sozialpolitik – Senioren eingesetzt. Freundliche Mitteilung von Herrn Alexander Dittrich, 27. 7. 1995.
277 Vgl. Salzburger Volkszeitung, 19. 1. 1992.
278 Freundliche Mitteilung von Herrn Landesgeschäftsführer Christian Struber, 31. 7. 1995.

Die Geschichte der Salzburger ÖVP 1945-1995

ven Trend bei Wahlen und der Verringerung an Mitgliedern. Zwischen November 1989 und März 1995 sank die Anzahl der Parteimitglieder um 9,42% von 56.943 auf 51.576. Die Verluste sind dabei beim ÖAAB mit 19,43%[279] am größten, gefolgt vom ÖWB mit 15,2%[280], der JVP mit 14,0%[281], dem SBB mit 7,65%[282] und der ÖFB mit 6,8%[283]. Nur der Seniorenbund verzeichnete als einzige Teilorganisation eine Zunahme von 271 Mitgliedern oder 1,56%[284]. Die Anzahl der Direktmitglieder stieg um 35% von 250 auf 339.[285] Die rückläufige Tendenz bekamen die traditionellen Bünde auch bei den Wahlen in die Interessenvertretungen zu spüren. Der ÖAAB verlor, nachdem er schon 1989 13% eingebüßt hatte, bei den Arbeiterkammerwahlen im Oktober 1994 nochmals 3,9% und fiel mit 17 Mandaten oder 23,8% unter den Stand von 1964 zurück. Die Auszehrung des ÖAAB, der zwar den Großteil der landespolitischen Funktionsträger stellt, aber als Teilorganisation nur wenig in Erscheinung tritt, kann dafür neben den Wahlerfolgen Jörg Haiders im Arbeitermilieu mit als Ursache nicht abgeleugnet werden. Wirtschaftsbund und Bauernbund konnten im wesentlichen ihre dominante Stellung in Handelskammer und Landwirtschaftskammer bewahren. Trotz Verlusten von 8,8% 1990 und 4,3% im Jahre 1995 hält der ÖWB in Salzburg noch bei 70,0% und besetzt mit Helga Rabl-Stadler bzw. seit November 1994 mit Günter Puttinger die Kammerspitzenfunktion. Über eine klare Zweidrittelmehrheit mit 20 : 8 Mandaten verfügt auch der Bauernbund in der Landwirtschaftskammer. Mit 5,5% hielten sich die Verluste, die auf die Kandidatur einer an das Potential des Allgemeinen Bauernverbandes anknüpfenden „Überparteilichen Salzburger Bauernschaft" zurückzuführen waren, 1990 noch im Rahmen des Erträglichen. Ein Minus von 13,6% ließ den Bauernbund im Februar 1995 aber erdrutschartig auf 66,7% absacken. Die Schwierigkeiten und Befürchtungen im Zuge des EG-Beitrittes stärkten vor allem in der traditionell nationalen Bauernschaft des Flachgaus die „Freiheitliche Bauernschaft".[286] Die Hoffnungen der Freiheitlichen auf die Brechung der absoluten Mehrheit blieben aber unerfüllt. Die Funktion des Landwirtschaftskammerpräsidenten ging von Georg Schwarzenberger (1991) und Siegfried Embacher (1995) auf Franz Eßl über.

---

279 Allerdings wurde vom ÖAAB auch eine Berichtigung durchgeführt, indem alle zahlungsunwilligen Mitglieder ausgeschieden wurden. 1989: 12.322 1995: 9.928.
280 1989: 7.697 1995: 6.526.
281 1989: 3.879 1995: 3.333.
282 1989: 12.633 1995: 11.667.
283 1989: 10.888 1995: 10.145.
284 1989: 17.360 1995: 17.631.
285 Für die Überlassung des Datenmaterials danke ich Herrn Landesgeschäftsführer Ing. Christian Struber.
286 Die Freiheitliche Bauernschaft erhöhte ihre Sitzanzahl in der Bezirksbauernkammer des Flachgaus von einem auf vier, in den Kammern der übrigen Gaue jeweils von 1 auf 2. Vgl. Ergebnisprotokoll der Salzburger Landwirtschaftskammerwahl 1995. – In: Salzburger Bauernbund Informationsdienst, 22. 2. 1995

Resümee

Unmittelbar nach dem Ende des Zweiten Weltkrieges wurde auch in Salzburg die christlichsoziale Klientel von ihren politischen Repräsentanten der Vorkriegszeit neu organisiert. Der entscheidende Impuls für die Gründung einer neuen Partei, der Österreichischen Volkspartei, kam aus Wien.

Nach vier Jahren innerer Krisen fand die Partei in Dr. Josef Klaus jenen Obmann und Landeshauptmann, der ihr die notwendige Stabilität verlieh und entscheidende Impulse zum wirtschaftlichen und kulturellen Aufstieg des Landes zur Spitze Österreichs setzte. Unter Landesparteiobmann Klaus griff die Salzburger ÖVP auch erstmals in die innere Entwicklung der Gesamtpartei ein. Klaus zählte zu den führenden Reformern der frühen sechziger Jahre und stand als erster und bislang einziger Salzburger Politiker an der Spitze einer Bundesregierung der Zweiten Republik.

Unter den Landeshauptleuten Hans Lechner, Wilfried Haslauer und Hans Katschthaler gestaltete die Partei als stets größte Partei des Landes wesentlich die landespolitische Arbeit und trug durch ihren nachdrücklichen Willen zu Zusammenarbeit und Kompromißfindung zur Entwicklung des sog. „Salzburger Klimas" bei. Erst die bundesweite politische Entwicklung seit Beginn der neunziger Jahre ließ Rufe nach einer stärkeren politischen Abgrenzung und nach einer Veränderung des Proportionalsystems in der Salzburger Landesregierung laut werden.

Die politische Dekonzentration der letzten Jahre führte auch bei der ÖVP-Salzburg zu Verlusten bei Wahlgängen. Sie liegt damit durchaus im österreichischen, vielmehr auch im europäischen Trend. Der Gewinn von knapp vierzig Stimmprozenten bei der letzten Regionalwahl zeigt aber, daß die Partei auf die strukturellen Veränderungen der Gesellschaft während der letzten fünfzig Jahre immer noch Antworten gefunden hat.

Verzeichnis der Politiker der ÖVP

Burgenland

Johann BAUER (1888–1971) Landwirt
1945/46   Mitglied der Prov. Landesregierung
1946–1956   Landesrat
1946–1955   Präsident der Bgld. Landwirtschaftskammer
1945–1955   Obmann des Bgld. Bauernbundes

Dr. Wolfgang DAX (geb. 1939), Landesbeamter
seit 1991   Landtagspräsident

Eduard EHRENHÖFLER (geb. 1936), Tischlermeister
seit 1987   Landesrat
seit 1988   Obmann des Bgld. Wirtschaftsbundes

Johann ERHARDT (geb. 1926), Landwirt
1960–1968   Landesparteisekretär
1961- 1964   3. Landtagspräsident
1964–1977   2. Landtagspräsident
1977–1993   Obmann des Bgld. Seniorenbundes

Johann GRABENHOFER (1903–1990), Landwirt
1949–1953   Landtagspräsident

DDr. Rudolf GROHOTOLSKY (geb. 1922), Landesbeamter
1960–1961   3. Landtagspräsident
1961–1982   Landesrat
1982–1986   Landeshauptmannstellvertreter
1982–1985   Landesparteiobmann

Dipl.-Ing. Johann HALBRITTER (geb. 1927), Architekt
1986–1987   2. Landtagspräsident
1987–1991   Landtagspräsident
seit 1967   Bürgermeister von Neusiedl/See

Johann HAUTZINGER (1909–1973), Landwirt
1953–1960   3. Landtagspräsident
1960–1964   Landtagspräsident
1964–1968   Bundesrat
1964–1972   Präsident der Bgld. Landwirtschaftskammer

Ing. Gerhard JELLASITZ (geb. 1949), Angestellter
1980–1986   Landesparteisekretär
seit 1991   Landesparteiobmann
seit 1993   Landeshauptmannstellvertreter

Dipl.-Ing. Johann KARALL (geb. 1934), Landesbeamter
1982–1987   Landesrat

Dr. Lorenz KARALL (1894–1965), Ziegeleibesitzer
1945–1963   Landesparteiobmann
1945/46   Mitglied Prov. Landesregierung
1945/1946   Landeshauptmannstellvertreter
1946–1956   Landeshauptmann
1956–1960   Erster Landtagspräsident
1956–1965   Präsident der Bgld. Handelskammer
1964–1965   Obmann des Bgld. Wirtschaftsbundes

Josef KAST (1883–1973), Landwirt
1945   Alterspräsident des Burgenländischen Landtages

Josef LENTSCH (1909–1988), Lehrer
1945–1960   Landesparteisekretär
1949–1953 und 1956–1961   Landesrat
1953–1956   Erster Landtagspräsident
1961–1964   Landeshauptmann
1963–1968   Landesparteiobmann

Reinhold POLSTER (geb. 1922), Landwirt
1956–1964   Landesrat
1964–1972   Landeshauptmannstellvertreter
1972–1982   Bundesrat
1964–198$ Obmann des Bgld. Bauernbundes
1972–1987   Präsident der Landwirtschaftskammer

Paul RITTSTEUER (geb. 1947), Angestellter
seit 1987   Landesrat
seit 1990   Obmann des Bgld. Bauernbundes

Dr. Franz SAUERZOPF (geb 1932), Richter, Lehrer
1978–1982 und 1985–1991   Landesparteiobmann
1978–1982 und 1986–1993   Landeshauptmannstellvertreter

Mag. Karl SCHIESSL (geb 1955), Angestellter
seit 1994   Landesgeschäftsführer

Dr. Josef SCHMALL (geb. 1925), Angestellter
1969–1978   Landesparteisekretär
seit 1993   Obmann des Bgld. Seniorenbundes

Franz SORONICS (geb. 1920), Beamter
1956–1978   Landesobmann des ÖAAB
1968–1978   Landesparteiobmann
1959–1971   Nationalratsabgeordneter
1963–1966   Staatssekretär im Innenministerium
1966–1968   Staatssekretär im Sozialministerium

Burgenland

1968–1970   Innenminister
1971–1972   Landesrat
1972–1978   Landeshauptmannstellvertreter
1978–1982   2. Landtagspräsident ;

Mag. Franz STEINDL (geb 1960), Angestellter
1992–1994   Landesgeschäftsführer , Bürgermeister von Purbach am Neusiedler See
seit 1994   Nationalratsabgeordneter.

Hans TINHOF (1915–1979), Lehrer
1964–1971   Landesrat
1950–1977   Bürgermeister von Eisenstadt

Johann WAGNER (1897–1979), Gastwirt
1945/46   Mitglied der Prov. Landesregierung
1946–1956   Landesrat
1956–1961   Landeshauptmann
1955–1956   Präsident der Bgld. Handelskammer
1946–1964   Landesobmann des Wirtschaftbundes

Martin WETSCHKA (1888–1971), Landwirt
1945–1949   Landtagspräsident

Dr. Günter WIDDER (geb. 1940), Landesbeamter, Bankangestellter
1978–1980   Landesparteisekretär
1982–1986   2. Landtagspräsident
seit 1986   Vorstandsmitglied Hypo-Bank Burgenland (seit 1992 Bank Burgenland)

Josef WIESLER (geb. 1930), Landwirt
1972–1987   Landesrat
1984–1990   Obmann des Bgld. Bauernbundes
1987–1990   Präsident der Bgld. Landwirtschaftskammer

Kärnten

Herbert BACHER (geb. 4. 4. 1930) Landwirt
1966–1969 LPO
1970–1978 geschäftsführender Obmann
1972–1979 2. Landeshauptmannstv.
1972–1983 Landesrat

Mag. Valentin BARAC (geb. 12. 4. 1947) AHS-Lehrer
1987–1989 Landesparteisekretär

Hans FERLITSCH (geb. 7. 12. 1890, gest. 11. 9. 1968) Landwirt
1945–1953 1. Landeshauptmannstellvertreter
1953–1960 2. Landeshauptmannstellvertreter

Walter FLUCHER (geb. 30. 8. 1911) Angestellter
1956(?)–1962 Landesparteisekretär

Dr. Karl GRAUSAM (nun: GROSSMANN) (geb.16. 11. 1955) Angestellter
1986–1987 Landesparteisekretär

Hermann GRUBER (geb. 6. 6. 1900, gest. 10. 8. 1984) Landwirt
1945–1959 LPO

Dr. Herwig HOFER (geb. 24. 9. 1940) Angestellter
1979–1986 Landesparteisekretär

Dr. Alois KARISCH (geb. 26. 11. 1901, gest. 25. 2.1986) Beamter
1945–1953 Landesrat (Bauwesen)

Stefan KNAFL (geb. 26. 12. 1927) Lehrer
1978–1986 LPO
1972–1984 Landesrat (Straßenbau)
1979–1986 2. Landeshauptmannstv.
1984–1986 Landesrat (Fremdenverkehr)

Robert LUTSCHOUNIG (geb. 27. 4. 1953) Landwirt
seit 1994 Landesrat (Agrarwesen)

Dr. Alois PAULITSCH (geb. 5. 6. 1926) Finanzbeamter
1963–1979 Landesparteisekretär

Johann RAMSBACHER (geb. 27. 3. 1946) Landwirt
1988–1991 Landesrat (Landwirtschaft)

Franz SAGAISCHEK (geb. 17. 10. 1905, gest. 28. 10. 1974) Kaufmann
1945–1953 Landesrat (Gewerbe)

Dkfm. Harald SCHEUCHER (geb. 23. 9. 1940) Angestellter
1986–1989 LPO
1986–1989 2. Landeshauptmannstv.
1986–1989 Landesrat (Gewerbe, Fremdenverkehr)

Kärnten

Karl SCHLEINZER (geb. 8. 1. 1924, gest. 19. 7. 1975) Beamter
1959–1970   LPO
1960–1961   Landesrat (Agrarwesen)

Hans SCHUMI (geb. 4. 2. 1933) Landwirt
1983–1988   Landesrat (Agrarwesen)

Dr. Georg SMOLNIG (geb. 15. 7. 1957) Angestellter
1986   Landesparteisekretär

Hans STEINER (geb. 17. 2. 1902, gest. 11. 6. 1981) Oberst
1945–1946   Landesparteisekretär

Ing. Thomas TRUPPE (geb. 13. 6. 1921, gest. 1. 1. 1988) Unternehmer
1956–1960   Landesrat (Gewerbe)
1959   geschäftsführender Obmann
1960–1966   2. Landeshauptmannstv.

Paul VOGL-BOECKH (geb. 26. 8. 1897, gest. ?) Offizier
1946–1956(?)   Landesparteisekretär

Dr. Walther WEISSMANN (geb. 20. 3. 1914) Lehrer/Angestellter
1966–1972   2. Landeshauptmannstellvertreter

Dr. Klaus WUTTE (geb. 26. 8. 1959) Angestellter
seit 1989   Landesparteisekretär

Dr. Christof ZERNATTO (geb. 11. 6. 1949) Unternehmer
seit 1989   LPO
seit 1989   Landeshauptmann

Niederösterreich

Dr. Otto BERNAU
1966–1980   Landesparteisekretär
1969–1988   Abg. z. Landtag

Josef HANS
1945   Abg. z. NR
1945–1949   Landesparteisekretär

Dipl.-Ing. Eduard HARTMANN (3. 9. 1904–14. 10. 1966),
1949–1963   Abg. z. NR
1959–1964   Landwirtschaftsminister
1965–1966   LH
1965–1966   Landesparteiobmann

Mag. Siegfried LUDWIG (*14. 2. 1926)
1964–1969 und 1983–1992   Abg. z. Landtag
1969–1981   LHStv.
1981–1992   LH
1975–1980   geschäftsführender Landesparteiobmann
1980–1992   Landesparteiobmann

Andreas MAURER (*7. 9. 1919)
1959–1964   Abg. z. Landtag
1964–1966   LR
1966–1981   LH
1966–1975   geschäftsführender Landesparteiobmann
1975–1980   Landesparteiobmann

Viktor MÜLLNER (10. 7. 1902–12. 7. 1988)
1954–1959   Abg. z. Landtag
1959–1960   LR
1960–1963   LHStv
1965–1966   geschäftsführender Landesparteiobmann

Dr. Georg PRADER (15. 6. 1917–16. 3. 1985)
1954–1959   Abg. z. BR
1959–1979   Abg. z. NR
1964–1970   Verteidigungsminister
1966–1975   Landesparteiobmann

Dipl.-Ing. Dr. Erwin PRÖLL
1980–1981   LR
1981–1992   LHStv.,
seit 1992   LH
seit 1992   Landesparteiobmann

Josef REITHER (26. 6. 1880–30. 4. 1950)
ab 1921   Abg. z. Landtag
ab 1925   LHStv.
1931–1938   LH (1934/35 Landwirtschaftsminister)
1945–1949   LH

Hans SASSMANN
1945–1962   Abg. z. Landtag und Landtagspräsident
1951–1959   geschäftsführender Landesparteiobmann

Johann STEINBÖCK (12. 6. 1894–14. 1. 1962)
1932–1934   Abg. z. Landtag
1934–1938 und 1945–1949   LR
1949–1962   LH

Dr. Ernst STRASSER
seit 1992   Landesparteisekretär
seit 1993   Abg. z. Landtag

Gustav VETTER
1971–1990   Abg. z. NR
1982–1992   Landesparteisekretär

Leopold WEINMAYER
1945–1953   Abg. z. BR
1953–1966   Abg. z. NR
1948–1965   Landesparteisekretär

Walter ZIMPER
1980–1982   Landesparteisekretär

Oberösterreich

Dr. Adolf EIGL
1945   provisorischer Landeshauptmann

Dr. Heinrich GLEISSNER (geb. 26. 1. 1893, gest. 18. 1. 1984)
1945–1971   Landeshauptmann
1945–1968   Landesparteiobmann

Dr. Josef PÜHRINGER (geb. 30. 10. 1949)
1986–1987   Landesparteisekretär
1987–1995   Landesrat
1995–   Landeshauptmann und Landesparteiobmann

Dr. Josef RATZENBÖCK (geb. 15. 4. 1929)
1968–1977   Landesparteisekretär
1973–1977   Landesrat
1977–1995   Landshauptmann und Landesparteiobmann

Dr. Erwin WENZL (geb. 2. 8. 1921)
1952–1968   Landesparteisekretär
1955–1971   Landesrat
1971–1977   Landeshauptmann
1968–1977   Landesparteiobmann

Salzburg

Martin GASSNER (1913–1985)
1945–1949   Abgeordneter zum Nationalrat
1946–1947   Landesparteiobmann

Karl GLASER (geb. 1921)
1949–1955   Abgeordneter zum Landtag
1950–1961   Stadtparteiobmann
1955–1982   Abgeordneter zum Nationalrat
1953–1978   Landesobmann des ÖAAB
1964–1976   Landesparteiobmann

Isidor GRIESSNER (1906–1983)
1950–1970   Präsident der Salzburger Landwirtschaftskammer
1945–1970   Abgeordneter zum Nationalrat
1949–1952   Landesparteiobmann

Bartholomäus HASENAUER (1892–1980)
1945   Mitglied der provisorischen Landeregierung
1945–1949   Landesrat
1945–1946   Landesparteiobmann
1945–1963   Landesobmann des Salzburger Bauernbundes
1949–1963   Landeshauptmann-Stellvertreter

Dr. Wilfried HASLAUER (1926–1992)
1961–1973   Abgeordneter zum Salzburger Landtag
1967–1969   Gemeinderat und Bürgermeister-Stellvertreter in Salzburg
1973–1977   Landeshauptmann-Stellvertreter
1976–1989   Landesparteiobmann
1977–1989   Landeshauptmann von Salzburg

Dipl.-Ing. Richard HILDMANN (1882–1952)
1945   kommissarischer Bürgermeister der Landeshauptstadt Salzburg
1946–1952   Bürgermeister-Stellvertreter
1948–1949   Landesparteiobmann

Mag. Dr. Hans KATSCHTHALER (geb. 1933)
1974–1977   Landesrat
1977–1989   Landeshauptmann-Stellvertreter
1989–   Landesparteiobmann der ÖVP Salzburg
1989–   Landeshauptmann von Salzburg

Dipl.-Ing. Dr. Dr. Hans LECHNER (1913–1994)
1959–1961   Landesrat für Finanz-, Wohnbau-, Verkehrs- und Außenangelegenheiten
1961–1977   Landeshauptmann

Hermann RAINER (1896–1983)
1945   1. Landesparteiobmann
1945–1955   Abgeordneter zum Nationalrat
1954–1959   Landesrat
1959–1960   Mitglied des Bundesrates
1945–1953   Landesobmann des ÖAAB

Steiermark

Karl Brunner
1953–1961   Landesrat
1961–1964   Landtagspräsident

Dr. jur. Alois Dienstleder
1933/34   Landeshauptmann von Steiermark
1945   Landeshauptmannstellvertreter

Hans-Georg Fuchs
1980–1983   Landesrat

Alfons Gorbach
1945–1965   Landesparteiobmann
             Bundeskanzler

Josef Hollersbacher
1945–1948   Landesrat

Udo Illig
1945–1953   Landesrat
1953–1956   Minister

Kurt Jungwirth
1970–1985   Landesrat
1985–1991   Landeshauptmannstellvertreter

Karl Kober
1945–1948   Landesparteisekretär

Simon Koiner
1980–1983   Landesrat

Hanns Koren
1957–1963   Landesrat
1963–1970   Landeshauptmannstellvertreter
1970–1983   Landtagspräsident

Josef Krainer jun.
1971–1980   Landesrat
seit 1980   Landeshauptmann

Josef Krainer sen.
1945–1948   Landesrat
1948–1971   Landeshauptmann von Steiermark

Fritz Niederl
1965–1970   Landesrat
1970–1971   Landeshauptmannstellvertreter
1871–1980   Landeshauptmann

Anton PELZMANN
1963–1980   Landesrat

Anton PIRCHEGGER
1945   Landesrat
1945–1948   Landeshauptmann von Steiermark

Ferdinand PRIRSCH
1948–1965   Landesrat

Josef RIEGLER
1983–1987   Landesrat
1987–1989   Bundesminister
1989–1991   Bundesparteiobmann und Vizekanzler

Josef SCHNEEBERGER
1945   Landesrat

Franz THOMA
1948–1949   Landesrat
1949–1952   Landtagspräsident
1952–1959   Minister

Tobias UDIER
1945–1963   Landeshauptmannstellvertreter

Franz WEGART
1947–1961   Landesparteisekretär
1961–1971   Landesrat
1971–1985   Landeshauptmannstellvertreter
1985–1993   Landtagspräsident

Tirol

Fritz ASTL (geb. 30. 11. 1944) Hauptschuldirektor
seit 1989   Landeskulturrat

Dr. Luis BASSETTI (geb. 13. 1. 1915) Betriebswirt, Diplomkaufmann
1970–1986   Finanzereferent

Ferdinand EBERLE (geb. 1950) Landwirt
seit 1989   Gemeinde-, Naturschutz u. Umweltreferent
seit 1994   Landwirtschafts-, Finanz- u. Grundverkehrsreferent

Ing. Hermann ENNEMOSER (geb. 1940) Wirtschaftreibender u. -berater
1987–1989   Land-, Forstwirtschafts- u. Umweltreferent

Dr. Karl ERLACHER (geb. 7. 5. 1917, gest. 27. 7. 1980) Stadtamtsdirektor
1965–1975   Wohnbaureferent

Dr. Robert FIALA (geb. 17. 2. 1932) Jurist
1963–1991   Landesparteisekretär

Dr. Franz FISCHLER (geb. 23. 9. 1946)
1989–1994   Minister für Land- und Forstwirtschaft

Dr. Hans GAMPER (geb. 27. 2. 1890, gest. 19. 12. 1970) Landesschulinspektor
1945–1949 und 1961–1965   Landeshauptmannstellvertreter
1945–1953 und 1954–1961   Landeskulturrat

Dr. Kurt GATTINGER (geb. 1. 9. 1914) Jurist
1951–1963   Landesparteisekretär

Dr. Alois GRAUSS (geb. 18. 6. 1890, gest. 29. 11. 1957) Land- und Gastwirt
1951–1957   Landeshauptmann

Ing. Dr. Karl GRUBER (geb. 3. 5. 1909, gest. 1. 2. 1995) Ingenieur und Jurist
1945   Landeshauptmann
1945–1953   Außenminister

Dr. Franz HETZENAUER (geb. 24. 2. 1911)
1964–1966   Justizminister
1966–1968   Innenminister

Dipl.-Ing. Anton HRADETZKY (geb. 25. 10. 1900, gest. 14. 5. 1972) Wirtschaftreibender
1945   Verkehrsreferent

Christian HUBER (geb. 11. 1. 1924) Kaufmann
1975–1989   Wirtschaftsreferent

Dr. Rudolf KATHREIN (geb. 18. 9. 1916, gest. 2. 12. 1985) Jurist
1948–1951   Landesparteisekretär

Univ.-Prof. Dr. Hans KLECATSKY (geb. 6. 11. 1920)
1966–1970   Minister für Justiz

Dipl.-Ing. Franz KRANEBITTER (geb. 7. 8. 1927) Bauingenieur
1986–1989   Finanz- u. Fremdenverkehrsreferent

Kommerzialrat Robert LACKNER (geb. 8. 11. 1911, gest. 9. 3. 1984) Bäckermeister
1961–1970   Fremdenverkehrs- u. Wirtschaftsreferent

Sixtus LANNER (geb. 12. 5. 1934) Agraringenieur
1976–1982   Generalsekretär

DDr. Alois LUGGER (geb. 11. 7. 1912) Jurist
1947–1949   Gemeindereferent
1950–1954   Landesparteiobmann
1953–1954   Landeskulturrat
1965–1979   Landtagspräsident

Ing. Helmut MADER (geb. 3. 12. 1941)
1989–1994   Landeshauptmannstellvertreter
1989–1994   Personal- u. Sportreferent
seit 1994   Landtagspräsident

Josef Anton MAYR (geb. 23. 10. 1895, gest. 17. 4. 1979) Ziegeleibesitzer
1949–1961   Landeshauptmannstellvertreter

Josef MUIGG (geb. 20. 8. 1894, gest. 20. 8. 1976) Bauer und Gastwirt
1945–1949   Landwirtschaftsreferent

Dr. Aloys OBERHAMMER (geb. 1. 7. 1900, gest. 24. 2. 1983) Jurist
1946–1948   Landesparteisekretär
1954–1961   Landesparteiobmann
1957–1961   Sport- und Südtirolreferent

Dr. Albin OBERHOFER (geb. 19. 2. 1904, gest. 28. 9. 1962) Handelskammeramtsdirektor
1945–1947   Gemeindereferent

Johann OBERMOSER (geb. 19. 6. 1894, gest. 20. 12. 1981) Landwirt
1947–1948   Wirtschaftsreferent
1949–1965   Landtagspräsident

Kommerzialrat Ing. Josef ORTNER (geb. 4. 4. 1899, gest. 31. 1. 1989) Unternehmer
1945–1949   Finanzreferent

Ing. Dr. Alois PARTL (geb. 13. 1. 1929) Agraringenieur
1970–1989   Gemeindereferent
1987–1991   Landesparteiobmann
1987–1993   Landeshauptmann

Dr. Adolf PLATZGUMMER (geb. 1. 11. 1893, gest. 17. 6. 1951) Richter
1945–1946   Landesparteiobmann
1945–1949   Landtagspräsident

Dr. Fritz PRIOR (geb. 7. 10. 1921) Mittelschulprofessor
1965–1989   Landeshauptmannstellvertreter
1965–1989   Landeskulturrat

Tirol

Dr. Carl REISSIGL (geb. 14. 1. 1925)
1989–1994   Landtagspräsident

Hofrat Dr. Hermann SCHEIDLE (geb. 19. 3. 1903, gest. 22. 1. 1978) Beamter
1961–1965   Wohnbau- u. Sportreferent

Otto STEINEGGER (geb. 8. 5. 1888, gest. 17. 1. 1950) Nationalrat
1946–1950   Landesparteiobmann

Hofrat Konrad STREITER (geb. 22. 8. 1947) Schlossermeister
seit 1994   Gemeinde- u. Raumordnungsreferent

Josef THOMAN (geb. 16. 12. 1923)
1979–1989   Landtagspräsident

Ökonomierat Adolf TROPPMAIR (geb. 23. 4. 1915, gest. 27. 6. 1993) Inspektor, Bezirkssekretär der Landwirtschaftskammer Schwaz
1957–1970   Gemeindereferent

Dr. Hans TSCHIGGFREY (geb. 8. 3. 1904, gest. 30. 6. 1963) Jurist
1949–1963   Finanzreferent
1957–1963   Landeshauptmann
1962–1963   Landesparteiobmann

Kommerzialrat Reinhold UNTERWEGER (geb. 7. 1. 1902, gest. 24. 2. 1986) Unternehmer
1963–1970   Finanzreferent

Ökonomierat Eduard WALLNÖFER (geb. 11. 12. 1913, gest. 15. 3. 1989) Landwirt
1949–1987   Landwirtschafts- bzw. Südtirolreferent
1961–1962 und 1963–1987   Landesparteiobmann
1963–1987   Landeshauptmann

Dr. Wendelin WEINGARTNER (geb. 7. 2. 1937) Jurist, Bankkaufmann
1989–1994   Finanzreferent
seit 1989   Tourismusreferent
seit 1991   Landesparteiobmann
seit 1993   Landeshauptmann

Ing. Dr. Alfons WEISSGATTERER (geb. 28. 3. 1898, gest. 31. 1. 1951) Veterinär
1945   Landeshauptmannstellvertreter
1945–1946   Gemeindereferent
1945–1951   Landeshauptmann

Dr. Elisabeth ZANON (geb. 1955) Chirurgin
seit 1994   Gesundheits-, Familien- u. Wohnbaureferentin

Fridolin ZANON (geb. 23. 3. 1923) Stadtamtsleiter
1975–1989   Personal-, Wohnbau- u. Sportreferent

Dr. Kurt ZEIDLER (geb. 1900, gest. 1971) Lehrer
und gleichzeitig
Dr. Max JENEWEIN (geb. 19. 9. 1909, gest. 21. 7. 1964) Journalist
1945–1946   Landesparteisekretäre

Vorarlberg

Dr. med. Hans-Peter BISCHOF (geb. 1947)
seit 1993   Landesrat für Soziales und Gesundheit, zusätzlich
seit 1994   für Kultur

Konrad BLANK (geb. 1931)
1964–1988   Landesrat für Land- und Forstwirtschaft

Dr. iur. Josef FEUERSTEIN (1891–1969)
1949–1964   Landtagspräsident

Dipl.-Vw. Siegfried GASSER (geb. 1941)
1973–1990   Landesrat für Inneres, Schule, zusätzlich
seit 1979   für Wohnbauförderung
1984–1990   Landesstatthalter
seit 1994   Landtagspräsident

Elisabeth GEHRER (geb. 1942)
1990–1995   Landesrätin für Schule, Wissenschaft und Weiterbildung,
             Entwicklungshilfe, Frauenfragen, Gemeindeentwicklung
seit 1995   Bundesministerin für Unterricht

Ulrich ILG (1905–1986)
1945   Präsident des Landesausschusses
             (Präsidium, Sicherheitswesen, Inneres, Justiz)
1945–1949   Landtagspräsident
1945–1964   Landeshauptmann (Ressorts: Präsidium, Land- und Forstwirtschaft,
             Polizei bis 1954)
1945–1964   Landesparteiobmann
1964–1969   Landesrat für Finanzen und Hochbau

Bertram JÄGER (geb. 1929)
1987–1994   Landtagspräsident

Dr. iur. Herbert KESSLER (geb. 1925)
1964–1987   Landeshauptmann (Ressorts: Präsidium, Schule und Kultur)
1964–1986   Landesparteiobmann

Univ.-Prof. Dr. iur. Ernst KOLB (1912–1928)
1945–1952   Bundesminister für Handel und Wiederaufbau
1952–1954   Bundesminister für Unterricht
1954–1959   Landesstatthalter (Ressorts: Gesetzgebung, Polizei,
             Innere Angelegenheiten, Kultur)

Dr. iur. Guntram LINS (geb. 1938)
1984–1994   Landesrat für Finanzen, Gesetzgebung, zusätzlich
seit 1989   Kultur

Vorarlberg 757

Bundesrat Eugen LEISSING (geb. 1913)
1945   Mitglied des Landesausschusses (Kultur, Erziehung, Wissenschaft)
1945   Interimistischer Landesparteisekretär
1945–1949   Regierungsreferent für kulturelle Angelegenheiten

Dr. iur. Rudolf MANDL (geb. 1926)
1969–1984   Landesrat für Gesetzgebung, Finanzen und Hochbau
1974–1984   Landesstatthalter

Alfred MAYER (geb. 1936)
1979–1993   Landesrat für Soziales und Gesundheit

Martin MÜLLER (1915–1989)
1964–1974   Landesrat für Wirtschaft und Straßenbau
1973–1974   Landesstatthalter

Josef Franz K. NAUMANN (1904–1980)
1946–1969   Landesparteisekretär

Dr. iur. Martin PURTSCHER (geb. 1928)
1974–1987   Landtagspräsident
seit 1987   Landeshauptmann (Ressorts: Präsidium, Wirtschaft, Wissenschaft und
                Weiterbildung bis 1989).

Dr. iur. Gerold RATZ (geb. 1919)
1959–1973   Landesrat (Gesetzgebung, Polizei, Innere Angelegenheiten,
                Wohnbauförderung)
1964–1973   Landesstatthalter

Manfred REIN (geb. 1948)
Seit 1994   Landesrat für Verkehrsrecht, Raumplanung und Baurecht, Sport

Dr. iur. Elmar RÜMMELE (geb. 1927)
1979–1984   Landesrat für Wirtschaft und Straßenbau

Mag. rer. soc. oec. Martin RUEPP (geb. 1955)
Seit 1991   Landesparteisekretär

Dr. iur. Herbert SAUSGRUBER (geb. 1946)
1989–1994   Landesrat für Inneres und Wohnbauförderung
seit 1994   für Finanzen, Gesetzgebung, Feuerpolizei und Rettungswesen
seit 1990   Landesstatthalter
seit 1986   Landesparteiobmann

Oswald SCHOBEL (1901–1980)
1954–1964   Landesrat für Schule und Kultus

Dr. iur. Martin SCHREIBER (1879–1961)
1945–1954   Landesstatthalter (Ressorts: Gesetzgebung, Innere Angelegenheiten,
                Schule und Kultur bis 1949)

Ing. Erich SCHWÄRZLER (geb. 1953)
seit 1993   Landesrat für Land- und Forstwirtschaft, zusätzlich
seit 1994   Innere Angelegenheiten, Umweltschutz

Dr. iur. Josef SINZ (1902–1960)
1945–1946   Interimistischer Landesparteisekretär

Andreas SPRENGER (1899–1968)
1945   Mitglied des Landesausschusses
1945–1954   Landesrat ohne Geschäftsbereich bis 1949, ab 1949 Schule und Kultur

Dr. phil. Karl TIZIAN (1915–1985)
1964–1974   Landtagspräsident

Anton TÜRTSCHER (geb. 1933)
1988–1993   Landesrat für Land- und Forstwirtschaft

Eduard ULMER (1899–1970)
1945   Mitglied des Landesausschusses (Wirtschaft)
1945–1963   Landesrat für Wirtschaft und Straßenbau zusätzlich
             ab 1949 Vermögenssicherung, von 1949 bis 1954 Verkehr,
1959–1963   Landesstatthalter

Günter VETTER (geb. 1936)
1984–1989   Landesrat für Wirtschaft, Straßen- und Hochbau

Adolf VÖGEL (1891–1972)
1945   Mitglied des Landesausschusses (Finanzen)
1945–1964   Landesrat für Finanzen, Wasserbau-, Hochbau, Straßenbau bis 1954

Dr. Eva-Maria WAIBEL (geb. 1953)
seit 1995   Landesrätin für Schule, Wissenschaft und Weiterbildung, Soziales,
             Jugend, Familie, Frauen, Entwicklungshilfe

Jürgen WEISS (geb. 1947)
1969–1991   Landesparteisekretär
1991–1994   Bundesminister für Föderalismus und Verwaltungsreform
1994   Bundesminister für Land- und Forstwirtschaft

Karl ZERLAUTH (1894–1967)
1945   Mitglied des Landesausschusses (Ernährung, Landwirtschaft)
1945–1949   Regierungsreferent für Ernährung

Wien

Dolores BAUER
1986–1987   Stadtrat

Franz Josef BAUER (1927 bis 1988)
1964–1970   GR
1969–1976   LPO
1977–1988   Volksanwalt

Franz BAUER (gest. 1964)
1950–1954/1954–1959/1959–1964   Stadtrat

Erhard BUSEK (geb. 1941)
1972–1976   GS des ÖWB
1975/76   GS der ÖVP
1976   LPO gf.
1976–1978 und 1987–1989   Stadtrat
1976–1989   LPO
1978–1983   GR
1978–1987   LH-Stv. und Vizebürgermeister
1978–1987   Vizebürgermeister
1989–19   Bundesminister für Wissenschaft und Forschung
1991–19   Vizekanzler und BPO
Veröffentlichungen u. a.: „Die unvollendete Republik" (1968)
„Demokratiekritik-Demokratiereform" (1969)
„Wien – ein bürgerliches Credo" (1978)
„Mut zum aufrechten Gang" (1983)
„Projekt Mitteleuropa" (1986)

Dr. Heinrich DRIMMEL
1964–1969   Vizebürgermeister und LH-Stv.
1964–1969   Stadtrat

Ing. Günther ENGELMAYER
1987–1989   Stadtrat

Dr. Erich EXEL
1946–1950   Stadtrat

Karl FLÖDL
1946–1949   Stadtrat

Anton FÜRST
1983–1986   Stadtrat

Dr. Otto GLÜCK
1959–1973   Stadtrat

Dr. Günther GOLLER
1973–1978   Stadtrat (ohne Portefeuille)
1978–1983   Stadtrat

Bernhard GÖRG (geb. 1942)
1966   Assistent des ÖVP-Hauptgeschäftsführers
          Presse- und Organisationsreferent des ÖWB
1991   Kandidatur zum BPO
ab 1992   LPO
1992   Stadtrat
          Veröffentlichungen:
          Zukunft des Managers, Manager der Zukunft (1989)

Maria HAMPEL-FUCHS
1983–1991 und seit 1991   Stadtrat

Leopold HARTL (1906 bis 1979)
1958–1970   Abg. z. NR
1960–1969   LPO
1966–1978   LO des Seniorenbundes

Dr. Ludwig HERBERTH
1945   Stadtrat

Univ.-Prof. Dr. Wilhelm KERL (gest. 29. 5. 1945)
1945   Stadtrat

Dr. Hannes KRASSER
1969–1973   Stadtrat

Dr. Gertrude KUBIENA
1978–1983   Stadtrat

Leopold KUNSCHAK
1945–1946   Vizebürgermeister und LH-Stv.
            Stadtrat

Karl LAKOWITSCH
1953–1964   Stadtrat
1959–1964   LH-Stv.

Walter LEHNER
1973–1976   Stadtrat

Dr. Jörg MAUTHE
1978–1986   Stadtrat

Dkfm. Richard NATHSCHLÄGER
1949–1950 und 1954–1959   Stadtrat

Walter NETTIG
seit 1989   Stadtrat

Wilhelm NEUSSER
1973–1978   Stadtrat (ohne Portefeuille)
1978–1987   Stadtrat

Emil OSWALD
1945 LPO

Otto PELZELMAYER
1971–1973 Stadtrat

Wolfgang PETRIK (geb. 1948)
1979–1991 GR
1989–1991 LPO
1989–1990 Stadtrat
1989–1991 LPO

Fritz POLCAR (1909–1975)
1947–1950 gf. LPO
1950–1958 LPO
1947–1950 LO des ÖAAB
1953–1958 Abg. z. NR

Dkfm.DDr. Pius Michael PRUTSCHER
1964–1971 Stadtrat

Josef REICH
1958 gf. LPO

Univ.-Prof. Dr. Fritz REUTER
1945–1946 Stadtrat

Dr. Ernst ROBETSCHEK
1950–1953 Stadtrat

Anton ROHRHOFER
1945–1950 Stadtrat

Dkfm. Dr. Maria SCHAUMAYER
1965–1973 Stadtrat

Anton SCHWAIGER
1959–1964 Stadtrat

Karl TITZE
1969 gf. LPO

Lois WEINBERGER (1902–1961)
1945–1905 und 1958–1960 LPO
1945 Unterstaatssekretär
1946–1959 LHStv./VBM sw. amtsführender Stadtrat
1945–1961 GR
1945–1953 Abg. z. NR
Veröffentlichungen: „Tatsachen, Begegnungen und Gespräche" (1948)

Univ.-Prof. Dr. Manfried WELAN
seit 1986 Stadtrat

Heinrich WILLE (geb. 1938)
1978/79   BVStv. Wieden
1991–1992   LPO
seit 1991   Stadtrat

Dr. Johann WOLLINGER (gest. 17. 9. 1965)
1964–1965   Stadtrat

Personenregister

Ableitinger, Alfred   11, 58, 137
Adenauer, Konrad   318, 373
Aglas, Erwin   430
Albrecht, Annelise   344
Aichinger, Manuela   430
Aichinger, Walter   235
Aiginger, Karl   130
Aigner, Josef   404
Allitsch   417
Altenburger, Erwin   22, 207, 262, 300 ff.
Altmann, Karl   34
Amann, Josef Anton   625 f.
Amann, Otto   614, 628 f., 632
Amschl, Hans   228 ff., 529 ff.
Andreotti, Giulio   388 f.
Androsch, Hannes   62, 515, 673
Arnold, Hermann   679
Ascher, Josef   646
Astl, Fritz   243, 753
Atz, Josef   669
Atzwanger, Anton   407
Ausweger, Josef   707 f., 714, 719, 728

Babitsch, Leopold   146, 148 f., 168 f., 563, 571 f., 576, 579
Bacher, Herbert   229 f., 548 ff., 552 ff., 744
Bachmann, Dietmar   664, 692
Bäck, Alfred   723
Barac, Valentin   744
Bartenstein, Martin   89, 208, 592
Bassetti, Luis   243, 665, 669, 675, 686, 689, 753
Bauer, Anna   525
Bauer, Anton   577
Bauer, Dolores   759
Bauer, Franz   212 f., 759
Bauer, Franz-Josef   476, 484, 759
Bauer, Johann   217, 491 f., 494, 496, 499, 525, 741
Bauer, Wolfgang   596
Bayer, Johanna   584
Becker, Hans   17
Benya, Karl   378
Bereuter, Irene   642
Berloffa, Alcide   389
Bernaschek, Ludwig   407, 414
Bernau, Otto   443 ff., 449, 746

Bertsch, Jakob   605, 607
Bertsch, Josef   630
Béthouart, Marie-Emile   624
Betz, Hans Georg   182
Bezemek, Ernst   430
Bierbaum, Matthias   221
Bilz, Heinz   619
Binder, Dieter A.   559
Birk, Franz   180
Birzele, Karl   574
Bischof, Hans-Peter   247, 756
Blaickner, Elfriede   627
Blank, Konrad   246, 756
Blecha, Karl   179
Blenk, Wolfgang   630, 641
Blochberger, Franz   221 f., 449
Blöchl, Johann   233 ff., 407, 410 ff., 415 f., 420, 422 f., 430
Bobleter, Carl H.   48, 207, 639
Bock, Fritz   13, 29, 45, 50, 207, 299, 301
Böck-Greissau, Josef C.   39, 207
Bögl, Hans   494, 505 f.
Böhler, Lorenz   42
Böhm, Anton   568
Böhm, Johann   42, 292, 295
Bohnenberger, Friedrich   710
Bonimaier, Anton   239
Böröcz, Vinzenz   491
Borodajkewycz, Taras   36, 417, 568
Brachmann, Hans   437
Brandauer, Josef   725
Brandt, Willy   54, 124
Braunrath, Helga   508
Braunsteiner, Herbert   18, 24, 410, 528, 707
Brehm, Bruno   584
Breier, Eugen   638
Breisky, Michael   398
Breitner, Burghard   38
Breitwieser, Franz   233, 235
Brenneis, Friedrich   411
Bretschneider, Rudolf   477
Brix, Emil   398
Broda, Christian   81, 330
Bruckbauer, Friedrich   624
Bruckmüller, Ernst   281
Brugger, Anton   686
Brüggl, Simon   687 f.

Brunauer, Josef 725
Brunner, Armin 616, 628
Brunner, Karl 225, 417, 559, 751
Brunner, Otto 283
Buber, Martin 110
Buchinger, Josef 25, 147, 490
Buchinger, Karl 437
Buchinger, Rudolf 206
Buchta, Franz 525
Bumballa, Raoul 17 ff., 26, 143 f., 146 f., 206, 707
Bürckel, Josef 418
Burger-Scheidlin, Kurt 552
Burjan, Hildegard 361
Bürkle, Hans 639
Bürkle, Johann 207
Burmeister, Karl Heinz 615
Busek, Erhard 13, 57 ff., 63, 70, 73 ff., 77, 80, 83 ff., 87 ff., 122, 125 f., 131, ff., 192, 203, 205 f., 208, 212 f., 313, 322, 332, 334, 345, 361, 380 f., 384 ff., 392 f., 398, 467, 469, 476 ff., 559, 599, 680, 759

Canaval, Gustav A. 36
Cap, Josef 518, 592
Čarnogursky, Jan 390
Carolina 582
Cherriere, Paul 33
Chibidziura, Wolf 592
Chirac, Jacques 386
Chmelir, Rudolf 430
Clemenceau, Georges 394
Clinton, Hillary 354
Colombo, Emilio 388
Cortolezis, C., jun. 592
Cortolezis, C., sen. 592
Czermak, Emmerich 581
Czettel, Hans 444

Dachs, Herbert 194, 398, 731
Dahrendorf, Ralf 48, 123
Dax, Wolfgang 517, 519, 522, 524, 741
Dechant, Josef 743
d'Hondt 512
Deiser, Roland 190, 191
Dellepiane, Johannes 257 f.
Demblin, Alexander 398
Denger, Josef 454
Denk, Wolfgang 42, 589
Dessai, Elisabeth 366
Deutsch, Julius 35, 580

Deutschmann, Valentin 548
Diem, Peter 185, 391 f., 398
Dienstleder, Alois 146, 148, 168 f., 225, 561 f., 565, 569, 571 f., 575 ff., 751
Dinkhauser, Josef 649
Dippelreiter, Michael 435
Dittrich, Karl 482, 484
Ditz, Johannes 208
Diwold, Johann 234 f., 423
Djilas, Milovan 478
Dobretsberger, Josef 35, 112, 577 ff.
Dobrowolny, Otto 298
Doderer, Heimito von 477
Dohnal, Johanna 344, 354, 356
Dollfuß, Engelbert 26, 111, 168, 404, 468, 470, 572, 575, 578, 646, 655, 658
Donnenberg, Hans 718
Dörler, Manfred 633
Draxler, Hans 607
Drexel, Karl 603
Drimmel, Heinrich 45 ff., 118 f., 122, 207, 212 f., 473 ff., 672, 727, 759
Drobesch, Werner 527
Dürnberger, Richard 736
Durnwalder, Luis 681
Duverger, Maurice 183
Dyk, Irene 337

Ebenhoch, Alfred 321, 403, 428
Eberle, Ferdinand 243, 680, 683, 753
Ebner, Ferdinand 110
Eckmayr, Karl 234, 235
Edegger, Erich 357
Eder, Paul 416
Ehrenhöfler, Eduard 217, 522, 525, 741
Ehrfeld, Josef 530, 533
Eibl 568
Eidlitz, Johann 18
Eigl, Adolf 233, 407 ff., 413, 748
Einspieler, Valentin 549
Eisen, Herbert 642
Embacher, Siegfried 744 f.
Ender, Artur 604
Ender, Otto 602 f., 643
Engelmayer, Günther 378, 759
Engleitner 430
Ennemoser, Hermann 243, 753
Erhard, Ludwig 112
Erhardt, Johann 501, 508, 525, 741
Erlacher, Karl 243, 665, 753
Ermacora, Felix 56, 583, 671, 674

Personenregister

Ertl, Kurt 555
Eßl, Franz 745
Ettmayer, Wendelin 398
Exel, Erich 212, 759
Eypeltauer, Beatrix 344

Fanfani, Amintore 388
Fartacek, Herbert 743
Fasching, Edwin 270, 278
Fasslabend, Werner 81, 131, 208, 454
Fasslabend, Wolfgang 93
Fässler, Josef 625
Fast, Franziska 344
Fekter, Maria 81 f., 208
Feldgrill-Zankel, Ruth 81, 208, 345, 357
Ferlitsch, Hans 228 ff., 527 ff., 533, 744
Ferrero-Wallner, Benita 208
Feuerstein, Josef 606, 756
Feurstein, Gottfried 628, 641, 643
Fiala, Robert 667 ff., 671, 677 ff., 685, 688, 698, 753
Fiedler, Georg 493
Figl, Leopold 12 f., 15 f., 18 ff., 25 ff., 32 ff., 37 ff., 44, 46 f., 88, 108, 110, 140, 142 f., 146 f., 164 ff., 168, 203 f., 206, 219 ff., 237, 294, 301, 332, 388, 398, 435 ff., 441 ff., 455, 459, 461, 470 f., 492, 495, 572, 579 ff., 590, 639, 707, 710, 714, 717
Fink, Jodok 470, 603, 639
Fink, Pius 296, 639
Firnberg, Hertha 344
Fischer, Ernst 18, 32 ff., 580
Fischer, Heinz 61, 398
Fischer, Robert 56
Fischer, Rudolf 583
Fischler, Franz 74, 93, 208, 332, 679, 682 f., 753
Flach, Paul 693
Fleischacker, Eugen 206
Flemming, Marilies 81, 208, 345, 347, 356 f., 378, 484
Fließer, Josef Calasanz 253, 255 f., 406 f., 410
Flöckinger, Hans 692
Flödl, Karl 212, 759
Florencourt, Bernhard von 637
Flucher, Walter 744
Födermayr, Florian 410
Foregger, Egmont 81
Forlani, Giuseppe 388
Franer, Michael 417

Freibauer, Edmund 221 f.
Friese, Rudolf 728, 736
Frisch, Anton 217, 491
Fritz, Anton 692
Frizberg, Gilbert 592
Fröhlich-Sandner, Gertrude 344
Fuchs, Hans-Georg 226, 597, 751
Funder, Friedrich 35, 117, 330, 417
Fürst, Anton 213, 759
Fürstenberg, Friedrich 303

Gabmann, Ernest 222
Gabriel, Ulrich 616
Gamper, Hans 144, 148, 243, 645 ff., 650 f., 657, 665 f., 684, 686, 688 f., 691, 753
Gamper, Otto 692
Ganglberger, Josef 404
Garhofer 409
Gaßner, Johann 378
Gassner, Martin 749
Gasperi, Alcide de 373, 653
Gasperschitz, Anton 404, 406
Gasser, Siegfried 246, 619, 627 f., 756
Gassner, Martin 238, 709 f., 728, 747
Gasteiger, Arno 239, 738
Gattinger, Kurt 657, 658 f., 661, 667, 671, 753
Gehler, Michael 398, 644 f.
Gehrer, Elisabeth 208, 247, 354, 627 f., 640, 756
Geißler, Hermann 584
Geramb, Viktor von 567 f., 595 f.
Gerö, Josef 36
Gesellmann, Hans 525
Gföllner, Johannes Maria 403 f.
Ghandi, Indira 354
Gieler, Aurelia 508
Gierlinger 410 f.
Giner, Maria 687
Glantschnig, Josef 228 f., 527, 530, 533, 549
Glasenburg, Wolf 417
Glaser, Herbert 712
Glaser, Karl 238, 713, 719 ff., 724, 728 f., 749
Glatzl, Matthias 43, 159
Gleißner, Heinrich 38, 233 ff., 262, 404 ff., 420 ff., 424, 426 f., 431, 746
Glemp, Kardinal Josef 478
Glück, Otto 213, 759
Goerdeler, Carl 405

Goëss, Leopold 552
Goller, Günther 213, 475, 759
Goppel, Alfons 663
Gorbach, Alfons 12 f., 35, 40, 44 ff., 117 f., 169, 203 f., 207, 225, 261, 268, 332, 417, 442, 459, 552, 559, 564, 569 f., 575, 577 ff., 585 f., 589 f., 593, 672, 718, 721, 751
Görcz, Adalbert 499
Görg, Bernhard 83 f., 212 f., 482, 487 f., 760
Göttl, Bertl 239, 736, 738, 744
Götz, Alexander, jun. 591
Götz, Alexander, sen. 588, 591
Götz, Alexandra 591
Grabenhofer, Johann 741
Grabherr, Elmar 607
Gradwohl, Werner 525
Graf, Ferdinand 13, 25, 36, 39, 142 f., 147, 164, 168, 206, 423, 495, 547, 552, 572, 654 f., 657
Graf, Robert 61, 74, 208, 497, 505, 517, 525
Graff, Michael 73, 205 f., 314, 392
Gratz, Leopold 475
Grausam, Karl 744
Grauß, Alois 242 f., 648, 650, 655 ff., 662, 669, 685 f., 753
Grausgruber 168, 170
Greber, Jakob 635
Gredler, Wilfried 588
Greiter, Franz 691
Grießner, Isidor 710 f., 729, 749
Griessner, Isidor 238
Grinzinger, Emil 406
Grogger, Paula 596
Grohotolsky, Rudolf 216 f., 501, 506, 513, 516 f., 519, 741
Großauer, Hans 527, 529 f.
Grossauer, Hans 228 f.
Gruber, Hermann 144, 148, 229, 528 ff., 550 f., 744
Gruber, Karl 25 f., 32 ff., 39, 41, 51, 53, 145, 149, 166, 207, 241 ff., 368, 388, 398, 580, 606, 646 ff., 650 ff., 656, 669, 673, 685, 707, 753
Grubhofer, Franz 207, 609, 625, 628, 639
Grünewald, Ernst 646, 654
Grünzweig, Stefan 582
Gschnitzer, Franz 207, 296, 299, 301, 646, 654, 656, 671, 673
Gschnitzer, Georg 694
Guardini, Romano 110
Gugg, Friedrich 719, 728

Guggenberger, Leopold 549, 553
Günzl, Christof 122

Habeler, Johann 492 f., 497 f., 525
Habsburg, Otto 47
Hackl, Josef 430
Haerpfer, Christian 176
Hafner, Hans 586
Hagen, Hermann 630
Hahn, Karl Josef 398
Haidenthaller, Alfred 728
Haider, Johann 207
Haider, Jörg 69 f., 75 f., 79 f., 85 f., 89, 414, 521, 543, 549 f., 554 f., 599, 678, 735, 740, 742, 745
Haimburger, Franz 531
Hainisch, Marianne 338 ff.
Hajszanyi, Johann 492 f.
Halbritter, Johann 517, 519, 521 f., 741
Halder, Jakob 674
Haller, Anton 649
Haller, Johann 220 f.
Hämmerle, Rudolf 641
Hammerstein-Equart, Hans 406
Hampel-Fuchs, Maria 213, 760
Handke, Peter 596
Hanisch, Ernst 11, 605. 709, 718
Hans, Josef 436, 440, 746
Hardinger, Sepp 692
Hartl, Leopold 212, 476, 484, 760
Hartmann, Gerhard 271
Hartmann, Eduard 45 f., 48, 142, 164, 168, 207, 219 ff., 443 ff., 459 ff., 746
Hasenauer, Bartholomäus 167, 237 ff., 707 ff., 716 f., 719, 722, 749
Hasiba, Franz 226
Haslauer, Wilfried 71, 92, 238 f., 622, 721, 723 f., 729 ff., 743, 746 f., 749
Haslinger, Michael 239, 710 f., 717, 722
Hassel, Kai Uwe von 374
Haueis, Alois 655
Haumer, Hans 83
Haun, Manfred 430
Hauser, Johann N. 320
Hauser, Johann Nepomuk 403, 470
Hautzinger, Johann 741
Hawel, Josef 736
Hawlik, Johannes 477, 479 f.
Hayek, Friedrich von 112 ff., 125
Haymerle, Friedrich 392
Hefel, Ernst 206, 255 f., 606, 639

Personenregister

Heidinger, Helmut 226
Heiligsetzer, Eduard 207
Heindl, Gottfried 43, 117, 159
Heinl, Eduard 23, 29 f., 33, 143, 164, 206, 580
Heiß, Friedrich 36, 417
Heißler, Franz 404
Hell, Franz 710 f., 714, 722
Helm, Josef 404
Helmer, Oskar 18, 33, 35 f., 419, 437, 569, 574, 587
Hengstschläger, Johannes 94
Henz, Rudolf 275
Herberth, Ludwig 212, 760
Herglotz, Heinrich 206
Herz, Martin 35
Herz, Martin F. 28
Hesdin de 605
Hesse, Hermann 467
Hetzenauer, Franz 47, 51, 207, 648, 670, 672, 753
Hiesl, Franz 234 f., 430
Hildmann, Richard 238, 710, 712, 749
Hilgarth, Josef 220 f.
Himmler, Heinrich 405, 692
Hindinger, Gabriele 430
Hirsch, Ernst 403, 443
Hirsch, Rudolf 220 f.
Hirschmann, Gerhard 72 f., 79, 89, 226
Hitler, Adolf 669
Hobelsperger, Alois 409
Hochleitner, Albert 237 ff., 708, 710
Höchtl, Josef 82, 89, 378
Hofer, Franz 605
Hofer, Andreas 671
Hofer, Herwig 744
Hofer, Josef 408
Hofer, Max 530
Hoffenreich, Ernest 490
Hofinger, Leopold 234 f.
Höfinger, Vinzenz 221 f.
Höfle, Georg 624
Hollersbacher, Josef 225, 561, 563, 576, 580, 751
Holzer, Barbara 430
Holzinger, Otto 575
Hölzl, Günther 531
Hölzl, Norbert 430
Holzmeister, Clemens 715 f.
Honner, Franz 26
Hornbostel, Theodor 417, 587

Horner, Franz 398
Horvatek 591
Hosp, Maria 641
Hradetzky, Anton 243, 646, 648, 753
Huber, Anton 708
Huber, Christian 243, 753
Huber, Hans 406
Huber, Hubert 673
Huber, Martin 707
Huber, Otto 531
Hubinek, Marga 74, 357 f.
Hugelmann 568
Hunt, Swanee 354
Hurdes, Felix 12 ff., 21, 24, 26, 29, 34, 37 ff., 46, 52, 64, 108, 142 ff., 146, 149, 162 ff., 205 f., 254, 257, 263, 294 ff., 298, 332, 343, 367, 369, 371 ff., 381, 391, 410, 467 ff., 473 f., 492, 495, 578

Ilg, Ulrich 246, 602 ff., 619, 621 f., 624, 627, 628, 636, 638, 640, 643 f., 756
Illig, Udo 169, 207, 225, 577, 579, 751
Innitzer, Theodor, Kardinal 24, 111, 143, 164, 254 f., 263, 339
Izetbegović, Alja 386

Jachym, Franz 273
Jäger, Bertram 58, 75, 615 f., 619, 621, 630, 641, 756
Janitschek, Hans 398
Jankowitsch, Peter 398
Jasser, Manfred 36, 417
Jellasitz, Gerhard 216 f., 518, 522, 524, 741
Jenewein, Max 647, 755
Johann, Erzherzog 595 f.
Johnson, Edgar N. 28, 409
Jonas, Franz 56 f., 472, 509, 590
Jost, Johann 525
Juen, Max 688
Jungk, Robert 86
Jungwirth, Alois 404
Jungwirth, Kurt 225, 741

Kaack, Heino 104
Käfer, Sepp 430
Kaiser, Jakob 16, 22
Kamitz, Reinhard 38, 40, 43, 112, 116, 207, 304, 587
Kampits, Peter 126 f., 398
Kapellari, Egon 586

Kaplan, Karl 75, 519, 522, 524
Karadžić, Radovan 386
Karall, Johann 217, 516, 742
Karall, Lorenz 216 f., 489 ff., 492, 499 f., 506, 517, 525, 742
Karas, Othmar 205 f.
Karasek, Franz 270 ff., 326, 392, 398
Kargl, August 220 f., 435, 437
Karisch, Alois 229, 547, 744
Karl, Elfriede 344
Karmasin, Fritz 314
Kasamas, Alfred 29, 298
Kast, Josef 742
Kathrein, Rudolf 658, 661 ff., 684, 753
Katschthaler, Hans 75, 81, 83 f., 238 f., 734 f., 737 ff., 743 f., 746 f., 749
Kaufmann, Arthur 379
Keckeis, Günther 612
Keimel, Otto 674, 692
Kennedy, J. F. 502
Kerl, Wilhelm 212, 760
Kern, Erich 418
Kern, Felix 233, 235, 404, 406 f., 410 ff., 415 f., 420, 422
Kernmayer, Erich 418
Kery, Theodor 506, 508, 513, 516 ff., 524, 612
Keßler, Herbert 246, 602, 611 ff., 619 ff., 629 f., 641, 644, 756
Kessler, Bruno 671
Ketteler, Wilhelm Emanuel von 637
Keuschnigg, Georg 686
Key, V. O. 179
Khol, Andreas 93 f., 128, 384, 386, 392 f., 398 ff., 678, 699
Kicker, Renate 399
Kirchebner, Lorenz 687
Kirchschläger, Rudolf 58, 67, 666
Kiss, Paul 524
Klages, Helmut 135
Klar, Peter 430
Klasnic, Waltraud 226, 354
Klaus, Josef 12, 44 ff., 61, 88, 118 f., 203 f., 206 f., 238 f., 305, 332, 344, 355 f., 388, 393, 399, 553, 590, 613, 630, 672, 710 ff., 724, 727, 731, 746
Klaus, Vaclav 389
Klecatsky, Hans 207, 753
Klemm, Erwin 743
Klepsch, Egon 376
Klestil, Thomas 83, 85 f., 622, 744

Kletzmayr, Hermann 233 ff., 422
Kletzmayr, Hermann, jun. 406, 413
Klingler, Hans 309
Kloepfer, Hans 595
Klostermann, Ferdinand 271 f., 278, 405
Knafl, Stefan 229 f., 549, 554, 744
Knoll, August Maria 109
Kober, Karl 168, 571 f., 578 f., 751
Köck, Ignaz 262
Kofler 184, 192
Kohl, Helmut 380, 382, 389
Köhler, Thomas 467
Kohlmaier, Herbert 56 ff., 64, 72, 121, 205 f., 378, 380, 387, 391 f.
Kohlmayer, Hans 15
Köhlmeier, Gerhard 640
Koiner, Simon 226, 751
Kolb, Ernst 39, 207, 246, 299, 639, 756
Koller, Christa 508
Kollmann, Josef 19 f.
König, Fritz 72, 74, 377, 393
Konrád, György 478
Konrad, Helmut 566
Kopf, Karl-Heinz 643
Koplenig, Johann 21
Koref, Ernst 406, 408, 418, 430 f.
Koren, Hanns 225, 269, 559, 567, 586 f., 592, 594 ff., 751
Koren, Stefan 50, 55 f., 58, 61, 207
Korinek, Franz 48, 207
Körner, Theodor 38 f., 42, 471 f.
Korosec, Ingrid 84, 205 f., 354, 393
Kotter, Franz 666
Kotzina, Vinzenz 207
Kotzmanek, Stefan 493
Kraft, Josef 625
Kragora, Alexander 582
Krainer, Franz 592
Krainer, Josef jun. 55 f., 58, 61, 122, 224 f., 586, 592 f., 596 f., 599, 751
Krainer, Josef, sen. 44, 46, 72, 74, 79, 81, 84, 89, 93, 148, 158, 168 f., 224 f., 279, 301, 559, 563 ff., 570 f., 576 f., 579 ff., 583, 588 ff., 592 ff., 596 f., 721
Kramer, Helmut 201, 345
Krammer, Karl 418 f.
Kranebitter, Franz 243, 660, 670, 754
Kranzlmayr, Otto 207
Krasser, Hannes 213, 760
Krasser, Robert 143, 164
Krassnig, Josef 529 f.

Personenregister

Krauland, Peter 30 f., 206, 333, 580
Kraus, Herbert 36, 39, 297, 418
Kraus, Josef 39, 206
Kreisky, Bruno 46, 49, 51 f., 54, 56, 58 f.,
    61 ff., 66 ff., 72, 81, 124 ff., 305, 309, 344,
    356, 368 f., 388, 392, 394, 396, 442, 505,
    519, 596, 613 ff., 670, 673, 690, 724 f.
Krejci, Herbert 87, 122
Kriechbaumer, Robert 142, 180
Krieghofer, Helmut 669, 679 f., 696, 698
Kriegl, Hans 280
Kristofics-Binder, Rudolf 33, 580
Kriz, Franz 406, 411, 413
Krögler, Herbert 409
Kronhuber, Hans 391
Kroyer, Franz 499, 525
Kubiena, Gertrude 213, 760
Kukacka, Helmut 73 ff., 79, 82, 89, 124,
    205 f., 234 f., 392, 428 ff.
Kummer, Karl 108, 117, 143, 164
Kunschak, Leopold 14, 17, 19 ff., 39, 142 f.,
    146, 163 ff., 212, 294, 332, 404, 467, 470,
    760
Kurasov, Vladimir V. 31

Lackner, Ernst 525
Lackner, Karl 584
Lackner, Robert 243, 754
Lakowitsch, Karl 213, 760
Lambsdorff, Otto 386
Langoth, Franz 418
Lanner, Sixtus 58, 61, 63 f., 205 f., 379 f.,
    387, 392, 674, 754
Lasalle, Ferdinand 638
Lechner, Franz 654
Lechner, Hans 46, 238 f., 717, 719 ff.,
    724 ff., 730 f., 734, 746 f., 749
Leer, Sylvester 228 f., 527, 531
Lehner, Markus 271
Lehner, Walter 213, 760
Leibenfrost, Albert 234 f.
Leichin, Johann 560, 571, 574
Leimlehner, Erich 430
Leißing, Eugen 602, 605, 610, 624, 635, 757
Leissing, Eugen 246
Leitl, Christoph 92 ff., 234 f., 430
Leitner, Lukas 195
Leitner, Alois 674, 686 f.
Lentsch, Edeltraud 524 f.
Lentsch, Josef 216 f., 492 f., 498, 500 ff.,
    505 ff., 515, 742

Leodolter, Ingrid 344
Leopoldseder, Hannes 430
Leser, Ludwig 216, 491, 494
Leser, Norbert 612
Leskovar, A. 168
Leskovar, Karl 561
Leuschner, Wilhelm 16
Lewandowski, Rudolf 371, 373, 391, 399
Lexer, Reinhold 548 f.
Lichal, Robert 72, 74, 81 ff., 208, 454, 598
Liebmann, Maximilian 587
Liechtenstein, Prinz Alois 283
Liechtenstein, Vincenz 592
Lill, Rudolf 399
Lindner, Anton 628
Lindner, Hans 677, 694
Lingens, Peter Michael 63, 72
Lingg, Walter 642
Linhart, Erwin 565
Lins, Guntram 247, 756
Lins, Herbert 626
Lipp, Carl 168 f., 565, 571, 576, 597
Lodron, Alois 530
Löffler, Sigrid 344
Loidl, Karl 404
Loitfellner, Josef 728
Loreck, Rudolf 646
Lorenzoni, Franz 233, 235, 404, 406 f.,
    411 f., 415
Lücker, Hans August 399
Ludwig, Siegfried 72, 74, 83, 88, 219 ff.,
    446 ff., 458, 462 ff., 746
Lueger, Karl 321, 468 ff., 472, 488
Lugger, Alois 57 f., 242 f., 657, 659, 664 ff.,
    684 ff., 691 ff., 700, 754
Lugmayer, Karl 108, 117, 206, 289
Lukesch, Dieter 678
Lutschounig, Robert 230, 744

Macchiavelli, Niccolo 65
Machold, Reinhard 167
Machold, Reinhard 225, 560 ff., 569, 571,
    574, 576 f., 579
Mad, Hans 499
Mader, Heinz 668 f.
Mader, Helmut 243, 664, 666, 679, 682 ff.,
    688 f., 697, 754
Maderthaner, Leopold 85
Mädl, Jakob 493
Magnago, Silvius 663, 670 f.
Mahal, Josef 409

Mahringer, Peter 477
Maier, Ferdinand 84, 88, 205 f., 393
Maier, Ferry 477
Maisel, Karl 300
Maitz, Alois Georg 565, 576
Maitz, Karl 592
Makk, Josef 420
Malaun, Martin 679
Maleta, Alfred 35 f., 38 ff., 43 f., 46, 52, 55, 118, 205 f., 298 f., 301, 332 f., 369, 373, 387, 391, 398 f., 404, 408, 411, 413, 417 ff., 430, 581, 717
Malfatti 388
Malik 633
Mandl, Rudolf 246, 757
Mandorfer, Peter 404, 406, 411 ff.
Manndorff, Ferdinand 55
Mantl, Wolfgang 334, 399
Marboe, Peter 400
Marcel, Gabriel 110
Marckgott, Gerhart 430
Margarétha, Eugen 30, 38, 142, 163, 207, 294
Maria Theresia 353
Martinkovics, Ludmilla 508
Marx, Karl 283
Mathis, Kurt 628, 642
Matschnig, Franz 528, 530
Matzner, Egon 575
Mauer, Otto 259, 267, 270, 277 ff.
Maurer, Andreas 220 f., 445 ff., 461 f., 746
Mauthe, Jörg 60, 213, 477, 480 f., 487, 760
Mayer, Alfred 757
Mayer, Fritz 614
Mayer, Hans 605
Mayer, Willi 525
Mayr Melnhof, Friedrich 239, 729, 733, 736
Mayr, Anni 627
Mayr, Jakob 233, 235, 415
Mayr, Josef 406
Mayr, Josef Anton 243, 657, 754
Mayr, Willi 430
Mayr-Kern, Elisabeth 431
Mayrhofer, Ferdinand 408
Mayrhofer, Josef 404
Mayrhofer-Grüenbühl, Wolfgang 551
Mazowiecki, Tadeusz 386, 478
Meier-Walser, Reinhard 399
Meir, Golda 354
Melzer, Anton 646, 650, 691
Menzel, Christian 736

Merl, Edmund 431
Mertens, Christian 195, 399
Messner, Johannes 117, 288
Meyer, Bernhard 283
Michalek, Nikolaus 82
Michelis, Gianni de 388
Milbank, Dana 624
Minkowitsch, Roland 61, 207
Missong, Alfred 108
Mittelberger, Johann Josef 602 f., 643
Mitter, Josef 407
Mitterbauer, Karl 406, 415
Mitterer, Otto 50, 207
Mock, Alois 12 f., 49, 52 f., 55 f., 58, 61, 63 ff., 69 ff., 77, 79, 82 f., 88 ff., 92, 122, 126, 160, 203 ff., 207, 312 f., 378, 380 f., 383, 386, 388 f., 391 ff., 396, 399, 450, 592, 598 f., 678, 687
Mödlagl, Otto 437, 491
Molden, Fritz 17, 42
Molling, Alois 654 f.
Molnar, Clemens 725, 729
Molterer, Wilhelm 205 f., 208
Molterer, Willi 393
Montini, Giovanni Battista 258
Moreigne 606
Moser, Bernhard 400
Moser, Sonja 208
Mrazek, Hugo 576 f.
Muhrer, Gerulf 591
Muigg, Josef 243, 646 ff., 654 f., 660, 686, 754
Müller 180 f., 183, 186, 191, 194 f.
Müller, Adam 282 f.
Müller, Martin 246, 629, 641, 757
Müller, Wolfgang C. 163, 304 f.
Müller-Armack, Alfred 38, 112 f., 115 f., 125
Müllner, Anton 406
Müllner, Viktor 220 f., 443 ff., 454, 460, 746
Multerberger, Matthias 406
Munzenrieder, Gregor 521
Mussolini, Benito 669
Mutter Theresa 354

Nagl, Ferdinand 206
Nathschläger, Richard 212, 760
Naumann, Josef 603, 625, 629, 640, 644, 757
Nayer, Manfred 660
Neisser, Heinrich 53, 55, 74, 82 f., 185, 208, 328, 484

Personenregister

Nell-Breuning, Oswald von 109, 290
Nemecz, Alexander 493
Nesler, Emil 605
Nettig, Walter 213, 760
Netzer, Leonhard 640
Neumann, Gustav A. 419, 424
Neumüller, Adolf 406
Neureiter, Sigune 735 f.
Neusser, Wilhelm 213, 760
Neustädter-Stürmer, Odo 290
Neuwirth 169
Nick, Rainer 195, 698
Niederl, Friedrich 57, 63, 224 f., 559, 588, 592 ff., 596 f., 599, 612, 751
Niescher, Romuald 676, 688, 692 ff.
Nikles, Julius 525
Nimmervoll, Franz 301, 412
Nowak, Josef 531

Obenfeldner, Ferdinand 692
Oberhammer, Aloys 242 f., 661, 670, 673, 685 f., 754
Oberhammer, Otto 81 f.
Oberhofer, Albin 243, 649, 654, 686, 754
Oberhummer, Alois 406 ff., 413, 415
Oberleitner, Johannes 406
Obermoser, Johann 243, 660, 665, 754
Ofner, Günther 522
Ofner, Harald 81
Olah, Franz 44 ff., 444
Öller, Rudolf 642
Ortner, Franz 612
Ortner, Josef 243, 754
Oswald, Emil 761
Ottenbacher, Hans 406

Pacher, Stanislaus 718
Pahle 658
Paller, Heinz von 574
Palme, Olof 54, 124
Pammer, Heinz 592
Pammer, Heinz, II. 592
Panagl, Oswald 128
Partl, Alois 88, 242 f., 674 ff., 685, 694, 696, 754
Pasteyrik, Walter 431
Paul VI. 258
Paulitsch, Alois 744
Paunovic, Nadine 295, 343, 626
Pawlikowski, Ferdinand Stanislaus 254, 258, 587

Peer, Hans 646
Pelinka, Anton 128, 399
Peltzmann, Anton 597
Pelzelmayer, Otto 213, 761
Pelzmann, Anton 225, 752
Pelzmann, Christian 525
Pernter, Hans 19, 21, 26, 142 ff., 146, 164 f., 294, 648
Pesendorfer, Wolfgang 431
Peter, Friedrich 42, 54, 424, 431, 590
Peter, Sigfrid 616
Petrik, Eva 481
Petrik, Wolfgang 77, 212 f., 483 ff., 761
Peyerl, Franz 714, 725 f.
Pfeneberger, Josef 403
Pfliegler, Michael 568
Piaty, Margarethe 525
Piaty, Richard 525, 592
Piccoli, Flaminio 388 f.
Pichler, Hedwig 626 f.
Piffl-Perčević, Theodor 48, 52, 207, 589, 592
Pirchegger, Anton 168 f., 224 f., 561, 563, 576 f., 579, 580, 752
Pisa, Karl 43, 52 f., 55, 120 f., 159, 207
Pischl, Karl 688
Pittermann, Bruno 43, 45, 47, 333, 444
Pius XII. 254, 257 f., 274
Plankensteiner, Anton 602
Plasser, Fritz 105, 163, 166 ff., 174, 181 f., 193
Platzgummer, Adolf 242, 646, 650, 654, 684, 754
Plitzner, Klaus 601
Pöder, Rudolf 78
Podratzky, Karl 437
Polcar, Fritz 212, 484, 761
Pollak, Walter 417
Polster, Reinhold 216 f., 499 ff., 506 ff., 525, 742
Pöltl, Erich 226
Portisch, Hugo 85
Posch, Klaus 692, 694
Possart, Gerhard 234 f., 424
Prader, Georg 48, 207, 445 ff., 454, 460, 746
Preinstorfer, Johanna 353
Prior, Fritz 243, 653, 665 f., 669, 675 f., 678, 686 ff., 754
Prirsch, Ferdinand 225, 580, 752
Pritsch, Theodor 234 f., 406, 422, 424
Prochaska, Johannes 475, 482, 484

Prokop, Liese 221 f., 354, 449, 453
Pröll, Erwin 83 f., 88, 91 ff., 220 ff., 449, 453, 455, 462 ff., 746
Prutscher, Pius 213, 761
Pühringer, Josef 92 f., 233 ff., 429, 431, 748
Purtscher, Martin 81, 246 f., 602, 608, 614, 619 ff., 627, 642, 644, 757
Pusch, Hans 68
Puttinger, Günter 745

Raab, Julius 12, 15 f., 18 f., 24 ff., 29, 33 ff., 50, 88, 108, 111, 117 f., 140, 142 f., 146 f., 151, 163 f., 166, 203 f., 207, 263, 270, 289, 291, 294, 299 ff., 304, 308 f., 326, 332, 417, 435 f., 438 ff., 459, 464, 470, 499, 572, 579 ff., 584, 587 ff., 608, 610, 707, 717, 727
Rabl-Stadler, Helga 83 f., 733, 736, 744 f.
Radlegger, Wolfgang 738
Rahner, Karl 273
Rainer, Alfred 112, 593
Rainer, Hermann 145, 167, 238 f., 707 ff., 716 f., 719, 750
Raming, Walter 553
Ramsbacher, Johann 229 f., 744
Raschhofer, Hermann 36, 417
Ratz, Gerold 246, 611, 632, 757
Ratzenböck, Anneliese 354
Ratzenböck, Josef 58, 61, 63, 74, 84, 92, 126, 233 ff., 424 f., 427 ff., 748
Rauch, Josef 625
Rauch-Kallat, Maria 205 f., 208, 345, 353, 357, 361, 487
Rauchbauer, Paul 525
Rauchwarter 515, 517
Rechnitzer, Elisabeth 508, 525
Redler, Ferdinand 602, 626
Redler, Karoline 626
Regensburger, Franz 674
Rehor, Grete 50, 207, 344, 347, 353, 355 f.
Rehor, Karl 355
Rehrl, Franz 237, 708 f., 711
Rehrl, Josef 36, 237 ff., 708, 710 f.
Reich, Josef 761
Reichenpfader, Ludwig 586
Reichhold, Ludwig 120, 140 ff., 163, 290, 293 f., 300, 399
Reimann, Viktor 36, 417 f.
Rein, Manfred 247, 757
Reiner, Wolfram 628
Reinthaller, Anton 42, 587
Reisetbauer, Rudolf 408

Reissigl, Carl 664, 686, 693, 755
Reiter, Ferdinand 449
Reither, Josef 15 f., 142, 163, 219 ff., 435, 438, 441, 747
Renner, Karl 19 ff., 36 ff., 96 f., 101, 141, 143, 147, 164 f., 261, 471, 491, 606, 613, 639, 652, 710
Renner, Walter 618
Renoldner, Alois 406
Renter, Friedrich 212
Repinz, Rudolf 406
Resch, Roman 220 f.
Reschen, Josef 735
Resinger, Walter 417, 419 f.
Reuter, Fritz 761
Reut-Nicolussi, Eduard 646 f.
Revertera, Peter 404, 406
Rezar 505 f.
Rhomberg, Adolf 602
Rhomberg, Lorenz 692
Riedl, Adalbert 492 f.
Riegler, Josef 13, 70, 73 ff., 78 f., 81 ff., 129, 203 ff., 208, 226, 314, 332, 386, 389, 392 f., 400, 484, 586, 599, 617, 752
Rintelen, Anton 168, 562
Ritscher, Josef 228 f., 527, 530, 533, 547
Rittsteuer, Paul 217, 522, 525, 742
Robetschek, Ernst 212, 761
Robl, Josef 449
Rochus, Ottilie 508, 525
Rockenschaub, Johann 404
Rohracher, Andreas 253, 256, 261
Rohrhofer, Anton 212, 761
Romeder, Franz 449
Ronczay, Josef 654, 684
Röpke, Wilhelm 38, 112 ff.
Roßbacher, Karl 531
Rosegger, Peter 595 f.
Rosendorfer, Herbert 597
Rosenwirth, Alois 560
Roth, Rupert 592
Rubl, Anna 627
Rückl, Engelbert 560
Ruepp, Martin 603, 630, 757
Rümmele, Elmar 246, 757
Rumor, Mariano 373, 388
Rusch, Paulus 256, 271, 656, 661
Rußegger 409
Rüstow, Alexander 113

Sagaischek, Franz 228 f., 547, 744

Personenregister

Salcher, Herbert 67, 670
Saller, Martin 722
Sallinger, Rudolf 52, 55, 57, 61, 64
Salzer, Wilhelm 406, 411, 431
Samitz, Josef 531
Santer, Julius 528Nff.
Sassmann, Hans 441, 747
Sauerzopf, Franz 216 f., 514 ff., 518 f., 521 f., 524, 742
Sausgruber, Herbert 247, 602, 619 ff., 631, 634, 644, 757
Scalfaro, Oscar Luigi 681
Scarrow, Susan 192
Scelba 388
Schachermayr, Stefan 418
Schachner-Blazizek jun., Peter 591
Schäffer, Gerhard 208, 744
Schaidreiter, Heinrich 648
Schaller 586
Schärf, Adolf 16, 18, 20 f., 31, 34 f., 42, 47, 587, 589 f., 652
Scharf, Erwin 32, 37
Schauer, Erwin 221 f.
Schaumayer, Maria 212 f., 353, 473 ff., 761
Schausberger, Franz 201, 737 f.
Scheibenreif, Alois 443
Scheiber, Angelius 662
Scheichelbauer 294
Scheidl, Josef 38
Scheidle, Hermann 243, 755
Schelling, Georg 638
Schelsky, Helmut 65, 125
Schemel, Adolf 167, 237 ff., 707 ff.
Schender, Horst 424
Schenk, Maria 378
Schertler, Walter 627
Scheucher, Harald 76, 229 f., 549, 554 f., 744
Schiessl, Karl 522, 524, 742
Schifferegger, Martin 729
Schilcher, Bernd 64, 72, 313, 597
Schindler, Franz M. 285, 288
Schlegel, Josef 403, 409
Schleinzer, Karl 12, 45, 48 f., 54 ff., 82, 123, 161, 203 ff., 229 f., 391, 502, 516, 548 ff., 630, 687, 745
Schludermann, Iris 739
Schmall, Josef 508, 525, 742
Schmidt, Heide 86
Schmitz, Richard 288
Schmitz, Wolfgang 48, 50, 113, 207

Schneeberger, Franz 168
Schneeberger, Josef 225, 561, 752
Schneiber, Josef 586
Schneider, Emil 603
Schneider, Karl 221 f.
Schnell, Karl 739 f.
Schobel, Oswald 246, 757
Schoiswohl 273, 278
Schollum, Esther 393, 399
Schönbichler, Gerta 635
Schöner, Josef 30
Schöpf, Albert 407, 411, 417, 420 f.
Schraffl, Josef 645 f.
Schranz, Gerhard 524
Schreiber, Martin 246, 757
Schreiner, Georg 422
Schröckenfuchs, Gottfried 642
Schrott, Alois 273
Schuler, Franz 662
Schulmeister, Otto 50, 263
Schumacher, Josef 646, 660
Schuman, Robert 373
Schumi, Hans 229 f., 745
Schumy, Vinzenz 20, 25, 147, 151, 206, 294, 527 f., 552
Schuschnigg, Kurt 15, 26, 111, 468, 577, 587, 646, 660
Schüssel, Wolfgang 72, 74, 93 f., 203, 205 f., 208, 332, 479 f., 484, 487, 628
Schuster, Helmut 269, 428, 572, 579
Schütz, Franz 233, 235, 411, 413, 415, 424
Schwaiger, Anton 213, 761
Schwarzenberger, Georg 745
Schwärzler, Erich 247, 642, 758
Schwimmer, Walter 482
Sebinger, Hans 300, 414
Seefeldner, Othmar 405
Seipel, Ignaz 111, 290, 299, 361, 468, 470
Sickinger, Hubert 194
Silberbauer, Gerhard 191 f.
Sima, Hans 556
Simbrunner, Josef 406
Simma, Alfons 629 f.
Simma, Kaspanaze 612, 616
Simon, Johann 490
Sinowatz, Fred 66 ff., 344, 505 f., 509, 519, 521, 523
Sinz, Josef 602, 624, 758
Sipötz, Hans 521, 524
Skalnik, Kurt 37, 581
Slapnicka, Harry 431

Slavik, Felix   475
Smolnig, Georg   745
Snook, Russel   408 f.
Sock, Hans   669
Solonar, Raimund   82
Sommer, Franz   169
Sommer, Harald   596
Sommer, Josef   206
Soronics, Franz   50, 207, 216 f., 498, 502, 507 ff., 513 f., 525, 592, 742
Spann, Othmar   290, 568, 578
Spannocchi, Lelio   234 f., 425, 427
Spath, Gunther   549
Sperber, Manès   478
Sperner, Wolfgang   431
Sprenger, Andreas   246, 606 f., 758
Sprenger, Eugen   693
Springenschmied, Karl   418
Staa, Herwig van   694 ff.
Stadler, Ewald   609
Stadler, Franz   406
Stadlmayer, Viktoria   670
Stalin, Jossif W.   19
Stammer, Otto   201
Stampfl, Josef   413, 420
Starhemberg   406
Staud, Johann   292
Staunig, Roland   552
Steger, Norbert   69, 344, 521
Steibl, Ridi   362
Steidl, Albert   239
Steidl, Wilhelm   692 ff.
Steinacher, Hans   541, 547 f.
Steinbauer, Heribert   53
Steinberger, Josef   567, 568
Steinböck, Johann   219 ff., 435, 437, 441 f., 747
Steindl, Franz   524, 743
Steinegger, Hans   649
Steinegger, Otto   242, 673, 684, 755
Steiner, Franz   273
Steiner, Hans   530, 532, 745
Steiner, Josef   254, 728
Steiner, Ludwig   48, 84, 207, 389, 392 f., 399
Steininger, Barbara   183, 186
Steinkellner, Friedrich   707
Steixner, Anton   680, 682 f.
Stepan, Karl Maria   35, 564, 567 ff., 577, 579 ff., 584 ff., 590, 592, 596
Stepanschitz, Gerd   572
Steyrer, Kurt   68

Stirnemann, Alfred   185, 380, 392, 399
Stix, Karl   524
Stohs, Herbert   625
Stourzh, Gerald   287, 399
Strachwitz, Ernst   56
Strachwitz, Ernst Graf   582 f., 588
Strasser, Ernst   453, 747
Strauß, Franz Josef   380, 389, 737
Streicher, Rudolf   86
Streiter, David   662
Streiter, Konrad   243, 697, 755
Strobl, Franz   493
Strobl, Helmut   592
Strobl, Ludwig   35, 579
Strohschneider   417
Struber, Christian   741
Stummvoll, Günter   208
Stumpf, Franz   646, 660
Suppanz, Thomas   529
Suttner, Bertha von   354
Sweet, Paul R.   28, 409
Szokoll, Carl   17

Taaffe, Eduard   285
Tálos, Emmerich   291 f.
Tanzer, Hans   684
Taus, Josef   12, 49, 55 f., 58 ff., 122 f., 160, 203 f., 206 f., 313, 330, 380 f., 391 f., 476 f., 687
Tauschitz, Stefan   228 ff., 527 ff.
Thaler, Andreas   646
Thatcher, Margaret   380
Thoma, Franz   39, 207, 225, 567, 580, 584, 752
Thoman, Josef   664 ff., 692, 755
Thomaschitz, Josef   497
Tichy-Schreder, Ingrid   378, 393
Till, Ignaz   491
Tinhof, Hans   217, 506, 509, 743
Titz, Nick   525
Titze, Karl   761
Tizian, Karl   611, 621, 758
Tolbuchin, Fedor Ivanovic   18, 436
Tomasek, Kardinal   478
Tongel, Emil van   42
Tončić-Sorinj, Lujo   50, 207, 301, 377, 388, 393, 399, 712
Traar, Kurt   180
Trauner, Rudolf   234 f., 424, 426 f.
Troppmair, Adolf   243, 755
Trummer, August   144 ff., 148, 166, 707

Personenregister

Truppe, Thomas 229 f., 552 f., 745
Tschadek, Otto 460
Tschiggfrey, Hans 242 f., 660 f., 668 f., 685 f., 755
Tudjman, Franjo 386
Tuppy, Hans 74, 208, 332
Türtscher, Anton 247, 641 f., 758
Twain, Mark 75
Tweraser, Kurt 431

Udier, Tobias 225, 577, 752
Uiberreither, Siegfried 563 f.
Ulmer, Eduard 246, 602, 604 f., 643, 758
Ulmer, Ferdinand 607
Ulram, Peter A. 11, 105, 163, 166, 168 ff., 174, 180 ff.
Unterweger, Reinhold 243, 755

Veen, Hans Joachim 399
Verzetnitsch, Fritz 85
Vetter, Günter 247, 758
Vetter, Gustav 450, 453, 747
Vögel, Adolf 246, 602, 605, 609 f., 643, 758
Vogelsang, Karl von 110, 284 f.
Vogl, Adolf 497, 525
Vogl, Helmut 506
Vogl-Boeckh, Paul 745
Voithofer, Josef 714
Vollmann, Hans 576
Vranitzky, Franz 67, 69 ff., 78 f., 81 f., 89, 129, 345, 684

Wagner, Gabriel 521
Wagner, Johann 216 f., 491 ff., 496 f., 500 f., 525, 743
Wagner, Leopold 554, 556
Waibel, Eva Maria 628, 758
Waldbrunner, Karl 333
Waldheim, Kurt 50, 56, 67 ff., 72 f., 81, 85 f., 388, 399, 523
Waldorf 596
Walesa, Lech 378, 478
Walk 409
Wallisch, Paula 575
Wallner, Josef 52, 592
Wallnöfer, Eduard 242 f., 602, 612, 657, 660 ff., 680 ff., 684 ff., 691, 694 ff., 698 ff., 755
Waltner, Johann 220 f.
Weber, Max 25, 106

Wedenig, Ferdinand 548
Wegart, Franz 158, 225, 578 f., 597, 752
Weidenholzer, Johann 408
Weidinger, Anton 407
Weigend-Abendroth, Friedrich 391, 399
Weinberger, Lois 12, 14 ff., 22, 25 f., 35, 108, 142 f., 146 f., 163 f., 166, 206, 212, 294 f., 467 ff., 492, 608, 625, 707, 761
Weingartner, Wendelin 88, 242 f., 669, 678 ff., 694, 696 ff., 700, 755
Weinmayer, Leopold 439, 443 f., 747
Weiß, Ludwig 207, 278 f., 552
Weißgatterer, Alfons 242 f., 653 ff., 669, 755
Weißkopf, Hermann 693
Weismann, Leopold 409
Weißmann, Walther 229 f., 552 f., 745
Weiss, Jürgen 208, 603, 621, 625, 628 ff., 632 f., 640, 643, 758
Weitlaner, Leopold 406
Welan, Manfried 213, 481, 761
Wenninger, Heinrich 404
Wenzl, Erwin 233 ff., 420 ff., 431, 596, 748
Werber, Christine 642
Wessely, Alois 491, 494
Westreicher, Hugo 673
Wetschka, Martin 743
Whiteley 189
Widder, Günter 514, 517 ff.
Widder, Roland 489, 743
Widmayer, Heinrich 437
Widrich, Gerheid 239, 736, 738
Wieser, Franz 530
Wiesler, Josef 217, 509, 517, 525, 743
Wildfellner, Heinrich 234 f., 425
Wilflinger, Gerhard 178
Wilkinson, A. C. 565
Wille, Heinrich 212 f., 485 ff., 762
Wille, Sepp 77
Wimberger, Max 707
Wimmer 514
Wimmer, Elias 220 f., 437
Wimmer, Karl 714
Winder, Ernst 609, 614 f., 617
Winetzhammer, Hans 426, 428
Winetzhammer, Johann 234 f.
Winkler 190 f.
Winkler, Toni 628
Winkler, Volker 737
Winkler-Hermaden, Arthur 378
Winsauer, Ernst 206, 602, 606, 639, 643
Winter, Ernst Karl 37, 113, 578

Winterton 665
Wintoniak, Alexis 378, 393
Wintschnig, Karl 530
Wiszniewski 562
Withalm, Hermann 12, 44, 46 f., 49, 51 f., 54 ff., 118 f., 203 ff., 369, 387, 391, 400, 670, 672, 717, 721, 723
Wittwer, Regina 630
Wodak, Walter 34
Wohnout, Helmut 290, 400
Wolfgruber, Rupert 239, 722
Wolfgruber, Rupert, jun. 239
Wollinger, Hans 213, 762
Wondrak, Gertrude 344
Worm, Alfred 481, 523
Würthle, Fritz 646, 654
Wutte, Klaus 545, 745
Wutzlhofer, Karl 525

Yost, Charles 35

Zanon, Elisabeth 243, 697, 755
Zanon, Fridolin 243, 665, 675 ff., 755
Zapf, Wolfgang 202
Zauner, Franz 271
Zehetner, Josef 406 ff., 410 f., 413
Zeidler, Kurt 755
Zerlauth, Karl 246, 605, 758
Zernatto, Christof 76 f., 89, 229 f., 545, 745
Zhuber, Otto 529
Zilk, Helmut 77, 482
Zimper, Walter 449 f., 747
Zumtobel, Martin 87
Zwetzbacher, Josef 288
Zyla, Hans 717

Die Autoren dieses Bandes

Alfred Ableitinger

Geb. 1938 in Oberhausen/Deutschland; Studium der Geschichte an der Universität Graz. 1964 Promotion zum Dr. phil., 1966–1977 Assistent am Institut für Geschichte, 1974 Habilitation für Allgemeine neuere Geschichte, seit 1977 Extraordinarius am Institut für Geschichte der Universität Graz.

Dieter A. Binder

Geb. 1953, Dr. phil., 1983 Habilitation für Neuere Österreichische Geschichte und Österreichische Zeitgeschichte (tit. ao. Univ.-Prof.), Leiter der Abteilung für Kirchliche Rechtsgeschichte an der Karl-Franzens-Universität Graz.

Ernst Bruckmüller

Ao. Univ.-Prof, geb. 1945 in Eselsteiggraben, Bez. Melk, NÖ., Studium von Geschichte und Germanistik an der Universität Wien. Promotion 1969. Von 1969 bis 1977 Assistenz am Institut für Wirtschafts- und Sozialgeschichte der Universität Wien. 1971 gem. mit Peter Feldbauer, Hannes Stekl, Herbert Knittler u. a. Mitbegründer der „Beiträge zur historischen Sozialkunde". Habilitation 1976. Ernennung zum außerordentlichen Universitätsprofessor 1977. Seit 1979 Prüfer für das Fach „Österreichische Geschichte" für das Lehramt an höheren Schulen, 1980 bis 1985 zweiter Vorstandsvorsitzender-Stellvertreter des Karl-von-Vogelsang-Instituts zur Erforschung der christlichen Demokratie in Österreich, seit 1985 stellvertretender Vorsitzender des Instituts für Österreichkunde, seit 1991 dessen Vorsitzender.

Michael Dippelreiter

Geb. 1952 in Wien, aufgewachsen in Bad Vöslau, humanistisches Gymnasium in Baden; Studium der Geschichte und Kunstgeschichte an der Universität Wien, Dissertation bei den Professoren Lutz und Stourzh. Nach dem Studium als freiberuflicher Historiker tätig, 1987–1992 im Österreichischen Institut für politische Bildung, danach Landesgeschäftsführer des Niederösterreichischen Bildungs- und Heimatwerkes; 1993/94 im Publikationsreferat des Österreichischen Akademischen Austauschdienstes, seit April 1994 Leiter der Dokumentation des Vereins „Österreich-Kooperation in Wissenschaft, Bildung und Kunst".

Werner Drobesch

Mag. phil. et Dr. phil., geb. 1957 in Klagenfurt. 1975 bis 1980 Lehramtsstudium der Geschichte und Germanistik an der Universität Klagenfurt. 1981 bis 1987 Doktoratsstudium in Geschichte. 1980 bis 1988 Lehrer am BG und BRG Jergitschstraße,

Klagenfurt, seit 1988 Assistent am Institut für Geschichte (Abteilung Neuere und Österreichische Geschichte) der Universität Klagenfurt. Arbeitsschwerpunkte: sozial- und wirtschaftsgeschichtliche Themen zur Österreichischen Geschichte und zur Kärntner Landesgeschichte der Neuzeit.

Irene Dyk

Jg. 1947, Soziologiestudium 1966–1970 in Linz, 1970 Mag. rer. soc. oec., 1974 Doktorat (Schwerpunkt Industriesoziologie – Wissenschaftstransfer), Habilitation im Fach Gesellschaftspolitik 1981 (Planungstheorie). Ab 1970 Forschungsassistent am Österreichischen Institut für Arbeitsmarktpolitik, seit 1992 Mitarbeiter am Zentrum für Fernstudien, a.o. Professur 1995. Seit 1979 Abg. z. oö. Landtag.

Michael Gehler

Geb. 1962 in Innsbruck, Studium der Geschichte und Germanistik in Innsbruck. 1987 Mag. phil., Dr. phil., Mitarbeiter am Institut für Zeitgeschichte der Universität Innsbruck. 1988 Ludwig Jedlicka-Gedächtnispreis. Seit 1989 Lehrbeauftragter an der Universität Innsbruck. 1993 Mitbegründer des Arbeitskreises Europäische Integration. 1994 Dr.-Wilfried-Haslauer-Forschungspreis.

Gerhard Hartmann

Geb. 1945 in Linz/Donau. Aufgewachsen in Wien. Besuch des Gymnasiums und Studium der Theologie, Geschichte und Rechtswissenschaften in Wien. Dr. theol. 1974. Nach Universitätstätigkeit ab 1970 im Medienhaus Styria tätig (u. a. für das historische Programm zuständig). Ab 1982 Leiter der Kölner Niederlassung des Verlages. 1991 Habilitation für Neuere Kirchengeschichte mit besonderer Berücksichtigung der kirchlichen Zeitgeschichte.

Andreas Khol

Geb. am 14. Juli 1941; Dr. jur.; Universitätsdozent (tit. a.o. Prof.) für Verfassungsrecht und internationale Organisationen; 1966–1969 Generalsekretär der Österreichischen Gesellschaft für Außenpolitik (seit 1975 Vorstandsmitglied); 1969–1974 Internationaler Beamter im Generalsekretariat des Europarates; 1974–1992 Direktor der Politischen Akademie, von 1992–1994 deren Vizepräsident; seit 1978 Exekutivsekretär der Europäischen Demokratischen Union (EDU); seit 1983 Tiroler Mandatar zum Nationalrat; Außenpolitischer Sprecher der ÖVP; seit November 1994 Obmann des ÖVP-Parlamentsklubs.

Thomas Köhler

Geb. am 26. März 1966 in Wien. Matura am „Neusprachlichen Gymnasium Theresianische Akademie", 1984 Studien der Geschichte/Publizistik und der Rechtswissenschaften an der Universität Wien. Sponsion zum Mag. phil. an der Geisteswissenschaftlichen Fakultät, 1989. Eintritt als Mitarbeiter in das Büro des Bundesministers für Wissenschaft und Forschung, 1991. Promotion zum Dr. phil., 1992.

Die Autoren dieses Bandes

Robert Kriechbaumer

Geb. 1948 in Wels. Studium der Geschichte, Philosophie, Psychologie und Politikwissenschaft in Salzburg und München. Promotion zum Dr. phil. und Sponsion zum Mag. phil. 1973. Seit 1974 Lehrer am BORG, Akademiestraße 21, 5020 Salzburg. Seit 1982 Lehrtätigkeit an der Pädagogischen Akademie des Bundes in Salzburg im Fachbereich Geschichte. 1973–1976 Generalsekretär des Katholischen Hochschulwerkes und der Salzburger Hochschulwochen. Seit 1982 Geschäftsführer der Salzburg Kommission. 1982 Habilitation für das Fach „Neuere Österreichische Geschichte unter besonderer Berücksichtigung der Geschichte der Zweiten Republik". 1979 Leopold-Kunschak-Preisträger. 1985 Karl-von-Vogelsang-Staatspreis. Seit 1993 Vorsitzender des wissenschaftlichen Beirates der Dr.-Wilfried-Haslauer-Bibliothek.

Maximilian Liebmann

Geb. 1934 in Dillach bei Graz; Studium der kath. Theologie und Geschichte in Graz; Dr. theol. 1961; Habilitierung an der kath.-theol. Fakultät Graz; ao. Professor 1979; Leiter der Abteilung für Theologiegeschichte und kirchliche Zeitgeschichte 1982; o. Prof. für Kirchengeschichte und Patrologie an der kath.-theol. Fakultät Graz seit 1989, Dekan der kath.-theol. Fakultät 1991–1997.

Wolfgang C. Müller

Geb. 1957, Studium der Politikwissenschaft in Wien sowie Summer Schools in Essex und Florenz, Dr. phil., Universitätsdozent am Institut für Staats- und Politikwissenschaft, Sozial- und Wirtschaftswissenschaftliche Fakultät der Universität Wien. Im Sommersemester 1994 Vertreter des Lehrstuhls für Politische Wissenschaft und International Vergleichende Sozialforschung, Universität Mannheim. Arbeitsschwerpunkte: Parteien, Regierung, Eliten, politische Ökonomie.

Fritz Plasser

Geb. 1948; a. o. Univ.-Prof. für Politikwissenschaft an der Universität Innsbruck; Leiter des Zentrums für angewandte Politikforschung in Wien; Arbeitsschwerpunkte: Parteien- und Wahlforschung, vergleichende Politische Kultur- und Kommunikationsforschung.

Klaus Plitzner

Mag. rer. nat. Dr. phil. (geb. 1953), Studium in Wien (Geographie und Geschichte), Promotion 1981, seit 1982 Professor am Bundesgymnasium Bregenz Blumenstraße, seit 1987 Leiter der Außenstelle Vorarlberg des Instituts für neuere österreichische Geistesgeschichte der Ludwig Boltzmann-Gesellschaft, seit 1989 Obmann des Vereins für Vorarlberger Bildungs- und Studenten-Geschichte, welcher seit 1991 jährlich einen Band der Zeitschrift „Alemannia Studens" herausbringt; Fulbright-Stipendium in SUNY (State University New York, Stony Brook).

Roman Sandgruber

o. Univ.-Prof., Dr., geb. 1947 in Rohrbach, OÖ., seit 1988 ordentlicher Universitätsprofessor für Wirtschafts- und Sozialgeschichte an der Universität Linz, Korrespondierendes Mitglied der Österreichischen Akademie der Wissenschaften. Über 130 Veröffentlichungen zum engeren Fachbereich der Wirtschafts- und Sozialgeschichte mit Schwerpunkten aus Agrar- und Industrialisierungsgeschichte, Alltags- und Kulturgeschichte, Energie- und Umweltgeschichte und historischer Statistik. Ausgezeichnet mit dem Sandoz-Preis für besondere wissenschaftliche Leistungen, dem Karl-von-Vogelsang-Staatspreis und dem Landeskulturpreis für Wirtschaftswissenschaft des Landes Oberösterreich.

Franz Schausberger

Geb. 1950 in Steyr, OÖ; Matura am BRG-Steyr; anschließend Studium an der Universität Salzburg; 1973 Promotion zum Dr. phil.; journalistische Ausbildung; 1971 bis 1979 Klubsekretär des ÖVP-Landtagsklubs Salzburg; 1979 bis 1989 Landesparteisekretär der ÖVP Salzburg; seit 1979 Abgeordneter zum Salzburger Landtag (seit 1989 Klubobmann); seit 1989 Geschäftsführer und Verlagsleiter; Stellvertretender Vorsitzender des ORF-Kuratoriums; Vorsitzender der Dr.-Wilfried-Haslauer-Bibliothek. Herausgeber der Vierteljahreszeitschrift „Salzburg. Geschichte & Politik"; Lektor am Institut für Sozial- und Wirtschaftsgeschichte der Universität Linz.

Friedrich Steinkellner

Mag. Dr., geb. 1954 in Linz. Studium der Geschichte, Alten Geschichte und Germanistik in Salzburg. 1985 bis 1992 Wissenschaftlicher Assistent am Institut für kirchliche Zeitgeschichte am Internationalen Forschungszentrum in Salzburg. Seit 1986 Geschäftsführer der Dr.-Hans-Lechner-Forschungsgesellschaft in Salzburg. Seit 1993 Lehrer am Bischöflichen Gymnasium Kollegium Petrinum in Linz. Seit 1995 Beamter des Amtes der Salzburger Landesregierung.

Peter A. Ulram

Jahrgang 1951, Universitätsdozent für Politikwissenschaft an den Universitäten Wien und Graz und Bereichsleiter für Politikforschung am Fessel + GfK-Institut in Wien.

Roland Widder

Geb. 1955, Studium der Politikwissenschaft, Geschichte und Volkswirtschaft, Dr. phil. Universität Wien. OReg. am Burgenländischen Landesarchiv; 1981 bis 1987 wissenschaftlicher Mitarbeiter im Österr. Institut für politische Bildung, Mattersburg; Referent für sozialwissenschaftliche Landeskunde und jüngste Zeitgeschichte des Burgenlandes.

BÖHLAU BÜCHER

**Schriftenreihe
des Forschungsinstitutes für politisch-historische Studien
der Dr.-Wilfried-Haslauer-Bibliothek**

Band 1
Franz Schausberger
Ins Parlament, um es zu zerstören
Das parlamentarische Agi(it)eren der Nationalsozialisten in den Landtagen von
Wien, Niederösterreich und Vorarlberg nach den Landtagswahlen 1932
1995. 440 S. Ln. m. SU. ISBN 3-205-98415-3

Band 3
Harald Waitzbauer
**Thomas Bernhard in Salzburg
1943–1955**
1995. 224 S. Ln. m. SU. ISBN 3-205-98424-2

**Studien zu Politik und Verwaltung
hg. von Christian Brünner, Wolfgang Mantl u. Manfried Welan**

Band 10
Wolfgang Mantl
Politik in Österreich
Die Zweite Republik: Bestand und Wandel
1992. XV, 1084 S. Geb. ISBN 3-205-05379-6

Erhältlich in Ihrer Buchhandlung!

BÖHLAU VERLAG WIEN · KÖLN · WEIMAR

BÖHLAU BÜCHER

Band 25

Wolfgang Mantl
Neue Architektur Europas
Entwürfe in einer bedrohten Welt
1991. 332 S. Geb. ISBN 3-205-05412-1

Band 40

Manfried Welan
Der Bundespräsident
„Ersatzkaiser" und Staatsnotar
1992. 120 S. Br. ISBN 3-205-05529-2

Band 43

Helmut Wohnout
Regierungsdiktatur oder Ständeparlament
Gesetzgebung im autoritären Österreich
1992. 473 S. Br. ISBN 3-205-05547-0

Band 62

Gerald Stourzh
Um Einheit und Freiheit
Die Geschichte des österreichischen Staatsvertrages 1945-1955
4., stark überarbeitete u. erweiterte Aufl.
1995. Ca. 400 S. Br. ISBN 3-205-98383-1

Erhältlich in Ihrer Buchhandlung!

BÖHLAU VERLAG WIEN · KÖLN · WEIMAR

BÖHLAU BÜCHER

Michael Gehler / Rolf Steininger (Hg.)
Österreich und die europäische Integration 1945–1993
Aspekte einer wechselvollen Entwicklung
(Historische Forschungen. Veröffentlichungen, Bd. 1,
hg. v. Institut für Zeitgeschichte, Universität Innsbruck. Arbeitskreis europäische Integration)
1993. 530 S. Geb. ISBN 3-205-98121-9

Elisabeth Welzig (Hg.)
Erhard Busek
Ein Portrait
1992. 302 S., 32 SW-Abb. Br. ISBN 3-205-05544-6

Herbert Friedlmeier/Gerda Mraz (Hg.)
Österreich 1945–1955
Fotos aus dem Archiv des „Wiener Kurier"
1994. 278 S. m. 262 SW-Abb. Geb. ISBN 3-205-98316-5

Hans Rauscher
1945: Die Wiedergeburt Österreichs
Dokumentation: Markus Juen
1995. 166 S., 150 SW-Abb. Geb. m. SU. ISBN 3-205-98409-9

Erhältlich in Ihrer Buchhandlung!

BÖHLAU VERLAG WIEN · KÖLN · WEIMAR